MICHAELIS

MINIDICIONÁRIO

ESPANHOL

espanhol – português
português – espanhol

MICHAELIS
MINIDICIONÁRIO
ESPANHOL

espanhol – português
português – espanhol

Nova Ortografia conforme o
Acordo Ortográfico da Língua Portuguesa

≡ Editora **Melhoramentos**

Editora Melhoramentos

Michaelis : minidicionário espanhol :
2.ª edição. – São Paulo : Editora Melhoramentos, 2009. –
(Michaelis Minidicionário)
 Edição conforme o Acordo Ortográfico da Língua
Portuguesa, 1990

 ISBN 978-85-06-05861-9

 1. Espanhol - Dicionários - Português
2. Português - Dicionários - Espanhol I. Série.

CDD-463.69

Índices para catálogo sistemático:
 1. Espanhol: Português: Dicionários   463.69
 2. Português: Espanhol: Dicionários   469.36

© 2007, 2009 Editora Melhoramentos Ltda.
Todos os direitos reservados.

Lexicografia: Valeria Estefanía Labraña Parra, Antonio Carlos Marques e
Sandra Martha Dolinsky
Colaboração: Juan Ignácio Hurtado Arpiño e Maria Cibele González
Pellizzani Alonso
Diagramação: WAP Studio
Design original da capa: Jean E. Udry

3.ª edição, 6.ª impressão, fevereiro de 2025
ISBN: 978-85-06-05861-9
 978-85-06-07853-2

Atendimento ao consumidor:
Caixa Postal 169 – CEP 01031-970
São Paulo – SP – Brasil
www.editoramelhoramentos.com.br
sac@melhoramentos.com.br

Impresso na China

Sumário

Prefácio VII
Organização do dicionário VIII
Transcrição fonética do espanhol............................... X
Transcrição fonética do português XIII
Abreviaturas usadas neste dicionário XVI
Verbetes ESPANHOL-PORTUGUÊS......................... 1
Verbetes PORTUGUÊS-ESPANHOL..................... 219
Apêndice
   Conjugação dos verbos em espanhol 429
   Conjugação dos verbos em português 441
   Numerais 453
   Conversação.. 455

Prefácio

O **Michaelis Minidicionário Espanhol** contém mais de 18.000 verbetes, elaborados de acordo com as normas linguísticas atuais, levando-se em consideração também as tendências e expressões da linguagem coloquial. Para isso, contou com a colaboração de profissionais que têm o espanhol como primeira língua.

A grafia das palavras em português segue o Vocabulário Ortográfico da Língua Portuguesa (VOLP, 5.ª ed., março de 2009), respeitando as modificações introduzidas pelo Acordo Ortográfico da Língua Portuguesa (veja explicações sobre o Acordo a seguir).

Na tentativa de abranger o máximo de informações, os verbetes apresentam a seguinte estrutura: entrada com separação silábica, transcrição fonética, classe gramatical, área de conhecimento e acepções mais comuns.

Assim, este dicionário se propõe a despertar no estudante brasileiro a percepção para o rico vocabulário espanhol, com as informações importantes e necessárias ao domínio do idioma.

A nova ortografia do português

Para este dicionário foram adotadas as alterações na ortografia do português conforme o Acordo Ortográfico da Língua Portuguesa de 1990.

A implantação das regras desse Acordo é um passo importante em direção à criação de uma ortografia unificada para o português, a ser usada por todos os países de língua oficial portuguesa: Portugal, Brasil, Angola, São Tomé e Príncipe, Cabo Verde, Guiné-Bissau, Moçambique e Timor Leste.

A Editora

Organização do dicionário

1. Ordem alfabética

O alfabeto espanhol diferencia-se do universal por apresentar, além da sequência de *a* a *z*, mais três classes de letras: **ch** (tʃ´e), **ll** (´eλe) e **ñ** (´eñe), que geralmente se seguem ao **c**, **l** e **n** na ordem alfabética e nos dicionários. Só recentemente os vocábulos iniciados com **ch**, **ll** e **ñ** têm sido incluídos nas letras **c**, **l** e **n** em listas e em alguns dicionários.

Mas, seguindo os dicionários mais atualizados e conceituados, esta obra inclui as palavras com **ch** e **ll** na ordem alfabética universal. Adotando o critério dos referidos dicionários, a letra **ñ** permanece como letra à parte, após o **n**. Portanto a letra **ñ** contida numa palavra deve situar-se, na sequência da ordem alfabética, logo após a letra **n**. Veja exemplos:

anuncio	canturrear	espantapájaros
anzuelo	canuto	espantar
añadidura	caña	espanto
añadir	cañería	español
añejo	caño	
año		

ninfomanía	sentimiento
ningún	sentir
ninguno	seña
niña	señal
niñero	señalar
niñería	

2. Entrada

a) A entrada do verbete está em negrito e com indicação da divisão silábica.

Ex.: **ex.trac.ción** [e(k)straˈ(k)θ´jon] *sf* Extração.

b) Os substantivos e adjetivos são apresentados no masculino singular.

Ex.: **a.ba.ni.co** [abanˈiko] *sm* Leque.

c) Na parte espanhol-português, logo após a entrada do verbete há indicação de sua forma no feminino.

Ex.: **abs.trac.to, -a** [abstrˈakto] *adj* Abstrato.

fe.li.gres, -esa [feligrˈes] *s* Paroquiano.

go.rrón, -ona [goˉˈon] *adj+s fam* Aproveitador, parasita, sanguessuga.

ju.ga.dor, -ora [hugadˈor] *adj+s* Jogador.

3. Transcrição fonética
A pronúncia figurada aparece representada entre colchetes. Veja explicações detalhadas em "Transcrição Fonética", páginas X e XIII.

    Ex.: **pro.hi.bi.ción** [projbiθj´on] *sf* Proibição, interdição, veto.
        re.e.xa.mi.nar [r̄ee(k)samin´ar] *vt* Reexaminar, rever.

4. Classe gramatical
a) É indicada por abreviatura em itálico, conforme a lista de "Abreviaturas usadas neste dicionário", página XVI.

    Ex.: **ha.ber** [aber] *vt+vi* Haver, ter.
        ner.vio [n´erbjo] *sm Anat* Nervo.

b) Quando o verbete tem mais de uma categoria gramatical, uma é separada da outra por uma bolinha preta.

    Ex.: **óp.ti.co, -a** [´optiko] *adj* Ótico, ocular. • *sf* Óptica.

5. Área de conhecimento
É indicada por abreviatura em itálico, conforme a lista de "Abreviaturas usadas neste dicionário", página XVI.

    Ex.: **te.les.co.pio** [telesk´opjo] *sm Astron* Telescópio.
        u.re.tra [ur´etra] *sf Anat* Uretra.

6. Tradução
a) Os diferentes sentidos de uma mesma palavra estão separados por algarismos em negrito. Os sinônimos reunidos num algarismo são separados por vírgula.

    Ex.: **ur.gen.cia** [urh´enθja] *sf* **1** Urgência, premência, necessidade, pressa.
        2 urgencias *pl* Pronto-socorro.

b) Em diversas acepções, registra-se o uso característico de determinada região:

    Ex.: **gua.ca.mo.le** [gwakam´ole] *sm Méx* Salada de abacate.
        po.ro.to [por´oto] *sm CS Bot* Feijão.
        ye.gua [y´egwa] *sf* **1** *Zool* Égua. **2** *Méx* Toco de cigarro, bituca.

Transcrição fonética do espanhol

I – O alfabeto espanhol

letra	nome		letra	nome	
a	a	[a]	m	eme	[´eme]
b	be	[b´e]	n	ene	[´ene]
c	ce	[θ´e]	ñ	eñe	[´eɲe]
ch	che	[tʃ´e]	o	o	[o]
d	de	[d´e]	p	pe	[p´e]
e	e	[e]	q	cu	[k´u]
f	efe	[´efe]	r	erre	[´eɾe]
g	ge	[h´e]	s	ese	[´ese]
h	hache	[´atʃe]	t	te	[t´e]
i	i	[i]	u	u	[u]
j	jota	[h´ota]	v	uve	[´ube]
k	ka	[k´a]	x	equis	[´ekis]
l	ele	[´ele]	y	i griega	[igɾ´jega]
ll	elle	[´eλe]	z	zeta	[θ´eta]

a) O **w** (uve doble [´ubed´oble]) é empregado apenas em algumas palavras de origem estrangeira.
    Ex.: **western** [w´estern] *sm Cin ingl* Western, faroeste.
    windsurf [winds´arf] *sm Dp ingl* Windsurfe.
b) O **h** é uma consoante muda, pronunciada apenas em algumas palavras de origem estrangeira.
    Ex.: **hall** [h´ol]
c) A representação fonética do **x** [(k)s] indica que o som entre parênteses, usado em diversas regiões, é omitido em outras.
    Ex.: **pró.xi.mo, -a** [pɾ´o(k)simo] *adj* **1** Próximo, vizinho, adjacente, contíguo. **2** Seguinte, imediato.
    tex.to [t´e(k)sto] *sm* Texto, escrito.

II – Símbolos fonéticos

a) Foram adotados os símbolos mais adequados aos falantes de língua portuguesa do Brasil, com ligeiras adaptações:
- o sinal [x], que no AFI (Alfabeto Fonético Internacional) representa um som aspirado e gutural, foi substituído pelo [h], devido à proximidade deste som com o [h] aspirado da língua inglesa:

XI

Ex.: **em.bru.jar** [embruh´ar] *vt* Enfeitiçar.
 tra.ba.jo [trab´aho] *sm* **1** Trabajo, labor, labranza, faena. **2** Ocupación.
 3 Monografía, exposición.

- empregou-se o sinal [:] quando o [h] sucede o [n], para manter os dois sons distintos:
 Ex.: **en.ju.gar** [en:hug´ar]
  fin.gir [fin:hir]

- empregaram-se parênteses para indicar pronúncia facultativa:
 Ex.: **má.xi.mo, -a** [m´a(k)simo]
  mix.to, -a [m´i(k)sto]
  pre.tex.to [pret´e(k)sto]

b) O acento tônico é indicado pelo sinal (´), que precede a vogal tônica.
 Ex.: **fu.sil** [fus´il]
  po.li.cí.a [poliθ´ia]

c) As vogais são sempre orais e a pronúncia do **e** e **o** é sempre fechada.

[a]	c**a**sa [k´asa], **a**m**a** [´ama]
[e]	d**e**d**o** [d´edo]
[i]	para **i**: ág**i**l [´ahil]
	para **y** usado como vogal: re**y** [r´ei]
[o]	c**o**ntrat**o** [kontr´ato]
[u]	ab**u**sar [abus´ar]

d) A pronúncia das consoantes foi simplificada, adotando-se os seguintes símbolos:

[b]	para **b** e **v**: **b**lanco [bl´anko]; **v**ino [b´ino]
[k]	para **c**, seguido de **a, o, u, k** e **qu**: **c**apa [k´apa]; **k**iosco [k´josko]; **qu**eso [k´eso]
[θ]	para **c**, seguido de **e, i**, e para **z**: **c**erca [θ´erka], **c**ine [θ´ine], per**c**ibir [perθib´ir]; a**z**úcar [aθ´ukar], a**z**ul [aθ´ul], **z**apato [θap´ato]
[tʃ]	para **ch**: an**ch**o [´antʃo], equivale ao **ch** precedido de **t**
[d]	**d**a**d**o [d´ado], no final da palavra soa brando, quase imperceptível
[f]	**f**ango [f´ango]
[g]	para **g**, seguido de **a, o, u**: a**g**ua [´agwa]; fue**g**o [f´wego]; se**g**uro [seg´uro]; ho**g**uera [og´era]

XII

[h]	para **j** e **g** seguido de **e, i**: ca**j**a [k´aha]; **j**uego [h´wego]; á**g**il [´ahil]
[j]	para **i** nos ditongos: f**i**esta [f´jesta]
[l]	**l**ente [l´ente]
[λ]	para **ll**: ca**ll**e [k´aλe], **ll**ave [λ´abe], equivale ao **lh** do português
[m]	**m**adre [m´adre]
[n]	**n**atal [nat´al]
[ñ]	para **ñ**: ca**ñ**a [k´aña], equivale ao **nh** do português
[p]	**p**año [p´año]
[r]	para **r**, após **l, n, s**: al**r**ededor [alred´or], des**r**atizar [desratiθ´ar]; **r** brando quando intermediário ou final: gene**r**al [hener´al], habla**r** [abl´ar]
[r̄]	para **r** forte no início e **rr**: **r**ed [r̄ed], tie**rr**a [t´jer̄a]
[s]	para **s** e para **x** inicial: **s**o**s**iego [sos´jego]; fra**s**co [fr´asko]; **x**ero copia [serok´pja]
[(k)s]	para **x**: e**x**igir [e(k)sih´ir]; e**x**hausto [e(k)s´austo]
[t]	**t**or**t**illa [tort´iλa]
[w]	c**u**atro [k´watro], biling**ü**e [bil´ïgwe]
[y]	para **y**: arro**y**o [ar̄´oyo]

e) Divergências de pronúncia em espanhol:

Há diferentes formas de pronunciar sons de [θ] e [λ]. Na maior parte da Espanha, as letras **z** e **c** (esta, diante de **e** ou **i**) são representadas pelo som de [θ], mas na região centro-norte do país e na América Latina essas letras são representadas por [s]. Esse fenômeno é conhecido como **seseo**.

Quanto ao som de [λ], a pronúncia semelhante à do **lh** em português caracteriza o **lleísmo**, ao passo que a pronúncia aproximando o [λ] do som de [dʒ] resulta no **yeísmo**. O **lleísmo** é mais comum na Espanha, ao passo que o **yeísmo** ocorre na América Latina e no centro-norte da Espanha.

Transcrição fonética do português

I – O alfabeto português

letra	nome		letra	nome	
a	a	[a]	m	eme	[′emi]
b	bê	[b′e]	n	ene	[′eni]
c	cê	[s′e]	o	o	[ɔ]
d	dê	[d′e]	p	pê	[p′e]
e	e	[e]	q	quê	[k′e]
f	efe	[′ɛfi]	r	erre	[′ɛr̃i]
g	gê	[ʒe]	s	esse	[′ɛsi]
h	agá	[ag′a]	t	tê	[t′e]
i	i	[i]	u	u	[u]
j	jota	[′ʒɔtə]	v	vê	[v′e]
k	cá	[k′a]	w	dáblio	[d′ablju]
l	ele	[′ɛli]	x	xis	[ʃis]
z	zê	[z′e]	y	ípsilon	[′ipsilõw]

O som das consoantes **ch**, **ll** e **ñ** do espanhol são representadas em português pelos grupos de letras **ch**, **lh** e **nh**, respectivamente.

II – Símbolos fonéticos

1 – Vogais

Orais

[a]	caro [k′aru]
[ɛ]	fé [f′ɛ]
[e]	dedo [d′edu]
[i]	vida [v′idə]; dente [d′ẽti]
[ɔ]	nó [n′ɔ]
[o]	nome [n′omi]
[u]	uva [′uva]; livro [l′ivru]
[ə]	mesa [m′esə]
[ʌ]	cama [k′ʌma]; cana [k′ʌna]

Nasais

[ã]	canto [k′ãtu]
[ẽ]	dente [d′ẽti]
[ĩ]	fim [f′ĩ]
[õ]	onça [′õsə]
[ũ]	bumbo [b′ũbu]

Semivogais

[j]	peixe [p′ejʃi]
[w]	para **u** brando ou **l** final: ma**u** [m′aw], ma**l** [m′aw]

2 – Consoantes

[b]	**bê**bado [b′ebadu]
[d]	**d**a**d**o [d′adu]
[f]	**f**aca [f′aka]
[g]	para **g** diante de **a, o, u**: **g**ato [g′atu], **g**oma [g′oma], **g**uerra [g′ɛr̄a]
[ʒ]	para **g** diante de e, i: **g**elo [ʒ′elu], **g**igante [ʒig′ãti]; para **j**: **j**ato [ʒ′atu]
[k]	para **c** diante de **a, o, u** ou diante de consoante: **c**asa [k′azə], **c**aqui [kak′i], **c**omida [kom′idə], **c**ubo [k′ubu], pa**c**to [p′aktu], fi**c**ção [fiks′ãw];para **qu**: **qu**eijo [k′ejʒu]
[l]	**l**ago [l′agu]
[λ]	para **lh**: **lh**ama [λ′ãmə], ca**lh**a [k′aλə], equivale ao **ll** espanhol
[m]	**m**açã [mas′ã]
[n]	**n**ada [n′ada]
[ñ]	para **nh**: li**nh**o [l′iñu], equivale ao **ñ** espanhol
[p]	**p**ato [p′atu]
[r]	para **r** brando: a**r**ma [′arma], acha**r** [aʃ′ar]
[r̄]	para **r** forte e aspirado, inicial ou **rr**: **r**ato [r̄′atu], co**rr**er [kor̄′er]; para **h** inicial aspirado de palavras de origem estrangeira: **h**obby [r̄′ɔbi]

[s]	para **s** inicial ou diante de consoante, e para **ss**: **s**eda [s′edə], fra**s**co [fr′asku], so**ss**ego [sos′egu]; para **c** diante de **e, i** e para **ç**: **c**ego [s′ɛgu], **c**inema [sin′ema], ca**ç**a [k′asə]; para **x** diante de consoante: e**x**plosivo [esploz′ivu]
[ʃ]	para **ch** ou **x**: **ch**eiro [ʃ′ejru]; en**x**ame [ẽʃ′ʌmi], **x**arope [ʃar′ɔpi]
[t]	**t**udo [t′udu]
[v]	**v**ista [v′istə]
[z]	para **s** intervocálico, **z** ou **x** diante de vogal: ro**s**a [r̄′ɔzə], **z**ebra [z′ebrə], e**x**emplo [ez′emplu]

Abreviaturas usadas neste dicionário

abrev	abreviatura	*Cul*	Culinaria / Culinária
adj	adjetivo	*dem*	demostrativo / demonstrativo
adv	adverbio / advérbio		
Aeron	Aeronáutica	*Dep*	Deporte
Agric	Agricultura	*deprec*	depreciativo
AL	América Latina	*Der*	Derecho
Am	América	*despec*	despectivo
Am Cen	América Central	*Dir*	Direito
Am S	América do Sul	*Ecles*	Eclesiástico
Anat	Anatomía / Anatomia	*Econ*	Economía / Economia
Antrop	Antropología / Antropologia	*Electr*	Electricidad
		elem comp	elemento de composição
Arg	Argentina	*Eletr*	Eletricidade
Arit	Aritmética	*El Sal*	El Salvador
Arqueol	Arqueología / Arqueologia	*Entom*	Entomologia
		Eq	Equador
Arquit	Arquitectura / Arquitetura	*Esp*	Esporte
		excl	exclamativo
art	artículo / artigo	*f*	femenino / feminino
Art Plást	Artes Plásticas	*fam*	lenguaje familiar / linguagem familiar
Art Gráf	Artes Gráficas		
Astrol	Astrología / Astrologia	*Farm*	Farmacia / Farmácia
Astron	Astronomía / Astronomia	*fem*	femenino / feminino
		fig	lenguaje figurado / linguagem figurada
Biol	Biología / Biologia		
Bol	Bolívia	*Filos*	Filosofía / Filosofia
Bot	Botánica / Botânica	*Fís*	Física
chin	chino / chinês	*Fisiol*	Fisiología / Fisiologia
Cin	Cine / Cinema	*Fot*	Fotografía / Fotografia
Colôm	Colômbia	*fr*	francés / francês
coloq	lenguaje coloquial / linguagem coloquial	*Fút*	Fútbol
		Fut	Futebol
Com	comércio / comercial	*Geogr*	Geografía / Geografia
conj	conjunción / conjunção	*Geol*	Geología / Geologia
Constr	Construcción / Construção	*Geom*	Geometría / Geometria
		Gram	Gramática
contr	contracción / contração	*Guat*	Guatemala
CR	Costa Rica	*Heráld*	Heráldica
CS	Cono Sur / Cone Sul		

XVII

Hist	Historia / História	*Oftalm*	Oftalmología / Oftalmologia
Hon	Honduras		
Ictiol	Ictiología / Ictiologia	*Pan*	Panamá
Impr	Imprenta / Imprensa	*Par*	Paraguai
indef	indefinido	*part*	participio / particípio
infinit	infinitivo	*p ej*	por ejemplo
Inform	Informática	*p ex*	por exemplo
ingl	inglés / inglês	*p ext*	por extensión / por extensão
inter	interrogativo	*Patol*	Patología / Patologia
interj	interjección / interjeição	*pers*	persona
inv	invariable / invariável (singular ou plural)	*pes*	pessoa
		Pint	pintura
iron	ironía / ironia	*pl*	plural
irreg	irregular	*poét*	poético
ital	italiano	*Polít*	Política
Jur	Jurídico	*pop*	popular
Ling	Lingüística	*pos*	posesivo / possessivo
Lit	Literatura	*prep*	preposición / preposição
loc adv	locución adverbial / locução adverbial	*P Rico*	Porto Rico
		pron	pronombre / pronome
loc conj	locución conjuntiva / locução conjuntiva	*pron dem*	pronombre demostrativo / pronome demonstrativo
loc prep	locución prepositiva / locução prepositiva	*pron excl*	pronombre exclamativo / pronome exclamativo
m	masculino	*pron inter*	pronombre interrogativo / pronome interrogativo
Mar	Mariña / Marinha		
masc	masculino	*pron pers*	pronombre personal
Mat	Matemáticas / Matemática	*pron pess*	pronome pessoal
		pron pos	pronombre posesivo / pronome possessivo
Mec	Mecánica / Mecânica		
Med	Medicina	*pron relat*	pronombre relativo / pronome relativo
Méx	México		
Mil	Militar	*prov*	provérbio
Miner	Mineralogía / Mineralogia	*Psicol*	Psicología / Psicologia
		Psiq	Psiquiatría / Psiquiatria
Mitol	Mitología / Mitologia	*Quím*	Química
Mús	Música	*Rel*	Religión / Religião
Náut	Náutica	*relat*	relativo
num	numeral	*s*	substantivo
Ornit	Ornitología / Ornitologia	*sf*	substantivo femenino / substantivo feminino
Ortogr	Ortografía / Ortografia		

XVIII

Sin	Sinónimo / Sinônimo	*vaux*	verbo auxiliar
sing	singular	*Var*	Variante
sm	substantivo masculino	*Ven*	Venezuela
Teat	Teatro	*Veter*	Veterinaria / Veterinária
Téc	Lenguaje técnico /	*vi*	verbo intransitivo
	Linguagem técnica	*vimp*	verbo impersonal / verbo impessoal
Tecnol	Tecnología / Tecnologia		
Telecom	Telecomunicación /	*vlig*	verbo de ligação
	Telecomunicação	*vpr*	verbo pronominal
Telev	Televisión / Televisão	*vt*	verbo transitivo
Tip	Tipografía / Tipografia	*vtd*	verbo transitivo direto
Ur	Uruguai	*vulg*	lenguaje vulgar / vulgar
V	véase / ver	*Zool*	Zoología / Zoologia

ESPAÑOL-PORTUGUÉS
ESPANHOL-PORTUGUÊS

a¹ [a] *sf* Primeira letra do alfabeto espanhol.
a² [a] *prep* A, para.
a.bad [aβ´ad] *sm Rel* Abade.
a.ba.jo [aβ´aho] *adv* **1** Abaixo. **2** Embaixo.
a.ban.do.no [aβand´ono] *sm* Abandono.
a.ba.ni.car [aβanik´ar] *vt+vpr* Abanar.
a.ba.ni.co [aβan´iko] *sm* Leque.
a.ba.ra.tar [aβarat´ar] *vt+vpr* Baratear.
a.bar.car [aβark´ar] *vt* Rodear, incluir, abranger, acumular.
a.bas.te.ci.mien.to [aβasteθimj´ento] *sm* Abastecimento.
a.ba.tir [aβat´ir] *vt+vpr* Abater: a) derrubar. b) baixar, abaixar. c) humilhar. d) abalar-se, perder a resistência.
ab.do.men [aβd´omen] *sm Anat* Abdome, abdômen.
a.be.ce.da.rio [aβeθeð´arjo] *sm* Abecedário, á-bê-cê, alfabeto.
a.be.ja [aβ´eha] *sf Zool* Abelha.
a.be.rra.ción [aβeřaθj´on] *sf* Aberração, desvio, distorção.
a.bis.mo [aβ´ismo] *sm* Abismo.
a.blan.dar [aβland´ar] *vt+vpr* **1** Abrandar. **2** Suavizar.
ab.ne.ga.ción [aβneɣaθj´on] *sf* Abnegação, desprendimento.
a.bo.chor.nar [aβot∫orn´ar] *vt+vpr* **1** Abafar. **2** Ruborizar, corar, envergonhar.
a.bo.ga.cí.a [aβoɣaθ´ia] *sf* Advocacia.
a.bo.ga.do, -a [aβoɣ´ado] *sm* Advogado.
a.bo.gar [aβoɣ´ar] *vi* Advogar: a) defender (em juízo). b) interceder.
a.bo.li.ción [aβoliθj´on] *sf* Abolição, supressão.
a.bo.lir [aβol´ir] *vt* Abolir, revogar, suprimir.
a.bo.llar [aβoʎ´ar] *vt* Amassar.
a.bo.nar [aβon´ar] *vt* **1** Abonar, aprovar. **2** Afiançar, garantir, creditar. **3** Adubar. *vt+vpr* **4** Assinar, fazer uma assinatura de. **5** *Com* Pagar (uma prestação).
a.bo.no [aβ´ono] *sm* **1** Adubo. **2** Abono, fiança, garantia. **3** Assinatura. **4** *Com* Prestação.
a.bor.da.je [aβord´ahe] *sm* Abordagem.
a.bor.dar [aβord´ar] *vt* **1** Abordar, aproximar-se. **2** Chegar à borda de. **3** Discorrer sobre algum assunto.
a.bo.rre.cer [aβořeθ´er] *vt* Abominar, detestar.
a.bo.rre.ci.mien.to [aβořeθimj´ento] *sm* Aversão, ódio, abandono, tédio.
a.bor.to [aβ´orto] *sm* Aborto, fracasso.
a.bo.to.nar [aβoton´ar] *vt+vpr* Abotoar.
a.bra.zar [aβraθ´ar] *vt+vpr* Abraçar, envolver.

abrazo — acepción

a.bra.zo [abr´aθo] *sm* Abraço.
a.bre.bo.te.llas [abrebot´eλas] *sm inv* Abridor.
a.bre.la.tas [abrel´atas] *sm inv* Abridor.
a.bre.via.tu.ra [abrebjat´ura] *sf* Abreviatura.
a.bri.gar [abrig´ar] *vt+vpr* **1** Abrigar, agasalhar. **2** Ter ideias ou afetos.
a.bril [abr´il] *sm* Abril.
a.brir [abr´ir] *vt+vpr* Abrir.
a.bro.char [abrotʃ´ar] *vt+vpr* Abotoar, prender com botão.
a.bru.mar [abrum´ar] *vt* **1** Afligir, oprimir. **2** Aborrecer. **3** Preocupar seriamente.
ab.so.lu.ción [absoluθj´on] *sf* Absolvição.
ab.sol.ver [absolb´er] *vt* Absolver, perdoar.
ab.sor.ber [absorb´er] *vt* Absorver.
ab.sor.to, -a [abs´orto] *adj* Absorto, distraído.
abs.te.ner.se [absten´erse] *vpr* Abster-se.
abs.ti.nen.cia [abstin´enθja] *sf* Abstinência, privação.
abs.trac.to, -a [abstr´akto] *adj* Abstrato.
abs.tra.er [abstra´er] *vt* Abstrair.
a.bu.che.ar [abu tʃe´ar] *vt* Vaiar.
a.bu.che.o [abutʃ´eo] *sm* Vaia.
a.bue.lo, -a [abw´elo] *s* Avô.
a.bul.tar [abult´ar] *vt* Avolumar, inchar, fazer volume.
a.bu.rri.mien.to [aburimj´ento] *sm* Tédio, fastio.
a.bu.rrir [abur´ir] *vt+vpr* Entediar, aborrecer.
a.bu.sar [abus´ar] *vi* Abusar, exorbitar.
a.bu.so [ab´uso] *sm* Abuso, excesso.
a.cá [ak´a] *adv* cá.
a.ca.bar [akab´ar] *vt+vpr+vi* Acabar.
a.ca.de.mia [akad´emja] *sf* Academia.

a.ca.llar [akaλ´ar] *vt* **1** (Fazer) Calar. **2** Aplacar, acalmar, sossegar, aquietar.
a.ca.lo.rar [akalor´ar] *vt* **1** Acalorar. *vpr* **2** Animar-se, entusiasmar-se. *vt* **3** Animar, excitar, entusiasmar.
a.cam.par [akamp´ar] *vi+vt+vpr* Acampar.
a.ca.ri.ciar [akariθj´ar] *vt* Acariciar, acarinhar, afagar.
a.ca.rre.ar [akaře´ar] *vt* Acarretar: a) transportar. b) causar, ocasionar.
a.ca.so [ak´aso] *sm* Acaso, casualidade. • *adv* Acaso, talvez, porventura.
a.ca.tar [akat´ar] *vt* Acatar, obedecer.
a.ca.ta.rrar [akatař´ar] *vt+vpr* Resfriar, constipar.
ac.ce.der [akθed´er] *vi* **1** Concordar, consentir. **2** Ter acesso a.
ac.ce.so [akθ´eso] *sm* Acesso: a) entrada. b) passagem. c) ímpeto.
ac.ci.den.te [akθid´ente] *sm* Acidente, ocorrência.
ac.ción [akθj´on] *sf* Ação.
ac.cio.nar [akθjon´ar] *vt* Acionar: a) pôr em ação, em funcionamento, em movimento. b) gesticular.
a.ce.char [aθetʃ´ar] *vt* Espreitar, espiar.
a.ce.cho [aθ´etʃo] *sm* Espreita.
a.cei.tar [aθejt´ar] *vt* **1** Azeitar. **2** Lubrificar.
a.cei.te [aθ´ejte] *sm* **1** Azeite. **2** Óleo.
a.cei.to.so, -a [aθejt´oso] *adj* Oleoso, gorduroso.
a.cei.tu.na [aθejt´una] *sf Bot* Azeitona.
a.ce.le.rar [aθeler´ar] *vt+vpr* Acelerar, apressar.
a.cen.tua.ción [aθentwaθj´on] *sf* Acentuação.
a.cen.tuar [aθentw´ar] *vt* Acentuar: a) pôr acento. b) empregar acento ortográfico. c) frisar. d) realçar, salientar. *vpr* e) aumentar, crescer.
a.cep.ción [aθepθj´on] *sf* Acepção, significação, sentido.

aceptación — acta

a.cep.ta.ción [aθeptaθj′on] *sf* Aceitação.

a.cep.tar [aθept′ar] *vt* Aceitar: a) receber. b) consentir. c) aprovar.

a.ce.ra [aθ′era] *sf* Calçada, passeio (público).

a.cer.ca.mien.to [aθerkamj′ento] *sm* Aproximação.

a.ce.ro [aθ′ero] *sm* Aço.

a.cer.tar [aθert′ar] *vt+vi* Acertar.

a.cha.car [atʃak′ar] *vt* Achacar, acusar, imputar.

a.cha.que [atʃ′ake] *sm* Achaque, mal-estar.

a.cha.tar [atʃat′ar] *vt+vpr* Achatar, aplanar.

a.chi.car [atʃik′ar] *vt+vpr* Diminuir, reduzir.

a.chi.cha.rrar [atʃitʃaɾ′ar] *vt+vpr* Torrar, tostar.

a.chi.co.ria [atʃik′orja] *sf Bot* Chicória.

a.ci.ca.lar [aθikal′ar] *vt+vpr* **1** Polir. **2** Enfeitar.

a.ci.ca.te [aθik′ate] *sm* **1** Espora. **2** Incentivo.

a.ci.dez [aθiðeθ] *sf* **1** Acidez. **2** Azia.

á.ci.do, -a [′aθiðo] *adj* **1** Azedo. **2** Ácido. • *sm Quím* Ácido.

a.cier.to [aθj′erto] *sm* Acerto.

a.cla.mar [aklam′ar] *vt* Aclamar, saudar.

a.cla.ra.ción [aklaraθ′jon] *sm* Esclarecimento.

a.cla.rar [aklar′ar] *vt+vpr+vi* Aclarar: a) clarear. b) esclarecer, elucidar, explicar.

a.cli.ma.tar [aklimat′ar] *vt+vpr* Aclimar, aclimatar.

a.co.bar.dar [akobard′ar] *vt+vi+vpr* Acovardar, amedrontar.

a.co.ger [akoh′er] *vt+vpr* Acolher: a) hospedar, receber. b) admitir, aceitar.

a.co.me.ter [akomet′er] *vt* Acometer, atacar.

a.co.mo.dar [akomod′ar] *vt+vi+vpr* Acomodar.

a.com.pa.ñar [akompañ′ar] *vt+vpr* Acompanhar, estar junto.

a.con.go.jar [akongoh′ar] *vt+vpr* **1** Entristecer, afligir. **2** Inquietar.

a.con.se.jar [akonseh′ar] *vt+vpr* Aconselhar, orientar.

a.con.te.cer [akonteθ′er] *vi* Acontecer, suceder.

a.con.te.ci.mien.to [akonteθimj′ento] *sm* Acontecimento, sucesso, fato, evento.

a.co.plar [akopl′ar] *vt+vpr* **1** Acoplar. **2** Acasalar.

a.cor.dar [akord′ar] *vt* **1** Acordar, concordar, combinar. **2** Conciliar, acomodar. *vpr* **3** Lembrar-se.

a.cor.de [ak′orde] *adj* Acorde: a) conforme, concorde. b) harmônico, afinado. • *sm Mús* Acorde.

a.cor.deón [akorde′on] *sm Mús* **1** Acordeão. **2** *Méx fam* Cola, cópia.

a.co.rra.lar [akoɾal′ar] *vt* Encurralar, cercar.

a.cor.tar [akort′ar] *vt+vi+vpr* Encurtar, diminuir.

a.co.sar [akos′ar] *vt* **1** Acossar, perseguir. **2** Assediar.

a.co.so [ak′oso] *sm* Assédio.

a.cos.tar [akost′ar] *vt+vi+vpr* Deitar.

a.cos.tum.brar [akostumbr′ar] *vt+vi+vpr* **1** Costumar. *vpr* **2** Habituar-se.

a.cre.di.tar [akredit′ar] *vt* **1** *Com* Creditar. **2** Credenciar, habilitar.

a.cre.e.dor, -ora [akre(e)d′or] *adj+s* **1** Credor. **2** Digno, merecedor.

a.cri.bi.llar [akribiʎ′ar] *vt* **1** Crivar, furar. **2** Lançar em grande quantidade.

a.cro.ba.cia [akrob′aθja] *sf* Acrobacia.

a.cró.ba.ta [akr′obata] *s* Acrobata, malabarista, equilibrista.

ac.ta [′akta] *sf* Ata, registro.

ac.ti.tud [aktit´ud] *sf* Atitude, comportamento.
ac.ti.var [aktib´ar] *vt+vpr* Ativar, pôr em ação.
ac.ti.vi.dad [aktibid´ad] *sf* Atividade.
ac.to [´akto] *sm* Ato, ação.
ac.tor [akt´or] *sm* Ator, intérprete.
ac.tua.ción [aktwaθj´on] *sm* Atuação.
ac.tua.li.dad [aktwalid´ad] *sf* Atualidade.
ac.tua.li.zar [aktwaliθ´ar] *vt+vpr* Atualizar, modernizar.
ac.tuar [aktw´ar] *vt+vi* 1 Atuar. 2 Representar, interpretar, contracenar.
a.cua.re.la [akwar´ela] *sf* Aquarela.
a.cuá.ti.co, -a [akw´atiko] *adj* Aquático.
a.cu.chi.llar [akutʃiʎ´ar] *vt* Esfaquear.
a.cu.dir [akud´ir] *vi* Acudir, socorrer.
a.cuer.do [akw´erdo] *sm* Acordo, ajuste, convênio.
a.cu.mu.lar [akumul´ar] *vt+vpr* Acumular, amontoar, juntar.
a.cu.nar [akun´ar] *vt* Embalar (a criança no berço ou no peito), ninar.
a.cu.pun.tu.ra [akupunt´ura] *sf Med* Acupuntura.
a.cu.rru.car.se [akuřuk´arse] *vpr* Encolher-se (por causa do frio ou um outro motivo).
a.cu.sa.ción [akusaθj´on] *sf* Acusação, denúncia.
a.dap.ta.ción [adaptaθj´on] *sf* Adaptação, ajuste.
a.de.cuar [adekw´ar] *vt+vpr* Adequar, amoldar, adaptar, ajustar.
a.de.lan.tar [adelant´ar] *vt+vpr* 1 Adiantar. 2 Ultrapassar.
a.de.lan.te [adel´ante] *adv* Adiante. • *interj* **¡adelante!** Adiante!
a.de.lan.to [adel´anto] *sm* 1 Adiantamento. 2 Melhoria, progresso.
a.del.ga.zar [adelgaθ´ar] *vt+vpr* Emagrecer.
a.de.mán [adem´an] *sm* Gesto.

a.de.más [adem´as] *adv* Ademais, além de.
a.den.tro [ad´entro] *adv* Adentro, dentro.
a.dep.to, -a [ad´epto] *adj+s* Adepto, partidário.
a.de.re.zar [adereθ´ar] *vt+vpr* 1 Enfeitar. *vt* 2 *Cul* Temperar.
a.de.re.zo [ader´eθo] *sm* 1 Adereço, enfeite. 2 *Cul* Tempero, condimento.
a.deu.dar [adewd´ar] *vt* Dever, endividar.
ad.he.rir [ader´ir] *vt+vi+vpr* 1 Colar. *vi+vpr* 2 Aderir.
ad.he.sión [adesj´on] *sf* Adesão.
ad.he.si.vo, -a [ades´ibo] *adj+s* Adesivo.
a.di.ción [adikθj´on] *sf* Adição: a) acréscimo, aditamento. b) *Mat* soma.
a.dies.trar [adjestr´ar] *vt* Adestrar, treinar.
a.diós [adj´os] *interj* **¡adiós!** Adeus. • *sm* Adeus, despedida.
a.di.vi.nan.za [adibin´anθa] *sf* Adivinhação.
a.di.vi.nar [adibin´ar] *vt* Adivinhar, prever.
ad.je.ti.vo, -a [adhet´ibo] *adj+s Gram* Adjetivo.
ad.jun.tar [adhunt´ar] *vt* Anexar, enviar junto.
ad.mi.nis.tra.ción [administraθj´on] *sf* Administração.
ad.mi.nis.trar [administr´ar] *vt* Administrar: a) governar, dirigir. b) gerir. *vt+vpr* c) ministrar (medicamentos).
ad.mi.ra.ción [admiraθj´on] *sm* Admiração, respeito.
ad.mi.sión [admisj´on] *sf* 1 Admissão, consentimento. 2 Entrada, ingresso.
ad.mi.tir [admit´ir] *vt* Admitir, aceitar, permitir, tolerar.
a.do.bar [adob´ar] *vt* Adubar, temperar, guisar, condimentar.
a.do.le.cer [adoleθ´er] *vi* 1 Adoecer.

adolescencia — afinar

2 Sofrer, padecer. *vpr* **3** Condoer-se, compadecer-se.

a.do.les.cen.cia [adolesθ´enθja] *sf* Adolescência.

a.do.les.cen.te [adolesθ´ente] *adj+s* Adolescente.

a.don.de [ad´onde] *adv* Aonde.

a.dop.ción [adopθj´on] *sf* Adoção.

a.dop.tar [adopt´ar] *vt* Adotar: a) *Der* tomar por filho a um filho de outrem. b) tomar, assumir.

a.dop.ti.vo, -a [adopt´ibo] *adj* Adotivo. **hijo adoptivo** filho adotivo.

a.do.ra.ble [ador´able] *adj* Adorável, encantador.

a.do.rar [ador´ar] *vt* Adorar.

a.dor.me.cer [adormeθ´er] *vt+vpr* Adormecer.

a.dor.no [ad´orno] *sm* Adorno, enfeite.

a.do.sar [ados´ar] *vtd* Aderir, unir, ligar.

ad.qui.si.ción [adkisiθj´on] *sf* Aquisição, obtenção.

a.dua.na [adw´ana] *sf* Alfândega, aduana.

a.du.cir [aduθ´ir] *vt* Aduzir, alegar.

a.due.ñar.se [adweñ´arse] *vpr* Apossar-se, apoderar-se, apropriar-se.

a.du.la.ción [adulaθj´on] *sf* Adulação, bajulação.

a.du.lar [adul´ar] *vt* Adular, bajular.

a.dul.te.rar [adulter´ar] *vt+vpr* Adulterar, falsificar.

a.dul.te.rio [adult´erjo] *sf* Adultério.

a.dul.to, -a [ad´ulto] *adj+s* Adulto.

ad.ve.ni.mien.to [adbenimj´ento] *sm* Advento, vinda, chegada.

ad.ver.bio [adb´erbjo] *sm Gram* Advérbio.

ad.ver.sa.rio, -a [adbers´arjo] *adj+s* Adversário, inimigo, rival.

ad.ver.si.dad [adbersid´ad] *sf* Adversidade.

ad.ver.so, -a [adb´erso] *adj* Adverso, contrário, desfavorável.

ad.ver.ten.cia [adbert´enθja] *sf* Advertência, aviso.

ad.ver.tir [adbert´ir] *vt+vi* Advertir: a) notar, observar. *vt* b) chamar a atenção para. c) avisar, admoestar.

a.é.re.o, -a [a´ereo] *adj* Aéreo.

a.e.ro.náu.ti.ca [aeron´awtika] *sf* Aeronáutica.

a.e.ro.na.ve [aeron´abe] *sf* Aeronave.

a.e.ro.puer.to [aeropw´erto] *sm* Aeroporto.

a.fa.ble [af´able] *adj* Afável, agradável, polido.

a.fán [af´an] *sm* Afã: a) trabalho, faina. b) cansaço, fadiga. c) ânsia, entusiasmo. d) pressa, azáfama.

a.fec.ción [afekθj´on] *sf Med* Doença, enfermidade.

a.fec.ta.ción [afektaθj´on] *sf* Afetação, presunção.

a.fec.tar [afekt´ar] *vt* Afetar: a) fingir, simular. b) comover, abalar. c) concernir, interessar. d) lesar.

a.fec.tuo.so, -a [afektw´oso] *adj* Afetuoso, carinhoso.

a.fei.tar [afejt´ar] *vt+vpr* Barbear, fazer a barba.

a.fe.mi.na.do, -a [afemin´ado] *adj+s* Efeminado.

a.fe.rrar [afer´ar] *vt+vi+vpr* Aferrar.

a.fian.zar [afjanθ´ar] *vt+vpr* **1** Afiançar, ser fiador de. **2** Segurar. **3** Assegurar, afirmar. **4** Fortalecer, consolidar.

a.fi.che [afi´tʃe] *sm Am* Cartaz.

a.fi.ción [afiθj´on] *sf* **1** Inclinação. **2** Torcida. **3** Afinco, empenho.

a.fi.cio.nar [afiθjon´ar] *vt+vpr* Afeiçoar, inclinar.

a.fi.lar [afil´ar] *vt* Afiar, amolar, aguçar.

a.fi.liar [afilj´ar] *vt+vpr* Afiliar, incluir.

a.fín [af´in] *adj+s* Afim, próximo, semelhante.

a.fi.nar [afin´ar] *vt+vpr* **1** Afinar, apurar. **2** *Mús* Pôr no devido tom.

a.fi.ni.dad [afinid´ad] *sf* Afinidade, parentesco.
a.fir.ma.ción [afirmaθj´on] *sf* Afirmação, afirmativa.
a.fir.mar [afirm´ar] *vt+vpr* **1** Afirmar: a) consolidar. b) asseverar. **2** Segurar-se.
a.flic.ción [aflikθj´on] *sf* Aflição.
a.fli.gir [aflih´ir] *vt+vpr* Afligir.
a.flo.jar [afloh´ar] *vt+vi+vpr* Afrouxar.
a.flo.rar [afloh´ar] *vi* Aflorar, emergir.
a.fo.ní.a [afon´ia] *sf Med* Afonia, rouquidão.
a.fren.ta [afr´enta] *sf* Afronta, ofensa.
a.fren.tar [afrent´ar] *vt* Afrontar, insultar, ofender, injuriar.
a.fron.tar [afront´ar] *vti* Enfrentar, desafiar.
a.fue.ra [afw´era] *adv* Fora. • **afueras** *sf pl* Arredores.
a.ga.char [agat∫´ar] *vt+vi* **1** Abaixar (uma parte do corpo). *vpr* **2** Agachar-se.
a.ga.rra.do, -a [agař´ado] *adj* Avaro, agarrado, avarento, pão-duro.
a.ga.rrar [agař´ar] *vt* Agarrar: a) pegar, apanhar, tomar. *vpr* b) valer-se.
a.ga.sa.jar [agasah´ar] *vt* **1** Obsequiar. **2** Acolher, recepcionar.
a.ga.sa.jo [agas´aho] *sm* **1** Obséquio. **2** Presente.
a.gen.da [ah´enda] *sf* Agenda.
á.gil [´ahil] *adj* Ágil: a) rápido, ligeiro, veloz. b) destro, hábil, desenvolto.
a.gi.li.dad [ahilid´ad] *sf* Agilidade, presteza.
a.gi.ta.ción [ahitaθj´on] *sf* Agitação, alvoroço.
a.gi.tar [ahit´ar] *vt+vpr* Agitar.
a.glu.ti.nar [aglutin´ar] *vt+vpr* Aglutinar, unir, colar.
a.go.biar [agobj´ar] *vt* Sobrecarregar, afligir.
a.go.bio [ag´objo] *sm* Angústia, aflição.

a.go.ní.a [agon´ia] *sf* Agonia, sofrimento.
a.go.ni.zar [agoniθ´ar] *vi* Agonizar, afligir.
a.gos.to [ag´osto] *sm* Agosto.
a.go.ta.mien.to [agotamj´ento] *sm* Exaustão, esgotamento.
a.go.tar [agot´ar] *vt+vpr* Esgotar: a) exaurir. b) consumir. c) extenuar.
a.gra.da.ble [agrad´able] *adj* Agradável, prazeroso, atraente.
a.gra.de.ci.mien.to [agradeθimj´ento] *sm* Agradecimento, gratidão.
a.gra.do [agr´ado] *sm* Agrado: a) afabilidade, amabilidade, cortesia. b) aprazimento, satisfação, contentamento.
a.gra.var [agrab´ar] *vt+vpr* Agravar, piorar.
a.gra.vio [agr´abjo] *sm* **1** Ofensa. **2** Prejuízo, dano.
a.gre.gar [agreg´ar] *vt+vpr* **1** Agregar. *vt* **2** Acrescentar.
a.gre.sión [agresj´on] *sf* Agressão.
a.gres.te [agr´este] *adj* Agreste, campestre.
a.grí.co.la [agr´ikola] *adj* Agrícola.
a.gri.cul.tor, -ora [agrikult´or] *s* Agricultor.
a.grie.tar [agrjet´ar] *vt* Rachar, fender-se.
a.grio, -a [´agrjo] *adj+s* Acre, azedo.
a.gro.no.mí.a [agronom´ia] *sf* Agronomia.
a.gru.pa.ción [agrupaθj´on] *sf* Agrupamento.
a.gru.par [agrup´ar] *vt+vpr* Agrupar, reunir em grupo.
a.gua [´agwa] *sf* Água.
a.gua.ca.te [agwak´ate] *sm Bot* Abacate.
a.gua.ce.ro [agwaθ´ero] *sm* Aguaceiro, chuvarada.
a.gua.fies.tas [agwafj´estas] *s inv fam* Desmancha-prazeres.

aguantar — alarma

a.guan.tar [agwant´ar] *vt* **1** Aguentar: a) sustentar, suportar. b) aturar, tolerar. **2** Conter-se, reprimir-se, refrear-se. *vpr*

a.guan.te [agw´ante] *sm* **1** Tolerância, paciência. **2** Resistência, vigor, ânimo.

a.guar [agw´ar] *vt+vpr* Aguar.

a.guar.dar [agward´ar] *vt+vpr* Aguardar, esperar.

a.guar.die.nte [agwardj´ente] *sf* Aguardente, cachaça, pinga.

a.gu.do, -a [ag´udo] *adj* Agudo: a) pontiagudo, afiado. b) perspicaz, sutil. c) intenso, forte. • *adj+sm* (Som) Agudo.

a.gui.jón [agih´on] *sm* Ferrão.

á.gui.la [´agila] *sf Zool* Águia.

a.gui.nal.do [agin´aldo] *sm AL* Décimo terceiro salário, abono de Natal, gratificação natalina.

a.gu.ja [ag´uha] *sf* Agulha.

a.gu.je.re.ar [aguhere´ar] *vt+vpr* Furar, esburacar, perfurar.

a.gu.je.ro [aguh´ero] *sm* Furo, buraco, orifício.

a.gu.zar [aguθ´ar] *vt* Aguçar, avivar.

¡ah! [a] *interj* Ah!

a.hí [a´i] *adv* Aí.

a.hi.ja.do, -a [aih´ado] *s* Afilhado.

a.hin.co [a´inko] *sm* Afinco, empenho, dedicação.

a.ho.gar [aog´ar] *vt+vpr* **1** Afogar, asfixiar. **2** Extinguir, apagar (o fogo).

a.ho.go [a´ogo] *sm* Sufoco.

a.hon.dar [aond´ar] *vt+vi+vpr* Aprofundar, afundar.

a.ho.ra [a´ora] *adv* Agora.

a.hor.car [aork´ar] *vt+vpr* Enforcar.

a.ho.rrar [aorˇ´ar] *vt+vpr* Poupar, economizar.

a.ho.rro [a´oˇro] *sm* **1** Poupança. **2 ahorros** *pl* pé-de-meia.

a.hue.car [awek´ar] *vt* **1** Escavar, tornar cavo, côncavo, oco. *vt+vpr* **2** Afofar, tornar fofo. *vt* **3** Engrossar (a voz).

a.hu.yen.tar [awyent´ar] *vtd* Afugentar, repelir.

ai.re [´ajre] *sm* **1** Ar: a) atmosfera. b) vento, brisa, aragem. c) aparência geral. **2** Semelhança. **3** Vaidade.

a.i.re.ar [ajre´ar] *vt+vpr* Arejar.

a.is.la.mien.to [ajslamj´ento] *sm* Isolamento, afastamento.

a.is.lar [ajsl´ar] *vt+vpr* Isolar, afastar.

a.jar [ah´ar] *vt+vpr* Estragar, maltratar.

a.je.drez [ahedr´eθ] *sm* Xadrez.

a.je.no, -a [ah´eno] *adj* Alheio, alienado.

a.je.treo [ahetr´eo] *sm* Azáfama, correria, corre-corre.

a.jí [ah´i] *sm Bot Perú* **1** Pimenta. **2** Pimentão.

a.jo [´aho] *sm Bot* Alho.

a.juar [ahw´ar] *sm* Enxoval.

a.jus.tar [ahust´ar] *vt+vpr* Ajustar: a) igualar. b) adaptar, acomodar, harmonizar. c) convencionar, combinar, estipular. d) combinar (o preço).

a.jus.ti.ciar [ahustiθj´ar] *vt* Justiçar, executar.

al [al] *Gram contr prep* **a**+*art* el Ao.

a.la [´ala] *sf* **1** Asa. **2** *Dep* Ala. **3** Aba (de chapéu).

a.la.ban.za [alab´anθa] *sm* Elogio, louvor.

a.la.bar [alab´ar] *vt+vpr* Elogiar, louvar.

a.la.gar [alag´ar] *vt* Inundar, encharcar.

a.lam.bra.do [alambr´ado] *sm* Alambrado, aramado.

a.lam.bre [al´ambre] *sm* Arame.

a.la.me.da [alam´eda] *sf* Alameda.

a.lar.de.ar [alarde´ar] *vi* Alardear, propalar.

a.lar.gar [alarg´ar] *vt+vpr* Alongar: a) encompridar. b) estender. c) prolongar-se.

a.lar.ma [al´arma] *sf* Alarme.

alarmar   10   alisar

a.lar.mar [alarm´ar] *vt+vpr* Alarmar, assustar.
al.ba [´alba] *sf* Alva, alvorada, amanhecer, alvorecer, aurora.
al.ba.ñil [albañ´il] *sm* Pedreiro.
al.ba.ñi.le.rí.a [albañiler´ia] *sf* Alvenaria.
al.ber.gar [alberg´ar] *vt+vi+vpr* Albergar: a) hospedar. b) conter, encerrar, abrigar.
al.ber.gue [alb´erge] *sm* Albergue.
al.bón.di.ga [alb´ondiga] *sf Cul* Almôndega.
al.bo.ra.da [albor´ada] *sf* Alvorada.
al.bo.ro.to [albor´oto] *sm* Alvoroço: a) gritaria. b) tumulto, confusão, algazarra.
al.bo.ro.zo [albor´oθo] *sm* Entusiasmo, alegria.
ál.bum [´album] *sm* Álbum.
al.ca.hue.te, -a [alkaw´ete] *s* Alcoviteiro, fofoqueiro, mexeriqueiro, leva e traz.
al.cal.de, -esa [alk´alde] *sm* Prefeito.
al.cal.dí.a [alkald´ja] *sf* Prefeitura.
al.can.ce [alk´anθe] *sm* Alcance.
al.can.ta.ri.lla [alkantar´iλa] *sf* Esgoto.
al.can.zar [alkanθ´ar] *vt+vi* Alcançar, atingir.
al.co.hol [alk(o)´ol] *sm Quím* Álcool.
al.de.a [ald´ea] *sm* Aldeia.
a.le.a.to.rio, -a [aleat´orjo] *adj* Aleatório, casual.
a.le.gar [aleg´ar] *vt+vi* Alegar: a) citar como prova. b) referir, mencionar. c) *Der* Fazer (em juízo) alegação de.
a.le.ga.to [aleg´ato] *sm* Alegação.
a.le.grar [alegr´ar] *vt+vpr* Alegrar, contentar, exultar.
a.le.grí.a [alegr´ia] *sf* Alegria, júbilo, euforia.
a.le.jar [aleh´ar] *vt+vpr* **1** Afastar, isolar. *vt* **2** Afugentar. **3** Distanciar(se).
a.len.tar [alent´ar] *vt+vpr* Alentar, encorajar.

a.ler.ta [al´erta] *sm* Alerta (sinal). • *adv* Alerta (com vigilância). • *interj* ¡alerta! Alerta!, atenção!, cuidado! • *adj* Alerta, vigilante.
al.fa.be.ti.zar [alfabetiθ´ar] *vt* Alfabetizar.
al.fa.be.to [alfab´eto] *sm* Alfabeto.
al.fa.re.rí.a [alfarer´ia] *sf* Olaria, cerâmica.
al.fi.ler [alfil´er] *sm* Alfinete.
al.fom.bra [alf´ombra] *sf* Tapete.
al.ga.ra.bí.a [algarab´ia] *sm fam* Algazarra, algaravia.
al.go [´algo] *pron indef* Algo.
al.go.dón [algod´on] *sm Bot* Algodão.
al.guien [´algien] *pron indef* Alguém. • *sm fam* Alguém, pessoa (de certo relevo).
al.gún [alg´un] *pron indef+adj* Algum.
al.gu.no, -a [alg´uno] *pron indef+adj* Algum.
al.ha.ja [al´aha] *sf* **1** Joia. **2** *iron* Pessoa de boas qualidades.
a.lian.za [alj´anθa] *sf* Aliança.
a.lias [´aljas] *sm* Apelido, codinome, cognome.
a.li.ca.í.do, -a [alika´ido] *adj* Abatido, cabisbaixo.
a.li.ca.te [alik´ate] *sm* Alicate.
a.li.cien.te [aliθj´ente] *sm* Incentivo.
a.lie.nar [aljen´ar] *vt+vpr* Alienar, alhear.
a.lien.to [alj´ento] *sm* **1** Hálito. **2** Ânimo, coragem. **3** Fôlego.
a.li.men.ta.ción [alimentaθj´on] *sf* Alimentação.
a.li.men.to [alim´ento] *sm* Alimento.
a.li.nea.ción [alineaθj´on] *sf* Alinhamento, envolvimento.
a.li.ne.ar [aline´ar] *vt+vpr* **1** Alinhar. **2** Aderir.
a.li.ñar [aliñ´ar] *vt* Temperar.
a.li.ño [al´iño] *sm* Tempero, condimento.
a.li.sar [alis´ar] *vt+vpr* Alisar.

alistar — amansar

a.lis.tar [alist´ar] *vt+vpr* Alistar: a) relacionar, arrolar. b) recrutar.
a.li.viar [alibj´ar] *vt+vpr* Aliviar, suavizar.
a.li.vio [al´ibjo] *sm* Alívio.
a.llá [aλ´a] *adv* **1** Lá. **2** Além.
a.lla.nar [aλan´ar] *vt+vi+vpr* **1** Aplanar, nivelar, aplainar. **2** Invadir. **3** Vencer ou superar alguma dificuldade.
a.lle.ga.do, -a [aλeɡ´ado] *adj+s* Chegado, próximo.
a.llen.de [aλ´ende] *adv* Do lado de lá. • *prep* Além de.
a.llí [aλ´i] *adv* Ali.
al.ma [´alma] *sf* Alma.
al.ma.cén [almaθ´en] *sm* **1** Armazém, depósito. **2** Mercearia.
al.ma.ce.nar [almaθen´ar] *vt* Armazenar.
al.mi.do.nar [almidon´ar] *vt* Engomar.
al.mo.ha.da [almo´ada] *sf* Travesseiro.
al.mo.ha.dón [almoad´on] *sm* Almofada.
al.mor.zar [almorθ´ar] *vt+vi* Almoçar.
al.muer.zo [almw´erθo] *sm* Almoço.
a.lo.ja.mien.to [alohamj´ento] *sm* Alojamento, hospedagem.
al.qui.lar [alkil´ar] *vt* Alugar.
al.qui.ler [alkil´er] *sf* Aluguel.
al.re.de.dor [alrededor´] *adv* Ao redor, em volta, em torno.
al.ta.ne.rí.a [altaner´ia] *sf* Soberba, altivez, arrogância.
al.ta.ne.ro, -a [altan´ero] *adj* Soberbo, altivo, arrogante.
al.ta.voz [altab´oθ] *sm* Alto-falante.
al.te.ra.ción [alteraθj´on] *sf* Alteração, modificação, transformação, mudança.
al.te.rar [alter´ar] *vt+vpr* Alterar: a) mudar, modificar. b) perturbar, transtornar. c) irritar, encolerizar. d) decompor, degenerar.

al.ter.ca.do [alterk´ado] *sm* Disputa.
al.ter.nar [altern´ar] *vt+vi* **1** Alternar, revezar-se. *vi* **2** Relacionar-se socialmente.
al.ti.tud [altit´ud] *sf* Altitude, elevação.
al.ti.vez [altibj´eθ] *sf* Altivez, orgulho, soberba.
al.to, -a [´alto] *adj* Alto: a) elevado. b) de grande estatura. • *sm* **1** Alto. **2** Altura. • *adv* Alto: a) a grande altura. b) sonoramente.
al.to.par.lan.te [altoparl´ante] *sm Am* Alto-falante.
al.tu.ra [alt´ura] *sf* Altura.
a.lu.bia [al´ubja] *sf Bot* Feijão.
a.lu.ci.na.ción [aluθinaθj´on] *sf* Alucinação, delírio.
a.lu.dir [alud´ir] *vi+vt* Aludir.
a.lum.bra.mien.to [alumbramj´ento] *sm* Parto.
a.lum.brar [alumbr´ar] *vt+vi* **1** Iluminar. **2** Parir, dar à luz. *vpr* **3** Iluminar-se, entender claramente.
a.lum.no, -a [al´umno] *s* Aluno, estudante.
a.lu.sión [alusj´on] *sf* Alusão, referência.
a.lu.vión [alubj´on] *sm* Aluvião, inundação, cheia, enchente, enxurrada.
al.za [´alθa] *sf* Alta, elevação.
al.za.mien.to [alθamj´ento] *sm* Levantamento, rebelião.
al.zar [alθ´ar] *vt* Levantar, elevar, alçar, aumentar.
a.ma.bi.li.dad [amabilid´ad] *sf* Amabilidade, cordialidade, gentileza.
a.ma.es.tra.do [amaestr´ado] *adj* Domesticado, amestrado.
a.ma.man.tar [amamant´ar] *vt* Amamentar.
a.ma.ne.cer [amaneθ´er] *vi* Amanhecer.
a.man.sar [amans´ar] *vt+vpr* Amansar, sossegar.

amante — analizar

a.man.te [am'ante] *adj+s* Amante, apaixonado.
a.mar [am'ar] *vt+vpr* Amar, gostar.
a.mar.gar [amarg'ar] *vt+vpr* **1** Amargar. **2** Amargurar.
a.ma.ri.llo, -a [amar'iλo] *adj+sm* Amarelo.
a.ma.rrar [amař'ar] *vt* **1** Amarrar. *vpr fam* **2** Amarrar-se, casar-se.
a.ma.sar [amas'ar] *vt* Amassar.
am.bi.ción [ambiθj'on] *sf* Ambição, ganância.
am.bi.cio.nar [ambiθjon'ar] *vt* Ambicionar, cobiçar.
am.bien.tar [ambjent'ar] *vt+vpr* Ambientar.
am.bien.te [ambj'ente] *adj+sm* Ambiente.
am.bi.güe.dad [ambigwed'ad] *sf* Ambiguidade, confusão, incerteza.
am.bi.guo, -a [amb'igwo] *adj* Ambíguo, duvidoso.
ám.bi.to ['ambito] *sm* Âmbito, amplitude, espaço.
am.bos, -as ['ambos] *adj pl+pron pl* Ambos.
am.bu.lan.cia [ambul'anθja] *sf* Ambulância.
a.me.dren.tar [amedrent'ar] *vt+vpr* Amedrontar, assustar, atemorizar.
a.mén [am'en] *interj+sm* Amém, consentimento, aprovação.
a.me.na.za [amen'aθa] *sf* Ameaça.
a.me.na.zar [amenaθ'ar] *vt+vi* Ameaçar.
a.me.no, -a [am'eno] *adj* Ameno, agradável.
ame.tra.lla.do.ra [ametraλad'ora] *sf* Metralhadora.
a.me.tra.llar [ametraλ'ar] *vt* Metralhar.
a.míg.da.la [am'igdala] *sf Anat* Amídala.
a.mi.go, -a [am'igo] *adj+s* Amigo.
a.mi.no.rar [aminor'ar] *vt+vi* Minorar, diminuir.

a.mis.tad [amist'ad] *sf* Amizade, afeição.
am.nis.tí.a [amnist'ia] *sf* Anistia, perdão.
a.mo.lar [amol'ar] *vt+vpr* Amolar: a) afiar, aguçar. b) enfadar, aborrecer.
a.mol.dar [amold'ar] *vt+vpr* Moldar, amoldar, ajustar.
a.mo.nes.ta.ción [amonestaθj'on] *sf* Admoestação, repreensão, conselho.
a.mo.nes.tar [amonest'ar] *vt* Admoestar, repreender, aconselhar.
a.mon.to.nar [amonton'ar] *vt+vpr* Amontoar, agrupar.
a.mor [am'or] *sm* Amor, carinho, afeição.
a.mo.rí.o [amor'io] *sm* Namorico, namoro.
a.mor.ti.guar [amortigw'ar] *vt+vpr* Amortecer.
a.mor.ti.zar [amortiθ'ar] *vt+vpr* Amortizar.
am.pa.rar [ampar'ar] *vtd+vpr* Amparar, sustentar.
am.pliar [amplj'ar] *vt* Ampliar, dilatar.
am.pli.fi.car [amplifik'ar] *vt* Amplificar, ampliar.
am.plio, -a ['ampljo] *adj* amplo, espaçoso, extenso, vasto.
am.pli.tud [amplit'ud] *sf* Amplitude, imensidão.
am.pu.ta.ción [amputaθj'on] *sf* Amputação, mutilação.
a.mue.blar [amwebl'ar] *vt* Mobiliar.
a.mu.le.to [amul'eto] *sm* Amuleto.
a.na.con.da [anak'onda] *sf Zool* Sucuri.
a.nal.fa.be.to, -a [analfab'eto] *adj+s* Analfabeto, ignorante.
a.nal.gé.si.co, -a [anal:h'esiko] *adj+sm* Analgésico.
a.ná.li.sis [an'alisis] *sm inv* Análise.
a.na.li.zar [analiθ'ar] *vt* Analisar, examinar.

a.na.lo.gí.a [analoh´ia] *sf* Analogia.
a.na.nás [anan´as] *sm* Abacaxi.
an.ces.tral [anθestr´al] *adj* Ancestral, remoto, antigo.
an.cho, -a [´antʃo] *adj* Largo, amplo. • *sm* Largura, largo.
an.cho.a [antʃ´oa] *sf Zool* Enchova, anchova.
an.chu.ra [antʃ´ura] *sf* Largura.
an.cia.no, -a [anθj´ano] *adj+s* Ancião, idoso.
an.cla [´ankla] *sf* Âncora.
an.dar [and´ar] *vi* Andar: a) caminhar. b) mover-se. c) funcionar. d) passar, decorrer (o tempo). e) existir. f) proceder, agir, portar-se.
an.dra.jo [andr´aho] *sm* Farrapo, trapo.
an.dra.jo.so, -a [andrah´oso] *s* Esfarrapado, maltrapilho.
a.néc.do.ta [an´ekdota] *sf* Anedota, história, piada.
a.ne.gar [aneg´ar] *vt+vpr* Alagar, inundar.
a.nes.te.sia [anest´esja] *sf Med* Anestesia.
a.ne.xar [aneks´ar] *vt* Anexar, juntar.
a.ne.xo, -a [an´ekso] *adj* Anexo, unido, apenso.
an.fi.bio [anf´ibjo] *adj+sm Zool* Anfíbio.
an.fi.trión, -ona [anfitrj´on] *s* Anfitrião.
án.gel [´an:hel] *sm* Anjo.
an.gos.to, -a [ang´osto] *adj* Estreito.
án.gu.lo [´angulo] *sm* Ângulo.
an.gus.tia [ang´ustja] *sf* Angústia, ansiedade.
an.he.lar [anel´ar] *vt* Almejar, ambicionar, ansiar, desejar.
an.he.lo [an´elo] *sm* Anseio, ambição, ânsia, desejo (ardente).
a.ni.dar [anid´ar] *vi+vpr* Aninhar.
a.ni.llo [an´iλo] *sm* Anel.
a.ni.mal [anim´al] *sm+adj* Animal.

a.ni.mar [anim´ar] *vt+vpr* Animar, encorajar.
á.ni.mo [´animo] *sm+interj* Ânimo.
a.ni.qui.lar [anikil´ar] *vt+vpr* Aniquilar, exterminar, destruir, acabar.
a.ni.ver.sa.rio [anibers´arjo] *sm* Aniversário (de um acontecimento).
a.no [´ano] *sm Anat* Ânus.
a.no.che [an´otʃe] *adv* Ontem à noite.
a.no.che.cer [anotʃeθ´er] *vi* Anoitecer. • *sm* Anoitecer.
a.nó.ni.mo, -a [an´onimo] *adj+sm* Anônimo.
a.nor.mal [anorm´al] *adj+s* Anormal, diferente, irregular.
a.no.ta.ción [anotaθj´on] *sf* Anotação.
an.sia [´ansja] *sf* **1** Ânsia, aflição, angústia. **2** Náusea. **3** Anseio.
an.sie.dad [ansjed´aδ] *sf* Ansiedade, angústia.
an.ta.ño [ant´año] *adv+sm* Antanho, antigamente, outrora.
an.te [´ante] *prep* Ante: a) diante de. b) na presença de.
an.te.a.no.che [antean´otʃe] *adv* Anteontem à noite.
an.te.a.yer [anteay´er] *adv* Anteontem.
an.te.bra.zo [antebr´aθo] *sm Anat* Antebraço.
an.te.ce.sor, -ora [anteθes´or] *adj+s* Antecessor. • *sm* Antepassado, ascendente.
an.te.la.ción [antelaθj´on] *sf* Antecipação, antecedência.
an.te.ma.no [antem´ano] *adv* Antemão. **de antemano** de antemão.
an.te.na [ant´ena] *sf* Antena.
an.te.o.jos [ante´ohos] *sm pl* Óculos.
an.te.pa.sa.do, -a [antepas´ado] *adj+sm* Antepassado, ascendente.
an.tes [´antes] *adv* Antes.
an.ti.ci.par [antiθip´ar] *vt+vpr* Antecipar.
an.ti.cuer.po [antikw´erpo] *sm Biol* Anticorpo.

antifaz — apenas

an.ti.faz [antif´aθ] *sm* Máscara.
an.ti.güe.dad [antigwed´ad] *sf* Antiguidade.
an.ti.guo, -a [ant´igwo] *adj* Antigo.
an.ti.pa.tí.a [antipat´ia] *sf* Antipatia, aversão.
an.ti.sép.ti.co, -a [antis´eptiko] *adj+sm Med* Antisséptico, desinfetante.
an.to.jar.se [antoh´arse] *vpr* 1 Apetecer, desejar (intensamente). 2 Supor, desconfiar.
an.to.jo [antoh´o] *sm* Desejo, capricho.
an.to.lo.gí.a [antoloh´ia] *sf* Antologia, coletânea.
an.tó.ni.mo [ant´onimo] *adj+sm Gram* Antônimo.
an.tor.cha [ant´ortʃa] *sf* Tocha.
a.nu.ba.rra.do, -a [anubaɾ´ado] *adj* Nublado, anuviado, enevoado.
a.nu.dar [anud´ar] *vt+vpr* Dar nó.
a.nuen.cia [anw´enθja] *sf* Anuência, consentimento.
a.nu.la.ción [anulaθj´on] *sf* Anulação.
a.nun.ciar [anunθj´ar] *vt* Anunciar, noticiar, publicar.
a.nun.cio [an´unθjo] *sm* Anúncio, propaganda.
an.zue.lo [anθw´elo] *sm* 1 Anzol. 2 *fig* Isca, chamariz, engodo.
a.ña.di.du.ra [añadid´ura] *sf* Acréscimo.
a.ña.dir [añad´ir] *vt* Acrescentar, adicionar.
a.ñe.jo, -a [añ´eho] *adj* Velho, envelhecido.
a.ñi.cos [añ´ikos] *sm pl* Fragmentos, cacos.
a.ño [´año] *sm* Ano.
a.ño.ran.za [añoɾ´anθa] *sf* Nostalgia, saudade.
a.ño.rar [añoɾ´ar] *vt+vi* Ter saudades.
a.pa.gar [apag´ar] *vt+vpr* 1 Apagar. 2 Desligar (aparelho elétrico).
a.pa.gón [apag´on] *sm* Blecaute, apagão.
a.pa.lear [apale´ar] *vtd* Espancar, golpear.
a.pa.ñar [apañ´ar] *vt* Apanhar, colher, recolher.
a.pa.rar [apar´ar] *vt* Aparar, podar.
a.pa.ra.to [apaɾ´ato] *sm* 1 Aparelho. 2 Aparato.
a.par.ca.mien.to [aparkamj´ento] *sm* Estacionamento.
a.par.car [apark´ar] *vt* Estacionar, parar.
a.pa.re.cer [apareθ´er] *vi+vpr* Aparecer, surgir.
a.pa.re.ci.do [apareθ´ido] *sm* Fantasma, assombração, aparição.
a.pa.ren.tar [aparent´ar] *vt+vi* Aparentar.
a.pa.ri.ción [apariθj´on] *sf* Aparição: a) aparecimento. b) fantasma.
a.pa.rien.cia [aparj´enθja] *sf* Aparência.
a.par.ta.men.to [apartam´ento] *sf* Apartamento.
a.par.te [ap´arte] *adv* À parte, além de. • *sm Teat* Aparte.
a.pa.sio.nar [apasjon´ar] *vt+vpr* Apaixonar, entusiasmar.
a.pa.tí.a [apat´ia] *sf* Apatia, indiferença.
a.pe.ar [ape´ar] *vt+vpr* Apear, desmontar, descer.
a.pe.dre.ar [apedre´ar] *vt* Apedrejar.
a.pe.gar.se [apeg´arse] *vpr* Apegar-se, afeiçoar-se.
a.pe.la.ción [apelaθj´on] *sf Der* Apelação.
a.pe.lar [apel´ar] *vi* Apelar, invocar.
a.pe.lli.dar *vt+vpr* 1 Dar nome a. 2 Nomear, designar pelo nome.
a.pe.lli.do [apeʎ´ido] *sm* Sobrenome.
a.pe.nar [apen´ar] *vt+vpr* 1 Causar tristeza, aflição. *vpr* 2 Envergonhar-se, acanhar-se.
a.pe.nas [ap´enas] *adv* 1 Quase não, raramente. 2 Apenas, só, somente. • *conj* Apenas, logo que, mal.

a.pén.di.ce [ap´endiθe] *sm* Apêndice.
a.pe.ri.ti.vo [aperit´ibo] *adj+sm* Aperitivo.
a.per.tu.ra [apert´ura] *sf* Abertura: a) ato de abrir. b) inauguração.
a.pes.tar [apest´ar] *vt+vpr* **1** Empestar, pestear. **2** Corromper, viciar. *vi* **3** Feder.
a.pe.ti.to [apet´ito] *sm* Apetite.
a.pia.dar [apjad´ar] *vt+vpr* Apiedar, condoer.
á.pi.ce [´apiθe] *sm* Ápice, vértice, cume.
a.pi.lar [apil´ar] *vt* Empilhar.
a.pla.car [aplak´ar] *vt+vpr* Aplacar, abrandar, mitigar.
a.pla.nar [aplan´ar] *vt* Aplanar, nivelar, aplainar.
a.plas.tar [aplast´ar] *vt+vpr* **1** Esmagar. **2** *fig* Arrasar, humilhar. **3** *fam* Abafar.
a.plau.dir [aplawd´ir] *vt* Aplaudir.
a.plau.so [apl´awso] *sm* Aplauso.
a.pla.za.mien.to [aplaθamj´ento] *sm* Adiamento.
a.pla.zar [aplaθ´ar] *vt* **1** Adiar. **2** Reprovar.
a.pli.ca.ción [aplikaθj´on] *sf* Aplicação, zelo, dedicação.
a.pli.car [aplik´ar] *vt+vpr* Aplicar.
a.po.de.rar [apoder´ar] *vt* **1** Dar poderes, outorgar procuração. *vpr* **2** Apoderar-se, apossar-se.
a.po.do [ap´odo] *sm* Apelido, alcunha, cognome.
a.po.ge.o [apoh´eo] *sm* Apogeu, auge.
a.po.rre.ar [apoře´ar] *vt+vpr* Bater, espancar.
a.por.ta.ción [aportaθj´on] *sf* Contribuição.
a.por.tar [aport´ar] *vt* Contribuir, colaborar.
a.po.sen.to [apos´ento] *sm* Aposento, cômodo.
a.pos.tar [apost´ar] *vt+vpr* Apostar, fazer aposta.

a.pós.tol [ap´ostol] *sm* Apóstolo.
a.pós.tro.fo [ap´ostrofo] *sm* Apóstrofo.
a.po.yar [apoy´ar] *vt* **1** Encostar. **2** Apoiar, sustentar, amparar.
a.po.yo [ap´oyo] *sm* Apoio: a) suporte, base. b) auxílio, amparo. c) fundamento.
a.pre.cio [apr´eθjo] *sm* Apreço, estima.
a.pre.hen.der [apr(e)end´er] *vt* Apreender, compreender uma ideia.
a.pre.hen.sión [apr(e)ensj´on] *sf* Apreensão, compreensão de uma ideia.
a.pre.miar [apremj´ar] *vt* Apressar, pressionar.
a.pren.der [aprend´er] *vt* Aprender, instruir-se.
a.pren.diz, -a [aprend´iθ] *s* Aprendiz, aluno.
a.pren.di.za.je [aprendiθ´ahe] *sm* Aprendizado.
a.pren.sión [aprensj´on] *sf* Apreensão, receio, temor.
a.pre.su.rar [apresur´ar] *vt+vpr* Apressar.
a.pre.tar [apret´ar] *vt+vpr+vi* Apertar.
a.pre.tón [apret´on] *sm* Aperto.
a.pri.sa [apr´isa] *adv* Depressa, rapidamente.
a.pri.sio.nar [aprisjon´ar] *vt* Aprisionar.
a.pro.bar [aprob´ar] *vt* Aprovar, concordar, permitir.
a.pro.piar [apropj´ar] *vt+vpr* Apropriar, adequar.
a.pro.ve.char [aprobetʃ´ar] *vt+vi+vpr* Aproveitar.
a.pro.xi.ma.ción [aproksimaθj´on] *sf* Aproximação.
ap.ti.tud [aptit´ud] *sf* Aptidão, habilidade.
ap.to, -a [´apto] *adj* Apto, idôneo, hábil.
a.pues.ta [apw´esta] *sf* Aposta.

apuntar — arreglo

a.pun.tar [apunt´ar] *vt* **1** Assestar, fazer pontaria. **2** Apontar, mostrar, indicar. **3** Anotar. *vt+vpr* **4** Inscrever.
a.pun.te [ap´unte] *sm* Apontamento, nota, anotação.
a.pu.ña.lar [apuñal´ar] *vt* Apunhalar, esfaquear.
a.pu.rar [apur´ar] *vt* **1** Purificar, aproveitar ao máximo. *vt+vpr* **2** Apressar.
a.pu.ro [ap´uro] *sm* **1** Apuro, aperto, dificuldade. **2** Pressa, urgência.
a.quel [ak´el] *pron dem+adj* Aquele.
a.que.lla [ak´eλa] *pron dem+adj* Aquela.
a.que.llo [ak´eλo] *pron dem* Aquilo.
a.quí [ak´i] *adv* Aqui.
a.ra.ña [ar´aña] *sf* **1** *Zool* Aranha. **2** Candelabro.
a.ra.ñar [arañ´ar] *vt+vpr* Arranhar, riscar.
a.ra.ña.zo [arañ´aθo] *sm* Arranhão.
a.rar [ar´ar] *vt* Arar, lavrar (a terra).
ar.bi.trar [arbitr´ar] *vi* Arbitrar, opinar, decidir.
ar.bi.tra.rie.dad [arbitrarjed´ad] *sf* Arbitrariedade, casualidade.
ar.bi.trio [arb´itrjo] *sm* Arbítrio, vontade própria.
ár.bi.tro [´arbitro] *s* Árbitro, juiz.
ár.bol [´arbol] *sm Bot* Árvore.
ar.bo.le.da [arbol´eda] *sf* Arvoredo.
ar.cai.co, -a [ark´ajko] *adj* Arcaico, desusado.
ar.cén [arθ´en] *sm* Acostamento.
ar.chi.pié.la.go [artʃipj´elago] *sm* Arquipélago.
ar.chi.var [artʃib´ar] *vt* Arquivar.
ar.chi.vo [artʃ´ibo] *sm* Arquivo.
ar.ci.lla [arθ´iλa] *sf* Argila.
ar.did [ard´id] *sm* Ardil, estratagema, cilada.
ar.duo, -a [´ardwo] *adj* Árduo, trabalhoso, custoso, cansativo.
a.re.na [ar´ena] *sf* **1** Areia. **2** Arena: a) lugar de combate. b) terreno para corridas de touros.

a.re.te [ar´ete] *sm* Brinco.
ar.go.lla [arg´oλa] *sf* Argola.
ar.got [arg´ot] *sm* Jargão, gíria, dialeto.
ar.gu.men.tar [argument´ar] *vi* Argumentar: a) alegar. b) discutir.
á.ri.do, -a [´arido] *adj* Árido, seco.
a.ries [´arjes] *adj+sm inv* Áries.
a.ris.co, -a [ar´isko] *adj* Arisco, áspero, intratável.
a.ris.tó.cra.ta [arist´okrata] *s* Aristocrata.
a.rit.mé.ti.ca [aritm´etika] *sf* Aritmética.
ar.ma [´arma] *sf* Arma.
ar.ma.di.llo [armad´iλo] *sm Zool* Tatu.
ar.mar [arm´ar] *vt+vpr* Armar.
ar.ma.rio [arm´arjo] *sm* Armário.
ar.ma.zón [armaθ´on] *sf* Armação.
ar.mo.ní.a [armon´ia] *sf* Harmonia.
ar.mo.ni.zar [armoniθ´ar] *vt+vi* Harmonizar.
a.ro [´aro] *sm* **1** Aro, argola. **2** Brinco.
a.ro.ma [ar´oma] *sm* Aroma, perfume, fragrância, cheiro.
ar.que.o.lo.gí.a [arkeoloh´ia] *sf* Arqueologia.
ar.que.ro [ark´ero] *s* **1** Arqueiro. **2** *Dep Arg* Goleiro.
ar.qui.tec.tu.ra [arkitekt´ura] *sf* Arquitetura, edificação, construção.
a.rra.bal [ařab´al] *sm* Arrabalde, subúrbio, arredores.
a.rran.car [ařank´ar] *vt+vi* Arrancar, extrair.
a.rra.sar [ařas´ar] *vt* Arrasar: a) nivelar, aplanar. b) destruir.
a.rras.trar [ařastr´ar] *vt+vi+vpr* **1** Arrastar. *vpr* **2** Humilhar-se.
a.rre.ba.tar [ařebat´ar] *vt+vpr* Arrebatar.
a.rre.ci.fe [ařeθ´ife] *sm* Recife.
a.rre.glar [ařegl´ar] *vt* Arrumar, ajustar, combinar, consertar.
a.rre.glo [ař´eglo] *sm* **1** Ajuste, com-

arremangar / **asfixia**

binación. **2** Concerto. **3** *Mús* Arranjo (musical).

a.rre.man.gar [ařemaŋ´ar] *vt+vpr* Arregaçar.

a.rren.da.mien.to [ařendamj´ento] *sm* Arrendamento, aluguel, locação.

a.rre.pen.ti.mien.to [ařepentimj´ento] *sm* Arrependimento.

a.rre.pen.tir.se [ařepent´irse] *vpr* Arrepender-se, retratar-se.

a.rres.tar [ařest´ar] *vt* Prender, deter.

a.rres.to [ař´esto] *sm* Detenção, reclusão.

a.rri.ba [ař´iba] *adv* Acima.

a.rrien.do [ařj´endo] *sm* Aluguel.

a.rries.gar [ařjesg´ar] *vt+vpr* Arriscar.

a.rro.di.llar [ařodiλ´ar] *vt+vi+vpr* Ajoelhar.

a.rro.gan.cia [ařoɣ´anθja] *sf* Arrogância, orgulho.

a.rro.jar [ařoh´ar] *vt+vpr* Arrojar, atirar, arremessar, jogar.

a.rro.llar [ařoλ´ar] *vt* **1** Enrolar, envolver. **2** Atropelar.

a.rro.yo [ař´oyo] *sm* Arroio, córrego, riacho.

a.rroz [ař´oθ] *sm Bot* Arroz.

a.rru.ga [ař´uga] *sf* **1** Ruga. **2** Prega, dobra, franzimento.

a.rru.gar [ařug´ar] *vt+vpr* Enrugar, amassar, encrespar.

a.rrui.nar [ařwin´ar] *vt+vpr* Arruinar, estragar, destruir.

ar.te [´arte] *s* Arte.

ar.te.ria [art´erja] *sf* **1** *Anat* Artéria. **2** Grande via de comunicação.

ar.te.sa.ní.a [artesan´ia] *sf* Artesanato.

ar.te.sa.no, -a [artes´ano] *s* Artesão.

ar.ti.cu.la.ción [artikulaθj´on] *sf* Articulação.

ar.tí.cu.lo [art´ikulo] *sm* Artigo.

ar.ti.lle.rí.a [artiλer´ia] *sf* Artilharia.

ar.ti.ma.ña [artim´aɲa] *sf* Artimanha, ardil, estratagema.

ar.tis.ta [art´ista] *adj+s* Artista.

a.sa [´asa] *sm* Asa, alça (de certos utensílios).

a.sa.do, -a [as´ado] *sm Cul* Churrasco, assado.

a.sa.dor [asad´or] *sm* Espeto, churrasqueira.

a.sa.la.ria.do, -a [asalarj´ado] *adj+s* Assalariado.

a.sal.tar [asalt´ar] *vt* Assaltar, roubar.

a.sal.to [as´alto] *sm* Assalto, ataque, roubo.

a.sam.ble.a [asambl´ea] *sf* Assembleia.

a.sar [as´ar] *vt* Assar.

as.cen.dien.te [asθendj´ente] *s* **1** Ascendente, antepassado. *sm* **2** Predomínio, preponderância, ascendência.

as.cen.sión [asθensj´on] *sf* Ascensão, subida.

as.cen.so [asθens´o] *sm* Ascensão, promoção.

as.cen.sor [asθens´or] *sm* Elevador.

as.co [´asko] *sm* Nojo.

a.sear [ase´ar] *vt+vpr* Assear, limpar.

a.se.diar [asedj´ar] *vt* Assediar, cercar.

a.se.dio [as´edjo] *sm* Assédio.

a.se.gu.rar [asegur´ar] *vt* Segurar: a) firmar, fixar. b) agarrar, conter, prender. *vt+vpr* c) garantir, afirmar, assegurar.

a.sen.tir [asent´ir] *vi* Assentir, concordar.

a.se.o [as´eo] *sf* **1** Asseio, limpeza. **2** Banheiro, lavabo, toalete.

a.se.qui.ble [asek´ible] *adj* Acessível.

a.se.si.nar [asesin´ar] *vt* Assassinar, matar, eliminar.

a.se.sor, -ora [ases´or] *adj+s* Assessor, auxiliar.

a.se.so.rar [asesor´ar] *vt* **1** Assessorar. *vpr* **2** Aconselhar-se.

a.se.so.rí.a [asesor´ia] *sf* Assessoria.

as.fal.tar [asfalt´ar] *vt* Asfaltar, pavimentar.

as.fi.xia [asf´iksja] *sf* Asfixia.

as.fi.xiar [asfiksjaʹr] *vt+vpr* Asfixiar, sufocar.

a.sí [asʹi] *adv* Assim, desta forma. • *conj* Assim, deste modo, destarte, portanto, assim sendo.

a.si.duo, -a [asʹidwo] *adj* Assíduo, constante.

a.sien.to [asjʹento] *sm* **1** Assento. **2** Com Lançamento.

a.sig.na.ción [asignaθjʹon] *sf* **1** Atribuição. **2** Dotação.

a.sig.nar [asignʹar] *vt* Atribuir, destinar.

a.sig.na.tu.ra [asignatʹura] *sf* Matéria (de ensino), disciplina escolar.

a.si.lar [asilʹar] *vt+vpr* Asilar, acolher, hospedar.

a.si.mi.lar [asimilʹar] *vt* Assimilar: a) assemelhar. b) compreender, apreender.

a.si.mis.mo [asimʹismo] *adv* Também, da mesma forma, igualmente.

a.sir [asʹir] *vt+vpr* Pegar, agarrar, prender, segurar.

a.sis.ten.cia [asistʹenθja] *sf* Assistência: a) ato ou efeito de assistir. b) público. c) auxílio, ajuda.

a.sis.ten.ta [asistʹenta] *sf* Empregada (doméstica), doméstica, criada.

a.sis.tir [asistʹir] *vt+vi* Assistir: a) auxiliar, ajudar, socorrer. b) estar presente, comparecer.

as.ma [ʹasma] *sf Med* Asma.

as.no [ʹasno] *sm Zool* Asno, burro, jumento.

a.so.cia.ción [asoθjaθjʹon] *sf* **1** Associação. **2** Parceria.

a.so.ciar [asoθjʹar] *vt+vpr* Associar.

a.so.lar [asolʹar] *vt* Assolar, arrasar, devastar, destruir, arruinar.

a.som.bro [asʹombro] *sm* Surpresa, admiração, espanto.

as.pec.to [aspʹekto] *sm* Aspecto, aparência.

ás.pe.ro, -a [ʹaspero] *adj* Áspero.

as.pi.rar [aspirʹar] *vtd* Aspirar: a) respirar, inspirar. b) pretender, almejar, desejar.

as.ta [ʹasta] *sf* **1** Haste, mastro. **2** Chifre. **3** Lança.

as.te.ris.co [asterʹisko] *sm* Asterisco.

as.ti.lla [astʹiλa] *sf* Estilhaço, lasca, fragmento.

as.tro [ʹastro] *sm* Astro.

as.tro.lo.gí.a [astroloxʹia] *sf* Astrologia.

as.tro.nau.ta [astronʹawta] *s* Astronauta.

as.tro.no.mí.a [astronomʹia] *sf* Astronomia.

as.tu.cia [astʹuθja] *sf* Astúcia, sagacidade, esperteza.

a.su.mir [asumʹir] *vt* Assumir, responsabilizar-se.

a.sun.to [asʹunto] *sm* Assunto, tema, argumento.

a.sus.tar [asustʹar] *vt+vpr* Assustar, amedrontar, atemorizar, intimidar.

a.ta.car [atakʹar] *vt+vi* Atacar: a) acometer. b) agredir.

a.ta.jo [atʹaho] *sm* Atalho.

a.ta.ñer [ataɲʹer] *vi* Concernir, incumbir, caber, competir, pertencer.

a.ta.que [atʹake] *sm* Ataque, investida.

a.tar [atʹar] *vt* Atar, amarrar.

a.tar.de.cer [atardeθʹer] *vi* Entardecer, anoitecer.

a.ta.re.a.do, -a [atareʹado] *adj* Atarefado.

a.tas.car [ataskʹar] *vt* **1** Obstruir. *vpr* **2** Atolar-se.

a.tas.co [atʹasko] *sm* **1** Obstáculo. **2** Engarrafamento.

a.ta.úd [ataʹud] *sm* Ataúde, caixão.

a.ten.ción [atenθjʹon] *sf* **1** Atenção. **2** Atendimento. • *interj* ¡atención! Atenção!

a.te.ner.se [atenʹerse] *vpr* Ater-se, responsabilizar-se.

a.ten.tar [atentʹar] *vi* Atentar, perpetrar atentado.

atento 19 **autodefensa**

a.ten.to, -a [at´ento] *adj* **1** Atento, cuidadoso. **2** Atencioso, polido, cortês.
a.te.nu.ar [atenu´ar] *vt+vpr* Atenuar, suavizar.
a.te.o, -a [at´eo] *adj+s* Ateu.
a.te.rri.za.je [aterĩθ´ahe] *sm* Aterrissagem, pouso.
a.te.rri.zar [aterĩθ´ar] *vi* Aterrissar, pousar.
a.te.rro.ri.zar [aterrori θ´ar] *vt+vpr* Aterrorizar.
a.tes.ti.guar [atestigw´ar] *vt* Testemunhar, certificar.
a.ti.bo.rrar [atiboř´ar] *vt+vpr* **1** Abarrotar, encher, entupir. **2** Empanturrar.
a.tis.bar [atisb´ar] *vt* **1** Observar **2** Vislumbrar, entrever.
a.ti.zar [atiθ´ar] *vt* Atiçar, ativar, avivar.
a.tle.ta [atl´eta] *s* Atleta.
at.mós.fe.ra [atm´osfera] *sf* Atmosfera.
a.to.lla.de.ro [atoʎaðero] *sm* Atoleiro.
a.to.lon.drar [atolondr´ar] *vt+vpr* Estontear, aturdir, atordoar.
a.tó.ni.to, -a [at´onito] *adj* Atônito, pasmado, estupefato.
a.to.rar [ator´ar] *vt+vi+vpr* **1** Obstruir. *vpr* **2** Engasgar-se.
a.tor.ni.llar [atorniλ´ar] *vt* Parafusar.
a.trac.ción [atrakθj´on] *sf* Atração.
a.tra.co [atr´ako] *sm* Assalto, roubo.
a.tra.er [atra´er] *vt+vpr* Atrair.
a.tra.gan.tar [atragant´ar] *vt+vpr* Engasgar.
a.tra.par [atrap´ar] *vt* Apanhar, pegar.
a.trás [atr´as] *adv* Atrás.
a.tra.sar [atras´ar] *vt+vpr* Atrasar, retardar, demorar.
a.tra.ve.sar [atrabes´ar] *vt* Atravessar, cruzar.
a.tre.ver.se [atreb´erse] *vpr* Atrever-se, arriscar-se.
a.tri.bu.ción [atribuθj´on] *sf* Atribuição.

a.tri.bu.ir [atribu´ir] *vt+vpr* Atribuir.
a.tri.bu.to [atrib´uto] *sm* Atributo.
a.tro.fia [atr´ofja] *sf Med* Atrofia.
a.tro.pe.llar [atropeλ´ar] *vt+vpr* Atropelar.
a.tro.pe.llo [atrop´eλo] *sm* Atropelamento, atropelo.
a.tún [at´un] *sm Zool* Atum.
au.da.cia [awd´aθja] *sf* Audácia, ousadia, atrevimento.
au.di.ción [awdiθj´on] *sf* Audição.
au.dien.cia [awdj´enθja] *sf* Audiência.
au.di.to.rio [awdit´orjo] *sm* Auditório.
au.ge [´awhe] *sm* Auge, apogeu.
au.la [´awla] *sf* Classe, sala de aula.
au.llar [awλ´ar] *vi* Uivar.
au.lli.do [awλ´ido] *sm* Uivo.
au.men.tar [awment´ar] *vt+vi+vpr* Aumentar.
au.men.to [awm´ento] *sm* Aumento.
aun [awn] *adv* Inclusive, até, até mesmo.
aún [a´un] *adv* Ainda.
au.nar [awn´ar] *vt+vpr* **1** Unir, congregar. **2** Unificar.
aun.que [´awnke] *conj* Ainda que, embora, mesmo que.
au.ro.ra [aur´ora] *sf* Aurora.
au.sen.cia [aws´enθja] *sf* Ausência.
aus.pi.cio [awspi´θjo] *sm* **1** Auspício, augúrio. **2** Patrocínio, proteção.
aus.te.ri.dad [awsterid´ad] *sf* Austeridade.
aus.te.ro, -a [awst´ero] *adj* Austero.
au.ten.ti.fi.car [awtentifik´ar] *vt* Autenticar, legalizar.
au.to [´awto] *sm* Carro.
au.to.ad.he.si.vo, -a [awtoades´ibo] *adj+sm* autoadesivo.
au.to.bús [awtob´us] *sm* Ônibus.
au.to.car [awtok´ar] *sm* Ônibus (intermunicipal).
au.to.con.trol [awtokontr´ol] *sm* Autocontrole.
au.to.de.fen.sa [awtodef´ensa] *sf* Autodefesa.

au.to.es.cue.la [awtoeskw´ela] *sf* Autoescola.
au.to.es.ti.ma [awtoest´ima] *sf* Autoestima, amor-próprio.
au.to.es.top [awtoest´op] *sm* Carona.
au.tó.gra.fo [awt´ografo] *sm* Autógrafo.
au.to.má.ti.co, -a [awtom´atiko] *adj* Automático.
au.to.mó.vil [awtom´obil] *adj+sm* Automóvel. • *sm* Carro.
au.to.mo.vi.lis.ta [awtomobil´ista] *s* Motorista.
au.tó.no.mo, -a [awt´onomo] *adj+s* Autônomo.
au.to.pis.ta [awtop´ista] *sf* Estrada, rodovia.
au.top.sia [awt´opsja] *sf* Autópsia.
au.tor, -a [awt´or] *s* Autor, criador.
au.to.ri.dad [awtorid´ad] *sf* Autoridade.
au.to.ri.zar [awtoriθ´ar] *vt* Autorizar, facultar, permitir, aprovar.
au.to.rre.tra.to [awtořetr´ato] *sm* Autorretrato.
au.xi.liar [awksilj´ar] *vt* Auxiliar, dar auxílio, ajudar.
au.xi.lio [awks´iljo] *sm* Auxílio, amparo, socorro.
a.van.ce [ab´anθe] *sm* Avanço.
a.van.zar [abanθ´ar] *vt+vi+vpr* Avançar.
a.va.ri.cia [abar´iθja] *sf* Avareza.
a.ve [´abe] *sm Zool* Ave.
a.ve.lla.na [abeʎ´ana] *sf Bot* Avelã.
a.ve.na [ab´ena] *sf Bot* Aveia.
a.ve.ni.da [aben´ida] *sf* **1** Avenida. **2** Enchente fluvial.

a.ven.ta.jar [abenta´har] *vt+vi+vpr* Avantajar.
a.ven.tu.ra [abent´ura] *sf* Aventura, peripécia.
a.ven.tu.re.ro, -a [abentur´ero] *adj+s* Aventureiro.
a.ver.gon.zar [abergonθ´ar] *vt+vpr* Envergonhar(se), acanhar(-se).
a.ve.ri.a [aber´ia] *sf* Avaria, dano, estrago.
a.ve.ri.gua.ción [aberigwaθj´on] *sf* Averiguação, investigação.
a.ver.sión [abersj´on] *sf* Aversão, repugnância, repulsa.
a.vión [abj´on] *sm* Avião.
a.vi.sar [abis´ar] *vt* Avisar: a) anunciar. b) advertir. c) prevenir.
a.yer [ay´er] *adv+sm* **1** Ontem. **2** *fig* Antigamente, outrora.
a.yu.da [ay´uda] *sf* Ajuda, auxílio.
a.yu.dar [ayud´ar] *vt+vpr* Ajudar, auxiliar.
a.yu.nar [ayun´ar] *vi* Jejuar.
a.yu.no [ay´uno] *adj* Jejum.
a.yun.ta.mien.to [ayuntamj´ento] *sf* Prefeitura.
a.za.fa.ta [aθaf´ata] *sf* Comissária (de bordo), aeromoça, recepcionista.
a.zar [aθ´ar] *sm* Casualidade, acaso.
a.zo.tar [aθot´ar] *vt+vpr* Açoitar, flagelar.
a.zo.te [aθ´ote] *sf* **1** Açoite, chicote. **2** Chicotada, chibatada.
a.zo.te.a [aθot´ea] *sf* Terraço.
a.zúcar [aθ´ukar] *sm* Açúcar.
a.zul [aθ´ul] *adj+sm* Azul.

b

b [b´e] *sf* Segunda letra do alfabeto espanhol.
ba.ba [b´aba] *sf* 1 Baba, saliva. 2 Gosma, secreção. 3 Palavreado, palavrório. 4 *AL* Jacaré.
ba.be.ar [babe´ar] *vi* Babar.
ba.be.ro [bab´ero] *sm* Babador, babeiro.
ba.bi [b´abi] *sm fam* Avental, guarda-pó.
ba.bie.ca [babj´eka] *adj+s fam* Bobo, tonto.
ba.bo.se.ar [babose´ar] *vt* 1 Babar. 2 *fam AL* Humilhar. *vi* 3 *AL fam* Viajar, estar distraído.
ba.ca.lao [bakal´ao] *sm Ictiol* Bacalhau.
ba.che [b´at∫e] *sm* 1 Buraco (ruas, estradas). 2 Baque, contratempo, abatimento. 3 *AL* Carência, falta, privação.
ba.cí.a [baθ´ia] *sf* Bacia, vasilha.
ba.cín [baθ´in] *sm* 1 *fam* Penico. 2 Homem vil, desprezível.
ba.ci.ni.lla [baθin´iλa] *fam* Penico, urinol.
ba.cón [bak´on] *sm* Bacon, toucinho defumado.
bac.te.ria [bakt´erja] *sf Biol* Bactéria.
ba.da.jo [bad´aho] *sm* 1 Badalo. 2 *fam* Indivíduo tagarela, tonto, néscio.
ba.da.na [bad´ana] *sf* 1 Couro (pele curtida) de carneiro ou ovelha. *sm* 2 *fam* Indivíduo folgado, preguiçoso.

ba.dén [bad´en] *sm* 1 Valeta, sarjeta. 2 Lombada (trânsito).
ba.ga.je [bag´ahe] *sm* 1 Bagagem. 2 Conjunto de conhecimentos ou informações de que alguém dispõe.
ba.ga.yo [bag´ayo] *sm AL fam* Pacote, bagagem, fardo. 2 *Ur fig* Conjunto de objetos roubados. 3 *Ur* Contrabando de pequena escala. 4 *Ur* Bagulho, mulher feia.
bai.la.dor, -ora [bajlad´or] *adj+sm* Bailarino, dançarino.
bai.lar [bajl´ar] *vi* 1 Dançar. 2 Mover-se. 3 Girar.
bai.la.rín, -ina [bajlar´in] *adj+sm* Bailarino, dançarino. • *sf* Sapatilha.
ba.ja [b´aha] *sf* Baixa: a) diminuição, queda (preço). b) exoneração, demissão. c) *Mil* perda de combatente.
ba.ja.da [bah´ada] *sf* Baixada, descida, declive, ladeira.
ba.jar [bah´ar] *vt* 1 Baixar. *vt+vpr* 2 Abaixar. 3 Rebaixar. 4 Reduzir, diminuir. *vt+vi+vpr* 5 Apear, descer.
ba.je.ro, -a [bah´ero] *adj* 1 Baixo. 2 De baixo. • *sf fam* Diarreia.
ba.jo, -a [b´aho] *adj* 1 Baixo. 2 Inferior. 3 Modesto, humilde. 4 Pobre, escasso. 5 Vulgar, ordinário. 6 Desprezível, canalha. • *sm* 1 Térreo. 2 *Mús* Baixo. 3 Baixada. 4 Barra, bainha (roupas). 5 **bajos** *pl*: a) porão. b) roupas de baixo, lingerie. c) *fam* genitália. • *prep* Sob,

bajón — bañador

debaixo. • *adv* Com pouco volume ou intensidade de som.
ba.jón [bah´on] *sm* Queda, baixa.
ba.la [b´ala] *sf* **1** Bala, projétil. **2** Pacote de dez resmas.
ba.la.ce.ra [balaθ´era] *sf AL* Tiroteio.
ba.lan.ce [bal´anθe] *sm* **1** Balanço, oscilação, balanceio. **2** *Com* Demonstrativo da situação patrimonial de empresa. **3** Análise, comparação.
ba.lan.ce.ar [balanθe´ar] *vt* **1** Contrabalançar, equilibrar, contrapesar. **2** Balancear (pneus). *vi+vpr* **3** *Mar* Balançar, oscilar. **4** Titubear, ficar em dúvida.
ba.lan.ce.o [balanθ´eo] *sm* **1** Balanço, oscilação. **2** *AL* Balanceamento (de rodas).
ba.lan.za [bal´anθa] *sf* Balança.
ba.lar [bal´ar] *vi* Balir.
bal.bu.ce.o [balβuθ´eo] *sm* **1** Balbuciação. **2 balbuceos** *pl* Balbucio, experiência inicial.
bal.bu.cir [balbuθ´ir] *vt+vi* Balbuciar, gaguejar, engasgar.
bal.cón [balk´on] *sm* **1** Varanda, sacada. **2** *Teat* Balcão.
bal.co.ne.ar [balkone´ar] *vt Arg, Ur* Observar sem participar.
bal.da [b´alda] *sf* **1** Estante, prateleira. **2** Aldraba, tranca.
bal.dar [bald´ar] *vt* **1** Causar contrariedade. *vt+vpr* **2** Inutilizar, impedir, lesionar.
bal.de [b´alde] *sm* Balde.
bal.de.ar [balde´ar] *vt* Baldear, regar, aguar com balde.
bal.dí.o, -a [bald´io] *adj* Baldio.
bal.do.sín [baldos´in] *sm* Ladrilho.
ba.le.o [bal´eo] *sm AL* Tiroteio.
ba.li.do [bal´ido] *sm* Balido.
ba.lle.na [baλ´ena] *sf Zool* Baleia.
ba.llet [bal´et] *sm* Balé.
bal.nea.rio, -a [balne´arjo] *adj+sm* Balneário.

ba.lón [bal´on] *sm* **1** Bola grande. **2** *Dep* Futebol. **3** Balão.
ba.lon.ces.to [balonθ´esto] *sm Dep* Basquete.
ba.lon.vo.le.a [balonbol´ea] *sm Dep* Vôlei, voleibol.
bal.se.ro [balse´ro] *sm* Balseiro, jangadeiro.
bam.bo.le.o [bambol´eo] *sm* Bamboleio, balanço, requebro.
bam.bú [bamb´u] *sm Bot* Bambu.
ba.na.li.dad [banalid´ad] *sf* Banalidade, trivialidade.
ba.na.na [ban´ana] *sf AL Bot* Banana, bananeira.
ba.na.no [ban´ano] *sm Bot* Bananeira, banana.
ban.ca [b´anka] *sf* **1** Banco, assento sem encosto. **2** Banca: a) *Com* sistema bancário. b) fundo de apostas. c) banca de frutas etc.
ban.car [bank´ar] *vt+vpr Arg, Ur* Bancar, assumir, sustentar.
ban.co [b´anko] *sm* **1** Banco. **2** Bancada (para trabalho). **3** Cardume.
ban.da [b´anda] *sf* **1** Faixa, fita, cinta. **2** Bando, quadrilha. **3** Facção. **4** Revoada. **5** Cardume. **6** Banda: a) lado; b) conjunto musical.
ban.de.ra [band´era] *sf* Bandeira, pavilhão, estandarte.
ban.de.rín [bander´in] *sm* Bandeirola, bandeirinha.
ban.do.le.ro, -a [bandol´ero] *sm* Bandoleiro.
ban.do.li.na [bandol´ina] *sf Mús* Bandolim.
ban.qui.na [bank´ina] *sf AL* Acostamento.
ba.ña.de.ra [bañad´era] *sf AL* Banheira.
ba.ña.de.ro [bañad´ero] *sm* Charco, lagoa.
ba.ña.dor [bañad´or] *sm* Maiô, traje de banho.

ba.ñar [bañ´ar] *vt* **1** Banhar. **2** Tomar banho.
ba.ñe.ra [bañ´era] *sf* Banheira.
ba.ñe.ro [bañ´ero] *sf AL* Salva-vidas.
ba.ñis.ta [bañ´ista] *s* Banhista.
ba.ño [b´año] *sm* **1** Banho. **2** Banheiro.
bar [b´ar] *sm* Bar.
ba.ra.ja [bar´aha] *sf* **1** Baralho. **2** Leque, gama de possibilidades. **3** Briga, altercação.
ba.ra.jar [barah´ar] *vt* **1** Embaralhar. *vi* **2** Brigar, altercar.
ba.ra.ta [bar´ata] *sf* **1** Preço baixo. **2** Troca, escambo. **3** *Méx* Liquidação.
ba.ra.ti.llo [barat´iλo] *sm* Bazar, liquidação.
ba.ra.to, -a [bar´ato] *adj* Barato. • *sm* Liquidação.
bar.ba [b´arba] *sf* **1** *Anat* Queixo. **2** Barba. **3 barbas** *pl* Rebarba.
bar.ba.co.a [barbac´oa] *sf* **1** Grelha, churrasqueira. **2** Churrascada.
bar.ba.ri.dad [barbarid´ad] *sf* **1** Barbaridade, atrocidade. **2** *fig* Demasia, exagero, excesso.
bar.ba.rie [barb´arje] *sf* **1** Rusticidade. **2** Barbárie, selvageria.
bár.ba.ro, -a [b´arbaro] *adj+sm* Bárbaro, grosseiro. • *adj* **1** Grande, excessivo, extraordinário. **2** Excelente, magnífico, sensacional. • *interj* **¡bárbaro!** bárbaro!, excelente!, sensacional!
bar.be.rí.a [barber´ia] *sf* Barbearia.
bar.be.ro, -a [barb´ero] *sm* **1** Barbeiro: a) profissional que faz barba. b) *Ictiol* peixe da família dos acanturídeos. **2** Rede para pescar.
bar.bi.lla [barb´iλa] *sf Anat* Queixo.
bar.bu.llar [barbuλ´ar] *vi* Borbotar, atropelar as palavras, falar aos borbotões.
bar.ca.za [bark´aθa] *sf* Barcaça.
bar.co [b´arko] *sm* Barco.
bar.ni.zar [barniθ´ar] *vt* Envernizar.
ba.rón, -onesa [bar´on] *sm* Barão.
bar.que.ro, -a [bark´ero] *sm* Barqueiro.
bar.qui.llo [bark´iλo] *sm* Barquilho.
ba.rra [b´ara] *sf* **1** Barra. **2** Balcão, mostrador (lanchonete, bar). **3** Baguete. **4** *AL* Torcida. **5** *AL* Turma de amigos.
ba.rra.cón [baɾak´on] *sm* Barracão.
ba.rran.co [baɾ´anko] *sm* **1** Barranco. **2** *fig* Dificuldade, obstáculo.
ba.rren.de.ro, -a [baɾend´ero] *s* Gari, varredor.
ba.rre.ño [baɾ´eño] *adj* De barro. • *sm* Tina, tacho, bacia.
ba.rrer [baɾ´er] *vt* Varrer.
ba.rre.ra [baɾ´era] *sf* Barreira.
ba.rria.da [baɾj´ada] *sf* **1** Bairro. **2** Periferia.
ba.rri.ca [baɾ´ika] *sf* Barrica, tonel, barril.
ba.rri.ga [baɾ´iga] *sf* Barriga.
ba.rril [baɾ´il] *sm* **1** Barril. **2** *fam* Baleia, pessoa muito gorda.
ba.rri.le.te [baɾil´ete] *sm Arg* Pipa, papagaio.
ba.rro [b´aɾo] *sm* **1** Barro, lama, lodo. **2** *Med* Espinha, acne. **3** Tranqueira, porcaria.
ba.rrun.tar [baɾunt´ar] *vt* Desconfiar, inferir, intuir, pressentir, presumir.
ba.rrun.to [baɾ´unto] *sm* Indício, vislumbre, pressentimento, sinal.
bár.tu.los [b´artulos] *sm pl* Objetos, utensílios, petrechos, trastes.
ba.ru.llo [baɾ´uλo] *sm* Confusão, desordem, balbúrdia.
ba.sar [bas´ar] *vt+vpr* Basear, embasar, fundamentar.
bas.ca [b´aska] *sf* **1** Ânsia de vômito, náusea. **2** *fam* Gana, ódio, ímpeto.
bás.cu.la [b´askula] *sf* Balança.
bas.cu.lar [baskul´ar] *vi* Balançar.
ba.se [b´ase] *sf* Base.
bas.tan.te [bast´ante] *adj+adv* Bastante, suficiente.
bas.tar.di.lla [bastard´iλa] *sf* **1** *Mús* Bastardilha. **2** Itálico, grifo.

bas.tar.do, -a [bast´ardo] *adj* Bastardo. • *sm* 1 *Zool* Jiboia. 2 Lixa de água. *sf* 3 Letra cursiva, letra de mão.
bas.ti.lla [bast´i λa] *sf* Bainha, barra.
bas.tón [bast´on] *sm* Bastão, bengala, bordão.
ba.su.ra [bas´ura] *sf* Lixo.
ba.su.re.ro, -a [basur´ero] *s* 1 Lixeiro. 2 Lixão.
ba.ta.lla [bat´aλa] *sm* Batalha, combate.
ba.ta.llar [bataλ´ar] *vi* 1 Batalhar, combater. 2 Lutar por, esforçar-se.
ba.ta.llón [bataλ´on] *sm* Batalhão.
ba.ta.ta [bat´ata] *sf* 1 *Bot* Batata-doce. 2 *Arg fam* Lata-velha (carro).
ba.te [b´ate] *sm Dep* Taco, bastão.
ba.te.rí.a [bater´ia] *sf* Bateria.
ba.ti.fon.do [batif´ondo] *sm Arg fam* Confusão, desordem, balbúrdia, alvoroço, barulheira.
ba.tir [bat´ir] *vt* 1 Bater, golpear. 2 Derrotar. 3 Sacudir, mexer, mover. 4 Explorar, reconhecer. 5 *Dep* Superar (limites, recordes). *vpr* 6 Combater, brigar.
ba.úl [ba´ul] *sm* 1 Baú, arca. 2 *AL* Porta-malas.
bau.tis.mal [bawtism´al] *adj Rel* Batismal.
bau.tis.mo [bawt´ismo] *sm* Batismo.
ba.ye.ta [bay´eta] *sf* Trapo, pano de limpeza, flanela.
ba.zo.fia [baθ´ofja] *sf* 1 Restos, lixo, dejetos. 2 Porcaria, nojeira.
be [b´e] *sf* 1 Nome da letra *b*. *sm* 2 Balido.
be.a.to, -a [be´ato] *adj+s* 1 Beato. 2 Bento. • *adj* Feliz, bem-aventurado.
be.bé [beb´e] *sm* Bebê, nenê.
be.be.de.ro [bebed´ero] *sm* Bebedouro.
be.be.di.zo [bebed´iθo] *adj* Potável. • *sm* 1 Beberagem. 2 Elixir.
be.ber [beb´er] *vt+vi* 1 Beber, tomar. *vi* 2 Brindar. 3 Embriagar-se. 4 Absorver, consumir, devorar.
bei.con [b´ejkon] *sm* Toucinho defumado.
bei.ge [b´ejhe] *adj+sm* Bege.
beis [b´eis] *adj+sm* Bege.
béis.bol [b´ejsbol] *sm Dep* Beisebol.
bel.dad [beld´ad] *sf* Beldade.
be.lén [bel´en] *sm* 1 Presépio. 2 *fam* Babel, confusão.
bé.li.co, -a [b´eliko] *adj* Bélico, guerreiro.
be.lla.co, -a [beλ´ako] *adj+s* Velhaco, pilantra, patife, canalha.
be.lle.za [beλ´eθa] *sf* Beleza.
be.llo, -a [b´eλo] *adj* Belo, lindo.
ben.de.cir [bendeθ´ir] *vt* 1 Benzer. 2 Abençoar, bendizer. 3 Louvar.
ben.di.ción [bendiθj´on] *sf* Bênção.
be.ne.fac.tor, -a [benef´aktor] *adj+s* Benfeitor.
be.ne.fi.ciar [benefiθj´ar] *vt* 1 Beneficiar, favorecer, ajudar. 2 Conceder, agraciar. 3 Cultivar, melhorar. *vpr* 4 Lucrar, servir-se, tirar proveito.
be.ne.fi.cio [benef´iθjo] *sm* 1 Benefício, favor, graça. 2 Proveito, utilidade. 3 Privilégio. 4 Benfeitoria, melhora, cultivo.
be.nig.ni.dad [benignid´ad] *sf* Benignidade, benevolência, bondade.
be.nig.no, -a [ben´igno] *adj* Benigno, bom.
ben.ja.mín [ben:ham´in] *s* Benjamim, caçula.
be.ren.je.na [beren:h´ena] *sf Bot* Berinjela.
ber.mu.das [berm´udas] *sf pl* Bermuda.
be.rri.do [beř´ido] *sm* 1 Berro, mugido. 2 Grito, urro.
be.rrin.che [beř´intʃe] *sm* Irritação, ataque, chilique, birra, rabugice, manha.
be.rro [b´eřo] *sm Bot* Agrião.
ber.za [b´erθa] *sf Bot* Couve.

ber.zo.tas [berθ'otas] *s pl fam* Pessoa ignorante, néscia, rude.
be.sar [bes'ar] *vt+vpr* Beijar.
be.so [b'eso] *sm* Beijo.
bes.tia [b'estja] *sf* **1** Besta, animal. **2** Monstro. • *adj+sm* Pessoa rude, ignorante.
be.su.cón, -ona [besuk'on] *adj* Beijoqueiro.
be.su.que.ar [besuke'ar] *vt fam* Beijocar.
be.su.que.o [besuk'eo] *sm* Beijação.
bi.be.rón [biber'on] *sm* Mamadeira.
bi.blia [bj'iblja] *sf Rel* Bíblia.
bi.blio.gra.fí.a [bibljograf'ia] *sf* Bibliografia.
bi.blio.te.ca [bibljot'eka] *sf* Biblioteca.
bi.cho *sm* **1** Bicho, inseto. **2** *fig* Pessoa mau-caráter.
bi.ci.cle.ta [biθikl'eta] *sf* Bicicleta.
bi.co.ca [bik'oka] *sf fam* Tranqueira, porcaria, ninharia.
bien [bj'en] **1** Bem. **2** Utilidade, benefício. **3** Patrimônio, caudal. • *adv* **1** Bem, muito. **2** Corretamente. **3** Aproximadamente.
bien.es.tar [bjenest'ar] *sm* Bem-estar.
bien.ha.bla.do, -a [bjenabl'ado] *adj* Eloquente, convincente.
bien.he.chor, -a [bjeneʧ'or] *adj+s* Benfeitor.
bien.que.rer [bjenker'er] *sm* Benquerer, benquerença. • *vt* Estimar, querer bem.
bien.quis.to, -a [bjenk'isto] *adj* Benquisto.
bien.ve.ni.do, -a [bjenben'ido] *adj* Bem-vindo. • *sf* Boas-vindas.
bi.fe [b'ife] *sm AL* **1** Bife. **2** Tapa, bofetada.
bi.go.te [big'ote] *sm* Bigode.
bi.lin.güe [bil'ingwe] *adj* Bilíngue.
bi.lis [b'ilis] *sf inv* **1** *Biol* Bile. **2** Ira, cólera, irritabilidade.

bi.llar [biλ'ar] *sm* Bilhar.
bi.lle.ta.je [biλet'ahe] *sm* Ingressos, entradas, bilhetes.
bi.lle.te [biλ'ete] *sm* **1** Entrada, ingresso. **2** Bilhete, nota. **3** Cédula, dinheiro.
bi.lle.te.ra [biλet'era] *sf* Carteira.
bi.llón [biλ'on] *num+sm* Trilhão.
bi.men.sual [bimensw'al] *adj* Bimensal.
bi.mes.tral [bimestr'al] *adj* Bimestral.
bio.gra.fí.a [bjograf'ia] *sf* Biografia.
bio.lo.gí.a [bjoloh'ia] *sf* Biologia.
biop.sia [bj'opsja] *sf Med* Biopsia, biópsia.
bi.qui.ni [bik'ini] *sm* Biquíni.
bi.ro.me [bir'ome] *sf Arg, Par, Ur* Esferográfica, caneta.
bi.rria [b'irja] *sf fam* Pessoa ridícula, grotesca, extravagante.
bis [b'is] *adv* Bis.
bis.a.bue.lo, -a [bisabw'elo] *s* **1** Bisavô. *sm pl* **2** Bisavós.
bi.sa.gra [bis'agra] *sf* Dobradiça.
bis.bi.se.ar [bisbise'ar] *vt fam* Sussurrar, cochichar, murmurar.
bis.bi.se.o [bisbis'eo] *sm* Sussurro, cochicho, murmúrio.
bi.sies.to [bisj'esto] *sm* Ano bissexto.
bis.nie.to, -a [bisnj'eto] *s* Bisneto.
bi.so.ño, -a [bis'oño] *adj+s* Bisonho, principiante, novato.
bis.té [bist'e] *sm* Bife.
bis.tu.rí [bistur'i] *sm* Bisturi.
bi.su.te.rí.a [bisuter'ia] *sf* Bijuteria.
bi.za.rrí.a [biθaɾ'ia] *sf* Bizarria, bizarrice.
biz.co, -a [b'iθko] *adj+s* Vesgo, estrábico.
biz.co.cho [biθk'otʃo] *sm* Biscoito.
blan.co, -a [bl'anko] *adj* **1** Branco. **2** Lívido, pálido. **3** Pusilânime, covarde. • *sm* **1** Alvo, mira. **2** Lacuna. **3** Objetivo, fim.
blan.cuz.co [blank'usko] *adj* Esbranquiçado.

blan.den.gue [blandˊenge] *adj* Molenga, mole.
blan.dir [blandˊir] *vt+vi+vpr* Brandir.
blan.do, -a [blˊando] *adj* 1 Brando, tenro, macio, mole. 2 Temperado, moderado (tempo). 3 Suave, doce, benigno. 4 Frouxo, preguiçoso. 5 Covarde, pusilânime. 6 Fraco, indeciso.
blan.que.ar [blankeˊar] *vt+vpr* 1 Branquear, branquejar, embranquecer. *vt* 2 Escaldar (alimento). 3 *fig* Lavar (dinheiro). 4 Caiar.
blan.que.ci.no, -a [blankeθˊino] *adj* Esbranquiçado.
blas.fe.mar [blasfemˊar] *vi* Blasfemar.
bloc [blˊok] *sm* Bloco (de papel).
blo.que.ar [blokeˊar] *vt* Bloquear, obstar, obstruir.
blo.que.o [blokˊeo] *sm* Bloqueio, obstrução.
blu.són [blusˊon] *sm* Blusão.
boa [bˊoa] *sf Zool* Jiboia.
bo.ba.da [bobˊada] *sf* Bobagem, besteira, bobeira, idiotice.
bo.ba.li.cón [bobalikˊon] *adj* Bobão, palerma, pateta.
bo.ca [bˊoka] *sf* 1 *Anat* Boca. 2 Entrada, abertura.
bo.ca.di.llo [bokadˊiλo] *sm* 1 Sanduíche. 2 Lanche, lanchinho. 3 Balão de fala ou pensamento em desenhos, cartum, quadrinhos etc.
bo.ca.ja.rro [bokahˊaro] *loc adv* 1 À queima-roupa. 2 De chofre, repentinamente, bruscamente.
bo.ca.man.ga [bokamˊanga] *sf* Punho (de roupa).
bo.ca.na.da [bokanˊada] *sf* 1 Gole. 2 Baforada.
bo.ce.to [boθˊeto] *sm* Esboço, projeto, esquema, rascunho.
bo.chin.che [botʃˊintʃe] *sm* 1 Tumulto, confusão, alvoroço, desordem. 2 Bochicho, boato.

bo.chor.no [botʃˊorno] *sm* 1 Mormaço. 2 Rubor, vergonha.
bo.ci.na [boθˊina] *sf* Buzina.
bo.da [bˊoda] *sf* 1 Núpcias, casamento. 2 Gozo, alegria, festa.
bo.de.gón [bodegˊon] *sm* Bodega, taberna.
bo.de.gue.ro, -a [bodegˊero] *s* Bodegueiro, taberneiro.
bo.drio [bˊodrjo] *sm* Porcaria, droga.
bo.fe [bˊofe] *sm sing+pl Anat* Bofe, pulmão.
bo.gar [bogˊar] *vt* Vogar, remar.
bo.he.mio, -a [boˊemjo] *adj+s* 1 Boêmio. 2 Cigano.
boi.cot [bojkˊot] *sm* Boicote.
boi.co.te.ar [bojkoteˊar] *vt* 1 Boicotar. *vt+vpr* 2 Impedir, obstruir, atrapalhar.
boi.co.te.o [bojkotˊeo] *sm* Boicote.
bol [bol] *sm* 1 Tigela. 2 Poncheira.
bo.la [bˊola] *sf* 1 Bola, esfera. 2 Bola de gude. 3 Graxa de sapato. 4 *fam* Mentira, rumor falso, boato, maledicência. 5 **bolas** *pl AL fam* Bolas, testículos.
bo.le.ar [boleˊar] *vt* 1 Bolear, arremessar boleadeiras. 2 *Méx* Engraxar sapatos. *vi* 3 Lançar, arrojar a bola. 4 Derrubar muitos pinos no boliche.
bo.le.ro [bolˊero] *adj+sm fam* Mentiroso. • *sm* Bolero: a) música e dança. b) casaquinho curto feminino.
bo.le.ta [bolˊeta] *sf* 1 Boleto, ingresso, entrada, bilhete. 2 *AL* Multa de trânsito.
bo.le.te.rí.a [boleterˊia] *sf AL* Bilheteria.
bo.le.tín [boletˊin] *sm* Boletim.
bo.le.to, -a [bolˊeto] *s* 1 Passagem, ingresso. 2 Bilhete (sorteio). *sf* 3 Bilhete de entrada. *sm* 4 *AL* Entrada de teatro. 5 Passagem de trem, de ônibus etc.
bo.lí.gra.fo [bolˊigrafo] *sm* Esferográfica, caneta.
bo.lle.rí.a [boλerˊia] *sf* Confeitaria.

bo.llo [b´oλo] *sm* **1** Bolo. **2** Calombo. **3** *fam* Rolo, confusão. **4** *fam* Amassado.

bo.lo, -a [b´olo] *s* **1** Boliche. **2** *Farm* Bola, bolo, pílula grande. • *adj Am Cen, Méx* Bêbado.

bol.sa [b´olsa] *sf* **1** Saco, sacola. **2** Mochila. **3 bolsas** *Anat* Saco escrotal.

bol.si.llo [bolsˊiλo] *sm* Bolso.

bol.so [b´olso] *sm* **1** Bolsa. **2** Mochila, maleta de viagem. **3** *Mar* Bolso, bojo, seio.

bom.ba.cha [bombˊatʃa] *sf Arg* Calcinha.

bom.bar.de.o [bombardˊeo] *sm* Bombardeio.

bom.ba.zo [bombˊaθo] *sm* Estouro, explosão.

bom.be.ar [bombeˊar] *vt* **1** Bombear, movimentar fluido. **2** Bombardear. **3** *fig* Jogar confete.

bom.be.ro, -a [bombˊero] *s* Bombeiro.

bom.bi.lla [bombˊiλa] *sf* **1** Lâmpada. **2** Bomba de chimarrão.

bom.bo [b´ombo] *adj* Aturdido. • *sm* **1** Bombo, bumbo, zabumba. **2** *fam* Barriga de grávida.

bom.bón [bombˊon] *sm* Bombom.

bom.bo.na [bombˊona] *sf* Bombona, botijão.

bo.na.chón, -a [bonatʃˊon] *adj+s fam* Bonachão.

bon.dad [bondˊad] *sf* Bondade, benevolência.

bon.da.do.so, -a [bondadˊoso] *adj* Bondoso, bom, benevolente.

bo.ne.te [bonˊete] *sm* Boné, barrete.

bo.nia.to [bonjˊato] *sm Bot* Batata-doce.

bo.ni.fi.car [bonifikˊar] *vt* **1** Bonificar. **2** Fornecer desconto.

bo.ni.to [bonˊito] *adj* **1** *Ictiol* Bonito. **2** Lindo, belo.

bo.ñi.ga [boɲˊiga] *sf* Esterco.

bo.quia.bier.to, -a [bokjabjˊerto] *adj* Boquiaberto.

bor.da.do, -a [bordˊado] *adj+s* Bordado.

bor.de [bˊorde] *sm* Borda, margem.

bor.di.llo [bordˊiλo] *sm* Meio-fio, guia.

bor.do [b´ordo] *sm* Bordo, lado, costado.

bo.ro.na [borˊona] *sf* **1** Milho. **2** Broa.

bo.rra.che.ra [borːatʃˊera] *sf* Bebedeira, embriaguez.

bo.rra.cho, -a [borˊatʃo] *adj+s* Bêbado, embriagado.

bo.rra.dor [borːadˊor] *sm* **1** Borracha (para apagar). **2** Apagador. **3** Rascunho.

bo.rrar [borˊar] *vt* **1** Apagar. **2** Rasurar. *vt+vpr* **3** Esquecer.

bos.que.jar [boskehˊar] *vt* Esboçar, rascunhar.

bos.que.jo [boskˊeho] *sm* Esboço, rascunho.

bos.te.zar [bosteθˊar] *vi* Bocejar.

bos.te.zo [bostˊeθo] *sm* Bocejo.

bo.ta [bˊota] *sf* **1** Bota. **2** Odre.

bo.tá.ni.ca [botˊanika] *sf* Botânica.

bo.tar [botˊar] *vt* **1** Botar, jogar, atirar, arremessar. **2** Rebotar, fazer rebote.

bo.ta.ra.te [botarˊate] *adj+sm fam* **1** Atrapalhado, aturdido, precipitado. **2** *AL* Esbanjador, pródigo.

bo.te [bˊote] *sm* **1** Rebote. **2** Gorjeta. **3** Pote. **4** *Mar* Bote.

bo.te.lla [botˊeλa] *sf* Garrafa.

bo.ti.ca [botˊika] *sf* Botica, farmácia.

bo.ti.ca.rio, -a [botikˊarjo] *s* Boticário, farmacêutico.

bo.ti.ja [botˊiha] *sf* Botija, jarra.

bo.tín [botˊin] *sm* **1** Botina. **2** Butim.

bo.tón [botˊon] *sm* **1** Botão. **2** *Bot* Rebento, broto. **3** *Arg fam* Policial. **4** *Arg fam* Delator, dedo-duro.

bou.ti.que [butˊik] *sf* Butique.

bó.ve.da [bˊobeda] *sf* **1** Abóbada. **2** *AL* Sepultura.

bovino 28 **bufanda**

bo.vi.no, -a [bob´ino] *adj Zool* Bovino.

bo.xe.o [bo(k)s´eo] *sm* Boxe, pugilismo.

bo.ya [b´oya] *sf* Boia.

bo.ya.nte [boy´ante] *adj* Próspero, afortunado.

bo.yar [boy´ar] *vi* Navegar (embarcação).

bra.ce.ar [braθe´ar] *vi* **1** Bracejar. **2** Nadar.

bra.ga [br´aga] *sf* **1** Calcinha. **2 bragas** *pl AL* Bombacha.

bra.man.te [bram´ante] *sm* Barbante.

bra.mar [bram´ar] *vi* Bramar, bramir.

bra.mi.do [bram´ido] *sm* Bramido.

bra.se.ro [bras´ero] *sm* Braseiro, fogareiro.

bra.si.le.ño, -a [brasil´eño] *adj+s* Brasileiro.

bra.va.ta [brab´ata] *sf* Bravata, fanfarronice, jactância, presunção.

bra.ví.o, -a [brab´ío] *adj* **1** Bravio, selvagem, indócil. **2** Silvestre, agreste.

bra.zo [br´aθo] *sm* **1** Braço. **2** *fig* Valor, esforço, poder.

bre.ba.je [breb´ahe] *sm* Beberagem.

bre.ga [br´ega] *sf* **1** Briga, luta. **2** Labuta.

bre.gar [breg´ar] *vt+vi* **1** Brigar, lutar. **2** Labutar, batalhar, trabalhar.

bre.ve.dad [brebed´ad] *sf* **1** Brevidade, fugacidade, rapidez. **2** Concisão, laconismo, exatidão.

bri.llan.tez [briλantéθ] *sf* **1** Brilho. **2** Brilhantismo.

bri.llar [briλ´ar] *vi* Brilhar, cintilar, resplandecer, refulgir.

bri.llo [br´iλo] *sm* Brilho, resplandecência, cintilação.

brin.car [brink´ar] *vi* **1** Pular, saltar. **2** *fam* Disfarçar, desconversar.

brin.co [brink´o] *sm* **1** Salto, pulo. **2** Sobressalto, alteração.

brin.dar [brind´ar] *vi+vpr* Brindar.

brin.dis [br´indis] *sm inv* Brinde, saudação, comemoração.

brí.o [br´io] *sm* Brio, valor.

bri.sa [br´isa] *sf* Brisa, aragem, aura, vento, sopro.

briz.na [br´iθna] *sf* **1** Fibra. **2** Fiapo.

bro.che.ta [brotʃe´ta] *sf* Espeto.

bro.ma [br´oma] *sf* **1** Brincadeira, chacota, burla, peça. **2** Mingau de aveia.

bro.me.ar [brome´ar] *vi* Brincar, aprontar, pregar peças.

bron.ca [br´onka] *sf* **1** Bronca, briga. **2** Repreensão. **3** *AL* Zanga, irritação.

bron.ce [brónθe] *sm* Bronze.

bron.ce.a.dor [bronθead´or] *adj+sm* Bronzeador.

bron.ce.ar [bronθe´ar] *vt+vpr* Bronzear.

bro.tar [brot´ar] *vt+vi* **1** Brotar, surgir, nascer, germinar.

bro.te [br´ote] *sm* Broto, rebento.

bru.ces [br´uθes] *loc adv* De bruços.

bru.je.rí.a [bruher´ia] *sf* Bruxaria, magia, feitiçaria.

bru.jo, -a [br´uho] *adj+s* Bruxo, mago, feiticeiro.

brú.ju.la [br´uhula] *sf* Bússola.

bru.ma [br´uma] *sf* Bruma, cerração, nevoeiro.

bru.ñir [bruñ´ir] *vt* Brunir, lustrar, polir.

brus.co, -a [br´usko] *adj* **1** Áspero, desagradável. **2** Brusco, rápido, repentino.

bu.ca.ne.ro [bukan´ero] *sm* Bucaneiro, pirata.

bu.ce.ar [buθe´ar] *vi* **1** Mergulhar. **2** *fig* Investigar, pesquisar, aprofundar.

bu.cle [b´ukle] *sm* Cacho (cabelo).

bu.dín [bud´in] *sm Cul* Pudim.

buen [bw´en] *adj* (apócope de *bueno*) Bom.

bue.no, -a [bw´eno] *adj* Bom. • *adv* Bom, suficiente, bastante.

buey [bw´ej] *sm Zool* Boi.

bu.fan.da [buf´anda] *sm* Cachecol.

bu.fe.te [buf´ete] *sm* **1** Escrivaninha. **2** Escritório de advogado.
bu.fi.do [buf´ido] *sm* Bufo, sopro.
bu.fón, -ona [buf´on] *sm* Bufão, palhaço, truão.
bu.jí.a [buh´ia] *sf* **1** Vela. **2** Castiçal. **3** Vela de ignição.
bu.la [b´ula] *sf Rel* Bula.
bu.llir [buλ´ir] *vi* **1** Ferver. **2** Bulir, agitar.
bu.lo [b´ulo] *sm* Boato, maledicência, notícia falsa.
bul.to [b´ulto] *sm* **1** Vulto. **2** Volume, tamanho. **3** *Med* Inchaço. **4** Busto, estátua. **5** Fardo, pacote. **6** Travesseiro.
bu.ñue.lo [buñw´elo] *sm* Bolinho.
bu.qué [buk´e] *sm* **1** Buquê, aroma. **2** Ramalhete.
bur.bu.je.ar [burbuhe´ar] *vi* Borbulhar.
bur.del [burd´el] *sm* Bordel, prostíbulo.
bur.gués, -esa [burg´es] *adj+s* Burguês.
bur.la [b´urla] *sf* **1** Burla, chacota, escárnio. **2** Logro, engano, embuste.
bur.lar [burl´ar] *vt+vpr* **1** Escarnecer. *vt* **2** Burlar, enganar.
bur.les.co, -a [burl´esko] *adj* Burlesco, jocoso, festivo.
bu.rro, -a [b´uřo] *Zool* Burro, jumento.
bus [b´us] *sm* Ônibus.
bus.ca [b´uska] *sf* **1** Busca. **2** Bico, trabalho extra, ocasional.
bus.ca.per.so.nas [buskapers´onas] *sm inv* Pager, bipe.
bus.ca.piés [buskapj´es] *sm pl inv* Buscapé.
bus.car [busk´ar] *vt* Buscar, procurar.
bus.ca.vi.das [buskab´idas] *sm pl inv fam* Mexeriqueiro.
bus.cón, -ona [busk´on] *adj+s fam* Trombadinha. • *sf* Prostituta.
bús.que.da [b´uskeda] *sf* Busca, procura.
bus.to [b´usto] *sm* Busto: a) peito. b) seio. c) escultura.
bu.ta.ca [but´aka] *sf* Poltrona.
bu.zo [b´υθo] *sm* **1** Mergulhador. **2** Macacão, jardineira.

C

c [θ'e] *sf* Terceira letra do alfabeto espanhol.
ca.bal.gar [kabalg'ar] *vi* 1 Cavalgar, montar. 2 Encavalar, encavalgar. *vt* 3 Cobrir (a fêmea).
ca.ba.lle.ro, -a [kabaʎ'ero] *adj* Cavaleiro. • *sm* Cavalheiro.
ca.ba.llo [kab'aʎo] *sm* 1 *Zool* Cavalo. 2 *fam* Heroína (droga). 3 *Dep* Cavalo de pau.
ca.ba.ña [kab'aña] *sf* 1 Cabana, choupana, choça. 2 Cabanha, rebanho de gado.
ca.be.ce.o [kabeθ'eo] *sm* Cabeceio.
ca.be.ci.lla [kabeθ'iλa] *s fam* Chefe, manda-chuva, cabeça.
ca.be.lle.ra [kabeλ'era] *sf* 1 Cabeleira. 2 Peruca.
ca.be.llo [kab'eλo] *sm* Cabelo.
ca.ber [kab'er] *vi* Caber.
ca.bes.tro [kab'estro] *sm* 1 Cabresto. 2 Correntinha, colar.
ca.be.za [kab'eθa] *sf* 1 *Anat* Cabeça. 2 Origem, princípio. 3 Juízo, talento, capacidade, cérebro. 4 Pessoa. 5 Rês, cabeça de gado. *sm* 6 Dirigente, líder.
ca.bi.da [kab'ida] *sf* 1 Capacidade, porte. 2 Extensão, área.
ca.bi.mien.to [kabimj'ento] *sm* Capacidade, porte.
ca.bi.na [kab'ina] *sf* Cabina, cabine.
ca.biz.ba.jo, -a [kabiθb'aho] *adj* Cabisbaixo.
ca.ble [k'able] *sm* 1 Cabo. 2 Fio elétrico.
ca.bo [k'abo] *sm* 1 Cabo. 2 Toco, ponta. 3 Fim.
ca.bra [k'abra] *sf* 1 *Zool* Cabra. 2 Aríete.
ca.bri.to, -a [kabr'ito] *s Zool* Cabrito. • *adj vulg* Corno, chifrudo.
ca.brón, -a [kabr'on] *sm Zool* Bode. • *adj vulg* 1 Corno, chifrudo. 2 Frouxo, covarde. 3 Sacana.
ca.ca [k'aka] *sm* 1 *coloq* Cocô, fezes. 2 Caca, porcaria, coisa malfeita. 3 Sujeira, imundície.
ca.ca.hue.te [kaka'wete] *sm Bot* Amendoim.
ca.ce.rí.a [kaθer'ia] *sf* 1 Caça. 2 Caçada.
ca.ce.ro.la [caθer'ola] *sf* Caçarola, panela.
ca.cha.rro [katʃ'aro] *sm* 1 Vasilha rústica. 2 *fam* Geringonça, traste.
ca.cha.za [katʃ'aθa] *sf* 1 Cachaça. 2 *fam* Lentidão, sossego, tranquilidade.
ca.che.ta.da [katʃet'ada] *sf fam* Bofetada, tabefe.
ca.che.te.ar [katʃete'ar] *vt* Esbofetear, estapear.
ca.chim.ba [katʃ'imba] *sf* 1 Cachimbo. 2 Cacimba, poço, cisterna.
ca.cho [k'atʃo] *sm* 1 Pedaço, porção, teco. 2 Cacho, penca.
ca.cho.rro, -a [katʃ'oro] *s* 1 *Zool* Filhote de cachorro. 2 Filhote (mamíferos).

ca.co [k´ako] *sm fam* Ladrão.
ca.dá.ver [kad´aber] *sm* Cadáver.
ca.de.na [kad´ena] *sf* **1** Corrente. **2** Série, sequência. **3** Cadeia, rede.
ca.den.cia [kad´enθja] *sm Mús* Cadência, ritmo, batida.
ca.de.ra [kad´era] *sf* **1** *Anat* Quadril, bacia. **2** Anca, cadeira.
ca.du.car [kaduk´ar] *vi* Caducar: a) prescrever, perder a validade. b) ficar gagá.
ca.er [ka´er] *vi+vpr* Cair.
ca.fé [kaf´e] *sm Bot* **1** Café. **2** Cafeteria.
ca.fe.te.ra [kafet´era] *sf* **1** Cafeteira, bule. *sm* **2** Calhambeque, banheira velha.
ca.fe.te.rí.a [kafeter´ia] *sf* Cafeteria, café, lanchonete.
ca.i.da [ka´ida] *sf* **1** Queda. **2** Inclinação, declive, caída. **3** Caimento. **4** Derrota, fracasso.
cai.mán [kajm´an] *sm Zool* Jacaré.
ca.ja [k´aha] *sf* **1** Caixa. **2** Caixão. **3** Caçamba.
ca.je.ro, -a [kah´ero] *s* Caixa, funcionário do caixa.
ca.jo.ne.ra [kahon´era] *sf* Gaveteiro.
ca.la.ba.cín [kalabaθ´in] *sf Bot* Abobrinha.
ca.la.ba.za [kalab´aθa] *sf* **1** *Bot* Abóbora. **2** Cabaça.
ca.la.do [kal´ado] *sm* **1** Bordado. **2** Entalhe. **3** *Náut* Calado.
ca.lam.bre [kal´ambre] *sm Med* Cãibra.
ca.la.mi.dad [kalamid´ad] *sf* **1** Calamidade. **2** Traste, inútil (pessoa).
ca.la.ve.ra [kalab´era] *sf* Caveira.
cal.ce.tín [kalθet´in] *sf* Meia.
cal.cu.lar [kalkul´ar] *vt* Calcular.
cal.do [k´aldo] *sm* Caldo.
ca.le.fac.ción [kalefakθ´jon] *sm* Calefação, sistema de aquecimento.
ca.le.fac.tor, -a [kalefakt´or] *s* Aquecedor.

ca.len.da.rio [kalend´arjo] *sm* Calendário.
ca.len.tar [kalent´ar] *vt* **1** Esquentar, aquecer. **2** Excitar, animar, exaltar.
ca.len.tu.ra [kalent´ura] *sf* **1** *Med* Febre. **2** Nervosismo.
ca.li.dad [kalid´ad] *sf* **1** Qualidade. **2** Caráter, gênio, índole. **3** Classe, tipo.
ca.lien.te [kal´jente] *adj* **1** Quente. **2** Acalorado. **3** Conflituoso, problemático. **4** Luxurioso. **5** *Fís* Radiativo.
ca.li.fi.ca.ción [kalifikaθ´jon] *sf* **1** Qualificação, resultado, nota. **2** Classificação.
ca.li.fi.car [kalifik´ar] *vt* **1** Qualificar. **2** Classificar.
ca.li.gra.fí.a [kaligraf´ia] *sf* Caligrafia.
ca.llar [kaʎ´ar] *vi+vpr* **1** Calar, emudecer. *vt+vpr* **2** Omitir, ocultar.
ca.lle [k´aʎe] *sf* Rua.
ca.lle.je.ar [kaʎehe´ar] *vi* Bater pernas, andar à toa.
ca.llis.ta [kaʎ´ista] *s* Calista, pedicuro, podólogo.
ca.llo [k´aʎo] *sm* **1** Calo. **2 callos** *pl Cul* Dobradinha, bucho.
cal.ma [k´alma] *sf* **1** Calma, tranquilidade, sossego. **2** Frieza, firmeza. **3** Calmaria, serenidade.
ca.lor [kal´or] *sm* Calor.
ca.lo.rí.a [kalor´ia] *sf Fís* Caloria.
ca.lum.nia [kal´umnja] *sf* Calúnia, difamação, falsidade, injúria.
cal.vo, -a [k´albo] *adj+s* Calvo, careca.
cal.za.da [kalθ´ada] *sf* Estrada, via pavimentada.
cal.za.do, -a [kalθ´ado] *sm* Calçado, sapato.
cal.zar [kalθ´ar] *vt+vpr* Calçar.
cal.zón [kalθ´on] *sm* Calção, short.
cal.zon.ci.llo [kalθonθ´iʎo] *sm* Cueca.
ca.ma [k´ama] *sf* **1** Cama. **2** Ninhada.
cá.ma.ra [k´amara] *sf* Câmara.
ca.ma.ra.da [kamar´ada] *s* Colega, companheiro, camarada.

ca.ma.re.ro, -a [kamar´ero] *s* **1** Garçom. **2** Camareiro, criado.

ca.ma.ro.te [kamar´ote] *sm* Camarote.

cam.biar [kamb´jar] *vt+vi+vpr* Trocar, modificar, alterar, mudar, converter.

cam.bio [k´ambjo] *sm* **1** Mudança, transformação. **2** Troco (dinheiro). **3** *Com* Câmbio.

ca.mi.lla [kam´iʎa] *sf* Maca, padiola.

ca.mi.nar [kamin´ar] *vi* Caminhar, andar.

ca.mi.na.ta [kamin´ata] *sf* Caminhada.

ca.mi.no [kam´ino] *sm* Caminho, trilha, via.

ca.mión [kam´jon] *sm* Caminhão.

ca.mio.ne.ta [kamjon´eta] *sf* Caminhonete, furgão.

ca.mi.sa [kam´isa] *sf* **1** Camisa. **2** Reboco.

ca.mi.són [kamis´on] *sf* Camisola.

ca.mo.rre.ar [kamoře´ar] *vi* Triscar, arrumar briga.

cam.pa.men.to [kampam´ento] *sm* Acampamento.

cam.pa.na [kamp´ana] *sf* Sino.

cam.pa.ni.lla [kampan´iʎa] *sf* **1** Campainha, sineta. **2** Bolha de ar.

cam.pe.ón, -ona [kampe´on] *sm* Campeão.

cam.pe.o.na.to [kampeon´ato] *sm* Campeonato.

cam.pe.ra [kamp´era] *sf AL, Arg, Bol, Chile, Par, Ur* Jaqueta, japona, blusão.

cam.po [k´ampo] *sm* Campo.

ca.mu.fla.je [kamufl´ahe] *sm* Camuflagem, disfarce.

cana [k´ana] *sf* Fio branco de cabelo.

ca.na.li.za.ción [kanaliθaθj´on] *sf* Canalização.

ca.na.lón [kanal´on] *sm* Calha.

ca.nas.ta [kan´asta] *sf* **1** Cesta. **2** Cesto.

can.ce.la.ción [kanθelaθj´on] *sm* Cancelamento, suspensão.

can.ce.lar [kanθel´ar] *vt* **1** Cancelar, anular. **2** Quitar, saldar dívida.

can.cha [k´antʃa] *sf* **1** Quadra, cancha. **2** *AL* Terreno, área. **3** *AL* Habilidade, experiência.

can.ci.lla [kanθi´ʎa] *sf* Cancela, barreira, porteira.

can.ci.ller [kanθiʎ´er] *sm* Chanceler.

can.ción [kanθ´jon] *sf* **1** Canção, música. **2 canciones** *pl* História, pretexto, conversa.

can.da.do [kand´ado] *sm* Cadeado.

can.de.la [kand´ela] *sf* **1** Vela. **2** Castiçal. **3** *Fís* Candela.

can.de.le.ro [kandel´ero] *sm* Castiçal.

can.di.da.to, -a [kandid´ato] *sm* Candidato, aspirante, pretendente.

ca.ne.la [kan´ela] *sf* **1** *Bot* Canela. *sm* **2** *Bot* Caneleira. • *adj* Castanho.

can.gre.jo [kangr´eho] *sm Zool* Caranguejo.

ca.ni.ca [kan´ika] *sf* Bolinha de gude.

ca.ni.jo, -a [kan´iho] *adj+s* Fraco, raquítico.

can.je [k´an:he] *sm* Troca, permuta.

ca.no [k´ano] *adj* Grisalho.

ca.no.so, -a [kan´oso] *adj* Grisalho.

can.san.cio [kans´anθjo] *sf* Cansaço, fadiga, exaustão.

can.sar [kans´ar] *vt+vpr* **1** Cansar, fatigar. **2** Exaurir. **3** Incomodar, importunar, aborrecer.

can.tan.te [kant´ante] *adj* Cantante. • *s* Cantor, vocalista.

can.tar [kant´ar] *vi* Cantar. • *sm* Canção, cantiga.

cán.ti.co [k´antiko] *sm Rel* Cântico, salmo.

can.ti.dad [kantid´ad] *sf* Quantidade, quantia, número.

can.ti.na [kant´ina] *sf* **1** Lanchonete. **2** Adega.

can.to [k´anto] *sm* Canto: a) ação de cantar. b) composição musical. c) extremidade, aresta, borda, ângulo.

can.tu.rre.ar [kantuře´ar] *vi* Cantarolar.

ca.nu.to [kan´uto] *sm* **1** Tubo. **2** *fam* Cigarro de maconha.

ca.ña [k´aña] *sf* **1** *Bot* Cana, bambu. **2** Tutano, medula. **3** Copo para cerveja. **4** Chope.

ca.ñe.rí.a [kañer´ia] *sf* Encanamento, tubulação.

ca.ño [k´año] *sm* Cano.

ca.ñón [kañ´on] *sm* Canhão.

ca.ñu.to [kañ´uto] *sm* **1** Tubo. **2** *fam* Dedo-duro.

caos [k´aos] *sm inv* Caos.

ca.pa [k´apa] *sf* **1** Capa: a) vestimenta. b) cobertura, revestimento. **2** Camada, estrato.

ca.pa.ci.dad [kapaθid´ad] *sf* **1** Capacidade, continência. **2** Talento, aptidão, prontidão.

ca.pa.ra.zón [kaparaθ´on] *sm* Carapaça, casca, casco, couraça.

ca.pe.llán [kapeʎ´an] *sm* Capelão.

ca.pe.ru.za [kaper´uθa] *sf* Capuz.

ca.pi.lla [kap´iʎa] *sf* **1** Capela. **2** Oratório. **3** Capuz.

ca.pi.tán, -a [kapit´an] *s Mil* Capitão.

ca.pí.tu.lo [kap´itulo] *sm* Capítulo.

ca.pó [kap´o] *sm* Capô.

ca.po.ta [kap´ota] *sf* **1** Capota. **2** Touca.

ca.po.te [kap´ote] *sm* **1** Capote, sobretudo, casaco. **2** Capinha de toureiro.

ca.pri.cho [kapr´itʃo] *sm* Capricho, frescura, veneta, veleidade.

cáp.su.la [k´apsula] *sf* Cápsula.

cap.tu.ra [kapt´ura] *sf* Captura, prisão.

cap.tu.rar [kaptur´ar] *vt* Capturar, prender.

ca.pu.cha [kap´utʃa] *sm* **1** Capuz. **2** *Gram* Acento circunflexo.

ca.pu.llo [kap´uʎo] *sm* **1** Casulo. **2** Botão de flor.

ca.ra [k´ara] *sf* **1** Rosto. **2** Cara, fisionomia. **3** Frente. **4** Face, lado.

ca.ra.bi.na [karab´ina] *sf* Carabina, espingarda.

¡ca.ra.co.les! [kara´koles] *interj* Caramba! Puxa!

ca.rác.ter [kar´akter] *sm* Caráter.

ca.rac.te.rís.ti.co, -a [karakter´istiko] *adj* Característico, típico. • *sf* Característica, peculiaridade.

ca.rac.te.ri.zar [karakteriθ´ar] *vt+vpr* Caracterizar, conceituar.

ca.ra.du.ra [karad´ura] *adj+s fam* Sem-vergonha, cara de pau, descarado.

¡ca.ram.ba! [kar´amba] *interj* Caramba!, puxa!, puxa vida!

ca.ra.me.lo [karam´elo] *sm* Bala, caramelo.

car.bón [karb´on] *sm Quím* Carvão.

car.ca.ja.da [karkah´ada] *sf* Gargalhada.

cár.cel [k´arθel] *sf* Cárcere, cadeia, prisão.

car.de.nal [karden´al] *sm* Cardeal: a) *Rel* prelado. b) *Ornit* espécie de pássaro.

car.di.nal [kardin´al] *adj* **1** Cardeal, principal. **2** *num* Cardinal.

car.dio.lo.gí.a [kardioloh´ia] *sf Med* Cardiologia.

car.du.men [kard´umen] *sm* Cardume.

ca.re.cer [kareθ´er] *vi* Carecer, precisar, necessitar.

ca.res.tí.a [karest´ia] *sf* Carestia, escassez.

ca.re.ta [kar´eta] *sf* Máscara.

car.ga [k´arga] *sf* **1** Carga, carregamento. **2** Peso, fardo. **3** Encargo, ônus. **4** Dever, compromisso. **5** Refil, recarga. **6** *Mil* Investida, ataque.

car.ga.men.to [kargam´ento] *sm* Carregamento.

car.gar [karg´ar] *vt* **1** Carregar. **2** Recarregar. **3** Sobrecarregar. **4** *fam* Aborrecer, chatear, encher. **5** Aumentar, acrescer. *vi* **6** Responsabilizar. *vpr* **7** Fechar, nublar (tempo). **8** Reprovar (exame).

caricia 34 **castañuela**

ca.ri.cia [kar´iθja] *sf* Carícia, carinho, afago.
ca.ri.dad [karid´ad] *sf* **1** Caridade, benevolência. **2** Misericórdia.
ca.ries [k´arjes] *sf inv* Cárie.
ca.ri.ño [kar´iño] *sm* **1** Carinho, amor, bem-querer, estima, afeição. **2** Carícia, afago.
car.né [karn´e] *sm* Carteira, documento de identidade.
car.ne.ro [karn´ero] *sm Zool* Carneiro.
car.ni.ce.rí.a [karniθer´ia] *sf* **1** Açougue. **2** Carnificina, matança.
car.ni.ce.ro, -a [karniθ´ero] *adj* **1** Carnívoro. **2** Cruel, desumano. • *sm* Açougueiro.
car.ní.vo.ro, -a [karn´iboro] *adj+s* Carnívoro.
ca.ro, -a [k´aro] *adj* **1** Caro, dispendioso. **2** Amado, querido, estimado. **3** Difícil, custoso.
ca.ro.zo [kar´oθo] *sm AL* Caroço.
car.pe.ta [karp´eta] *sf* **1** Pasta (papéis). **2** *Arg, Colôm, Ur* Toalhinha de centro (mesa).
car.pin.te.rí.a [karpinter´ia] *sf* Carpintaria.
car.pin.te.ro, -a [karpint´ero] *sm* Carpinteiro.
ca.rre.ra [kař´era] *sf* **1** Corrida, corrida de automóveis. **2** Percurso (táxi). **3** Carreira, curso universitário. **4** Estrada, rua. **5** Fileira. **6** Risca (cabelo).
ca.rre.te.ra [kařet´era] *sf* Estrada.
ca.rri.co.che [kařik´otʃe] *sm* **1** Carroça, carruagem. **2** *fam* Calhambeque, lata-velha.
ca.rril [kař´il] *sm* **1** Rastro, trilha, sulco. **2** Trilho. **3** Pista, faixa.
ca.rri.llo [kař´iλo] *sm* **1** Bochecha. **2** Polia, roldana.
ca.rro [k´ařo] *sm* **1** Carruagem, carroça. **2** *AL* Carro.
ca.rro.ce.rí.a [kařoθer´ia] *sf* Carroceria.

ca.rro.ma.to [kařom´ato] *sm* Carroça.
car.ta.pa.cio [kartap´aθjo] *sm* **1** Pasta, fichário escolar. **2** Caderno de notas.
car.te.ra [kart´era] *sf* **1** Carteira. **2** Pasta (papéis). **3** *AL* Bolsa. **4** Pasta ministerial.
car.te.ro [kart´ero] *sm* Carteiro.
car.tí.la.go [kart´ilago] *sm* Cartilagem.
car.ti.lla [kart´iλa] *sf* Cartilha, livro, caderneta.
car.tón [kart´on] *sm* **1** Cartão. **2** Papelão.
car.tu.li.na [kartul´ina] *sf* Cartolina.
ca.sa [k´asa] *sf* Casa.
ca.sa.mien.to [kasam´jento] *sm* Casamento.
ca.sar [kas´ar] *vi+vpr* **1** Casar. *vi* **2** Corresponder, emparelhar. *vt* **3** Cassar.
cas.ca.da [kask´ada] *sf* Cascata, cachoeira, salto, queda-d´água.
cas.ca.jo [kask´axo] *sm* **1** Cascalho. **2** Frutos secos (amêndoas, avelãs, nozes etc.)
cás.ca.ra [k´askara] *sf Bot* Casca.
cas.ca.rra.bias [kaskař´abjas] *s inv fam* Mal-humorado, rabugento, ranzinza.
cas.co [k´asko] *sm* **1** Capacete. **2** Vasilhame.
ca.se.ro, -a [kas´ero] *adj* **1** Caseiro. **2** Doméstico. • *sm* **1** Senhorio, proprietário. **2** Caseiro. **3** Inquilino.
ca.se.ta [kas´eta] *sf* **1** Barraca. **2** Guarita, cabine.
ca.se.te [kas´ete] *s* **1** Fita cassete. *sm* **2** Gravador toca-fitas.
ca.si [k´asi] *adv* Quase.
ca.si.lla [kas´iλa] *sf* **1** Bilheteria. **2** Casa (de tabuleiro). **3** Compartimento.
ca.si.lle.ro [kasiλ´ero] *sm* Arquivo, fichário.
cas.ta.ña [kast´aña] *sf* **1** *Bot* Castanha. **2** Coque. **3** *fam* Bebedeira, porre. **4** Bofetada, cacetada.
cas.ta.ñue.la [kastañ´wela] *sf* Castanhola.

cas.ti.dad [kastid´ad] *sf* Castidade.
cas.ti.gar [kastiɡ´ar] *vt* Castigar, punir.
cas.ti.llo [kast´iλo] *sm* Castelo.
cas.ti.zo, -a [kast´iθo] *adj* Castiço, puro, correto.
cas.to, -a [k´asto] *adj* Casto, puro, virgem.
cas.tra.ción [kastraθj´on] *sf* Castração.
ca.sua.li.dad [kaswalid´ad] *sf* Casualidade, acaso, eventualidade.
ca.ta.le.jo [katal´eho] *sm* 1 Binóculo. 2 Luneta, telescópio.
ca.tá.lo.go [kat´alogo] *sm* Catálogo, listagem, relação, inventário.
ca.tar [kat´ar] *vt* Provar, experimentar.
ca.tás.tro.fe [kat´astrofe] *sf* Catástrofe.
ca.te [k´ate] *sm* 1 Bofetada, sopapo, tapa. 2 Reprovação.
ca.te.go.rí.a [kategor´ia] *sf* 1 Categoria, classe, ordem. 2 Gênero, qualidade.
ca.te.o [kat´eo] *sm* Busca, exploração, rastreamento.
ca.tor.ce [katorθe] *adj+num* Catorze.
cau.cho [k´autʃo] *Bot* Borracha, caucho.
cau.ción [kauθ´jon] *sf* 1 Prevenção, precaução, cautela. 2 Caução, garantia, fiança.
cau.sa [k´ausa] *sf* 1 Causa, origem, razão, motivo. 2 *Der* Litígio, pleito.
cau.te.la [kaut´ela] *sf* Cautela, precaução, cuidado, prevenção, prudência.
cau.ti.var [kautib´ar] *vt* 1 Prender, aprisionar. 2 Atrair, cativar, seduzir, encantar.
cau.ti.ve.rio [kautib´erjo] *sm* Cativeiro.
cau.to, -a [k´awto] *adj* Cauto, cauteloso, precavido, prudente.
ca.var [kab´ar] *vt* Cavar, escavar, cavoucar.
ca.vi.dad [kabid´ad] *sf* Cavidade, buraco, cova, depressão.
ca.vi.lar [kabil´ar] *vt+vti* Cismar, pensar, refletir, meditar.
ca.ya.do [kaj´ado] *sm* Cajado, bordão, bengala.

ca.za [k´aθa] *sf* Caça: a) caçada. b) animais caçados. c) procura.
ca.za.dor, -a [kaθad´or] *adj+s* Caçador.
ca.za.do.ra [kaθad´ora] *sf* Jaqueta.
ca.zo [k´aθo] *sm* 1 Caçarola. 2 Concha. **meter el cazo** dizer ou fazer algo erroneamente.
ce.bar [θeb´ar] *vt* Cevar, nutrir.
ce.bo.lla [θeb´oλa] *sf Bot* Cebola.
ce.bo.lle.ta [θeboλ´eta] *sf Bot* Cebolinha.
ce.bra [θ´ebra] *sf* 1 *Zool* Zebra. 2 *AL* Faixa de pedestres.
ce.da.zo [θed´aθo] *sm* Peneira.
ce.di.lla [θed´iλa] *sf* Cedilha.
ce.gue.ra [θeg´era] *sf* Cegueira.
ce.ja [θ´eha] *sf Anat* Sobrancelha.
ce.lar [θel´ar] *vt* Vigiar, zelar, cuidar.
cel.da [θ´elda] *sf* Cela, célula.
ce.le.bra.ción [θelebraθj´on] *sf* Celebração, comemoração, festejo.
ce.le.bri.dad [θelebrid´ad] *sf* 1 Celebridade, fama. 2 Resplendor.
ce.lo [θ´elo] *sm* 1 Zelo, cuidado, esmero, diligência. 2 Cio. 3 **celos** *pl* Ciúmes.
ce.lo.so [θel´oso] *adj* 1 Ciumento. 2 Zeloso.
ce.men.te.rio [θement´erjo] *sm* Cemitério.
ce.men.to [θem´ento] *sm* Cimento.
ce.na [θ´ena] *sf* Jantar, ceia.
ce.na.go.so, -a [θenag´oso] *adj* Lamacento.
ce.ni.ce.ro [θeniθ´ero] *sm* Cinzeiro.
ce.ni.cien.to, -a [θeniθj´ento] *adj* Cinzento.
ce.ni.za [θen´iθa] *sf* Cinza.
cen.sar [θens´ar] *vt+vi* Recensear.
cen.su.ra [θens´ura] *sf* 1 Censura, crítica. 2 Repreensão, reprovação, reprimenda.
cen.te.lla [θent´eλa] *sf* Centelha, fagulha, faísca.
cen.te.lle.ar [θenteλe´ar] *vi* 1 Cintilar, brilhar, resplandecer. 2 Faiscar.

centena   36   chapista

cen.te.na [θent´ena] *sm* Centena.
cen.ti.ne.la [θentin´ela] *s* Sentinela, vigia, guarda.
cen.trar [θentr´ar] *vt* **1** Centralizar. **2** Concentrar. **3** Atrair.
cen.tro.cam.pis.ta [θentrokamp´ista] *s Dep* Meio-campista, meio de campo.
ce.ñir [θeñ´ir] *vt* Cingir, rodear, estreitar.
ce.ñu.do, -a [θeñ´udo] *adj* **1** Carrancudo, mal-humorado, irritado. **2** Taciturno, triste.
ce.pa [θ´epa] *sf* **1** Cepa, tronco. **2** *fig* Linhagem, família, estirpe.
ce.pi.llar [θepiλ´ar] *vt+vpr* **1** Escovar. *vt* **2** Aplainar, alisar, polir.
ce.pi.llo [θepíλo] *sm* **1** Escova. **2** Plaina.
ce.rá.mi.ca [θer´amika] *sf* Cerâmica.
cer.ca.nía [θerkan´ia] *sf* Cercania, vizinhança, arredores, adjacências, redondezas, imediações.
cer.ca.no, -a [θerk´ano] *adj* Próximo, perto.
cer.do, -a [θ´erdo] *sm Zool* Cerdo, porco. • *adj* Porco, imundo.
ce.re.bro [θer´ebro] *sm Anat* Cérebro.
ce.re.mo.nia [θerem´onja] *sf* **1** Cerimônia. **2** Formalidade.
ce.re.za [θer´eθa] *sf Bot* Cereja.
ce.ri.lla [θer´iλa] *sf* **1** Fósforo. **2** Cerúmen.
ce.ro [θ´ero] *num* Zero.
ce.rra.du.ra [θeřađ´ura] *sf* Fechadura.
ce.rrar [θeř´ar] *vt+vpr* **1** Fechar, cerrar. **2** Trancar, encerrar.
ce.rra.zón [θeřaθ´on] *sf* Cerração.
cer.te.za [θert´eθa] *sf* Certeza.
cer.ti.dum.bre [θertiđ´umbre] *sf* Certeza.
cer.ve.ce.rí.a [θerbeθer´ia] *sf* Cervejaria.
cer.ve.za [θerb´eθa] *sf* Cerveja.
ce.san.tía [θesant´ia] *sf* **1** Suspensão. **2** Desemprego. **3** Seguro-desemprego.

ce.sar [θes´ar] *vi* **1** Cessar, parar, acabar. **2** Suspender. **3** Deixar, abandonar.
ce.sión [θes´jon] *sf* Cessão.
cés.ped [θ´esped] *sf Bot* Grama, relva, gramado.
ces.to, -a [θ´esto] *s* Cesto.
ch [tʃ´e] *sf* Dígrafo que, entre 1803 e 1992, foi considerado pela Real Academia Espanhola como a quarta letra do alfabeto espanhol.
cha.ba.ca.no, -a [tʃabak´ano] *adj* Grosseiro, brega, cafona.
cha.bo.la [tʃab´ola] *sf* **1** Favela. **2** Barraco, choça.
cha.cha.re.ar [tʃatʃare´ar] *vi fam* Tagarelar.
cha.ci.na [tʃaθ´ina] *sm* Charque, carne seca.
cha.co.ta [tʃak´ota] *sf* Chacota, zombaria, troça, gozação, caçoada.
cha.cra [tʃ´akra] *sf AL* Chácara, granja, sítio.
cha.la.do, -a [tʃal´ado] *adj+s fam* Louco, maluco.
cha.lé [tʃal´e] *sm* **1** Chalé. **2** Sobrado.
cha.le.co [tʃal´eko] *sm* Colete, jaleco.
cham.bo.na.da [tʃambon´ada] *sf* **1** Inaptidão, imperícia. **2** *fam* Barbeiragem.
cham.pa.ña [tʃamp´aña] *sm* Champanha, champanhe.
cham.pi.ñón [tʃamp´iñon] *sm Bot* Tipo de cogumelo.
cham.pú [tʃamp´u] *sm* Xampu.
chan.ca.ca [tʃank´aka] *sf AL* Rapadura.
chan.ce [tʃ´anθe] *sf* Chance, possibilidade, oportunidade.
chan.cho, -a [tʃ´antʃo] *sm AL Zool* Porco, cerdo. • *adj+sm* Porco, sujo, imundo.
chan.cle.ta [tʃankl´eta] *sf* Chinelo.
chán.dal [tʃ´andal] *sm* Moletom, agasalho, abrigo.
chan.ta.je [tʃant´ahe] *sm* Chantagem.
chan.za [tʃ´anθa] *sf* Gracejo, brincadeira, caçoada.
cha.pis.ta [tʃap´ista] *sm* Funileiro.

chapuza · chistoso

cha.pu.za [tʃap'uθa] *sf* **1** Trabalho malfeito. **2** Trabalho feito fora do expediente, bico.

cha.pu.zar [tʃapuθ'ar] *vt+vi+vpr* Mergulhar.

cha.pu.zón [tʃapuθ'on] *sm* Mergulho.

cha.que.ta [tʃak'eta] *sf* Jaqueta, blusão, casaco, paletó.

char.co [tʃ'arko] *sf* Poça.

char.la [tʃ'arla] *sf fam* **1** Bate-papo, papo, conversa. **2** Palestra.

char.lar [tʃarl'ar] *vi* Bater papo, papear, conversar.

char.la.tán, -ana [tʃarlat'an] *adj+s* **1** Charlatão. **2** Tagarela, falante. **3** Marreteiro, vendedor ambulante.

char.lo.te.ar [tʃarlote'ar] *vi* Bater papo, papear, conversar.

chas.co [tʃ'asko] *sm* **1** Decepção. **2** Engano, desengano.

cha.sis [tʃas'is] *sm Mec* Chassi.

chas.que.ar [tʃaske'ar] *vt* **1** Chasquear, troçar. *vi* **2** Malograr. **3** Estalar.

chas.qui.do [tʃask'ido] *sm* Estalo, estalido.

cha.ta [tʃ'ata] *sf* Comadre, urinol.

cha.ta.rra [tʃat'aρa] *sf* **1** Sucata, ferro-velho. **2** *fam* Bijuteria.

cha.ta.rre.rí.a [tʃataρeɾ'ia] *sf* Ferro-velho, desmanche.

cha.val, -a [tʃab'al] *adj+s fam* Garoto, jovem.

che.que.ar [tʃeke'ar] *vt* Checar, verificar.

chi.ca [tʃ'ika] *sf* **1** Menina. **2** Garota, jovem. **3** Namorada. **4** Empregada doméstica.

chi.cha.rra [tʃitʃ'aρa] *sf* **1** *Entom* Cigarra. **2** *fam* Tagarela.

chi.cha.rrón [tʃitʃaρ'on] *sm* **1** Torresmo. **2** *fig* Carne muito passada. **3** Pessoa bronzeada ou queimada.

chi.chón [tʃitʃ'on] *sm* Galo, calombo.

chi.cle [tʃ'ikle] *sm* Chiclete, chicle.

chi.co, -a [tʃ'iko] *s* **1** Menino. **2** Garoto, jovem, rapaz. **3** Namorado. **4** *Office boy*, contínuo. • *adj* Pequeno.

chi.co.te [tʃiko'te] *sm* **1** Toco de charuto. **2** Chicote.

chi.flar [tʃ'iflar] *vi* **1** Assobiar, apitar. *vpr* **2** Ficar maluco, doido, enlouquecer.

chi.llar [tʃiʎ'ar] *vi* **1** Chiar, guinchar. **2** Gritar, berrar (brigando).

chi.lli.do [tʃiλ'ido] *sm* **1** Grito. **2** Rangido, chiado.

chi.me.ne.a [tʃimen'ea] *sf* **1** Chaminé. **2** Lareira.

chim.pan.cé [tʃimpanθ'e] *sm Zool* Chimpanzé.

chi.na [tʃ'ina] *sf* Seixo.

chin.che [tʃ'intʃe] *adj+s fam, fig* Chato, pentelho, incômodo. • *sf* **1** *Entom* Percevejo. **2** Tachinha. **3** *AL fam* Irritação, bronca, raiva.

chi.ne.la [tʃin'ela] *sf* Chinelo, chinela.

chi.no, -a [tʃ'ino] *adj+s* Chinês. • *sf* Porcelana, louça fina.

chi.qui.llo, -a [tʃik'iλo] *adj+s* **1** Criança, menino. **2** Pirralho.

chi.ri.pa [tʃir'ipa] *sf* Sorte, casualidade.

chi.rriar [tʃiρ̃i'ar] *vi* **1** Chiar, guinchar. **2** Ranger.

¡chis! [tʃ'is] *interj* Psiu!

chis.me [tʃ'isme] *sm* **1** Intriga, mexerico, boato, fofoca, fuxico. **2** Badulaque.

chis.me.ar [tʃisme'ar] *vi* Mexericar, fofocar.

chis.mo.rre.o [tʃismoρe'o] *sm* Mexerico, fofoca.

chis.pa [tʃ'ispa] *sf* **1** Chispa, faísca, fagulha. **2** Chuvisco.

chis.pe.ar [tʃispe'ar] *vi* **1** Chispar, faiscar. **2** Chuviscar.

¡chist! [tʃ'ist] *interj* Psiu!

chis.te [tʃ'iste] *sm* **1** Piada. **2** Gracejo, brincadeira.

chis.to.so, -a [tʃist'oso] *adj* Divertido, espirituoso, engraçado.

chivar 38 **civilización**

chi.var [tʃibˊar] *vt* Delatar, dedurar, alcaguetar, dedar.
chi.va.to, -a [tʃibˊato] *adj+sm fam* Dedo-duro, alcaguete, delator.
cho.che.ar [tʃotʃeˊar] *vi* Envelhecer, caducar.
cho.co.la.te [tʃokolˊate] *sm* Chocolate.
chó.fer [tʃˊofer], **cho.fer** [tʃofˊer] *sm* Motorista, chofer.
cho.que [tʃˊoke] *sm* Choque.
cho.rre.ar [tʃoreˊar] *vt+vi* 1 Escorrer, pingar, gotejar. 2 Jorrar.
cho.rro [tʃˊoro] *sm* Jorro, esguicho, jato.
cho.za [tʃˊoθa] *sf* Choça, palhoça, barraco, cabana, casebre.
chu.bas.co [tʃubˊasko] *sm* 1 Vendaval, toró, tempestade. 2 *fig* Contratempo, adversidade.
chú.ca.ro [tʃˊukaro] *adj* Arisco, bravio.
chu.che.rí.a [tʃutʃerˊia] *sf* Guloseima.
chu.le.ta [tʃulˊeta] *sf* 1 Chuleta. 2 *fam* Tapa, bofetada. 3 *fig* Cola (para provas).
chu.lo [tʃˊulo] *adj* 1 Valentão. 2 Bonito, elegante, alinhado.
chu.pa.me.dia, chu.pa.me.dias [tʃupamˊedja(s)] *adj+s* Puxa-saco.
chu.par [tʃupˊar] *vt+vi* 1 Chupar, sugar, sorver. *vt* 2 Absorver. *vpr* 3 Definhar, emagrecer.
chu.pe.te [tʃupˊete] *sf* Chupeta.
chu.rras.co [tʃuɾˊasko] *sm* Churrasco.
chus.ma [tʃˊusma] *sf* 1 Chusma, multidão. 2 *deprec* Gentalha, corja.
ci.ca.te.ro, -a [θikatˊero] *adj+s* Mesquinho, avaro, sovina, pão-duro.
ci.clón [θiklˊon] *sm* Ciclone, furacão, tornado.
cie.go, -a [θˊjego] *adj+s* Cego.
cie.lo [θˊjelo] *sm* 1 Céu. 2 **cielos** *pl* Providência divina.
cien [θien] *num+adj* Cem.
cien.cia [θˊjenθja] *sf* Ciência.
cien.to [θjˊento] *adj* Cento, cem. • *sm* Centena.
cie.rre [θˊjeɾe] *sm* 1 Zíper. 2 Fecho. 3 Fechamento.
cier.to, -a [θjˊerto] *adj* 1 Certo, correto. 2 Seguro, preciso, dado. • *adv* Certamente.
ci.ga.rre.rí.a [θigaɾerˊia] *sf* Tabacaria.
ci.ga.rri.llo [θigaɾˊiʎo] *sm* Cigarro.
ci.ga.rro [θigˊaro] *sm* Charuto.
ci.güe.ña [θigˊweɲa] *sf Zool* Cegonha.
ci.ma [θˊima] *sf* Cima, cimo, cume, topo.
ci.mien.to [θimˊjento] *sm* 1 Alicerce. 2 Fundamento, base.
cinc [θˊink] *Quím* Zinco.
ci.ne [θˊine] *sm* Cinema.
cin.ta [θˊinta] *sf* 1 Fita (tecido, cinema, vídeo, som etc.). 2 Cinta, faixa, tira.
cin.to [θˊinto] *sm* 1 Cinta. 2 Cintura.
cin.tu.ra [θintˊura] *sf* Cintura.
cin.tu.rón [θintuɾˊon] *sm* 1 Cinto. 2 Faixa (artes marciais).
cir.cu.la.ción [θirkulaθˊjon] *sf* Circulação, marcha, tráfego, curso.
cir.cun.fle.jo [θirkunflˊeho] *adj* Circunflexo.
cir.cuns.cri.bir [θirkunskribˊir] *vt+vpr* Circunscrever.
ci.rro.sis [θiɾˊosis] *sf inv Med* Cirrose.
ci.rue.la [θiɾˊwela] *sf Bot* Ameixa.
ci.ru.gí.a [θiruhˊia] *sf Med* Cirurgia.
ci.ru.ja.no, -a [θiruhˊano] *s* Cirurgião.
ci.ta [θˊita] *sf* 1 Entrevista. 2 Encontro. 3 Citação, menção. 4 *Der* Convocação, notificação, intimação.
ci.ta.ción [θitaθˊjon] *sf* 1 Citação, menção. 2 *Der* Intimação, notificação.
ciu.dad [θiwdˊad] *sf* Cidade.
ciu.da.da.ní.a [θiwdadanˊia] *sf* Cidadania.
ciu.da.da.no, -a [θjwdadˊano] *s* Cidadão.
ci.vi.li.za.ción [θibiliθaθˊjon] *sf* Civilização.

cla.mar [klam´ar] *vt* **1** Exigir. *vt* **2** Clamar, queixar-se.

clan [kl´an] *sm* Clã.

clan.des.ti.no, -a [klandest´ino] *adj* Clandestino, ilegal, ilegítimo.

cla.ri.dad [klarid´ad] *sf* **1** Claridade. **2** Clareza.

cla.ro, -a [kl´aro] *adj* **1** Claro, iluminado, luminoso. **2** Límpido. **3** Evidente, compreensível. **4** Nítido. • *sm* **1** Clareira. **2** Lacuna. **3** Brecha • *adv* Claramente.

cla.se [kl´ase] *sf* **1** Classe, categoria, grupo, ordem. **2** Gênero, tipo, natureza. **3** Aula.

cla.si.fi.ca.ción [klasifikaθ´jon] *sf* Classificação.

cla.si.fi.car [klasifik´ar] *vt+vpr* **1** Classificar. **2** Ordenar, catalogar. **3** Tachar, rotular. **4** Determinar.

claus.tro [kl´austro] *sm* **1** Claustro. **2** Reclusão.

cláu.su.la [kl´ausula] *sf* Cláusula.

cla.var [klab´ar] *vt* **1** Pregar, cravar, fixar. **2** Engastar, cravejar.

cla.ve [kl´abe] *adj* Chave, crucial, importante. • *sf* Código, chave, senha; gabarito.

cla.vi.ja [klab´iha] *sf* **1** Pino, encaixe, bucha. **2** Tomada.

cla.vo [kl´abo] *sm* **1** Prego. **2** Enxaqueca. **3** *Bot* Cravo-da-índia.

cla.xon [kl´a(k)son] *sf* Buzina.

cle.men.cia [klem´enθja] *sf* Clemência, indulgência, misericórdia.

clé.ri.go, -a [kl´erigo] *s Rel* Clérigo, sacerdote, religioso, eclesiástico.

cli.ché [klitʃ´e] *sm* Clichê, chavão.

cli.en.te, -a [kl´jente] *s* **1** Cliente. **2** Freguês.

cli.max [kl´ima(k)s] *sm* Clímax, auge.

clip [kl´ip] *sm* **1** Clipe. **2** Videoclipe.

clo.a.ca [klo´aka] *sf* **1** Esgoto, bueiro. **2** *Zool* Cloaca.

clon [klon] *sm* **1** Palhaço. **2** *Biol* Clone.

club [kl´ub] *sm* Clube, grêmio.

co.ac.ción [koakθ´jon] *sf* Coação, opressão, constrangimento.

co.ar.tar [koart´ar] *vt* Coartar, limitar, restringir.

co.ba [k´oba] *sf* **1** Pegadinha. **2** Adulação.

co.bar.de [kob´arde] *adj+s* Covarde, medroso, fraco, frouxo, pusilânime.

co.bar.día [kobard´ia] *sf* Covardia, medo.

co.bi.jar [kobih´ar] *vt+vpr* **1** Cobrir, tapar. **2** Abrigar, proteger. **3** Encobrir, ocultar.

co.bran.za [kobr´anθa] *sf* Cobrança.

coc.ción [ko(k)θ´jon] *sf* Cocção, cozimento.

co.cer [koθ´er] *vt+vi* Cozer, cozinhar, ferver.

co.cham.bre [kotʃ´ambre] *s* Sujeira, porcaria, imundície, nojeira.

co.che [k´otʃe] *sm* **1** Carro. **2** Vagão. **3** *Zool* Porco.

co.che.ra [kotʃ´era] *sf* Garagem.

co.chi.ne.rí.a [kotʃiner´ia] *sf fam* **1** Porcaria, sujeira. **2** *fam* Sacanagem, baixaria.

co.chi.no, -a [kotʃ´ino] *s Zool* Porco, suíno. • *adj fig* Sujo, porco, imundo.

co.ci.mien.to [koθimj´ento] *sm* Cozimento.

co.ci.na [koθ´ina] *sf* **1** Cozinha. **2** Fogão.

co.ci.nar [koθin´ar] *vt+vi* **1** Cozinhar. *vi* **2** Bisbilhotar, meter-se.

co.ci.ne.ro, -a [koθin´ero] *s* Cozinheiro.

co.co [k´oko] *sm* **1** *Bot* Coco. **2** *Bot* Coqueiro. **3** Bicho-papão. **4** *fam* Careta.

co.co.dri.lo [kokodr´ilo] *sm Zool* Crocodilo.

co.co.te.ro [kokot´ero] *sm Bot* Coqueiro.

coc.tel [kokt´el], **cóc.tel** [k´oktel] *sm* Coquetel.

co.da.zo [kod´aθo] *sm* Cotovelada.
co.di.cia [kod´iθja] *sf* **1** Cobiça. **2** Ambição, ganância.
co.do [k´odo] *sm Anat* Cotovelo.
co.fre [k´ofre] *sm* **1** Cofre. **2** Arca, baú, urna.
co.ger [koh´er] *vt+vpr* **1** Pegar, agarrar. *vt* **2** Receber. **3** Colher, recolher. **4** Surpreender, encontrar. **5** Entender, captar. **6** *AL vulg* Trepar, transar.
co.he.ren.cia [koer´enθja] *sf* Coerência, coesão, lógica, nexo.
co.he.sión [koes´jon] *sf* **1** Coesão, adesão. **2** Aderência.
co.he.te [ko´ete] *sm* **1** Foguete. **2** Rojão.
coi.ma [k´oima] *sf* **1** Concubina. **2** *AL* Suborno, propina, bola.
coi.me.ar [koime´ar] *vt AL* Subornar (receber ou dar suborno).
coin.ci.den.cia [koinθiđ´enθja] *sf* Coincidência.
co.je.ar [kohe´ar] *vi* **1** Coxear, claudicar, mancar. **2** *fam* Dar mancada, cometer gafe.
co.jín [koh´in] *sm* Almofada, almofadão.
co.jo, -a [k´oho] *adj+s* **1** Coxo. **2** Manco, bambo.
col [k´ol] *sf Bot* Couve.
co.la [k´ola] *sf* **1** Cauda, rabo. **2** Fila. **3** *AL* Traseiro, bunda, nádegas. **4** Cola.
co.la.bo.ra.ción [kolaborać´jon] *sf* **1** Colaboração, cooperação. **2** Contribuição.
co.la.dor [kolađ´or] *sm* Coador, peneira, passador.
co.lar [kol´ar] *vt* **1** Coar. *vpr* **2** *fam* Ser intrometido.
col.cha [k´olt∫a] *sf* Colcha.
col.chón [kolt∫´on] *sm* Colchão.
co.lec.ción [kole(k)θ´jon] *sf* Coleção.
co.lec.cio.nar [kole(k)θjon´ar] *vt* Colecionar, juntar.
co.lec.ta [kol´ekta] *sf* Coleta, arrecadação.
co.lec.ti.vi.dad [kolektibiđ´ađ] *sf* Coletividade.
co.lec.ti.vo, -a [kolekt´ibo] *adj* Coletivo. • *sm AL* Ônibus.
co.lec.tor, -ora [kolekt´or] *adj* Coletor. • *sm* **1** Colecionador. **2** Galeria de águas pluviais.
co.le.gio [kol´ehjo] *sm* Colégio.
co.le.ta [kol´eta] *sf* **1** Rabo de cavalo. **2** Trança. **3** *fig* Parêntesis, nota, comentário, adendo.
col.ga.dor [kolgađ´or] *sm* Cabide.
col.gan.te [kolg´ante] *sm* Pingente. • *adj* Pendente, suspenso, pênsil.
col.gar [kolg´ar] *vt+vpr* **1** Pendurar, dependurar, suspender. **2** *fam* Enforcar-se. *vt* **3** Desligar, pôr no gancho (telefone). **4** Abandonar (profissão).
có.li.co [k´oliko] *sm* Cólica.
co.li.dir [koliđ´ir] *vt* Colidir, chocar, bater.
co.li.flor [kolifl´or] *sf Bot* Couve-flor.
co.li.ga.ción [koligaθ´jon] *sf* Coligação, associação, sociedade, liga.
co.li.lla [kol´iλa] *sf* Toco de cigarro, bituca, ponta.
co.lin.dar [kolinđ´ar] *vi* Limitar, avizinhar.
co.li.sión [kolis´jon] *sf* **1** Colisão, choque, batida. **2** Oposição.
co.li.sio.nar [kolisjon´ar] *vt* **1** Colidir, chocar, bater. **2** Opor-se.
co.llar [koλ´ar] *sm* **1** Colar, correntinha. **2** Coleira. **3** Abraçadeira. **4** Gola.
col.mar [kolm´ar] *vt* Encher, cumular.
col.me.na [kolm´ena] *sf* Colmeia.
co.lo.ca.ción [kolokaθ´jon] *sf* **1** Colocação, distribuição. **2** Trabalho, posto, emprego, cargo, posição.
co.lo.nia [kol´onja] *sf* **1** Colônia, povoado. **2** Água de colônia.
co.lo.ni.za.ción [koloniθaθ´jon] *sf* Colonização.

co.lor [kol´or] *sm* Cor.
co.lo.ra.ción [koloraθj´on] *sf* **1** Coloração. **2** Tonalidade.
co.lo.ran.te [kolor´ante] *sm* Corante.
co.lo.re.ar [kolore´ar] *vt* Colorir.
co.lo.sal [kolos´al] *adj* Colossal, descomunal, desmesurado.
co.lum.na [kol´umna] *sf* Arquit Coluna.
co.lum.piar [kolumpj´ar] *vt* **1** Balançar. **2** Rebolar, requebrar.
co.lum.pio [kol´umpjo] *sm* Balança, balanço.
co.ma [k´oma] *sf* **1** Gram Vírgula. *sm* **2** Med Coma.
co.ma.dre.ar [komadre´ar] *vi* Fofocar, mexericar, bisbilhotar.
com.ba.tir [kombat´ir] *vt+vi+vpr* **1** Combater, lutar. *vt* **2** Arremeter. **3** Discutir, contrariar.
com.bus.ti.ble [kombust´ible] *adj* Que pode pegar fogo, combustível. • *sm* Combustível, gás, gasolina etc.
com.bus.tión [kombust´jon] *sf* Combustão, queima.
co.me.dia [kom´edja] *sf* Comédia.
co.me.dir [komed´ir] *vt+vpr* Comedir, moderar, refrear, conter.
co.me.dor, -a [komed´or] *adj* Comilão. • *sm* **1** Sala de jantar. **2** Cantina, refeitório.
co.men.tar [koment´ar] *vt* **1** Comentar. **2** Explicar, esclarecer.
co.men.ta.rio [koment´arjo] *sm* **1** Comentário. **2** Observação.
co.men.zar [komenθ´ar] *vt+vi* Começar, iniciar, principiar.
co.mer [kom´er] *vi* **1** Comer, alimentar-se. **2** Dissipar, consumir. **3** Gastar, corroer.
co.mer.cia.li.zar [komerθjaliθ´ar] *vt* Comercializar, vender, negociar.
co.mer.cio [kom´erθjo] *sm* Comércio.
co.mes.ti.ble [komest´ible] *adj+sm* Comestível.

co.me.ter [komet´er] *vt* Cometer, praticar.
co.me.zón [komeθ´on] *sf* **1** Comichão, coceira, formigamento. **2** *fig* Desejo ardente.
có.mic [k´omik] *sm* História em quadrinhos, gibi, cartum.
co.mi.cios [kom´iθjos] *sm pl* Eleição.
có.mi.co, -a [k´omiko] *adj* Cômico, divertido, engraçado, gozado. • *sm* Comediante, humorista.
co.mien.zo [kom´jenθo] *sm* Começo, princípio, início, origem.
co.mi.llas [kom´iλas] *sf pl* Aspas.
co.mi.sa.rí.a [komisar´ia] *sf* Delegacia de polícia.
co.mi.sa.rio, -a [komis´arjo] *sm* **1** Delegado. **2** Comissário.
co.mi.sión [komis´jon] *sf* Comissão: a) encargo, incumbência. b) gratificação. c) delegação.
co.mo [k´omo], **có.mo** [k´omo] *adv* Como.
co.mo.di.dad [komodid´ad] *sf* Comodidade, conforto, bem-estar.
có.mo.do, -a [k´omodo] *adj* **1** Cômodo, confortável. **2** Conveniente, oportuno.
com.pa.de.cer [kompadeθ´er] *vt* **1** Compadecer, lastimar. *vpr* **2** Condoer-se.
com.pa.ñe.ro, -a [kompañ´ero] *sm* **1** Colega, companheiro. **2** Camarada, amigo. **3** Cônjuge, parceiro.
com.pa.ñí.a [kompañ´ia] *sf* Companhia, acompanhamento.
com.pa.ra.ción [komparaθ´jon] *sf* Comparação, confronto, confrontação.
com.pa.re.cer [kompareθ´er] *vi* Comparecer, aparecer.
com.par.sa [komp´arsa] *sf* **1** Figurante. **2** Participante de bloco carnavalesco.
com.par.ti.mien.to [kompartim´jento] *sm* Compartimento.
com.par.tir [kompart´ir] *vt* **1** Compartilhar. **2** Repartir, partilhar, dividir.

com.pás [komp´as] *sm* Compasso.

com.pa.sión [kompas´jon] *sf* Compaixão, piedade, dó, misericórdia, pena.

com.pen.dio [komp´endjo] *sm* Compêndio, resumo, sinopse, sumário, síntese.

com.pen.sa.ción [kompensaθ´jon] *sf* Compensação, indenização, reparação.

com.pen.sar [kompens´ar] *vt+vi+vpr* Compensar, indenizar, reparar.

com.pe.ten.cia [kompet´enθja] *sf* 1 Concorrência. 2 Competição, disputa. 3 Incumbência. 4 Competência.

com.pe.ter [kompet´er] *vi* Competir, tocar, caber, incumbir.

com.pe.ti.ción [kompetiθ´jon] *sf* 1 Competição. 2 Rivalidade. 3 Concorrência.

com.pe.tir [kompet´ir] *vt* Competir, concorrer, rivalizar.

com.pla.cen.cia [komplaθ´enθja] *sf* Complacência, benevolência.

com.pla.ci.do [komplaθ´ido] *adj* Satisfeito, contente.

com.ple.jo, -a [kompl´eho] *adj* Complexo, complicado. • *sm* Complexo.

com.ple.to, -a [kompl´eto] *adj* 1 Completo, pleno, cheio. 2 Total, íntegro, inteiro, cheio.

com.pli.ca.ción [komplikaθ´jon] *sf* Complicação, embaraço, dificuldade.

com.pli.car [komplik´ar] *vt+vpr* Complicar, enredar, dificultar, confundir.

cóm.pli.ce [k´ompliθe] *adj+s* Cúmplice.

com.pli.ci.dad [kompliθid´ad] *sf* Cumplicidade, conivência, colaboração.

com.po.ner [kompon´er] *vt* 1 Compor, constituir, formar. 2 Enfeitar, arranjar.

com.por.ta.mien.to [komportam´jento] *sm* Comportamento, atuação, desempenho, conduta.

com.por.tar [komport´ar] *vt* 1 Implicar, acarretar. *vpr* 2 Comportar-se, portar-se, conduzir-se.

com.po.si.ción [komposiθ´jon] *sf* Composição, arranjo.

com.prar [kompr´ar] *vt* 1 Comprar, adquirir. 2 Subornar.

com.pren.der [komprend´er] *vt+vpr* 1 Conter, abranger, incluir. *vt* 2 Compreender, entender, apreender.

com.pren.sión [komprens´jon] *sf* 1 Compreensão, percepção. 2 Tolerância, aceitação.

com.pro.ba.ción [komprobaθj´on] *sf* Comprovação, confirmação.

com.pro.mi.so [komprom´iso] *sm* 1 Compromisso, obrigação, dever. 2 Acordo.

com.pul.si.vo [kompuls´ibo] *adj* Compulsivo.

com.pu.ta.dor, -ora [komputad´or] *s* 1 Computador. 2 Calculadora.

co.mún [kom´un] *adj* 1 Comum, geral, genérico, público. 2 Usual, normal. 3 Vulgar, trivial. 4 Insignificante.

co.mu.ni.ca.ción [komunikaθ´jon] *sf* 1 Comunicação. 2 Notificação, informação, aviso, participação.

co.mu.ni.car [komunik´ar] *vt* 1 Comunicar, transmitir, conversar, falar. 2 Participar. 3 Relacionar, intercomunicar, corresponder. 4 Dar sinal de ocupado (telefone).

co.mu.ni.dad [komunid´ad] *sf* Comunidade, sociedade.

co.mu.nión [komun´jon] *sf* Comunhão.

con [k´on] *prep* Com.

con.ce.bir [konθeb´ir] *vt* 1 Conceber, entender, gerar. *vi+vt* 2 Inventar, elaborar. 3 Engravidar.

con.ce.der [konθed´er] *vt* Conceder, dar.

con.ce.jal [konθeh´al] *s* Vereador.

con.cen.tra.ción [konθentraθ´jon] *sf* 1 Concentração, congregação, reunião. 2 Atenção, reflexão, abstração.

con.cen.trar [konθentr´ar] *vt+vpr* 1 Concentrar, reunir. *vpr* 2 Concentrar-se, refletir.

con.cep.ción [konθepθ´jon] *sf* Concepção, geração.
con.cep.to [konθ´epto] *sm* **1** Conceito, ideia, opinião, pensamento, concepção. **2** Reputação.
con.cer.nien.te [konθern´jente] *adj* Concernente, referente, relativo, relacionado, respectivo.
con.cer.tar [konθert´ar] *vt* **1** Concertar, ajustar, combinar, harmonizar. *vt+vpr* **2** Acordar, pactuar.
con.ce.sión [konθes´jon] *sf* **1** Concessão, permissão, licença. **2** Favor.
con.cha [k´ontʃa] *sf* **1** Concha. **2** *AL vulg* Vulva.
con.cien.cia [konθ´jenθja] *sf* Consciência.
con.cien.ciar [konθjenθ´jar] *vt+vpr* Conscientizar.
con.cien.ti.zar [konθjentiθ´ar] *vt+vpr AL* Conscientizar.
con.cier.to [konθ´jerto] *sm* Concerto: a) arranjo, combinação. b) *Mús* composição musical.
con.ci.so, -a [konθ´iso] *adj* Conciso, resumido, sucinto.
con.clu.sión [konklus´jon] *sm* **1** Conclusão, fim, desfecho. **2** Dedução.
con.cor.dar [konkord´ar] *vt* **1** Concordar, conformar. *vi* **2** Condizer.
con.cu.rren.cia [konkuř´enθja] *sf* Concorrência, afluência.
con.cu.rrir [konkuř´ir] *vi* **1** Concorrer, afluir, comparecer. **2** Coincidir. **3** Competir.
con.cur.so [konk´urso] *sm* **1** Assistência, afluência. **2** Concurso.
con.de.co.rar [kondekor´ar] *vt* Condecorar, honorificar, premiar.
con.de.na.ción [kondenaθj´on] *sf* **1** Condenação. **2** Reprovação.
con.di.ción [kondiθj´on] *sf* Condição, circunstância.
con.do.len.cia [kondol´enθja] *sf* Condolências, pêsames.

con.do.mi.nio [kondom´injo] *sm AL* Condomínio.
con.dón [kond´on] *sm* Preservativo, camisinha.
con.duc.ción [kondu(k)θ´jon] *sf* Condução, direção, governo.
con.du.cir [konduθ´ir] *vt* **1** Dirigir (veículos). **2** Conduzir, orientar. **3** Governar. **4** Levar, transportar. *vpr* **5** Comportar-se, portar-se.
con.duc.tor, -a [kondukt´or] *adj+s* **1** Condutor. **2** Motorista.
co.nec.tar [konekt´ar] *vt+vi+vpr* **1** Conectar, acionar, ligar. **2** Plugar.
co.ne.jo [kon´eho] *sm Zool* Coelho.
co.ne.xión [kone(k)s´jon] *sf* Conexão, ligação, união.
con.fec.ción [konfe(k)θ´jon] *sf* **1** Confecção. **2** Fabricação.
con.fe.ren.cia [konfer´enθja] *sf* **1** Palestra. **2** DDI, ligação internacional. **3** Conferência.
con.fe.sar [konfes´ar] *vt+vpr* **1** Confessar, revelar. **2** Admitir.
con.fe.sión [konfes´jon] *sf* Confissão.
con.fia.ble [konfj´able] *adj* **1** Confiável. **2** Seguro.
con.fian.za [konf´janθa] *sf* Confiança, segurança.
con.fi.den.cia [konfid´enθja] *sf* Confidência, segredo, revelação.
con.fi.gu.ra.ción [konfiguraθj´on] *sf* Configuração, feitio, constituição.
con.fín [konf´in] *sm* Confim, limite, fronteira. • *adj* Confim, limítrofe.
con.fir.ma.ción [konfirmaθj´on] *sf* Confirmação, ratificação, comprovação.
con.fir.mar [konfirm´ar] *vt* Confirmar, ratificar, certificar, comprovar.
con.fis.car [konfisk´ar] *vt* Confiscar.
con.fi.te.rí.a [konfiter´ia] *sf* **1** Confeitaria, doçaria. **2** Lanchonete.
con.flic.to [konfl´ikto] *sm* **1** Conflito, desavença. **2** Luta, embate.

con.fluir [konflu´ir] *vi* Confluir, convergir, concordar.

con.for.mar [konform´ar] *vt+vpr* **1** Conformar, ajustar. *vi+vpr* **2** Concordar. *vpr* **3** Resignar-se, aceitar.

con.for.me [konf´orme] *adj* Conforme, concorde, análogo. • *adv* Conforme, de acordo, de conformidade com, à medida que. • *sm* Ciente, de acordo.

con.for.mi.dad [konformid´ad] *sf* **1** Conformidade, harmonia. **2** Concordância, tolerância, aceitação.

con.fort [konf´or] *sm* **1** Conforto, comodidade. **2** Bem-estar.

con.fron.ta.ción [konfrontaθj´on] *sf* **1** Confrontação, comparação. **2** Confronto, enfrentamento.

con.fun.dir [konfund´ir] *vt* **1** Confundir. *vt+vpr* **2** Enganar-se, errar.

con.fu.sión [konfus´jon] *sf* **1** Confusão, transtorno, perturbação. **2** Bagunça, trapalhada, barulho, fuzuê, balbúrdia.

con.ge.la.ción [kon:helaθ´jon] *sm* Congelamento.

con.ge.la.dor [kon:helad´or] *sm* Congelador, *freezer*.

con.gé.ni.to, -a [kon:h´enito] *adj* Congênito, inato, nato, natural.

con.ges.tión [kon:hest´jon] *sf* **1** Congestão. **2** Congestionamento.

con.go.ja [koŋg´oha] *sf* Desmaio, fadiga, angústia, aflição.

con.gra.tu.la.ción [kon:gratulaθj´on] *sf* Congratulação, felicitação. • *interj* ¡congratulaciones! Parabéns!

con.gre.sis.ta [koŋgres´ista] *s* Congressista.

con.gre.so [koŋgr´eso] *sm* **1** Congresso, assembleia. **2** Simpósio, seminário.

con.je.tu.rar [kon:hetur´ar] *vt* Conjeturar, supor, estimar.

con.ju.ga.ción [kon:hugaθj´on] *sf* **1** *Gram* Conjugação. **2** Combinação, união.

con.ju.gar [kon:hug´ar] *vt* **1** *Gram* Conjugar. **2** Unir, combinar.

con.jun.ción [kon:hunθj´on] *sf* **1** *Gram* Conjunção. **2** Conjuntura.

con.jun.to, -a [kon:h´unto] *sm* **1** Conjunto, reunião, coleção. **2** Grupo, equipe. • *adj* Ligado, unido, próximo.

con.lle.var [konλeβ´ar] *vt* **1** Suportar, tolerar, sofrer. **2** Acarretar, implicar.

con.me.mo.ra.ción [konmemoraθ´jon] *sf* Comemoração, festejo.

con.me.mo.rar [konmemor´ar] *vt* Comemorar, festejar.

con.mi.go [konm´igo] *pron* Comigo.

con.mo.ción [konmoθ´jon] *sf* Comoção, abalo.

con.mo.ver [konmoβ´er] *vt+vpr* **1** Comover, sensibilizar, emocionar, abalar. **2** Perturbar, inquietar.

co.no [k´ono] *sm* Cone.

co.no.cer [konoθ´er] *vt+vpr* **1** Conhecer. *vt* **2** Saber.

co.no.ci.mien.to [konoθim´jento] *sm* **1** Conhecimento, instrução, saber, sabedoria, informação. **2** Ciência.

con.quis.tar [konkist´ar] *vt* **1** Conquistar, dominar, subjugar. **2** Ganhar, adquirir.

con.sa.gra.ción [konsagraθj´on] *sf* **1** Consagração, reconhecimento. **2** *Rel* Dedicação, devoção.

con.sa.grar [konsagr´ar] *vt* **1** Consagrar, reconhecer. *vt+vpr* **2** *Rel* Sagrar, devotar, dedicar-se.

con.se.cuen.cia [konsek´wenθja] *sf* **1** Consequência, resultado. **2** Sequela, repercussão.

con.se.je.ro, -a [konseh´ero] *s* Conselheiro, guia, mentor, mestre.

con.se.jo [kons´eho] *sm* **1** Conselho, recomendação, advertência, toque. **2** Assembleia.

con.sen.ti.mien.to [konsentim´jento] *sm* **1** Consentimento, permissão. **2** Aprovação.

con.sen.tir [konsent´ir] *vt+vi* **1** Consentir, aceitar, permitir. *vt* **2** Achar, julgar, acreditar. **3** Condescender, mimar, ser indulgente, tolerar.

con.ser.je [kons´erhe] *sm* Porteiro, zelador.

con.ser.va.ción [konserbaθj´on] *sf* **1** Conservação, preservação. **2** Manutenção.

con.si.de.ra.ción [konsideraθj´on] *sf* **1** Consideração, apreciação, reflexão. **2** Atenção, respeito.

con.si.go [kons´igo] *pron pers* Consigo.

con.sis.tir [konsist´ir] *vi* Consistir, constar.

con.so.la.ción [konsolaθj´on] *sf* Consolação, conforto, alívio, bálsamo.

con.so.nan.te [konson´ante] *adj* Consoante, conforme. • *sf Gram* Consoante.

cons.pi.ra.ción [konspiraθj´on] *sf* Conspiração, conjuração, trama, tramoia.

cons.tan.cia [konst´anθja] *sf* **1** Constância, assiduidade, frequência. **2** Empenho, firmeza, persistência.

cons.te.la.ción [konstelaθj´on] *sfAstron* Constelação.

cons.ti.pa.do, -a [konstip´ado] *sm* Constipação, resfriado.

cons.ti.tu.ción [konstituθj´on] *sf* Constituição.

cons.ti.tuir [konstitw´ir] *vt+vpr* **1** Constituir, formar, organizar, compor. **2** Estabelecer, fundar.

cons.tre.ñir [konstreñ´ir] *vt* **1** Constranger. **2** Compelir, forçar. **3** Oprimir, pressionar.

cons.truc.ción [konstrukθj´on] *sf* Construção.

con.sue.lo [kons´welo] *sm* Consolação, consolo, alívio, alento.

con.sul.to.rio [konsult´orjo] *sm* Consultório.

con.su.mir [konsum´ir] *vt+vpr* **1** Consumir, esgotar, exaurir, acabar. **2** Afligir, abater, agoniar. *vt* **3** Gastar. **4** Dilapidar.

con.su.mo [kons´umo] *sm* **1** Consumo. **2** Despesa.

con.ta.bi.li.dad [kontabilid´ad] *sf* Contabilidade.

con.tac.to [kont´akto] *sm* **1** Contato, toque. **2** Conexão, relação, comunicação. **3** *Electr* Interruptor.

con.ta.gio [kont´ahjo] *sm* Contágio, contaminação.

con.ta.mi.na.ción [kontaminaθj´on] *sf* **1** Contaminação, contágio, infecção. **2** Poluição.

con.tar [kont´ar] *vt* **1** Contar, calcular, enumerar. **2** Narrar, relatar, dizer, expressar. *vi* **3** Confiar.

con.tem.plar [kontempl´ar] *vt* **1** Contemplar, admirar, examinar. **2** Ponderar, considerar. **3** Favorecer.

con.ten.der [kontend´er] *vi* Contender, disputar, altercar, combater, lutar.

con.te.ner [konten´er] *vt+vpr* **1** Conter, encerrar, abranger. **2** Sofrear, reprimir, moderar.

con.te.ni.do, -a [konten´ido] *adj* Contido, moderado. • *sm* Conteúdo, teor, substância.

con.ten.tar [kontent´ar] *vt+vpr* Contentar, satisfazer, agradar.

con.ten.to, -a [kont´ento] *adj* Contente, alegre, satisfeito. • *sm* Contentamento, alegria, satisfação.

con.te.o [kont´eo] *sm* **1** Conta, cálculo. **2** Contagem, apuração.

con.tes.tar [kontest´ar] *vi+vt* **1** Responder. **2** Contestar, contradizer, refutar, debater, replicar. **3** Atender o telefone.

con.tex.to [kont´e(k)sto] *sm* Contexto, contextura.

con.tien.da [kont´jenda] *sf* **1** Contenda, luta, disputa. **2** Debate, discussão, desentendimento.

con.ti.go [kont´igo] *pron pers* Contigo.
con.ti.nen.te [kontin´ente] *sm Geogr* Continente.
con.tin.gen.cia [kontin:h´enθja] *sf* Contingência, circunstância, conjetura.
con.ti.nua.ción [kontinwa θ´jon] *sf* Continuação, sequência, sucessão.
con.ti.nuar [kontin´war] *vt* **1** Continuar, prosseguir. *vpr* **2** Prolongar, estender. *vi* **3** Durar, permanecer.
con.ti.nuo [kont´inwo] *adj* Contínuo, incessante, constante.
con.to.ne.ar.se [kontone´arse] *vpr* Rebolar, requebrar, balançar.
con.tor.cer.se [kontorθ´erse] *vpr* Contorcer-se, retorcer-se, dobrar-se.
con.tor.nar [kontorn´ar] *vt* Contornar, ladear, circundar.
con.tor.sión [kontorsj´on] *sf* Contorção.
con.tra [k´ontra] *prep* Contra. • *sf* **1** Dificuldade, oposição, obstáculo. *sm* **2** Contrário, oposto.
con.trac.ción [kontra(k)θ´jon] *sf* Contração.
con.tra.de.cir [kontradeθ´ir] *vt+vpr* Contradizer, contrariar, contestar.
con.tra.dic.ción [kontradi(k)θ´jon] *sf* **1** Contradição, incongruência, incoerência. **2** Oposição, objeção.
con.tra.er [kontra´er] *vt+vpr* **1** Contrair, encolher. **2** Restringir, reduzir. *vt* **3** Assumir, ajustar, combinar. **4** Apanhar, pegar.
con.tra.in.di.ca.ción [kontrajndikaθj´on] *sf* Contraindicação.
con.tra.rie.dad [kontrarjed´ad] *sf* **1** Contrariedade, adversidade. **2** Contratempo, obstáculo, oposição.
con.tra.rio, -a [kontr´arjo] *adj* Contrário. • *sm* Oponente, rival.
con.tra.sen.ti.do [kontrasent´ido] *sm* Contrassenso.
con.tra.ta.ción [kontrataθ´jon] *sf* Contratação.

con.tra.tiem.po [kontrat´jempo] *sm* Contratempo, inconveniente, transtorno, imprevisto.
con.tra.to [kontr´ato] *sm* Contrato.
con.tra.ven.ción [kontrabenθj´on] *sf* Contravenção, transgressão.
con.tra.ve.nir [kontraben´ir] *vi* **1** Transgredir, contravir. **2** Descumprir, desobedecer.
con.tri.bu.ción [kontribuθ´jon] *sf* Contribuição, ajuda, colaboração.
con.tri.bu.yen.te [kontribuy´ente] *s* Contribuinte.
con.trin.can.te [kontrink´ante] *s* Adversário, competidor, rival, oponente.
con.trol [kontr´ol] *sm* **1** Controle. **2** Domínio, comando. **3** Fiscalização.
con.tu.sión [kontus´jon] *sf* Contusão.
con.va.le.cer [kombaleθ´er] *vi* Convalescer, recuperar-se, restabelecer-se.
con.ven.cer [kombenθ´er] *vt+vpr* **1** Convencer, persuadir, induzir. **2** Concluir.
con.ven.ci.mien.to [kombenθimj´ento] *sm* **1** Convencimento, persuasão. **2** Certeza, convicção.
con.ven.ción [kombenθ´jon] *sf* Convenção, negócio, acordo, acerto.
con.ve.nien.cia [komben´jenθja] *sf* **1** Conveniência, conformidade, propriedade. **2** Proveito, vantagem, interesse, oportunidade. **3** Bem-estar.
con.ve.nio [komb´enjo] *sm* Convênio, ajuste, trato, arranjo, pacto, acordo.
con.ve.nir [komben´ir] *vi* **1** Convir, agradar, interessar. **2** Concordar, combinar, condizer.
con.ven.ti.llo [kombent´iλo] *sm AL* Cortiço.
con.ver.gir [komberh´ir] *vi* **1** Convergir. **2** Convir, concordar.
con.ver.sa.ción [kombersaθ´jon] *sf* Conversação, conversa.
con.ver.sar [kombers´ar] *vi* Conversar, dialogar, falar, bater papo.

con.ver.sión [kombers´jon] *sf* Conversão.
con.ver.tir [kombert´ir] *vt+vpr* Converter, transformar, tornar.
con.vic.ción [kombi(k)θ´jon] *sf* Convicção, certeza, segurança.
con.vi.da.do, -a [kombid´ado] *s* Convidado.
con.vi.te [komb´ite] *sm* Convite.
con.vi.ven.cia [kombiβ´enθja] *sf* Convivência, convívio.
con.vo.ca.ción [kombokaθj´on] *sf* Convocação, chamamento, apelo.
cón.yu.ge [k´onyuhe] *sm* Cônjuge.
co.ñac [koñ´ak] *sm* Conhaque.
co.ño [k´oño] *sm* **1** Vulva **2** *vulg* Xoxota. • *interj* **¡coño!** Caramba!, droga!, nossa!
co.o.pe.ra.ción [ko(o)peraθ´jon] *sf* Cooperação, colaboração.
co.o.pe.rar [ko(o)per´ar] *vi* Cooperar, colaborar, contribuir.
co.or.di.na.ción [ko(o)rdinaθ´jon] *sf* Coordenação, estrutura.
co.or.di.nar [ko(o)rdin´ar] *vt* Coordenar, ordenar, combinar, harmonizar.
co.pa [k´opa] *sf* **1** Taça, cálice. **2** *Desp* Troféu. **3 copas** *pl* Copas (naipe).
co.pe.te [kope´te] *sm* **1** Crista. **2** Topete. **3** *fig* Atrevimento, ousadia, presunção.
co.pe.tín [kopet´in] *sm AL* Drinque, aperitivo.
co.pia [k´opja] *sf* **1** Cópia, reprodução, duplicata. **2** Imitação, fraude, plágio.
co.po [k´opo] *sm* **1** Floco de neve. **2** Floco, tufo (lã, algodão etc.).
có.pu.la [k´opula] *sf* Cópula, coito, relação sexual.
co.pu.lar [kopul´ar] *vi+vpr* Copular.
co.que.ta [koketa´ta] *sf* Penteadeira. • *adj* Vaidosa, Frívola, volúvel.
co.que.te.ar [koketeˈar] *vi* Flertar.
co.ra.je [kor´ahe] *sm* **1** Coragem, valor, ânimo. **2** Raiva, irritação, ira.

co.ra.zón [koraθ´on] *sm Anat* Coração.
co.ra.zo.na.da [koraθon´ada] *sf* **1** Ímpeto. **2** Intuição, pressentimento, palpite.
cor.ba.ta [korβ´ata] *sf* Gravata.
cor.che.te [kortʃ´ete] *sm Gram* Colchete.
cor.di.lle.ra [kordiʎ´era] *sf Geogr* Cordilheira, serra, cadeia de montanhas.
cor.dón [kord´on] *sm* **1** Cordão. **2** *AL* Meio-fio, guia. **3** Cadarço.
cor.du.ra [kord´ura] *sf* Prudência, tino, sensatez, juízo.
co.re.o.gra.fí.a [koreograf´ia] *sf* Coreografia.
co.ro [k´oro] *sm* Coro, coral.
co.ro.na [kor´ona] *sf* **1** Coroa. **2** Grinalda.
co.ro.na.ción [koronaθj´on] *sf* **1** Coroação. **2** Fim, desfecho.
co.ro.nar [koron´ar] *vt+vpr* **1** Coroar. **2** Terminar, acabar, completar.
cor.pi.ño [korp´iño] *sm* **1** Sutiã. **2** Espartilho, corpete.
co.rral [koř´al] *sm* Curral.
co.rre.a [koř´ea] *sf* **1** Correia. Cinto. **3** *fam* Saco, paciência.
co.rrec.ción [koře(k)θj´on] *sf* **1** Correção, retificação. **2** Revisão. **3** Repreensão, corretivo.
co.rrec.to, -a [koř´ekto] *adj* **1** Correto, certo. **2** Direito, de bem.
co.rrec.tor, -a [kořekt´or] *adj+s* Revisor.
co.rre.gir [kořeh´ir] *vt* **1** Corrigir, emendar. **2** Revisar. **3** Retificar, consertar. **4** Repreender.
co.rre.o [koř´eo] *sm* **1** Correio. **2** Carteiro. **3** Correspondência.
co.rrer [koř´er] *vi* **1** Correr. **2** Transcorrer.
co.rre.rí.a [kořer´ia] *sf* Correria.
co.rres.pon.den.cia [kořespond´enθja] *sf* **1** Correspondência, relação, equivalência. **2** Correio, cartas.

co.rrom.per [kořomp´er] *vt+vpr* **1** Alterar. **2** Apodrecer. *vt* **3** Corromper, depravar. **4** Subornar. **5** Perverter, seduzir.

co.rro.sión [kořos´jon] *sf* **1** Corrosão, desgaste, erosão. **2** Oxidação.

co.rrup.ción [kořupθ´jon] *sf* **1** Corrupção, alteração. **2** Putrefação, degeneração. **3** Desmoralização. **4** Suborno.

co.rrup.to, -a [koř´upto] *adj* Corrupto.

cor.ta.bol.sas [kortab´olsas] *s inv fam* Batedor de carteira.

cor.ta.plu.mas [kortapl´umas] *sm inv* Canivete.

cor.tar [kort´ar] *vt* **1** Cortar, talhar. **2** Recortar. **3** Separar, dividir.

cor.te [k´orte] *sm* **1** Corte, talho, incisão. **2** Supressão. **3** Interrupção, quebra. **4** Fio, gume (de faca ou navalha). **5** Feitio, confecção. *sf* **6** *Der* Tribunal.

cor.te.jar [korteh´ar] *vt* **1** Cortejar, galantear. **2** Assistir, acompanhar.

cor.tés [kort´es] *adj* Cortês, galante, amável, gentil.

cor.te.sí.a [kortes´ia] *sf* **1** Cortesia, polidez. **2** Favor. **3** Presente.

cor.te.za [kort´eθa] *sf* **1** Casca, crosta. **2** Cortiça.

cor.ti.na [kort´ina] *sf* Cortina.

cor.to, -a [k´orto] *adj* **1** Curto. **2** Breve. **3** Limitado, tacanho.

cor.to.cir.cui.to [kortoθirk´wito] *Electr* Curto-circuito.

cor.to.me.tra.je [kortometr´ahe] *sm Cin* Curta-metragem.

co.sa [k´osa] *sf* Coisa.

cos.co.rrón [koskoř´on] *sm fam* Cascudo, croque.

co.se.cha [kos´etʃa] *sf* Colheita.

co.ser [kos´er] *vt* **1** Coser, costurar. **2** Grampear.

cos.mos [k´osmos] *sm* Cosmo, cosmos, universo.

cos.qui.llas [koskiʎ´as] *sf pl* Cócegas.

cos.qui.lle.o [koskiʎ´eo] *sm* **1** Cócegas. **2** Coceira. **3** Formigamento.

cos.ta [k´osta] *sf* **1** Custo. **2** *Der* Custas. **3** Litoral.

cos.ta.ne.ra [kostan´era] *sf* Ladeira.

cos.tar [kost´ar] *vi* **1** Custar, valer. **2** Acarretar.

cos.te [k´oste] *sm* **1** Custo, preço. **2** Despesa.

cos.te.ar [koste´ar] *vt* **1** Custear, costear, pagar. **2** Margear.

cos.ti.lla [kost´iʎa] *sf* **1** *Anat* Costela. **2** *costillas pl* Costas.

cos.to [k´osto] *sm* **1** Custo. **2** Haxixe.

cos.tum.bre [kost´umbre] *sf* Costume, hábito.

cos.tu.re.ra [kostur´era] *sf* Costureira.

co.te.jar [koteh´ar] *vt* Cotejar, confrontar, comparar.

co.te.jo [kot´eho] *sm* Cotejo, conferência.

co.te.rrá.ne.o [koteř´aneo] *sm* Conterrâneo, patrício.

co.ti.dia.no, -a [kotid´jano] *adj* **1** Cotidiano, diário. **2** Costumeiro, habitual.

co.ti.lla [kot´iʎa] *adj+s* Fofoqueiro, mexeriqueiro.

co.ti.lle.ar [kotiʎe´ar] *vi* Fofocar, mexericar.

co.ti.lle.o [kotiʎ´eo] *sm fam* Mexerico, fofoca.

co.ti.zar [kotiθ´ar] *vt Com* Cotizar, cotar.

co.to [k´oto] *sm* **1** Lote. **2** Limite, término. **3** Baliza.

co.to.rre.ar [kotoře´ar] *vi fam* Tagarelar, matraquear.

co.va.cha [kob´atʃa] *sf* **1** Barraco, casebre. **2** Quarto de despejo. **3** Casa de cachorro.

co.yun.tu.ra [koyunt´ura] *sf* **1** *Anat* Articulação, junta. **2** Conjuntura, circunstância.

coz [k´oθ] *sf* Coice, patada.

crá.ne.o [kr´aneo] *sm Anat* Crânio.
crá.ter [kr´ater] *sm* Cratera.
cre.a.ción [kreaθj´on] *sf* Criação, invenção.
cre.a.dor, -a [kread´or] *adj* Criativo. • *sm* **1** Criador, inventor. **2** Autor.
cre.ar [kre´ar] *vt* **1** Criar, gerar, produzir. **2** Inventar.
cre.cer [kreθ´er] *vi* **1** Crescer. **2** Prosperar. **3** Aumentar. *vpr* **4** Atrever-se, ousar.
cre.ci.mien.to [kreθim´jento] *sm* Crescimento, aumento, desenvolvimento.
cre.di.bi.li.dad [kredibilid´ad] *sf* Credibilidade, confiança.
cré.di.to [kr´edito] *sm* **1** Crédito. **2** Credibilidade, confiança, consideração. **3 créditos** *pl Cin* Créditos, letreiro.
cre.en.cia [kre´enθja] *sf* **1** Crença, fé. **2** Doutrina.
cre.er [kre´er] *vt* **1** Crer, acreditar. **2** Achar, julgar, supor. *vt+vpr* **3** Considerar-se.
cre.í.do [kre´ido] *sm* **1** Pretensioso, metido. **2** Crédulo.
cre.ma [kr´ema] *sf* **1** Creme. **2** Nata. **3** Nobreza, fina-flor da sociedade.
cre.ma.lle.ra [kremaʎ´era] *sf* **1** Zíper. **2** *Mec* Cremalheira.
cres.po, -a [kr´espo] *adj* Crespo, encaracolado.
cre.yen.te [kre´yente] *adj+s* Crente.
crí.a [kr´ia] *sf* **1** Criação. **2** Cria, crianha.
cri.a.da [kri´ada] *sf* Criada, empregada doméstica.
crian.za [kri´anθa] *sf* Criação, educação.
cri.ar [kri´ar] *vt+vpr* **1** Criar, produzir, gerar, originar. **2** Amamentar. **3** Instruir, educar.
cri.a.tu.ra [kriat´ura] *sf* Criatura, ser.
cri.men [kr´imen] *sm Der* Crime, delito.
crin [kr´in] *sf* Crina.

crí.o, -a [kr´io] *s* Criança.
cri.sis [kr´isis] *sf inv* Crise.
cri.te.rio [krit´erjo] *sm* **1** Critério, norma. **2** Opinião, juízo. **3** Discernimento.
cri.ti.car [kritik´ar] *vt* **1** Criticar, julgar. **2** Censurar.
cro.ché [krotʃ´e] *sm* Crochê.
cro.mo.so.ma [kromos´oma] *sm Biol* Cromossomo.
cró.ni.ca [kr´onika] *sf* Crônica.
cro.no.lo.gí.a [kronoloh´ia] *sf* Cronologia.
cro.que.ta [krok´eta] *sf* Croquete, almôndega.
cró.ta.lo [kr´otalo] *sm Zool* Cascavel.
cru.ce [kr´uθe] *sm* **1** Cruzamento. **2** Entroncamento.
cru.ci.fi.car [kruθifik´ar] *vt* Crucificar.
cru.ci.fi.jo [kruθif´iho] *sm* Crucifixo.
cru.ci.gra.ma [kruθigr´ama] *sm* Palavras cruzadas.
cru.do, -a [kr´udo] *adj* **1** Cru. **2** Cruel. • *sm* Óleo diesel.
cru.ji.do [kruh´ido] *sm* Rangido, estalo, estalido.
cru.jir [kruh´ir] *vi* Ranger, estalar.
cruz [kr´uθ] *sf* **1** Cruz. **2** Tormento, aflição.
cua.der.no [kwad´erno] *sm* Caderno.
cua.dra [k´wadra] *sf* **1** Cocheira, estrebaria. **2** Haras. **3** Quarteirão.
cua.dra.do, -a [kwadr´ado] *s Geom* Quadrado.
cua.dri.lla [kwadr´iʎa] *sf* Quadrilha, bando.
cua.dro [k´wadro] *sm* **1** Quadro, pintura. **2** *Geom* Quadrado. **3** Moldura. **4** Batente, esquadria. **5** Gráfico, tabela. **6** *Teat* Cena.
cua.drú.pe.do, -a [kwadr´upedo] *adj+s Zool* Quadrúpede.
cua.ja.da [kwah´ada] *sf* Coalhada.
cual [k´wal], **cuál** [k´wal] *pron relat+pron inter, excl* Qual.

cualidad   50   cumplimentar

cua.li.dad [kwalid´ad] *sf* **1** Qualidade, atributo, característica. **2** Estilo, gênero, maneira.
cual.quier [kwalk´jer] *adj+pron indef* Qualquer (usado diante de substantivos).
cual.quie.ra [kwalk´ʃera] *adj+pron indef* Qualquer. • *sf* Prostituta.
cuan [k´wan], **cuán** [k´wan] *adv* Quanto, como, quão.
cuan.do [k´wando], **cuán.do** [k´wando] *adv* Quando.
cuan.tí.a [kwant´ia] *sf* Quantia, quantidade, importância.
cuan.to, -a [k´wanto] *pron relat* Quanto. • *sm Fís* Quantum.
cuán.to, -a [k´wanto] *pron inter, excl* Quanto.
cua.ren.ta [kwar´enta] *num* Quarenta.
cuar.tel [kwart´el] *sm* Mil Quartel.
cuar.to, -a [k´warto] *num e adj+s Mat* Quarto. • *sm* Quarto, dormitório.
cua.tro [k´watro] *num+sm* Quatro.
cua.tro.cien.tos [kwatroθj´entos] *num* Quatrocentos.
cu.ber.te.rí.a [kuberter´ia] *sf* Faqueiro.
cu.bier.ta [kub´jerta] *sf* **1** Coberta, cobertura. **2** Tampa. **3** Capota.
cu.bil [kub´il] *sm* **1** Cova. **2** Leito (águas).
cu.bo [k´ubo] *sm* **1** *Geom* Cubo. **2** Balde.
cu.bre.ca.ma [kubrek´ama] *sf* Colcha.
cu.brir [kubr´ir] *vt+vpr* **1** Cobrir, tampar. *vt* **2** Encobrir, ocultar, dissimular. **3** Fecundar. **4** *Mil* Defender um posto.
cu.ca.ra.cha [kukar´atʃa] *sf Entom* Barata.
cu.cha.ra [kutʃ´ara] *sf* Colher.
cu.cha.rón [kutʃar´on] *sm* Concha.
cu.che.ta [kutʃ´eta] *sf AL* Beliche, catre.
cu.chi.lla [kutʃ´iλa] *sf* **1** Machado, machadinha. **2** Lâmina (de arma branca).
cu.chi.lla.zo [kutʃiλ´aθo] *sm* Facada.
cu.chi.llo [kutʃ´iλo] *sf* Faca.
cue.llo [k´weλo] *sm* **1** *Anat* Pescoço. **2** Colarinho, gola. **3** *Anat* Colo.
cuen.co [k´wenko] *sm* Tigela.
cuen.ta [k´wenta] *sf* **1** Conta, cálculo. **2** Conta-corrente. **3** Satisfação, explicação. **4** Miçanga.
cuen.to [k´wento] *sm* **1** Conto, narração. **2** História.
cuer.da [k´werda] *sf* Corda.
cuer.do, -a [kw´erdo] *adj+s* Sensato, cordato, prudente.
cue.ro [k´wero] *sm* Couro.
cuer.po [k´werpo] *sm* **1** Corpo. **2** Cadáver.
cues.co [kw´esko] *sm* **1** Caroço. **2** *fam* Ventosidade.
cues.ta [k´westa] *sf* **1** Costa, encosta. **2** Ladeira, declive.
cues.tión [kwest´jon] *sf* **1** Questão, pergunta. **2** Disputa.
cue.va [k´weba] *sf* Cova, gruta, caverna.
cui.dar [kwid´ar] *vt+vi* Cuidar, acudir, atentar.
cu.le.bra [kul´ebra] *sf Zool* Cobra.
cu.le.brón [kulebr´on] *sf* Telenovela, novela.
cu.li.na.ria [kulin´arja] *sf* Culinária.
cul.pa [k´ulpa] *sf* Culpa.
cul.par [kulp´ar] *vt+vpr* Culpar, incriminar, responsabilizar, acusar.
cul.ti.va.dor [kultibad´or] *adj+sm* Lavrador.
cul.to, -a [k´ulto] *adj* **1** Culto, instruído. **2** Cultivado. • *sm Rel* Culto, respeito, veneração.
cul.tu.ra [kult´ura] *sf* **1** Cultivo, lavoura. **2** Cultura, instrução, conhecimento.
cum.bre [k´umbre] *sf* **1** Cume, pico. **2** Auge.
cum.ple.a.ños [kumple´años] *sm inv* Aniversário de nascimento.
cum.pli.men.tar [kumpliment´ar] *vt* **1**

cumplimiento   **cuyo**

Felicitar, parabenizar, cumprimentar. **2** *Der* Cumprir, executar.
cum.pli.mien.to [kumplim´jento] *sm* **1** Cumprimento, execução. **2** Delicadeza, obséquio.
cum.plir [kumpl´ir] *vt+vi* **1** Cumprir, observar. **2** Completar. **3** Executar, realizar.
cu.na [k´una] *sm* Berço.
cu.ña [k´uña] *sf* **1** Cunha. **2** Papagaio, urinol. **3** Vinheta.
cu.ña.do, -a [kuñ´ado] *s* Cunhado.
cuo.ta [kw´ota] *sf* Cota, quinhão, parte.
cu.po [k´upo] *sm* Parte, porcentagem.
cu.pón [kup´on] *sm* Cupom.
cu.ra [k´ura] *sm* **1** Padre, sacerdote. *sf* **2** Cura, tratamento.
cu.ra.ción [kuraθj´on] *sf* Cura.
cu.ran.de.ro, -a [kurand´ero] *s* Curandeiro.

cu.rar [kur´ar] *vt+vi+vpr* Curar.
cur.da [k´urda] *sf* Porre, bebedeira.
cur.do [k´urdo] *adj+sm* Bêbado, embriagado.
cu.rio.se.ar [kurjose´ar] *vt+vi* Xeretar, bisbilhotar.
cu.rrí.cu.lo [kuř´ikulo] *sm* Currículo.
cur.si [k´ursi] *adj+s* Cafona, brega.
cur.so [k´urso] *sm* **1** Curso, direção. **2** Carreira. **3** *cursos pl* Diarreia.
cur.sor [kurs´or] *sm Inform* Cursor.
cur.var [kurb´ar] *vt+vpr* Curvar, encurvar, arcar, dobrar.
cur.vo, -a [k´urbo] *adj* Curvo.
cus.to.dia [kust´odja] *sf* Custódia, guarda.
cu.tá.ne.o, -a [kut´aneo] *adj* Cutâneo.
cu.tis [k´utis] *sm inv* Cútis, tez, pele.
cu.yo, -a [k´uyo] *pron relat* Cujo.

d

d [d´e] *sf* Quarta letra do alfabeto espanhol.

dac.ti.lar [daktil´ar] *adj* Digital.

dac.ti.lo.gra.fiar [daktilografj´ar] *vt* Datilografar.

da.dor [dad´or] *adj* Doador. • *sm* Portador.

dam.ni.fi.car [damnifik´ar] *vt* Danificar, arruinar, avariar.

dan.za [d´anθa] *sf* **1** Dança, baile. **2** *fam* Vaivém, rebuliço.

dan.zar [danθ´ar] *vt+vi* Dançar, bailar.

dan.za.rín, -ina [danθar´in] *adj+s* Dançarino, bailarino.

da.ñar [dañ´ar] *vt+vpr* **1** Prejudicar. **2** Estragar. **3** Danificar.

da.ño [d´año] *sm* **1** Dano, prejuízo. **2** Estrago. **3** Lesão.

dar [d´ar] *vt* **1** Dar, doar, entregar, ceder. **2** Conceder, conferir, outorgar, atribuir. **3** Produzir, render. **4** Causar, ocasionar. *vi* **5** Empenhar-se, insistir.

dar.do [d´ardo] *sm* Dardo, seta.

da.to [d´ato] *sm* **1** Dado, indicação, antecedente, informação. **2** Documento, testemunho, fundamento.

de [d´e] *sf* Nome da letra *d*. • *prep* De.

de.ba.jo [deb´aho] *adv* Debaixo, embaixo, sob.

de.ba.te [deb´ate] *sm* Debate, discussão, controvérsia, argumentação.

de.ba.tir [debat´ir] *vt* **1** Debater, discutir, altercar. **2** Combater, guerrear. *vpr* **3** Debater-se, agitar-se.

de.be [d´ebe] *sm Com* Débito, dívida.

de.ber [deb´er] *sm* Dever, obrigação, missão, incumbência. • *vt* Dever.

de.bi.li.dad [debilid´ad] *sf* Debilidade, fraqueza.

de.bu.tan.te [debut´ante] *adj+s* Debutante.

de.ca.den.cia [decad´enθja] *sf* Decadência, declínio, queda, ruína.

de.ca.er [deka´er] *vi* Decair, diminuir, declinar.

de.ce.na [deθ´ena] *sf* Dezena.

de.ce.nio [deθ´enjo] *sm* Decênio, década.

de.cep.ción [deθepθj´on] *sf* Decepção, desilusão, desencanto, desapontamento.

de.ci.dir [deθid´ir] *vt* **1** Decidir, resolver, determinar. **2** *vt+vpr* Decidir-se, resolver.

de.cí.me.tro [deθ´imetro] *sm* Decímetro.

dé.ci.mo, -a [d´eθimo] *adj+s* Décimo.

de.cir [deθ´ir] *vt+vpr* Dizer, falar. • *sm* Dito, frase.

de.ci.sión [deθisj´on] *sf* **1** Decisão, resolução. **2** Determinação, coragem.

de.cla.mar [deklam´ar] *vi+vt* **1** Declamar, recitar. *vi* **2** Discursar.

de.cla.ra.ción [deklaraθj´on] *sf* Decla-

declinación   53   deliberación

ração, manifestação, expressão. **2** *Der* Depoimento.

de.cli.na.ción [deklinaθj´on] *sf* **1** Inclinação. **2** Decadência, declínio, queda.

de.cli.ve [dekl´ibe] *sm* **1** Declive, descida, ladeira. **2** Declínio, decadência.

de.co.ra.ción [dekoraθj´on] *sf* **1** Decoração, ornamentação, embelezamento. **2** Cenografia. **3** Memorização.

de.co.ro [dek´oro] *sm* Decoro, dignidade, decência, compostura, recato, seriedade.

de.cre.cien.te [dekreθj´ente] *adj* Decrescente.

de.cre.pi.tud [dekrepit´ud] *sf* **1** Decrepitude. **2** Senilidade.

de.cre.tar [dekret´ar] *vt* Decretar, resolver, ordenar, decidir, sentenciar, estabelecer, determinar.

de.di.ca.ción [dedikaθj´on] *sf* Dedicação, devotamento, devotação.

de.di.ca.to.ria [dedikat´orja] *sf* Dedicatória.

de.do [d´edo] *sm Anat* Dedo.

de.du.cir [deduθ´ir] *vt* **1** Deduzir, concluir, inferir. **2** Diminuir, abater.

de.fec.ti.vo, -a [defekt´ibo] *adj* Defectivo, defeituoso, imperfeito.

de.fec.to [def´ekto] *sm* Defeito, imperfeição.

de.fen.sa [def´ensa] *sf* **1** Defesa, auxílio, proteção, socorro. **2** Fortificação. **3** Contestação. **4** *Dep* Zagueiro, zaga.

de.fi.cien.cia [defiθj´enθja] *sf* Deficiência, falta, carência.

de.fi.ni.ción [definiθj´on] *sf* **1** Definição, conceito, acepção. **2** Decisão, resolução.

de.fi.nir [defin´ir] *vt+vpr* **1** Definir, determinar, decretar, decidir. **2** Enunciar, explicar.

de.fo.res.ta.ción [deforestaθj´on] *sf* Desmatamento, desflorestamento.

de.for.mi.dad [deformid´ad] *sf* Deformidade, deformação.

de.frau.dar [defrawd´ar] *vt* Defraudar, desfalcar, fraudar.

de.fun.ción [defunθj´on] *sf* Falecimento, morte, óbito.

de.ge.ne.rar [dehener´ar] *vt* Degenerar, corromper, apodrecer.

de.go.llar [degoʎ´ar] *vt* **1** Degolar, decapitar. **2** *fig* Destruir, pôr a perder.

de.gra.da.ción [degradaθj´on] *sf* **1** Degradação, degeneração, deterioração. **2** *Pint* Dégradé.

de.gus.tar [degust´ar] *vt* Degustar, saborear, provar.

de.ja.ción [dehaθj´on] *sf* **1** Legado. **2** Desistência.

de.ja.dez [dehad´eθ] *sf* Preguiça, desleixo, negligência, desmazelo, abandono.

de.ja.do, -a [deh´ado] *adj* **1** Preguiçoso, relaxado, indolente, negligente, desleixado, desmazelado. **2** Decaído, abatido. • *sf Méx* Corrida (de táxi).

de.jar [deh´ar] *vt* **1** Deixar, largar. **2** Consentir, permitir. **3** Desistir.

del [d´el] *prep+art* Do.

de.la.ción [delaθj´on] *sf* Delação, denúncia, acusação.

de.lan.tal [delant´al] *sm* Avental.

de.lan.te [del´ante] *adv* Diante, defronte, em frente.

de.lan.te.ro, -a [delant´ero] *adj* Dianteiro. • *sm Dep* Centroavante.

de.la.tar [delat´ar] *vt+vpr* Delatar, dedurar, denunciar.

de.le.ga.ción [delegaθj´on] *sf* Delegação.

de.le.ga.do, -a [deleg´ado] *adj+s* Delegado, representante, enviado.

de.lei.tar [delejt´ar] *vt+vpr* Deleitar, deliciar, desfrutar, gozar.

de.le.tre.ar [deletre´ar] *vi* **1** Soletrar. *vt* **2** Decifrar.

del.ga.do, -a [delg´ado] *adj* **1** Magro. **2** Fino, delgado.

de.li.be.ra.ción [deliberaθj´on] *sf* Deliberação, decisão, resolução.

delicado — derivación

de.li.ca.do, -a [delik´ado] *adj* 1 Delicado, meigo, suave. 2 Frágil, fraco, débil.

de.li.cia [deli´θja] *sf* Delícia, deleite, prazer, encantamento.

de.li.ciar.se [deliθj´arse] *vpr* Deliciar-se, deleitar-se.

de.lin.cuen.cia [delinkw´enθja] *sf* Delinquência, criminalidade.

de.lin.cuen.te [delinkw´ente] *adj+s* Delinquente, criminoso.

de.li.ne.ar [deline´ar] *vt* 1 Delinear, traçar. 2 Esboçar.

de.man.da [dem´anda] *sf* 1 Demanda, petição. 2 Litígio, pendência. 3 Busca. 4 Pergunta.

de.mar.car [demark´ar] *vt* Demarcar, delimitar, assinalar.

de.más [dem´as] *adj* Demais. • *adv* Além disso, além do mais.

de.ma.sí.a [demas´ia] *sf* Demasia, excesso.

de.men.te [dem´ente] *adj* Louco, maluco. • *adj+s Patol* Demente.

de.mó.cra.ta [dem´okrata] *adj+s Polít* Democrata.

de.mo.dé [demod´e] *adj* Demodê, fora de moda, ultrapassado.

de.mo.ler [demol´er] *vt* Demolir, derrubar.

de.mo.li.ción [demoliθj´on] *sf* Demolição.

de.mos.tra.ción [demostraθj´on] *sf* Demonstração, manifestação, mostra.

de.mos.trar [demostr´ar] *vt* 1 Demonstrar, manifestar, declarar. 2 Provar, mostrar.

de.ne.grir [deneg´ar] *vt+vpr* Enegrecer, escurecer.

den.gue [d´enge] *sm* 1 *Med* Dengue. 2 Dengo, melindre.

de.ni.grar [denigr´ar] *vt* Denigrir, ultrajar, ofender.

de.no.mi.na.ción [denominaθj´on] *sf* Denominação, designação, nomeação.

den.si.dad [densid´ad] *sf* Densidade, consistência, corpo.

den.ta.du.ra [dentad´ura] *sf* Dentição.

den.ti.ción [dentiθj´on] *sf* Dentição.

den.tí.fri.co, -a [dent´ifriko] *adj+s* Dentifrício, pasta de dente.

de.nun.cia [den´unθja] *sf* Denúncia, delação.

de.pen.den.cia [depend´enθja] *sf* 1 Dependência. 2 Subordinação. 3 Relação, conexão. 4 Vendedores, atendentes, balconistas. 5 Cômodo.

de.po.ner [depon´er] *vt* 1 Depor, destituir. 2 Declarar, afirmar. 3 Derrubar. *vi* 4 Evacuar, defecar.

de.por.te [dep´orte] *sm* Esporte.

de.por.tis.ta [deport´ista] *adj* Esportista, desportista.

de.po.si.tar [deposit´ar] *vt* 1 Depositar, confiar, entregar. 2 Sedimentar.

de.pó.si.to [dep´osito] *sm* 1 Depósito, reservatório. 2 Sedimento. 3 Armazém.

de.pra.va.ción [depravaθj´on] *sf* Depravação, perversão, corrupção, podridão.

de.pre.ca.ción [deprekaθj´on] *sf* Deprecação, súplica, rogo.

de.pre.cia.ción [depreθjaθj´on] *sf* Depreciação, desvalorização.

de.pre.da.ción [depredaθj´on] *sf* Depredação, devastação, destruição.

de.pre.sión [depresj´on] *sf* 1 Concavidade, cavidade. 2 Depressão, abatimento, letargia.

de.pri.mir [deprim´ir] *vt* 1 Deprimir, afundar. *vt+vpr* 2 Abater, desanimar.

de.pri.sa [depr´isa] *adv* Depressa.

de.pu.ra.ción [depuraθj´on] *sf* Depuração, purificação.

de.re.cho, -a [der´etʃo] *adj* 1 Direito, reto. 2 Legítimo, justo. 3 Razoável, certo. 4 Direto. • *sm* 1 Direito. 2 Justiça, razão. 3 Privilégio. *sf* 4 Direita.

de.ri.va.ción [deribaθj´on] *sf* Derivação, descendência.

de.rra.mar [deřamár] *vt+vpr* **1** Derramar, entornar, verter, espargir. *vt* **2** Difundir, divulgar, publicar. *vpr* **3** Desaguar, desembocar.

de.rra.me [deřáme] *sm* **1** Derramamento. **2** *Med* Derrame, AVC.

de.rra.par [deřapár] *vi* Derrapar, deslizar, escorregar, resvalar.

de.rre.tir [deřetír] *vt* **1** Derreter, liquefazer, dissolver. **2** Torrar, gastar, consumir. *vt* **3** *fig* Desmanchar-se, apaixonar-se.

de.rri.bar [deřibár] *vt* **1** Derrubar, tombar. **2** Demolir, desmantelar, desmoronar. **3** Abater, arruinar.

de.rri.bo [deříbo] *sm* **1** Derrubada, derrubamento, demolição. **2** Destruição.

de.rro.car [deřokár] *vt* **1** Despencar, despenhar, precipitar, desabar. **2** Derrocar, derrubar, ruir.

de.rro.char [deřot∫ár] *vt* Desperdiçar, esbanjar, dissipar.

de.rro.tar [deřotár] *vt* **1** Rasgar, retalhar, estraçalhar. **2** Destruir, arruinar. **3** Derrotar, vencer.

de.rrum.bar [deřumbár] *vt+vpr* **1** Precipitar, despenhar, despencar. **2** Derrubar, demolir, desmoronar.

de.sa.bo.to.nar [desabotonár] *vt+vpr* **1** Desabotoar. *vi* **2** Desabrochar, abrir.

de.sa.bri.do, -a [desabríðo] *adj* **1** Ruim, sem gosto, desagradável (alimento). **2** Instável (tempo). **3** Desabrido, áspero, desagradável, descortês.

de.sa.bri.go [desabríɣo] *sm* Desamparo, abandono, desvalimento.

de.sa.bro.char [desabrot∫ár] *vt+vpr* **1** Desabotoar. **2** Soltar, abrir. **3** Desabotoar-se.

de.sa.ca.to [desakáto] *sm* Desacato, desrespeito.

de.sa.cier.to [desaθjérto] *sm* Desacerto, erro.

de.sa.con.se.jar [desakonsexár] *vt* Desaconselhar, dissuadir.

de.sa.cos.tum.bra.do [desakostumbráðo] *adj* Desacostumado.

de.sa.cuer.do [desakwérðo] *sm* Desacordo, discórdia, divergência.

de.sa.fi.ar [desafjár] *vt* Desafiar, afrontar, provocar.

de.sa.fi.nar [desafinár] *vi+vpr* Mús Desafinar, desentoar, dissonar.

de.sa.fí.o [desafío] *sm* **1** Desafio. **2** Rivalidade, competição.

de.sa.gra.da.ble [desaɣraðáble] *adj* Desagradável.

de.sa.ho.gar [desaoɣár] *vt+vpr* **1** Desafogar, aliviar. **2** Desabafar, abrir-se.

de.sa.ho.go [desaóɣo] *sm* **1** Desafogo, alívio. **2** Desabafo, descarga. **3** Descaramento, folga.

de.sa.hu.ciar [desawθjár] *vt* **1** Desenganar. **2** Despejar (inquilino).

de.sai.rar [desajrár] *vt* Desconsiderar, desdenhar, menosprezar.

de.sai.re [desájre] *sm* **1** Desaire, deselegância. **2** Desconsideração, desatenção, descaso, menosprezo, desdém.

de.sa.lien.to [desaljénto] *sm* Desalento, desânimo.

de.sa.li.ne.ar [desalineár] *vt+vpr* Desalinhar, desordenar, tirar do alinhamento.

de.san.gre [desángre] *sm* Sangria, sangradura.

de.sá.ni.mo [desánimo] *sm* Desânimo, desalento.

de.sa.pa.re.ci.mien.to [desapareθimjénto] *sm* Desaparecimento, sumiço.

de.sa.pa.ri.ción [desapariθjón] *sf* Desaparecimento, sumiço.

de.sa.per.ci.bi.do, -a [desaperθibíðo] *adj* Desapercebido, despercebido.

de.sa.pre.tar [desapretár] *vt+vpr* Desapertar, alargar, afrouxar.

de.sa.pro.bar [desaprobár] *vt* Desaprovar, reprovar.

de.sa.pun.tar [desapuntár] *vt* **1** Descosturar. **2** Desapontar, desviar do alvo.

de.sar.me [desˈarme] *sm* Desarmamento.

de.sar.mo.ní.a [desarmonˈia] *sf* **1** Desarmonia, discórdia. **2** Desproporção, desconformidade.

de.sa.rre.glar [desar̃eglˈar] *vt+vpr* Desarrumar, desordenar.

de.sa.rre.glo [desar̃ˈeglo] *sm* **1** Desarrumação. **2** Desarranjo (saúde).

de.sa.rro.llar [desar̃oʎˈar] *vt+vpr* **1** Desenrolar. **2** Desenvolver.

de.sa.rro.llo [desar̃ˈoʎo] *sm* Desenvolvimento, progresso, evolução.

de.sa.rro.par [desar̃opˈar] *vt+vpr* Despir, desnudar.

de.sa.sir [desasˈir] *vt+vpr* Soltar, desprender.

de.sa.so.se.gar [desasosegˈar] *vt+vpr* Desassossegar, inquietar.

de.sa.so.sie.go [desasosjˈego] *sm* Desassossego, inquietação.

de.sas.tre [desˈastre] *sm* Desgraça, fatalidade.

de.sa.tan.car [desatankˈar] *vt+vpr* Desobstruir, desentupir.

de.sa.tas.car [desataskˈar] *vt+vpr* Desobstruir, desentupir.

de.sa.ten.ción [desatenθjˈon] *sf* **1** Desatenção, distração. **2** Descortesia, indelicadeza.

de.sa.tran.car [desatrankˈar] *vt* **1** Destrancar. **2** Desentupir, desobstruir.

de.sau.to.ri.za.ción [desawtoriθaθjˈon] *sf* Desautorização, desprestígio, descrédito.

de.sa.ve.nen.cia [desaßenˈenθja] *sf* Desavença, oposição, discórdia, desentendimento, contrariedade, diferença.

de.sa.ve.nir [desaßenˈir] *vt+vpr* Discordar.

de.sa.yu.no [desaʝˈuno] *sm* Café da manhã, desjejum.

de.sa.zón [desaθˈon] *sf* **1** Inquietude, mal-estar, desassossego. **2** Insipidez. **3** Dissabor, desgosto, desprazer.

de.sa.zo.nar [desaθonˈar] *vt+vpr* **1** Desgostar, inquietar. *vt* **2** Tornar insípido.

des.ban.dar.se [desbandˈarse] *vpr* **1** Debandar, dispersar, desbaratar. **2** Desertar.

des.ba.ra.jus.te [desbarahˈuste] *sm* Desordem, desorganização.

des.bor.da.mien.to [desbordamjˈento] *sm* Transbordamento, extravasamento.

des.ca.be.llar [deskabeʎˈar] *vt+vpr* Despentear, desgrenhar.

des.ca.de.ra.do [deskaderˈado] *adj* Descadeirado, derreado.

des.ca.e.ci.mien.to [deskaeθimjˈento] *sm* Descaimento, declínio, enfraquecimento.

des.ca.li.fi.ca.ción [deskalifikaθjˈon] *sf* **1** Desqualificação. **2** Desclassificação.

des.ca.li.fi.car [deskalifikˈar] *vt* **1** Desqualificar. **2** Desclassificar.

des.cal.zar [deskalθˈar] *vt+vpr* Descalçar.

des.cal.zo, -a [deskˈalθo] *adj* Descalço.

des.car.gar [deskargˈar] *vt* **1** Descarregar. **2** Aliviar, desafogar. **3** Desembocar, desaguar. *vt+vpr* **4** Demitir, exonerar. **5** Desincumbir.

des.ca.ro [deskˈaro] *sm* Descaramento, insolência, audácia, topete.

des.car.tar [deskartˈar] *vt+vi+vpr* Descartar, eliminar.

des.cas.ca.rar [deskaskarˈar] *vt* Descascar.

des.cen.den.cia [desθendˈenθja] *sf* **1** Descendência, sucessão. **2** Casta, linhagem, estirpe.

des.cen.so [desθˈenso] *sm* **1** Descenso, descida. **2** Diminuição, baixa, queda, redução.

des.cen.tra.li.za.ción [desθentraliθaθjˈon] *sf* Descentralização.

des.ce.par [desθepˈar] *vt* Decepar, cortar pela raiz (árvores).

descifrar — desear

des.ci.frar [desθifrˈar] *vt* Decifrar, interpretar, decodificar.

des.cla.si.fi.car [desklasifikˈar] *vt* **1** Tirar de classe ou ordem. **2** Publicar, tornar público.

des.cla.var [desklabˈar] *vt* **1** Despregar. **2** Descravar, descravejar (pedras).

des.co.co [deskˈoko] *sm* Descaramento, desplante.

des.co.lo.rar [deskolorˈar] *vt+vpr* Descolorir, desbotar.

des.co.me.di.do, -a [deskomedˈido] *adj* Descomedido. • *adj+s* Descortês.

des.con.cier.to [deskonθjˈerto] *sm* **1** Desconcerto, desajuste, desarranjo. **2** Aturdimento, perplexidade. **3** Descomedimento. **4** Desgoverno.

des.co.nec.ta.do [deskonektˈado] *adj* **1** Desligado. **2** Desconexo.

des.con.fian.za [deskonfjˈanθa] *sf* Desconfiança, suspeita, receio.

des.con.ges.tio.nan.te [deskon:hestjonˈante] *adj+sm* Descongestionante.

des.co.no.cer [deskonoθˈer] *vt* **1** Desconhecer, ignorar. **2** Negar.

des.co.no.ci.mien.to [deskonoθimjˈento] *sm* **1** Desconhecimento. **2** Ingratidão.

des.con.si.de.ra.ción [deskonsideraθjˈon] *sf* Desconsideração, falta de consideração, descortesia.

des.con.sue.lo [deskonswˈelo] *sm* Desconsolo, angústia, sofrimento, tristeza.

des.con.tar [deskontˈar] *vt* Descontar, deduzir.

des.con.ten.to, -a [deskontˈento] *adj* Descontente, contrariado, insatisfeito. • *sm* Descontentamento, desgosto, desagrado.

des.con.trol [deskontrˈol] *sm* Descontrole, desgoverno.

des.con.tro.lar [deskontrolˈar] *vt+vpr* Descontrolar, desgovernar.

des.co.ra.zo.nar [deskoraθonˈar] *vt+vpr* Desanimar, desencorajar.

des.cor.cha.dor [deskortʃadˈor] *sm* Saca-rolhas.

des.co.si.do, -a [deskosˈido] *adj* **1** Descosturado. **2** Desatado, desordenado.

des.co.te [deskˈote] *sm* **1** Decote. **2** Gola.

des.co.yun.tar [deskoyuntˈar] *vt+vpr* Deslocar, desarticular.

des.cre.en.cia [deskreˈenθja] *sf* Descrença, incredulidade.

des.crei.mien.to [deskrejmjˈento] *sm* Descrença, incredulidade.

des.cre.ma.do, -a [deskremˈado] *adj* Desnatado.

des.cri.bir [deskribˈir] *vt* Descrever, contar, referir, narrar.

des.crip.ción [deskripθjˈon] *sf* Descrição, relato.

des.cua.ja.do [deskwahˈado] *adj* **1** Liquefeito. **2** Desanimado, desesperançado.

des.cu.bri.mien.to [deskubrimjˈento] *sm* Descobrimento, descoberta.

des.cuen.to [deskwˈento] *sm* Desconto, abatimento.

des.cui.dar [deskwidˈar] *vt* **1** Descuidar, abandonar, desatender, negligenciar. *vt+vpr* **2** Distrair, desligar-se.

des.de [dˈesde] *prep* **1** Desde. **2** Do, da (para ponto de vista, perspectiva, enfoque etc.). **desde ya** imediatamente.

des.de.cir [desdeθˈir] *vi* **1** Discordar, destoar, desdizer. **2** Degenerar, declinar de (padrão).

des.dén [desdˈen] *sm* Desdém, menosprezo.

des.de.ñar [desdeñˈar] *vt* Desdenhar, menosprezar.

des.di.cha [desdˈitʃa] *sf* Desdita, desventura, desgraça, infelicidade, infortúnio.

des.do.blar [desdoblˈar] *vt+vpr* **1** Desdobrar. **2** Desenvolver, ampliar.

de.se.a.ble [deseˈable] *adj* Desejável.

de.se.ar [deseˈar] *vt* Desejar, aspirar, querer.

de.se.car [desek´ar] *vt+vpr* Dessecar, secar, desidratar.

de.se.cha.ble [deseʧ´able] *adj* Descartável.

de.se.char [deseʧ´ar] *vt* Descartar, rejeitar.

de.se.cho [des´eʧo] *sm* Dejeto, resíduo, refugo, resto.

de.sem.ba.lar [desembal´ar] *vt* Desembalar, desembrulhar.

de.sem.ba.ra.zar [desembaraθ´ar] *vt+vpr* **1** Desembaraçar, desobstruir. **2** Desocupar.

de.sem.bar.car [desembark´ar] *vt+vi+vpr* Desembarcar.

de.sem.bol.sar [desembols´ar] *vt* **1** Desensacar, desempacotar. **2** Desembolsar, pagar.

de.sem.bro.llar [desembroλ´ar] *vt fam* Esclarecer, desenrolar.

de.sem.pe.ñar [desempeñ´ar] *vt+vpr* **1** Desempenhar, executar. **2** Resgatar (do penhor).

de.sem.pe.ño [desemp´eño] *sm* **1** Desempenho, *performance*, atuação. **2** Resgate do penhor.

de.sem.ple.o [desempl´eo] *sm* Desemprego.

de.sen.can.to [desenk´anto] *sm* Desencanto, decepção, desilusão, desengano.

de.sen.chu.far [desenʧuf´ar] *vt* Desligar da tomada, desconectar.

de.sen.fa.do [desenf´ado] *sm* **1** Desenvoltura, desembaraço. **2** Descontração, diversão.

de.sen.ga.ñar [desengañ´ar] *vt+vpr* Desenganar, desiludir, decepcionar, desesperançar.

de.sen.ga.ño [deseng´año] *sm* Desengano, decepção, desilusão, desencanto.

de.sen.gru.dar [desengrud´ar] *vt+vpr* Desengomar.

de.sen.la.ce [desenl´aθe] *sm* Desenlace, conclusão, desfecho, final.

de.sen.la.zar [desenlaθ´ar] *vt+vpr* **1** Desenlaçar, desamarrar. **2** Resolver, solucionar.

de.sen.mas.ca.rar [desenmaskar´ar] *vt+vpr* Desmascarar.

de.sen.re.do [desenr´edo] *sm* **1** Desembaraço. **2** Desenlace, desfecho.

de.sen.ten.der.se [desentend´erse] *vpr* **1** Desentender-se, fazer-se de desentendido. **2** Desinteressar-se.

de.sen.ten.di.mien.to [desentendimj´ento] *sm* Desacerto, despropósito, ignorância.

de.sen.tre.na.do [desentren´ado] *adj* Destreinado, fora de forma.

de.sen.vol.ver [desembolb´er] *vt+vpr* **1** Desembrulhar, desempacotar. **2** Decifrar, descobrir, esclarecer, resolver. **3** Desenvolver, expor, elaborar (ideia).

de.sen.vol.vi.mien.to [desembolbimj´ento] *sm* Desenvolvimento, extensão.

de.se.o [des´eo] *sm* Desejo, vontade, anseio.

de.se.qui.li.brar [desekilibr´ar] *vt+vpr* Desequilibrar, perder o equilíbrio.

de.se.qui.li.brio [desekil´ibrjo] *sm* Desequilíbrio.

de.ser.ción [deserθj´on] *sf* Deserção, abandono.

de.ses.pe.ra.ción [desesperaθj´on] *sf* **1** Desespero, desolação. **2** Cólera, ira.

de.ses.pe.rar [desesper´ar] *vt+vpr* **1** Desesperar, desanimar. **2** *fam* Exasperar, impacientar.

de.ses.ti.ma.ción [desestimaθj´on] *sm* Desestima, menosprezo, desamor.

de.ses.ti.mar [desestim´ar] *vt* Desestimar, menosprezar.

des.fa.cha.tez [desfatʃatʃeθ] *sf* Desfaçatez, descaro, descaramento.

des.fal.car [desfalk´ar] *vt* Desfalcar, roubar.

des.fal.co [desf´alko] *sm* Desfalque.

des.fa.lle.cer [desfaλeθ´er] *vi* Desfalecer, desmaiar.

des.fi.gu.rar [desfiguɾ´aɾ] *vt+vpr* **1** Desfigurar, deformar, transfigurar. *vt* **2** *fig* Dissimular, falsear.

des.fi.la.de.ro [desfilad´eɾo] *sm Geol* Desfiladeiro.

des.fi.lar [desfil´aɾ] *vi* Desfilar.

des.fi.le [desf´ile] *sm* Desfile.

des.fo.res.ta.ción [desfoɾestaθj´on] *sf* Desmatamento, desflorestamento.

des.gai.re [desg´aiɾe] *sm* Desalinho, desleixo, descuido, desmazelo.

des.ga.na [desg´ana] *sf* **1** Inapetência. **2** *fig* Desinteresse.

des.ga.nar [desgan´aɾ] *vt+vpr* Desanimar, desinteressar-se, perder a vontade.

des.ga.ñi.tar.se [desgañit´aɾse] *vpr* **1** Esgoelar-se, gritar. **2** Enrouquecer.

des.ga.rrar [desgaɾ´aɾ] *vt+vpr* **1** Rasgar. *vt* **2** Escarrar, pigarrear. **3** Despedaçar, dilacerar, cortar o coração. *vpr* **4** Desgarrar-se, afastar-se.

des.gas.te [desg´aste] *sm* Desgaste, deterioração.

des.gra.cia [desgɾ´aθja] *sf* Desgraça, desventura, infelicidade, infortúnio.

des.gre.ñar [desgɾeñ´aɾ] *vt+vpr* **1** Desgrenhar, despentear. *vpr* **2** Brigar puxando os cabelos.

des.ha.bi.tuar [desabitw´aɾ] *vt* Desabituar, desacostumar.

des.ha.cer [desaθ´eɾ] *vt+vpr* **1** Desfazer, desmanchar. **2** Derreter. *vt* **3** Dividir, partir, despedaçar. *vpr* **4** Consumir-se, afligir-se.

des.har.mo.ní.a [desaɾmon´ia] *sf* Desarmonia.

des.he.brar [desebɾ´aɾ] *vt* Desfiar.

des.he.cho, -a [des´etʃo] *adj* **1** Desfeito, desarrumado. **2** Deprimido, abatido.

des.he.lar [desel´aɾ] *vt+vpr* Descongelar, degelar.

des.he.rrum.brar [deseɾumbɾ´aɾ] *vt* Desenferrujar, desoxidar.

des.hi.dra.ta.ción [desidɾataθj´on] *sf* Desidratação.

des.hi.lar [desil´aɾ] *vt* Desfiar.

des.hin.char [desintʃ´aɾ] *vt* Desinchar.

des.ho.jar [desoh´aɾ] *vt* **1** Desfolhar. **2** Consumir, esgotar.

des.ho.nes.ti.dad [desonestid´ad] *sf* Desonestidade.

des.ho.nes.to, -a [deson´esto] *adj* Desonesto.

des.ho.nor [deson´oɾ] *sm* **1** Desonra. **2** Afronta, desonra.

des.hue.sar [deswes´aɾ] *vt* **1** Desossar. **2** Descaroçar.

des.hu.ma.no [desum´ano] *adj* Desumano, cruel.

de.si.dia [des´idja] *sf* Negligência, indolência.

de.sier.to, -a [desj´eɾto] *sm* Deserto.

de.sig.na.ción [designaθj´on] *sf* Designação. **2** Nomeação, indicação.

de.si.gual [desigw´al] *adj* **1** Desigual. **2** Diferente, diverso. **3** Inconstante.

de.si.lu.sión [desilusj´on] *sf* Desilusão, decepção, desencanto.

de.si.lu.sio.nar [desilusjon´aɾ] *vt+vpr* Desiludir, decepcionar.

de.sin.fec.tan.te [desinfekt´ante] *adj+sm* Desinfetante.

de.sin.hi.bi.ción [desinibiθ´jon] *sf* Desinibição.

de.sin.sec.ta.ción [desinsektaθj´on] *sf* Dedetização.

de.sin.sec.tar [desinsekt´aɾ] *vt* Dedetizar.

de.sin.te.gra.ción [desinteɡɾaθj´on] *sf* **1** Desintegração, decomposição. **2** Destruição.

de.sin.te.rés [desinteɾ´es] *sm* **1** Desinteresse, indiferença. **2** Desprendimento, generosidade.

de.sin.te.re.sar.se [desinteɾes´aɾse] *vpr* Desinteressar-se.

de.sin.to.xi.car [desintoksik´aɾ] *vt+vpr* Desintoxicar.

de.sis.ti.mien.to [desistimj´ento] *sm* Desistência, renúncia, abdicação, abandono.

de.sis.tir [desist´ir] *vi* Desistir, renunciar, abdicar, abandonar.

des.leal [desle´al] *adj+s* Desleal, infiel, traidor.

des.le.al.tad [deslealt´ad] *sf* Deslealdade, infidelidade, traição.

des.len.gua.do, -a [deslengw´ado] *adj+s* Desbocado.

des.li.gar [deslig´ar] *vt* Desligar, desunir, separar.

des.li.za.mien.to [desliθamj´ento] *sm* **1** Deslizamento. **2** Derrapagem.

des.lu.cir [desluθ´ir] *vt+vpr* **1** Ofuscar, empanar. **2** Desacreditar, desprestigiar. **3** Desluzir, deslustrar.

des.lum.brar [deslumbr´ar] *vt+vpr* Deslumbrar, encantar, arrebatar, aturdir.

des.lus.trar [deslustr´ar] *vt* **1** Ofuscar, empanar. **2** Desacreditar, desprestigiar. **3** Desluzir, deslustrar.

des.ma.dre [desm´adre] *sm* Caos, confusão, bagunça.

des.mán [desm´an] *sm* Desgraça, infortúnio.

des.mar.car [desmark´ar] *vt+vpr* **1** Separar, afastar. *vpr* **2** *Dep* Desmarcar.

des.ma.yar [desmay´ar] *vt+vpr* Desmaiar, desfalecer.

des.ma.yo [desm´ayo] *sm Med* Desmaio.

des.men.tir [desment´ir] *vt* Desmentir, negar.

des.mo.ra.li.za.ción [desmoraliθaθj´on] *sf* Desmoralização.

des.mo.ro.na.mien.to [desmoronamj´ento] *sm* Desmoronamento.

des.nu.do, -a [desn´udo] *adj* Nu, despido, desnudo, pelado.

des.nu.tri.ción [desnutriθj´on] *sf* Desnutrição.

des.o.be.dien.cia [desobedj´enθja] *sf* Desobediência, indisciplina, inobediência.

des.o.bli.gar [desoblig´ar] *vt+vpr* Desobrigar, isentar, dispensar, eximir.

des.obs.truir [desobstru´ir] *vt* Desobstruir, desimpedir.

des.o.cu.pa.ción [desokupaθj´on] *sf* **1** Desocupação, ociosidade. **2** Desemprego.

des.o.la.ción [desolaθj´on] *sf* **1** Desolação, angústia. **2** Ruína, destruição, devastação.

des.or.den [des´orden] *sm* Desordem, confusão, bagunça, baderna, desorganização.

des.or.de.nar [desorden´ar] *vt+vpr* **1** Desordenar, desarranjar. *vt* **2** Desarrumar, bagunçar.

des.or.ga.ni.za.ción [desorganiθaθj´on] *sf* **1** Desorganização, desordem, desarranjo. **2** Bagunça.

des.o.xi.da.do [desoksid´ado] *adj* Desenferrujado, desoxidado.

des.pa.bi.lar [despabil´ar] *vt+vpr* Avivar, animar, ficar atento.

des.pa.cio [desp´aθjo] *adv* Devagar.

des.pam.pa.nan.te [despampan´ante] *adj* Espantoso, deslumbrante, assombroso, desconcertante.

des.pa.rra.mar [desparam´ar] *vt+vpr* **1** Esparramar. **2** Espalhar, espargir. *vt* **3** Desperdiçar, dissipar.

des.pec.ti.vo, -a [despekt´ibo] *adj* Depreciativo, ofensivo, pejorativo.

des.pe.di.da [desped´ida] *sf* Despedida, adeus, fim, partida.

des.pe.gar [despeg´ar] *vt* **1** Descolar, desgrudar, despegar. *vi* **2** Descolar.

des.pei.nar [despejn´ar] *vt+vpr* Despentear, desgrenhar.

des.pe.jar [despeh´ar] *vt* **1** Desocupar, esvaziar. **2** Esclarecer. *vi+vpr* **3** Abrir, limpar (tempo).

des.pe.lo.te [despel´ote] *sm fam* Bagunça, desorganização.

des.pe.ña.de.ro [despeñad´ero] *sm* **1** Despenhadeiro, precipício, desfiladeiro, barranco. **2** *fig* Risco, perigo.

des.per.di.ciar [desperdiθj´ar] *vt* Desperdiçar, esbanjar.

desperdicio 61 **destrabar**

des.per.di.cio [desperdˈiθjo] *sm* Desperdício, perda, esbanjamento, desproveito.

des.pe.re.zar.se [despereθˈarse] *vpr* Espreguiçar-se.

des.per.tar [despertˈar] *vt+vpr* **1** Despertar, acordar. **2** Mover, excitar, incitar, provocar. • *sm* Despertar.

des.pi.do [despˈido] *sm* **1** Demissão. **2** Quitação (na rescisão).

des.pier.to, -a [despjˈerto] *adj* **1** Acordado. **2** Esperto, vivo.

des.pil.fa.rrar [despilfarˈar] *vt+vpr* Esbanjar, gastar, dissipar, queimar, malgastar.

des.pis.tar [despistˈar] *vt+vi* **1** Despistar, desorientar. *vi* **2** Fingir, dissimular.

des.pla.za.mien.to [desplaθamjˈento] *sm* Deslocamento, movimento.

des.ple.gar [despleɡˈar] *vt+vpr* **1** Desdobrar, desenrolar, estender. **2** Esclarecer.

des.plo.mar [desplomˈar] *vt* **1** Desabar, desmoronar. *vpr* **2** Arruinar-se.

des.plo.me [desplˈome] *sm* Desabamento, desmoronamento.

des.po.bla.do, -a [despoblˈado] *adj+s* Despovoado, deserto.

des.po.jo [despˈoxo] *sm* **1** Despojo. **2** Miúdos (aves). **3** *despojos pl* Resíduos, restos mortais.

des.po.sar [desposˈar] *vt+vpr* Desposar, casar.

des.pre.cia.ble [despreθjˈable] *adj* Desprezível, vil.

des.pre.ciar [despreθjˈar] *vt* Desprezar, menosprezar, desdenhar.

des.pre.cio [desprˈeθjo] *sm* Desprezo, menosprezo, desdém.

des.pren.der [desprendˈer] *vt+vpr* **1** Desprender, soltar. *vpr* **2** Depreender, concluir, inferir.

des.pre.o.cu.pa.ción [despreokupaθjˈon] *sf* Despreocupação, sossego, tranquilidade, calma.

des.pro.vis.to, -a [desprobˈisto] *adj* Desprovido, desguarnecido, carente.

des.pués [despwˈes] *adv* Depois, após.

des.pun.tar [despuntˈar] *vt+vpr+vi* Despontar: a) gastar a ponta. b) aparecer, surgir. c) destacar-se, sobressair.

des.qui.cia.do [deskiθjˈado] *adj* **1** Descomposto, desmontado, desarranjado. **2** Indisposto, irritado, agastado, contrariado.

des.qui.tar [deskitˈar] *vt+vpr* **1** Desforrar, vingar. **2** Descontar, abater, dar desconto.

des.ta.car [destakˈar] *vt+vpr* Destacar, realçar, sobressair.

des.ta.jo [destˈaxo] *sm* Empreitada. **a destajo** às pressas.

des.ta.par [destapˈar] *vt+vpr* **1** Destapar, destampar. **2** Descobrir, tirar a coberta.

des.ta.que [destˈake] *sm* Destaque, realce.

des.te.llo [destˈeʎo] *sm* **1** Brilho, cintilação, chispa, faísca. **2** Vislumbre.

des.te.ñir [desteɲˈir] *vt+vpr* Desbotar.

des.te.tar [destetˈar] *vt+vpr* **1** Desmamar. *vpr* **2** *fam* Mostrar os seios.

des.ti.lar [destilˈar] *vt+vpr* **1** Destilar, alambicar. **2** Gotejar. **3** Filtrar.

des.ti.le.rí.a [destilerˈia] *sf* Destilaria, alambique.

des.ti.nar [destinˈar] *vt* Destinar, dispor, designar.

des.ti.na.ta.rio, -a [destinatˈarjo] *sm* Destinatário.

des.ti.no [destˈino] *sm* **1** Destino, sorte, sina, fortuna. **2** Meta, alvo, objetivo, finalidade.

des.ti.tuir [destituˈir] *vt* Destituir, derrubar, afastar, desligar.

des.tor.ni.llar [destorniʎˈar] *vt* Desparafusar.

des.tra.bar [destrabˈar] *vt* Destravar, destrancar.

des.tre.za [destrˊeθa] *sf* Destreza, jeito, habilidade, manha.
des.tro.zar [destroθˊar] *vt+vpr* **1** Despedaçar. *vt* **2** Destroçar. *vt+vpr* **3** Esgotar, acabar, quebrar.
des.tro.zo [destrˊoθo] *sm* Destroço, ruína.
des.truc.ción [destrukθjˊon] *sf* Destruição, ruína, devastação.
des.truir [destruˊir] *vt* Destruir, arruinar.
de.su.nión [desunjˊon] *sf* Desunião, separação.
de.su.nir [desunˊir] *vt+vpr* Desunir, separar.
de.su.so [desunˊir] *sm* Desuso.
des.va.lo.ri.za.ción [desbaloriθaθjˊon] *sf* Desvalorização.
des.ván [desbˊan] *sm* Sótão, desvão.
des.va.ne.cer [desbaneθˊer] *vt* Desvanecer, dissipar, esvanecer, esvair.
des.va.ne.ci.mien.to [desbaneθimjˊento] *sm* **1** Desvanecimento, esvanecimento. **2** Desânimo, desalento, esmorecimento.
des.va.rí.o [desbarˊio] *sm* Desvario, delírio, desatino, insanidade.
des.ve.lo [desbˊelo] *sm* Desvelo, dedicação, diligência, zelo, cuidado.
des.ven.dar [desbendˊar] *vt* Desvendar, tirar a venda.
des.ven.ta.ja [desbentˊaha] *sf* Desvantagem, inferioridade.
des.ven.tu.ra [desbentˊura] *sf* Desventura, fatalidade, infortúnio, desgraça, desdita.
des.ver.güen.za [desbergwˊenθa] *sf* Descaramento, falta de vergonha.
des.vir.tuar [desbirtwˊar] *vt* Desvirtuar, perverter, deteriorar, corromper.
de.ta.llar [detaʎˊar] *vt* Detalhar, pormenorizar, esmiuçar.
de.ta.lle [detˊaʎe] *sm* Detalhe, pormenor, minúcia.

de.ta.llis.ta [detaʎˊista] *adj* Detalhista, minucioso, meticuloso. • *s* Varejista.
de.tec.tar [detektˊar] *vt* Detectar, perceber.
de.tec.ti.ve [detektˊibe] *s* Detetive.
de.ten.ción [detenθjˊon] *sf* **1** Detenção, prisão. **2** Demora, retardo.
de.te.ner [detenˊer] *vt+vpr* **1** Deter, sustar, interromper. *vt* **2** Prender, reter. **3** Demorar, retardar. *vpr* **4** Parar. **5** Considerar.
de.te.rio.ra.ción [deterjoraθjˊon] *sf* Deterioração, degradação, desgaste, estrago.
de.ter.mi.na.ción [determinaθjˊon] *sf* **1** Determinação, decisão. **2** Ousadia, raça.
de.tes.ta.ble [detestˊable] *adj* Detestável, insuportável, intolerável, intragável.
de.tes.tar [detestˊar] *vt* **1** Detestar, odiar. **2** Amaldiçoar.
de.trás [detrˊas] *adv* Detrás, atrás.
deu.da [dˊewda] *sf* **1** Dívida, débito. **2** Pecado, culpa, ofensa.
deu.dor, -a [dewdˊor] *adj+s* Devedor.
de.va.lua.ción [debalwaθjˊon] *sf* Desvalorização, depreciação.
de.va.luar [debalwˊar] *vt* Desvalorizar, depreciar.
de.va.ne.o [debanˊeo] *sm* Devaneio, delírio, imaginação, divagação.
de.vas.ta.ción [debastaθjˊon] *sf* Devastação, ruína.
de.vo.ción [deboθjˊon] *sf* Devoção, dedicação.
de.vo.lu.ción [debiluθjˊon] *sf* Devolução, restituição.
de.vol.ver [debolbˊer] *vt* **1** Devolver, restituir. **2** Retribuir, corresponder. **3** *fam* Vomitar.
de.vo.rar [deborˊar] *vt* Devorar, consumir, comer.
de.vo.to, -a [debˊoto] *adj+s* Devoto, devotado.

de.yec.ción [deyekθjon] *sf* **1** Dejeção, lava. **2** Defecação, evacuação.

dí.a [d´ia] *sm* Dia.

dia.be.tes [djab´etes] *sf inv Med* Diabetes.

dia.blo [dj´ablo] *sm* Diabo, satanás.

dia.blu.ra [djabl´ura] *sf* Diabrura, travessura, traquinagem.

diag.no.sis [djagn´osis] *sf* **1** Diagnose. **2** *Med* Diagnóstico.

diag.nos.ti.car [djagnostik´ar] *vt* Diagnosticar.

diag.nós.ti.co, -a [djagn´ostiko] *s Med* Diagnóstico.

dia.lec.to [djal´ekto] *sm* Dialeto.

dia.lo.gar [djalog´ar] *vi* Dialogar, conversar.

diá.me.tro [dj´ametro] *sm Geom* Diâmetro.

dia.rio, -a [dj´arjo] *adj* Diário, cotidiano. • *sm* Jornal.

dia.rre.a [djař´ea] *sf Med* Diarreia, disenteria.

di.bu.jan.te [dibuh´ante] *adj+s* Desenhista, *designer*.

di.bu.jar [dibuh´ar] *vt+vpr* **1** Desenhar. *vt* **2** Delinear, esboçar.

di.bu.jo [dib´uho] *sm* Desenho.

dic.cio.na.rio [dikθjon´arjo] *sm* Dicionário.

di.cha [d´itʃa] *sf* Dita, fortuna, felicidade, sorte.

di.cho, -a [d´itʃo] *adj* Dito, mencionado. • *sm* Dito, expressão, frase.

di.cho.so, -a [ditʃ´oso] *adj* **1** Ditoso, venturoso, feliz. **2** *fam* Chato.

di.ciem.bre [diθj´embre] *sm* Dezembro.

dic.ta.do, -a [dikt´ado] *s* Ditado.

dic.ta.dor, -a [diktad´or] *adj+s* Ditador, tirano, déspota.

dic.ta.men [dikt´amen] *sm* Ditame, opinião, juízo.

dic.tar [dikt´ar] *vt* **1** Ditar. **2** Mandar, ordenar. **3** Sugerir, inspirar.

di.dác.ti.co, -a [did´aktiko] *adj* Didático. • *sf* Didática.

die.ci.nue.ve [djeθinw´ebe] *num+sm* Dezenove.

dien.te [dj´ente] *sm Anat* Dente.

dies.tra [dj´estra] *sf* Destra, mão direita.

dies.tro, -a [dj´estro] *adj* Destro.

die.ta [dj´eta] *sf* Dieta, regime.

diez [dj´eθ] *num+sm* Dez.

di.fa.ma.ción [difamaθj´on] *sf* Difamação, calúnia, maledicência.

di.fa.mar [difam´ar] *vt* Difamar, caluniar.

di.fe.ren.cia [difer´enθja] *sf* **1** Diferença, diversidade, dessemelhança. **2** Controvérsia, desavença, dissensão.

di.fe.ren.ciar [diferenθj´ar] *vt* Diferenciar, diferir, distinguir.

di.fe.ren.te [difer´ente] *adj* Diferente, distinto, diverso. • *adv* Diferentemente.

di.fí.cil [dif´iθil] *adj* **1** Difícil, trabalhoso, complicado. **2** Improvável.

di.fi.cul.tad [difikult´ad] *sf* Dificuldade, complicação, embaraço, transtorno, obstáculo.

di.fi.cul.tar [difikult´ar] *vt* Dificultar, complicar.

di.fun.dir [difund´ir] *vt+vpr* Difundir, espalhar, propagar, divulgar.

di.fun.to, -a [dif´unto] *adj* Defunto, morto, falecido. • *s* Defunto, cadáver.

di.fu.sión [difusj´on] *sf* Difusão, propagação, disseminação.

di.ge.rir [diher´ir] *vt* **1** Digerir. **2** Suportar.

di.ges.tión [dihestj´on] *sf Med* Digestão.

di.gi.ta.ción [dihitaθj´on] *sf* Dedilhado.

dig.ni.dad [dignid´ad] *sf* **1** Dignidade, nobreza. **2** Decência, seriedade.

dig.no, -a [d´igno] *adj* **1** Digno, merecedor. **2** Respeitável, honesto, honrado.

di.la.ce.rar [dilaθer´ar] *vt+vpr* Dilacerar, despedaçar.

di.la.pi.dar [dilapid´ar] *vt* Dilapidar, esbanjar, desperdiçar, malgastar.

di.la.ta.ción [dilataθj´on] *sf* Dilatação, ampliação.

di.le.ma [dil´ema] *sm* Dilema, dúvida, drama.

di.li.gen.cia [dilih´enθja] *sf* **1** Diligência. **2** Prontidão, agilidade.

di.luir [dilu´ir] *vt+vpr* Diluir, dissolver.

di.men.sión [dimensj´on] *sf* Dimensão, proporção, extensão, grandeza.

di.mi.nu.ti.vo, -a [diminut´ibo] *adj+s Gram* Diminutivo.

di.mi.sión [dimisj´on] *sf* Demissão, renúncia.

di.mi.tir [dimit´ir] *vi* Renunciar.

di.ne.ro [din´ero] *sm* Dinheiro.

di.plo.ma [dipl´oma] *sm* Diploma.

di.plo.ma.cia [diplom´aθja] *sf* Diplomacia.

di.pu.ta.do, -a [diput´ado] *s Polít* Deputado.

di.rec.ción [direkθj´on] *sf* **1** Direção, condução. **2** Orientação. **3** Endereço. **4** Administração. **5** Diretoria. **6** Volante.

di.rec.to, -a [dir´ekto] *adj* Direto, reto.

di.rec.tor, -a [direkt´or] *adj+s* Diretor, dirigente.

di.rec.to.rí.a [direktor´ia] *sf* Diretoria.

di.ri.gir [dirih´ir] *vt+vpr* **1** Dirigir, encaminhar, conduzir, direcionar. *vt* **2** Governar, gerenciar, reger, administrar.

dis.ci.pli.na [disθipl´ina] *sf* **1** Disciplina, ordem. **2** Arte, ciência, doutrina.

dis.ci.pli.nar [disθiplin´ar] *vt* **1** Disciplinar, educar, orientar. *vt+vpr* **2** Castigar. • *adj* Disciplinar.

dis.co [d´isko] *sm* Disco.

dis.cor.dan.cia [diskord´anθja] *sf* Discordância, divergência.

dis.cor.dar [diskord´ar] *vi* Discordar, divergir.

dis.cor.dia [disk´ordja] *sf* Discórdia, desavença, divergência.

dis.co.te.ca [diskot´eka] *sf* Discoteca.

dis.cre.ción [diskreθj´on] *sf* Discrição, sobriedade.

dis.cri.mi.na.ción [diskriminaθj´on] *sf* **1** Discriminação, segregação, separação. **2** Discernimento.

dis.cri.mi.nar [diskrimin´ar] *vt* **1** Discriminar, segregar, separar. **2** Discernir.

dis.cul.pa [disk´ulpa] *sf* **1** Desculpa, explicação. **2** Pretexto.

dis.cul.par [diskulp´ar] *vt+vpr* Desculpar.

dis.cu.rrir [diskur´ir] *vt* **1** Inventar. **2** Inferir, conjecturar. *vi* **3** Andar, caminhar. **4** Transcorrer. **5** Discorrer, pensar, falar.

dis.cur.se.ar [diskurse´ar] *vt fam* Discursar.

dis.cur.so [discur´so] *sm* **1** Discurso. **2** Decurso, transcurso.

dis.cu.sión [diskusj´on] *sf* Discussão, debate, polêmica.

dis.cu.tir [diskut´ir] *vt* **1** Discutir, analisar. **2** Debater.

di.se.mi.na.ción [diseminaθj´on] *sf* Disseminação, difusão, propagação.

di.se.mi.nar [disemin´ar] *vt* Disseminar, difundir, espalhar.

di.sen.te.rí.a [disenter´ia] *sf Med* Disenteria, diarreia.

di.se.ña.dor, -ora [diseñad´or] *s* Desenhista, *designer*.

di.se.ñar [diseñ´ar] *vt* Desenhar.

di.se.ño [dis´eño] *sm* **1** Desenho. **2** *Design*.

di.ser.ta.ción [disertaθj´on] *sf* Dissertação.

dis.fraz [disfr´aθ] *sm* **1** Disfarce, fantasia. **2** Fingimento.

dis.fra.zar [disfraθ´ar] *vt+vpr* **1** Disfarçar, fantasiar. **2** Dissimular.

disfrutar   65   divergencia

dis.fru.tar [disfrut´ar] *vt+vi* Desfrutar, gozar, usufruir.

dis.gus.tar [disgust´ar] *vt+vpr* Desgostar, aborrecer, desagradar, magoar.

dis.gus.to [disg´usto] *sm* Desgosto, desprazer, mágoa, mazela.

di.si.mu.lar [disimul´ar] *vt+vi* Dissimular, encobrir, disfarçar, fingir.

di.si.mu.lo [disim´ulo] *sm* Dissimulação, dissímulo, fingimento.

di.si.pa.ción [disipaθj´on] *sf* 1 Dissipação, dispersão. 2 Evaporação. 3 Dissolução, devassidão. 4 Esbanjamento.

di.si.par [disip´ar] *vt+vpr* 1 Dissipar, dispersar. *vt* 2 Esbanjar, desperdiçar. *vpr* 3 Evaporar. 4 Desvanecer.

dis.lo.ca.ción [dislokaθj´on] *sf* Deslocamento.

dis.lo.car [dislok´ar] *vt+vpr* 1 Deslocar, desconjuntar. *vt* 2 Distorcer.

dis.mi.nu.ción [disminuθj´on] *sf* Diminuição, minoração, redução.

dis.mi.nuir [disminu´ir] *vt+vi+vpr* Diminuir, reduzir, minorar.

di.so.ciar [disoθj´ar] *vt+vpr* Dissociar, separar.

di.so.lu.ble [disol´uble] *adj* 1 Solúvel. 2 Solucionável.

di.sol.ver [disolb´er] *vt+vpr* 1 Dissolver, diluir. 2 Desagregar, desunir.

dis.pa.rar [dispar´ar] *vt* 1 Disparar, atirar. 2 Arremessar, lançar. *vpr* 3 Precipitar-se, sair em disparada.

dis.pa.ri.dad [disparid´ad] *sf* Disparidade, desigualdade, discrepância.

dis.pa.ro [disp´aro] *sm* Disparo, tiro.

dis.pen.sar [dispens´ar] *vt* 1 Dispensar, dar, outorgar, conceder. 2 Aviar. 3 Eximir, isentar.

dis.po.ner [dispon´er] *vt+vpr* 1 Dispor, arrumar. *vt* 2 Deliberar. *vt+vpr* 3 Predispor. *vi* 4 Usar, valer-se.

dis.po.ni.bi.li.dad [disponibilid´ad] *sf* Disponibilidade.

dis.po.si.ción [disposiθj´on] *sf* 1 Disposição, arranjo. 2 Disponibilidade. 3 Regulamentação.

dis.po.si.ti.vo [disposit´ibo] *sm* Dispositivo, ordenação, regulamento.

dis.pu.ta [disp´uta] *sf* Disputa, contenda, competição.

dis.que.te [disk´ete] *sm Inform* Disquete.

dis.tan.cia [dist´anθja] *sf* Distância.

dis.tin.ción [distinθj´on] *sf* 1 Distinção, diferenciação. 2 Dignidade.

dis.tin.guir [disting´ir] *vt* 1 Distinguir, diferenciar. 2 Destacar.

dis.tin.ti.vo [distint´ibo] *adj* Distintivo, característico. • *sm* Distintivo.

dis.tin.to, -a [dist´into] *adj* Diferente, distinto, diverso.

dis.tor.sión [distorsj´on] *sf* Distorção, deformidade, anomalia.

dis.tor.sio.nar [distorsjon´ar] *vt+vpr* Distorcer, deformar.

dis.trac.ción [distrakθj´on] *sf* 1 Distração, divagação, desatenção. 2 Recreação, divertimento.

dis.tra.er [distra´er] *vt+vpr* 1 Distrair, divertir, entreter. 2 Afastar, desencaminhar. 3 Desatentar, esquecer.

dis.tri.bu.ción [distribuθj´on] *sf* Distribuição, repartição.

dis.tri.buir [distribu´ir] *vt* Distribuir, dividir, designar.

dis.tur.bio [dist´urbjo] *sm* Distúrbio, perturbação, desordem.

di.sua.dir [diswad´ir] *vt* Dissuadir, demover.

diur.no, -a [dj´urno] *adj* Diurno.

di.va.ga.ción [dibagaθj´on] *sf* Divagação, digressão.

di.va.gar [dibag´ar] *vi* 1 Vagar, vaguear. 2 Divagar, desconversar, digressionar.

di.ván [dib´an] *sm* 1 Sofá. 2 Divã.

di.ver.gen.cia [diberh´enθja] *sf* Divergência, discórdia, discrepância, desacordo.

di.ver.gir [diberh´ir] *vi* Divergir, discrepar, discordar.
di.ver.si.dad [dibersid´ad] *sf* Diversidade, variedade, diferença.
di.ver.si.fi.ca.ción [dibersifikaθj´on] *sf* Diversificação, variedade.
di.ver.si.fi.car [diversifik´ar] *vt+vpr* Diversificar, variar.
di.ver.sión [dibersj´on] *sf* Diversão, divertimento, entretenimento, passatempo, distração.
di.ver.so, -a [dib´erso] *adj+s* Diverso, distinto, diferente.
di.ver.tir [dibert´ir] *vt+vpr* 1 Divertir, entreter, alegrar. 2 Afastar, desviar.
di.vi.dir [dibid´ir] *vt+vpr* 1 Dividir, partir, separar. *vt* 2 Distribuir, repartir. 3 Dissentir.
di.vi.no, -a [dib´ino] *adj* 1 Divino. 2 Excelente, primoroso.
di.vi.sión [dibisj´on] *sf* 1 Divisão, separação. 2 Distribuição, partilha, repartição. 3 Discórdia, desunião. 4 *Gram* Hífen.
di.vor.ciar [diborθj´ar] *vt+vpr* Divorciar.
di.vor.cio [dib´orθjo] *sm* Divórcio.
di.vul.ga.ción [dibulgaθj´on] *sf* Divulgação, publicação.
di.vul.gar [dibulg´ar] *vt+vpr* Divulgar, publicar.
do [d´o] *sm Mús* Dó.
do.bla.di.llo [doblad´iλo] *sm* Bainha, barra.
do.bla.je [dobl´ahe] *sm Cin, Telev* Dublagem.
do.blar [dobl´ar] *vt* 1 Duplicar. 2 Dobrar. 3 Dublar. 4 Persuadir, convencer. *vpr* 5 Ceder.
do.ble [d´oble] *num+adj* 1 Dobro. 2 Duplo. 3 Duas caras, falso. • *sm* 1 Dobra. 2 Dublê. 3 Sósia.
do.ble.gar [dobleg´ar] *vt+vpr* 1 Dobrar, vencer, persuadir. 2 Arquear, encurvar.

do.blez [dobl´eθ] *sm* 1 Dobra. 2 Falsidade.
do.ce [d´oθe] *num+sm* doze.
do.ce.na [doθ´ena] *f* Dúzia.
do.ci.li.dad [doθilid´ad] *sf* Docilidade, brandura.
doc.tor, -ora [dokt´or] *s* 1 Doutor. 2 Médico.
doc.tri.na [doktr´ina] *sf* Doutrina, disciplina.
do.cu.men.ta.ción [dokumentaθj´on] *sf* Documentação.
dó.lar [d´olar] *sm* Dólar.
do.len.cia [dol´enθja] *sf* Doença, enfermidade.
do.ler [dol´er] *vi* 1 Doer. *vpr* 2 Arrepender-se. 3 Compadecer-se. 4 Lamentar-se, queixar-se.
do.li.do, -a [dol´ido] *adj* Magoado, ofendido.
do.lien.te [dolj´ente] *adj* 1 Dolorido. 2 Doente. 3 Dolente, sofredor. • *s* Parente do falecido.
do.lor [dol´or] *sm* 1 Dor. 2 Sofrimento. 3 Mágoa, pesar, pena.
do.mar [dom´ar] *vt* 1 Domar, domesticar. 2 Reprimir, refrear, conter.
do.mi.ci.liar [domiθilj´ar] *vt+vpr* Domiciliar, estabelecer, fixar.
do.mi.ci.lio [domiθ´iljo] *sm* Domicílio, residência.
do.mi.na.ción [dominaθj´on] *sf* Dominação, domínio.
do.mi.nar [domin´ar] *vt* 1 Dominar, controlar. *vt+vpr* 2 Conter, reprimir. *vi+vt* 3 Predominar.
do.min.go [dom´iŋgo] *sm* Domingo.
do.mi.nio [dom´injo] *sm* Domínio, dominação.
don [d´on] *sm* Dom, dádiva.
do.na.ción [donaθj´on] *sf* Doação, donativo, oferecimento, oferta.
do.na.dor [donad´or] *adj+sm* Doador.
do.nar [don´ar] *vt* Doar, presentear.
don.ce.lla [donθ´eλa] *sf* Donzela.

don.de [d´onde], **dón.de** [d´onde] *adv* Onde.

don.de.quie.ra [dondekj´era] *adv* Em qualquer lugar, onde quer que.

do.ña [d´oña] *sf* Dona, senhora.

do.ra.do, -a [dor´ado] *adj* **1** Dourado. **2** Feliz. • *sm Ictiol* Dourado.

dor.mi.lón, -lona [dormil´on] *adj+s* Dorminhoco. • *sf* Espreguiçadeira.

dor.mir [dorm´ir] *vi* Dormir.

dor.mi.tar [dormit´ar] *vi* Cochilar, dormitar.

dos [d´os] *num+sm* Dois, duas.

dos.cien.tos, -as [dosθj´entos] *num+sm* Duzentos.

do.si.fi.car [dosifik´ar] *vt* Dosar, graduar, dosear.

do.sis [d´osis] *sf inv* Dose.

do.tar [dot´ar] *vt* Dotar, dar, conceder, prover.

dra.ma.ti.zar [dramatiθ´ar] *vt+vi* **1** Dramatizar, representar. **2** Exagerar, fazer drama.

drás.ti.co, -a [dr´astiko] *adj+s* Drástico, enérgico, radical, draconiano.

dri.blar [dribl´ar] *vt+vi Dep* Driblar.

dro.ga [dr´oga] *sf* **1** Droga, medicamento. **2** Entorpecente.

dro.ga.dic.to, -a [drogad´ikto] *adj+s* Toxicômano, drogado, dependente, viciado.

dro.gar [drog´ar] *vt+vpr* Drogar, dopar.

dro.gue.rí.a [droger´ia] *sf* Drogaria, farmácia.

du.cha [d´utʃa] *sf* **1** Ducha. **2** Banho, chuveirada. **3** Box, chuveiro.

du.da [d´uda] *sf* **1** Dúvida, incerteza, suspeita, vacilação.

du.dar [dud´ar] *vi* **1** Duvidar, desconfiar. **2** Vacilar, titubear.

du.do.so, -a [dud´oso] *adj* Duvidoso, incerto.

due.ño, -a [dw´eño] *s* Dono, proprietário.

dul.ce [d´ulθe] *adj+sm* Doce.

dul.ci.fi.car [dulθifik´ar] *vt+vpr* Adoçar.

dul.zu.ra [dulθ´ura] *sf* **1** Doçura. **2** Suavidade, amabilidade.

dú.o [d´uo] *sm Mús* Dueto, duo.

du.pli.ca.ción [duplikaθj´on] *sf* Duplicação.

du.ra.bi.li.dad [durabilid´ad] *sf* Durabilidade, resistência, solidez.

du.ra.ción [duraθj´on] *sf* Duração, extensão.

du.ra.de.ro, -a [durad´ero] *adj* Duradouro, durável.

du.ran.te [dur´ante] *prep* Durante. • *conj* Enquanto.

du.rar [dur´ar] *vi* Durar, persistir, subsistir.

du.raz.no [dur´aθno] *sm Bot* **1** Pêssego. **2** Pessegueiro.

dur.mien.te [durmj´ente] *adj+s* Dormente, adormecido. • *sm* Dormente.

e

e¹ [e] *sf* Quinta letra del alfabeto español.
e² [e] *conj* E.
e.brio, -a [´ebrjo] *adj+s* Ébrio, bêbado, embriagado.
e.char [etʃ´ar] *vt+vpr* **1** Jogar. **2** Expelir, expulsar. **3** Demitir, despedir, destituir, mandar embora. *vt+vi* **4** Sair, brotar, irromper. *vt+vpr* **5** Deitar. *vi* **6** Começar. *vpr* **7** Chocar (aves).
e.clo.sión [eklos´jon] *sf* Eclosão, aparecimento.
e.co [´eko] *sm* Eco.
e.co.lo.gí.a [ekoloh´ia] *sf* Ecologia.
e.co.no.mí.a [ekonom´ia] *sf* **1** Economia. **2 economías** *pl* Economias, poupança.
e.co.no.mi.zar [ekonomiθ´ar] *vt* Economizar, poupar.
e.cua.ción [ekwaθ´jon] *sf Mat* Equação.
e.dad [ed´ad] *sf* Idade.
e.dén [ed´en] *sm* Éden, paraíso.
e.di.ción [ediθ´jon] *sf* Edição.
e.di.fi.ca.ción [edifikaθ´jon] *sf* Edificação, construção.
e.di.fi.cio [edif´iθjo] *sm* Edifício, prédio, construção.
e.di.tar [edit´ar] *vt* Editar, publicar.
e.dre.dón [edred´on] *sm* Edredom, acolchoado.
e.du.ca.ción [edukaθ´jon] *sf* Educação.
e.dul.co.ran.te [edulkor´ante] *adj+sm* Adoçante.
e.fec.to [ef´ekto] *sm* Efeito.
e.fec.tuar [efektw´ar] *vt+vpr* Efetuar, realizar, cumprir.
e.fer.ves.cen.cia [eferbesθ´enθja] *sf* **1** Efervescência. **2** *fig* Agitação, excitação, exaltação.
e.fi.ca.cia [efik´aθja] *sf* Eficácia, eficiência.
e.fi.cien.cia [efiθ´jenθa] *sf* Eficiência, eficácia.
e.fí.me.ro, -a [ef´imero] *adj* Efêmero.
e.go [´ego] *sm* Ego.
e.go.is.ta [ego´ista] *adj+s* Egoísta.
¡eh! [´e] *interj* Ei!, hein!
e.je [´ehe] *sm* Eixo.
e.je.cu.ción [ehekuθ´jon] *sf* Execução.
e.je.cu.tar [ehekut´ar] *vt* Executar: a) efetuar, efetivar, realizar. b) supliciar, justiçar. c) tocar (música). d) *Der* promover a execução de. e) *Inform* processar.
e.je.cu.ti.vo, -a [ehekut´ibo] *adj+s* Executivo, que executa. • *sm* Executivo: a) diretor de uma empresa. b) governo, poder executivo.
e.jem.plar [ehempl´ar] *adj+sm* Exemplar.
e.jem.pli.fi.car [ehemplifik´ar] *vt* Exemplificar.
e.jem.plo [eh´emplo] *sm* Exemplo.
e.jer.cer [eherθ´er] *vt* Exercer.
e.jer.ci.cio [eherθ´iθjo] *sm* **1** Exercício. **2** Desempenho de profissão. **3** Atividade física.

e.jer.ci.tar [eherθitíar] *vt+vpr* Exercitar: a) praticar, professar, exercer. b) adestrar, habilitar.
e.jér.ci.to [eh´erθito] *sm* Exército.
el [´el] *art* O.
él [´el] *pron pers* Ele.
e.la.bo.ra.ción [elaboraθ´jon] *sf* Elaboração.
ele [´ele] *sf* Ele, nome da letra *l*.
e.lec.ción [elekθ´jon] *sf* Eleição: a) escolha, opção. b) *pl* pleito eleitoral.
e.lec.tor, -ora [elektór] *adj+s* Eleitor.
e.lec.tri.ci.dad [elektriθid´ad] *sf* Fís Eletricidade.
e.léc.tri.co, -a [el´ektriko] *adj* Elétrico.
e.lec.tró.ni.co, -a [elektr´oniko] *adj+s* Eletrônico. • *sf* Fís Eletrônica.
e.le.gan.cia [eleg´anθja] *sf* Elegância.
e.le.gi.do, -a [eleh´ido] *adj+s* Escolhido.
e.le.gir [eleh´ir] *vt* Eleger, escolher.
e.le.va.ción [elebaθ´jon] *sf* Elevação.
e.le.var [eleb´ar] *vt+vpr* Elevar: a) levantar, alçar. *vt* b) promover. *vpr* c) envaidecer-se.
e.li.mi.na.ción [eliminaθ´jon] *sf* Eliminação.
é.li.te [´elite], **e.li.te** [el´ite] *sf* Elite, nata, fina flor, escol.
e.lla [´eλa] *pron pers* Ela.
e.lo.cu.ción [elokuθ´jon] *sf* Elocução.
e.lo.cuen.cia [elok´wenθja] *sf* Eloquência.
e.lo.cuen.te [elok´wente] *adj* Eloquente.
e.lo.giar [eloh´jar] *vt* Elogiar, louvar, gabar, enaltecer.
e.lo.gio [el´ohjo] *sm* Elogio, louvor, encômio.
e.lu.dir [elud´ir] *vt* 1 Evitar. *vt+vpr* 2 Esquivar.
e.man.ci.pa.ción [emanθipaθ´jon] *sf* Emancipação, independência.
e.man.ci.par [emanθip´ar] *vt+vpr* 1 Emancipar. *vpr* 2 Libertar-se.

em.ba.ja.dor, -a [embahad´or] *s* Embaixador.
em.ba.lar [embal´ar] *vt* Embalar, empacotar, embrulhar.
em.bal.do.sar [embaldos´ar] *vt* Ladrilhar.
em.bal.se [emb´alse] *sm* Represa, açude.
em.ba.ra.za.da [embaraθ´ada] *adj+sf* 1 Gestante. 2 *sf* Grávida.
em.ba.ra.zar [embaraθ´ar] *vt+vpr* 1 Embaraçar, impedir, estorvar, tolher. *vt+vpr* 2 Engravidar.
em.ba.ra.zo [embar´aθo] *sm* Embaraço.
em.bar.ca.ción [embarkaθ´jon] *sf* 1 Embarcação, barco. 2 Embarque.
embargo [emb´argo] *sm Der* Penhora.
em.bar.que [emb´arke] *sm* Embarque.
em.bau.car [embauk´ar] *vt* Trapacear, tapear, enganar, iludir.
em.be.lle.cer [embeλeθ´er] *vt+vpr* Embelezar, ornamentar, enfeitar.
em.bes.tir [embest´ir] *vt+vi* Investir, atacar, acometer.
em.blan.de.cer [emblandeθ´er] *vt+vpr* 1 Amaciar, suavizar. 2 Enternecer.
em.bo.car [embok´ar] *vt* 1 Devorar, engolir. 2 Encestar, enfiar na rede.
em.bol.sar [embols´ar] *vt* 1 Embolsar. *vpr* 2 Receber, ganhar (dinheiro em um negócio ou jogo).
em.bo.rra.char [emboratʃ´ar] *vt+vpr* Embebedar, embriagar.
em.bo.rro.nar [emboroñ´ar] *vt+vi* Rabiscar.
em.bo.te.lla.mien.to [emboteλam´jento] *sm* Engarrafamento: a) ato ou efeito de engarrafar. b) congestionamento.
em.bo.te.llar [emboteλ´ar] *vt* Engarrafar.
em.bra.gue [embr´age] *sm* Embreagem.
em.bria.guez [embrjag´eθ] *sf* Embriaguez: a) bebedeira. b) êxtase, enlevação.

em.brión [embrˈjon] *sm* Embrião.
em.bro.llar [embroʎˈar] *vt+vpr* Confundir, complicar, embrulhar, enredar.
em.bro.llo [embrˈoʎo] *sm* Enredo, confusão, encrenca.
em.bro.mar [embromˈar] *vt* Embromar: a) tapear, enganar. b) zombar, troçar, motejar. c) prejudicar, molestar.
em.bru.jar [embruhˈar] *vt* Enfeitiçar.
em.bru.jo [embrˈuho] *sm* Feitiço: a) malefício. b) encanto, fascinação, fascínio.
em.bu.do [embˈudo] *sm* Funil.
em.bus.te.ro, -a [embustˈero] *adj+s fam* Vigarista, mentiroso.
e.me [ˈeme] *sf* Eme, nome da letra *m*.
e.mer.ger [emerhˈer] *vi* Emergir.
e.mi.gra.ción [emigraθˈjon] *sf* Emigração.
e.mi.grar [emigrˈar] *vi* Emigrar.
e.mi.nen.te [eminˈente] *adj* Eminente: a) alto, elevado. b) excelente, sublime.
e.mi.so.ra [emisˈora] *sf* Emissora.
e.mi.tir [emitˈir] *vt* 1 Emitir. 2 Transmitir.
e.mo.ción [emoθˈjon] *sf* Emoção.
em.pa.car [empakˈar] *vt* 1 Empacotar. 2 Fazer as malas.
em.pa.cho [empˈatʃo] *sm* 1 Acanhamento, vergonha. 2 Indigestão.
em.pa.dro.na.mien.to [empadronamˈjento] *sm* 1 Recenseamento. 2 Cadastramento.
em.pa.dro.nar [empadronˈar] *vt+vpr* 1 Recensear. 2 Cadastrar.
em.pa.la.go.so, -a [empalagˈoso] *adj* Enjoativo.
em.pal.mar [empalmˈar] *vt+vpr* Juntar, unir.
em.pal.me [empˈalme] *sm* Junção.
em.pa.que.tar [empaketˈar] *vt* Empacotar, embalar.
em.pa.re.da.do [emparedˈado] *sm* Sanduíche. • *adj* Recluso por castigo, penitência ou vontade própria.

em.pa.re.jar [emparehˈar] *vt+vpr* Emparelhar, igualar, nivelar.
em.pa.ren.tar [emparentˈar] *vt+vi* Aparentar: a) estabelecer parentesco. b) ligar por parentesco. c) fazer-se parente.
em.pas.tar [empastˈar] *vt* 1 Empastar. 2 Obturar dentes.
em.pe.ci.nar.se [empeθinˈarse] *vpr* Obstinar-se, teimar, embirrar.
em.pe.ñar [empeɲˈar] *vt+vpr* Empenhar.
em.pe.ño [empˈeɲo] *sm* Empenho, dedicação.
em.pe.o.rar [empeorˈar] *vt+vi+vpr* Piorar.
em.pe.que.ñe.cer [empekeɲeθˈer] *vt+vi+vpr* Minimizar, diminuir, reduzir, minguar.
em.pe.zar [empeθˈar] *vt+vi* Começar, principiar, iniciar.
em.pi.na.do [empinˈado] *adj* 1 Alto, elevado. 2 Escarpado, íngreme.
em.ple.a.do [empleˈado] *s* Empregado, funcionário.
em.ple.ar [empleˈar] *vt+vpr* Empregar.
em.ple.o [emplˈeo] *sm* Emprego: a) ato de empregar. b) ofício.
em.po.llar [empoʎˈar] *vt+vpr* 1 Chocar (ovos), incubar. 2 *fig, fam* Estudar.
em.po.llón, -na [empoʎˈon] *adj+s fam* Estudioso, caxias.
em.po.tra.do, -a [empotrˈado] *s* Embutido (armário).
em.pren.der [emprendˈer] *vt* 1 Empreender. 2 Acometer.
em.pu.jar [empuhˈar] *vt* Empurrar.
em.pu.je [empˈuhe] *sm* Fôlego, estímulo.
em.pu.jón [empuhˈon] *sm* Empurrão.
em.pu.ñar [empuɲˈar] *vt* Empunhar.
en [ˈen] *prep* Em.
e.na.je.na.ción [enahenaθˈjon] *sf* Alienação.

enaltecer — endulzar

e.nal.te.cer [enalteθ´er] *vt+vpr* Enaltecer, exaltar, engrandecer.
e.na.mo.rar [enamor´ar] *vt+vpr* Apaixonar, enamorar.
e.na.no, -a [en´ano] *adj+s* Anão, muito pequeno.
en.ca.be.za.mien.to [enkabeθamj´ento] *sm* Cabeçalho.
en.ca.de.nar [enkaden´ar] *vt* Acorrentar, encadear.
en.ca.jar [enkah´ar] *vt+vi* Encaixar, ajustar.
en.ca.jo.nar [enkahon´ar] *vt* Encaixotar.
en.can.di.lar [enkandil´ar] *vt+vpr* Deslumbrar: a) ofuscar a vista. b) maravilhar, fascinar, estontear. c) seduzir.
en.can.ta.mien.to [enkantamj´ento] *sm* Encantamento, feitiçaria, magia.
en.car.ce.la.mien.to [enkarθelamj´ento] *sm* Detenção, reclusão, prisão.
en.car.ce.lar [enkarθel´ar] *vt* Encarcerar, prender (em cárcere).
en.car.ga.do, -a [enkarg´ado] *adj+s* Encarregado. • *s* Gerente.
en.car.gar [enkarg´ar] *vt+vpr* Encarregar: a) incumbir, cometer, confiar. b) recomendar, encomendar.
en.ca.ri.ñar.se [enkariñ´arse] *vpr* Afeiçoar.
en.cen.de.dor, -a [enθended´or] *sm* 1 Acendedor. 2 Isqueiro.
en.cen.der [enθend´er] *vt* Acender, ligar.
en.ce.ra.do [enθer´ado] *sm* Lousa, quadro-negro.
en.ce.ra.do.ra [enθerad´ora] *sf* Enceradeira.
en.ce.rrar [enθeř´ar] *vt+vpr* 1 Encerrar, enclausurar. 2 Aprisionar, trancar.
en.ce.rro.na [enθeř´ona] *sf* Emboscada, cilada.
en.chu.far [entʃuf´ar] *vt* Plugar, ligar (aparelho eletrodoméstico, luz etc.) a uma tomada.

en.chu.fe [entʃ´ufe] *sm* Tomada, plugue.
en.cí.a [enθ´ia] *sf Anat* Gengiva.
en.ci.clo.pe.dia [enθiklop´edja] *sf* Enciclopédia.
en.cie.rro [enθ´jeřo] *sm* Encerramento, reclusão.
en.ci.ma [enθ´ima] *adv* Em cima, sobre.
en.cin.ta [enθ´inta] *adj* Grávida.
en.clen.que [enkl´enke] *adj+s* Fraco, doentio, frágil.
en.co.bar [enkob´ar] *vi+vpr* Chocar (ovos), incubar.
en.co.ger [enkoh´er] *vt+vi+vpr* Encolher.
en.co.lar [enkol´ar] *vt* Colar, grudar.
en.co.mien.da [enkom´jenda] *sf* Encomenda.
en.co.no [enk´ono] *sm* Rancor, ódio, animosidade.
en.con.trar [enkontr´ar] *vt+vi+vpr* Encontrar: a) deparar, achar. b) dar com, topar, chocar-se com. *vpr* c) achar-se (em determinado estado ou condição). d) opor-se, contrariar.
en.cua.der.nar [enkwadern´ar] *vt* Encadernar.
en.cu.bri.dor, -ora [enkubrid´or] *adj+s* Sonegador.
en.cu.brir [enkubr´ir] *vt+vpr* Encobrir, ocultar, acobertar.
en.cuen.tro [enk´wentro] *sm* Encontro: a) encontrão. b) ato de encontrar(se). c) luta, briga. d) reunião.
en.cues.ta [enk´westa] *sf* Pesquisa, enquete.
en.de.ble [end´eble] *adj* Frágil, fraco, frouxo.
en.de.re.zar [endereθ´ar] *vt+vpr* 1 Endereçar. 2 *fig* Dirigir. 3 Endireitar, pôr direito.
en.deu.dar.se [endewd´arse] *vpr* Endividar-se.
en.dul.zar [endulθ´ar] *vt+vpr* Adoçar.

e.ne [´ene] *sf* Ene, nome da letra *n*.
e.ne.mi.go, -a [enem´igo] *adj+s* Inimigo, rival.
e.ne.mis.tad [enemist´ad] *sf* Inimizade, aversão.
e.ner.gí.a [enerh´ia] *sf* Energia.
e.ne.ro [en´ero] *sm* Janeiro.
en.fa.do [enf´ado] *sm* Enfado, aborrecimento, zanga.
en.fa.jar [enfah´ar] *vt* Enfaixar.
én.fa.sis [´enfasis] *sm inv* Ênfase.
en.fa.ti.zar [enfatiθ´ar] *vt* Enfatizar.
en.fer.mar [enferm´ar] *vt+vi+vpr* Adoecer.
en.fer.me.dad [enfermed´ad] *sf Med* Enfermidade, doença.
en.fer.me.rí.a [enfermer´ia] *sf* 1 Enfermaria. 2 Enfermagem.
en.fer.me.ro, -a [enferm´ero] *s* Enfermeiro.
en.fi.lar [enfil´ar] *vt+vi* 1 Enfileirar, alinhar. *vt* 2 Pegar, seguir por (determinada direção).
en.fla.que.cer [enflakeθ´er] *vt+vi+vpr* Enfraquecer, debilitar.
en.fren.ta.mien.to [enfrentamj´ento] *sm* Enfrentamento, discórdia.
en.fren.te [enfr´ente] *adv* Defronte, diante, em frente.
en.fria.mien.to [enfrjam´jento] *sm* Esfriamento.
en.fri.ar [enfr´jar] *vt+vi+vpr* Esfriar, resfriar, tornar frio.
en.fu.re.cer [enfureθ´er] *vt+vpr* Enfurecer.
en.gan.char [engantʃ´ar] *vt+vpr* Enganchar, prender.
en.gan.che [eng´antʃe] *sm* 1 *Mil* Recrutamento. 2 *Mec* Engate.
en.ga.ñar [engañ´ar] *vt+vpr* Enganar.
en.ga.ño [eng´año] *sm* Engano, erro.
en.ga.ti.llar [engatiλ´ar] Falhar (arma de fogo).
en.ga.tu.sar [engatus´ar] *vt fam* Bajular, lisonjear, adular.

en.gor.dar [engord´ar] *vt+vi* Engordar.
en.go.rro [eng´oro] *sm* Obstáculo, impedimento, empecilho, estorvo.
en.gran.de.ci.mien.to [engrandeθim´jento] *sm* Engrandecimento.
en.gra.sar [engras´ar] *vt+vpr* Besuntar, engordurar, lubrificar.
en.gra.se [engr´ase] *sm* Graxa, lubrificação.
en.gre.ír [engre´ir] *vt+vpr* Envaidecer, vangloriar, ensoberbecer.
en.gro.sar [engros´ar] *vt+vi+vpr* 1 Engrossar. *vt* 2 Reforçar, aumentar (um exército, uma multidão etc.).
en.gru.do [engr´udo] *sm* Cola (de amido ou farinha), goma.
en.gu.llir [enguλ´ir] *vt+vi* Engolir, devorar.
en.he.brar [enebr´ar] *vt* Enfiar (a linha na agulha).
en.ho.ra.bue.na [enorab´wena] *sf* Felicitação, parabéns.
en.ja.bo.nar [en:habon´ar] *vt* Ensaboar: a) lavar com sabão. b) *fig* repreender, castigar.
en.jam.bre [en:h´ambre] *sm* Exame.
en.jua.guar [en:hwag´ar] *vt+vpr* Enxaguar.
en.ju.gar [en:hug´ar] *vt+vpr* Enxugar, secar.
en.la.dri.llar [enladriλ´ar] *vt* Ladrilhar.
en.lo.sar [enlos´ar] *vt* Ladrilhar.
en.ma.ra.ñar [emmarañ´ar] *vt+vpr* Emaranhar: a) embaraçar, enredar. b) *fig* confundir, complicar.
en.mar.car [emmark´ar] *vt* 1 Emoldurar. *vt+vpr* 2 Enquadrar.
en.mas.ca.rar [emmaskar´ar] *vt+vpr* Mascarar: a) pôr máscara. b) disfarçar, dissimular.
en.men.dar [emmend´ar] *vt+vpr* Emendar: a) melhorar, corrigir. b) reparar.
en.mien.da [emmj´enda] *sf* Emenda, correção.

en.mo.he.cer [emmoeˈer] *vt+vpr* Mofar, embolorar.
en.mu.de.cer [emmudeθˈer] *vt+vi* Emudecer.
en.ne.gre.cer [ennegreθˈer] *vt+vi+vpr* Enegrecer, escurecer.
en.no.ja.di.zo [enohadiˈθo] *adj* Mal-humorado.
e.no.jo [enˈoho] *sm* Raiva, ira, zanga.
en.nor.gu.lle.cer [enorguλeˈer] *vt+vpr* Orgulhar.
e.nor.mi.dad [enormidˈad] *sf* Enormidade.
en.re.do [enřˈedo] *sm* **1** Enredo: a) complicação. b) intriga, mexerico, confusão, tramoia. **2** Travessura.
en.re.ja.do, -a [enřehˈado] *sm* Grade.
en.ri.que.ci.mien.to [enřikeθimˈjento] *sm* Enriquecimento.
en.ro.je.cer [enřoheθˈer] *vt+vpr* **1** Avermelhar. *vi+vpr* **2** Ruborizar-se, enrubescer, corar.
en.ro.lar [enřolˈar] *vt+vpr* Alistar-se.
en.ro.llar [enřoλˈar] *vpr* **1** Enrolar: a) dar a forma de rolo. *vpr* b) expor de maneira confusa. *vpr* **2** *fam* Ficar.
en.sa.la.da [ensalˈada] *sf* Salada.
en.san.cha.mien.to [ensantʃamjˈento] *sm* Alargamento.
en.san.char [ensantʃˈar] *vt* Alargar, tornar largo ou mais largo.
en.sar.tar [ensartˈar] *vt* **1** Enfiar, meter em fio (pérolas, contas etc.). *vt* **2** Espetar, traspassar, atravessar.
en.sa.yar [ensaˈyar] *vt* Ensaiar: a) provar, experimentar. b) treinar. c) dirigir ou submeter-se a ensaio. d) tentar, experimentar.
en.sa.yo [ensˈayo] *sm* Ensaio.
en.se.gui.da [ensegˈida] *adv* Em seguida, imediatamente.
en.se.ña.mien.to [enseñamjˈento] *sm* Ensinamento.
en.se.ñan.za [enseñˈanθa] *sf* Ensino.

en.se.ñar [enseñˈar] *vt* **1** Ensinar. **2** Mostrar, expor à vista.
en.se.res [ensˈeres] *sm pl* Utensílios.
en.si.llar [ensiλˈar] *vt* Selar, pôr sela em.
en.su.ciar [ensuθˈjar] *vt+vpr* Sujar: a) emporcalhar, manchar. *vpr* b) defecar.
en.sue.ño [ensˈweño] *sm* Sonho, ilusão, fantasia.
en.ta.bla.do [entablˈado] *sm* Assoalho.
en.te [ˈente] *sm* **1** Ente. **2** Entidade (jurídica).
en.ten.der [entendˈer] *vt+vi+vpr* Entender, compreender, perceber. • *sm* Juízo, opinião, parecer.
en.ten.di.mien.to [entendimjˈento] *sm* **1** Entendimento. **2** Razão (humana).
en.te.rar [enterˈar] *vt+vpr* Inteirar, informar.
en.te.ro, -a [entˈero] *adj* **1** Inteiro. **2** Íntegro.
en.tie.rro [entjˈeřo] *sm* Enterro.
en.to.na.ción [entonaθjˈon] *sm* Entonação, modulação.
en.to.nar [entonˈar] *vt* Entoar, cantar.
en.ton.ces [entˈonθes] *adv* Então.
en.tor.no [entˈorno] *sm* Ambiente.
en.tran.te [entrˈante] *adj* Próximo, seguinte ao atual.
en.tra.ña [entrˈaña] *sf* Entranha, víscera.
en.trar [entrˈar] *vi+vpr* Entrar.
en.tre [ˈentre] *prep* Entre.
en.tre.ga [entrˈega] *sf* Entrega.
en.tre.me.ter [entremetˈer] *vt+vpr* Intrometer.
en.tre.na.dor, -a [entrenadˈor] *adj+s* Treinador.
en.tre.na.mien.to [entrenamjˈento] *sm* Treinamento, treino.
en.tre.nar [entrenˈar] *vt+vpr* Treinar.
en.tre.pi.so [entrepˈiso] *sf* Sobreloja.
en.tre.sue.lo [entresˈwelo] *sm* Sobreloja, mezanino.

entretejer — escayolar

en.tre.te.jer [entreteher'] vt 1 Tramar. 2 Tecer. 3 Intercalar.

en.tre.te.ni.mien.to [entretenim'jento] sm Entretenimento, divertimento, diversão.

en.tre.ver [entrebe'r] vt Entrever.

en.tre.ve.ro [entreb'ero] sm Desordem, confusão.

en.tur.biar [enturb'jar] vt+vpr Turvar.

e.nun.ciar [enunθ'jar] vt Enunciar, exprimir, declarar, expor, manifestar, explicar.

en.va.ne.ce.dor [embaneθed'or] adj Lisonjeiro.

en.va.ni.de.cer.se [embanideθ'erse] vpr Orgulhar-se.

en.va.se [emb'ase] sm 1 Embalagem. 2 Vasilha.

en.ve.je.cer [embeheθ'er] vt+vi+vpr Envelhecer.

en.ve.ne.nar [embenen'ar] vt+vpr Envenenar.

en.vés [emb'es] sm Invés, avesso, reverso.

en.viar [embi'ar] vt Enviar: a) mandar (alguém). b) expedir, remeter.

en.vi.dia [emb'idja] sf Inveja.

en.vi.dio.so, -a [embidj'oso] adj Invejoso.

en.ví.o [emb'io] sm Envio, remessa.

en.vol.vi.mien.to [embolbimj'ento] sm Envolvimento.

en.ye.sar [enyes'ar] vt Engessar.

é.po.ca ['epoka] sf Época.

e.qui.dad [ekid'ad] sf Equidade, igualdade.

e.qui.li.brar [ekilibr'ar] vt+vpr Equilibrar.

e.qui.pa.je [ekip'ahe] sm Bagagem.

e.qui.pa.mien.to [ekipam'jento] sm Equipamento, ato de equipar(-se).

e.qui.po [ek'ipo] sm 1 Equipamento, conjunto ou jogo de roupas. 2 Dep Equipe.

e.qui.va.len.cia [ekibal'enθja] sf Equivalência, igualdade.

e.qui.vo.ca.ción [ekibokaθj'on] sf Equívoco, engano.

e.rec.ción [erekθ'jon] sf Ereção.

e.rec.to [er'ekto] adj Ereto.

er.guir [erg'ir] vt+vpr Erguer, levantar.

e.ri.zar [eriθ'ar] vt+vpr Arrepiar.

e.ro.sión [eros'jon] sf Erosão.

e.rrar [eř'ar] vt+vi+vpr Errar.

e.rre ['eře] sf Erre, rê, a letra r.

e.rror [eř'or] sm Erro.

e.ruc.tar [erukt'ar] vi Arrotar.

e.ruc.to [er'ukto] sm Arroto.

e.ru.di.to, -a [erud'ito] adj+s Erudito.

e.rup.ción [erupθ'jon] sf Erupção.

es.bel.tez [esbelt'eθ] sf Elegância.

es.bo.zar [esboθ'ar] vt Esboçar, bosquejar, delinear.

es.bo.zo [esb'oθo] sm Esboço, bosquejo.

es.ca.bu.llir.se [eskabuλ'irse] vpr Escapulir-se, escapar, fugir.

es.ca.le.ra [eskal'era] sf Escada.

es.ca.li.na.ta [eskalin'ata] sf Escadaria.

es.ca.lo.frí.o [eskalofr'io] sm Calafrio.

es.ca.lón [eskal'on] sm Degrau.

es.ca.mar [eskam'ar] vt 1 Escamar. vt+vpr 2 fig Desconfiar.

es.cán.da.lo [esk'andalo] sm Escândalo.

es.ca.pa.ra.te [eskapar'ate] sm Vitrina.

es.ca.pe [esk'ape] sm 1 Escapamento. 2 Fuga.

es.car.cha [esk'artʃa] sf Geada.

es.car.nio [esk'arnjo] sm Escárnio, zombaria, deboche.

es.ca.sear [eskase'ar] vi Escassear, minguar, rarear.

es.ca.sez [eskas'eθ] sf Escassez, carência, falta, míngua.

es.ca.so, -a [esk'aso] adj Escasso, parco, puro.

es.ca.yo.la [eskay'ola] sf Gesso.

es.ca.yo.lar [eskayol'ar] vt Med Engessar.

escena 75 **esperanza**

es.ce.na [esθ´ena] *sf* Teat Cena.
es.ce.na.rio [esθen´arjo] *sm* Teat Cenário, palco.
es.ce.ni.fi.ca.ción [esθenifikaθ´ion] *sf* Encenação, representação.
es.cép.ti.co, -a [esθ´eptiko] *adj+s* Cético, descrente.
es.cla.vi.tud [esklabit´ud] *sf* Escravidão.
es.cla.vi.zar [esklabiθ´ar] *vt* Escravizar, dominar.
es.cla.vo, -a [eskl´abo] *adj+s* Escravo.
es.co.ba [esk´oba] *sf* Vassoura.
es.co.bi.llón [eskobiʎ´on] *sf* Vassoura.
es.co.ger [eskoh´er] *vt* Escolher, optar.
es.co.la.ri.dad [eskolarid´ad] *sf* Escolaridade.
es.com.bro [esk´ombro] *sm* Entulho, escombros.
es.con.der [eskond´er] *vt+vpr* Esconder, encobrir, ocultar.
es.con.di.te [eskond´ite] *sm* Esconderijo, refúgio.
es.co.te [esk´ote] *sm* Decote.
es.cri.ba.no, -a [eskrib´ano] *s* Escrivão, tabelião, notário.
es.cri.bir [eskrib´ir] *vt+vi* Escrever.
es.cri.to.rio [eskrit´orjo] *sm* Escrivaninha.
es.cru.tar [eskrut´ar] *vt+vi* Vasculhar, perscrutar.
es.cu.char [eskutʃ´ar] *vt+vi* Escutar, ouvir.
es.cu.dri.ñar [eskudriñ´ar] *vt* Perscrutar, perquirir, pesquisar, indagar.
es.cue.la [esk´wela] *sf* Escola.
es.cul.tor, -ora [eskult´or] *s* Escultor.
es.cu.pir [eskup´ir] *vi+vt* Cuspir.
es.cu.rrir [eskuř´ir] *vt+vi+vpr* Escoar, escorrer.
es.cu.sa.do, -a [eskus´ado] *sm* Privada, vaso sanitário, latrina.
es.drú.ju.lo, -a [esdr´uhulo] *adj+s* Ling Proparoxítono.
e.se [´ese] *sf* Esse, nome da letra *s*. • *pron dem m* Esse.

e.sen.cial [esenθ´jal] *adj* Essencial.
es.for.zar [esforθ´ar] *vt+vi+vpr* Esforçar, empenhar-se.
es.fuer.zo [esf´werθo] *sm* Esforço.
es.la.bón [eslab´on] *sm* Elo.
es.lo.gan [esl´ogan] *sm* Slogan.
es.mo.quin [esm´okin] *sm* Smoking.
es.nob [esn´ob] *adj+s* Esnobe.
e.so [´eso] *pron dem m* Isso.
es.pa.ciar [espaθ´jar] *vt+vpr* Espaçar.
es.pa.cio [esp´aθjo] *sm* Espaço.
es.pal.da [esp´alda] *sf* Anat Costas, espádua.
es.pal.dar [espald´ar] *sm* Espaldar, encosto, respaldo.
es.pan.ta.pá.ja.ros [espantap´aharos] *sm inv* Espantalho.
es.pan.tar [espant´ar] *vt+vpr* Espantar.
es.pa.ñol, -a [españ´ol] *adj+s* Espanhol, castelhano.
es.par.ci.mien.to [esparθimj´ento] *sm* Difusão, propagação.
es.par.cir [esparθ´ir] *vt+vpr* **1** Espalhar. **2** Divertir, espairecer, recrear.
es.pe.cia.li.dad [espeθjalid´ad] *sf* Especialidade.
es.pe.cia.li.za.ción [espeθjaliθaθj´on] *sf* Especialização.
es.pe.ci.fi.ca.ción [espeθifikaθj´on] *sf* Especificação.
es.pé.ci.men [esp´eθimen] *sm* Espécime.
es.pec.ta.cu.lar [espektakul´ar] *adj* Espetacular, grandioso.
es.pec.tá.cu.lo [espekt´akulo] *sm* Espetáculo, *show*.
es.pe.cu.la.ción [espekulaθ´jon] *sf* Especulação, suposição.
es.pe.jis.mo [espeh´ismo] *sm* Miragem.
es.pe.jo [esp´eho] *sm* Espelho.
es.pe.luz.nan.te [espeluθn´ante] *adj* Horripilante, apavorante, arrepiante, medonho.
es.pe.ran.za [esper´anθa] *sf* Esperança.

esperar 76 **estimación**

es.pe.rar [esper´ar] *vt+vi* Esperar, aguardar.
es.pe.sor [espes´or] *sm* Espessura: a) grossura. b) densidade.
es.pe.tón [espet´on] *sm* Espeto.
es.pí.a [esp´ia] *s* Espião, vigia.
es.pi.na [esp´ina] *sf Anat* Espinha.
es.pi.na.ca [espin´aka] *sf Bot* Espinafre.
es.pi.no [esp´ino] *sm Bot* Espinho.
es.pio.na.je [espjon´ahe] *sm* Espionagem.
es.pí.ri.tu [esp´iritu] *sm* Espírito.
es.plén.di.do, -a [espl´endido] *adj* Esplêndido, admirável, grandioso.
es.pol.vo.rear [espolboreˊar] *vt* Polvilhar.
es.pon.tá.ne.o, -a [espont´aneo] *adj+s* Espontâneo, franco, natural, verdadeiro.
es.po.sa [esp´osa] *sf* **1** Esposa. **2 esposas** *pl* Algemas.
es.po.sar [espˊosar] *vt* Algemar.
es.po.so, -a [esp´oso] *s* Esposo, cônjuge.
es.pue.la [esp´wela] *sf* Espora.
es.quí [esk´i] *sm* Esqui.
es.quiar [eskjˊar] *vi* Esquiar.
es.qui.lar [eskilˊar] *vt* Tosquiar.
es.qui.mal [eskimˊal] *adj+s* Esquimó.
es.qui.var [eskibˊar] *vt+vpr* Esquivar: a) evitar. b) retirar-se, afastar-se, eximir-se.
es.ta.bi.li.dad [estabilidˊad] *sf* Estabilidade.
es.ta.ble.cer [estableθˊer] *vt+vpr* **1** Estabelecer: a) instituir, fundar. b) ordenar, mandar. **2** Estabelecer-se: a) fixar residência. b) abrir estabelecimento comercial ou industrial.
es.ta.ble.ci.mien.to [estableθimjˊento] *sm* Estabelecimento.
es.ta.blo [estˊablo] *sm* Estábulo, estrebaria.
es.ta.ción [estaθˊjon] *sf* Estação.

es.ta.cio.nal [estaθjonˊal] *adj* Sazonal.
es.ta.cio.na.mien.to [estaθjonamˊjento] *sm* Estacionamento, garagem.
es.ta.dí.a [estadˊia] *sf* Estadia, estada, permanência.
es.ta.dís.ti.ca [estadˊistika] *sf* Estatística.
es.ta.do [estˊado] *sm* Estado: a) situação. b) condição social ou profissional. c) governo.
es.ta.fa [estˊafa] *sf* Estelionato, trapaça, roubo.
es.ta.fa.dor [estafadˊor] *sm* Estelionatário.
es.ta.far [estafˊar] *vt* Extorquir, fraudar.
es.ta.llar [estaʎˊar] *vi* Estourar, estalar, explodir.
es.ta.lli.do [estaʎˊido] *sm* Estouro, estampido, explosão.
es.tam.pi.lla [estampˊiʎa] *sf Am* Selo, carimbo.
es.tam.pi.llar [estampiʎˊar] *vt* Selar.
es.tan.cie.ro [estanθˊjero] *sm AL* Fazendeiro.
es.tán.dar [estˊandar] *adj inv* Padrão.
es.tan.dar.te [estandˊarte] *sm* Estandarte, bandeira.
es.tan.que [estˊanke] *sm* Tanque, reservatório.
es.tar [estˊar] *vi+vpr* Estar, ficar, permanecer.
es.ta.tua [estˊatwa] *sf* Estátua.
es.ta.tu.ra [estatˊura] *sf* Estatura: a) altura. b) *fig* grandeza.
es.ta.tus [estˊatus] *sm* Status.
es.te[1] [ˊeste] *sm* Este, leste.
es.te[2]**, -a** [ˊeste] *pron+adj dem* Este.
es.te.la [estˊela] *sf* Rasto, rastro.
es.te.ra [estˊera] *sf* Esteira.
es.ter.nón [esternˊon] *sm Anat* Esterno.
es.tia.je [estˊjahe] *sm* Estiagem, seca.
es.tiér.col [estjˊerkol] *sm* Esterco, estrume.
es.ti.ma.ción [estimaθˊjon] *sf* **1** Estimativa. **2** Estima.

estimar   excelencia

es.ti.mar [estimár] *vt* **1** Estimar, avaliar. **2** Julgar, achar, acreditar. *vt+vpr* **3** Apreciar, estimar, prezar.

es.ti.mu.lar [estimulár] *vt+vpr* Estimular.

es.tí.o [estío] *sm* Estio, verão.

es.ti.rar [estirár] *vt+vpr* **1** Alongar, estender, estirar. *vt* **2** Alisar.

es.ti.val [estibál] *adj* Estival, próprio do verão.

es.to [ésto] *pron dem* Isto.

es.to.fa.do, -a [estofádo] *sm Cul* Guisado, ensopado, refogado.

es.tó.ma.go [estómago] *sm Anat* Estômago.

es.tor.bar [estorbár] *vt* Estorvar: a) embaraçar, dificultar, impedir. b) importunar, incomodar.

es.tor.nu.dar [estornudár] *vi* Espirrar.

es.tor.nu.do [estornúdo] *sm* Espirro.

es.tra.fa.la.rio, -a [estrafalárjo] *adj+s* Extravagante, excêntrico.

estraza [estráθa] *sm* Farrapo, trapo.

es.tre.char [estretʃár] *vt+vpr* Estreitar, diminuir (a largura), apertar.

es.tre.chez [estretʃéθ] *sf* Estreiteza, aperto.

es.tre.cho, -a [estrétʃo] *adj* Estreito, reduzido. • *sm Geogr* Estreito, canal.

es.tre.lla [estréλa] *sf* Estrela.

es.tre.me.ci.mien.to [estremeθimjénto] *sm* Estremecimento.

es.tre.nar [estrenár] *vt+vpr* Estrear.

es.tre.no [estréno] *sm* Estreia.

es.tre.ñi.mien.to [estreñimjénto] *sm Med* Constipação, prisão de ventre.

es.trés [estrés] *sm inv Med* Estresse, tensão.

es.trí.a [estría] *sf* Estria.

es.tri.bi.llo [estribíλo] *sm* Estribilho: a) refrão. b) bordão.

es.tri.bo [estríbo] *sf* Estribeira.

es.tro.fa [estrófa] *sf poét* Estrofe.

es.truc.tu.rar [estrukturár] *vt+vpr* Estruturar, planejar.

es.tru.jar [estruhár] *vt* **1** Espremer. **2** Amassar, amarrotar.

es.tu.che [estútʃe] *sm* Estojo.

es.tu.dian.te [estudjánte] *adj+s* Estudante.

es.tu.diar [estudjár] *vt+vi* Estudar, instruir-se.

es.tu.dio [estúdjo] *sm* **1** Estudo. **2** Estúdio.

e.ter.ni.dad [eternidád] *sf* Eternidade.

e.ti.mo.lo.gí.a [etimolohía] *sf Gram* Etimologia.

eu.ro.pe.o, -a [européo] *adj+s* Europeu.

e.va.lua.ción [ebalwaθjón] *sf* Avaliação.

e.va.luar [ebalwár] *vt+vpr* Avaliar.

e.van.ge.lio [ebanhéljo] *sm Rel* Evangelho.

e.va.sión [ebasjón] *sf* Evasão.

e.ven.tua.li.dad [ebentwalidád] *sf* Eventualidade, acaso, contingência.

e.vo.ca.ción [ebokaθjón] *sf* Reminiscência, recordação, lembrança.

e.vo.lu.ción [eboluθjón] *sf* Evolução.

e.xac.ti.tud [e(k)saktitúd] *sf* Exatidão, perfeição.

e.xac.to, -a [e(k)sákto] *adj* Exato, perfeito.

e.xa.ge.ra.ción [e(k)saheraθjón] *sf* Exagero.

e.xal.ta.ción [e(k)saltaθjón] *sf* Exaltação, glorificação.

e.xa.men [e(k)sámen] *sm* Exame, prova, análise.

ex.ca.va.ción [e(k)skabaθjón] *sf* Escavação.

ex.ca.va.do.ra [ekskabadóra] *sf* Escavadeira, escavadora.

ex.ca.var [ekskabár] *vt* Escavar, cavar.

ex.ce.den.cia [e(k)sθeðénθja] *sf* Sobra, excesso, excedente.

ex.ce.len.cia [e(k)sθelénθja] *sf* Excelência, perfeição.

ex.cen.tri.ci.dad [e(k)sθentriθid´ad] *sf* Excentricidade, extravagância, esquisitice.

ex.cén.tri.co, -a [e(k)sθ´entriko] *adj+s* Excêntrico, extravagante, esquisito.

ex.cep.ción [e(k)sθepθ´jon] *sf* Exceção, privilégio.

ex.cep.to [e(k)sθ´epto] *prep* Exceto, afora, salvo, menos.

ex.cep.tuar [e(k)sθeptu´ar] *vt* Excetuar, excluir.

ex.ce.si.vo, -a [e(k)sθes´ibo] *adj* Excessivo, exagerado, demasiado.

ex.ce.so [e(k)s´eso] *sm* Excesso, exagero.

ex.ci.ta.ción [e(k)sθitaθ´jon] *sf* Excitação, exaltação.

ex.ci.tar [e(k)sθit´ar] *vt+vpr* Excitar, estimular, animar.

ex.cla.ma.ción [e(k)sklamaθ´jon] *sf Gram* Exclamação (!).

ex.cluir [e(k)sklu´ir] *vt+vpr* Excluir, eliminar, dispensar.

ex.clu.sión [e(k)skus´jon] *sf* Exclusão, eliminação.

ex.clu.si.vi.dad [e(k)sklusibid´ad] *sf* Exclusividade, restrição.

ex.cre.men.to [e(k)skrem´ento] *sm* Excremento, fezes.

ex.cur.sión [e(k)skurs´jon] *sf* Excursão, passeio.

ex.cu.sa [e(k)sk´usa] *sf* Desculpa, justificativa, pretexto.

e.xen.ción [e(k)senθ´jon] *sf* Isenção, liberação.

e.xen.to, -a [e(k)s´ento] *adj* Isento, livre.

ex.ha.lar [e(k)sal´ar] *vt* Exalar, soltar.

ex.haus.to, -a [e(k)s´austo] *adj* Exausto, esgotado, cansado.

ex.hi.bi.ción [e(k)sibiθ´jon] *sf* Exibição, demonstração.

ex.hi.bir [e(k)sib´ir] *vt+vpr* Exibir, mostrar, expor.

ex.hor.tar [e(k)sort´ar] *vt* Exortar, aconselhar, persuadir.

e.xi.gir [e(k)sih´ir] *vt* Exigir, requerer, impor.

e.xi.guo, -a [e(k)s´igwo] *adj* Exíguo, escasso, raro.

e.xi.lia.do, -a [e(k)silj´ado] *adj+s* Exilado, expatriado, desterrado.

e.xi.liar [eksilj´ar] *vt+vpr* Exilar, expatriar, desterrar.

e.xis.ten.cia [e(k)sist´enθja] *sf* Existência, subsistência, vida.

e.xis.tir [e(k)sist´ir] *vi* Existir, viver.

é.xi.to [´e(k)sito] *sm* Êxito, sucesso.

e.xi.to.so, -a [eksit´oso] *adj* Bem-sucedido.

e.xo.ne.ra.ción [e(k)soneraθ´jon] *sf* Exoneração, demissão, dispensa.

ex.pan.sión [e(k)spans´jon] *sf* Expansão, ampliação.

ex.pa.tria.ción [e(k)spatrjaθj´on] *sf* Expatriação.

ex.pec.ta.ti.va [e(k)spektat´iba] *sf* Expectativa, esperança.

ex.pec.to.ra.ción [e(k)spektoraθ´jon] *sf Med* Expectoração.

ex.pec.to.rar [e(k)spektor´ar] *vt* Expectorar, escarrar.

ex.pe.di.ción [e(k)spediθ´jon] *sf* Expedição: a) despacho, remessa. b) campanha.

ex.pe.di.dor [e(k)spedid´or] *adj+s* Remetente, despachante.

ex.pe.ler [e(k)spel´er] *vt* Expelir, expulsar.

ex.pen.der [e(k)spend´er] *vt* **1** Gastar, despender. **2** Vender (no varejo).

ex.pen.sas [e(k)sp´ensas] *sf pl* Despesa, gasto.

ex.pe.rien.cia [e(k)sper´jenθja] *sf* Experiência, prática, vivência.

ex.pe.ri.men.tar [e(k)speriment´ar] *vt* Experimentar, pôr à prova.

ex.per.to, -a [e(k)sp´erto] *adj+s* Experto: a) experiente. b) perito.

ex.piar [e(k)ro sp′jar] *vt* Expiar, reparar.
ex.pi.rar [e(k)spir′ar] *vi* Expirar: a) morrer, falecer. b) acabar, terminar, finalizar.
ex.pli.ca.ción [e(k)splikaθ′jon] *sf* Explicação, esclarecimento.
ex.plo.ra.ción [e(k)sploraθ′jon] *sf* Exploração, pesquisa.
ex.plo.rar [e(k)splor′ar] *vt* Explorar, pesquisar, investigar.
ex.plo.sión [e(k)splos′jon] *sf* Explosão.
ex.plo.ta.ción [e(k)splotaθj′on] *sf* Exploração, aproveitamento, uso.
ex.po.ner [e(k)spon′er] *vt+vi+vpr* Expor, exibir.
ex.por.ta.ción [e(k)sportaθ′jon] *sf* Exportação.
ex.po.si.ción [e(k)sposiθ′jon] *sf* Exposição, apresentação, exibição.
ex.prés [e(k)spr′es] *adj* Rápido, expresso.
ex.pre.sar [e(k)spres′ar] *vt+vpr* Expressar, exprimir, manifestar.
ex.pre.sión [e(k)spres′jon] *sf* Expressão.
ex.pre.so, -a [e(k)spr′eso] *adj* 1 Expresso, explícito. 2 Rápido. • *sm* (Trem) Expresso.
ex.pri.mi.dor [e(k)sprimid′or] *sm* Espremedor.
ex.pri.mir [e(k)sprim′ir] *vt* 1 Espremer. 2 Exprimir, manifestar.
ex.qui.si.tez [e(k)skisit′eθ] *sf* 1 Refinamento, requinte. 2 Iguaria, acepipe, petisco.
ex.qui.si.to, -a [e(k)skis′ito] *adj* 1 Refinado, apurado, fino, requintado. 2 Delicioso.
ex.ten.der [e(k)stend′er] *vt+vpr* Estender, expandir.
ex.ten.sión [e(k)stens′jon] *sf* 1 Extensão, área. 2 Ramal (de uma rede telefônica particular).
ex.tin.ción [e(k)stinθ′jon] *sf* Extinção, eliminação, destruição.
ex.tor.sión [e(k)stors′jon] *sf* Extorsão, dano.
ex.trac.ción [e(k)stra(k)θ′jon] *sf* Extração.
ex.tra.er [e(k)stra′er] *vt* Extrair, tirar, arrancar.
ex.tran.je.ro, -a [e(k)stran:h′ero] *adj+s* Estrangeiro, estranho.
ex.tra.ñar [e(k)strañ′ar] *vt* 1 Estranhar, surpreender. 2 Ter saudades.
ex.tra.ño, -a [e(k)str′año] *adj+s* Estranho, esquisito.
ex.tra.or.di.na.rio, -a [e(k)straordin′arjo] *adj* Extraordinário, excepcional, incrível.
ex.tra.va.gan.cia [e(k)strabag′anθja] *sf* Extravagância.
ex.tra.ví.o [e(k)strab′io] *sm* Extravio, perda.
ex.tre.mi.dad [e(k)stremid′ad] *sf* Extremidade, extremo, ponta.
e.ya.cu.la.ción [eyakulaθ′jon] *sf* Ejaculação.
e.ya.cu.lar [eyakul′ar] *vt+vi* Ejacular.

f

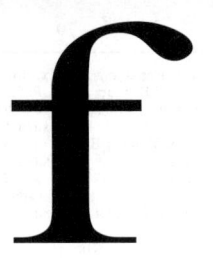

f [´efe] *sf* Sexta letra do alfabeto espanhol.
fa [f´a] *sm Mús* fá.
fá.bri.ca [f´abrika] *sf* 1 Fábrica. 2 Fabricação. 3 Construção, edifício. 4 Alvenaria.
fa.bri.ca.ción [fabrikaθ´jon] *sf* Fabricação, produção, criação.
fá.bu.la [f´abula] *sf* 1 *Lit* Fábula, conto, lenda, mito. 2 Ficção. 3 Rumor, fofoca, boato.
fac.ción [fakθ´jon] *sf* 1 Facção, bando, partido. 2 **facciones** *pl* Feição, feições.
fa.cha [f´atʃa] *sf fam* Cara, aspecto, aparência. • *adj+s fam* Fascista.
fá.cil [f´aθil] *adj* Fácil, simples.
fa.ci.li.dad [faθilid´ad] *sf* Facilidade.
fac.tor [fakt´or] *sm* 1 Fator, elemento. 2 Representante, procurador.
fac.to.rí.a [faktor´ia] *sf* 1 Fábrica. 2 Estabelecimento comercial de representações.
fac.tu.ra [fakt´ura] *sf* 1 Feitura, execução. 2 Fatura, nota fiscal. 3 *Arg* Doce, bolo.
fac.tu.ra.ción [fakturaθj´on] *sf* Faturamento.
fac.tu.rar [faktur´ar] *vt* 1 *Com* Faturar. 2 Expedir, despachar.
fa.cul.tad [fakult´ad] *sf* Faculdade: a) capacidade, aptidão. b) direito, poder. c) curso superior, carreira.
fa.cul.tar [fakult´ar] *vt* Facultar, permitir, conceder.
fa.e.na [fa´ena] *sf* 1 Faina, afã, trabalho, afazeres. 2 *fig* Pisada na bola, mancada, jogada.
fa.got [fag´ot] *sm Mús* Fagote.
fa.ja [f´aha] *sf* 1 Faixa. 2 Cinta, tira, fita.
fa.jo [f´aho] *sm* 1 Feixe, pilha. 2 Faxina.
fa.la.cia [fal´aθja] *sf* Falácia, mentira.
fal.da [f´alda] *sf* 1 Saia. 2 Aba (de chapéu). 3 Falda, fralda, sopé. 4 Fraldinha, acém. 5 Regaço, colo.
fal.de.ro, -a [fald´ero] *adj* Mulherengo.
fa.len.cia [fal´enθja] *sf* 1 *Com* Falência, quebra. 2 Erro, engano.
fa.lla [f´aʎa] *sf* 1 Falha, defeito. 2 Falta, erro. 3 *Geol* Fenda.
fa.llar [faʎ´ar] *vt+vi Der* Dar sentença. 2 Falhar. 3 Errar.
fa.lle.ba [faʎ´eba] *sf* Tranca, aldraba.
fa.lle.cer [faʎeθ´er] *vi* Falecer, morrer.
fa.lle.ci.mien.to [faʎeθim´jento] *sm* Falecimento, morte, óbito.
fa.lli.do, -a [faʎ´ido] *adj* 1 Falido. 2 Fracassado, frustrado.
fa.llo [f´aʎo] *sm* 1 *Der* Sentença, decisão. 2 Falha, falta, deficiência. 3 Erro.
fa.lo [f´alo] *sm Anat* Falo, pênis.
fal.sa.rio, -a [fals´arjo] *adj+s* 1 Falsário, falsificador. 2 Mentiroso, falso.
fal.se.ar [false´ar] *vt* 1 Falsear, falsificar, adulterar. *vi* 2 Enfraquecer.

falsedad — felación

fal.se.dad [falsed´ad] *sf* Falsidade.

fal.si.fi.ca.ción [falsifikaθ´jon] *sf* Falsificação, adulteração, fraude.

fal.tri.que.ra [faltrik´era] *sf* **1** Bolso. **2** Algibeira.

fa.mi.lia [fam´ilja] *sf* **1** Família. **2** Linhagem, casta, estirpe. **3** Filhos, prole.

fa.mi.lia.ri.dad [familjarid´ad] *sf* Familiaridade, confiança.

fan [f´an] *s* Fã, admirador, entusiasta.

fan.fa.rria [fanf´arja] *sf* **1** *Mús* Fanfarra. **2** *fam* Fanfarrice, fanfarronice.

fan.fa.rrón, -a [fanfar´on] *adj+s* Fanfarrão.

fan.fa.rro.ne.ar [fanfarone´ar] *vi* Fanfarronar, fanfarrear, gabar-se.

fan.fa.rro.ne.rí.a [fanfaroner´ia] *sf* Fanfarrice, fanfarronice.

fan.go [f´aŋgo] *sm* **1** Lama, barro, lodo. **2** Desonra, desabono, descrédito.

fan.ta.se.ar [fantase´ar] *vt+vi* **1** Fantasiar, inventar, imaginar. **2** Devanear, divagar.

fan.ta.sí.a [fantas´ia] *sf* **1** Fantasia, imaginação. **2** *fam* Presunção, arrogância. **3** Ficção.

fan.tas.ma [fant´asma] *sm* **1** Fantasma, espectro, visão. **2** Ameaça.

fa.ra.ma.lla [faram´aλa] *sf* **1** Blá-blá-blá, conversa fiada. **2** *fam* Blefe, jactância.

fa.ra.ón [fara´on] *sm* Faraó.

far.fu.llar [farfuλ´ar] *vt* **1** *fam* Borbotar, atropelar as palavras. **2** Atabalhoar, atropelar-se, atrapalhar-se.

fa.ri.seo, -a [faris´eo] *sm* Fariseu.

far.ma.céu.ti.co, -a [farmaθ´ewtiko] *adj+s* Farmacêutico.

far.ma.cia [farm´aθja] *sf* Farmácia.

fa.ro [f´aro] *sm* Farol.

fa.rol [far´ol] *sm* **1** Farol, lanterna. **2** *fig* Blefe. **echar faroles** blefar.

fa.ro.le.ro, -a [farol´ero] *s* Lanterneiro. • *adj+sm* Faroleiro, exibido, convencido.

fa.rre.ar [fare´ar] *vi* Farrear, divertir-se.

fas.ci.na.ción [fasθinaθ´jon] *sf* **1** Fascinação, encantamento, atração. **2** Alucinação. **3** Mau-olhado.

fas.ci.nar [fasθin´ar] *vt* **1** Fascinar, deslumbrar, encantar. **2** Pôr mau-olhado.

fas.ti.dio [fast´idjo] *sm* **1** Fastio, tédio, aborrecimento, chatice, amolação. **2** Enjoo.

fas.tuo.si.dad [fastwosid´ad] *sf* Fausto, ostentação, pompa, suntuosidade.

fa.tal [fat´al] *adj* **1** Fatal, inevitável. **2** Desgraçado, infeliz. **3** Fatídico. **4** Terrível, péssimo.

fa.ta.li.dad [fatalid´ad] *sf* **1** Fatalidade, fado, destino. **2** Infortúnio, infelicidade, desgraça.

fa.ti.ga [fat´iga] *sf* **1** Fadiga, cansaço, esgotamento. **2** Sofrimento. **3 fatigas** *pl* Enjoo, ânsia.

fa.ve.la [fab´ela] *sf* Barraco.

fa.vor [fab´or] *sm* **1** Favor, ajuda. **2 favores** Relações amorosas.

fa.vo.ra.ble [fabor´able] *adj* Favorável, propício.

fax [faks] *sm* Fax.

faz [f´aθ] *sf* **1** Face, rosto. **2** Superfície. *Pl* faces.

fe [f´e] *sf* Fé.

fe.al.dad [feald´ad] *sf* **1** Fealdade, feiura. **2** Desonestidade.

fe.bre.ro [febr´ero] *sm* Fevereiro.

fe.cha [f´etʃa] *sf* Data.

fe.cho.rí.a [fetʃor´ia] *sf* **1** Maldade, ruindade. **2** Travessura, traquinagem.

fe.cun.da.ción [fekundaθ´jon] *sf* Fecundação.

fe.cun.di.zar [fekundiθ´ar] *vt* Fecundar.

fe.cun.do, -a [fek´undo] *adj* **1** Fecundo, fértil. **2** Produtivo, abundante.

fe.de.ra.ción [federaθ´jon] *sf* Federação, liga, coligação, associação.

fe.la.ción [felaθ´jon] *sf* Felação.

fe.li.ci.dad [feliθiðˊad] *sf* Felicidade.
fe.li.ci.ta.ción [feliθitaθˊjon] *sf* Felicitação, saudação, parabéns.
fe.li.ci.tar [feliθitˊar] *vt*+*vpr* 1 Felicitar, cumprimentar, saudar. *vt* 2 Parabenizar.
fe.li.gres, -esa [feligrˊes] *s* Paroquiano.
fe.liz [felˊiθ] *adj* 1 Feliz, contente. 2 Oportuno, acertado.
fe.lo.ní.a [felonˊia] *sf* Felonia, traição, deslealdade.
fel.pa [fˊelpa] *sf* 1 Felpa, pelúcia. 2 *fam* Surra.
fe.me.ni.no, -a [femenˊino] *adj* Feminino.
fe.mi.nei.dad [femineiðˊad] *sf* Feminilidade.
fe.mi.ni.dad [feminiðˊad] *sf* Feminilidade.
fé.mur [fˊemur] *sm Anat* Fêmur.
fe.ne.ci.mien.to [feneθimjˊento] *sm* Fenecimento.
fe.nó.me.no [fenˊomeno] *sm* Fenômeno. • *adj fam* Fenomenal, maravilhoso.
feo, -a [fˊeo] *adj* 1 Feio. 2 Ruim.
fe.ria [fˊerja] *sf* 1 Feira, mercado. 2 Festival. 3 Férias, descanso.
fer.men.to [fermˊento] *sm* Fermento, levedura.
fe.ro.ci.dad [feroθiðˊad] *sf* 1 Ferocidade. 2 Barbaridade, crueldade.
fé.rre.o, -a [fˊerˉeo] *adj* 1 Férreo. 2 Duro, tenaz.
fe.rre.te.rí.a [ferˉeterˊia] *sf* Ferragaria, ferraria, serralheria.
fe.rro.ca.rril [ferˉokarˉˊil] *sm* Estrada de ferro, ferrovia.
fe.rro.ca.rri.le.ro [ferˉokarˉilˊero] *adj*+*sm* Ferroviário.
fér.til [fˊertil] *adj* 1 Fértil, fecundo. 2 Abundante, produtivo.
fer.ti.li.zan.te [fertiliθˊante] *adj*+*sm* Fertilizante.
fer.vor [ferβˊor] *sm* 1 Fervor, entusiasmo. 2 Calor intenso.

fes.te.jar [festehˊar] *vt* 1 Festejar, celebrar, comemorar. 2 Galantear, cortejar.
fes.tín [festˊin] *sm* Festim, banquete.
fes.ti.vi.dad [festibiðˊad] *sf* 1 Festividade. 2 Feriado.
fe.ti.dez [fetiðˊeθ] *sf* Fetidez, fedor, mau cheiro.
fé.ti.do, -a [fˊetido] *adj* Fétido, fedorento, fedido, malcheiroso.
fe.to [fˊeto] *sm* 1 Feto, embrião. 2 *fam* Pessoa muito feia.
feu.do [fˊeudo] *sm* Feudo.
fia.ble [fiˊable] *adj* Confiável, fidedigno.
fia.do, -a [fiˊado] *s* 1 Fiado, confiado. 2 Fiado, comprado ou vendido a crédito.
fia.dor, -a [fiadˊor] *sm* 1 Fiador, avalista. 2 Ferrolho, trinco.
fiam.bre [fjˊambre] *sm* 1 Frios em geral. 2 *Méx* Prato típico mexicano à base de carne e picles. 3 *fam* Cadáver, presunto.
fiam.bre.ra [fjambrˊera] *sf* 1 Marmita. 2 Porta-frios.
fian.za [fiˊanθa] *sf* 1 Fiança, garantia. 2 Penhor.
fiar [fiˊar] *vt* 1 Afiançar. 2 Fiar, vender fiado, a crédito. *vi* 3 Confiar.
fias.co [fiˊasko] *sm* Fiasco, fracasso, decepção.
fi.bra [fˊibra] *sf* 1 Fibra. 2 Vigor, energia.
fic.ción [fikθˊjon] *sf* Ficção.
fi.che.ro [fitʃˊero] *sm* Fichário, arquivo.
fic.ti.cio, -a [fiktˊiθjo] *adj* Fictício, imaginário, falso.
fi.de.li.dad [fideliðˊad] *sf* 1 Fidelidade, lealdade. 2 Exatidão.
fi.de.o [fiðˊeo] *sm* 1 Macarrão. 2 *fig* Palito, pessoa muito magra.
fie.bre [fˊjebre] *sf Med* Febre.
fiel [fˊjel] *adj* 1 Fiel, leal. 2 Exato, pre-

fiera   83   **fisura**

ciso. • *sm* Fiel: a) crente. b) ponteiro da balança.

fie.ra [f′jera] *sf* **1** Fera, bicho, animal selvagem. **2** *fig* Bruto, selvagem.

fie.ro, -a [f′jero] *adj* **1** Feroz, selvagem. **2** Terrível, horroroso. **3** Feio.

fie.rro [f′jeřo] *sm* Ferro de marcar o gado.

fies.ta [fj′esta] *sf* Festa, comemoração.

fies.te.ro [fjest′ero] *adj+sm* Festeiro.

fi.gu.ra.ción [figuraθ′jon] *sf* **1** Imaginação, especulação, suposição. **2** *Cin, Telev Teat* Figuração, ponta.

fi.gu.rín [figur′in] *sm* **1** Figurino, modelo, molde. **2** Dândi, almofadinha, mauricinho.

fi.gu.ri.ta [figur′ita] *sf* Figurinha, cromo.

fi.ja.ción [fihaθ′jon] *sf* Fixação.

fi.ja.dor, -a [fihað′or] *s* Fixador.

fi.jar [fih′ar] *vt* **1** Fixar, pregar, colar, prender. **2** Determinar, definir. *vpr* **3** Reparar, notar, prestar atenção.

fi.jo, -a [f′iho] *adj* Fixo, firme, fixado.

fi.la [f′ila] *sf* Fila, fileira.

fi.le.te [fil′ete] *sm* **1** Filé, bife. **2** Filete, friso.

fil.fa [f′ilfa] *sf fam* Boato, fofoca, mentira, diz que diz, falatório.

fi.lia.ción [filjaθ′jon] *sf* Filiação, parentesco, identidade.

film [f′ilm] *sm* **1** Filme. **2** Película.

fil.mar [film′ar] *vt* Filmar, gravar, rodar.

fil.me [f′ilme] *sm* Filme.

fi.lo [f′ilo] *sm* Fio, gume, corte.

fi.lo.lo.gí.a [filoloh′ia] *sf* Filologia.

fi.lón [fil′on] *sm* Filão.

fi.lo.so.fí.a [filosof′ia] *sf* Filosofia.

fil.trar [filtr′ar] *vt* **1** Filtrar, coar. *vi* **2** Infiltrar, penetrar. *vt+vpr* **3** Vazar (informações).

fin [f′in] *sm* **1** Fim, final. **2** Limite, extremo. **al fin** afinal.

fi.na.do, -a [fin′ado] *s* Finado, defunto, morto.

fi.na.li.dad [finalið′ad] *sf* Finalidade, propósito, objetivo.

fi.nan.cia.ción [finanθjaθ′jon] *sf* Financiamento.

fi.nan.ciar [finanθ′jar] *vt* Financiar, custear.

fi.nan.cie.ro, -a [finanθ′jero] *adj* Financeiro, econômico. • *s* Financista, economista.

fi.nan.cis.ta [finanθ′ista] *s AL* Investidor, financiador.

fi.nan.zas [fin′anθas] *sf pl* **1** Finanças. **2** Bens, capital.

fin.ca [f′inka] *sf* Sítio, casa de campo, propriedade rural.

fi.ne.za [fin′eθa] *sf* Fineza, delicadeza.

fin.gir [fin:hir] *vt+vpr* Fingir, simular.

fi.ni.qui.tar [finikit′ar] *vt* **1** *Com* Quitar, saldar. **2** *fam* Acabar, concluir, rematar.

fi.no, -a [f′ino] *adj* **1** Fino, delgado. **2** Distinto, elegante. **3** Delicado, refinado. **4** Astuto, sagaz.

fi.nu.ra [fin′ura] *sf* **1** Fineza, delicadeza, finura, elegância. **2** Astúcia, sagacidade.

fir.ma [f′irma] *sf* Firma, assinatura.

fir.man.te [firm′ante] *adj+s* Assinante, firmante, subscritor.

fir.mar [firm′ar] *vt* Assinar, firmar.

fis.ca.li.zar [fiskaliθ′ar] *vt* Fiscalizar, supervisionar, inspecionar.

fis.co [f′isko] *sm* Fisco, erário.

fis.gar [fisg′ar] *vt* **1** Fisgar, arpoar. **2** Cheirar. **3** Bisbilhotar, xeretar.

fis.gón, -ona [fisg′on] *adj+s* Bisbilhoteiro, xereta, enxerido, curioso.

fis.go.ne.ar [fisgone′ar] *vt fam* Bisbilhotar, xeretar.

fi.so.no.mí.a [fisonom′ia] *sf* Fisionomia, feição. **2** Aspecto.

fi.su.ra [fis′ura] *sf* Fissura, rachadura, fenda.

fla.co, -a [flaˈako] *adj* Magro.
fla.cu.cho [flakˈutʃo] *adj fam* Magrelo, fracote.
fla.ge.la.ción [flahelaθjˈon] *sf* Flagelação, castigo.
fla.ma [flˈama] *sf* Flama, chama.
flan [flˈan] *sm* Flã, pudim.
flan.co [flˈanco] *sm* Flanco, lado, costado.
fla.que.ar [flakeˈar] *vi* 1 Enfraquecer, fraquejar. 2 Decair.
fla.que.za [flakˈeθa] *sf* Fraqueza, debilidade.
fla.to [flˈato] *sm* Flato, flatulência.
fle.cha.zo [fletʃˈaθo] *sm* 1 Flechada. 2 *fam* Amor à primeira vista.
fle.ma [flˈema] *sf* 1 *Biol* Fleuma. 2 Apatia, indolência, indiferença, pachorra.
fle.má.ti.co, -a [flemˈatiko] *adj* Fleumático, sereno, calmo, impassível.
fle.ta.men.to [fletamˈento] *sm* Fretamento, frete.
fle.tar [fletˈar] *vt* Fretar, alugar.
fle.te [flˈete] *sm* Frete.
fle.xi.bi.li.dad [fle(k)sibilidˈad] *sf* Flexibilidade, maleabilidade.
fle.xi.ble [fle(k)sˈible] *adj* Flexível, maleável.
fle.xión [fle(k)sjˈon] *sf* Flexão.
fle.xio.nar [fle(k)sjonar] *vt* Flexionar, dobrar.
flir.te.ar [flirteˈar] *vi* 1 Flertar. 2 Vergar, flectir.
flir.te.o [flirtˈeo] *sm* Flerte, namorico.
flo.je.ar [floheˈar] *vi* Fraquejar, diminuir.
flo.je.ra [flohˈera] *sf* 1 Fraqueza. 2 *fam* Moleza, leseira.
flo.jo, -a [flˈoho] *adj* 1 Frouxo, afrouxado, desapertado. 2 Fraco: a) sem forças. b) mole, frouxo, sem vigor, covarde.
flor [flˈor] *sf* 1 Flor. 2 Elite, nata. 3 Virgindade.
flo.ra [flˈora] *sf Bot* Flora.

flo.re.cer [floreθˈer] *vi+vt* 1 Florescer, florir, desabrochar. *vi* 2 Prosperar, crescer. *vpr* 3 Embolorar, mofar.
flo.re.rí.a [florerˈia] *sf* Floricultura.
flo.re.ro, -a [florˈero] *adj* Lisonjeiro. • *sm* 1 Florista. 2 Vaso de flores.
flo.res.ta [florˈesta] *sf* Floresta, selva, mata.
flo.ri.cul.tu.ra [florikultˈura] *sf* Floricultura, jardinagem.
flo.ta.dor [flotadˈor] *adj* Flutuador, flutuante. • *sm* Boia.
flo.tar [flotˈar] *vi* Flutuar, boiar.
fluc.tua.ción [fluktwaθˈjon] *sf* Flutuação, variação, oscilação.
fluc.tu.ar [fluktuˈar] *vi* 1 Flutuar, oscilar, variar. 2 Boiar. 3 Hesitar, vacilar.
flu.en.cia [flwenθˈja] *sf* Fluência, fluidez.
fluir [fluˈir] *vi* Fluir, correr.
flu.jo [flˈuho] *sm* Fluxo, movimento, vazão, deslocamento.
fo.ca [fˈoka] *sf Zool* Foca.
fo.co [fˈoko] *sm* Foco.
fo.fo, -a [fˈofo] *adj* Fofo, mole, esponjoso.
fo.ga.ta [fogˈata] *sf* Fogaréu, fogueira.
fo.gón [fogˈon] *sm* 1 Boca de fogão, queimador. 2 Fornalha. 3 *AL* Fogueira.
fo.go.na.zo [fogonˈaθo] *sm* Labareda, chama.
fo.go.si.dad [fogosidˈad] *sf* Fogosidade, impetuosidade, ardor, vivacidade.
fo.lí.a [folˈia] *sf Mús* Folia.
fo.lio [fˈoljo] *sm* Folha, fólio.
fo.lla.je [foʎˈahe] *sm* Folhagem.
fo.llar [foʎˈar] *vt+vi vulg* Trepar, transar, foder.
fo.lle.tín [foʎetˈin] *sm* Folhetim, novela, gazetilha.
fo.lle.to [foʎˈeto] *sm* Folheto, impresso, panfleto.
fo.llón [foʎˈon] *adj* 1 Baderna, bagunça, folia. 2 Apuro, situação complicada.

fon.da [f´onda] *sf* **1** Hospedaria, estalagem, pensão. **2** *AL* Taberna.

fon.do [f´ondo] *sm* **1** Fundo, parte inferior. **2** *fig* Fundo, essência. **3** Profundidade. **4 fondos** *pl* Fundos, bens, dinheiro, verba.

fon.ta.ne.rí.a [fontaner´ia] *sm* Encanamento.

fon.ta.ne.ro [fontan´ero] *sm* Encanador.

fo.ra.ji.do, -a [forah´ido] *adj+s* Foragido.

fo.rá.ne.o, -a [for´aneo] *adj* Forâneo, forasteiro, estrangeiro, estranho.

fo.ras.te.ro, -a [forast´ero] *adj* Forasteiro, estrangeiro.

fo.res.ta.ción [forestaθj´on] *sf* Reflorestamento.

fo.res.tal [forest´al] *adj* Florestal.

for.jar [forh´ar] *vt* **1** Forjar. **2** Fingir, inventar.

for.ma.ción [formaθ´jon] *sf* Formação, conformação.

for.ma.li.dad [formalid´ad] *sf* Formalidade, cerimônia.

for.mar [form´ar] *vt* **1** Formar, conformar, configurar. **2** Criar, educar.

for.ma.te.ar [format´ear] *vt Inform* Formatar.

for.món [form´on] *sm* Formão, talhadeira.

for.mu.lar [formul´ar] *vt* **1** Formular. **2** Receitar. **3** Expressar, manifestar.

fo.ro.fo, -a [for´ofo] *adj+s* Torcedor, fã.

fo.rra.je [foř´ahe] *sm* Forragem, pasto.

fo.rrar [foř´ar] *vt* **1** Forrar, revestir. *vpr* **2** *fam* Enriquecer. **3** *fam* Fartar-se.

for.ta.le.za [fortal´eθa] *sf* **1** Força, vigor. **2** Fortaleza, fortificação, forte.

for.ti.fi.ca.ción [fortifikaθj´on] *sf Mil* **1** Fortificação, fortalecimento. **2** Fortaleza, forte.

for.tui.to, -a [fort´wito] *adj* Fortuito, casual, ocasional.

for.tu.na [fort´una] *sf* Fortuna, sorte, destino.

for.zar [forθ´ar] *vt* Forçar, coagir, obrigar.

fo.sa [f´osa] *sf* **1** Sepulcro, sepultura, cova. **2** Fossa, buraco, escavação. **3** Vala comum.

fo.so [f´oso] *sm* **1** Fosso. **2** *Teat* Alçapão.

fo.to [f´oto] *sf* Foto, fotografia.

fo.to.co.pia [fotok´opja] *sf* Fotocópia, cópia, xerox.

fo.to.gra.fí.a [fotografi´a] *sf* Fotografia, foto, retrato.

fo.to.gra.fiar [fotografj´ar] *vt* Fotografar, retratar.

fra.ca.sar [frakas´ar] *vi* Fracassar.

fra.ca.so [frak´aso] *sm* **1** Fracasso, derrota. **2** *Med* Falência (órgãos).

frac.ción [frakθ´jon] *sf* Fração, parte, porção, parcela.

frac.cio.nar [frakθjon´ar] *vt+vpr* Fracionar, dividir, fragmentar, partir.

frac.tu.ra [frakt´ura] *sf* Fratura, ruptura.

frac.tu.rar [fraktur´ar] *vt+vpr* Fraturar, quebrar.

fra.gan.cia [frag´anθja] *sf* Fragrância, aroma, perfume.

fra.gan.te [frag´ante] *adj* Fragrante, perfumado, cheiroso.

frá.gil [fr´ahil] *adj* Frágil, fraco, delicado.

fra.gi.li.dad [frahilid´ad] *sf* Fragilidade, delicadeza, fraqueza.

fra.guar [fragw´ar] *vt* Forjar.

frai.le [fr´aile] *sm* Frade.

fra.ne.la [fran´ela] *sf* Flanela.

fran.ja [fr´anha] *sf* Faixa, listra, galão.

fran.que.ar [franke´ar] *vt* **1** Franquear, desimpedir. **2** Selar, timbrar.

fran.que.za [frank´eθa] *sf* **1** Franqueza, liberdade, isenção. **2** Sinceridade, confiança. **3** Liberalidade, generosidade.

fran.qui.cia [frank´iθja] *sf* Franquia, isenção.

fras.co [fr´asko] *sm* Frasco, recipiente, pote.
fra.se [fr´ase] *sf* Frase, oração, período.
fra.ter.ni.dad [fraternid´ad] *sf* Fraternidade.
frau.dar [fraud´ar] *vt* Fraudar.
fray [fr´ai] *sm* Frei, frade.
fra.za.da [fraθ´ada] *sf* Cobertor.
fre.cuen.cia [frek´wenθja] *sf* Frequência.
fre.cuen.tar [frekwent´ar] *vt* Frequentar.
fre.cuen.te [frek´wente] *adj* Frequente, assíduo, usual, comum.
fre.ga.de.ro [fregad´ero] *sm* Pia de cozinha.
fre.gar [freg´ar] *vt* 1 Esfregar, friccionar. 2 Limpar, faxinar. *vt+vpr* 3 *AL fam* Chatear, incomodar, amolar.
fre.ír [fre´ir] *vt+vpr* 1 Fritar, frigir. *vt* 2 Crivar de balas, balear. 3 Atormentar.
fré.jol [fr´ehol] *sm Bot* Feijão.
fre.nar [fren´ar] *vt* 1 Frear, brecar. 2 Deter, bloquear. 3 Refrear, moderar, controlar.
fre.na.zo [fren´aθo] *sm* Freada, brecada.
fre.ne.sí [frenes´i] *sm* Frenesi, exaltação, paixão.
fre.no [fr´eno] *sm* 1 Freio, breque. 2 Obstáculo, impedimento.
fren.te [fr´ente] *sf* 1 *Anat* Testa. 2 Semblante. 3 Frente, parte frontal. 4 Fachada.
fre.sa [fr´esa] *sf* 1 *Bot* Morango. 2 *Mec* Fresa, broca.
fres.ca.les [fresk´ales] *s inv fam* Sem-vergonha, descarado.
fres.cu.ra [fresk´ura] *sf* 1 Frescor. 2 Descaramento. 3 Descuido, negligência. 4 Serenidade, tranquilidade.
fri.al.dad [frjald´ad] *sf* 1 Frieza. 2 Frigidez. 3 Indiferença, desinteresse.

fric.ción [frikθ´jon] *sf* 1 Fricção, atrito. 2 **fricciones** *pl* Desavença.
fric.cio.nar [frikθjon´ar] *vt* Friccionar, esfregar.
frie.ga [fr´jega] *sf* 1 Massagem por atrito, fricção. 2 *fam* Surra.
frí.gi.do, -a [fr´ihido] *adj* 1 Frio, gelado. 2 Frígido.
frí.o, -a [fr´io] *adj* 1 Frio, gelado. 2 Frígido. 3 Indiferente, insensível. • *sm* Frio.
frio.len.to [frjol´ento] *adj* Friorento.
fri.o.le.ra [frjol´era] *sf* Ninharia, quinquilharia.
fri.o.le.ro, -ra [frjol´ero] *adj* Friorento.
fri.vo.li.dad [fribolid´ad] *sf* Frivolidade, superficialidade, futilidade.
fron.te.ra [front´era] *sf* 1 Fronteira. 2 Limite. 3 Fachada, frente.
fron.te.ri.zo [fronter´iθo] *adj* Fronteiriço, limítrofe.
fron.tis.pi.cio [frontisp´iθio] *sm* Frontispício.
fro.ta.mien.to [frotamj´ento] *sm* Atrito, fricção.
fro.tar [frot´ar] *vt+vpr* Friccionar, esfregar, atritar.
fruc.tí.fe.ro, -a [frukt´ifero] *adj* 1 Frutífero. 2 Proveitoso, lucrativo, produtivo.
frui.ción [frwiθ´jon] *sf* Fruição, gozo, deleite, prazer.
frun.cir [frunθ´ir] *vt* 1 Franzir, preguear. 2 Enrugar.
frus.tra.ción [frustraθ´jon] *sf* 1 Frustração, decepção, desapontamento. 2 Malogro.
fru.ta [fr´uta] *sf* 1 Fruta, fruto. 2 *fam* Produto, consequência.
fru.tal [frut´al] *adj* Frutífero.
fru.te.rí.a [fruter´ia] *sf* Frutaria, banca de frutas, quitanda.
fru.te.ro, -a [frut´ero] *adj+s* Fruteira.
fru.ti.lla [frut´iλa] *sf Bot AL* Morango.

fru.to [fr´uto] *sm* **1** *Bot* Fruto. **2** Produto, resultado.

fue.go [f´wego] *sm* **1** Fogo, lume. **2** Queimador. **3** Incêndio. **4** Ardor, entusiasmo, paixão.

fue.lle [f´weλe] *sm* **1** Fole, sanfona. **2** *fam* Fôlego. **3** *fam* Fofoqueiro, linguarudo.

fuen.te [f´wente] *sf* **1** Fonte, manancial. **2** Chafariz. **3** Travessa, terrina.

fue.ra [f´wera] *adv* Fora, afora, além de.

fue.ro [f´wero] *sm Der* Foro, jurisdição.

fuer.te [f´werte] *adj* **1** Forte, resistente. **2** Enérgico. **3** Intenso. • *sm* Forte, fortaleza.

fuer.za [f´werθa] *sf* **1** Força, resistência. **2** Energia.

fu.ga [f´uga] *sf* Fuga, escape, evasão, saída.

fu.ga.ci.dad [fugaθid´ad] *sf* Fugacidade, brevidade.

fu.gaz [fug´aθ] *adj* Fugaz, efêmero, passageiro, momentâneo.

fu.la.no, -a [ful´ano] *sm* **1** Fulano. **2** Amante. *sf* **3** Prostituta.

fu.le.ro, -a [ful´ero] *adj* **1** Embusteiro, falso. **2** Tratante. **3** Reles, medíocre.

ful.ma.dor, -ra [fulmad´or] *adj+s* Fumante.

fu.mar [fum´ar] *vt+vi* Fumar. *vpr* **2** *fam* Torrar, gastar, esbanjar.

fun.ción [funθ´jon] *sf* **1** Função, cargo. **2** Tarefa. **3** Sessão.

fun.cio.na.mien.to [funθjonam´jento] *sm* Funcionamento, atividade.

fun.cio.nar [funθjon´ar] *vt* Funcionar, trabalhar, estar em atividade.

fun.cio.na.rio, -a [funθjon´arjo] *s* Funcionário público.

fun.da [f´unda] *sf* **1** Capa, forro. **2** Fronha.

fun.da.ción [fundaθ´jon] *sf* **1** Fundação, instituição. **2** Princípio, estabelecimento.

fun.di.ción [fundiθ´jon] *sf* Fundição.

fú.ne.bre [f´unebre] *adj* **1** Fúnebre. **2** Tétrico, lúgubre, triste.

fu.ne.ral [funer´al] *sm* Funeral.

fu.ne.ra.rio [funer´arjo] *adj* Funerário.

fu.nes.to, -a [fun´esto] *adj* Funesto, trágico, infeliz.

fur.gón [furg´on] *sm* **1** Furgão, caminhonete. **2** Vagão de carga.

fur.go.ne.ta [furgon´eta] *sf* Furgoneta, caminhonete, perua.

fu.ria [f´urja] *sf* Fúria, ira, cólera, raiva.

fu.ror [fur´or] *sm* **1** Furor, ira, fúria, cólera. **2** Intensidade.

fu.sil [fus´il] *sm* Fuzil, espingarda.

fu.si.la.mien.to [fusilamj´ento] *sm* Fuzilamento.

fu.sión [fus´jon] *sf* Fusão, mistura, fundição, liga.

fút.bol [f´utbol] *sm* Futebol.

fu.ti.li.dad [futilid´ad] *sf* Futilidade.

fu.tu.ro, -a [fut´uro] *adj* Futuro, posterior, ulterior. • *sm* Futuro.

g

g [h´e] *sf* Sétima letra do alfabeto espanhol.

ga.bar.di.na [gabarð´ina] *sf* **1** Sobretudo, casaco impermeável. **2** Gabardina.

ga.ce.ta [gaθ´eta] *sf* **1** Gazeta, jornal, periódico. **2** *fam* Fuxiqueiro.

ga.cha [g´atʃa] *sf* **1** *fig* Lama, lodo. **2** Massa quase líquida. **3** gachas *pl* Mingau, papinha.

ga.fa [g´afa] *sf* **1** Haste de óculos. **2** Grampo (de grampeador). **3** gafas *pl* Óculos.

gai.ta [g´aita] *sf* **1** *Mús* Gaita. **2** *fam* Soberba, orgulho.

ga.jo [g´aho] *sm* **1** Gomo. **2** Cacho (frutas). **3** Galho, ramo.

ga.lán [gal´an] *sm* **1** Protagonista, mocinho. **2** Galã, galante, gentil.

ga.lan.teo [galant´eo] *sm* Galanteio, corte.

ga.lá.pa.go [gal´apago] *sm* *Zool* Cágado.

ga.le.rí.a [galer´ia] *sf* Galeria.

ga.li.ma.tí.as [galimat´ias] *sm inv fam* Balbúrdia, confusão, bagunça, tumulto.

ga.llar.dí.a [gaλarð´ia] *sf* Galhardia, gentileza.

ga.lle.ta [gaλ´eta] *sf* **1** Bolacha. **2** Tabefe, bofetada. **3** *Arg* Engarrafamento, congestionamento.

ga.lli.na [gaλ´ina] *sf* **1** *Zool* Galinha. s **2** *fig* Covarde.

ga.llo [g´aλo] *sm* **1** *Zool* Galo. **2** Cata-vento. **3** Valentão.

ga.lo.cho [gal´otʃo] *adj* Desmazelado.

ga.lón [gal´on] *sm* Galão, fita, medida de capacidade.

ga.lo.pín [galop´in] *sm* Brincalhão, maroto.

gal.pón [galp´on] *sm* **1** Senzala. **2** *AL* Galpão.

gam.ba [g´amba] *sf* *Zool* Camarão.

gam.be.rro, -a [gamb´ero] *adj+s* Libertino, dissoluto.

ga.me.to [gam´eto] *sm* *Biol* Gameta.

ga.mu.za [gam´uθa] *sf* **1** *Zool* Camurça. **2** Flanela, pano de limpeza.

ga.na.de.rí.a [ganaðer´ia] *sf* Pecuária, criação de gado.

ga.na.do, -a [gan´ado] *sm* Gado.

ga.nan.cia [gan´anθja] *sf* **1** Ganância. **2** Ganho, lucro. **3** Utilidade.

ga.nan.cial [gananθ´jal] *adj* Lucrativo, rendoso.

ga.na.pán [ganap´an] *sm* **1** Ganha-pão. **2** Carregador, pessoa que vive de bicos. **3** *fig* Homem rude, bronco.

ga.nar [gan´ar] *vt* Ganhar, obter, conquistar.

gan.chi.llo [gantʃ´iλo] *sm* **1** Agulha de crochê. **2** Crochê.

gan.cho [g´antʃo] *sm* **1** Gancho. **2** *fam* Gigolô. **3** Cotovelada. **4** *fam* Atração.

gan.gre.na [gangr´ena] *sf* *Patol* Gangrena.

gan.sa.da [gans´ada] *sf fam* Bobagem, estupidez, besteira.

ga.ñi.do [gañ´ido] *sm* Ganido, uivo.

ga.ñir [gañ´ir] *vi* **1** Ganir, uivar. **2** Grasnar.

ga.ra.ba.te.ar [garabate´ar] *vt+vi* **1** Garatujar, rabiscar. **2** *fam* Fazer rodeios.

ga.ra.je [gar´ahe] *sm* **1** Garagem. **2** Oficina mecânica.

ga.ra.ñón [garañ´on] *sm* Garanhão.

ga.ran.tí.a [garant´ia] *sf* **1** Garantia, fiança. **2** Segurança, certeza.

ga.ran.ti.zar [garantiθ´ar] *vt* Garantir, assegurar, afiançar.

gar.ban.zo [garb´anθo] *sm Bot* Grão-de-bico.

gar.gan.ti.lla [gargant´iλa] *sf* **1** Gargantilha. **2** Conta, miçanga.

gár.ga.ra [g´argara] *sf* Gargarejo.

gar.ga.re.ar [gargare´ar] *vi* Gargarejar, bochechar.

gar.ga.ris.mo [gargar´ismo] *sm* Gargarejo, bochecho.

gar.gue.ro [garg´ero] *sm* **1** *Anat* Traqueia. **2** Goela.

ga.rra.fa [gař´afa] *sf* **1** Garrafão. **2** *Arg, Ur* Bujão de gás.

ga.rra.pa.ta [gařap´ata] *sf Zool* Carrapato.

ga.rra.pa.te.ar [gařapate´ar] *vi+vt* Garatujar, rabiscar, riscar.

ga.rro.cha [gař´otʃa] *sf* Vara.

ga.rro.ta.zo [gařot´aθo] *sm* Paulada.

ga.rro.te [gař´ote] *sm* Estaca, pau, garrote.

gá.rru.lo, -a [g´aṛulo] *adj* **1** Gárrulo, chilreador. **2** Tagarela.

gas [g´as] *sm* **1** *Quím* Gás. **2** *fam* Força, energia, ímpeto. **3 gases** *pl* Gases, flatulência.

ga.sa [g´asa] *sf* Gaze.

ga.se.o.so, -a [gase´oso] *adj* Gasoso. • *sf* Refrigerante.

gas.oil [gas´oil] *sm* Óleo diesel.

ga.so.li.na [gasol´ina] *sf* Gasolina.

ga.so.li.ne.ra [gasolin´era] *sf* Posto de gasolina.

gas.tar [gast´ar] *vt* **1** Gastar, consumir, esgotar, acabar. **2** Esbanjar. *vt+vpr* **3** Estragar-se.

ga.te.ar [gate´ar] *vi* **1** Trepar, subir. **2** *fam* Engatinhar. *vt* **3** Arranhar.

ga.ti.llo [gat´iλo] *sm* **1** Gatilho. **2** Alicate de dentista.

ga.to [g´ato] *sm* **1** *Zool* Gato. **2** *Mec* Macaco. **3** Ratoeira. **4** *fam* Gatuno, larápio, ladrão. **5** *fam* Madrilenho.

gau.cha.da [gautʃ´ada] *sf* Favor, gentileza, quebrada de galho.

gau.cho, -a [g´autʃo] *adj+s* Gaúcho.

ga.vi.lán [gabil´an] *sm Zool* Gavião.

ga.vi.lla [gab´iλa] *sf* **1** Gavela, feixe. **2** Bando, quadrilha.

ga.vio.ta [gabj´ota] *sm* Gaivota.

ga.yo.la [gai´ola] *sf* Gaiola.

ga.za.po [gaθ´apo] *sm* **1** *Zool* Láparo, filhote de coelho. **2** *fam* Lapso, erro. **3** *fam* Mentira, engano.

gaz.na.te [gaθn´ate] *sm* Goela.

gaz.pa.cho [gaθp´atʃo] *sm Cul* Gaspacho.

ge.me.lo, -a [hem´elo] *adj+s* Gêmeo. • *sm* **1** Abotoadura. **2** *Anat* Gastrocnêmio (músculo da perna). **3 gemelos** *pl* Binóculo.

ge.mir [hem´ir] *vi* Gemer, lamentar.

gen [h´en] *sm Biol* Gene.

ge.ne.ra.ción [heneraθ´jon] *sf* **1** Geração, gênese, concepção. **2** Descendência, origem, ascendência.

ge.ne.ra.dor, -a [henerad´or] *adj+s* Gerador.

ge.ne.ral [hener´al] *sm Mil* General. • *adj* Geral, genérico.

ge.ne.ra.li.dad [heneralid´ad] *sf* Generalidade.

ge.ne.ra.li.za.ción [heneraliθaθj´on] *sf* Generalização.

ge.ne.rar [hener´ar] *vt* **1** Gerar, engendrar. **2** Causar, produzir.

género   90   goloso

gé.ne.ro [h´enero] *sm* 1 Gênero, categoria. 2 Maneira, qualidade. 3 Ordem, raça, espécie. 4 Natureza, tipo.

ge.ne.ro.si.dad [henerosid´ad] *sf* Generosidade, grandeza.

gé.ne.sis [h´enesis] *sf inv* Gênese, geração.

gen.tu.za [hent´uθa] *sf despec* Gentinha, ralé, gentalha.

ge.nui.no, -a [hen´wino] *adj* 1 Genuíno, puro. 2 Autêntico, legítimo, verdadeiro.

geo.gra.fí.a [heograf´ia] *sf* Geografia.

geo.lo.gí.a [heoloh´ia] *sf* Geologia.

geo.me.trí.a [heometr´ia] *sf* Geometria.

ge.ren.cia [her´enθja] *sf* Gerência, direção, administração.

ge.ren.te [her´ente] *s* Gerente, administrador.

ger.men [h´ermen] *sm* 1 Germe, embrião. 2 *fig* Princípio, origem.

ges.ta.ción [hestaθ´jon] *sf* Gestação, gravidez.

ges.ti.cu.la.ción [hestikulaθj´on] *sf* Gesticulação, gesto.

ges.tión [hest´jon] *sf* Gestão, gerência, administração.

ges.to [h´esto] *sm* 1 Gesto, gesticulação. 2 Aceno, sinal. 3 Expressão, fisionomia. 4 Careta.

gi.li.po.llas [hilip´oλas] *adj+s inv vulg* Tonto, bobo.

gim.na.sia [himn´asja] *sf* Ginástica.

gim.na.sio [himn´asjo] *sm* 1 Academia de ginástica. 2 Ginásio de esportes.

gim.nás.ti.ca [himn´astika] *sf* Ginástica.

gi.mo.te.ar [himote´ar] *vi* Choramingar, gemer.

gi.ne.bra [hin´ebra] *sf* Gim.

gi.ne.co.lo.gí.a [hinekoloh´ia] *sf Med* Ginecologia.

gi.rar [hir´ar] *vt+vi* 1 Girar, rolar. 2 Percorrer. 3 Virar, rodar.

gi.ra.sol [hiras´ol] *sm Bot* Girassol.

gi.ta.no, -a [hit´ano] *adj+s* Cigano.

gla.ciar [glaθ´jar] *adj* Glaciário. • *sm Geol* Geleira.

glán.du.la [gl´andula] *sf Anat* Glândula.

glo.ba.li.za.ción [globaliθaθj´on] *sf* Globalização, universalização.

glo.ria [gl´orja] *sf* Glória, fama, renome, celebridade.

glo.riar [glorj´ar] *vt* 1 Glorificar. *vpr* 2 Vangloriar-se.

glo.ri.fi.ca.ción [glorifikaθj´on] *sm* Glorificação, exaltação, enaltecimento.

glo.sa.rio [glos´arjo] *sm Gram* Glossário.

glo.tón, -ona [glot´on] *adj+s* Glutão, guloso. • *sm Zool* Glutão.

glo.to.ne.rí.a [glotoner´ia] *sf* Gulodice, glutonaria, voracidade.

glu.co.sa [gluk´osa] *sf Quím* Glicose.

go.ber.na.dor, -ora [gobernad´or] *adj+s* Governador.

go.ber.nan.ta [gobern´anta] *sf* Governanta.

go.ber.nan.te [gobern´ante] *adj+s* Governante.

go.ber.nar [gobern´ar] *vt+vi* 1 Governar, administrar, dirigir. 2 Controlar.

go.bier.no [gob´jerno] *sm* 1 Governo, administração. 2 Autoridade. 3 Regime.

go.ce [g´oθe] *sm* Gozo, prazer, deleite, fruição.

go.la [g´ola] *sm Anat* Goela. 2 Gola.

go.le.ar [gole´ar] *vt Dep* Golear.

go.lle.te [goλ´ete] *sm* 1 *Anat* Pescoço. 2 Gargalo.

go.lon.dri.na [golondr´ina] *sf Ornit* Andorinha.

go.lo.si.na [golos´ina] *sf* Guloseima.

go.lo.si.ne.ar [golosine´ar] *vi* Comer guloseimas, porcarias.

go.lo.so, -a [gol´oso] *adj+s* 1 Guloso, glutão. 2 Apetitoso.

gol.pe.ar [golpe´ar] *vt+vi* Golpear, bater.
gol.pi.za [golp´iθa] *sf* Surra.
go.ma [g´oma] *sf* 1 Borracha. 2 Chiclete. 3 Pneu.
go.me.ro [gom´ero] *sm AL* Borracheiro.
gor.din.flón [gordinfl´on] *adj fam* Balofo, gorducho.
gor.du.ra [gord´ura] *sf* 1 Gordura. 2 Obesidade.
gor.je.o [gorh´eo] *sm* Gorjeio, trinado.
go.rra [g´oɾa] *sf* Gorro, boné.
go.rri.no, -na [goɾ´ino] *s Zool* Leitão. • *adj+s* Porco, sujo.
go.rri.ón [goɾi´on] *sm Zool* Pardal.
go.rrón, -ona [goɾ´on] *adj+s fam* Aproveitador, parasita, sanguessuga.
go.te.ar [gote´ar] *vi* Gotejar, pingar.
go.te.o [got´eo] *sm* Gotejamento.
go.te.ra [got´era] *sf* 1 Goteira. 2 *fam* Achaque, problemas de velhice.
go.zar [goθ´ar] *vt+vi* Gozar, desfrutar, usufruir.
gra.ba.ción [graβaθj´on] *sf* Gravação, registro.
gra.ba.do, -a [grab´ado] *sm* Gravura, estampa.
gra.ba.du.ra [grabad´ura] *sf* Gravura.
gra.bar [grab´ar] *vt* 1 Gravar, registrar. 2 Imprimir, estampar. *vt+vpr* 3 Memorizar.
gra.cia [gr´aθja] *sf* 1 Graça, graciosidade. 2 Benefício, favor. 3 Afabilidade, boa vontade. 4 Graça, comicidade. 5 Gracejo, zombaria. 6 **Gracias!** *pl* Obrigado (a).
gra.da [gr´ada] *sf* 1 Arquibancada. 2 Degrau. 3 **gradas** *pl* Escadaria.
gra.de.ría [grader´ia] *sf* Escadaria.
gra.de.río [grader´io] *sf* Arquibancada.
gra.do [gr´ado] *sm* 1 Grau. 2 Nível. 3 Hierarquia. 4 Degrau.
gra.dua.ción [gradwaθj´on] *sf* Graduação.

gra.gea [grah´ea] *sf* Drágea, pílula, comprimido.
gra.ma [gr´ama] *sf Bot* Grama, relva.
gra.má.ti.ca [gram´atika] *sf* Gramática.
gra.mo [gr´amo] *sm* Grama, unidade de peso.
gran [gr´an] *adj* 1 Grande. 2 Grã, grão, primeiro, principal.
gra.na.da [gran´ada] *sf* 1 *Bot* Romã. 2 *Mil* Granada.
gra.na.te [gran´ate] *sm Miner* Granada. • *adj+sm* Grená.
gra.ne.ro [gran´ero] *sm* Celeiro, silo, tulha.
gra.ni.to [gran´ito] *sm Geol* Granito.
gra.no [gr´ano] *sm* Grão.
gra.nu.ja [gran´uha] *sf* 1 *Bot* Uva solta. 2 Semente de uva. 3 *fam* Moleque astuto.
gra.pa.do.ra [grapad´ora] *sf* Grampeador.
gra.par [grap´ar] *vt* Grampear.
gra.sien.to, -a [grasj´ento] *adj fam* Engordurado, oleoso.
gra.so, -a [gr´aso] *adj* Gorduroso, gordurento, engordurado. • *sf* 1 Gordura, banha, sebo. 2 Graxa. 3 Sujeira.
gra.su.ra [gras´ura] *sf* Gordura.
gra.ti.fi.ca.ción [gratifikaθj´on] *sf* 1 Gratificação, retribuição, recompensa, prêmio. 2 Gorjeta.
gra.tis [gr´atis] *adj+adv inv* Grátis.
gra.ti.tud [gratit´ud] *sf* Gratidão, agradecimento, reconhecimento.
gra.va [gr´aba] *sf* Cascalho.
gra.va.men [grab´amen] *sm* Gravame: a) *Jur* encargo, ônus. b) carga, peso, obrigação.
gravar [grab´ar] *vt* 1 Agravar, sobrecarregar. 2 Onerar, impor taxas.
gra.ve.dad [grabed´ad] *sf* Gravidade, seriedade.
gra.vi.dez [grabid´eθ] *sf* Gravidez.

gra.vi.lla [grab'iλa] *sm* Pedra miúda, cascalho.
gre.mio [gr'emjo] *sm* Grêmio, agremiação.
gres.ca [gr'eska] *sf* **1** Algazarra, alvoroço, barulho. **2** Bate-boca, encrenca, discussão.
grie.go, -a [gr'jego] *adj+s* Grego.
grie.ta [grj'eta] *sf* Greta, abertura, brecha, fenda, rachadura, trinca.
gri.fe.ría [grifer'ia] *sf* **1** Conjunto de torneiras e registros de água. **2** Depósito de material de construção.
gri.fo, -a [gr'ifo] *s* **1** Torneira. **2** Grifo, chave inglesa.
gri.llo [gr'iλo] *sm Zool* Grilo.
grin.go, -a [gr'ingo] *adj+s fam despec* Gringo, estrangeiro. • *sm* Grego, linguagem ininteligível.
gri.pe [gr'ipe] *sf Med* Gripe.
gris [gr'is] *adj* **1** Cinza (cor). **2** Triste, apagado. **3** Nublado.
gri.sá.ce.o, -a [gris'aθeo] *adj* **1** Cinzento. **2** Acinzentado, cinza.
gri.tar [grit'ar] *vi+vt* Gritar, berrar.
gri.te.rí.o, -a [griter'io] *sf* Gritaria, alvoroço.
gri.tón [grit'on] *adj fam* Gritalhão.
gro.se.lla [gros'eλa] *sf Bot* Groselha.
gro.se.rí.a [groser'ia] *sf* Grosseria, descortesia, estupidez, brusquidão.
gro.se.ro, -a [gros'ero] *adj* Grosseiro, ordinário. • *adj+s* Grosseiro, rude, mal-educado, grosso.
gro.sor [gros'or] *sm* Espessura.
grú.a [gr'ua] *sf* Grua, guincho, guindaste.
grue.so, -a [gr'weso] *adj* **1** Corpulento, gordo. **2** Grosso, espesso. • *sm* **1** Espessura. **2** Rude.
gru.ñir [gruɲ'ir] *vi* **1** Grunhir. **2** Resmungar.
gru.ñón, -ona [gruɲ'on] *adj* Rabujento, resmungão.

gua.ca.mo.le [gwakam'ole] *sm Méx* Salada de abacate.
gua.da.ña [gwad'aɲa] *sf* Foice.
gua.gua [g'wagwa] *sf* **1** Ninharia. **2** *AL fam* Ônibus. *s* **3** Bebê.
gua.ná.ba.na [gwan'abana] *sf Bot* Fruta-de-conde, pinha.
guan.ta.zo [gwant'aθo] *sm* Safanão, tapa, tabefe, bofetada.
guan.te [g'wante] *sm* **1** Luva. **2 guantes** *pl* Luvas (comércio).
guan.te.ra [gwant'era] *sf* Porta-luvas.
gua.po, -a [g'wapo] *adj* **1** Bonito, elegante, lindo. **2** Decidido, valente.
guar.da.ba.rros [gwardab'aros] *sm inv* Para-lama.
guar.da.co.ches [gwardak'otʃes] *sm inv* Manobrista.
guar.dar [gward'ar] *vt* **1** Guardar, proteger, defender. **2** Vigiar. **3** Observar, cumprir, obedecer. **4** Conservar, reter. **5** Economizar. *vpr* **6** Resguardar-se, proteger-se.
guar.da.rro.pa [gwardar'opa] *sm* **1** Guarda-roupa. **2** Chapelaria.
guar.de.ría [gwarder'ia] *sf* Creche.
guar.dia [g'wardja] *sf* **1** Guarda, custódia. **2** Cuidado, vigilância, proteção. **3** Ronda, patrulha. *sm* **4** Vigilante. **5** Policial.
guar.dián, -ana [gward'jan] *s* Guardião, vigia.
gua.re.cer [gwareθ'er] *vt* **1** Amparar, proteger, defender. **2** Guardar, conservar. **3** Medicar, curar, tratar. *vpr* **4** Refugiar-se.
gua.ris.mo [gwar'ismo] *sm Mat* Algarismo, dígito.
guar.ni.ción [gwarniθ'jon] *sf* **1** Guarnição, adorno. **2** *Mil* Tropa.
gua.rre.rí.a [gwaɾeɾ'ia] *sf* **1** Sujeira, porcaria. **2** *fam* Sacanagem.
gua.rro, -a [g'waɾo] *s* **1** *Zool* Porco, suíno. **2** *fam* Porcalhão. **3** *fam* Mau-caráter, sacana.

gua.són, -ona [gwas´on] *adj+s* Gozador, debochado, brincalhão.
gua.ya.ba [gway´aba] *sf Bot* Goiaba.
gua.ya.bo [gway´abo] *sm Bot* Goiabeira.
gu.ber.na.men.tal [gubernament´al] *adj+s* Governamental, oficial, estatal.
gue.de.ja [geđ´eha] *sf* **1** Juba. **2** Cabeleira.
gue.rre.ro, -a [geř´ero] *adj+s* Guerreiro, combatente.
gue.rri.lla [geř´iλa] *sf* Guerrilha.
guí.a [g´ia] *sf* **1** Guia, roteiro. *sm* **2** Guidão. **3** Volante. *s* **4** Líder. **5** Instrutor, cicerone. **6 guías** *sf pl* Rédeas.
gui.ja [g´iha] *sf* Seixo, pedrinhas.
gui.ja.rro [gih´ařo] *sm* Cascalho, pedra.
gui.ña.po [giñ´apo] *sm* **1** Farrapo, trapo. **2** Maltrapilho.
gui.ño [g´iño] *sm* Piscada, piscadela, piscar de olhos.
guión [gi´on] *sm* **1** Esquema, esboço, esqueleto. **2** *Cin, Telev* Roteiro. **3** *Gram* Travessão.
gui.par [gip´ar] *vt vulg* Bater os olhos, notar, perceber.

gui.ri.gay [girig´ai] *sm* **1** *fam* Gritaria, barulheira, balbúrdia. **2** *fam* Grego, linguagem ininteligível.
gui.san.te [gis´ante] *sf Bot* Ervilha.
gui.sar [gis´ar] *vt* **1** Cozinhar, refogar. **2** *fig* Maquinar, tramar.
gui.so [g´iso] *sm* Guisado, ensopado, refogado.
gui.ta [g´ita] *sf* **1** Cordel, barbante. **2** *AL fam* Grana, dinheiro.
gui.ta.rra [git´ařa] *sf* **1** Violão. **2** Guitarra.
gui.ta.rris.ta [gitař´ista] *s* **1** Violonista. **2** Guitarrista.
gu.rru.mi.no [guřum´ino] *adj* Mesquinho.
gu.sa.no [gus´ano] *sm* **1** Verme, lombriga. **2** Lagarta. **3** *fam* Pessoa má e desprezível.
gus.tar [gust´ar] *vt* **1** Degustar, provar. *vt+vi* **2** Gostar, agradar.
gus.ta.zo [gust´aθo] *sm fam* Satisfação, gosto.
gus.to [g´usto] *sm* **1** Gosto, sabor, paladar. **2** Satisfação, prazer. **3** Simpatia, afeição. **4** Distinção, elegância.
gus.to.so, -a [gust´oso] *adj* Gostoso, saboroso, apetitoso.

h

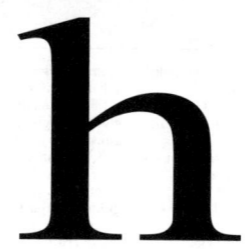

h [´atʃe] *sf* Oitava letra do alfabeto espanhol.

ha.ber [aber] *vt+vi* Haver, ter.

ha.bi.li.dad [abilid´ad] *sf* **1** Habilidade, capacidade. **2** Talento, aptidão, destreza, dom.

ha.bi.ta.ción [abitaθ´jon] *sf* **1** Habitação, moradia, domicílio, residência. **2** Cômodo, aposento, dependência. **3** Quarto, dormitório.

há.bi.to [´abito] *sm* **1** Hábito, batina. **2** Costume, uso. **3** *Patol* Vício.

ha.bla [´abla] *sf* Fala.

ha.bla.dor, -a [ablad´or] *adj+s* **1** Tagarela, falador. **2** Linguarudo, fofoqueiro. **3** Fanfarrão.

ha.bla.du.rí.a [abladur´ia] *sf* Falatório, falação, mexerico, fofoca, maledicência.

ha.blar [abl´ar] *vi+vpr* Falar, declarar, dizer, contar, conversar.

ha.cer [aθ´er] *vt* **1** Fazer, executar, realizar. **2** Fabricar, produzir. **3** Inventar, criar. *vpr* **4** Tornar-se. *vi* **5** Referir-se, dizer respeito.

ha.cha [´atʃa] *sf* Machado.

ha.cia [´aθja] *prep* Para, em direção a.

ha.cien.da [aθ´jenda] *sf* **1** Fazenda, propriedade rural. **2** Bens, capital. **3** Gado. **4 haciendas** *pl* Afazeres, tarefas domésticas. **5 Hacienda** Fazenda, fisco.

ha.da [´ada] *sf* Fada.

ha.la.gar [alaɡ´ar] *vt* **1** Agradar, mimar. **2** Adular, bajular.

ha.la.go [al´aɡo] *sm* **1** Agrado, mimo. **2** Adulação, bajulação.

hal.cón [alk´on] *sm Zool* Falcão.

ha.llar *vt* **1** Achar, encontrar. **2** Descobrir. **3** Observar, notar, ver. *vpr* **4** Encontrar-se.

ha.ma.ca [am´aka] *sf* **1** Rede. **2** Balanço.

ham.bre [´ambre] *sf* **1** Fome. **2** *fig* Apetite, desejo, avidez.

ham.brien.to [ambr´jento] *adj+s* Faminto, esfomeado.

ham.bur.gue.sa [amburɡ´esa] *sf* Hambúrguer.

han.gar [anɡ´ar] *sm* Hangar.

ha.ra.gán, -ana [araɡ´an] *adj+s* Preguiçoso, vagabundo.

ha.ra.pien.to, -a [arap´jento] *adj* Maltrapilho, andrajoso, esfarrapado.

ha.ra.po [ar´apo] *sm* Farrapo, andrajo, trapo.

ha.rén [ar´em] *sm* Harém.

ha.ri.na [ar´ina] *sf* Farinha.

har.tar [art´ar] *vt+vpr* **1** Fartar, empanturrar-se. **2** Saturar. **3** Aporrinhar, enfastiar.

har.to, -a [´arto] *adj* **1** Farto, saciado. **2** Cansado, saturado. **3** Abundante, bastante, de sobra.

has.ta [´asta] *prep* Até, até mesmo.

hastiar · hijuela

has.tiar [astʃar] *vt+vpr* Aborrecer, enfastiar, cansar, fartar.

haz [´aθ] *sm* **1** Feixe. *sf* **2** Face.

ha.za.ña [aθ´aña] *sf* Façanha, proeza.

he.bi.lla [eb´iλa] *sf* Fivela.

he.bra [´ebra] *sf* Fibra, fio.

he.ces [´eθeθ] *sf pl* Fezes.

he.chi.ce.ro, -a [etʃiθ´ero] *adj+s* Feiticeiro, mago, bruxo. • *sf* Feiticeira, bruxa. • *adj* Atraente, encantador.

he.chi.zo, -a [etʃ´iθo] *adj* Postiço, artificial. • *sm* Feitiço, encantamento, magia.

he.cho, -a [´etʃo] *adj* Maduro, acabado, feito. • *sm* Feito, fato.

he.chu.ra [etʃ´ura] *sf* **1** Feitura, execução, formação. **2** Feitio, figura. **3** Constituição, compleição.

he.der [ed´er] *vi* **1** Feder. **2** Cansar, enfadar.

hen.di.du.ra [endid´ura] *sf* Fenda, trinca.

he.dion.dez [edjond´eθ] *sf* Fedor, mau cheiro.

he.dor [ed´or] *sm* Fedor, mau cheiro, bodum.

he.la.de.ra [elad´era] *sf* Geladeira.

he.la.de.rí.a [elader´ia] *sf* Sorveteria.

he.la.do, -a [el´ado] *adj* **1** Gelado. **2** Congelado. **3** Atônito, perplexo. • *sm* **1** Sorvete. *sf* **2** Geada.

he.lar [el´ar] *vt+vpr* **1** Gelar, congelar. **2** Desalentar. *vimp* **3** *Meteor* Gear.

hem.bra [´embra] *sf* Fêmea.

hen.de.du.ra [ended´ura] *sf* Rachadura, fenda, trinca.

hen.der [end´er] *vt+vpr* Rachar, fender, abrir, cortar.

hen.di.du.ra [endid´ura] *sf* Fenda, fissura, rachadura.

he.no [´eno] *sm* Feno, forragem.

he.re.de.ro, -a [ered´ero] *adj+s* Herdeiro.

he.re.je [ereh´e] *s* Herege. • *adj* Descarado, sem-vergonha.

he.re.jí.a [ereh´ia] *sf* Heresia, sacrilégio.

he.ren.cia [her´enθja] *sf* Herança, legado.

he.rir [er´ir] *vt* **1** Ferir, machucar. **2** Ofender, magoar.

her.ma.nar [erman´ar] *vt+vpr* **1** Irmanar. **2** Unir.

her.man.dad [ermand´ad] *sf* Irmandade, fraternidade.

her.ma.no, -a [erm´ano] *sm* Irmão.

her.mo.so, -a [erm´oso] *adj* **1** Maravilhoso, esplêndido. **2** Bonito, belo, lindo.

her.mo.su.ra [ermos´ura] *sf* Formosura, beleza.

hé.ro.e [´eroe] *sm* Herói.

he.rra.du.ra [erad´ura] *sf* Ferradura.

he.rra.je [er´ahe] *sm* Ferragem.

he.rra.mien.ta [eram´jenta] *sf* Ferramenta.

he.rre.ro, -a [er´ero] *s* Ferreiro.

he.rrum.brar [erumbr´ar] *vt* Enferrujar, oxidar.

he.rrum.bre [er´umbre] *sf* Ferrugem.

her.vi.de.ro [erbid´ero] *sm* **1** Fervedouro, efervescência. **2** Multidão, aglomeração.

her.vir [erb´ir] *vi* **1** Ferver. **2** Fervilhar.

her.vor [erb´or] *sm* **1** Fervura. **2** Fervor, ardor, veemência.

hi.dra.ta.ción [idrataθ´jon] *sf* Hidratação.

hiel [´jel] *sf* **1** Fel, bile. **2** *fig* Amargura.

hie.lo [´jelo] *sm* **1** Gelo. **2** *fig* Frieza, indiferença.

hier.ba [´jerba] *sf* **1** Erva, capim. **2** Maconha. **3 hierbas** *pl* Pasto.

hier.ba.bue.na [jerbabw´ena] *sf Bot* Hortelã.

hie.rro [´jero] *sm* Ferro.

hí.ga.do [´igado] *sm Anat* Fígado.

hi.go [´igo] *Bot* Figo.

hi.jo, -a [´iho] *s* **1** Filho. **2** Fruto, produto.

hi.jue.la [ihw´ela] *sf* Atalho.

hilacha 96 hormigón

hi.la.cha [il´atʃa] *sf* 1 Fiapo. 2 Resto, resíduo, sobras.
hi.la.do [il´ado] *adj* Fiado. • *sm* Fio.
hi.lar [il´ar] *vt* Fiar.
hi.le.ra [il´era] *sf* 1 Fileira, fila. 2 Filete, fio. 3 *Anat* Fiandeira.
hi.lo [´ilo] *sm* Fio, linha.
hil.va.nar [ilbanar] *vt* 1 Alinhavar. 2 *fam* Precipitar-se. 3 *fig* Encadear.
hi.men [´imen] *sm Anat* Hímen.
hin.car [ink´ar] *vt* 1 Fincar, cravar. *vpr* 2 Ajoelhar-se.
hin.cha [´intʃa] *s* 1 Torcedor, entusiasta, fanático, aficionado, fã. *sf* 2 Antipatia.
hin.cha.da [intʃ´ada] *sf* Torcida.
hin.char [intʃ´ar] *vt+vpr* 1 Inchar, inflar, estufar, avolumar. 2 Incomodar. 3 Envaidecer-se. 4 Torcer.
hin.cha.zón [intʃaθ´on] *sm* 1 Inchaço, intumescência, inchação. 2 Vaidade, soberba, presunção.
hin.dú [ind´u] *adj+s* 1 Indiano. 2 Hindu.
hi.po [´ipo] *sm* Soluço.
hi.po.cre.sí.a [ipokres´ia] *sf* Hipocrisia, falsidade.
hi.pó.te.sis [ip´otesis] *sf inv* Hipótese, suposição.
hi.rien.te [irj´ente] *adj* 1 Ofensivo, ferino. 2 Lacerante.
his.to.ria.dor, -ora [istorjad´or] *s* Historiador.
his.to.rie.ta [istorj´eta] *sf* 1 Historieta, historinha. 2 História em quadrinhos, quadrinhos, cartum, gibi.
hi.to [´ito] *sm* 1 Marco, baliza. 2 Acontecimento, efeméride.
ho.ci.co [oθ´iko] *sm* Focinho.
ho.gar [og´ar] *sm* 1 Lar, casa. 2 Lareira.
ho.gue.ra [og´era] *sf* Fogueira.
ho.ja [´oha] *sf* Folha.
ho.ja.la.ta [ohal´ata] *sf* Folha de flandres, lata.

ho.ja.la.te.rí.a [ohalater´ia] *sf* Funilaria.
ho.ja.la.te.ro [ohalat´ero] *sm* Funileiro.
ho.jal.dre [oh´aldre] *sm* Massa folhada, mil-folhas.
ho.je.ar [ohe´ar] *vt* Folhear.
¡ho.la! [´ola] *interj* 1 Oi!, olá! 2 Alô?
hol.gar [olg´ar] *vi* 1 Folgar, descansar. 2 Sobrar, ser inútil.
hol.ga.zán, -ana [olgaθ´an] *adj+s* Folgado, vadio, vagabundo, preguiçoso.
hol.ga.za.ne.rí.a [olgaθaner´ia] *sf* Vadiagem, vagabundagem.
hol.gu.ra [olg´ura] *sf* 1 Folga, espaço. 2 Diversão. 3 Desafogo, comodidade.
ho.lle.jo [oʎ´eho] *sm* Película, pele.
ho.llín [oʎ´in] *sm* Fuligem.
hom.bre [´ombre] *sm* Homem.
hom.bro [´ombro] *sm Anat* Ombro.
ho.me.na.je [omen´ahe] *sm* Homenagem.
ho.mo.se.xual [omose(k)su´al] *adj+s* Homossexual.
hon.do, -a [´ondo] *adj* Fundo, profundo. • *sm* 1 Fundo. *sf* 2 Funda. 3 Estilingue, atiradeira.
hon.do.na.da [ondon´ada] *sf* Depressão, barranco.
hon.du.ra [ond´ura] *sf* Profundidade.
ho.nes.ti.dad [onestid´ad] *sf* 1 Honestidade, sinceridade. 2 Probidade, decência, compostura.
hon.go [´ongo] *sm Bot* Cogumelo.
ho.nor [on´or] *sm* 1 Honra, honestidade, dignidade, respeitabilidade. 2 Tributo, homenagem.
ho.ra.dar [orad´ar] *vt* Perfurar.
ho.ra.rio [or´arjo] *adj* Horário. *sm* Ponteiro.
hor.ca [´orka] *sf* 1 Forca. 2 Forquilha.
hor.da [´orda] *sf* 1 Horda, tribo. 2 Multidão, bando, turba.
hor.ma [´orma] *sf* Forma, molde.
hor.mi.ga [orm´iga] *sf Entom* Formiga.
hormigón [ormig´on] *sm* Concreto armado.

hor.mi.gue.ar [ormiɣe'ar] *vi* **1** Formigar, comichar. **2** Fervilhar.
hor.mi.gueo [ormi'ɣeo] *sm* Formigamento, comichão.
hor.na.da [orn'ada] *sf* Fornada.
hor.ni.llo [orn'iλo] *s* **1** Boca de fogão, queimador. **2** Fogareiro.
hor.no [' orno] *sm* **1** Forno. **2** Fornalha.
hor.qui.lla [ork'iλa] *sf* **1** Forquilha. **2** Grampo de cabelo. **3** Bifurcação.
ho.rri.ble [oř'ible] *adj* **1** Horrível, medonho, horroroso. **2** Terrível, atroz, brutal.
hor.te.ra [ort'era] *adj+s* Cafona, brega.
hos.pe.da.je [osped'ahe] *sm* Hospedagem, alojamento.
hos.pe.de.rí.a [ospeder'ia] *sf* Hospedaria, albergue, pensão, pousada, estalagem.
hos.pi.cio [osp'iθjo] *sm* **1** Orfanato. **2** Asilo, albergue.
hos.pi.ta.la.rio, -a [ospital'arjo] *adj* **1** Hospitalar. **2** Hospitaleiro, acolhedor.
hos.tal [ost'al] *sm* Hospedaria de categoria inferior ao hotel, pousada.
hos.ti.li.dad [ostilid'ad] *sf* Hostilidade, provocação, agressão.
ho.tel [ot'el] *sm* Hotel.
hoy ['oi] *adv* Hoje.
ho.yo, -a ['oyo] *s* **1** Buraco. **2** Sepultura, cova, vala.
hoz ['oθ] *sf* **1** Foice. **2** *Geogr* Desfiladeiro, passo, estreito, vale.
hue.co, -a ['weko] *adj* **1** Oco, vazio. **2** Vaidoso, orgulhoso, fútil. • *sm* **1** *Arquit* Vão. **2** Oco, vazio.
huel.ga ['welga] *sf* Greve.
huel.guis.ta [welg'ista] *adj+s* Grevista.
hue.lla ['weλa] *sf* **1** Pegada, rastro. **2** Vestígio, sinal.
huér.fa.no, -a ['werfano] *adj+s* Órfão.

hue.ro, -a ['wero] *adj* Vazio, fútil, oco, sem substância.
huer.ta ['werta] *sf* Roça, pomar.
huer.to [w'erto] *sm* Horta, pomar, roça.
hue.so ['weso] *sm* **1** Osso. **2** Caroço de fruta. **3** *fig* Pessoa ou algo difícil de tratar.
hue.vo ['webo] *sm* **1** Ovo. **2 huevos** *pl* Saco, ovos.
hui.do, -a ['wido] *adj* Foragido. • *sf* Fuga.
huir ['uir] *vi+vpr* Fugir, escapar, retirar-se.
hu.le ['ule] *sm* Oleado, encerado.
hu.ma.ni.dad [umanid'ad] *sf* Humanidade.
hu.ma.re.da [umar'eda] *sf* Fumaceira.
hu.mec.tan.te [umekt'ante] *adj* Umectante, umectativo.
hu.mec.tar [umekt'ar] *vt* Umedecer, molhar.
hu.me.dad [umed'ad] *sf* Umidade.
hu.me.de.cer [umedeθ'er] *vt+vpr* Umedecer, molhar.
hú.me.do, -a ['umedo] *adj* Úmido.
hu.mil.dad [umild'ad] *sf* **1** Humildade, modéstia. **2** Simplicidade. **3** Submissão, subserviência, acatamento.
hu.mi.lla.ción [umiλaθ'jon] *sf* Humilhação, degradação, ofensa, desprezo.
hu.mi.llan.te [umiλ'ante] *adj* Humilhante, degradante, ofensivo, ultrajante.
hu.mi.llar [umiλ'ar] *vt* Humilhar, degradar, vexar, rebaixar, ofender.
hu.mi.ta [um'ita] *AL* Pamonha.
hu.mo ['umo] *sm* **1** Fumo. **2** Fumaça.
hu.mor [um'or] *sm* **1** Humor. **2** Gênio, temperamento.
hu.mus ['umus] *sm inv Agric* Húmus.
hun.di.mien.to [undim'jento] *sm* **1** Afundamento. **2** Naufrágio.
hun.dir [und'ir] *vt+vpr* **1** Afundar, submergir. **2** Fundir. **3** Oprimir, abater.

hu.ra.cán [urak´an] *sm* Furacão, tufão, ciclone.
hu.ra.ño, -a [ur´año] *adj* Antissocial, intratável, esquivo, arisco.
hur.gar [urg´ar] *vt* **1** Mexer, remexer. **2** Bisbilhotar. **3** Incitar.
hu.rón, -ona [ur´on] *s* **1** *Zool* Furão. **2** Bisbilhoteiro. • *adj+s* Antissocial, intratável, esquivo, arisco.

hur.tar [urt´ar] *vt* **1** Furtar, roubar. **2** Plagiar.
hur.to [´urto] *sm* Furto, roubo.
hus.me.a.dor [usmead´or] *adj+sm* **1** Farejador. **2** Bisbilhoteiro, xereta.
hus.me.ar [usme´ar] *vt+vi* **1** Farejar. **2** Xeretar, intrometer-se, fuçar.
hu.so [´uso] *sm* Fuso.

i

i [´i] *sf* Nona letra do alfabeto espanhol.
í.co.no [ik´ono] *sm* Ícone.
i.da [´ida] *sf* **1** Ida, partida. **2** fig Arrebatamento, ímpeto, impulso.
i.de.a [id´ea] *sf* **1** Ideia, concepção. **2** Entendimento, conhecimento. **3** Conceito, opinião, juízo. **4 ideas** pl fam Mania.
i.de.al [ide´al] *adj* **1** Imaginário. **2** Ideal, único, perfeito.
i.de.ar [ide´ar] *vt* **1** Idealizar, figurar, afigurar, imaginar. **2** Traçar, inventar.
i.dén.ti.co, -a [id´entiko] *adj* Idêntico, mesmo, igual.
i.den.ti.dad [identid´ad] *sf* Identidade.
i.den.ti.fi.ca.ción [identifika θj´on] *sf* Identificação.
i.di.lio [id´iljo] *sm* Idílio, romance.
i.di.o.ma [id´joma] *sm* Idioma, língua.
i.dó.ne.o, -a [id´oneo] *adj* Idôneo, adequado, apropriado.
i.gle.sia [igl´esja] *sf* Igreja, templo.
ig.no.ran.cia [ignor´anθja] *sf* Ignorância, desconhecimento.
i.gual.dad [igwald´ad] *sf* Igualdade, conformidade, paridade, proporção, equivalência, equilíbrio.
i.le.gi.ble [ileh´ible] *adj* Ilegível.
i.le.so, -a [il´eso] *adj* Ileso, incólume, são e salvo, intacto, inteiro.
i.lu.mi.na.ción [ilumina θj´on] *sf* **1** Iluminação, luz. **2** Revelação, inspiração.
i.lu.sión [ilusj´on] *sf* Ilusão, sonho, fantasia.
i.lu.sio.nar [ilusjon´ar] *vt+vpr* Iludir, fantasiar.
i.lu.so.rio, -a [ilus´orjo] *adj* **1** Ilusório, enganoso, fictício, irreal. **2** Nulo, sem valor, sem efeito.
i.lus.tra.ción [ilustra θj´on] *sf* **1** Ilustração, desenho. **2** Conhecimento, sabedoria, erudição.
i.ma.gen [im´ahen] *sf* **1** Imagem, representação, figura. **2** Aparência, aspecto. **3** Estátua, efígie.
i.ma.gi.na.ción [imahina θj´on] *sf* **1** Imaginação, criatividade. **2** Fantasia, devaneio.
i.ma.gi.na.rio, -a [imahin´arjo] *adj* Imaginário, irreal, inventado. • *sf* Mil Sentinela.
i.mán [´iman] *sm* Imã, ferro imantado.
im.bé.cil [imb´eθil] *adj+s* Tonto, imbecil, tolo, idiota.
i.mi.ta.ción [imita θj´on] *sf* Imitação.
im.pa.cien.cia [impaθ´jenθja] *sf* Impaciência, intranquilidade, ansiedade, inquietação.
im.pa.go [imp´ago] *sm* Calote, cano, inadimplência.
im.par [imp´ar] *adj+sm* Ímpar, sem igual.
im.par.cia.li.dad [imparθjalid´ad] *sf* Imparcialidade, neutralidade, equidade.
im.pa.si.ble [impas´ible] *adj* **1** Impassí-

impedir 100 **improbable**

vel, insensível, inabalável. **2** Indiferente, impertubável, inalterável.

im.pe.dir [imped´ir] *vt* Impedir, impossibilitar, evitar.

im.pe.rar [imper´ar] *vi* Imperar, dominar.

im.pe.ra.ti.vo, -a [imperat´ibo] *adj+s* **1** Dominante, autoritário. **2** Imperativo, obrigatório. **3** *Gram* Imperativo (modo verbal). • *sm* Dever, ditame, obrigação, exigência.

im.per.cep.ti.ble [imperθept´ible] *adj* Imperceptível, indistinguível.

im.per.fec.ción [imperfekθ´jon] *sf* Imperfeição, falha, deficiência, defeito, deformação.

im.per.fec.to, -a [imperf´ekto] *adj* Imperfeito, defeituoso, incompleto.

im.pe.ri.cia [imperi´θja] *sf* Imperícia, inaptidão, inabilidade.

im.per.me.a.ble [imperme´able] *adj* Impermeável. • *sm* Capa de chuva.

im.pe.tu [´impetu] *sm* **1** Ímpeto, impulso. **2** Impetuosidade, vigor, força, energia.

im.pe.tuo.si.dad [impetwosid´ad] *sf* Impetuosidade, furor, arrebatamento.

im.pie.dad [impjed´ad] *sf* **1** Impiedade, ceticismo, ateísmo, laicismo, irreligião. **2** Desumanidade, crueldade, ruindade, perversidade.

im.pla.ca.ble [implak´able] *adj* Implacável, inexorável.

im.ple.men.ta.ción [implementaθj´on] *sf* Implementação, aplicação, realização.

im.plí.ci.to, -a [impl´iθito] *adj* Implícito, tácito, subentendido.

im.plo.rar [implor´ar] *vt* Implorar, rogar, suplicar.

im.po.ner [impon´er] *vt* **1** Impor, exigir, determinar. **2** Aplicar, depositar (dinheiro). *vt+vpr* **3** Ensinar, doutrinar. **4** Infundir, inspirar. *vpr* **5** Impor-se.

im.po.pu.la.ri.dad [impopularid´ad] *sf* Impopularidade.

im.por.ta.ción [importaθj´on] *sf* Importação.

im.por.tan.cia [import´anθja] *sf* Importância, valia, valor, vulto, relevância.

im.por.tan.te [import´ante] *adj* Importante, valioso, relevante, significativo.

im.po.si.bi.li.dad [imposibilid´ad] *sf* Impossibilidade.

im.po.si.bi.li.tar [imposibilit´ar] *vt* Impossibilitar, obstruir.

im.po.si.ble [impos´ible] *adj* Impossível, impraticável.

im.po.si.ción [imposiθ´jon] *sf* **1** Imposição, exigência, ordem, obrigação. **2** Impostura, falsa imputação. **3** Imposto, tributo. **4** Quantidade depositada em conta corrente.

im.pos.tor [impost´or] *adj* Difamador, caluniador. • *s* Impostor, farsante.

im.po.ten.cia [impot´enθja] *sf* Impotência.

im.prac.ti.ca.ble [impraktik´able] *adj* **1** Impraticável, inviável. **2** Intransitável.

im.pres.cin.di.ble [impresθind´ible] *adj* Imprescindível, indispensável.

im.pre.sión [impres´jon] *sf* **1** Impressão, sensação, efeito. **2** Sinal, marca. **3** Ideia, noção, juízo.

im.pre.sio.nan.te [impresjon´ante] *adj* Impressionante, surpreendente.

im.pre.sio.nar [impresjon´ar] *vt+vpr* Impressionar, afetar.

im.pre.so, -a [impr´eso] *sm* Impresso, folheto.

im.pre.sor, -ora [impres´or] *s* **1** Impressor, tipógrafo. *sf* **2** *Inform* Impressora.

im.pre.vi.si.ble [imprebis´ible] *adj* Imprevisível, inesperado.

im.pre.vis.to, -a [impreb´isto] *adj+sm* Imprevisto, inesperado. • *sm pl* **imprevistos** Gastos extraordinários.

im.pro.ba.ble [improb´able] *adj* Improvável, remoto, incerto.

im.pro.pio, -a [impr'opjo] *adj* **1** Impróprio, alheio. **2** Inadequado, inoportuno.

im.pro.vi.sa.ción [improbisaθj'on] *sf* Improvisação, improviso.

im.pru.den.cia [imprud'enθja] *sf* **1** Imprudência, inadvertência, desatenção, negligência. **2** *Der* Culpa.

im.pues.to, -a [imp'westo] *sm* Imposto, taxa, tributo.

im.pul.sar [impuls'ar] *vt* **1** Impulsionar, impelir. **2** Incitar, estimular, fomentar.

im.pul.sión [impulθ'jon] *sf* Impulsão, impulso.

im.pu.ni.dad [impunid'ad] *sf* Impunidade.

im.pun.tua.li.dad [impuntwalid'ad] *sf* Impontualidade.

im.pu.re.za [impur'eθa] *sf* **1** Impureza, imperfeição. **2** Impudor.

i.nac.ce.ci.ble [inakθes'ible] *adj* Inacessível.

i.nac.ti.vo, -a [inakt'ibo] *adj* Inativo, imóvel.

i.na.de.cua.do, -a [inadek'wado] *adj* Inadequado, inoportuno, impróprio, inconveniente.

i.nad.mi.si.ble [inadmis'ible] *adj* Inadmissível, inaceitável, intolerável.

i.na.guan.ta.ble [inagwant'able] *adj* Insuportável, intolerável.

i.nau.gu.ra.ción [inawguraθj'on] *sf* Inauguração, começo, estreia.

in.cal.cu.la.ble [inkalkul'able] *adj* Incalculável.

in.ca.pa.ci.dad [inkapaθid'ad] *sf* Incapacidade.

in.ca.pa.ci.ta.ción [inkapaθitaθj'on] *sf* Incapacitação, desqualificação.

in.cau.to, -a [ink'auto] *adj* Incauto, descuidado, imprudente. • *adj+s* Ingênuo, crédulo, inocente, confiante.

in.cer.ti.dum.bre [inθertið'umbre] *sf* **1** Incerteza, dúvida. **2** Hesitação, indecisão.

in.ce.san.te [inθes'ante] *adj* Incessante, ininterrupto, contínuo.

in.ci.den.te [inθið'ente] *adj* Incidente, superveniente. • *sm* **1** Incidente. **2** Disputa, discussão.

in.ci.dir [inθið'ir] *vi* Incidir, incorrer.

in.cier.to, -a [inθ'jerto] *adj* **1** Incerto, duvidoso, contestável, inseguro, impreciso. **2** Ignorado, desconhecido.

in.ci.ne.ra.ción [inθinera θj'on] *sf* Incineração.

in.ci.sión [inθis'jon] *sf* Incisão, corte.

in.ci.tar [inθit'ar] *vt* Incitar, estimular, instigar, motivar, induzir.

in.cle.men.cia [inklem'enθja] *sf* Inclemência, aspereza, severidade, rigor, rigidez.

in.cli.na.ción [inklinaθ'jon] *sf* **1** Inclinação, obliquidade, encurvamento. **2** Propensão, tendência, queda, simpatia.

in.clu.ir [inklu'ir] *vt* **1** Incluir, inserir, pôr. **2** Conter, compreender, abranger.

in.clu.si.ve [inklus'ibe] *adv* Inclusive, também.

in.co.he.ren.cia [inkoer'enθja] *sf* Incoerência, incongruência.

in.co.mo.di.dad [inkomodid'ad] *sm* **1** Desconforto, incomodidade. **2** Incômodo.

in.có.mo.do, -a [ink'omodo] *adj* **1** Incômodo, desconfortável. **2** Embaraçoso, desagradável.

in.com.pa.ti.bi.li.dad [inkompatibilið'ad] *sf* Incompatibilidade, antagonismo, conflito.

in.com.pe.ten.cia [inkompet'enθja] *sf Der* Incompetência, falta de jurisdição.

in.co.ne.xo, -a [inkon'e(k)so] *adj* Desconexo, incoerente.

in.cons.tan.cia [inkonst'anθja] *sf* Inconstância, instabilidade, leviandade, volubilidade.

incontrolable 102 **inestabilidad**

in.con.tro.la.ble [inkontrol´able] *adj* Incontrolável.

in.con.ve.nien.cia [inkonbenj´enθja] *sf* Inconveniência, impropriedade, inoportunidade.

in.cor.po.ra.ción [inkorporaθ´jon] *sf* Incorporação, inclusão.

in.co.rrec.to, -a [inkoř´ĕkto] *adj* Incorreto, errado.

in.co.rre.gi.ble [inkořeh´ible] *adj* Incorrigível, indisciplinado, indócil.

in.cre.du.li.dad [inkredulid´ad] *sf* Incredulidade, descrença.

in.cre.í.ble [inkre´ible] *adj* Incrível, inacreditável, inverossímil.

in.cre.men.to [inkrem´ento] *sm* Incremento, aumento, crescimento, acréscimo.

in.cum.bir [inkumb´ir] *vi* Incumbir, caber, competir.

in.cum.pli.mien.to [inkumplimj´ento] *sm* Descumprimento.

in.cum.plir [inkumpl´ir] *vt* Descumprir.

in.cu.rrir [inkuř´ir] *vi* Incorrer, incidir.

in.da.ga.ción [indagaθ´jon] *sf* Indagação, averiguação.

in.de.bi.do, -a [indeb´ido] *adj* **1** Indevido. **2** *Der* Indébito.

in.de.ci.sión [indeθisj´on] *sf* Indecisão, hesitação, insegurança.

in.de.fen.so [indef´enso] *adj* Indefeso, desprotegido.

in.de.fi.ni.do, -a [indefin´ido] *adj* Indefinido, indeterminado, vago, impreciso.

in.dem.ni.za.ción [indemniθaθ´jon] *sf* Indenização, compensação.

in.dem.ni.zar [indemniθ´ar] *vt* Indenizar, compensar, reparar, ressarcir.

in.de.pen.dien.te [independ´jente] *adj* Independente, autônomo.

in.de.pen.di.zar [independiθ´ar] *vt+vpr* Libertar.

in.de.ter.mi.na.do, -a [indetermin´ado] *adj* **1** Indeterminado, indefinido, vago, impreciso. **2** Irresoluto, indeciso.

in.di.ca.ción [indikaθ´jon] *sf* **1** Indicação, sinal, aviso. **2** Orientação, recomendação.

in.di.fe.ren.cia [indifer´enθja] *sf* Indiferença, apatia.

in.di.ges.tión [indigest´jon] *sf Med* Indigestão.

in.dig.na.ción [indignaθ´jon] *sf* Indignação, revolta, raiva.

in.dig.nan.te [indign´ante] *adj* Revoltante.

in.dig.ni.dad [indignid´ad] *sf* Indignidade, baixeza, ultraje.

in.dio, -a [´indjo] *adj+s* Índio, indígena. • *adj* Índigo.

in.dis.ci.pli.nar.se [indisθiplin´arse] *vpr* Indisciplinar-se, rebelar-se.

in.dis.cre.ción [indiskreθj´on] *sf* Indiscrição, leviandade, imprudência.

in.dis.cu.ti.ble [indiskut´ible] *adj* Indiscutível, incontestável, inegável, inquestionável, irrefutável, indubitável.

in.dis.pen.sa.ble [indispens´able] *adj* Indispensável, imprescindível.

in.dis.po.ner [indispon´er] *vt+vpr* **1** Indispor, desarranjar. **2** Incomodar.

in.dis.po.si.ción [indisposiθj´on] *sf* Indisposição, incômodo, mal-estar.

in.dis.pues.to, -a [indisp´westo] *adj* Indisposto, adoentado.

in.di.vi.dua.li.dad [indibidwalid´ad] *sf* Individualidade.

in.di.vi.duo, -a [indib´idwo] *sm* **1** Indivíduo. *sf* **2** *despec* Fulana, vadia.

in.du.cir [induθ´ir] *vt* Induzir, instigar, incitar, persuadir.

in.du.men.ta.ria [indument´arja] *sf* Indumentária, roupa, traje, vestimenta.

i.ner.cia [in´erθja] *sf Fís* **1** Inércia. **2** Apatia, frouxidão.

i.nes.ta.bi.li.dad [inestabilid´ad] *sf* Instabilidade.

inestable — inhumanidad

i.nes.ta.ble [inest´able] *adj* Instável, inconstante.
i.ne.xis.ten.cia [ineksist´enθja] *sf* Inexistência.
i.nex.pe.rien.cia [ine(k)sperj´enθja] *sf* Inexperiência.
i.nex.per.to, -a [ine(k)sp´erto] *adj+s* Inexperiente, principiante, aprendiz.
in.fa.li.ble [infal´ible] *adj* Infalível.
in.fan.cia [inf´anθja] *sf* Infância.
in.fec.ción [infekθ´jon] *sf Patol* Infecção.
in.fe.li.ci.dad [infeliθid´ad] *sf* Infelicidade, desventura, desdita, infortúnio.
in.fe.rio.ri.dad [inferjorid´ad] *sf* Inferioridade.
in.fer.ti.li.dad [infertilid´ad] *sf* Infertilidade, esterilidade.
in.fi.de.li.dad [infidelid´ad] *sf* Infidelidade, deslealdade.
in.fier.no [inf´jerno] *sm* Inferno.
in.fil.tra.ción [infiltraθ´jon] *sf* Infiltração, penetração.
in.fi.ni.dad [infinid´ad] *sf* Infinidade.
in.fi.ni.ti.vo [infinit´ibo] *sm Gram* Infinitivo.
in.fla.ción [inflaθ´jon] *sf Econ* Inflação.
in.fla.ma.ción [inflamaθ´jon] *sf* Inflamação.
in.fle.xi.bi.li.dad [infle(k)sibilid´ad] *sf* Inflexibilidade, rigidez.
in.fle.xi.ble [infle(k)s´ible] *adj* 1 Inflexível, rígido, firme. 2 Rigoroso, intransigente.
in.flu.en.cia [influ´enθja] *sf* Influência, ascendência.
in.flu.jo [infl´uho] *sm* Influxo, influência, defluência.
in.for.ma.ción [informaθ´jon] *sf* 1 Informação, informe, notícia. 2 Esclarecimento, conhecimento.
in.for.tu.nio [infort´unjo] *sm* 1 Infortúnio, infelicidade, desventura. 2 Adversidade, revés.

in.frac.ción [infrakθ´jon] *sf* Infração, transgressão, contravenção, falta.
in.frac.tor, -a [infrakt´or] *adj+s* Infrator, contraventor.
in.fra.es.truc.tu.ra [infraestrukt´ura] *sf* Infraestrutura.
in.ge.nie.rí.a [in:henjer´ia] *sf* Engenharia.
in.ge.nie.ro, -a [in:hen´jero] *s* Engenheiro.
in.ge.nio [in:h´enjo] *sm* 1 Engenho, máquina. 2 Talento, habilidade. 3 Engenho de açúcar.
in.ge.nio.so, -a [in:hen´joso] *adj* Engenhoso, talentoso, criativo, inventivo.
in.ge.nui.dad [in:henwid´ad] *sf* Ingenuidade, inocência, simplicidade.
in.ge.rir [in:her´ir] *vt* Ingerir, engolir, tragar.
in.ges.tión [in:hest´jon] *sf* Ingestão.
in.gle [´ingle] *sf Anat* Virilha.
in.gra.ti.tud [ingratit´ud] *sf* Ingratidão, desagradecimento.
in.gre.sar [ingres´ar] *vt* 1 Investir, aplicar. 2 Internar, hospitalizar. 3 Entrar.
in.gre.so [ingr´eso] *sm* 1 Ingresso, entrada. 2 *Com* Receita, renda. 3 *Com* Depósito.
in.há.bil [in´abil] *adj* Inábil, inabilidoso.
in.ha.bi.li.dad [inabilid´ad] *sf* Inabilidade.
in.ha.bi.li.tar [inabilit´ar] *vt+pr* Desabilitar, desqualificar, incapacitar, impossibilitar.
in.ha.bi.ta.do [inabit´ado] *adj* Desabitado, despovoado.
in.ha.la.ción [inalaθ´jon] *sf* Inalação.
in.hi.bir [inib´ir] *vt* 1 Inibir, reprimir, conter. *vpr* 2 Abster-se, privar-se.
in.hós.pi.to [in´ospito] *adj* Inóspito, agreste, selvagem.
in.hu.ma.ni.dad [inumanid´ad] *sf* Desumanidade, crueldade.

in.hu.ma.no, -a [inum´ano] *adj* Desumano, cruel.

i.nin.te.li.gi.ble [inintelih´ible] *adj* Ininteligível, incompreensível.

i.nin.te.rrum.pi.do [ininter̃ump´ido] *adj* Ininterrupto, contínuo, sucessivo.

i.ni.qui.dad [inekid´ad] *sf* Iniquidade, crueldade, injustiça, maldade.

in.jer.to, -a [in:h´erto] *sm* Enxerto, implante.

in.ju.ria [in:h´urja] *sf* Injúria, ultraje, afronta, ofensa.

in.ju.riar [in:huri´ar] *vt* Injuriar, ofender, ultrajar.

in.jus.ti.cia [in:hust´iθja] *sf* Injustiça, arbitrariedade, abuso.

in.ma.cu.la.do, -a [inmakul´ado] *adj* Imaculado, puro.

in.ma.du.rez [inmadur´eθ] *sf* Imaturidade.

in.ma.du.ro [inmad´uro] *adj* **1** Imaturo. **2** Verde.

in.me.dia.cio.nes [inmedjaθj´ones] *sf pl* Imediações, arredores.

in.me.dia.to, -a [inmed´jato] *adj* **1** Imediato, instantâneo. **2** Subsequente.

in.men.si.dad [inmensid´ad] *sf* Imensidade, imensidão.

in.men.so, -a [inm´enso] *adj* Imenso, enorme, gigantesco.

in.mer.sión [inmersj´on] *sf* Imersão, submersão, mergulho.

in.mer.so, -a [inm´erso] *adj* **1** Imerso, submerso. **2** Envolvido, absorto.

in.mi.grar [inmigr´ar] *vi* Imigrar.

in.mi.nen.te [inmin´ente] *adj* Iminente.

in.mo.bi.lia.rio, -a [inmobilj´arjo] *adj* Imobiliário.

in.mo.ral [inmor´al] *adj* Imoral, indecente, indecoroso.

in.mo.ra.li.dad [inmoralid´ad] *sf* Imoralidade, devassidão, indecência.

in.mor.ta.li.zar [inmortaliθ´ar] *vt+vpr* Imortalizar, perpetuar.

in.mo.vi.li.dad [inmobilid´ad] *sf* Imobilidade, estabilidade.

in.mo.vi.lis.mo [inmobil´ismo] *sm* Imobilismo, imobilidade.

in.mo.vi.li.za.ción [inmobiliθaθj´on] *sf* Imobilização, paralisação.

in.mo.vi.li.zar [inmobiliθ´ar] *vt+vpr* Imobilizar, paralisar, deter.

in.mun.di.cia [inmund´iθja] *sf* Imundice, sujeira, lixo, porcaria.

in.mu.ni.zar [inmuniθ´ar] *vt+vpr* Imunizar, vacinar.

in.na.to, -a [inn´ato] *adj* **1** Inato, congênito. **2** Inerente.

in.ne.ce.sa.rio [inneθes´arjo] *adj* Desnecessário.

in.no.va.ción [innobaθj´on] *sf* Inovação, renovação, mudança.

in.no.var [innob´ar] *vt* Inovar, mudar, atualizar, modernizar, revolucionar.

i.no.cen.cia [inoθ´enθja] *sf* Inocência: a) pureza, ingenuidade. b) ausência de culpa.

i.no.do.ro, -a [inod´oro] *adj* Inodoro. • *sm* Vaso sanitário.

i.nol.vi.da.ble [inolbid´able] *adj* Inesquecível, memorável.

in.quie.ta.ción [inkjetaθj´on] *sf* Inquietação, desassossego.

in.quie.tud [inkjet´ud] *sf* Inquietação, desassossego.

in.qui.si.ción [inkisiθ´jon] *sf* Inquisição, indagação, investigação, averiguação.

in.sa.cia.ble [insaθ´jable] *adj* Insaciável, ambicioso.

in.sa.lu.bri.dad [insalubrid´ad] *sf* Insalubridade.

in.sa.tis.fe.cho, -a [insatisf´etʃo] *adj* Insatisfeito, descontente.

ins.cri.bir [inskrib´ir] *vt* **1** Inscrever, gravar. **2** Registrar. *vpr* **3** Inscrever-se, associar-se, afiliar-se.

ins.crip.ción [inskripθ´jon] *sf* **1** Inscrição, registro. **2** Gravação.

inscripto — intercambiar

ins.crip.to, -a [inskr'pito] *adj* **1** Inscrito, gravado. **2** Associado, afiliado, matriculado.

in.sec.to [ins'ekto] *sm Entom* Inseto.

in.sen.si.ble [insens'ible] *adj* Insensível.

in.se.pa.ra.ble [insepar'able] *adj* Inseparável, indissociável.

in.ser.ción [inserθ'jon] *sf* Inserção, inclusão.

in.sig.nia [ins'ignja] *sf* Insígnia, condecoração, medalha.

in.sig.ni.fi.can.cia [insignifik'anθja] *sf* Insignificância, pequenez.

in.si.nua.ción [insinwaθ'jon] *sf* Insinuação, sugestão.

in.sis.ten.cia [insist'enθja] *sf* **1** Insistência, obstinação, perseverança, teimosia. **2** Persistência.

in.so.len.cia [insol'enθja] *sf* Insolência, desplante, atrevimento, descaramento, audácia, desaforo.

in.sol.ven.cia [insolβ'enθja] *sf* Insolvência, inadimplência.

in.so.por.ta.ble [insoport'able] *adj* Insuportável, intolerável.

in.sos.pe.cha.do [insospetʃ'ado] *adj* Insuspeitado, inesperado.

ins.pec.ción [inspekθ'jon] *sf* Inspeção, vistoria, exame, fiscalização, inspetoria.

ins.pec.cio.nar [inspekθjon'ar] *vt* Inspecionar, examinar, fiscalizar, vistoriar.

ins.pi.ra.ción [inspiraθ'jon] *sf* Inspiração: a) criatividade. b) entusiasmo. c) inalação.

ins.ta.la.ción [instalaθ'jon] *sf* Instalação.

ins.tan.cia [inst'anθja] *sf* **1** Instância. **2** Solicitação.

ins.tan.tá.ne.o [instant'aneo] *adj* Instantâneo, momentâneo, fugaz.

ins.ti.tu.ción [instituθ'jon] *sf* **1** Instituição, estabelecimento. **2** Fundação, instituto, entidade.

ins.truc.ción [instrukθ'jon] *sf* **1** Instrução, ensino, educação. **2 instrucciones** *pl* Instruções, ordens, diretrizes.

ins.truir [instru'ir] *vt+vpr* **1** Instruir, educar, doutrinar. **2** Orientar.

in.su.bor.di.na.ción [insuborðinaθ'jon] *sf* Insubordinação, rebeldia, desobediência.

in.su.fi.cien.cia [insufiθ'jenθja] *sf* **1** Insuficiência, escassez. **2** Deficiência, incapacidade.

in.su.mi.so, -a [insum'iso] *adj+s* Insubmisso, desobediente, insubordinado.

in.su.rrec.ción [insurekθ'jon] *sf* Insurreição, rebelião, motim.

in.sus.ti.tui.ble [insustitw'ible] *adj* Insubstituível.

in.tac.to, -a [int'akto] *adj* Intacto, íntegro, puro.

in.te.gra.ción [integraθ'jon] *sf* **1** Integração, incorporação. **2** Formação, composição.

in.te.gri.dad [integrid'ad] *sf* **1** Integridade, inteireza. **2** Honestidade, honradez.

ín.te.gro, -a ['integro] *adj* **1** Íntegro, inteiro. **2** Correto, austero, direito.

in.te.lec.to [intel'ekto] *sm* Intelecto.

in.te.li.gen.cia [intelih'enθja] *sf* Inteligência.

in.te.li.gi.ble [intelih'ible] *adj* Inteligível, compreensível.

in.ten.ción [intenθ'jon] *sf* Intenção, tenção, intuito, propósito, pretensão.

in.ten.si.dad [intensid'ad] *sf* Intensidade, vigor, força, potência.

in.ten.si.fi.ca.ción [intensifikaθ'jon] *sf* Intensificação, recrudescimento.

in.ten.so, -a [int'enso] *adj* Intenso, ardoroso, forte.

in.ten.tar [intent'ar] *vt* Tentar, intentar, procurar.

in.ter.ca.lar [interkal'ar] *vt* Intercalar, interpor.

in.ter.cam.biar [interkambj'ar] *vt* Intercambiar, trocar.

intercambio — invitación

in.ter.cam.bio [interk'ambjo] *sm* Intercâmbio, troca, permuta.

in.ter.cep.tar [interθept'ar] *vt* Interceptar, interromper.

in.te.rés [inter'es] *sm* **1** Interesse. **2** *Com* Juro, ágio. • *sm pl* **intereses** Rendimentos, juros.

in.te.re.sar [interes'ar] *vt* Interessar, atrair, convir, agradar, importar.

in.ter.faz [interf'aθ] *sf* Fís Interface.

in.ter.fe.ren.cia [interfer'enθja] *sf* Interferência, intervenção.

in.ter.fo.no [interf'ono] *sm* Interfone.

ín.te.rin ['interin] *sm* Ínterim, intervalo.

in.ter.jec.ción [interhekθ'jon] *sf Gram* Interjeição.

in.ter.me.dio, -a [interm'edjo] *adj* Intermediário, mediano, médio. • *sm* Intermédio, pausa, intervalo, interrupção.

in.ter.net [intern'et] *sf Inform* Internet.

in.ter.po.ner [interpon'er] *vt+vpr* **1** Interpor, entrepor. **2** Opor, contrapor-se.

in.ter.pre.ta.ción [interpretaθ'jon] *sf* **1** Interpretação, versão. **2** Atuação, representação.

in.te.rro.ga.ción [inteřogaθ'jon] *sf* Interrogação, pergunta, questão.

in.te.rrum.pir [inteřump'ir] *vt* Interromper, cessar, descontinuar.

in.te.rrup.ción [inteřupθ'jon] *sf* Interrupção, pausa, parada, suspensão.

in.ter.ve.nir [interben'ir] *vt* **1** Dirigir, limitar, suspender. **2** *Med* Operar, fazer cirurgia. *vi* **3** Intervir, participar. **4** Interferir.

in.ti.ma.ción [intimaθ'jon] *sf* Intimação, notificação.

in.ti.mi.dad [intimid'ad] *sf* **1** Intimidade, privacidade. **2** Familiaridade.

ín.ti.mo, -a ['intimo] *adj+s* **1** Íntimo, privado, reservado. **2** Familiar, amigo. **3** Profundo, interno.

in.to.le.ran.cia [intoler'anθja] *sf* Intolerância.

in.to.xi.ca.ción [into(k)sikaθ'jon] *sf* Intoxicação.

in.tre.pi.dez [intrepid'eθ] *sf* Intrepidez, valentia, ousadia.

in.tro.du.cir [introduθ'ir] *vt+vpr* Introduzir.

in.tro.mi.sión [intromis'jon] *sf* Intromissão, ingerência, intrometimento.

in.tui.ción [intwiθ'jon] *sf* **1** Intuição, instinto. **2** Pressentimento, suspeita, presságio.

in.tuir [intu'ir] *vt* Intuir, suspeitar, pressentir.

i.nun.da.ción [inundaθ'jon] *sf* Inundação, enchente, alagamento.

in.va.li.da.ción [imbalidaθ'jon] *sf* Invalidação, anulação.

in.va.ria.bi.li.dad [imbarjabilid'ad] *sf* Invariabilidade, constância.

in.va.ria.ble [imbarj'able] *adj* Invariável, constante, imutável, fixo.

in.va.sión [imbas'jon] *sf* Invasão, ocupação.

in.ven.ci.ble [imbenθ'ible] *adj* Invencível, imbatível, indestrutível.

in.ven.ción [imbenθ'jon] *sf* **1** Invenção, criação, invento. **2** Engano, mentira.

in.ven.ta.rio [imbent'arjo] *sm* Inventário, catalogação, registro.

in.ven.tor, -a [imbent'or] *adj+s* Inventor, criador.

in.ver.na.de.ro [imbernad'ero] *sm* Invernáculo, hibernáculo, estufa.

in.ver.nar [imbern'ar] *vi* Invernar.

in.ver.sión [imberθ'jon] *sf* **1** Inversão, alteração. **2** Investimento.

in.ver.sio.nis.ta [imberθjon'ista] *s Com* Investidor, aplicador.

in.ves.ti.ga.ción [imbestigaθ'jon] *sf* Investigação, pesquisa.

in.vi.si.ble [imbis'ible] *adj* Invisível.

in.vi.ta.ción [imbitaθ'jon] *sf* **1** Convite. **2** Proposta, proposição, oferta.

in.vi.ta.do, -a [imbitˈado] *sm* Convidado.
in.vi.tar [imbitˈar] *vt* Convidar.
in.vo.lun.ta.rio, -a [imboluntˈarjo] *adj* Involuntário, maquinal, reflexo, inconsciente.
in.vul.ne.ra.ble [imbulnerˈable] *adj* Invulnerável, imune.
ir [ˈir] *vi* **1** Ir, andar, seguir. *vt* **2** Dirigir-se. *vpr* **3** Sair, retirar-se.
i.ra [ˈira] *sf* Ira, raiva, cólera.
i.ras.ci.ble [irasθˈible] *adj* Irascível, Iracundo, furioso.
i.ro.ní.a [ironˈia] *sf* Ironia, sarcasmo.
i.ró.ni.co, -a [irˈoniko] *adj* Irônico, sarcástico.
i.rra.dia.ción [irˈadjaθˈjon] *sf* **1** Brilho, resplendor. **2** Irradiação, difusão.
i.rre.co.no.ci.ble [irˈekonoθˈible] *adj* Irreconhecível.
i.rre.cu.sa.ble [irˈekusˈable] *adj* Irrecusável, irrefutável, indeclinável.
i.rre.gu.la.ri.dad [irˈegularidˈad] *sf* Irregularidade.
i.rre.sis.ti.ble [irˈesistˈible] *adj* Irresistível, inevitável.
i.rres.pe.tar [irˈespetˈar] *vt* **1** Desrespeitar, desacatar, desconsiderar. **2** Violar, transgredir.
i.rre.ve.ren.cia [irˈeberˈenθja] *sf* Irreverência, insolência.
i.rri.so.rio [irˈisˈorjo] *adj* Irrisório, irrelevante, insignificante.
i.rrup.ción [irˈupθˈjon] *sf* Irrupção.
i.tem [ˈitem] *sm* Item, tópico.
i.ti.ne.ra.rio, -a [itinerˈarjo] *s* Itinerário, curso, caminho, percurso, roteiro.
i.zar [iθˈar] *vt* Içar, alçar.
iz.quier.do, -a [iθkˈjerdo] *adj* **1** Esquerdo. **2** Canhoto. • *sf* **1** Mão esquerda. **2** *Polít* Esquerda.

j

j [h´ota] *sf* Décima letra do alfabeto espanhol.
ja.ba.lí [habal´i] *sm Zool* Javali.
ja.ba.li.na [habal´ina] *sf* Lança, dardo.
ja.bón [hab´on] *sm* Sabão, sabonete.
ja.bo.ne.ra [habon´era] *sf* Saboneteira.
ja.bo.no.so, -a [habon´oso] *adj* Saponáceo.
jac.tan.cia [hakt´anθja] *sf* Jactância, presunção.
ja.dean.te [hade´ante] *adj* Ofegante, arquejante, arfante, esbaforido.
ja.de.ar [hade´ar] *vi* Ofegar, arquejar.
ja.lar [hal´ar] *vt fam* 1 Puxar. 2 *fam* Devorar.
ja.lea [hal´ea] *sf Cul* Geleia.
ja.leo [hal´eo] *sm fam* Agitação, alvoroço, rebuliço, algazarra, tumulto, confusão.
jaletina [halet´ina] *sf* Gelatina.
ja.lón [hal´on] *sm* 1 Baliza. 2 *Am* Puxão.
ja.lo.nar [halon´ar] *vt* Balizar.
ja.más [ham´as] *adv* Jamais, nunca.
ja.món [ham´on] *sm Cul* Presunto cru.
ja.que [h´ake] *sm* 1 Valentão, fanfarrão. 2 Xeque.
ja.que.ca [hak´eka] *sf Med* Enxaqueca.
ja.ra.be [har´abe] *sm* Xarope, calda.
ja.ra.na [har´ana] *sf fam* Farra.
jar.dín [hard´in] *sm* Jardim.
jar.di.ne.ra [hardin´era] *sf* Jardineira.
jar.di.ne.rí.a [hardiner´ia] *sf* Jardinagem.
jar.di.ne.ro, -a [hardin´ero] *s* Jardineiro.
ja.rra [h´aℝa] *sf* Jarra.
ja.rro [h´aℝo] *sm* Jarro.
ja.rrón [haℝ´on] *sm* Vaso.
jato [h´ato] *sm* Bezerro, novilho.
jau.rí.a [haur´ia] *sf* Matilha.
je.fa.tu.ra [hefat´ura] *sf* Chefia, chefatura.
je.fe, -a [h´efe] *s* Chefe, líder.
jen.gi.bre [hen:h´ibre] *sm Bot* Gengibre.
je.que [h´eke] *sm* Xeque.
je.rar.quí.a [herark´ia] *sf* Hierarquia.
je.rár.qui.co, -a [her´arkiko] *adj* Hierárquico.
je.rez [her´eθ] *sm* Xerez (tipo de vinho).
jer.ga [h´erga] *sf* Jargão, gíria.
je.ri.be.que [herib´eke] *sm* Trejeito.
je.ri.gon.za [herig´onθa] *sf* Geringonça, gíria, jargão, calão.
je.rin.ga [her´inga] *sf* Seringa.
je.rin.gar [hering´ar] Aborrecer, irritar.

je.ro.glí.fi.co, -a [herogl´ifiko] *adj* Hieroglífico.
je.ta [h´eta] *sf* **1** Beiço. **2** Tromba, cara.
ji.ne.te [hin´ete] *sm* Cavaleiro.
ji.ra [h´ira] *sm* Retalho.
ji.ra.fa [hir´afa] *sf Zool* Girafa.
ji.rón [hir´on] *sm* Farrapo, retalho.
jo.da [h´oda] *sf* Sacanagem.
jo.der [hod´er] *vt+vi+vpr vulg* Foder, aborrecer.
jo.fai.na [hof´ajna] *sf* Lavatório.
jol.go.rio [holg´orjo] *sm fam* Festa, festança, folia, pândega.
¡jo.li.nes! [holi´nes] *interj* Caramba!, puxa vida!
jor.na.da [horn´ada] *sf* Jornada.
jor.nal [horn´al] *sm* Diária.
jo.ro.ba [hor´oba] *sf* Corcunda, corcova, giba.
jo.ven [h´oben] *adj+s* Jovem.
jo.via.li.dad [hobjalid´ad] *sf* Jovialidade.
jo.ya [h´oya] *sf* Joia.
jo.ye.ría [hoyer´ia] *sf* Joalheria.
jo.ye.ro, -a [hoy´ero] *s* **1** Joalheiro. *sm* **2** Porta-joias.
jua.ne.te [hwan´ete] *sm Anat* Joanete.
ju.bi.la.ción [hubilaθj´on] *sf* Aposentadoria.
ju.bi.lar [hubil´ar] *vt+vpr* Aposentar.
ju.bi.leo [hubil´eo] *sm* Jubileu.
jú.bi.lo [h´ubilo] *sm* Júbilo.
ju.do [h´udo] *sm Dep* Judô.
jue.go [h´wego] *sm* **1** Brincadeira. **2** Jogo.
juer.ga [hw´erga] *sf* Farra, folia.
juer.guis.ta [hwerg´ista] *adj+s* Farrista, folião.
jue.ves [h´webes] *sm* Quinta-feira.
juez, -a [h´weθ] *s* Juiz.
ju.ga.da [hug´ada] *sf* Jogada.
ju.ga.dor, -ora [hugad´or] *s* Jogador.
ju.gar [hug´ar] *vi* **1** Brincar. *vi+vt* **2** Jogar.

ju.ga.rre.ta [hugar´eta] *sf* Sacanagem, maldade, picaretagem.
ju.go [h´ugo] *sm* Suco.
ju.go.si.dad [hugosid´ad] *sf* Suculência.
ju.go.so, -a [hug´oso] *adj* Suculento.
ju.gue.te [hug´ete] *sm* Brinquedo.
ju.gue.tear [hugete´ar] *vi* Brincar.
ju.gue.te.o [huget´eo] *sm* Brincadeira.
ju.gue.te.rí.a [hugeter´ia] *sf* Loja de brinquedos.
ju.gue.tón, -ona [huget´on] *adj* Brincalhão, levado.
jui.cio [h´wjθjo] *sm* Juízo.
jui.cio.so, -a [hujθj´oso] *adj+s* Ajuizado, sensato, prudente, judicioso.
ju.lio [h´uljo] *sm* Julho.
ju.men.to [hum´ento] *sm Zool* Jumento, asno, burro, jegue, jerico.
ju.nio [h´unjo] *sm* Junho.
jun.ta [h´unta] *sf* Junta: a) reunião, comissão. b) juntura, junção.
jun.tar [hunt´ar] *vt+vpr* Ajuntar, juntar, reunir.
jun.to, -a [h´unto] *adj* Junto.
jun.tu.ra [hunt´ura] *sf* Juntura, junção, junta.
ju.ra [h´ura] *sf* Jura, juramento.
ju.ra.men.to [huram´ento] *sm* Juramento, promessa.
ju.rar [hur´ar] *vt+vi* Jurar.
ju.ris.dic.ción [hurisdikθ´jon] *sf Der* Jurisdição.
jus.ti.cia [hust´iθja] *sf* Justiça.
jus.ti.fi.ca.ción [hustifikaθ´jon] *sf* Justificação.
jus.to, -a [h´usto] *adj+s* Justo: a) conforme a razão. b) reto, íntegro. c) exato, preciso. d) apertado. • *adv* Justo, exatamente, precisamente.
ju.ven.tud [hubent´ud] *sf* Juventude, mocidade.
juz.ga.do [huθg´ado] *sm Der* Tribunal.
juz.ga.mien.to [huθgamj´ento] *sm* Julgamento.
juz.gar [huθg´ar] *vt* Julgar, arbitrar.

k

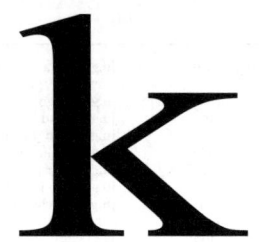

k [k′a] *sf* Décima primeira letra do alfabeto espanhol.
ka [k′a] *sf* Cá, nome da letra *k*.
kái.ser [k′ajser] *sm* Kaiser.
ka.ra.o.ke [karaok′e] *sm* Karaokê.
ká.ra.te [k′arate], **ka.ra.te** [kar′ate] *sm Dep* Caratê.
ka.ra.te.ca [karat′eka] *s Dep* Carateca.
kar.de.cis.mo [kardeθ′ismo] *sm* Kardecismo.
kar.de.cis.ta [kardeθ′ista] *adj* Kardecista.
kar.tó.dro.mo [kart′odromo] *sm* Kartódromo.
ka.yak [ka′yak] *sm* Caiaque.
ker.més [kerm′es], **ker.mes** [k′ermes] *sf* Quermesse.
kibe [k′ibe] *sm* Quibe.
kilo [k′ilo] *sm* Quilo.
ki.lo.ca.lo.rí.a [kilokalor′ia] *sf Fís* Quilocaloria.
ki.lo.gra.mo [kilogr′amo] *sm* Quilograma.
ki.lo.me.tra.je [kilometr′ahe] *sm* Quilometragem.
ki.lo.me.trar [kilometr′ar] *vt* Quilometrar.
ki.lo.mé.tri.co, -a [kilom′etriko] *adj* Quilométrico.
ki.ló.me.tro [kil′ometro] *sm* Quilômetro.
ki.lo.watt [kilob′at] *sm Electr* Quilowatt.
ki.mo.no [kim′ono] *sm* Quimono.
kio.sco [k′josko] *sm* **1** Quiosque. **2** Banca de jornal.
ki.wi [k′iwi] *sm Bot* Kiwi.
ko.a.la [ko′ala] *sm Zool* Coala.
kraft [kr′aft] *sm* Papel de embrulho.

# 1

l [´ele] *sf* Décima segunda letra do alfabeto espanhol.
la [l´a] *art def f* A. • *pron pers f* A. • *sm Mús* Lá.
la.be.rin.to [laber´into] *sm* **1** Labirinto: a) construção de difícil saída. b) orelha interna. **2** *fig* Embrulhada, confusão, trapalhada.
la.bio [l´abjo] *sm* **1** Lábio, beiço. **2** Boca.
la.bo.rar [labor´ar] *vt* Lavrar, trabalhar (terra, madeira etc.).
la.bo.ra.to.rio [laborat´orjo] *sm* Laboratório.
la.bo.re.ar [labore´ar] *vt* **1** Lavrar, trabalhar (madeira, terra etc.). **2** *Miner* Escavar.
la.bra [l´abra] *sf* Lavra, lavoura, agricultura.
la.bra.dor, -ora [labrad´or] *adj+s* Lavrador, agricultor.
la.bran.tí.o [labrant´io] *adj+sm* Lavoura, roça.
la.bran.za [labr´anθa] *sf* **1** Lavra, lavoura, lavração, agricultura. **2** Sementeira, semeadura. **3** Trabalho.
la.brar [labr´ar] *vt* **1** Lavrar, trabalhar (madeira, metal, terra). **2** Laborar.
la.ca [l´aka] *sf* **1** Laca, verniz. **2** Laquê, spray, fixador.
la.có.ni.co, -a [lak´oniko] *adj+s* Lacônico, conciso.
la.cre [l´akre] *sm* Lacre. • *adj AL* Vermelho.

lac.tar [lakt´ar] *vt* Lactar, aleitar, amamentar, dar de mamar.
lac.ti.ci.nio [laktiθ´injo] *sm* Laticínio.
la.de.ra [lad´era] *sf* Ladeira, subida, declive, pendente, vertente.
la.de.ro [lad´ero] *adj* Lateral.
la.di.no, -a [lad´ino] *adj+s* **1** Ladino, astuto. **2** *Am Cen* Descendente de espanhol com indígena.
la.drar [ladr´ar] *vi* **1** Latir, ladrar. **2** *fig* Praguejar, gritar, repreender.
la.dri.do [ladr´ido] *sm* Latido, ladrido.
la.dri.llo [ladr´iλo] *sm* **1** Tijolo. **2** Ladrilho, lajota. **3** *fam* Chato.
la.drón, -ona [ladr´on] *adj+s* Ladrão, gatuno, larápio. • *sm* **1** Gato, gambiarra. **2** Benjamim. **3** Ladrão (de caixa-d'água).
la.gar.ti.ja [lagart´iha] *sf Zool* Lagartixa.
la.go [l´ago] *sm* Lago, lagoa.
lá.gri.ma [l´agrima] *sf* Lágrima.
la.gri.me.ar [lagrim´ear] *vi* **1** Lacrimejar. *vi+vt* **2** Gotejar, pingar.
la.gu.na [lag´una] *sf* **1** *Geogr* Lagoa, lago. **2** Lacuna, vazio. **3** Lapso de memória.
la.ma [l´ama] *sf* **1** Lodo, barro. **2** Prado, pradaria. **3** Lamê (tecido). *sm* **4** *Rel* Lama, sacerdote tibetano.
la.men.ta.ción [lamentaθ´jon] *sf* Lamentação, lamúria, lamento, queixa, gemido.

lamento — lavandera

la.men.to [lam'ento] *sm* Lamento, queixa, lamúria, lamentação, gemido.
la.mer [lam'er] *vt+vpr* 1 Lamber. 2 Relar, roçar.
la.mi.do, -a [lam'ido] *adj* 1 Magro, fraco. 2 Ensebado, metido.
lá.mi.na [l'amina] *sf* Lâmina, chapa.
lám.pa.ra [l'ampara] *sf* 1 Luminária, lustre. 2 Abajur. 3 Lâmpada.
lam.pa.ri.lla [lampar'iʎa] *sf* Lamparina, candeia, griseta.
la.na [l'ana] *sf* 1 Lã. 2 *coloq* Dinheiro.
lan.gos.ta [lang'osta] *sf Zool* 1 Lagosta. 2 Gafanhoto.
lan.gos.ti.no [langost'ino] *sm Zool* Lagostim, camarão.
lán.gui.do [l'angido] *adj* Lânguido, fraco, débil, abatido.
lan.za [l'anθa] *sf* Lança, haste.
lan.za.mien.to [lanθam'jento] *sm* 1 Lançamento. 2 Arremesso, lance.
lan.zar [lanθ'ar] *vt+vpr* 1 Lançar, arremessar, arrojar, atirar, jogar. 2 Divulgar, difundir. *vpr* 3 Avançar, lançar-se, arrojar-se.
la.pi.ce.ra [lapiθ'era] *sf AL* Caneta, esferográfica.
lá.pi.da [l'apida] *sf* Lápide, lápida.
la.pi.da.ción [lapidaθj'on] *sf* Apedrejamento.
la.pi.da.rio [lapid'arjo] *adj* Lapidário, lapidar. • *sm* Lapidário, lapidador.
lá.piz [l'apiθ] *sm* Lápis.
lar.do [l'ardo] *sm* 1 Lardo, toucinho. 2 Banha, sebo, gordura animal.
lar.gar [larg'ar] *vt* 1 Largar, soltar. 2 Dar. *vpr* 3 *fam* Sair, ir embora.
lar.go, -a [l'argo] *adj* 1 Longo, comprido. 2 Generoso, caridoso. 3 Copioso, abundante, excessivo. 4 Dilatado, extenso, amplo. 5 *fam* Astuto, esperto. • *sm* Comprimento, longitude.
lar.gor [larg'or] *sm* Comprimento, longitude.
lar.gue.ro [larg'ero] *sm* 1 Travessa, pau, viga. 2 *Dep* Travessão.
lar.gue.za [larg'esa] *sf* 1 Comprimento, longitude. 2 Generosidade, desprendimento.
lar.gui.ru.cho [largir'utʃo] *adj* Esguio, delgado, longo.
lar.gu.ra [larg'ura] *sf* Comprimento, longitude, extensão.
las [l'as] *art def f pl* As. • *pron pers f pl* As
la.sa.ña [las'aña] *sf* Lasanha.
las.ci.via [lasθ'ibja] *sf* Lascívia, luxúria, volúpia, libidinagem, erotismo.
lá.ser [l'aser] *sm* Laser, luz com radiação.
la.si.tud [lasit'ud] *sf* Lassidão, desfalecimento, cansaço, prostração.
las.ti.ma.du.ra [lastimad'ura] *sf* Machucado, ferida.
las.ti.mar [lastim'ar] *vt+vpr* 1 Ferir, machucar. *vt* 2 Ofender, agravar.
la.ta [l'ata] *sf* 1 Lata. 2 *fig* Porre, tédio.
la.ti.do, -a [lat'ido] *s* 1 Pulsação, batimento do coração. 2 Pontada, agulhada. 3 Ganido.
la.tín [lat'in] *sm* Latim.
la.ti.no, -a [lat'ino] *adj+s* Latino.
la.tir [lat'ir] *vi* Bater (o coração), pulsar.
la.ti.tud [latit'ud] *sf* Latitude.
la.tón [lat'on] *sm* Latão.
lau.cha [l'autʃa] *sf* 1 *AL* Ratazana. 2 *sm Arg* e *Ur* Homem espertalhão, velhaco.
lau.da.ble [lawd'able] *adj* Laudável, louvável, admirável, meritório.
lau.dar [lawd'ar] *vt Der* Decidir, determinar, ditar sentença.
la.va [l'aba] *sf* Lava, magma.
la.va.de.ro [labad'ero] *sm* 1 Lavatório, pia. 2 Lavanderia. 3 Tanque (de lavar roupas). 4 *Miner* Lavadeira, fervedouro.
la.va.do [lab'ado] *sm* Lavagem.
la.va.ma.nos [labam'anos] *sm inv* Pia (banheiro), tina, bacia (para as mãos).
la.van.de.ra [labander'a] *sf* Lavadeira.

la.van.de.rí.a [labander´ia] *sf* Lavanderia, tinturaria.
la.va.pla.tos [lavapl´atos] *sm* **1** Lavador de pratos. *s* **2** Lava-louças, máquina de lavar louça.
la.var [lab´ar] *vt+vpr* Lavar, limpar, banhar, assear.
la.va.to.rio [labat´orjo] *sm* **1** Lavagem. **2** *Rel* Lava-pés. **3** *Al* Lavabo.
la.va.va.ji.llas [lababah´iλas] *sm inv* **1** Detergente. *s* **2** Lava-louça, máquina de lavar louça.
la.xar [laks´ar] *vt+vpr* **1** Laxar, afrouxar, relaxar. **2** Purgar.
la.zar [laθ´ar] *vt* Laçar, enlaçar.
la.za.ri.llo [laθar´iλo] *sm* Guia de cegos (pessoa, animal).
la.zo [l´aθo] *sm* **1** Laço. **2** Laçada. **3** Ardil, armadilha, enredo. **4** União, vínculo, ligação, enlace.
le [le] *pron pers m* A ele, para ele, lhe, o, se.
le.al [le´al] *adj+s* Leal, fiel, fidedigno.
le.al.tad [lealt´ad] *sf* Lealdade, fidelidade, fidedignidade.
lec.ción [lekθ´jon] *sf* **1** Lição, ensinamento, instrução. **2** Exemplo.
le.ce.rí.a [leθer´ia] *sf* Roupa íntima, lingerie.
le.cha.da [letʃ´ada] *sf* Argamassa.
le.che [l´etʃe] *sf* **1** Leite. **2** *vulg* Porrada, batida. **3** *vulg* Tapa, sopapo, bofetada.
le.che.ro, -a [letʃ´ero] *adj* Leiteiro. • *sm* Leiteiro, vendedor de leite. • *sf* Leiteira (panela).
le.cho [l´etʃo] *sm* Leito: a) cama. b) solo no fundo do rio, mar etc.
le.chón, -ona [letʃ´on] *s Zool* Leitão, bacorim, bacorinho, porquinho. • *adj+s fam* Porco, seboso, porcalhão.
le.chu.ga [letʃ´uga] *sf Bot* Alface.
lec.ti.vo [lekt´ibo] *adj* Letivo.
lec.tor, -a [lekt´or] *adj+s* **1** Leitor. **2** Professor de língua estrangeira. **3** Leitora de cartão magnético.
lec.tu.ra [lekt´ura] *sf* **1** Leitura. **2** Interpretação. **3** lecturas *pl* Cultura, conhecimento.
le.er [le´er] *vt* **1** Ler. **2** Entender, compreender, interpretar.
le.ga.jo [leg´aho] *sm* **1** Dossiê, prontuário. **2** Arquivo, pasta.
le.gal [leg´al] *adj* Legal, jurídico, lícito, válido, legítimo.
le.ga.li.za.ción [legaliθaθj´on] *sf* **1** Legalização. **2** Autenticação, reconhecimento de firma.
lé.ga.mo [l´egamo] *sm* Barro, lodo, lama.
le.gi.ble [leh´ible] *adj* Legível.
le.gis.la.ción [lehislaθ´jon] *sf* Legislação.
le.gis.lar [lehisl´ar] *vi* Legislar, legiferar.
le.gi.ti.mar [lehitim´ar] *vt* **1** Legitimar, legalizar, validar, justificar. **2** Reconhecer, assumir (paternidade).
le.go [l´ego] *adj* Leigo, laico.
le.gum.bre [leg´umbre] *sf Bot* Legume.
le.í.ble [le´ible] *adj* Legível.
le.í.do, -a [le´ido] *adj* Lido, culto, erudito, versado, instruído, entendido.
le.ja.ní.a [lehan´ia] *sf* Distância, lonjura.
le.ja.no, -a [leh´ano] *adj* Distante, afastado, longínquo, longe.
le.jí.a [leh´ia] *sf* **1** Água sanitária. **2** *fam* Bronca, repreensão.
le.jos [l´ehos] *adv* Longe, distante, afastado. • *sm inv* Semelhança, aparência, ar.
le.ma [l´ema] *sm* **1** Lema, máxima, norma. **2** Tema, proposição preliminar. **3** Entrada, verbete (dicionário).
len.gua [l´engwa] *sf* **1** *Anat* Língua. **2** Idioma, linguagem. **3** Badalo. **4** Lingueta, fiel da balança.
len.gua.je [lengw´ahe] *sm* Linguagem, língua, idioma, fala.
len.te.ja [lent´eha] *sf Bot* Lentilha.

len.te.jue.la [lenteh´wela] *sf* Lantejoula.
len.ti.lla [lent´iha] *sf* **1** Lente de contato. **2** Lentilha.
len.ti.tud [lentit´ud] *sf* Lentidão.
le.ña [l´eña] *sf* **1** Lenha. **2** *fam* Surra, espancamento.
le.ño [l´eño] *sm* **1** *Bot* Lenho, madeira. **2** Porre, tédio.
le.ón [le´on] *sm* **1** *Zool* Leão. **2** *fam* Homem audaz, valente.
le.o.na [le´ona] *sf* **1** *Zool* Leoa. **2** *fam* Mulher audaz, valente.
le.o [le´o] *adj+sm Astrol* **1** Leão. **2** Leonino.
les.bia.na [lesbj´ana] *sf* Lésbica.
le.sión [les´jon] *sf* **1** Lesão, ferida, ferimento. **2** Dano, prejuízo, detrimento.
le.so, -a [l´eso] *adj* **1** Lesado, ofendido, agravado. **2** Perturbado, obcecado.
le.tal [let´al] *adj* Letal, mortífero, mortal, fatal.
le.tra [l´etra] *sf* **1** Letra: a) símbolo gráfico. b) letra de música. **2** Caligrafia. **3** *Com* Letra de câmbio.
le.tre.ro [letr´ero] *sm* **1** Letreiro, cartaz. **2** Legenda (filme).
le.va.du.ra [leβad´ura] *sf* Fermento, levedura.
le.van.tar [lebant´ar] *vt+vpr* **1** Levantar, alçar, içar, erguer, arribar. **2** Sublevar, rebelar-se, amotinar. *vt* **3** Construir, edificar, fabricar. **4** Recrutar, alistar. **5** Aumentar, subir, elevar (preço, voz etc).
le.van.te [leb´ante] *sm* **1** Levante, nascente, leste, este. **2** Oriente, leste, este. **3** *fam* Caso, rolo, amante.
le.var [leb´ar] *vt* Levantar, recolher âncora, zarpar, partir.
le.ve [l´ebe] *adj* **1** Leve. **2** Sutil, ligeiro.
lé.xi.co, -a [l´e(k)siko] *sm* Léxico, glossário, dicionário, vocabulário. • *adj* Léxico, lexical.
ley [l´ei] *sf* Lei.
le.yen.da [ley´enda] *sf* **1** Leitura. **2** Legenda, lenda. **3** Inscrição, letreiro.

li.ar [li´ar] *vt* **1** Empacotar, atar, amarrar, embrulhar. *vt+vpr* **2** *coloq* Envolver, comprometer. *vpr* **3** Pegar-se, bater-se. **4** Amancebar-se, juntar-se.
li.be.ra.ción [liberaθ´jon] *sf* **1** Libertação, liberação. **2** Recibo, quitação.
li.be.ra.dor [liberad´or] *adj+sm* Libertador.
li.be.ral [liber´al] *adj* **1** Generoso, franco, desprendido, largo. **2** Liberal, tolerante, compreensivo. **3** Expedito, despachado, pronto.
li.ber.tad [libert´ad] *sf* **1** Liberdade, autonomia, independência. **2 libertades** *pl* Prerrogativa, privilégio, licença.
li.ber.tar [libert´ar] *vt* Libertar, soltar, livrar, liberar.
li.brar [libr´ar] *vt+vpr* **1** Livrar, libertar, afastar. *vt* **2** Dar, expedir. *vi* **3** Parir, dar à luz. **4** Confiar.
li.bre [l´ibre] *adj* **1** Livre, solto, liberto. **2** Disponível, desocupado, desimpedido, vacante. **3** Atrevido, licencioso. **4** Isento, dispensado, desobrigado.
li.bre.rí.a [librer´ia] *sf* **1** Livraria. **2** Biblioteca (móvel e estabelecimento).
li.bre.ro, -a [libr´ero] *adj+s* Livreiro.
li.bre.to, -a [libr´eto] *sm Arg* **1** Livreto, libreto. *sf* **2** Caderneta.
li.bro [l´ibro] *sm* Livro.
li.cen.cia [liθ´enθja] *sf* **1** Licença, permissão, autorização. **2** Liberdade. **3** Licenciatura.
li.ci.ta.ción [liθitaθj´on] *sf* Licitação, concorrência.
li.cua.do.ra [likwad´ora] *sf* Liquidificador.
li.cuar [likw´ar] *vt+vpr* Liquidificar, liquefazer.
li.de.ra.to [lider´ato] *sm* Liderança.
li.de.raz.go [lider´aθgo] *sm* Liderança.
li.diar [lidj´ar] *vt* **1** Tourear. *vi* **2** Lutar, batalhar, brigar. *vt+vi* **3** Enfrentar, opor-se.
lie.bre [l´jebre] *sf Zool* Lebre.

lienzo 115 **lisonjero**

lien.zo [ljˈenθo] *sm* 1 Lenço. 2 Tela (pintura).
li.ga.men.to [ligamˈento] *sm* 1 Ligação, união, junção. 2 Concatenação, concordância, entendimento.
li.gar [ligˈar] *vt* 1 Ligar, atar, unir. 2 Combinar, misturar. *vi* 3 *coloq* Sair, transar. *vt+vpr* 4 Levar bronca, apanhar.
li.ga.zón [ligaθˈon] *sf* Ligação íntima, vínculo, união, enlace.
li.ge.re.za [liherˈeθa] *sf* 1 Ligeireza, presteza, agilidade, rapidez. 2 Leveza. 3 Leviandade. 4 Inconstância, volubilidade, instabilidade.
li.ge.ro, -a [lihˈero] *adj* 1 Leve. 2 Ligeiro, ágil, veloz, rápido. 3 Inconstante, leviano, volúvel.
li.ja [lˈiha] *sf* Lixa.
li.jar [lihˈar] *vt* Lixar, desbastar, raspar.
li.la [lˈila] *adj+sf* Lilás.
li.mi.ta.ción [limitaθjˈon] *sf* 1 Limitação, contenção, restrição. 2 Limite, cerco.
lí.mi.te [lˈimite] *sm* 1 Limite, raia. 2 Fronteira, estremadura, extremo.
li.món [limˈon] *sm* Bot Limão.
li.mo.na.da [limonˈada] *sf* Limonada, suco de limão.
li.mo.ne.ro, -a [limonˈero] *adj+s Bot* Limoeiro.
li.mos.na [limˈosna] *sf* Esmola, donativo, caridade.
li.mos.ne.ar [limosneˈar] *vi* Esmolar, mendigar.
li.mos.ne.ro, -a [limosneˈro] *adj* Esmolador, caritativo, caridoso.
lim.pia.ba.rros [limpjabˈaros] *sm* Capacho, tapete de entrada.
lim.pia.bo.tas [limpjabˈotas] *s inv* Engraxate.
lim.pia.dor, -ora [limpjadˈor] *adj* Limpador. • *sm Méx* Limpador de para-brisa.
lim.pia.pa.ra.bri.sas [limpjaparabrˈisas] *sm inv* Limpador de para-brisa.
lim.piar [limpjˈar] *vt+vpr* 1 Limpar, assear. 2 *coloq* Rapar, afanar, roubar.
lim.pie.za [limpˈjeθa] *sf* 1 Limpeza, asseio. 2 Pureza, castidade. 3 Integridade, honestidade. 4 Esmero, perfeição.
lim.pio, -a [lˈimpjo] *adj* 1 Limpo, asseado. 2 Desinfetado. 3 Honrado, decente. 4 Inocente, sem culpa. 5 *coloq* Liso, sem dinheiro.
li.na.je [linˈahe] *sm* Linhagem, estirpe, genealogia, ascendência, procedência.
lin.ce [lˈinθe] *sm Zool* Lince.
lin.dar [lindˈar] *vi* Limitar, demarcar.
lin.de [lˈinde] *s* Limite, fronteira, divisa, término.
lin.do, -a [lˈindo] *adj* Lindo, bonito. • *sm coloq* Boneca, bicha.
lí.ne.a [lˈinea] *sf* 1 Linha, risca, risco, traço. 2 Forma, silhueta, perfil. 3 Conduta, comportamento. 4 Direção, tendência, orientação, estilo.
li.ne.al [lineˈal] *adj* Linear.
li.no [lˈino] *sm* Linho.
lin.ter.na [lintˈerna] *sf* 1 Lanterna. 2 Lampião. 3 Farol.
lí.o [lˈio] *sm* 1 Trouxa, pacote. 2 *coloq* Confusão, desordem, baderna, bagunça. 3 Encrenca, embrulhada, alvoroço.
li.qui.da.ción [likidaθjˈon] *sf* 1 Liquidação, oferta. 2 Quitação, pagamento.
li.rón [lirˈon] *sm* 1 *Zool* ratazana. 2 *fig* Dorminhoco.
li.siar [lisjˈar] *vt+vpr* Aleijar, mutilar.
li.so, -a [lˈiso] *adj* 1 Liso, plano, corredizo. 2 Desavergonhado, atrevido, insolente.
li.son.je.ar [lison:heˈar] *vt* 1 Lisonjear, adular, bajular. *vt+vpr* 2 Orgulhar-se. 3 Deleitar, comprazer, satisfazer.
li.son.je.ro, -a [lison:hˈero] *adj+s* Lisonjeiro, bajulador, adulador.

lis.ta [l´ista] *sf* 1 Listra, risca, risco, traço. 2 Lista, rol, catálogo, elenco, relação.

lis.to, -a [l´isto] *adj* 1 Diligente, rápido, expedito, ágil, ligeiro. 2 Pronto.

li.te.ra [lit´era] *sf* 1 Beliche. 2 Cama de trem. 3 Liteira.

li.te.ra.rio, -a [liter´arjo] *adj* Literário.

li.te.ra.tu.ra [literat´ura] *sf* Literatura.

li.tro [l´itro] *sm* Litro.

li.vian.dad [libjand´ad] *sf* 1 Leveza. 2 Leviandade, inconstância, volubilidade.

li.via.no, -a [lib´jano] *adj* 1 Leve. 2 *fig* Leviano, volúvel, inconstante.

ll [´eλe] *sf* Dígrafo que, entre 1803 e 1992, foi considerado pela Real Academia Espanhola como a décima quarta letra do alfabeto espanhol.

lla.ga [λ´aga] *sf* Chaga, ferida, úlcera, ulceração.

lla.ma [λ´ama] *sf* 1 *Zool* Lhama. 2 Chama, labareda.

lla.ma.mien.to [λamamj´ento] *sm* Chamamento, apelo, invocação, convocação, chamado.

lla.mar [λam´ar] *vt* 1 Chamar, convocar, citar. *vt+vpr* 2 Nomear, denominar, designar. *vi* 3 Telefonar, fazer uma ligação. 4 Tocar a campainha, bater na porta.

lla.ma.ra.da [λamar´ada] *sf* 1 Labareda, chama. 2 Rubor, enrubescimento. 3 Impetuosidade.

lla.no, -a [λ´ano] *adj* 1 Plano, liso. 2 Raso, rasteiro. 3 Simples, despretensioso. • *sm Geogr* Planície.

llan.ta [λ´anta] *sf* Roda, pneu.

llan.to [λ´anto] *sm* Choro, pranto.

lla.nu.ra [λan´ura] *sf Geogr* Planície.

lla.ve [λ´abe] *sf* 1 Chave. 2 *Electr* Interruptor, comutador. 3 *Mús* Clave.

lla.ve.ro [λab´ero] *sm* Chaveiro.

lle.ga.da [λeg´ada] *sf* Chegada, vinda.

lle.gar [λeg´ar] *vi* 1 Chegar, vir, aportar. 2 Alcançar, atingir. *vpr* 3 Aproximar-se.

lle.nar [λen´ar] *vt+vpr* 1 Encher, completar. *vt* 2 Satisfazer.

lle.no, -a [λ´eno] *adj* 1 Cheio, pleno, completo. 2 Lotado. 3 Satisfeito, farto.

lle.var [λeb´ar] *vt* 1 Levar, conduzir. 2 Tolerar, suportar, aguentar. 3 Induzir, persuadir. 4 Usar, vestir. 5 Dirigir, conduzir.

llo.rar [λor´ar] *vt+vi* 1 Chorar, derramar lágrimas. 2 Lamentar, planger, prantear.

llo.ri.que.ar [λorike´ar] *vi* Choramingar.

llo.ri.que.o [λorik´eo] *sm* Choramingo.

llo.ro [λ´oro] *sm* Choro, pranto.

llo.rón, -ona [λor´on] *adj* 1 Chorão. 2 Manhoso, choramingas. • *sf* Carpideira.

llo.ver [λob´er] *vi+vimp* 1 Chover. 2 *fig* Vir, sobrevir em abundância.

llo.viz.na [λob´iθna] *sf* Garoa, chuvisco.

llo.viz.nar [λobiθn´ar] *vi+vimp* Garoar, chuviscar.

llu.via [λ´ubja] *sf* Chuva.

llu.vio.so, -a [λub´joso] *adj* Chuvoso.

lo [l´o] *art def neutro* O. • *pron pers m* O.

lo.bo [l´obo] *sm* 1 *Zool* Lobo. 2 *Anat* Lóbulo.

ló.bre.go [l´obrego] *adj* Lúgubre, sombrio, tenebroso, escuro, soturno.

ló.bu.lo [l´obulo] *sm Anat* Lóbulo, lobo.

lo.ca.ción [lokaθ´jon] *sf* Locação, aluguel.

lo.cal [lok´al] *adj* Local, regional, doméstico. • *sm* Local, lugar, parte, sítio.

lo.ca.li.dad [lokalid´ad] *sf* Localidade, lugar.

lo.ca.ta.rio [lokat´arjo] *sm* Locatário, inquilino.

lo.ción [loθ'jon] *sf* **1** Ablución. **2** Loción.
lo.co, -a [l'oko] *adj+s* Louco, maluco, demente, doido, pirado. • *sf* Boneca, marica, bicha, entusiasmado.
lo.cuaz [lok'waθ] *adj* Loquaz, tagarela, falador, falante.
lo.cu.ra [lok'ura] *sf* Loucura, insensatez, desatino, maluquice.
lo.gia [l'ohja] *sf* Loja maçônica.
lo.grar [logr'ar] *vt* Lograr, conseguir, obter, alcançar.
lo.gre.ro [logr'ero] *sm* Agiota, usurário.
lo.gro [l'ogro] *sm* **1** Lucro, ganho. **2** Conquista, obtenção.
lo.ma [l'oma] *sf* Lombada.
lom.briz [lombr'iθ] *sf Zool* **1** Minhoca. **2** *Biol* Lombriga, parasita.
lo.mo [l'omo] *sm* **1** Lombo, dorso. **2** Lombada (livro).
lon.cha [l'ontʃa] *sf* Fatia, tira, pedaço, lasca.
lon.ga.ni.za [longan'iθa] *sf* Linguiça.
lon.gin.cuo [lon:h'inkuo] *adj* Longínquo, distante, afastado.
lon.gi.tud [lon:hit'ud] *sf* Longitude, comprimento, extensão.
lo.ro [l'oro] *sm* **1** *Zool* Louro, papagaio. **2** *fam* Monstro, pessoa feia, horrível.
lo.sa [l'osa] *sf* **1** Laje, pedra. **2** Sepultura, sepulcro, tumba.
lo.se.ta [los'eta] *sf* Azulejo, ladrilho.
lo.te.ri.a [loter'ia] *sf* Loteria.
lo.za [l'oθa] *sf* Louça.
lo.za.no, -a [loθ'ano] *adj* **1** Vigoroso, saudável. **2** Viçoso, fresco.
lu.bri.car [lubrik'ar] *vt* Lubrificar, untar.
lu.bri.ci.dad [lubriθid'ad] *sf* Lubricidade, luxúria.
lu.cha [l'utʃa] *sf* Luta, batalha, combate, confronto.
lu.cha.dor [lutʃ'ador] *adj* Lutador, batalhador. • *sm* Lutador, boxeador, pugilista.

lu.char [lutʃ'ar] *vi* Lutar, brigar, combater.
lú.ci.do, -a [luθ'ido] *adj* Lúcido, esperto, perspicaz.
lu.ciér.na.ga [luθi'ernaga] *sf* Vagalume.
lu.cir [luθ'ir] *vi* **1** Luzir, brilhar, resplandecer. *vpr* **2** Destacar-se, sobressair. *vt* **3** Iluminar, clarear.
lu.crar [lukr'ar] *vt* **1** Conseguir, obter. *vpr* **2** Lucrar, ganhar, beneficiar-se, tirar proveito.
lue.go [l'wego] *adv* **1** Logo, prontamente. **2** Depois, mais tarde. • *conj* Portanto.
lu.gar [lug'ar] *sm* **1** Lugar, localidade. **2** Aldeia, vila, povoado. **3** Tempo, ocasião, oportunidade. **4** Emprego, posto.
lu.ga.re.ño, -a [lugar'eño] *adj+s* Aldeão, caipira. • *adj* Local, lugarejo.
lu.jo [l'uho] *sm* Luxo, ostentação, pompa.
lu.jo.so, -a [luh'oso] *adj* Luxuoso, suntuoso.
lu.ju.ria [luh'urja] *sf* Luxúria, lascívia, licenciosidade.
lu.mi.na.ria [lumin'arja] *sf* Luminária, lustre.
lu.mi.no.si.dad [luminosid'ad] *sf* Luminosidade, claridade.
lu.na [l'una] *sf* **1** *Astron* Lua. **2** Para-brisa.
lu.nar [lun'ar] *adj* Lunar. • *sm* Pinta, sinal, mancha (corpo).
lu.nes [l'unes] *sm inv* Segunda-feira.
lun.far.do [lunf'ardo] *sm* Lunfardo, gíria portenha.
lus.trar [lustr'ar] *vt* Lustrar, polir.
lus.tre [l'ustre] *sm* **1** Lustro, brilho. **2** Glória, esplendor.
lu.to [l'uto] *sm* **1** Luto, pesar. **2** Dor, dó, tristeza.
luz [l'uθ] *sf* **1** Luz, iluminação. **2 luces** *pl* Inteligência, saber.

m

m [´eme] *sf* Décima terceira letra do alfabeto espanhol.
ma.ca.rrón [makaſ´on] *sm* 1 Macarrão. 2 Tubo plástico para revestimento de fios elétricos.
ma.ce.ta [maθ´eta] *sf* Vaso, floreira.
ma.ce.te.ro [maθet´ero] *sm* Jardineira.
ma.cha.car [matʃak´ar] *vt* 1 Golpear, socar, sovar. *vi* 2 Insistir, repisar, malhar, repetir.
ma.cha.da [matʃ´ada] *sf coloq* Atitude corajosa, proeza.
ma.che.te [matʃ´ete] *sm* 1 Machete, facão. 2 *Arg fam* Cola (para colar em provas).
ma.cho [m´atʃo] *adj* Forte, vigoroso, potente, robusto. • *sm* 1 Macho: a) animal do sexo masculino. b) parte do plugue da tomada que se encaixa na fêmea. 2 *Zool* Mulo, burro.
ma.cho.te [matʃ´ote] *sm coloq* Machão, valente, peitudo, destemido.
ma.chu.car [matʃuk´ar] *vt* 1 Espremer, esmagar. 2 Pisar.
ma.ci.zo, -a [maθ´iθo] *adj* Maciço, compacto, sólido. • *sm* Maciço montanhoso.
ma.de.ja [mad´eha] *sf* 1 Meada, novelo. 2 Madeixa, mecha, melena.
ma.de.ra [mad´era] *sf* Madeira.
ma.de.ro [mad´ero] *sm* Tronco, lenho.
ma.dre [m´adre] *sf* 1 Mãe. 2 *Rel* Madre, freira.

ma.dri.gue.ra [madrig´era] *sf* 1 Cova, buraco. 2 Covil, refúgio, esconderijo.
ma.dri.na [madr´ina] *sf* Madrinha.
ma.du.ra.ción [maduraθ´jon] *sf* Amadurecimento, maturação.
ma.es.tre [ma´estre] *sm* Mestre.
ma.es.tro, -a [ma´estro] *s* 1 Mestre. 2 Professor. 3 *Mús* Maestro. **obra maestra** obra-prima.
ma.ga.cín [magaθ´in] *sm* Magazine, revista.
ma.gia [mah´ja] *sf* Magia, mágica, encantamento, feitiço.
má.gi.co, -a [m´ahiko] *adj* 1 Mágico. 2 Maravilhoso, encantador, sobrenatural, surpreendente. • *sm* 1 Mágico, ilusionista, prestidigitador. *sf* 2 Magia, mágica, encantamento, feitiço.
ma.gis.te.rio [mahist´erio] *sm* Magistério.
mag.ná.ni.mo, -a [magn´animo] *adj* Magnânimo, magnificente, generoso, nobre.
mag.na.te [magn´ate] *sm* Magnata, figurão.
mag.ni.tud [magnit´ud] *sf* Magnitude, grandeza.
mag.no, -a [m´agno] *adj* Magno, sumo.
ma.gu.lla.du.ra [maguʎad´ura] *sf* Contusão.
ma.gu.llar [maguʎ´ar] *vt+vpr* Contundir, machucar.

maicena   119   maloliente

mai.ce.na [maiθ´ena] *sf AL* Maisena.

ma.íz [ma´iθ] *sm Bot* Milho.

mai.zal [maiθ´al] *sm* Milharal.

ma.ja.de.rí.a [mahaðer´ia] *sf* Besteira, asneira, baboseira, disparate, tolice, absurdo.

ma.jes.tad [mahest´að] *sf* Majestade, grandeza, superioridade, autoridade.

ma.jo, -a [m´aho] *adj coloq* Bonito, vistoso, bem-vestido.

mal [m´al] *adj* Mau (somente diante de substantivos). • *sm* 1 Mal. 2 Desgraça, calamidade, flagelo. 3 Doença, enfermidade. • *adv* Pouco, insuficiente.

ma.la [m´ala] *adj f* Má. • *sf* Malote.

mal.a.gra.de.ci.do [malagraðeθ´iðo] *adj+sm* Mal-agradecido, ingrato.

mal.an.dan.za [maland´anθa] *sf* Desventura, desdita, desgraça, azar.

ma.lan.drín, -ina [malandr´in] *adj+s* Malandro, velhaco.

mal.a.ven.tu.ra [malaβent´ura] *sf* Desventura, desgraça, infortúnio, adversidade.

mal.ba.ra.tar [malβarat´ar] *vt* Malbaratar, dissipar, esbanjar, desperdiçar, dilapidar.

mal.dad [mald´að] *sf* Maldade, crueldade, ruindade, perversidade.

mal.di.ción [maldiθ´jon] *sf* Maldição, imprecação, praga.

ma.le.a.ble [male´aβle] *adj* 1 Maleável, flexível, elástico. 2 Dócil, influenciável, domesticável.

ma.le.an.te [male´ante] *adj+s* Marginal, delinquente, meliante.

ma.le.ar [male´ar] *vt+vpr* 1 Estragar, deteriorar. 2 Corromper, viciar, desencaminhar.

ma.le.di.cen.cia [maleðiθ´enθja] *sf* Maledicência.

mal.e.du.ca.do, -a [maleðuk´aðo] *adj* Mal-educado, malcriado.

ma.le.fi.cio [malef´iθjo] *sm* Malefício, feitiçaria, sortilégio, feitiço.

mal.en.ten.di.do [malentend´iðo] *sm* Mal-entendido, equívoco, confusão, engano.

mal.es.tar [malest´ar] *sm* Mal-estar, desconforto, indisposição, incômodo.

ma.le.ta [mal´eta] *sf* Mala.

ma.le.te.ro [malet´ero] *sm* 1 Porta-malas. 2 Bagageiro. 3 Carregador de malas.

ma.le.tín [malet´in] *sm* Maleta, valise.

ma.le.vo.len.cia [maleβol´enθja] *sf* 1 Malevolência, malquerença. 2 Má vontade.

ma.le.za [mal´eθa] *sf* Mato, matagal, erva daninha.

mal.for.ma.ción [malformaθ´jon] *sf Biol* Malformação, má-formação, defeito congênito.

mal.gas.tar [malgast´ar] *vt* Esbanjar, dissipar, desperdiçar.

mal.ha.bla.do, -a [malaβl´aðo] *adj+sm* Desbocado, atrevido, inconveniente.

mal.he.chor, -a [malet∫´or] *adj+s* Malfeitor, bandido, criminoso.

mal.hu.mor [malum´or] *sm* Mau humor.

mal.hu.mo.ra.do, -a [malumor´aðo] *adj* Mal-humorado.

ma.li.cia [mal´iθja] *sf* 1 Malícia, maldade, mordacidade. 2 Astúcia, esperteza.

ma.lig.ni.dad [malignið´að] *sf* 1 Malignidade, gravidade. 2 Malvadeza, maldade.

mal.in.ten.cio.na.do, -a [malintenθjon´aðo] *adj+s* Mal-intencionado.

ma.lla [m´aʎa] *sf* 1 Malha: a) rede. b) vestuário de bailarinos etc. 2 Maiô, traje de banho.

mal.nu.tri.ción [malnutriθ´jon] *sf* Subnutrição, desnutrição.

ma.lo, -a [m´alo] *adj* 1 Mau, perverso, malévolo. 2 Nocivo, prejudicial, pernicioso. 3 Inferior, ruim, imperfeito.

ma.lo.lien.te [malol´jente] *adj* Malcheiroso, fedido, fedorento, fétido.

mal.tre.cho, -a [maltrˈetʃo] *adj* Maltratado, descuidado, mal-cuidado.
mal.vi.vien.te [malbibˈjente] *adj+s* Marginal, fora da lei.
ma.má [mamˈa] *sf fam* Mamãe.
ma.ma.de.ra [mamadˈera] *sf* Mamadeira.
ma.mar [mamˈar] *vt* Mamar.
ma.mo.tre.to [mamotrˈeto] *sm* Trambolho.
ma.mi [mˈami] *sf fam* Mamãe.
mam.pa.ra [mampˈara] *sf* Biombo, anteparo, divisória.
ma.nan.tial [manantˈjal] *sm* Manancial, nascente.
ma.na.zas [manˈaθas] *s inv coloq* Estabanado, desajeitado, desastrado.
man.car [mankˈar] *vt+vpr* Mutilar, lesionar.
man.cha [mˈantʃa] *sf* 1 Mancha, nódoa. 2 Desonra, defeito, mácula.
man.da.do, -a [mandˈado] *sm* 1 Encargo, tramitação. 2 Ato de fazer compras, pagamentos.
man.da.más [mandamˈas] *s inv coloq* 1 Mandão. 2 Mandachuva, cacique, chefe.
man.da.mien.to [mandamˈjento] *sm* 1 Mandamento, preceito. 2 *Der* Mandato, mandado judicial.
man.da.rín [mandarˈin] *adj+sm* Mandarim. • *adj* Mandão.
man.da.ri.na [mandarˈina] *sf* Mandarina, tangerina, mexerica.
man.da.ta.rio, -a [mandatˈarjo] *sm Der* Mandatário, representante, delegado, procurador.
man.dón, -ona [mandˈon] *adj+s* Mandão.
ma.ne.ci.lla [maneθˈiʎa] *sf* Ponteiro.
ma.ne.jar [manehˈar] *vt* 1 Manipular, manusear, lidar. 2 Governar, dirigir. 3 Conduzir, dirigir, guiar, pilotar.
ma.ne.ra [manˈera] *sf* 1 Maneira, modo, forma, jeito. 2 **maneras** *pl* Modos, maneiras, conduta.

man.go [mˈango] *sm* 1 Cabo. 2 *Bot* Mangueira. 3 *Bot* Manga. 4 *coloq* Grana, tostão.
man.go.ne.ar [mangoneˈar] *vt* 1 *coloq* Manipular, manobrar. 2 *coloq* Imiscuir-se, intrometer-se, interferir.
man.gue.ra [mangˈera] *sf* Mangueira, esguicho.
ma.ní [manˈi] *sm Bot* Amendoim.
ma.ní.a [manˈia] *sf* 1 Mania, costume, capricho. 2 Obsessão, ideia fixa.
ma.ní.a.co [manˈiako], **ma.nia.co** [manjˈako] *adj+sm* Maníaco, obsessivo.
ma.niá.ti.co, -a [maniˈatiko] *adj+sm* Maníaco, apaixonado, louco.
ma.ni.co.mio [manikˈomjo] *sm* Manicômio, hospício.
ma.ni.cu.ra [manikˈura] *sf* Manicure.
ma.ni.fes.ta.ción [manifestaθˈjon] *sf* 1 Manifestação, declaração, exteriorização. 2 Protesto, ato público.
ma.ni.fies.to, -a [manifˈjesto] *adj* Manifesto, expresso, patente, público, notório, evidente. • *sm* Manifesto, declaração pública.
ma.ni.ja [manˈiha] *sf* 1 Maçaneta. 2 Cabo, punho. 3 Abraçadeira.
ma.ni.llar [maniʎˈar] *sm* Guidom, guidão.
ma.nio.bra [manjˈobra] *sf* 1 Manobra. 2 Tramoia, maquinação, artifício.
ma.nio.brar [manjobrˈar] *vi* Manobrar.
ma.ni.quí [manikˈi] *sm* 1 Manequim. 2 *coloq* Fantoche, bobo.
ma.no [mˈano] *sf* 1 Mão. 2 Via de direção (trânsito). 3 Mando, comando. 4 Turno, vez. 5 Ajuda, socorro, auxílio. 6 Habilidade, destreza.
ma.no.jo [manˈoho] *sm* 1 Punhado. 2 Conjunto.
ma.no.se.ar [manoseˈar] *vt* Mexer, manusear, remexer.
ma.no.ta.zo [manotˈaθo] *sm* Tabefe, tapa, bofetada, sopapo.

ma.no.te.ar [manote´ar] *vi* **1** Gesticular. **2** Bater, estapear.

man.sión [mans´jon] *sf* **1** Mansão. **2** Estada, permanência.

man.so, -a [m´anso] *adj* Manso, dócil, pacato, pacífico, tranquilo, calmo.

man.te.ca [mant´eka] *sf* **1** Manteiga. **2** Gordura. **3** Nata.

man.tel [mant´el] *sm* Toalha de mesa.

man.te.ner [manten´er] *vt+vpr* **1** Manter, prover, sustentar. **2** Conservar, firmar, preservar. **3** Apoiar, aguentar.

man.te.ni.do, -a [manten´ido] *adj* Mantido. • *s* **1** Pessoa que vive graças à ajuda de outra, parasita. **2** *fam* Amante.

man.te.ni.mien.to [mantenim´jento] *sm* **1** Manutenção, conservação, sustentação. **2** Mantimento.

man.te.qui.lla [mantek´iλa] *sf* Manteiga.

man.tón [mant´on] *sm* Mantô, xale.

ma.nua.li.da.des [manualid´ades] *sf pl* Trabalhos manuais.

ma.nu.fac.tu.rar [manufaktur´ar] *vt* Manufaturar, fabricar.

ma.nus.cri.to, -a [manuskr´ito] *adj+sm* Manuscrito.

ma.nu.ten.ción [manutenθ´jon] *sf* Manutenção, conservação.

man.za.na [manθ´ana] *sf* **1** *Bot* Maçã. **2** Quarteirão.

ma.ña [m´aña] *sf* **1** Destreza, habilidade, jeito. **2** Manha, astúcia.

ma.ña.na [mañ´ana] *sf* Manhã. • *adv* Amanhã.

ma.ño.so, -a [mañ´oso] *adj* **1** Jeitoso, habilidoso. **2** Manhoso, engenhoso, astucioso.

ma.qui.lla.je [makiλ´ahe] *sm* Maquiagem.

ma.qui.llar [makiλ´ar] *vt+vpr* **1** Maquiar. *vt* **2** Alterar, disfarçar.

ma.qui.na.ción [makinaθj´on] *sf* Maquinação, tramoia, trapaça, conspiração, enredo, ardil.

mar [m´ar] *sm* Mar.

ma.ra.cu.yá [marakuj´a] *sm Bot* Maracujá.

ma.ra.ña [mar´aña] *sf* **1** Emaranhado. **2** Tramoia, enredo. **3** Enrosco, confusão.

ma.ra.tón [marat´on] *sm Dep* Maratona.

ma.ra.vi.lla [marab´iλa] *sf* Maravilha.

ma.ra.vi.llar [marabiλ´r] *vt+vpr* Maravilhar, espantar, deslumbrar, fascinar.

mar.ca.pa.sos [markap´asos] *sm inv Med* Marca-passo.

mar.cha [m´artʃa] *sf* **1** Marcha, deambulação, deslocamento. **2** Progresso, evolução. **3** Funcionamento.

mar.chi.tar [martʃit´ar] *vt+vpr* **1** Murchar, ressequir, secar, fenecer. **2** Desanimar, entristecer-se.

mar.chi.to, -a [martʃ´ito] *adj* Murcho, seco.

mar.co [m´arko] *sm* Quadro, moldura, caixilho, batente.

ma.re.a [mar´ea] *sf* Maré.

ma.re.a.do, -a [mare´ado] *adj* Tonto, enjoado, zonzo.

ma.re.o [mar´eo] *sm* Enjoo, náusea, tontura, vertigem.

mar.gen [m´arhen] *s* Margem, extremidade, borda, beira.

ma.ri.cón [marik´on] *adj+sm fam* Marica, afeminado.

ma.ri.hua.na [marih´wana] *sf* Maconha, marijuana, fumo.

ma.ri.na [mar´ina] *sf Mil* Marinha.

ma.ri.ne.rí.a [mariner´ia] *sf* Marinharia.

ma.ri.ne.ro, -a [marin´ero] *adj* Marinheiro, marítimo. • *sm* Marinheiro, marujo.

ma.ri.no, -a [mar´ino] *adj* Marinho, marítimo. • *sm* **1** Marinheiro, navegante. *sf* **2** Marinha.

ma.rio.ne.ta [marjon´eta] *sf* Marionete, fantoche, títere.

mariposa 122 **mecer**

ma.ri.po.sa [marip´osa] *sf Entom* Borboleta.

ma.ri.po.se.ar [maripose´ar] *vi* Borboletear.

már.mol [m´armol] *sm* Mármore.

ma.rra.na.da [mařan´ada] *sf* 1 Sujeira, nojeira. 2 Sacanagem, patifaria.

ma.rra.no, -a [mař´ano] *adj+sm Zool* Porco. • *adj+sm* 1 *coloq* Porco, sujo, porcalhão. 2 *coloq* Canalha, patife, velhaco.

ma.rrón [mař´on] *adj* Marrom.

ma.rru.lle.ro, -a [mařuλ´ero] *adj+sm* Trapaceiro, velhaco.

mar.tes [m´artes] *sm inv* Terça-feira.

mar.ti.llar [m´artiλ´ar] *vt* 1 Martelar. *vt+vpr* 2 Oprimir, atormentar.

mar.ti.llo [mart´iλo] *sm* 1 Martelo. 2 Lugar onde se realiza o leilão.

mar.zo [m´arθo] *sm* Março.

mas [m´as] *conj* Mas.

más [m´as] *adv* Mais.

ma.sa [m´asa] *sf* Massa.

ma.sa.crar [masakr´ar] *vt* Massacrar, chacinar, matar.

ma.sa.cre [mas´akre] *sm* Massacre, matança, carnificina, chacina.

ma.sa.je [mas´ahe] *sm* Massagem, fricção.

ma.sa.jis.ta [masah´ista] *s* Massagista.

más.ca.ra [m´askara] *sf* Máscara, disfarce.

mas.co.ta [mask´ota] *sf* Mascote.

mas.cu.llar [maskuλ´ar] *vt coloq* Resmungar, grunhir, falar entre dentes.

ma.si.vo, -a [mas´ibo] *adj* Massivo, em massa.

ma.so.ne.rí.a [masoner´ia] *sf* Maçonaria.

mas.ti.car [mastik´ar] *vt* 1 Mastigar, triscar. 2 *coloq* Ruminar, refletir.

más.til [m´astil] *sm* 1 Mastro. 2 Tronco. 3 Braço (de violão etc.).

ma.ta.de.ro [matad´ero] *sm* Matadouro, abatedouro.

ma.tan.za [mat´anθa] *sf* Matança.

ma.tar [mat´ar] *vt+vpr* 1 Matar, assassinar. 2 Satisfazer, extinguir (sede, fome etc.).

ma.te [m´ate] *adj* Mate, fosco, apagado, baço. • *sm* Chimarrão, mate.

ma.te.má.ti.cas [matem´atikas] *sf pl* Matemática.

ma.te.ria [mat´erja] *sf* 1 Matéria, substância. 2 *Patol* Pus. 3 Disciplina. 4 Assunto.

ma.ter.ni.dad [maternid´ad] *sf* Maternidade.

ma.tón, -ona [mat´on] *sm coloq* Valentão.

ma.to.rral [matoř´al] *sm Bot* Matagal, mato.

ma.tri.mo.nio [matrim´onjo] *sm* 1 Matrimônio, casamento. 2 *coloq* Casal.

ma.triz [matr´iθ] *sf* 1 *Anat* Útero. 2 Matriz, molde. 3 Canhoto (cheque, bloco etc.)

mau.lli.do [mauλ´ido] *sm* Miado.

má.xi.mo, -a [m´a(k)simo] *adj* Máximo, maior, superior. • *sf* Máxima, proposição, sentença, doutrina.

ma.yo [m´ayo] *sm* Maio.

ma.yo.ne.sa [mayon´esa] *sf* Maionese.

ma.yor [may´or] *adj* 1 Maior. 2 Idoso, ancião. 3 **mayores** *pl* Os mais velhos.

ma.yor.do.mo [mayord´omo] *sm* 1 Mordomo. 2 Administrador.

ma.yo.rí.a [mayor´ia] *sf* Maioria.

maz.mo.rra [maθm´ořa] *sf* Masmorra.

ma.zo [m´aθo] *sm* 1 Martelo, maceta. 2 Maço, molho, feixe. 3 Chato.

me [m´e] *pron pers* Me.

me.ar [me´ar] *vt+vi+vpr fam* Urinar, mijar.

me.cá.ni.co, -a [mek´aniko] *adj* 1 Mecânico. 2 Automático, maquinal, instintivo. • *sm* 1 Mecânico, técnico. *sf* 2 *Fís* Mecânica.

me.cer [meθ´er] *vt* 1 Mexer, misturar. *vt+vpr* 2 Balançar, embalar.

me.cha [m'etʃa] *sf* **1** Pavio, estopim. **2** Mecha, madeixa. **3** Reflexo, luzes.
me.che.ro [metʃ'ero] *sm* **1** Isqueiro. **2** Acendedor.
me.chón [metʃ'on] *sm* Mecha.
me.da.lla [med'aʎa] *sf* Medalha, insígnia.
me.da.llón [medaʎ'on] *sm* Medalhão.
mé.da.no [m'edano] *sf* Duna.
me.dia [m'edja] *sf* Meia.
me.dia.ción [medjaθ'jon] *sf* **1** Mediação, intermediação. **2** Intervenção.
me.dia.ne.ro, -a [medjan'ero] *adj+s* **1** Mediador, interventor. **2** Intermediário.
me.dian.te [med'jante] *prep* Mediante, por meio de.
me.diar [medj'ar] *vi* **1** Mediar, interceder, advogar, intermediar. **2** Intervir.
me.di.ca.ción [medikaθj'on] *sf* Medicação, medicamento, remédio.
me.di.ca.men.to [medikam'ento] *sm* Medicamento, remédio, medicação.
me.di.ci.na [mediθ'ina] *sf* **1** Medicamento, medicação, remédio. **2** Medicina.
me.di.ción [mediθ'jon] *sf* Medição, medida.
mé.di.co, -a [m'ediko] *adj* Médico, medicinal, terapêutico. • *sm* Médico, doutor, facultativo.
me.di.da [med'ida] *sf* **1** Medida, grandeza, tamanho. **2** Disposição, providência, diligência.
me.dio, -a [m'edjo] *adj* Meio, metade. • *sm* **1** Meio, ambiente, lugar. **2** Modo, maneira. **3 medios** *pl* Bens, meios, recursos. **4** Mídia.
me.dio.cre [medj'okre] *adj* Medíocre, mediano.
me.dio.dí.a [medjod'ia] *sm* Meio-dia.
me.dir [med'ir] *vt* Medir. *vt+vpr* **2** Ponderar.
mé.du.la [m'edula] *sf Anat* Medula.
me.ji.lla [meh'iʎa] *sf* Bochecha, maçã do rosto.

me.jor [meh'or] *adj* Melhor, preferível. • *adv* Melhor.
me.jo.ra [meh'ora] *sf* Melhoria, melhoramento.
me.jo.rar [mehor'ar] *vt+vpr* **1** Melhorar, restabelecer-se. *vt* **2** Aperfeiçoar, beneficiar.
me.jo.rí.a [mehor'ia] *sf* **1** Melhora, restabelecimento. **2** Melhoria, melhoramento.
me.la.do, -a [mel'ado] *adj* Cor de mel. • *sm AL* Melado, xarope de cana-de-açúcar.
me.lan.co.lí.a [melankol'ia] *sf* Melancolia, tristeza.
me.le.na [mel'ena] *sf* **1** Melena, cabeleira. **2** Juba.
me.le.nu.do, -a [melen'udo] *adj* Cabeludo.
me.lli.zo, -a [meʎ'iθo] *adj+s* Gêmeo.
me.lo.co.tón [melokot'on] *sm Bot* **1** Pêssego. **2** Pessegueiro.
me.lo.dí.a [melod'ia] *sf* **1** Melodia, musicalidade, sonoridade. **2** Composição musical.
me.lón [mel'on] *sm* **1** *Bot* Melão. **2** *fam* Tonto, bobo, paneca.
mem.bra.na [membr'ana] *sf* Membrana, pele, película.
me.mo.ria [mem'orja] *sf* **1** Memória, lembrança, recordação. **2 memorias** *pl* Memórias, autobiografia.
me.mo.ri.za.ción [memoriθaθj'on] *sf* Memorização.
men.ción [menθj'on] *sf* Menção, referência.
men.cio.nar [menθjon'ar] *vt* Mencionar, referir, aludir.
men.di.go, -a [mend'igo] *sm* Mendigo, pedinte, mendicante.
me.nes.ter [menest'er] *sm* **1** Mister, necessidade, exigência. **2** Ofício, ocupação.
men.ga.no, -a [meng'ano] *s fam* Beltrano.

men.guan.te [meŋg´wante] *adj* Minguante. • *sf* 1 Vazante, maré baixa. 2 Decadência, diminuição.

men.guar [meŋg´war] *vi+vt* Minguar, escassear, diminuir.

me.nor [men´or] *adj* 1 Menor, pequeno. 2 Mais jovem, mais novo.

me.no.ri.a [menor´ja] *sf* 1 Inferioridade, subordinação. 2 Menoridade.

me.nos [m´enos] *adv* 1 Menos. 2 Exceto, salvo.

me.nos.ca.bar [menoskab´ar] *vt+vpr* 1 Diminuir, encurtar, reduzir. *vt* 2 Depreciar, diminuir, desestimar, menosprezar.

me.nos.pre.cia.ble [menospreθj´able] *adj* Desprezível.

me.nos.pre.ciar [menospreθ´jar] *vt* Menosprezar, desprezar, desdenhar.

me.nos.pre.cio [menospr´eθjo] *sm* Menosprezo, desprezo, desdém.

men.sa.je [mens´ahe] *sm* 1 Mensagem, recado. 2 Comunicação.

men.sa.je.ro, -a [mensah´ero] *adj+sm* Mensageiro, portador.

mens.trua.ción [menstrwaθ´jon] *sf* Menstruação.

men.sua.li.dad [menswalid´ad] *sf* 1 Mensalidade, mesada. 2 Salário mensal, pagamento.

men.ta.li.dad [mentalid´ad] *sf* Mentalidade.

men.ti.ra [ment´ira] *sf* Mentira, engano.

men.tón [ment´on] *sm Anat* Queixo.

me.nú [men´u] *sm* 1 Menu, cardápio. 2 *Inform* Opções.

me.nu.de.o [menud´eo] *sm* Varejo.

me.nu.do, -a [men´udo] *adj* Miúdo, pequeno. • *sm pl* **menudos** Miúdos, vísceras.

me.o.llo [me´oλo] *sm* 1 *Anat* Cérebro. 2 *Anat* Medula óssea. 3 Essência, cerne.

mer.ca.de.ar [merkade´ar] *vi* Mercadejar, negociar.

mer.ca.der [merkad´er] *sm* Mercador, comerciante, negociante.

mer.ca.do [merk´ado] *sm* Mercado.

mer.ca.do.tec.nia [merkadoteknˊia] *sf* Mercadologia, *marketing*.

mer.can.cí.a [merkanθ´ia] *sf* Mercadoria.

mer.ced [merθ´ed] *sf* Mercê, graça, favor.

mer.ce.na.rio, -a [merθen´arjo] *adj+s* Mercenário.

mer.ce.rí.a [merθer´ia] *sf* Bazar, armarinho.

me.re.ci.mien.to [mereθimj´ento] *sm* Mérito, merecimento.

me.ren.dar [merend´ar] *vi* 1 Lanchar, merendar. 2 Almoçar.

me.ren.de.ro [merend´ero] *sm* Refeitório.

me.ren.gue [mer´eŋge] *sm* Suspiro, merengue.

me.rien.da [mer´jenda] *sf* 1 Merenda, lanche. 2 Almoço.

me.ri.to.rio, -a [merit´orjo] *adj* Meritório, merecedor.

mer.ma [m´erma] *sf* Diminuição.

mer.mar [merm´ar] *vt+vi* Diminuir, minguar.

mer.me.la.da [mermel´ada] *sf* Geleia.

me.ro, -a [m´ero] *adj* 1 Mero, puro, simples. 2 Insignificante. • *sm Ictiol* Mero.

mes [m´es] *sm* 1 Mês. 2 Menstruação.

me.sa [m´esa] *sf* 1 Mesa. 2 *Geogr* Planície, meseta. **mesa de luz** criado-mudo.

me.se.ta [mes´eta] *sf* 1 *Geogr* Meseta. 2 Patamar, descanso (escada).

me.són [mes´on] *sm* 1 Estalagem, hospedaria. 2 Bar.

mes.ti.za.je [mestiθ´ahe] *sm* Mestiçagem.

mes.ti.zo, -a [mest´iθo] *adj+s* Mestiço.

me.te.o.ro.lo.gí.a [meteoroloh´ia] *sf* Meteorologia.

me.ter [met´er] *vt+vpr* **1** Pôr, colocar, meter. *vt* **2** Induzir, envolver, levar. *vpr* **3** Meter-se, intrometer-se.

me.tra.je [metr´ahe] *sm* Metragem.

me.tro [m´etro] *sm* **1** Metro. **2** Metrô.

mez.cla [m´eθkla] *sf* Mescla, mistura, fusão, liga.

mez.clar [meθkl´ar] *vt+vpr* **1** Mesclar, juntar, misturar. **2** Intrometer-se, envolver-se.

mez.quin.dad [meskind´ad] *sf* Mesquinhez, mesquinharia, miséria, avareza.

mez.qui.no, -a [meθk´ino] *adj* Mesquinho, avaro, avarento, sovina, tacanho.

mez.qui.ta [meθk´ita] *sf* Mesquita.

mi [m´i] *pron pos* Meu, minha (somente antes de substantivos). • *sm Mis* Mi.

mí [m´i] *pron pers* Mim.

mí.a [m´ia] *pron pos* Minha.

mi.cro.bio [mikr´objo] *sm Biol* Micróbio.

mi.cró.fo.no [mikr´ofono] *sm* Microfone.

mi.cro.on.da [mikr´onda] *sf Fís* Micro-onda.

mi.cros.co.pio [mikrosk´opjo] *sm Fis* Microscópio.

mie.do [m´jedo] *sm* Medo, receio, temor, terror, pavor.

mie.do.so, -a [mjed´oso] *adj+s coloq* Medroso, covarde, frouxo.

miel [mj´el] *sf* Mel.

miem.bro [mj´embro] *sm* **1** *Anat* Membro, extremidade. **2** *Anat* Pênis. **3** Componente, participante, parte.

mien.tras [mj´entras] *adv+conj* Enquanto, entretanto; durante.

miér.co.les [mj´erkoles] *sm inv* Quarta-feira.

mi.ga [m´iga] *sf* **1** Miolo de pão. **2** Migalha.

mi.ga.ja [mig´aha] *sf* **1** Migalha, fragmento. **2** *migajas pl* Restos, sobras.

mi.gra.ción [migraθ´jon] *sf* Migração.

mil [m´il] *adj* Mil. • *num ord* Milésimo. • *sm pl* **miles** Milhares.

mi.la.gro [mil´agro] *sm* Milagre.

mi.le.nio [mil´enjo] *sm* Milênio.

mi.lí.me.tro [mil´imetro] *sm* Milímetro.

mi.li.tar [milit´ar] *adj* Militar. • *s* Militar, soldado. • *vi* Combater, batalhar.

mi.lla [m´iʎa] *sf* Milha.

mi.llón [miʎ´on] *sm* Milhão.

mi.mar [mim´ar] *vt* **1** Acariciar, agradar, acarinhar. **2** Mimar, paparicar.

mi.nar [min´ar] *vt* **1** Minar, escavar, cavar. **2** Consumir, enfraquecer.

mi.nis.te.rio [minist´erjo] *sm* Ministério.

mi.no.rí.a [minor´ia] *sf* Minoria.

mi.no.ris.ta [minor´ista] *adj+s* Varejista.

mi.nu.cia [min´uθja] *sf* Minúcia, miudeza, insignificância, bagatela, besteira.

mi.nu.cio.so, -a [minuθ´joso] *adj* Minucioso, detalhado, meticuloso, detalhista.

mi.nus.vá.li.do, -a [minusb´alido] *adj+s* Inválido, deficiente, incapaz, aleijado.

mi.nus.va.lo.rar [minusbalor´ar] *vt* Desvalorizar, depreciar, subestimar.

mi.nu.to [min´uto] *sm* Minuto.

mí.o, -a [m´io] *pron pos* Meu.

mio.pe [mj´ope] *adj+sm* Míope.

mio.pí.a [mjop´ia] *sf* Miopia.

mi.ra [m´ira] *sf* **1** Mira, pontaria. **2** Alvo, objetivo.

mi.ra.da [mir´ada] *sf* **1** Olhar. **2** Olhada.

mi.ra.dor [mirad´or] *sm* Mirante, terraço.

mi.rar [mir´ar] *vt+vpr* Olhar, mirar. *vi* **2** Atender, cuidar, proteger. **3** Pertencer, dizer respeito.

mi.ri.lla [mir´iʎa] *sf* Olho mágico, vigia.

mi.sa [mi´sa] *sf Rel* Missa.
mis.ce.lá.ne.o [misθel´aneo] *adj* Misto, mesclado. • *sf* Miscelânea.
mi.se.ra.ble [Miser´able] *adj* 1 Desventurado, infeliz. 2 Mesquinho. 3 Canalha, perverso.
mi.se.ria [mis´erja] *sf* 1 Desgraça, infortúnio. 2 Miséria, pobreza, penúria. 3 Mesquinhez, sovinice, mesquinharia.
mi.se.ri.cor.dia [miserik´ordja] *sf* Misericórdia, compaixão.
mi.sión [mis´jon] *sf* Missão, encargo.
mi.sio.ne.ro, -a [misjon´ero] *adj+s* Missionário.
mis.mo, -a [m´ismo] *adj+pron* 1 Mesmo, semelhante, igual. • *adv* Exatamente.
mis.te.rio [mist´erjo] *sm* Mistério, enigma.
mi.tad [mit´ad] *sf* Metade, meio.
mi.tin [m´itin] *sm* Comício.
mi.to [m´ito] *sm* Mito, fábula, lenda.
mix.to, -a [m´i(k)sto] *adj* Misto, mesclado, misturado.
mo.bi.lia.rio, -a [mobil´jarjo] *s* Mobiliário, móveis, mobília. • *adj* Mobiliário, móvel.
mo.ce.dad [moθed´ad] *sf* Mocidade, juventude.
mo.da [m´oda] *sf* Moda, uso, costume, voga.
mo.da.les [mod´ales] *sm pl* Modos.
mo.de.lar [model´ar] *vt* Modelar, moldar.
mo.de.lo [mod´elo] *sm* 1 Modelo, molde, exemplo. 2 Manequim.
mó.dem [m´odem] *sm Inform* Modem.
mo.de.ra.ción [moderaθj´on] *sf* Moderação, comedimento, prudência, cuidado.
mo.de.rar [moder´ar] *vt+vpr* Moderar, abrandar, conter, regular, temperar, frear.
mo.der.ni.zar [moderniθ´ar] *vt+vpr* Modernizar, atualizar, renovar.

mo.des.tia [mod´estja] *sf* 1 Modéstia, compostura, discrição. 2 Humildade, simplicidade, pobreza.
mo.des.to, -a [mod´esto] *adj+s* 1 Modesto, discreto. 2 Humilde, simples.
mo.di.fi.ca.ción [modifikaθj´on] *sf* Modificação, transformação, mudança, alteração.
mo.dis.ta [mod´ista] *s* Modista, costureira.
mo.do [m´odo] *sm* 1 Modo, maneira, jeito, forma, método. 2 **modos** *pl* Modos, civilidade, conduta.
mo.du.la.ción [modulaθj´on] *sf* Modulação, modulagem.
mo.far [mof´ar] *vt+vi+vpr* Mofar, zombar, escarnecer.
mo.go.llón [mogoλ´on] *adv coloq* Grande quantidade, pra burro, de monte, à beça.
mo.ho [m´oo] *sm* 1 Mofo, bolor, limo. 2 Ferrugem.
mo.jar [moh´ar] *vt+vpr* 1 Molhar, umedecer. 2 Urinar.
mo.ji.ga.to, -a [mohig´ato] *adj+s* Dissimulado, sonso.
mo.jón [moh´on] *sm* Baliza, marco.
mo.lar [mol´ar] *vi coloq* Adorar, gostar, achar ótimo. • *sm* Molar.
mol.de [m´olde] *sm* 1 Forma, assadeira. 2 Molde, modelo.
mol.de.ar [molde´ar] *vt* Moldar, conformar, configurar.
mol.du.ra [mold´ura] *sf* Moldura, caixilho.
mo.ler [mol´er] *vt* 1 Moer, triturar. 2 Cansar, esgotar. 3 Estragar, destruir.
mo.les.tar [molest´ar] *vt+vpr* Incomodar, aborrecer.
mo.les.tia [mol´estja] *sf* Incômodo, desconforto, aborrecimento.
mo.li.no [mol´ino] *sm* Moinho, engenho.
mo.men.tá.ne.o, -a [moment´aneo] *adj* 1 Imediato, súbito, instantâneo. 2 Momentâneo, breve, transitório, fugaz.

mo.men.to [mom´ento] *sm* 1 Momento, instante. 2 Ocasião, oportunidade, circunstância.

mo.mia [m´omia] *sf* Múmia.

mo.na.gui.llo [monaɡ´iʎo] *sm* Coroinha.

mo.nar.quí.a [monark´ia] *sf* 1 Monarquia. 2 Reino, reinado.

mo.nas.te.rio [monast´erjo] *sm* Mosteiro, convento, abadia.

mon.da.dien.tes [mondadj´entes] *sf* Palito de dente.

mo.ne.da [mon´eda] *sf* Moeda.

mo.ne.de.ro [moned´ero] *sm* Porta-níqueis.

mo.ne.ta.rio, -a [monet´arjo] *adj* Monetário. • *sm* Coleção de moedas.

mon.je, -a [m´on:he] *sm* Monge, frade, frei.

mo.no, -a [m´ono] *adj* Bonito, fofo, delicado, gracioso. • *sm* 1 Macaco. 2 Macacão, jardineira.

mo.nó.lo.go [mon´ologo] *sm* Monólogo, solilóquio.

mo.no.po.lio [monop´oljo] *sm* Monopólio.

mo.no.to.ní.a [monoton´ia] *sf* Monotonia, mesmice, tédio.

mons.truo [m´onstrwo] *sm* 1 Monstro, aberração. 2 Monstrengo.

mons.truo.si.da.d [monstrwosid´ad] *sf* 1 Monstruosidade, aberração, anomalia. 2 Desproporção.

mon.ta [m´onta] *sf* 1 Montada. 2 Monta, montante, importância, valor.

mon.ta.je [mont´ahe] *sm* Montagem.

mon.ta.ña [mont´aɲa] *sf Geogr* Montanha.

mon.tar [mont´ar] *vt+vi+vpr* 1 Montar, subir. 2 Cavalgar. 3 Equipar.

mon.te.rí.a [monter´ia] *sf* Montaria, monteada, caça.

mon.to [m´onto] *sm* Montante, importância, soma.

mon.tón [mont´on] *sm* Montão, monte, bagunça.

mon.tu.ra [mont´ura] *sf* 1 Cavalgadura, montaria. 2 Arreios.

mo.nu.men.to [monum´ento] *sm* Monumento, estátua, obra arquitetônica.

mon.zón [monθ´on] *sm* Monção, vento.

mo.ña [m´oɲa] *sf* 1 Laço de fita. 2 Boneca. 3 *fam* Bebedeira, porre.

mo.ño [m´oɲo] *sm* 1 Coque, birote. 2 Laço de fita.

mo.que.ta [mok´eta] *sf* Carpete.

mo.ra.do, -a [mor´ado] *adj* Arroxeado, roxo. • *sm* Hematoma, roxo, mancha roxa.

mo.ral [mor´al] *adj* Moral. • *sf* 1 Moral, ética, honra. 2 Ânimo, disposição.

mo.ra.le.ja [moral´eha] *sf* Moral da história.

mo.ra.li.dad [moralid´ad] *sf* Moralidade, moral.

mo.ra.li.zar [moraliθ´ar] *vt+vpr* 1 Moralizar. *vi* 2 Discorrer, discursar.

mór.bi.do, -a [m´orbido] *adj* 1 Mórbido, doentio. 2 Lânguido, brando, suave.

mor.da.za [morð´aθa] *sf* Mordaça.

mor.de.du.ra [morded´ura] *sf* Mordida, mordedura, dentada.

mor.der [morð´er] *vt+vpr* Morder, mastigar.

mor.di.da [morð´ida] *sf* Mordida, mordedura, dentada.

mo.re.no, -a [mor´eno] *adj* Moreno, escuro.

mo.rir [mor´ir] *vi+vpr* 1 Morrer, falecer. 2 Terminar, acabar.

mo.ro.cho, -a [mor´otʃo] *adj AL* Moreno.

mor.tan.dad [mortand´ad] *sm* Mortandade, mortalidade.

mor.tí.fe.ro, -a [mort´ifero] *adj* Mortífero, fatal.

mos.ca [m´oska] *sf Entom* Mosca.

mos.qui.te.ra [moskit´era] *sf* Mosquiteiro.

mos.qui.to [mosk´ito] *sm Entom* 1 Mosquito. 2 Pernilongo.

mos.ta.za [most´aθa] *sf Bot* Mostarda.

mo.te [m´ote] *sm* Mote.

mo.te.ar [mote´ar] *vt* Salpicar.

mo.tín [mot´in] *sm* Motim, tumulto, arruaça, levante.

mo.to [m´oto] *sf* Moto, motocicleta.

mo.to.ci.cle.ta [motoθikl´eta] *sf* Moto, motocicleta.

mo.tor, -a [mot´or] *adj+sm* Motor.

mo.triz [motr´iθ] *adj* Motriz, motora.

mo.ve.di.zo, -a [mobeð´iθo] *adj* Movediço, móvel.

mo.ver [mob´er] *vt+vpr* 1 Mover, mexer, movimentar. *vt* 2 Induzir, levar, inspirar.

mó.vil [m´obil] *adj* Móvel, removível, movediço.

mo.vi.mien.to [mobim´jento] *sm* 1 Movimento, marcha. 2 Ação, animação.

mo.zo, -a [m´oθo] *adj+s* Jovem, moço. • *sm* Garçom.

mu.cha.cha.da [mutʃatʃ´aða] *sf* 1 Molecagem. 2 Garotada, moçada.

mu.cha.cho, -a [mutʃ´atʃo] *s* 1 Moço, rapaz. 2 Empregado doméstico.

mu.che.dum.bre [mutʃeð´umbre] *sf* Multidão.

mu.cho, -a [m´utʃo] *adj* Muito, abundante, excessivo. • *adv* Muito, bastante.

mu.dan.za [muð´anθa] *sf* Mudança, alteração, transformação, modificação.

mu.dar [muð´ar] *vt+vi* 1 Mudar, alterar, transformar. *vt* 2 Trocar, variar. *vpr* 3 Mudar-se, transferir-se.

mu.do, -a [m´uðo] *adj+s* Mudo.

mue.ble [m´weble] *sm* Móvel, mobília, mobiliário.

mue.ca [m´weka] *sf* Careta.

mue.la [m´wela] *sf* Dente molar.

mue.lle [m´weʎe] *adj* Delicado, suave. • *sm* 1 Mola. 2 Plataforma. 3 Cais, doca.

muer.te [m´werte] *sf* Morte, falecimento, fenecimento.

muer.to, -a [m´werto] *adj+s* Morto. • *adj* 1 Apagado, esvaído, murcho. 2 *fam* Morto, exausto.

mues.tra [m´westra] *sf* 1 Amostra, modelo. 2 Mostra, demonstração. 3 Exibição, exposição. 4 Tabuleta.

mu.gre [m´ugre] *sf* Sujeira, imundície.

mu.grien.to [mugri´ento] *sm* Porco, porcalhão, sujo, nojento, encardido.

mu.jer [muh´er] *sf* 1 Mulher. 2 Esposa.

mu.la.to, -a [mul´ato] *adj+s* Mulato, moreno.

mu.li.ta [mul´ita] *sf Zool* Tatu.

mul.ti.pli.car [multiplik´ar] *vt* 1 Multiplicar, aumentar. *vpr* 2 Desdobrar-se, esforçar-se.

mul.ti.pli.ci.dad [multipliθið´að] *sf* Multiplicidade, diversidade, variedade.

mul.ti.tud [multit´uð] *sf* Multidão.

mun.dial [munð´jal] *adj* Mundial.

mun.do [m´undo] *sm* Mundo.

mu.ni.ción [muniθ´jon] *sf* Munição, carga.

mu.ni.ci.pa.li.dad [muniθipalið´að] *sf* Prefeitura.

mu.ni.ci.pio [muniθ´ipjo] *sm* Município, cidade.

mu.ñe.ca [muñ´eka] *sf* 1 Boneca. 2 Pulso, munheca.

mu.ñe.co [muñ´eko] *sm* 1 Boneco. 2 Manequim.

mu.ra.lla [mura´ʎa] *sf* Muralha, muro.

mur.cié.la.go [murθ´jelago] *sm Zool* Morcego.

mur.mu.llo [murm´uʎo] *sm* Murmúrio, sussurro.

mur.mu.ra.ción [murmuraθj´on] *sf* Mexerico, fofoca, maledicência, intriga.

mus.cu.la.ción [muskulaθj´on] *sf* Musculação.

mu.se.o [mus´eo] *sm* Museu.

mu.si.tar [musit´ar] *vt+vi* Sussurrar, murmurar.

mus.lo [m´uslo] *sm Anat* Coxa.
mus.tio, -a [m´ustjo] *adj* **1** Murcho, seco. **2** Triste, melancólico.
mu.ta.bi.li.dad [mutabilid´ad] *sf* Mutabilidade, instabilidade.

mu.ta.ción [mutaθ´jon] *sf* Mutação, alteração, mudança, transformação.
mu.tuo, -a [m´utwo] *adj* Mútuo, recíproco.
muy [m´ui] *adv* Muito.

n

n [´ene] *sf* **1** Décima quarta letra do alfabeto espanhol. **2** *Mat* n, número não determinado.

na.cer [naθ´er] *vi* Nascer, começar, brotar, surgir, provir, originar-se, germinar.

na.cien.te [naθj´ente] *adj* Nascente. • *sm* Nascente, este, leste, oriente, levante.

na.ci.mien.to [naθimj´ento] *sm* **1** Nascimento. **2** Nascente. **3** Presépio.

na.ción [naθj´on] *sf* Nação.

na.cio.na.li.dad [naθjonalid´ad] *sf* Nacionalidade.

na.cio.na.li.za.ción [naθjonaliθaθj´on] *sf* Nacionalização.

na.da [n´ada] *pron indef* Nada: nenhuma coisa, coisa alguma. • *adv* Nada, de modo nenhum, absolutamente não. • *sf* Nada: a) não ser. b) ninharia, insignificância.

na.da.dor, -a [nadad´or] *adj+s Dep* Nadador.

na.dar [nad´ar] *vi* Nadar, flutuar.

na.de.rí.a [nader´ia] *sf* Ninharia.

na.die [n´adje] *pron indef* Ninguém, nenhuma pessoa. • *sm* Ninguém, indivíduo de pouco ou nenhum valor, joão-ninguém.

nal.ga [n´alga] *sf Anat* Nádega.

na.ran.ja [nar´anha] *sf Bot* Laranja. • *adj* Laranja (cor).

nar.co.trá.fi.co [narkotr´afiko] *sm* Narcotráfico.

na.ri.na [nar´ina] *sf Anat* Narina.

na.riz [nar´iθ] *sf Anat* Nariz.

na.rra.ción [naraθj´on] *sf* Narração.

na.rra.dor, -a [narad´or] *adj+s* Narrador.

na.rrar [nar´ar] *vt* Narrar, expor, contar, relatar, referir, dizer.

na.sal [nas´al] *adj* Nasal.

na.ta [n´ata] *sf* Nata: a) creme. b) *fig* o que há de melhor.

na.ta.ción [nataθj´on] *sf* Natação.

na.tal [nat´al] *adj* Natal, nativo.

na.ta.li.dad [natalid´ad] *sf* Natalidade.

na.ti.vi.dad [natibid´ad] *sf* Natividade.

na.tu.ra.le.za [natural´eθa] *sf* Natureza.

na.tu.ra.li.dad [naturalid´ad] *sf* Naturalidade.

nau.fra.gio [nawfr´ahjo] *sm* Naufrágio: a) soçobro. b) prejuízo, ruína.

náu.se.a [n´awsea] *sf* **1** Náusea. **2** Repugnância, nojo.

na.va.ja [nab´aha] *sf* Navalha.

na.va.ja.zo [nabah´aθo] *sm* Navalhada.

na.ve [n´abe] *sf* **1** Navio, embarcação. **2** Nave.

na.ve.ga.ción [nabegaθj´on] *sf* Navegação.

na.vi.dad [nabid´ad] *sf* Natal.

na.vi.de.ño [nabid´eño] *adj* Natalino.

na.vie.ro, -a [nabj´ero] *adj* Naval.
na.ví.o [nab´io] *sm* Navio.
ne.bli.na [nebl´ina] *sf* Neblina, nevoeiro.
ne.ce.dad [neθed´ad] *sf* Estupidez, inépcia, asneira.
ne.ce.sa.rio, -a [neθes´arjo] *adj* Necessário.
ne.ce.ser [neθes´er] *sm* Frasqueira.
ne.ce.si.dad [neθesid´ad] *sf* Necessidade.
ne.ce.si.tar [neθesit´ar] *vt+vi* Necessitar: a) exigir. b) precisar.
ne.cio, -a [n´eθjo] *adj+s* Néscio, ignorante, estúpido, inepto, incapaz.
ne.fan.do [nef´ando] *adj* Nefando, abominável, execrável.
ne.fas.to, -a [nef´asto] *adj* Nefasto, trágico, sinistro, funesto.
ne.ga.ción [negaθj´on] *sf* Negação, ato de negar.
ne.gar [neg´ar] *vt* Negar.
ne.gli.gen.cia [neglihˈenθja] *sf* Negligência, desleixo, descuido, desmazelo.
ne.gli.gen.ciar [neglihenθj´ar] *vt* Omitir.
ne.go.cia.ción [negoθjaθj´on] *sf* Negociação.
ne.go.cio [neg´oθjo] *sm* Negócio.
ne.gro, -a [n´egro] *adj+s* Negro, preto.
ne.ne, -a [n´ene] *s coloq* Nenê, neném, bebê, criancinha.
ne.ón [neˈon] *sm* Neon, neônio.
ner.vio [n´erbjo] *sm Anat* Nervo.
ner.vio.so, -a [n´erbjˈoso] *adj* Nervoso.
ne.to, -a [n´eto] *s* **1** Claro, límpido, brilhante, nítido. **2** *Econ* Líquido.
neu.má.ti.co, -a [newm´atiko] *sm* Pneu.
neu.mo.ní.a [newmon´ia] *sf Med* Pneumonia.
neu.ro.lo.gí.a [newroloh´ia] *sf Med* Neurologia.
neu.ró.lo.go, -a [newr´ologo] *s Med* Neurologista.

neu.ro.na [newr´ona] *sf Anat* Neurônio.
neu.ro.sis [newr´osis] *sf inv Med* Neurose.
neu.ró.ti.co, -a [newr´otiko] *adj+s Med* Neurótico.
neu.tral [newtr´al] *adj* Neutro.
neu.tra.li.dad [newtralid´ad] *sf* Neutralidade.
neu.tra.li.zar [newtraliθ´ar] *vt+vpr* Neutralizar, impedir, anular.
neu.trón [newtr´on] *sm Fís* Nêutron.
ne.ve.ra [neb´era] *sf* Geladeira, refrigerador.
ne.vis.car [nebisk´ar] *vi* Neviscar.
ni [n´i] *conj* Nem.
ni.cho [n´itʃo] *sm* Nicho.
ni.da.da [nid´ada] *sf* Ninhada.
ni.do [n´ido] *sm* Ninho.
nie.bla [nj´ebla] *sf* Névoa.
nie.to, -a [nj´eto] *s* Neto.
nie.ve [nj´ebe] *sf* Neve.
nim.bo [n´imbo] *sm* Nimbo: a) auréola (das imagens sagradas). b) nuvem.
ni.mio, -a [n´imjo] *adj* **1** Insignificante. **2** Excessivo, demasiado, sobejo, nímio. **3** Meticuloso, minucioso.
nin.fa [n´infa] *sf* Ninfa.
nin.gún [ning´un] *adj indef* Nenhum.
nin.gu.no, -a [ning´uno] *adj+pron indef* Nenhum.
ni.ña [n´iɲa] *sf* Pupila.
ni.ñe.ro, -a [niɲ´ero] *s* Babá.
ni.ñe.rí.a [niɲer´ia] *sf* Criancice.
ni.ñez [niɲ´eθ] *sf* Infância, meninice.
ni.ño, -a [n´iɲo] *s* Criança, menino, infante, garoto, guri.
ni.que.lar [nikel´ar] *vt* Niquelar.
ni.ti.dez [nitid´eθ] *sf* Nitidez, clareza, limpidez.
ni.tró.ge.no [nitr´oheno] *sm Quím* Nitrogênio.
ni.vel [nib´el] *sm* Nível.
ni.ve.lar [nibel´ar] *vt+vpr* Nivelar.
no [n´o] *adv* Não. • *sm* Não.

no.ble [n´oble] *adj+s* Nobre.
no.ble.za [nobl´eθa] *sf* Nobreza.
no.che [n´otʃe] *sf* Noite.
no.che.bue.na [notʃebw´ena] *sf* Véspera de Natal.
no.che.vie.ja [notʃebi´eha] *sf* Última noite do ano, *réveillon*.
no.ción [noθj´on] *sf* Noção, conhecimento, ideia.
noc.tám.bu.lo, a [nokt´ambulo] *adj+s* Sonâmbulo.
noc.tí.va.go [nokt´ibago] *adj* Noturno.
noc.tur.no, -a [nokt´urno] *adj+sm* Noturno.
no.dri.za [nodr´iθa] *sf* Ama de leite, ama, babá, nutriz.
nó.du.lo [n´odulo] *sm* Nódulo.
nó.ma.da [n´omada] *adj+s* Nômade.
nom.bra.dí.a [nombrad´ia] *sm* Fama, reputação, renome.
nom.bra.mien.to [nombramj´ento] *sm* Nomeação.
nom.brar [nombr´ar] *vt+vpr* Nomear, designar.
nom.bre [n´ombre] *sm* Nome.
no.men.cla.tu.ra [nomenklat´ura] *sf* Nomenclatura.
nó.mi.na [n´omina] *sm* **1** Lista, catálogo, relação, rol. **2** Holerite.
no.mi.na.ción [nominaθj´on] *sf* Nomeação.
no.mi.nar [nomin´ar] *vt* Nomear.
nor.ma [n´orma] *sf* Norma, princípio, preceito, regra, lei.
nor.ma.li.dad [normalid´ad] *sf* Normalidade.
nor.te [n´orte] *sm* Norte.
nos [n´os] *pron pers* Nos.
no.so.tros, -as [nos´otros] *pron pers* Nós, a gente.
nos.tal.gia [nostal:h´ja] *sf* Nostalgia, melancolia, saudade.
no.ta [n´ota] *sf* **1** Nota. **2** Bilhete.
no.ta.ble [not´able] *adj+s* Notável: a) digno de nota, atenção ou reparo. b) extraordinário, considerável.
no.tar [not´ar] *vt* Notar, atentar, reparar, observar.
no.ta.rí.a [notar´ia] *sf* Cartório.
no.ta.rio, -a [not´arjo] *s* Notário, escrivão público, tabelião.
no.ti.cia [not´iθja] *sf* Notícia, informação.
no.ti.cia.rio [notiθj´arjo] *sm* Noticiário, jornal.
no.ti.fi.ca.ción [notifikaθj´on] *sf* Notificação: a) ato de notificar. b) *Der* documento que contém uma ordem judicial.
no.to.rie.dad [notorjed´ad] *sm* Notoriedade: a) fama, publicidade. b) renome, reputação.
no.to.rio, -a [not´orjo] *adj* **1** Notório, público, manifesto, evidente, claro. **2** Importante, relevante, famoso.
no.va.ta.da [nobat´ada] *sf* Trote.
no.va.to, -a [nob´ato] *adj+s* Novato, calouro.
no.ve.cien.tos, -as [nobeθj´entos] *adj+num* Novecentos.
no.ve.dad [nobed´ad] *sf* Novidade.
no.ve.la [nob´ela] *sf Lit* Novela, romance.
no.ve.lis.ta [nobel´ista] *adj+s* Novelista, romancista.
no.ve.no, -a [nob´eno] *num* Nono.
no.ven.ta [nob´enta] *adj+num* Noventa.
no.vi.ar [nobj´ar] *vt+vi+vpr* Noivar, namorar.
no.viaz.go [nobj´aθgo] *sm* Namoro.
no.vi.cia.do [nobiθj´ado] *sm* Noviciado.
no.vi.cio, -ia [nob´iθjo] *s* Noviço.
no.viem.bre [nobj´embre] *sm* Novembro.
no.vi.llo, -a [nob´iʎo] *s Zool* Novilho, bezerro, vitelo.

no.vio, -a [n´objo] *s* 1 Noivo. 2 Namorado.
nu.be [n´ube] *sf* Nuvem.
nu.blar [nubl´ar] *vt+vpr* Nublar, anuviar.
nu.bo.si.dad [nubosid´ad] *sf* Nebulosidade.
nu.bo.so, -a [nub´oso] *adj* Nebuloso.
nu.cle.ar [nukle´ar] *adj* Nuclear.
nu.do [n´udo] *sm fig* Nó.
nue.ra [nw´era] *sf* Nora.
nues.tro, -a [nw´estro] *pron pos* Nosso.
nue.va [nw´eba] *sf* Nova, notícia, novidade.
nue.ve [nw´ebe] *adj+num* Nove.
nue.vo [nw´ebo] *adj* Novo, moderno.
nuez [nw´eθ] *sf* 1 *Bot* Noz. 2 *Anat* Pomo de adão (atual *protuberância laríngea*).
nu.li.dad [nulid´ad] *sf* Nulidade.
nu.lo, -a [n´ulo] *adj* Nulo.
nu.me.ra.ción [numeraθj´on] *sf* Numeração.
nu.me.rar [numer´ar] *vt* Numerar.
nú.me.ro [n´umero] *sm Mat* Número.
nun.ca [n´unka] *adv* Nunca, jamais.
nup.cias [n´upθjas] *sf pl* Núpcias, casamento, boda.
nu.ta.ción [nutaθj´on] *sf* Transição.
nu.tria [n´utrja] *sf Zool* Lontra.
nu.tri.ción [nutriθj´on] *sf* Nutrição.
nu.tri.do, -a [nutr´ido] *adj* Abundante, copioso, farto, cheio.
nu.trir [nutr´ir] *vt* Nutrir, alimentar.

ñ [´eñe] *sf* Décima quinta letra do alfabeto espanhol. Equivale ao *nh* do português.
ña.me [ñ´ame] *sm Bot* Inhame.
ña.ña [ñ´aña] *sf* Babá.
ñan.dú [ñand´u] *sm* Ema, nhandu, avestruz.
ña.to, -a [ñ´ato] *adj* Fanhoso.
ño.ño, -a [ñ´oño] *adj+s* Sem graça, bobo.
ño.qui [ñ´oki] *sm* Nhoque.

O

o¹ [´o] *sf* Décima sexta letra do alfabeto espanhol.
o² [´o] *conj* Ou.
ob.ce.ca.ción [obθekaθj´on] *sf* Obcecação, obsessão.
o.be.dien.cia [obedj´enθja] *sf* 1 Obediência, acatamento, respeito. 2 Subordinação, submissão, sujeição.
o.be.si.dad [obesid´ad] *sf* Obesidade, corpulência, gordura.
o.bis.po [ob´ispo] *sm Rel* Bispo.
ob.je.ción [obheθj´on] *sf* Objeção.
ob.je.ti.vi.dad [obhetibid´ad] *sf* 1 Objetividade, praticidade. 2 Imparcialidade.
ob.je.ti.vo, -a [obhet´ibo] *adj* 1 Objetivo, prático, direto. 2 Desinteressado, desapaixonado, imparcial. • *sm* 1 Objetivo, alvo, meta, propósito. *sf* 2 *Fot* Objetiva (lente).
o.bli.cuo, -a [obl´ikwo] *adj* Oblíquo, inclinado, diagonal.
o.bli.ga.ción [obligaθj´on] *sf* 1 Obrigação, dever, responsabilidade. 2 *Com* Título, dívida.
o.bli.ga.to.rio, -a [obligat´orjo] *adj* Obrigatório, forçoso, inevitável.
o.bra [´obra] *sf* 1 Obra, ação, efeito. 2 Produto, lavor. 3 Construção, reforma. 4 Produção artística (livro, peça teatral, escultura, pintura etc.).
o.bre.ro, -a [obr´ero] *adj+s* 1 Operário, trabalhador. 2 Pedreiro.

ob.se.quiar [obsekj´ar] *vt* 1 Obsequiar, presentear, favorecer, mimar. 2 Galantear, paquerar.
ob.se.quio [obs´ekjo] *sm* Obséquio, favor, préstimo, serviço, presente.
ob.ser.va.ción [obserbaθj´on] *sf* 1 Observação, atenção. 2 Análise, apreciação, estudo, exame. 3 Espreita, vigia.
ob.ser.van.cia [obserb´anθja] *sf* Observância, acatamento, obediência.
ob.ser.var [obserb´ar] *vt* 1 Observar, estudar, examinar, analisar. 2 Obedecer, respeitar. 3 Olhar, reparar. 4 Espreitar, vigiar.
ob.ser.va.to.rio [obserbat´orjo] *sm* Observatório.
ob.se.sión [obsesj´on] *sf* Obsessão, fixação, mania, obstinação.
ob.se.sio.na.do [obsesjon´ado] *adj* Obcecado, fanático, maníaco, obsessivo.
ob.so.le.to, -a [obsol´eto] *adj* Obsoleto, antiquado, superado, ultrapassado.
obs.tá.cu.lo [obst´akulo] *sm* Obstáculo, impedimento, dificuldade, inconveniente, empecilho.
obs.tan.te [obst´ante] *adj* Obstante.
obs.ti.na.ción [obstinaθj´on] *sf* Obstinação, afinco, insistência, tenacidade.
obs.truc.ción [obstrukθj´on] *sf* Obstrução, fechamento, impedimento, entupimento.
ob.ten.ción [obtenθj´on] *sf* Obtenção, aquisição.

ob.te.ner [obten´er] *vt* Obter, conseguir, atingir.

ob.vio, -a [´obbjo] *adj* **1** Óbvio, evidente, claro. **2** Lógico, natural.

o.ca.sião [okasj´on] *sf* **1** Ocasião, oportunidade, momento, circunstância. **2** Motivo, causa.

o.ca.so [ok´aso] *sm* **1** Ocaso, pôr do sol, crepúsculo. **2** *Geogr* Oeste, poente. **3** *fig* Declínio, decadência.

oc.ci.den.te [okθid´ente] *sm* **1** Ocidente, oeste. **2** Poente, ocaso.

o.céa.no [oθ´eano] *sm Geogr* Oceano, mar.

o.chen.ta [otʃ´enta] *num+adj* Oitenta.

o.cho [´otʃo] *num+sm* Oito.

o.cho.cien.tos, -as [otʃoθj´entos] *num+adj* Oitocentos.

o.cio [´oθjo] *sm* **1** Ócio, desocupação, inação, ociosidade. **2** Folga, descanso, lazer.

o.cio.si.dad [oθjosid´ad] *sf* Ociosidade, desocupação, inação.

oc.tu.bre [okt´ubre] *sm* Outubro.

o.cu.lar [okul´ar] *adj* Ocular, ótico. • *sm* Lente.

o.cu.lis.ta [okul´ista] *s Med* Oculista, oftalmologista.

o.cul.ta.ción [okultaθj´on] *sf* Ocultação, encobrimento.

o.cul.to, -a [ok´ulto] *adj* Oculto, escondido, desconhecido, misterioso, ignorado.

o.cu.pa.ción [okupaθj´on] *sf* **1** Ocupação, atividade. **2** Trabalho, emprego. **3** *Mil* Invasão, posse.

o.cu.rren.cia [okur̄´enθja] *sf* Ocorrência, fato, circunstância.

o.cu.rrir [okur̄´ir] *vi* **1** Acontecer, suceder. **2** Lembrar, ocorrer. **3** *Der* Recorrer.

o.dio [´odjo] *sm* Ódio, raiva, rancor, aversão.

o.don.to.lo.gía [odontoloh´ia] *sf Med* Odontologia.

o.don.tó.lo.go [odont´ologo] *sm Med* Odontologista, dentista.

o.es.te [o´este] *sm* **1** Oeste, ocidente. **2** Ocaso, poente.

o.fi.ci.na [ofiθ´ina] *sf* **1** Escritório. **2** Departamento, repartição, agência.

o.fre.cer [ofreθ´er] *vt* **1** Oferecer, ofertar, dar. **2** Apresentar, implicar. *vpr* **3** Dispor-se, oferecer-se.

o.fre.ci.mien.to [ofreθimj´ento] *sm* Oferecimento, oferta, doação.

o.fren.da [ofr´enda] *sf* Oferenda, oferecimento, presente, contribuição.

o.fren.dar [ofrend´ar] *vt* Oferendar, ofertar, oferecer, dar, doar, contribuir.

of.tal.mó.lo.go [oftalm´ologo] *sm Med* Oftalmologista, oculista.

o.gro [´ogro] *sm* **1** Ogro, bicho-papão. **2** Mau-caráter.

o.í.do [o´ido] *sm* **1** *Anat* Ouvido. **2** Audição.

o.ír [o´ir] *vt* **1** Ouvir, escutar. **2** Atender.

o.jal [oh´al] *sm* Casa de botão, ilhós.

¡o.ja.lá! [ohal´a] *interj* Oxalá, tomara, queira Deus.

o.je.a.da [ohe´ada] *sf* Olhada, espiada, relance.

o.je.ar [ohe´ar] *vt* Olhar por alto, dar uma olhada.

o.je.ra [oh´era] *sf* Olheira.

o.je.te [oh´ete] *sm* **1** Ilhós. **2** *fam* Ânus.

o.jo [´oho] *sm* **1** *Anat* Olho. **2** Buraco da agulha. **3** Buraco da fechadura. **4** Atenção, cuidado, advertência.

o.la [´ola] *sf* Onda, vaga.

o.le.a.da [ole´ada] *sf fig* Onda, afluência.

o.lea.gi.no.so, -a [oleahin´oso] *adj* Oleaginoso, oleoso.

óleo [´oleo] *sm* Óleo.

o.leo.duc.to [oleod´ukto] *sm* Oleoduto.

o.ler [ol´er] *vt* **1** Cheirar. *vt+vi* **2** Farejar. *vt+vpr* **3** Suspeitar, desconfiar. *vi* **4** Receder.

ol.fac.ción [olfaθj´on] *sm* Olfação.

ol.fa.te.ar [olfate´ar] *vt* **1** Farejar, cheirar. **2** *fig* Xeretar, sapear.

o.lim.pia.da [olimpj´ada], **o.lim.pí.a.da** [olimp´iada] *sf Dep* Olimpíada.

o.lla [´oʎa] *sf* **1** Panela. **2** Caldeirada, caçarola, cozido.

o.lor [ol´or] *sm* **1** Odor, cheiro, aroma, olor, fragrância. **2** Pressentimento, suspeita.

o.lo.ro.so, -a [olor´oso] *adj* Cheiroso.

ol.vi.da.di.zo [olbidað´iθo] *adj* **1** Esquecido. **2** Ingrato, mal-agradecido.

ol.vi.do [olb´ido] *sm* Esquecimento.

o.mi.sión [omisj´on] *sf* **1** Omissão, abstenção, inércia. **2** Falta, negligência, lacuna.

o.mi.so, -a [om´iso] *adj* Omisso, descuidado, negligente.

o.mi.tir [omit´ir] *vt* **1** Omitir, abster-se. *vt+vpr* **2** Silenciar.

óm.ni.bus [´omnibus] *sm inv AL* Ônibus.

on.ce [´onθe] *num+sm* Onze.

on.de.ar [onde´ar] *vt+vi* Ondear, ondular.

on.du.la.ción [ondulaθj´on] *sf* Ondulação, balanço.

on.za [´onθa] *sf Zool* Onça.

op.ción [opθj´on] *sf* Opção, escolha, preferência.

o.pe.ra.ción [operaθj´on] *sf* **1** Operação, execução. **2** Cirurgia, intervenção cirúrgica. **3** Negociação, especulação.

o.pe.ra.rio, -a [oper´arjo] *s* Operário, trabalhador.

o.pi.nión [opinj´on] *sf* Opinião, juízo, julgamento.

o.pio [´opjo] *sm Farm* Ópio.

o.po.ner [opon´er] *vt+vpr* Opor, contrapor, contestar, confrontar.

o.por.tu.ni.dad [oportunið´að] *sf* **1** Oportunidade, ocasião, conjuntura, possibilidade. **2** Oferta, liquidação.

o.por.tu.no, -a [oport´uno] *adj* Oportuno, conveniente, apropriado, adequado, pertinente, propício.

o.po.si.ción [oposiθj´on] *sf* **1** Oposição, antagonismo, resistência, contrariedade. **2** Teste, seleção, concurso.

o.pre.sión [opresj´on] *sf* **1** Opressão, aperto. **2** Tirania, jugo, sujeição, despotismo.

o.pre.sor, -ora [opres´or] *adj+s* Opressor, déspota, despótico, dominador, tirano.

o.pri.mir [oprim´ir] *vt* Apertar, oprimir, comprimir.

óp.ti.co, -a [´optiko] *adj* Ótico, ocular. • *sf* Óptica.

op.ti.mis.mo [optim´ismo] *sm* Otimismo, confiança.

óp.ti.mo, -a [´optimo] *adj* Ótimo, excelente.

o.pues.to, -a [opw´esto] *adj* Oposto, contrário.

o.pu.len.cia [opul´enθja] *sf* Opulência, abundância, fartura.

o.que.dad [okeð´að] *sf* Oco, vazio.

o.ra [´ora] *conj* Ora.

o.ra.ción [oraθj´on] *sf* Oração: a) reza. b) *Gram* frase, período.

o.rar [or´ar] *vi* **1** Orar, rezar. *vt* **2** Rogar, pedir, suplicar.

or.be [´orbe] *sm* **1** Esfera, círculo, circunferência. **2** Orbe, mundo, universo.

or.den [´orden] *sm* **1** Ordem, arrumação, ordenação. **2** Regra, doutrina, norma. **3** Série, sucessão, sequência. *sf* **4** Mandato, lei, regulamento.

or.de.na.ción [ordenaθj´on] *sf* **1** Ordenação, arrumação, disposição, ordem. **2** Mandato, ordem, preceito.

or.de.na.dor [ordenað´or] *sm Inform* Computador. • *adj+s* Ordenador, organizador.

or.de.na.mien.to [ordenamj´ento] *sm* Ordenamento, organização, ordenação.

or.de.nar [orden´ar] *vt* **1** Arrumar, dispor, arranjar. **2** Ordenar, mandar, impor. *vpr* **3** *Rel* Ordenar-se.

or.de.ñar [ordeñ´ar] *vt* **1** Ordenhar. **2** *fig* Mamar, tirar proveito, explorar.

or.di.na.riez [ordinarj´eθ] *sf* Grosseria, estupidez, falta de educação.

or.di.na.rio [ordin´arjo] *adj* **1** Ordinário, habitual, comum, regular. **2** Plebeu, popular, vulgar. **3** Inferior, grosseiro.

o.re.ar [ore´ar] *vt+vpr* Arejar, refrescar.

o.re.ja [or´eha] *sf* **1** *Anat* Orelha. **2** Audição. *s* **3** Mexeriqueiro, fofoqueiro, leva e traz.

or.fe.bre [orf´ebre] *s* Ourives, joalheiro.

or.fe.bre.rí.a [orfebrer´ia] *sf* Ourivesaria, joalheria.

or.gá.ni.co, -a [org´aniko] *adj* Orgânico.

or.ga.nis.mo [organ´ismo] *sm* Organismo, estrutura.

or.ga.ni.za.ción [organiθaθj´on] *sf* **1** Organização, estrutura, organismo. **2** Ordem, disposição, arrumação.

ór.ga.no [´organo] *sm* Órgão: a) *Mús* instrumento musical. b) partes funcionais do corpo (humano, animal etc.). c) organização.

or.gu.llo [org´uλo] *sm* Orgulho, presunção, vaidade, arrogância.

o.rien.ta.ción [orjentaθj´on] *sf* **1** Orientação, encaminhamento, direcionamento. **2** Informação.

o.ri.fi.cio [orif´iθjo] *sm* Orifício, buraco, furo.

o.ri.gen [or´ihen] *sm* **1** Origem, princípio, começo. **2** Raiz, causa, fonte, fundamento.

o.ri.lla [or´iλa] *sf* **1** Borda, beira, beirada, margem, orla. **2** Calçada. **3** Brisa, aragem.

o.rín [or´in] *sm* **1** Ferrugem. **2 orines** *pl* Urina.

o.ri.na [or´ina] *sf* Urina.

o.ri.nal [orin´al] *sm* Penico, urinol.

o.ri.nar [orin´ar] *vt+vi+vpr* Urinar.

o.riun.do, -a [orj´undo] *adj* Oriundo, originário, procedente.

o.ro [´oro] *sm* **1** *Quím* Ouro. **2** Dinheiro, riqueza.

or.to.gra.fí.a [ortograf´ia] *sf Gram* Ortografia.

or.to.pe.dia [ortop´edia] *sf Med* Ortopedia.

o.ru.ga [or´uga] *sf* Lagarta: a) *Zool* larva. b) esteira de tanque de guerra.

or.zue.lo [orθw´elo] *sm* **1** *Patol* Terçol. **2** Armadilha, arapuca.

os [´os] *pron pers* Os, as, los, las, nos, nas, lhes.

o.sa.dí.a [osad´ia] *sf* Ousadia, audácia, atrevimento, desplante.

o.sar [os´ar] *vt+vi* Ousar, atrever-se.

os.ci.la.ción [osθilaθj´on] *sf* **1** Oscilação, flutuação, variação, inconstância. **2** Balanço.

os.cu.re.cer [oskureθ´er] *vt* **1** Escurecer. **2** Obscurecer. **3** Ofuscar, empanar.

os.cu.ri.dad [oskurid´ad] *sf* **1** Escuridão. **2** Obscuridade. **3** Incerteza.

os.cu.ro, -a [osk´uro] *adj* **1** Escuro. **2** Obscuro. **3** Confuso, incerto.

o.so [´oso] *sm Zool* Urso.

os.ten.si.vo [ostens´ibo] *adj* Ostensivo, manifesto, claro, visível, declarado.

os.ten.ta.ción [ostentaθj´on] *sf* **1** Ostentação, exibição, alarde, exibicionismo. **2** Opulência, riqueza, suntuosidade, pompa, luxo.

os.tra [´ostra] *sf* **1** *Zool* Ostra. **2** Concha.

o.te.ar [ote´ar] *vt* Observar, esquadrinhar, examinar.

o.te.ro [ot´ero] *sm* Outeiro, morro.

o.to.ño [ot´oño] *sm* Outono.

o.tor.gar [otorg´ar] *vt* Outorgar, conceder, dar, entregar.

o.tro, -a [´otro] *adj+pron indef* Outro.

o.tro.ra [otr´ora] *adv* Outrora.

o.ve.ja [ob´eha] *sf Zool* Ovelha.

o.vi.llo [ob´iλo] *sm* **1** Novelo. **2** Embaraço.
o.xi.da.ción [oksid´aθj´on] *sf Quím* Oxidação, ferrugem.
o.xi.dar [oksid´ar] *vt+vpr* Enferrujar, oxidar.
o.xí.ge.no [oks´iheno] *sm Quím* Oxigênio.
o.xí.to.no, -a [oks´itono] *adj+s Gram* Oxítono.
o.yen.te [oy´ente] *adj+s* Ouvinte.
o.zo.no [oθ´ono] *sm Quím* Ozônio.

p

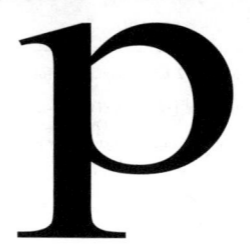

p [p´e] *sf* Décima sétima letra do alfabeto espanhol.
pa.be.llón [pabeʎ´on] *sm* 1 Pavilhão, ala. 2 Barraca, tenda. 3 Bandeira.
pa.bi.lo [pab´ilo] *sm* Pavio, mecha.
pa.ca [p´aka] *sf* 1 *Zool* Paca. 2 Fardo, pacote.
pa.cer [paθ´er] *vi+vt* 1 Pastar. *vt* 2 Apascentar.
pa.chan.ga [patʃ´aŋga] *sf* Farra, diversão, folia.
pa.chón, -ona [patʃ´on] *sm* Pachorrento, molenga, indolente.
pa.cho.rra [patʃ´oʀa] *sf fam* Pachorra, tranquilidade, indolência, moleza, languidez.
pa.cien.cia [paθj´enθja] *sf* 1 Paciência, calma, serenidade, sossego. 2 Tolerância, condescendência.
pa.cí.fi.co, -a [paθ´ifiko] *adj* Pacífico, calmo, sereno, tranquilo, sossegado.
pac.tar [pakt´ar] *vt* Pactuar, negociar, acordar, combinar, ajustar.
pa.de.ci.mien.to [padeθimj´ento] *sm* Sofrimento, padecimento, aflição, tormento.
pa.dre [p´adre] *sm* 1 Pai, progenitor. 2 Padre, sacerdote.
pa.dri.no [padr´ino] *sm* 1 Padrinho. 2 Patrono, paraninfo. 3 Protetor.
pa.drón [padr´on] *sm* 1 Paizão, superpai. 2 Padrão, modelo.
pae.lla [pa´eʎa] *sf* Paella, prato típico espanhol à base de arroz, mariscos e carne.
pa.ga [p´aga] *sf* Pagamento, paga, salário, remuneração.
pa.ga.no, -a [pag´ano] *adj+s* Pagão, gentio, infiel.
pa.gar [pag´ar] *vt* 1 Pagar, solver, saldar. 2 Retribuir, corresponder. *vpr* 3 Gostar, apaixonar-se.
pa.go [p´ago] *sm* 1 Pagamento, desembolso. 2 Recompensa, paga, compensação.
pa.ís [pa´is] *sm* País, pátria.
pai.sa.je [pajs´ahe] *sm* Paisagem, panorama.
pai.sa.no, -a [pajs´ano] *adj+s* Patrício, compatriota, conterrâneo. • *sm* 1 Camponês, campônio. 2 Paisano, civil.
pa.ja [p´aha] *sf* 1 Palha. 2 Canudo.
pa.jar [pah´ar] *sm* Palheiro.
pa.ja.ri.ta [pahar´ita] *sf* Gravata-borboleta.
pá.ja.ro, -a [p´aharo] *s Ornit* Pássaro, passarinho, ave. • *adj+sm* Águia, raposa velha, astuto.
pa.la [p´ala] *sf* 1 Pá. 2 *Dep* Raquete.
pa.la.bra [pal´abra] *sf* 1 Palavra, vocábulo. 2 Compromisso, promessa.
pa.la.bre.rí.a [palabrer´ia] *sf* Palavrório, verborragia.
pa.la.bro.ta [palabr´ota] *sf* Palavrão.
pa.la.cio [pal´aθjo] *sm* Palácio.

pa.la.dar [palad´ar] *sm* **1** Paladar. **2** *Anat* Palato. **3** Gosto, sabor.
pa.lan.ca [pal´anka] *sf* **1** Alavanca. **2** Influência, apadrinhamento.
pa.lan.ga.na [palang´ana] *sf* Bacia, tina, tacho.
pal.co [p´alko] *sm* Camarote, balcão, estrado, tablado (para espectadores).
pa.len.que [pal´enke] *sm* **1** Tablado. **2** Paliçada.
pa.le.ta [pal´eta] *sf* **1** *Pint* Paleta, palheta. **2** Escumadeira. **3** Pá. **4** *Anat* Omoplata, espádua. **5** *Dep* Raquete.
pa.le.ti.lla [palet´iλa] *sf* **1** *Anat* Omoplata, espádua. **2** Paleta, braço (carne).
pa.li.de.cer [palideθ´er] *vi* **1** Empalidecer, descorar. **2** Deslustrar, desmerecer.
pá.li.do, a [p´alido] *adj* **1** Pálido, lívido. **2** Descorado, apagado.
pa.li.llo [pal´iλo] *sm* **1** Palito de dentes. **2** Baqueta, vareta. **3** *coloq* Palito, magrela. **4 palillos** *pl* Pauzinhos, palitos orientais.
pa.li.que [pal´ike] *sm fam* Bate-papo.
pa.li.que.ar [palike´ar] *vi* Papear, jogar conversa fora.
pa.li.za [pal´iθa] *sf* **1** Surra, sova, espancamento. **2** *Dep* Banho, baile, lavada.
pal.ma [p´alma] *sf* **1** *Bot* Palmeira. **2** Palma: a) folha da palmeira. b) parte de dentro da mão. **3 palmas** *pl* Aplausos.
pal.ma.to.ria [palmat´orja] *sf* **1** Palmatória. **2** Castiçal.
pal.me.ra [palm´era] *sf Bot* Palmeira.
pal.mo [p´almo] *sm* Palmo.
pa.lo [p´alo] *sm* **1** Pau. **2** Madeira. **3** *Náut* Mastro. **4** Paus (naipe). **5** Taco, bastão.
pa.lo.ma [pal´oma] *sf Ornit* Pomba.
pa.lo.mi.ta [palom´ita] *sf* Pipoca.
pal.par [palp´ar] *vt* **1** Apalpar, tatear, palpar. **2** Dominar, conhecer bem.

pal.pi.ta.ción *sm* Palpitação.
pál.pi.to [p´alpito] *sm* Pressentimento, intuição.
pal.ta [p´alta] *sf AL Bot* Abacate.
pan [p´an] *sm* **1** Pão. **2** Alimento, sustento.
pa.na [p´ana] *sf* Veludo.
pa.na.de.rí.a [panader´ia] *sf* Padaria, panificadora.
pa.na.de.ro, -a [panad´ero] *s* Padeiro.
pa.nal [pan´al] *sm* Colmeia, vespeiro.
pan.car.ta [pank´arta] *sf* Cartaz, faixa (de protesto).
pán.creas [p´ankreas] *sm Med* Pâncreas.
pan.da [p´anda] *sm* **1** *Zool* Panda, urso panda. **2** Bando, gangue. • *adj* Fleumático, pachorrento, molenga.
pan.de.re.ta [pander´eta] *sf Mús* Pandeiro.
pan.di.lla [pand´iλa] *sf* **1** Bando, gangue. **2** Turma, galera.
pa.nel [pan´el] *sm* **1** Painel. **2** Divisória.
pa.ne.la [pan´ela] *sf* Rapadura.
pa.ne.ra [pan´era] *sf* **1** Cesto de pão. **2** Tulha.
pan.fle.to [panfl´eto] *sm* Panfleto.
pá.ni.co [p´aniko] *sm* Pânico, pavor, terror, medo.
pa.ni.fi.ca.do.ra [panifikad´ora] *sf* Panificadora, padaria.
pan.que.que [pank´eke] *sm* Panqueca.
pan.ta.lla [pant´aλa] *sf* Tela.
pan.ta.lón [pantal´on] *sm* Calça.
pan.ta.no [pant´ano] *sm* **1** Pântano, brejo. **2** *fig* Enrascada.
pan.to.rri.lla [pantor̄´iλa] *sf Anat* Panturrilha, barriga da perna.
pan.tu.fla [pant´ufla] *sf* Pantufa, chinelo.
pan.za [p´anθa] *sf* Barriga, pança.
pa.ñal [pañ´al] *sf* Fralda.
pa.ño [p´año] *sm* **1** Pano, tecido, tela. **2** Vela (de embarcação). **3** Tapeçaria, panô. **4** *Oftalm* Névoa.

pa.ñue.lo [pañw´elo] *sm* Lenço.
pa.pa [p´apa] *sm* **1** *Rel* Papa, Sumo Pontífice. *sf* **2** Batata. **3** *coloq* Bico, fácil, moleza.
pa.pá [pap´a] *sm fam* Papai.
pa.pa.ga.yo [papag´ayo] *sm Zool* **1** Papagaio, louro. **2** Pipa. **3** *coloq* Dedo-duro.
pa.pa.na.tas [papan´atas] *s inv* Tonto, ingênuo, otário, panaca.
pa.pa.rru.cha [papař´utʃa] *sf fam* **1** Fofoca, boato, mexerico, mentira. **2** Besteira, baboseira.
pa.pa.ya [pap´aya] *sf Bot* Mamão.
pa.pel [pap´el] *sm* **1** Papel. **2** Documento, escrito. **3** Personagem, representação. **4** Função.
pa.pe.le.rí.a [papeler´ia] *sf* **1** Papelaria. **2** Papelada.
pa.pe.lón [papel´on] *sm* Papelão, papel ridículo.
pa.pe.ra [pap´era] *sf Patol* **1** Bócio, papeira. **2** Caxumba.
pa.pi.lla [pap´iλa] *sf* Sopa, papinha, mingau. **hacer papilla** esmigalhar.
pa.que.te [pak´ete] *sm* **1** Pacote, embrulho. **2** Carona, passageiro (em moto).
par [p´ar] *adj* Par, igual, semelhante. • *sm* **1** Par, dupla. *sf* **2** **pares** *pl* Placenta.
pa.ra [p´ara] *prep* Para.
pa.ra.bri.sas [parabr´isas] *sm inv* Para-brisa.
pa.ra.ca.í.das [paraka´idas] *sm inv* Paraquedas.
pa.ra.cho.ques [paratʃ´okes] *sm inv* Para-choque.
pa.ra.da [par´ada] *sf* **1** Parada, suspensão, pausa. **2** Ponto. **3** *Mil* Desfile.
pa.ra.de.ro [parad´ero] *sm* Paradeiro.
pa.ra.guas [par´agwas] *sm inv* Guarda-chuva.
pa.ra.í.so [para´iso] *sm* Paraíso, éden.
pa.ra.li.zar [paraliθ´ar] *vt+vpr* Paralisar, imobilizar.
pa.ra.plé.ji.co, -a [parapl´ehiko] *adj+s Med* Paraplégico.
pa.rar [par´ar] *vt* **1** Parar, deter. *vi+vpr* **2** Cessar, interromper. *vi* **3** Habitar, hospedar-se. *vpr* **4** Levantar-se, pôr-se em pé.
pa.rá.si.to, -a [par´asito] *adj+s Biol* Parasita. • *sm fig* Parasita, folgado.
pa.ra.sol [paras´ol] *sm* **1** Guarda-sol. **2** Quebra-sol.
par.ce.la [parθ´ela] *sf* **1** Lote, terreno. **2** Parcela, porção, parte.
par.ce.la.ción [parθelaθj´on] *sf* **1** Loteamento. **2** Parcelamento, fragmentação.
par.che [p´artʃe] *sm* **1** Remendo. **2** *Mús* Tambor. **3** Emplastro. **4** Retoque, emenda.
par.do, -a [p´ardo] *adj* Pardo. • *adj+sm AL* Mulato.
pa.red [par´ed] *sf* **1** Parede. **2** Muro.
pa.re.ja [par´eha] *sf* **1** Casal. **2** Acompanhante, parceiro. **3** Companheiro, cônjuge. **4** Parelha.
pa.re.jo, -a [par´eho] *adj* **1** Idêntico, igual. **2** Parecido, semelhante, similar. **3** Liso, plano, uniforme.
pa.rén.te.sis [par´entesis] *sm inv* **1** *Gram* Parêntese. **2** Suspensão, interrupção, pausa.
pa.rien.te, -a [parj´ente] *adj+s* Parente.
pa.ri.hue.la [pariw´ela] *sf* Padiola, maca.
par.la.men.tar [parlament´ar] *vi* **1** Falar, conversar. **2** Parlamentar, negociar.
par.la.men.ta.rio, -a [parlament´arjo] *adj+s* Parlamentar.
par.lan.chín, -ina [parlantʃ´in] *adj+s coloq* Língua de trapo, tagarela, linguarudo, falador.
par.lar [parl´ar] *vt* **1** Dar com a língua nos dentes. *vi* **2** Tagarelar, matraquear.

parlotear   143   **pasmar**

par.lo.te.ar [parloteˈar] *vi coloq* Bater papo, papear, jogar conversa fora, conversar.

pa.ro [pˈaro] *sm* **1** Parada, cessação. **2** Greve. **3** Desemprego. **4** *coloq* Seguro-desemprego.

par.pa.de.ar [parpadeˈar] *vi* **1** Pestanejar. **2** Piscar.

par.pa.de.o [parpadˈeo] *sm* Piscada, pestanejo.

pár.pa.do [pˈarpado] *sm Anat* Pálpebra.

par.que [pˈarke] *sm* Parque.

par.que.ar [parkeˈar] *vt AL* Estacionar.

pa.rra [pˈara] *sf* Videira, parreira.

pá.rra.fo [pˈarafo] *sm* Parágrafo.

pa.rran.de.ro [parandˈero] *adj+sm* Folião, festeiro, farrista.

pa.rri.lla [paˈriʎa] *sf* **1** Churrasqueira, grelha. **2** Chapa. **3** Churrascaria.

pa.rri.lla.da [paˈriʎada] *sf* Churrascada, churrasco, grelhado.

pá.rro.co [pˈaroko] *sm* Pároco, padre, sacerdote.

par.te [pˈarte] *sf* **1** Parte, pedaço, porção. **2** Lado, lugar. **3** *Der* Litigante.

par.te.ro, -a [partˈero] *sf* **1** Parteira. *s* **2** Obstetra.

par.te.rre [partˈere] *sm* Jardim.

par.ti.ción [partiθjˈon] *sf* Partição, divisão, partilha, repartição.

par.ti.ci.pa.ción [partiθipaθjˈon] *sf* **1** Participação, colaboração. **2** Comunicado, aviso, comunicação.

par.ti.cu.la.ri.dad [partikularidˈad] *sf* **1** Particularidade, singularidade, especialidade, individualidade. **2** Distinção, deferência. **3** Pormenor, circunstância, detalhe.

par.ti.do, -a [partˈido] *adj* **1** Generoso, liberal, pródigo. **2** Dividido. • *sm* **1** Partido, organização política, facção. **2** Proveito, vantagem. **3** Jogo, partida, competição.

par.to [pˈarto] *sm* Parto, nascimento.

par.vu.la.rio [parbulˈarjo] *sm* Jardim de infância, pré-escola.

pa.sa [pˈasa] *sf* **1** Passa, fruta seca. **2** Pixaim, carapinha, cabelo crespo.

pa.sa.da [pasˈada] *sf* **1** Passada, passagem. **2** Repasse, repassada. **3** Rodada, partida, passagem.

pa.sa.do, -a [pasˈado] *adj+sm* Passado.

pa.sa.je [pasˈahe] *sm* **1** Passagem, bilhete. **2** Trânsito, transição. **3** *Geogr* Istmo.

pa.sa.je.ro, -a [pasahˈero] *adj* Passageiro, temporário, efêmero, breve, transitório. • *sm* Passageiro, viajante.

pa.sa.ma.nos [pasamˈanos] *sm inv* Corrimão.

pa.san.te [pasˈante] *adj+s* Passante. • *s* Estagiário.

pa.sa.por.te [pasapˈorte] *sm* Passaporte.

pa.sar [pasˈar] *vt+vi+vpr* **1** Levar, conduzir, trasladar. *vt+vi* **2** Atravessar, passar. **3** *vt* Enviar, transmitir. **4** Sofrer. **5** Relevar. *vt+vpr* **6** Ultrapassar, exceder, transpor. *vi* **7** Acontecer, ocorrer, suceder.

pa.sa.re.la [pasarˈela] *sf* Passarela.

pa.sa.tiem.po [pasatjˈempo] *sm* Passatempo, entretenimento, lazer, diversão.

pas.cua [pˈaskwa] *sf* Páscoa.

pa.se [pˈase] *sm* **1** Passe, lance. **2** Licença, permissão.

pa.se.ar [paseˈar] *vt+vi+vpr* Passear.

pa.se.o [pasˈeo] *sm* Passeio.

pa.si.llo [pasˈiʎo] *sm* Corredor.

pa.sión [pasjˈon] *sf* Paixão, entusiasmo, ardor.

pa.si.vo, -a [pasˈibo] *adj* Passivo, inativo. • *sm Com* Passivo.

pas.mar [pasmˈar] *vtr+vpr* **1** Esfriar, congelar. *vt+vi+vpr* **2** Pasmar, assombrar, espantar, impressionar.

pa.so [p´aso] *sm* **1** Passo, passada. **2** Passagem. **3** Pegada. **4** *Geogr* Estreito.
pas.ta [p´asta] *sf* **1** Massa, pasta. **2** Macarrão. **3** *fam* Grana, dinheiro.
pas.tel [past´el] *sm* **1** *Pint* Pastel. **2** Bolo, torta. **3** Empada. **4** Conluio.
pas.te.le.rí.a [pasteler´ia] *sf* Confeitaria.
pas.ti.lla [past´iʎa] *sf* **1** Barra (chocolate), pedra (sabão). **2** Pastilha, comprimido, pílula.
pas.ti.zal [pastiθ´al] *sm* Pastagem.
pas.to [p´asto] *sm* **1** Pastagem, pasto. **2** Grama.
pas.tor, -a [past´or] *sm* Pastor.
pa.ta.le.ar [patale´ar] *vi* Espernear, bater o pé, dar chilique, fazer birra.
pa.ta.le.ta [patal´eta] *sf* Chilique, ataque histérico.
pa.ta.ta [pat´ata] *sf Bot* Batata.
pa.ta.tús [patat´us] *sm coloq* Chilique, faniquito nervoso.
pa.té [pat´e] *sm* Patê.
pa.te.ar [pate´ar] *vt* **1** *coloq* Chutar. **2** Bater o pé. **3** *coloq* Maltratar, desconsiderar.
pa.ter.ni.dad [paternid´ad] *sf* Paternidade.
pa.ti.lla [pat´iʎa] *sf* **1** Haste. **2** Costeletas.
pa.tín [pat´in] *sm* **1** Patim. **2** Patinete.
pa.ti.na.je [patin´ahe] *sm* Patinação.
pa.tio [p´atjo] *sm* **1** Pátio, área. **2** Quintal. **patio de butacas** plateia.
pa.to, -a [p´ato] *sm Ornit* Pato.
pa.to.ta [pat´ota] *sf* **1** Bando, gangue. **2** Galera, turma, patota.
pa.tra.ña [patr´aɲa] *sf* Patranha, mentira, tapeação, patranhada.
pa.tria [p´atrja] *sf* Pátria, país.
pa.tri.mo.nio [patrim´onjo] *sm* **1** Patrimônio, bens, capital. **2** Herança.
pa.tro.ci.nio [patroθ´injo] *sm* Patrocínio, amparo, proteção, auxílio.
pa.trón, -ona [patr´on] *s* **1** Patrão, chefe. **2** Dono, senhor. **3** Padrão, modelo.

pa.tru.lla [patr´uʎa] *sf* Patrulha, ronda, vigilância.
pa.vo.ne.ar.se [pabonear´arse] *vpr* Pavonear-se, ostentar, exibir-se.
pa.vor [pab´or] *sm* Pavor, terror, medo, horror.
pa.ya.sa.da [payas´ada] *sf* Palhaçada, bobice.
pa.ya.so, -a [pay´aso] *s* Palhaço.
paz [p´aθ] *sf* **1** Paz, harmonia, fraternidade. **2** Tranquilidade, sossego, calma.
pe.a.je [pe´ahe] *sm* Pedágio, peagem.
pe.a.tón, -ona [peat´on] *s* Pedestre.
pe.ca [p´eka] *sf* Sarda.
pe.ca.do [pek´ado] *sm* Pecado.
pe.che.ro [petʃ´ero] *adj+sm* Peito. • *sm* Babador.
pe.cho [p´etʃo] *sm* Peito: a) tórax. b) *Anat* seio. c) coragem, força.
pe.chu.ga [petʃ´uga] *sf* Peito (de aves).
pe.co.so, -a [pek´oso] *adj* Sardento.
pe.cu.lia.ri.dad [pekuljarid´ad] *sf* Peculiaridade, particularidade.
pe.da.go.gí.a [pedagoh´ia] *sf* Pedagogia.
pe.da.le.ar [pedale´ar] *vi* Pedalar.
pe.da.zo [ped´aθo] *sm* Pedaço, parte, fragmento, porção.
pe.dia.trí.a [pedjatr´ia] *sf* Pediatria.
pe.di.do, -a [ped´ido] *adj+s* Pedido, petição, solicitação.
pe.do [p´edo] *sm vulg* **1** Peido, pum. **2** *AL vulg* Porre, bebedeira.
pe.dre.ra [pedr´era] *sf* Pedreira, canteira.
pe.dris.co [pedr´isko] *sm* **1** Granizo (de chuva). **2** Cascalho.
pe.ga.men.to [pegam´ento] *sm* Cola, grude.
pe.gar [peg´ar] *vt* **1** Colar, grudar, aderir. **2** Pregar, costurar. **3** Bater, surrar, dar pancadas. *vt+vpr* **4** Contagiar. *vi* **5** Combinar, ornar.
pe.go.te [peg´ote] *sm* **1** Remendo, emenda. **2** Grude, pessoa pegajosa.

pei.na.do, -a [pejnˊado] *adj+s* Penteado.

pei.ne [pˊejne] *sm* Pente (de cabelo, arma etc).

pe.la.do, -a [pelˊado] *adj* 1 Careca, calvo. 2 Descascado. • *adj+sm* Duro, pobre, sem dinheiro.

pe.la.je [pelˊahe] *sm* Pelagem, pelame.

pel.da.ño [peldˊaño] *sm* Degrau.

pe.le.a [pelˊea] *sf* 1 Peleja, briga, quebra-pau. 2 Luta, disputa.

pe.le.ar [peleˊar] *vi* 1 Brigar. 2 Lutar, combater.

pe.li.gro [pelˊigro] *sm* Perigo, risco.

pe.li.gro.so, -a [peligrˊoso] *adj* Perigoso, arriscado.

pe.li.rro.jo, -a [pelirˊoho] *adj+s* Ruivo.

pe.lle.jo [peλˊeho] *sm* 1 Pele, couro. 2 Odre. 3 *coloq* Bêbado.

pe.lliz.car [peλiθkˊar] *vt+vpr* 1 Beliscar, pinçar. 2 Lambiscar.

pe.lliz.co [peλˊiθko] *sm* Belisco, beliscão.

pe.lo [pˊelo] *sm* Pelo, cabelo.

pe.lón, -ona [pelˊon] *adj+s* 1 Careca. 2 Duro, pobre, pé-rapado.

pe.lo.ta [pelˊota] *sf* 1 Bola. 2 **pelotas** *pl vulg* Saco.

pe.lo.te.ra [pelotˊera] *sf* Briga, rixa, arranca-rabo.

pe.lo.tón [pelotˊon] *sm* 1 Mil Pelotão. 2 Tufo, mecha.

pe.lu.ca [pelˊuka] *sf* Peruca.

pe.lu.che [pelˊutʃe] *sm* 1 Pelúcia. 2 Bicho de pelúcia.

pe.lu.do, -a [pelˊudo] *adj* Peludo, cabeludo. • *sm Arg* Porre, bebedeira.

pe.lu.que.ro, -a [pelukˊero] *s* Cabeleireiro, barbeiro.

pe.lu.sa [pelˊusa] *sf* 1 Penugem, lanugem. 2 Fiapo, pelinho. 3 *coloq* Ciúme, manha.

pe.na [pˊena] *sf* 1 Pena, punição, castigo. 2 Tormento, aflição. 3 Dificuldade, trabalho.

pe.na.li.dad [penalidˊad] *sf* Penalidade, castigo, sanção.

pe.nal.ti [penˊalti] *sm Dep* Pênalti.

pe.nar [penˊar] *vt* 1 Penalizar, condenar, castigar. *vi* 2 Penar, padecer, sofrer.

pen.de.jo, -a [pendˊeho] *adj+s* 1 Covarde. 2 Bobalhão. 3 Pentelho.

pen.den.cia [pendˊenθja] *sf* 1 Pendência. 2 Briga, disputa, encrenca, rinha, rixa.

pen.den.cie.ro, -a [pendenθjˊero] *adj* Encrenqueiro, briguento, brigão.

pen.dien.te [pendjˊente] *adj* 1 Pendente, pendurado, suspenso. 2 Inclinado. • *sm* 1 Brinco. 2 Pingente. *sf* 3 Ladeira, declive.

pén.du.lo [pˊendulo] *sm* Pêndulo.

pe.ne [pˊene] *sm Anat* Pênis.

pe.ne.tra.ción [penetraθjˊon] *sf* 1 Penetração, entrada. 2 Perspicácia, sagacidade, agudeza, inteligência, alcance.

pe.ni.ten.cia [penitˊenθja] *sf* 1 Penitência, pena, castigo. 2 Arrependimento.

pe.ni.ten.cia.rí.a [penitenθjarˊia] *sf* Penitenciária, cadeia, prisão, presídio.

pen.sa.mien.to [pensamjˊento] *sm* 1 Pensamento, mente, intelecto. 2 Reflexão, meditação. 3 Ideia, conceito.

pen.sar [pensˊar] *vt* 1 Pensar, discorrer. 2 Refletir, meditar, examinar. 3 Idealizar, imaginar.

pen.sión [pensjˊon] *sf* Pensão: a) renda. b) hospedaria.

pe.núl.ti.mo, -a [penˊultimo] *adj+s* Penúltimo.

pe.num.bra [penˊumbra] *sf* Penumbra, sombra, meia-luz.

pe.nu.ria [penˊurja] *sf* Penúria, miséria, pobreza.

pe.ña [pˊeña] *sf* 1 Rocha, penha, penhasco. 2 Roda de amigos, tertúlia.

pe.ñas.co [peñˊasko] *sm* Penhasco, rochedo.

pe.ón [peˊon] *sm* 1 Peão. 2 Pião.

pe.or [pe´or] *adj* Pior, inferior.
pe.pi.ta [pep´ita] *sf* 1 Semente, caroço. 2 Pepita.
pe.que.ño, -a [pek´eño] *adj* Pequeno, diminuto. • *s* Pequeno, criança.
pe.ra [p´era] *sf* 1 *Bot* Pera. 2 *Arg, Chile, Ur Anat* Queixo.
per.ca.tar.se [perkat´arse] *vpr* 1 Precaver, acautelar. 2 Perceber, dar-se conta.
per.cep.ción [perθepθj´on] *sf* 1 Percepção. 2 Noção, ideia, conhecimento, ciência.
per.cep.ti.ble [perθept´ible] *adj* Perceptível.
per.cha [p´ertʃa] *sf* 1 Cabide. 2 *coloq* Porte, pinta, elegância.
per.ci.bir [perθib´ir] *vt* 1 Receber. 2 Perceber, notar. 3 Compreender, entender.
per.cu.sión [perkusj´on] *sf* Percussão.
per.cu.tir [perkut´ir] *vt* Percutir, bater.
per.di.ción [perdiθj´on] *sf* 1 Perdição, desgraça, ruína. 2 Desencaminhamento, perversão, depravação.
pér.di.da [p´erdida] *sf* Perda, prejuízo, dano.
per.dón [perd´on] *sm* 1 Perdão, desculpa, graça, indulgência. 2 Indulto, absolvição, vênia.
per.do.nar [perdon´ar] *vt* 1 Perdoar, desculpar, redimir. 2 Absolver, indultar.
pe.re.gri.na.ción [peregrinaθj´on] *sf* Peregrinação, romaria.
pe.re.jil [pereh´il] *sm Bot* Salsa, salsinha.
pe.ren.den.gue [perend´enge] *sm* 1 Brinco. 2 Bijuteria. 3 **perendengues** *pl* Badulaques.
pe.ren.ne [per´enne] *adj* Perene, contínuo, incessante.
pe.re.za [per´eθa] *sf* Preguiça, indolência, moleza.
pe.re.zo.so, -a [pereθ´oso] *adj+s* Preguiçoso, negligente, descuidado, indolente. • *sm Zool* Preguiça, bicho-preguiça.
per.fec.ción [perfekθj´on] *sf* Perfeição, excelência.
per.fec.cio.nar [perfekθjon´ar] *vt+vpr* Aperfeiçoar, melhorar, refinar, apurar, aprimorar.
per.fec.to, -a [perf´ekto] *adj+s* 1 Perfeito, normal, completo. 2 Excelente.
per.fi.dia [perf´idja] *sf* Perfídia, traição, deslealdade, falsidade, velhacaria.
per.fo.rar [perfor´ar] *vt* Perfurar, furar.
per.fu.me [perf´ume] *sm* 1 Perfume, água-de-colônia. 2 Aroma, fragrância, cheiro.
pe.ri.cia [per´iθja] *sf* Perícia, prática, habilidade, destreza, experiência, técnica.
pe.ri.fe.ria [perif´erja] *sf* Periferia, contorno, perímetro.
pe.ri.ó.di.co, -a [perj´odiko] *adj* Periódico, ordinário, regular. • *sm* Jornal, revista, periódico.
pe.rio.dis.mo [perjod´ismo] *sm* Jornalismo.
pe.rio.dis.ta [perjod´ista] *s* Jornalista, repórter.
pe.rí.o.do [per´iodo], **pe.rio.do** [per´jodo] *sm* 1 Período, época, fase, etapa, ciclo. 2 Menstruação, regras.
pe.ri.pe.cia [perip´eθja] *sf* Peripécia, incidente, imprevisto.
per.ju.di.car [perhudik´ar] *vt+vpr* Prejudicar, lesar.
per.jui.cio [perhw´iθjo] *sm* Prejuízo, dano.
per.la [p´erla] *sf* Pérola.
per.ma.nen.cia [perman´enθja] *sf* 1 Permanência, duração, demora. 2 Estada.
per.mi.sión [permiθj´on] *sf* Permissão, licença.
per.mi.so [perm´iso] *sm* 1 Permissão, licença. 2 Autorização.
per.mi.tir [permit´ir] *vt+vpr* 1 Permitir,

autorizar. *vt* **2** Consentir, assentir, admitir, tolerar.
per.mu.ta [perm´uta] *sf* Permuta, troca, escambo, intercâmbio.
per.mu.tar [permut´ar] *vt* Permutar, trocar, intercambiar.
per.no [p´erno] *sm Mec* Parafuso.
per.noc.tar [pernokt´ar] *vi* Pernoitar.
pe.ro [p´ero] *conj* Mas.
pe.rol [per´ol] *sm* Tacho, vasilha.
per.pe.trar [perpetr´ar] *vt* Perpetrar, cometer, praticar.
per.pe.tuo, -a [perp´etwo] *adj* Perpétuo, eterno, permanente.
per.ple.ji.dad [perplehid´ad] *sf* Perplexidade, incerteza, vacilação, dúvida, indecisão.
per.ple.jo, -a [perpl´eho] *adj* Perplexo, indeciso, irresoluto.
pe.rra [p´eřa] *sf* **1** *Zool* Cadela, cachorra. **2** Prostituta. **3** *coloq* Chilique, birra. **4** *coloq* Porre, bebedeira. **5** *coloq* Dinheiro, grana.
pe.rre.ra [peř´era] *sf* **1** Carrocinha. **2** Canil. **3** *coloq* Teimosia, choradeira.
pe.rre.rí.a [peřeri´a] *sf* **1** Matilha. **2** Cachorrada, canalhice.
pe.rro, -a [p´eřo] *adj* Cafajeste, canalha. • *sm Zool* Cão, cachorro.
per.se.cu.ción [perseku θj´on] *sf* Perseguição.
per.se.ve.ran.cia [perseber´anθja] *sf* Perseverança, afinco, firmeza, insistência.
per.sig.nar [persign´ar] *vt+vpr* Persignar-se.
per.sis.ten.cia [persist´enθja] *sf* Persistência, firmeza, insistência.
per.so.na [pers´ona] *sf* Pessoa, indivíduo.
per.so.na.je [person´ahe] *sm* Personagem, personalidade ilustre.
per.so.nal [person´al] *adj* Pessoal, individual, particular, próprio. • *sm* Pessoal, funcionários.

per.so.na.li.dad [personalid´ad] *sf* **1** Personalidade, caráter. **2** Figura, personagem.
pers.pi.ca.cia [perspik´aθja] *sf* Perspicácia, agudeza, sagacidade, esperteza.
per.sua.sión [perswasj´on] *sf* **1** Persuasão. **2** Certeza, convicção, firmeza.
per.te.ne.cer [perteneθ´er] *vi* Pertencer, fazer parte.
per.te.nen.cia [perten´enθja] *sf* Posse, pertença, direito de propriedade.
per.ti.na.cia [pertina´ θja] *sf* Persistência, firmeza, insistência.
per.tre.chos [pertr´etʃos] *sm pl* Apetrechos, utensílios.
per.tur.ba.ción [perturbaθj´on] *sf* Perturbação, transtorno, desarranjo, alteração.
per.ver.si.dad [perbersid´ad] *sf* Perversidade, iniquidade, maldade.
per.ver.sión [perbersj´on] *sf* Perversão, depravação, corrupção, devassidão, desmoralização.
per.ver.tir [perbert´ir] *vt+vpr* Perverter, corromper, depravar, desencaminhar.
pe.sa.di.lla [pesad´iλa] *sf* Pesadelo.
pe.sa.dum.bre [pesad´umbre] *sm* **1** Angústia, consternação, tristeza. **2** Peso.
pé.sa.me [p´esame] *sm* Pêsames, condolências.
pe.sar [pes´ar] *vt* **1** Pesar, sopesar. **2** Ponderar. • *sf* Pesar, dor, mágoa, desgosto.
pes.ca.de.rí.a [peskader´ia] *sf* Peixaria.
pes.cue.zo [peskw´eθo] *sm* Pescoço de animais.
pe.se.bre [pes´ebre] *sm* **1** Manjedoura, cocho. **2** Presépio.
pe.si.mis.ta [pesim´ista] *adj+s* Pessimista, negativo, derrotista.
pé.si.mo, -a [p´esimo] *adj* Péssimo, horrível, terrível.
pe.so [p´eso] *sm* **1** Peso, massa. **2** Substância, gravidade, importância. **3** Ônus, carga, responsabilidade.

pes.qui.sa [pesk´isa] *sf* Averiguação, investigação.

pes.ta.ña [pest´aña] *sf* Pestana, cílio.

pes.ta.ñe.ar [pestane´ar] *vi* Pestanejar, piscar.

pes.te [p´este] *sf* 1 Peste, doença, praga. 2 Fedor. 3 Corrupção, devassidão.

pes.ti.len.cia [pestil´enθja] *sf* Pestilência, fedor.

pes.ti.llo [pest´iλo] *sm* 1 Fecho, tranca, tranqueta. 2 Lingueta, fechadura.

pé.ta.lo [p´etalo] *sm Bot* Pétala.

pe.tar.do [pet´ardo] *sm* 1 Petardo, bombinha. 2 *fam* Cara chato.

pe.ti.ción [petiθj´on] *sf* 1 Pedido, solicitação. 2 Petição, requerimento. 3 Súplica.

pe.tró.le.o [petr´oleo] *sm* Petróleo.

pe.tu.lan.cia [petul´anθja] *sf* Petulância, insolência, atrevimento.

pe.yo.ra.ti.vo, -a [peyorat´ibo] *adj* Pejorativo, negativo, desfavorável.

pez [p´eθ] *sm Zool* Peixe. **picar el pez** Morder a isca / cair na rede.

pe.zón [peθ´on] *sm* 1 *Anat* Mamilo, bico do seio. 2 *Bot* Pedúnculo.

pia.do.so, -a [pjad´oso] *adj* 1 Piedoso, bondoso, misericordioso. 2 Devoto, religioso.

pi.be [p´ibe] *sm CS fam* Garoto, menino, moleque.

pi.ca [p´ika] *sf* Pique, lança.

pi.ca.di.llo [pikad´iλo] *sm* Picadinho.

pi.ca.du.ra [pikad´ura] *sf* 1 Picada, mordida de inseto. 2 Bicada.

pi.ca.flor [pikafl´or] *sm Ornit* Beija-flor, colibri.

pi.car [pik´ar] *vt+vpr* 1 Furar, espetar. *vt* 2 Picar (insetos). 3 Bicar. 4 Cortar, fatiar. 5 Instigar, estimular, excitar. *vi* 6 Coçar.

pi.ca.zón [pikaθ´on] *sf* 1 Coceira, comichão, formigamento. 2 Irritação, desgosto, contrariedade.

pic.nic [pikn´ik] *sm* Piquenique.

pi.chón [pitʃ´on] *sm* 1 Filhote de pombo. 2 *fig e coloq* Gato (namorado), criança, filhote.

pi.co [p´iko] *sm* 1 Pico, cume. 2 *Anat* Bico. 3 Picareta.

pi.cor [pik´or] *sm* 1 Coceira, prurido, comichão. 2 Ardor.

pi.co.ta.zo [pikot´aθo] *sm* Bicada, picada.

pi.co.te.ar [pikote´ar] *vt* 1 Bicar. *vi* 2 *coloq* Tagarelar, matraquear. 3 *fam* Fazer uma boquinha.

pi.cu.do, -a [pik´udo] *adj* 1 Bicudo. 2 *fam* Tagarela, matraca. • *sm* Espeto.

pie [pj´e] *sm* 1 *Anat* Pé. 2 Pata (animal). 3 Base, sustentação. 4 Árvore. 5 Pé (móvel).

pie.dad [pjed´ad] *sf* Piedade, dó, pena, compaixão.

pie.dra [pj´edra] *sf* 1 Pedra, rocha. 2 Granizo. 3 *Anat* Cálculo renal.

piel [pj´el] *sf* 1 *Anat* Pele, derme. 2 Casca (de frutas). 3 Couro curtido.

pier.na [pj´erna] *sf* 1 *Anat* Perna. 2 *Anat* Pata.

pie.za [pj´eθa] *sf* 1 Peça. 2 Cômodo, compartimento, quarto.

pi.ja.ma [pij´ama] *sm* Pijama.

pi.la [p´ila] *sf* 1 Pia. 2 Pilha: a) monte, montão. b) bateria.

pi.lar [pil´ar] *sm* Pilar, pilastra, coluna.

píl.do.ra [p´ildora] *sf* Pílula, comprimido, drágea.

pi.le.ta [pil´eta] *sf Arg* Piscina.

pi.lla.je [piλ´ahe] *sm* Pilhagem, latrocínio, roubo, furto, saque, rapina.

pi.llar [piλ´ar] *vt* 1 Pilhar, saquear, roubar. 2 Surpreender, flagrar. 3 Pegar, contrair.

pi.lle.rí.a [piλerr´ia] *sf* Malandragem, sacanagem, pilantragem.

pi.llo, -a [p´iλo] *adj+s* Malandro, sacana, pilantra.

pi.lón [pil´on] *sm* Pilão.

pi.lo.to [pil´oto] *s* 1 Piloto. *sm* 2 Guia,

piltrafa — **planificación**

orientador. **3** *Arg* Capa de chuva, impermeável.
pil.tra.fa [piltr´afa] *sf* **1** Pelanca. **2** Trapo, frangalho.
pi.men.tón [piment´on] *sm Bot* Pimentão.
pi.mien.ta [pimj´enta] *sf Bot* Pimenta.
pin.cel [pinθ´el] *sm* Pincel.
pin.char [pintʃ´ar] *vt+vpr* **1** Espetar, furar, picar. *vt* **2** Incitar, estimular, excitar, mover. **3** Cutucar, irritar, provocar. *vpr* **4** Picar-se, dar pico na veia.
pin.cha.zo [pintʃ´aθo] *sm* **1** Espetada, agulhada, injeção. **2** Furo de pneu.
ping-pong [pimp´oŋ] *sm* Pingue-pongue.
pin.güi.no [piŋgw´ino] *sm Zool* Pinguim.
pin.ta [p´inta] *sf* **1** Mancha, sinal. **2** Pinta, aparência, fisionomia.
pin.ta.la.bios [pintal´abjos] *sm inv* Batom.
pin.tar [pint´ar] *vt* **1** Pintar. *vi* **2** Importar, significar, valer. *vpr* **3** Maquiar-se.
pin.tor, -ora [pint´or] *s* Pintor.
pin.tu.ra [pint´ura] *sf* **1** Pintura, tinta. **2** Maquilagem.
pin.za [p´inθa] *sf* **1** Pinça. **2** Tenaz. **3** Pence.
pi.ña [p´iɲa] *sf Bot* **1** Pinha. **2** Abacaxi.
pi.ñón [piɲ´on] *sm* **1** *Bot* Pinhão. **2** Engrenagem.
pio.jo [pj´oho] *sm Entom* Piolho.
pi.pa [p´ipa] *sf* **1** Cachimbo. **2** Pipa, tonel. **3** Semente, caroço.
pi.pí [pip´i] *sm fam* Xixi, pipi.
pi.rá.mi.de [pir´amide] *sf* Pirâmide.
pi.ra.ña [pir´aɲa] *sf Ictiol* Piranha.
pi.rar.se [pir´arse] *vpr* Sair, ir embora.
pi.ru.lí [pirul´i] *sm* Pirulito.
pis [p´is] *sm fam* Xixi, urina.
pi.sar [pis´ar] *vt+vi* **1** Pisar. *vt* **2** Espezinhar, humilhar.
pis.cis [p´iθis] *Astrol* Peixes (signo). • *adj* Pisciano.

pis.co [p´isko] *sm AL* Aguardente de uva.
pi.so [p´iso] *sm* **1** Piso, solo, chão. **2** Pavimento, andar. **3** Apartamento.
pis.ta [p´ista] *sf* **1** Sinal, vestígio, rastro. **2** Pista, caminho, raia.
pis.to [p´isto] *sm* Fritada de pimentão.
pis.to.la [pist´ola] *sf* Pistola, revólver.
pi.ta.da [pit´ada] *sf* Apito.
pi.tar [pit´ar] *vt* **1** Apitar. **2** Assobiar, silvar.
pi.to [p´ito] *sm* **1** Apito. **2** Buzina. **3** *Zool* Pintinho. **4** *coloq* Pênis.
pi.za.rra [piθ´ara] *sf* **1** Ardósia. **2** Lousa, quadro-negro.
piz.ca [p´iθka] *sf* Pitada, pingo, tico, pouquinho, tiquinho.
piz.pi.re.ta [piθpir´eta] *adj fam* Esperta, viva, sagaz.
piz.za [p´itsa] *sf Cul* Pizza.
piz.ze.rí.a [pitser´ia] *sf* Pizzaria.
pla.ca [pl´aka] *sf* **1** Placa, chapa, lâmina. **2** Tabuleta. **3** Distintivo policial.
pla.cen.te.ro, -a [plaθent´ero] *adj* Prazenteiro, prazeroso, aprazível.
pla.cer [plaθ´er] *vi* Comprazer, agradar, aprazer. • *sm* Prazer, satisfação, gozo, gosto.
pla.ga [pl´aga] *sf* **1** Praga, peste, epidemia. **2** Chaga, ferida, úlcera. **3** Calamidade, infelicidade, infortúnio, desgraça.
pla.gio [pl´ahjo] *sm* Plágio, cópia, imitação, pirataria.
plan [pl´an] *sm* **1** Plano, ideia. **2** Projeto, esquema. **3** Caso, romance.
plan.cha [pl´antʃa] *sf* **1** Chapa, prancha, lâmina. **2** Ferro de passar roupa. **3** Grelha. **4** *fam* Papelão, mancada.
plan.char [plantʃ´ar] *vt* Passar roupa.
pla.ne.ar [plane´ar] *vt* **1** Planejar, projetar. *vi* **2** Planar.
pla.ni.cie [plan´iθje] *sf Geogr* Planície.
pla.ni.fi.ca.ción [planifikaθj´on] *sf* Planejamento, planificação.

planificar   150   **polémico**

pla.ni.fi.car [planifik´ar] *vt* Planejar, planificar.

pla.no, -a [pl´ano] *adj* Plano, liso. • *sm* 1 Plano, planura. 2 Situação, categoria. *sf* 3 Página.

plan.ta [pl´ãnta] *sf* 1 *Anat* Sola do pé. 2 Planta: a) vegetal. b) desenho, projeto arquitetônico. 3 Andar, pavimento. 4 Fábrica, instalação industrial.

plan.ta.ción [plantaθj´on] *sf* Plantação.

plan.tea.mien.to [planteamj´ento] *sm* 1 Plano, projeto, esboço. 2 Abordagem, colocação, proposição.

plan.tar [plant´ar] *vt* 1 Plantar, semear, fixar. 2 *fam* Dar, meter, enfiar. *vpr* 3 *coloq* Fazer pé firme, resistir.

plan.ti.lla [plant´iλa] *sf* 1 Palmilha. 2 Molde. 3 Quadro de funcionários. 4 *Dep* Equipe.

plan.tí.o [plant´io] *sf* Plantio, plantação, lavoura.

pla.ñi.de.ro, -a [plañid´ero] *adj* Chorão, reclamão, choramingas. • *sf* Carpideira.

pla.que.ta [plak´eta] *sf* 1 *Biol* Plaqueta. 2 Lajota, ladrilho.

pla.ta [pl´ata] *sf* 1 *Miner* Prata. 2 *fig* Grana, dinheiro.

plá.ta.no [pl´atano] *sm* 1 *Bot* Plátano, bananeira. 2 Banana.

pla.te.a [plat´ea] *sf* Plateia.

plá.ti.ca [pl´atika] *sf* Conversa, conversação, papo.

pla.to [pl´ato] *sm* 1 Prato. 2 Assunto (fofoca).

pla.ya [pl´aya] *sf* Praia.

pla.za [pl´aθa] *sf* 1 Praça. 2 Espaço, lugar. 3 Posto, emprego.

pla.zo [pl´aθo] *sm* 1 Prazo. 2 Prestação.

pla.zo.le.ta [plaθol´eta] *sf* Pracinha, largo.

ple.ga.ria [pleg´arja] *sf* Prece, súplica, rogo.

ple.gar [pleg´ar] *vt+vpr* 1 Dobrar, pre-guear. *vpr* 2 Submeter-se, dobrar-se, curvar-se, baixar a cabeça.

plei.to [pl´ejto] *sm* Pleito, disputa, luta.

ple.ni.tud [plenit´ud] *sf* Plenitude, totalidade.

ple.no, -a [pl´eno] *adj* Pleno, cheio, inteiro, completo.

plie.gue [plj´ege] *sm* Dobra, prega, vinco.

plo.ma.da [plom´ada] *sf* 1 Prumo. 2 Sonda.

plo.me.ro [plom´ero] *sm* Encanador.

plo.mo [pl´omo] *sm* 1 *Quím* Chumbo. 2 Bala, projétil. 3 Chato, insuportável.

plu.ma [pl´uma] *sf* 1 Pluma, pena. 2 Caneta de pena. 3 *fam* Peido. 4 *fam* Delicadeza, afetação.

plu.me.ro [plum´ero] *sm* 1 Espanador. 2 Penacho.

plu.ral [plur´al] *adj+sm* Plural, múltiplo.

po.bla.ción [poblaθj´on] *sf* 1 Povoação, povoamento. 2 População. 3 Povoado.

po.bla.do, -a [pobl´ado] *sm* Povoado, povoação.

po.bre.za [pobr´eθa] *sf* 1 Pobreza, penúria, necessidade, miséria. 2 Falta, escassez.

po.dar [pod´ar] *vt* Podar, cortar, desbastar.

po.der [pod´er] *vt* Poder, lograr. • *sm* 1 Poder, potência, força. 2 Governo, mando. 3 Procuração.

po.dre.dum.bre [podred´umbre] *sf* 1 Podridão. 2 Perversão, depravação, desmoralização.

po.dri.do, -a [podr´ido] *adj* Podre, apodrecido, estragado.

po.e.sí.a [poes´ia] *s Lit* Poesia.

po.e.ta [po´eta] *s* Poeta, trovador.

po.le.a [pol´ea] *sf* Polia, roldana.

po.lé.mi.co, -a [pol´emiko] *adj* Polêmico, controvertido. • *sf* Polêmica, controvérsia, discussão, pleito, questão.

po.li.cí.a [poliθ´ia] *sf* Polícia. • *s* Policial, agente de polícia, tira.
po.li.ci.a.co [poliθ´iaco] *adj* Policial.
po.lí.glo.to, -a [pol´igloto] *adj* Poliglota.
po.li.lla [pol´iλa] *sf Entom* 1 Traça. 2 Mariposa.
po.lí.ti.ca [pol´itika] *sf* 1 Política. 2 Diplomacia.
pó.li.za [p´oliθa] *sf* Apólice.
po.llo, -a [p´oλo] *sm Zool* Frango, galo.
po.lo [p´olo] *sm* 1 Polo. 2 Extremidade. 3 Picolé (marca registrada).
po.lu.ción [poluθj´on] *sf* 1 Poluição. 2 Polução, ejaculação noturna.
pol.va.re.da [polbar´eda] *sf* 1 Poeira, poeirão. 2 Polvorosa.
pol.vo [p´olbo] *sm* 1 Pó, poeira. 2 Heroína (droga).
pól.vo.ra [p´olbora] *sf* 1 Pólvora. 2 Mau humor, gênio irascível.
po.mo [p´omo] *sm* 1 Pomo. 2 Punho, empunhadeira, cabo. 3 Maçaneta, puxador.
pom.pa [p´ompa] *sf* 1 Pompa, aparato, fausto, gala. 2 Bolha (ar, sabão etc.).
pon.de.ra.ción [ponderaθj´on] *sf* 1 Ponderação, consideração, meditação. 2 Equilíbrio.
po.nen.cia [ponen´θja] *sf* Comunicação, conferência.
po.ner [pon´er] *vt+vpr* 1 Pôr, colocar, dispor, situar. 2 Supor. *vt+vi* 3 Botar. 4 Estabelecer, instalar, montar. 5 Exibir, passar (filme). 6 Dizer por escrito, estar escrito.
po.nien.te [ponj´ente] *sm* Poente, ocidente, oeste. • *adj* Poente.
pon.tí.fi.ce [pont´ifiθe] *sm* Pontífice.
po.pa [p´opa] *sf* Popa.
po.pu.la.ri.dad [popularid´ad] *sf* Popularidade, fama, cartaz.
por [p´or] *prep* Por.
por.cen.ta.je [porθenta´he] *sm* Porcentagem, percentagem.

por.ci.no, -a [porθ´ino] *adj Zool* Porcino, suíno. • *sm Zool* Leitão, porco.
por.ción [porθj´on] *sf* Porção, pedaço, fatia, quinhão, parte.
por.dio.se.ro, -a [pordjos´ero] *adj+s* Pedinte, mendigo.
por.fí.a [porf´ia] *sf* Porfia, insistência, teima, teimosia, tenacidade, obstinação.
por.fia.do, -a [porfj´ado] *adj+sm* Teimoso, insistente, obstinado.
por.no.gra.fí.a [pornografi´a] *sf* Pornografia, obscenidade.
po.ro.to [por´oto] *sm CS Bot* Feijão.
por.que [pork´e] *conj* Porque.
por.qué [pork´e] *sm* Porquê, causa, motivo, razão.
por.que.rí.a [porker´ia] *sf* 1 Porcaria, lixo, sujeira. 2 Droga, mixaria.
po.rra [p´oρa] *sf* Clava, porrete, bastão.
por.ta.da [port´ada] *sf* 1 Portada, fachada, frente. 2 Capa (livro). 3 Frontispício, página de rosto.
por.ta.e.qui.pa.je [portaekip´ahe] *sm* Porta-malas, bagageiro.
por.ta.lám.pa.ras [portal´amparas] *sm inv Electr* Soquete, bocal.
por.tar [port´ar] *vpr* Comportar-se.
por.ta.rre.tra.tos [portaretr´atos] *sm* Porta-retratos.
por.ta.voz [portab´oθ] *sm* Porta-voz.
por.te [p´orte] *sm* 1 Frete. 2 Porte, tamanho. 3 Comportamento, maneiras, modos.
por.te.rí.a [porter´ia] *sf* 1 Portaria. 2 *Dep* Gol, meta.
por.te.ro, -a [port´ero] *s* 1 Porteiro. 2 *Dep* Goleiro, arqueiro.
por.tón [port´on] *sm* Portão.
por.ve.nir [porben´ir] *sm* Porvir, futuro.
po.sa.da [pos´ada] *sf* 1 Pousada, hospedaria, estalagem. 2 Lar, moradia, casa, domicílio.
po.sar [pos´ar] *vt* 1 Pousar, descer. *vi* 2 Repousar, descansar. 3 Alojar-se.

po.se [p´ose] *sf* Pose.

po.se.er [pose´er] *vt* **1** Possuir, ter. *vpr* **2** Dominar-se, ter controle.

po.se.sión [posesj´on] *sf* Posse, possessão.

pos.gue.rra [posg´erɐ] *sm* Pós-guerra.

po.si.bi.li.dad [posibilid´ad] *sf* **1** Possibilidade, capacidade, poder. *sm pl* **2 posibilidades** Recursos, meios (econômicos).

po.si.bi.li.tar [posibilit´ar] *vt* Possibilitar, viabilizar.

po.si.ble [pos´ible] *adj* Possível, praticável, exequível, viável.

po.si.ción [posiθj´on] *sf* **1** Posição, situação. **2** Postura. **3** Emprego, posto.

po.si.ti.vo, -a [posit´ibo] *adj* **1** Positivo, afirmativo. **2** Certo, efetivo.

pos.po.ner [pospon´er] *vt* **1** Pospor. *vt+vpr* **2** Preterir, adiar.

pos.ta [p´osta] *sf* **1** Fatia, pedaço. **2** Aposta.

pós.ter [p´oster] *sm* Pôster.

pos.te.ri.dad [posterid´ad] *sf* Posteridade.

pos.te.rior [posterj´or] *adj* Posterior, passado.

pos.ti.zo, -a [post´iθo] *adj* Postiço, artificial.

pos.trar [postr´ar] *vt+vpr* **1** Prostrar, debilitar, enfraquecer, alquebrar. *vpr* **2** Ajoelhar-se.

pos.tre [p´ostre] *sm* Sobremesa.

pos.tre.ro, -a [postr´ero] *adj* Póstero, último, derradeiro.

pos.tu.lar [postul´ar] *vt* **1** Postular, pedir, solicitar. *vt+vpr* **2** Candidatar-se.

pos.tu.ra [post´ura] *sf* **1** Postura, posição, porte. **2** Posicionamento, opinião, modo de pensar. **3** Deposição de ovos, oviposição.

po.te [p´ote] *sm* **1** Pote. **2** *coloq* Bico, beiço (antes do choro).

po.ten.cia [potenθja] *sf* **1** Potência, vigor, força. **2** Autoridade, domínio.

po.za [p´oθa] *sf* Poça.

po.zo [p´oθo] *sm* Poço, cisterna.

prác.ti.ca [pr´aktika] *sf* **1** Prática, experiência. **2** Destreza, traquejo, perícia. **3** Atuação, exercício. **4** Costume, hábito, usança.

prac.ti.car [praktik´ar] *vt* **1** Praticar, exercitar, treinar. **2** Exercer, usar, fazer.

pre.ám.bu.lo [pre´ambulo] *sm* **1** Preâmbulo, preliminar. **2** Rodeio, cerimônia.

pre.ca.rio, -a [prek´arjo] *adj* **1** Precário, delicado, débil. **2** Parco, escasso, reduzido, pouco.

pre.cau.ción [prekawθj´on] *sf* Precaução, cuidado, prudência, cautela, prevenção.

pre.ca.ver [prekab´er] *vt+vpr* Precaver, prevenir, resguardar.

pre.ce.der [preθed´er] *vt+vi* Preceder, anteceder, preexistir.

pre.cep.to [preθ´epto] *sm* Preceito, mandato, norma, ordem, regra, mandamento, dogma.

pre.cep.tor, -ora [preθept´or] *s* Preceptor, professor, mestre, mentor.

pre.cia.do, -a [preθj´ado] *adj* Prezado, querido, estimado.

pre.ciar.se [preθj´arse] *vpr* Vangloriar-se, jactanciar-se, orgulhar-se.

pre.cio [pr´eθjo] *sm* Preço, valor, importância.

pre.ci.pi.cio [preθipi´θjo] *sm* Precipício, despenhadeiro, barranco.

pre.ci.pi.ta.ción [preθipitaθj´on] *sf* **1** Precipitação, pressa, impulso. **2** Chuva, granizo, neve.

pre.ci.sar [preθis´ar] *vt+vi* **1** Precisar, determinar, definir, fixar, estabelecer. **2** Dever, necessitar.

pre.ci.sión [preθisj´on] *sf* **1** Precisão, necessidade, obrigação. **2** Exatidão, rigor. **3** Concisão, laconismo.

pre.di.ca.do, -a [predik´ado] *sm* Predicado.

pre.di.lec.ción [predilekθj´on] *sf* Predileção, preferência

pre.dio [pr´edjo] *sm* Imóvel, bens imóveis.

pre.dis.po.ner [predispon´er] *vt+vpr* Predispor, dispor, preparar.

pre.dis.po.si.ción [predisposiθj´on] *sf* Predisposição, inclinação, tendência, propensão.

pre.dis.pues.to [predispw´esto] *adj* Predisposto, inclinado, propenso.

pre.do.mi.nio [predom´injo] *sm* Predomínio, poder, superioridade.

pre.es.co.lar [preeskol´ar] *adj* Pré-escolar.

pre.fa.cio [pref´aθjo] *sm* Prefácio, prólogo, prelúdio.

pre.fe.ren.cia [prefer´enθja] *sf* 1 Preferência, prioridade, primazia. 2 Predileção, eleição, escolha, opção.

pre.fe.ren.te [prefer´ente] *adj* Preferencial.

pre.fi.jo [pref´iho] *sm* Prefixo.

pre.gun.ta [preg´unta] *sf* Pergunta, interrogação, indagação, questão.

pre.gun.tar [pregunt´ar] *vt+vi+vpr* Perguntar, indagar, interrogar, questionar.

pre.jui.cio [prehw´iθjo] *sm* 1 Preconceito. 2 Prejulgamento.

pre.juz.gar [prehuθg´ar] *vt* Prejulgar, pressupor.

pre.li.mi.nar [prelimin´ar] *adj* Preliminar, preambular, prévio. • *sm* Preliminar, preâmbulo.

pre.lu.dio [prel´udjo] *sm* Prelúdio, prenúncio, introdução.

pre.ma.tu.ro, -a [premat´uro] *adj+s* Prematuro, precoce.

pre.me.di.tar [premedit´ar] *vt* Premeditar, programar, predispor, tramar.

pre.miar [premj´ar] *vt* Premiar, recompensar.

pre.mio [pr´emjo] *sm* 1 Prêmio, recompensa. 2 Bônus.

pre.na.tal [prenat´al] *sm* Pré-natal.

pren.da [pr´enda] *sf* 1 Garantia, caução. 2 Qualidade, prenda. 3 Roupa, peça de roupa. **en prenda** no prego/no penhor.

pren.dar [prend´ar] *vt* 1 Penhorar. *vpr* 2 Apaixonar-se, enamorar-se, afeiçoar-se.

pren.der [prend´er] *vt* 1 Prender, assegurar. 2 Pegar, agarrar. 3 Capturar, aprisionar. 4 Acender. *vt+vpr* 5 Adornar, enfeitar, embelezar. *vi* 6 Ligar (sistema elétrico e aparelhos eletrodomésticos).

pren.sa [pr´ensa] *sf* 1 Prensa. 2 Imprensa.

pre.ñez [preñ´eθ] *sf* Prenhez.

pre.o.cu.pa.ción [preokupaθj´on] *sf* 1 Preocupação, inquietação. 2 Cuidado, atenção.

pre.pa.ra.ción [preparaθj´on] *sf* 1 Preparação, conhecimento, prontidão. 2 Preparo, elaboração. 3 Preparado.

pre.po.si.ción [preposiθj´on] *sf Gram* Preposição.

pre.sa [pr´esa] *sf* 1 Apreensão, aprisionamento, presa. 2 Presa: a) vítima. b) dente. 3 Represa.

pre.sa.gio [pres´ahjo] *sm* Presságio, pressentimento, augúrio, prenúncio, sinal.

pres.cin.dir [presθind´ir] *vi* Prescindir, renunciar, dispensar, abster-se.

pres.cri.bir [preskrib´ir] *vt* 1 Preceituar, determinar, doutrinar. 2 Prescrever, receitar. *vi* 3 Extinguir-se, caducar.

pre.sen.cia [pres´enθja] *sf* 1 Presença. 2 Aparência, porte, aspecto.

pre.sen.ta.ción [presentaθj´on] *sf* 1 Apresentação, mostra, exibição. 2 Aspecto, aparência.

pre.sen.tar [present´ar] *vt+vpr* 1 Apresentar, exibir, expor, mostrar. *vt* 2 Presentear, oferecer, dar. 3 Introduzir, recomendar. *vpr* 4 Comparecer, aparecer.

pre.sen.te [pres´ente] *adj+s* **1** Presente, não ausente. **2** Atual. • *sm* Presente: a) oferta, dádiva. b) o momento atual.

pre.sen.ti.mien.to [presentimj´ento] *sm* Pressentimento, sensação, premonição, presságio, intuição.

pre.sen.tir [present´ir] *vt* Pressentir, prever, pressagiar, suspeitar, intuir.

pre.si.dia.rio, -a [presidj´arjo] *s* Presidiário, preso, detento.

pre.si.dio [pres´idjo] *sm* Presídio, cadeia, prisão, penitenciária.

pre.si.lla [pres´iλa] *sf* Passante, presilha.

pre.sión [presj´on] *sf* Pressão, compressão, força.

pre.sio.nar [presjon´ar] *vt* Pressionar.

pre.so, -a [pr´eso] *adj+s* Preso, prisioneiro.

pres.ta.ción [prestaθj´on] *sf* **1** Empréstimo. **2** Préstimo, ajuda. **3** Prestação de serviço.

prés.ta.mo [pr´estamo] *sm* Empréstimo.

pres.tar [prest´ar] *vt* **1** Emprestar. **2** Ajudar, contribuir. *vi* **3** Servir, ser útil.

pres.te.za [prest´eθa] *sf* Presteza, rapidez, diligência, agilidade, prontidão, desembaraço.

pres.ti.gio [prest´ihjo] *sm* **1** Prestígio, importância. **2** Ascendência, influência, autoridade.

pres.to, -a [pr´esto] *adj* **1** Pronto, diligente, ligeiro. *adv* **2** Logo.

pre.sun.ción [presunθj´on] *sf* **1** Presunção, julgamento, conclusão. **2** Vaidade, afetação.

pre.su.pues.to, -a [presupw´esto] *s* **1** Pressuposto, conjectura, pressuposição. **2** Orçamento.

pre.ten.sión [pretensj´on] *sf* Pretensão, aspiração, ambição, vontade.

pre.té.ri.to, -a [pret´erito] *adj* Pretérito, passado.

pre.tex.to [pret´e(k)sto] *sm* Pretexto, desculpa, evasiva, subterfúgio.

pre.ven.ción [prebenθj´on] *sf* Prevenção, precaução, prudência, cuidado.

pre.vi.den.cia [prebið´enθja] *sf* **1** Previdência, prevenção. **2** Previsão, presságio, pressentimento.

pre.vio, -a [pr´ebjo] *adj* Prévio, anterior, antecipado.

pre.vi.sión [prebisj´on] *sf* Previsão, previdência, prevenção, precaução.

pre.vi.sor, -ora [prebis´or] *adj+s* Previdente.

pri.ma.cí.a [primaθ´ia] *sf* Primazia, superioridade, excelência, vantagem.

pri.ma.rio, -a [prim´arjo] *adj+sm* **1** Primário, principal, fundamental. **2** Primitivo, básico, rudimentar, elementar.

pri.mi.cias [prim´iθjas] *sfpl* Primícias.

pri.mi.ti.vo, -a [primit´ibo] *adj* **1** Primitivo, básico, primário. **2** Original, primeiro, primordial, originário. **3** Bárbaro, rude, selvagem.

pri.mo, -a [pr´imo] *adj+s* **1** Primeiro. **2** Primoroso, excelente. • *sm* **1** Primo. **2** *fam* Babaca, ingênuo, otário. *sf* **3** Gratificação, recompensa, bônus.

prin.ci.pal [prinθip´al] *adj* **1** Principal, primeiro. **2** Essencial, fundamental.

prín.ci.pe [pr´inθipe] *sm* **1** Principal, primeiro. **2** Príncipe.

prin.ci.piar [prinθipj´ar] *vt+vi* Começar, principiar, iniciar.

prin.ci.pio [prinθ´ipjo] *sm* **1** Princípio, início, começo, origem. **2** Norma, preceito, mandamento, regra.

prin.gar [pring´ar] *vt* **1** Untar, besuntar. *vt+vpr* **2** Engordurar-se, sujar-se, lambuzar-se. *vt* **3** *fam* Conspurcar, denegrir.

prin.gue [pr´inge] *sf* **1** Gordura, banha. **2** Sujeira, melequeira, nojeira.

pri.o.ri.dad [prjorid´ad] *sf* Prioridade, importância, preferência, primazia.

pri.o.ri.ta.rio, -a [prjorit´arjo] *adj* Prioritário, preferencial.

pri.sa [pri'sa] *sf* Pressa, urgência.
pri.sión [prisj'on] *sf* Prisão, cadeia, cárcere.
pri.sio.ne.ro, -a [prisjon'ero] *s* 1 Prisioneiro, cativo. 2 Detento.
pri.va.ción [pribaθj'on] *sf* 1 Privação, abstenção. 2 Carência, falta, miséria.
pri.vi.le.gio [pribil'ehjo] *sm* Privilégio, prerrogativa, regalia, vantagem.
pro [pr'o] *prep* Pró, prol.
pro.a [pr'oa] *sf Mar* Proa.
pro.ba.bi.li.dad [probabilid'ad] *sf* Probabilidade, possibilidade.
pro.ba.ble [prob'able] *adj* Provável, esperável, expectável, esperado.
pro.bar [prob'ar] *vt* 1 Testar. 2 Examinar. 3 Comprovar, justificar, demonstrar. *vt+vpr* 4 Experimentar. *vi* 5 Tentar.
pro.be.ta [prob'eta] *sf* Proveta.
pro.ble.ma [probl'ema] *sm* Problema, transtorno, dificuldade.
pro.caz [prok'aθ] *adj* Descarado, cínico, insolente, petulante, cara de pau.
pro.ce.den.cia [proθeðenθja] *sf* 1 Procedência, proveniência, origem. 2 Fundamento, razão.
pro.ce.der [proθeð'er] *vi* 1 Proceder, provir, originar, decorrer. 2 Executar, realizar. 3 *Der* Processar, demandar.
pro.ce.di.mien.to [proθeðimj'ento] *sm* 1 Procedimento, proceder, conduta, método. 2 Maneiras, modos. 3 *Der* Processo.
pro.ce.sa.mien.to [proθesamj'ento] *sm* Processamento, andamento.
pro.ce.sar [proθes'ar] *vt* 1 Processar, transformar. 2 *Der* Processar.
pro.ce.sión [proθesj'on] *sf* 1 Procedência. 2 Procissão.
pro.ce.so [proθ'eso] *sm* 1 Processo, seguimento, decurso, progresso. 2 *Der* Processo, causa, ação.
pro.cla.mar [proklam'ar] *vt* Proclamar.
pró.cli.sis [pr'oklisis] *sf Gram* Próclise.

pro.cli.ve [prokl'ibe] *adj* 1 Inclinado. 2 Propenso, tendente.
pro.cre.ar [prokre'ar] *vt* Procriar, reproduzir, multiplicar.
pro.di.gar [prodig'ar] *vt* 1 Prodigalizar, desperdiçar, dissipar, esbanjar. *vpr* 2 Exceder-se.
pro.di.gio [prod'ihjo] *sm* Prodígio, portento, fenômeno.
pro.duc.ción [produkθj'on] *sf* 1 Produção, fabricação. 2 Produto, obra, realização, fruto.
pro.du.cir [produθ'ir] *vt* 1 Produzir, fabricar, manufaturar. 2 Frutificar, engendrar, criar. 3 Resultar, causar.
pro.duc.to [prod'ukto] *sm* 1 Produto, obra. 2 Resultado, fruto. 3 Lucro, rendimento.
pro.e.za [pro'eθa] *sf* Proeza, façanha.
pro.fa.nar [profan'ar] *vt* Profanar, macular, desonrar, aviltar.
pro.fe.cí.a [profeθ'ia] *sf* Profecia, prognóstico, previsão, vaticínio.
pro.fe.sar [profes'ar] *vt* 1 Professar, praticar, exercer. 2 Seguir, abraçar, aderir, adotar.
pro.fe.sión [profesj'on] *sf* Profissão, ofício, emprego, ocupação.
pro.fe.sio.nal [profesjon'al] *adj+s* Profissional.
pro.fe.sor, -ora [profes'or] *s* Professor, educador, mestre.
pro.fun.di.dad [profundid'ad] *sf* 1 Profundidade, fundura. 2 Perspicácia, sagacidade.
pro.fun.di.zar [profundiθ'ar] *vi* Aprofundar.
pro.fun.do, -a [prof'undo] *adj* 1 Profundo, fundo. 2 Intenso. 3 Penetrante, perspicaz, sagaz.
pro.fu.sión [profusj'on] *sf* Profusão, abundância, prodigalidade, fartura.
pro.ge.ni.tor, -ora [prohenit'or] *s* Progenitor, pai.

pro.gra.ma [progr´ama] *sm* **1** Édito, anúncio. **2** Programa, esquema, plano, projeto. **3** Programação. **4** *Inform Software*.

pro.gra.ma.ción [programaθj´on] *sf* Programação.

pro.gre.sar [progres´ar] *vi* Progredir, avançar, adiantar, aperfeiçoar, melhorar.

pro.gre.sión [progresj´on] *sf* Progressão, progresso, gradação.

pro.gre.so [progr´eso] *sm* **1** Progresso, marcha, avanço. **2** Melhoramento, desenvolvimento, adiantamento, aperfeiçoamento.

pro.hi.bi.ción [projbiθj´on] *sf* Proibição, interdição, veto.

pro.hi.bir [projb´ir] *vt* Proibir, vetar.

pró.ji.mo, -a [pr´ohimo] *s* Próximo, semelhante.

pro.le [pr´ole] *sf* **1** Prole, descendência. **2** Filhos, descendentes.

pro.le.ta.ria.do [proletarj´ado] *sm* Proletariado, trabalhadores.

pro.le.ta.rio, -a [prolet´arjo] *adj+s* Proletário, trabalhador.

pro.li.jo, -a [prol´iho] *adj* **1** Prolixo, extenso, demorado, excessivo, longo. **2** Caprichoso. **3** Cansativo, chato.

pró.lo.go [pr´ologo] *sm* Prólogo, prefácio, preâmbulo.

pro.lon.ga.ción [prolongaθj´on] *sf* **1** Prolongação, continuação, prolongamento. **2** *Electr* Extensão.

pro.lon.ga.mien.to [prolongamj´ento] *sm* Prolongamento, prolongação.

pro.me.dio [prom´edjo] *sm* **1** *Mat* Média. **2** Meio, metade.

pro.me.sa [prom´esa] *sf* Promessa, juramento, voto, compromisso.

pro.me.ter [promet´er] *vt* **1** Prometer, assegurar, afirmar. **2** Anunciar, prenunciar. *vpr* **3** Comprometer-se.

pro.me.ti.do, -a [promet´ido] *s* Comprometido, noivo.

pro.mis.cuo, -a [prom´iskwo] *adj* **1** Confuso, indiscriminado, misturado, indistinto. **2** Promíscuo. **3** Ambivalente.

pro.mo.ción [promoθj´on] *sf* **1** Promoção, divulgação. **2** Melhora, aumento, incremento.

pro.mo.cio.nar [promoθjon´ar] *vt+vpr* Promover, anunciar, divulgar.

pro.nom.bre [pron´ombre] *sm Gram* Pronome.

pro.nós.ti.co [pron´ostiko] *sm* Prognóstico, previsão.

pron.ti.tud [prontit´ud] *sf* Prontidão, diligência, destreza, desembaraço, dinamismo.

pron.to [pr´onto] *adv* **1** Veloz, acelerado, rápido, ligeiro. **2** Cedo, antes da ocasião própria.

pro.nun.cia.ción [pronunθjaθj´on] *sf* **1** Pronúncia. **2** Pronunciação, declaração, pronunciamento.

pro.nun.cia.mien.to [pronunθjamj´ento] *sm* **1** Pronunciamento. **2** Golpe militar.

pro.nun.ciar [pronunθj´ar] *vt* **1** Pronunciar, proferir. **2** Acentuar, ressaltar, evidenciar. *vpr* **3** Pronunciar-se, declarar.

pro.pa.ga.ción [propagaθj´on] *sf* **1** Propagação, divulgação. **2** Disseminação, transmissão.

pro.pa.gan.da [propag´anda] *sf* Propaganda, publicidade.

pro.pa.gar [propag´ar] *vt+vpr* **1** Propagar, disseminar. **2** Espalhar, difundir.

pro.pen.sión [propensj´on] *sf* Propensão, tendência, inclinação, vocação, queda.

pro.pi.cio, -a [prop´iθjo] *adj* Propício, favorável, oportuno.

pro.pie.dad [propjed´ad] *sf* **1** Propriedade, atributo. **2** Domínio, posse.

pro.pie.ta.rio, -a [propjet´arjo] *adj+s* Proprietário, possuidor, senhor, dono.

pro.pio, -a [pr´opjo] *adj* **1** Próprio, peculiar, característico. **2** Privativo, particular.

pro.po.ner [propon´er] *vt* **1** Propor, oferecer, sugerir. *vt+vpr* **2** Propor-se, determinar-se, decidir.

pro.por.ción [proporθj´on] *sf* **1** Proporção, conformidade, adequação, concordância. **2** Dimensão, extensão.

pro.po.si.ción [proposiθj´on] *sf* **1** Proposição, enunciado, exposição. **2** Tese, conclusão.

pro.pues.ta [propu´esta] *sf* Proposta, proposição.

pro.pul.sar [propuls´ar] *vt* **1** Propulsar, impelir, propelir, impulsionar. **2** Rechaçar, repelir.

pro.pul.sión [propulsj´on] *sf* Propulsão, impulso.

pró.rro.ga [pr´oroɣa] *sf* Prorrogação, adiamento, dilação, dilatação, prolongamento.

pro.rrum.pir [proɾumpˈir] *vi* Prorromper.

pro.sa [pr´osa] *sf* **1** *Lit* Prosa. **2** Conversa fiada, papo.

pros.cri.bir [proskrib´ir] *vt* Proscrever, banir, desterrar, exilar, expulsar.

pro.se.guir [proseɣ´ir] *vt+vi* Prosseguir, continuar, insistir, seguir.

pros.pe.ri.dad [prosperid´ad] *sf* Prosperidade, fortuna, ventura.

pros.ti.tu.ción [prostituθj´on] *sf* Prostituição, meretrício.

pro.tec.ción [protekθj´on] *sf* **1** Proteção, abrigo, asilo, refúgio. **2** Auxílio, amparo, ajuda.

pró.te.sis [pr´otesis] *sf inv Med* Prótese.

pro.tes.ta [prot´esta] *sf* Protesto, queixa, reclamação.

pro.to.ti.po [protot´ipo] *sm* Protótipo, modelo, padrão.

pro.ve.cho [prob´etʃo] *sm* **1** Proveito, utilidade, conveniência. **2** Vantagem, lucro.

pro.ve.e.dor, -ora [probeed´or] *sm* Provedor, fornecedor.

pro.ve.er [prob(e)´er] *vt+vpr* **1** Prover, abastecer, fornecer, aparelhar, dotar, munir. *vt* **2** Investir, nomear.

pro.ve.nir [proben´ir] *vi* Provir, nascer, vir, derivar, originar-se, proceder.

pro.ver.bio [prob´erβjo] *sm* Provérbio, refrão, sentença, adágio.

pro.vi.den.cia [proβiðˈenθja] *sf* Providência, diligência, medida.

pro.vin.cia [proβˈinθja] *sf* **1** Província. **2** Estado.

pro.vi.sión [proβisj´on] *sf* **1** Provisão, abastecimento, provimento, suprimento. **2 provisiones** *pl* Mantimentos, víveres.

pro.vi.sio.nal [proβisjon´al] *adj* Provisório, interino, temporário.

pro.vo.ca.ción [proβokaθj´on] *sf* Provocação, desafio, afronta.

pro.vo.car [proβok´ar] *vt* **1** Provocar, incitar, induzir, instigar. **2** Desafiar, irritar. **3** Suscitar.

pro.xi.mi.dad [pro(k)simid´ad] *sf* Proximidade, vizinhança, cercania.

pró.xi.mo, -a [pr´o(k)simo] *adj* **1** Próximo, vizinho, adjacente, contíguo. **2** Seguinte, imediato.

pro.yec.ción [proyekθj´on] *sf* Projeção, exibição de imagem.

pro.yec.tar [proyekt´ar] *vt* **1** Projetar, lançar, arremessar. **2** Arquitetar, idear, planejar. **3** Exibir imagem.

pro.yec.til [proyekt´il] *sm* Projétil, bala.

pro.yec.to [proy´ekto] *sm* **1** Projeto, plano, ideia. **2** Esboço, planta, desenho.

pru.den.cia [pruðˈenθja] *sf* **1** Prudência, moderação, temperança, cautela. **2** Sensatez, juízo, tino.

prue.ba [prw´eβa] *sf* **1** Prova, demonstração, comprovação, indício. **2** Exame, teste. **3** Concurso.

pru.ri.to [prur´ito] *sm* **1** Prurido, coceira. **2** Comichão, vontade.

psi.co.lo.gí.a [sikoloh´ia] *sf Med* Psicología.

psi.co.te.ra.pia [sikoter´apja] *sf Med* Psicoterapia.

psi.quia.trí.a [sikjatr´ia] *sf Med* Psiquiatría.

pú.a [p´ua] *sf* **1** Pua, farpa, espinho. **2** Dente de pente.

pú.ber [p´uber] *adj+s* Púbere, pré-adolescente.

pu.ber.tad [pubert´ad] *sf* Puberdade, pré-adolescência.

pu.bli.ca.ción [publikaθj´on] *sf* **1** Publicação, edição. **2** Promulgação, divulgação.

pu.bli.ci.dad [publiθid´ad] *sf* Publicidade, propaganda, divulgação.

pú.bli.co, -a [p´ubliko] *adj* Público, notório, manifesto, conhecido, patente. • *sm* **1** Público, coletividade. **2** Auditório, assistência, plateia.

pu.che.ro [putʃ´ero] *sm* **1** Caçarola, panela, caldeirão. **2** Cozido, ensopado. **3** Beicinho, biquinho.

pu.cho [p´utʃo] *sm AL* Toco, ponta, bituca.

pu.dien.te [pudj´ente] *adj+s* Rico, abastado, endinheirado.

pu.drir [pudr´ir] *vt+vpr* **1** Apodrecer, corromper, deteriorar. **2** *fig* Encher o saco, amolar, incomodar, aborrecer.

pue.ble.ri.no, -a [pwebler´ino] *adj+s* Caipira.

pue.blo [pw´eblo] *sm* **1** Povo, raça. **2** Povoado, povoação, vilarejo.

puen.te [pw´ente] *sm* Ponte.

puer.co, -a [pw´erko] *s Zool* Porco, suíno. • *adj+s fam* **1** Porco, sujo, imundo, porcalhão. **2** Vil, infame, indecente.

puer.ta [pw´erta] *sf* **1** Porta. **2** *Dep* Gol.

puer.to [pw´erto] *sm* **1** Porto, embarcadouro. **2** Garganta, desfiladeiro. **3** *fig* Segurança, amparo.

pues [pw´es] *conj* Pois, já que, visto que.

pues.to, -a [pw´esto] *adj* **1** Resolvido, determinado, empenhado. **2** Bem-vestido, arrumado. **3** *coloq* Expert, conhecedor. • *sm* **1** Posto, lugar, local. **2** Barraquinha, tenda. **3** Emprego, cargo, ofício.

pu.ja [p´uha] *sf* **1** Força, empenho. **2** Lance (leilão).

pu.jar [puh´ar] *vt* **1** Batalhar, esforçar-se, empenhar-se. *vi* **2** Vacilar, titubear. **3** Aumentar o lance (leilão).

pu.jo [p´uho] *sm* Impulso, vontade, desejo, urgência.

pul.cri.tud [pulkrit´ud] *sf* Pulcritude, beleza.

pul.ga [p´ulga] *sf Entom* Pulga.

pul.ga.da [pulg´ada] *sf* Polegada.

pul.gar [pulg´ar] *sm* Dedo, polegar.

pu.lir [pul´ir] *vt* **1** Polir, lustrar, envernizar. *vt+vpr* **2** Arrumar-se, enfeitar-se.

pu.lla [p´uλa] *sf* **1** Obscenidade. **2** Mordacidade.

pul.món [pulm´on] *sm Anat* Pulmão.

pul.mo.ní.a [pulmon´ia] *sf Med* Pneumonia.

pul.pa [p´ulpa] *sf* Polpa.

pul.sa.ción [pulsaθj´on] *sf* Pulsação, palpitação, batimento.

pul.se.ra [puls´era] *sf* **1** Pulseira, bracelete. **2** Argola, aro.

pul.so [p´ulso] *sm* **1** *Anat* Pulso, munheca. **2** Palpitação. **3** Força, vigor, energia.

pul.ve.ri.zar [pulberiθ´ar] *vt+vpr* **1** Aniquilar, destroçar, fulminar. **2** Pulverizar, espargir.

pun.do.nor [pundon´or] *sm* Pundonor, probidade, decoro, decência.

pun.ta [p´unta] *sf* **1** Ponta, extremidade, extremo. **2** Bituca, toco.

pun.ta.da [punt´ada] *sf* **1** Ponto. **2** Agulhada, pontada.

pun.tal [punt´al] *sm* Escora, esteio.

pun.ta.pié [puntapj´e] *sm* Pontapé, chute.

pun.te.rí.a [punter´ia] *sf* Pontaria.
pun.te.ro, -a [punt´ero] *adj+sm* Ponteiro, certeiro.
pun.tia.gu.do, -a [puntjag´udo] *adj* Pontiagudo, pontudo, bicudo.
pun.ti.lla [punt´iλa] *sf* **1** Renda. **2** Pontilha (arma).
pun.to [p´unto] *sm* **1** Ponto. **2** Assunto, matéria. **3** Crochê.
pun.tua.ción [puntwaθj´on] *sf Gram* Pontuação.
pun.tual [puntw´al] *adj* Pontual, exato, preciso.
pun.za.da [punθ´ada] *sf* **1** Pontada, agulhada. **2** Aflição.
pun.zar [punθ´ar] *vt* **1** Punçar, puncionar, furar. *vi* **2** Afligir.
pu.ña.do [puñ´ado] *sm* Punhado.
pu.ñal [puñ´al] *sm* Punhal, adaga.
pu.ña.la.da [puñal´ada] *sf* Punhalada, facada.
pu.ñe.ta.zo [puñet´aθo] *sm* Soco, murro.
pu.ño [p´uño] *sm* **1** *Anat* Punho. **2** Empunhadura, cabo.

pu.pi.la.je [pupil´ahe] *sm* Pensão.
pu.pi.tre [pup´itre] *sm* Carteira, escrivaninha.
pu.ré [pur´e] *sm* Purê.
pu.re.za [pur´eθa] *sf* **1** Pureza, inocência, candura. **2** Limpidez, nitidez. **3** Virgindade.
pur.gan.te [purg´ante] *adj+sm* Purgante, purgativo.
pur.ga.to.rio [purgat´orjo] *sm Rel* Purgatório.
pu.ri.fi.ca.ción [purifikaθj´on] *sf* Purificação, purgação, limpeza.
pu.ro, -a [p´uro] *adj* **1** Puro, genuíno. **2** Casto, inocente, virginal, impoluto, intocado. • *sm* Charuto.
púr.pu.ra [p´urpura] *sf* **1** *Zool* Cochinilha. Púrpura (animal, cor, doença).
pus [p´us] *sm Med* Pus.
pu.to [p´uto] *sm* Travesti, homossexual, bicha.
pu.tre.fac.ción [putrefakθj´on] *sf* Putrefação, apodrecimento, deterioração.
pú.tri.do, -a [p´utrido] *adj* Pútrido, podre.

q

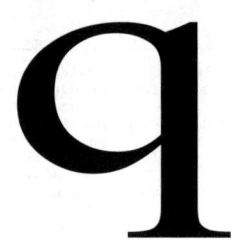

q [k´u] *sf* Décima oitava letra do alfabeto espanhol.
que [k´e] *pron relat* Que. • *conj* Que.
qué [k´e] *pron inter+pron excl* Que.
que.bra.di.zo, -a [kebrad´iθo] *adj* Quebradiço, frágil.
que.bra.du.ra [kebrad´ura] *sf* Abertura, fenda, fissura, racha, rachadura, greta.
que.bran.tar [kebrant´ar] *vt* 1 Quebrar. *vpr* 2 Quebrantar-se.
que.bran.to [kebr´anto] *sm* Quebranto, moléstia, mal-estar, abatimento, desânimo.
que.brar [kebr´ar] *vt* Quebrar.
que.dar [ked´ar] *vi+vpr* 1 Ficar. *vi* 2 Combinar, acordar, concordar, concertar.
que.do, -a [k´edo] *adj* Quieto, calado.
que.ha.cer [keaθ´er] *sm* Ocupação.
que.ja [k´eha] *sf* 1 Queixa, lamento, lamentação, lamúria. 2 *Der* Queixa.
que.jar.se [keh´arse] *vpr* Queixar-se.
que.ji.do [keh´ido] *sf* Gemido, lamentação, queixa.
que.ma [k´ema] *sf* Queima: a) queimação. b) incêndio.
que.ma.du.ra [kemad´ura] *sf* Queimadura.
que.mar [kem´ar] *vt+vi+vpr* Queimar.
que.ma.rro.pa [kemař´opa] *sf* À queima-roupa.
que.ma.zón [kemaθ´on] *sf* Queimação.

que.re.lla [ker´eλa] *sf* 1 Discórdia, pendência. 2 *Der* Querela.
que.re.llan.te [kereλ´ante] *adj+s Der* Querelante, requerente.
que.re.llar.se [kereλ´arse] *vpr* 1 Queixar-se, lamentar-se, lastimar-se. 2 *Der* Promover querela.
que.rer [ker´er] *vt* Querer: a) desejar. b) gostar, estimar. • *sm* Querer, amor.
que.ri.do, -a [ker´ido] *adj+s* Querido, caro, amado.
quer.més [kerm´es] *sf* Quermesse.
que.ro.se.no [keros´eno] *sm Quím* Querosene.
que.ru.bín [kerub´in] *sm Rel* Querubim.
que.se.ra [kes´era] *sf* Queijeira.
que.so [k´eso] *sm* Queijo.
qui.cio [k´iθjo] *sm* Gonzo, dobradiça.
quie.bra [k´jebra] *sf* 1 Fenda, abertura, fissura, fresta. 2 *Der* Quebra, falência.
quien [k´jen] *pron relat* Quem.
quién [k´jen] *pron inter+pron excl* Quem.
quien.quie.ra [kjenk´jera] *pron* Quem quer.
quie.to, -a [k´jeto] *adj* Quieto: a) imóvel, parado, quedo. b) tranquilo, calmo, sossegado, sereno, plácido.
quie.tud [kjet´ud] *sf* Quietude: a) estado de quieto. b) sossego, paz, tranquilidade.

qui.ja.da [kiˈada] *sf Anat* Queixada.
quin.ca.lla [kinkˈaʎa] *sf* Quinquilharia, ferro-velho.
qui.nce [kˈinθe] *num+sm* Quinze.
quin.ce.na [kinθˈena] *sf* Quinzena.
quin.cua.gé.si.mo, -a [kinkwahˈesimo] *adj+s* Quinquagésimo.
qui.nien.tos, -as [kinjˈentos] *adj* Quinhentos.
quin.ta [kˈinta] *sf* Quinta (casa no campo), chácara, sítio.
quios.co [kiˈosko] *sm* Quiosque: a) coreto. b) banca de jornal.

quios.que.ro, -a [kjoskˈero] *s* Jornaleiro.
qui.rúr.gi.co [kirˈurhiko] *adj* Cirúrgico.
qui.ta.man.chas [kitamˈantʃas] *sm inv* Tira-manchas.
qui.tar [kitˈar] *vt* **1** Tirar: a) retirar. b) furtar, roubar, subtrair. c) abolir, extinguir. d) privar, despojar. **2** *vpr* Desviar-se, apartar-se, sair.
qui.ta.sol [kitasˈol] *sm* Guarda-sol.
qui.zá [kiθˈa] *adv* Quiçá, talvez, porventura, quem sabe.
quó.rum [kˈworum] *sm* Quorum.

r

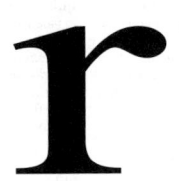

r [e´r̄e] Décima nona letra do alfabeto espanhol. Recebe o nome de *ere* ou *erre*, conforme seja vibrante simples ou múltipla.

ra.bia [r̄a´bja] *sf* **1** Raiva, fúria, cólera, ira, ódio. **2** *Med* Raiva, doença infecciosa.

ra.biar [r̄abj´ar] *vi* **1** *fig* Exasperar-se, desesperar-se. **2** Impacientar, irritar, exasperar.

ra.bie.ta [r̄abj´eta] *sf* Birra, chilique.

ra.bio.so, -a [r̄abj´oso] *adj+s* Irritado, irado, encolerizado, danado, fulo.

ra.bo [r̄´abo] *sm Anat* Rabo, cauda.

racha [r̄a´ʃa] *sf* **1** Rajada de vento. **2** *coloq* Situação boa ou ruim; maré.

ra.ci.mo [r̄aθ´imo] *sm* Cacho, penca.

ra.cio.ci.nar [r̄aθjoθin´ar] *vi* Raciocinar, pensar, refletir, avaliar.

ra.cio.ci.nio [r̄aθjoθ´injo] *sm* Raciocínio, inteligência, entendimento, pensamento, julgamento, razão.

ra.ción [r̄aθj´on] *sf* Ração, porção.

ra.cio.na.li.dad [r̄aθjonalid´ad] *sf* Racionalidade, juízo, coerência, sensatez.

ra.cio.na.li.za.ción [r̄aθjonaliθaθj´on] *sf* Racionalização.

ra.cio.na.mien.to [r̄aθjonamj´ento] *sm* Racionamento, limitação, restrição.

ra.cio.nar [r̄aθjon´ar] *vt* Racionar, limitar, restringir.

ra.dia.ción [r̄adjaθj´on] *sf Fís* Radiação.

ra.diac.ti.vi.dad [r̄adjaktibid´ad] *sf Fís* Radioatividade.

ra.dian.te [r̄adj´ante] *adj* **1** Brilhante, resplandecente. **2** Radiante, contente, satisfeito.

ra.dio [r̄´adjo] *sm* **1** Rádio: a) *Anat* osso do antebraço. b) *Quím* metal radioativo. **2** Raio (círculo, roda). *sf* **3** Rádio (estação de radiodifusão). *s* **4** Rádio, aparelho de rádio.

ra.dio.ca.se.te [r̄adjokas´ete] *sm* Radiogravador, toca-fitas.

ra.dio.gra.fí.a [r̄adjograf´ia] *sf Med* Radiografia, chapa de raios X.

ra.dio.ta.xi [r̄adjot´a(k)si] *sm* Radiotáxi.

raer [r̄a´er] *vt* Raspar.

rá.fa.ga [r̄´afaga] *sf* Rajada, lufada, ventania.

ra.í.do, -a [r̄a´ido] *adj* Puído, gasto.

ra.íz [r̄a´iθ] *sf* **1** *Bot* Raiz. **2** Bens de raiz, bens imóveis. **3** Fonte, causa, origem.

ra.ja [r̄´aha] *sf* **1** Racho, rachadura, fenda. **2** Fatia, lasca.

ra.ja.du.ra [r̄ahad´ura] *sf* Rachadura, fenda.

ra.jar [r̄ah´ar] *vt* Fatiar. *vt+vpr* **2** Fender, rachar, partir, abrir. *vt+vi+vpr* **3** *fig* Acovardar-se, voltar atrás.

ra.llar [r̄aʎ´ar] *vt* **1** Ralar, moer. **2** *fig* Torrar a paciência, importunar, aporrinhar.

ra.me.ra [r̄amˊera] *sf* Rameira, puta, prostituta.
ra.mi.fi.ca.ción [r̄amifikaθjˊon] *sf* Ramificação, ramal, divisão.
ra.mi.lle.te [r̄amiλˊete] *sm* Ramalhete, buquê.
ra.mo [r̄ˊamo] *sm* **1** *Bot* Ramo, galho. **2** Divisão, parte, seção. **3** Ramalhete. **4** Réstia.
ram.plón, -ona [r̄amplˊon] *adj* Cafona, brega, vulgar, deselegante.
ra.na [r̄ˊana] *sf Zool* Rã.
ran.cho [r̄ˊantʃo] *sm* **1** Rancho, sítio. **2** Refeição, ração.
ran.cio, -a [r̄ˊanθjo] *adj* Rançoso. • *sm* Ranço.
ra.nu.ra [r̄anˊura] *sf* **1** Ranhura, sulco, entalhe. **2** Fenda, fissura.
rá.pi.do, -a [r̄ˊapido] *adj* **1** Rápido, veloz, célere, ligeiro. **2** Leve, breve.
ra.pi.ña [r̄apˊiɲa] *sf* Rapina, roubo.
rap.tar [r̄aptˊar] *vt* Raptar, sequestrar.
ra.que.ta [r̄akˊeta] *sf Dep* Raquete.
ra.re.za [r̄arˊeθa] *sf* **1** Raridade. **2** Estranheza, extravagância, excentricidade.
ra.ro, -a [r̄ˊaro] *adj* **1** Estranho, incomum, extravagante. **2** Escasso, parco.
ras.ca.cie.los [r̄askaθjˊelos] *sm inv* Arranha-céu.
ras.car [r̄askˊar] *vt+vpr* **1** Coçar(se). **2** Raspar.
ras.gar [r̄asgˊar] *vt+vpr* Rasgar, romper.
ras.go [r̄ˊasgo] *sm* **1** Linha, risco, traço. **2** Ato, gesto nobre. **3** Peculiaridade, propriedade, particularidade. **4 rasgos** *pl* Feições, traços.
ras.gón [r̄asgˊon] *sm* Rasgo, rasgadura, rasgão.
ras.gu.ñar [r̄asguɲˊar] *vt* **1** Arranhar. **2** Esboçar, rascunhar.
ras.gu.ño [r̄asgˊuɲo] *sm* **1** Arranhão, unhada. **2** Rascunho, esboço.
ra.so, -a [r̄ˊaso] *adj* **1** Raso: a) liso, plano, nivelado. b) sem encosto. c) sem distinção. **2** Rasante, Rente. • *sm* Cetim.
ras.pa [r̄ˊaspa] *sf* **1** Espinha de peixe. **2** *fam* Chato, pentelho.
ras.pón [r̄aspˊon] *sm* Raspão, arranhão, esfoladura.
ras.tre.ar [r̄astreˊar] *vt* **1** Rastrear, sondar. **2** Voar baixo.
ras.tre.o [r̄astrˊeo] *sm* Rastreio, rastreamento, sondagem, varredura.
ras.tre.ro, -a [r̄astrˊero] *adj* **1** Rasteiro. **2** Rasante. **3** *fig* Baixo, vil, mesquinho, desprezível.
ras.tro [r̄ˊastro] *sm* **1** Rastro, pista, indício, vestígio. **2** Pegada. **3** *AL* Matadouro. **4** Rastelo, ancinho. **5** Mercado popular.
ra.su.rar [r̄asurˊar] *vt* Barbear.
ra.te.ar [r̄ateˊar] *vt* **1** Ratear, dividir. **2** Furtar, surrupiar. *vi* **3** Rastejar. **4** Regular, ser avaro.
ra.ti.fi.ca.ción [r̄atifikaθjˊon] *sf* Ratificação, confirmação, aprovação, comprovação.
ra.to [r̄ˊato] *sm* **1** Momento, espaço curto de tempo. **2** *Zool* Rato, camundongo.
ra.tón, -ona [r̄atˊon] *s* **1** *Zool* Rato, ratazana. **2** *Inform* Mouse.
ra.to.ne.ra [r̄atonˊera] *sf* **1** Ratoeira. **2** Buraco de rato. **3** *fam* Armadilha, ardil.
ra.ya [r̄ˊaya] *sf* **1** Traço, listra, linha, risco. **2** Limite, fronteira. **3** Raia. **4** Vinco. **5** Carreira (cocaína). **6** *Gram* Travessão. **7** *Ictiol* Arraia.
ra.yar [r̄ayˊar] *vt* **1** Riscar, traçar. **2** Rasurar. **3** Sublinhar.
ra.yo [r̄ˊayo] *sm* **1** *Geom* Raio. **2** Relâmpago. **3** Desgraça, infortúnio. **4** Faísca.
ra.za [r̄ˊaθa] *sf* Raça.
ra.zón [r̄aθˊon] *sf* **1** Razão, inteligência, raciocínio. **2** Argumento, fundamento. **3** Causa, motivo, justificativa.

ra.zo.na.ble [r̄aθon´able] *adj* **1** Razoável, próprio, ajustado. **2** Aceitável, plausível.

ra.zo.na.mien.to [r̄aθonamj´ento] *sm* **1** Raciocínio, discernimento. **2** Argumentação, argumento.

ra.zo.nar [r̄aθon´ar] *vi* **1** Raciocinar, pensar, meditar. **2** Argumentar.

re.ac.ción [r̄ea(k)θj´on] *sf* **1** Reação, resposta. **2** Resistência, oposição.

re.a.cio, -a [r̄e´aθjo] *adj* Relutante, resistente, renitente.

re.ac.ti.var [r̄eaktiv´ar] *vt* Reativar.

re.ad.mi.sión [r̄eadmisj´on] *sf* Readmissão.

re.a.fir.mar [r̄eafirm´ar] *vt+vpr* Reafirmar, reforçar, ratificar, reiterar.

re.a.gru.par [r̄eagrup´ar] *vt* Reagrupar, reunir.

re.a.jus.tar [r̄eahust´ar] *vt* **1** Reajustar, recompor, readaptar. **2** Remarcar preços.

re.al [r̄e´al] *adj* **1** Real, verdadeiro, efetivo, existente. **2** Régio. **3** Grandioso, suntuoso.

re.al.ce [r̄e´alθe] *sm* **1** Realce, destaque, relevo. **2** Distinção, importância.

re.a.le.za [r̄eal´eθa] *sf* Realeza, soberania, majestade, monarquia.

re.a.li.dad [r̄ealid´ad] *sf* Realidade, efetividade, existência, verdade, veracidade.

re.a.li.za.ción [r̄realiθaθj´on] *sf* Realização.

re.a.li.zar [r̄eali θ´ar] *vt+vpr* **1** Realizar, efetuar, fazer. *vt* **2** *Cin, Telev* Dirigir. **3** *Com* Liquidar. *vpr* **4** Realizar-se, satisfazer-se.

re.al.zar [r̄ealθ´ar] *vt+vpr* Realçar, pôr em relevo, destacar, salientar.

re.a.nu.da.ción [r̄eanudaθj´on] *sm* Reatamento, retomada.

re.a.nu.dar [r̄eanud´ar] *vt+vpr* Retomar, reatar, reiniciar, prosseguir.

re.a.pa.ri.ción [r̄eapariθj´on] *sf* Reaparecimento, ressurgimento.

re.ba.ba [r̄eb´aba] *sf* Rebarba.

re.ba.ja [r̄eb´aha] *sf* **1** Diminuição, redução, desconto, abatimento. **2** *rebajas* *pl* Liquidação, oferta.

re.ba.jar [r̄ebah´ar] *vt* **1** Rebaixar, diminuir, baixar. *vpr* **2** Humilhar.

re.ba.na.da [r̄eban´ada] *sf* Fatia.

re.ba.ño [r̄eb´año] *sm* **1** Rebanho, gado, manada. **2** *Rel* Fiéis.

re.ba.sar.[r̄ebas´ar] *vt* Transbordar, ultrapassar, exceder.

re.ba.tir [r̄ebat´ir] *vt* **1** Rebater. **2** Rechaçar, repelir, resistir.

re.be.lar.se [r̄ebel´arse] *vpr* **1** Rebelar, sublevar. **2** Resistir, opor-se.

re.bel.dí.a [r̄ebeld´ia] *sf* Rebeldia, indisciplina, desobediência.

re.be.lión [r̄ebelj´on] *sf* Rebelião, desobediência.

re.bor.de [r̄eb´orde] *sm* Rebordo, borda, moldura.

re.bo.sa.mien.to [r̄ebosamj´ento] *sf* Abundância, superabundância, superlotação.

re.bo.sar [r̄ebos´ar] *vi+vpr* **1** Transbordar, derramar. *vi+vt* **2** Exceder, abundar. *vi* **3** Lotar, superlotar.

re.bo.tar [r̄ebot´ar] *vi* **1** Rebotar, rebater, quicar. **2** *CS* Voltar (cheque).

re.bus.car [r̄ebusk´ar] *vt* Esquadrinhar, escarafunchar.

re.ca.do [r̄ek´ado] *sm* **1** Recado, mensagem. **2** Encargo, encomenda. **3** Compras (diárias).

re.ca.er [r̄eka´er] *vi* **1** Recair. **2** Reincidir.

re.ca.í.da [r̄eka´ida] *sf* Recaída. **2** Reincidência.

re.cal.car [r̄ekalk´ar] *vt* **1** Recalcar, apertar. **2** Acentuar, reforçar. *vpr* **3** Deslocar, torcer. **4** *coloq* Repisar, repetir.

re.ca.len.tar [r̄ekalent´ar] *vt* **1** Requentar. **2** Esquentar demais. *vt+vpr* **3** Excitar, despertar, acender (paixão).

re.cam.biar [r̄ekambjár] *vt* **1** *Com* Recambiar. **2** Substituir, repor, trocar.
re.ca.pa.ci.tar [r̄ekapaθitár] *vt+vi* Reconsiderar, repensar.
re.ca.pi.tu.la.ción [r̄ekapitulaθjón] *sf* Recapitulação.
re.car.gar [r̄ekargár] *vt* **1** Recarregar, repor. **2** Sobrecarregar. **3** *Com* Aumentar, sobretaxar.
re.car.go [r̄ekárgo] *sm* **1** Acréscimo. *Med* **2** Aumento de febre.
re.ca.tar [r̄ekatár] *vt* **1** Recatar, esconder, ocultar, encobrir. *vpr* **2** Precaver-se, acautelar-se, resguardar-se.
re.cau.chu.tar [r̄ekawt∫utár] *vt* Recauchutar, recapar.
re.cau.da.ción [r̄ekawdaθjón] *sf* **1** Arrecadação, coleta. **2** Recebimento, cobrança.
re.cau.dar [r̄ekawdár] *vt* **1** Arrecadar, coletar, angariar. **2** Receber, cobrar.
re.ce.lar [r̄eθelár] *vt+vpr* Recear, temer, desconfiar, suspeitar.
re.ce.lo [r̄eθélo] *sm* Receio, temor, suspeita, desconfiança.
re.cep.ción [r̄eθepθjón] *sf* **1** Recepção, recebimento, admissão. **2** Cerimônia, festa, reunião. **3** Portaria, balcão de atendimento.
re.cep.cio.nis.ta [r̄eθepθjonísta] *s* Recepcionista.
re.cep.tar [r̄eθeptár] *vt* Receptar.
re.cep.ti.vi.dad [r̄eθeptibidád] *sf* **1** Receptividade, aceitação, acolhimento. **2** Vulnerabilidade.
re.ce.sión [r̄eθesjón] *sf* Recessão.
re.ce.so [r̄eθéso] *sm* **1** Separação, afastamento, desvio. **2** Recesso, pausa, descanso, interrupção.
re.ce.ta [r̄eθéta] *sf* Receita: a) prescrição médica. b) fórmula culinária.
re.ce.tar [r̄eθetár] *vt Med* Receitar, prescrever, indicar.
re.ce.ta.rio [r̄eθetárjo] *sm Med* Prontuário, ficha, receituário.

re.cha.zar [r̄et∫aθár] *vt* **1** Rechaçar, repelir. **2** Repudiar, rejeitar.
re.cha.zo [r̄et∫áθo] *sm* Rechaço, rejeição, repúdio.
re.chi.nar [r̄et∫inár] *vi* Ranger, gemer, rangir.
re.chon.cho, -a [r̄et∫ónt∫o] *adj* Rechonchudo, gorducho.
re.ci.bí [r̄eθibí] *sm Com* Recibo de quitação.
re.ci.bi.mien.to [r̄eθibimjénto] *sm* Recebimento, recepção, acolhida.
re.ci.bir [r̄eθibír] *vt* Receber, aceitar, acolher.
re.ci.bo [r̄eθíbo] *sm* **1** Antessala, recepção, saguão, vestíbulo, entrada, *hall*. **2** Sala de visitas. **3** *Com* Recebimento, recepção. **4** *Com* Recibo.
re.ci.cla.je [r̄eθiklásse] *sm* **1** Reciclagem, reaproveitamento. **2** Atualização profissional.
re.ci.clar [r̄eθiklár] *vt* **1** Reciclar, reaproveitar. **2** Atualizar profissionalmente.
re.cién [r̄eθjén] *adv* **1** Recém, recente, recentemente, agora mesmo. **2** Mal, apenas, assim que.
re.cien.te [r̄eθjénte] *adj* Recente, novo, moderno, atual.
re.ci.pro.ci.dad [r̄eθiproθidád] *sf* Reciprocidade.
re.ci.ta.ción [r̄eθitaθjón] *sf* Recitação, declamação.
re.ci.tar [r̄eθitár] *vt* Recitar, declamar.
re.cla.ma.ción [r̄eklamaθjón] *sf* **1** Reclamação, queixa. **2** Protesto, reivindicação.
re.cla.mar [r̄eklamár] *vt* **1** Reclamar, reivindicar, pedir, exigir. *vi* **2** Queixar-se.
re.cli.nar [r̄eklinár] *vt+vpr* Reclinar, inclinar, recostar.
re.clu.sión [r̄eklusjón] *sf* **1** Reclusão, clausura, encerramento. **2** Prisão, cárcere.

re.clu.so, -a [r̃ekl´uso] *adj+s* Recluso, preso, prisioneiro.
re.clu.ta [r̃ekl´uta] *sf Mil* **1** Recruta, soldado. **2** Recrutamento. **3** Voluntário.
re.clu.ta.mien.to [r̃eclutamj´ento] *sm Mil* Recrutamento, convocação.
re.clu.tar [r̃eklut´ar] *vt Mil* Recrutar, convocar, alistar.
re.co.brar [r̃ekobr´ar] *vt* **1** Recobrar, recuperar, readquirir. *vpr* **2** Restabelecer-se, recuperar-se, sarar.
re.co.ger [r̃ekoh´er] *vt* **1** Recolher, apanhar. **2** Juntar, congregar. **3** *Agr* Colher. **4** Acolher, abrigar. *vpr* **5** Retirar-se, isolar-se. **6** Ir dormir.
re.co.gi.mien.to [r̃ekohimj´ento] *sm* **1** Recolhimento. **2** Resguardo, isolamento, retiro.
re.co.lec.tar [r̃ekolekt´ar] *vt* **1** Recolher, reunir, juntar. **2** *Agr* Colher, fazer a colheita.
re.co.men.da.ción [r̃ekomendaθj´on] *sf* **1** Recomendação, pedido. **2** Elogio, apresentação, referência. **3** Aconselhamento, conselho, advertência.
re.com.pen.sar [r̃ekompens´ar] *vt* **1** Compensar, indenizar. **2** Retribuir, gratificar. **3** Premiar.
re.com.po.ner [r̃ekompon´er] *vt* Recompor, reparar, reconstruir, reconstituir.
re.con.ci.lia.ción [r̃ekonθiljaθj´on] *sf* Reconciliação.
re.con.ci.liar [r̃ekonθilj´ar] *vt+vpr* Reconciliar, apaziguar.
re.cón.di.to, -a [r̃ek´ondito] *adj* Recôndito, escondido, reservado, oculto.
re.con.for.tar [r̃ekonfort´ar] *vt* **1** Reconfortar, animar, consolar. **2** Revigorar, fortalecer.
re.co.no.cer [r̃ekonoθ´er] *vt* **1** Reconhecer, identificar, distinguir. **2** Admitir, aceitar, assumir. **3** Explorar, observar. **4** Dar mérito, agradecer.
re.co.no.ci.ble [r̃ekonoθ´ible] *adj* Reconhecível, identificável, distinguível.

re.con.quis.tar [r̃ekonkist´ar] *vt* Reconquistar, recobrar, recuperar, retomar.
re.con.si.de.rar [r̃ekonsider´ar] *vt* Reconsiderar, repensar, reexaminar, refletir.
re.cons.ti.tu.ción [r̃ekonstituθj´on] *sf* Reconstituição, reconstrução, restauração.
re.cons.truc.ción [r̃ekonstru(k)θj´on] *sf* Reconstrução, restauração, recomposição.
ré.cord [r̃´ekor(d)] *sm* Recorde.
re.cor.da.ción [r̃ekordaθj´on] *sf* Recordação, lembrança, memória, reminiscência.
re.co.rrer [r̃ekor´er] *vt* **1** Percorrer, recorrer. **2** Passar os olhos, dar uma lida por alto.
re.co.rri.do, -a [r̃ekor̃´ido] *s* Percurso, trajeto, itinerário, caminho.
re.cor.tar [r̃ekort´ar] *vt* Cortar, recortar.
re.co.ve.co [r̃ekob´eko] *sm* **1** Canto. **2** Quebrada, atalho. **3** Rodeio.
re.cre.a.ción [r̃ekreaθj´on] *sf* **1** Recriação, reprodução. **2** Diversão, entretenimento, divertimento, lazer.
re.cre.ar [r̃ekre´ar] *vt* **1** Recriar, reproduzir. *vt+vpr* **2** Recrear, divertir, entreter.
re.cre.o [r̃ekr´eo] *sm* **1** Recreio. **2** Intervalo, lanche.
re.cri.mi.na.ción [r̃ekriminaθj´on] *sf* Recriminação, censura, desaprovação, repreensão.
re.cri.mi.nar [r̃ekrimin´ar] *vt* **1** Recriminar, censurar, repreender. *vt+vpr* **2** Incriminar, acusar.
re.cru.de.cer [r̃ekrudeθ´er] *vi+vpr* Recrudescer, piorar, agravar, acentuar, intensificar.
re.cru.de.ci.mien.to [r̃ekrudeθimj´ento] *sm* Recrudescimento, piora, agravamento, intensificação.
rec.ta [r̃´ekta] *sf Geom* Reta, linha reta.

rec.tán.gu.lo [ɾektˊangulo] *sm Geom* Retângulo.

rec.ti.fi.ca.ción [ɾektifikaθjˊon] *sf* Retificação, correção, emenda.

rec.ti.fi.car [ɾektifikˊar] *vt* Retificar, corrigir, emendar, reparar.

rec.ti.tud [ɾektitˊud] *sf* Retidão, retitude, seriedade, probidade, integridade, lisura.

rec.to, -a [ɾˊekto] *adj* **1** Reto, direito, alinhado. **2** Justo, íntegro, austero. • *adj+sm Anat* Reto.

rec.tor, -ora [ɾektˊor] *adj+s* Reitor, diretor, dirigente, governante.

re.cu.brir [ɾekubɾˊir] *vt* Recobrir, cobrir, forrar, revestir.

re.cu.en.to [ɾekwˊento] *sm* **1** Recontagem, contagem. **2** Levantamento, inventário.

re.cu.er.do [ɾekwˊeɾdo] *sm* **1** Recordação, lembrança, memória, evocação, reminiscência. **2** Presente.

re.cu.lar [ɾekulˊar] *vi* Recuar, retroceder, voltar atrás.

re.cu.pe.ra.ción [ɾekupeɾaθjˊon] *sf* Recuperação, reintegração, restituição. **2** Restabelecimento, reabilitação.

re.cu.pe.rar [ɾekupeɾˊar] *vt* Recuperar, reaver, readquirir, retomar. **2** Restaurar, recompor. *vt+vpr* **3** Recobrar, restabelecer.

re.cu.rrir [ɾekuɾˊir] *vi* Recorrer, apelar, valer-se.

re.cur.so [ɾekˊurso] *sm* **1** Recurso, meio, expediente. **2** Retorno, volta. **3** *Der* Apelação. **4 recursos** *pl* Recursos, bens.

re.cu.sar [ɾekusˊar] *vt* Recusar, rejeitar, refutar.

red [ɾˊed] *sf* **1** Rede. **2** Armadilha, ardil.

re.dac.ción [ɾeda(k)θjˊon] *sf* Redação.

re.dac.tar [ɾedaktˊar] *vt* Redigir, escrever.

re.dac.tor, -ora [ɾedaktˊor] *adj+s* Redator.

re.de.dor [ɾededˊor] *sm* Redor, contorno. **al rededor** ao redor.

re.den.ción [ɾedenθjˊon] *sf* **1** Redenção, resgate, salvação, liberação. **2** Remédio, recurso, refúgio.

re.di.mir [ɾedimˊir] *vt* Redimir, remir, liberar.

re.dis.tri.bu.ción [ɾedistɾibuθjˊon] *sf* Redistribuição, remanejamento.

ré.di.to [ɾˊedito] *sm Com* Juro, lucro, rendimento.

re.do.blar [ɾedoblˊar] *vt+vpr* **1** Redobrar, duplicar, multiplicar. *vt* **2** Repetir, reiterar, insistir, reincidir.

re.don.de.ar [ɾedondeˊar] *vt+vpr* **1** Arredondar. **2** Concluir, fechar.

re.don.do, -a [ɾedˊondo] *adj* **1** Redondo, esférico. **2** Claro, direto, nítido, sem rodeios. **3** Perfeito, completo.

re.duc.ción [ɾedu(k)θjˊon] *sf* Redução, diminuição.

re.du.cir [ɾeduθˊir] *vt* **1** Reduzir, converter. **2** Diminuir, minguar, restringir, limitar. *vpr* **3** Moderar-se, refrear-se.

re.duc.to [ɾedˊukto] *sm* Reduto, refúgio, forte, fortificação.

re.dun.dan.cia [ɾedundˊanθja] *sf* Redundância, abundância, excesso, repetição.

re.dun.dar [ɾedundˊar] *vi* **1** Transbordar. **2** Resultar, implicar, reverter.

re.e.lec.ción [ɾeelekθjˊon] *sf* Reeleição.

re.e.le.gir [ɾeelehˊir] *vt* Reeleger.

re.em.pla.zan.te [ɾeemplaθˊante] *adj+sm* Substituto.

re.em.pla.zar [ɾeemplaθˊar] *vt* Substituir.

re.em.pla.zo [ɾeemplˊaθo] *sm* Substituição.

re.en.car.na.ción [ɾeenkaɾnaθjˊon] *sf* Reencarnação.

re.en.cuen.tro [ɾeenkwˊentɾo] *sm* Reencontro.

re.es.truc.tu.rar [r̄eestruktur´ar] *vt* Reestruturar, reorganizar.

re.e.xa.mi.nar [r̄ee(k)samin´ar] *vt* Reexaminar, rever.

re.fe.ren.cia [r̄efer´enθja] *sf* **1** Referência, alusão, menção. **2** Em relação a, a respeito de.

re.fe.rén.dum [r̄efer´endum] *sm* Referendo.

re.fi.na.ción [r̄efinaθj´on] *sf* Refinamento.

re.fi.na.mien.to [r̄efinamj´ento] *sm* **1** Refinamento, requinte, sofisticação. **2** Requintes de maldade, crueldade.

re.fi.ne.rí.a [r̄efiner´ia] *sf* Refinaria.

re.flec.tor, -ora [r̄eflekt´or] *adj Electr* Refletor, reflexivo. • *sm Electr* Refletor.

re.fle.jar [r̄efleh´ar] *vt+vpr* **1** Refletir. **2** Espelhar. **3** Mostrar, revelar, traduzir.

re.fle.jo, -a [r̄efl´eho] *adj* **1** Reflexo, refletido. **2** Inconsciente, instintivo, involuntário, maquinal. • *sm* Reflexo, imagem.

re.fle.xión [r̄efle(k)sj´on] *sf Fís* Reflexão. **2** Ponderação, consideração, meditação, especulação, discernimento.

re.fle.xio.nar [r̄efle(k)sjon´ar] *vi+vt* Refletir, considerar, ponderar, pensar, meditar.

re.fle.xi.vo, -a [r̄efle(k)s´ibo] *adj* Reflexivo.

re.flu.jo [r̄efl´uho] *sm* Refluxo, vazante.

re.fo.res.ta.ción [r̄eforestaθj´on] *sf* Reflorestamento.

re.for.mar [r̄eform´ar] *vt* **1** Refazer. **2** Reformar, modificar, restaurar, reparar. *vpr* **3** Moderar-se, conter-se.

re.for.ma.to.rio [r̄eformat´orjo] *sm* Reformatório.

re.for.zar [r̄eforθ´ar] *vt* **1** Reforçar, fortalecer, fortificar. *vt+vpr* **2** Animar, alentar.

re.frac.ta.rio, -a [r̄efrakt´arjo] *adj* **1** Rebelde, indócil, desobediente, indisciplinado. **2** *Fís* Refratário.

re.frán [r̄efr´an] *sm* Refrão, provérbio, ditado, sentença.

re.fre.gar [r̄efreg´ar] *vt+vpr* **1** Esfregar, friccionar. *vt* **2** *fam* Jogar na cara.

re.fre.nar [r̄efren´ar] *vt+vpr* Refrear, conter, dominar, sujeitar.

re.fres.can.te [r̄efresk´ante] *adj* Refrescante.

re.frie.ga [r̄efrj´ega] *sf* Refrega, briga.

re.fri.ge.ra.dor, -ora [r̄efriherad´or] *s* Refrigerador, geladeira.

re.fri.ge.ran.te [r̄efriher´ante] *adj+s* Refrigerante, refrigerador.

re.fuer.zo [r̄efw´erθo] *sm* **1** Reforço, reparo. **2** Auxílio, ajuda, socorro.

re.fu.giar [r̄efuhj´ar] *vt+vpr* Refugiar, amparar, abrigar, acolher.

re.fu.gio [r̄ef´uhjo] *sm* **1** Refúgio, asilo, acolhida, amparo, proteção. **2** Albergue.

re.fun.fu.ñar [r̄efunfuñ´ar] *vt+vi* Resmungar, rezingar, grunhir.

re.fun.fu.ño [r̄efunf´uño] *sm* Resmungo.

re.fu.ta.ción [r̄efutaθj´on] *sf* Refutação, contestação, impugnação, réplica.

re.ga.de.ra [r̄egad´era] *sf* **1** Regador. **2** Regadeira, regueira, acéquia. **3** *AL* Ducha, chuveiro.

re.ga.dor, -ra [r̄egad´or] *adj* Regador.

re.ga.lar [r̄egal´ar] *vt* **1** Presentear, dar de presente. *vt+vpr* **2** Regalar, recrear, alegrar. *vpr* **3** Regalar-se, deleitar-se.

re.ga.lí.a [r̄egal´ia] *sf* **1** Regalia, prerrogativa, privilégio. **2** *Méx* Direito autoral.

re.ga.lo [r̄eg´alo] *sm* **1** Presente, lembrança. **2** Regalo, agrado, gosto, prazer, satisfação, deleite.

re.ga.ñar [r̄egañ´ar] *vt* **1** *coloq* Repreender. *vi* **2** Rosnar (cão). **3** Discutir, brigar.

re.ga.ño [r̄eg´año] *sm* **1** Cara feia, mau humor. **2** *coloq* Repreensão.
re.ga.ñón, -ona [r̄egañ´on] *adj+s coloq* Rabugento, resmungão, ranheta, ranzinza.
re.ga.te.o [r̄egat´eo] *sm* **1** Regateio. **2** Revenda.
re.ga.zo [r̄eg´aθo] *sm* **1** Regaço, seio, colo. **2** Conforto, consolo.
re.ge.ne.ra.ción [r̄eheneraθj´on] *sf* Regeneração, reabilitação, reconstrução.
ré.gi.men [r̄´ehimen] *sm* **1** Regime, governo. **2** Regimento, disciplina.
re.gi.men.tar [r̄ehiment´ar] *vt* Arregimentar, recolher, reunir.
re.gi.mien.to [r̄ehimj´ento] *sm* **1** Regência, direção. **2** Regimento: a) Mil batalhão. b) normas, disciplina.
re.gio, -a [r̄´ehjo] *adj* **1** Régio, real. **2** Suntuoso, grande, magnífico. **3** *fam* Legal, maravilha.
re.gión [r̄ehj´on] *sf* Região, território, área, parte, lugar.
re.gir [r̄eh´ir] *vt* **1** Reger, dirigir, governar. **2** Guiar, levar, conduzir. *vi* **3** Viger, vigorar. **4** Funcionar bem, regular.
re.gis.trar [r̄ehistr´ar] *vt* **1** Examinar, inspecionar, avaliar. **2** Registrar, assentar, anotar. **3** Inscrever. **4** Gravar, filmar. *vpr* **5** Matricular-se.
re.gla [r̄´egla] *sf* **1** Régua. **2** Regra, norma. **3** Preceito, princípio, máxima. **4** Linha, pauta. **5** Menstruação.
re.gla.men.tar [r̄eglament´ar] *vt* Regulamentar, normatizar.
re.gla.men.ta.rio, -a [r̄eglament´arjo] *adj* Regulamentar, regulamentário, regimental.
re.gla.men.to [r̄eglam´ento] *sm* Regulamento, estatuto, regimento.
re.glar [r̄egl´ar] *vt* **1** Regrar, regular, normatizar. *vpr* **2** Moderar-se, temperar-se, conter-se.

re.go.ci.jar [r̄egoθih´ar] *vt+vpr* Regozijar, alegrar, festejar, exultar.
re.go.ci.jo [r̄egoθ´iho] *sm* **1** Regozijo, gozo, alegria, júbilo. **2** Comemoração.
re.gre.sar [r̄egres´ar] *vi+vpr* Regressar, retornar, voltar, tornar. *vt* **2** *AL* Devolver, restituir.
re.gre.sión [r̄egresj´on] *sf* Regressão, retrocesso, retorno, retrocessão.
re.gre.so [r̄egr´eso] *sm* Regresso, retorno, volta.
re.gue.ro [r̄eg´ero] *sm* **1** Fluxo contínuo que desliza sobre uma superfície (líquidos). **2** Rastro, trilha.
re.gu.lar [r̄egul´ar] *vt* Regular, medir, ajustar, acertar. • *adj* **1** Regular, uniforme. **2** Mediano.
re.gu.la.ri.dad [r̄egularid´ad] *sf* Regularidade.
re.gur.gi.tar [r̄egurhit´ar] *vi* Regurgitar, devolver.
re.ha.bi.li.ta.ción [r̄eabilitaθj´on] *sf* Reabilitação, recuperação, regeneração, reintegração.
re.ha.bi.li.tar [r̄eabilit´ar] *vt+vpr* Reabilitar, restabelecer, reintegrar, recuperar, regenerar.
re.ha.cer [r̄eah´er] *vt* **1** Refazer, reformar, consertar, reparar. *vt+vpr* **2** Repor, restabelecer.
re.hén [r̄e´en] *s* Refém.
re.ho.gar [r̄eog´ar] *vt* Refogar, fritar.
re.huir [r̄ehu´ir] *vt* **1** Afastar, apartar. **2** Evitar, esquivar, repelir.
re.hu.sar [r̄eus´ar] *vt* Recusar, rejeitar, negar, rechaçar.
reim.pre.sión [r̄eimpresj´on] *sf* Reimpressão, reedição.
rei.na [r̄´ejna] *sf* **1** Rainha: a) soberana. b) peça do xadrez. **2** *Entom* Abelha-rainha.
rei.nar [r̄ejn´ar] *vi* **1** Reinar, governar. **2** Prevalecer, imperar, dominar.

rein.ci.den.cia [r̄ejnθid´enθja] *sf* Reincidência, reiteração, recaída.

rein.ci.dir [r̄ejnθiđ´ir] *vi* Reincidir, recair.

rein.cor.po.rar [r̄ejnkorpor´ar] *vt+vpr* Reincorporar, readmitir, reempossar.

rei.ni.ciar [r̄einiθj´ar] *vt* Reiniciar, recomeçar.

rei.ni.cio [r̄ein´iθjo] *sm* Reinício, recomeço.

rei.no [r̄´ejno] *sm* 1 *Polít* Reino. 2 Âmbito, campo, esfera, área.

rein.te.grar [r̄ejntegr´ar] *vt* 1 Reintegrar, restituir, reconstituir. *vpr* 2 Recuperar, reaver. 3 Reassumir.

rein.te.gro [r̄ejnt´egro] *sm* Reintegração.

re.ír [r̄e´ir] *vi+vt+vpr* 1 Rir, sorrir. 2 Zombar, gracejar, caçoar.

rei.te.rar [r̄ejter´ar] *vt+vpr* Reiterar, repetir, renovar.

rei.vin.di.ca.ción [r̄ejbindikaθj´on] *sf* Reivindicação, solicitação.

re.ja [r̄´eha] *sf* Grade.

re.ji.lla [r̄eh´iλa] *sf* 1 Abertura com grade. 2 Ralo. 3 Grelha.

re.ju.ve.ne.cer [r̄ehubeneθ´er] *vt+vi+vpr* 1 Rejuvenescer, remoçar. 2 Renovar, atualizar, modernizar.

re.la.ción [r̄elaθj´on] *sf* 1 Relação, enumeração, exposição. 2 Conexão, correspondência, ligação. 3 Relacionamento. 4 Listagem, rol. 5 **relaciones** *pl* Relações, amigos, conhecidos, círculo social.

re.la.cio.nar [r̄elaθjon´ar] *vt* 1 Relacionar, referir, concernir. *vpr+vpr* 2 Relacionar-se, entrosar-se.

re.la.ja.ción [r̄elahaθj´on] *sf* Relaxamento.

re.la.jar [r̄elah´ar] *vt+vpr* 1 Relaxar, afrouxar, desprender, distender. 2 Distrair, espairecer. 3 Abrandar.

re.la.jo [r̄el´aho] *sm* Relaxamento, desordem.

re.la.mer [r̄elam´er] *vt* 1 Relamber. *vpr* 2 Lamber os beiços, deleitar-se. 3 Orgulhar-se, ficar todo cheio.

re.lám.pa.go [r̄el´ampago] *sm* Relâmpago, raio.

re.la.tar [r̄elat´ar] *vt* Relatar, contar, narrar.

re.la.ti.vo, -a [r̄elat´ibo] *adj* 1 Relativo, concernente, referente. 2 Proporcional, condicional.

re.la.to [r̄el´ato] *sm* 1 Relato, relatório. 2 Narração, conto.

re.le.van.cia [r̄eleb´anθja] *sf* Relevância, importância.

re.lie.ve [r̄elj´ebe] *sm* 1 Relevo, elevação. 2 Realce, saliência. 3 Destaque, importância.

re.li.gión [r̄elihj´on] *sf* Religião, culto, crença.

re.li.quia [r̄el´ikja] *sf* Relíquia.

re.lla.no [r̄eλ´ano] *sm* 1 Patamar, descanso. 2 Planalto, planície, planura, chapada.

re.lle.nar [r̄eλen´ar] *vt+vpr* 1 Rechear. 2 Encher, lotar. 3 Preencher, completar.

re.lle.no, -a [r̄eλ´eno] *adj* 1 Recheado. 2 Lotado, abarrotado. • *sm* Recheio, enchimento.

re.loj [r̄el´o(h)] *sm* Relógio.

re.lo.je.rí.a [r̄eloher´ia] *sf* Relojoaria.

re.lo.je.ro, -a [r̄eloh´ero] *sm* Relojoeiro.

re.lu.cir [r̄eluθ´ir] *vi* Reluzir, brilhar, resplandecer, cintilar, refulgir.

re.luc.tan.te [r̄elukt´ante] *adj* Relutante, resistente, renitente.

re.lum.brar [r̄elumbr´ar] *vi* Resplandecer, reluzir, iluminar, brilhar.

re.ma.char [r̄ematʃ´ar] *vt* 1 Rebitar. 2 Repisar, reforçar, reiterar.

re.ma.che [r̄em´atʃe] *sm* 1 Rebitagem, rebitamento. 2 Rebite.

re.ma.nen.te [r̄eman´ente] *sm* Remanescente, remanente, resíduo, restante, sobra.

remangar — reñir

re.man.gar [r̃emaŋgˈar] *vt+vpr* **1** Arregaçar (mangas). **2** *coloq* Pôr mãos à obra, ir à luta.

re.mar [r̃emˈar] *vi* **1** Remar. **2** *Fig* Dar duro, trabalhar muito.

re.ma.tar [r̃ematˈar] *vt* Rematar: a) arrematar, dar acabamento. b) concluir, terminar. c) comprar em leilão.

re.me.dio [r̃emˈedjo] *sm* **1** Remédio, medicamento. **2** Saída, solução, recurso.

re.me.mo.rar [r̃ememorˈar] *vt* Rememorar, lembrar, recordar, relembrar.

re.me.ro, -a [r̃emˈero] *s* Remador.

re.me.sa [r̃emˈesa] *sf* Remessa, envio, expedição, despacho.

re.mien.do [r̃emjˈendo] *sm* **1** Remendo, conserto. **2** Emenda, correção.

re.mi.nis.cen.cia [r̃eminisθˈenθja] *sf* Reminiscência, lembrança, eco, recordação, memória.

re.mi.ten.te [r̃emitˈente] *s* Remetente.

re.mi.tir [r̃emitˈir] *vt* **1** Remeter, enviar, encaminhar. **2** Perdoar, absolver. **3** Suspender, deixar. *vt+vpr* **4** Delegar.

re.mo [r̃ˈemo] *sm* Remo.

re.mo.de.lar [r̃emodelˈar] *vt* Remodelar, reformar.

re.mo.jo [r̃emˈoho] *sm* **1** Imerso em água ou outro líquido. **2** Molho.

re.mo.la.cha [r̃emolˈatʃa] *sf Bot* Beterraba.

re.mol.car [r̃emolkˈar] *vt* **1** Rebocar, reboquear. **2** Convencer, persuadir, arrastar.

re.mo.li.no [r̃emolˈino] *sm* **1** Redemoinho. **2** Turbilhão, confusão, distúrbio, agitação.

re.mol.que [r̃emˈolke] *sm* Reboque.

re.mon.tar [r̃emontˈar] *vt* **1** Superar, vencer (dificuldade). **2** Subir, escalar. *vt+vpr* **3** Elevar, engrandecer, enaltecer. **4** Soltar, empinar pipa.

re.mor.der [r̃emordˈer] *vt* Remoer, afligir, atormentar.

re.mor.di.mien.to [r̃emordimjˈento] *sm* Remorso, arrependimento, peso na consciência.

re.mo.to, -a [r̃emˈoto] *adj* Remoto, distante, afastado, longínquo.

re.mo.zar [r̃emoθˈar] *vt+vpr* Remoçar, rejuvenescer.

re.mu.ne.ra.ción [r̃emuneraθjˈon] *sf* **1** Remuneração, pagamento. **2** Recompensa, retribuição.

re.na.cer [r̃enaθˈer] *vi* Renascer, ressurgir.

re.na.ci.mien.to [r̃enaθimjˈento] *sm* **1** Renascimento. **2** Renascença.

ren.cor [r̃eŋkˈor] *sm* Rancor, ódio, ressentimento.

ren.di.ción [r̃endiθjˈon] *sf* Rendição.

ren.di.ja [r̃endˈiha] *sf* **1** Rachadura, fenda. **2** Fresta.

ren.di.mien.to [r̃endimjˈento] *sm* **1** Rendimento, lucro. **2** Cansaço, esgotamento. **3** Submissão, sujeição, subordinação.

ren.dir [r̃endˈir] *vt+vpr* **1** Vencer, sujeitar. *vt* **2** Render, dar lucro. **3** Cansar, fatigar, esgotar.

ren.glón [r̃eŋglˈon] *sm* Linha, pauta.

ren.go, -a [r̃ˈeŋgo] *adj+s* Coxo, manco.

re.nom.bra.do, -a [r̃enombrˈado] *adj* Renomado, famoso.

re.nom.bre [r̃enˈombre] *sm* Renome, fama, celebridade.

re.no.va.ción [r̃enobaθjˈon] *sf* Renovação, reforma.

ren.ta [r̃ˈenta] *sf* Renda, rendimento.

ren.ta.bi.li.dad [r̃entabilidˈad] *sf* Rentabilidade, lucratividade.

ren.tar [r̃entˈar] *vt+vi* Render, dar lucro.

re.nun.cia [r̃enˈunθja] *sf* Renúncia, abandono, desistência.

re.ñi.dor [r̃eɲidˈor] *adj* Brigão, encrenqueiro.

re.ñir [r̃eɲˈir] *vt* **1** Dar bronca, repreender. *vi* **2** Brigar, renhir, lutar, discutir.

re.o, -a [r̄'eo] *sm* Réu, acusado.
re.o.jo [r̄e'oho] *loc adv* **de reojo** Esguelha, soslaio, rabo de olho.
re.pa.ra.ción [r̄eparaθj'on] *sf* **1** Reparação, conserto, reforma, restauração. **2** Desagravo, compensação, indenização.
re.par.ti.ción [r̄epartiθj'on] *sf* **1** Divisão, distribuição, partilha. **2** Repartição, departamento.
re.par.ti.mien.to [r̄epartimj'ento] Divisão, distribuição, partilha.
re.par.tir [r̄epart'ir] *vt+vpr* Repartir, distribuir.
re.par.to [r̄ep'arto] *sm* **1** Divisão, distribuição, partilha. **2** Elenco.
re.pa.sar [r̄epas'ar] *vt+vi* **1** Voltar a passar. *vt* **2** Repassar, recapitular, revisar.
re.pe.cho [r̄ep'etʃo] *sm* Ladeira, encosta, barranco.
re.pe.ler [r̄epel'er] *vt* **1** Lançar, arremessar, arrojar. **2** Repelir, rejeitar, repudiar.
re.pen.te [r̄ep'ente] *sm* Repente, impulso, ímpeto.
re.pen.ti.no, -a [r̄epent'ino] *adj* Repentino, súbito, intempestivo, inesperado, imprevisto, abrupto, brusco.
re.per.cu.sión [r̄eperkusj'on] *sf* **1** Repercussão, reverberação, ressonância. **2** Reflexo, consequência.
re.per.cu.tir [r̄eperkut'ir] *vi* **1** Repercutir, reverberar, ecoar. **2** Refletir.
re.per.to.rio [r̄epert'orjo] *sm* Repertório.
re.pe.ti.ción [r̄epetiθj'on] *sf* Repetição.
re.pi.sa [r̄ep'isa] *sf* Estante, prateleira.
re.plie.gue [r̄eplj'ege] *sm* Prega, dobra.
re.po.llo [r̄ep'oλo] *sm Bot* Repolho.
re.po.ner [r̄epon'er] *vt* **1** Repor, recolocar. **2** Substituir. **3** Responder, replicar.
re.por.ta.je [r̄eport'ahe] *sm* Reportagem, matéria.

re.por.te.ro, -a [r̄eport'ero] *adj+s* Repórter.
re.po.sar [r̄epos'ar] *vi+vt* **1** Repousar, descansar. *vpr+vi* **2** Sedimentar.
re.po.si.ción [r̄eposiθj'on] *sf* Reposição, restituição.
re.po.so [r̄ep'oso] *sm* **1** Repouso, descanso. **2** Inércia, imobilidade.
re.pren.der [r̄eprend'er] *vt* Repreender, censurar, dar bronca, chamar a atenção.
re.pren.sión [r̄eprenθj'on] *sf* Repreensão, censura, descompostura, bronca, recriminação, reprimenda.
re.pre.sa.lia [r̄epres'alja] *sf* Represália, retaliação.
re.pre.sen.ta.ción [r̄epresentaθj'on] *sf* **1** Representação, exposição. **2** *Teat* Apresentação, interpretação. **3** Figura, imagem, ideia. **4** Representação, delegação.
re.pre.sen.tar [r̄epresent'ar] *vt+vpr* **1** Representar. *vt* **2** Informar, declarar, expor, exibir, mostrar. **3** Apresentar, interpretar. **4** Substituir.
re.pre.sión [r̄epresj'on] *sf* Repressão.
re.pri.men.da [r̄eprim'enda] *sf* Reprimenda, repreensão, bronca, descompostura.
re.pro.ba.ción [r̄eprobaθj'on] *sf* Reprovação, censura.
re.pro.bar [r̄eprob'ar] *vt* Reprovar, censurar, condenar, execrar.
re.pro.che [r̄epr'otʃe] *sm* Reprovação, censura, desaprovação.
re.pro.duc.ción [r̄eprodu(k)θj'on] *sf* **1** Reprodução, multiplicação. **2** Cópia.
re.pro.du.cir [r̄eproduθ'ir] *vt+vpr* **1** Reproduzir, multiplicar. **2** Copiar.
rep.til [r̄ept'il] *adj+s Zool* Réptil.
re.pues.to, -a [r̄epw'esto] *sm* Refil. **2** Despensa, provisão.
re.pug.nan.cia [r̄epugn'anθja] *sf* **1** Repugnância, aversão, repulsa. **2** Nojo, asco, náusea.

re.pul.sión [r̄epulsj´on] *sf* Repulsa, repulsão, aversão, repugnância.

re.pu.ta.ción [r̄eputaθj´on] *sf* Reputação, conceito, fama, renome.

re.que.ri.mien.to [r̄ekerimj´ento] *sm* Requerimento.

re.que.rir [r̄eker´ir] *vt* 1 Intimar, avisar, notificar. 2 Precisar, necessitar. 3 Requerer, solicitar, pretender. 4 Induzir, instigar.

re.que.són [r̄ekes´on] *sm* Requeijão.

re.qui.si.to [r̄ekis´ito] *sm* Requisito, condição, exigência, quesito.

res [r´es] *sf* 1 Rês. 2 Cabeça de gado.

re.sa.ca [r̄es´aka] *sf* Ressaca.

re.sal.tar [r̄esalt´ar] *vi* Ressaltar, destacar, realçar, salientar.

re.sar.cir [r̄esar̄θ´ir] *vt+vpr* Ressarcir, indenizar, compensar, reparar.

res.ba.la.di.zo, -a [r̄esbalað´iðo] *adj* Escorregadio.

res.ba.lar [r̄esbal´ar] *vi* 1 Deslizar, escorregar, derrapar. *vi+vpr* 2 Cometer um deslize.

res.ba.lón [r̄esbal´on] *sm* Escorregão, escorregadela.

res.ca.tar [r̄eskat´ar] *vt* 1 Resgatar, recuperar. *vt+vpr* 2 Remir, liberar.

res.ca.te [r̄esk´ate] *sm* 1 Resgate. 2 Salvamento.

res.cin.dir [r̄esθind´ir] *vt* Rescindir, invalidar, anular, desfazer.

res.ci.sión [r̄esθisj´on] *sf* Rescisão, anulação.

re.se.car [r̄esek´ar] *vt* Ressecar.

re.sen.ti.mien.to [r̄esentimj´ento] *sm* Ressentimento, mágoa, rancor.

re.se.ña [r̄es´eña] *sf* Resenha.

re.ser.var [r̄eserβ´ar] *vt* 1 Reservar, guardar, poupar. 2 Encobrir, ocultar, calar. 3 Separar. *vpr* 4 Reservar-se, resguardar-se, acautelar-se.

res.fria.do [r̄esfrj´aðo] *sm* 1 Resfriado, gripe. 2 Resfriamento.

res.frí.o [r̄esfr´io] *sm* 1 Resfriamento. 2 Resfriado, gripe.

re.si.den.cia [r̄esið´enθja] *sf* 1 Residência, moradia, casa, domicílio. 2 Permanência.

re.si.duo [r̄es´iðuo] *sm* Resíduo, resto, detrito, dejeto.

re.sig.na.ción [r̄esignaθj´on] *sf* Resignação, conformidade, tolerância, paciência.

re.sig.nar [r̄esign´ar] *vpr* Resignar-se, conformar-se, submeter-se, aceitar, tolerar.

re.sis.ten.cia [r̄esist´enθja] *sf* 1 Resistência, durabilidade, solidez. 2 Oposição, defesa.

re.sis.tir [r̄esist´ir] *vi* 1 Resistir, aguentar, tolerar, suportar. *vi+vt+vpr* 2 Opor-se, contrariar. *vi* 3 Durar, perdurar.

re.so.llar [r̄esoʎ´ar] *vi* 1 Respirar. 2 Resfolegar, ofegar, arfar.

re.so.lu.ción [r̄esoluθj´on] *sf* 1 Resolução, decisão, definição. 2 Determinação, propósito. 3 Coragem, desembaraço, ânimo, firmeza.

re.so.nan.cia [r̄eson´anθja] *sf* 1 Ressonância, reverberação. 2 Repercussão, propagação, divulgação.

re.so.nar [r̄eson´ar] *vi+vt* Ressoar, ressonar, repercutir, reverberar.

re.so.plar [r̄esopl´ar] *vi* Ressonar, bufar.

re.sor.te [r̄es´orte] *sm* 1 Mola. 2 Meio, recurso.

res.pal.do [r̄esp´aldo] *sm* 1 Respaldo, encosto, espaldar. 2 Apoio, proteção, garantia.

res.pec.ti.vo, -a [r̄espekt´iβo] *adj* Respectivo, devido, próprio.

res.pe.tar [r̄espet´ar] *vt* 1 Respeitar, cumprir, observar, obedecer. 2 Considerar, honrar.

res.pe.to [r̄esp´eto] *sm* 1 Respeito, obediência. 2 Consideração, atenção. 3 **respetos** *pl* Respeitos, cumprimentos.

respingar 174 reticencia

res.pin.gar [r̄esping'ar] *vi fam* Resmungar, reclamar, chiar.

res.pin.go.na [r̄esping'ona] *adj fam* Arrebitado (nariz).

res.pi.ra.ción [r̄espiraθj'on] *sf* Respiração.

res.pi.rar [r̄espir'ar] *vi+vt* **1** Respirar. *vi* **2** Transpirar, exalar. **3** Descansar, aliviar-se.

res.plan.de.cer [r̄esplandeθ'er] *vi* Resplandecer, brilhar, reluzir.

res.plan.de.cien.te [r̄esplandeθj'ente] *adj* **1** Resplandecente, brilhante, fulgurante, cintilante. **2** Radiante, alegre.

res.plan.dor [r̄espland'or] *sm* **1** Resplendor, brilho, fulgor. **2** Glória, nobreza, esplendor.

res.pon.sa.bi.li.dad [r̄esponsabilid'ad] *sf* **1** Responsabilidade, tarefa, trabalho. **2** Compromisso, obrigação.

res.pon.sa.ble [r̄espons'able] *adj+s* Responsável.

res.pues.ta [r̄espw'esta] *sf* **1** Resposta. **2** Réplica, contestação.

res.que.bra.jar [r̄eskebrah'ar] *vt+vpr* Rachar, fender.

res.que.mor [r̄eskem'or] *sm* Ressentimento.

res.ta [r̄'esta] *sf Mat* **1** Subtração. **2** Resto, diferença.

res.ta.ble.cer [r̄estableθ'er] *vt* **1** Restabelecer, restaurar. *vpr* **2** Restabelecer-se, sarar, ficar bom.

res.ta.llar [r̄estaλ'ar] *vi+vt* Estalar, estralar, ranger.

res.tau.ra.ción [r̄estawraθj'on] *sf* Restauração, reparo, recuperação, reparação, conserto.

res.ti.tu.ción [r̄estituθj'on] *sf* **1** Restituição, devolução, reembolso. **2** Reintegração, reabilitação.

res.tre.gar [r̄estreg'ar] *vt* Esfregar, friccionar.

res.tric.ción [r̄estri(k)θj'on] *sf* Restrição, limitação, redução.

res.tric.ti.vo, -a [r̄estri(k)t'ibo] *adj* Restritivo, limitativo, restringente.

re.su.ci.tar [r̄esuθit'ar] *vt+vi* **1** Ressuscitar, reviver. *vt* **2** *fam* Reanimar, renovar.

re.suel.to, -a [r̄esw'elto] *adj* **1** Resoluto, determinado, decidido. **2** Diligente, pronto, vivo, expedito.

re.sul.ta.do [r̄esult'ado] *sm* Resultado, decorrência, consequência, fruto.

re.sul.tar [r̄esult'ar] *vi* **1** Resultar, redundar, dar. **2** Provir, proceder, nascer, decorrer. **3** Ser.

re.su.men [r̄es'umen] *sm* Resumo, síntese, sinopse, compêndio.

re.su.mir [r̄esum'ir] *vt+vpr* **1** Resumir, sintetizar, abreviar, compendiar, sumariar. *vpr* **2** Consistir, conter-se, encerrar-se.

re.sur.gi.mien.to [r̄esurhimj'ento] *sm* Ressurgimento, reaparecimento.

re.sur.gir [r̄esurh'ir] *vi* **1** Ressurgir, reaparecer. **2** Renascer, ressuscitar, reviver.

re.su.rrec.ción [r̄esur̄e(k)θj'on] *sf* Ressurreição, renascimento.

re.ta.co, -a [r̄et'ako] *adj+s* Baixinho, troncudo, atarracado.

re.ta.guar.dia [r̄etagw'ardja] *sf* Retaguarda.

re.tal [r̄et'al] *sm* Retalho.

re.ta.lia.ción [r̄etaljaθj'on] *sf* Retaliação, represália.

re.tar [r̄et'ar] *vt* **1** Desafiar, provocar. **2** *fam* Dar bronca, repreender.

re.tar.dar [r̄etard'ar] *vt+vpr* Retardar, atrasar, demorar, dilatar.

re.ta.zo [r̄et'aθo] *sm* **1** Retalho. **2** Trecho, fragmento.

re.te.ner [r̄eten'er] *vt* **1** Reter, deter, prender. *vt+vpr* **2** Reprimir, frear, refrear.

re.ti.cen.cia [r̄etiθ'enθja] *sf* **1** Reticência, interrupção, suspensão. **2** Reserva, desconfiança.

re.ti.na [reťina] *sf Anat* Retina.

re.ti.rar [retiraŕ] *vt+vpr* **1** Retirar, afastar, separar. *vt* **2** Desdizer, negar. *vpr* **3** Recolher-se, ir dormir. **4** Sair. **5** *Mil* Recuar. **6** Aposentar-se.

re.ti.ro [retiŕo] *sm* **1** Retirada, afastamento, isolamento. **2** Retiro, refúgio. **3** Aposentadoria, reforma.

re.to [rẽto] *sm* **1** Desafio, provocação. **2** Bronca, descompostura.

re.to.mar [retomaŕ] *vt* Retomar, reatar, reiniciar.

re.to.ño [retõño] *sm* **1** *Bot* Broto, rebento, muda. **2** *fig* Filho.

re.to.que [retõke] *sm* **1** Pulsação, batido, latejo. **2** Retoque.

re.tor.ci.do, -a [retorθido] *adj* **1** *fam* Com segundas intenções. **2** Rebuscado, difícil.

re.tor.ci.jón [retorθixõn] *sm Med* Espasmo, cólica.

re.trac.tar [retraktaŕ] *vt+vpr* Retratar, desdizer, voltar atrás.

re.tra.er [retraeŕ] *vt* **1** Trazer novamente. **2** Retratar, fotografar, desenhar, representar. **3** Dissuadir. **4** Desdizer. *vpr* **5** Retrair-se, refugiar-se, retirar-se, recolher-se. **6** Retroceder, recuar.

re.tra.sar [retrasaŕ] *vt+vpr* **1** Adiar, retardar. *vpr* **2** Atrasar-se.

re.tra.so [retŕaso] *sm* **1** Atraso, demora. **2** Adiamento.

re.tra.tar [retrataŕ] *vt* Retratar, fotografar, desenhar, representar. *vt+vpr* **2** Retratação.

re.tra.to [retŕato] *sm* **1** Retrato, descrição, representação. **2** Retratação.

re.tre.te [retŕete] *sm* **1** Banheiro. **2** Vaso sanitário, latrina, privada, bacia.

re.tri.bu.ción [retribuθjõn] *sf* Retribuição, recompensa, pagamento.

re.tro.a.li.men.ta.ción [retroalimentaθjõn] *sf* Retroalimentação, *feedback*.

re.tro.ce.der [retroθedeŕ] *vi* Retroceder, recuar, voltar atrás.

re.tro.ce.so [retroθeso] *sm* Retrocesso, recuo.

reu.nión [rewnjõn] *sf* Reunião, união, ajuntamento, agrupamento.

re.van.cha [reβantʃa] *sf* Revanche, vingança, desforra.

re.ve.la.ción [reβelaθjõn] *sf* Revelação, manifestação.

re.ve.la.do [reβelado] *sm Fot* Revelação.

re.ve.lar [reβelaŕ] *vt+vpr* Revelar: a) manifestar, expor. b) *vt* passar a fotografia para o papel.

re.ven.ta [reβenta] *sf* **1** Revenda. *s* **2** Cambista.

re.ven.tar [reβentaŕ] *vt* **1** Destroçar, destruir. *vi+vpr* **2** Estourar, rebentar, arrebentar. *vt+vpr* **3** Ficar exausto, morrer de cansaço. *vt* **4** Encher o saco, aporrinhar. *vi* **5** Brotar, nascer, eclodir.

re.ven.tón [reβentõn] *sm* **1** Estouro. **2** Ladeira íngreme. **3** Dificuldade, aperto.

re.ve.ren.cia [reβerenθja] *sf* **1** Respeito, veneração. **2** Reverência, mesura.

re.ve.ren.ciar [reβerenθjaŕ] *vt* Reverenciar, venerar, respeitar.

re.ver.so [reβerso] *sm* Reverso, verso.

re.ver.tir [reβertiŕ] *vi* **1** Reverter, regressar, retroceder, voltar, tornar, converter. **2** Redundar.

re.vés [reβes] *sm* **1** Verso, reverso, avesso. **2** Tabefe. **3** Revés, infortúnio, reviravolta.

re.ves.ti.mien.to [reβestimjẽnto] *sm* Revestimento, forro.

re.ves.tir [reβestiŕ] *vt* Revestir, cobrir, forrar.

re.vi.rar [reβiraŕ] *vt* Revirar, torcer.

re.vi.sar [reβisaŕ] *vt* Revisar, rever, examinar, verificar.

re.vi.sión [reβisjõn] *sf* Revisão, verificação, exame.

re.vi.sor, -ora [reβisoŕ] *adj+s* Revisor.

re.vis.ta [r̄eb´ista] *sf* **1** Inspeção, exame, vistoria. **2** Revista.

re.vis.tar [r̄ebist´ar] *vt* Revistar, vistoriar, examinar.

re.vi.vir [r̄ebib´ir] *vi* **1** Reviver, ressuscitar, renascer. **2** Renovar, ressurgir. *vt* **3** Recordar, evocar, lembrar, rememorar.

re.vo.co [r̄eb´oko] *sm* **1** Retrocesso. **2** Reboco.

re.vol.car [r̄ebolk´ar] *vt* **1** Rolar, revirar. **2** *fam* Reprovar (nos estudos).

re.vol.ti.jo [r̄ebolt´iho] *sm* Bagunça, desordem, confusão, salada.

re.vo.lu.ción [r̄eboluθj´on] *sf* **1** Revolução. **2** Inquietude, alvoroço, tumulto. **3** *Geom* Rotação, circunvolução.

re.vo.que [r̄eb´oke] *sm* Reboco, argamassa.

re.vuel.ta [r̄ebu´elta] *sf* **1** Revolta, rebelião, motim, levante. **2** Briga. **3** Mudança de direção.

rey [r̄ei] *sm* **1** Rei. **2** *Entom* Abelha-rainha.

re.zon.gar [r̄eθoŋg´ar] *vi* Resmungar, rezingar.

rí.a [r̄´ia] *sf Geol* Ria, braço de mar.

ria.chue.lo [r̄jat∫u´elo] *sm* Riacho, ribeiro, regato.

ri.co, -a [r̄´iko] *adj+sm* **1** Rico, endinheirado. **2** Fértil. **3** Luxuoso. **4** Gostoso, saboroso, apetitoso. **5** Bonito, lindo, gracioso, encantador.

ri.dí.cu.lo, -a [r̄id´ikulo] *adj* Ridículo, burlesco.

rien.da [r̄j´enda] *sf* **1** Rédea. **2 riendas** *pl* Governo, controle.

ries.go [r̄j´esgo] *sm* Risco, perigo.

ri.far [r̄if´ar] *vt* **1** Rifar, sortear. *vi* **2** Brigar, indispor-se. *vpr* **3** Disputar.

ri.gi.dez [r̄ihid´eθ] *sf* **1** Rigidez, dureza. **2** Rigor, severidade.

rí.gi.do, -a [r̄´ihido] *adj* **1** Rígido, duro. **2** Rigoroso, austero, severo.

ri.gor [r̄ig´or] *sm* **1** Rigor, severidade, rigidez.

ri.ma [r̄´ima] *sf Lit* Rima.

rin.cón [r̄iŋk´on] *sm* **1** Canto, ângulo. **2** Rincão, esconderijo. **3** *fam* Casa, cantinho.

ring [r̄´iŋ] *sm Dep* Ringue.

ri.ña [r̄´iɲa] *sf* Rixa, pendência, briga, disputa.

ri.ñón [r̄iɲ´on] *sm* **1** *Anat* Rim. **2** Âmago, cerne.

rí.o [r̄´io] *sm* **1** *Geogr* Rio. **2** Grande quantidade, abundância.

ri.que.za [r̄ik´eθa] *sf* **1** Riqueza, abundância, exuberância. **2** Opulência.

ri.sa [r̄´isa] *sf* Riso, risada.

ri.sue.ño, -a [r̄isw´eɲo] *adj* **1** Risonho. **2** Agradável. **3** Próspero, favorável.

rit.mo [r̄´itmo] *sm* Ritmo, compasso, cadência.

ri.to [r̄´ito] *sm* Rito, ritual, cerimônia.

ri.val [r̄ib´al] *adj+s* Rival, oponente, competidor, adversário.

ri.va.li.dad [r̄ibalid´ad] *sf* **1** Rivalidade, competição. **2** Hostilidade.

ri.va.li.zar [r̄ibaliθ´ar] *vi* Rivalizar, antagonizar.

ri.zar [r̄iθ´ar] *vt+vpr* Enrolar, encaracolar, cachear.

ri.zo, -a [r̄´iθo] *adj* Crespo, cacheado, enrolado. • *sm* Cacho (cabelo).

ro.bar [r̄ib´ar] *vt* Roubar, furtar.

ro.bo [r̄´obo] *sm* Roubo, furto, rapina.

ro.bot [r̄ob´o(t)] *sm* Robô.

ro.bus.te.za [r̄obust´eθa] *sf* Robustez, robustez, pujança.

ro.ca [r̄´oka] *sf Geol* Rocha, rochedo.

ro.ce [r̄´oθe] *sf* Fricção, atrito.

ro.ciar [r̄oθj´ar] *vt* **1** Borrifar, aspergir. *vi* **2** Orvalhar, serenar, garoar.

ro.cí.o [r̄oθ´io] *sm* **1** Orvalho, sereno, relento. **2** Garoa.

ro.da.ja [r̄od´aha] *sf* Rodela, fatia.

ro.de.o [r̄od´eo] *sm* **1** Rodeio, rotação, volta. **2** Evasiva, digressão.

ro.di.lla [roðˊiλa] *sf Anat* Joelho.
ro.di.lle.ra [roðiλˊera] *sf* Joelheira.
ro.di.llo [roðˊiλo] *sm* 1 *Mec* Rolo compressor. 2 Rolo, cilindro. 3 Rolo de macarrão.
ro.e.dor, -ora [roedˊor] *adj+s Zool* Roedor.
ro.í.do [roˊido] *adj fam* Miserável, mesquinho.
ro.jo, -a [rˊoho] *adj* 1 Vermelho. 2 Ruivo. • *adj+sm Polít* Radical, revolucionário, esquerdista.
ro.llo [rˊoλo] *sm* 1 Rolo, cilindro. 2 *fam* Caso, romance. 3 *fam* Tendência, inclinação, propensão, queda.
ro.man.ce [romˊanθe] *adj+sm* 1 Românico. 2 Romance. • *sm* 1 Romance, relação amorosa. 2 *Affair*, caso, relação passageira.
ro.ma.no, -a [romˊano] *adj+s* Romano.
ro.mán.ti.co, -a [romˊantiko] *adj+s Lit* Romântico. • *adj* Romântico, sentimental, sonhador.
ro.me.rí.a [romerˊia] *sf* Romaria, peregrinação.
ro.me.ro, -a [romˊero] *s* 1 Romeiro, peregrino. 2 *Bot* Alecrim. 3 *Ictiol* Romeiro, peixe-piloto.
rom.pe.ca.be.zas [rompekabˊeθas] *sm inv* Quebra-cabeça.
rom.per [rompˊer] *vt+vpr* 1 Romper, quebrar, partir. *vt* 2 Interromper, suspender. 3 Começar. 4 Irromper, brotar.
rom.pi.mien.to [rompimjˊento] *sm* 1 Rompimento. 2 Quebra, ruptura.
ron [rˊon] *sm* Rum.
ron.co, -a [rˊonko] *adj* Rouco.
ron.da [rˊonda] *sf* 1 Ronda. 2 Patrulha, vigilância. 3 Rodada.
ron.que.ra [ronkˊera] *sf* Rouquidão, ronqueira.
ron.qui.do [ronkˊido] *sm* Ronco.
ron.ro.ne.ar [ronroneˊar] *vi* Ronronar.
ron.ro.ne.o [ronrˊoneo] *sm* Ronrom.

ro.ño.so, a [roñˊoso] *adj* 1 Sujo, nojento, encardido. 2 Miserável, mesquinho, avaro, tacanho.
ro.pa [rˊopa] *sf* Roupa, vestimenta, traje, vestes, vestuário.
ro.pe.ro, -a [ropˊero] *s* Guarda-roupa, armário.
ro.pón [ropˊon] *sm* Roupão, robe.
ro.sa [rˊoθa] *adj+sm* Cor-de-rosa, rosado. • *sf Bot* Rosa.
ro.sa.rio [rosˊarjo] *sm Rel* 1 Rosário. 2 Terço.
ros.bif [rosbˊif] *sm* Rosbife.
ros.ca [rˊoska] *sf* 1 Rosca: a) espiral de parafuso. b) pão doce. 2 *Arg* Rixa, briga.
ros.cón [roskˊon] *sm* Rosca, pão doce.
ros.e.tas [rosˊetas] *sf* Pipoca.
ros.qui.lla [roskˊiλa] *sf Cul* Rosquinha, rosca.
ros.tro [rˊostro] *sm* 1 *Anat* Bico. 2 Rosto, face.
ro.ta.ción [rotaθjˊon] *sf* 1 Rotação, giro. 2 Rotatividade, rodízio.
ro.tar [rotˊar] *vi* Rotar, rodar.
ro.to, -a [rˊoto] *adj+s* Andrajoso, mulambento, maltrapilho, esfarrapado. • *adj* 1 Licencioso, desregrado, dissoluto. 2 Quebrado, moído, cansado, esgotado. • *sm* Rasgo, rasgão.
ro.ton.da [rotˊonda] *sf* Trevo, retorno, rotatória.
ro.tu.la.ción [rotulaθjˊon] *sf* Rotulação, rotulagem.
ro.tu.lar [rotulˊar] *vt* Rotular, etiquetar. • *adj* Rotular, patelar.
ró.tu.lo [rˊotulo] *sm* Rótulo, etiqueta.
ro.tu.ra [rotˊura] *sf* Ruptura, fratura, rompimento, quebra.
ro.za.du.ra [roθadˊura] *sf* 1 Roçadura, roçamento, atrito, fricção. 2 Arranhão, raspão.
ro.zar [roθˊar] *vt* 1 Roçar, tocar. 2 Raspar. *vi+vt* 3 Carpir.

ru.be.o.la [r̃ube´ola], **ru.bé.o.la** [r̃ub´eola] *sf Med* Rubéola.
ru.bio, -a [r̃´ubjo] *adj+s* Loiro.
rú.bri.ca [r̃´ubrika] *sf* 1 Rubrica. 2 Assinatura. 3 Visto.
ru.de.za [r̃ud´eθa] *sf* Rudeza, rispidez.
ru.di.men.ta.rio, -a [r̃udiment´arjo] *adj* Rudimentar.
ru.do, -a [r̃´udo] *adj* 1 Rude, tosco, grosseiro. 2 Descortês, mal-educado. 3 Bronco, ignorante.
rue.da [r̃w´eda] *sf* 1 Roda. 2 Círculo.
rue.do [r̃w´edo] *sm* 1 Bainha, volta. 2 Contorno.
rue.go [r̃w´ego] *sm* Rogo, súplica, pedido, prece.
ru.fián [r̃ufi´an] *sm* Cafetão, gigolô.
rui.do [r̃w´ido] *sm* 1 Ruído. 2 Barulho, encrenca, alvoroço. 3 Repercussão.
rui.na [r̃w´ina] *sf* 1 Ruína, destruição, estrago. 2 Perda, dano, decadência. 3 **ruinas** *pl* Escombros, ruínas, destroços.
rui.se.ñor [r̃wise´ñor] *sm Ornit* Rouxinol.
ru.le.ta [r̃ul´eta] *sf* Roleta.
ru.lo [r̃´ulo] *sm* 1 Rolo compressor. 2 Cacho de cabelo. 3 Bobe, rolo.
rum.bo [r̃´umbo] *sm* 1 Rumo, rota, caminho, direção. 2 *fam* Pompa, ostentação.
ru.mian.te [r̃umi´ante] *adj+s Zool* Ruminante.
ru.miar [r̃umj´ar] *vt* 1 Ruminar. 2 *fig* Remoer, refletir, ruminar, cismar.
ru.mor [r̃um´or] *sm* Rumor.
rup.tu.ra [r̃upt´ura] *sf* 1 Ruptura, rompimento, separação. 2 Fratura, quebra.
ru.ral [r̃ur´al] *adj* Rural, campestre, rústico.
rus.ti.ci.dad [r̃ustiθid´ad] *sf* Rusticidade.
ru.ta [r̃´uta] *sf* 1 Rota, roteiro, itinerário. 2 Estrada, rodovia.
ru.ti.na [r̃ut´ina] *sf* Rotina, hábito.
ru.ti.na.rio, -a [r̃utin´arjo] *adj* Rotineiro, costumeiro, habitual.

S

s [´ese] *sf* Vigésima letra do alfabeto espanhol.
sá.ba.do [s´abado] *sm* Sábado.
sá.ba.na [s´abana] *sf* Lençol.
sa.ba.ñón [sabañ´on] *sm Med* Frieira.
sa.be.lo.to.do [sabelot´odo] *s coloq* Sabichão.
sa.bi.do [sab´ido] *adj* Habitual, conhecido ou de sempre.
sa.bi.du.rí.a [sabidur´ia] *sf* Sabedoria.
sa.bi.hon.do, da [sabi´ondo] *adj+s coloq* Que presume saber muito ou mais do que realmente sabe.
sa.bio, -a [s´abjo] *adj+s* Sábio: a) erudito. b) conhecedor, perito, versado. c) que encerra muita sabedoria. d) sensato, prudente, discreto.
sa.ble.ar [sable´ar] *vt+vi* 1 Golpear. 2 *fig* Depenar.
sa.bo.ta.je [sabot´ahe] *sm* Sabotagem.
sa.bo.te.ar [sabote´ar] *vt* Sabotar.
sa.bro.so, -a [sabr´oso] *adj* Saboroso: a) gostoso. b) *fig* agradável, deleitoso, delicioso.
sa.bue.so, -a [sab´weso] *adj+s* Investigador.
sa.ca.cor.chos [sakak´ortʃos] *sm inv* Saca-rolhas.
sa.ca.pun.tas [sakap´untas] *sm inv* Apontador de lápis.
sa.car [sak´ar] *vt* 1 Tirar. 2 Sacar, entender. 3 Ganhar (na loteria). 4 Comprar (bilhetes ou entradas).
sa.ciar [saθ´jar] *vt+vpr* Saciar, fartar, satisfazer.
sa.cie.dad [saθjed´ad] *sf* Saciedade, fartura.
sa.co [s´ako] *sm* 1 Saco. 2 *Am* Paletó, casaco.
sa.cri.fi.cio [sakrif´iθjo] *sm* 1 Sacrifício. 2 Abate.
sa.cri.le.gio [sakril´ehjo] *sm* Sacrilégio, profanação.
sa.cris.tán, -ana [sakrist´an] *s* Sacristão.
sa.cro, a [s´akro] *adj* Sacro: a) sagrado. b) relativo à região do osso sacro. • *sm Anat* Osso sacro.
sa.cu.dir [sakud´ir] *vt+vpr* Sacudir.
sa.e.ta [sa´eta] *sf* Seta.
sa.ga [s´aga] *sf* Saga.
sa.ga.ci.dad [sagaθid´ad] *sf* Sagacidade, perspicácia.
sa.gi.ta.rio [sahit´arjo] *s Astrol* Sagitário.
sa.gra.do, -a [sagr´ado] *adj* Sagrado.
sa.hu.mar [saum´ar] *vt+vpr* Defumar.
sa.hu.me.rio [saum´erjo] *sm* 1 Defumação. 2 Defumador.
sa.jón, -ona [sah´on] *adj+s* Saxão.
sa.ke [sak´e] *sm* Saquê.
sal [s´al] *sf Quím* Sal: a) sal de cozinha. b) *fig* graça, espírito, vivacidade. c) malícia espirituosa, pilhéria, chiste.
sa.la [s´ala] *sf* Sala.
sa.la.mi [sal´ami] *sm Cul* Salame.

salar   180   sangriento

sa.lar [sal´ar] *vt* Salgar.
sa.la.rio [sal´arjo] *sm* Salário, pagamento, estipêndio, remuneração.
sa.la.zón [salaθ´on] *sf* Salga, salgação, salgadura.
sal.chi.cha [saltʃ´itʃa] *sf* Salsicha.
sal.chi.chón [saltʃitʃ´on] *sm* Salsichão.
sal.dar [sald´ar] *vt* **1** Saldar, liquidar, quitar, solver. **2** Liquidar, vender mercadorias a preços abaixo do normal. **3** Pôr termo a (assunto ou questão difícil, desagradável, constrangedora), encerrar, liquidar.
sal.do [s´aldo] *sm* Saldo, liquidação.
sa.le.ro [sal´ero] *sm* **1** Saleiro. **2** *fam* Graça, garbo.
sa.le.ro.so, -a [saler´oso] *adj coloq* Gracioso, garboso.
sa.li.da [sal´ida] *sf* Saída.
sa.lir [sal´ir] *vi+vpr* Sair.
sa.li.va [sal´iba] *sf* Saliva.
sa.li.va.zo [salib´aθo] *sm* Cuspida.
sal.mo [s´almo] *sm Rel* Salmo, cântico.
sal.món [salm´on] *sm Zool* Salmão.
sal.mue.ra [salm´wera] *sf* Salmoura.
sa.lo.bre [sal´obre] *adj* Salobro, salgado.
sa.lón [sal´on] *sm* Salão.
sal.pi.ca.da [salpik´ada] *sf* Borrifo.
sal.pi.ca.de.ro [salpikad´ero] *sm* Painel (de comando do veículo).
sal.pi.cón [salpik´on] *sm Cul* Salpicão.
sal.sa [s´alsa] *sf Cul* Molho.
sal.tar [salt´ar] *vt+vpr+vi* Saltar, pular.
sal.ta.rín, na [saltar´in] *adj+s* Traquinas, travesso.
sal.te.ar [salte´ar] *vt* Saltear: a) *Cul* refogar. b) assaltar.
sa.lud [sal´ud] *sf* Saúde. • *interj* **¡salud!** Saúde!
sa.lu.da.ble [salud´able] *adj* Saudável.
sa.lu.dar [salud´ar] *vt* Saudar, cumprimentar.
sa.lu.do [sal´udo] *sm* Saudação, cumprimento.

sal.va [s´alba] *sf* **1** Saudação. **2** Salva.
sal.va.ción [salbaθ´jon] *sf* Salvação.
sal.va.do [salb´ado] *sm* Farelo.
sal.va.guar.dar [salbagward´ar] *vt* Salvaguardar, proteger, defender.
sal.va.guar.dia [salbag´wardja] *sf* Salvaguarda, garantia, proteção.
sal.va.je [salb´ahe] *adj+s* Selvagem.
sal.va.men.to [salbam´ento] *sm* Salvamento.
sal.var [salb´ar] *vt+vpr* Salvar.
sal.va.vi.das [salbab´idas] *sm inv* Salva-vidas.
¡sal.ve! [s´albe] *interj* Salve.
sal.ve.dad [salbed´ad] *sf* Advertência, ressalva.
sal.vo¹, -a [s´albo] *adj* Salvo: a) livre de perigo. b) excetuado, omitido, ressalvado.
sal.vo² [s´albo] *adv* Salvo, exceto, afora.
sal.vo.con.duc.to [salbokond´ukto] *sm* Salvo-conduto.
san [s´an] *adj* São.
sa.nar [san´ar] *vt+vi* Sarar, curar, sanar.
sa.na.to.rio [sanat´orjo] *sm* Sanatório.
san.ción [sanθ´jon] *sf* Sanção: a) pena. b) aprovação. c) *Der* aprovação dada a uma lei pelo chefe de Estado.
san.cio.nar [sanθjon´ar] *vt* **1** *Der* Sancionar, confirmar, aprovar, ratificar. **2** Punir, castigar.
san.da.lia [sand´alja] *sf* Sandália.
san.dez [sand´eθ] *sf* Sandice, necedade, insensatez, tolice, bobagem.
san.dí.a [sand´ia] *sf Bot* Melancia.
sa.nea.mien.to [saneamj´ento] *sm* Saneamento.
sa.ne.ar [sane´ar] *vt* Sanear, remediar, reparar.
san.gre [s´angre] *sf* Sangue.
san.grí.a [sangr´ia] *sf* **1** Sangria. **2** Sangramento.
san.grien.to, -a [sangr´jento] *adj* Sangrento.

san.gui.jue.la [sangihw´ela] *sf Zool* Sanguessuga.
san.gui.na.rio, -a [sangin´arjo] *adj+s* Sanguinário, cruel.
san.guí.ne.o, -a [sang´ineo] *adj* Sanguíneo.
sa.ni.dad [sanid´ad] *sf* Sanidade, saúde, salubridade.
sa.ni.ta.rio, -a [sanit´arjo] *adj* Sanitário.
sa.no, -a [s´ano] *adj+s* São: a) sadio. b) salubre, higiênico, saudável. c) ileso, salvo, incólume.
san.ti.dad [santid´ad] *sf* Santidade.
san.tia.mén [santi´amen] *loc adv en un santiamén* Rapidamente, em um instante.
san.ti.fi.ca.ción [santifikaθj´on] *sf* Santificação.
san.ti.fi.car [santifik´ar] *vt+vi+vpr* Santificar.
san.ti.guar [santigw´ar] *vt+vpr* Persignar-se, benzer-se.
san.tua.rio [sant´warjo] *sm* Santuário, templo.
sa.po [s´apo] *sm Zool* Sapo.
sa.que [s´ake] *sm Dep* Saque, ato ou efeito de sacar.
sa.que.ar [sake´ar] *vt+vi* Saquear: a) despojar violentamente. b) roubar.
sa.que.o [sak´eo] *sm* Saque, ato ou efeito de saquear, assalto.
sa.ram.pión [saramp´jon] *sm Med* Sarampo.
sar.cas.mo [sark´asmo] *sm* Sarcasmo, zombaria, caçoada, chacota, deboche, escárnio.
sar.di.na [sard´ina] *sf Zool* Sardinha.
sar.na [s´arna] *sf Med* Sarna.
sa.rro [s´ař̃o] *sm* Sarro: a) borra, sedimento. b) tártaro (dos dentes). c) saburra (da língua).
sar.ta [s´arta] *sf* Enfiada, fileira, fila.
sar.tén [sart´en] *sf* Frigideira.
sas.tre, -a [s´astre] *s* Alfaiate.

sas.tre.rí.a [sastrer´ia] *sf* Alfaiataria.
sa.ta.nás [satan´as] *sm* 1 Satanás, demônio, diabo. 2 *coloq* Capeta.
sa.té.li.te [sat´elite] *sm Astron* Satélite.
sa.tén [sat´en] *sm* Cetim.
sa.ti.ri.zar [satiriθ´ar] *vt+vi* Satirizar, criticar.
sa.tis.fac.ción [satisfakθj´on] *sf* Satisfação.
sa.tis.fa.cer [satisfaθ´er] *vt+vi+vpr* Satisfazer.
sa.tis.fac.to.rio, -a [satisfakt´orjo] *adj* Satisfatório.
sa.tis.fe.cho, -a [satisf´etʃo] *adj* 1 Presumido, pretensioso. 2 Satisfeito, saciado, contente.
sa.tu.ra.ción [saturaθj´on] *sf* Saturação.
sa.tu.rar [satur´ar] *vt+vpr* Saturar, encher, fartar.
sa.via [s´abja] *sf Bot* Seiva.
sa.xo.fón [sa(k)sof´on] *sm Mús* Saxofone, sax.
sa.zón [saθ´on] *sf* 1 Madureza, maturação. 2 Sazão, ocasião própria, oportunidade, ensejo. 3 Gosto, sabor (dos alimentos).
sa.zo.nar [saθon´ar] *vt+vi* Temperar, pôr tempero em.
se [s´e] *pron pers* Se.
se.bá.ce.o, a [seb´aθeo] *adj* Sebáceo.
se.bo [s´ebo] *sm* Sebo.
se.car [sek´ar] *vt+vpr* Secar, enxugar.
sec.ción [sekθj´on] *sf* Seção.
se.co, -a [s´eko] *adj* Seco.
se.cre.ción [sekreθj´on] *sf* Secreção.
se.cre.tar [sekret´ar] *vt Biol* Segregar, expelir, excretar.
se.cre.ta.rí.a [sekretar´ia] *sf* 1 Secretaria. 2 *AL* Ministério.
se.cre.ta.rio, -a [sekret´arjo] *s* Secretário.
se.cre.to, -a [sekr´eto] *adj* Secreto, escondido, ignorado, oculto. • *sm* Segredo.

sec.ta [s´ekta] *sf* Seita.
sec.tor [sekt´or] *sm* Setor.
se.cue.la [sek´wela] *sf* Sequela, consequência.
se.cuen.cia [sek´wenθja] *sf* Sequência, série, sucessão.
se.cues.trar [sekwestr´ar] *vt* 1 Sequestrar, raptar. 2 *Der* Penhorar, apreender.
se.cues.tro [sek´westro] *sm* 1 Sequestro. 2 *Der* Depósito judicial, embargo.
se.cu.lar [sekul´ar] *adj* Secular.
se.cun.da.rio, -a [sekund´arjo] *adj* Secundário, acessório.
sed [s´ed] *sf* Sede.
se.dan.te [sed´ante] *adj+sm* Sedativo, calmante.
se.dar [sed´ar] *vt Med* Sedar, acalmar, serenar.
se.de [s´ede] *sf* Sede.
se.den.ta.rio, -a [sedent´arjo] *adj* Sedentário.
se.di.ción [sediθ´jon] *sf* Sedição, agitação, sublevação, revolta, motim.
se.dien.to, -a [sed´jento] *adj* Sedento: a) sequioso. b) muito desejoso ou ávido.
se.di.men.ta.ción [sedimentaθj´on] *sf* Sedimentação.
se.di.men.tar [sediment´ar] *vt+vpr* Sedimentar: a) formar sedimento. b) *fig* consolidar.
se.di.men.to [sedim´ento] *sm* 1 Sedimento. 2 Resíduo.
se.duc.ción [seduk θj´on] *sf* Sedução.
se.du.cir [seduθ´ir] *vt* Seduzir: a) desencaminhar. b) atrair (para ter uma relação sexual). c) encantar, fascinar, deslumbrar.
se.duc.tor, -ora [sedukt´or] *adj+s* Sedutor.
se.gar [seg´ar] *vt* Ceifar.
se.gre.ga.ción [segregaθj´on] *sf* Segregação.
se.guir [seg´ir] *vt+vi+vpr* Seguir.

se.gún [seg´un] *prep* Segundo, de acordo com, consoante, conforme.
se.gu.ri.dad [segurid´ad] *sf* Segurança.
seis.cien.tos [sejsθj´entos] *adj+sm* Seiscentos.
se.lec.ción [selekθ´jon] *sf* Seleção.
se.lec.cio.nar [selekθjon´ar] *vt* Selecionar, escolher.
se.lec.ti.vo, -a [selekt´ibo] *adj* Seletivo.
se.lec.to, -a [sel´ekto] *adj* Seleto, escolhido, o melhor.
se.llar [seλ´ar] *vt* Selar: a) estampilhar. b) chancelar. c) cerrar, fechar. d) fechar hermeticamente.
se.llo [s´eλo] *sm* Selo.
sel.va [s´elba] *sf* Selva, bosque, matagal, floresta.
se.má.fo.ro [sem´aforo] *sm* Semáforo, farol, sinal, sinaleira, sinaleiro.
se.ma.na [sem´ana] *sf* Semana.
se.ma.na.rio, -a [seman´arjo] *adj+sm* 1 Semanário. 2 Publicação semanal.
sem.brar [sembr´ar] *vt* Semear.
se.me.jan.te [semeh´ante] *adj+s* Semelhante, parecido. • *sm* Semelhante, próximo.
se.me.jan.za [semeh´anθa] *sf* Semelhança.
se.me.jar [semeh´ar] *vi+vpr* Assemelhar, parecer, lembrar.
se.men [s´emen] *sm Fisiol* Sêmen, esperma.
se.men.te.ra [sement´era] *sf* Sementeira.
se.mes.tre [sem´estre] *sm* Semestre.
se.mi.lla [sem´iλa] *sf Bot* Semente.
se.mi.lle.ro [semiλ´ero] *sm* Sementeira, viveiro.
se.mi.na.rio [semin´arjo] *sm* 1 Seminário. 2 Trabalho escolar de pesquisa. 3 Congresso.
sé.mo.la [s´emola] *sf* Sêmola.
se.na.dor, -ora [senad´or] *s* Senador.
sen.ci.llez [senθiλ´eθ] *sf* Simplicidade.
sen.ci.llo [senθ´iλo] *adj* Simples. • *sm* Trocado, dinheiro miúdo.

sen.da [s'enda] *sf* Senda, trilha, atalho.
sen.de.ro [send'ero] *sm* Senda, trilha, caminho.
se.ni.li.dad [senilid'ad] *sf* Senilidade, decrepitude.
sé.nior [s'enjor] *adj* Sênior.
se.no [s'eno] *sm* **1** Seio. **2** *Mat* Seno.
sen.sa.ción [sensaθ'jon] *sf* Sensação.
sen.sa.tez [sensat'eθ] *sf* Sensatez, bom senso, prudência.
sen.si.bi.li.dad [sensibilid'ad] *sf* Sensibilidade.
sen.si.ble [sens'ible] *adj* Sensível.
sen.sua.li.dad [senswalid'ad] *sf* Sensualidade, erotismo.
sen.ten.cia [sent'enθja] *sf* **1** Sentença: a) provérbio. b) *Der* veredicto, despacho, decisão (judicial). **2** *Ling* Oração gramatical.
sen.ten.ciar [sentenθ'jar] *vt* Sentenciar.
sen.ti.do, -a [sent'ido] *adj* Sentido, sensível, susceptível. • *sm* Sentido.
sen.ti.mien.to [sentim'jento] *sm* Sentimento, sensação.
se.ña [s'eña] *sf* Senha, aceno, gesto, sinal.
se.ñal [señ'al] *sf* Sinal, marca.
se.ña.lar [señal'ar] *vt+vpr* Assinalar, indicar, marcar.
se.ña.li.za.ción [señaliθaθj'on] *sf* Sinalização.
se.ña.li.zar [señaliθ'ar] *vt* Sinalizar, pôr sinalização em.
se.ñor, -a [señ'or] *adj+s* Senhor.
se.ño.rí.a [señor'ia] *sf* Senhoria.
se.ño.rí.o [señor'io] *sm* **1** Senhorio. **2** Domínio.
se.ño.ri.to, -a [señor'ito] *sm coloq* Filhinho de papai.
se.ñue.lo [señ'welo] *sm* Chamariz, chama, engodo, isca.
se.pa.ra.ción [separaθj'on] *sf* Separação.
se.pa.rar [separ'ar] *vt+vpr* Separar, apartar.

se.pe.lio [sep'eljo] *sm* Enterro.
sep.tiem.bre [sept'jembre] *sm* Setembro.
sép.ti.mo, -a [s'eptimo] *adj+s* Sétimo.
se.pul.cro [sep'ulkro] *sm* Sepulcro, sepultura. **Santo Sepulcro** O Santo Sepulcro.
se.pul.tar [sepult'ar] *vt+vpr* Sepultar: a) enterrar, inumar. b) guardar, esconder.
se.pul.tu.ra [sepult'ura] *sf* Sepultura, sepulcro, cova, jazigo, tumba, túmulo.
se.pul.tu.re.ro, -a [sepultur'ero] *sm* Coveiro.
se.que.dad [seked'ad] *sf* Secura.
se.quí.a [sek'ia] *sf* Seca, estiagem.
ser [s'er] *vi* Ser.
se.re.nar [seren'ar] *vt+vi+vpr* Serenar: a) acalmar, tranquilizar, sossegar. b) pacificar, apaziguar.
se.re.ni.dad [serenid'ad] *sf* Serenidade, suavidade, paz, tranquilidade.
se.rie [s'erje] *sf* Série: a) sucessão, sequência. b) *Telev* série. c) *Mat* série infinita.
se.rio, -a [s'erjo] *adj* Sério.
ser.món [serm'on] *sm* Sermão.
ser.mo.ne.ar [sermone'ar] *vt* **1** Repreender, admoestar. *vi* **2** Pregar (sermões).
ser.pien.te [serp'jente] *sf Zool* Serpente, cobra.
se.rra.ní.a [serran'ia] *sf Geogr* Serrania, cordilheira.
se.rre.rí.a [serrer'ia] *sf* Serraria.
se.rrín [serr'in] *sm* Serragem.
se.rru.cho [serr'utʃo] *sm* Serrote.
ser.vi.cial [serbiθ'jal] *adj* Serviçal, obsequioso, prestativo.
ser.vi.cio [serb'iθjo] *sm* Serviço.
ser.vil [serb'il] *adj* Servil.
ser.vi.lle.ta [serbiʎ'eta] *sf* Guardanapo.
ser.vi.lle.te.ro [serbiʎet'ero] *sm* Porta-guardanapos.
ser.vir [serb'ir] *vi+vt* Servir.

sé.sa.mo [s´esamo] *sm Bot* Gergelim.
se.sen.ta [ses´enta] *adj+sm* Sessenta.
ses.go, -a [s´esgo] *adj* Sesgo, oblíquo, torcido. • *sm* Viés.
se.sión [ses´jon] *sf* Sessão.
se.so [s´eso] *sm* 1 Cérebro, miolo. 2 Juízo, razão, tino.
se.su.do, -a [ses´udo] *adj* Sisudo, sensato, judicioso, prudente.
se.ta [s´eta] *sf Bot* Cogumelo.
se.te.cien.tos, -as [seteθj´entos] *adj+s* Setecentos.
se.ten.ta [set´enta] *adj+sm* Setenta.
seu.dó.ni.mo, -a [seud´onimo] *adj+s* Pseudônimo.
se.ve.ri.dad [seberid´ad] *sf* Severidade, rigor.
se.ve.ro, -a [seb´ero] *adj* Severo: a) duro, áspero, rígido. b) rígido, rigoroso.
se.xo [s´e(k)so] *sm* Sexo.
sex.to, -a [s´e(k)sto] *adj+s* Sexto.
se.xua.li.dad [se(k)swalid´ad] *sf* Sexualidade.
si [s´i] *conj* Se.
sí [s´i] *pron pers* Si. • *adv* Sim. • *sm* Sim, consentimento.
si.da [s´ida] *sf Med* Aids (síndrome da imunodeficiência adquirida).
siem.bra [s´jembra] *sf* Semeadura, plantio.
siem.pre [s´jempre] *adv* Sempre.
sie.rra [s´jeřa] *sf Geogr* Serra.
sier.vo, -a [s´jerbo] *s* Servo.
sies.ta [s´jesta] *sf* Sesta, soneca.
sie.te [s´jete] *adj+num* Sete.
si.fón [sif´on] *sm* Sifão.
si.gi.lo [sih´ilo] *sm* Sigilo, silêncio, segredo.
si.gla [s´igla] *sf* Sigla.
si.glo [s´iglo] *sm* Século.
sig.na.tu.ra [signat´ura] *sf* Assinatura, registro.
sig.ni.fi.ca.ción [signifikaθ´jon] *sf* Significação, acepção, sentido, significado.

sig.ni.fi.ca.do, -a [signifik´ado] *sm* Significado, acepção, significação, sentido.
sig.ni.fi.car [signifik´ar] *vt* 1 Significar: a) indicar. b) querer dizer, expressar, exprimir. *vi* 2 Representar, denotar.
sig.no [s´igno] *sm* Signo, sinal. **signo lingüístico** signo linguístico.
si.guien.te [sig´jente] *adj* Seguinte, imediato, subsequente.
sí.la.ba [s´ilaba] *sf Gram* Sílaba.
sil.bar [silb´ar] *vi+vt* Assobiar: a) silvar. b) vaiar.
sil.ba.to [silb´ato] *sm* Apito.
sil.bi.do [silb´ido] *sm* Assobio, silvo.
sil.bo [s´ilbo] *sm* Silvo, assobio.
si.len.ciar [silenθj´ar] *vt* Silenciar.
si.len.cio [sil´enθjo] *sm* Silêncio.
si.li.co.na [silik´ona] *sm Quím* Silicone.
si.lla [s´iλa] *sf* 1 Cadeira. 2 Sela.
si.llín [siλ´in] *sm* Selim, assento de bicicleta.
si.llón [siλ´on] *sm* Poltrona.
si.lue.ta [silu´eta] *sf* Silhueta.
sil.ves.tre [silb´estre] *adj* Silvestre.
sim.bo.li.zar [simboliθ´ar] *vt* Simbolizar, representar.
sím.bo.lo [s´imbolo] *sm* Símbolo, imagem.
si.me.trí.a [simetr´ia] *sf* Simetria, proporção, harmonia.
si.mien.te [sim´jente] *sf* 1 *Bot* Semente. 2 Sêmen, esperma.
si.mi.lar [simil´ar] *adj* Similar, semelhante.
si.mi.li.tud [similit´ud] *sf* Similitude, semelhança.
si.mio, -a [s´imjo] *s Zool* Símio, macaco.
sim.pa.tí.a [simpat´ia] *sf* Simpatia.
sim.ple [s´imple] *adj+s* Simples, singelo.
sim.pli.ci.dad [simpliθid´ad] *sf* Simplicidade.

simplón 185 **sobrar**

sim.plón, -ona [simpl´on] *adj+s* Simplório, ingênuo, tolo, simples.
sim.po.sio [simp´osjo] *sm* Simpósio.
si.mu.la.ción [simulaθ´jon] *sf* Simulação.
si.mu.lar [simul´ar] *vt* Simular, fingir (o que não é).
si.mul.ta.nei.dad [simultaneid´ad] *sf* Simultaneidade.
si.mul.tá.neo, -a [simult´aneo] *adj* Simultâneo.
sin [s´in] *prep* Sem.
sin.ce.ri.dad [sinθerid´ad] *sf* Sinceridade, franqueza, lisura.
sin.ce.ro, -a [sinθ´ero] *adj* Sincero, franco, leal.
sin.cro.ní.a [sinkron´ia] *sf* Sincronia, simultaneidade.
sin.di.car [sindik´ar] *vt+vpr* Sindicalizar.
sin.di.ca.to [sindik´ato] *sm* Sindicato.
sín.di.co [s´indiko] *sm* Síndico.
sín.dro.me [s´indrome] *sm Med* Síndrome.
sin.fín [sinf´in] *sm* Sem-fim.
sin.fo.ní.a [sinfon´ia] *sf Mús* Sinfonia.
sin.gu.lar [singul´ar] *adj+s* Singular.
sin.gu.la.ri.dad [singularid´ad] *sf* Singularidade.
sin.nú.me.ro [sinn´umero] *sm inv* Sem-número.
si.no¹ [s´ino] *sm* Sina, sorte, destino.
si.no² [s´ino] *conj* 1 Senão: a) mas sim, e sim, mas porém. b) exceto, salvo, a não ser. 2 Somente, apenas, só.
si.nó.ni.mo, -a [sin´onimo] *adj+s Gram* Sinônimo.
si.nop.sis [sin´opsis] *sf inv* Sinopse.
sin.ra.zón [sinraθ´on] *sf* Sem-razão.
sin.sa.bor [sinsab´or] *sm* Dissabor: a) insipidez (comida). b) desgosto, mágoa, tristeza.
sin.ta.xis [sint´a(k)sis] *sf inv Gram* Sintaxe.
sín.te.sis [s´intesis] *sf inv* Síntese: a) fusão, composição. b) resumo. c) *Quím* preparação de um composto a partir de substâncias mais simples.
sin.te.ti.zar [sinteti θ´ar] *vt* Sintetizar, resumir.
sín.to.ma [s´intoma] *sm* Sintoma: a) *Med* fenômeno que revela uma doença. b) sinal, indício.
sin.to.ní.a [sinton´ia] *sf* Sintonia, harmonia.
sin.to.ni.zar [sintoniθ´ar] *vt* Sintonizar.
si.nu.si.tis [sinus´itis] *sf inv Med* Sinusite.
sin.ver.güen.za [simberg´wenθa] *adj+s inv* Sem-vergonha, descarado.
si.quie.ra [sik´jera] *conj* Ainda que, embora. • *adv* Sequer, ao menos, pelo menos.
si.re.na [sir´ena] *sf* 1 Sereia. 2 Sirena, sirene.
sir.vien.te, -a [sirb´jente] *adj+s* 1 Servente. 2 Serviçal, criada.
sis.mo [s´ismo] *sm* Sismo, terremoto, tremor de terra.
sis.te.ma [sist´ema] *sm* Sistema.
sis.te.ma.ti.zar [sistematiθ´ar] *vt* Sistematizar.
si.tiar [siti´ar] *vt* Sitiar, cercar.
si.tio [s´itjo] *sm* Sítio, terreno, lugar, local, ponto.
si.tua.ción [sitwaθ´jon] *sf* Situação.
so.ba.co [sob´ako] *sm Anat* Sovaco, axila.
so.bar [sob´ar] *vt+vpr* Sovar, surrar.
so.be.ra.ní.a [soberan´ia] *sf* Soberania.
so.be.ra.no, -a [sober´ano] *adj+s* Soberano.
so.ber.bio, -a [sob´erbjo] *adj* Soberbo.
so.bor.nar [soborn´ar] *vt* Subornar, comprar.
so.bor.no [sob´orno] *sm* 1 Suborno. 2 *fig* Compra.
so.bra [s´obra] *sf* 1 Sobra, resto, sobejo. 2 **sobras** *pl* Sobras, restos, migalhas.
so.brar [sobr´ar] *vi* 1 Sobrar, restar. 2 Exceder.

so.bre¹ [s´oβre] *prep* Sobre: a) acima de. b) acerca de. c) além de, a mais de. d) próximo de, cerca de, por volta de. e) em posição superior.

so.bre² [s´oβre] *sm* Envelope.

so.bre.ca.len.tar [soβrekalent´ar] *vt+vpr* Superaquecer.

so.bre.ca.ma [soβrek´ama] *sf* Colcha, cobertor.

so.bre.car.ga [soβrek´arga] *sf* Sobrecarga.

so.bre.car.gar [soβrekarg´ar] *vt* Sobrecarregar.

so.bre.co.ger [soβrekoh´er] *vt+vpr* Surpreender.

so.bre.do.sis [soβred´osis] *sf inv* Overdose.

so.bre.lle.var [soβreʎeβ´ar] *vt* Suportar, aguentar.

so.bre.ma.ne.ra [soβreman´era] *adv* Sobremaneira, muito, excessivamente, extraordinariamente, sobremodo.

so.bre.nom.bre [soβren´ombre] *sm* Apelido, alcunha, cognome.

so.bren.ten.der [soβrentend´er] *vt+vpr* Subentender.

so.bre.pa.ga [soβrep´aga] *sf* Pagamento extraordinário, abono.

so.bre.pa.sar [soβrepas´ar] *vt* Ultrapassar, exceder.

so.bre.po.ner [soβrepon´er] *vt* 1 Sobrepor. *vpr* 2 Superar, passar por cima de.

so.bre.pues.to [soβrepw´esto] *adj* Superposto.

so.bre.pu.jar [soβrepuh´ar] *vt* Superar.

so.bre.sa.lir [soβresal´ir] *vi* Sobressair, ressaltar, distinguir-se, salientar-se.

so.bre.sal.tar [soβresalt´ar] *vt* Sobressaltar.

so.bre.suel.do [soβresw´eldo] *sm* Gratificação, remuneração acima da devida.

so.bre.to.do [soβret´odo] *sm* Sobretudo, tipo de casaco.

so.bre.ve.nir [soβreβen´ir] *vi* Sobrevir.

so.bre.vi.vir [soβreβiβ´ir] *vi* Sobreviver.

so.brie.dad [soβrjed´ad] *sf* Sobriedade, temperança.

so.bri.no, -a [soβr´ino] *s* Sobrinho.

so.brio, -a [s´oβrjo] *adj* Sóbrio: a) moderado. b) parco, frugal, simples. c) que não está sob o efeito de bebidas alcoólicas.

so.ca.rrón, -ona [sokaṝ´on] *adj+s* Dissimulado.

so.ca.rro.ne.rí.a [sokaṝoner´ia] *sf* Malícia, ironia.

so.ca.vón [sokaβ´on] *sm* Buraco, cova.

so.cia.ble [soθ´jaβle] *adj* Sociável, social.

so.cie.dad [soθjed´ad] *sf* Sociedade.

so.cio, -a [s´oθjo] *s* Sócio.

so.cio.lo.gí.a [soθjoloh´ia] *sf* Sociologia.

so.co.rrer [sokoṝ´er] *vt+vpr* Socorrer, auxiliar, ajudar.

so.co.rris.ta [sokoṝ´ista] *sm* Salva-vidas.

so.co.rro [sok´oṝo] *sm* Socorro.

so.da [s´oda] *sf* Soda: a) soda cáustica. b) água (artificialmente) gaseificada.

so.fá [sof´a] *sm* Sofá.

so.fis.ti.ca.ción [sofistikaθ´jon] *sf* Sofisticação.

so.fo.car [sofok´ar] *vt* Sufocar: a) asfixiar, abafar. b) extinguir, reprimir.

so.fo.co [sof´oko] *sm* Sufocação, sufoco.

so.fre.ír [sofre´ir] *vt* Refogar.

so.ga [s´oga] *sf* Corda (grossa).

so.ja [s´oha] *sf Bot* Soja.

so.juz.gar [sohuθg´ar] *vt* Subjugar, dominar, submeter, sujeitar.

sol [s´ol] *sm* 1 *Astron* Sol. 2 *Mús* Sol, quinta nota da escala musical.

so.la.na [sol´ana] *sf* Terraço.

so.la.pa [sol´apa] *sf* 1 Lapela. 2 Artimanha. 3 Orelha (da capa) de livro.

so.la.par [solap´ar] *vt* **1** Solapar. **2** Dissimular, esconder, ocultar.

so.lar [sol´ar] *adj* Solar, do sol. • *sm* Lote (terreno). • *vt* Assoalhar.

so.laz [sol´aθ] *sm* Distração, prazer, divertimento, entretenimento, passatempo.

so.la.zar [solaθ´ar] *vt+vpr* Divertir, recrear, distrair, entreter.

sol.da.do, -a [sold´ado] *s* Soldado.

sol.da.du.ra [soldad´ura] *sf* Solda.

so.le.dad [soled´ad] *sf* Solidão.

so.lem.ne [sol´emne] *adj* Solene, cerimonioso.

so.lem.ni.dad [solemnid´ad] *sf* Solenidade.

so.ler [sol´er] *vi* Costumar, ter por hábito.

sol.feo [solf´eo] *sm Mús* **1** Solfejo. **2** *coloq* Surra, sova.

so.li.ci.tud [soliθit´ud] *sf* **1** Solicitude. **2** Solicitação, pedido, requerimento.

so.li.da.ri.dad [solidarid´ad] *sf* Solidariedade.

so.li.da.rio, -a [solid´arjo] *adj* Solidário.

so.li.da.ri.zar [solidariθ´ar] *vt+vpr* Solidarizar.

so.li.dez [solid´eθ] *sf* Solidez, qualidade de sólido.

so.li.ló.quio [solil´okjo] *sm* Solilóquio, monólogo.

so.li.ta.rio, -a [solit´arjo] *adj* Solitário: a) desacompanhado. b) só. • *sm* **1** Solitário, diamante engastado numa joia. **2** Paciência, jogo de baralho que uma pessoa joga sozinha. • *sf Zool* Solitária, tênia.

so.llo.zar [soλoθ´ar] *vi* Soluçar.

so.llo.zo [soλ´oθo] *sm* Soluço.

so.lo, -a [s´olo] *adj* Só: a) único. b) desacompanhado, solitário. c) desamparado, sozinho. • *adv* Só, apenas, somente, unicamente. • *sm Mús* Solo.

so.lo.mi.llo [solom´iλo] *sm* Lombo.

sol.te.rí.a [solter´ia] *sf* Celibato.

sol.te.ro, -a [solt´ero] *adj+s* Solteiro.

sol.te.rón, -ona [solter´on] *adj+s* Solteirão.

sol.tu.ra [solt´ura] *sf* Soltura, desembaraço.

so.lu.ble [sol´uble] *adj* Solúvel.

so.lu.ción [soluθ´jon] *sf* Solução.

sol.ven.cia [solbʃenθja] *sf* Solvência.

sol.ven.tar [solbent´ar] *vt* Solver: a) pagar, quitar. b) explicar, resolver.

som.bre.ro [sombr´ero] *sm* Chapéu.

som.bri.lla [sombr´iλa] *sf* **1** Guarda-sol. **2** Sombrinha.

som.brí.o [somb´io] *adj* Sombrio: a) lugar com pouca luz. b) tétrico, melancólico.

so.me.ter [somet´er] *vt+vpr* Submeter, sujeitar, subjugar.

som.ní.fe.ro, -a [somn´ifero] *adj+sm* Sonífero.

som.no.len.cia [somnol´enθja] *sf* Sonolência.

som.no.lien.to, -a [somnol´jento] *adj* Sonolento.

son [s´on] *sm* Som, ruído.

so.na.je.ro [sonah´ero] *sm* Chocalho.

so.nám.bu.lo, -a [son´ambulo] *adj+s* Sonâmbulo.

so.nar [son´ar] *vi+vt+vpr* **1** Soar. **2** Lembrar, vir à lembrança.

son.da [s´onda] *sf* Sonda.

son.dar [sond´ar] *vt* Sondar, explorar, examinar.

son.de.o [sond´eo] *sm* Sondagem.

so.ne.to [son´eto] *sm Lit* Soneto.

so.ni.do [son´ido] *sm* Som.

so.no.ri.dad [sonorid´ad] *sf* Sonoridade.

so.no.ro, -a [son´oro] *adj* Sonoro.

son.re.ír [sonre´ir] *vi+vpr* Sorrir, rir.

son.rien.te [sonrʃ´ente] *adj* Sorridente.

son.ri.sa [sonr´isa] *sf* Sorriso.

son.ro.jar [sonroh´ar] *vt+vpr* Corar, enrubescer, ruborizar.

son.ro.jo [sonr´oho] *sf* Timidez, rubor.
so.ñar [soñ´ar] *vt+vi* Sonhar, fantasiar.
so.pa [s´opa] *sf* Cul Sopa.
so.pe.ro, -a [sop´ero] *adj* Sopeiro. • *sf* Prato fundo.
so.pe.sar [sopes´ar] *vt* Pôr na balança, sopesar.
so.pe.tón [sopet´on] *sm* Bofetão, sopapo.
so.plar [sopl´ar] *vt+vi+vpr* Soprar, assoprar.
so.ple.te [sopl´ete] *sm* Maçarico.
so.plo [s´oplo] *sm* Sopro.
so.plón, -ona [sopl´on] *adj+s coloq* Dedo-duro, delator.
so.por [sop´or] *sm* Torpor, modorra, sonolência.
so.por.tar [soport´ar] *vt* Suportar: a) sustentar. b) sofrer, tolerar, admitir.
so.por.te [sop´orte] *sm* Suporte.
sor.ber [sorb´er] *vt* Sorver, absorver, tragar.
sor.be.te [sorb´ete] *sm* Sorvete de suco de frutas.
sor.bo [s´orbo] *sm* Sorvo, trago, gole.
sor.de.ra [sord´era] *sf* Surdez.
sor.dez [sord´eθ] *sf* Surdez.
sor.di.dez [sordiđ´eθ] *sf* Sordidez.
sór.di.do, -a [s´ordido] *adj* Sórdido: a) sujo, emporcalhado, nojento. b) indecoroso, indecente, obsceno. c) miserável, mesquinho.
sor.do, -a [s´ordo] *adj+s* Surdo.
sor.do.mu.do, -a [sordom´udo] *adj+s* Surdo-mudo.
sor.pren.der [sorprend´er] *vt* Surpreender: a) apanhar de improviso. *vt+vpr* b) maravilhar, espantar, assombrar.
sor.pre.sa [sorpr´esa] *sf* Surpresa.
sor.te.ar [sorte´ar] *vt* **1** Sortear. **2** Esquivar.
sor.te.o [sort´eo] *sm* Sorteio.
sor.ti.ja [sort´iha] *sf* **1** Anel **2** Cacho (cabelo).
so.se.gar [soseg´ar] *vt+vpr* Sossegar.

so.sie.go [sos´jego] *sm* Sossego, quietude, tranquilidade, paz, serenidade.
sos.pe.cha [sosp´etʃa] *sf* Suspeita.
sos.pe.char [sospetʃ´ar] *vt+vi* Suspeitar: *vt* a) conjecturar. *vi* b) desconfiar, recear.
sos.pe.cho.so, -a [sospetʃ´oso] *adj+s* Suspeito.
sos.tén [sost´en] *sm* **1** Sustentação. **2** Sutiã.
sos.te.ner [sosten´er] *vt* Sustentar.
só.ta.no [s´otano] *sm* Porão.
so.ya [s´oya] *sf Bot V* soja.
su [s´u] *adj pos* Seu, sua, dele, dela.
sua.ve [su´aβe] *adj* Suave.
sua.vi.dad [swabiđ´ađ] *sf* Suavidade, delicadeza.
sub.a.li.men.ta.ción [subalimentaθj´on] *sf* Subnutrição.
su.bas.ta [sub´asta] *sf* Leilão.
sub.cons.cien.te [subkon(s)θ´jente] *sm Psicol* Subconsciente.
sub.de.sa.rro.lla.do, a [subdesařoλ´ado] *adj* Subdesenvolvido.
sub.de.sa.rro.llo [subdesař´oλo] *sm* Subdesenvolvimento.
súb.di.to, a [s´ubdito] *s* Súdito.
sub.di.vi.sión [subdibisj´on] *sf* Subdivisão.
sub.em.ple.o [subempl´eo] *sm* Subemprego.
sub.es.ti.mar [subestim´ar] *vt* Subestimar.
su.bir [sub´ir] *vt+vpr+vi* Subir.
sub.je.ti.vo, -a [subhet´ibo] *adj* Subjetivo.
sub.jun.ti.vo, -a [subhunt´ibo] *adj+sm Gram* (Modo) Subjuntivo.
su.ble.va.ción [sublebaθ´jon] *sf* Sublevação, rebelião, revolta.
sub.nor.mal [subnorm´al] *adj+s* Deficiente, anormal.
su.bor.di.na.ción [subordinaθ´jon] *sf* Subordinação, dependência.
su.bor.di.nar [subordin´ar] *vt+vpr* Subordinar, submeter.

sub.ra.yar [subrãˈyar] *vt* **1** Sublinhar. **2** Destacar, salientar.

sub.si.guien.te [subsigjˈente] *adj* Subsequente.

sub.sis.ten.cia [subsistˈenθja] *sf* Subsistência, sustento, existência.

sub.sis.tir [subsistˈir] *vi* Subsistir: a) manter-se. b) continuar vivendo. c) existir na sua substância.

sub.sue.lo [subsˈwelo] *sm* Subsolo.

sub.ter.fu.gio [subterfˈuhjo] *sm* Subterfúgio, pretexto, evasiva.

sub.te.rrá.ne.o, a [subterˈaneo] *adj* Subterrâneo. • *sm Arg* Metrô.

sub.tí.tu.lo [subtˈitulo] *sm* **1** Subtítulo. **2** *Cin* Legenda.

sub.trac.ción [subtrakθjˈon] *Mat* Diminuição

sub.tra.er [subtraˈer] *vt* Sonegar.

sub.tra.ir [subtraˈir] *vt* Desfalcar.

su.bur.bio [subˈurbjo] *sm* Subúrbio.

sub.ven.ción [sub(b)enθjˈon] *sf* Subvenção.

sub.ver.sión [sub(b)ersjˈon] *sf* Subversão.

sub.ver.tir [sub(b)ertˈir] *vt* Subverter, transtornar, revolver, destruir.

sub.ya.cen.te [subyaθˈente] *adj* Subjacente.

sub.yu.gar [subyugˈar] *vt+vpr* Subjugar, dominar.

suc.ción [sukθjˈon] *sf* Sucção.

suc.cio.nar [sukθjonˈar] *vt* Sugar.

su.ce.der [suθedˈer] *vi+vt* Suceder.

su.ce.sión [suθesjˈon] *sf* Sucessão, encadeamento.

su.ce.so [suθˈeso] *sm* Sucesso.

su.cie.dad [suθjedˈad] *sf* Sujeira, imundície, porcaria.

su.cin.to, -a [suθˈinto] *adj* Sucinto, resumido, sumário, preciso.

su.cio, -a [sˈuθjo] *adj* Sujo.

su.cu.len.to, -a [sukulˈento] *adj* Suculento, substancial, substancioso, nutritivo, alimentício.

su.cum.bir [sukumbˈir] *vi* Sucumbir.

su.dar [sudˈar] *vt+vi* Suar: a) transpirar. b) gotejar, destilar. *coloq* c) esforçar-se, empenhar-se.

su.dor [sudˈor] *sm* Suor.

su.do.ro.so [sudorˈoso] *adj* Suado.

sue.gro, -a [swˈegro] *sm* Sogro.

sue.la [sˈwela] *sf* Sola.

suel.do [sˈweldo] *sm* Salário, remuneração, ordenado, estipêndio.

sue.lo [sˈwelo] *sm* Solo, terra, chão.

suel.to, -a [sˈwelto] *adj+sm* **1** Solto. **2** Dinheiro miúdo, trocado.

sue.ño [sˈweño] *sm* **1** Sono. **2** Sonho.

sue.ro [sˈwero] *sm* Soro.

suer.te [sˈwerte] *sf* Sorte.

suer.tu.do, -a [swertˈudo] *adj coloq AL* Sortudo.

sué.ter [suˈeter] *sm* Suéter, pulôver.

su.fi.cien.cia [sufiθjˈenθja] *sf* **1** Suficiência, habilidade, capacidade. **2** Presunção, pretensão.

su.fi.jo, -a [sufˈiho] *adj+sm Gram* Sufixo.

su.fra.gar [sufragˈar] *vt* **1** Financiar, custear. *vi* **2** *Am* Votar.

su.fra.gio [sufrˈahjo] *sm* Voto.

su.frir [sufrˈir] *vt+vpr* Sofrer.

su.ge.ren.cia [suherˈenθja] *sf* Sugestão.

su.ges.tión [suhestjˈon] *sf* Sugestão.

su.ges.tio.nar [suhestjonˈar] *vt+vpr* Sugestionar.

sui.ci.dar.se [swiθidˈarse] *vpr* Suicidar-se.

sui.ci.dio [swiθˈidjo] *sm* Suicídio.

su.je.ción [suheθjˈon] *sf* Sujeição.

su.je.ta.dor, -ora [suhetadˈor] *adj* Que sujeita, domina. *sm* Sutiã.

su.je.tar [suhetˈar] *vt+vpr* **1** Sujeitar, dominar, subjugar. **2** Segurar.

su.je.to, -a [suhˈeto] *adj* Sujeito, exposto, passível. • *sm* Sujeito: a) assunto, tema. b) indivíduo indeterminado ou que não se nomeia. c) *Gram* ser ao qual se atribui um predicado.

su.ma [s´uma] *sf* Soma.

su.mar [sum´ar] *vt* Somar: a) adicionar. *vt+vpr* b) acrescentar.

su.ma.rio, -a [sum´arjo] *adj* Sumário, reduzido, breve, conciso, sintético. • *sm* Sumário, resumo.

su.mer.gir [sumerh´ir] *vt+vpr* Submergir.

su.mi.nis.tro [sumin´istro] *sm* Fornecimento, abastecimento, provisão.

su.mir [sum´ir] *vt+vpr* Sumir, afundar, submergir.

su.mi.sión [sumis´jon] *sf* Submissão, obediência, sujeição, subordinação.

su.mi.so, -a [sum´iso] *adj* Submisso.

su.pe.di.tar [supedit´ar] *vt* Subordinar.

su.pe.rar [super´ar] *vt+vpr* Superar: a) vencer. b) exceder, ultrapassar.

su.per.fi.cia.li.dad [superfiθjalid´ad] *sf* Superficialidade.

su.per.fi.cie [superf´iθje] *sf* Superfície.

su.per.fluo, -a [sup´erflwo] *adj* Supérfluo, desnecessário.

su.pe.rior, -ora [super´jor] *adj* Superior: a) mais elevado. b) de qualidade excelente. • *sm* Superior, que exerce autoridade sobre outrem.

su.pe.rio.ri.dad [superjorid´ad] *sf* Superioridade, vantagem, primazia.

su.per.la.ti.vo, -a [superlat´ibo] *adj* Superlativo.

su.per.mer.ca.do [supermerk´ado] *sm* Supermercado.

su.per.po.ner [superpon´er] *vt* Sobrepor.

su.pers.ti.ción [superstiθ´jon] *sf* Superstição, crendice.

su.per.vi.sar [superbis´ar] *vt* Supervisar, supervisionar.

su.per.vi.ven.cia [superbib´enθja] *sf* Sobrevivência.

su.per.vi.vien.te [superbib´jente] *adj+s* Sobrevivente.

su.plan.tar [suplant´ar] *vt* 1 Suplantar, superar. 2 Usurpar.

su.ple.men.to [suplem´ento] *sm* Suplemento, complemento.

su.plen.te [supl´ente] *adj+s* Suplente, substituto.

su.ple.to.rio, -a [suplet´orjo] *adj+sm* 1 Supletivo. 2 Extensão (telefônica).

sú.pli.ca [s´uplika] *sf* Súplica.

su.pli.cio [supl´iθjo] *sm* Suplício, tortura, tormento.

su.plir [supl´ir] *vt* Suprir: a) completar, inteirar, preencher. b) substituir.

su.po.ner [supon´er] *vt* Supor.

su.por.tar [suport´ar] *vt* Tolerar.

su.po.si.ción [suposiθ´jon] *sf* Suposição.

su.pre.ma.cí.a [supremaθ´ia] *sf* Supremacia, superioridade.

su.pre.mo, -a [supr´emo] *adj* Supremo: a) superior, sumo. b) derradeiro, último.

su.pre.sión [supres´jon] *sf* Supressão.

su.pri.mir [suprim´ir] *vt* Suprimir: a) extinguir. b) omitir.

su.pues.to, -a [sup´westo] *sm* 1 Suposto. 2 Suposição, hipótese.

sur [s´ur] *sm* Sul.

sur.co [s´urko] *sm* Sulco, risco.

sur.fis.ta [surf´ista] *s* Surfista.

sur.tir [surt´ir] *vt+vpr* 1 Sortir, abastecer, prover. *vi* 2 Jorrar, manar, brotar.

sus.ci.tar [susθit´ar] *vt* Suscitar, provocar, causar.

sus.cri.bir [suskrib´ir] *vt+vpr* 1 Subscrever. *vpr* 2 Assinar, fazer uma assinatura de.

sus.crip.ción [suskripθj´on] *sf* 1 Subscrição. 2 Assinatura.

su.so.di.cho [susod´itʃo] *adj* Mencionado, citado.

sus.pen.der [suspend´er] *vt* 1 Suspender. 2 Reprovar.

sus.pen.sión [suspens´jon] *sf* Suspensão, interrupção.

sus.pen.so, -a [susp´enso] *adj+s* Suspenso.

sus.pi.ca.cia [suspik´aθja] *sf* Suspicácia.
sus.pi.caz [suspik´aθ] *s* Suspicaz, desconfiado.
sus.pi.rar [suspir´ar] *vi* Suspirar.
sus.pi.ro [susp´iro] *sm* Suspiro.
sus.tan.cia [sust´anθja] *sf* Substância, essência.
sus.tan.cio.so [sustanθj´oso] *adj* Substancioso.
sus.tan.ti.vo, -a [sustant´ibo] *adj* Substantivo. • *sm Gram* Substantivo, nome.
sus.ten.tar [sustent´ar] *vt+vpr* Sustentar.
sus.ten.to [sust´ento] *sm* Sustento, alimento.
sus.ti.tu.ción [sustituθ´jon] *sf* Substituição, troca.
sus.ti.tui.ble [substitu´ible] *adj* Substituível.
sus.ti.tu.ir [sustitu´ir] *vt* Substituir, trocar.
sus.to [s´usto] *sm* Susto.
sus.trac.ción [sustrakθ´jon] *sf* Subtração, roubo.
sus.tra.er [sustra´er] *vt* Subtrair: a) retirar. b) furtar, roubar. c) *Mat* restar. *vpr* d) esquivar-se.
su.su.rrar [susuř´ar] *vi+vt+vpr* sussurrar: a) murmurar. b) segredar.
su.su.rro [sus´uřo] *sm* Sussurro, murmúrio.
su.til [sut´il] *adj* Sutil: a) tênue, fino, delgado. b) agudo, perspicaz, engenhoso.
su.ti.le.za [sutil´eθa] *sf* **1** Sutileza, delicadeza. **2** Perspicácia, malícia.
su.tu.ra [sut´ura] *sf* Sutura.
su.tu.rar [sutur´ar] *vt* Suturar.
su.yo, -a [s´uyo] *pron pos* Seu, sua, dele, dela.

t

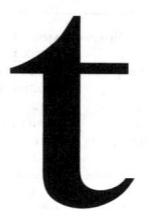

t [t´e] Vigésima primeira letra do alfabeto espanhol.
ta.ba.co [tab´ako] *sm* **1** *Bot* Tabaco. **2** Charuto.
ta.ba.que.rí.a [tabaker´ia] *sf* Tabacaria.
ta.ber.na [tab´erna] *sf* Taverna, bodega, bar, botequim, boteco.
ta.bla [t´abla] *sf* **1** Tábua, placa, lâmina. **2** Tabela, quadro. **3** Catálogo, índice. **4** Tabuleta. **5 tablas** *pl* Cenário, tablado. **6** Empate.
ta.ble.ta [tabl´eta] *sf* **1** Tablete, barra. **2** Pastilha, comprimido.
ta.bloi.de [tabl´oide] *sm Art Gráf* Tabloide.
ta.blón [tabl´on] *sm* Tábua, prancha.
ta.bú [tab´u] *sm* Tabu.
ta.ca.ño, -a [tak´año] *adj+s* Tacanho, mesquinho, avarento, avaro, miserável.
ta.cha [t´atʃa] *sf* **1** Tacha, mancha, nódoa. **2** Defeito, falta, imperfeição. **3** Tachinha, percevejo.
ta.char [tatʃ´ar] *vt* **1** Rasurar, riscar, tachar. **2** Tachar, qualificar.
ta.cho [t´atʃo] *sm* **1** Tacho, vasilha, recipiente. **2** Caldeirão.
ta.chón [tatʃ´on] *sm* **1** Traço, risco, rabisco, rasura.
ta.chue.la [tatʃ´wela] *sf* Tachinha, percevejo, tacha.
tá.ci.to, -a [t´aθito] *adj* **1** Tácito, implícito, subentendido. **2** Calado, silencioso.
ta.co [t´ako] *sm* **1** Taco. **2** *fam* Bagunça, confusão. **3** *fam* Palavrão, imprecação, praga. **4** Salto de sapato. **5** Lanche, boquinha.
ta.cón [tak´on] *sm* Salto alto.
ta.co.ne.ar [takone´ar] *vi* **1** Sapatear. **2** Pisar duro.
tác.ti.ca [t´aktika] *sf* Tática, método, sistema.
tac.to [t´akto] *sm* **1** Tato. **2** Toque. **3** Prudência, cuidado, jeito.
ta.ja.da [tah´ada] *sf* **1** Fatia, pedaço, posta. **2** *fam* Bebedeira.
ta.jan.te [tah´ante] *adj* **1** Cortante. **2** Contundente, incisivo, categórico, taxativo.
ta.jar [tah´ar] *vt* Talhar, cortar.
ta.la.drar [taladr´ar] *vt* Perfurar, furar.
ta.la.dro [tal´adro] *sm* **1** *Mec* Broca. **2** Furo, perfuração.
ta.lar [tal´ar] *vt* **1** Destruir, devastar. **2** Cortar, derrubar. • *adj* Talar.
tal.co [t´alko] *sm* Talco.
ta.len.to [tal´ento] *sm* Talento, dom, aptidão.
ta.lis.mán [talism´an] *sm* Talismã, amuleto.
ta.lla [t´aʎa] *sf* **1** Escultura, entalhe. **2** Talhe, porte, estatura, altura. **3** Tamanho, número, manequim.
ta.llar [taʎ´ar] *vt* Esculpir, entalhar.
ta.lla.rín [taʎar´in] *sm* Talharim.
ta.lle [t´aʎe] *sm* **1** Talhe, feitio, porte, configuração. **2** *Anat* Cintura. **3** *Bot*

taller   193   **te**

Caule, talo. **4** Aparência, disposição, traço, aspecto.
ta.ller [taʎ´er] *sm* Oficina, ateliê.
ta.llo [t´aʎo] *sm Bot* **1** Caule, talo. **2** Broto, rebento, muda.
ta.lón [tal´on] *sm* **1** *Anat* Calcanhar. **2** *Com* Canhoto.
ta.lo.na.rio [talon´arjo] *sm* Talonário, talão.
ta.ma.ño, -a [tam´año] *s* Tamanho, dimensão, magnitude, grandeza, volume.
tam.bién [tamb´jen] *adv* **1** Também, igualmente, inclusive, do mesmo modo. **2** Ainda, mais.
ta.miz [tam´iθ] *sm* Peneira.
tam.po.co [tamp´oko] *adv* Também não, tampouco.
tan [t´an] *adv* Tão.
tan.da [t´anda] *sf* **1** Turno, vez. **2** Tarefa, trabalho. **3** Capa, camada. **4** Monte, porção.
tan.te.ar [tante´ar] *vt* **1** Medir, comparar. **2** Sondar, apurar. **3** Tatear, titubear. **4** Calcular, estimar, chutar.
tan.te.o [tant´eo] *sm* Sondagem, verificação.
ta.ñer [tañ´er] *vt* **1** Tanger, soar, tocar, ressoar. *vi* **2** Tamborilar.
ta.pa [t´apa] *sf* **1** Tampa. **2** Capa, encadernação. **3** Comporta. **4** Petisco, tira-gosto.
ta.par [tap´ar] *vt* **1** Tapar, tampar, fechar. *vt+vpr* **2** Cobrir, abrigar.
ta.pia [t´apja] *sf* Muro, cerca.
ta.pi.ce.rí.a [tapiθer´ia] *sf* Tapeçaria.
ta.piz [tap´iθ] *sm* **1** Tapete. **2** Tapeçaria, tela.
ta.pi.zar [tapiθ´ar] *vt* **1** Atapetar. *vt+vpr* **2** Revestir, forrar.
ta.pón [tap´on] *sm* Tampa.
ta.po.nar [tapon´ar] *vt* **1** Tapar, fechar. **2** Obstruir.
ta.pu.jo [tap´uho] *sm* **1** Disfarce. **2** *fam* Dissimulação, embuste.

ta.qui.lla [tak´iʎa] *sf* **1** Bilheteria, guichê. **2** Arquivo, fichário.
ta.ra.do, -a [tar´ado] *adj Patol* Tarado, deficiente. • *adj+s* Bobo, tonto, tapado.
tar.dan.za [tard´anθa] *sf* Tardança, demora, lentidão, delonga, atraso.
tar.dar [tard´ar] *vi* **1** Tardar, demorar. *vi+vpr* **2** Atrasar.
tar.de [t´arde] *sf* Tarde. • *adv* Tarde.
tar.dí.o, -a [tard´io] *adj* **1** Preguiçoso, lento. **2** Tardio, atrasado.
ta.re.a [tar´ea] *sf* Tarefa, trabalho.
ta.ri.fa [tar´ifa] *sf* **1** Tarifa, preço. **2** Tabela de preços.
ta.ri.ma [tar´ima] *sf* Tarimba, estrado, tablado, plataforma.
tar.je.ta [tarh´eta] *sf* Cartão.
ta.rot [tar´ot] *sm* Tarô.
ta.rro [t´aRo] *sm* Pote.
tar.ta [t´arta] *sf* Bolo, torta.
tar.ta.mu.de.ar [tartamude´ar] *vi* Gaguejar, tartamudear.
tar.ta.mu.do, -a [tartam´udo] *adj+s* Gago, tartamudo, tártaro.
ta.sa [t´asa] *sf* **1** Taxa, percentual, porcentagem. **2** Tarifa.
ta.sa.ción [tasaθ´jon] *sf* Taxação, tributação.
tas.ca [t´aska] *sf fam* Tasca, taberna, boteco, bodega, botequim.
ta.ta.ra.bue.lo, -a [tatarabw´elo] *s* Tataravô.
ta.ta.ra.nie.to, -a [tataranj´eto] *s* Tataraneto.
ta.tua.je [tatu´ahe] *sm* Tatuagem.
ta.tuar [tatu´ar] *vt+vpr* Tatuar.
tau.ro [t´auro] *adj+sm Astrol* Taurino, touro.
ta.xi [t´a(k)si] *sm* Táxi.
ta.xí.me.tro [ta(k)s´imetro] *sm* Taxímetro.
ta.zón [taθ´on] *sm* Cumbuca, pote, tigela.
te [t´e] *sf* Nome da letra *t*. • *pron pers* Te, lhe.

té [t´e] *sm Bot* Chá.
te.a.tro [te´atro] *sm* Teatro.
te.be.o [teb´eo] *sm* Gibi, quadrinhos, revista em quadrinhos.
te.cho [t´etʃo] *sm* **1** Teto. **2** Telhado. **3** Limite, altura máxima. **4** Casa, lar, residência, moradia.
te.cla [t´ekla] *sf* **1** Tecla. **2** Assunto delicado.
te.cle.ar [tekle´ar] *vi+vt* Teclar, digitar.
téc.ni.ca [t´eknika] *sf* **1** Técnica, prática, perícia, habilidade. **2** Método, procedimento, processo.
tec.no.lo.gí.a [teknoloh´ia] *sf* Tecnologia.
te.dio [t´edjo] *sm* **1** Tédio, enfado, fastio, aborrecimento. **2** Aversão, asco.
te.ja [t´eha] *sf* Telha.
te.ja.do [teh´ado] *sm* Telhado.
te.jer [teh´er] *vt* **1** Tecer, urdir, tricotar. **2** Compor, formar, organizar, ordenar. **3** Maquinar, tramar.
te.ji.do, -a [teh´ido] *sm* **1** Tecido, tela, pano. **2** Textura, tessitura.
te.la [t´ela] *sf* **1** Tecido, pano. **2** Membrana. **3** Rede, tela.
te.lar [tel´ar] *sm* **1** Tear. **2** telares *pl* Tecelagem.
te.le [t´ele] *sf fam* Tevê, TV.
te.le.co.mu.ni.ca.ción [telekomunika θ´jon] *sf* Telecomunicação.
te.le.dia.rio [teledj´arjo] *sm* Telejornal, noticiário.
te.le.fé.ri.co [telef´eriko] *sm* **1** Teleférico. **2** Funicular, bondinho.
te.le.fo.na.zo [telefon´aθo] *sm fam* Telefonema, ligação telefônica.
te.le.fo.ne.ar [telefone´ar] *vt+vi* Telefonar, ligar.
te.le.fo.ne.ma [telefon´ema] *sm* Telefonema, ligação telefônica.
te.le.fó.ni.co, -a [telef´oniko] *adj* Telefônico.
te.le.fo.nis.ta [telefon´ista] *s* Telefonista.

te.lé.fo.no [tel´efono] *sm* Telefone.
te.le.gra.ma [telegr´ama] *sm* Telegrama.
te.le.no.ve.la [telenob´ela] *sf* Telenovela, novela.
te.les.co.pio [telesk´opjo] *sm Astron* Telescópio.
te.les.pec.ta.dor, -a [telespektad´or] *s* Telespectador.
te.le.vi.sión [telebis´jon] *sf* **1** Televisão. **2** Televisor, aparelho de tevê.
te.le.vi.sor [telebis´or] *sm* Televisor, aparelho de tevê.
te.ma [t´ema] *sm* **1** Tema, matéria, objeto. **2** Assunto.
tem.blar [tembl´ar] *vi* **1** Tremer, estremecer. **2** Trepidar, sacudir, vibrar.
tem.blor [tembl´or] *sm* Tremor, estremecimento, abalo.
te.mer [tem´er] *vt* **1** Temer, recear. *vt+vpr* **2** Suspeitar, achar, desconfiar.
te.me.ri.dad [temerid´ad] *sf* Temeridade, imprudência, ousadia, audácia.
te.mor [tem´or] *sm* Temor, medo.
tem.pe.ra.men.to [temperam´ento] *sm* Temperamento, natureza, índole, gênio, caráter.
tem.pe.ra.tu.ra [temperat´ura] *sf* **1** Fís Temperatura, calor. **2** Clima.
tem.pes.tad [tempest´ad] *sf* **1** Tempestade, temporal, tormenta. **2** Agitação, inquietação.
tem.plar [templ´ar] *vt+vpr* **1** Temperar, suavizar, amenizar, moderar. *vt* **2** Amornar. *vpr* **3** Embebedar-se.
tem.ple [t´emple] *sm* **1** Temperatura. **2** Têmpera. **3** Ânimo, disposição. **4** Energia, força.
tem.plo [t´emplo] *sm* Templo, santuário.
tem.po.ra.da [tempor´ada] *sf* Temporada, período.
tem.po.ral [tempor´al] *adj* **1** Temporário, transitório, passageiro, interino. **2** Temporal: a) relativo a tempo. b)

tem.pra.no, -a [tempr´ano] *adj* **1** Adiantado, antecipado, prematuro. **2** Temporão. • *adv* Cedo.

te.na.ci.dad [tenaθid´ad] *sf* Tenacidade, firmeza, perseverança, afinco, persistência.

te.na.ci.llas [tenaθ´iλas] *sf pl* **1** Pinça, pinças. **2** Pegador, pegadores (gelo, salada, doce etc.).

te.naz [ten´aθ] *adj* **1** Firme, forte, resistente. **2** Tenaz, persistente, obstinado.

ten.de.de.ro [tended´ero] *sm* Varal.

ten.den.cia [tend´enθja] *sf* Tendência, propensão, inclinação, disposição.

ten.der [tend´er] *vt* **1** Estender, esticar, desdobrar. **2** Derrubar, tombar. **3** Pendurar roupa. **4** Tender, propender, inclinar. **5** Armar, tramar, urdir, aprontar. *vpr* **6** Deitar-se.

ten.de.re.te [tender´ete] *sm* **1** Banca, barraca, barraquinha. **2** *fam* Bagunça.

ten.de.ro, -a [tend´ero] *s* Vendeiro, merceeiro.

ten.di.do, -a [tend´ido] *adj* Inclinado. • *sm* Fiação elétrica.

ten.dón [tend´on] *sm Anat* Tendão.

te.ne.dor [tened´or] *sm* **1** Garfo. **2** Detentor, possuidor. **3** *Com* Portador.

te.ner [ten´er] *vt* **1** Segurar, suster. **2** Ter, possuir. **3** Dominar, sujeitar. **4** Precisar, ter de. *vt+vpr* **5** Manter, sustentar. **6** Julgar, considerar. *vpr* **7** Segurar-se.

te.nien.te, -a [tenj´ente] *s Mil* Tenente.

te.nis [t´enis] *sm inv* **1** *Dep* Tênis. **2** Tênis (calçado).

te.nor [ten´or] *sm* **1** Conteúdo, contexto, teor. **2** Estilo, disposição, constituição. **3** *Mús* Tenor.

ten.sión [tensj´on] *sf* **1** Tensão. **2** Pressão arterial.

ten.ta.ción [tentaθj´on] *sf* Tentação, sedução, provocação, desejo.

ten.tar [tent´ar] *vt+vpr* **1** Apalpar, tocar, tatear. *vt* **2** Instigar, induzir, estimular. **3** Tentar.

te.nue [t´enue] *adj* **1** Tênue, delicado, fino, leve, sutil. **2** Fraco, magro, franzino.

te.ñir [teñ´ir] *vt+vpr* Tingir, pintar, colorir.

te.o.lo.gí.a [teoloh´ia] *sf Rel* Teologia.

te.o.rí.a [teor´ia] *sf* **1** Teoria, hipótese, suposição. **2** Fundamento.

te.ra.péu.ti.co, -a [terap´eutiko] *adj* Terapêutico. • *sf* Terapêutica, tratamento, terapia.

ter.cer [terθ´er] *adj* Terceiro.

ter.ce.ro, -a [terθ´ero] *adj+num ord* Terceiro.

ter.cio, -a [t´erθjo] *s* **1** Terço. **2** Terça parte.

ter.cio.pe.lo [terθjop´elo] *sm* Veludo.

ter.co, -a [t´erko] *adj* Teimoso, cabeçudura, obstinado, persistente.

ter.mes [t´ermes] *sm Entom* Cupim.

ter.mi.na.ción [terminaθj´on] *sf* Terminação, término, fim, conclusão.

ter.mi.nar [termin´ar] *vt* **1** Terminar, concluir, acabar, finalizar. *vi+vpr* **2** Findar.

tér.mi.no [t´ermino] *sm* **1** Término, fim, limite, extremo. **2** Prazo. **3** Termo. **4** Fronteira. **5** Termo, baliza, marco.

ter.mi.ta [term´ita] *sf* Cupim, broca.

ter.mo [t´ermo] *sm* Garrafa térmica.

ter.mó.me.tro [term´ometro] *sm Fís* Termômetro.

ter.no, -a [t´erno] *s* **1** Terno. **2** Trio, trinca.

ter.nu.ra [tern´ura] *sf* **1** Ternura, doçura, meiguice. **2** Carinho, afeição.

ter.que.dad [terked´ad] *sf* Teimosia, insistência, obstinação.

te.rra.plén [teřapl´en] *sm* Aterro, terraplenagem.

terráqueo [teř´akeo] *adj+s* Terráqueo, que se refere à Terra.

te.rra.za [teˈraθa] *sf* Terraço, varanda.
te.rre.mo.to [teřemˈoto] *sm* Terremoto, abalo sísmico, tremor de terra.
te.rre.nal [teřenˈal] *adj* Terrestre, terreno.
te.rre.no, -a [teˈřeno] *adj* Terrestre, terreno. • *sm* **1** Terreno, solo. **2** Campo, assunto, tema, área.
te.rres.tre [teˈřestre] *adj* Terrestre, terreno.
te.rri.ble [teˈřible] *adj* Terrível, horrendo, horrível, medonho, desumano, atroz.
te.rri.to.rio [teřitˈorjo] *sm* **1** Território, terreno, superfície. **2** Esfera, âmbito, área.
te.rror [teˈřor] *sm* Terror, horror, pavor, pânico.
te.rro.ris.mo [teřorˈismo] *sm* Terrorismo.
te.sis [tˈesis] *sf inv* Tese, teoria, proposição, enunciação. **2** Opinião.
te.són [tesˈon] *sm* Tenacidade, afinco, perseverança, decisão, firmeza.
te.so.re.rí.a [tesorerˈia] *sf Com* Tesouraria.
te.so.re.ro, -a [tesorˈero] *s* Tesoureiro.
te.so.ro [tesˈoro] *sm* **1** Tesouro, fortuna, riqueza. **2** Erário, Fazenda Pública, fisco, Tesouro.
test [tˈest] *sm* Teste.
tes.ta.men.to [testamˈento] *sm* Testamento.
tes.ta.ru.do, -a [testarˈudo] *adj* Teimoso, obstinado, voluntarioso.
tes.tí.cu.lo [testˈikulo] *sm Anat* Testículo, escroto.
tes.ti.fi.car [testifikˈar] *vt* **1** Atestar, certificar. **2** Testemunhar, depor. **3** Afirmar, reconhecer.
tes.ti.go [testˈigo] *sm* **1** Testemunha. **2** Testemunho, depoimento. **3** *Anat* Testículo.
tes.ti.mo.niar [testimonjˈar] *vt* Testemunhar.

tes.ti.mo.nio [testimˈonjo] *sm* **1** Testemunho, demonstração, prova. **2** Depoimento.
te.ta [tˈeta] *sf Anat* Teta, úbere.
te.te.ra [tetˈera] *sf* Chaleira, bule.
tex.til [te(k)stˈil] *adj* Têxtil.
tex.to [tˈe(k)sto] *sm* Texto, escrito.
tex.tu.ra [textˈura] *sf* **1** Textura, tessitura. **2** Tecelagem. **3** Estrutura, disposição, organização.
tez [tˈeθ] *sf* Tez, cútis, pele.
ti [tˈi] *pron pers* Ti.
ti.bie.za [tibjˈeθa] *sf* **1** Tepidez, tibieza. **2** Indiferença.
ti.bio, -a [tˈibjo] *adj* **1** Morno, tépido, tíbio. **2** Indiferente. • *sf Anat* Tíbia.
tic [tˈik] *sm Patol* Tique nervoso.
tiem.po [tˈjempo] *sm* **1** Tempo, fase, período. **2** Temperatura. **3** Oportunidade, ocasião, conjuntura.
tien.da [tˈjenda] *sf* **1** Loja. **2** Tenda, barraca.
tien.ta [tjˈenta] *sf* **1** Astúcia, sagacidade, perspicácia. **2** *Med* Sonda.
tien.to [tˈjento] *sm* **1** Tato, contato, toque, apalpadela. **2** Bengala. **3** Vara (equilibrista). **4** Pulso, firmeza. **5** Tato, prudência, delicadeza. **6** Bofetada, tabefe.
tier.no, -a [tˈjerno] *adj* **1** Terno, meigo, dócil, afável. **2** Tenro, mole, macio. **3** Fresco.
tie.rra [tˈjeřa] *sf* **1** Terra, solo. **2** Nação, país, região. **3 Terra** *Astron* Terra.
tie.so, -a [tˈjeso] *adj* **1** Teso, duro, firme, rígido. **2** Tenso, retesado, estendido. **3** Grave, circunspecto. **4** Teimoso, inflexível, obstinado. **5** *fam* Morto. **6** *fam* Duro, liso, sem um tostão.
ti.fón [tifˈon] *sm* Tufão, furacão, vendaval.
ti.fus [tˈifus] *sm inv Patol* Tifo.
ti.gre, -esa [tˈigre] *s Zool* Tigre. **2** *fig* Monstro sanguinário.
ti.je.ra [tihˈera] *sf* **1** Tesoura. **2** *Anat* Língua de cobra.

tijeretear 197 toldo

ti.je.re.te.ar [tiherete´ar] *vt* **1** Tesourar, estesourar, cortar. **2** *fig* Intrometer-se. **3** Falar mal, difamar, fofocar.

til.de [t´ilde] *sm Gram* Til, acento.

tim.brar [timbr´ar] *vt* **1** Timbrar, selar. **2** Carimbar.

tim.bre [t´imbre] *sm* **1** Campainha. **2** Timbre: a) chancela, sinete, selo. b) inflexão do som.

ti.mi.dez [timid´eθ] *sf* Timidez, acanhamento, embaraço, vergonha.

tí.mi.do, -a [t´imido] *adj+s* Tímido, acanhado, retraído.

ti.món [tim´on] *sm* **1** Timão, leme. **2** *fig* Direção, governo, governança.

ti.na [t´ina] *sf* **1** Tina, bacia, talha, cuba. **2** Banheira.

ti.na.ja [tin´aha] *sf* Cântaro, pote, talha.

ti.no [t´ino] *sm* **1** Tino, intuição, faro. **2** Pontaria. **3** Juízo, prudência, acerto. **4** Moderação, cuidado.

tin.ta [t´inta] *sf* **1** Tinta. **2** Tintura, corante.

tin.te.ro [tint´ero] *sm* Tinteiro.

tin.ti.ne.ar [tintine´ar] *vi* Tilintar, tinir.

tin.to.re.rí.a [tintorer´ia] *sf* Lavanderia, tinturaria.

tin.tu.ra [tint´ura] *sf* **1** Tingimento. **2** Tinta. **3** *Farm* Tintura.

tí.o, -a [t´io] *s* **1** Tio. **2** *fam* Bronco, caipira. **3** *fam* Cara, tio.

tí.pi.co, -a [t´ipiko] *adj* Típico, característico, representativo, peculiar.

ti.po [t´ipo] *sm* **1** Tipo, modelo, exemplar. **2** Símbolo, representação. **3** Classe, índole, natureza. **4** Letra. **5** Cara, indivíduo.

ti.ra [t´ira] *sf* **1** Tira, faixa. **2** Tirinha, história em quadrinhos.

ti.ra.bu.zón [tiraboθ´on] *sm* **1** Saca-rolhas. **2** Cacho (cabelo).

ti.ra.da [tir´ada] *sf* **1** Tiragem, edição. **2** Tirada, arremesso.

ti.ra.ní.a [tiran´ia] *sf* Tirania, despotismo, opressão, absolutismo.

ti.ran.te [tir´ante] *adj* Tenso, estirado, retesado. • *sm* **1** Rédea. **2** *Arquit* Tirante. **3 tirantes** *pl* Suspensórios.

ti.rar [tir´ar] *vt* **1** Atirar, arremessar. **2** Jogar fora. **3** Derrubar. **4** Atirar, disparar (arma). **5** Estirar, esticar, estender. **6** Puxar. *vi* **7** Atrair. **8** Tender, propender, inclinar-se.

ti.rón [tir´on] *sm* **1** Puxão. **2** Arrancada. **3** Fisgada, cãibra, contração. **4** Atração. **de un tirón** de uma só vez.

ti.ro.te.o [tirot´eo] *sm* Tiroteio.

ti.sis [t´isis] *sf inv Med* Tuberculose.

ti.tán [tit´an] *sm* **1** Titã, gigante. **2** Grua, guindaste.

tí.te.re [t´itere] *sm* Marionete, títere, fantoche.

ti.tu.be.ar [titube´ar] *vi* **1** Cambalear. **2** Titubear, vacilar, duvidar, hesitar.

ti.tu.lar [titul´ar] *adj+s* **1** Titular. **2** *Impr* Capitular. • *vt* **1** Titular, intitular. *vpr* **2** Formar-se, diplomar-se, graduar-se.

tí.tu.lo [t´itulo] *sm* **1** Título, denominação, qualificação. **2** Letreiro, legenda, rótulo. **3** Causa, pretexto, desculpa. **4** Dignidade nobiliária. **5** *Com* Documento financeiro.

ti.za [t´iθa] *sm* Giz.

to.a.lla [to´aλa] *sf* Toalha de banho ou rosto.

to.bi.llo [tob´iλo] *sm Anat* Tornozelo.

to.bo.gán [toboγ´an] *sm* Escorregador, tobogã.

to.ca [t´oka] *sf* Touca, gorro.

to.ca.dor [tokad´or] *sm* Penteadeira, toucador, toalete.

to.ca.yo [tok´aio] *s* Xará.

to.ci.no [toθ´ino] *sm* Toucinho, *bacon.*

to.da.ví.a [todaβ´ia] *adv* Ainda.

to.do, -a [t´odo] *adj+adv* **1** Todo, inteiro. **2** Tudo. • *sm* Tudo.

to.do.te.rre.no [todoteř´eno] *adj+sm* Jipe.

to.ga [t´oga] *sf* Toga.

tol.do [t´oldo] *sm* Toldo, cobertura.

to.le.ran.cia [toler´anθja] *sf* **1** Tolerância, condescendência, transigência, indulgência. **2** Margem, diferença.

to.ma [t´oma] *sf* **1** Tomada: a) recebimento. b) ocupação, conquista. c) *Electr* plugue. d) filmagem, cena. **2** Porção, dose.

to.na.li.dad [tonalid´ad] *sf* **1** *Mús* Tonalidade, som. **2** Tom, matiz, cor.

to.nel [ton´el] *sm* Tonel, barril.

to.no [t´ono] *sm* **1** Tom, entonação. **2** Caráter, tipo, estilo, modo. **3** Energia, força, vigor. **4** Distinção, elegância. **5** Matiz, coloração. **6** Tônus.

ton.te.ra [tonte´ra] *sf* **1** Besteira, bobagem, tolice. **2** Tonto, bobo.

ton.te.rí.a [tonter´ia] *sf* Tolice, bobagem, bobeira, besteira.

to.pe [t´ope] *sm* **1** Limite, extremo, máximo. **2** Topada, encontrão, choque. **3** Estorvo, impedimento. **4** Trava.

to.que [t´oke] *sm* **1** Toque, contato. **2** Batida, percussão. **3** *fam* Pancada.

to.ra.da [tor´ada] *sf* Tourada, bando, manada de touros.

tor.be.lli.no [torbeλ´ino] *sm* **1** Torvelinho, remoinho, pé de vento. **2** Turbilhão. **3** *fam* Furacão.

tor.ce.du.ra [torθed´ura] *sf* Torção, torcedura.

to.re.ro, -a [tor´ero] *adj+s* **1** Toureiro. **2** Galhardo, forte, desenvolvido. • *sm* Toureiro, toureador.

tor.men.ta [torm´enta] *sf* **1** Tempestade, tormenta. **2** Tormento, desgraça. **3** Agitação.

tor.men.to [torm´ento] *sm* **1** Tormento, angústia, dor. **2** Tortura.

tor.ne.o [torn´eo] *sm* Torneio, competição.

tor.ni.llo [torn´iλo] *sm* **1** Parafuso. **2** Torno, morsa.

to.ro [t´oro] *sm* *Zool* Touro.

tor.sión [tors´jon] *sf* Torção, torcedura

tor.ta [t´orta] *sf* **1** Bolo. **2** *fam* Tabefe, bofetada, tapa, sopapo. **3** *fam* Porre, bebedeira.

tor.ta.zo [tort´aθo] *sm* *fam* Tabefe, bofetada, tapa, sopapo.

tor.tí.co.lis [tort´ikolis] *sm inv Med* Torcicolo.

tor.ti.lla [tort´iλa] *sf* **1** Tortilha. **2** Fritada.

tor.tu.ga [tort´uga] *sf Zool* Tartaruga.

tor.tu.ra [tort´ura] *sf* **1** Tortura, suplício, flagelação. **2** Angústia, tormento, sofrimento. **3** Sinuosidade, torcedura.

tos [t´os] *sf Patol* Tosse.

to.ser [tos´er] *vi* Tossir.

tos.que.dad [tosked´ad] *sf* Rudeza, rusticidade, simplicidade.

tos.ta.da [tost´ada] *sf* Torrada.

tos.ta.dor, -ora [tostad´or] *adj+sm* Torradeira.

to.ta.li.dad [totalid´ad] *sf* Totalidade, total, íntegra.

tra.ba.ja.dor, -ora [trabahad´or] *adj+s* **1** Trabalhador, operário. **2** Aplicado, esforçado.

tra.ba.jar [trabah´ar] *vi* **1** Trabalhar, lidar, obrar. **2** Funcionar, andar. *vt+vpr* **3** Empenhar-se, esforçar-se. *vi* **4** Apurar, elaborar.

tra.ba.jo [trab´aho] *sm* **1** Trabalho, atividade, empreendimento, funcionamento. **2** Ocupação, emprego, ofício, serviço.

tra.ba.jo.so, -a [trabah´oso] *adj* Trabalhoso, difícil.

tra.bar [trab´ar] *vt+vi* **1** Travar, prender. *vt* **2** Impedir, atravancar, restringir.

tra.ba.zón [trabaθ´on] *sf* **1** Travamento. **2** Liga, consistência. **3** Conexão, ligação.

trac.ción [trakθ´jon] *sf Fís* Tração.

trac.tor [trakt´or] *sm* Trator.

tra.di.ción [tradiθ´jon] *sf* Tradição, doutrina, costume, hábito, uso.

tra.duc.ción [tradukθ´jon] *sf* **1** Tradução, versão. **2** Interpretação.

tra.du.cir [traduθ´ir] *vt* **1** Traduzir, verter, trasladar. **2** Interpretar, explicar, explanar.

tra.duc.tor, -ora [traduktor´or] *adj+s* Tradutor.

tra.er [tra´er] *vt* **1** Trazer, conduzir, atrair. **2** Causar, ocasionar, acarretar. **3** Vestir, usar. **4** Conter, encerrar.

trá.fi.co [tr´afiko] *sm* **1** Tráfego, trânsito. **2** Negócio, comércio. **3** Tráfico.

tra.ge.dia [trah´edja] *sf* **1** Teat Tragédia, drama. **2** Desgraça, catástrofe, acidente.

trá.gi.co, -a [tr´ahiko] *adj* **1** Trágico, dramático. **2** Fatídico, funesto, catastrófico, nefasto.

trai.ción [traiθj´on] *sf* Traição, deslealdade, perfídia, infidelidade.

trai.cio.nar [traiθjon´ar] *vt* **1** Trair, atraiçoar, enganar. **2** Delatar, denunciar.

trai.cio.ne.ro, -a [traiθjon´ero] *adj+s* Traiçoeiro, traidor, insidioso.

tra.í.do, -a [tra´ido] *adj* Gasto, surrado, usado.

tra.je.ar [trahe´ar] *vt+vpr* Vestir, trajar.

tra.jín [trah´in] *sm* Vaivém, correria, andança.

tra.ma [tr´ama] *sf* **1** Trama, tecido, urdidura. **2** Enredo, história, argumento. **3** Conspiração, tramoia.

tra.mo [tr´amo] *sm* **1** Trecho. **2** Lance de escada.

tra.mo.ya [tram´oya] *sf* Tramoia, trama, ardil, truque, treta.

tram.pa [tr´ampa] *sf* **1** Armadilha, arapuca, emboscada. **2** Trampa, fraude, embuste, velhacaria, trambique, trapaça. **3** Cilada, armação.

tram.po.lín [trampol´in] *sm* Trampolim.

tram.po.so, -a [tramp´oso] *adj+s* Trapaceiro, embusteiro, vigarista, tapeador.

tran.ca [tr´anka] *sf* **1** Tranca, trinco. **2** *fam* Porre, bebedeira.

tran.ce [tr´anθe] *sm* Transe, crise, agonia.

tran.qui.li.dad [trankilid´ad] *sf* **1** Tranquilidade, calma, serenidade, calmaria. **2** Paz, sossego, despreocupação.

tran.qui.li.zar [trankiliθ´ar] *vt+vpr* Tranquilizar, acalmar, sossegar, serenar.

tran.qui.llo [trank´iλo] *adj* **1** Tranquilo, calmo, sossegado, quieto. **2** Relaxado, descansado, despreocupado.

tran.sac.ción [transakθ´jon] *sf* Transação, acordo, negócio, ajuste.

trans.bor.dar [transbord´ar] *vt+vpr* Baldear, fazer transbordo.

trans.cri.bir [transkrib´ir] *vt* Transcrever, reproduzir, copiar.

trans.crip.ción [transkripθ´jon] *sf* Transcrição, reprodução, cópia.

trans.cu.rrir [transku´rrir] *vi* Transcorrer, passar, correr, decorrer.

tran.se.ún.te [transe´unte] *adj+s* **1** Transeunte, pedestre, passante. **2** Passageiro, efêmero.

trans.fe.ren.cia [transfer´enθja] *sf* Transferência, passagem, substituição.

trans.fe.rir [transfer´ir] *vt* **1** Transferir, passar. **2** Adiar, pospor. **3** Deslocar, mudar, trasladar.

trans.fi.gu.rar [transfigur´ar] *vt+vpr* Transfigurar, transformar.

trans.for.ma.ción [transformaθ´jon] *sf* Transformação, alteração, modificação, mudança.

trans.for.mar [transform´ar] *vt+vpr* Transformar, alterar, modificar, mudar.

trans.fu.sión [transfus´jon] *sf* Transfusão.

trans.gé.ni.co, -a [transh´eniko] *adj* Transgênico.

trans.gre.dir [transgred´ir] *vt Der* Transgredir, infringir, violar, desobedecer, desrespeitar, descumprir.

trans.gre.sión [transgres´jon] *sf* Transgressão, infração, violação.

trans.gre.sor, -ora [transgres´or] *adj+s* Transgressor, contraventor, infrator, violador.

tran.si.ción [transiθ´jon] *sf* Transição, passagem, mudança.

tran.si.gen.cia [transiħ´enθja] *sf* Transigência, condescendência, tolerância, contemporização.

tran.si.gir [transiħ´ir] *vi+vtr* Transigir, condescender, concordar, contemporizar, tolerar.

tran.si.tar [transit´ar] *vi* Transitar, circular, locomover-se, trafegar.

trán.si.to [tr´ansito] *sm* **1** Trânsito, circulação, tráfego, tráfico. **2** Passagem, caminho, trajeto.

tran.si.to.rio, -a [transit´orjo] *adj* **1** Transitório, passageiro, temporário, provisório, efêmero. **2** Fugaz.

trans.mi.sión [transmiθj´on] *sf* Transmissão, propagação, comunicação, difusão.

trans.mi.tir [transmit´ir] *vt* **1** Transmitir, legar, passar, transferir. *vt+vi* **2** Difundir, propagar, comunicar.

trans.pa.ren.cia [transpar´enθja] *sf* Transparência, clareza, limpidez.

trans.pi.ra.ción [transpiraθ´jon] *sf* Transpiração, suor.

trans.pi.rar [transpir´ar] *vi+vpr* Transpirar, suar.

trans.po.ner [transpon´er] *vt+vi+vpr* **1** Transpor, passar, ultrapassar. **2** Transplantar. *vpr* **3** Cochilar, adormecer.

tran.vía [tramb´ia] *sm* **1** Trilho. **2** Bonde.

tra.pa.ce.rí.a [trapaθer´ia] *sf* Trapaça, fraude, tramoia, embuste, velhacaria.

tra.pa.za [trap´aθa] *sf* Trapaça, velhacaria, fraude, tramoia, embuste.

tra.pe.cio [trap´eθjo] *sm* Trapézio.

tra.po [tr´apo] *sm* **1** Trapo, farrapo, retalho. **2** Pano. **3** *Mar* Vela.

tra.que.te.o [traket´eo] *sf* **1** Estouro (fogos de artifício). **2** Trepidação, movimento, solavanco.

tras [tr´as] *prep* **1** Atrás, detrás. **2** Após, depois de.

tras.cen.den.cia [trasθend´enθja] *sf* **1** Perspicácia, acuidade, sagacidade. **2** Transcendência.

tras.cen.der [trasθend´er] *vi* **1** Exalar. **2** Transcender, distinguir, evidenciar. **3** Exceder, ultrapassar.

tra.se.ro, -a [tras´ero] *adj* Traseiro. • *sm* **1** *fam* Traseiro, nádegas, bunda. *sf* **2** Traseira, retaguarda.

tras.la.ción [traslaθ´jon] *sf* **1** Translação, traslação. **2** Tradução, versão.

tras.la.dar [traslad´ar] *vt+vpr* **1** Trasladar, transportar. *vt* **2** Traduzir, verter. **3** Copiar, reproduzir, transcrever.

tras.no.char [trasnotʃ´ar] *vi* **1** Tresnoitar, varar a noite. **2** Pernoitar, dormir fora.

tras.pa.sar [traspas´ar] *vt* **1** Transpassar, traspassar, atravessar. **2** Transgredir, infringir, violar.

tras.pié [trasp´je] *sm* **1** Tropeção, tropeço, escorregão. **2** Rasteira.

tras.plan.te [traspl´ante] *sm Med* Transplante, transplantação.

tras.qui.lar [traskil´ar] *vt+vpr* Tosquiar, tosar, cortar.

tras.te.ro [trast´ero] *adj* Armário ou quarto de despejo.

tras.to [tr´asto] *sm* **1** Móvel, utensílio, coisa, tralha. **2** *despec* Traste, tranqueira, troço.

tras.tor.nar [trastorn´ar] *vt* **1** Virar, inverter. **2** Transtornar, inquietar, desorientar, desconcertar. *vt+vpr* **3** Perturbar, toldar, enlouquecer.

tras.tor.no [trast´orno] *sf* **1** Transtorno, incômodo, embaraço, importunação. **2** Perturbação, desequilíbrio.

tra.ta [tr´ata] *sf* Tráfico (escravos).

tra.ta.do [trat´ado] *sm* Tratado, acordo, ajuste, pacto, convenção.

tra.ta.mien.to [tratam´jento] *sm* **1** Tratamento, cura. **2** Trato.

tra.tan.te [trat´ante] *s* Negociante.

tra.tar [trat´ar] *vt* **1** Tratar, lidar, manipular. *vt+vi+vpr* **2** Comunicar-se, relacionar-se. *vt+vpr* **3** Cuidar, ocupar-se. **4** Discorrer, dispor, doutrinar. **5** Medicar. *vi* **6** Negociar, comercializar.

tra.to [tr´ato] *sm* **1** Trato, tratamento. **2** Tratado, acordo, pacto, convênio. **3** Comércio, negócio.

trau.ma.ti.zar [traumatiθ´ar] *vt+vpr* Traumatizar.

tra.vés [trab´es] *sm* **1** Través, viés, obliquidade, esguelha, soslaio. **2** Revés, vicissitude, desgraça, infortúnio.

tra.ve.sa.ño [trabes´año] *sm* **1** Travessa, travessão. **2** *Dep* Trave.

tra.ves.ti [trab´esti] *sm* Travesti, travestido.

tra.ve.su.ra [trabes´ura] *sf* Travessura, diabrura, traquinagem, estrepolia, traquinice.

tra.vie.sa [trabj´esa] *sf* Travessa, barra de madeira.

tra.yec.to [tray´ekto] *sm* Trajeto, caminho, percurso, distância, rota.

tra.yec.to.ria [trayekt´orja] *sf* Trajetória, curso.

tra.za [tr´aθa] *sf* **1** Planta, projeto. **2** Plano, esboço. **3** Vestígio, pista. **4 trazas** *pl* Ares, aparência.

tra.zar [traθ´ar] *vt* **1** Traçar, desenhar. **2** Esboçar, delinear, projetar.

tra.zo [tr´aθo] *sm* **1** Traço, delineamento, esboço. **2** Linha, traçado.

tre.ce [tr´eθe] *num* Treze.

tre.cho [tr´etʃo] *sm* Trecho, intervalo, segmento, fragmento.

tre.gua [tr´egwa] *sf* **1** Trégua, armistício. **2** Descanso, folga, férias.

trein.ta [tr´ejnta] *num* Trinta.

tre.men.do [trem´endo] *adj* **1** Tremendo, terrível, atroz. **2** Formidável, extraordinário, respeitável.

tré.mu.lo, -a [tr´emulo] *adj* Trêmulo.

tren [tr´en] *sm* **1** Trem. **2** Bonde.

tren.za [tr´enθa] *sf* Trança.

tren.zar [trenθ´ar] *vt* Trançar.

tre.par [trep´ar] *vi+vt* **1** Trepar, subir, escalar. **2** *fam* Subir na vida, escalar socialmente. **3** Furar, verrumar.

tre.pi.dar [trepid´ar] *vi* Trepidar: a) tremer, vibrar. b) duvidar, hesitar, titubear.

tres [tr´es] *num* Três.

tres.cien.tos, -as [tresθj´entos] *num* Trezentos.

tre.ta [tr´eta] *sf* Treta, astúcia, manha.

trí.a [tr´ia] *sf* Triagem, escolha, seleção, separação.

tri.án.gu.lo [tri´angulo] *sm Mús, Geom* Triângulo.

tri.bu.na [trib´una] *sf* Tribuna, palanque, púlpito.

tri.bu.tar [tribut´ar] *vt* **1** Tributar, devotar, consagrar, honrar. **2** Contribuir, pagar. **3** Taxar.

tri.bu.to [trib´uto] *sm* **1** Tributo, homenagem, honra. **2** Imposto, taxa, contribuição.

tri.co.tar [trikot´ar] *vi+vt* Tricotar, tecer.

tri.go [tr´igo] *sm* **1** *Bot* Trigo. **2** Dinheiro, bens, posses.

tri.lla.do, -a [triλ´ado] *adj* Comum, sabido de todos.

tri.llar [triλ´ar] *vt* **1** Trilhar, debulhar. **2** Maltratar.

tri.lli.zo, -a [triλ´iθo] *adj+s* Trigêmeo.

tri.llo [tr´iλo] *sm* **1** *Agr* Trilho, debulhador. **2** Trilha, caminho.

tri.mes.tre [trim´estre] *sm* Trimestre.

tri.na.do [trin´ado] *sm* Trinado, gorjeio, trino.

trin.char [trintʃ´ar] *vt* **1** Trinchar, cortar, fatiar. **2** *fam* Decidir, resolver, dispor, solucionar.

trin.che.ra [trintʃ´era] *sf* Mil Trincheira.

tri.ne.o [trin´eo] *sm* Trenó.
tri.no [tr´ino] *adj* Trino, triplo. • *sm* Trino, trinado, gorjeio.
trin.que.te [trink´ete] *sm* Gancho, freio, trava, lingueta.
trí.o [tr´io] *sm* Trio, trinca, tríade, terno.
tri.pa [tr´ipa] *sf* **1** *Anat* Intestino. **2** Barriga, pança. **3 tripas** *pl* Vísceras.
tri.ple [tr´iple] *adj* Triplo. • *sm Electr* Benjamim.
trí.po.de [tr´ipode] *sm* **1** Tripé. **2** Tripé.
trip.ton.go [tript´ongo] *sm Gram* Tritongo.
tri.pu.la.ción [tripulaθ´jon] *sf* Tripulação.
tris [tr´is] *sm* Triz, átimo, por um fio.
tro.cha [tr´otʃa] *sf* **1** Viela, ruela, atalho. **2** Trilha.
tro.fe.o [trof´eo] *sm* **1** Troféu, copa, taça. **2** Vitória.
trom.ba [tr´omba] *sf* Tromba-d'água.
trom.bón [tromb´on] *sm Mús* Trombone.
trom.pa [tr´ompa] *sf* **1** *Mús* Trompa, trombeta. **2** *Anat* Tromba. **3** Pião. **4** *fam* Porre, bebedeira.
trom.pa.da [tromp´ada] *sf* **1** *fam* Murro, soco. **2** *fam* Topada, encontrão, pancada.
trom.pa.zo [tromp´aθo] *sm* **1** Pancada, topada, encontrão. **2** Murro, soco.
trom.pi.car [trompik´ar] *vt* **1** Tropicar, tropeçar. *vi* **2** Cambalear.
tro.nar [tron´ar] *vi+vimp* **1** Trovejar, troar. *vi+vpr* **2** *fam* Perder tudo, arruinar-se.
tron.cho [tr´ontʃo] *sm* Troncho, talo.
tron.co [tr´onko] *sm* **1** Tronco. **2** *Anat* Corpo. **3** Ramal.
tro.pe.zar [tropeθ´ar] *vi* **1** Tropeçar, tropicar. **2** Escorregar. *vi+vpr* **3** *fam* Esbarrar, topar, encontrar.
tro.pe.zón [tropeθ´on] *sm* Tropeção, tropeço.

tro.pi.cal [tropik´al] *adj* **1** Tropical. **2** Exuberante, exagerado, frondoso.
tro.pie.zo [tropj´eθo] *sm* **1** Atravanco, estorvo, impedimento. **2** Tropeço, deslize. **3** Briga, encrenca.
tro.ta.mun.dos [trotam´undos] *s inv* Viajante.
tro.te [tr´ote] *sm* **1** Trote, marcha. **2 trotes** *pl* Afã, esforço.
tro.zo [tr´oθo] *sm* Pedaço, parte, fragmento.
tru.cha [tr´utʃa] *sf* **1** *Ictiol* Truta. **2** *Mec* Guindaste.
tru.co [tr´uko] *sm* **1** Truque, macete. **2** Ardil, tapeação. **3** Truco.
true.no [tr´weno] *sm* **1** Trovão, trovoada. **2** Estrondo.
true.que [tr´weke] *sm* Troca, permuta, escambo.
tu [t´u] *pron pos* Teu.
tú [t´u] *pron pers* Tu.
tu.ber.cu.lo.sis [tuberkul´osis] *sf inv Med* Tuberculose.
tu.bo [t´ubo] *sm* **1** Tubo. **2** *Electr* Válvula.
tu.fo [t´ufo] *sm* **1** Bafo, vapor, exalação. **2** Suspeita, cheiro, sinal. **3** Fedor. **4** Tufo. **5 tufos** *pl* Soberba, arrogância, pedantismo.
tu.lli.do, -a [tuʎ´ido] *adj+s* Paralítico, aleijado, inválido, impossibilitado.
tum.bar [tumb´ar] *vt* **1** Tombar, cair. **2** Derrubar. **3** *fam* Reprovar, eliminar. *vpr* **4** *fam* Deitar-se.
tum.bo [t´umbo] *sm* **1** Tombo, queda. **2** Estrondo, estouro.
tu.mor [tum´or] *sm Patol* Tumor, abscesso.
tú.mu.lo [t´umulo] *sm* Túmulo, tumba, jazigo, sepultura, esquife, ataúde.
tu.mul.to [tum´ulto] *sm* Tumulto, alvoroço, distúrbio, bagunça, confusão, rebu, barulho.
tú.nel [t´unel] *sm* Túnel.

tur.ba [t´urba] *sf* **1** Turfa. **2** Turba, multidão.
tur.bar [turb´ar] *vt+vpr* **1** Turbar, perturbar. **2** Aturdir, surpreender. **3** Turvar.
tur.bión [turbj´on] *sm* **1** Tufão, aguaceiro. **2** Turbilhão.
tur.bu.len.cia [turbul´enθja] *sf* Turbulência, alvoroço, confusão, perturbação, desordem, agitação.

tu.ris.mo [tur´ismo] *sm* Turismo.
tu.ris.ta [tur´ista] *s* Turista.
tur.no [t´urno] *sm* Turno, vez.
tu.te.la [tut´ela] *sf* **1** Tutela, custódia. **2** Proteção, amparo.
tu.te.lar [tutel´ar] *vt* Tutelar, proteger. • *adj* Tutelar.
tu.tor, -a [tut´or] *s* **1** Tutor, responsável. **2** Orientador, professor.
tu.yo, -a [t´uyo] *pron pos* Teu.

u

u¹ [´u] *sf* Vigésima segunda letra do alfabeto espanhol.

u² [´u] *conj* Ou.

u.bi.ca.ción [ubikaθj´on] *sf* Localização, situação, posição.

u.bi.car [ubik´ar] *vt* **1** Situar, instalar, acomodar. **2** Localizar. *vi+vpr* **3** Ocupar.

u.bi.cui.dad [ubikwid´ad] *sf* Ubiquidade, onipresença.

u.fa.nar.se [ufan´arse] *vpr* Vangloriar-se, ufanar-se, jactanciar-se, encher-se.

ú.ce.ra [´uθera] *sf Med* Úlcera.

ul.tra.so.ni.do [ultrason´ido] *sm* Ultrassom.

un, -a [´un] *art indef+num* Um.

u.ná.ni.me [un´anime] *adj* Unânime, geral.

u.na.ni.mi.dad [unanimid´ad] *sf* Unanimidade.

u.ni.dad [unid´ad] *sf* **1** Unidade, elemento. **2** Coesão, união, conformidade.

u.ni.fi.ca.ción [unifikaθj´on] *sf* Unificação, união, coesão.

u.ni.for.mi.dad [uniformid´ad] *sf* Uniformidade, padronização, regularidade, conformidade.

u.nión [un´jon] *sf* **1** União, fusão. **2** Enlace, vínculo, ligação.

u.nir [un´ir] *vt* **1** Unir, juntar, reunir. **2** Ligar, conectar, vincular. *vt+vpr* **3** Casar. *vpr* **4** Congregar, associar.

u.ni.sex [unis´e(k)s] *adj inv* Unissex.

u.ni.ver.si.dad [unibersid´ad] *sf* **1** Universidade. **2** Universalidade.

u.ni.ver.si.ta.rio, -a [unibersit´arjo] *adj+s* Universitário.

u.ni.ver.so [unib´erso] *adj* Universal, geral, mundial. • *sm* Universo, Terra, cosmo(s), mundo.

u.no, -a [´uno] *adj* **1** Uno, único. **2** **unos** *pl* Alguns, uns. • *pron indef* A pessoa, o indivíduo, a gente. • *sm* Um.

un.tar [unt´ar] *vt* **1** Untar, besuntar. **2** *fam* Subornar, molhar a mão. *vpr* **3** Manchar-se, sujar-se, engordurar-se.

un.to [´unto] *sm* **1** Unto, óleo. **2** Gordura. **3** Graxa.

u.ña [´uña] *sf Anat* Unha.

ur.ba.nis.ta [urban´ista] *adj+s* Urbanista.

ur.ba.no, -a [urb´ano] *adj* **1** Urbano, citadino. **2** Cortês, civilizado, agradável, polido.

ur.be [´urbe] *sf* Urbe, cidade.

ur.dir [urd´ir] *vt* **1** Urdir. **2** *fig* Tramar, armar, tecer, enredar, maquinar, aprontar.

u.ré.ter [ur´eter] *sm Anat* Ureter.

u.re.tra [ur´etra] *sf Anat* Uretra.

ur.gen.cia [urh´enθja] *sf* **1** Urgência, premência, necessidade, pressa. **2** **urgencias** *pl* Pronto-socorro.

ur.gen.te [urh´ente] *adj* Urgente, premente, necessário.

ur.na [´urna] *sf* **1** Urna. **2** Caixão, ataúde, esquife.

u.san.za [us´anθa] *sf* **1** Usança, exercício, prática. **2** Moda.
u.sar [us´ar] *vt* **1** Usar, utilizar, desfrutar. **2** Vestir. *vi* **3** Costumar. *vpr* **4** Usar-se, estar na moda.
u.so [´uso] *sf* **1** Uso, aplicação, emprego, serventia. **2** Exercício, prática. **3** Moda. **4** Costume. **5** *Der* Usufruto.
us.ted [ust´ed] *pron pers* **1** O senhor, a senhora. **2 ustedes** *pl* Os senhores, vocês.
u.su.al [usu´al] *adj* **1** Usual, frequente, ordinário, habitual, costumeiro. **2** Sociável, tratável, agradável.
u.su.a.rio, -a [usu´arjo] *adj+s* Usuário.
u.su.fruc.to [usufr´ukto] *sm* **1** Usufruto, gozo, fruição. **2** Utilidade, fruto, proveito.
u.su.ra [us´ura] *sf* **1** Usura, agiotagem. **2** Lucro, proveito.
u.su.ra.rio [usur´arjo] *adj+sm* Usurário, usureiro, agiota.
u.su.re.ro, -a [usur´ero] *adj+s* Usurário, agiota.
u.sur.pa.ción [usurpaθ´jon] *sf* Usurpação, roubo, extorsão.
u.sur.par [usurp´ar] *vt* Usurpar, roubar, tomar, extorquir.
u.ten.si.lio [utens´iljo] *sm* Utensílio.
ú.til [´util] *adj* Útil, proveitoso, vantajoso, benéfico.
u.ti.li.dad [utilid´ad] *sf* **1** Utilidade, serventia, aplicação, uso, emprego. **2** Conveniência, proveito, benefício, vantagem.
u.ti.li.ta.rio, -a [utilit´arjo] *adj+sm* Utilitário.
u.to.pí.a [utop´ia] *sf* Utopia, ideal.
u.ve [´ube] *sf* Nome da letra *v*.

V

v [´ube] *sf* **1** Vigésima terceira letra do alfabeto espanhol. Recebe os nomes *uve*, *ve chica*, *ve corta* e *ve baja*. **2** Símbolo do volt (em maiúscula).

va.ca [b´aka] *sf* **1** *Zool* Vaca. **2** *Méx* Vaquinha.

va.ca.cio.nes [bakaθ´jones] *sf pl* Férias.

va.can.te [bak´ante] *adj* Vacante, vago, vazio, desocupado.

va.cia.do, -a [baθj´ado] *adj Méx* Simpático. • *sm Arqueol* Escavação.

va.cia.mien.to [baθjamj´ento] *sm* **1** Esvaziamento. **2** Desaguamento.

va.ci.la.ción [baθilaθ´jon] *sf* **1** Oscilação. **2** Vacilação, incerteza.

va.ci.lan.te [baθil´ante] *adj* **1** Vacilante, oscilante. **2** Irresoluto, indeciso, inseguro.

va.ci.lar [baθil´ar] *vi* **1** Bambear, oscilar. **2** Cambalear, tropeçar. **3** Vacilar, hesitar, titubear. *vt* **4** *fam* Debochar.

va.cí.o, -a [baθ´io] *adj* **1** Vazio. **2** Estéril. **3** Banal, frívolo, vão. **4** Arrogante, presunçoso. • *sm* **1** Vazio, buraco, vão. **2** Abismo, precipício. **3** Falta, carência, ausência.

va.cu.na.ción [bakunaθ´jon] *sf* Vacinação, imunização.

va.cu.nar [bakun´ar] *vt+vpr* Vacinar.

va.cu.no, -a [bak´uno] *adj* Bovino. • *sf* Vacina.

va.cuo, -a [b´akwo] *adj* **1** Oco, vazio. **2** Vacante, desocupado. • *sm* Buraco, oco, vazio.

va.ga.bun.de.ar [bagabunde´ar] *vi* Vagabundear, vadiar, errar.

va.ga.bun.do, -a [bagab´undo] *adj+s* Vagabundo, vadio, malandro.

va.gón [bag´on] *sm* Vagão.

va.hí.do [ba´ido] *sm* Vertigem, desfalecimento, esvaecimento.

va.ho [b´ao] *sm* **1** Hálito, bafo. **2** Vapor, eflúvio, emanação. **3** Fôlego.

vai.vén [baib´en] *sm* **1** Vaivém. **2** Instabilidade, inconstância.

va.len.tí.a [balent´ia] *sf* **1** Ânimo, vigor. **2** Coragem, valentia, audácia.

va.ler [bal´er] *vt* **1** Valer, amparar, proteger. **2** Merecer. **3** Custar. **4** Representar, significar. *vpr* **5** Valer-se, usar, recorrer. **6** Cuidar-se, ser autossuficiente. • *sm* Valor, valia.

va.le.ro.so, -a [baler´oso] *adj* **1** Valente, bravo, intrépido, corajoso. **2** Eficaz, eficiente, poderoso.

va.li.da.ción [balidaθ´jon] *sf* **1** Validação, certificação. **2** Firmeza, força, segurança.

va.li.dar [balid´ar] *vt* Validar, legitimar.

va.li.dez [balid´eθ] *sf* Validade.

va.lien.te [bal´jente] *adj* **1** Forte, robusto. **2** Valente, intrépido, corajoso. **3** Excelente, primoroso. • *adj+s* Valentão, fanfarrão.

va.li.ja [bal´iha] *sf* **1** Mala. **2** Malote.
va.lla.do [baλ´ado] *sm* Cerca, cercado.
va.lle [b´aλe] *sm Geogr* Vale.
va.lo.ra.ción [balora θ´jon] *sf* **1** Valoração, apreciação, valorização. **2** Avaliação.
va.na.glo.ria [banaglorj´a] *sf* Vanglória, jactância, ostentação, vaidade.
va.na.glo.riar.se [banaglor´jarse] *vpr* Vangloriar-se, jactar-se, orgulhar-se, ufanar-se, envaidecer-se.
ván.da.lo, -a [b´andalo] *adj+s* Vândalo, bárbaro.
van.guar.dia [bang´wardja] *sf* Vanguarda, dianteira, frente.
va.ni.dad [banid´ad] *sf* **1** Vaidade, futilidade. **2** Vaidade, arrogância, presunção.
va.ni.do.so, -a [banid´oso] *adj* Vaidoso, orgulhoso, arrogante.
va.no, -a [b´ano] *adj* **1** Fantasioso, imaginário. **2** Oco, vazio. **3** Vão, inútil, nulo. **4** Fútil, frívolo.
va.por [bap´or] *sm* **1** Vapor. **2** Vertigem, desmaio. **3 vapores** *pl* Gases estomacais, arrotos.
va.que.ro, -a [bak´ero] *adj+s* Vaqueiro. • *sm pl* **vaqueros** Jeans.
va.ra [b´ara] *sf* Vara: a) vareta. b) bastão. c) coletivo de porcos.
vá.ri.ce [b´ariθe] *sf Med* Variz.
va.ri.ce.la [bariθ´ela] *sf Med* Catapora, varicela.
va.rie.dad [barjed´ad] *sf* **1** Diferença, disparidade. **2** Variedade, diversidade. **3** Inconstância, instabilidade, mutabilidade. **4** Mudança, alteração, modificação, variação.
va.ri.lla [bar´iλa] *sf* Vareta.
va.rio, -a [b´arjo] *adj* **1** Vário, diverso, diferente. **2** Inconstante, instável, mutável. **3** Indefinido, indeterminado, incerto. **4 varios** *pl* Vários, alguns, uns, diversos.
va.rón [bar´on] *sm* Varão, homem.

va.sa.lla.je [basaλ´ahe] *sm* Vassalagem, sujeição, dependência, obediência.
va.sa.llo, -a [bas´aλo] *adj* Vassalo, submisso, subordinado. • *s* Súdito.
va.si.ja [bas´iha] *sf* Vasilha, gamela.
va.so [b´aso] *sm* **1** Copo. **2** Receptáculo, vasilha. **3** Bacia, vaso sanitário, privada. **4** *Anat Zool* Veia, artéria, vaso.
vas.te.dad [bast´edad] *sf* Vastidão, amplitude, extensão, largura.
vas.to, -a [b´asto] *adj* Vasto, copioso, extenso, amplo, dilatado, grande.
vá.ter [b´ater] *sm* **1** Vaso sanitário, privada, bacia. **2** WC, banheiro, toalete.
va.tio [b´atjo] *sm Fís* Watt.
va.ya [b´aya] *sf* Deboche.
ve.ci.nal [beθin´al] *adj* Vicinal, vizinho.
ve.cin.dad [beθind´ad] *sf* Vizinhança, redondezas, arredores, imediações.
ve.cin.da.rio [beθind´arjo] *sm* Vizinhança, vizinhos.
ve.ci.no, -a [beθ´ino] *adj+s* Vizinho. • *adj* **1** Vizinho, próximo, perto. **2** Parecido, semelhante, similar, análogo.
ve.dar [bed´ar] *vt* **1** Vetar, interditar, proibir. **2** Impedir, atrapalhar, estorvar.
ve.ge.ta.ción [behetaθ´jon] *sf Bot* Vegetação.
ve.ge.tar [behet´ar] *vi+vpr* **1** *Bot* Germinar, crescer, desenvolver, nutrir. **2** Vegetar, viver em estado vegetativo.
ve.he.men.te [beem´ente] *adj* **1** Enérgico, fervoroso, impetuoso. **2** Veemente, ardente, intenso, acalorado.
ve.hí.cu.lo [be´ikulo] *sm* Veículo, meio.
vein.te [b´einte] *num+sm* Vinte.
ve.ja.ción [behaθj´on] *sf* **1** Vexação, constrangimento, vexame. **2** Impertinência, obsessão, perseguição.
ve.jar [beh´ar] *vt* **1** Vexar, constranger, envergonhar. **2** Perseguir, maltratar.
ve.ja.to.rio, -a [behat´orjo] *adj* Vexatório, vergonhoso, humilhante.

ve.jez [beh´eθ] *sf* Velhice.
ve.ji.ga [beh´iga] *sf* **1** *Anat* Bexiga. **2** Bolha. **3** *Patol* Varíola.
ve.la [b´ela] *sf* **1** Velada, vigília. **2** *Rel* Peregrinação. **3** Vela, círio. **4** Velório. **5 velas** *pl* Ranho.
ve.la.da [bel´ada] *sf* **1** Vela, velada, vigília. **2** Sarau, reunião noturna.
ve.la.dor, -ora [belad´or] *adj+s* **1** Vigilante, sentinela. **2** Solícito, atento, prestativo. • *sm* **1** Abajur. **2** Criado-mudo. **3** *Méx* Guarda-noturno, vigia.
ve.lar [bel´ar] *vt* **1** Velar, vigiar, guardar. **2** Assistir, cuidar, zelar. **3** Ocultar, dissimular, encobrir. **4** *Fot* Queimar. *vi* **5** Tresnoitar, passar a noite em claro.
ve.la.to.rio [belat´orjo] *sm* Velório.
ve.llo [b´eλo] *sm* Pelo.
ve.llu.do [beλ´udo] *adj* Peludo. • *sm* Veludo.
ve.lo [b´elo] *sm* **1** Véu, velo. **2** Pretexto, desculpa, justificativa.
ve.lo.ci.dad [beloθid´ad] *sf* Velocidade, rapidez, ligeireza.
ve.lo.cí.me.tro [beloθ´imetro] *sm* Velocímetro.
ve.lo.rio [bel´orjo] *sm* Velório.
ve.loz [bel´oθ] *adj* Veloz, ligeiro, rápido, célere, ágil.
ve.na [b´ena] *sf* **1** *Anat* Veia. **2** Veio. **3** Inspiração poética. **4** Humor.
ve.na.do [ben´ado] *sm Zool* Veado, cervo.
ven.ce.dor, -ora [benθed´or] *adj+s* Vencedor, vitorioso.
ven.da [b´enda] *sf* Venda, faixa.
ven.da.je [bend´ahe] *sm* Bandagem.
ven.der [bend´er] *vt* **1** Vender, negociar, distribuir. *vt+vpr* **2** Vender-se, corromper-se.
ve.ne.no [ben´eno] *sm* **1** Veneno, peçonha. **2** Maldade, ira, rancor.
ve.ne.ra.ción [beneraθ´jon] *sf* Veneração, adoração, devotamento, culto.
ve.ne.rar [bener´ar] *vt* Venerar, adorar, cultuar, reverenciar, idolatrar.

ve.né.re.o, -a [ben´ereo] *adj+s Med* Venéreo.
ven.gan.za [beng´anθa] *sf* Vingança, desforra, retaliação.
ven.gar [beng´ar] *vt+vpr* Vingar, desforrar.
ve.nia [b´enja] *sf* **1** Vênia, indulgência, indulto, perdão, absolvição. **2** Licença, permissão, consentimento, autorização. **3** Mesura, cumprimento, reverência.
ve.ni.da [ben´ida] *sf* **1** Vinda. **2** Volta, regresso, retorno. **3** Cheia, enxurrada.
ve.ni.de.ro, -a [benid´ero] *adj* Vindouro, futuro.
ve.nir [ben´ir] *vi* **1** Caminhar, andar. **2** Vir, afluir, acudir. *vi* **3** Convir, coincidir. **4** Advir, proceder, resultar.
ven.ta [b´enta] *sf* **1** Venda, comercialização, distribuição. **2** Hospedaria, albergue.
ven.ta.ja [bent´aha] *sf* **1** Superioridade, primazia, excelência. **2** Prerrogativa, vantagem, privilégio, regalia.
ven.ta.jo.so, -a [bentah´oso] *adj* Vantajoso, conveniente, proveitoso, útil.
ven.ta.na [bent´ana] *sf* **1** Janela. **2** *Anat* Narina, venta.
ven.ta.nal [bentan´al] *sf* Janelão.
ven.ta.ni.lla [bentan´iλa] *sm* **1** Guichê. **2** Janelinha. **3** *Anat* Narina.
ven.ta.rrón [bentař´on] *sm* Ventania, vendaval.
ven.te.ar [bente´ar] *vi* **1** Ventar. *vt* **2** Arejar, ventilar. **3** Indagar, inquirir, farejar.
ven.ti.la.dor [bentilad´or] *sm* Ventilador.
ven.ti.lar [bentil´ar] *vt+vpr* **1** Ventilar, arejar. **2** Tornar público, anunciar. *vpr* **3** *fam* Matar, assassinar.
ven.to.le.ra [bentol´era] *sf* **1** Ventania. **2** Cata-vento. **3** *fam* Vaidade, jactância, soberba, orgulho. **4** Veneta, telha.

ver [b´er] *vt* **1** Ver, enxergar. **2** Observar, considerar, achar. **3** Visitar. **4** Refletir, pensar, matutar. **5** Tentar. **6** Assistir. *vpr* **7** Ver-se, encontrar-se, estar.

ve.ra [b´era] *sf* Beira, margem, borda, beirada.

ve.ra.nie.go, -a [beranj´ego] *adj* **1** Estival, de verão. **2** Superficial, inconsistente.

ve.ra.no [ber´ano] *sm* Verão, estio.

verba [b´erba] *sf* Lábia, verborreia.

ver.bal [berb´al] *adj* Verbal, oral.

ver.bo [b´erbo] *sm Gram* Verbo.

ver.bo.rrea [berboř´ea] *sf* Verborreia, falácia.

ver.dad [berd´ad] *sf* Verdade, evidência.

ver.da.de.ro, -a [berdad´ero] *adj* **1** Verdadeiro, verídico, real, efetivo. **2** Franco, sincero.

ver.de [b´erde] *adj+sm* Verde.

ver.du.go [berd´ugo] *sm* **1** Broto, rebento. **2** Verdugo: a) espada longa, sem gume. b) carrasco. c) tormento, incômodo.

ver.du.le.rí.a [berduler´ia] *sf* Quitanda.

ver.du.le.ro, -a [berduler´o] *s* Verdureiro, quitandeiro.

ver.du.ra [berd´ura] *sf* **1** *Bot* Verdura, hortaliça. **2** Verdor. **3** Obscenidade, indecência.

ve.re.da [ber´eda] *sf* **1** Vereda, trilha, senda. **2** *AL* Calçada.

ve.re.dic.to [bered´ikto] *sm Der* Veredito, decisão, sentença.

vergel [berʎ´el] *sm* Pomar.

ver.gon.zo.so, -a [bergonθ´oso] *adj+s* **1** Vergonhoso, vexatório. **2** Envergonhado, tímido.

ver.güen.za [berg´wenθa] *sf* **1** Vergonha, humilhação, afronta, desonra. **2** Timidez, acanhamento. **3** Pudor, recato.

ver.ja [b´erha] *sf* Grade, cerca.

ver.me [b´erme] *sm Zool* Verme, lombriga.

ver.sar [bers´ar] *vi* **1** Contornar, circular. **2** Versar, tratar.

ver.sa.ti.li.dad [bersatilid´ad] *sf* **1** Versatilidade. **2** Inconstância.

ver.sión [bersj´on] *sf* **1** Tradução. **2** Interpretação, explicação, versão.

ver.so [b´erso] *sm Lit* Verso.

ver.te.bra.do, -a [bertebr´ado] *adj+sm Biol* Vertebrado.

vér.ti.ce [b´ertiθe] *sm Geom* Vértice.

ver.tien.te [bertj´ente] *sf* **1** Vertente, encosta, declive, ladeira. **2** Aspecto, ponto de vista.

vér.ti.go [b´ertigo] *sm Med* Vertigem, tontura.

ves.tí.bu.lo [best´ibulo] *sm* **1** *Anat* Vestíbulo. **2** Átrio, *hall*.

ves.ti.do [best´ido] *sm* **1** Roupa, vestimenta, vestuário. **2** Vestido.

ves.ti.du.ra [bestid´ura] *sm* Vestimenta, roupa, vestuário.

ves.ti.gio [best´ihjo] *sf* **1** Pegada. **2** Vestígio, indício, pista, sinal.

ves.ti.men.ta [bestim´enta] *sf* Vestimenta, roupa, vestuário.

ves.tir [best´ir] *vt+vpr* Vestir, trajar, usar.

ves.tua.rio [bestu´arjo] *sm* **1** Vestuário, vestimenta, roupa, traje. **2** Vestiário. **3** Time, equipe. **4** Camarim.

ve.ta [b´eta] *sf* **2** Veia, aptidão, jeito.

ve.te.ri.na.rio, -a [beterin´arjo] *adj+s Med* Veterinário. • *sf* Veterinária.

ve.to [b´eto] *sm* Veto, proibição.

vez [b´eθ] *sf* **1** Vez, turno. **2** Ocasião, tempo, oportunidade.

ví.a [b´ia] *sf* **1** Via, caminho, rota, rumo. **2** Trilho, via férrea. **3** Meio. **4** Rua.

via.bi.li.dad [bjabilid´ad] *sf* Viabilidade.

via.ble [bj´able] *adj* Viável, possível, factível, realizável.

via.duc.to [bjad´ukto] *sm* Viaduto.

via.jar [bjah´ar] *vi* **1** Viajar. **2** Correr, percorrer, andar.

via.je [bj´ahe] *sm* **1** Viagem. **2** *fam* Ataque de surpresa.

via.je.ro, -a [bjah´ero] *adj+s* Viajante.

vial [bj´al] *adj* Viário. • *sm* Alameda.

vi.á.ti.co [bi´atiko] *sm* Diária.

ví.bo.ra [b´ibora] *sf Zool* Víbora, serpente.

vi.bra.ción [bibraθj´on] *sf* Vibração, trepidação, oscilação.

vi.brar [bibr´ar] *vt* **1** Vibrar, estremecer, oscilar. **2** Abalar, comover.

vi.ce.ver.sa [biθeb´ersa] *adv* Vice-versa. • *sm* Inverso, reverso.

vi.ciar [biθ´jar] *vt+vpr* **1** Viciar, corromper, desencaminhar, perverter. **2** Falsear, adulterar. *vt* **3** Distorcer.

vi.cio [b´iθjo] *sm* **1** Vício, deleite, deformidade. **2** Mania, hábito.

vi.ci.si.tud [biθiθit´ud] *sf* **1** Vicissitude, intercorrência. **2** Revés, contingência, acaso, viravolta.

víc.ti.ma [b´iktima] *sf* Vítima.

vic.ti.mar [biktim´ar] *vt* Vitimar, assassinar, matar.

vic.to.ria [bikt´orja] *sf* Vitória.

vid [b´id] *sf Bot* Videira.

vi.da [b´ida] *sf* **1** Vida, existência. **2** Animação, vitalidade. **3** Duração.

vi.den.te [bid´ente] *adj+s* Vidente.

ví.de.o [b´ideo] *sm* **1** Vídeo. **2** Videocassete.

vi.deo.cin.ta [bideoθ´inta] *sf* Fita de vídeo, videoteipe.

vi.deo.club [bideokl´ub] *sm* Locadora de vídeo.

vi.dria.do [bidrj´ado] *adj* **1** Frágil, quebradiço. **2** Vitrificação. **3** Louça.

vi.drie.ra [bidrj´era] *sf* **1** Vidraça. **2** Vitrine.

vi.drio [b´idrjo] *sm* Vidro.

vie.jo, -a [b´jeho] *adj+s* Velho, idoso, ancião. • *adj* **1** Velho, antigo. **2** Gasto, surrado, batido, puído, acabado.

vien.to [b´jento] *sm* **1** Vento. **2** Olfato. **3** Ares, vaidade, jactância, arrogância. **4 vientos** *pl Mús* Instrumentos de sopro.

vien.tre [b´jentre] *sm Anat* Ventre.

vier.nes [b´jernes] *sm* Sexta-feira.

vi.ga [b´iga] *sf* Viga, trave, travessa.

vi.gen.cia [bih´enθja] *sf* Vigência, vigor, constância, duração.

vi.gí.a [bih´ia] *sf* **1** Atalaia, torre. **2** Observação, espreita. **3** Vigia, guarda.

vi.gi.lan.cia [bihil´anθja] *sf* **1** Vigilância, cuidado, atenção, sentido. **2** Guarda.

vi.gi.lar [bihil´ar] *vi+vt* Vigiar, guardar, velar.

vi.gi.lia [bih´ilja] *sf* **1** Vigília. **2** Véspera.

vi.gor [big´or] *sm* **1** Vigor, força, energia, robustez. **2** Vigência, constância.

vi.go.ri.zar [bigoriθ´ar] *vt+vpr* Revigorar, fortalecer.

vil [b´il] *adj+s* Vil, ordinário, desprezível, abjeto.

vi.le.za [bileθ´a] *sf* Vilania, vileza.

vi.lla [b´iλa] *sf* **1** Casa de campo. **2** Vila.

vi.lla.no, -a [biλ´ano] *adj+s* Vilão, sórdido, ordinário. • *adj* Camponês, plebeu.

vi.no [b´ino] *sm* Vinho.

vi.ña [b´iña] *sf* Vinhedo.

vi.ñe.ta [biñ´eta] *sf* Vinheta, logotipo, etiqueta.

vio.lá.ceo [bjol´aθeo] *adj+sm* Violeta, roxo.

vio.la.ción [bjolaθj´on] *sf* **1** Violação, infração, transgressão. **2** Estupro, abuso.

vio.la.do [bjol´ado] *adj+sm* Violeta, roxo.

vio.lar [bjol´ar] *vt* **1** Violar, transgredir, infringir. **2** Profanar. **3** Estuprar, violentar.

vio.len.cia [bjol´enθja] *sf* **1** Violência, brutalidade, agressão, agressividade. **2** Violação, estupro.

vio.len.tar [bjolent´ar] *vt* Violentar, forçar.

vio.len.to, -a [bjol´ento] *adj* **1** Violento, brutal, grosseiro, brusco, bárbaro. **2** Abrupto.

vio.le.ta [bjol´eta] *adj+sm* **1** Violeta, lilás. **2** Violeta.

vio.lín [bjol´in] *sm Mús* Violino.

vio.lón [bjol´on] *sm Mús* Contrabaixo.

vir.gen [b´irhen] *adj* Virgem, puro. • *adj+s* Casto.

vir.gi.ni.dad [birhinid´ad] *sf* Virgindade.

vir.go [b´irgo] *adj+sf* Virgem, donzela. • *adj+s Astrol* Virginiano. • *sm Anat* Hímen.

vi.ri.li.dad [biril´id´ad] *sf* Virilidade, masculinidade.

vi.ro.sis [bir´osis] *sf Med* Virose.

vir.tud [birt´ud] *sf* **1** Efeito, eficácia, eficiência. **2** Força, vigor. **3** Virtude, integridade, honra.

vi.rue.la [birw´ela] *sf Med* Varíola.

vi.ru.len.to, -a [birul´ento] *adj* **1** Virulento, peçonhento. **2** Purulento. **3** Mordaz.

vi.rus [b´irus] *sm Biol, Inform* Vírus.

vi.sar [bis´ar] *vt* **1** Visar, validar, autenticar, certificar. **2** Mirar, fazer pontaria.

vi.si.ble [bis´ible] *adj* **1** Visível, perceptível. **2** Evidente, patente, notório. **3** Notável.

vi.sión [bisj´on] *sf* **1** Visão. **2** Ponto de vista, concepção. **3** Visão, aparição. **4** Fantasia, imaginação.

vi.si.ta [bis´ita] *sf* Visita.

vi.si.tar [bisit´ar] *vt* Visitar.

vis.lum.brar [bislumbr´ar] *vt* Vislumbrar, entrever, perceber.

vi.so [b´iso] *sm* Reflexo.

vís.pe.ra [b´ispera] *sf* Véspera.

vis.ta [b´ista] *sf* **1** Visão. **2** Aparência, disposição. **3** Aparição. **4** Olhada.

vis.ta.zo [bist´aθo] *sm* Olhada.

vi.tal [bit´al] *adj* Vital, essencial, fundamental, indispensável.

vi.ta.li.cio, -a [bital´iθjo] *adj* Vitalício. • *sm* **1** Apólice de seguro de vida. **2** Pensão vitalícia.

vi.ta.li.dad [bitalid´ad] *sf* Vitalidade, vigor, vida, dinamismo.

vi.tua.llas [bitu´aλas] *sm pl* Víveres, mantimentos, provisão.

viu.dez [bjud´eθ] *sf* Viuvez.

viu.do, -a [b´judo] *adj+s* Viúvo.

vi.va.ci.dad [bibaθid´ad] *sf* Vivacidade, entusiasmo, ardor, animação.

vi.ven.cia [bib´enθja] *sf* **1** Vivência, existência. **2** Experiência.

ví.ve.res [b´iberes] *sm pl* Víveres, mantimentos, provisão.

vi.ve.za [bib´eθa] *sf* **1** Viveza, vivacidade, ardor. **2** Agudeza, esperteza.

vi.vien.da [bibj´enda] *sf* Moradia, residência, casa.

vi.vien.te [bibj´ente] *adj+s* Vivente.

vi.vir [bib´ir] *vi* **1** Viver, existir. **2** Subsistir, durar. *vi+vt* **3** Morar, residir. *vt* **4** Andar, estar.

vo.ca.bu.la.rio [bokabul´arjo] *sm* **1** Vocabulário. **2** Dicionário.

vo.ca.ción [bokaθ´jon] *sf* Vocação, inclinação, aptidão, pendor, talento.

vo.cal [bok´al] *adj* Vocal. • *sf* Vogal.

vo.ca.li.zar [bokaliθ´ar] *vt+vi* Vocalizar, pronunciar.

vo.ce.ar [boθe´ar] *vt* **1** Clamar, bradar, gritar. **2** Aplaudir, aclamar, ovacionar. **3** *fam* Vangloriar-se.

vo.ce.rí.o [boθer´io] *sm* Gritaria, vozerio, barulho.

vo.ce.ro, -a [boθ´ero] *s* Porta-voz.

vo.ci.fe.rar [boθifer´ar] *vt* **1** Alardear, vangloriar-se. *vi* **2** Vociferar, gritar, bradar.

vo.lan.te [bol´ante] *adj* **1** Voador. **2** Itinerante. **3** Móvel, movediço. • *sm* **1** Babado. **2** Volante.

vo.lan.tín [bolant´in] *adj* Voador. • *sm Arg, Chile, P Rico, Cuba* Papagaio, pipa.

vo.lar [bol´ar] *vi* **1** Voar. **2** Correr, apressar-se. **3** Evaporar, desaparecer, escafeder-se. *vt* **4** Irritar, provocar.

vol.cán [bolk´an] *sm* Vulcão.

vol.car [bolk´ar] *vt+vi* **1** Verter, entornar. **2** Derrubar. *vt* **3** Persuadir, mover.

vo.lei [b´olej] *sm coloq* Voleibol.

vo.lei.bol [bolejb´ol] *sm Dep* Vôlei, voleibol.

vo.lu.men [bol´umen] *sm* **1** *Fís* Volume. **2** Tamanho, corpulência. **3** Altura, intensidade (som). **4** Livro.

vo.lun.tad [bolunt´ad] *sf* **1** Vontade, escolha, livre-arbítrio. **2** Intenção. **3** Desejo, ânsia. **4** Determinação, resolução.

vo.lun.ta.rio, -a [bolunt´arjo] *adj* Voluntário, espontâneo, facultativo. • *s* Voluntário.

vol.ver [bolb´er] *vt* **1** Voltar, regressar, retornar. **2** Devolver, retribuir, pagar. *vt+vpr* **3** Tornar, transformar. *vt* **4** Traduzir, verter. **5** Restituir. *vpr* Voltar-se, virar-se. **6** Vomitar.

vo.ra.ci.dad [boraθid´ad] *sf* Voracidade, sede, sofreguidão, gana.

vos [b´os] *pron pers* **1** Vós. **2** Você.

vo.so.tros, -as [bos´otros] *pron pers* Vós, vocês.

vo.ta.ción [botaθj´on] *sf* Votação.

vo.to [b´oto] *sm* **1** Voto. **2** Juramento. **3** Praga, imprecação, maldição. **4** Desejo.

voz [b´oθ] *sf* **1** Voz, fala. **2** Palavra. **3** Poder, faculdade, direito. **4** Opinião, fama, rumor.

vue.lo [bw´elo] *sm* **1** Voo. **2** *Anat Zool* Asa. **3** Babado.

vuel.ta [bw´elta] *sf* **1** Volta, giro, circunvolução. **2** Curvatura. **3** Volta, retorno. **4** Avesso. **6** Troco.

vuel.to [bw´elto] *sm AL* Troco.

vues.tro, -a [b´westro] *pron pers* Vosso.

vul.gar [bulg´ar] *adj* **1** Vulgar, comum, simples. **2** Ordinário.

vul.ga.ri.dad [bulgarid´ad] *sf* **1** Vulgaridade, grosseria. **2** Banalidade, trivialidade.

vul.go [b´ulgo] *sm* Vulgo, povo, ralé.

W

w [´ubed´oble] *sf* Vigésima quarta letra do alfabeto espanhol.
water polo [b´aterpolo] *sm Dep ingl* Polo aquático.
watt [b´at, w´at] *sm Fís ingl* watt.

web [b´eb] *sf Inform ingl* Web.
western [w´estern] *sm Cin ingl* Western, faroeste.
windsurf [winds´arf] *sm Dep ingl* Windsurfe.

x [´ekis] *sf* **1** Vigésima quinta letra do alfabeto espanhol. **2 X** Dez em algarismos romanos. **3** *Mat* X, incógnita.

xe.no.fo.bia [(k)senof´obja] *sf* Xenofobia, xenofobismo.

xe.ro.co.pia [(k)serok´opja] *sf* Xerocópia, xerox.

xi.ló.fo.no [(k)sil´ofono] *sm Mús* Xilofone.

xi.lo.gra.fí.a [(k)silograf´ia] *sf* Xilogravura, xilografia.

y

y [igrjéga)] *sf* Vigésima sexta letra do alfabeto espanhol (*i griega* ou *ye*). • *conj* E.
ya [y´a] *adv* Já.
ya.ca.ré [yakaré] *sm Am Zool* Jacaré.
ya.cer [yaθ´er] *vi* Jazer, repousar.
ya.ci.ja [yaθ´iha] *sf* **1** Leito pobre. **2** Jazigo, sepultura.
ya.ci.mien.to [yaθimj´ento] *sm* **1** *Geol* Jazida. **2** *Arqueol* Sítio arqueológico.
yar.da [y´arda] *sf* Jarda.
ye.gua [y´egwa] *sf* **1** *Zool* Égua. **2** *Méx* Toco de cigarro, bituca.
ye.ma [y´ema] *sf* **1** *Bot* Broto. **2** Gema. **yema del dedo** polpa do dedo.
yer.ba [y´erba] *sf Bot* **1** Erva. **2** Grama. **3** Erva-mate.
yer.mo, -a [y´ermo] *adj* Ermo, desabitado, deserto, desocupado, desolado. • *adj+sm* Inculto, rústico, agreste. • *sm* Ermo, deserto.
yer.no [y´erno] *sm* Genro.
ye.rro [y´ēro] *sm* **1** Erro, falta, falha, deslize. **2** Engano, incorreção, equívoco.
ye.so [y´eso] *sm* Gesso.
yó.quey [y´okej] *sm* Jóquei, ginete.
yo.yó [yoy´o] *sm* Ioiô.
yu.ca [y´uka] *sf Bot* Mandioca.
yu.do [y´udo] *sm Dep* Judô.
yu.go [y´udo] *sm* **1** Jugo, canga. **2** Opressão, sujeição.
yun.que [y´unke] *sm* **1** *Mec* Bigorna. **2** *Anat* Bigorna, osso do ouvido.

Z

z [θ´eta] *sf* Vigésima sétima letra do alfabeto espanhol (*zeta* ou *zeda*).

za.fie.dad [θafjeđ´ađ] *sf* Grosseria, estupidez, ignorância, descortesia.

zafra [θ´afra] *sf* Colheita da cana-de-açúcar.

za.ga [θ´aga] *sf* **1** Traseira. **2** *Mil* Retaguarda. **3** *Dep* Zagueiro.

za.gue.ro, -a [θag´ero] *adj* Traseiro. • *s Dep* Zagueiro, defesa.

za.he.rir [θaer´ir] *vt* Humilhar, envergonhar, desprezar, expor.

za.la.me.rí.a [θalamer´ia] *sf* Bajulação.

za.la.me.ro, -a [θalam´ero] *adj+s* Bajulador.

zam.bom.ba [θamb´omba] *sf Mús* Zabumba, cuíca.

zam.bu.lli.da [θambuʎ´iđa] *sf* Mergulho, submersão, imersão.

zam.bu.llir [θambuʎ´ir] *vt+vpr* **1** Mergulhar, submergir. *vpr* **2** Concentrar-se.

zam.par [θamp´ar] *vt* **1** Devorar, comer depressa. **2** Matar. *vt+vpr* **3** Pôr, colocar. *vpr* **4** Enfiar-se, meter-se.

za.na.ho.ria [θana´orja] *sf Bot* Cenoura.

zan.ca.di.lla [θankađ´iʎa] *sf* Rasteira.

zan.cu.do, -a [θank´uđo] *adj* Pernalta. • *sm Zool AL* Pernilongo.

zán.ga.no, -a [θ´angano] *sm Entom* Zangão.

zan.ja [θ´an:ha] *sf* Vala, valeta, canaleta.

za.pa.llo [θap´aλo] *sm AL* Abóbora.

za.pa.te.a.do [θapate´ađo] *sm Mús* Sapateado.

za.pa.te.rí.a [θapater´ia] *sf* **1** Sapataria. **2** Loja de calçados.

za.pa.te.ro, -a [θapat´ero] *sm* **1** Sapateiro. **2** *Zool* Girino. *sf* **3** Sapateira. • *adj* Relativo a calçado.

za.pa.ti.lla [θapat´iλa] *sf* **1** Sapatilha. **2** Tênis.

za.pa.to [θap´ato] *sm* Sapato, calçado.

zar.ci.llo [θarθ´iλo] *sm* Brinco.

zar.par [θarp´ar] *vi Mar* Zarpar, partir.

zig.za.gue.ar [θigθage´ar] *vi* Ziguezaguear, serpentear, colear.

zó.ca.lo [θ´okalo] *sm* Rodapé.

zo.na [θ´ona] *sf* **1** Cinta, faixa, tira. **2** Zona, sítio, área. **3** *Med* Herpes zóster.

zon.zo, -a [θ´onθo] *adj+s* Insoso, insípido. • *adj* Tonto, bobo.

zo.o.lo.gí.a [θo(o)loh´ia] *sf* Zoologia.

zo.pen.co, -a [θop´enko] *adj+s* Tonto, bronco.

zo.que.te [θok´ete] *sm* Toco. • *adj+sm fam* Lerdo, anta.

zo.rra [θ´oɾa] *sf* **1** *Zool* Raposa. **2** Prostituta. **3** *fam* Raposa velha, velhaco. **4** *fam* Porre, bebedeira.

zo.rri.llo [θoɾ´iλo] *sm Zool* Gambá.

zo.zo.brar [θoθobɾ´ar] *vi+vpr* **1** Soçobrar, ir a pique. **2** Fracassar, frustrar.

zue.co [θw´eko] *sm* Tamanco.

zum.ba [θ´umba] *sf* Zombaria, burla.
zum.bar [θumb´ar] *vi* **1** Zumbir. **2** Zombar.
zum.bi.do [θumb´ido] *sm* **1** Zumbido. **2** Pancada.
zu.mo [θ´umo] *sm* Sumo, suco.

zur.cir [θurθ´ir] *vt* Cerzir, remendar.
zur.do, -a [θ´urdo] *adj+s* Canhoto.
zu.rra [θ´ur̄a] *sf* **1** Curtimento, curtição. **2** *fam* Surra, sova.
zu.rrar [θur̄´ar] *vt* **1** Curtir (peles). **2** *fam* Surrar, sovar, bater.

PORTUGUÊS-ESPANHOL
PORTUGUÉS-ESPAÑOL

a

a, A [a] *sm* Primera letra del alfabeto portugués. • *art def f* La. • *pron pess* La. • *prep* A.

à [′a] *contr prep* a+*art def f* A la.
a.ba [′abɐ] *sf* Ala, borde.
a.ba.ca.te [abak′ati] *sm Bot* **1** Aguacate. **2** *AL* Palta.
a.ba.ca.xi [abakaʃ′i] *sm Bot* Piña, ananás, ananá.
a.ba.de [ab′adi] *sm Rel* Abad.
a.ba.di.a [abadi′a] *sf Rel* Abadía.
a.bai.xar [abajʃ′ar] *vtd* **1** Bajar. **2** Rebajar.
a.bai.xo [ab′ajʃu] *adv* Abajo • *interj* **abaixo!** ¡Abajo!
a.ba.jur [abaʒ′ur] *sm* Lámpara (de mesa).
a.ba.lar [abal′ar] *vtd* **1** Mover, sacudir. **2** Estremecer *vpr* **3** Estremecerse, conmoverse.
a.ba.lo [ab′alu] *sm* **1** Estremecimiento, temblor. **2** Conmoción.
a.ba.nar [aban′ar] *vtd+vpr* Abanar.
a.ban.do.nar [abãdon′ar] *vtd* **1** Abandonar. *vpr* **2** Abandonarse, dejarse dominar.
a.ba.no [ab′ʌnu] *sm* Abanico, abano.
a.bar.ro.tar [abaʁot′ar] *vtd+vpr* Abarrotar, llenar, atiborrar.
a.bas.te.cer [abastes′er] *vtd+vpr* Abastecer, proveer, aprovisionar.
a.bas.te.ci.men.to [abastesim′ẽtu] *sm* **1** Abastecimiento. **2** Suministro, provisión.
a.ba.te [ab′ati] *sm* Sacrificio.
a.ba.te.dou.ro [abated′owru] *sm* Matadero.
a.ba.ter [abat′er] *vtd+vpr* **1** Abatir. *vtd+vi* **2** Descontar.
ab.di.car [abdik′ar] *vtd+vti* Abdicar.
ab.do.me [abd′ɔmi] *sm Anat* Abdomen.
a.be.ce.dá.rio [abesed′arju] *sm* **1** Abecedario, abecé, alfabeto. **2** Silabario, cartilla.
a.be.lha [ab′eʎɐ] *sf Zool* Abeja.
a.ben.ço.ar [abẽso′ar] *vtd* Bendecir.
a.ber.ra.ção [abeʁas′ãw] *sf* Aberración.
a.ber.tu.ra [abert′urɐ] *sf* **1** Abertura, grieta. **2** Apertura.
a.bis.mo [ab′izmu] *sm* Abismo.
ab.ne.ga.ção [abnegas′ãw] *sf* Abnegación.
a.bó.bo.ra [ab′ɔborɐ] *sf Bot* **1** Calabaza. **2** *AL* Zapallo. **3** *Am Cen* Ayote.
a.bo.bri.nha [abɔbr′iɲɐ] *sf Bot* **1** Calabacín. **2** *AL* Zapallito.
a.bo.li.ção [abolis′ãw] *sf* Abolición.
a.bo.lir [abol′ir] *vtd* Abolir.
a.bo.mi.nar [abomin′ar] *vtd+vpr* Abominar, aborrecer.
a.bo.no [ab′onu] *sm* Abono, fianza, garantía.
a.bor.da.gem [abord′aʒẽj] *sf* Abordaje.
a.bor.dar [abord′ar] *vtd* Abordar.

a.bor.re.cer [aboɾes'eɾ] *vtd+vti+vpr* Molestar, fastidiar, disgustar.

a.bor.re.ci.men.to [aboɾesim'ẽtu] *sm* Molestia, disgusto.

a.bor.tar [aboɾt'aɾ] *vi+vtd* Abortar.

a.bor.to [ab'oɾtu] *sm* Aborto.

a.bo.to.a.du.ra [abotoad'uɾə] *sf* 1 Botonadura. 2 Gemelo.

a.bo.to.ar [aboto'aɾ] *vtd+vpr* Abotonar, abrochar.

a.bra.çar [bɾas'aɾ] *vtd+vpr* Abrazar.

a.bra.ço [abɾ'asu] *sm* Abrazo.

a.bran.dar [abɾãd'aɾ] *vtd+vi+vpr* 1 Ablandar. 2 Suavizar. 3 Serenar, sosegar.

a.bran.ger [abɾãʒ'eɾ] *vtd+vpr* Comprender, abarcar, alcanzar.

a.bre.vi.ar [abɾevi'aɾ] *vtd* 1 Abreviar. *vtd+vti* 2 Acabar, terminar a la brevedad.

a.bre.via.tu.ra [abɾevjat'uɾə] *sf* Abreviatura.

a.bri.dor [abɾid'oɾ] *adj+sm* 1 Abridor. 2 Abrelatas. 3 Abrebotellas. 4 *AL* Destapador.

a.bri.gar [abɾig'aɾ] *vtd+vpr* Abrigar, resguardar, proteger, cobijar, refugiar.

a.bri.go [abɾ'igu] *sm* 1 Refugio. 2 Asilo. 3 *fig* Acogida, amparo.

a.bril [abɾ'iw] *sm* Abril.

a.brir [abɾ'iɾ] *vtd+vti+vi+vpr* Abrir.

a.brup.to [abɾ'uptu] *adj* 1 Abrupto, escarpado. 2 Áspero, violento, rudo. 3 *fig* Repentino, súbito.

ab.so.lu.to [absol'utu] *adj* Absoluto, independiente, ilimitado. • *sm* Absoluto.

ab.sol.ver [absowv'eɾ] *vtd* Absolver.

ab.sor.ver [absoɾv'eɾ] *vtd* 1 Absorber. *vpr* 2 *fig* Concentrarse.

abs.ter [abst'eɾ] *vtd+vti* 1 Contener, refrenar, apartar. *vpr* 2 Abstenerse, contenerse.

abs.ti.nên.cia [abstin'ẽsjə] *sf* Abstinencia.

abs.tra.ir [abstra'iɾ] *vtd+vti* 1 Abstraer, separar. *vti* 2 Prescindir. *vpr* 3 Abstraerse.

abs.tra.to [abstɾ'atu] *adj* Abstracto.

ab.sur.do [abs'uɾdu] *adj* 1 Absurdo, contrario a la razón. 2 Irracional, disparatado. • *sm* Absurdo, disparate.

a.bun.dân.cia [abũd'ãsjə] *sf* 1 Abundancia, gran cantidad. 2 Prosperidad, riqueza, opulencia.

a.bu.sar [abuz'aɾ] *vtd+vti+vi* Abusar, aprovecharse.

a.bu.so [ab'uzu] *sm* Abuso, desmán.

a.bu.tre [ab'utɾi] *sm Zool* Buitre.

a.ca.ba.men.to [akabam'ẽtu] *sm* Terminación, acabado.

a.ca.bar [akab'aɾ] *vtd* 1 Acabar, terminar, concluir. 2 Destruir, matar. *vi* 3 Terminar, rematar. 4 Morir. *vpr* 5 Extinguirse, aniquilarse.

a.ca.de.mi.a [akadem'iə] *sf* Academia.

a.ca.len.tar [akalẽt'aɾ] *vt* 1 Acunar. 2 *fig* Nutrir, alimentar (esperanças).

a.cal.mar [akawm'aɾ] *vtd* 1 Calmar, tranquilizar, sosegar. *vi+vpr* 2 Estar en calma, calmarse, tranquilizarse.

a.cam.pa.men.to [akãpam'ẽtu] *sm* Campamento.

a.cam.par [akãp'aɾ] *vti+vi+vpr* Acampar.

a.ca.nha.do [akañ'adu] *adj* Tímido, corto, encogido, apocado.

a.ção [as'ãw] *sf* Acción.

a.ca.ri.ci.ar [akaɾisi'aɾ] *vtd+vi+vpr* Acariciar.

a.ca.so [ak'azu] *sm* Acaso, casualidad. • *adv* Quizá, tal vez.

a.ca.tar [akat'aɾ] *vtd* 1 Acatar, respetar, reverenciar, venerar. 2 Obedecer.

a.cei.ta.ção [asejtas'ãw] *sf* 1 Aceptación. 2 Receptividad. 3 Aprobación, aplauso.

a.cei.tar [asejt'aɾ] *vtd* Aceptar, aprobar, acceder a algo.

a.ce.le.ra.ção [aseleɾas'ãw] *sf* Aceleración.

a.ce.le.rar [aseler'ar] *vtd+vi+vpr* **1** Acelerar, apresurar. **2** Darse prisa.

a.ce.nar [asen'ar] *vi+vti* Hacer señas. **a.cen.der** [asẽd'er] *vtd+vi+vpr* Encender.

a.ce.no [as'enu] *sm* Gesto, seña, ademán.

a.cen.to [as'ẽtu] *sm* Acento, tilde.

a.cen.tu.a.ção [asẽtwas'ãw] *sf* Acentuación.

a.cen.tu.ar [asẽtu'ar] *vtd* **1** Acentuar. **2** Colocar acento ortográfico. **3** recalcar. **4** realzar, resaltar. *vpr* **5** Acentuarse, tomar cuerpo.

a.cep.ção [aseps'ãw] *sf* Acepción, significado.

a.cer.tar [asert'ar] *vtd* **1** Encontrar, hallar. **2** Golpear, herir, alcanzar. *vi* **3** Dar en el blanco. *vpr* **4** Hallarse presente en algo.

a.cer.to [as'ertu] *sm* **1** Acierto, acción y efecto de acertar. **2** Cordura, prudencia, tino, sensatez. **3** Coincidencia, casualidad.

a.cer.vo [as'ervu] *sm* Acervo.

a.ce.so [as'ezu] *adj* Encendido.

a.ces.sí.vel [ases'ivew] *adj m+f* **1** Accesible. **2** Asequible. **3** Inteligible.

a.ces.so [as'esu] *sm* **1** Acceso, entrada, paso. **2** Arrebato, exaltación. **3** *Med* Ataque, accesión.

a.ces.só.rio [ases'ɔrju] *adj* Accesorio, secundario • *sm* Accesorio.

a.char [aʃ'ar] *vtd+vti+vi* **1** Hallar, encontrar. **2** Descubrir. **3** Considerar, creer, juzgar, estimar. *vpr* **4** Hallarse, estar presente. **5** Considerarse, juzgarse, estimarse.

a.cha.tar [aʃat'ar] *vtd* **1** Achatar, aplastar, aplanar, allanar. **2** Humillar. *vpr* **3** Humillarse.

a.ci.den.te [asid'ẽti] *sm* Accidente.

a.ci.ma [as'imə] *adv* **1** Arriba. **2** Encima.

a.cin.zen.ta.do [asizẽt'adu] *adj* Grisáceo, ceniciento, gris.

a.ci.o.nar [asjon'ar] *vtd* **1** Accionar, poner en funcionamiento. *vi* **2** Gesticular, manotear.

a.ci.o.nis.ta [asjon'ista] *adj m+f* Accionario. • *s m+f Econ* Accionista.

a.cla.mar [aklam'ar] *vtd* Aclamar, ovacionar.

a.cli.ve [akl'ivi] *sm* Cuesta arriba, pendiente.

ac.ne ['akni] *sf Med* Acné.

a.ço ['asu] *sm* Acero.

a.col.cho.a.do [akowʃo'adu] *sm* **1** Edredón. **2** *Arg, Ur* Acolchado.

a.co.lher [akoλ'er] *vtd* **1** Acoger, hospedar, recibir. **2** Admitir, aceptar, aprobar. **3** Proteger, amparar. *vpr* **4** Hospedarse, retirarse. **5** Refugiarse, tomar amparo.

a.co.mo.dar [akomod'ar] *vtd* **1** Alojar, hospedar. **2** Acomodar, ordenar. *vpr* **3** Acomodarse, avenirse, conformarse.

a.com.pa.nhar [akõpañ'ar] *vtd* Acompañar.

a.con.che.gar [akõʃeg'ar] *vtd+vpr* **1** Acercar, allegar. **2** Acomodar.

a.con.se.lhar [akõseλ'ar] *vtd+vti+vi+vpr* Aconsejar.

a.con.te.cer [akõtes'er] *vi+vti* Acontecer, suceder.

a.con.te.ci.men.to [akõtesim'ẽtu] *sm* Acontecimiento, hecho, suceso.

a.cor.dar [akord'ar] *vtd+vti+vi* **1** Despertar. *vtd+vi* **2** Acordar, concordar.

a.cor.do [ak'ɔrdu] *sm* Acuerdo, convenio, pacto.

a.cor.ren.tar [akoř̃et'ar] *vt* Encadenar, atar.

a.cos.ta.men.to [akostam'ẽtu] *sm* **1** Arcén. **2** *Arg, Par, Ur* Banquina.

a.cos.tu.mar [akostum'ar] *vtd+vti* **1** Acostumbrar. *vpr* **2** Acostumbrarse, habituarse, ambientarse.

a.çou.gue [as'owgi] *sm* Carnicería.

a.çou.guei.ro [asowg'ejru] *sm* Carnicero.

a.cre ['akri] *adj m+f* Acre, de sabor áspero.

a.cre.di.tar [akredit'ar] *vtd+vti+vi* 1 Creer. 2 Acreditar, dar crédito o reputación. *vpr* 3 Acreditarse, lograr fama o reputación.

a.cres.cen.tar [akresẽt'ar] *vtd* Añadir, agregar.

a.crés.ci.mo [akr'ɛsimu] *sm* 1 Añadidura, aditamento. 2 Aumento.

a.cro.ba.ta [akrob'atə] *s m+f* Acróbata.

a.cu.ar [aku'ar] *vtd* 1 Acorralar, arrinconar. *vi* 2 Cejar, retroceder, recular.

a.çú.car [as'ukar] *sm* Azúcar.

a.çu.ca.rei.ro [asukar'ejru] *adj* Azucarero. • *sm* Azucarero, azucarera.

a.cu.dir [akud'ir] *vtd+vti* Acudir.

a.cu.mu.lar [akumul'ar] *vtd* Acumular, juntar, amontonar.

a.cu.sa.ção [akuzas'ãw] *sf* Acusación.

a.cu.sar [akuz'ar] *vtd+vi* 1 Acusar, culpar, imputar, inculpar, incriminar. *vpr* 2 Acusarse, confesar.

a.cús.ti.ca [ak'ustikə] *sf Fís* Acústica.

a.dap.ta.ção [adaptas'ãw] *sf* Adaptación.

a.dap.tar [adapt'ar] *vtd+vti* 1 Adaptar, acomodar, ajustar. *vpr* 2 Adaptarse, acomodarse, aclimatarse.

a.de.ga [ad'ɛgə] *sf* Bodega.

a.de.mais [adem'ajs] *adv* Además.

a.den.tro [ad'ẽtru] *adv* Adentro.

a.dep.to [ad'ɛptu] *sm* Adepto, partidario.

a.de.quar [adek'war] *vtd+vti* 1 Adecuar, acomodar. *vpr* 2 Adecuarse, acomodarse, adaptarse.

a.de.rir [ader'ir] *vti+vi* 1 Adherir, adosar, pegar. 2 Unirse.

a.de.são [adez'ãw] *sf* Adhesión.

a.de.si.vo [adez'ivu] *adj+sm* Adhesivo, pegatina.

a.des.trar [adestr'ar] *vt* Adiestrar.

a.deus! [ad'ews] *interj* ¡Adiós! • *sm* Adiós, despedida.

a.di.a.men.to [adiam'ẽtu] *sm* Postergación, aplazamiento.

a.di.an.tar [adiãt'ar] *vtd+vpr* 1 Adelantar, mover hacia adelante. 2 Acelerar, apresurar. *vti* 3 Aventajar a alguien.

a.di.an.te [adi'ãti] *adv* Adelante. • *interj* **adiante!** ¡Adelante!

a.di.ar [adi'ar] *vtd* Postergar, posponer, prorrogar, aplazar.

a.di.ção [adis'ãw] *sm* 1 Adición, añadidura, añadido, aditamento. 2 *Mat* Suma.

a.di.ci.o.nar [adisjon'ar] *vtd+vi* Adicionar, sumar, añadir, agregar.

a.di.vi.nhar [adiviɲ'ar] *vtd* Adivinar.

ad.je.ti.vo [adʒet'ivu] *sm+adj Gram* Adjetivo.

ad.jun.to [adʒ'ũtu] *adj* Adjunto. • *adj+sm* Ayudante, asistente. • *sm Gram* Adjetivo.

ad.mi.nis.tra.ção [administras'ãw] *sf* Administración.

ad.mi.ra.ção [admiras'ãw] *sf* 1 Admiración, aprecio. 2 Asombro, extrañeza.

ad.mi.rar [admir'ar] *vtd+vi+vpr* Admirar, asombrar, sorprender.

ad.mis.são [admis'ãw] *sf* Admisión.

ad.mi.tir [admit'ir] *vtd* Admitir, aceptar, permitir.

a.do.çan.te [ados'ãti] *adj m+f* e *sm* Edulcorante.

a.do.çar [ados'ar] *vtd* Edulcorar, endulzar, dulcificar.

a.do.e.cer [adoes'er] *vi* 1 Adolecer, enfermarse. *vtd* 2 Enfermar, causar enfermedad.

a.do.les.cên.cia [adoles'ẽsjə] *sf* Adolescencia.

a.do.rar [ador'ar] *vtd* 1 Adorar, reverenciar, venerar. 2 Amar con extremo. 3 Gustar muchísimo.

a.dor.me.cer [adormes'er] *vi* 1 Dormir, dormirse, adormecer, adormecerse. *vt* 2 Dar, causar sueño.

a.dor.no [ad'ornu] *sm* Adorno, ornamento, ornato, aderezo.

a.do.tar [adot'ar] *vtd* Adoptar, admitir, aceptar.

a.do.ti.vo [adot'ivu] *adj+sm* Adoptivo.

ad.qui.rir [adkir'ir] *vtd* **1** Adquirir, lograr, conseguir. **2** Comprar. **3** Ganar.

a.du.bar [adub'ar] *vtd* **1** Adobar, aliñar, condimentar. **2** Abonar, fertilizar.

a.du.bo [ad'ubu] *sm* Abono, fertilizante.

a.du.la.ção [adulas'ãw] *sf* Adulación, lisonja, halago.

a.du.lar [adul'ar] *vtd* Adular, lisonjear, halagar.

a.dul.te.rar [aduwter'ar] *vtd* **1** Adulterar, falsificar. *vi* **2** Cometer adulterio.

a.dul.té.rio [aduwt'ɛrju] *sm* Adulterio.

a.dul.to [ad'uwtu] *adj+sm* Adulto.

a.du.zir [aduz'ir] *vtd* Aducir.

ad.vér.bio [adv'ɛrbju] *sm Gram* Adverbio.

ad.ver.sá.rio [advers'arju] *adj+sm* Adversario, contrario, enemigo.

ad.ver.si.da.de [adversid'adi] *sf* Adversidad, infortunio, desgracia, fatalidad.

ad.ver.tên.cia [advert'ẽsjɐ] *sf* **1** Advertencia. **2** Amonestación, aviso, consejo.

ad.ver.tir [advert'ir] *vtd* **1** Advertir, amonestar. **2** Observar, reparar.

ad.vo.ca.ci.a [advokas'iɐ] *sf* Abogacía.

ad.vo.ga.do [advog'adu] *sm* Abogado.

a.e.ro.mo.ça [aerom'osɐ] *sf* **1** Azafata. **2** *AL* Aeromoza.

a.e.ro.náu.ti.ca [aeron'awtikɐ] *sf* Aeronáutica.

a.e.ro.por.to [aerop'ortu] *sm* **1** Aeropuerto. **2** *Arg* Aeroparque.

a.fa.gar [afag'ar] *vtd+vi+vpr* Acariciar, mimar.

a.fa.go [af'agu] *sm* Caricia, mimo, cariño.

a.fas.tar [afast'ar] *vtd* **1** Alejar, apartar. *vpr* **2** Alejarse, apartarse, retirarse.

a.fá.vel [af'avew] *adj m+f* Afable, cortés, agradable.

a.fa.ze.res [afaz'eris] *sm pl* Quehacer, tarea.

a.fei.ção [afejs'ãw] *sf* Apego, afecto, cariño, amistad.

a.fei.ço.ar [afejso'ar] *vpr* Prendarse, encariñarse.

a.fe.rir [afer'ir] *vtd* Cotejar, confrontar, comparar.

a.fe.tar [afet'ar] *vtd* **1** Afectar, fingir. **2** Atañer, concernir, incumbir, corresponder.

a.fe.to [af'ɛtu] *sm* Afecto, cariño, simpatía.

a.fi.an.çar [afjãs'ar] *vtd+vi* Afianzar, abonar. *vtd+vpr* **2** Afirmar, asegurar, aseverar, garantizar.

a.fi.ar [afi'ar] *vtd* **1** Afilar, aguzar. *vtd+vpr* **2** Perfeccionar.

a.fi.lha.do [afiʎ'adu] *sm* **1** Ahijado. **2** Protegido, favorito, predilecto.

a.fi.li.ar [afili'ar] *vtd+vpr* Afiliar, incorporar, inscribir.

a.fim [af'ĩ] *adj e s m+f* Afín.

a.fi.nal [afin'aw] *adv* Al fin, en fin, por fin, a fin de cuentas, al fin y a la postre, al fin y al cabo.

a.fi.nar [afin'ar] *vtd* **1** Afinar. **2** Perfeccionar, precisar. **3** Purificar los metales. *vti* **4** Ajustar, armonizar.

a.fin.co [af'ĩku] *sm* Ahínco, empeño, perseverancia, tesón.

a.fi.ni.da.de [afinid'adi] *sf* Afinidad.

a.fir.ma.ção [afirmas'ãw] *sf* Afirmación, aserción, aseveración.

a.fir.mar [afirm'ar] *vtd+vpr* **1** Afirmar. **2** Asegurar, aseverar.

a.fi.xar [afiks'ar] *vtd* **1** Fijar, hincar, clavar. **2** Pegar.

a.fli.ção [afli'sãw] *sf* Aflicción.

a.fli.gir [afliʒ'ir] *vtd+vpr* Afligir.

a.fli.to [afl'itu] *adj+sm* Afligido, angustiado, apenado.

a.fo.bar [afob′ar] *vtd* **1** Precipitar. *vpr* **2** Precipitarse, apresurarse, atolondrarse.

a.fo.gar [afog′ar] *vtd+vpr* Ahogar, asfixiar, sofocar.

a.foi.to [af′ojtu] *adj* **1** Valiente, valeroso, atrevido, audaz, osado. **2** Apresurado, precipitado.

a.fo.ra [af′ɔrə] *adv* Afuera, hacia afuera, fuera. • *prep* Fuera de, excepto, salvo, además de, aparte de.

a.fron.ta [afr′õtə] *sf* **1** Afrenta, injuria, insulto, ofensa, ultraje. **2** Vergüenza, deshonor. **3** Ataque.

a.fron.tar [afrõt′ar] *vtd+vpr* **1** Confrontar, encarar. *vtd* **2** Afrentar, ofender, humillar, denostar.

a.frou.xar [afrowʃ′ar] *vtd+vi* Aflojar.

a.fu.gen.tar [afuʒẽt′ar] *vtd* Ahuyentar.

a.fun.dar [afũd′ar] *vtd* **1** Hundir. **2** Ahondar, profundizar. *vi+vpr* **3** Naufragar, zozobrar, hundirse.

a.fu.ni.lar [afunil′ar] *vtd* Estrechar, apretar.

a.ga.char-se [agaʃ′ar] *vpr* Agacharse.

a.gar.rar [agař′ar] *vtd+vi* **1** Agarrar, coger, tomar. **2** Atrapar, capturar, apresar. *vpr* **3** Agarrarse, asirse.

a.ga.sa.lhar [agazaλ′ar] *vtd+vpr* **1** Amparar, acoger, albergar, hospedar. **2** Abrigar.

a.ga.sa.lho [agaz′aλu] *sm* Chandal.

a.gên.cia [aʒ′ẽsjə] *sf* Agencia.

a.gen.da [aʒ′ẽdə] *sf* Agenda.

á.gil [′aʒiw] *adj* m+f Ágil, ligero, expedito.

a.gi.li.da.de [aʒilid′adi] *sf* Agilidad.

á.gio *sm* Agio, interés.

a.gir [aʒ′ir] *vi* Actuar, proceder.

a.gi.ta.ção [aʒitas′ãw] *sf* Agitación.

a.gi.tar [aʒit′ar] *vtd+vpr* Agitar.

a.go.ni.a [agon′iə] *sf* Agonía.

a.go.ni.ar [agoni′ar] *vtd+vpr* Afligir, preocupar, inquietar.

a.go.ni.zar [agoniz′ar] *vi* Agonizar.

a.go.ra [ag′ɔrə] *adv* **1** Ahora, a esta hora, en este momento. **2** Actualmente, en el tiempo presente. **3** Dentro de poco tiempo.

a.gos.to [ag′ostu] *sm* Agosto.

a.gou.ro [ag′owru] *sm* Agüero, augurio, presagio, pronóstico, profecía.

a.gra.dar [agrad′ar] *vti+vtd+vi+vpr* Agradar, complacer, contentar, gustar.

a.gra.de.cer [agrades′er] *vtd+vti+vi* Agradecer.

a.gra.de.ci.men.to [agradesim′ẽtu] *sm* Agradecimiento.

a.gra.do [agr′adu] *sm* **1** Agrado, afabilidad. **2** Gratificación, propina.

a.gra.var [agrav′ar] *vtd* **1** Agravar. *vpr* **2** Agravarse, empeorar.

a.gre.dir [agred′ir] *vtd* Agredir, atacar.

a.gre.gar [agreg′ar] *vtd+vti* **1** Congregar, reunir. **2** Agregar, añadir. *vpr* **3** Agregarse, unirse, juntarse.

a.gres.são [agres′ãw] *sf* Agresión.

a.gri.ão [agri′ãw] *sm Bot* Berro.

a.gru.par [agrup′ar] *vtd+vpr* Agrupar, juntar, reunir en grupo.

á.gua [′agwə] *sf* **1** Agua. **2** Lluvia. **3** **águas** *pl Mar* Aguas del mar.

a.guar [ag′war] *vtd* **1** Aguar. *vpr* **2** Llenarse de agua.

a.guar.dar [agward′ar] *vtd* Aguardar, esperar.

a.guar.den.te [agward′ẽti] *sf* Aguardiente.

a.gu.do [ag′udu] *adj* **1** Agudo, puntiagudo, punzante, afilado. **2** Sutil, perspicaz. **3** Vivo, penetrante. • *adj+sm* Más Sonido agudo.

a.guen.tar [agwẽt′ar] *vtd* **1** Aguantar, sostener, sustentar. **2** Soportar, tolerar. *vi* **3** Resistir, soportar.

á.guia [′agjə] *sf Zool* Águila.

a.gu.lha [ag′uλə] *sf* Aguja.

ah! [′a] *interj* ¡Ah!

ai [′aj] *sm* Ay, suspiro, quejido. • *interj* **ai!** ¡Ay!

a.í [a'i] *adv* Ahí.

AIDS ['ajdis] *sf inv Med* Sida.

a.in.da [a'ĩdə] *adv* **1** Aún, todavía. **2** Aun, incluso, inclusive.

a.jei.tar [aʒejt'ar] *vtd* **1** Arreglar, acomodar, componer, ordenar. **2** Lograr, conseguir, obtener, alcanzar. *vtd+vti* **3** Ofrecer, proporcionar. *vpr* **4** Arreglárselas, componérselas. **5** Arreglarse, acicalarse, engalanarse.

a.jo.e.lhar [aʒoeʎ'ar] *vtd* **1** Arrodillar, poner de rodillas. *vi+vpr* **2** Arrodillarse, ponerse de rodillas.

a.ju.da [aʒ'udə] *sf* Ayuda, auxilio, apoyo.

a.ju.dar [aʒud'ar] *vtd+vti* **1** Ayudar, auxiliar, socorrer. *vpr* **2** Ayudarse.

a.ju.i.zar [aʒwiz'ar] *vtd+vti* **1** Juzgar, ponderar, formar opinión. *vi* **2** Reflexionar, ponderar, pensar. *vpr* **3** Juzgarse, considerarse.

a.jun.tar [aʒũt'ar] *vtd+vti* **1** Juntar, unir. *vtd* **2** Coleccionar. *vtd+vpr* **3** Reunir, congregar, amontonar. *vi* **4** Economizar, ahorrar. *vtd* **5** Aparear.

a.jus.tar [aʒust'ar] *vtd* **1** Ajustar. **2** Convenir, concertar, acordar, estipular. *vtd+vti* **3** Conformar, acomodar. *vtd* **4** Apretar. *vtd+vpr* **5** Adaptarse, acomodarse, avenirse.

a.la ['alə] *sm* **1** Hilera, fila, ala. **2** Parte lateral de un edificio. **3** *Esp* Extremo.

a.la.ga.men.to [alagam'ẽtu] *sm* Inundación.

a.lar.gar [alarg'ar] *vtd+vpr* **1** Ensanchar. *vtd* **2** Aflojar, desapretar. *vtd* **3** Ampliar, aumentar. *vtd+vpr* **4** Prolongar, alargar, dilatar, extender.

a.lar.mar [alarm'ar] *vtd* **1** Alarmar, dar voz de alarma. *vtd+vpr* **2** Alarmar, asustar, sobresaltar, inquietar.

a.lar.me [al'armi] *sm* Alarma.

a.las.trar [al'astrar] *vt+vp* Diseminar(se), propagar(se).

a.la.van.ca [alav'ãkə] *sf* Palanca.

al.ber.gue [awb'ɛrgi] *sm* **1** Albergue, hospedería. **2** Asilo. **3** Refugio.

ál.bum ['awbũ] *sm* Álbum.

al.ça ['awkə] *sf* **1** Asa, asidero. **2** Tirante.

al.ca.cho.fra [awkaʃ'ofrə] *sf Bot* Alcachofa.

al.can.çar [awkãs'ar] *vtd+vi* Alcanzar.

ál.co.ol ['awkɔɔw] *sm Quím* Alcohol.

al.co.ó.la.tra [awko'ɔlatrə] *s m+f* Alcohólico.

al.cu.nha [awk'uɲə] *sf* Sobrenombre, apodo.

al.dei.a [awd'ejə] *sf* Aldea.

a.le.gar [aleg'ar] *vtd* **1** Alegar, citar como prueba. **2** Aducir. **3** *Dir* Argumentar.

a.le.grar [alegr'ar] *vtd* **1** Alegrar, causar alegría. *vpr* **2** Alegrarse, sentir alegría.

a.le.gri.a [alegr'iə] *sf* Alegría.

a.lei.ja.do [alejʒ'adu] *adj+sm* Inválido, lisiado, impedido, tullido, imposibilitado, minusválido.

a.lei.jar [alejʒ'ar] *vtd+vi+vpr* Lisiar, lesionar, estropear, mutilar, deformar.

a.lém [al'ẽj] *adv* **1** Allá. **2** Más allá, más adelante. • *sm* El más allá.

a.ler.gia [alerʒ'iə] *sf Med* **1** Alergia. **2** *fig* Aversión, antipatía, rechazo, repugnancia, repulsión, ojeriza, tirria.

a.ler.tar [alert'ar] *vtd+vpr* Alertar, prevenir, avisar, advertir.

al.fa.be.ti.zar [awfabetiz'ar] *vtd+vpr* Alfabetizar.

al.fa.be.to [awfab'ɛtu] *sm* Alfabeto, abecedario.

al.fa.ce [awf'asi] *sm Bot* Lechuga.

al.fai.a.te [awfaj'ati] *sm* Sastre.

al.fân.de.ga [awf'ãdegə] *sf* Aduana.

al.fa.ze.ma [awfaz'emə] *sf Bot* Lavanda.

al.fi.ne.te [awfin'eti] *sm* Alfiler.

al.ga.ris.mo [awgar'izmu] *sm Mat* Guarismo, número.

algazarra   228   amador

al.ga.za.rra [awgaz'aɾə] *sf* Algazara, bulicio, gritería, griterío, alboroto, bulla.
al.ge.ma [aw3'emə] *sf* Esposas.
al.ge.mar [aw3em'ar] *vtd* Esposar.
al.go ['awgu] *pron indef* Algo, alguna cosa. • *adv* Un poco.
al.go.dão [awgod'ãw] *sm Bot* Algodón.
al.guém [awg'ẽj] *pron indef* Alguien, alguna persona. • *sm* Alguien, persona de alguna importancia.
al.gum [awg'ũ] *pron indef* Algún, alguno.
a.lhei.o [aʎ'eju] *adj* Ajeno.
a.lho ['aʎu] *sm Bot* Ajo.
a.lho-poró ['aʎu poɾ'o] *sm Bot* Puerro.
a.li [al'i] *adv* Allí.
a.li.an.ça [ali'ãsə] *sf* Alianza.
a.li.ás [ali'as] *adv* 1 De lo contrario. 2 Además. 3 No obstante. 4 De paso, de pasada. 5 Mejor dicho.
a.li.cer.ce [alis'ɛrsi] *sm* 1 Cimiento. 2 *fig* Base, fundamento.
a.li.men.ta.ção [alimẽtas'ãw] *sf* Alimentación.
a.li.men.tar [alimẽt'ar] *vtd+vpr* Alimentar.
a.li.men.to [alim'ẽtu] *sm* Alimento.
a.li.nhar [aliɲ'ar] *vtd+vpr* Alinear.
a.lí.quo.ta [al'ikwɔtə] *adj+sf* Alícuota.
a.li.sar [aliz'ar] *vtd+vi+vpr* Alisar.
a.lis.tar [alist'ar] *vtd* 1 Alistar, sentar en lista. *vpr* 2 Alistarse, enrolarse, reclutarse.
a.li.viar [alivi'ar] *vtd* 1 Aliviar, aligerar. 2 Atenuar, mitigar, disminuir. *vpr* 3 Aliviarse.
a.lí.vio [al'ivju] *sm* Alivio.
al.ma ['awmə] *sf* Alma.
al.me.jar [awme3'ar] *vtd+vti* Anhelar.
al.mo.çar [awmos'ar] *vi+vtd* Almorzar, comer.
al.mo.ço [awm'osu] *sm* Almuerzo, comida.
al.mo.fa.da [awmof'adə] *sf* 1 Cojín, almohadón. 2 *Arquit* Almohadilla.

al.môn.de.ga [awm'õdegə] *sf Cul* Albóndiga.
a.lô [al'o] *interj* **alô!** ¡Hola! • *sm* Hola.
a.lo.ja.men.to [aloʒam'ẽtu] *sm* Alojamiento.
a.lo.jar [aloʒ'ar] *vtd+vpr* 1 Alojar, hospedar, albergar. *vtd* 2 Almacenar, depositar.
a.lon.gar [alõg'ar] *vtd+vpr* Alargar, prolongar, estirar.
al.ta ['awtə] *sf Com* 1 Alza. 2 *Med* Alta (hospitalaria).
al.tar [awt'ar] *sm* Altar.
al.te.rar [awter'ar] *vtd+vpr* 1 Alterar, cambiar. 2 Falsificar, adulterar. 3 Perturbar, transtornar, inquietar. 4 Estropear, dañar, descomponer. 5 Enojar, excitar.
al.ter.nar [awtern'ar] *vtd+vi+vpr* Alternar, suceder.
al.ti.tu.de [awtit'udi] *sf* Altitud.
al.to ['awtu] *adj* Alto. • *sm* 1 Altura. 2 Parte superior de alguna cosa. • *adv* 1 A gran altura. 2 En voz fuerte o alta.
al.to-fa.lan.te [awtufal'ãti] *sm* 1 Altavoz. 2 *AL* Altoparlante.
al.tu.ra [awt'uɾə] *sf* Altura.
a.lu.ci.na.ção [alusinas'ãw] *sf* Alucinación.
a.lu.gar [alug'ar] *vtd+vti* Alquilar, arrendar.
a.lu.guel [alug'ɛw] *sm* Alquiler, arriendo.
a.lu.no [al'unu] *sm* Alumno.
a.lu.são [aluz'ãw] *sf* Alusión.
al.ve.jar [awve3'ar] *vtd+vi* 1 Blanquear. *vtd* 2 Tirar al blanco.
al.vo ['awvu] *adj* 1 Blanco. 2 *fig* Inocente, puro. • *sm* Blanco.
al.vo.ra.da [awvor'adə] *sf* Alborada.
al.vo.ro.ço [awvor'osu] *sm* Alboroto, tumulto.
a.ma.ciar [amasi'ar] *vtd+vpr* Ablandar, suavizar.
a.ma.dor [amad'or] *adj+sm* Amador, aficionado.

a.ma.du.re.cer [amadures'er] *vtd+vi* Madurar.

a.mal.di.ço.ar [amawdiso'ar] *vtd* Maldecir.

a.ma.men.tar [amamẽt'ar] *vtd* Amamantar, dar de mamar, dar el pecho.

a.ma.nhã [amañ'ã] *adv* **1** Mañana, día que sigue el de hoy. **2** En tiempo venidero. • *sm* El mañana, futuro más o menos próximo.

a.ma.nhe.cer [amañes'er] *vi* Amanecer. • *sm* El amanecer.

a.mar [am'ar] *vtd+vi+vpr* Amar.

a.ma.re.lo [amar'ɛlu] *adj+sm* Amarillo.

a.mar.gu.ra [amarg'urə] *sf* **1** Amargura, gusto amargo. **2** *fig* Aflicción, disgusto.

a.mar.rar [amaʀ'ar] *vtd+vpr* Amarrar, atar, asegurar.

a.mar.ro.tar [amaʀot'ar] *vtd* Estrujar, arrugar.

a.mas.sar [amas'ar] *vtd+vi+vpr* **1** Amasar. **2** Mezclar, amalgamar. **3** Estrujar, arrugar.

am.bi.ção [ãbis'ãw] *sf* Ambición.

am.bi.en.te [ãbi'ẽti] *adj m+f* Ambiente. • *sm* Ambiente.

am.bi.gui.da.de [ãbigwid'adi] *sf* Ambigüedad.

am.bí.guo [ãb'igwu] *adj* Ambiguo, incierto, dudoso.

am.bos ['ãbus] *adj+pron indef pl* Ambos.

am.bu.lân.cia [ãmbul'ãsjə] *sf* Ambulancia.

a.me.a.çar [ameas'ar] *vtd+vi* Amenazar.

a.me.dron.tar [amedrõt'ar] *vtd+vti+vpr* Amedrentar, atemorizar.

a.mei.xa [am'ejʃə] *sf Bot* Ciruela.

a.men.do.im [amẽdo'ĩ] *sm Bot* Maní, cacahuete.

a.me.no [am'enu] *adj* Ameno, grato, placentero, deleitable.

a.mí.da.la [am'idalə] *sf Anat V* amígdala.

a.míg.da.la [am'igdalə] *sf Anat* Amígdala.

a.mi.go [am'igu] *adj+sm* Amigo.

a.mi.za.de [amiz'adi] *sf* Amistad.

a.mo.la.ção [amolas'ãw] *sf* Fastidio, enfado, aburrimiento, tedio.

a.mo.lar [amol'ar] *vtd* **1** Afilar, amolar. *vtd+vi+vpr* **2** Fastidiar, enfadar, disgustar.

a.mo.le.cer [amoles'er] *vtd+vi* Ablandar, aflojar, laxar.

a.mon.to.ar [amõto'ar] *vtd+vpr* Amontonar, juntar, reunir, acumular, allegar.

a.mor [am'or] *sm* Amor.

a.mos.tra [am'ɔstrə] *sf* Muestra.

am.pa.ro [ãp'aru] *sm* **1** Amparo, ayuda, auxilio, socorro, arrimo, protección. **2** Refugio, abrigo.

am.pli.ar [ãpli'ar] *vtd+vpr* Ampliar, extender, dilatar.

am.pli.fi.car [ãplifik'ar] *vtd* Amplificar, ampliar.

am.plo ['ãplu] *adj* Amplio, extenso, espacioso.

am.pu.ta.ção [ãputas'ãw] *sf* Amputación.

a.mu.ar [amu'ar] *vt* Enfadarse, enojarse.

a.nal.fa.be.to [anawfab'ɛtu] *adj+sm* Analfabeto.

a.nal.gé.si.co [anawʒ'ɛziku] *adj+sm* Analgésico.

a.na.li.sar [analiz'ar] *vtd+vpr* Analizar.

a.ná.li.se [an'alizi] *sf* Análisis, examen.

a.não [an'ãw] *sm+adj* Enano.

a.nar.qui.a [anark'iə] *sf* **1** Anarquía. **2** Desconcierto, incoherencia, barullo. **3** Anarquismo.

a.na.to.mi.a [anatom'iə] *sf* Anatomía.

ân.co.ra ['ãkorə] *sf* Ancla.

an.da.men.to [ãdam'ẽtu] *sm* **1** Marcha, paso. **2** Rumbo, seguimiento.

andar — anzol

an.dar [ãd'ar] *vi* **1** Andar, caminar. *vtd* **2** Recorrer. • *sm* Piso, planta.

an.do.ri.nha [ãdor'iñɐ] *sf Zool* Golondrina.

a.nel [an'ɛw] *sm* **1** Anillo, argolla, aro, anilla. **2** Sortija, rizo del cabello. **3** Eslabón.

a.nê.mi.co [an'emiku] *adj+sm Med* Anémico.

a.nes.te.si.a [anestez'iɐ] *sf Med* Anestesia.

a.ne.xar [aneks'ar] *vtd+vti* **1** Anexar, unir, agregar. **2** Adjuntar. *vpr* **3** Incorporarse, reunirse, juntarse.

a.ne.xo [an'ɛksu] *adj+sm* Anexo, adjunto, agregado, añadido.

an.fi.tri.ão [ãfitri'ãw] *sm* Anfitrión.

an.ga.ri.ar [ãgari'ar] *vtd* **1** Recaudar, recolectar. **2** Atraer. **3** Reclutar.

ân.gu.lo ['ãgulu] *sm* **1** *Mat* Ángulo. **2** Esquina, rincón, arista. **3** Punto de vista.

an.gús.tia [ãg'ustjɐ] *sf* Angustia.

a.ni.ma.ção [animas'ãw] *sf* Animación.

a.ni.mal [anim'aw] *sm* e *adj m+f* Animal.

a.ni.mar [anim'ar] *vtd+vti* **1** Animar. *vi+vpr* **2** Animarse, cobrar ánimo.

â.ni.mo ['∧nimu] *sm* Ánimo. • *interj* **ânimo!** ¡Ánimo!

a.ni.qui.lar [anikil'ar] *vtd+vti* **1** Aniquilar, destruir, arruinar. **2** Destruir, matar. **3** Extenuar, agotar. *vpr* **4** Anonadarse, humillarse, abatirse.

a.ni.ver.sá.rio [anivers'arju] *sm* **1** Aniversario (de algún suceso). **2** Cumpleaños (de una persona).

an.jo ['ãʒu] *sm* Ángel.

a.no ['∧nu] *sm* Año.

a.noi.te.cer [anojtes'er] *vi* Anochecer. • *sm* Anochecer.

a.nô.ni.mo [an'onimu] *adj+sm* Anónimo.

a.no.ta.ção [anotas'ãw] *sf* Anotación, apunte, nota.

a.no.tar [anot'ar] *vtd* Anotar, apuntar.

an.sei.o [ãs'eju] *sm* Anhelo, deseo.

ân.sia ['ãsjɐ] *sf* **1** Ansia, angustia, aflicción. **2** Náusea.

an.si.ar [ãsi'ar] *vtd* **1** Angustiar, afligir, acongojar. *vtd+vi* **2** Desear, anhelar. *vi+vpr* **3** Sentir náuseas.

an.si.e.da.de [ãsjed'adi] *sf* Ansiedad.

an.te ['ãti] *prep* **1** Ante, en presencia de. **2** Frente a, enfrente de, delante de.

an.te.ci.pa.ção [ãtesipas'ãw] *sf* **1** Anticipación. **2** Adelanto, anticipo.

an.te.ci.par [ãtesip'ar] *vtd* **1** Anticipar. *vpr* **2** Adelantarse.

an.te.na [ãt'enɐ] *sf* Antena.

an.te.on.tem [ãte'õtẽj] *adv* Anteayer.

an.te.pas.sa.do [ãtepas'adu] *adj+sm* Antepasado, ancestral.

an.te.ri.or [ãteri'or] *adj m+f* Anterior.

an.tes ['ãtis] *adv* **1** Antes. **2** Sino, por el contrario.

an.ti.bi.ó.ti.co [ãtibi'ɔtiku] *adj+sm Med* Antibiótico.

an.ti.con.cep.ci.o.nal [ãtikõsepsjon'aw] *adj m+f* e *sm* Anticonceptivo.

an.ti.cor.po [ãtik'orpu] *sm Biol* Anticuerpo.

an.ti.go [ãt'igu] *adj* Antiguo.

an.ti.gui.da.de [ãtigid'adi] *sf* Antigüedad.

an.ti.pa.ti.a [ãtipat'iɐ] *sf* Antipatía.

an.ti.pá.ti.co [ãtip'atiku] *adj+sm* **1** Antipático. **2** *CS* Cargante.

an.ti.qua.do [ãtik'wadu] *adj* Anticuado, antiguo.

an.tô.ni.mo [ãt'onimu] *adj+sm* Antónimo.

a.nu.lar [anul'ar] *adj m+f* Anular. • *sm* Dedo anular.

a.nun.ci.ar [anũsi'ar] *vtd+vti+vi+vpr* Anunciar.

a.nún.cio [an'ũsju] *sm* Anuncio, noticia, aviso.

â.nus ['∧nus] *sm inv Anat* Ano.

an.zol [ãz'ɔw] *sm* Anzuelo.

ao [aw] *contr prep* a+*art def* o Al.
a.on.de [a'õdi] *adv* Adonde.
a.pa.ga.dor [apagad'or] *sm* Borrador.
a.pa.gar [apag'ar] *vtd* **1** Apagar, extinguir el fuego o la luz. **2** Destruir, extinguir. **3** Borrar. *vpr* **4** Acabarse, extinguirse.
a.pai.xo.nar [apaj∫on'ar] *vtd+vpr* **1** Apasionar, enamorar. **2** Entusiasmar, fascinar.
a.pal.par [apawp'ar] *vtd+vpr* Palpar.
a.pa.nhar [apañ'ar] *vtd* **1** Apañar, coger, recoger, tomar. **2** Asir, sujetar. **3** Capturar. **4** Contraer (una enfermedad). *vi* **5** Sufrir una zurra o tunda.
a.pa.ra.fu.sar [aparafuz'ar] *vtd* Atornillar.
a.pa.rar [apar'ar] *vtd* **1** Aparar, coger, tomar. **2** Recortar, aparejar, pulir.
a.pa.re.cer [apares'er] *vti+vi* Aparecer, presentarse, comparecer, mostrarse.
a.pa.re.ci.men.to [aparesim'ẽtu] *sm* Aparecimiento, aparición.
a.pa.re.lho [apar'eʎu] *sm* Aparato.
a.pa.rên.cia [apar'ẽsjə] *sf* Apariencia.
a.pa.ri.ção [aparis'ãw] *sf* **1** Aparecimiento, aparición. **2** Fantasma.
a.par.ta.men.to [apartam'ẽtu] *sm* Apartamento, piso, departamento.
a.pa.ti.a [apat'iə] *sf* Apatía.
a.pa.vo.rar [apavor'ar] *vtd+vi+vpr* Espantar, aterrorizar, aterrar.
a.pa.zi.guar [apazig'war] *vtd+vpr* Apaciguar, sosegar, aquietar.
a.pe.ar [ape'ar] *vtd+vi+vpr* Apear, desmontar.
a.pe.go [ap'egu] *sm* **1** Obstinación, pertinacia, tenacidad, insistencia, terquedad, ahínco. **2** Apego, afición, inclinación. **3** Cariño, interés.
a.pe.lar [apel'ar] *vti* **1** Apelar, recurrir. *vti+vi* **2** *Dir* Recurrir. *vti+vi* **3** *gír* Agredir.
a.pe.li.dar [apelid'ar] *vtd+vpr* Apodar.

a.pe.li.do [apel'idu] *sm* Apodo, sobrenombre.
a.pe.lo [ap'elu] *sm* Invocación, llamamiento, convocación.
a.pe.nas [ap'enas] *adv* **1** Difícilmente. **2** Únicamente, solamente, sólo. • *conj* En cuanto, al punto que.
a.pên.di.ce [ap'ẽdisi] *sm* Apéndice.
a.per.fei.ço.ar [aperfejso'ar] *vtd+vpr* Perfeccionar.
a.pe.ri.ti.vo [aperit'ivu] *adj+sm* Aperitivo.
a.per.tar [apert'ar] *vtd+vi+vpr* Apretar, estrechar.
a.per.to [ap'ertu] *sm* **1** Apretura, apretón. **2** Aprieto, apuro.
a.pe.sar de [apez'ar di] *loc prep* A pesar de, no obstante, pese a.
a.pe.te.cer [apetes'er] *vtd+vti+vi* **1** Apetecer, antojarse. **2** Desear, codiciar, ambicionar. **3** *Am Cen* Provocar.
a.pe.ti.te [apet'iti] *sm* Apetito.
a.pe.tre.chos [apetr'e∫us] *sm pl* Pertrechos, utensilios.
a.pi.men.ta.do [apimẽt'adu] *adj* Picante.
a.pi.tar [apit'ar] *vi* **1** Pitar, tocar o sonar el silbato o pito. *vtd* **2** *Esp* Arbitrar.
a.pi.to [ap'itu] *sm* Silbato, pito.
a.pla.car [aplak'ar] *vtd+vpr* Aplacar, amansar, suavizar, mitigar.
a.plai.nar [aplajn'ar] *vtd+vpr* Allanar, aplanar.
a.plau.dir [aplawd'ir] *vtd+vi+vpr* Aplaudir.
a.plau.so [apl'awzu] *sm* Aplauso.
a.pli.ca.ção [aplikas'ãw] *sf* Aplicación.
a.pli.car [aplik'ar] *vtd* **1** Aplicar. **2** *Econ* Invertir. *vpr* **3** Aplicarse, dedicarse, esmerarse.
a.po.de.rar [apoder'ar] *vpr* Apoderarse, adueñarse.
a.po.dre.cer [apodres'er] *vtd+vi+vpr* Pudrir.
a.poi.ar [apoj'ar] *vtd+vti+vpr* **1** Apoyar. **2** Favorecer. **3** Basar, fundamentar.

a.poi.o [ap'oju] *sm* **1** Apoyo. **2** Protección, auxilio, favor. **3** Aprobación, asentimiento, adhesión, beneplácito. **4** Fundamento, confirmación.

a.pon.ta.dor [apõtad'or] *sm* **1** Manecilla del reloj, saetilla, aguja. **2** Sacapuntas, afilalápices.

a.pon.ta.men.to [apõtam'ẽtu] *sm* Nota, anotación, apunte, minuta.

a.pon.tar [apõt'ar] *vtd* **1** Sacar punta. **2** Mencionar, citar, aludir. *vtd+vti* **3** Apuntar, señalar.

a.por.ri.nhar [apoRiñ'ar] *vtd+vpr* Molestar, fastidiar, importunar, hartar, cansar, incomodar.

a.pós [ap'ɔs] *prep* Tras, después de, detrás de, a continuación de. • *adv* Después, en otro momento.

a.po.sen.ta.do [apozẽt'adu] *adj+sm* Jubilado.

a.po.sen.ta.do.ri.a [apozẽtador'iə] *sf* Jubilación, retiro.

a.po.sen.tar [apozẽt'ar] *vtd+vpr* Jubilar.

a.po.sen.to [apoz'ẽtu] *sm* Aposento, habitación, compartimiento.

a.pos.ta [ap'ɔstə] *sf* Apuesta.

a.pos.tar [apost'ar] *vtd* Apostar.

a.pos.ti.la [apost'ilə] *sf* **1** Nota, apostilla. **2** Apunte.

a.pra.zí.vel [apraz'ivew] *adj m+f* Placentero, apacible, agradable.

a.pre.ci.a.ção [apresjas'ãw] *sf* Apreciación, juicio, valoración.

a.pre.ci.ar [apresi'ar] *vtd* **1** Apreciar. **2** Juzgar, evaluar, valorizar, valorar. **3** Considerar, estimar.

a.pre.ço [apr'esu] *sm* Aprecio.

a.pre.en.der [apreẽd'er] *vtd* **1** Aprehender. **2** Comprender, entender, asimilar.

a.pre.en.são [apreẽs'ãw] *sf* Aprehensión.

a.pren.der [aprẽd'er] *vtd+vti+vi* Aprender.

a.pren.di.za.gem [aprẽdiz'aʒẽj] *sf* Aprendizaje.

a.pre.sen.ta.ção [aprezẽtas'ãw] *sf* Presentación.

a.pre.sen.tar [aprezẽt'ar] *vtd+vpr* Presentar.

a.pres.sar [apres'ar] *vtd* **1** Apresurar, acelerar. *vi+vpr* **2** Darse prisa, apresurarse. *vtd+vpr* **3** *AL* Apurar.

a.pri.mo.rar [aprimor'ar] *vtd+vpr* Perfeccionar.

a.pri.si.o.nar [aprizjon'ar] *vtd* Aprisionar.

a.pro.fun.dar [aprofũd'ar] *vtd+vpr* Profundizar, ahondar.

a.pron.tar [aprõt'ar] *vtd+vpr* **1** Preparar, arreglar, dejar listo. *vtd+vti* **2** Hacer algo impropio, urdir, tramar.

a.pro.va.ção [aprovas'ãw] *sf* **1** Aprobación, asentimiento. **2** Consentimiento, anuencia, beneplácito. **3** Loa, aplauso, encomio, alabanza.

a.pro.var [aprov'ar] *vtd+vi* Aprobar.

a.pro.vei.tar [aprovejt'ar] *vtd+vti+vi+vpr* **1** Aprovechar, sacar provecho. *vtd+vti* **2** Utilizar. *vti* **3** Servir de provecho. *vpr* **4** Aprovecharse.

a.pro.xi.ma.ção [aprosimas'ãw] *sf* Aproximación.

a.pro.xi.mar [aprosim'ar] *vtd+vpr* Aproximar, arrimar, acercar.

ap.ti.dão [aptid'ãw] *sf* Aptitud, disposición, capacidad, cualidad, talento.

ap.to ['aptu] *adj* Apto, idóneo, hábil.

a.pu.nha.lar [apuñ'ar] *vtd+vpr* Apuñalar.

a.pu.ra.ção [apuras'ãw] *sf* **1** Purificación, perfeccionamiento. **2** Conteo, cómputo, cálculo.

a.pu.rar [apur'ar] *vtd+vi+vpr* **1** Purificar. **2** Perfeccionar. *vtd* **3** Apurar, averiguar. **4** Reducir, hervir un líquido para que se concentre.

a.pu.ro [ap'uru] *sm* **1** Sofisticación. **2** Esmero, refinamiento. **3** Apuro, aprieto, conflicto, dificultad.

a.qua.re.la [akwarˈɛlə] *sf* Acuarela.
a.quá.rio [akˈwarju] *sm* Acuario.
a.quá.ti.co [akˈwatiku] *adj* Acuático.
a.que.ce.dor [akesedˈor] *sm* **1** Calentador, estufa. **2** *Arg, Bol, Par, Ur* Calefón.
a.que.cer [akesˈer] *vtd+vi+vpr* Calentar.
a.que.ci.men.to [akesimˈẽtu] *sm* Calentamiento.
a.que.la [akˈɛlə] *pron dem f* Aquella.
à.que.la [akˈɛlə] *contr prep a+pron dem f* aquela A aquella.
a.que.le [akˈeli] *pron dem m* Aquel.
à.que.le [akˈeli] *contr prep a+pron dem m* aquele A aquel.
a.quém [akˈẽj] *adv* Más acá, inferior.
a.qui [akˈi] *adv* Aquí.
a.qui.lo [akˈilu] *pron dem* Aquello.
ar [ˈar] *sm* **1** Aire. **2** Atmósfera. **3** Viento. **4** Apariencia, aspecto, estilo.
a.ra.do [arˈadu] *sm* Arado.
a.ra.me [arˈʌmi] *sm* Alambre.
a.ra.nha [arˈʌɲə] *sf Zool* Araña.
a.rar [arˈar] *vtd* Arar.
ar.bí.trio [arbˈitrju] *sm* Arbitrio.
ár.bi.tro [ˈarbitru] *sm* Árbitro.
ar.bus.to [arbˈustu] *sm Bot* Arbusto.
ar.car [arkˈar] *vtd+vi+vpr* **1** Arquear, curvar. **2** Luchar, contender, pelear, combatir. *vti* **3** Responsabilizarse, hacerse cargo de una situación. **4** *Arg, Ur* Bancar.
ar.co-í.ris [arkuˈiris] *sm sing+pl* Arco iris.
ar.den.te [ardˈẽti] *adj m+f* **1** Ardiente. **2** Picante.
ar.der [ardˈer] *vi+vti* Arder.
á.rea [ˈarjə] *sf* Área.
a.rei.a [arˈejə] *sf* **1** Arena. *sm* **2** Color arena. • *adj m+f sing+pl* Tono arena.
a.re.jar [areʒˈar] *vtd* **1** Airear, ventilar, orear. *vi+vpr* **2** Airearse, ventilarse, refrescarse, orearse.
a.re.na [arˈenə] *sf* **1** Arena, lugar del combate. **2** Anfiteatro. **3** Ruedo de la plaza de toros.
ar.far [arfˈar] *vi+vtd* Jadear, resoplar, resollar.
ar.gi.la [arʒˈilə] *sf* Arcilla.
ar.go.la [argˈɔlə] *sf* Argolla.
ar.gu.men.tar [argumẽtˈar] *vi* **1** Argüir, aducir, alegar. **2** Argumentar, disputar, discutir. *vti* **3** Controvertir. *vtd* **4** Alegar.
ar.gu.men.to [argumˈẽtu] *sm* **1** Argumento, razonamiento. **2** Asunto, materia, trama. **3** Sumario.
a.ri.dez [aridˈes] *sf* Aridez.
a.rit.mé.ti.ca [aritmˈɛtikə] *sf* Aritmética.
ar.ma [ˈarmə] *sf* Arma.
ar.ma.ção [armasˈãw] *sf* **1** Armazón, estructura, armadura. **2** *coloq* Treta, ardid, artimaña.
ar.ma.di.lha [armadˈiʎə] *sf* Trampa.
ar.ma.men.to [armamˈẽtu] *sm* Armamento.
ar.mar [armˈar] *vtd+vpr* Armar.
ar.ma.ri.nho [armarˈiɲu] *sm* Mercería.
ar.má.rio [armˈarju] *sm* Armario.
ar.ma.zém [armazˈẽj] *sm* Almacén, depósito.
ar.ma.ze.nar [armazenˈar] *vtd+vi* Almacenar.
a.ro [ˈaru] *sm* Aro, argolla, anillo.
a.ro.ma [arˈomə] *sm* Aroma.
ar.pão [arpˈãw] *sm* Arpón.
ar.quei.ro [arkˈejru] *sm* **1** Arquero. **2** *Esp* Arquero, portero.
ar.que.o.lo.gi.a [arkeoloʒˈiə] *sf* Arqueología.
ar.qui.ban.ca.da [arkibãkˈadə] *sf* Grada, gradería, graderío.
ar.qui.pé.la.go [arkipˈɛlagu] *sm* Archipiélago.
ar.qui.te.tu.ra [arkitetˈurə] *sf* Arquitectura.
ar.qui.var [arkivˈar] *vtd* Archivar.
ar.qui.vo [arkˈivu] *sm* Archivo.

arrancar — artigo

ar.ran.car [ar̄ãk'ar] *vtd* **1** Arrancar. **2** Obtener o conseguir algo con violencia o astucia.

ar.ra.nha-céu [ar̄ʌñas'ɛw] *sm* Rascacielos.

ar.ra.nhão [ar̄añ'ãw] *sm* Arañazo, rasguño.

ar.ra.nhar [ar̄añ'ar] *vtd+vi+vpr* Arañar, rasguñar.

ar.ran.jar [ar̄aʒ'ar] *vtd+vpr* **1** Arreglar, componer, ordenar. **2** Acicalar, engalanar. **3** Conseguir, alcanzar, obtener, lograr.

ar.ran.jo [ar̄'ãʒu] *sm* Arreglo, composición, disposición.

ar.ra.sar [ar̄az'ar] *vtd* **1** Aplanar, arrasar, allanar. *vtd+vti* **2** Echar por tierra. **3** Destruir, devastar, asolar, desolar.

ar.ras.tar [ar̄ast'ar] *vtd* Arrastrar, tirar.

ar.re.ba.tar [ar̄ebat'ar] *vtd* **1** Arrebatar, quitar con violencia y fuerza. **2** Cautivar, arrobar, encantar.

ar.re.ben.tar [ar̄ebẽt'ar] *vi+vti+vtd+vpr* Reventar.

ar.re.bi.ta.do [ar̄ebit'adu] *adj* Respingón, arremangado.

ar.re.ca.da.ção [ar̄ekadas'ãw] *sf* Recaudación.

ar.re.ca.dar [ar̄ekad'ar] *vtd* Recaudar.

ar.re.don.dar [ar̄edõd'ar] *vtd+vi+vpr* Redondear.

ar.re.dor [ar̄ed'or] *adv* Alrededor. • *sm pl* **arredores** Alrededores, afueras, cercanías, inmediaciones.

ar.re.ga.çar [ar̄egas'ar] *vtd+vpr* Arremangar, remangar.

ar.rei.o [ar̄'eju] *sm* Arreo.

ar.re.ma.tar [ar̄emat'ar] *vtd+vpr* **1** Arrematar, dar fin a algo. *vi* **2** Terminar, finalizar, acabar, concluir.

ar.re.me.dar [ar̄emed'ar] *vtd* Remedar.

ar.re.mes.sar [ar̄emes'ar] *vtd+vpr* Arrojar, lanzar.

ar.ren.dar [ar̄ẽd'ar] *vtd+vti* Arrendar, alquilar.

ar.re.pen.der [ar̄epẽd'er] *vpr* Arrepentirse.

ar.re.pen.di.men.to [ar̄epẽdim'ẽtu] *sm* Arrepentimiento.

ar.re.pi.ar [ar̄epi'ar] *vtd+vi+vpr* Erizar.

ar.re.pi.o [ar̄ep'iu] *sm* Escalofrío.

ar.ri.mo [ar̄'imu] *sm* Apoyo, arrimo, amparo.

ar.ris.car [ar̄isk'ar] *vtd+vti+vi+vpr* Arriesgar.

ar.ro.gân.cia [ar̄og'ãsjə] *sf* Arrogancia.

ar.ro.io [ar̄'oju] *sm* Arroyo.

ar.ro.ja.do [ar̄oʒ'adu] *adj* Osado, atrevido, audaz.

ar.rom.bar [ar̄õb'ar] *vtd* Romper, abrir a la fuerza.

ar.ro.tar [ar̄ot'ar] *vi+vtd* **1** Eructar. *vi+vtd+vti* **2** Ostentar.

ar.ro.to [ar̄'otu] *sm* Eructo.

ar.roz [ar̄'os] *sm Bot* Arroz.

ar.ru.a.ça [ar̄u'asə] *sf* Motín, asonada, tumulto, alboroto.

ar.rui.nar [ar̄ujn'ar] *vtd+vi+vpr* **1** Arruinar, causar ruina. **2** Destruir, demoler, derribar.

ar.ru.mar [ar̄um'ar] *vtd* **1** Ordenar, arreglar, componer. **2** Conseguir, obtener, lograr. *vpr* **3** Colocarse, instalarse.

ar.te ['arti] *sf* Arte.

ar.té.ria [art'ɛrjə] *sf Anat* **1** Arteria. **2** Arteria, calle a la que afluyen muchas otras.

ar.te.sa.na.to [artezan'atu] *sm* Artesanía.

ar.te.são [artez'ãw] *sm* Artesano.

ar.ti.cu.la.ção [artikulas'ãw] *sf* Articulación.

ar.ti.cu.lar [artikul'ar] *vtd* **1** Articular, unir por las articulaciones. **2** Pronunciar clara y distintamente. **3** Organizar elementos.

ar.ti.fi.ci.al [artifisi'aw] *adj m+f* **1** Artificial, no natural. **2** Fingido, simulado, insincero, falso. **3** Postizo.

ar.ti.go [art'igu] *sm* Artículo.

artilharia 235 **assoar**

ar.ti.lha.ri.a [artiʎarˈiə] *sf* Artillería.
ar.ti.ma.nha [artimˈʌɲə] *sf* Artimaña, martingala, treta, ardid.
ar.tis.ta [artˈistə] *s m+f* 1 Artista. 2 Artesano.
ar.tri.te [artrˈiti] *sf Med* Artritis.
ár.vo.re [ˈarvori] *sf Bot* Árbol.
a.sa [ˈazə] *sf* Ala.
a.sa-del.ta [azə dˈɛwtə] *sf Esp* Ala delta.
as.cen.são [asẽsˈãw] *sf* Ascensión, ascenso.
as.co [ˈasku] *sm* Asco, repugnancia.
as.fal.tar [asfawtˈar] *vtd* Asfaltar.
as.fi.xi.ar [asfiksiˈar] *vtd+vi* Asfixiar.
a.si.lar [aziˈlar] *vtd+vpr* Asilar.
as.ma [ˈazmə] *sf Med* Asma.
as.nei.ra [aznˈejrə] *sf* Necedad, sandez, tontería, bobería, estupidez, bobada.
as.no [ˈaznu] *sm* 1 *Zool* Asno, burro, jumento, pollino. 2 *fig* Hombre simple, ignorante o rudo.
as.pas [ˈaspəs] *sf pl* Comillas.
as.pec.to [aspˈɛktu] *sm* Aspecto, apariencia.
ás.pe.ro [ˈasperu] *adj* 1 Áspero. 2 Escabroso. 3 Desagradable, desapacible. 4 Riguroso, rígido, severo.
as.pi.ra.dor [aspiradˈor] *adj+sm* Aspirador, aspiradora.
as.pi.rar [aspirˈar] *vtd* 1 Aspirar. *vti* 2 Pretender, desear. *vi* 3 Respirar.
as.sa.do [asˈadu] *sm* Asado.
as.sa.du.ra [asadˈurə] *sf* 1 Rozadura. 2 *Arg* Paspadura. 3 *Chile* Cocedura.
as.sa.la.ri.a.do [asalariˈadu] *adj+sm* Asalariado.
as.sal.tar [asawtˈar] *vtd+vi* Asaltar.
as.sal.to [asˈawtu] *sm* Asalto.
as.sar [asˈar] *vtd+vi* Asar.
as.sas.si.nar [asasinˈar] *vtd* 1 Asesinar, matar. 2 *AL* Ultimar.
as.sas.sí.nio [asasˈinju] *sm* Asesinato.
as.sas.si.no [asasˈinu] *sm+adj* Asesino.
as.se.di.ar [asediˈar] *vtd* Asediar, acosar.
as.sé.dio [asˈɛdju] *sm* Asedio, acoso.
as.se.gu.rar [asegurˈar] *vtd+vti+vpr* 1 Asegurar, garantizar. 2 Afirmar, aseverar.
as.sei.o [asˈeju] *sm* 1 Aseo, limpieza. 2 Esmero, cuidado, prolijidad. 3 Pulcritud, apostura.
as.sem.blei.a [asẽblˈɛjə] *sf* Asamblea.
as.se.me.lhar [asemeʎˈar] *vtd+vti+vpr* Asemejar.
as.sen.tar [asẽtˈar] *vtd* 1 Sentar. 2 Asentar, colocar firmemente. 3 Establecer. *vi+vpr* 4 Sentarse. *vti* 5 Afirmar, aseverar.
as.sen.tir [asẽtˈir] *vti+vi* 1 Consentir, permitir. 2 Asentir.
as.sen.to [asˈẽtu] *sm* Asiento.
as.ses.sor [asesˈor] *adj+sm* Asesor.
as.ses.so.ri.a [asesorˈiə] *sf* 1 Asesoramiento. 2 Asesoría.
as.sí.duo [asˈidwu] *adj* Asiduo, frecuente, perseverante.
as.sim [asˈĩ] *adv* 1 Así, de esta o de esa manera. 2 Igualmente. • *conj* De tal manera, en consecuencia, por lo cual, de suerte que.
as.si.mi.lar [asimilˈar] *vtd+vpr* Asimilar, asemejar.
as.si.na.lar [asinalˈar] *vtd* 1 Señalar. 2 Hacer señal para dar noticia de algo. *vpr* 3 Distinguirse, singularizarse.
as.si.nan.te [asinˈãti] *s m+f* 1 Firmante, signatario. 2 Suscriptor, abonado.
as.si.nar [asinˈar] *vtd* 1 Firmar. 2 Suscribirse, abonarse.
as.si.na.tu.ra [asinatˈurə] *sf* 1 Firma. 2 Suscripción, abono.
as.sis.tên.cia [asistˈẽsjə] *sf* Asistencia.
a.sis.tir [asistˈir] *vti* 1 Asistir, concurrir. 2 Ver, presenciar. 3 Socorrer, favorecer, ayudar.
as.so.a.lho [asoˈaʎu] *sm* Entarimado, entablado, parqué.
as.so.ar [asoˈar] *vtd+vpr* Sonar la nariz.

as.so.bi.ar [asobi'ar] *vi* **1** Silbar. *vtd* **2** Silbar (una canción o un ritmo musical). **3** Pitar, chiflar, abuchear. **4** *Bol, Chile, Eq, Peru* Pifiar.

as.so.bi.o [asob'iu] *sm* Silbido, silbo.

as.so.ci.a.ção [asosja'ãw] *sf* Asociación.

as.so.ci.ar [asosi'ar] *vtd+vti+vpr* Asociar, unir, juntar.

as.som.bro [as'õbru] *sm* Asombro, susto, espanto, admiración.

as.so.prar [asopr'ar] *vtd+vti+vi* Soplar.

as.su.mir [asum'ir] *vtd* **1** Asumir, atraer a sí, tomar para sí. **2** Hacerse cargo, responsabilizarse. **3** Adquirir. *vtd+vti* **4** Comprometerse. *vi* **5** Entrar en funciones. *vpr* **6** Declararse, reconocerse.

as.sun.to [as'ũtu] *sm* Asunto, materia.

as.sus.tar [asust'ar] *vtd+vi+vpr* Asustar, aterrar, espantar.

as.tro ['astru] *sm* Astro.

as.tro.lo.gi.a [astroloʒ'iə] *sf* Astrología.

as.tro.no.mi.a [astronom'iə] *sf* Astronomía.

as.tu.to [ast'utu] *adj* Astuto.

a.ta ['atə] *sf* Acta.

a.ta.ca.dis.ta [atakad'istə] *adj e s m+f* Mayorista.

a.ta.can.te [atak'ãti] *adj e s m+f* **1** Atacante. **2** *Esp* Delantero.

a.ta.car [atak'ar] *vtd* **1** Atacar, acometer, embestir. **2** Agredir. **3** Venir repentinamente.

a.ta.du.ra [atad'urə] *sf* **1** Atadura. **2** Gasa.

a.ta.lho [at'aʎu] *sm* Atajo.

a.ta.que [at'aki] *sm* Ataque.

a.tar [at'ar] *vtd* **1** Atar, amarrar, anudar. *vpr* **2** Atarse, ceñirse.

a.ta.re.fa.do [ataref'adu] *adj* Atareado, ajetreado, agobiado.

a.tar.ra.ca.do [atařak'adu] *adj* Regordete, retaco.

a.tar.ra.xar [ataře'ar] *vtd* Atornillar.

a.té [at'ɛ] *prep* Hasta. • *adv* Aun, incluso, inclusive.

a.te.ar [ate'ar] *vtd+vi+vpr* Atizar.

a.te.mo.ri.zar [atemoriz'ar] *vtd+vpr* Atemorizar, amedrentar, acobardar, intimidar.

a.ten.ção [atẽs'ãw] *sf* **1** Atención, interés, aplicación, cuidado. **2** Cortesía, urbanidad. • *interj* **atenção!** ¡Atención!

a.ten.der [atẽd'er] *vti* **1** Prestar atención. *vti+vtd* **2** Tener en cuenta o en consideración algo. *vti* **3** Asistir, socorrer, ayudar. *vtd* **4** Acoger, satisfacer un deseo, ruego o mandato.

a.ten.den.te [atẽd'ẽti] *adj+s* Dependiente.

a.ten.di.men.to [atẽdim'ẽtu] *sm* Atención.

a.ten.ta.do [atẽt'adu] *sm* Atentado.

a.ten.to [at'ẽtu] *adj* **1** Atento. **2** Cortés, urbano, comedido.

a.ter.ris.sa.gem [ateřis'aʒẽj] *sf* Aterrizaje.

a.ter.ris.sar [ateřis'ar] *vi* Aterrizar.

a.ter.ro [at'eřu] *sm* Terraplén.

a.ter.ro.ri.zar [ateřoriz'ar] *vtd+vi+vpr* Aterrorizar, aterrar, horrorizar.

a.tes.ta.do [atest'adu] *sm* Atestado, certificación, certificado.

a.teu [a'tew] *adj+sm* Ateo.

a.ti.çar [atis'ar] *vtd* **1** Atizar, avivar. **2** Irritar, estimular, azuzar.

a.tin.gir [atĩʒ'ir] *vtd+vi* Alcanzar, tocar.

a.ti.rar [atir'ar] *vtd+vpr* **1** Tirar, arrojar, lanzar. *vtd+vti+vi* **2** Disparar.

a.ti.tu.de [atit'udi] *sf* Actitud.

a.ti.vi.da.de [ativid'adi] *sf* Actividad. **em atividade** en actividad.

a.tlas ['atlas] *sm sing+pl* Atlas.

a.tle.ta [atl'ɛtə] *s m+f* Atleta.

at.mos.fe.ra [atmosf'ɛrə] *sf* Atmósfera.

a.to [' atu] *sm* Acto, acción.

a.to.lar [atol'ar] *vtd+vpr* Atascar.

a.to.lei.ro [atol'ejru] *sm* Atascadero, atolladero.

a.tô.mi.co [a'omiku] *adj* Atómico.
a.tô.ni.to [a'onitu] *adj* Atónito, pasmado, espantado.
a.tor [a'or] *sm* Actor.
a.tor.do.ar [atordo'ar] *vtd+vi+vpr* Aturdir, atontar.
a.tor.men.tar [atormẽ'tar] *vtd+vi+vpr* Atormentar, martirizar, afligir, mortificar.
a.tra.ção [atrakas'ãw] *sf* Atracción.
a.tra.en.te [atra'ẽti] *adj m+f* Atrayente, atractivo.
a.trai.ço.ar [atrajso'ar] *vtd +vpr* Traicionar.
a.tra.ir [atra'ir] *vtd+vti+vi* Atraer.
a.tra.pa.lhar [atrapaλ'ar] *vtd+vi+vpr* Confundir, perturbar, estorbar, entorpecer, obstaculizar.
a.trás [atr'as] *adv* Atrás, detrás.
a.tra.sar [atraz'ar] *vtd+vi+vpr* Atrasar, retardar, retrasar, demorar.
a.tra.so [atr'azu] *sm* **1** Atraso, demora, retraso. **2** Subdesarrollo.
a.tra.ti.vo [atrat'ivu] *adj* Atractivo. • *sm* Atractivo, gracia, encanto.
a.tra.vés [atrav'ɛs] *adv* A través.
a.tra.ves.sar [atraves'ar] *vtd* **1** Atravesar, cruzar. **2** Obstaculizar, estorbar.
a.tre.lar [atrel'ar] *vt+vti+vpr* **1** Enganchar. *vpr* **2** Vincularse.
a.tre.ver [atrev'er] *vpr* Atreverse.
a.tre.vi.do [atrev'idu] *adj+sm* **1** Atrevido, osado, audaz. **2** Insolente, desvergonzado, descarado, impertinente.
a.tre.vi.men.to [atrevim'ẽtu] *sm* Atrevimiento.
a.tri.bu.ir [atribu'ir] *vtd+vti+vpr* Atribuir.
a.tri.to [atr'itu] *sm* Roce.
a.triz [atr'is] *sf* Actriz.
a.tro.ci.da.de [atrosid'adi] *sf* Atrocidad, crueldad.
a.tro.pe.lar [atropel'ar] *vtd+vpr* Atropellar.
a.troz [atr'ɔs] *adj m+f* **1** Atroz, fiero, cruel, inhumano. **2** Terrible, tremendo.
a.tu.a.ção [atwas'ãw] *sf* Actuación.
a.tu.a.li.da.de [atwalid'adi] *sf* Actualidad.
a.tu.a.li.zar [atwaliz'ar] *vtd+vpr* Actualizar.
a.tu.ar [atu'ar] *vti+vi* Actuar.
a.tum [at'ũ] *sm Zool* Atún.
a.tu.rar [atur'ar] *vtd+vti+vi* Aguantar, soportar, tolerar.
a.tur.dir [aturd'ir] *vtd+vpr* Aturdir, confundir, desconcertar, pasmar.
au.dá.cia [awd'asjə] *sf* **1** Audacia, osadía, atrevimiento. **2** Insolencia, atrevimiento, descaro.
au.di.ção [awdis'ãw] *sf* Audición.
au.di.ên.cia [awdi'ẽsjə] *sf* Audiencia.
au.di.tó.rio [awdit'ɔrju] *sm* Auditorio.
au.ge ['awʒi] *sm* Auge, apogeo.
au.la ['awlə] *sf* **1** Aula, sala de clases. **2** Clase. **3** Lección.
au.men.tar [awmẽt'ar] *vtd* Aumentar, agrandar, ampliar, incrementar.
au.men.to [awm'ẽtu] *sm* Aumento.
au.sên.cia [awz'ẽsjə] *sf* Ausencia.
au.sen.tar [awzẽt'ar] *vpr* Ausentarse, separarse, desaparecer.
aus.te.ri.da.de [awsterid'adi] *sf* Austeridad.
au.tên.ti.co [awt'ẽtiku] *adj* Auténtico.
au.to.es.co.la [awtwesk'ɔlə] *sf* Autoescuela.
au.to.mo.bi.lis.mo [awtomobil'izmu] *sm* Automovilismo.
au.to.mó.vel [awtom'ɔvew] *adj m+f* Automóvil. • *sm* Automóvil, coche.
au.to.no.mi.a [awtonom'iə] *sf* Autonomía.
au.tô.no.mo [awt'onomu] *adj+sm* Autónomo.
au.tóp.sia [awt'ɔpsjə] *sf* Autopsia.
au.tor [awt'or] *sm* Autor.
au.tor.re.tra.to [´awtuřetr'atu] *sm* Autorretrato.

autoria 238 **azulejo**

au.to.ri.a [awtor'iə] *sf* Autoria.
au.to.ri.da.de [awtorid'adi] *sf* Autoridade.
au.to.ri.za.ção [awtorizas'ãw] *sf* Autorização.
au.to.ri.zar [awtoriz'ar] *vtd+vti+vpr* Autorizar.
au.xi.li.ar [awsili'ar] *adj* e *s m+f* Auxiliar, que auxilia. • *vtd+vpr* Auxiliar, dar auxílio.
au.xí.lio [aws'ilju] *sm* Auxílio, ajuda, socorro, amparo.
a.va.lan.cha [aval'ãʃə] *sf* Avalancha, alud.
a.va.li.a.ção [avaljas'ãw] *sf* 1 Evaluación. 2 Valoración, tasación, justiprecio.
a.va.li.ar [avali'ar] *vtd+vti* Evaluar, estimar, apreciar, calcular.
a.van.çar [avãs'ar] *vtd+vi* 1 Avanzar, ir hacia adelante. *vtd+vti* 2 Adelantar, progresar, mejorar. *vi* 3 Apropiarse. *vti* 4 Embestir, acometer.
a.van.ço [av'ãsu] *sm* Avance.
a.va.re.za [avar'ezə] *sf* Avaricia.
a.va.ro [av'aru] *adj+sm* Avaro, tacaño, mezquino.
a.ve ['avi] *sf Zool* Ave.
a.vei.a [av'ejə] *sf Bot* Avena.
a.ve.lã [avel'ã] *sf Bot* Avellana.
a.ve.ni.da [aven'idə] *sf* Avenida.
a.ven.tal [avẽt'aw] *sm* Delantal, mandil, guardapolvo.

a.ven.tu.ra [avẽt'urə] *sf* Aventura.
a.ven.tu.rei.ro [avẽtur'ejru] *adj+sm* Aventurero.
a.ve.ri.guar [averig'war] *vtd+vti* Averiguar, indagar, investigar, inquirir.
a.ver.são [avers'ãw] *sf* Aversión, rechazo, repugnancia.
a.ves.sas [av'ɛsəs] *adv* Contrarias, opuestas.
a.ves.so [av'esu] *adj* Contrario, opuesto. • *sm* Reverso, envés.
a.vi.a.ção [avjas'ãw] *sf* Aviación.
a.vi.a.dor [avjad'or] *sm* Aviador.
a.vi.ão [avi'ãw] *sm* Avión.
á.vi.do ['avidu] *adj* 1 Ávido, ansioso. 2 Codicioso, ambicioso.
a.vi.sar [aviz'ar] *vtd* 1 Avisar. 2 Advertir, aconsejar, prevenir.
a.vô [av'o] *sm* Abuelo.
a.vó [av'ɔ] *sf* Abuela.
a.vós [av'ɔs] *sm pl* Abuelos.
a.vul.so [av'uwsu] *adj* Suelto, separado.
a.zar [az'ar] *sm* Mala suerte, desgracia, infortunio, desdicha, desventura.
a.ze.dar [azed'ar] *vtd+vi+vpr* Avinagrar, agriar, fermentar.
a.ze.do [az'edu] *adj* Ácido.
a.zei.te [az'ejti] *sm* Aceite.
a.zei.to.na [azejt'onə] *sf Bot* Aceituna.
a.zi.a [az'iə] *sf* Acidez.
a.zul [az'uw] *adj m+f* e *sm* Azul.
a.zu.le.jo [azul'eʒu] *sm* Azulejo.

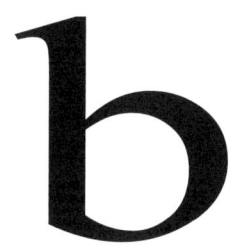

b, B [b'e] *sm* Segunda letra del alfabeto portugués.
ba.ba [b'abə] *sf* **1** Baba, salivación. **2** Babaza.
ba.bá [bab'a] *sf* Niñera, nana, nodriza.
ba.ba.dor [babad'or] *sm* Babero, pechero.
ba.bar [bab'ar] *vt+vi+vpr* **1** Babosear, salivar. *vpr* **2** *coloq* Rendirse, babear, caerse la baba.
ba.ca.lhau [bakaλ'aw] *sm Ictiol* Bacalao.
ba.ca.na [bak'∧nə] *adj gír* **1** Estupendo, fantástico, bárbaro, regio. **2** Guapo. **3** Gentil, amable, agradable. • *s* **1** Ricachón. **2** Bacán.
ba.cha.rel [baʃar'ɛw] *adj+s* Licenciado, que tiene grado universitario.
ba.ci.a [bas'iə] *sf* **1** Bacía. *Arg* **2** Palangana. **3** Retrete. **4** *Anat* Pelvis, cadera. **5** *Geogr* Cuenca (río).
bac.té.ria [bakt'ɛrjə] *sf Biol* Bacteria.
ba.da.lar [badal'ar] *vi* **1** Sonar la campana. **2** *coloq* Adular.
ba.der.na [bad'ɛrnə] *sf* **1** Desorden, caos. **2** *fig* Turbación, jarana, lío.
ba.du.la.que [badul'aki] *sm* **1** Pendiente, colgante (bisutería). **2** badulaques *pl* Fruslería, cosas de poco valor.
ba.fo [b'afu] *sm* **1** Hálito, vaho, aliento. **2** Olor, mal aliento.
ba.fo.ra.da [bafor'adə] *sf* **1** Vaharada (aliento y calor). **2** Bocanada (humo del cigarrillo).

ba.ga.gei.ro [bagaʒ'ejru] *sm* **1** Maletero (en los coches), portaequipajes. **2** Portapaquetes (bicicleta).
ba.ga.gem [bag'aʒẽj] *sf* **1** Bagaje. **2** Equipaje.
ba.ga.te.la [bagat'ɛlə] *sf* **1** Bagatela, friolera, fruslería. **2** Baratija. **3** Porquería, poco dinero.
ba.gun.ça [bag'ũsə] *sf fam* **1** Desorden, caos, desorganización. **2** *Arg* Despelote. **3** Alboroto, tumulto, confusión.
ba.gun.çar [bagũs'ar] *vt* Desordenar, desbarajustar, desorganizar.
bai.lar [bajl'ar] *vt+vi* **1** Bailar, danzar. *vi* **2** Temblar, ondear, oscilar.
bai.la.ri.na [bajlar'inə] *sf* Bailarina.
bai.le [b'ajli] *sm* Baile, festejo, danza.
bai.i.nha [ba'iɲə] *sf* **1** Dobladillo (de ropa). **2** Vaina (de arma, de planta).
bair.ro [b'ajrru] *sm* Barrio, distrito.
bai.xar [bajʃ'ar] *vt+vi* **1** Bajar, apear. **2** Rebajar, disminuir. *vpr* **3** Agacharse. *vi* **4** Bajarse (el sol a la hora del ocaso).
bai.xo [b'ajʃu] *adj* **1** Bajo, menudo. **2** Grosero, indigno. **3** Inferior. **4** Inclinado hacia abajo. **5** Humilde, pobre. **6** *Mús* Grave (voz, sonido). • *adj+sm* Bajo (cantor, instrumento). • *sm Mús* Contrabajo.
ba.ju.la.ção [baʒulas'ãw] *sf* Piropo, adulación, zalamería.
ba.ju.lar [baʒul'ar] *vt fig* Adular, halagar, hacer la rosca, engatusar.

ba.la [b'alə] *sf* **1** Bala: a) proyectil, plomo. b) atado de diez resmas de papel. c) fardo de mercaderías. **2** Caramelo (golosina).

ba.lan.ça [bal'ãsə] *sf* **1** Balanza, báscula. **2** *fig* Ponderación, equilibrio. **3 Balança** *Astrol* Libra.

ba.lan.çar [balãs'ar] *vt+vi+vpr* **1** Balancear, columpiar. **2** Oscilar, mecer. *vt* **3** *fig* Titubear, quedarse perplejo, perder la seguridad.

ba.lan.ço [bal'ãsu] *sm* **1** Oscilación, balanceo, libración. **2** Columpio. **3** *Com* Balance.

ba.lão [bal'ãw] *sm* **1** Globo aerostático. **2** Pelota, balón. **3** *coloq* Mentira. **4** Bocadillo (cómic). **5** Burbuja.

bal.bu.ci.ar [bawbusi'ar] *vt+vi* **1** Tartamudear, tartajear. **2** Balbucear, musitar, balbucir, farfullar.

bal.búr.dia [bawb'urdjə] *sf* **1** Agitación, alboroto, tumulto. **2** Vocerío, griterío. **3** Confusión, lío.

bal.cão [bawk'ãw] *sm* Balcón.

bal.co.nis.ta [bawkon'istə] *s m+f* Dependiente, tendero, vendedor.

bal.de [b'awdi] *sm* **1** Balde, tacho, cubo. **2** Vano, inútil.

bal.de.a.ção [bawdeas'ãw] *sf* **1** Transbordo, empalme. **2** Baldeo.

baldear [bawde'ar] *vt* Empalmar, transferir.

bal.di.o [bawd'iu] *adj* **1** Agreste, inculto. **2** Baldío, yermo. **3** Inútil.

ba.lé [bal'ɛ] *sm* **1** Ballet. **2** *fig* Movimiento, danza, oscilación.

ba.lei.a [bal'ejə] *sf* **1** *Zool* Ballena. **2** *fig* Persona excesivamente gorda.

bal.ne.á.rio [bawne'arju] *adj+sm* Balneario.

bal.sa [b'awsə] *sf* **1** Balsa: a) *Mar* transbordador, *ferry boat.* b) charco. **2** Almadía, armadía. **3** Cuba para fermentación del mosto. **4** Borra del vino.

bam.bu [bãb'u] *sm Bot* Bambú.

ba.na.na [ban'ʌnə] *sf* **1** *Bot* Banana, plátano, banano. *s m+f* **2** *vulg* Flojo, tonto, inútil.

ban.ca [b'ãkə] *sf* **1** Banca. **2** Bufete.

ban.ca.da [bãk'adə] *sf* **1** *Polít* Bancada, facción, banda. **2** Banco. **3** Graderío, tendido.

ban.cá.rio [bãk'arju] *adj+sm* **1** Bancario. **2** Empleado de banco.

ban.co [b'ãku] *sm* Banco: a) asiento sin respaldo, escabel. b) *Com* establecimiento de crédito. c) *Med* almacén de sangre, ojos etc. d) *Geol* estrato de gran espesor.

ban.da [b'ãdə] *sf* Banda.

ban.dei.ra [bãd'ejrə] *sf* **1** Bandera. **2** *fam* Indicio, seña.

ban.dei.ra.da [bãdejr'adə] *sf* Bajada de bandera (de taxi).

ban.de.ja [bãd'eʒə] *sf* Bandeja.

ban.di.do [bãd'idu] *adj+sm* **1** Bandido, ladrón, malhechor, pistolero, bandolero, salteador. **2** Malo.

ban.do [b'ãdu] *sm* **1** Bando. **2** Banda, pandilla. **3** *fig* Hatajo, hato, gavilla, cuadrilla, horda. **4** *AL* Patota.

ba.nha [b'ʌɲə] *sf* **1** Sebo, lardo, grasa, grasura, pringue. **2** Obesidad, gordura.

ba.nhar [baɲ'ar] *vt+vpr* **1** Bañar(se), lavar(se). **2** Dar de lleno, envolver. *vt* **3** Humedecer, mojar, regar.

ba.nhei.ra [baɲejrə] *sf* **1** Bañera, tina, pila. **2** *fam* Automóvil muy grande y antiguo.

ba.nhei.ro [baɲ'ejru] *sm* Baño: a) cuarto de baño. b) retrete.

ba.nhis.ta [baɲ'istə] *adj* e *s m+f* Bañista.

ba.nho [b'ʌɲu] *sm* **1** Baño: a) ducha. b) exposición a influjo intenso. c) capa. d) tintura. e) *fig* paliza. **2** **banhos** *pl* establecimiento balneario.

ba.nir [ban'ir] *vt* **1** Proscribir: a) expulsar, deportar, desterrar, exilar. b) prohibir. **2** Apartar, distanciar, sacar.

ban.quei.ro [bãk'ejru] *sm* **1** Banquero. **2** *fig* Hombre muy rico, capitalista.

ban.que.te [bãk'eti] *sm* Banquete, festín.

ban.zé [bãz'ɛ] *sm fam* **1** Gritería, vocinglería. **2** Turbación, jarana, confusión.

bar [b'ar] *sm* **1** Bar: a) café, cervecería, taberna, boliche. b) *Fís* unidad de medida. **2** Mueble para bebidas.

ba.ra.lho [bar'aλu] *sm* Baraja, cartas, naipes.

ba.rão [bar'ãw] *sm* **1** Barón. **2** Varón, hombre de respeto, ilustre.

ba.ra.ta [bar'atə] *sf* **1** *Zool* Cucaracha. **2** Barata, permuta, intercambio.

ba.ra.to [bar'atu] *adj* **1** Barato, de bajo precio. **2** Bajo, basto, ordinario, vulgar. • *adv* Barato, a precio bajo. • *sm fam* Fenómeno, fenomenal, divertido.

bar.ba [b'arbə] *sf* Barba.

bar.ban.te [barb'ãti] *sm* **1** Bramante, cordón, cordel. **2** *CS* Piolín.

bar.ba.ri.da.de [barbarid'adi] *sf* Barbaridad, atrocidad, crueldad. • *interj* **barbaridade!** ¡Qué barbaridad!, ¡Qué bárbaro!

bar.be.a.dor [barbead'or] *adj+sm* **1** Afeitadora, máquina de afeitar. **2** Afeitador.

bar.be.ar [barbe'ar] *vt+vpr* **1** Afeitarse, rasurarse. *vt* **2** *Art Gráf* Aparar, cortar.

bar.be.a.ri.a [barbear'iə] *sf* Barbería.

bar.bei.ra.gem [barbejr'aʒẽj] *sf fam* **1** *Colôm, CR, Cuba* Chapuza, chambonada. **2** Impericia profesional.

bar.bei.ro [barb'ejru] *sm* **1** Barbero. **2** Barbería. • *adj+sm fig* **1** Chambón. **2** *AL* Paragüero.

bar.ca [b'arkə] *sf* Barca, chalupa, batel, bote.

bar.co [b'arku] *sm* Barco, barca, embarcación.

bar.quei.ro [bark'ejru] *sm* Barquero, remador.

bar.ra [b'arə] *sf* **1** Barra. **2** Dobladillo. **3** Friso, jirón. **4** Gran dificultad, algo muy difícil de aguantar.

bar.ra.ca [baɾ'akə] *sf* **1** Barraca. **2** Barraca de feria.

bar.ra.cão [baɾak'ãw] *sm* Cobertizo, alpendre.

bar.ra.co [baɾ'aku] *sm* **1** Cabaña, choza, chabola. **2** *fig fam* Jaleo, pelea, confusión.

bar.ran.co [baɾ'ãku] *sm* Barranco, barranca, despeñadero, precipicio.

bar.rei.ra [baɾ'ejrə] *sf* Barrera.

bar.ri.ga [baɾ'igə] *sf* Barriga.

bar.ril [baɾ'iw] *sm* Barril, tonel, barrica, cuba.

bar.ro [b'aru] *sm Miner* **1** Barro, lama, fango, lodo, cieno, arcilla. **2** *fam* Objeto sin valor o falsificado. **3** *fam* Heces, caca, excrementos. **4** *fam* Dinero. **5** **barros** *pl* Granillos (del rostro), barrillos.

ba.ru.lhen.to [baruλ'ẽtu] *adj* Ruidoso, rumoroso, escandaloso, alborotador, estrepitoso, tumultuoso.

ba.ru.lho [bar'uλu] *sm* **1** Barullo, alboroto, confusión, tumulto. **2** Ruido, sonido. **3** Alarde, ostentación.

ba.se [b'azi] *sf* **1** Base. **2** Premisa. **3** Principal ingrediente.

ba.se.ar [baze'ar] *vt* **1** Fundamentar. *vt+vpr* **2** Basar.

bá.si.co [b'aziku] *adj* **1** Básico, elemental. **2** Primordial, esencial.

bas.que.te.bol [baskɛteb'ow] *sm* **1** Baloncesto. **2** *Arg, Méx* Básquet, básquetbol.

bas.ta [b'astə] *sf* **1** Hilván. *sm* **2** Punto final, límite, término. • *interj* **basta!** ¡Basta!

bas.tan.te [bast'ãti] *adj+adv* Bastante.
bas.tão [bast'ãw] *sm* Bastón: a) báculo, cayado, vara. b) insignia.
bas.tar [bast'ar] *vt+vi* 1 Bastar, llegar, satisfacer. *vpr* 2 Bastarse.
ba.ta.lha [bat'aʎə] *sf* Batalla: a) combate, lucha. b) discusión, pelea. c) esfuerzo, campaña, empeño.
ba.ta.lhão [bataʎ'ãw] *sm* 1 Batallón. 2 *fam* Muchedumbre, multitud.
ba.ta.lhar [bataʎ'ar] *vt+vi* 1 Batallar, combatir, luchar. 2 Disputar. 3 *fam* Trabajar, bregar.
ba.ta.ta [bat'atə] *sf Bot* Papa, patata. • *interj* **batata!** ¡Justo!, ¡eso es!
ba.te.dei.ra [bated'ejrə] *sf* Batidora batidor.
ba.te-pa.po [batip'apu] *sm fam* Conversación, charla, diálogo.
ba.ter [bat'er] *vt* 1 Batir. 2 Sacar fotos. 3 Percutir.
ba.ti.men.to [batim'ẽtu] *sm* Latido.
ba.ti.na [bat'inə] *sf* Hábito, sotana.
ba.tis.mo [bat'izmu] *sm* 1 *Rel* Bautismo, bautizo. 2 Adulteración de líquido (vino, leche).
ba.ti.za.do [batiz'adu] *sm Rel* Bautizo, bautismo. • *adj* Adulterado, aguado (vino, leche).
ba.ti.zar [batiz'ar] *vt* Bautizar: a) *Rel* administrar el sacramento. b) nombrar, poner nombre. c) aguar (vino, leche).
ba.tom [bat'õw] *sm* Lápiz de labios, pintalabios, lápiz labial.
ba.ú [ba'u] *sm* 1 Baúl, arca, cofre. 2 *fam* Ricachón, acaudalado. 3 *fam* Barrigona, panza grande.
bau.ni.lha [bawn'iʎə] *sf Bot* Vainilla.
bê.ba.do [b'ebadu] *adj+sm* 1 Borracho, ebrio, bebido, beodo, embriagado, mamado, curda. 2 *fam* Encantado, emocionado (por pasión). • *adj fam* Mareado.
be.bê [beb'e] *sm* Bebé, nene, crío, guagua.

be.be.dei.ra [bebed'ejrə] *sf* Borrachera, merluza, embriaguez, moña, curda.
be.be.dou.ro [bebed'owru] *sm* Bebedero.
be.ber [beb'er] *vt+vi* 1 Beber. 2 *AL* Tomar. *vt* 3 *fam* Chupar, emborracharse. 4 Absorber, sorber. 5 Poner total atención.
be.bi.da [beb'idə] *sf* Bebida.
be.ça [b'esə] *sf* Grado muy alto.
be.co [b'eku] *sm* Callejuela, calleja, pasaje, callejón.
be.ge [b'eʒi] *adj+sm* Beis, beige.
bei.ço [b'ejsu] *sm* 1 Bezo, jeta. 2 Borde.
bei.ja-flor [bejʒəfl'or] *sm Ornit* Colibrí, picaflor.
bei.jar [bejʒ'ar] *vt+vpr* 1 Besar. *vt* 2 *fam* Chocarse.
bei.jo [b'ejʒu] *sm* Beso.
bei.ra [b'ejrə] *sf* 1 Borde, margen, orilla, vera. 2 Proximidad. 3 Alero.
be.la [b'ɛlə] *sf* 1 Mujer bella. 2 Amada.
be.las-ar.tes [belaz'artis] *sf pl* Arte bella, Bellas Artes.
be.le.za [bel'ezə] *sf* 1 Belleza, hermosura. 2 Harmonía, proporción. 3 Alguien o algo bello o bueno.
be.li.che [bel'iʃi] *sm* Litera.
bé.li.co [b'ɛliku] *adj* Bélico, guerrero, belicoso.
be.lis.cão [belisk'ãw] *sm* Pellizco, pellizcón.
be.lis.car [belisk'ar] *vt+vi+vpr* 1 Pellizcar. *vt+vi* 2 Picar, picotear. *vt* 3 *fig* Incitar, estimular.
be.lo [b'ɛlu] *adj* 1 Bello: a) hermoso, lindo. b) excelente. 2 Sublime. 3 Generoso, magnánimo, noble. 4 Bien hecho. 5 Provechoso, lucrativo.
bel.tra.no [bewtr'ʌnu] *sm fam* Mengano.
bem [b'ẽj] *sm* 1 Bien. 2 **bens** *pl* Caudal, hacienda, patrimonio. • *adv* Bien, correcto.

bem.es.tar [bẽjest'ar] *sm* Bienestar, comodidad, confort.

bem-su.ce.di.do [bẽjsused'idu] *adj* 1 Exitoso, triunfante. 2 Rico, adinerado, acaudalado.

bem-vin.do [bẽjv'idu] *adj* Bienvenido.

bên.ção [b'ẽsãw] *sf* Bendición.

be.ne.fi.ci.ar [benefisi'ar] *vt+vpr* Beneficiar: a) favorecer. b) mejorar.

be.ne.fí.cio [benef'isju] *sm* 1 Beneficio. 2 Protección, favorecimiento. 3 Ventaja.

ben.ga.la [bẽg'alə] *sf* 1 Bastón, cayado. 2 Bengala. 3 *Cul* Pan baguete.

be.nig.no [ben'ignu] *adj* 1 Benigno, benévolo, bondadoso. 2 Indulgente, complaciente. 3 Beneficioso, favorable.

ben.ja.mim [bẽʒam'ĩ] *sm Eletr* Ladrón.

ben.zer [bẽz'er] *vt* 1 Bendecir. *vpr* 2 Persignar, signar.

ber.çá.rio [bers'arju] *sm* Casa cuna, guardería infantil.

ber.ço [b'ersu] *sm* Cuna.

be.rin.je.la [berĩʒ'ɛlə] *sf Bot* Berenjena.

ber.mu.da [berm'udə] *sf* Bermudas, pantalón bermudas.

ber.rar [beʀ'ar] *vi* 1 Berrear. 2 Chillar (color).

ber.ro [b'eʀu] *sm* Berrido.

be.sou.ro [bez'owru] *sm Entom* Escarabajo, abejorro.

bes.ta [b'ɛstə] *sf* 1 Bestia. • *adj e s m+f* Estúpido, rudo, ignorante. • *adj* Insignificante.

bes.tei.ra [best'ejrə] *sf fam* 1 Tontería, burrada. 2 Estupidez, desatino.

be.ter.ra.ba [beteʀ'abə] *sf Bot* Remolacha.

be.xi.ga [beʃ'igə] *sf* Vejiga.

be.zer.ro [bez'eʀu] *sm Zool* Becerro, ternero, novillo.

bi.bli.o.te.ca [bibljot'ɛkə] *sf* Biblioteca.

bi.ca.ma [bik'ʌmə] *sf* Cama nido.

bi.cha [b'iʃə] *sf fam* 1 Lombriz, verme. 2 Marica, maricón, mariposón, sarasa.

bi.cha.no [biʃ'ʌnu] *sm fam* Gato, minino.

bi.cha.ra.da [biʃar'adə] *sf* 1 Animalada (gran número de animales). 2 Reunión de homosexuales masculinos.

bi.cho [b'iʃu] *sm* 1 Animal. 2 Fiera. 3 *Zool deprec* Insecto, gusano. 4 Estudiante novato, novel.

bi.cho-pa.pão [biʃupap'ãw] *sm fam* 1 Ogro, coco. 2 Mamarracho.

bi.ci.cle.ta [bisikl'ɛtə] *sf* Bicicleta, bici.

bi.co [b'iku] *sm* 1 Pico. 2 *fam* Patada, puntapié. 3 *fam* Trabajo extra. 4 Tetilla (biberón). 5 Cosa muy fácil.

bi.fe [b'ifi] *sm* 1 Bistec, bife, bisté, lonja. 2 Pedazo (arrancado por un corte).

bi.fur.ca.ção [bifurkas'ãw] *sf* Bifurcación.

bi.go.de [big'ɔdi] *sm* Bigote, mostacho, bozo.

bi.ju.te.ri.a [biʒuter'iə] *sf* Bisutería, quincalla, perendengue, fantasía.

bi.lhão [biλ'ãw] *num* Mil millones.

bi.lhar [biλ'ar] *sm* Billar.

bi.lhe.te [biλ'eti] *sm* 1 Billete. 2 Boleto, ticket. 3 Cédula (de lotería). 4 *AL* Pasaje.

bi.lhe.te.ri.a [biλeter'iə] *sf* Boletería, taquilla.

bi.lín.gue [bil'ĩgwi] *adj* Bilingüe.

bi.nó.cu.lo [bin'ɔkulu] *sm* Binóculo, catalejo, gemelos.

bi.o.gra.fi.a [bjograf'iə] *sf Lit* Biografía.

bi.o.lo.gi.a [bjoloʒ'iə] *sf* Biología.

bi.om.bo [bi'õbu] *sm* Biombo, mampara.

bi.quí.ni [bik'ini] *sm* Biquini, bikini.
bir.ra [b'iɾa] *sf* Rabieta, berrinche, maña, pataleo.
bir.ren.to [biɾ'ẽtu] *adj* Porfiado, terco, testarudo.
bi.ru.ta [biɾ'utə] *adj+s fam* Alocado, ido, chiflado, tocado. • *sf Meteor* Manga de viento.
bi.sa.vô [bizav'o] *sm* Bisabuelo.
bi.sa.vó [bizav'ɔ] *sf* Bisabuela.
bis.bi.lho.tar [bizbiʎot'aɾ] *vt+vi* Chismear, comadrear, fisgar, fisgonear, cotillear, enredar, intrigar, entremeter.
bis.bi.lho.tei.ro [bizbiʎot'ejru] *adj+sm* Fisgón, intrigante, entremetido.
bis.coi.to [bisk'ojtu] *sm* Bizcocho, galleta, galletita.
bis.na.ga [bizn'agə] *sf* 1 Tubo (de dentífrico, pintura etc.). 2 Pan baguete.
bis.po [b'ispu] *sm* Obispo.
bis.sex.to [bis'estu] *adj* Bisiesto.
bis.se.xu.al [biseksu'aw] *adj* Bisexual.
bis.tu.ri [bistuɾ'i] *sm Med* Bisturí, escalpelo.
bi.zar.ro [biz'aɾu] *adj* 1 Bizarro. 2 *fam* Raro, excéntrico.
bla-bla-blá [blablabl'a] *sm* Palique.
blas.fê.mia [blasf'emjə] *sf* Blasfemia, insulto, ultraje, ofensa.
blo.co [bl'ɔku] *sm* 1 Bloc, taco de papel. 2 Bloque. 3 *Esp* Bloqueo. 4 Comparsa.
blo.que.ar [blokeaɾ] *vt* Bloquear.
blo.quei.o [blok'eju] *sm* Bloqueo.
blu.sa [bl'uzə] *sf* Blusa.
blu.são [bluz'ãw] *sm* Chaqueta, campera, blusón.
bo.a [b'oə] *sf* 1 *Zool* Boa. 2 *fam* Tía buena. 3 *fam* Hecho, novedad. 4 Enredo, situación difícil. • *adj* Buena.
bo.as-fes.tas [boasf'ɛstas] *sf pl* Felices fiestas.
bo.as-vin.das [boazv'ĩdas] *sf pl* Bienvenida.

bo.a.to [bo'atu] *sm* Chisme, rumor, murmuración.
bo.ba.gem [bob'aʒẽj] *sf* 1 Tontería, necedad, majadería, sandez, pavada. 2 Porquería (comida).
bo.be.ar [bobe'aɾ] *vi fam* 1 Bobear, hacer el tonto. 2 Perder oportunidades. 3 Meter la pata.
bo.bo [b'obu] *adj+sm* 1 Bufón, hazmerreír, histrión. 2 Tonto, babieca, chalado, sandio, zopenco, papanatas.
bo.ca [b'okə] 1 Boca. 2 Boquilla (abertura inferior de los pantalones).
bo.ca.do [bok'adu] *sm* 1 Bocado, pedazo, trozo. 2 Bola, montón (de cosas, de tiempo).
bo.cal [bok'aw] *sm* 1 Boca, abertura. 2 Boquilla.
bo.ce.jar [boseʒ'aɾ] *vi* Bostezar.
bo.che.cha [boʃ'eʃə] *sf* 1 Mejilla, carrillo. 2 Cachete.
bo.das [b'ɔdəs] *sf pl* Boda(s), matrimonio, casamiento, nupcias.
bo.de [b'ɔdi] *sm* 1 *Zool* Chivo, cabrón. 2 *fig* Monstruo, hombre muy feo. 3 Confusión, lío, complicación.
bo.de.ga [bod'ɛgə] *sf* Bodegón.
boi [b'oj] *sm Zool* Buey.
boi.a [b'ɔjə] *sf* 1 Boya, baliza. 2 Flotador. 3 *fam* Comida.
boi.a-fri.a [bɔjəfɾ'iə] *adj e s m+f* Jornalero, ganapán, peón de campo.
boi.ar [boj'aɾ] *vi* 1 Flotar. 2 *fig* No entender ni jota.
boi.co.tar [bojkot'aɾ] *vt* Boicotear.
bo.la [b'ɔlə] *sf* 1 Bola, esfera, globo. 2 Pelota. 3 *fam* Droga, psicotrópico, calmante, somnífero. 4 *fam* Inteligencia, razonamiento.
bo.la.cha [bol'aʃə] *sf* 1 Galleta: a) galletita. b) sopapo, tortazo, bife. 2 *fam fig* Lésbica.
bo.le.tim [bolet'ĩ] *sm* Boletín, informativo.

bo.lha [b'oʎə] *sf* 1 Burbuja. 2 Ampolla, vejiga.

bo.li.che [bol'iʃi] *sm Esp* Boliche.

bo.li.nho [bol'iɲu] *sm Cul* Buñuelo.

bo.lo [b'olu] *sm* 1 Bollo: a) torta, pastel. b) lío, alboroto. 2 Montón de cosas. 3 Confusión, enredo.

bo.lor [bol'or] *sm* 1 Moho. 2 *fig* Decadencia, decrepitud, vejez.

bol.sa [b'owsə] *sf* 1 Bolso (de mujer). 2 *Am S* Cartera. 3 Beca.

bom [b'õw] *adj* Bueno.

bom.ba [b'õbə] *sf* Bomba.

bom.bar.de.ar [bõbarde'ar] *vt* Bombardear.

bom.bar.dei.o [bõbard'eju] *sm* Bombardeo.

bom.bei.ro [bõb'ejru] *sm* Bombero.

bom.bom [bõb'õw] *sm* Bombón (chocolate).

bo.nan.ça [bon'ãsə] *sf* 1 Bonanza. 2 *fig* Sosiego, calma.

bon.da.de [bõd'adi] *sf* 1 Bondad. 2 **bondades** *pl* Favores.

bon.de [b'õdi] *sm* Tranvía.

bon.do.so [bõd'ozu] *adj* Bondadoso, piadoso, benévolo.

bo.né [bon'ɛ] *sm* Gorra.

bo.ne.ca [bon'ɛkə] *sf* 1 Muñeca: a) juguete. b) maniquí. 2 Mujer bella, primor. 3 Maricón, afeminado.

bo.ni.to [bon'itu] *adj* Bonito, bello, lindo, hermoso. • *sm Ictiol* Bonito (pez). • *interj* **bonito!** ¡Vaya!

bô.nus [b'onus] *sm sing+pl* 1 *Com* Bono, título. 2 Premio.

bor.bo.le.ta [borbol'etə] *sf* 1 Mariposa. 2 *fam* Persona inconstante, voluble.

bor.da [b'ɔrdə] *sf* 1 Borda. 2 Límite, frontera.

bor.da.do [bord'adu] *adj+sm* Bordado, bordadura, labor.

bor.dão [bord'ãw] *sm* Bordón.

bor.dar [bord'ar] *vt+vi* Bordar.

bor.do.a.da [bordo'adə] *sf* Bastonazo, porrazo, estacazo.

bor.ra.cha [boʀ'aʃə] *sf* 1 Goma de borrar, borrador. 2 *Bot* Caucho, hule, goma.

bor.ra.chei.ro [boʀaʃ'ejru] *sm AL* Gomero.

bor.rão [boʀ'ãw] *sm* Borrón.

bor.rar [boʀ'ar] *vt+vi+vpr* 1 Ensuciar, manchar. *vt+vpr* 2 *fig* Cagarse.

bor.ri.far [boʀif'ar] *vt+vpr* Salpicar, rociar.

bos.que [b'ɔski] *sm* Bosque, selva, arboleda.

bos.ta [b'ɔstə] *sf* 1 Boñiga, bosta. 2 *vulg* Mierda, porquería.

bo.ta [b'ɔtə] *sf* Bota (cuba, medida, calzado).

bo.tão [bot'ãw] *sm* Botón.

bo.tar [bot'ar] *vt+vi* Poner.

bo.te [b'ɔti] *sm* 1 Bote: a) barca, lancha. b) salto. 2 Ataque de serpiente.

bo.te.co [bot'ɛku] *sm* 1 Bar, taberna. 2 *AL* Botiquín.

bo.ti.cá.rio [botik'arju] *sm* Boticario, herbolario, farmacéutico.

bo.vi.no [bov'inu] *adj* Bovino, boyuno, vacuno.

bo.xe [b'ɔksi] *sm* 1 *Esp* Boxeo, pugilismo. 2 Box. 3 Ducha (compartimiento).

bo.xe.a.dor [boksead'or] *sm* Boxeador, pugilista, luchador.

bra.ça.dei.ra [brasad'ejrə] *sf* 1 Abrazadera, manija. 2 Brazalete (cinta ancha).

bra.ço [br'asu] 1 Brazo. 2 Ramificación (de río). 3 *fig* Mando, poder, autoridad.

bra.dar [brad'ar] *vt+vi* 1 Gritar, exclamar, vociferar, clamar. 2 Reclamar, exigir.

bra.do [br'adu] *sm* Grito, clamor.

bra.mi.do [bram'idu] *sm* 1 Bramido, rugido. 2 Estruendo.

bran.co [br'äku] adj Blanco, albo. • sm Blanco (color).
bran.cu.ra [bräk'urə] sf Blancura: a) blancor, albura. b) *Patol* nube.
bran.dir [brăd'ir] vt 1 Blandir. vi 2 Oscilar, agitarse.
bran.do [br'ãdu] adj Blando.
bran.que.ar [bräke'ar] vt+vi Blanquear.
bra.sa [br'azə] sf 1 Brasa, ascua, chispa. 2 *fig* Ardor, ansia, anhelo, encendimiento, pasión.
bra.são [braz'ãw] sm Blasón, escudo de armas.
bra.si.lei.ro [brazil'ejru] adj+sm 1 Brasileño. 2 *Am S, Am Cen* Brasilero.
bra.vo [br'avu] adj Bravo.
bre.car [brek'ar] vt+vi 1 Frenar. 2 Enfrenar. 3 Refrenar.
bre.cha [br'ɛʃə] sf 1 Brecha. 2 Claro, blanco. 3 *fig* Oportunidad, chance.
bre.ga [br'ɛgə] adj e s m+f Chabacano, vulgar, ramplón.
bre.jo [br'ɛʒu] sm Pantano, ciénaga.
bre.que [br'ɛki] sm Freno.
breu [br'ew] sm *Quím* Brea.
bre.ve [br'ɛvi] adj Breve, corto, ligero, momentáneo, pasajero. • adv En breve, brevemente, luego.
bri.ga [br'igə] sf Lucha, disputa.
bri.gar [brig'ar] vt+vi Luchar, pelear, reñir, enemistar.
bri.lhar [briλ'ar] vi Brillar.
bri.lho [br'iλu] sm Brillo.
brin.ca.dei.ra [brĩkadej'rə] sf 1 Chiste, gracejo, broma. 2 Juego, jugueteo.
brin.car [brĩk'ar] vt+vi 1 Jugar, juguetear. 2 Divertirse, holgar, bromear.
brin.co [br'ĩku] sm Aro, arete, pendiente, zarcillo.
brin.de [br'ĩdi] sm Brindis.
brin.que.do [brĩk'edu] sm Juguete.
bri.sa [br'izə] sf 1 Brisa, céfiro.

bro.a [br'oə] sf 1 Borona, pan de maíz. 2 *fam* Mujer rechoncha.
bro.ca [br'ɔkə] sf *Mec* 1 Broca, barreno, fresa, barrena, taladro. 2 *Entom* Comején, termes.
bro.che [br'ɔʃi] sm 1 Broche, corchete, alfiler. 2 Camafeo.
bro.chu.ra [broʃ'urə] sf Encuadernación en rústica.
bron.ca [br'õkə] sf Bronco, rapapolvo, raspa, reprensión, andanada, jabón, bronca, felpa, lejía.
bron.qui.te [brõk'iti] sf *Med* Bronquitis.
bron.ze [br'õzi] sm Bronce.
bron.ze.a.do [brõze'adu] adj+sm Bronceado.
bron.ze.a.dor [brõzead'or] adj+sm Bronceador.
bro.tar [brot'ar] vt+vi Brotar.
bru.ços [brus'us] sm pl Bruces, boca abajo. **de bruços** de bruces.
bru.ta.li.da.de [brutalid'adi] sf 1 Brutalidad, violencia, bestialidad. 2 Grosería, insolencia. 3 Barbaridad.
bru.xa [br'uʃə] sf 1 Bruja. 2 *Entom* Tatagua.
bru.xo [br'uʃu] sm Brujo, hechicero, mago.
bu.cho [b'uʃu] sm 1 Buche: a) panza. b) mondongo. 2 *fig* Callo, bruja.
bu.ei.ro [bu'ejru] sm 1 Cañería. 2 Alcantarilla, sumidero.
bu.fê [buf'e] sm 1 Bufé. 2 Aparador.
bu.gi.gan.ga [buʒig'ãgə] sf *fam* 1 Trasto, bártulos, bagatela. 2 *Teat* Bojiganga.
bu.jão [buʒ'ãw] sm 1 Tapón, tarugo. 2 Bombona, recipiente de gas.
bu.la [b'ulə] sf *Med* 1 Prospecto (fórmula de un medicamento). 2 Bula (carta pontificia).
bu.le [b'uli] sm Tetera, cafetera, pava.
bu.lir [bul'ir] vt+vi+vpr 1 Bullir,

mover, oscilar, rebullir. *vt* **2** Tocar, poner la mano. **3** Incomodar, molestar. **4** Contonear, bambolear, hacer combas.

bu.quê [buk'e] *sm* Buqué.

bu.ra.co [bur'aku] *sm* **1** Agujero, bache, orificio, hoyo. **2** Gruta, cueva. **3** *fig* Tugurio, casucha. **4** Canasta (juego de naipes).

bu.ri.lar [buril'ar] *vt* **1** Burilar. **2** *fig* Perfeccionar, mejorar.

bur.lar [burl'ar] *vt* Burlar.

bu.ro.cra.ci.a [burokras'iə] *sf* Burocracia.

bur.ro [b'uʀu] *sm* Burro. • *adj* Ignorante, estúpido, necio.

bus.ca [b'uskə] *sf* **1** Busca, búsqueda, investigación. **2** Cateo.

bus.car [busk'ar] *vt* Buscar.

bús.so.la [b'usolə] *sf* Brújula, aguja.

bus.to [b'ustu] *sm* Busto.

bu.zi.na [buz'inə] *sf* Bocina, claxon.

bu.zi.nar [buzin'ar] *vt+vi* **1** Bocinar. *vt* **2** *fig, fam* Machacar, insistir, repetir.

C

c, C [s'e] *sm* **1** Tercera letra del alfabeto portugués. **2** C Cien en la numeración romana.

cá [k'a] *adv* Acá, aquí.

ca.ba.na [kab'∧nə] *sf* Cabaña.

ca.be.ça [kab'esə] *sf* **1** Cabeza. *s m+f* **2** Jefe, director, líder, presidente, caudillo.

ca.be.ça.lho [kabesa'aʎu] *sm* **1** Encabezamiento. **2** *Arg*, *Eq*, *Guat*, *Hon*, *Méx*, *Ur* Encabezado, titular de un periódico.

ca.be.ce.ar [kabese'ar] *vi+vtd* Cabecear.

ca.be.cei.ra [kabes'ejrə] *sf* Cabecera (de la cama).

ca.be.lei.rei.ro [kabelejr'ejru] *sm* Peluquero.

ca.be.lo [kab'elu] *sm* **1** Cabello, pelo. **2** Vello, pelo corporal.

ca.be.lu.do [kabel'udu] *adj+sm* Cabelludo, melenudo, peludo. • *adj* **1** *fig* Intrincado, complicado, confuso, difícil. **2** *fig* Obsceno, inmoral.

ca.ber [kab'er] *vti* **1** Caber, tener lugar o entrada. **2** Competer, pertenecer, tocar, incumbir. *vi* **3** Ser admisible, ser oportuno.

ca.bi.de [kab'idi] *sm* Percha, colgador.

ca.bi.men.to [kabim'ẽtu] *sm* **1** Aceptación, conformidad. **2** Cabida, capacidad.

ca.bis.bai.xo [kabizb'ajʃu] *adj* Cabizbajo.

ca.bo [k'abu] *sm* **1** Cabo, mango, asa, cogedero. **2** Cable.

ca.bra [k'abrə] *sf Zool* Cabra.

ca.bri.to [kabr'itu] *sf* Cabrito, chivo.

ca.ça [k'asə] *sf* **1** Caza. *sm* **2** *Aeron* Avión de caza.

ca.ça.dor [kasad'or] *adj+sm* Cazador.

ca.çar [kas'ar] *vtd+vi* Cazar.

ca.ca.re.jar [kakare3'ar] *vi* Cacarear.

ca.ça.ro.la [kasar'ɔlə] *sf* Cacerola, cazuela, cazo.

ca.cha.ça [kaʃ'asə] *sf* Aguardiente.

ca.chim.bo [kaʃ'ĩbu] *sm* Pipa, cachimba.

ca.cho [k'aʃu] *sm* **1** *Bot* Racimo. **2** *Arg*, *Par*, *Ur* Cacho (de plátanos). **3** Rizo, bucle, tirabuzón, sortija.

ca.cho.ei.ra [kaʃo'ejrə] *sf Geogr* Cascada.

ca.chor.ro [kaʃ'oR̄u] *sm Zool pop* Perro.

ca.chor.ro.quen.te [kaʃoR̄uk'ẽti] *sm Cul* **1** Perrito caliente. **2** *Arg*, *Ur* Pancho. **3** *Chile* Completo.

ca.co [k'aku] *sm* **1** Fragmento (de un objeto hecho añicos). **2** Caduco, decrépito.

ca.ço.a.da [kaso'adə] *sf* Burla, broma, chanza, mofa, chacota.

ca.çu.la [kas'ulə] *s m+f* Benjamín, hijo menor.

ca.da [k'adə] *pron indef m+f* Cada.

ca.dar.ço [kad'arsu] *sm* Cordón (de los zapatos).

ca.das.trar [kadastrˈar] *vtd+vpr* Registrar.
ca.de.a.do [kadeˈadu] *sm* Candado.
ca.dei.a [kadˈejə] *sf* **1** Cadena. **2** Cárcel, prisión, penitenciaría, presidio.
ca.dei.ra [kadˈejrə] *sf* **1** Silla. **2** Cátedra. **3 cadeiras** *pl Anat* Cadera.
ca.de.la [kadˈɛlə] *sf Zool* Perra.
ca.der.ne.ta [kadernˈetə] *sf* Libreta.
ca.der.no [kadˈɛrnu] *sm* Cuaderno.
ca.du.car [kadukˈar] *vi* **1** Caducar, perder eficacia, prescribir. **2** Chochear.
ca.du.co [kadˈuku] *adj* **1** Caduco, decrépito, anticuado. **2** Chocho.
ca.fa.jes.te [kafaʒˈesti] *adj e s m+f* Vil, infame, bellaco.
ca.fé [kafˈɛ] *sm Bot* Café. • *adj m+f sing+pl* (Color) Café, marrón.
ca.fe.tei.ra [kafetˈejrə] *sf* Cafetera.
ca.fo.na [kafˈonə] *adj e s m+f* Cursi, hortera.
cai.ar [kajˈar] *vtd* Blanquear.
cãi.bra [kˈãjbrə] *sf Med* Calambre.
cai.pi.ra [kajpˈirə] *s m+f* Campesino, rústico. • *adj m+f* Provinciano, pueblerino, rústico, aldeano.
ca.ir [kaˈir] *vti+vi* Caer.
cais [kˈajs] *sm sing+pl* **1** Muelle. **2** *p ext* Andén.
cai.xa [kˈajʃə] *sf* **1** Caja. **2** Libro de caja. *s m+f* **3** Cajero.
cai.xão [kajʃˈãw] *sm* **1** Cajón. **2** Ataúd, féretro, caja. **3** Urna.
cai.xi.nha [kajʃˈiɲə] *sf Col* Propina.
cai.xo.te [kajʃˈɔti] *sm* **1** Caja pequeña y tosca. **2** Cajón de madera.
ca.ja.do [kaʒˈadu] *sm* Cayado, báculo.
ca.ju [kaʒˈu] *sm* Anacardo.
cal [kˈaw] *sf* Cal.
ca.la.fri.o [kalafrˈiu] *sm Med* Escalofrío.
ca.la.mi.da.de [kalamidˈadʒi] *sf* Calamidad, desgracia, infortunio.
ca.lar [kalˈar] *vi+vpr+vtd* Callar.
cal.ça [kˈawsə] *sf* **1** Pantalón, pantalones. **2 calças** *sf pl* Pantalones.

cal.ça.da [kawsˈadə] *sf* **1** Acera. **2** *AL* Vereda.
cal.ça.do [kawsˈadu] *adj+sm* Calzado, zapato.
cal.ca.nhar [kawkaɲˈar] *sm* Talón.
cal.ção [kawsˈãw] *sm* Calzón, pantalón corto.
cal.çar [kawsˈar] *vtd+vi+vpr* **1** Calzar. *vtd* **2** Pavimentar, empedrar.
cal.ci.nhas [kawsˈiɲas] *sf pl* **1** Braga, bragas, calzón. **2** *Arg, Ur* Bombacha.
cal.ço [kˈawsu] *sm* Cuña, calzo, calce.
cal.cu.lar [kawkulˈar] *vtd+vti+vi* Calcular.
cál.cu.lo [kˈawkulu] *sm* Cálculo, cómputo, cuenta.
cal.da [kˈawdə] *sf* Almíbar, jarabe, salsa.
cal.do [kˈawdu] *sm* Caldo.
ca.len.dá.rio [kalẽdˈarju] *sm* Calendario.
ca.lha [kˈaʎə] *sf* **1** Canal, canalón. **2** *Arg, Bol, Chile, Par, Ur* Canaleta.
ca.lhar [kaʎˈar] *vi* **1** Encajar, ajustar. **2** Ser oportuno, acontecer oportunamente. **3** Suceder, acontecer, acaecer. *vti* **4** Ser propio, conveniente, oportuno.
ca.li.bre [kalˈibri] *sm* Calibre.
cá.li.ce [kˈalisi] *sm* Cáliz.
cal.ma [kˈawmə] *sf* Calma, paz, tranquilidad.
cal.man.te [kawmˈãti] *adj m+f e sm* Calmante, tranquilizante, sedante.
ca.lo [kˈalu] *sm Med* Callo.
ca.lor [kalˈor] *sm* Calor.
ca.lo.ri.a [kalorˈiə] *sf Fís* Caloría.
ca.lo.ta [kalˈɔtə] *sf* **1** Tapacubos, embellecedor. **2** *AL* Copa de rueda, plato de llanta.
ca.lo.te [kalˈɔti] *sm coloq* Impago, trampa.
ca.lou.ro [kalˈowru] *adj+sm* Novato, principiante.
cal.vo [kˈawvu] *adj+sm* **1** Calvo. **2** *AL coloq* Pelado.

ca.ma [k'ʌmə] *sf* Cama.
ca.ma.da [kam'adə] *sf* Capa, camada.
câ.ma.ra [k'ʌmərə] *sf* Cámara.
ca.ma.ra.da [kamar'adə] *s m+f* 1 Camarada, compañero. 2 *p ext* Amigo. 3 Colega, condiscípulo. • *adj m+f* 1 Simpático, amable, afable, cordial. 2 Agradable, favorable, propicio. 3 Accesible, asequible.
ca.ma.rão [kamar'ãw] *sm Zool* Camarón, gamba, langostino.
cam.ba.lho.ta [kãbaʎ'ɔtə] *sf* Voltereta, vuelta de carnero.
câm.bio [k'ãbju] *sm* Cambio, intercambio, trueque, permuta.
ca.me.lô [kamel'o] *sm* Vendedor ambulante.
câ.me.ra [k'ʌmərə] *sf V* câmara.
ca.mi.nhão [kamiɲ'ãw] *sm* Camión.
ca.mi.nhar [kamiɲ'ar] *vi* Caminar.
ca.mi.nho [kam'iɲu] *sm* Camino.
ca.mi.nho.nei.ro [kamiɲoɲ'ejru] *sm* Camionero.
ca.mi.sa [kam'izə] *sf* Camisa.
ca.mi.se.ta [kamiz'etə] *sf* 1 Camiseta. 2 *Arg* Remera. 3 *Chile* Polera.
ca.mi.si.nha [kamiz'iɲə] *sf* Condón, preservativo.
ca.mi.so.la [kamiz'ɔlə] *sf* Camisón.
cam.pa.i.nha [kãpa'iɲə] *sf* 1 Campanilla. 2 Timbre.
cam.pa.nha [kãp'ʌɲə] *sf* Campaña.
cam.pe.ão [kãpe'ãw] *sm* Campeón.
cam.pe.o.na.to [kãpeon'atu] *sm* Campeonato.
cam.pes.tre [kãp'ɛstri] *adj m+f* Campestre, campesino.
cam.po [k'ãpu] *sm* Campo.
cam.po.nês [kãpon'es] *sm* Campesino.
ca.mu.fla.gem [kamufl'aʒẽj] *sf* Camuflaje.
ca.na [k'ʌnə] *sf Bot* Caña.
ca.na-de-a.çú.car [k'ʌnədjas'ukar] *sf Bot* Caña de azúcar.
ca.na.lha [kan'aʎə] *adj e s m+f* Canalla, vil, ruin, bajo, despreciable.

ca.na.li.za.ção [kanaliza'sãw] *sf* Canalización.
ca.ná.rio [kan'arju] *sm Zool* Canario.
can.ção [kãs'ãw] *sf* Canción.
can.ce.la [kãs'ɛlə] *sf* Cancilla.
can.ce.la.men.to [kãsɛlam'ẽtu] *sm* Cancelación.
can.ce.lar [kãsɛl'ar] *vtd* 1 Cancelar, anular. 2 Eliminar, excluir.
can.di.da.tar [kãdidat'ar] *vtd+vti+vpr Arg, Chile, Peru* Candidatear, postular.
can.di.da.to [kãdid'atu] *sm* Candidato.
ca.ne.ca [kan'ɛkə] *sf* Taza.
ca.ne.la [kan'ɛlə] *sf* 1 *Bot* Canela. 2 *Anat* Canilla.
ca.ne.ta [kan'etə] *sf* 1 Bolígrafo 2 *AL* Lapicera.
ca.nhão [kaɲ'ãw] *sm* Cañón.
ca.nho.to [kaɲ'otu] *adj+sm* Zurdo.
ca.ni.no [kan'inu] *adj* Canino. • *sm* Colmillo.
ca.ni.ve.te [kaniv'ɛti] *sm* Navaja, cortaplumas.
ca.no [k'ʌnu] *sm* Caño.
ca.no.a [kan'oə] *sf* Canoa.
can.sa.ço [kãs'asu] *sm* Cansancio.
can.sar [kãs'ar] *vtd+vi+vti+vpr* Cansar.
can.tar [kãt'ar] *vtd+vti+vi* Cantar. • *sm* Cantar, copla.
can.ta.ro.lar [kãtarol'ar] *vtd+vi* Tararear, canturrear.
can.tei.ro [kãt'ejru] *sm* Cantero.
can.ti.ga [kãt'igə] *sf* Cantar, copla, trova.
can.ti.na [kãt'inə] *sf* 1 Cantina. 2 *Méx* Taberna.
can.to [k'ãtu] *sm* 1 Esquina, rincón. 2 Borde, arista, canto. 3 Canto, acción y efecto de cantar.
can.tor [kãtor] *sm Mús* Cantante.
ca.nu.di.nho [kanud'iɲu] *sm* Pajita.
ca.nu.do [kan'udu] *sm* Canuto.
cão [k'ãw] *sm Zool* Can, perro.
ca.o.lho [ka'oʎu] *adj+sm* 1 Estrábico, bizco. 2 Tuerto.

capa   251   **carona**

ca.pa [k′apə] *sf* Capa. **2** Tapa, cubierta.
ca.pa.ce.te [kapas′eti] *sm* Casco.
ca.pa.ci.da.de [kapasid′adi] *sf* Capacidad.
ca.pa.ci.tar [kapasit′ar] *vtd+vti+vpr* Capacitar, habilitar.
ca.paz [kap′as] *adj m+f* Capaz. **é capaz que** es capaz que.
ca.pe.la [kap′εlə] *sf* Capilla.
ca.pe.lão [kapel′ãw] *sm* Capellán.
ca.pe.ta [kap′etə] *sm coloq* **1** Demonio, diablo, satanás, satán. **2** Diablillo, travieso, inquieto, revoltoso.
ca.pim [kap′ĩ] *sm Bot* Hierba, pasto, forraje.
ca.pi.tal [kapit′aw] *adj m+f* Capital, principal, primordial. • *sf* Capital, ciudad principal. • *sm* a) hacienda, caudal, patrimonio. b) *Econ* factor de producción. c) *Econ* valor que rinde rentas, valores o frutos.
ca.pi.tão [kapit′ãw] *sm* Capitán.
ca.pí.tu.lo [kap′itulu] *sm* Capítulo.
ca.pô [kap′o] *sm* Capó.
ca.po.ta [kap′ɔtə] *sf* Capota.
ca.po.tar [kapot′ar] *vi* **1** Volcar. **2** *coloq* Adormecer.
ca.po.te [kap′ɔti] *sm* Capote.
ca.pri.char [kapriʃ′ar] *vti* Esmerarse, aplicarse, extremarse.
ca.pri.cho [kapr′iʃu] *sm* **1** Capricho, antojo. **2** Esmero, cuidado, celo.
cáp.su.la [k′apsulə] *sf* Cápsula.
cap.tar [kapt′ar] *vtd+vti* Captar.
cap.tu.rar [kaptur′ar] *vtd* Capturar, aprehender, apoderarse.
ca.puz [kap′us] *sm* Capucha, caperuza.
ca.ra [k′arə] *sf* **1** Cara, rostro. **2** Semblante. **3** Aspecto, apariencia. **4** Desfachatez. *sm* **5** *coloq* Individuo, sujeto.
ca.rac.te.rís.ti.ca [karakter′istikə] *sf* Característica.
ca.ra.du.ra [karad′urə] *adj e s m+f* Caradura, sinvergüenza, descarado.

ca.ra.me.lo [karam′ɛlu] *sm* Caramelo, almíbar.
ca.ran.gue.jo [karãg′eʒu] *sm Zool* Cangrejo.
ca.ra.pu.ça [karap′usə] *sf* Caperuza.
ca.rá.ter [kar′ater] *sm* Carácter.
car.ca.ça [kark′asə] *sf* Esqueleto, armazón.
cár.ce.re [k′arseri] *sm* Cárcel, prisión.
car.ce.rei.ro [karser′ejru] *sm* Carcelero.
car.dá.pio [kard′apju] *sm* Carta, menú.
car.de.al [karde′aw] *sm* **1** *Rel* Cardenal, prelado. **2** *Zool* Cardenal, pájaro americano. **3** *Bot* Geranio, cardenal.
car.di.o.lo.gi.a [kardjoloʒ′iə] *sf Med* Cardiología.
ca.re.ca [kar′εkə] *sf* Calva. • *adj e s m+f* Calvo, pelado, pelón.
ca.rên.cia [kar′ẽsjə] *sf* Carencia, falta.
ca.re.ta [kar′etə] *sf* **1** Mueca. **2** Máscara. **3** *coloq* Persona anticuada.
car.ga [k′argə] *sf* **1** Carga, cosa transportada. **2** Peso. **3** Obligación. **4** *Eletr* Carga eléctrica.
car.go [k′argu] *sm* **1** Encargo, obligación, incumbencia, responsabilidad. **2** Cargo, empleo, oficio.
ca.ri.ca.tu.ra [karikat′urə] *sf* Caricatura.
ca.rí.cia [kar′isjə] *sf* Caricia, cariño.
ca.ri.da.de [karid′adi] *sf* **1** Caridad. **2** Limosna.
cá.rie [k′arji] *sm* Caries, picadura.
ca.rim.bo [kar′ĩbu] *sm* Sello, timbre.
ca.ri.nho [kar′iɲu] *sm* Cariño.
car.ne [k′arni] *sf* Carne.
car.nê [karn′e] *sm* Libreta, carné, carnet.
ca.ro [k′aru] *adj* Caro: a) de precio elevado. b) costoso, gravoso, dificultoso. c) amado, querido. • *adv* Caro, a un precio alto o elevado.
ca.ro.ço [kar′osu] *sm* Cuesco, hueso.
ca.ro.na [kar′onə] *sf* **1** Autoestop. **2** *Am Cen* Aventón.

car.pe.te [karp'ɛti] *sm* Moqueta, alfombra.
car.pin.ta.ri.a [karpĩtar'iə] *sf* Carpintería.
car.pin.tei.ro [karpĩt'ejru] *sm* Carpintero.
car.pir [karp'ir] *vtd* 1 Mondar, escamondar, limpiar. 2 *vtd+vi+vpr* Lloriquear, lamentarse, gimotear.
car.ran.cu.do [kařãk'udu] *adj* Malhumorado, hosco, ceñudo, huraño, adusto.
car.ras.co [kař'asku] *sm* Verdugo, hombre cruel.
car.re.gar [kařeg'ar] *vtd+vti+vi+vpr* Cargar.
car.rei.ra [kař'ejrə] *sf* 1 Carrera. 2 Fila, hilera.
car.re.ta [kař'etə] *sf* 1 Carretilla. 2 Remolque, camión cisterna, camión con carrocería grande.
car.re.tel [kařet'ɛw] *sm* Carrete.
car.re.to [kař'etu] *sm* Flete.
car.ro [k'ařu] *sm* 1 Coche, auto, automóvil. 2 *AL* Carro.
car.ro.ça [kař'ɔsə] *sf* 1 Carreta, carro. 2 Carromato.
car.ros.sel [kařos'ɛw] *sm* Tiovivo.
car.ta [k'artə] *sf* 1 Carta, epístola, misiva. 2 Menú. 3 Mapa. 4 Naipe (de la baraja).
car.tão [kart'ãw] *sm* 1 Cartón, cartulina. 2 Tarjeta.
car.tão-pos.tal [kart'ãwpost'aw] *sm* Tarjeta postal.
car.taz [kart'as] *sm* 1 Cartel, afiche. 2 *coloq* Popularidad, prestigio. 3 Cartelera.
car.tei.ra [kart'ejrə] *sf* 1 Cartera, billetera. 2 Mesa de escritorio, pupitre. 3 Documento oficial.
car.tei.ro [kart'ejru] *sm* Cartero, correo.
car.ti.la.gem [kartil'aʒẽj] *sf* Cartílago.
car.ti.lha [kart'iʎə] *sf* Cartilla.
car.tó.rio [kart'ɔrju] *sm* 1 Archivo. 2 Escribanía. 3 *Arg, Chile, Par* Notaría. 4 Registro civil.

car.tum [kart'ũ] *sm* Historieta, cómic.
car.va.lho [karv'aʎu] *sm Bot* Roble.
car.vão [karv'ãw] *sm* Carbón.
ca.sa [k'azə] *sf* Casa.
ca.sa.co [kaz'aku] *sm* 1 Chaqueta. 2 *AL* Saco.
ca.sal [kaz'aw] *sm* Pareja.
ca.sa.men.to [kazam'ẽtu] *sm* Matrimonio, casamiento, boda, nupcias.
ca.sar [kaz'ar] *vtd+vti+vi+vpr* Casar.
ca.sa.rão [kazar'ãw] *sm* Caserón.
cas.ca [k'askə] *sf* 1 *Bot* Cáscara. 2 *Zool* Caparazón. 3 *fig* Apariencia, exterioridad.
cas.ca.lho [kask'aʎu] *sm* Grava, guijo, guijarro, cascajo, gravilla.
cas.ca.ta [kask'atə] *sf* Cascada.
cas.ca.vel [kaskav'ɛw] *sm* 1 Cascabel. *s m+f* 2 Crótalo, serpiente de cascabel, culebra de cascabel. *sf* 3 *fig* Arpía (mujer de mal genio o habladora).
cas.co [k'asku] *sm* 1 Casco, cuero cabelludo, cabeza. 2 Cráneo. 3 *fig* Cabeza, juicio, talento, capacidad.
cas.cu.do [kask'udu] *sm* Coscorrón.
ca.se.bre [kaz'ɛbri] *sm* Casucha, choza.
ca.sei.ro, -a [kaz'ejru] *adj* Casero. • *sf* Casera, mujer del casero.
ca.so [k'azu] *sm* 1 Caso. 2 Desavenencia, oposición, discordia, contrariedad. 3 Lío, aventura amorosa. 4 Cuento. • *conj* En caso de que, caso de, caso que.
cas.sar [kas'ar] *vtd* Anular, retirar, intervenir, abrogar, derogar.
cas.ta.nha [kast'ʌɲə] *sf Bot* Castaña.
cas.ta.nho.las [kastaɲ'ɔlas] *sf pl* Castañuelas.
cas.te.lo [kast'ɛlu] *sm* Castillo.
cas.ti.da.de [kastid'adi] *sf* Castidad.
cas.ti.gar [kastig'ar] *vtd+vpr* Castigar, penar, escarmentar.
ca.su.a.li.da.de [kazwalid'adi] *sf* Casualidad.
ca.su.lo [kaz'ulu] *sm Bot, Zool* Capullo.

ca.ta.li.sar [kataliz'ar] *vtd* **1** *Fís, Quím* Catalizar. **2** *fig* Estimular, incentivar, impulsar, incitar.

ca.ta.lo.gar [katalog'ar] *vtd* Catalogar, clasificar.

ca.ta.po.ra [katap'ɔrə] *sf Med* Varicela.

ca.tar [kat'ar] *vtd* **1** Buscar, procurar. **2** Recoger (uno a uno).

ca.ta.ra.ta [katar'atə] *sf* **1** Catarata, cascada. **2** *Med* Catarata.

ca.tar.ro [kat'aRu] *sm Med* Catarro.

ca.tás.tro.fe [kat'astrofi] *sf* Catástrofe.

ca.te.cis.mo [kates'izmu] *adj+sm* **1** Catecismo. **2** Catequesis.

ca.te.go.ri.a [kategor'iə] *sf* Categoría, clase.

ca.ti.var [kativ'ar] *vtd+vti+vpr* Cautivar: a) aprisionar. b) atraer.

ca.tor.ze [kat'orzi] *num+sm* Catorce.

ca.tra.ca [katr'akə] *sf* Torniquete.

cau.da [k'awdə] *sf* Cola.

cau.le [k'awli] *sm Bot* Tallo.

cau.sa [k'awzə] *sf* Causa.

cau.sar [kawz'ar] *vtd+vti* Causar, ocasionar, motivar, producir, originar, provocar.

cau.te.la [kawt'ɛlə] *sf* Cautela, precaución, reserva.

ca.va [k'avə] *sf* Sisa.

ca.va.la.ri.a [kavalar'iə] *sf* Caballería.

ca.va.lei.ro [kaval'ejru] *adj+sm* Caballero.

ca.va.lhei.ro [kavaʎ'ejru] *sm* Caballero.

ca.va.lo [kav'alu] *sm* **1** *Zool* Caballo. **2** *fig* Grosero, descortés.

ca.va.nha.que [kavañ'aki] *sm* Perilla.

ca.var [kav'ar] *vtd+vi* Excavar, cavar.

ca.vei.ra [kav'ejrə] *sf* Calavera.

ca.ver.na [kav'ɛrnə] *sf* Cueva, caberna, gruta.

ca.vi.da.de [kavid'adi] *sf* Cavidad.

ca.xi.as [kaʃ'ias] *adj e s m+f sing+pl coloq* **1** Aplicado, estudioso. **2** *Chile* Mateo.

ca.xum.ba [kaʃ'ũbə] *sf Med pop* Papera, parotiditis.

ce.bo.la [seb'olə] *sf Bot* Cebolla.

ce.bo.li.nha [sebol'iñə] *sf Bot* Cebolleta.

ce.der [sed'er] *vtd+vti* **1** Ceder, dar, transferir, traspasar. **2** Poner a disposición, prestar. *vti* **3** Ceder, rendirse, someterse. *vi* **4** Disminuir o cesar su resistencia. **5** Mitigarse, disminuir. **6** Romperse, soltarse.

ce.di.lha [sed'iʎə] *sf* Cedilla.

ce.do [s'edu] *adv* Temprano.

cé.du.la [s'ɛdulə] *sf* **1** Cédula. **2** Billete.

ce.gar [seg'ar] *vtd+vi* Cegar: a) perder la vista. b) ofuscar. *vpr* **2** Cegarse, turbarse.

ce.gas [s'ɛgəs] *loc adv* às cegas. A ciegas, ciegamente.

ce.go [s'ɛgu] *adj+sm* **1** Ciego. **2** *fig* Ofuscado, alucinado. **3** Absoluto, irrestricto, ilimitado, entero, total, completo.

ce.go.nha [seg'oñə] *sf Zool* Cigüeña.

ce.guei.ra [seg'ejrə] *sf* **1** Ceguera. **2** Alucinación. **3** *fig* Pasión. **4** Ignorancia.

cei.a [s'ejə] *sf* Cena.

cei.far [sejf'ar] *vtd* **1** Segar, cortar. **2** Matar, quitar (la vida).

ce.la [s'ɛlə] *sf* Celda, calabozo.

ce.le.bra.ção [selebras'ãw] *sf* Celebración.

ce.le.brar [selebr'ar] *vtd+vi* Celebrar.

ce.le.bri.da.de [selebrid'adi] *sf* Celebridad: a) fama, renombre, aplauso. b) persona famosa.

ce.lei.ro [sel'ejru] *sm* Granero.

ce.les.te [sel'ɛsti] *adj m+f* Celeste, celestial.

cé.lu.la [s'ɛlulə] *sf Biol* Célula.

ce.lu.lar [selul'ar] *adj m+f* Celular. • *sm* **1** Teléfono móvil. **2** *AL* Teléfono celular.

cem [s'ẽj] *num+sm* Cien.

ce.mi.té.rio [semit'ɛrju] *sm* Cementerio.
ce.na [s'enɐ] *sf* Teat Escena.
ce.ná.rio [sen'arju] *sm* Escenario.
ce.nou.ra [sen'owrɐ] *sf Bot* Zanahoria.
cen.so [s'ẽsu] *sm* Censo.
cen.sor [sẽs'or] *sm* Censor.
cen.su.rar [sẽsur'ar] *vtd* 1 Censurar. 2 Criticar. 3 Reprobar. *vtd+vti* 4 Reprochar.
cen.tei.o [sẽt'eju] *sm+adj Bot* Centeno.
cen.te.lha [sẽt'eλɐ] *sf* Centella, chispa.
cen.te.na [sẽt'enɐ] *sm Mat* Centena.
cen.te.ná.rio [sẽten'arju] *sm+adj* Centenario.
cen.tí.gra.do [sẽt'igradu] *sm Fís* Centígrado.
cen.tí.me.tro [sẽt'imetru] *sm Fís* Centímetro.
cen.to [s'ẽtu] *num+sm* 1 Ciento. 2 Centena.
cen.tro [s'ẽtru] *sm* Centro.
cen.tro.a.van.te [sẽtroav'ãti] *sm Esp* Delantero centro.
cera [s'erɐ] *sf* Cera.
ce.râ.mi.ca [ser'∧mikɐ] *sf* Cerámica.
cer.ca [s'erkɐ] *sf* Cerca, vallado, tapia, muro.
cer.car [serk'ar] *vtd+vti* Cercar.
cé.re.bro [s'ɛrebru] *sm* 1 *Anat* Cerebro. 2 *fig* Cabeza, juicio, talento, capacidad.
ce.re.ja [ser'eʒɐ] *sf Bot* Cereza. • *adj m+f sing+pl* Cereza, rojo oscuro (color).
ce.ri.mô.nia [serim'onjɐ] *sf* Ceremonia.
cer.ra.ção [seʀas'ãw] *sf* Niebla, bruma, vapor.
cer.rar [seʀ'ar] *vtd+vi+vpr* Cerrar.
cer.te.za [sert'ezɐ] *sf* Certeza.
cer.ti.dão [sertid'ãw] *sm* Atestado, partida, certificado.
cer.ti.fi.car [sertifik'ar] *vtd+vti+vpr* Certificar.
cer.to [s'ɛrtu] *adj* Cierto, verdadero, seguro, indubitable. • *pron indef* Cierto. • *adv* Ciertamente.
cer.ve.ja [serv'eʒɐ] *sf* Cerveza.
cer.vo [s'ɛrvu] *sm* Ciervo.
ce.sa.ri.a.na [sezari'∧nɐ] *sf Med* Cesárea.
ces.sar [ses'ar] *vi+vti+vtd* Cesar, suspender, acabar.
ces.ta [s'estɐ] *sf* Canasta, cesto, cesta.
ces.to [s'estu] *sm* Cesta, cesto, canasta.
céu [s'ɛw] *sm* Cielo.
chá [ʃ'a] *sm* Té, infusión.
cha.ca.ra [ʃ'akarɐ] *sf* Chacra, granja.
cha.ci.na [ʃas'inɐ] *sf* Matanza, mortandad.
cha.co.ta [ʃak'ɔtɐ] *sf* Chacota, broma, burla.
cha.fa.riz [ʃafar'is] *sm* Fuente, chafariz, pila.
cha.ga [ʃ'agɐ] *sf* Llaga.
cha.lé [ʃal'ɛ] *sm* Chalé, chalet.
cha.lei.ra [ʃal'ejrɐ] *sf* 1 Tetera. 2 *Arg, Par* Pava.
cha.ma [ʃ'∧mɐ] *sf* Llama.
cha.ma.da [ʃam'adɐ] *sf* 1 Llamada, llamamiento. 2 Telefonazo, llamada telefónica.
cha.ma.do [ʃam'adu] *sm* Llamado.
cha.mar [ʃam'ar] *vtd+vpr* Llamar.
cha.mi.né [ʃamin'ɛ] *sf* Chimenea.
cham.pa.nha [ʃãp'∧ɲɐ] *sm* Champán, champaña.
chan.ce [ʃ'ãsi] *sf* Oportunidad, chance.
chan.ce.ler [ʃãsel'ɛr] *sm* Canciller.
chan.ta.ge.ar [ʃãtaʒe'ar] *vt* Chantajear.
chan.ta.gem [ʃãt'aʒẽj] *sf* Chantaje.
chão [ʃ'ãw] *sm* Suelo, piso.
cha.pa [ʃ'apɐ] *sf* 1 Placa, plancha, lámina. 2 Radiografía.
cha.péu [ʃap'ɛw] *sm* Sombrero.
cha.ra.da [ʃar'adɐ] *sf* Acertijo, adivinanza, enigma.
char.la.tão [ʃarlat'ãw] *sm* Charlatán, embaucador.
char.me [ʃ'armi] *sm* Encanto, gracia.

char.re.te [ʃaɾ'ɛti] *sf* Carreta.
cha.ru.to [ʃa'ɾutu] *sm* Puro, habano, cigarro.
chas.si [ʃas'i] *sm* Chasis.
cha.te.ar [ʃate'aɾ] *vi+vtd+vpr* Importunar, incomodar, molestar.
cha.ti.ce [ʃa t'isi] *sf* Lata, latazo, fastidio.
cha.to [ʃa'tu] *adj* **1** Chato, llano, plano. **2** Aburrido. **3** Latoso, pesado, molesto.
cha.ve [ʃ'avi] *sf* Llave.
cha.vei.ro [ʃav'ejru] *sm* Llavero.
che.car [ʃek'aɾ] *vi+vtd+vtd* Verificar, comprobar, examinar.
che.fe [ʃ'ɛfi] *s m+f* Jefe.
che.fi.ar [ʃefi'aɾ] *vtd+vi* Mandar, comandar, dirigir, disponer.
che.ga.da [ʃeg'adə] *sf* Llegada.
che.gar [ʃeg'aɾ] *vi* **1** Llegar. **2** Bastar. *vtd+vti* **3** Aproximar, arrimar, acercar.
chei.o [ʃ'eju] *adj* Lleno, repleto, colmado, henchido.
chei.rar [ʃejr'aɾ] *vtd+vi+vpr* Oler.
chei.ro [ʃ'ejru] *sm* Olor, aroma, perfume, fragancia.
che.que [ʃ'ɛki] *sm Econ* Cheque.
chi.ar [ʃi'aɾ] *vi* Chillar.
chi.cle.te [ʃikl'ɛti] *sm* Chicle, goma de mascar.
chi.co.te [ʃik'ɔti] *sm* Chicote, látigo, azote.
chi.fre [ʃ'ifri] *sm* Cuerno.
chi.li.que [ʃil'iki] *sm coloq* Síncope, vahído, pataleta, sofocón.
chi.mar.rão [ʃimaɾ'ɐ̃w] *sm* Mate, chimarrón.
chim.pan.zé [ʃĩpãz'ɛ] *sm Zool* Chimpancé.
chi.ne.lo [ʃin'ɛlu] *sm* Chinela, pantufla, chancleta.
chi.que [ʃ'iki] *adj m+f* Elegante, refinado, exquisito, fino.
chis.par [ʃisp'aɾ] *vi* Chispear.
cho.ça [ʃ'ɔsə] *sf* Choza, cabaña.

cho.ca.lho [ʃok'aʎu] *sm* **1** Cascabel. **2** Sonajero, cencerro.
cho.car [ʃok'aɾ] *vti+vpr* **1** Chocar, colisionar, estrellarse, toparse. *vi+vtd* **2** Ofender, herir. **3** *vtd+vi* Empollar, incubar, encobar.
cho.co.la.te [ʃokol'ati] *sm* Chocolate. • *adj* e *s m+f* Chocolate (color).
cho.fer [ʃof'ɛɾ] *sm* Chófer, chofer.
cho.pe [ʃ'opi] *sm* Caña (de cerveza).
cho.que [ʃ'ɔki] *sm* Choque: a) colisión, impacto. b) contienda, disputa, riña, desazón. c) emoción (fuerte), impresión.
cho.ra.min.gar [ʃoɾamĩg'aɾ] *vi+vtd* Lloriquear, gimotear.
cho.rão [ʃoɾ'ɐ̃w] *adj+sm* Llorón.
cho.rar [ʃoɾ'aɾ] *vti+vi* Llorar.
cho.ro [ʃ'oɾu] *sm* Llanto.
cho.ver [ʃov'eɾ] *vi* Llover.
chu.chu [ʃuʃ'u] *sm Bot* **1** Chayote. **2** *Am Cen, Méx* Güisquil.
chu.ma.ço [ʃum'asu] *sm* Tapón, compresa.
chum.bo [ʃ'ũbu] *sm Quím* Plomo.
chu.par [ʃup'aɾ] *vtd* Chupar, sorber.
chu.pe.ta [ʃup'etə] *sf* Chupete.
chur.ras.ca.ri.a [ʃuɾaskaɾ'iə] *sf* Parrilla, parrillada (restaurante).
chur.ras.co [ʃuɾ'asku] *sm* Parrillada, churrasco, barbacoa.
chur.ras.quei.ra [ʃuɾask'ejɾə] *sf* Parrilla.
chu.tar [ʃut'aɾ] *vtd+vi* Chutar, patear.
chu.te [ʃ'uti] *sm* Puntapié, patada.
chu.va [ʃ'uvə] *sf* Lluvia.
chu.vei.ro [ʃuv'ejru] *sm* Ducha.
chu.vis.car [ʃuvisk'aɾ] *vi* Lloviznar.
chu.vis.co [ʃuv'isku] *sm* Llovizna.
chu.vo.so [ʃuv'ozu] *adj* Lluvioso.
ci.ca.triz [sikatɾ'is] *sf* Cicatriz.
ci.ca.tri.zar [sikatɾiz'aɾ] *vtd+vi+vpr* Cicatrizar.
ci.clo [s'iklu] *sm* Ciclo, período.
ci.clo.ne [sikl'oni] *sm* Ciclón.

ci.da.da.ni.a [sidadan'iə] *sf* Ciudadanía.
ci.da.dão [sidad'ãw] *sm* Ciudadano.
ci.da.de [sid'adi] *sf* Ciudad.
ci.ên.cia [si'ẽsjə] *sf* Ciencia.
ci.en.te [si'ẽti] *adj m+f* **1** Erudito, sabio, docto. **2** Sabedor, conocedor.
ci.en.tis.ta [sjẽt'istə] *s m+f* Científico.
ci.fra [s'ifrə] *sf* Cifra.
ci.ga.no [sig'∧nu] *sm* Gitano.
ci.gar.ra [sig'aṝə] *sf Zool* Cigarra, chicharra.
ci.gar.ro [sig'aṝu] *sm* Cigarrillo.
ci.la.da [sil'adə] *sf* Celada.
ci.lin.dro [sil'ĩdru] *sm Geom* Cilindro.
ci.ma [s'imə] *sf* Cima, cumbre, cúspide.
ci.men.to [sim'ẽtu] *sm* Cemento.
cin.co [s'ĩku] *num+sm* Cinco.
ci.ne.as.ta [sine'astə] *s m+f* Cineasta.
ci.ne.ma [sin'emə] *sm* Cine.
cin.gir [sĩʒ'ir] *vtd+vpr* Ceñir, rodear.
cí.ni.co [s'iniku] *adj+sm* Cínico.
cin.quen.ta [sĩk'wẽtə] *num+sm* Cincuenta.
cin.ta [s'ĩtə] *sf* Faja, cinto, correa.
cin.ti.lar [sĩtil'ar] *vi* Centellear.
cin.to [s'ĩtu] *sm* Cinturón, cinto, correa.
cin.tu.ra [sĩt'urə] *sf* Cintura.
cin.za [s'ĩzə] *sm* Ceniza. • *adj m+f sing+pl* Gris, ceniciento, grisáceo.
cin.zei.ro [sĩz'ejru] *sm* Cenicero.
cin.zen.to [sĩz'ẽtu] *adj* Ceniciento, grisáceo, gris.
ci.pó [sip'ɔ] *sm Bot* Bejuco, liana.
ci.pres.te [sipr'esti] *sm Bot* Ciprés.
cir.co [s'irku] *sm* Circo.
cir.cui.to [sirk'ujtu] *sm* Circuito.
cir.cu.la.ção [sirkulas'ãw] *sf* Circulación.
cir.cu.lar [sirkul'ar] *adj m+f* Circular. • *sf* Circular (orden, carta, aviso). • *vtd+vi* Circular.
cír.cu.lo [s'irkulu] *sm Geom* Círculo.

cir.cun.fe.rên.cia [sirkũfer'ẽsjə] *sf Geom* Circunferencia.
cir.cun.fle.xo [sirkũfl'ɛksu] *adj* Circunflejo.
cir.cuns.tân.cia [sirkũst'ãsjə] *sf* Circunstancia.
ci.rur.gi.a [sirurʒ'iə] *sf Med* Cirugía.
ci.rur.gi.ão [sirurʒi'ãw] *sm* Cirujano.
ci.rúr.gi.co [sir'urʒiku] *adj* Quirúrgico.
cis.mar [sizm'ar] *vi* **1** Cavilar. *vti+vtd* **2** Rumiar. *vti* **3** Desconfiar, sospechar.
cis.ne [s'izni] *sm Zool* Cisne.
ci.ta.ção [sitas'ãw] *sf* **1** Cita. **2** *Dir* Citación.
ci.tar [sit'ar] *vtd* Citar: a) referir, anotar, mencionar. b) *Dir* notificar.
ci.ú.me [si'umi] *sm* Celos.
ci.u.men.to [sjum'ẽtu] *adj+sm* **1** Celoso. **2** Envidioso.
ci.vil [siv'iw] *adj m+f* **1** Civil. **2** Sociable, urbano, atento. • *sm* Civil (que no es militar, eclesiástico ni religioso).
ci.vi.li.za.ção [sivilizas'ãw] *sf* Civilización.
cla.mar [klam'ar] *vtd+vi* **1** Gritar, vociferar, vocear, clamar. *vtd+vti* **2** Implorar, rogar. *vtd* **3** Exigir, pedir, reclamar. *vti* **4** Protestar.
cla.mor [klam'or] *sm* **1** Clamor, vocerío, griterío. **2** Lamento, quejido.
clan.des.ti.no [klãdest'inu] *adj* Clandestino. • *sm* Polizón.
cla.ra.boi.a [klarab'ɔjə] *sf* Claraboya.
cla.rão [klar'ãw] *sm* Resplandor, fulgor, claridad.
cla.re.ar [klare'ar] *vtd+vi* Clarear.
cla.rei.ra [klar'ejrə] *sf* Claro (de un bosque).
cla.re.za [klar'ezə] *sf* Claridad.
cla.ri.da.de [klarid'adi] *sf* Claridad, luminosidad.
cla.rim [klar'ĩ] *sm Mús* Clarín.
cla.ro [kl'aru] *adj* Claro: a) luminoso, resplandeciente, refulgente, reluciente. b) transparente. c) limpio, puro,

desembarazado. • *sm* Claro, espacio entre cosas. • *adv* Claro, con claridad. • *interj* ¡claro! ¡claro!

clas.se [kl'asi] *sf* Clase.

clas.si.fi.ca.ção [klasifikas'ãw] *sf* Clasificación.

clas.si.fi.car [klasifik'ar] *vtd* 1 Clasificar, ordenar, disponer. *vtd+vpr* 2 Aprobar.

cle.ro [kl'εru] *sm* Clero.

cli.car [klik'ar] *vti Inform* Hacer clic, dar un clic.

cli.chê [kliʃ'e] *sm* Cliché.

cli.en.te [kli'ẽti] *s m+f* Cliente.

cli.ma [kl'imə] *sm* Clima.

clí.max [kl'imaks] *sm* Clímax, culminación, apogeo.

clí.ni.ca [kl'inikə] *sf* Clínica.

cli.pe [kl'ipi] *sm* Clip.

clo.ne [kl'oni] *sm Biol* Clon.

clu.be [kl'ubi] *sm* Club.

co.a.ção [koas'ãw] *sf* Coacción.

co.ad.ju.van.te [koadʒuv'ãti] *adj e s m+f* Coadyuvante.

co.a.dor [koad'or] *adj+sm* Colador.

co.a.gir [koaʒ'ir] *vtd+vti* Coaccionar, constreñir.

co.a.gu.lar [koagul'ar] *vtd+vpr* Coagular, cuajar.

co.a.lha.da [koaʎ'adə] *sf* Cuajada.

co.a.li.zão [koaliz'ãw] *sf* Coalición.

co.ar [ko'ar] *vtd* Colar.

co.ber.ta [kob'εrtə] *sf* Cubierta, funda.

co.ber.tor [kobert'or] *sm* Manta, frazada.

co.bi.ça [kob'isə] *sf* Codicia.

co.bi.çar [kobis'ar] *vtd* Codiciar.

co.bra [k'ɔbrə] *sf Zool* Serpiente, culebra.

co.bran.ça [kobr'ãsə] *sf* 1 Cobranza, cobro. 2 Recaudación.

co.brar [kobr'ar] *vtd+vti+vi+vpr* Cobrar.

co.bre [k'ɔbri] *sm Quím* Cobre.

co.brir [kobr'ir] *vtd+vpr* Cubrir.

co.ca [k'ɔkə] *sf Bot* Coca.

co.ca.í.na [koka'inə] *sf Quim* Cocaína.

co.çar [kos'ar] *vtd+vpr* Rascar.

có.ce.gas [k'ɔsegas] *sf pl* Cosquillas.

co.ce.i.ra [kos'ejrə] *sf* Comezón, picazón, picor, prurito.

co.chi.char [koʃiʃ'ar] *vit+vti* 1 Cuchichear, murmurar, susurrar. 2 Murmurar, cotillear, chismorrear, chivarse.

co.chi.lar [koʃil'ar] *vi* Dormitar, cabecear.

co.chi.lo [koʃ'ilu] *sm* Cabeceo.

co.co [k'ɔku] *sm Bot* Coco.

co.cô [kok'o] *sm coloq* Caca, excremento.

có.co.ras [k'ɔkoras] *sf pl* Cuclillas. **de cócoras** en cuclillas.

có.di.go [k'ɔdigu] *sm* Código.

co.e.lho [ko'eʎu] *sm Zool* Conejo.

co.e.rên.cia [koer'ẽsjə] *sf* Coherencia.

co.e.são [koez'ãw] *sf* Cohesión.

co.e.xis.tir [koezist'ir] *vi+vti* Coexistir.

co.fre [k'ɔfri] *sm* 1 Cofre, arca. 2 Caja fuerte, caja de caudales.

co.gi.ta.ção [koʒitas'ãw] *sf* Cogitación, reflexión, consideración.

co.gi.tar [koʒit'ar] *vtd+vti+vi* Reflexionar, meditar, pensar, imaginar, cavilar.

cog.no.me [kogn'omi] *sm* Apodo, alias, sobrenombre.

co.gu.me.lo [kogum'εlu] *sm Bot* 1 Seta. 2 *Bol, Chile, Eq, Peru* Callampa.

coi.ce [k'ojsi] *sm* Coz.

co.in.ci.dên.cia [koĩsid'ẽsjə] *sf* Coincidencia.

co.in.ci.dir [koĩsid'ir] *vti+vi* Coincidir.

coi.sa [k'ojzə] *sf* Cosa.

coi.ta.do [kojt'adu] *adj+sm* Pobre, infeliz, desdichado, triste.

co.la [k'ɔlə] *sf* 1 Pegamento. 2 Chuleta. 3 *Am Cen, Méx* Acordeón.

co.la.bo.ra.ção [kolaboras'ãw] *sf* Colaboración.

co.la.bo.rar [kolabor'ar] *vti+vi* Colaborar.

colar 258 **comichão**

co.lar [kol'ar] *sm* Collar. • *vtd* **1** Pegar. **2** Copiar (en un examen escrito).
co.la.ri.nho [kolar'iɲu] *sm* Cuello (de la camisa).
col.cha [k'owʃə] *sf* Colcha, cubrecama.
col.chão [kowʃ'ãw] *sm* Colchón.
co.le.ção [koles'ãw] *sf* Colección.
co.le.ci.o.nar [kolesjon'ar] *vtd* Coleccionar.
co.le.ga [kol'ɛgə] *s m+f* **1** Colega. **2** Compañero (de escuela).
co.lé.gio [kol'ɛʒju] *sm* Colegio.
có.le.ra [k'ɔlerə] *sf* **1** Cólera, ira, enojo, enfado. **2** *Med* Cólera (enfermedad epidémica).
co.le.ta [kol'etə] *sf* **1** Colecta, aporte, recaudación. **2** Recogida. **3** Recopilación de datos, recolección.
co.le.te [kol'eti] *sm* Chaleco.
co.le.ti.vo [kolet'ivu] *adj* Colectivo. • *sm* **1** Autobús. **2** *Arg, Bol, Eq, Par, Peru* Colectivo.
col.hei.ta [koʎ'ejtə] *sf* Cosecha.
co.lher[1] [koʎ'er] *sf* Cuchara.
co.lher[2] [koʎ'er] *vtd* **1** Recoger, recolectar. **2** Conseguir, alcanzar, obtener, lograr.
có.li.ca [k'ɔlikə] *sf Med* Cólico.
co.li.dir [kolid'ir] *vtd+vti+vi* Colisionar, chocar, estrellarse.
co.li.são [koliz'ãw] *sf* Colisión, choque.
col.mei.a [kowm'ɛjə] *sf* Colmena, panal.
co.lo [k'ɔlu] *sm* Regazo.
co.lo.ca.ção [kolokas'ãw] *sf* Empleo, colocación, puesto, cargo, ocupación.
co.lo.car [kolok'ar] *vtd+vpr* **1** Colocar, poner. **2** Invertir. **3** Situar. **4** Emplear, ocupar (a alguien en un empleo).
co.lô.nia [kol'onjə] *sf* **1** Colonia. **2** (Agua de) Colonia.
co.lo.ni.za.ção [kolonizas'ãw] *sf* Colonización.

co.lo.qui.al [koloki'aw] *adj m+f* Coloquial.
co.lo.rir [kolor'ir] *vtd* Colorear.
co.lu.na [kol'unə] *sf* Columna.
com [k'õw] *prep* Con.
co.ma [k'omə] *sm Med* Coma.
co.ma.dre [kom'adri] *sf* Comadre.
co.man.dar [komãd'ar] *vtd* **1** Comandar. *vtd+vi* **2** Gobernar, mandar, dirigir.
com.ba.te [kõb'ati] *sm* Combate, pelea, lucha, batalla.
com.ba.ter [kõbat'er] *vtd+vti+vi* Combatir, pelear, luchar.
com.bi.na.ção [kõbinas'ãw] *sf* Combinación.
com.bi.nar [kõbin'ar] *vtd+vti* **1** Combinar. **2** Convenir, acordar, quedar, ponerse de acuerdo.
com.bo.io [kõb'oju] *sm* Convoy.
com.bus.tí.vel [kõbust'ivew] *adj m+f* e *sm* Combustible.
co.me.çar [komes'ar] *vtd+vti* Empezar, comenzar.
co.me.ço [kom'esu] *sm* Comienzo, principio, origen, raíz.
co.mé.dia [komed'iə] *sf* Comedia.
co.me.mo.ra.ção [komemoras'ãw] *sf* **1** Celebración. **2** Conmemoración.
co.me.mo.rar [komemor'ar] *vtd* Conmemorar, celebrar, festejar.
co.men.tar [komẽt'ar] *vtd* Comentar.
co.men.tá.rio [komẽt'arju] *sm* Comentario.
co.mer [kom'er] *vtd+vti+vi+vpr* Comer, almorzar.
co.mér.cio [kom'ɛrsju] *sm* Comercio.
co.mes.tí.vel [komest'ivew] *adj m+f* e *sm* Comestible.
co.me.ter [komet'er] *vtd* **1** Practicar, hacer. **2** Cometer, perpetrar. **3** Acometer, emprender, intentar. *vtd+vti* **4** Confiar, entregar.
co.mi.chão [komiʃ'ãw] *sf* Comezón, picazón, picor, prurito.

co.mí.cio [kom'isju] *sm* 1 Mitin. 2 Comicios.
cô.mi.co [k'omiku] *adj+sm* Cómico.
co.mi.da [kom'idə] *sf* Comida.
co.mi.go [kom'igu] *pron* Conmigo.
co.mi.lão [komil'ãw] *adj+sm* Comilón, glotón.
co.mis.são [komis'ãw] *sf* Comisión.
co.mis.sá.ria [komis'arjə] *sf* Azafata, aeromoza.
co.mis.sá.rio [komis'arju] *sm* 1 Comisario. 2 Sobrecargo (de avión).
co.mi.tê [komit'e] *sm* Comité.
co.mo [k'omu] *adv* Como: a) del modo o a la manera que. b) aproximadamente, más o menos. • *conj* Como, el modo o la manera que, a modo o manera de.
co.mo.ção [komos'ãw] *sf* Conmoción.
cô.mo.da [k'omodə] *sf* Cómoda.
co.mo.di.da.de [komodid'adi] *sf* Comodidad.
cô.mo.do [k'omodu] *adj* Cómodo, conveniente, oportuno, acomodado, fácil, proporcionado. • *sm* Habitación, aposento, cuarto, pieza.
co.mo.ver [komov'er] *vtd* Conmover, perturbar, inquietar, alterar. *vtd+vti* 2 Incitar, estimular, mover, impeler. *vi+vpr* 3 Enternecerse.
com.pac.to [kõp'aktu] *adj* Compacto. • *sm* (Disco) Compacto.
com.pa.de.cer [kõpades'er] *vtd+vpr* Compadecer.
com.pa.dre [kõp'adre] *sm* Compadre.
com.pai.xão [kõpajʃ'ãw] *sf* Compasión, conmiseración, piedad.
com.pa.nhei.ro [kõpañ'ejru] *adj* Acompañante. • *sm* 1 Compañero. 2 Camarada, colega.
com.pa.nhi.a [kõpañ'iə] *sf* Compañía: a) acompañante. b) sociedad (mercantil). c) unidad de infantería.
com.pa.ra.ção [kõparas'ãw] *sf* Comparación.
com.pa.rar [kõpar'ar] *vtd+vti* 1 Comparar, cotejar, confrontar. *vpr* 2 Igualarse, equipararse.
com.pa.re.cer [kõpares'er] *vi* Comparecer, presentarse.
com.par.ti.lhar [kõpartiλ'ar] *vtd+vti* Compartir (participar en algo).
com.pas.so [kõp'asu] *sm* Compás.
com.pa.tri.o.ta [kõpatri'ɔtə] *adj e s m+f* Compatriota.
com.pa.tí.vel [kõpat'ivew] *adj m+f* Compatible.
com.pe.lir [kõpel'ir] *vtd+vti* Compeler.
com.pen.sar [kõpẽs'ar] *vtd+vti* Compensar.
com.pe.tên.cia [kõpet'ẽsjə] *sf* Competencia.
com.pe.ti.ção [kõpetis'ãw] *sf* Competición, competencia.
com.pe.tir [kõpet'ir] *vti* 1 Competir, contender, rivalizar, pugnar. 2 Competer, corresponder, pertenecer, tocar, incumbir, atañer.
com.ple.tar [kõplet'ar] *vtd+vpr* Completar.
com.ple.xo [kõpl'eksu] *adj* Complejo. • *sm* 1 Complejo (conjunto de edificios o instalaciones). 2 *Psicol* Complejo.
com.pli.ca.ção [kõplikas'ãw] *sf* Complicación, dificultad, enredo.
com.pli.car [kõplik'ar] *vtd+vpr* Complicar, enredar, dificultar, confundir.
com.por [kõp'or] *vtd* Componer.
com.por.ta.men.to [kõportam'ẽtu] *sm* Comportamiento, conducta, actuación, proceder.
com.por.tar [kõport'ar] *vtd* 1 Admitir, permitir. 2 Comportar, implicar, conllevar. *vpr* 3 Comportarse, portarse, conducirse.
com.po.si.ção [kõpozis'ãw] *sf* Composición.
com.pra [k'õprə] *sf* 1 Compra. 2 *fig* Soborno.

comprar 260 confessar

com.prar [kõpr'ar] *vtd* **1** Comprar. **2** *fig* Sobornar.
com.pre.en.der [kõpreẽd'er] *vtd* **1** Comprender. *vpr* **2** Comprenderse, contenerse.
com.pre.en.são [kõpreẽs'ãw] *sf* Comprensión.
com.pri.do [kõpr'idu] *adj* Largo.
com.pri.men.to [kõprim'ẽtu] *sm* Largo, longitud.
com.pri.mi.do [kõprim'idu] *adj* Comprimido. • *sm* Comprimido, píldora, gragea.
com.pro.me.ter [kõpromet'er] *vtd+vpr* Comprometer.
com.pro.mis.so [kõprom'isu] *sm* Compromiso.
com.pro.var [kõprov'ar] *vtd* Comprobar, verificar, confirmar.
com.pu.ta.dor [kõputad'or] *sm* Computadora, ordenador, computador.
co.mum [kom'ũ] *adj m+f* e *sm* Común.
co.mun.gar [komũg'ar] *vtd+vti* Comulgar.
co.mu.nhão [komuñ'ãw] *sf* Comunión.
co.mu.ni.ca.ção [komunikas'ãw] *sf* Comunicación.
co.mu.ni.car [komunik'ar] *vtd+vti+vpr* Comunicar.
co.mu.ni.da.de [komunid'adi] *sf* Comunidad.
con.ce.ber [kõseb'er] *vtd+vi* Concebir.
con.ce.der [kõsed'er] *vtd+vti* **1** Permitir, facultar. **2** Conceder, dar, otorgar. *vti* **3** Conceder, asentir, consentir.
con.cei.to [kõs'ejtu] *sm* Concepto.
con.cen.tra.ção [kõsẽtras'ãw] *sf* Concentración.
con.cen.trar [kõsẽtr'ar] *vtd+vti+vpr* Concentrar.
con.cep.ção [kõseps'ãw] *sf* **1** Concepción. **2** Concepto, idea, noción, visión.
con.cer.tar [kõsert'ar] *vtd+vti+vi+vpr* Concertar.
con.cer.to [kõs'ertu] *sm* Concierto.
con.ces.são [kõses'ãw] *sf* Concesión.
con.cha [k'óʃə] *sf* **1** Concha. **2** Cucharón.
con.ci.li.ar [kõsili'ar] *vtd+vpr* Conciliar.
con.ci.são [kõsiz'ãw] *sf* Concisión, brevedad, laconismo.
con.clu.ir [kõklu'ir] *vtd+vti+vi* Concluir.
con.clu.são [kõkluz'ãw] *sf* **1** Conclusión, fin, terminación. **2** Resolución.
con.cor.dar [kõkord'ar] *vtd+vti* Concordar.
con.cor.rên.cia [kõkoř'ẽsjə] *sf* **1** Concurrencia. **2** Competencia.
con.cor.rer [kõkoř'er] *vti* **1** Concurrir, juntarse. **2** Contribuir. **3** Competir.
con.cur.so [kõk'ursu] *sm* Concurso.
con.de.co.rar [kõdekor'ar] *vtd+vti+vpr* Condecorar.
con.de.na.ção [kõdenas'ãw] *sf* Condenación, condena.
con.de.nar [kõden'ar] *vtd+vti+vpr* Condenar.
con.den.sar [kõdẽs'ar] *vtd+vpr* Condensar.
con.di.ção [kõdis'ãw] *sf* Condición.
con.di.zer [kõdiz'er] *vti+vi* Condecir, estar de acuerdo.
con.du.ção [kõdus'ãw] *sf* Conducción.
con.du.ta [kõd'utə] *sf* Conducta, comportamiento, proceder.
con.du.zir [kõduz'ir] *vtd* **1** Conducir. *vpr* **2** Conducirse, manejarse, portarse, comportarse, proceder.
co.nec.tar *vtd+vpr* Conectar.
co.ne.xão [koneks'ãw] *sf* Conexión.
con.fei.ta.ri.a [kõfejtar'iə] *sf* Confitería, pastelería, bombonería.
con.fe.rên.cia [kõfer'ẽsjə] *sf* **1** Confrontación, cotejo. **2** Conferencia.
con.fe.rir [kõfer'ir] *vtd* **1** Comparar, confrontar, cotejar, verificar. **2** Dar, otorgar.
con.fes.sar [kõfes'ar] *vtd+vpr* Confesar.

con.fe.te [kõf'eti] *sm* **1** Confeti, papelillo. **2** *fig* Piropo.
con.fi.an.ça [kõfi'ãsə] *sf* Confianza.
con.fi.ar [kõfi'ar] *vi* **1** Confiar, fiarse, creer. **2** Encargar. **3** Revelar (en confianza). *vpr* **4** Confiarse, fiarse.
con.fir.ma.ção [kõfirmas'ãw] *sf* Confirmación.
con.fir.mar [kõfirm'ar] *vtd+vpr* Confirmar.
con.fis.car [kõfisk'ar] *vtd* Confiscar.
con.fis.são [kõfis'ãw] *sf* Confesión.
con.fli.to [kõfl'itu] *sm* Conflicto, combate, lucha, pelea, enfrentamiento.
con.for.mar [kõform'ar] *vtd* **1** Conformar, ajustar, concordar, dar forma. *vpr* **2** Conformarse, resignarse.
con.for.me [kõf'ɔrmi] *adj* Conforme: a) igual, proporcionado, correspondiente. b) resignado. c) acorde. • *adv* Conforme. • *conj* **1** De acuerdo, vale. **2** Conforme, según. **3** Así que, tan pronto como, al punto que.
con.for.tar [kõfort'ar] *vtd+vpr* Confortar, animar, alentar.
con.for.to [kõf'ortu] *sm* **1** Confort, comodidad. **2** Consuelo.
con.fun.dir [kõfũd'ir] *vtd+vti+vpr* Confundir.
con.fu.são [kõfuz'ãw] *sf* Confusión, barullo, lío.
con.ge.la.men.to [kõʒelam'ẽtu] *sm* Congelación.
con.ge.lar [kõʒel'ar] *vtd+vpr* Congelar.
con.ges.ti.o.na.men.to [kõʒestjonam'ẽtu] *sm* **1** Congestión. **2** Embotellamiento, atasco.
con.gra.tu.la.ção [kõgratulas'ãw] *sf* Congratulación.
con.gres.so [kõgr'ɛsu] *sm* Congreso.
co.nha.que [koñ'aki] *sm* Coñac.
co.nhe.cer [koñes'er] *vtd+vti+vpr* Conocer.
co.nhe.ci.men.to [koñesim'ẽtu] *sm* **1** Conocimiento. **2 conhecimentos** *pl* Conocimientos, saber, sabiduría.

co.ni.vên.cia [koniv'ẽsjə] *sf* **1** Connivencia, complicidad. **2** Confabulación, conspiración.
con.ju.ga.ção [kõʒugas'ãw] *sf* Conjugación.
con.ju.gar [kõʒug'ar] *vtd+vti+vpr* **1** Conjugar. **2** Adosar.
côn.ju.ge [k'õʒuʒi] *sm* Cónyuge.
con.jun.ção [kõʒũs'ãw] *sf* Conjunción.
con.jun.to [kõʒ'ũtu] *adj+sm* Conjunto.
co.nos.co [kon'osku] *pron* Con nosotros.
con.quis.ta [kõk'istə] *sf* Conquista.
con.quis.tar [kõkist'ar] *vtd+vti* Conquistar.
con.sa.grar [kõsagr'ar] *vtd+vti+vpr* Consagrar.
cons.ci.ê.ncia [kõsi'ẽsjə] *sf* Conciencia.
cons.ci.en.ti.zar [kõsjẽtiz'ar] *vtd+vti+vpr* **1** Concientizar. **2** *AL* Concienciar.
con.se.guir [kõseg'ir] *vtd* Conseguir, alcanzar, obtener, lograr.
con.se.lhei.ro [kõseλ'ejru] *sm* Consejero.
con.se.lho [kõs'eλu] *sm* Consejo.
con.sen.ti.men.to [kõsẽtim'ẽtu] *sm* Consentimiento.
con.sen.tir [kõsẽt'ir] *vtd+vti+vi* Consentir.
con.se.quên.cia [kõsek'wẽsjə] *sf* Consecuencia.
con.ser.tar [kõsert'ar] *vtd* Concertar, componer, arreglar, reparar.
con.ser.to [kõs'ertu] *sm* Arreglo, reparación, remedio.
con.ser.va [kõs'ɛrvə] *sf* *Cul* Conserva.
con.ser.va.ção [kõservas'ãw] *sf* Conservación.
con.ser.var [kõserv'ar] *vtd+vpr* Conservar.
con.si.de.ra.ção [kõsideras'ãw] *sf* Consideración, respeto.
con.si.de.rar [kõsider'ar] *vtd* **1** Considerar, pensar, meditar, reflexionar. *vpr* **2** Considerarse, juzgarse, estimarse.

con.si.go [kõs'igu] *pron* Consigo.
con.sis.tên.cia [kõsist'ẽsjə] *sf* Consistencia.
con.sis.tir [kõsist'ir] *vti* Consistir.
con.so.an.te [kõso'ãti] *adj* Consonante. • *sf* (Letra) Consonante. • *prep+conj* Conforme, según.
con.so.la.ção [kõsolas'ãw] *sf* Consolación, consuelo.
con.so.lar [kõsol'ar] *vtd+vti+vpr* Consolar.
con.so.lo [kõs'olu] *sm* Consuelo.
cons.pi.ra.ção [kõspiras'ãw] *sf* Conspiración.
cons.pi.rar [kõspir'ar] *vtd+vti+vi* Conspirar.
cons.tân.cia [kõst'ãsjə] *sf* Constancia.
cons.tar [kõst'ar] *vi+vti* Constar.
cons.te.la.ção [kõstelas'ãw] *sf Astron* Constelación.
cons.ter.na.ção [kõsternas'ãw] *sf* Consternación.
cons.ti.pa.ção [kõstipas'ãw] *sf Med* 1 Constipación de vientre, estreñimiento. 2 Constipado, catarro, resfriado.
cons.ti.tui.ção [kõstituis'ãw] *sf* Constitución.
cons.ti.tu.ir [kõstitu'ir] *vtd+vpr* Constituir.
cons.tran.ger [kõstrãʒ'er] *vtd+vti* Constreñir.
cons.tru.ção [kõstrus'ãw] *sf* Construcción.
cons.tru.ir [kõstru'ir] *vtd+vti+vi* Construir.
côn.sul [k'õsuw] *sm* Cónsul.
con.sul.tar [kõsuwt'ar] *vtd+vti+vi+vpr* Consultar.
con.sul.tó.rio [kõsuwt'ɔrju] *sm* Consultorio, clínica.
con.su.mir [kõsum'ir] *vtd+vpr* Consumir.
con.ta [k'õtə] *sf* Cuenta.
con.ta.bi.li.da.de [kõtabilid'adi] *sf* Contabilidad.

con.ta.gi.ar [kõtaʒi'ar] *vtd+vti+vpr* Contagiar.
con.tá.gio [kõt'aʒju] *sm* Contagio.
con.ta.mi.na.ção [kõtaminas'ãw] *sf* Contaminación.
con.ta.mi.nar [kõtamin'ar] *vtd+vpr* Contaminar.
con.tar [kõt'ar] *vtd+vti+vi* Contar.
con.ta.to [kõt'atu] *sm* Contacto.
con.tem.plar [kõtẽpl'ar] *vtd+vti+vi+vpr* Contemplar, considerar, admirar.
con.tem.po.râ.neo [kõtẽpor'ʌnju] *adj+sm* Contemporáneo.
con.ten.tar [kõtẽt'ar] *vtd+vpr* Contentar.
con.ten.te [kõt'ẽti] *adj m+f* Contento, alegre, satisfecho.
con.ter [kõt'er] *vtd+vpr* Contener.
con.ter.râ.neo [kõteʀ'ʌnju] *adj+sm* Conterráneo, coterráneo, compatriota, paisano.
con.tes.ta.ção [kõtestas'ãw] *sf* Contestación.
con.tes.tar [kõtest'ar] *vtd* 1 Argüir, probar. 2 Negar, contradecir. 3 Impugnar, refutar, contestar. *vti* 4 Replicar, contestar. *vi* 5 Discutir. 6 Oponerse.
con.te.ú.do [kõte'udu] *adj+sm* Contenido.
con.tex.to [kõt'estu] *sm* Contexto.
con.ti.go [kõt'igu] *pron* Contigo.
con.ti.nen.te [kõtin'ẽti] *adj m+f* e *sm* Continente.
con.ti.nu.a.ção [kõtinwas'ãw] *sf* Continuación, prolongación, prórroga.
con.ti.nu.ar [kõtinu'ar] *vtd+vti+vi+vpr* Continuar.
con.tí.nuo [kõt'inwu] *adj+sm* Continuo.
con.to [k'õtu] *sm Lit* Cuento.
con.tor.ção [kõtors'ãw] *sf* Contorsión.
con.tor.nar [kõtorn'ar] *vtd* 1 Contornear, contornar. 2 *fig* Esquivar.
con.tra [k'õtrə] *prep* Contra. • *sm* Contra, dificultad, inconveniente.

con.tra.ban.do [kõtrab´ãdu] *sm* Contrabando.
con.tra.ção [kõtras´ãw] *sf* Contracción.
con.tra.cep.ti.vo [kõtrasept´ivu] *adj+sm Med* Anticonceptivo.
con.tra.di.ção [kõtradis´ãw] *sf* Contradicción.
con.tra.di.zer [kõtradiz´er] *vtd+vi+vpr* Contradecir.
con.tra.fi.lé [kõtrafil´ɛ] *sm* Solomillo.
con.tra.gos.to [kõtrag´ostu] *sm* Contragusto, antipatía.
con.tra.ir [kõtra´ir] *vtd+vpr* Contraer.
con.tra.mão [kõtram´ãw] *sf* Dirección contraria, contramano.
con.tra.ri.ar [kõtrari´ar] *vtd+vpr* **1** Contrariar. **2** Disgustar, enojar, enfadar.
con.tra.ri.e.da.de [kõtrarjed´adi] *sf* Contrariedad.
con.trá.rio [kõtr´arju] *adj+sm* Contrario.
con.tras.te [kõtr´asti] *sm* Contraste.
con.tra.tar [kõtrat´ar] *vtd+vti+vi+vpr* Contratar.
con.tra.tem.po [kõtrat´ẽpu] *sm* Contratiempo, imprevisto, percance, contrariedad.
con.tra.to [kõtr´atu] *sm* Contrato.
con.tra.ven.ção [kõtravẽs´ãw] *sf* Contravención.
con.tri.bu.i.ção [kõtribujs´ãw] *sf* Contribución, aportación, ayuda.
con.tri.bu.in.te [kõtribu´ĩti] *adj* e *s m+f* Contribuyente.
con.tri.bu.ir [kõtribu´ir] *vti+vtd+vi* Contribuir, colaborar, cooperar.
con.tro.lar [kõtrol´ar] *vtd+vpr* Controlar.
con.tro.le [kõtr´oli] *sm* Control.
con.tro.vér.sia [kõtrov´ɛrsjə] *sf* Controversia, debate, disputa, polémica.
con.tu.do [kõt´udu] *conj* Sin embargo, a pesar de ello.
con.tun.dir [kõtũd´ir] *vtd+vpr* Contundir, magullar, golpear.

con.tu.são [kõtuz´ãw] *sf* Contusión.
con.va.les.cen.ça [kõvalesˈẽsə] *sf Med* Convalecencia.
con.va.les.cer [kõvales´er] *vi* Convalecer.
con.ven.ção [kõvẽs´ãw] *sf* Convención.
con.ven.cer [kõvẽs´er] *vtd+vti+vpr* Convencer.
con.ven.ci.men.to [kõvẽsĩm´ẽtu] *sm* Convencimiento, convicción.
con.ve.ni.ên.cia [kõveni´ẽsjə] *sf* Conveniencia, provecho, utilidad, interés, beneficio.
con.vê.nio [kõv´enju] *sm* Convenio, acuerdo, alianza, trato, pacto.
con.ver.gir [kõverʒ´ir] *vti* Converger, convergir, confluir.
con.ver.sa [kõv´ɛrsə] *sf* Conversación, charla, plática.
con.ver.sa.ção [kõversas´ãw] *sf* Conversación, charla, plática.
con.ver.são [kõvers´ãw] *sf* Conversión.
con.ver.sar [kõvers´ar] *vti+vi+vtd* Conversar, charlar, platicar.
con.ver.ter [kõvert´er] *vtd+vti+vi+vpr* Convertir.
con.vic.ção [kõviks´ãw] *sf* Convicción.
con.vi.dar [kõvid´ar] *vtd+vti+vi+vpr* Convidar, invitar.
con.vi.te [kõv´iti] *sm* Convite, invitación.
con.vi.va [kõv´ivə] *s* Convidado, invitado.
con.vi.vên.cia [kõviv´ẽsjə] *sf* Convivencia.
con.vi.ver [kõviv´er] *vti+vi* Convivir.
con.vo.ca.ção [kõvokas´ãw] *sf* Convocación.
con.vo.car [kõvok´ar] *vtd+vti* Convocar.
con.vos.co [kõv´osku] *pron* **1** Con vosotros. **2** *AL* Con ustedes.
con.vul.são [kõvuws´ãw] *sf* Convulsión.
co.o.pe.ra.ção [kooperas´ãw] *sf* Cooperación.

co.o.pe.rar [kooper′ar] *vti+vi* Cooperar.

co.or.de.na.ção [koordenas′ãw] *sf* Coordinación.

co.or.de.nar [koorden′ar] *vtd+vti+vpr* Coordinar.

co.pa [k′ɔpə] *sf* **1** Aparador, despensa, alacena. **2** Copa (del árbol). **3** Copa (del sombrero). **4** *Esp* Copa, trofeo. **5 copas** *pl* Copas (naipe de la baraja).

có.pia [k′ɔpjə] *sf* Copia.

co.pi.a.do.ra [kopjad′orə] *sf* Copiadora, fotocopiadora.

co.pi.ar [kopi′ar] *vtd+vti+vpr* Copiar.

co.po [k′ɔpu] *sm* Vaso.

co.quei.ro [kok′ejru] *sm Bot* Cocotero, coco, palma, palmera.

co.que.tel [koket′ew] *sm* Cóctel, coctel.

cor [k′ɔr] *sf* Color.

co.ra.ção [koras′ãw] *sm Anat* Corazón.

co.ra.do [kor′adu] *adj* Colorado.

co.ra.gem [kor′aʒẽj] *sf* Coraje, valor, valentía, arrojo.

co.ra.jo.so [koraʒ′ozu] *adj* Valeroso, intrépido, valiente.

co.rar [kor′ar] *vtd+vi+vti* **1** Colorear. **2** Sonrojar, ruborizar.

cor.cun.da [kork′ũdə] *sf* Joroba. • *adj* e *s m+f* Jorobado.

cor.da [k′ɔrdə] *sf* Cuerda, cordel, soga.

cor.dão [kord′ãw] *sm* Cordón.

cor-de-ro.sa [kordiȓ′ozə] *s m+f sing+pl* Rosa, rosado (color).

cor.di.lhei.ra [kordiʎ′ejrə] *sf* Cordillera.

cor.ja [k′ɔrʒə] *sf* Chusma, horda.

co.ro [k′oru] *sm* Coro.

co.ro.a [kor′oə] *sf* **1** Corona. **2** *fam* Persona de edad, carroza.

co.ro.a.ção [koroas′ãw] *sf* **1** Coronación. **2** Coronamiento.

co.ro.ar [koro′ar] *vtd+vti+vpr* Coronar.

co.ro.i.nha [koro′iɲə] *sm* Monaguillo.

cor.pan.zil [korpãz′iw] *sm* Corpachón.

cor.po [k′orpu] *sm* Cuerpo.

cor.po.ra.ção [korporas′ãw] *sf* Corporación.

cor.re.ção [koȓes′ãw] *sf* Corrección.

corre-corre [koȓik′oȓi] *sm* Ajetreo, trajín.

cór.re.go [k′ɔȓegu] *sm* Arroyo.

cor.rei.a [koȓ′ejə] *sf* Correa, cincha, polea.

cor.rei.o [koȓ′eju] *sm* Correo.

cor.ren.te [koȓ′ẽti] *adj m+f* Corriente. • *sf* Corriente: a) curso de las aguas. b) *Eletr* corriente eléctrica. c) cadena.

cor.ren.te.za [koȓẽt′ezə] *sf* Corriente (de agua).

cor.ren.tis.ta [koȓẽt′istə] *s m+f* **1** Cuentacorrentista. **2** *Méx, Col, Pan* Cuentahabiente.

cor.rer [koȓ′er] *vi+vtd+vti+vpr* Correr.

cor.re.ri.a [koȓer′iə] *sf* Ajetreo, trajín.

cor.res.pon.dên.cia [koȓespõd′ẽsjə] *sf* Correspondencia.

cor.res.pon.der [koȓespõd′er] *vti+vpr* Corresponder.

cor.re.to [koȓ′etu] *adj* Correcto.

cor.ri.da [koȓ′idə] *sf* Carrera.

cor.ri.gir [koȓiʒ′ir] *vtd+vi+vpr* Corregir.

cor.ri.mão [koȓim′ãw] *sm* Barandilla, pasamanos.

cor.ri.quei.ro [koȓik′ejru] *adj* Corriente, habitual.

cor.rom.per [koȓõp′er] *vtd+vpr* Corromper.

cor.ro.são [koȓoz′ãw] *sf* Corrosión.

cor.rup.ção [koȓups′ãw] *sf* Corrupción.

cor.tar [kort′ar] *vtd+vi+vpr* **1** Cortar, dividir. **2** Herir. **3** Picar.

cor.te (ó) [k′ɔrti] *sm* Corte.

cor.tês [kort′es] *adj m+f* Cortés.

cor.ti.ça [kort′isə] *sf* Corteza.

cor.ti.ço [kort′isu] *sm* Conventillo, casa de vecindad, chabola.

cor.ti.na [kort′inə] *sf* Cortina.

co.ru.ja [kor′uʒə] *sf Zool* Lechuza, búho.

cor.vo [k'orvu] *sm Zool* Cuervo.
cós [k'ɔs] *sm sing+pl* Pretina.
co.ser [koz'er] *vtd+vti+vi+vpr* Coser.
cos.mé.ti.co [kozm'ɛtiku] *adj+sm* Cosmético.
cos.mo [k'ɔzmu] *sm* Cosmos, universo.
cos.ta [k'ɔstə] *sf* **1** *Geogr* Costa, litoral. **2 costas** *pl Anat* Espalda. **3** Dorso, envés, revés, reverso.
cos.te.le.ta [kostel'etə] *sf* **1** Chuleta. **2** Patilla.
cos.tu.mar [kostum'ar] *vtd+vi* **1** Soler. *vtd+vti* **2** Acostumbrar, habituar. *vpr* **3** Acostumbrarse, habituarse.
cos.tu.me [kost'umi] *sm* Costumbre, hábito.
cos.tu.ra [kost'urə] *sf* Costura.
cos.tu.rar [kostur'ar] *vtd+vti* Coser.
cos.tu.rei.ra [kostur'ejrə] *sf* Costurera, modista.
co.ta [k'ɔtə] *sf* Cuota.
co.ti.di.a.no [kotidi'∧nu] *adj+sm* Cotidiano.
co.to.ne.te [koton'eti] *sm* Bastoncillo, palillo, palito de algodón.
co.to.ve.lo [kotov'elu] *sm Anat* Codo.
cou.ro [k'owru] *sm* Cuero.
cou.ve [k'owvi] *sf Bot* Col, berza.
cou.ve-flor [kowvifl'or] *sf Bot* Coliflor.
co.va [k'ɔvə] *sf* **1** Cueva, caverna, gruta. **2** Sepultura, fosa.
co.var.de [kov'ardi] *adj e s m+f* Cobarde.
co.var.di.a [kovard'iə] *sf* Cobardía.
co.vil [kov'iw] *sm* **1** Madriguera, guarida, cubil. **2** *fig* Antro.
co.xa [k'oʃə] *sf Anat* Muslo.
co.xo [k'oʃu] *adj+sm* Cojo.
co.zer [koz'er] *vtd+vti* Cocer, cocinar.
co.zi.men.to [kozim'ẽtu] *sm* Cocimiento, cocción.
co.zi.nha [koz'iñə] *sf* Cocina.
co.zi.nhar [koziñ'ar] *vtd+vi* Cocinar.
co.zi.nhei.ra [koziñ'ejrə] *sf* Cocinera.
co.zi.nhei.ro [koziñ'ejru] *sm* Cocinero.

crâ.nio [kr'∧nju] *sm Anat* Cráneo.
cra.que [kr'aki] *s m+f* As, estrella.
cra.se [kr'azi] *sf Gram* **1** Crasis, contracción. **2** *Fisiol* Complexión, constitución.
cra.te.ra [krat'ɛrə] *sf* Cráter.
cra.var [krav'ar] *vtd* **1** Clavar. *vtd+vti+vpr* **2** Fijar, parar, poner.
cra.ve.jar [kraveʒ'ar] *vtd* Clavar. **2** Engastar.
cre.che [kr'ɛʃi] *sf* Guardería infantil, casa cuna.
cre.di.á.rio [kredi'arju] *sm* Crédito.
cre.di.bi.li.da.de [kredibilid'adi] *sf* Credibilidad.
cré.di.to [kr'ɛditu] *sm* Crédito.
cre.dor [kred'or] *sm* Acreedor.
cre.me [kr'emi] *sm* Crema. • *adj m+f sing+pl* Crema, castaño claro (color).
cren.ça [kr'ẽsə] *sf* Creencia.
cren.di.ce [krẽd'isi] *sf* Superstición.
cren.te [kr'ẽti] *adj e s m+f* Creyente.
crer [kr'er] *vtd+vti+vi* Creer.
cres.cen.te [kres'ẽti] *adj m+f* Creciente.
cres.cer [kres'er] *vi+vtd+vti* Crecer.
cres.ci.men.to [kresim'ẽtu] *sm* Crecimiento.
cri.a.ção [krjas'ãw] *sf* **1** Creación. **2** Crianza.
cri.a.dor [krjad'or] *adj+sm* Creador. • *sm* Dios.
cri.an.ça [kri'ãsə] *sf* Niño, chico, nene, crío.
cri.ar [kri'ar] *vtd+vi+vpr* **1** Crear. **2** Criar.
cri.a.ti.vi.da.de [kriativid'adi] *sf* Creatividad.
cri.me [kr'imi] *sm Dir* Crimen.
cri.na [kr'inə] *sf Zool* Crin.
cri.se [kr'izi] *sf* Crisis.
cris.ta [kr'istə] *sf* Cresta.
cris.tão [krist'ãw] *adj+sm* Cristiano.
cri.té.rio [krit'ɛrju] *sm* Criterio.
cri.ti.car [kritik'ar] *vtd* Criticar.

cro.chê [kroʃ'e] *sm* Croché, ganchillo.
cro.co.di.lo [krokod'ilu] *sm Zool* Cocodrilo.
cro.mos.so.mo [kromos'omu] *sm Biol* Cromosoma.
crô.ni.ca [kr'onikə] *sf* Crónica.
cro.no.gra.ma [kronogr'∧mə] *sm* Cronograma.
cro.que.te [krok'ɛti] *sm Cul* Croqueta.
cros.ta [kr'ostə] *sf* Costra.
cru [kr'u] *adj* Crudo.
cru.ci.fi.car [krusifik'ar] *vtd* Crucificar.
cru.ci.fi.xo [krusif'iksu] *sm* Crucifijo.
cru.el.da.de [krwewd'adi] *sf* Crueldad.
cruz [kr'us] *sf* Cruz.
cru.za.men.to [kruzam'ẽtu] *sm* Cruce.
cru.zar [kruz'ar] *vtd+vti+vi+vpr* Cruzar.
cu [k'u] *sm coloq* Culo, ano.
cú.bi.co [k'ubiku] *adj* Cúbico.
cu.e.ca [ku'ɛkə] *sf* Calzoncillo, calzoncillos.
cu.í.ca [ku'ikə] *sf Mús* Zambomba.
cui.da.do [kujd'adu] *adj+sm* Cuidado. • *interj* **cuidado!** ¡Cuidado!
cui.dar [kujd'ar] *vtd+vti+vpr* Cuidar.
cu.jo [k'uʒu] *pron* Cuyo.
cu.li.ná.ria [kulin'arjə] *sf* Culinaria.
cul.mi.nar [kuwmin'ar] *vti+vi* Culminar.
cul.par [kuwp'ar] *vtd+vti+vpr* Culpar.
cul.ti.var [kuwtiv'ar] *vtd+vti+vpr* Cultivar.
cul.to [k'uwtu] *adj* Culto: a) cultivado. b) que tiene cultura. • *sm* Culto: a) homenaje religioso. b) cultivo.
cul.tu.ar [kuwtu'ar] *vtd* Rendir culto.
cul.tu.ra [kuwt'urə] *sf* Cultura.
cu.me [k'umi] *sm* Cumbre, cima.
cúm.pli.ce [k'ũplisi] *s m+f* Cómplice.
cum.pli.ci.da.de [kũplisid'adi] *sf* Complicidad.

cum.pri.men.tar [kũprimẽt'ar] *vtd+vti+vpr* 1 Saludar. 2 Cumplimentar, felicitar.
cum.pri.men.to [kũprim'ẽtu] *sm* 1 Cumplimiento. 2 Saludo. 3 Elogio.
cum.prir [kũpr'ir] *vtd+vti+vi+vpr* Cumplir.
cu.nha.do, -a [kuɲ'adu] *s* Cuñado. • *adj f* Acuñada.
cu.pi.do [kup'idu] *sm* Cupido.
cu.pim [kup'ĩ] *sm Zool* Termita, termes.
cu.pom [kup'õw] *sm* Cupón.
cú.pu.la [k'upulə] *sf* Cúpula.
cu.ra [k'urə] *sf* 1 Cura, curación. *sm* 2 Cura, sacerdote católico.
cu.rar [kur'ar] *vtd+vti+vi+vpr* Curar.
cu.ra.ti.vo [kurat'ivu] *sm* Curación, curativa. • *adj* Curativo.
cu.ri.o.si.da.de [kurjozid'adi] *sf* Curiosidad.
cur.ral [kuʀ'aw] *sm* Corral.
cur.rí.cu.lo [kuʀ'ikulu] *sm* 1 Currículo. 2 *Curriculum vitae*.
cur.sar [kurs'ar] *vtd+vi* Cursar.
cur.sor [kurs'or] *sm Inform* Cursor.
cur.ti.ção [kurtis'ãw] *sf gír* 1 Divertimento. 2 Colocón (de drogas).
cur.tir [kurt'ir] *vtd* 1 Curtir. *vi* 2 *coloq* Disfrutar, divertirse.
cur.to [k'urtu] *adj* Corto.
cur.var [kurv'ar] *vtd+vti+vpr* Curvar.
cus.po [k'uspu] *sm* Saliva, esputo.
cus.pir [kusp'ir] *vtd+vti+vi* Escupir.
cus.tar [kust'ar] *vti+vi+vtd* Costar.
cus.te.ar [kuste'ar] *vtd* Costear.
cus.to [k'ustu] *sm* Costo, coste.
cú.tis [k'utis] *sf sing+pl* Cutis.
cu.tu.car [kutuk'ar] *vtd* Tocar (levemente con el dedo o el codo).

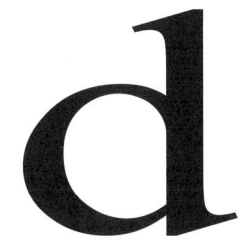

d, D [d´e] *sm* **1** Quarta letra del alfabeto português. **2 D** Quinientos en la numeración romana.

da [də] *contr prep* de+*art def f* a. De la.

dá.di.va [d´adivə] *sf* **1** Donativo, ofrenda, regalo, obsequio. **2** *fig* Dádiva, don.

da.do [d´adu] *sm* **1** Dado (juego). **2** Cubo. **3** Dato, información. • *pron indef* Cierto, algún, qualquier.

da.í [da´i] *contr prep* de+*adv* aí. De ahí, desde ahí.

da.li [dal´i] *contr prep* de+*adv* ali. De allí, de allá, desde allí.

da.ma [d´Amə] *sf* **1** Dama. **2 damas** *pl* Juego de damas.

da.na.do [dan´adu] *adj+sm* **1** Dañado, damnificado, perjudicado. **2** Condenado, maldito. **3** *fig* Irritado, aburrido, revoltoso, rabioso, furioso. • *adj* Enorme, inmenso.

dan.ça [d´ãsə] *sf* **1** Danza, baile. **2** *fig* Agitación, movimiento.

dan.çar [dãs´ar] *vi* **1** Danzar, bailar. **2** Agitar, oscilar. **3** *fig* Salirse mal.

dan.ça.ri.no [dãsar´inu] *adj+sm* Bailarín, danzarín.

da.no [d´∧nu] *sm* **1** Daño, perjuicio, pérdida. **2** Estrago, asolamiento, ruina. **3** Avería. **4** Lesión.

da.que.le [dak´eli] *contr prep* de+*pron dem* aquele. De aquel, de aquél. • *pron pl* **daqueles** buen, gran, enorme.

da.qui [dak´i] *contr prep* de+*adv* aqui. **1** De aquí. **2** De aquí, desde aquí. **3** Desde acá, desde aquí.

da.qui.lo [dak´ilu] *contr prep* de+*pron dem* aquilo. De aquello.

dar [d´ar] *vt* **1** Dar. *vpr* **2** Llevarse. **3** *fam* Entregarse (sexualmente).

das [d´as] *contr prep* de+*art def fem pl* as. De las.

da.ta [d´atə] *sf* Fecha, data.

da.ti.lo.gra.far [datilograf´ar] *vt* Dactilografiar, mecanografiar.

de [di] *prep* **1** De. **2** Desde.

de.bai.xo [deb´aj∫u] *adv* Debajo, bajo, abajo, por debajo.

de.ban.dar [debãd´ar] *vt+vi+vpr* Desbandar.

de.ba.te [deb´ati] *sm* **1** Debate, controversia, discusión. **2** Contienda.

de.ba.ter [debat´er] *vt+vi* **1** Debatir, discutir, altercar. *vpr* **2** Contorcerse.

dé.bil [d´ɛbiw] *adj* Débil. • *adj* e *s m+f* **1** *Psiq* Débil mental, idiota, deficiente mental. **2** *fam* Tonto, pavo, zonzo.

dé.bi.to [d´ɛbitu] *sm Com* Débito, debe, adeudo, deuda, carga.

de.bo.cha.do [debo∫´adu] *adj+sm* **1** Bromista, burlón, guasón, chistoso. **2** Libertino, degenerado, licencioso.

de.bo.che [deb´ɔ∫i] *sm* **1** Libertinaje, concupiscencia, lubricidad. **2** Escarnio, sarcasmo, burla. **3** Desprecio irónico, desaire, desdén.

de.bru.çar [debrus'ar] *vt+vpr* **1** Echar(se) de bruces. **2** Inclinar.

de.bu.tan.te [debut'ãti] *sf* Debutante.

dé.ca.da [d'ɛkadə] *sf* Década, decenio.

de.ca.dên.cia [dekad'ẽsjə] *sf* Decadencia, declinación.

de.cal.que [dek'awki] *sm* Calco, calcomanía.

de.cên.cia [des'ẽsjə] *sf* **1** Decencia, dignidad, honestidad. **2** Pundonor, decoro, recato.

de.ce.par [desep'ar] *vt* **1** Exterminar, talar. **2** Mutilar, amputar.

de.cep.ção [deseps'ãw] *sf* Decepción, frustración, desilusión, desencanto, desengaño, chasco.

de.ci.dir [desid'ir] *vt+vpr* **1** Decidir, resolver. *vt+vi* **2** Disponer, determinar, deliberar. *vt* **3** Decretar, dictar.

de.ci.frar [desifr'ar] *vt* Descifrar, interpretar, comprender, adivinar.

dé.ci.mo [d'ɛsimu] *adj+sm* Décimo.

de.ci.são [desiz'ãw] *sf* Decisión.

de.cla.mar [deklam'ar] *vt+vi* Declamar, recitar.

de.cla.ra.ção [deklaras'ãw] *sf* **1** Declaración, anunciación, explicación, manifestación, constancia. **2** Confesión de amor.

de.cla.rar [deklar'ar] *vt+vpr* Declarar.

de.cli.nar [deklin'ar] *vt* **1** Desviar, apartar. *vt* **2** Declinar.

de.clí.nio [dekl'inju] *sm* Decadencia, declinación, caída.

de.cli.ve [dekl'ivi] *adj+sm* declive, pendiente, inclinación, bajada, rampa, cuesta, ladera, vertiente.

de.co.di.fi.car [dekodifik'ar] *vt* Descodificar, decodificar, interpretar, descifrar.

de.co.la.gem [dekol'aʒẽj] *sf* Aeron Despegue.

de.co.lar [dekol'ar] *vi* Despegar.

de.com.po.si.ção [dekõpozis'ãw] *sf* Descomposición.

de.co.ra.ção [dekoras'ãw] *sf* Adorno, decorado, decoración.

de.co.rar [dekor'ar] *vt+vi* **1** Decorar, memorizar, aprender de coro. *vt* **2** Ornamentar, adornar. **3** Condecorar.

de.cor.rer [dekoʀ'er] *vt* **1** Transcurrir, pasar. **2** Proceder, resultar, derivar. • *sm* Decurso, transcurso.

de.co.te [dek'ɔti] *sm* Escote, escotadura, descote.

de.dão [ded'ãw] *sm fam* Dedo gordo, pulgar.

de.dar [ded'ar] *vt fam* Delatar, soplar, chivar.

de.de.ti.za.ção [dedetizas'ãw] *sf* Desinsectación, desinfección, fumigación.

de.de.ti.zar [dedetiz'ar] *vt* Desinsectar, desinfectar, fumigar.

de.di.ca.ção [dedikas'ãw] *sf* Dedicación.

de.di.car [dedik'ar] *vt+vpr* Dedicar.

de.di.ca.tó.ria [dedikat'ɔrjə] *sf* Dedicatoria.

de.do [d'edu] *sm* Dedo.

de.do-du.ro [dedud'uru] *adj+sm fam* Delator, chivato, soplón, acusica, cañuto, acusón.

de.du.rar [dedur'ar] *vt fam* Chivar, delatar, acusar, soplar.

de.du.zir [deduz'ir] *vt* Deducir.

de.fa.sa.gem [defaz'aʒẽj] *sf* Desfase, descompás, diferencia.

de.fe.car [defek'ar] *vt+vpr* Defecar, evacuar, obrar.

de.fei.to [def'ejtu] *sm* Defecto, imperfección.

de.fen.der [defẽd'er] *vt+vi+vpr* Defender.

de.fe.sa [def'ezə] *sf* Defensa.

de.fi.ci.ên.cia [defisi'ẽsjə] *sf* Deficiencia, falta, insuficiencia, déficit, defecto.

de.fi.ni.ção [definis'ãw] *sf* Definición.

de.fi.nir [defin'ir] *vt* Definir, determinar.

de.for.ma.ção [deformas'ãw] *sf* Deformación, deformidad, imperfección, malformación.

de.fron.tar [defrõt'ar] *vt+vpr* Afrontar, enfrentarse a.

de.fron.te [defr'õti] *adv* Adelante, enfrente.

de.fu.mar [defum'ar] *vt* Ahumar, fumigar, sahumar.

de.fun.to [def'ũtu] *adj+sm* Difunto, fallecido, muerto, finado, cadáver.

de.ge.ne.rar [deʒener'ar] *vt+vi+vpr* 1 Degenerar. 2 Empeorar. 3 Corromper, pervertir.

de.go.lar [degol'ar] *vt* Degollar, decapitar, descabezar.

de.gra.da.ção [degradas'ãw] *sf* 1 Degradación. 2 Descenso, caída. 3 Exilio, expatriación. 4 Destrucción, devastación. 5 Deterioro, deterioración.

de.grau [degr'aw] *sm* 1 Peldaño, tramo, escalón. 2 Grado.

de.gus.tar [degust'ar] *vt* Degustar, probar.

dei.tar [dejt'ar] *vt+vpr* 1 Acostar, echar. 2 Acostarse, encamar (mantener relación sexual). 3 Recostar. 4 Tender, echar por el suelo, tumbar.

dei.xa [d'ejʃə] *sf* 1 Teat Seña. 2 Dejación, legado, herencia.

dei.xar [dejʃ'ar] *vt+vpr* 1 Dejar. 2 Morir.

de.je.to [deʒ'ɛtu] *sm* Deyección, excremento.

de.la [d'ɛlə] *contr prep* de+*pron pes* ela. De ella, su, suya.

de.la.tar [delat'ar] *vt* Delatar, denunciar, acusar, soplar.

de.le [d'eli] *contr prep* de+*pron pes* ele. De él, su, suyo.

de.le.ga.ci.a [delegas'iə] *sf* Comisaría.

de.le.ga.do [deleg'adu] *adj+sm* Delegado, comisario.

de.li.be.rar [deliber'ar] *vt* Deliberar.

de.li.ca.de.za [delikad'ezə] *sf* Delicadeza.

de.lí.cia [del'isjə] *sf* Delicia, deleite, encanto, placer.

de.li.ci.ar [delisi'ar] *vt+vpr* Deliciarse, deleitarse.

de.lin.quên.cia [delĩk'wẽsjə] *sf* Delincuencia, criminalidad.

de.li.rar [delir'ar] *vi* Delirar, desvairar, fantasear, alucinar, enajenarse.

de.lí.rio [del'irju] *sm* Delirio, desvarío, alucinación, exaltación, perturbación.

de.li.to [del'itu] *sm Dir* Delito, crimen, infracción.

de.lon.ga [del'õgə] *sf* Demora, retraso, dilación, tardanza.

de.mais[1] [dem'ajs] *adv* 1 Demás, demasiado, excesivamente, mucho. 2 Además.

de.mais[2] [dem'ajs] *pron* Demás, otros.

de.mão [dem'ãw] *sf* Mano, capa (de barniz, pintura etc.).

de.ma.si.a [demaz'iə] *sf* Demasía.

de.mên.cia [dem'ẽsjə] *sf* Demencia, locura, alienación, trastorno, perturbación mental.

de.mis.são [demis'ãw] *sf* 1 Dimisión, renuncia. 2 Despido, exoneración.

de.mi.ti.do [demit'idu] *adj+sm* Destituido.

de.mi.tir [demit'ir] *vt+vpr* 1 Destituir, echar, excluir, exonerar. 2 Dimitir, renunciar.

de.mo.cra.ci.a [demokras'iə] *sf Polít* Democracia.

de.mo.cra.ta [demokr'atə] *adj* e *s m+f Polít* Demócrata.

de.mo.dê [demod'e] *adj fam* Demodé, anticuado, pasado, desfasado, anacrónico.

de.mo.li.ção [demolis'ãw] *sf* Demolición, destrucción, desmoronamiento, hundimiento, derribo.

de.mo.lir [demol'ir] *vt* 1 Demoler, deshacer, derribar, desmoronar. 2 Vencer, aniquilar.

demoníaco 270 **desabafar**

de.mo.ní.a.co [demon'iaku] *adj* Demoníaco, diabólico, poseso, satánico.
de.mô.nio [dem'onju] *sm* Demonio.
de.mons.tra.ção [demõstras'ãw] *sf* Demostración.
de.mons.trar [demõstr'ar] *vt* Demostrar.
de.mo.rar [demor'ar] *vt* Demorar, retardar, tardar.
de.ne.grir [denegr'ir] *vt+vpr* 1 Denegrir, enturbiar, empañar, ennegrecer. 2 *fig* Denigrar, manchar, ultrajar, injuriar.
den.gue [d'ẽgi] *sm* 1 Dengue, melindre. *sf* 2 *Med* Dengue.
de.no.mi.nar [denomin'ar] *vt+vpr* Denominar(se), nombrar(se).
de.no.tar [denot'ar] *vt* Denotar, indicar, caracterizar.
den.si.da.de [dẽsid'adi] *sf* Densidad.
den.ta.da [dẽt'adə] *sf* 1 Dentada, dentellada, mordisco, mordedura. 2 *fig* Dicho mordaz.
den.ta.du.ra [dẽtad'urə] *sf* 1 Dentadura, dentición. 2 Dentadura postiza, dientes postizos, caja de dientes.
den.te [d'ẽti] *sm* Diente.
den.ti.frí.cio [dẽtifr'isju] *adj+sm* Dentífrico.
den.tis.ta [dẽt'istə] *adj* e *s m+f Med* Odontólogo, dentista.
den.tro [d'ẽtru] *adv* Dentro, adentro.
de.nún.cia [den'ũsjə] *sf* Denuncia, acusación, delación, revelación.
de.nun.ci.ar [denũsi'ar] *vt* 1 Denunciar, delatar, revelar. *vt+vpr* 2 Traicionarse, evidenciar.
de.pa.rar [depar'ar] *vt+vpr* Deparar, presentar, encontrar.
de.par.ta.men.to [departam'ẽtu] *sm* Departamento, sección.
de.pe.nar [depen'ar] *vt+vpr* Desplumar.
de.pen.dên.cia [depẽd'ẽsjə] *sf* 1 Dependencia. 2 **dependências** *pl* habitaciones, dependencia (de una casa).

de.pen.der [depẽd'er] *vt* Depender.
de.po.i.men.to [depojm'ẽtu] *sm Dir* Declaración, testimonio, alegato, testigo.
de.pois [dep'ojs] *adv* 1 Después, más tarde, luego, enseguida. 2 Además.
de.por [dep'or] *vt* Deponer.
de.por.tar [deport'ar] *vt* Deportar, desterrar, expatriar.
de.po.si.tar [depozit'ar] *vt+vpr* Depositar.
de.pó.si.to [dep'ɔzitu] *sm* Depósito: a) almacén, galpón. b) sedimento, residuo.
de.pra.va.do [deprav'adu] *adj+sm* Depravado, pervertido, degenerado, degradado, corrompido, licencioso.
de.pre.ci.ar *vt* Depreciar.
de.pre.dar [depred'ar] *vt* 1 Depredar, pillar, saquear, expoliar. 2 Destruir, devastar, asolar.
de.pres.sa [depr'ɛsə] *adv* Deprisa, rápido, aprisa, rápidamente.
de.pres.são [depres'ãw] *sf* Depresión.
de.pri.mir [deprim'ir] *vt+vpr* Deprimir.
de.pu.ta.do [deput'adu] *adj+sm Polít* Diputado.
de.ri.var [deriv'ar] *vt+vi+vpr* Derivar.
der.ra.dei.ro [dẽrad'ejru] *adj* Postrero, último.
der.ra.mar [dẽram'ar] *vt+vpr* Derramar, verter, esparcir, diseminar(se).
der.ra.me [deř'∧mi] *sm* 1 *Med* Derrame. 2 Derramamiento.
der.ra.par [dẽrap'ar] *vi* Derrapar, resbalar, patinar.
der.re.ter [dẽret'er] *vt+vi+vpr* Derretir.
der.ro.ta [deř'ɔtə] *sf* Derrota.
der.ro.tar [dẽrot'ar] *vt* Derrotar.
der.ru.bar [dẽrub'ar] *vt* Derribar.
de.sa.ba.far [dezabaf'ar] *vt+vpr* 1 Airear, ventilar. *vt+vi+vpr* 2 Desahogar.

de.sa.bar [dezab'ar] *vt+vi* Derrumbarse, desplomarse, desmoronarse, tumbar, caer.

de.sa.bo.to.ar [dezaboto'ar] *vt+vpr* Desabotonar.

de.sa.bri.ga.do [dezabrig'adu] *adj* Desabrigado: a) desamparado, desprotegido, abandonado. b) desnudo, sin abrigo; descubierto.

de.sa.bu.sa.do [dezabuz'adu] *adj* Atrevido, confiado, inconveniente.

de.sa.ca.tar [dezakat'ar] *vt* Desacatar, desobedecer, insubordinar.

de.sa.ca.to [dezak'atu] *sm* **1** Desacato, insubordinación, desacatamiento, irreverencia. **2** Menosprecio, menoscabo.

de.sa.con.se.lhá.vel [dezakõseʎ'avew] *adj m+f* Desaconsejable.

de.sa.cor.da.do [dezakord'adu] *adj* Desmayado, desfallecido.

de.sa.cor.do [dezak'ordu] *sm* Desacuerdo, divergencia, disconformidad, discordia, desharmonía.

de.sa.cos.tu.ma.do [dezakostum'adu] *adj* Desacostumbrado, deshabituado.

de.sa.fe.to [dezaf'etu] *sm* Desafecto, malquerencia, enemistad. • *adj* Contrario, adverso.

de.sa.fi.ar [dezafi'ar] *vt* Desafiar, provocar, excitar, tentar, retar.

de.sa.fi.na.do [dezafin'adu] *adj* Desafinado.

de.sa.fi.o [dezaf'iu] *sm* Desafío.

de.sa.fo.ro [dezaf'oru] *sm* Atrevimiento, insolencia.

de.sa.gra.dar [dezagrad'ar] *vt+vpr* Desagradar, disgustar, descontentar.

de.sa.gra.dá.vel [dezagrad'avew] *adj* Desagradable.

de.sa.gra.do [dezagr'adu] *sm* **1** Desagrado, disgusto, descontento. **2** Rudeza.

de.sa.jei.ta.do [dezaʒejt'adu] *adj* Torpe, desmañado.

de.sa.len.to [dezal'ẽtu] *sm* Desaliento, desánimo, abatimiento, decaimiento.

de.sa.mar.rar [dezamař'ar] *vt+vi* **1** Mar Desamarrar. *vt+vpr* **2** Desatar, soltar.

de.sam.pa.rar [dezãpar'ar] *vt* Desamparar.

de.sa.ni.mar [dezanim'ar] *vt+vpr* Desanimar, abatir, desalentar, desinflar.

de.sâ.ni.mo [dez'∧nimu] *sm* Desánimo, agobio, desaliento, depresión, abatimiento.

de.sa.pa.re.cer [dezapares'er] *vi* Desaparecer.

de.sa.pa.re.ci.men.to [dezaparesim'ẽtu] *sm* Desaparecimiento, desaparición.

de.sa.per.ce.bi.do [dezaperseb'idu] *adj* Desapercibido, desproveído, desprevenido.

de.sa.pon.ta.men.to [dezapõtam'ẽtu] *sm* Decepción, frustración, desilusión, desaliento, desengaño.

de.sa.pren.der [dezaprẽd'er] *vt+vi* Desaprender.

de.sa.pro.var [dezaprov'ar] *vt* Desaprobar, reprobar.

de.sar.ma.men.to [dezarmam'ẽtu] *sm* Desarme.

de.sar.mar [dezarm'ar] *vt+vpr* Desarmar.

de.sar.ran.jo [dezař'ãʒu] *sm* **1** Desarreglo, desorden. **2** Desacuerdo. **3** Desconcierto. **4** Trastorno, perturbación. **5** Indisposición.

de.sar.ru.mar [dezařum'ar] *vt* Desarreglar, desordenar, desorganizar.

de.sas.tra.do [dezastr'adu] *adj+sm* **1** Desastrado, infausto, infeliz. **2** Manazas, inhábil.

de.sas.tre [dez'astri] *sm* **1** Desastre, desgracia, infortunio. **2** Accidente (de vehículos). **3** Fracaso, ruina.

de.sa.ten.ção [dezatẽs'ãw] *sf* Desatención, descortesía, descuido, negligencia.

de.sa.ti.na.do [dezatin'adu] *adj+sm* **1** Desatinado, disparatado, necio, despropositado. **2** Descabellado.

de.sa.tu.a.li.za.do [dezatwaliz'adu] *adj* Desactualizado.

de.sa.ven.ça [dezav'ẽsɐ] *sf* Desavenencia, conflicto, discordia, diferencia, pendencia.

de.sa.ver.go.nha.do [dezavergoñ'adu] *adj+sm* Desvergonzado, atrevido, descarado, desfachatado, sinvergüenza.

de.sa.vi.sa.do [dezaviz'adu] *adj+sm* Desavisado, descuidado.

des.ban.car [dezbãk'ar] *vt* **1** Desbancar: a) usurpar, sustituir a alguien. b) ganar de la banca (juego). **2** Vencer, triunfar.

des.bo.ca.do [dezbok'adu] *adj* Desbocado, deslenguado, malhablado.

des.bo.tar [dezbot'ar] *vt+vi+vpr* Desteñir, descolorar, palidecer, deslustrar, desvanecer.

des.bra.var [dezbrav'ar] *vt* Explorar, abrir camino desconocido.

des.bun.de [dezb'ũdi] *sm* Deslumbramiento, éxtasis.

des.ca.la.bro [deskal'abru] *sm* **1** Decadencia, caída, ruina. **2** Perjuicio, daño. **3** Descalabro, contratiempo.

des.cal.çar [deskaws'ar] *vt+vpr* Descalzar.

des.cal.ço [desk'awsu] *adj* Descalzo.

des.cam.bar [deskãb'ar] *vi* **1** Despeñar, desplomarse, desmoralizarse. **2** Declinar, llegar al término. **3** Derivar, desviar el rumbo. **4** *fig* Empeorar, descaer, decaer.

des.can.sar [deskãs'ar] *vt+vi* Descansar.

des.ca.ra.do [deskar'adu] *adj+sm* Descarado, petulante, descocado, desahogado, cara dura, atrevido, sinvergüenza.

des.ca.ra.men.to [deskaram'ẽtu] *sm* Descaro, desfachatez, descoco, insolencia, desvergüenza, desplante, petulancia, atrevimiento.

des.car.ga [desk'argɐ] *sf* **1** Descarga. **2** *fig* Desahogo, alivio.

des.car.re.gar [deskar̄eg'ar] *vt+vi* Descargar.

des.car.tar [deskart'ar] *vt+vi+vpr* Descartar.

des.car.tá.vel [deskart'avel] *adj* Desechable.

des.cas.car [deskask'ar] *vt+vi* **1** Descascarar, mondar, sacar la cáscara, pelar. **2** Descortezar.

des.ca.so [desk'azu] *sm* Menoscabo, desprecio, menosprecio.

des.cen.dên.cia [desẽd'ẽsjɐ] *sf* Descendencia, estirpe, origen, prole.

des.cen.den.te [desẽd'ẽti] *adj* Descendente, inclinado. • *adj e s m+f* Descendiente, heredero, sucesor. • *sm pl* **descendentes** *fig* Hijos, posteridad.

des.cen.der [desẽd'er] *vt* **1** Descender, proceder, derivar, provenir. *vi* **2** Bajar.

des.cen.tra.li.za.ção [desẽtralizas'ãw] *sf* Descentralización.

des.cen.tra.li.zar [desẽtraliz'ar] *vt* Descentralizar.

des.cer [des'er] *vt+vi* Bajar.

des.ci.da [des'idɐ] *sf* Descenso.

des.clas.si.fi.car [desklasifik'ar] *vt* **1** Desclasificar, excluir. **2** Desacreditar, descalificar.

des.co.ber.ta [deskob'ɛrtɐ] *sf* Descubrimiento.

des.co.bri.men.to [deskobrim'ẽtu] *sm* Descubrimiento.

des.co.brir [deskobr'ir] *vt+vpr* Descubrir.

des.com.pos.tu.ra [deskõpost'urɐ] *sf* **1** Descompostura. **2** Ofensa, insulto.

des.con.cer.tar [deskõsert'ar] *vt+vpr* Desconcertar.

des.co.ne.xo [deskon'ɛksu] *adj* **1** Des-

desconfiança — **desemprego**

conectado, inconexo. **2** Desarticulado, incoherente.

des.con.fi.an.ça [deskõfi'ãsə] *sf* Desconfianza, sospecha.

des.con.fi.ar [deskõfi'ar] *vt* Desconfiar, sospechar, recelar, temer, dudar.

des.con.for.to [deskõf'ortu] *sm* Incomodidad.

des.con.ge.lar [deskõʒel'ar] *vt+vi+vpr* Descongelar, deshelar.

des.con.ges.ti.o.nar [deskõʒestjon'ar] *vt* Descongestionar, desobstruir.

des.co.nhe.cer [deskoñes'er] *vt+vpr* Desconocer, ignorar.

des.co.nhe.ci.men.to [deskoñesim'ẽtu] *sm* Desconocimiento, ignorancia.

des.con.si.de.rar [deskõsider'ar] *vt* Desconsiderar, desatender, despreciar.

des.con.tar [deskõt'ar] *vt* **1** Descontar, deducir, rebajar (cantidad). **2** *fig* No hacer caso, tolerar, hacer la vista gorda.

des.con.ten.te [deskõt'ẽti] *adj* Descontento, insatisfecho, contrariado, disgustado.

des.con.to [desk'õtu] *sm* Descuento.

des.con.tra.ção [deskõtras'ãw] *sf* **1** Relajación. **2** Desenvoltura, desembarazo, desenfado.

des.con.tra.ir [deskõtra'ir] *vt+vpr* **1** Relajar, aflojar. **2** Distraerse, alegrarse, divertirse.

des.con.tro.lar [deskõtrol'ar] *vt+vpr* Descontrolar.

des.con.tro.le [deskõtr'oli] *sm* Descontrol.

des.cren.ça [deskr'ẽsə] *sf* Descreimiento, incredulidad, escepticismo.

des.cre.ver [deskrev'er] *vt* Describir.

des.cri.ção [deskris'ãw] *sf* Descripción.

des.cru.zar [deskruz'ar] *vt* Descruzar.

des.cui.dar [deskujd'ar] *vt+vpr* Descuidar.

des.cul.pa [desk'uwpə] *sf* Disculpa.

des.cum.prir [deskũpr'ir] *vt* Incumplir, infringir, faltar, desobedecer, violar, transgredir, contravenir.

des.de [d'ezdi] *prep* Desde, a partir de.

des.dém [dezd'ẽj] *sm* Desdén, desprecio, desaire, menosprecio, indiferencia, menoscabo.

des.de.nhar [dezdeñ'ar] *vt* Desdeñar, desairar, despreciar, menospreciar, descuidar, desestimar.

des.do.brar [dezdobr'ar] *vt+vpr* **1** Desdoblar, desplegar. **2** Extender. **3** Esforzarse, empeñarse.

de.se.jar [dezeʒ'ar] *vt+vi* Desear.

de.se.já.vel [dezeʒ'avew] *adj* Deseable.

de.se.jo [dez'eʒu] *sm* Deseo.

de.se.le.gan.te [dezeleg'ãti] *adj m+f* Inelegante.

de.sem.ba.ra.çar [dezẽbaras'ar] *vt+vpr* Desembarazar, desenredar.

de.sem.ba.ra.ço [dezẽbar'asu] *sm* **1** Desenredo. **2** Desenvoltura, desenfado. **3** Vivacidad, presteza, agilidad.

de.sem.bar.que [dezẽb'arki] *sm* **1** Desembarque, desembarco. **2** Desembarcadero.

de.sem.bol.sar [dezẽbows'ar] *vt+vi* Desembolsar.

de.sem.bru.lhar [dezẽbruʎ'ar] *vt* **1** Desembalar, desempacar, desenvolver. **2** *fig* Desembrollar, aclarar, desenredar.

de.sem.pe.nhar [dezẽpeñ'ar] *vt* Desempeñar.

de.sem.pe.nho [dezẽp'eñu] *sm* Desempeño, ejecución, cumplimiento, actuación, interpretación.

de.sem.pre.ga.do [dezẽpreg'adu] *adj+sm* Desempleado, parado, desocupado, cesante.

de.sem.pre.go [dezẽpr'egu] *sm* Desempleo, desocupación, paro, cesantía.

de.sen.ca.lhar [dezĕkaʎ'ar] *vt* **1** Desatascar. *vi* **2** Casarse.

de.sen.ca.mi.nhar [dezĕkamiñ'ar] *vt+vpr* Descaminar.

de.sen.can.to [dezĕk'ãtu] *sm* Desencanto, decepción, desengaño, desesperanza, desencantamiento, desilusión.

de.sen.con.trar [dezĕkõtr'ar] *vt+vpr* **1** No encontrarse (con alguien), perderse. *vi+vpr* **2** Divergir, discordar, discrepar.

de.sen.co.ra.jar [dezĕkoraʒ'ar] *vt* Descorazonar, desanimar, desilusionar, desalentar.

de.sen.fer.ru.ja.do [dezĕfeũʒ'adu] *adj* **1** Desoxidado, desherrumbrado. **2** Reavivado, reanimado. **3** Listo, ligero.

de.sen.fre.a.do [dezĕfre'adu] *adj* Desenfrenado, inmoderado, descomedido.

de.sen.ga.na.do [dezĕgan'adu] *adj* Desengañado.

de.sen.ga.no [dezĕg'ʌnu] *sm* Desengaño, chasco, desilusión, decepción, desesperanza.

de.sen.gon.ça.do [dezĕgõs'adu] *adj* **1** Torpe, desmañado. **2** Descoyuntado, dislocado, desarticulado.

de.se.nhar [dezeñ'ar] *vt+vi* Dibujar, diseñar.

de.se.nhis.ta [dezeñ'ista] *s m+f* Dibujante, diseñador.

de.se.nho [dez'eñu] *sm* Diseño, dibujo.

de.sen.la.ce [dezĕl'asi] *sm* Desenlace, solución.

de.sen.ro.lar [dezĕʀol'ar] *vt+vpr* **1** Desenrollar, desarrollar. *vt* **2** Desempacar. **3** Resolver.

de.sen.ten.der [dezĕtĕd'er] *vpr* **1** *fam* Desentenderse, hacerse el tonto, el sueco. **2** Enemistarse.

de.sen.ten.di.men.to [dezĕtĕdim'ẽtu] *sm* Desentendimiento, divergencia, desavenencia.

de.sen.ter.rar [dezĕteʀ'ar] *vt+vpr* Desenterrar.

de.sen.tu.pir [dezĕtup'ir] *vt* Desatancar, destapar, desobstruir, desatascar, desatrancar.

de.sen.vol.tu.ra [dezĕvowt'urə] *sf* **1** Desenvoltura, desenfado. **2** *fam* Travesura, picardía.

de.sen.vol.ver [dezĕvowv'er] *vt* Desenvolver.

de.sen.vol.vi.men.to [dezĕvowvim'ẽtu] *sm* Desarrollo, progreso, desenvolvimiento.

de.se.qui.li.brar [dezekilibr'ar] *vt+vpr* **1** Desequilibrar. *vt* **2** *fig* Desestabilizar, perturbar, trastornar. *vpr* **3** Desequilibrarse.

de.se.qui.lí.brio [dezekil'ibrju] *sm* Desequilibrio.

de.ser.ção [dezers'ãw] *sf* Deserción.

de.ser.dar [dezerd'ar] *vt* Desheredar.

de.ser.to [dez'ɛrtu] *sm* Desierto. • *adj* **1** Despoblado, deshabitado, yermo, inhabitado. **2** Solitario, abandonado.

de.ser.tor [dezert'or] *sm* Desertor.

des.es.pe.rar [dezesper'ar] *vt+vpr* Desesperar.

des.es.tru.tu.rar [dezestrutur'ar] *vt+vpr* Desestructurar.

des.fal.car [desfawk'ar] *vt* Desfalcar.

des.fa.le.cer [desfales'er] *vt+vi* Desfallecer, desmayar.

des.fal.que [desf'awki] *sm* Desfalco.

des.fa.vo.rá.vel [desfavor'avew] *adj* Desfavorable, contrario, perjudicial, adverso.

des.fa.zer [desfaz'er] *vt+vpr* Deshacer.

des.fe.cho [desf'eʃu] *sm* Conclusión, desenlace, final, solución, remate.

des.fei.ta [desf'ejtə] *sf* Afrenta, ofensa, agravio, descortesía.

des.fe.rir [desfer'ir] *vt+vi* **1** Emitir, lanzar. *vt* **2** Aplicar golpe (violentamente).

des.fi.ar [desfi'ar] *vt+vpr* Deshilar, desfilar, deshilachar, deshebrar.

des.fi.gu.rar [desfigur'ar] *vt+vpr* Desfigurar, estropear, adulterar, alterar.

des.fi.la.dei.ro [desfilad'ejru] *sm* Desfiladero, despeñadero.

des.fi.lar [desfil'ar] *vi* Desfilar.

des.fi.le [desf'ili] *sm* Desfile.

des.flo.res.ta.men.to [desflorestam'ẽtu] *sm* Deforestación.

des.fo.lhar [desfoλ'ar] *vt+vpr* Deshojar.

des.for.ra [desf'ɔrə] *sf* **1** Desquite, venganza, revancha. **2** Desagravio.

des.for.rar [desfoř'ar] *vt* **1** Sacar el forro. *vt+vpr* **2** Desquitar, vengar. **3** Desagraviar.

des.fral.dar [desfrawd'ar] *vt* Desplegar, abrir (al viento).

des.gar.ra.do [dezgař'adu] *adj* **1** Apartado, extraviado. **2** Descarriado. **3** Pervertido.

des.gas.tar [dezgast'ar] *vt+vpr* **1** Desgastar. **2** Debilitar.

des.gos.tar [dezgost'ar] *vt+vpr* **1** Disgustar. *vt+vpr* **2** Malquerer.

des.gos.to [dezg'ostu] *sm* Disgusto.

des.gra.ça [dezgr'asə] *sf* Desgracia, calamidad.

des.gra.var [dezgrav'ar] *vt* Borrar (lo grabado).

des.gre.nhar [dezgreñ'ar] *vt+vpr* **1** Desgreñar, despeinar, descabellar. *vpr* **2** Desaliñarse, descomponerse.

des.gru.dar [dezgrud'ar] *vt+vi+vpr* Despegar, desencolar, sesengrudar.

des.si.dra.ta.ção [dezidratas'ãw] *sf* Deshidratación.

de.si.dra.tar [dezidrat'ar] *vt+vpr* Deshidratar.

de.sig.na.ção [dezignas'ãw] *sf* Designación.

de.sig.nar [dezign'ar] *vt* Designar, asignar, destinar, predestinar.

de.si.gual [dezigw'aw] *adj* Desigual.

de.si.gual.da.de [dezigwawd'adi] *sf* Desigualdad.

de.si.lu.dir [dezilud'ir] *vt+vi+vpr* Desilusionar, decepcionar, desencantar, desengañar.

de.si.lu.são [deziluz'ãw] *sf* Desilusión, decepción, desengaño, desencanto.

de.sin.fes.tar [dezĩfest'ar] *vt Méx* Desinfestar.

de.sin.fe.tan.te [dezĩfet'ãti] *adj+sm* Desinfectante.

de.sin.fe.tar [dezĩfet'ar] *vt+vi* Desinfectar, higienizar, purificar.

de.si.ni.bi.ção [dezinibis'ãw] *sf* Desinhibición.

de.si.ni.bi.do [dezinib'idu] *adj* Desinhibido, espontáneo, desenvuelto, listo.

de.si.ni.bir [dezinib'ir] *vt+vpr* Desinhibir.

de.sin.te.grar [dezĩtegr'ar] *vt+vpr* Desintegrar, descomponer, desagregar.

de.sin.te.res.sar [dezĩteres'ar] *vt+vpr* **1** No interesar. *vpr* **2** Desinteresarse, desentenderse.

de.sin.te.res.se [dezĩter'esi] *sm* Desinterés.

de.sin.to.xi.ca.ção [dezĩtoksikas'ãw] *sf* Desintoxicación.

de.sis.tên.cia [dezist'ẽsjə] *sf* Desistimiento, dejación, abandono, renuncia, abdicación.

de.sis.tir [dezist'ir] *vt+vi* Desistir, dejar, abandonar, dimitir, renunciar, abdicar.

des.je.jum [dezʒeʒ'ũ] *sm* Desayuno.

des.le.al [dezle'aw] *adj* Desleal, infiel, traidor, falso, traicionero.

des.le.al.da.de [dezleawd'adi] *sf* Deslealtad, falsedad, traición, alevosía, perfidia, infidelidad.

des.lei.xo [dezl'ejʃu] *sm* Descuido, desgaire, dejadez, negligencia, suciedad, abandono.

des.li.gar [dezlig'ar] *vt* **1** Apagar. **2** Desligar, separar, desatar, desasir, soltar. *vpr* **3** Liberarse, desobligarse.

des.li.za.men.to [dezlizam'ẽtu] *sm* Deslizamiento.

des.li.zar [dezliz'ar] *vi+vpr* Deslizar, resbalar, patinar.

des.li.ze [dezl'izi] *sm* Desliz, error, falta, lapsus, yerro.

des.lo.ca.ção [dezlokas'ãw] *sf* Dislocación, desplazamiento.

des.lum.brar [dezlũbr'ar] *vt+vi* Deslumbrar, fascinar, alucinar.

des.mai.ar [dezmaj'ar] *vt+vi+vpr* Desmayar: a) desfallecer. b) desvanecerse.

des.ma.mar [dezmam'ar] *vt+vi+vpr* **1** Destetar. *vt+vpr* **2** *fam* Independizar, emancipar.

des.man.cha-pra.ze.res [dezmãʃapraz'eris] *s m+f sing+pl* Aguafiestas.

des.man.char [dezmãʃ'ar] *vt+vpr* **1** Desarreglar, descomponer. **2** Deshacer. **3** Desatar, desenlazar, desasir. *vt* **4** Despedazar, destrozar. *vpr* **5** Derretirse, deshacerse.

des.man.che [dezm'ãʃi] *sm* **1** Desmonte, separación. **2** *fam* Desmonte ilegal de coches. **3** Hierro viejo, chatarra.

des.man.do [dezm'ãdu] *sm* Desmán, desorden, exceso, tropelía.

des.man.te.lar [dezmãtel'ar] *vt+vpr* Desmantelar.

des.mar.car [dezmark'ar] *vt* Cancelar (compromiso).

des.mas.ca.rar [dezmaskar'ar] *vt+vpr* Desenmascarar.

des.ma.ta.men.to [dezmatam'ẽtu] *sm* Deforestación.

des.ma.ze.la.do [dezmazel'adu] *adj* Descuidado, dejado, desaliñado, desaseado, desastrado.

des.ma.ze.lo [dezmaz'elu] *sm* Descuido, desgaire, dejadez, negligencia, suciedad, abandono.

des.men.ti.do [dezmẽt'idu] *adj* Desmentido, negado. • *sm* Mentís, desmentido.

des.men.tir [dezmẽt'ir] *vt+vpr* Desmentir, negar, refutar.

des.me.re.cer [dezmeres'er] *vt+vpr* Desmerecer.

des.mon.tar [dezmõt'ar] *vt+vi+vpr* Desmontar, desarmar.

des.mon.te [dezm'õti] *sm* Desmonte.

des.mo.ra.li.za.ção [dezmoralizas'ãw] *sf* Desmoralización.

des.mo.ro.nar [dezmoron'ar] *vt+vpr* Desmoronar, deshacer, derruir, derribar.

des.mo.ti.va.do [dezmotiv'adu] *adj* Desmotivado, desalentado.

des.mu.nhe.ca.do [dezmuɲek'adu] *adj+sm fam* Amanerado, afeminado.

des.na.ta.do [deznat'adu] *adj* Descremado.

des.na.tu.ra.do [deznatur'adu] *adj+sm* Desnaturalizado, cruel, inhumano.

des.ne.ces.sá.rio [dezneses'arju] *adj* Dispensable, inútil, vano, innecesario, superfluo.

des.ni.ve.lar [deznivel'ar] *vt* Desnivelar.

des.nu.dar [deznud'ar] *vt+vpr* Desnudar, desvestir.

des.nu.tri.ção [deznutris'ãw] *sf* Desnutrición, malnutrición.

de.so.be.de.cer [dezobedes'er] *vt+vi* Desobedecer: a) desacatar. b) transgredir, resistir.

de.so.be.di.ên.cia [dezobedi'ẽsjə] *sf* Desobediencia.

de.so.be.di.en.te [dezobedi'ẽti] *adj e s m+f* Desobediente, insumiso, insubordinado, rebelde.

de.sobs.tru.ir [dezobstru'ir] *vt* Desobstruir, desatrancar, desembarazar, desatascar, librar, desocupar.

de.so.cu.pa.do [dezokup'adu] *adj+sm* Desocupado.

de.so.do.ran.te [dezodor'ãti] *adj+sm* Desodorante.

de.so.la.ção [dezolas'ãw] *sf* Desolación.

de.so.la.do [dezol'adu] *adj* 1 Desolado, destruído, devastado. 2 Desértico, yermo.

de.so.ne.rar [dezoner'ar] *vt+vpr* Descargar, exonerar de obligación.

de.so.nes.ti.da.de [dezonestid'adi] *sf* Deshonestidad, insinceridad, mala fe.

de.so.nes.to [dezon'ɛstu] *adj+sm* Deshonesto, insincero.

de.son.ra [dez'õʀa] *sf* Deshonra, vergüenza, vituperio, deshonor.

de.son.rar [dezõʀ'ar] *vt+vpr* Deshonrar.

de.sor.dei.ro [dezord'ejru] *adj+sm* Agitador, turbulento, díscolo, provocador.

de.sor.dem [dez'ɔrdẽj] *sf* 1 Desorden, desbarajuste, revoltijo, entrevero, indisciplina, disturbio. 2 Desorganización. 3 Incoherencia, desigualdad, inconstancia, desvarío. 4 Desarmonía.

de.sor.de.nar [dezorden'ar] *vt* Desordenar, desorganizar, desalinear, desarreglar.

de.sor.ga.ni.za.ção [dezorganizas'ãw] *sf* Desorganización, desorden, confusión.

de.sor.ga.ni.zar [dezorganiz'ar] *vt+vpr* Desorganizar, desordenar.

de.sos.sar [dezos'ar] *vt* 1 Deshuesar, descarnar. 2 *fam* Sobar, pegar, zurrar.

des.pa.chan.te [despaʃ'ãti] *adj* e *s m+f* Agente, expedidor.

des.pa.char [despaʃ'ar] *vt* 1 Despachar. 2 Enviar, gestionar, tramitar.

des.pe.da.çar [despedas'ar] *vt+vpr* Despedazar.

des.pe.di.da [desped'idə] *sf* Despedida, adiós.

des.pe.dir [desped'ir] *vt* 1 Despedir. 2 Despedirse.

des.pei.ta.do [despejt'adu] *adj+sm* Despechado, rencoroso, resentido, enfadado.

des.pe.jar [despeʒ'ar] *vt* 1 Vertir, derramar, volcar. 2 Desahuciar (inquilino).

des.pen.car [despẽk'ar] *vt+vi+vpr* 1 Separar (frutas) del racimo. *vi+vpr* 2 Despeñarse, desplomarse, tumbar, caer.

des.pen.sa [desp'ẽsə] *sf* Despensa, alacena.

des.pen.te.a.do [despẽte'adu] *adj* Desgreñado, despeinado.

des.per.ce.bi.do [desperseb'idu] *adj* Desapercibido, desatento, distraído.

des.per.di.çar [desperdis'ar] *vt* Desperdiciar.

des.per.dí.cio [desperd'isju] *sm* 1 Desperdicio, desaprovechamiento, pérdida. 2 **desperdícios** *pl* Desperdicios, restos, sobras.

des.per.tar [despert'ar] *vt+vi+vpr* Despertar.

des.pe.sa [desp'ezə] *sf* Gasto, consumo, costa, coste.

des.pir [desp'ir] *vt+vpr* 1 Desnudar, desarropar, desvestir, despelotarse. 2 Despojarse. 3 *fig* Limpiar, hurtar.

des.pis.tar [despist'ar] *vt+vpr* Despistar.

des.po.lu.ir [despolu'ir] *vt+vpr* Descontaminar, sanear, limpiar.

des.po.sar [despoz'ar] *vt+vpr* Desposar, casar.

des.pra.zer [despraz'er] *sm* Desplacer, desazón, disgusto, descontento, desagrado.

des.pre.gar [despreg'ar] *vt* 1 Desclavar. 2 Despegar, separar. 3 Desarrugar, alisar (ropa, tela). 4 Desplegar, extender.

des.pres.ti.gi.ar [desprestiʒi'ar] *vt+vpr* Desprestigiar, desacreditar, difamar, denegrir.

des.pre.zar [desprez'ar] *vt+vpr* Despreciar.

des.pre.zí.vel [desprez′ivew] *adj* Despreciable, abyecto, bajo, indigno, vil.

des.pre.zo [despr′ezu] *sm* Desprecio, menosprecio, desaire, desecho, desdén.

des.pro.por.ci.o.nal [desproporsjon′aw] *adj* Desproporcionado.

des.pro.pó.si.to [desprop′ɔzitu] *sm* **1** Despropósito, disparate, absurd. **2** Barbaridad, exceso.

des.pu.do.ra.do [despudor′adu] *adj+sm* Impúdico, desvergonzado.

des.qua.li.fi.ca.ção [deskwalifikas′ãw] *sf* Descalificación, desautorización, incapacitación.

des.qui.tar [deskit′ar] *vt+vpr* Separarse, disolver el casamiento.

des.re.gra.do [dezregr′adu] *adj+sm* Disoluto, licencioso.

des.res.pei.tar [dezrespejt′ar] *vt* Irrespetar, desobedecer, desacatar, transgredir, desconsiderar, quebrantar, violar.

des.res.pei.to [dezresp′ejtu] *sm* Irrespeto, desacato, desobediencia, irreverencia.

des.sa [d′ɛsə] *contr prep* de+*pron dem* essa. De esa.

des.se [d′esi] *contr prep* de+*pron dem* esse. De ese.

des.ta [d′ɛstə] *contr pron* de+*pron dem* esta. De esta.

des.ta.car [destak′ar] *vt+vpr* **1** Destacar, acentuar, realzar, relevar, sobresalir. **2** Soltar, separar, sacar.

des.ta.cá.vel [destak′avew] *adj* **1** Destacable. **2** Separable.

des.tam.par [destãp′ar] *vt+vpr* Destapar, abrir.

des.ta.par [destap′ar] *vt+vpr* Destapar, abrir.

des.ta.que [dest′aki] *sm* Destaque, realce, relieve, evidencia.

des.tar.te [dest′arti] *adv* Así, de esta manera, de esa manera.

des.te [d′esti] *contr prep* de+*pron dem* este. De este.

des.te.mi.do [destem′idu] *adj* Intrépido, valeroso, corajudo, valiente, animoso.

des.ti.la.do [destil′adu] *adj+sm* Destilado.

des.ti.la.ri.a [destilar′iə] *sf* Destilería, destilatorio, alambique.

des.ti.nar [destin′ar] *vt* Destinar.

des.ti.na.tá.rio [destinat′arju] *sm* Destinatario.

des.ti.no [dest′inu] *sm* Destino.

des.ti.tu.ir [destitu′ir] *vt+vpr* Destituir.

des.to.an.te [desto′ãti] *adj* Discorde, discordante.

des.tram.be.lha.do [destrãbeʎ′adu] *adj+sm* **1** *fam* Desordenado, desorganizado. **2** *fam* Confuso, alocado, atolondrado.

des.tran.car [destrãk′ar] *vt* Desatrancar, descerrar.

des.tra.tar [destrat′ar] *vt* Insultar, ofender, injuriar, agredir.

des.tra.var [destrav′ar] *vt+vpr* Destrabar, desbloquear, soltar.

des.trei.na.do [destrejn′adu] *adj* Desentrenado.

des.tre.za [destr′ezə] *sf* Destreza, habilidad, práctica, mano, maña.

des.tro [d′estru] *adj* Diestro.

des.tro.çar [destros′ar] *vt+vi* Destrozar, destruir, aniquilar, derrotar, desbastar.

des.tro.ço [destr′osu] *sm* **1** Destrozo. **2 destroços** *(ó) pl* Ruinas, restos.

des.tron.ca.do [destrõk′adu] *adj* Descuajado, descoyuntado.

des.tru.i.ção [destrwis′ãw] *sf* Destrucción, ruina, desolación, exterminio, vandalismo.

des.tru.ir [destru′ir] *vt+vi* Destruir.

de.su.ma.ni.da.de [dezumanid′adi] *sf* Deshumanidad, inhumanidad, impiedad, crueldad, maldad, barbarie.

de.su.ma.no [dezum'ʌnu] *adj* Deshumano, inhumano, cruel, impiedoso, feroz, bárbaro, salvaje.

de.su.ni.ão [dezuni'ãw] *sf* Desunión.

de.su.nir [dezun'ir] *vt+vpr* Desunir, disociar, desprender, separar, apartar.

de.su.so [dez'uzu] *sm* Desuso.

des.vai.ra.do [dezvajr'adu] *adj+sm* Desvariado, frenético, loco, desorientado.

des.va.lo.ri.zar [dezvaloriz'ar] *vt+vpr* Desvalorizar, devaluar, depreciar, disminuir, minusvalorar.

des.va.ne.cer [dezvanes'er] *vt+vpr* Desvanecer.

des.van.ta.gem [dezvãt'aʒej] *sf* Desventaja, inferioridad, perjuicio, detrimento.

des.va.ri.o [dezvar'iu] *sm* Desvarío, delirio, devaneo, locura, desatino, alucinación.

des.ven.dar [dezvẽd'ar] *vt* 1 Desvendar, desenmascarar. *vt+vpr* 2 Manifestar, revelar.

des.ven.tu.ra.do [dezvẽtur'adu] *adj+sm* Desventurado, desgraciado, desdichado, infeliz, desafortunado, infortunado, azaroso.

des.vi.ar [dezvi'ar] *vt+vpr* Desviar.

des.vi.o [dezv'iu] *sm* 1 Desvío. 2 *Med* Aberración.

des.vir.tu.ar [dezvirtu'ar] *vt+vpr* 1 Desvirtuar, deformar, adulterar, falsear. *vt* 2 Desprestigiar, desacreditar. 3 Malinterpretar.

de.ta.lhar [detaʎ'ar] *vt* 1 Detallar, pormenorizar, 2 Particularizar, describir. 3 Enumerar. 4 Delinear, planear.

de.ta.lhe [det'aʎi] *sm* Detalle, minucia, pormenor, particularidad.

de.tec.tar [detekt'ar] *vt* Detectar.

de.ten.ção [detẽs'ãw] *sf* Detención.

de.ten.to [det'ẽtu] *sm* Detenido, presidiario, prisionero.

de.ter [det'er] *vt+vpr* Detener.

de.ter.gen.te [deterʒ'ẽti] *adj+sm* Detergente.

de.te.ri.o.rar [deterjor'ar] *vt+vpr* Deteriorar, empeorar, descomponer, degradar, malear, desgastar, viciar.

de.ter.mi.na.ção [determinas'ãw] *sf* Determinación.

de.ter.mi.nar [determin'ar] *vt* 1 Determinar. *vt+vpr* 2 Decidir, resolver.

de.tes.tar [detest'ar] *vt+vpr* Odiar, detestar, execrar, aborrecer, abominar.

de.tes.tá.vel [detest'avew] *adj* Detestable, abominable, repugnante, execrable, fastidioso, odioso.

de.te.ti.ve [detet'ivi] *sm* Detective.

de.to.nar [deton'ar] *vt+vi* Detonar.

de.trás [detr'as] *adv* 1 Detrás, atrás. 2 Tras, después.

de.tri.men.to [detrim'ẽtu] *sm* Detrimento, daño, mal, perjuicio, desventaja, lesión.

de.tri.to [detr'itu] *sm* Detrito, residuo, resto, despojo.

de.tur.pa.ção [deturpas'ãw] *sf* 1 Deformación, afeamiento. 2 Malinterpretación.

de.tur.par [deturp'ar] *vt* 1 Deturpar, deformar, desvirtuar, afear, falsear. 2 Malinterpretar.

deus [d'ews] *sm* Dios.

deu.sa [d'ewza] *sf* Diosa.

de.va.gar [devag'ar] *adv* Despacio, lentamente.

de.va.ne.ar [devane'ar] *vt* 1 Imaginar, soñar, fantasear. 2 Distraerse. *vi* 3 Devanear.

de.va.nei.o [devan'eju] *sm* 1 Devaneo. 2 Fantasía, imaginación.

de.vas.so [dev'asu] *adj+sm* Disoluto, libertino, vicioso, desenfrenado, licencioso, inmoral, pervertido, perverso.

de.vas.ta.ção [devastas'ãw] *sf* Devastación, pérdida, destrucción, ruina, desolación, aniquilación.

de.vas.tar [devast'ar] *vt* Devastar, desolar, aniquilar, destruir.
de.ve.dor [deved'or] *adj+sm* Deudor.
de.ver [dev'er] *sm* Deber, obligación, compromiso, cargo, incumbencia, quehacer, tarea. • *vt* Deber: a) ser obligado, tener que. b) *vi* adeudar.
de.vi.do [dev'idu] *adj+sm* Debido.
de.vo.ção [devos'ãw] *sf* Devoción.
de.vo.lu.ção [devolus'ãw] *sm* Devolución, reembolso, reintegro, restitución, vuelta.
de.vol.ver [devowv'er] *vt* Devolver.
de.vo.rar [devor'ar] *vt* Devorar, comer, engullir, tragar, zampar, embocar, jalar.
de.vo.ta.men.to [devotam'ẽtu] *sm* Devoción, dedicación, veneración, consagración.
de.vo.tar [devot'ar] *vt+vpr* Dedicar, consagrar, destinar.
de.vo.to [dev'ɔtu] *adj+sm* Devoto, dedicado.
dez [d'ɛs] *num* Diez.
de.zem.bro [dez'ẽbru] *sm* Diciembre.
de.ze.na [dez'enə] *sf* Decena.
de.ze.no.ve [dezen'ɔvi] *num* Diecinueve.
de.zes.seis [dezes'ejs] *num* Dieciséis.
de.zes.se.te [dezes'eti] *num* Diecisiete.
de.zoi.to [dez'ojtu] *num* Dieciocho.
di.a [d'iə] *sm* Día.
di.a.be.tes [djab'etis] *s m+f sing+pl Med* Diabetes.
di.a.bo [di'abu] *sm* **1** Diablo, demonio, satanás, satán. **2** Desorden, confusión, lío.
di.ag.no.se [djagn'ɔzi] *sf Med* Diagnosis.
di.ag.nos.ti.car [djagnostik'ar] *vt* Diagnosticar.
di.a.gra.ma [djagr'∧mə] *sm* Diagrama.
di.a.le.to [djal'etu] *sm Ling* Dialecto.
di.a.lo.gar [djalog'ar] *vt+vi* Dialogar, conversar, platicar, discutir, charlar.

di.á.lo.go [di'alogu] *sm* Diálogo, conversación, plática, charla.
di.â.me.tro [di'∧metru] *sm Geom* Diámetro.
di.an.te [di'ãti] *adv+prep* **1** Delante, ante. **2** Antes. **3** Enfrente, cara a cara.
di.an.tei.ra [djãt'ejrə] *sf* Delantera.
di.á.ria [di'arjə] *sf* **1** Jornal, pago diario. **2** Tasa diaria (pensión, hospedaje, hotel, hospital).
di.á.rio [di'arju] *adj* Diario, cotidiano. • *sm* Diario: a) periódico. b) memorias (cuaderno). c) *Com* libro de transacciones diarias. d) *fam* gasto diario.
di.a.ris.ta [djar'istə] *s m+f* Jornalero, peón.
di.ar.rei.a [djar'ejə] *sf Med* Diarrea, disentería.
di.ca [d'ikə] *sf fam* Información, indicación, pista.
di.ci.o.ná.rio [disjon'arju] *sm* Diccionario.
di.dá.ti.ca [did'atikə] *sf* Didáctica.
di.e.ta [di'etə] *sf* Dieta, régimen.
di.e.té.ti.co [djet'etiku] *adj* Dietético.
di.fa.ma.ção [difamas'ãw] *sf* Difamación, maledicencia, descrédito, insidia, calumnia.
di.fa.mar [difam'ar] *vt* Difamar, calumniar, desacreditar.
di.fe.ren.ça [difer'ẽsə] *sf* **1** Diferencia. **2 diferenças** *pl* Desavenencia, oposición.
di.fe.ren.ci.ar [diferẽsi'ar] *vt* Diferenciar, distinguir.
di.fe.ren.te [difer'ẽti] *adj* **1** Diferente. **2** Exótico, extraño, raro.
di.fí.cil [dif'isiw] *adj* Difícil, dificultoso, arduo.
di.fi.cul.da.de [difikuwd'adi] *sf* Dificultad.
di.fi.cul.tar [difikuwt'ar] *vt+vpr* Dificultar, complicar, embarazar.
di.fun.dir [difũd'ir] *vt+vpr* Difundir, divulgar, propagar.

di.fu.são [difuz'ãw] *sf* Difusão, divulgação, transmissão, propagação, diseminación.
di.ge.rir [diʒer'ir] *vt+vi* Digerir.
di.ges.tão [diʒest'ãw] *sf Med* Digestión.
di.ges.ti.vo [diʒest'ivu] *adj+sm* Digestivo.
di.gi.ta.ção [diʒitas'ãw] *sf* Tecleado.
di.gi.ta.dor [diʒitad'or] *sm Inform* Teclista.
di.gi.tal [diʒit'aw] *adj* Digital, dactilar.
di.gi.tar [diʒit'ar] *vt* Teclear, digitar.
dig.nar [dign'ar] *vt* **1** Dignificar. *vpr* **2** Dignarse.
dig.ni.da.de [dignid'adi] *sf* Dignidad, nobleza, honor, honradez, decoro, seriedad, decencia.
dig.no [d'ignu] *adj* Digno.
di.la.ce.rar [dilaser'ar] *vt+vpr* Dilacerar.
di.la.ta.ção [dilatas'ãw] *sf* **1** Dilatación. **2** Prórroga.
di.la.tar [dilat'ar] *vt+vpr* Dilatar.
di.le.ma [dil'emə] *sm* Dilema.
di.li.gen.ci.ar [diliʒẽsi'ar] *vt* Diligenciar.
di.lu.ir [dilu'ir] *vt+vpr* Diluir.
di.lú.vio [dil'uvju] *sm* Diluvio.
di.men.são [dimẽs'ãw] *sf* Dimensión, medida, tamaño, extensión, proporción.
di.mi.nu.i.ção [diminwis'ãw] *sf* Disminución.
di.mi.nu.ir [diminu'ir] *vt+vi* Disminuir.
di.mi.nu.ti.vo [diminut'ivu] *sm Gram* Diminutivo.
di.nâ.mi.ca [din'ʌmikə] *sf* Dinámica.
di.nhei.ro [diñ'ejru] *sm* Dinero.
di.plo.ma [dipl'omə] *sm* Diploma.
di.plo.ma.ci.a [diplomas'iə] *sf* Diplomacia.
di.plo.ma.ta [diplom'atə] *s m+f* Diplomático.
di.re.ção [dires'ãw] *sf* Dirección.
di.re.ci.o.nar [diresjon'ar] *vt* Dirigir.
di.rei.ta [dir'ejtə] *sf* Derecha, diestra.
di.rei.to [dir'ejtu] *adj+sm* Derecho.
di.re.to [dir'ɛtu] *adj* Directo. • *sm* **1** *Esp* Directo (boxeo). **2** *fam* Trompazo. • *adv* directamente.
di.re.tor [diret'or] *adj+sm* Director, administrador.
di.re.to.ri.a [diretor'iə] *sf* Directorio, dirección.
di.re.triz [diretr'is] *sf* Directriz.
di.ri.gir [diriʒ'ir] *vt* **1** Dirigir. **2** Manejar, conducir (vehículo).
dis.car [disk'ar] *vt+vi* **1** Marcar. **2** *Am* Discar.
dis.cer.ni.men.to [disernim'ẽtu] *sm* Discernimiento, lucidez, criterio, juicio, razonamiento.
dis.cer.nir [disern'ir] *vt+vi* Discernir.
dis.ci.pli.na [disipl'inə] *sf* Disciplina.
dis.ci.pli.nar [disiplin'ar] *adj* Disciplinario. • *vt+vpr* Disciplinar: a) adiestrar. b) corregir, castigar.
dis.co [d'isku] *sm* Disco.
dis.cor.dar [diskɔrd'ar] *vt+vi* Discordar.
dis.cór.dia [disk'ɔrdjə] *sf* Discordia.
dis.co.te.ca [diskot'ɛkə] *sf* Discoteca.
dis.cre.pân.ci.a [diskrep'ãsjə] *sf* Discrepancia.
dis.cre.to [diskr'ɛtu] *adj* Discreto.
dis.cri.ção [diskris'ãw] *sf* Discreción, moderación, circunspección, reserva, prudencia.
dis.cri.mi.na.ção [diskriminas'ãw] *sf* Discriminación.
dis.cri.mi.nar [diskrimin'ar] *vt* Discriminar: a) distinguir. b) separar, segregar.
dis.cur.sar [diskurs'ar] *vi* **1** Discursear. *vt* **2** Discurrir, reflexionar, pensar.
dis.cur.so [disk'ursu] *sm* Discurso.
dis.cus.são [diskus'ãw] *sf* Discusión: a) debate, polémica. b) pelea.
dis.cu.tir [diskut'ir] *vt+vi* Discutir.

dis.cu.tí.vel [diskut'ivew] *adj* Discutible: a) problemático, disputable. b) dudoso, incierto.

di.sen.te.ri.a [dizěter'iə] *sf Med* Disentería, diarrea.

dis.far.çar [disfars'ar] *vt+vpr* Disfrazar: a) enmascarar. b) encubrir, cambiar el aspecto. c) disimular.

dis.far.ce [disf'arsi] *sm* Disfraz: a) máscara. b) disimulación, engaño, artificio.

dis.pa.rar [dispar'ar] *vt* Disparar.

dis.pa.ri.da.de [disparid'adi] *sf* Disparidad: a) desigualdad, disconformidad, discrepancia, diversidad, divergencia. b) desproporción.

dis.pa.ro [disp'aru] *sm* **1** Disparo, tiro. **2** Estampido, estallido, reventón.

dis.pen.sa [disp'ěsə] *sf* Dispensa, exención, licencia, descargo, exoneración, permiso.

dis.pen.sar [dispěs'ar] *vt* **1** Dispensar. **2** Prescindir, rechazar. **3** Despedir, exonerar.

dis.per.sar [dispers'ar] *vt+vpr* Dispersar: a) separar, disgregar. *vt+vpr* b) distraer.

dis.pli.cên.cia [displis'ěsjə] *sf* Displicencia, indiferencia, apatía, disgusto, indolencia, desinterés.

dis.po.ni.bi.li.da.de [disponibilid'adi] *sf* Disponibilidad.

dis.po.ní.vel [dispon'ivew] *adj* Disponible.

dis.por [disp'or] *vt* Disponer.

dis.po.si.ção [dispoziz'ãw] *sf* Disposición: a) ordenación, organización. b) estado de ánimo.

dis.po.si.ti.vo [dispozit'ivu] *adj+sm* Dispositivo.

dis.pu.tar [disput'ar] *vt* Disputar.

dis.que.te [disk'eti] *sm Inform* Disquete, disco flexible.

dis.se.mi.na.ção [diseminas'ãw] *sf* Diseminación: a) difusión, derramamiento, propagación. b) divulgación.

dis.se.mi.nar [disemin'ar] *vt+vpr* Diseminar: a) difundir, propagar, derramar. b) divulgar.

dis.ser.ta.ção [disertas'ãw] *sf* **1** Disertación, escrito. **2** Redacción, composición.

dis.si.dên.cia [disid'ěsjə] *sf* Disidencia, desavenencia, separación, divergencia.

dis.si.mu.lar [disimul'ar] *vt* Disimular, fingir, embozar.

dis.si.pa.ção [disipas'ãw] *sf* Disipación.

dis.si.par [disip'ar] *vt+vpr* Disipar.

dis.so [d'isu] *contr prep* de+*pron* isso. De eso.

dis.so.lu.ção [disolus'ãw] *sf* Disolución.

dis.sol.ver [disowv'er] *vt+vpr* Disolver, diluir, desagregar, derretir.

dis.su.a.dir [diswad'ir] *vt+vpr* Disuadir, desaconsejar, retraer, quitar de la cabeza.

dis.tân.cia [dist'ãsjə] *sf* Distancia, separación, lejanía.

dis.tan.ci.ar [distãsi'ar] *vt+vpr* Distanciar, separar, apartar, alejar.

dis.tan.te [dist'ãti] *adj* Distante. • *adv* Lejos.

dis.ten.der [distěd'er] *vt+vpr* Distender.

dis.ten.são [distěs'ãw] *sf* Distensión.

dis.tin.ção [distis'ãw] *sf* Distinción.

dis.tin.guir [distĩg'ir] *vt+vpr* Distinguir, discriminar, separar.

dis.tin.ti.vo [distĩt'ivu] *sm* Distintivo, divisa, emblema, insignia, enseña, lema.

dis.tin.to [dist'ĩtu] *adj* **1** Distinto, diferente, otro. **2** Distinguido, notable, superior, elegante.

dis.to [d'istu] *contr prep* de+*pron dem* isto. De esto.

dis.tor.ção [distors'ãw] *sf* Distorsión.

dis.tor.cer [distors'er] *vt* Distorsionar, alterar, torcer.

dis.tra.ção [distras'ãw] *sf* Distracción.
dis.tra.ir [distra'ir] *vt* Distraer, divertir, entretener, recrear.
dis.tri.bu.i.ção [distribwis'ãw] *sf* Distribución: a) disposición, ordenamiento. b) repartición, reparto.
dis.tri.bu.ir [distribu'ir] *vt* Distribuir, repartir, compartir.
dis.tri.to [distr'itu] *sm* Distrito, jurisdicción.
dis.túr.bio [dist'urbju] *sm* Disturbio, alteración, desorden.
di.ta.do [dit'adu] *sm* **1** Dictado. **2** Dicho, refrán, proverbio.
di.ta.dor [ditad'or] *sm+f* Dictador, totalitario, déspota, tirano, autócrata, mandón.
di.ta.du.ra [ditad'urə] *sf* Dictadura, tiranía, absolutismo, autocracia, dominación.
di.tar [dit'ar] *vt* Dictar: a) leer. b) imponer, prescribir.
di.to [d'itu] *adj+sm* Dicho.
di.u.ré.ti.co [djur'ɛtiku] *adj+sm* Diurético.
di.ur.no [di'urnu] *adj* Diurno.
di.va.ga.ção [divagas'ãw] *sf* Divagación, digresión, devaneo.
di.va.gar [divag'ar] *vi* Divagar.
di.ver.gên.cia [diverʒ'ẽsjə] *sf* Divergencia, discordancia, disonancia, discrepancia, disconformidad, desacuerdo, incompatibilidad.
di.ver.gir [diverʒ'ir] *vt+vi* Divergir, discordar, discrepar.
di.ver.são [divers'ãw] *sf* Diversión, distracción.
di.ver.si.da.de [diversid'adi] *sf* Diversidad.
di.ver.si.fi.ca.ção [diversifikas'ãw] *sf* Diversificación.
di.ver.si.fi.car [diversifik'ar] *vt+vi* Diversificar, variar.
di.ver.so [div'ɛrsu] *adj* Diverso. • *pron indef pl* **diversos** Varios, diversos.

di.ver.ti.men.to [divertim'ẽtu] *sm* Divertimiento, recreación, entretenimiento, distracción, diversión.
di.ver.tir [divert'ir] *vt+vpr* Divertir: a) distraer, entretener. b) alegrar, reír.
dí.vi.da [d'ividə] *sf* Deuda, responsabilidad, obligación.
di.vi.dir [divid'ir] *vt+vpr* Dividir.
di.vin.da.de [divĩd'adi] *sf* Divinidad, deidad.
di.vi.no [div'inu] *adj* Divino.
di.vi.sa [div'izə] *sf* **1** Linde, frontera. **2** Insignia, emblema, distintivo. **3** Enseña, señal. **4 divisas** *pl Econ* Divisas.
di.vi.são [diviz'ãw] *sf* División.
di.vi.sí.vel [diviz'ivew] *adj* Divisible.
di.vi.só.ria [diviz'ɔrjə] *sf* Mampara, tabique.
di.vor.ci.ar [divorsi'ar] *vt+vpr* Divorciar.
di.vór.cio [div'ɔrsju] *sm* Divorcio.
di.vul.gar [divuwg'ar] *vt+vpr* Divulgar, publicar, propagar.
di.zer [diz'er] *vt* Decir.
do [du] *contr prep* de+*art* o. Del, de lo.
dó [d'ɔ] *sm* Compasión, piedad, lástima.
do.a.ção [doas'ãw] *sf* Donación, donativo, ayuda.
do.a.dor [doad'or] *adj+sm* Donador, donante, donatario, dador.
do.ar [do'ar] *vt* Donar, legar, conceder, otorgar, entregar, dar, regalar, ofrendar. *vt+vpr* **2** Entregarse, consagrarse.
do.bra [d'ɔbrə] *sf* Doblez, pinza, pliegue, repliegue, arruga.
do.bra.di.ça [dobrad'isə] *sf* Bisagra, articulación, gozne, charnela.
do.brar [dobr'ar] *vt+vi* Doblar.
do.brá.vel [dobr'avew] *adj* Flexible, maleable, manejable.
do.bro [d'obru] *sm* Doble, duplo.
do.ca [d'ɔkə] *sf Mar* Dársena, amarradero, atracadero, dique, muelle.

do.ce [d'osi] *adj+sm* Dulce.
dó.cil [d'ɔsiw] *adj* Dócil, fácil, manso, como una seda.
do.cu.men.ta.ção [dokumẽtas'ãw] *sf* Documentación.
do.cu.men.tá.rio [dokumẽt'arju] *sm* **1** Documental. **2** Documentario.
do.cu.men.to [dokum'ẽtu] *sm* Documento.
do.çu.ra [dos'urə] *sf* Dulzura.
do.en.ça [do'ẽsə] *sf Med* Enfermedad, dolencia, mal, molestia, afección.
do.en.te [do'ẽti] *adj* e *s m+f* Enfermo, doliente.
do.en.ti.o [doẽt'iu] *adj* **1** Enfermizo. **2** *fig* Degenerado, malo, condenable.
do.er [do'er] *vt+vi+vpr* Doler.
doi.di.ce [dojd'isi] *sf* **1** Locura, demencia, insanidad. **2** *fam* Disparate, torpeza, metedura de pata, desatino.
doi.do [d'ojdu] *adj+sm* Loco, chiflado, alienado, temerario, alocado, demente, insensato.
do.í.do [do'idu] *adj* Dolido, doloroso.
dois [d'ojs] *num* Dos.
dois-pon.tos [dojsp'õtus] *sm sing+pl Gram* Dos puntos.
dó.lar [d'ɔlar] *sm* Dólar.
do.lo.ri.do [dolor'idu] *adj* Dolorido, doloroso, doliente.
dom [d'õw] *sm* Don, dádiva, gracia.
do.mar [dom'ar] *vt* Domar.
do.mes.ti.car [domestik'ar] *vt+vpr* **1** Domesticar, domar, amansar. **2** *fig* Civilizar, mejorar, refinar.
do.més.ti.co [dom'ɛstiku] *adj* Doméstico, familiar, casero.
do.mi.cí.lio [domis'ilju] *sm* Domicilio, hogar, habitación, residencia, casa.
do.mi.na.ção [dominas'ãw] *sf* Dominación, dominio, poder, opresión, control.
do.mi.nar [domin'ar] *vt+vi* Dominar, domeñar, conquistar.

do.min.go [dom'ĩgu] *sm* Domingo.
do.mí.nio [dom'inju] *sm* Dominio, pertenencia, propiedad, dominación, sujeción.
do.mi.nó [domin'ɔ] *sm* Dominó.
do.na [d'onə] *sf* Doña, señora.
do.na.ti.vo [donat'ivu] *sm* Donativo, regalo, dádiva, cesión, ofrenda, ayuda, contribución.
do.no [d'onu] *sm* Dueño, propietario, señor, amo.
don.ze.la [dõz'ɛlə] *sf* Doncella, virgen, muchachuela, damisela, muchacha, moza.
do.par [dop'ar] *vt+vpr* Dopar, drogar, narcotizar.
dor [d'or] *sf* Dolor, pesar, congoja.
do.ra.van.te [dɔrav'ãti] *adv* De ahora en adelante, a partir de ahora.
dor.mi.nho.co [dormiɲ'oku] *adj+sm* Dormilón, lirón, marmota.
dor.mir [dorm'ir] *vi* Dormir.
dor.mi.tó.rio [dormit'ɔrju] *sm* Dormitorio, cuarto, habitación, cámara, alcoba.
do.sar [doz'ar] *vt* Dosificar, graduar.
do.se [d'ozi] *sf* Dosis, porción.
do.te [d'ɔti] *sm* Dote, bienes, prenda.
dou.ra.do [dowr'adu] *adj* Dorado, áureo, esplendoroso, feliz. • *sm Ictiol* Dorado.
dou.tor [dowt'or] *sm* **1** Doctor. **2** Perito. **3** Abogado.
dou.tri.nar [dowtrin'ar] *vt+vi* Adoctrinar, instruir, enseñar.
do.ze [d'ozi] *num* Doce.
dra.ma [dr'ʌmə] *sm Teat* Drama. **2** *fig* Drama, desgracia, tragedia.
dra.ma.ti.za.ção [dramatizas'ãw] *sf Teat* Dramatización.
dra.ma.ti.zar [dramatiz'ar] *vt* Dramatizar, teatralizar, exagerar.
dra.ma.tur.go [dramat'urgu] *sm* Dramaturgo.

drás.ti.co [dr'astiku] *adj* Drástico, enérgico, eficaz.

dre.nar [dren'ar] *vt* Drenar, desaguar, avenar.

dri.blar [dribl'ar] *vt Esp* Driblar, regatear, esquivar.

drin.que [dr'ĩki] *sm* Copetín, aperitivo, trago, copa.

dro.ga [dr'ɔgə] *sf* **1** *farm* Droga, fármaco. **2** *fig* Porquería, bagatela.

dro.ga.do [drog'adu] *adj* Drogadicto.

dro.gar [drog'ar] *vt* Drogar: a) medicar. *vpr* b) drogarse, doparse, colocarse.

dro.ga.ri.a [drogar'iə] *sf* Droguería, farmacia.

du.as [d'uas] *num f* Dos.

dú.bio [d'ubju] *adj* Ambiguo, dudoso, incierto.

du.bla.gem [dubl'aʒẽj] *sf Cin, Telev* Doblaje.

du.blar [dubl'ar] *vt Cin, Telev* Doblar (substituir la voz).

du.blê [dubl'e] *s m+f Cin, Telev* Doble.

du.e.lo [du'ɛlu] *sm* Duelo, combate, desafío, pelea.

du.e.to [du'etu] *sm* Dueto: a) *Mús* dúo. b) par de personas, pareja.

du.na [d'unə] *sf* Duna, médano, arenal.

duo [d'uu] *sm* Dúo.

du.pla [d'uplə] *sf* Pareja, par.

dú.plex [d'uplɛks] *adj+sm* Dúplex, dúplice, doble. *Pl*: *dúplices*.

du.pli.ca.ção [duplikas'ãw] *sf* Duplicación.

du.pli.car [duplik'ar] *vt+vi* Duplicar, doblar, multiplicar.

du.pli.ca.ta [duplik'atə] *sf* **1** *Com* Factura, letra. **2** Duplicado, copia.

du.plo [d'uplu] *adj+num* Duplo, doble, duplicado.

du.que [d'uki] *sm* Duque.

du.ra.bi.li.da.de [durabilid'adi] *sf* Durabilidad, resistencia.

du.ra.ção [duras'ãw] *sf* Duración, durabilidad, vigencia.

du.ran.te [dur'ãti] *prep* Durante, mientras.

du.rar [dur'ar] *vi* Durar, permanecer, persistir.

du.rá.vel [dur'avew] *adj* Durable, duradero.

du.re.za [dur'ezə] *sf* **1** Dureza, firmeza. **2** *fig, fam* Dificultad, aprieto. **3** Falta de dinero.

du.ro [d'uru] *adj* **1** Duro, rígido, sólido. **2** Severo, riguroso. **3** *fam* Difícil. **4** *fam* Sin dinero.

dú.vi.da [d'uvidə] *sf* Duda, incertidumbre.

du.vi.dar [duvid'ar] *vt+vi* **1** Dudar, sospechar. **2** Titubear, vacilar.

du.vi.do.so [duvid'ozu] *adj* Dudoso, ambiguo, incierto.

du.zen.tos [duz'ẽtus] *num* Doscientos.

dú.zia [d'uzjə] *sf* Docena.

e

e, E ['e] *sm* Quinta letra del alfabeto portugués.
é.brio ['ɛbrju] *adj+sm* **1** Ebrio, borracho, bebido, embriagado, beodo. **2** *vulg* Mamado.
e.bu.li.ção [ebulis'ãw] *sf* Ebullición.
e.clé.ti.co [ekl'ɛtiku] *adj+sm* Ecléctico.
e.clip.se [ekl'ipsi] *sm Astron* **1** Eclipse. **2** Ausencia, evasión, desaparición.
e.clo.dir [eklod'ir] *vi* Eclosionar.
e.clo.são [ekloz'ãw] *sf* Eclosión.
e.co ['ɛku] *sm* **1** Eco. **2** Repercusión, aceptación.
e.co.lo.gi.a [ekoloʒ'iə] *sf* Ecología.
e.co.no.mi.a [ekonom'iə] *sf* Economía.
e.co.no.mi.zar [ekonomiz'ar] *vtd+vi* Economizar, ahorrar.
e.cos.sis.te.ma [ekosist'emə] *sm* Ecosistema.
e.di.ção [edis'ãw] *sf* Edición.
e.di.fi.car [edifik'ar] *vtd+vi+vpr* Edificar.
e.di.fí.cio [edif'isju] *sm* Edificio.
e.di.tal [edit'aw] *sm* Edicto.
e.di.tar [edit'ar] *vtd* Editar.
e.di.tor [edit'or] *adj+sm* Editor.
e.di.to.ra [edit'orə] *sf* Editorial.
e.dre.dom [edred'õw] *sm* Edredón.
e.du.ca.ção [edukas'ãw] *sf* Educación.
e.du.car [eduk'ar] *vtd+vpr* Educar.
e.fei.to [ef'ejtu] *sm* Efecto.
e.fê.me.ro [ef'emeru] *adj* Efímero.
e.fe.mi.na.do [efemin'adu] *adj+sm* Afeminado, amanerado.
e.fer.ves.cên.cia [eferves'ẽsjə] *sf* **1** Efervescencia. **2** *fig* Agitación, ardor.
e.fe.ti.vo [efet'ivu] *adj+sm* Efectivo.
e.fe.tu.ar [efetu'ar] *vtd+vpr* Efectuar, ejecutar, cumplir, realizar.
e.fi.caz [efik'as] *adj m+f* Eficaz.
e.fi.ci.ên.cia [efisi'ẽsjə] *sf* Eficiencia.
e.go ['egu] *sm* Ego.
e.go.ís.mo [ego'izmu] *sm* Egoísmo.
e.go.ís.ta [ego'istə] *adj e s m+f* Egoísta.
é.gua ['ɛgwə] *sf Zool* Yegua.
eis ['ejs] *adv* He aquí, aquí está.
ei.xo ['ejʃu] *sm* Eje.
e.ja.cu.la.ção [eʒakulas'ãw] *sf* Eyaculación.
e.ja.cu.lar [eʒakul'ar] *vtd+vti+vi* Eyacular.
e.la [ɛlə] *pron pes* Ella.
e.la.bo.rar [elabor'ar] *vtd+vpr* Elaborar.
e.las.ti.ci.da.de [elastisid'adi] *sf* Elasticidad.
e.lás.ti.co [el'astiku] *adj+sm* Elástico.
e.le ['eli] *pron pes* Él.
e.le.fan.te [elef'ãti] *sm Zool* Elefante.
e.le.gân.cia [eleg'ãsjə] *sf* Elegancia.
e.le.ger [eleʒ'er] *vtd* Elegir, escoger.
e.lei.ção [elejs'ãw] *sf* Elección.
e.lei.to [el'ejtu] *adj+sm* Elegido.
e.lei.tor [elejt'or] *sm* Elector.
e.le.men.to [elem'ẽtu] *sm* Elemento.
e.len.co [el'ẽku] *sm* Elenco.
e.le.tri.ci.da.de [eletrisid'adi] *sf Fís* Electricidad.

eletrônico 287 **embuste**

e.le.trô.ni.co [eletr'oniku] *adj* Electrónico.
e.le.va.ção [elevas'ãw] *sf* Elevación.
e.le.va.dor [elevad'or] *sm* Ascensor.
e.le.var [elev'ar] *vtd+vti+vpr* Elevar, levantar.
e.li.mi.na.ção [eliminas'ãw] *sf* Eliminación.
e.li.mi.nar [elimin'ar] *vtd+vti* 1 Eliminar. *vpr* 2 Eliminarse, matarse, suicidarse.
e.li.te [el'iti] *sf* Élite, elite.
e.lo [′ɛlu] *sm* 1 Eslabón. 2 *fig* Nexo.
e.lo.gi.ar [eloʒi'ar] *vtd* Elogiar, alabar, ensalzar.
e.lo.gi.o [eloʒ'iu] *sm* Elogio, alabanza.
e.lo.quên.cia [elok'wẽsjɐ] *sf* Elocuencia.
e.lu.ci.dar [elusid'ar] *vtd* Dilucidar, aclarar, explicar.
em [′ẽj] *prep* En.
e.ma.gre.cer [emagres'er] *vtd+vi+vpr* Adelgazar.
e.ma.nar [eman'ar] *vti* Emanar.
e.man.ci.pa.ção [emãsipas'ãw] *sf* Emancipación.
e.man.ci.par [emãsip'ar] *vtd+vti+vpr* Emancipar.
em.ba.çar [ẽbas'ar] *vtd* Empañar.
em.bai.xa.da [ẽbajʃ'adɐ] *sf* Embajada.
em.bai.xa.dor [ẽbajʃad'or] *sm* Embajador.
em.bai.xo [ẽb'ajʃu] *adv* Debajo, abajo.
em.ba.la.gem [ẽbal'aʒẽj] *sf* Embalaje, envase.
em.ba.lar [ẽbal'ar] *vtd* 1 Acunar, mecer. 2 Balancear. 3 Empaquetar, embalar.
em.ba.lo [ẽb'alu] *sm* Impulso.
em.ba.ra.çar [ẽbaras'ar] *vtd+vpr* 1 Impedir, estorbar, retardar, embarazar, entorpecer. 2 Complicar, confundir, enredar, embrollar, enmarañar. 3 Obstruir, obstaculizar.
em.ba.ra.lhar [ẽbaraʎ'ar] *vtd+vpr* 1 Confundir, embrollar. *vi* 2 Barajar (las cartas).

em.bar.ca.ção [ẽbarkas'ãw] *sf* Embarcación.
em.bar.car [ẽbark'ar] *vtd+vti+vi+vpr* Embarcar.
em.bar.que [ẽb'arki] *sm* Embarque.
em.be.be.dar [ẽbebed'ar] *vtd+vi+vpr* 1 Embriagar, emborrachar. 2 Extasiar, arrebatar, embelesar.
em.be.le.zar [ẽbelez'ar] *vtd+vpr* 1 Hermosear, embellecer. 2 Embelesar, suspender, arrebatar, cautivar.
em.bir.rar [ẽbiʀ'ar] *vti+vi* 1 Porfiar, obstinarse, empecinarse. *vti* 2 Repeler, detestar, antipatizar.
em.bo.lar [ẽbol'ar] *vt+vint+vpr* Embolar.
êm.bo.lo [′ẽbolu] *sm* Embolo.
em.bo.lo.rar [ẽbolor'ar] *vtd+vi* Enmohecer.
em.bol.sar [ẽbows'ar] *vtd* Embolsar.
em.bo.ra [ẽb'ɔrɐ] *adv* En buena hora, en hora buena. • *conj* Aunque, no obstante, sin embargo, si bien.
em.bos.ca.da [ẽbosk'adɐ] *sf* Emboscada, celada, trampa, encerrona.
em.bran.que.cer [ẽbrãkes'er] *vtd+vi+vpr* Blanquear.
em.bre.a.gem [ẽbre'aʒẽj] *sf* Embrague.
em.bri.a.gar [ẽbrjag'ar] *vtd+vi+vpr* Embriagar, emborrachar.
em.bri.a.guez [ẽbrjag'es] *sf* Embriaguez, borrachera.
em.bri.ão [ẽbri'ãw] *sm* Embrión.
em.bro.mar [ẽbrom'ar] *vtd+vi* 1 Embromar. *vtd* 2 *AL* Burlarse, bromear, mofarse.
em.bru.lhar [ẽbruʎ'ar] *vtd+vpr* 1 Envolver. 2 *fig* Engañar, mentir.
em.bru.lho [ẽbr'uʎu] *sm* Paquete, envoltorio.
em.bru.te.cer [ẽbrutes'er] *vtd+vi+vpr* Embrutecer.
em.bur.rar [ẽbuʀ'ar] *vt+vint* Disgustar, enfadarse.
em.bus.te [ẽb'usti] *sm* Embuste.

embutido 288 **encabular**

em.bu.ti.do [ĕbutʃidu] *adj+sm* Embutido, encajado, empotrado.
e.men.da [eˈmẽdə] *sf* Enmienda.
e.men.dar [emẽdˈar] *vtd+vpr* Enmendar.
e.mer.gên.cia [emerʒˈẽsjə] *sf* Emergencia.
e.mer.gir [emerʒˈir] *vi+vtd* Emerger.
e.mi.gra.ção [emigrasˈãw] *sf* Emigración.
e.mi.grar [emigrˈar] *vi* Emigrar.
e.mi.nen.te [eminˈẽtʃi] *adj m+f* Eminente.
e.mis.são [emisˈãw] *sf* Emisión.
e.mis.so.ra [emisˈorə] *sf* Emisora.
e.mi.tir [emitʃˈir] *vtd+vti+vi* Emitir.
e.mo.ção [emosˈãw] *sf* Emoción.
e.mo.ci.o.nar [emosjonˈar] *vtd+vi+vpr* Emocionar, conmover.
e.mol.du.rar [emowdurˈar] *vtd* Enmarcar, encuadrar.
em.pa.car [ẽpakˈar] *vi* Obstinarse.
em.pa.co.tar [ẽpakotˈar] *vtd* Empaquetar, empacar, encajonar.
em.pa.li.de.cer [ẽpalidesˈer] *vtd+vi* Palidecer, empalidecer.
em.pan.tur.rar [ẽpãtuʀˈar] *vtd+vti+vpr* Atiborrar, atracar (de comida).
em.pa.par [ẽpapˈar] *vt+vpr* Empapar(se).
em.pa.re.lhar [ẽpareʎˈar] *vtd+vti+vi+vpr* Emparejar.
em.pa.tar [ẽpatˈar] *vtd+vti+vi* Empatar.
em.pa.ti.a [ẽpatʃˈiə] *sf* Empatía.
em.pe.ci.lho [ẽpesˈiʎu] *sm* Impedimento, obstáculo, estorbo, cortapisa.
em.pe.nhar [ẽpeɲˈar] *vtd+vti+vpr* Empeñar.
em.pe.nho [ẽpˈeɲu] *sm* Empeño.
em.per.ra.do [ẽpeʀˈadu] *adj* Trabado, atascado, obstinado.
em.pe.te.car [ẽpetekˈar] *vtd* Emperifollar, emperejilar.
em.pi.lhar [ẽpiʎˈar] *vtd* 1 Apilar. *vtd+vpr* 2 Apiñar.

em.pi.nar [ẽpinˈar] *vtd+vpr* 1 Empinar. 2 Levantar. 3 Enderezarse.
em.pi.po.car [ẽpipokˈar] *vi* Aparecer pústulas.
em.po.bre.cer [ẽpobresˈer] *vtd+vi+vpr* Empobrecer.
em.po.ei.rar [ẽpoejrˈar] *vtd+vpr* Empolvar.
em.pol.gar [ẽpowgˈar] *vtd+vti+vpr* Entusiasmar, arrebatar.
em.por.ca.lhar [ẽporkaʎˈar] *vtd+vpr* Emporcar, ensuciar.
em.pó.rio [ẽpˈɔrju] *sm* 1 Emporio. 2 Almacén. 3 Tienda.
em.pre.en.der [ẽpreẽdˈer] *vtd* Emprender.
em.pre.en.di.men.to [ẽpreẽdimˈẽtu] *sm* 1 Empresa. 2 Obra. 3 Proyecto.
em.pre.ga.da [ẽpregˈadə] *sf* Empleada, sirvienta, asistenta.
em.pre.gar [ẽpregˈar] *vtd+vti+vpr* Emplear.
em.pre.go [ẽpɾˈegu] *sm* Empleo.
em.prei.ta.da [ẽprejtˈadə] *sf* 1 Destajo. 2 Empresa, tarea.
em.pre.sa [ẽpɾˈezə] *sf* Empresa.
em.pre.sá.rio [ẽpɾezˈarju] *sm* Empresario.
em.pres.tar [ẽprestˈar] *vtd+vti+vpr* Prestar.
em.prés.ti.mo [ẽpɾˈɛstimu] *sm* Préstamo.
em.pu.nhar [ẽpuɲˈar] *vtd* Empuñar.
em.pur.rão [ẽpuʀˈãw] *sm* Empujón.
em.pur.rar [ẽpuʀˈar] *vtd+vti+vpr* Empujar.
e.mu.de.cer [emudesˈer] *vtd+vi* Enmudecer.
e.nal.te.cer [enawtesˈer] *vtd* Enaltecer, ensalzar.
e.na.mo.ra.do [enamorˈadu] *adj* Enamorado.
en.ca.be.çar [ẽkabesˈar] *vtd* Encabezar.
en.ca.bu.lar [ẽkabulˈar] *vtd+vi+vpr* Avergonzar, ruborizar, sonrojar, abochornar.

en.ca.de.ar [ĕkade'ar] *vtd+vti+vpr* **1** Encadear. *vtd+vpr* **2** Concatenar.

en.ca.der.na.ção [ĕkadernas'ãw] *sf* Encadernación.

en.ca.der.nar [ĕkadern'ar] *vtd* Encuadernar.

en.cai.xar [ĕkajʃ'ar] *vtd+vti+vi+vpr* **1** Encajar. **2** Ajustar.

en.cai.xe [ĕkaj'ʃi] *sm* **1** Encaje, ajuste. **2** Junta, unión.

en.cai.xo.tar [ĕkajʃot'ar] *vtd+vpr* Encajonar, meter dentro de un cajón.

en.cal.ço [ĕk'awsu] *sm* Huella, rastro, pista.

en.ca.lhar [ĕkaλ'ar] *vtd+vi* **1** Encallar. **2** Atascar, atollar.

en.ca.mi.nhar [ĕkamiñ'ar] *vtd+vti+vi+vpr* **1** Encaminar. **2** Encarrilar.

en.ca.na.dor [ĕkanad'or] *sm* Fontanero, plomero.

en.ca.na.men.to [ĕkanam'ẽtu] *sm* Cañería, fontanería.

en.can.ta.men.to [ĕkãtam'ẽtu] *sm* Encantamiento.

en.can.tar [ĕkãt'ar] *vtd+vpr* Encantar.

en.ca.par [ĕkap'ar] *vt* Forrar.

en.ca.ra.co.lar [ĕkarakol'ar] *vtd+vi+vpr* Ensortijar, rizar, encrespar.

en.ca.rar [ĕkar'ar] *vtd+vti+vpr* Encarar.

en.car.ce.rar [ĕkarser'ar] *vtd+vpr* Encarcelar.

en.ca.re.cer [ĕkares'er] *vtd+vi* Encarecer.

en.car.re.gar [ĕkaře g'ar] *vtd+vti+vpr* Encargar.

en.car.te [ĕk'arti] *sm* Encarte.

en.ce.na.ção [ĕsenas'ãw] *sf* **1** Puesta en escena. **2** *fig* Simulacro.

en.ce.nar [ĕsen'ar] *vtd+vpr* **1** Escenificar. **2** Simular.

en.ce.ra.dei.ra [ĕserad'ejrə] *sf* Enceradora.

en.ce.rar [ĕser'ar] *vtd* Encerar.

en.cer.ra.men.to [ĕseřam'ẽtu] *sm* Cierre.

en.cer.rar [ĕseř'ar] *vtd+vti* **1** Encerrar. *vtd* **2** Concluir, terminar.

en.ces.tar [ĕsest'ar] *vtd+vi* Encestar.

en.char.car [ĕʃark'ar] *vtd+vpr* Encharcar.

en.chen.te [ĕʃ'ẽti] *sf* Inundación.

en.cher [ĕʃ'er] *vtd+vti+vi+vpr* Llenar.

en.ci.clo.pé.dia [ĕsiklop'ɛdjə] *sf* Enciclopedia.

en.clau.su.rar [ĕklawzur'ar] *vtd+vpr* Enclaustrar.

en.co.ber.to [ĕkob'ertu] *adj* Encubierto, oculto, no manifiesto.

en.co.brir [ĕkobr'ir] *vtd+vti+vpr* Encubrir, ocultar.

en.co.le.ri.zar [ĕkoleriz'ar] *vtd+vpr* Encolerizar, irritar, sulfurar.

en.co.lher [ĕkoλ'er] *vtd+vti+vpr* Encoger.

en.co.men.da [ĕkom'ẽdə] *sf* Encomienda.

en.co.men.dar [ĕkomẽd'ar] *vtd+vpr* Encomendar.

en.com.pri.dar [ĕkõprid'ar] *vtd* Alargar.

en.con.trar [ĕkõtr'ar] *vtd+vti+vpr* Encontrar.

en.con.tro [ĕk'õtru] *sm* Encuentro.

en.co.ra.jar [ĕkoraʒ'ar] *vtd+vpr* Envalentonar, animar, entusiasmar.

en.cos.tar [ĕkost'ar] *vtd+vpr* **1** Arrimar, aproximar, acercar. **2** Reclinar, recostar, descansar, apoyar.

en.cos.to [ĕk'ostu] *sm* **1** Espaldar. **2** Apoyo, respaldo.

en.cren.ca [ĕkr'ẽkə] *sf* **1** Lío, embrollo. **2** Barullo, gresca, desorden. **3** Intriga, enredo.

en.cres.par [ĕkresp'ar] *vtd+vpr* Encrespar.

en.cru.zi.lha.da [ĕkruziλ'adə] *sf* **1** Encrucijada, cruce. **2** *fig* Dilema.

en.cur.ra.lar [ĕkuřal'ar] *vtd+vpr* Acorralar.

en.cur.tar [ĕkurt'ar] *vtd+vi+vpr* Acortar, disminuir.

en.de.re.çar [ēderes'ar] *vtd+vti+vpr* Dirigir, encaminar.

en.de.re.ço [ēder'esu] *sm* Dirección.

en.di.a.bra.do [ēdjabr'adu] *adj+sm* Endiablado, malo.

en.di.nhei.ra.do [ēdiñejr'adu] *adj* Adinerado, rico, acaudalado, pudiente.

en.di.rei.tar [ēdirejt'ar] *vtd+vti+vpr* Enderezar.

en.di.vi.dar [ēdivid'ar] *vtd+vpr* Endeudar.

en.doi.de.cer [ēdojdes'er] *vi* Enloquecer, volverse loco, perder el juicio, perder la cabeza, perder el seso, trastornar, chiflar.

en.dos.sar [ēdos'ar] *vtd* 1 Endosar. 2 Solidarizarse, apoyar.

en.du.re.cer [ēdures'er] *vtd+vi+vpr* Endurecer.

e.ner.gé.ti.co [ener3'ɛtiku] *adj* Energético.

e.ner.gi.a [ener3'iə] *sf* Energía.

e.ner.gi.zar [ener3iz'ar] *vtd* 1 Fís Energizar. 2 *coloq* Energizar, dar energía, estimular.

e.ner.var [enerv'ar] *vtd+vi+vpr* Enervar.

e.ne.vo.a.do [enevo'adu] *adj* Nublado, nubloso, anubarrado.

en.fa.do.nho [ēfađ'oñu] *adj* 1 Aburrido, pesado, tedioso, fastidioso. 2 Enfadoso, enojoso, molesto, importuno, latoso.

en.fai.xar [ēfajʃ'ar] *vtd* 1 Enfajar. 2 Vendar.

en.far.te [ēf'arti] *sm* Infarto.

ên.fa.se ['ẽfazi] *sm* Énfasis.

en.fas.ti.ar [ēfasti'ar] *vtd+vi+vpr* Fastidiar, enfadar, disgustar, molestar, importunar.

en.fa.ti.zar [ēfatiz'ar] *vtd* Enfatizar.

en.fei.tar [ēfejt'ar] *vtd+vi+vpr* Adornar, engalanar.

en.fei.ti.çar [ēfejtis'ar] *vtd+vpr* Hechizar.

en.fer.ma.ri.a [ēfermari'ə] *sf* Enfermería.

en.fer.mei.ro [ēferm'ejru] *sm* Enfermero.

en.fer.mi.da.de [ēfermid'adi] *sf* Enfermedad.

en.fer.ru.jar [ēferuʒ'ar] *vtd+vi+vpr* Oxidar.

en.fe.zar [ēfez'ar] *vtd+vi+vpr* Enfadar, enojar, irritar.

en.fi.ar [ēfi'ar] *vtd+vi+vpr* 1 Enhebrar, ensartar. 2 Introducir, meter.

en.fim [ēf'ĩ] *adv* En fin, finalmente.

en.fo.car [ēfok'ar] *vtd* Fot Enfocar.

en.for.car [ēfork'adu] *vtd+vpr* Ahorcar.

en.fra.que.cer [ēfrakes'er] *vtd+vi+vpr* Debilitar.

en.fren.tar [ēfrēt'ar] *vtd+vti* Enfrentar, afrontar.

en.fu.ma.çar [ēfumas'ar] *vtd* Ahumar.

en.fu.re.cer [ēfures'er] *vtd+vi+vpr* Enfurecer, irritar, enojar, encolerizar, sulfurar.

en.gai.o.lar [ēgajol'ar] *vtd+vpr* Enjaular.

en.ga.nar [ēgan'ar] *vtd+vi+vpr* Engañar.

en.ga.no [ēg'ʌnu] *sm* Engaño.

en.gar.ra.fa.men.to [ēgařafam'ẽtu] *sm* Embotellamiento, atasco, congestión (de vehículos).

en.gas.gar [ēgazg'ar] *vtd+vi+vpr* Atragantar, atorar.

en.ga.tar [ēgat'ar] *vtd+vti* Enganchar.

en.ga.ti.lhar [ēgatiλ'ar] *vtd* Engatillar.

en.ga.ti.nhar [ēgatiñ'ar] *vi* Gatear.

en.ge.nha.ri.a [ēʒeñari'ə] *sf* Ingeniería.

en.ge.nhei.ro [ēʒeñ'ejru] *sm* Ingeniero.

en.ge.nho [ēʒ'eñu] *sm* Ingenio.

en.ges.sar [ēʒes'ar] *vtd* 1 Enyesar. 2 *Med* Escayolar.

en.go.lir [ēgol'ir] *vtd* Tragar.

en.gor.dar [ēgord'ar] *vtd+vi* Engordar.

en.gor.du.ra.do [ēgordur'adu] *adj* Grasoso, grasiento.

en.gor.du.rar [ẽgordur'ar] *vtd+vpr* Engrasar.

en.gra.ça.do [ẽgras'adu] *adj+sm* 1 Gracioso. 2 Divertido.

en.gran.de.cer [ẽgrandes'er] *vtd* 1 Engrandecer. *vti* 2 Aumentar, crecer. *vi+vpr* 3 Engrandecerse, agrandar.

en.gran.de.ci.men.to [ẽgrãdesim'ẽtu] *sm* Engrandecimiento.

en.gra.vi.dar [ẽgravid'ar] *vtd+vi* Embarazar.

en.gra.xar [ẽgraʃ'ar] *vtd* Lustrar.

en.gra.xa.te [ẽgraʃ'ati] *sm* 1 Limpiabotas. 2 *AL* Lustrabotas.

en.gre.na.gem [ẽgren'aʒẽj] *sf* Engranaje.

en.gros.sar [ẽgros'ar] *vtd+vi+vpr* 1 Engrosar, espesar. 2 Irritarse. 3 *fam* Adular.

e.nig.ma [en'igmɐ] *sm* Enigma.

en.jau.lar [ẽʒawl'ar] *vtd+vpr* Enjaular.

en.jo.ar [ẽʒo'ar] *vtd+vi* Marear.

en.jo.a.ti.vo [ẽʒoat'ivu] *adj* 1 Nauseabundo. 2 Empalagoso. 3 *AL* Hostigoso.

en.jô.o [ẽʒ'ou] *sm* Náusea, mareo.

en.la.ta.do [ẽlat'adu] *adj+sm* Enlatado.

en.lou.que.cer [ẽlowkes'er] *vtd+vi* Enloquecer, volverse loco, perder el juicio, perder la cabeza, perder el seso, trastornar, chiflar.

e.no.jar [enoʒ'ar] *vtd+vpr* Asquear, provocar náusea.

e.nor.me [en'ɔrmi] *adj m+f* Enorme.

en.quan.to [ẽk'wãtu] *conj* Mientras.

en.ra.i.zar [ẽrajz'ar] *vtd+vi+vpr* Enraizar, arraigar.

en.re.do [ẽr'edu] *sm* 1 Enredo. 2 Trama.

en.ri.que.cer [ẽrikes'er] *vtd+vi+vpr* Enriquecer.

en.ri.que.ci.men.to [ẽrikesim'ẽtu] *sm* Enriquecimiento.

en.ro.la.do [ẽrol'adu] *adj+sm* Complicado.

en.ro.lar [ẽrol'ar] *vtd+vpr* 1 Enrollar. *vtd* 2 Confundir, embrollar, enredar, complicar. *vtd* 3 *Arg, Chile, Ur* Engrupir.

en.ros.car [ẽrosk'ar] *vtd+vti* Enroscar.

en.ru.gar [ẽrug'ar] *vtd+vpr* Arrugar.

en.sa.bo.ar [ẽsabo'ar] *vtd+vpr* Enjabonar.

en.sai.ar [ẽsaj'ar] *vtd+vti+vpr* Ensayar.

en.se.a.da [ẽse'adɐ] *sf* Rada, bahía, ensenada.

en.se.jo [ẽs'eʒu] *sm* Oportunidad, coyuntura, sazón.

en.si.na.men.to [ẽsinam'ẽtu] *sm* Enseñanza.

en.si.nar [ẽsin'ar] *vtd+vti+vi* Enseñar.

en.si.no [ẽs'inu] *sm* Enseñanza.

en.so.la.ra.do [ẽsolar'adu] *adj* Soleado.

en.so.pa.do [ẽsop'adu] *adj* Empapado, calado. • *sm Col* Guisado, estofado.

en.sur.de.ce.dor [ẽsurdesed'or] *adj* Ensordecedor.

en.tan.to [ẽt'ãtu] *adv* Mientras, mientras tanto. • *conj* No obstante, sin embargo.

en.tão [ẽt'ãw] *adv* Entonces. • *sm* En aquel entonces.

en.tar.de.cer [ẽtardes'er] *vi* Atardecer. • *sm* Atardecer.

en.te [ẽ'ti] *sm* Ente.

en.te.a.do [ẽte'adu] *sm* Hijastro.

en.te.di.ar [ẽtedi'ar] *vtd+vpr* Aburrir, hastiar, fastidiar.

en.ten.der [ẽtẽd'er] *vtd+vi+vpr* 1 Entender. 2 *Chile, Eq, Méx* Captar. • *sm* Entender, opinión, criterio.

en.ten.di.men.to [ẽtẽdim'ẽtu] *sm* Entendimiento.

en.ter.ne.cer [ẽternes'er] *vtd+vpr* Enternecer.

en.ter.rar [ẽteʀ'ar] *vtd+vti+vpr* Enterrar.

en.ter.ro [ẽt'eʀu] *sm* Entierro, enterramiento.

entidade 292 **equilibrar**

en.ti.da.de [ẽtid'adi] *sf* Entidade.
en.to.ar [ẽto'ar] *vtd* Entonar.
en.tor.pe.cen.te [ẽtorpes'ẽti] *adj m+f* e *sm* Estupefaciente.
en.tor.pe.cer [ẽtorpes'er] *vtd+vi+vpr* Entorpecer.
en.tor.tar [ẽtort'ar] *vtd+vi+vpr* Torcer.
en.tra.da [ẽtr'adə] *sf* 1 Entrada. 2 Vestíbulo. 3 *AL* Zaguán.
en.tra.nha [ẽtr'∧ɲə] *sf* Entraña.
en.trar [ẽtr'ar] *vi+vti* Entrar.
en.tre ['ẽtri] *prep* Entre.
en.tre.ga [ẽtr'εgə] *sf* Entrega.
en.tre.gar [ẽtreg'ar] *vtd+vti+vpr* Entregar.
en.tre.li.nha [ẽtrel'iɲə] *sf* Entrelínea.
en.tre.tan.to [ẽtret'ãtu] *adv* Mientras, mientras tanto. • *conj* No obstante, sin embargo.
en.tre.te.ni.men.to [ẽtretenim'ẽtu] *sm* 1 Entretenimiento, diversión. 2 *AL* Entretención.
en.tre.ter [ẽtret'er] *vtd+vi+vpr* Entretener.
en.tre.vis.tar [ẽtrevist'ar] *vtd+vpr* Entrevistar.
en.tris.te.cer [ẽtristes'er] *vtd+vi+vpr* Entristecer.
en.tro.sa.men.to [ẽtrozam'ẽtu] *sm* 1 Engranaje. 2 Acuerdo, concierto, armonía, unión. 3 Adaptación, ajuste.
en.tu.lho [ẽt'uʎu] *sm* Escombro.
en.tu.pir [ẽtup'ir] *vtd+vi+vpr* Obstruir, atorar.
en.tu.si.as.mar [ẽtuzjazm'ar] *vtd+vpr* Entusiasmar.
e.nu.me.rar [enumer'ar] *vtd* Enumerar.
e.nun.ci.ar [enũsi'ar] *vtd* Enunciar.
en.vai.de.cer [ẽvajdes'er] *vtd+vpr* Envanecer, engreír.
en.ve.lhe.cer [ẽveʎes'er] *vi* Envejecer.
en.ve.lo.pe [ẽvel'ɔpi] *sm* Sobre.
en.ve.ne.na.men.to [ẽvenenam'ẽtu] *sm* Envenenamiento.
en.ve.ne.nar [ẽvenen'ar] *vtd+vi+vpr* Envenenar.
en.ver.go.nhar [ẽvergoɲ'ar] *vtd+vpr* Avergonzar.
en.ver.ni.zar [ẽverniz'ar] *vtd* Barnizar.
en.vi.ar [ẽvi'ar] *vtd+vti* Enviar.
en.vi.o [ẽv'iu] *sm* Envío, remesa.
en.vi.u.var [ẽvjuv'ar] *vtd+vi* Enviudar.
en.vol.ver [ẽvowv'er] *vtd* 1 Abarcar. 2 Contener. 3 Implicar. *vtd+vti* 4 Envolver. *vpr* 5 Envolverse, liarse.
en.vol.vi.do [ẽvowv'idu] *adj* Envuelto, liado.
en.vol.vi.men.to [ẽvowvim'ẽtu] *sm* 1 Envolvimiento. 2 Lío, aventura (amorosa).
en.xa.da [ẽʃ'adə] *sf* Azada, azadón.
en.xa.guar [ẽʃag'war] *vtd* Enjaguar.
en.xa.me [ẽʃ'ami] *sm* Enjambre.
en.xa.que.ca [ẽʃak'ekə] *sf Med* Jaqueca.
en.xer.gar [ẽʃerg'ar] *vtd* Ver.
en.xer.tar [ẽʃert'ar] *vtd+vti* Injertar.
en.xer.to *sm* Injerto.
en.xo.tar [ẽʃot'ar] *vtd* 1 Ahuyentar. 2 Expulsar.
en.xo.val [ẽʃov'aw] *sm* Ajuar.
en.xu.gar [ẽʃug'ar] *vtd+vi+vpr* Enjugar.
en.xur.ra.da [ẽʃuʀ'adə] *sf* 1 Gran cantidad de agua, crecida. 2 Avenida (de un río o arroyo).
en.xu.to [ẽʃ'utu] *adj* Enjuto, delgado, seco.
e.pi.de.mi.a [epidem'iə] *sf Med* Epidemia.
e.pi.lep.si.a [epileps'iə] *sf Med* Epilepsia.
e.pí.lo.go [ep'ilogu] *sm* Epílogo.
e.pi.só.dio [epiz'ɔdju] *sm* Episodio.
é.po.ca ['εpokə] *sf* Época.
e.qua.ção [ekwas'ãw] *sf Mat* Ecuación.
e.qui.da.de [ekwid'adi] *sf* Equidad.
e.qui.li.brar [ekilibr'ar] *vtd+vti+vpr* Equilibrar.

e.qui.lí.brio [ekil'ibrju] *sm* Equilibrio.
e.qui.pa.men.to [ekipam'ẽtu] *sm* Equipamiento, equipo.
e.qui.par [ekip'ar] *vtd+vpr* Equipar.
e.qui.pa.ra.ção [ekiparas'ãw] *sf* Equiparación.
e.qui.pa.rar [ekipar'ar] *vtd+vti+vpr* Equiparar.
e.qui.pe [ek'ipi] *sm* Equipo.
e.qui.ta.ção [ekitas'ãw] *sf* Equitación.
e.qui.va.lên.cia [ekival'ẽsjə] *sf* Equivalencia.
e.qui.va.ler [ekival'er] *vti+vpr* Equivaler.
e.qui.vo.car [ekivok'ar] *vpr* Equivocar.
e.quí.vo.co [ek'ivoku] *adj+sm* Equívoco, error.
e.ra ['ɛrə] *sf* Era.
e.re.ção [eres'ãw] *sf* Erección.
e.re.mi.ta [erem'itə] *s m+f* Eremita, ermitaño.
e.re.to [er'etu] *adj* Erecto.
er.guer [erg'er] *vtd+vti+vpr* Erguir.
e.ri.gir [eriʒ'ir] *vtd+vti* **1** Erguer, levantar. **2** *vtd+vpr* Erigir.
er.mo ['ermu] *adj+sm* Yermo.
e.ro.são [eroz'ãw] *sf* Erosión.
er.ra.di.ca.ção [eřadikas'ãw] *sf* Erradicación.
er.ra.di.car [eřadik'ar] *vtd+vti* Erradicar.
er.ra.do [eř'adu] *adj* Incorrecto, equivocado.
er.rar [eř'ar] *vtd+vti+vi* Errar: a) no acertar. b) andar vagando.
er.ro ['eřu] *sm* Error.
er.rô.neo [eř'onju] *adj* Erróneo.
e.ru.di.ção [erudis'ãw] *sf* Erudición.
e.ru.di.to [erud'itu] *adj+sm* Erudito.
e.rup.ção [erups'ãw] *sf* Erupción.
er.va ['ɛrvə] *sf Bot* **1** Hierba. **2** *AL* Yerba.
er.vi.lha [erv'iλə] *sf Bot* **1** Guisante. **2** *AL* Arveja.

es.ba.fo.ri.do [ezbafor'idu] *adj* **1** Jadeante. **2** Apresurado.
es.ban.jar [ezbãʒ'ar] *vtd* Derrochar, dilapidar, despilfarrar, malgastar.
es.bar.rar [ezbař'ar] *vti* Topar, tropezar, chocar, colisionar.
es.bel.to [ezb'ɛwtu] *adj* Esbelto.
es.bo.çar [ezbos'ar] *vtd+vpr* Esbozar, bosquejar.
es.bo.ço [ezb'osu] *sm* Boceto, bosquejo, esbozo.
es.bo.fe.te.ar [ezbofete'ar] *vtd* Abofetear.
es.bran.qui.ça.do [ezbrãkis'adu] *adj* **1** Blanquecino, blancuzco. **2** Descolorido, pálido.
es.bra.ve.jar [ezbraveʒ'ar] *vti+vtd* Vociferar.
es.ca.da [esk'adə] *sf* Escalera.
es.ca.da.ri.a [eskadar'iə] *sf* Escalinata.
es.ca.la [esk'alə] *sf* Escala.
es.ca.lar [eskal'ar] *vtd* Escalar.
es.cal.dar [eskawd'ar] *vtd+vi+vpr* Escaldar.
es.ca.ma [esk'∧mə] *sf* Escama.
es.ca.mo.te.ar [eskamote'ar] *vtd+vi+vpr* Escamotear.
es.can.ca.rar [eskãkar'ar] *vtd+vpr* Abrir de par en par.
es.can.da.li.zar [eskãdaliz'ar] *vtd+vi+vpr* Escandalizar.
es.cân.da.lo [esk'ãdalu] *sm* Escándalo.
es.can.ga.lhar [eskãgaλ'ar] *vtd+vpr* **1** Descoyuntar, descalabrar. **2** Destruir, arruinar.
es.ca.pa.men.to [eskapam'ẽtu] *sm* **1** Escape, fuga. **2** Tubo de escape.
es.ca.par [eskap'ar] *vti+vi+vpr* Escapar.
es.ca.pu.lir [eskapul'ir] *vi+vti+vpr* Huir, escapar, escabullirse.
es.ca.ra.mu.ça [eskaram'usə] *sf* Escaramuza, refriega.
es.car.céu [eskars'ɛw] *sm* Gritería, vocerío, algarabía.

es.car.ne.cer [eskarnes'er] *vtd+vti* Escarnecer, burlarse, mofarse, ridiculizar.

es.cár.nio [esk'arnju] *sm* 1 Escarnio, burla, mofa. 2 Desprecio, desdén, menosprecio.

es.ca.ro.la [eskar'ɔlə] *sf Bot* Escarola.

es.car.pa.do [eskarp'adu] *adj* Escarpado, empinado, inclinado.

es.car.rar [eskař'ar] *vi* Expectorar.

es.car.ro [esk'aře] *sm* Catarro.

es.cas.se.ar [eskase'ar] *vi* Escasear, faltar.

es.cas.sez [eskas'es] *sf* Escasez, carencia.

es.cas.so [esk'asu] *adj* Escaso, exiguo.

es.ca.va.ção [eskavas'ãw] *sf* Excavación.

es.ca.va.dei.ra [eskavadejrə] *sf* Excavadora.

es.ca.var [eskav'ar] *vtd* Excavar, cavar.

es.cla.re.cer [esklares'er] *vtd+vti+vi+vpr* Aclarar.

es.cla.re.ci.men.to [esklaresim'ẽtu] *sm* Aclaración.

es.co.a.men.to [eskoam'ẽtu] *sm* 1 Escurrimiento. 2 Flujo, salida.

es.co.ar [esko'ar] *vtd+vti+vpr* Escurrir.

es.coi.ce.ar [eskojse'ar] *vtd+vi* Cocear.

es.co.la [esk'ɔlə] *sf* Escuela.

es.co.la.ri.da.de [eskolarid'adi] *sf* Escolaridad.

es.co.lha [esk'oʎə] *sf* 1 Elección. 2 Selección. 3 Opción.

es.co.lher [eskoʎ'er] *vtd* 1 Escoger, preferir. 2 Elegir, seleccionar.

es.col.tar [eskowt'ar] *vtd* Escoltar.

es.com.bros [esk'õbrus] *sm pl* Escombros.

es.con.de-es.con.de [eskõdjesk'õdi] *sm sing+pl* 1 Escondite. 2 *AL* Escondidas.

es.con.der [eskõd'er] *vtd+vti+vpr* Esconder, encubrir, ocultar.

es.con.de.ri.jo [eskõder'iʒu] *sm* Escondite, escondrijo.

es.co.rar [eskor'ar] *vtd* 1 Escorar. *vtd+vpr* 2 Apuntalar, apoyar.

es.có.ria [esk'ɔrjə] *sf* Escoria, ralea.

es.co.ri.a.ção [eskorjas'ãw] *sf* Escoriación.

es.cor.re.ga.di.o [eskořegad'iu] *adj* Resbaladizo, resbaloso.

es.cor.re.ga.dor [eskořegad'or] *sm* Tobogán.

es.cor.re.gão [eskořeg'ãw] *sm* Resbalón.

es.cor.re.gar [eskořeg'ar] *vi* Resbalar.

es.cor.rer [eskoř'er] *vtd+vi* Escurrir.

es.co.tei.ro [eskot'ejru] *sm* Explorador, boy scout.

es.co.va [esk'ovə] *sf* Cepillo.

es.co.var [eskov'ar] *vtd* Cepillar.

es.cra.vi.dão [eskravid'ãw] *sf* Esclavitud.

es.cra.vi.zar [eskraviz'ar] *vtd+vti+vpr* Esclavizar.

es.cra.vo [eskr'avu] *adj+sm* Esclavo.

es.cre.ver [eskrev'er] *vtd+vti+vi+vpr* Escribir.

es.cri.ta [eskr'itə] *sf* Escritura.

es.cri.tor [eskrit'or] *sm* Escritor.

es.cri.tó.rio [eskrit'ɔrju] *sm* 1 Despacho. 2 (Mueble de) Escritorio. 3 Oficina, gabinete.

es.cri.tu.ra [eskrit'urə] *sf* Escritura.

es.cri.tu.rá.rio [eskritur'arju] *sm* Oficial.

es.cri.va.ni.nha [eskrivan'iɲə] *sf* (Mesa de) Escritorio.

es.cri.vão [eskriv'ãw] *sm* Escribano, notario.

es.crú.pu.lo [eskr'upulu] *sm* Escrúpulo.

es.cu.do [esk'udu] *sm* Escudo.

es.cul.pir [eskuwp'ir] *vtd+vti+vi* Esculpir.

es.cul.tor [eskuwt'or] *sm* Escultor.

es.cul.tu.ra [eskuwt'urə] *sf* Escultura.

es.cu.ma.dei.ra [eskumad'ejrə] *sf* Espumadera.

escurecer — espancar

es.cu.re.cer [eskures'er] *vtd+vi+vpr* Obscurecer, oscurecer.

es.cu.ri.dão [eskurid'ãw] *sf* Obscuridad, oscuridad.

es.cu.ro [esk'uru] *adj+sm* Obscuro, oscuro.

es.cu.tar [eskut'ar] *vtd+vi* Escuchar.

es.drú.xu.lo [esdr'uʃulu] *adj* Excéntrico.

es.fa.que.ar [esfake'ar] *vtd+vpr* Acuchillar.

es.far.ra.pa.do [esfařap'adu] *adj+sm* Harapiento, andrajoso, roto, haraposo, astroso.

es.fe.ra [esf'ɛrɐ] *sf* Esfera.

es.fe.ro.grá.fi.ca [esferogr'afikə] *sf* Bolígrafo.

es.fi.a.par [esfjap'ar] *vtd+vi+vpr* Deshilachar.

es.fo.lar [esfol'ar] *vtd+vpr* Desollar, despellejar.

es.fo.li.a.ção [esfoljas'ãw] *sm* Exfoliación.

es.fo.me.a.do [esfome'adu] *adj+sm* Hambriento, famélico.

es.for.çar [esfors'ar] *vtd+vi+vpr* Esforzar.

es.for.ço [esf'orsu] *sm* Esfuerzo.

es.fre.gar [esfreg'ar] *vtd+vti+vi* 1 Refregar. *vtd* 2 Fregar.

es.fri.a.men.to [esfrjam'ẽtu] *sm* Enfriamiento.

es.fri.ar [esfri'ar] *vtd+vpr* Enfriar.

es.fu.ma.çar [esfumas'ar] *vtd+vpr* Ahumar.

es.fu.mar [esfum'ar] *vtd* 1 Esfumar. *vpr* 2 Esfumarse, disiparse, desvanecerse.

es.ga.nar [ezgan'ar] *vtd+vpr* Estrangular, asfixiar, sofocar.

es.ga.ni.çar [ezganis'ar] *vtd* Aullar.

es.go.e.lar [ezgoel'ar] *vtd+vi+vpr* Bramar, gritar (mucho).

es.go.ta.men.to [ezgotam'ẽtu] *sm* 1 Agotamiento. 2 Extenuación.

es.go.tar [ezgot'ar] *vtd+vi+vpr* Agotar.

es.go.to [ezg'otu] *sm* 1 Alcantarilla, cloaca, sumidero. 2 Alcantarillado.

es.gui.char [ezgiʃ'ar] *vtd+vi* Surtir.

es.gui.cho [ezg'iʃu] *sm* Chorro.

es.gui.o [ezg'iu] *adj* Larguirucho.

es.ma.gar [ezmag'ar] *vtd+vi+vpr* Aplastar.

es.mal.te [ezm'awti] *sm* Esmalte.

es.me.rar [ezmer'ar] *vtd+vpr* Esmerar.

es.me.ro [ezm'eru] *sm* Esmero.

es.mi.ga.lhar [ezmigaλ'ar] *vtd+vpr* Desmigajar.

es.mi.u.çar [ezmjus'ar] *vtd* Desmenuzar.

es.mo.la [ezm'ɔlɐ] *sf* Limosna.

es.mo.lar [ezmol'ar] *vtd+vti+vi* Limosnear, mendigar, pordiosear.

es.mo.re.cer [ezmores'er] *vtd+vti+vi* Desfallecer.

es.mo.re.ci.men.to [ezmoresim'ẽtu] *sm* Desfallecimiento.

es.mur.rar [ezmuř'ar] *vtd* Golpear (con el puño).

es.no.be [ezn'ɔbi] *adj e s m+f* Esnob.

es.pa.çar [espas'ar] *vtd+vpr* Espaciar.

es.pa.ço [esp'asu] *sm* Espacio.

es.pa.ço.na.ve [espason'avi] *sf Astron* Nave espacial.

es.pa.da [esp'adɐ] *sf* Espada.

es.pai.re.cer [espajres'er] *vtd+vti+vi+vpr* Esparcir, divertir, desahogar, recrear.

es.pal.dar [esp'awdar] *sm* Espaldar, respaldo.

es.pa.lha.fa.to [espaλaf'atu] *sm* Aparato, ostentación.

es.pa.lhar [espaλ'ar] *vtd+vti+vi+vpr* Divulgar, difundir, propagar, esparcir.

es.pa.na.dor [espanad'or] *sm* Plumero.

es.pa.nar [espan'ar] *vtd* Sacudir, golpiza.

es.pan.ca.men.to [espãkam'ẽtu] *sm* Paliza, golpiza.

es.pan.car [espãk'ar] *vtd* Apalear, aporrear, golpear.

espanhol 296 **esportista**

es.pa.nhol [españ'ɔw] *adj+sm* Español.
es.pan.ta.lho [espãt'aλu] *sm* Espantapájaros.
es.pan.tar [espãt'ar] *vtd+vi+vpr* Espantar.
es.pa.ra.dra.po [esparadr'apu] *sm* 1 Esparadrapo, tirita. 2 *AL* Curita.
es.par.ra.mar [espařam'ar] *vtd+vi+vpr* Desparramar.
es.pas.mo [esp'azmu] *sm* Espasmo.
es.pa.ti.far [espatif'ar] *vtd+vpr* 1 Despedazar, hacer añicos. 2 Romper, rasgar.
es.pá.tu.la [esp'atulə] *sf* Espátula.
es.pe.ci.a.li.da.de [espesjalid'adi] *sf* Especialidad.
es.pe.ci.a.li.za.ção [espesjalizas'ãw] *sf* Especialización.
es.pe.ci.a.li.zar [espesjaliz'ar] *vtd+vpr* Especializar.
es.pe.ci.a.ri.a [espesjar'iə] *sf* Especia.
es.pé.cie [esp'ɛsji] *sf* Especie.
es.pe.ci.fi.ca.ção [espesifikas'ãw] *sf* Especificación.
es.pe.ci.fi.car [espesifik'ar] *vtd* Especificar.
es.pe.cí.fi.co [espes'ifiku] *adj* Específico.
• **sm** (Medicamento) Específico.
es.pé.ci.me [esp'ɛsimi] *sm* Espécimen.
es.pec.ta.dor [espektad'or] *adj+sm* Espectador.
es.pe.cu.la.ção [espekulas'ãw] *sf* Especulación.
es.pe.cu.lar [espekul'ar] *vtd+vti+vi* Especular.
es.pe.da.çar [espedas'ar] *vtd+vpr* Despedazar.
es.pe.lho [esp'eλu] *sm* Espejo.
es.pe.lun.ca [espel'ũkə] *sf* Antro, caverna, cueva, covacha.
es.pe.ra [esp'ɛrə] *sf* Espera.
es.pe.ran.ça [esper'ãsə] *sf* Esperanza.
es.pe.rar [esper'ar] *vtd+vti+vi* Esperar.
es.per.te.za [espert'ezə] *sf* Viveza, agudeza, perspicacia, astucia, sagacidad.

es.per.to [esp'ɛrtu] *adj+sm* Listo, vivo, sagaz, avisado.
es.pes.so [esp'esu] *adj* Espeso.
es.pe.ta.cu.lar [espetakul'ar] *adj m+f* 1 Espectacular. 2 Excelente, óptimo.
es.pe.tá.cu.lo [espet'akulu] *sm* Espectáculo.
es.pe.tar [espet'ar] *vtd+vti+vpr* 1 Pinchar 2 Espetar, ensartar, atravesar.
es.pe.to [esp'etu] *sm* Asador, espetón.
es.pi.ão [espi'ãw] *sm* Espía.
es.pi.ar [espi'ar] *vtd+vti+vi* Espiar.
es.pi.char [espiʃ'ar] *vtd+vpr* Estirar, extender.
es.pi.ga [esp'igə] *sf Bot* Espiga.
es.pi.na.fre [espin'afri] *sm Bot* Espinaca.
es.pin.gar.da [espĩg'ardə] *sf* Escopeta, fusil, carabina, rifle.
es.pi.nha [esp'iñə] *sf* 1 Espina. 2 *coloq* Columna vertebral. 3 Espinilla, grano.
es.pi.nho [esp'iñu] *sm Bot* Espino.
es.pi.o.na.gem [espjon'aʒẽj] *sf* Espionaje.
es.pi.o.nar [espjon'ar] *vtd+vi* Espiar.
es.pí.ri.to [esp'iritu] *sm* Espíritu.
es.pir.rar [espiř'ar] *vi* Estornudar.
es.pir.ro [esp'iřu] *sm* Estornudo.
es.plên.di.do [espl'ẽdidu] *adj* Espléndido.
es.plen.dor [esplẽd'or] *sm* Esplendor.
es.po.le.ta [espol'etə] *sf* Espoleta.
es.po.li.ar [espoli'ar] *vtd* Expoliar, espoliar.
es.pó.lio [esp'ɔlju] *sm* Expolio, despojo.
es.pon.ja [esp'õʒə] *sf* Esponja.
es.pon.tâ.neo [espõt'∧nju] *adj* Espontáneo.
es.po.ra [esp'ɔrə] *sf* Espuela.
es.po.rá.di.co [espor'adiku] *adj* Esporádico, ocasional.
es.por.te [esp'ɔrti] *sm* Deporte.
es.por.tis.ta [esport'istə] *s m+f* Deportista.

esposa   297   **estar**

es.po.sa [esp'ozə] *sf* Esposa.
es.po.sar [espoz'ar] *vt* Desposar.
es.po.so [esp'ozu] *sm* Esposo.
es.prai.ar [espraj'ar] *vtd+vpr* Explayar: a) ensanchar, extender. b) difundirse, dilatarse. c) esparcirse, divertirse.
es.pre.gui.çar [espregis'ar] *vtd+vpr* Desperezarse.
es.prei.ta [espr'ejtə] *sf* Acecho.
es.prei.tar [esprejt'ar] *vtd+vi* Acechar.
es.pre.mer [esprem'er] *vtd+vpr* Exprimir.
es.pu.ma [esp'umə] *sf* Espuma.
es.pu.mar [espum'ar] *vtd+vi* Espumar.
es.qua.dra [esk'wadrə] *sf* Mil Escuadra.
es.qua.dri.nhar [eskwadriñ'ar] *vtd* Escudriñar.
es.quar.te.jar [eskwarteʒ'ar] *vtd* Descuartizar.
es.que.cer [eskes'er] *vtd+vti+vi+vpr* Olvidar.
es.que.ci.men.to [eskesim'ẽtu] *sm* Olvido.
es.que.le.to [eskel'etu] *sm* Esqueleto.
es.que.ma.ti.zar [eskematiz'ar] *vtd* Esquematizar.
es.quen.tar [eskẽt'ar] *vtd+vpr+vi* Calentar.
es.quer.do [esk'erdu] *adj* 1 Izquierdo. 2 Zurdo.
es.qui [esk'i] *sm* Esquí.
es.qui.ar [eski'ar] *vi* Esquiar.
es.qui.lo [esk'ilu] *sm* Zool Ardilla.
es.qui.mó [eskim'ɔ] *adj* e *s m+f* Esquimal.
es.qui.na [esk'inə] *sf* Esquina.
es.qui.si.to [eskiz'itu] *adj* Raro, extraño, extravagante, excéntrico.
es.qui.var [eskiv'ar] *vtd+vti+vi+vpr* Esquivar.
es.sa ['esə] *pron dem* Esa.
es.se ['esi] *pron dem* Ese.
es.sên.cia [es'ẽsjə] *sf* Esencia.

es.sen.ci.al [esẽsi'aw] *adj m+f* e *sm* Esencial.
es.ta ['estə] *pron dem* Esta.
es.ta.be.le.cer [estabeles'er] *vtd* 1 Establecer. *vtd+vti* 2 Firmar, celebrar. *vpr* 3 Establecerse, avencidarse.
es.ta.be.le.ci.men.to [estabelesim'ẽtu] *sm* Establecimiento.
es.ta.bi.li.da.de [estabilid'adi] *sf* Estabilidad.
es.ta.bi.li.zar [estabiliz'ar] *vtd+vpr* Estabilizar.
es.ta.ção [estas'ãw] *sf* Estación.
es.ta.ci.o.na.men.to [estasjonam'ẽtu] *sm* Estacionamiento, aparcamiento.
es.ta.ci.o.nar [estasjon'ar] *vi* 1 Estacionar, situar, colocar. 2 Estancar. *vtd* 3 Aparcar, estacionar (un vehículo).
es.ta.da [est'adə] *sf* Estadía, detención, permanencia, estancia.
es.tá.dio [est'adju] *sm* Estadio.
es.ta.do [est'adu] *sm* Estado.
es.ta.fa [estaf'adu] *sf* Fatiga, cansancio.
es.ta.gi.ar [estaʒi'ar] *vi* Practicar, hacer la práctica.
es.ta.gi.á.rio [estaʒi'arju] *sm* Pasante.
es.tá.gio [est'aʒju] *sm* 1 Pasantía, práctica. 2 Etapa, fase.
es.ta.lar [estal'ar] *vtd+vi+vti* Estallar, restallar, chasquear, crujir.
es.ta.lo [est'alu] *sm* 1 Crujido, chasquido. 2 Estallido.
es.tam.pa [est'ãpə] *sf* Estampa.
es.tam.pi.do [estãp'idu] *sm* Estampido, estallido.
es.tan.car [estãk'ar] *vtd+vi+vpr* Estancar.
es.tân.cia [est'ãsjə] *sf* Estancia.
es.tan.te [est'ãti] *sf* Estante, anaquel.
es.ta.pa.fúr.dio [estapaf'urdju] *adj* Extravagante, estrafalario, excéntrico, estrambótico.
es.ta.pe.ar [estape'ar] *vtd* Abofetear, cachetear.
es.tar [est'ar] *vlig+vti* Estar.

estardalhaço   estrebaria

es.tar.da.lha.ço [estardaʎ'asu] *sm* **1** Estruendo, estrépito. **2** Aparato, pompa, ostentación.

es.tar.re.cer [estaʀe'ser] *vtd+vi+vpr* Aterrar, aterrorizar, horrorizar.

es.ta.tal [estat'aw] *adj m+f* Estatal.

es.tá.ti.co [est'atiku] *adj* Estático.

es.ta.tís.ti.ca [estat'istikə] *sf* Estadística.

es.ta.tu.ra [estat'urə] *sf* **1** Estatura. **2** Talla (moral o intelectual).

es.ta.tu.to [estat'utu] *sm* Estatuto.

es.tá.vel [est'avew] *adj m+f* Estable.

es.te ['esti] *sm* Este (punto cardinal).

es.te ['ɛsti] *pron dem* Este.

es.tei.ra [est'ejrə] *sf* Estera.

es.te.li.o.na.to [esteljon'atu] *sm* Estafa.

es.te.li.o.na.tá.rio [esteljonat'arju] *sm* Estafador.

es.ten.der [estẽd'er] *vtd+vti+vi+vpr* Extender.

es.te.pe [est'ɛpi] *sm* Rueda de repuesto/auxilio.

es.té.reo [est'ɛrju] *adj+sm* Estéreo, estereofónico.

es.te.ri.li.za.ção [esterilizas'ãw] *sf* Esterilización.

es.ti.a.gem [esti'aʒẽj] *sf* **1** Sequía. **2** Estiaje.

es.ti.car [estik'ar] *vtd+vpr* Estirar.

es.ti.lha.ço [estiʎ'asu] *sf* **1** Astilla, fragmento. **2** Fragmento.

es.ti.lin.gue [estil'ĩgi] *sm* Honda.

es.ti.lis.ta [estil'istə] *s m+f* Estilista.

es.ti.li.za.ção [estilizas'ãw] *sf* Estilización.

es.ti.lo [est'ilu] *sm* Estilo.

es.ti.mar [estim'ar] *vtd+vpr* **1** Estimar. **2** Apreciar, valorar.

es.ti.ma.ti.va [estimat'ivə] *sf* Estimativa.

es.ti.mu.lar [estimul'ar] *vtd* Estimular.

es.tí.mu.lo [est'imulu] *sm* Estímulo.

es.ti.o [est'iu] *sm* Estío, verano.

es.ti.rão [estir'ãw] *sm* Estirón.

es.ti.rar [estir'ar] *vtd+vpr* Estirar.

es.tir.pe [est'irpi] *sf* Estirpe, cepa, linaje, casta.

es.to.car [estok'ar] *vtd* Almacenar.

es.to.fa.do [estof'adu] *adj* Acolchado. • *sm* Sofá.

es.to.jo [est'oʒu] *sm* Estuche.

es.tô.ma.go [est'omagu] *sm Anat* Estómago.

es.ton.te.ar [estõte'ar] *vtd+vi+vpr* **1** Atontar, aturdir, atolondrar. **2** Deslumbrar, encandilar, maravillar.

es.to.que [est'ɔki] *sm* Existencias.

es.tor.vo [est'orvu] *sm* Estorbo.

es.tou.rar [estowr'ar] *vi+vti+vtd* Reventar, estallar, explotar.

es.tou.ro [est'owru] *sm* Explosión, estallido, estruendo.

es.trá.bi.co [estr'abiku] *adj+sm* Estrábico, bizco, turnio.

es.tra.ça.lhar [estrasaʎ'ar] *vtd+vpr* Despedazar.

es.tra.da [estr'adə] *sf* Carretera, autopista.

es.tra.do [estr'adu] *sm* **1** Estrado. **2** Tarima, tablado.

es.tra.ga.do [estrag'adu] *adj* Estropeado.

es.tra.go [estr'agu] *sm* Estrago, daño, asolamiento, destrucción, perjuicio, ruina.

es.tran.gei.ro [estrãʒ'ejru] *adj+sm* Extranjero.

es.tran.gu.lar [estrãgul'ar] *vtd+vpr* Estrangular.

es.tra.nhar [estrʌɲ'ar] *vtd+vpr* Extrañar, sorprender, admirar, asombrar.

es.tra.nho [estr'ʌɲu] *adj+sm* Extraño.

es.tra.té.gia [estrat'ɛʒjə] *sf* Estrategia.

es.tra.ti.fi.ca.ção [estratifikas'ãw] *sf* Estratificación.

es.tre.ar [estre'ar] *vtd* Estrenar.

es.tre.ba.ri.a [estrebar'iə] *sf* Establo, caballeriza, cuadra.

es.trei.a [estrˈɛjə] *sf* Estreno.
es.trei.ta.men.to [estrejtamˈẽtu] *sm* Estrechamiento.
es.trei.tar [estrejtˈar] *vtd+vi+vpr* Estrechar.
es.trei.to [estrˈejtu] *adj* Estrecho. • *sm Geog* Estrecho, canal.
es.tre.la [estrˈelə] *sf* Estrella.
es.tre.la.to [estrelˈatu] *sm* Estrellato.
es.tre.me.cer [estremesˈer] *vtd+vi+vpr* Estremecer.
es.tre.me.ci.men.to [estremesimˈẽtu] *sm* Estremecimiento.
es.tré.pi.to [estrˈɛpitu] *sm* Estrépito, estruendo, fragor.
es.tres.se [estrˈɛsi] *sm Med* Estrés.
es.tri.a [estrˈiə] *sf* Estría.
es.tri.bei.ra [estribˈejrə] *sf* Estribo.
es.tri.bi.lho [estribˈiʎu] *sm* Estribillo.
es.tri.den.te [estridˈẽti] *adj m+f* Estridente.
es.tri.lar [estrilˈar] *vi* Enfadarse, irritarse.
es.tri.pu.li.a [estripulˈiə] *sf coloq* Travesura, trastada, barrabasada, jugarreta, diablura.
es.tri.to [estrˈitu] *adj* Estricto.
es.tron.do [estrˈõdu] *sm* Estruendo, estrépito, fragor.
es.tro.pi.a.do [estropiˈadu] *adj* Estropeado.
es.tru.me [estrˈumi] *sm* Estiércol.
es.tru.tu.ra [estrutˈurə] *sf* Estructura.
es.tru.tu.rar [estruturˈar] *vtd+vpr* Estructurar.
es.tu.dan.te [estudˈãti] *s m+f* Estudiante.
es.tu.dar [estudˈar] *vtd+vi+vpr* Estudiar.
es.tú.dio [estˈudju] *sm* Estudio, despacho.
es.tu.do [estˈudu] *sm* Estudio (acto de estudiar).
es.tu.fa [estˈufə] *sf* **1** Estufa, calentador. **2** Invernadero, invernáculo.

es.tu.pe.fa.to [estupefˈatu] *adj* Estupefacto, atónito, pasmado.
es.tu.pen.do [estupˈẽdu] *adj* Estupendo, admirable, asombroso, pasmoso.
es.tu.pi.dez [estupidˈes] *sf* **1** Estupidez, tontería. **2** Grosería, ordinariez, descortesía, zafiedad.
es.tú.pi.do [estˈupidu] *adj+sm* **1** Estúpido, necio. **2** Grosero, basto, descortés, soez.
es.tu.pro [estˈupru] *sm* Estupro, violación.
es.tu.que [estˈuki] *sm* Estuco.
es.va.e.ci.men.to [ezvaesimˈẽtu] *sm* **1** Desvanecimiento. **2** Ablandamiento.
es.va.ir [ezvaˈir] *vtd+vpr* Desvanecer.
es.va.zi.ar [ezvaziˈar] *vtd* Vaciar.
es.ver.de.a.do [ezverdeˈadu] *adj+sm* Verdoso.
e.ta.pa [etˈapə] *sf* Etapa.
e.ter.ni.da.de [eternidˈadi] *sf* Eternidad.
e.ter.no [etˈɛrnu] *adj+adv* Eterno. • *sm Rel* (Padre) Eterno.
é.ti.ca [ˈɛtikə] *sf* Ética.
e.ti.mo.lo.gi.a [etimoloʒˈiə] *sf* Etimología.
e.ti.que.ta [etikˈetə] *sf* Etiqueta.
et.ni.a [etnˈiə] *sf Antrop* Etnia.
eu [ˈew] *pron+sm* Yo.
eu.fo.ri.a [ewforˈiə] *sf* Euforia.
eu.ro.peu [ewropˈew] *adj+sm* Europeo.
e.va.cu.ar [evakuˈar] *vtd* Evacuar.
e.va.dir [evadˈir] *vtd+vpr* Evadir.
e.van.ge.lho [evãʒˈɛʎu] *sm Rel* Evangelio.
e.van.ge.li.zar [evãʒelizˈar] *vtd+vpr* Evangelizar.
e.va.po.ra.ção [evaporasˈãw] *sf* Evaporación.
e.va.po.rar [evaporˈar] *vtd+vi+vpr* Evaporar.
e.va.são [evazˈãw] *sf* Evasión.
e.ven.to [evˈẽtu] *sm* Evento, suceso, acontecimiento, acaecimiento, eventualidad.

eventualidade   300   expansão

e.ven.tu.a.li.da.de [evẽtwalid'adi] *sf* Eventualidad.
e.vi.dên.cia [evid'ẽsjɐ] *sf* Evidencia.
e.vi.den.ci.ar [evidẽsi'ar] *vtd+vpr* Evidenciar.
e.vi.tar [evit'ar] *vtd+vti* Evitar.
e.vo.car [evok'ar] *vtd* Evocar.
e.vo.lu.ção [evolus'ãw] *sf* Evolución.
e.vo.lu.ir [evolu'ir] *vi+vti* Evolucionar.
e.xa.ge.rar [ezaʒer'ar] *vtd+vi* Exagerar.
e.xa.ge.ro [ezaʒ'eru] *sm* Exageración.
e.xa.lar [ezal'ar] *vtd* Exhalar.
e.xal.tar [ezawt'ar] *vtd+vpr* Exaltar.
e.xa.me [ez'ʌmi] *sm* Examen.
e.xa.mi.nar [ezamin'ar] *vtd+vpr* Examinar.
e.xas.pe.rar [ezasper'ar] *vtd+vpr* Exasperar, irritar, enfurecer.
e.xa.ti.dão [ezatid'ãw] *sf* Exactitud.
e.xa.to [ez'atu] *adj* Exacto, puntual, fiel, cabal.
e.xaus.to [ez'awstu] *adj* Exhausto.
ex.ce.ção [eses'ãw] *sf* Excepción.
ex.ce.der [esed'er] *vtd+vti+vpr* Exceder.
ex.ce.lên.cia [esel'ẽsjɐ] *sf* Excelencia.
ex.cên.tri.co [es'ẽtriku] *adj+sm* Excéntrico, extravagante, estrafalario.
ex.ces.si.vo [eses'ivu] *adj* Excesivo, exagerado, desmedido.
ex.ces.so [es'esu] *sm* Exceso.
ex.ce.to [es'etu] *prep* Excepto, salvo, a excepción de, fuera de, menos.
ex.ce.tu.ar [esetu'ar] *vtd+vti+vtd* Exceptuar.
ex.ci.ta.ção [esitas'ãw] *sf* Excitación.
ex.ci.tar [esit'ar] *vtd+vti+vi+vpr* Excitar.
ex.cla.ma.ção [esklamas'ãw] *sf* Exclamación.
ex.cla.mar [esklam'ar] *vtd+vti+vi* Exclamar.
ex.clu.ir [esklu'ir] *vtd+vti+vpr* Excluir.
ex.clu.são [eskluz'ãw] *sf* Exclusión.

ex.clu.si.vi.da.de [eskluzivid'adi] *sf* Exclusividad.
ex.co.mun.gar [eskomũg'ar] *vtd* Excomulgar.
ex.cre.men.to [eskrem'ẽtu] *sm* Excremento.
ex.cur.são [eskurs'ãw] *sf* Excursión.
e.xe.cu.ção [ezekus'ãw] *sf* Ejecución.
e.xe.cu.tar [ezekut'ar] *vtd* Ejecutar.
e.xe.cu.ti.vo [ezekut'ivu] *adj+sm* Ejecutivo.
e.xem.plar [ezẽpl'ar] *adj+sm* Ejemplar.
e.xem.pli.fi.car [ezẽplifik'ar] *vtd* Ejemplificar.
e.xem.plo [ez'ẽplu] *sm* Ejemplo.
e.xe.quí.vel [ezek'wivew] *adj m+f* Asequible, posible, accesible.
e.xer.cer [ezers'er] *vtd* Ejercer.
e.xer.cí.cio [ezers'isju] *sm* Ejercicio.
e.xer.ci.tar [ezersit'ar] *vtd+vti+vpr* Ejercitar.
e.xér.ci.to [ez'ɛrsitu] *sm* Ejército.
e.xi.bi.ção [ezibis'ãw] *sf* Exhibición.
e.xi.bir [ezib'ir] *vtd+vti+vpr* Exhibir.
e.xi.gên.cia [eziʒ'ẽsjɐ] *sf* Exigencia.
e.xi.gir [eziʒ'ir] *vtd+vti+vi* Exigir.
e.xí.guo [ez'igwu] *adj* Exiguo, insuficiente, escaso.
e.xi.lar [ezil'ar] *vtd+vti+vpr* Exiliar.
e.xí.lio [ez'ilju] *sm* Exilio.
e.xí.mio [ez'imju] *adj* Eximio, excelso.
e.xi.mir [ezim'ir] *vtd+vti+vpr* Eximir, librar.
e.xis.tên.cia [ezist'ẽsjɐ] *sf* Existencia.
e.xis.tir [ezist'ir] *vi* Existir.
ê.xi.to [’ezitu] *sm* Éxito.
e.xo.ne.ra.ção [ezoneras'ãw] *sf* Exoneración.
e.xor.bi.tar [ezorbit'ar] *vt+vi* Exorbitar.
e.xor.tar [ezort'ar] *vtd+vti* Exhortar.
ex.pan.dir [espãd'ir] *vtd+vti+vpr* Expandir, extender, dilatar, ensanchar, difundir.
ex.pan.são [espãs'ãw] *sf* Expansión.

ex.pa.tri.ar [espatri'ar] *vtd+vpr* Expatriar.

ex.pec.ta.ti.va [espektat'ivə] *sf* Expectativa.

ex.pec.to.ra.ção [espektoras'ãw] *sf Med* Expectoração.

ex.pe.di.ção [espedis'ãw] *sf* Expedição.

ex.pe.di.ci.o.ná.rio [espedisjon'arju] *adj+sm* Expedicionario.

ex.pe.di.en.te [espedi'ẽti] *sm* Horario de funcionamiento.

ex.pe.dir [esped'ir] *vtd+vti* Expedir.

ex.pe.lir [espel'ir] *vtd* Expeler, expulsar.

ex.pe.ri.ên.cia [esperi'ẽsjə] *sf* Experiencia.

ex.pe.ri.men.tar [esperimẽt'ar] *vtd* **1** Experimentar, probar, examinar. **2** Probar (ropa, zapatos, accesorios etc.).

ex.per.to [esp'ɛrtu] *adj+sm* Experto, perito.

ex.pi.ar [espi'ar] *vtd+vpr* Expiar.

ex.pi.a.tó.rio [espjat'ɔrju] *adj* Expiatorio.

ex.pi.rar [espir'ar] *vtd* **1** Espirar, expeler (el aire de los pulmones), exhalar. *vi* **2** Expirar: a) morir. b) acabar.

ex.pla.nar [esplan'ar] *vtd* Explanar.

ex.pli.ca.ção [esplikas'ãw] *sf* Explicación.

ex.pli.car [esplik'ar] *vtd+vti+vi+vpr* Explicar.

ex.plí.ci.to [espl'isitu] *adj* Explícito.

ex.plo.dir [esplod'ir] *vi+vtd+vti* Explotar.

ex.plo.ra.ção [esploras'ãw] *sf* **1** Exploración. **2** Explotación.

ex.plo.rar [esplor'ar] *vtd* **1** Explorar, reconocer, averiguar. **2** Explotar, obtener provecho de algo o alguien.

ex.por [esp'or] *vtd+vti+vi+vpr* Exponer.

ex.por.ta.ção [esportas'ãw] *sf* Exportación.

ex.po.si.ção [espozis'ãw] *sf* Exposición.

ex.pos.to [esp'ostu] *adj+sm* Expuesto.

ex.pres.são [espres'ãw] *sf* Expresión.

ex.pres.sar [espres'ar] *vtd+vti+vpr* Expresar, manifestar.

ex.pri.mir [esprim'ir] *vtd+vti+vpr* Exprimir, expresar, manifestar.

ex.pro.pri.ar [espropri'ar] *vtd+vti Dir* Expropiar.

ex.pul.sar [espuws'ar] *vtd* Expulsar.

ex.su.dar [esud'ar] *vtd+vi* Exudar.

êx.ta.se [e'stazi] *sm* Éxtasis.

ex.ten.são [estẽs'ãw] *sf* Extensión.

ex.ten.so [est'ẽsu] *adj* Extenso.

ex.te.nu.ar [estenu'ar] *vtd+vpr* Extenuar, enflaquecer, debilitar.

ex.te.ri.o.ri.zar [esterjoriz'ar] *vtd+vpr* Exteriorizar.

ex.ter.mi.nar [estermin'ar] *vtd* Exterminar, aniquilar.

ex.ter.mí.nio [esterm'inju] *sm* Exterminio.

ex.ter.nar [estern'ar] *vtd+vpr* Exteriorizar.

ex.tin.ção [estĩs'ãw] *sf* Extinción.

ex.tin.guir [estĩg'ir] *vtd+vpr* Extinguir.

ex.tin.to [est'ĩtu] *adj+sm* Extinto, muerto, fallecido.

ex.tin.tor [estĩt'or] *adj+sm* Extintor. • *sm AL* Extinguidor.

ex.tir.par [estirp'ar] *vtd* Extirpar.

ex.tor.são [estors'ãw] *sf* Extorsión.

ex.tra ['ɛstrə] *adj m+f* Extra, extraordinario.

ex.tra.ção [estras'ãw] *sf* Extracción.

ex.tra.di.ção [estradis'ãw] *sf* Extradición.

ex.tra.ir [estra'ir] *vtd+vti* Extraer.

ex.tra.ju.di.ci.al [ɛstraʒudisi'aw] *adj m+f* Extrajudicial.

ex.tra.or.di.ná.rio [estraordin'arju] *adj+sm* Extraordinario.

ex.tra.po.lar [estrapol'ar] *vtd+vi* Extralimitarse, excederse, exagerar, sobrepasar.

ex.tra.to [estr'atu] *sm* Extracto, resumen.
ex.tra.va.gân.cia [estravag'ãsjə] *sf* Extravagancia.
ex.tra.va.sar [estravaz'ar] *vtd+vti+vi* **1** Derramar, transbordar. *vpr* **2** Extravasarse.
ex.tra.vi.o [estrav'iu] *sm* Extravío.
ex.tre.mi.da.de [estremid'adi] *sf* Extremidad.
ex.tre.mo [estr'emu] *adj+sm* Extremo.

ex.trín.se.co [estr'ĩseku] *adj* Extrínseco.
ex.tro.ver.ti.do [estrovert'idu] *adj+sm* Extrovertido.
ex.tru.são [estruz'ãw] *sf* Extrusión.
e.xu.be.ran.te [ezuber'ãti] *adj m+f* Exuberante.
e.xul.tar [ezuwt'ar] *vi* Exultar.
e.xu.ma.ção [ezumas'ãw] *sm* Exhumación.
e.xu.mar [ezum'ar] *vtd* Exhumar.

f

f, F [´ɛfi] *sm* Sexta letra del alfabeto portugués.

fá [f´a] *sm Mús* Fa: cuarta nota de la escala musical.

fã [f´ã] *s m+f* Fan, aficionado, fanático, hincha.

fá.bri.ca [f´abrikə] *sf* Fábrica.

fa.bri.ca.ção [fabrikas´ãw] *sf* Fabricación, confección, elaboración, producción.

fa.bri.car [fabrik´ar] *vt* **1** Fabricar, confeccionar, forjar. **2** Construir, edificar.

fá.bu.la [f´abulə] *sf* **1** Fábula, alegoría, cuento. **2** Leyenda. **3** Ficción.

fa.ca [f´akə] *sf* Cuchillo.

fa.ca.da [fak´adə] *sf* **1** Cuchillada, cuchillazo. **2** Puñalada. **3** *coloq* Sablazo.

fa.ça.nha [fas´ʌɲə] *sf* Hazaña, proeza, gesta, heroicidad.

fa.cão [fak´ãw] *sm* Machete.

fac.ção [fa(k)s´ãw] *sf* **1** Facción. **2** Bando. **3** Partido político.

fa.ce [f´asi] *sf* Rostro, cara, semblante, faz. **2** Anverso, haz, lado.

fa.cha.da [faʃ´adə] *sf* Fachada, frente, delantera, portada, frontispicio.

fá.cil [f´asiw] *adj m+f* Fácil, sencillo. **2** Probable. **3** Practicable. **4** Asequible, accesible. • *adv* Fácil, fácilmente.

fa.ci.li.da.de [fasilid´adi] *sf* Facilidad, posibilidad, predisposición.

fa.ci.li.tar [fasilit´ar] *vt* **1** Facilitar, simplificar, favorecer. **2** Facultar, dar, proporcionar, suministrar. *vi* **3** Descuidarse, exponerse.

fa.ci.no.ra [fas´inorə] *adj* e *s m+f* Facineroso.

fa.cul.da.de [fakuwd´adi] *sf* **1** Facultad, aptitud, autoridad. **2** Facultad, centro universitario.

fa.cul.tar [fakuwt´ar] *vt* **1** Facultar, facilitar, permitir, autorizar, capacitar. **2** Conceder, ofrecer.

fa.da [f´adə] *sf* Hada.

fa.di.ga [fad´igə] *sf* Fatiga, cansancio, agotamiento, debilidad.

fa.ís.ca [fa´iskə] *sf* **1** Chispa, centella. **2** Rayo.

fa.is.car [fajsk´ar] *vi+vt* Chispear, destellar.

fai.xa [f´ajʃə] *sf* **1** Faja. **2** Banda, tira, lista.

fa.ju.to [faʒ´utu] *adj coloq* **1** Malo, de mala calidad. **2** Cursi.

fa.la [f´alə] *sf* **1** Habla, lengua. **2** Palabra, voz. **3** Alocución, discurso. **4** Lenguaje, elocución.

fa.la.ção [falas´ãw] *sf* Discurso, palabrería, charlatanería, verborrea.

fa.lar [fal´ar] *vi* **1** Hablar, decir, expresarse, conversar. *vt* **2** Narrar, proferir, razonar, parlamentar. *vpr* **3** Hablarse, dialogar.

fa.la.tó.rio [falat´ɔrju] *sm* Habladuría, murmuración, chisme.

fal.cão [fawk'ãw] *sm Zool* Halcón.
fa.le.cer [fales'er] *vi+vt* Fallecer, morir, perecer, expirar, fenecer.
fa.le.ci.do [fales'idu] *adj+sm* **1** Fallecido, muerto, difunto, cadáver. **2** Falto.
fa.le.ci.men.to [falesim'entu] *sm* Fallecimiento.
fa.lên.cia [fal'ẽsjə] *sf Dir* **1** Quiebra, bancarrota. **2** *AL* Falencia.
fa.lha [f'aʎə] *sf* Fallo, error, equivocación.
fa.lhar [faʎ'ar] *vt+vi* Fallar, faltar, malograr, fracasar, abortar.
fa.lho [f'aʎu] *adj* **1** Fallido, fracasado. **2** Frustrado, malogrado. **3** Defectuoso.
fa.li.do [fal'idu] *adj* Fallido, fracasado, frustrado. • *sm Dir* Fallido.
fa.lir [fal'ir] *vi* **1** Quebrar, arruinarse. **2** *Dir* Quebrar. **3** *fig* Hundirse.
fa.lí.vel [fal'ivew] *adj m+f* Falible.
fa.lo [f'alu] *sm* Falo, pene.
fal.sá.rio [faws'arju] *sm* Falsario.
fal.se.ar [fawse'ar] *vt* **1** Falsear, falsificar. **2** Engañar, traicionar. **3** Deformar, desfigurar, desvirtuar.
fal.si.da.de [fawsid'adi] *sf* **1** Falsedad. **2** Mentira, calumnia. **3** Fraude, engaño, hipocresía, perfidia.
fal.si.fi.car [fawsifik'ar] *vt* Falsificar, adulterar, falsear.
fal.so [f'awsu] *adj+sm* **1** Falso, mentiroso, ilusorio. **2** Desleal, traidor, pérfido.
fal.tar [fawt'ar] *vt+vi* **1** Faltar, escasear. **2** Incumplir, quebrantar.
fa.ma [f'∧mə] *sf* **1** Fama, celebridad, renombre. **2** Reputación.
fa.mí.lia [fam'iljə] *sf* **1** Familia, parentela. **2** Ascendencia, linaje, estirpe.
fa.mi.li.a.ri.da.de [familjarid'adi] *sf* Familiaridad.
fa.mi.li.a.ri.zar [familjariz'ar] *vt* **1** Familiarizar, acostumbrar, habituar. *vpr* **2** Familiarizarse, acostumbrarse, habituarse.

fa.min.to [fam'ĩtu] *adj* **1** Hambriento, famélico. **2** *fig* Ansioso, ávido, sediento.
fa.ná.ti.co [fan'atiku] *adj+sm* **1** Fanático, exaltado, intolerante. **2** Entusiasta, admirador, hincha.
fan.far.ra [fãf'aɾə] *sf* Fanfarria, banda.
fa.nho.so [fañ'ozu] *adj+adv* Gangoso.
fan.ta.si.a [fãtaz'iə] *sf* **1** Fantasía, imaginación. **2** Disfraz.
fan.ta.si.ar [fãtazi'ar] *vt+vi* **1** Fantasear, imaginar, soñar. *vpr* **2** Disfrazarse.
fan.tas.ma [fãt'azmə] *sm* Fantasma.
fan.tás.ti.co [fãt'astiku] *adj* **1** Fantástico, imaginario, irreal. **2** Extraordinario, increíble, fabuloso, estupendo.
fan.to.che [fãt'ɔʃi] *sm* Fantoche, marioneta, títere.
fa.quei.ro [fak'ejru] *sm* Cubertería, juego de cubiertos.
fa.quir [fak'ir] *sm* Faquir.
fa.ra.ó [fara'ɔ] *sm* Faraón.
far.da [f'ardə] *sf Mil* **1** Uniforme militar. **2** *fig* Vida militar.
far.do [f'ardu] *sm* Fardo, bulto, paca.
fa.re.jar [fareʒ'ar] *vt* Olfatear, husmear.
fa.re.lo [faɾ'ɛlu] *sm* Salvado.
far.fa.lhar [farfaʎ'ar] *vi* Parlotear, charlar, cotorrear.
fa.ri.nha [far'iñə] *sf* Harina.
far.ma.cêu.ti.co [farmas'ewtiku] *adj+sm* Farmacéutico, boticario.
far.má.cia [farm'asjə] *sf* Farmacia, botica.
fa.ro [f'aru] *sm* **1** Olfato. **2** *p ext* Aroma, olor. **3** *fig* Intuición, instinto.
fa.ro.fa [faɾ'ɔfə] *sf* Harina de yuca o de maíz condimentada.
fa.rol [faɾ'ow] *sm* Faro, farol, linterna.
fa.ro.le.te [farol'eti] *sm* Faro pequeño, linterna.
far.pa [f'arpə] *sf* **1** Púa. **2** *fig* Sarcasmo.
far.ra [f'aɾə] *sf* **1** Farra, juerga, jarana, jolgorio, pachanga. **2** *coloq* Broma.

far.ra.po [fař'apu] *sm* Harapo, andrajo, jirón, trapo.
fa.rre.ar [faře'ar] *vi* Farrear, salir de juerga.
far.ris.ta [fař'istə] *adj* e *s m+f* **1** Juerguista, parrandero. **2** *AL* Farrero, farrista.
far.sa [f'arsə] *sf* **1** *Teat* Farsa, comedia. **2** Engaño, trampa.
far.tar [fart'ar] *vt* **1** Saciar, hartar, colmar. **2** Cansar, aburrir, fastidiar. **3** Llenar, empachar, saturar. *vpr* **4** Hartarse, atiborrarse.
far.to [f'artu] *adj* Harto, lleno, atiborrado, ahíto, repleto.
far.tu.ra [fart'urə] *sf* **1** Hartura, saciedad. **2** Abundancia, exuberancia, profusión.
fas.cí.cu.lo [fas'ikulu] *sm* Fascículo.
fas.ci.na.ção [fasinas'ãw] *sf* Fascinación, encanto, seducción.
fas.ci.nar [fasin'ar] *vt+vi* **1** Fascinar, cautivar, encantar. **2** Seducir, deslumbrar.
fa.se [f'azi] *sf* Fase.
fa.ta.li.da.de [fatalid'adi] *sf* **1** Fatalidad, destino, hado, sino. **2** Desgracia, desdicha.
fa.ti.a [fat'iə] *sf* **1** Loncha, rebanada, tajada, lonja. **2** *fig* Lucro, provecho, ganancia.
fa.tí.di.co [fat'idiku] *adj* Fatídico, fatal, nefasto.
fa.ti.gan.te [fatig'ãti] *adj m+f* Fatigoso.
fa.ti.gar [fatig'ar] *vt+vi* **1** Fatigar, agotar, cansar. *vpr* **2** Fatigar, agotar, cansar.
fa.to [f'atu] *sm* Hecho, acontecimiento, suceso.
fa.tor [fat'or] *sm* Factor.
fa.tu.ra.men.to [faturam'ẽtu] *sm Com* Facturación.
fa.tu.rar [fatur'ar] *vt* **1** *Com* Facturar, hacer una factura. **2** Ganar mucho dinero.
fau.na [f'awnə] *sf* Fauna.
fa.ve.la [fav'ɛlə] *sf* Favela, barraca, chabola.
fa.vo [f'avu] *sm* Panal, colmena.
fa.vor [fav'or] *sm* **1** Favor, obsequio, apoyo, ayuda. **2** Gracia, merced.
fa.vo.re.cer [favores'er] *vt* **1** Favorecer, ayudar, amparar, socorrer, beneficiar. **2** Hacer un favor. **3** Proteger con parcialidad. *vpr* **4** Ayudarse favorecerse.
fa.vo.re.ci.men.to [favoresim'ẽtu] *sm* Beneficio.
fax [f'aks] *sm* Fax.
fa.xi.na [faʃ'inə] *sf* Limpieza.
fa.xi.nei.ro [faʃin'ejru] *sm* **1** Asistente encargado de la limpieza, criado. *sf* **2** Asistenta, muchacha, criada.
fa.zen.da [faz'ẽdə] *sf* **1** Hacienda, finca. **2** *AL* Estancia.
fa.zen.dei.ro [fazẽd'ejru] *sm* **1** Estanciero, terrateniente. **2** *Arg, Chile* Hacendado.
fa.zer [faz'er] *vt* **1** Hacer, realizar, crear. **2** Fabricar, construir.
fé [f'ɛ] *sf* Fe, creencia.
fe.bre [f'ɛbri] *sf Med* Fiebre.
fe.cha.du.ra [feʃad'urə] *sf* Cerradura.
fe.char [feʃ'ar] *vt* **1** Cerrar, obstruir. **2** Juntar, unir. **3** Acabar, concluir, dar por terminado. *vpr* **4** Cerrarse, encerrarse, ensimismarse.
fe.cho [f'eʃu] *sm* Cierre.
fé.cu.la [f'ɛkulə] *sf* Fécula, almidón.
fe.cun.da.ção [fekũdas'ãw] *sf* Fecundación.
fe.cun.dar [fekũd'ar] *vt* **1** Fecundar, fertilizar. *vi+vpr* **3** Volverse fecundo, concebir, generar.
fe.cun.do [fek'ũdu] *adj* Fecundo, fértil, productivo.
fe.der [fed'er] *vi* Heder, apestar.
fe.de.ra.ção [federas'ãw] *sf* Federación.
fe.di.do [fed'idu] *adj* Fétido, hediondo, maloliente, apestoso.

fedor 306 **ferro**

fe.dor [fed′or] *sm* Hedor, fetidez, pestilencia, peste, tufo.
fe.do.ren.to [fedor′ẽtu] *adj* Hediondo, fétido, maloliente, apestoso, pestilente.
fei.ção [fejs′ãw] *sf* **1** Facción, fisonomía, aspecto. **2** Manera, modo. **3** Índole, carácter. **4 feições** *pl* Facciones, rasgos.
fei.jão [fej3′ãw] *sm* **1** Fréjol, alubia, habichuela, judía, frijol. **2** *AL* Poroto.
fei.o [f′eju] *adj+sm* Feo.
fei.ra [f′ejrə] *sf* Feria.
fei.ran.te [fejr′ãti] *adj* e *s m+f* Feriante.
fei.ti.ça.ri.a [fejtisar′iə] *sf* Hechicería, brujería, magia.
fei.ti.cei.ra [fejtis′ejrə] *sf* Hechicera, bruja.
fei.ti.cei.ro [fejtis′ejru] *sm* **1** Hechicero, brujo, mago. **2** Encantador, seductor.
fei.ti.ço [fejt′isu] *sm* **1** Hechizo, maleficio, encantamiento. **2** Encanto, atractivo.
fei.tio [fejt′iu] *sm* **1** Hechura. **2** Modo, manera. **3** Índole, carácter.
fei.to [f′ejtu] *adj* Hecho. • *sm* Hecho, acontecimiento, suceso. • *conj* Como, igual que, tal como.
fei.u.ra [fej′urə] *sf* Fealdad.
fei.xe [f′ejʃi] *sm* **1** Haz, manojo, gavilla. **2** Haz (de luz).
fel [f′ɛw] *sm* Hiel, bilis.
fe.li.ci.da.de [felisid′adi] *sf* Felicidad, dicha.
fe.li.ci.ta.ção [felisitas′ãw] *sf* Felicitación, enhorabuena.
fe.li.ci.tar [felisit′ar] *vt* **1** Felicitar, congratular. *vpr* **2** Aplaudirse, congratularse.
fe.li.no [fel′inu] *adj+sm Zool* **1** Felino. **2** *fig* Traicionero. **3** *fig* Ágil, hábil.
fe.liz [fel′is] *adj m+f* Feliz, dichoso.
fel.pu.do [fewp′udu] *adj* Felpudo.
fel.tro [f′ewtru] *sm* Fieltro.
fê.mea [f′emjə] *sf* Hembra.
fe.mi.ni.li.da.de [feminilid′adi] *sf* Femineidad, feminidad.
fe.mi.ni.no [femin′inu] *adj* Femenino.
fen.da [f′ẽdə] *sf* Grieta, fisura, hendidura.
fen.der [fẽd′er] *vt* Hender, agrietar, resquebrajar.
fe.ne.cer [fenes′er] *vi* Fenecer, morir, fallecer, perecer.
fe.no [f′enu] *sm* Heno.
fe.nô.me.no [fen′omenu] *sm* Fenómeno.
fe.ra [f′ɛrə] *sf* **1** Fiera, animal. **2** *fig* Energúmeno, persona de mal genio. **3** *fig* Fenómeno, persona muy buena en una actividad.
fé.ria [f′ɛrjə] *sf* **1** Día de la semana. **2** Salario.
fe.ri.a.do [feri′adu] *adj+sm* Festivo, fiesta.
fé.rias [f′ɛrjəs] *sf pl* Vacaciones.
fe.ri.da [fer′idə] *sf* Herida, lesión, lastimadura, magulladura.
fe.ri.do [fer′idu] *adj+sm* Herido.
fe.ri.men.to [ferim′ẽtu] *sm* Herida, magulladura.
fe.rir [fer′ir] *vt* **1** Herir, lesionar, lastimar. *vpr* **2** Herirse, lastimarse.
fer.men.to [ferim′ẽtu] *sm* Fermento, levadura.
fe.ro.ci.da.de [ferosid′adi] *sf* Ferocidad.
fe.roz [fer′ɔs] *adj m+f* Feroz.
fer.ra.du.ra [feʀad′urə] *sf* Herradura.
fer.ra.gem [feʀ′aʒẽj] *sf* Herraje.
fer.ra.men.ta [feʀam′ẽtə] *sf* Herramienta.
fer.ra.men.tei.ro [feʀamẽt′ejru] *sm* Herramentero.
fer.rão [feʀ′ãw] *sm* Aguijón.
fer.rei.ro [feʀ′ejru] *sm* Herrero.
fer.re.nho [feʀ′eñu] *adj* Férreo, firme.
fér.reo [f′ɛʀju] *adj* Férreo.
fer.ro [f′ɛʀu] *sm* Fierro.

ferroada 307 **filial**

fer.ro.a.da [feřo'adə] *sf* **1** Aguijonazo. **2** Punzada.
fer.ro.lho [fe'řoʎu] *sm* Cerrojo.
fer.ro.ve.lho [feřuv'eʎu] *sm* **1** Chatarrero. **2** Chatarrería.
fer.ro.vi.a [feřov'iə] *sf* Ferrocarril, vía férrea.
fer.ro.vi.á.rio [feřovi'arju] *adj+sm* Ferroviario. • *sm AL* Ferrocarrilero.
fer.ru.gem [fe'řuʒẽj] *sf* **1** Herrumbre, orín. **2** *p ext* Óxido (que se forma sobre otros metales además del hierro).
fér.til [f'ertiw] *adj m+f* **1** Fértil, fecundo. **2** Productivo, fructífero.
fer.ti.li.zar [fertiliz'ar] *vt* **1** Fertilizar, abonar, fecundar, fecundizar. *vi+vpr* **2** Volverse fértil o productivo.
fer.ver [ferv'er] *vi* Hervir.
fer.vi.lha.men.to [ferviʎamẽ'tu] *sm* Ebullición.
fer.vi.lhar [ferviʎ'ar] *vt* Hervir, bullir.
fer.vor [ferv'or] *sm* **1** Hervor, ebullición. **2** *fig* Fervor, ardor, energía.
fer.vu.ra [ferv'urə] *sf* **1** Hervor, ebullición. **2** *fig* Alboroto, agitación.
fes.ta [f'estə] *sf* Fiesta.
fes.tan.ça [fest'ãsə] *sf* Fiesta muy animada.
fes.tei.ro [fest'ejru] *adj+sm* Fiestero.
fes.te.jar [festeʒ'ar] *vt* Festejar, celebrar, conmemorar.
fe.to [f'etu] *sm Biol* Feto.
feu.do [f'ewdu] *sm* Feudo.
fe.ve.rei.ro [fever'ejru] *sm* Febrero.
fe.zes [f'ezis] *sf pl* Heces, excrementos.
fi.a.ção [fjas'ãw] *sf* **1** Cableado, tendido de cables. **2** Hilatura, hilandería.
fi.a.do [fi'adu] *adj* Fiado. • *adv* De fiado, al fiado, a crédito.
fi.a.dor [fjad'or] *sm* Fiador, avalista.
fi.an.ça [fi'ãsə] *sf Dir* Fianza, garantía, caución.
fi.a.po [fi'apu] *sm* Hilacha, filamento.
fi.as.co [fi'asku] *sm* Fiasco, fracaso.
fi.bra [f'ibrə] *sf* **1** Fibra. **2** Hebra, filamento, hilo. **3** *fig* Fuerza de ánimo, fortaleza.
fi.car [fik'ar] *vi+vpr* **1** Quedarse, permanecer. *vi* **2** Estar. **3** Quedar, restar, sobrar.
fic.ção [fiks'ãw] *sf* Ficción.
fi.cha [f'iʃə] *sf* Ficha.
fi.char [fiʃ'ar] *vt* Fichar, catalogar.
fi.chá.rio [fiʃ'arju] *sm* Fichero.
fic.tí.cio [fikt'isju] *adj* Ficticio.
fi.dal.go [fid'awgu] *adj+sm* Hidalgo.
fi.dal.gui.a [fidawg'iə] *sf* Hidalguía.
fi.de.li.da.de [fidelid'adi] *sf* Fidelidad, lealtad.
fi.el [fi'ɛw] *adj* e *s m+f* **1** Fiel, leal. **2** **fiéis** *pl* Fieles, creyentes, feligreses.
fí.ga.do [f'igadu] *sm Anat* Hígado.
fi.go [f'igu] *sm Bot* Higo.
fi.gu.ra [fig'urə] *sf* **1** Figura, silueta, estampa, tipo. **2** Forma. **3** Figura, personalidad.
fi.gu.ra.do [figur'adu] *adj* **1** Figurado. **2** Alegórico. **3** Supuesto. **4** *Ling* Sentido figurado, lenguaje figurado.
fi.gu.rar [figur'ar] *vi* **1** Figurar. **2** Estar, aparecer, participar.
fi.gu.ri.nha [figur'iɲə] *sf* Figurita, estampita.
fi.gu.ri.no [figur'inu] *sm* **1** Figurín. **2** *coloq* Bien vestido.
fi.la [f'ilə] *sf* Fila, hilera, cola.
fi.la.men.to [filamẽ'tu] *sm* Filamento, hebra, fibra.
fi.lé [fil'ɛ] *sm* **1** Bistec, bisté. **2** Filete.
fi.lei.ra [fil'ejrə] *sf* **1** Fila, hilera. **2** **fileiras** *pl* Actividades militares.
fi.le.te [fil'eti] *sm* **1** Filete, friso, reguero. **2** *fig* Hilo.
fi.lha.ra.da [fiʎar'adə] *sf* Prole.
fi.lho [f'iʎu] *sm* **1** Hijo. **2** *adj* Procedente, resultante.
fi.lho.te [fiʎ'ɔti] *sm* Cría, cachorro.
fi.li.a.ção [filjas'ãw] *sf* Filiación.
fi.li.al [fili'aw] *adj m+f* Filial, propio de los hijos. • *adj+sf Com* Filial, sucursal.

filiar 308 **flanela**

fi.li.ar [fili'ar] *vt* **1** Adoptar. **2** Afiliar. *vpr* **3** Afiliarse.
fil.mar [fiwm'ar] *vt* **1** Filmar. *vi* **2** Filmar, grabar. **3** Ser fotogénico.
fil.me [f'iwmi] *sm* Película, film, filme.
fi.lo.lo.gi.a [filoloʒi'ə] *sf* Filología.
fi.lo.so.fi.a [filozof'iə] *sf* Filosofía.
fil.tra.ção [fiwtras'ãw] *sf* Filtración.
fil.trar [fiwtr'ar] *vt* Filtrar.
fil.tro [f'iwtru] *sm* Filtro.
fim [f'ĩ] *sm* **1** Fin, término, remate, consumación. **2** Finalidad, objetivo, intención, propósito.
fi.na.do [fin'adu] *adj+sm* Finado, difunto, muerto.
fi.na.li.da.de [finalid'adi] *sf* Finalidad, fin, objetivo, intención, propósito.
fi.na.li.zar [finaliz'ar] *vt* **1** Finalizar, concluir, terminar. *vi* **2** Tener fin, acabar. **3** *Fut* rematar.
fi.nan.ças [fin'ãsas] *sf pl* Finanzas.
fi.nan.cei.ro [finãs'ejru] *adj+sm* **1** Financiero. **2** *AL* Financista.
fi.nan.cis.ta [finãs'istə] *s m+f* Financista, financiero.
fi.nan.ci.a.men.to [finãsjam'ẽtu] *sm* Financiación.
fi.nan.ci.ar [finãsi'ar] *vt* Financiar, sufragar, pagar.
fin.car [fĩk'ar] *vt* Hincar, clavar.
fin.dar [fĩd'ar] *vt* **1** Poner fin, acabar, terminar, concluir, finalizar. *vi+vpr* **2** Tener fin, acabarse, terminarse.
fi.ne.za [fin'ezə] *sf* Fineza.
fin.gi.do [fiʒ'idu] *adj* Fingido, falso. • *sm* Mentiroso, hipócrita, embustero.
fin.gi.men.to [fĩʒim'ẽtu] *sm* **1** Fingimiento, simulación. **2** Hipocresía.
fin.gir [fĩʒ'ir] *vt+vi* Fingir, aparentar, simular.
fi.no [f'inu] *adj* **1** Fino, delgado, flaco. **2** Educado, elegante. **3** De buena calidad, refinado, selecto, distinguido.
fi.nu.ra [fin'urə] *sf* Finura.
fi.o [f'iu] *sm* **1** Hilo, hebra. **2** Alambre.

fir.ma [f'irmə] *sf* Firma.
fir.mar [firm'ar] *vt* **1** Fijar, asegurar, sujetar. **2** Firmar, rubricar.
fir.me.za [firm'ezə] *sf* Firmeza, estabilidad, fuerza.
fis.ca.li.za.ção [fiskalizas'ãw] *sf* Fiscalización, inspección.
fis.ca.li.zar [fiskaliz'ar] *vt* Fiscalizar, controlar, vigilar.
fis.co [f'isku] *sm* Fisco, Hacienda.
fis.ga.da [fizg'adə] *sf* Punzada.
fí.si.ca [f'izikə] *sf* Física.
fí.si.co [f'iziku] *adj* **1** Físico. **2** Corporal, material. • *sm* **1** *Fís* Físico. **2** Fisonomía, apariencia, porte.
fi.si.o.lo.gi.a [fizjoloʒ'iə] *sf* Fisiología.
fi.si.o.no.mi.a [fizjonom'iə] *sf* Fisonomía, fisionomía, semblante.
fi.si.o.te.ra.pi.a [fizjuterap'iə] *sf* Fisioterapia.
fis.são [fis'ãw] *sf Fís* Fisión.
fis.su.ra [fis'urə] *sf* **1** Fisura, grieta, hendidura. **2** *Med* Incisión.
fi.ta [f'itə] *sf* Cinta, banda, faja, tira.
fi.tar [fit'ar] *vt* Escudriñar.
fi.ve.la [fiv'ɛlə] *sf* Hebilla.
fi.xa.ção [fiksas'ãw] *sf* **1** Fijación. **2** *Psicol* Obsesión.
fi.xar [fiks'ar] *vt* **1** Fijar, clavar, asegurar, sujetar, afianzar. **2** Memorizar. **3** Establecer, determinar, precisar, señalar. *vpr* **4** Radicarse, establecerse. **5** Fijarse, percatarse.
fi.xo [f'iksu] *adj* Fijo.
flã [fl'ã] *sm* Flan, budín.
flá.ci.do [fl'asidu] *adj* Fláccido.
fla.ge.lar [flaʒel'ar] *vt* **1** Flagelar, azotar. *vpr* **2** Flagelarse, azotarse.
fla.ge.lo [flaʒ'ɛlu] *sm* Flagelo.
fla.grar [flagr'ar] *vt* Sorprender (en flagrante).
flâ.mu.la [fl'ãmulə] *sf* Banderín, banderola, gallardete.
flan.co [fl'ãku] *sm* Flanco.
fla.ne.la [fla'nɛlə] *sf* Franela.

flau.ta [fl'awtə] *sf Mús* Flauta.
fle.cha [fl'εʃə] *sf* Flecha.
fle.cha.da [fleʃ'adə] *sf* Flechazo.
fler.tar [flert'ar] *vi+vt* Flirtear.
fler.te [fl'εti] *sm* Flirteo.
fleu.ma [fl'ewmə] *sf* Fleuma.
fle.xão [fleks'ãw] *sf* Flexión.
fle.xi.bi.li.da.de [fleksibilid'adʒi] *sf* Flexibilidad, elasticidad.
fle.xi.bi.li.zar [fleksibiliz'ar] *vt* Flexibilizar.
fle.xi.o.nar [fleksjon'ar] *vt+vpr* 1 Flexionar, flexionarse. 2 *Gram* Variar en género, número etc., las palabras.
fle.xí.vel [fleks'ivew] *adj m+f* Flexible.
flo.co [fl'ɔku] *sm* Copo.
flor [fl'or] *sf Bot* Flor.
flo.ra [fl'ɔrə] *sf Bot* Flora.
flo.re.ar [flore'ar] *vt* Florear.
flo.res.cer [flores'er] *vi* 1 Florecer. *vt* 2 Sobresalir, destacarse.
flo.res.ta [flor'εstə] *sf* Floresta, bosque.
flo.ri.cul.tu.ra [florikuwt'urə] *sf* Floricultura.
flo.rir [flor'ir] *vt* 1 Adornar con flores. *vi* 2 Florecer.
flui.do [fl'ujdu] *adj+sm* Fluido.
flu.ir [flu'ir] *vi* Fluir.
flú.or [fl'uor] *sm* Flúor.
flu.o.res.cên.cia [flwores'ẽsjə] *sf* Fluorescencia.
flu.tu.a.ção [flutwas'ãw] *sf* Fluctuación.
flu.tu.ar [flutu'ar] *vi* 1 Flotar. 2 *fig* Fluctuar, variar, oscilar.
flu.vi.al [fluvi'aw] *adj m+f* Fluvial.
flu.xo [fl'uksu] *sm* Flujo.
fo.ca [f'ɔkə] *sf Zool* Foca.
fo.ca.li.zar [fokaliz'ar] *vt* 1 Enfocar. 2 *fig* Destacar, evidenciar, dirigir la atención.
fo.car [fok'ar] *vt* Enfocar.
fo.ci.nho [fos'iɲu] *sm Anat* Hocico.
fo.co [f'ɔku] *sm* Foco.
fo.der [fod'er] *vt* 1 Joder. *vpr* 2 Joderse.

fo.fo [f'ofu] *adj* Fofo, blando, esponjoso.
fo.fo.ca [fof'ɔkə] *sf* Chisme, murmuración, habladuría.
fo.fo.car [fofok'ar] *vi* Chismorrear, cotillar, murmurar.
fo.fo.quei.ro [fofok'ejru] *adj+sm* Chismoso, cotilla, murmurador.
fo.gão [fog'ãw] *sm* Cocina, fogón.
fo.go [f'ogu] *sm* Fuego.
fo.go.si.da.de [fogozid'adʒi] *sf* Fogosidad.
fo.guei.ra [fog'ejrə] *sf* Hoguera, fogata.
fo.gue.te [fog'eti] *sm* Cohete.
foi.ce [f'ojsi] *sf* Hoz, guadaña.
fol.clo.re [fowkl'ɔri] *sm* Folklore, folclore, folclor.
fo.le [f'ɔli] *sm* Fuelle.
fô.le.go [f'olegu] *sm* 1 Aliento. 2 Vaho. 3 Ánimo, valor, brío, empuje.
fol.ga [f'owgə] *sf* Descanso.
fol.ga.do [fowg'adu] *adj* 1 Descansado. 2 Holgado, ancho, amplio. 3 Desahogado, acomodado. • *adj+sm* 1 Atrevido, mal educado. 2 Holgazán, vago, haragán.
fol.gar [fowg'ar] *vt* 1 Dar descanso a alguien. 2 Soltar, aflojar. *vt+vi* 3 Descansar. *vi* 4 Holgazanear, divertirse.
fo.lha [f'oʎə] *sf* Hoja.
fo.lha.gem [foʎ'aʒẽj] *sf* Follaje.
fo.lhe.ar [foʎe'ar] *vt* Hojear.
fo.lhe.tim [foʎet'ĩ] *sm* Folletín.
fo.lhe.to [foʎ'etu] *sm* Folleto.
fo.lhi.nha [foʎ'iɲə] *sf* Calendario.
fo.li.a [fol'iə] *sf* 1 Algazara, jolgorio, juerga. 2 Folía.
fo.li.ão [foli'ãw] *sm* Fiestero, parrandero, juerguista.
fo.me [f'ɔmi] *sm* Hambre.
fo.men.tar [fomẽt'ar] *vt* Fomentar, promover, favorecer, impulsar, promocionar.
fo.ne [f'oni] *sm* 1 Teléfono. 2 Auricular.

fo.né.ti.ca [fon'ɛtikə] *sf Ling* Fonética.
fon.te [f'õti] *sf* Fuente.
fo.ra [f'ɔrə] *adv* **1** Fuera. **2** Afuera. • *sm* **1** Desliz, traspié. **2** *coloq* Metida de pata. • *interj* **fora!** ¡fuera! / ¡afuera!
fo.ra.gi.do [foraʒ'idu] *adj+sm* Forajido.
fo.ras.tei.ro [forast'ejru] *adj+sm* Forastero.
for.ca [f'orkə] *sf* Horca.
for.ça [f'orsə] *sf* **1** Fuerza, fortaleza, vigor. **2** Energía, vitalidad, ímpetu.
for.çar [fors'ar] *vt* Forzar.
for.çu.do [fors'udu] *adj* Forzudo.
for.jar [forʒ'ar] *vt* **1** Forjar, fraguar. **2** Inventar, imaginar, planear. **3** Falsificar, falsear.
for.ma¹ [f'ɔrmə] *sf* **1** Forma, figura, aspecto, apariencia, configuración. **2** Modo, manera, medio, método. **3** Estado, condición física.
for.ma² [f'orma] *sf* **1** Molde. **2** Horma.
for.ma.ção [formas'ãw] *sf* **1** Formación, creación, constitución. **2** Conocimientos, estudios, cultura. **3** *Mil* Formación.
for.ma.li.da.de [formalid'adi] *sf* Formalidad.
for.ma.li.zar [formaliz'ar] *vt* Formalizar.
for.mar [form'ar] *vt* **1** Formar. **2** Enseñar, educar. **3** Colocar en fila. *vpr* **4** Formarse. **5** Graduarse, titularse.
for.ma.tar [format'ar] *vt Inform* Formatear.
for.ma.to [form'atu] *sm* **1** Forma. **2** Formato.
for.ma.tu.ra [format'urə] *sf* Graduación.
for.mi.dá.vel [formid'avew] *adj m+f* Formidable, estupendo, extraordinario, magnífico.
for.mi.ga [form'igə] *sf Zool* Hormiga.
for.mi.ga.men.to [formigam'ẽtu] *sm* Hormigueo, comezón, cosquilleo, picazón.

for.mi.gar [formig'ar] *vi* Hormiguear.
for.mi.guei.ro [formig'ejru] *sm* **1** Hormiguero. **2** Hervidero.
for.mo.so [form'ozu] *adj* Hermoso, bello.
for.mo.su.ra [formoz'urə] *sf* Hermosura, belleza.
fór.mu.la [f'ɔrmulə] *sf* Fórmula.
for.mu.lar [formul'ar] *vt* **1** Formular. *vpr* **2** Manifestarse.
for.mu.lá.rio [formul'arju] *sm* Formulario, impreso.
for.na.da [forn'adə] *sf* Hornada.
for.ne.cer [fornes'er] *vt* **1** Proveer, suministrar, abastecer, dotar. *vpr* **2** Abastecerse.
for.ne.ci.men.to [fornesim'ẽtu] *sm* Suministro, abastecimiento, provisión.
for.no [f'ornu] *sm* **1** Horno. **2** *fig* Sitio muy caluroso.
for.qui.lha [fork'iʎə] *sf* Horquilla.
for.ra [f'ɔrə] *sf* Venganza.
for.rar [foʀ'ar] *vt* Forrar, recubrir, revestir.
for.ro [f'oʀu] *sm* Forro, funda.
for.ta.le.cer [fortales'er] *vt* **1** Fortalecer, fortificar. **2** Reforzar, robustecer. *vpr* **3** Fortalecerse, robustecerse.
for.ta.le.ci.men.to [fortalesim'ẽtu] *sm* Fortalecimiento.
for.ta.le.za [fortal'ezə] *sf* **1** Fortaleza, fortificación, fuerte. **2** Fuerza, energía, vigor.
for.te [f'ɔrti] *adj m+f* **1** Fuerte, forzudo, robusto, resistente. **2** Enérgico. **3** Valiente, entero. **4** Intenso, violento. **5** Irascible, irritable. • *sm* Fuerte, fortaleza, fortificación. • *adv* Fuerte.
for.ti.fi.car [fortifik'ar] *vt* **1** Fortalecer, reforzar, robustecer. **2** Fortificar, amurallar, guarnecer. **3** Animar, alentar. *vpr* **4** Fortalecerse, fortificarse, robustecerse.
for.tui.to [fort'ujtu] *adj* Fortuito.
for.tu.na [fort'unə] *sf* Fortuna.

fos.co [f'osku] *adj* Opaco, sin brillo, mate.
fos.sa [f'ɔsə] *sf* Fosa.
fós.sil [f'ɔsiw] *sm* e *adj* m+f Fósil.
fo.to [f'ɔtu] *sf* Foto, fotografía, imagen fotográfica.
fo.to.có.pia [fotok'ɔpjə] *sf* Fotocopia.
fo.to.co.pi.ar [fotokopi'ar] *vt* Fotocopiar.
fo.to.gra.far [fotograf'ar] *vt* 1 Fotografiar. 2 Describir. *vi* 3 Salir (bien o mal) en una fotografía.
fo.to.gra.fi.a [fotografi'ə] *sf* Fotografía.
fo.tó.gra.fo [fot'ɔgrafu] *sm* Fotógrafo.
foz [f'ɔs] *sf* Estuario, desembocadura, embocadura.
fra.ção [fras'ãw] *sf* 1 Fracción. 2 *Arit* Número quebrado.
fra.cas.sar [frakas'ar] *vt+vi* Fracasar, malograr(se), frustrar(se).
fra.cas.so [frak'asu] *sm* Fracaso, mal resultado, fiasco.
fra.co [fr'aku] *adj* Débil, enclenque, endeble, frágil, flojo.
fra.de [fr'adi] *sm Rel* Fraile.
frá.gil [fr'aʒiw] *adj* m+f 1 Frágil, quebradizo, endeble, delicado. 2 Débil, enclenque. 3 *fig* Poco estable, transitorio. 4 *fig* Inseguro.
fra.gi.li.da.de [fraʒilid'adi] *sf* Fragilidad.
frag.men.tar [fragmẽt'ar] *vt* 1 Fragmentar, trozar, separar, partir, dividir. *vpr* 2 Fragmentarse, quebrarse.
frag.men.to [fragm'ẽtu] *sm* Fragmento, trozo, cacho, porción, pedazo.
fra.grân.cia [fragr'ãsjə] *sf* Fragancia, aroma, perfume.
fral.da [fr'awdə] *sf* Pañal.
fram.bo.e.sa [frãbo'ezə] *sf Bot* Frambuesa.
fran.co [fr'ãku] *adj*+*sm* Franco.
fran.go [fr'ãgu] *sm Zool* 1 Pollo. 2 *coloq* Jovencito, adolescente.
fran.ja [fr'ãʒə] *sf* 1 Fleco. 2 Flequillo.
fran.que.ar [frãke'ar] *vt* 1 Franquear. 2 Despejar. 3 Cruzar, traspasar.
fran.que.za [frãk'ezə] *sf* Franqueza, sinceridad.
fran.qui.a [frãk'iə] *sf* Franquicia.
fran.zi.no [frãz'inu] *adj* Delgado, flaco, fino.
fran.zir [frãz'ir] *vi+vpr* Fruncir(se), plegar(se), arrugar(se).
fra.que.jar [frakeʒ'ar] *vi* Flaquear, ceder, decaer, agotarse.
fra.que.za [frak'ezə] *sf* Debilidad.
fras.co [fr'asku] *sm* Frasco, tarro.
fras.quei.ra [frask'ejrə] *sf* Neceser.
fra.se [fr'azi] *sf Ling* Frase.
fra.ter.ni.da.de [fraternid'adi] *sf* Fraternidad, hermandad.
fra.ter.no [frat'ɛrnu] *adj* Fraterno, fraternal, afectuoso.
fra.tu.rar [fratur'ar] *vt* Fracturar, partir, quebrar.
frau.dar [frawd'ar] *vt* Defraudar, estafar.
frau.de [fr'awdi] *sm* Fraude, estafa.
fre.a.da [fre'adə] *sf* Frenazo.
fre.ar [fre'ar] *vt+vi* 1 Frenar, parar, contener, moderar. *vpr* 2 Contenerse, refrenarse.
fre.guês [freg'es] *sm* Parroquiano, cliente.
fre.gue.si.a [fregez'iə] *sf* 1 Parroquia. 2 Parroquianos. 3 Clientela.
frei [fr'ej] *sm* Fray, fraile, monje.
frei.o [fr'eju] *sm* 1 Freno. 2 Impedimento, obstáculo, traba.
frei.ra [fr'ejrə] *sf Rel* Monja, madre, hermana, sor, religiosa.
frei.re [fr'ejri] *sm Ecles* Fraile, hermano.
fre.ne.si [frenez'i] *sm* 1 Frenesí, desenfreno, exaltación. 2 Ajetreo.
fre.né.ti.co [fren'etiku] *adj* Frenético, exaltado, desquiciado.
fren.te [fr'ẽti] *sf* 1 Frente. 2 Fachada.

fren.tis.ta [frẽt'istə] *s m+f AL* Bombero.
fre.quên.cia [frekw'ẽsjə] *sf* Frecuencia.
fre.quen.tar [frekwẽt'ar] *vt* Frecuentar.
fre.quen.te [frek'wẽti] *adj m+f* Frecuente, común, usual.
fres.co [fr'esku] *adj* 1 Fresco. 2 Sano, fuerte, lozano. 3 Reciente. 4 Descansado. 5 *vulg* Amanerado, afeminado. • *sm* 1 Fresco, pintura al agua. 2 Afeminado. 3 Frescor, frescura.
fres.cor [fresk'or] *sm* Frescor, lozanía.
fres.cu.ra [fresk'urə] *sf* 1 Frescura. 2 Caradura, descaro. 3 Amaneramiento. 4 Cursilería.
fres.ta [fr'estə] *sf* 1 Ranura, rendija. 2 Grieta.
fre.ta.men.to [fretam'ẽtu] *sm* Fletamento.
fre.tar [fret'ar] *vt* Fletar.
fre.te [fr'eti] *sm* Flete.
fri.a.gem [fri'aʒẽj] *sf* Frialdad.
fric.ção [friks'ãw] *sf* 1 Fricción, roce. 2 Friega.
fric.ci.o.nar [friksjon'ar] *vt* 1 Friccionar, restregar. 2 Dar friegas. *vpr* 3 Friccionarse, restregarse.
fri.co.te [frik'oti] *sm* Cuento, manía, melindre.
fri.ei.ra [fri'ejrə] *sf Med* Sabañón, micosis en los pies.
fri.e.za [fri'ezə] *sf* Frialdad, indiferencia.
fri.gi.dei.ra [friʒid'ejrə] *sf* Sartén.
fri.gi.dez [friʒid'es] *sf* 1 Frigidez, frialdad. 2 *Psiq* Frigidez.
frí.gi.do [fr'iʒidu] *adj* 1 Frígido, frío, álgido, helado. 2 *Psiq* Frígido.
fri.go.rí.fi.co [frigor'ifiku] *adj+sm* Frigorífico.
fri.o [fr'iu] *adj+sm* 1 Frío. 2 Insípido, desabrido. 3 Insensible, indiferente, distante, seco.
fri.o.ren.to [frjor'ẽtu] *adj* 1 Friolento. 2 *AL* Friolero.

fri.sar [friz'ar] *vt* 1 Rizar, encrespar, ensortijar, ondular. *vpr* 2 Encresparse, ondularse. *vt* 3 Destacar, sobresalir, distinguir.
fri.tar [frit'ar] *vt* Freír.
fri.tas [fr'itas] *sf pl* Patatas fritas, papas fritas.
fri.to [fr'itu] *adj+sm* Frito.
fri.tu.ra [frit'urə] *sf* Fritura.
fri.vo.li.da.de [frivolid'adi] *sf* Frivolidad.
frí.vo.lo [fr'ivulu] *adj* Frívolo, insignificante, superficial, fútil.
fro.nha [fr'oɲə] *sf* Funda.
front [fr'õt] *sm Mil* Frente de batalla.
fron.tei.ra [frõt'ejrə] *sf* 1 Frontera. 2 *fig* Límite, extremo, fin, término.
fro.ta [fr'ɔtə] *sf* Flota.
frou.xo [fr'owʃu] *adj+sm* 1 Flojo, suelto, fláccido. 2 Débil, endeble. 3 *coloq* Cobarde, miedoso, pusilánime. 4 Impotente sexual.
frus.tra.ção [frustras'ãw] *sf* Frustración.
frus.tran.te [frustr'ãti] *adj m+f* Frustrante.
frus.trar [frustr'ar] *vt* 1 Frustrar. 2 Estropear, malograr. *vpr* 3 Frustrarse, malograrse.
fru.ta [fr'utə] *sf* Fruta.
fru.tei.ra [frut'ejrə] *sf* Frutero.
fru.to [fr'utu] *sm* 1 *Bot* Fruto. 2 *Bot* Fruta. 3 Producción, cosecha. 4 Hijo. 5 Producto, resultado, consecuencia. 6 Provecho, ventaja, utilidad. 7 Rendimiento, beneficio.
fu.çar [fus'ar] *vi* Hozar, hocicar.
fu.ga [f'ugə] *sf* 1 Fuga, huida, escapada, evasión. 2 Escape. 3 *Mús* Fuga.
fu.gaz [fug'as] *adj m+f* 1 Fugaz, rápido veloz. 2 *fig* Breve, efímero.
fu.gir [fuʒ'ir] *vi* 1 Huir, evadirse. *vt* 2 Apartarse, rehuir, esquivar.
fu.la.no [ful'ʌnu] *sm* 1 Fulano, tipo, sujeto. 2 Persona, individuo.

fu.li.gem [fuˈiʒẽj] *sf* Hollín.
ful.mi.nar [fuwminˈar] *vt* Fulminar, destrozar, aniquilar, pulverizar.
fu.lo [fˈulu] *adj* 1 Demudado. 2 Alterado, irritado.
fu.ma.ça [fumˈasə] *sf* Humareda, humo.
fu.ma.cei.ra [fumasˈejrə] *sf* Humareda.
fu.man.te [fumˈãti] *adj e s m+f* Fumador.
fu.mar [fumˈar] *vt+vi* Fumar.
fu.mo [fˈumu] *sm* 1 Humo. 2 Tabaco. 3 *coloq* Marihuana.
fun.ção [fũsˈãw] *sf* 1 Función. 2 Cargo, servicio, oficio. 3 Finalidad, utilidad. 4 Sesión, actuación.
fun.ci.o.na.men.to [fũsjonamˈẽtu] *sm* Funcionamiento.
fun.ci.o.nar [fũsjonˈar] *vi+vt* 1 Funcionar. 2 Ir bien, marchar.
fun.ci.o.ná.rio [fũsjonˈarju] *sm* 1 Funcionario, empleado público. 2 Empleado.
fun.da.ção [fũdasˈãw] *sf* 1 Fundamentos, cimientos. 2 Fundación, institución.
fun.da.men.to [fũdamˈẽtu] *sm* 1 Fundamento, base, pilar. 2 Razón, motivo.
fun.dar [fũdˈar] *vt* 1 Fundar, crear, levantar, constituir, instituir, instaurar. *vpr* 2 Fundarse, basarse.
fun.dir [fũdˈir] *vt* 1 Fundir. 2 Unir, mezclar. 3 Malgastar, derrochar, baratear.
fun.do [fˈũdu] *sm* Hondo, profundo.
fú.ne.bre [fˈunebri] *adj m+f* 1 Fúnebre, funerario, mortuorio. 2 *fig* Lúgubre, tétrico.
fu.ne.ral [funerˈaw] *adj m+f* Fúnebre, funerario. • *sm* Funeral, exequias, honras fúnebres.
fu.ne.rá.rio [funerˈarju] *adj* Funerario, mortuorio. • *sf* Empresa funeraria.
fun.go [fˈũgu] *sm* *Bot* Hongo.
fu.nil [funˈiw] *sm* Embudo.
fu.ni.la.ri.a [funilarˈiə] *sf* Hojalatería.

fu.ni.lei.ro [funilˈejru] *sm* Hojalatero.
fu.ra.cão [furakˈãw] *sm* Huracán, tifón, tornado.
fu.ra.dei.ra [furadˈejrə] *sf* Taladro.
fu.rar [furˈar] *vt* Agujerear, perforar, taladrar.
fur.gão [furgˈãw] *sm* Furgón, furgoneta, camioneta.
fú.ria [fˈurjə] *sf* 1 Furia, furor. 2 Ira, cólera. 3 Fuerza, entusiasmo, pasión, ímpetu, coraje.
fu.ro [fˈuru] *sm* 1 Agujero, orificio. 2 Primicia.
fu.ror [furˈor] *sm* 1 Furor, ira, cólera. 2 Pasión, entusiasmo. 3 Violencia, impetuosidad.
fur.tar [furtˈar] *vt* Hurtar, robar, quitar, birlar.
fur.to [fˈurtu] *sm* Hurto, robo.
fu.são [fuzˈãw] *sf* 1 Fusión, fundición. 2 Unión, alianza, reunión, agrupación. 3 Asociación, sociedad.
fu.sí.vel [fuzˈivew] *sm* Fusible.
fu.so [fˈuzu] *sm* Huso.
fu.te.bol [futebˈɔw] *sm* Fútbol.
fú.til [fˈutiw] *adj e s m+f* 1 Fútil, frívolo, superficial. 2 Insignificante, vano.
fu.ti.li.da.de [futilidˈadi] *sf* Futilidad, frivolidad, superficialidad.
fu.tu.ro [futˈuru] *adj* Futuro, venidero. • *sm* 1 Futuro, porvenir, mañana. 2 *Ling* Futuro (tiempo verbal que expresa una acción que ocurrirá).
fu.xi.car [fuʃikˈar] *vt* 1 Hilvanar. 2 Arrugar. 3 Revolver. *vi* 4 Intrigar, conspirar, maquinar.
fu.xi.co [fuʃˈiku] *sm* 1 Intriga, chisme, cuento, patraña. 2 Amorío.
fu.zil [fuzˈiw] *sm* Fusil.
fu.zi.la.men.to [fuzilamˈẽtu] *sm* Fusilamiento.
fu.zi.lar [fuzilˈar] *vt* Fusilar.
fu.zu.ê [fuzuˈe] *sm* 1 Espectáculo, fiesta. 2 Barullo, algarabía, confusión, lío.

g

g [ʒ'e] *sm* Séptima letra del alfabeto portugués.
ga.bar [gab'ar] *vt* **1** Ensalzar, elogiar. *vpr* **2** Jactarse, vanagloriarse.
ga.ba.ri.to [gabar'itu] *sm* Gálibo, plantilla.
ga.bi.ne.te [gabin'eti] *sm* **1** Gabinete, despacho. **2** Compartimiento. **3** Equipo (auxiliares de una administración).
ga.do [g'adu] *sm* Ganado.
ga.fa.nho.to [gafañ'otu] *sm* Saltamontes, langosta.
ga.fe [g'afi] *sf* Error, metida de pata.
ga.go [g'agu] *adj+sm* Tartamudo, balbuciente.
ga.gue.jar [gageʒ'ar] *vi* Tartamudear, balbucear, balbucir, vacilar.
gai.o.la [gaj'ɔlə] *sf* **1** Jaula. **2** *fam* Prisión, cárcel.
gai.ta [g'ajtə] *sf* **1** Gaita. **2** Armónica.
ga.la [g'alə] *sf* **1** Gala, pompa, ostentación. **2** Fiesta nacional. **3** Galladura.
ga.lã [gal'ã] *sm* **1** Galán, actor principal. **2** *fig* Galanteador, hombre guapo.
ga.lan.tei.o [galãt'eju] *sm* **1** Galanteo. **2** Amorío.
ga.lão [gal'ãw] *sm* Galón.
ga.lá.xia [gal'aksjə] *sf* Galaxia.
ga.le.ra [gal'ɛrə] *sf* **1** Galera. **2** Pandilla.
ga.le.ri.a [galer'iə] *sf* Galería, barandilla.
gal.gar [gawg'ar] *vt* **1** Trepar, saltar. **2** Subir.
ga.lho [g'aʎu] *sm Bot* Gajo, rama.
ga.li.nha [gal'iñə] *sf Zool* Gallina.
ga.lo [g'alu] *sm* **1** *Zool* Gallo. **2** *fam* Chichón, hinchazón.
ga.lo.par [galop'ar] *vi* **1** Galopar.
gal.pão [gawp'ãw] *sm AL* Galpón, cobertizo.
ga.mar [gam'ar] *vt+vi vulg* Enamorarse, chiflarse.
ga.nân.cia [gan'ãsjə] *sf* Ganancia, ambición, avaricia, avidez.
gan.cho [g'ãʃu] *sm* Gancho, grapa.
gan.dai.a [gãd'ajə] *sf* Farra, juerga.
gan.gor.ra [gãg'oʁə] *sf* Balancín, columpio.
gângs.ter [g'ãgster] *sm* Gángster.
gan.gue [g'ãgi] *sf coloq* Pandilla, panda, cuadrilla.
ga.nhar [gʌñ'ar] *vt+vi* **1** Ganar, aprovechar, cobrar. **2** Vencer. **3** *AL* Avanzar.
ga.nir [gan'ir] *vi* **1** Gañir, ladrar. *vt* **2** Soltar, emitir.
ga.ra.gem [gar'aʒẽj] *sf* Garaje, cochera.
ga.ran.ti.a [garãt'iə] *sf* **1** Garantía, fianza, aval. **2** Salvaguarda, seguridad.
ga.ran.tir [garãt'ir] *vt* **1** Garantizar, garantir, abonar, afianzar. **2** Afirmar, asegurar.
gar.çom [gars'õw] *sm* Mozo, camarero.

gar.ço.ne.te [garson'ɛti] *sf* Camarera, chica, dependienta.
gar.fo [g'arfu] *sm* Tenedor, horquilla.
gar.ga.lha.da [gargaλ'adə] *sf* Carcajada, risa impetuosa.
gar.ga.lhar [gargaλ'ar] *vi* Reír a carcajadas.
gar.ga.lo [garg'alu] *sm* 1 Gollete, cuello de botella. 2 *fam* Gaznate, garguero.
gar.gan.ta [garg'ãtə] *sf* 1 *Anat* Garganta. 2 Desfiladero. 3 *fig* Voz. 4 *fam* fanfarronería.
gar.gan.ti.lha [gargãt'iλə] *sf* Gargantilla.
gar.ga.re.jo [gargar'eʒu] *sm* Gárgara, buche.
ga.ri [gar'i] *sm* Barrendero.
ga.rim.par [garĩp'ar] *vi* 1 Buscar metales y piedras preciosas. 2 *fam* Procurar con atención.
ga.ro.a [gar'oə] *sf* Llovizna, sirimiri.
ga.ro.ta [gar'otə] *sf* 1 Muchacha, chica. 2 Novia.
ga.ro.ta.da [garot'adə] *sf* Pandilla de chicos, muchachada.
ga.ro.to [gar'otu] *sm* 1 Muchacho, chico, galopín. 2 *fam* Chaval. 3 *AL* Gurrumino.
gar.ra [g'aʀə] *sf* 1 Farra, uña. 2 *fig* Posesión violenta, poder injusto.
gar.ra.fa [gaʀ'afə] *sf* Botella.
gar.ra.fão [gaʀaf'ãw] *sm* Damajuana, garrafón.
gás [g'as] *sm* Gas, vapor. 2 **gases** *pl* Gases, flatos.
ga.so.li.na [gazol'inə] *sf* Gasolina. 2 *AL* Nafta.
ga.so.so [gaz'ozu] *adj* Gaseoso.
gas.tar [gast'ar] *vt* 1 Gastar, expender, acabar. 2 Desbastar, disipar, dilapidar. 3 *fig* Derretir. *vpr* 4 Gastarse, consumirse, arruinarse.
gas.to [g'astu] *adj* Gastado, usado, apagado, traído. • *sm* 1 Gasto, desembolso. 2 **gastos** *pl* Expensas.
ga.ti.lho [gat∧ilu] *sm* Gatillo, disparador.
ga.ti.nhar [gatiɲ'ar] *vi* Gatear.
ga.to [g'atu] *sm* Gato.
ga.ve.ta [gav'etə] *sf* Cajón.
ga.ve.tei.ro [gavet'ejru] *sm* Cajonera.
ga.ze [g'azi] *sf* Gasa (tejido para fines médicos).
ge.a.da [ʒe'adə] *sf* Escarcha, helada.
ge.ar [ʒe'ar] *vi* 1 Helar, formar escarcha. *vt* 2 Congelar.
gel [ʒ'ɛw] *sm* *Quím* Gel.
ge.la.dei.ra [ʒelad'ejrə] *sf* 1 Nevera, frigorífico. 2 *AL* Refrigeradora, heladera. 3 *fam* Talego, tuillo.
ge.la.do [ʒel'adu] *adj* Helado, muy frío. • *sm* Helado, refresco.
ge.lar [ʒel'ar] *vt+vi+vpr* 1 Congelar, helar. 2 Endurecer de frío.
ge.la.ti.na [ʒelat'inə] *sf* Gelatina, jaletina.
ge.lei.a [ʒel'ɛjə] *sf* Jalea, mermelada.
ge.lei.ra [ʒel'ejrə] *sf* 1 *Geol* Glaciar. 2 Nevera, heladera.
ge.lo [ʒ'elu] *sm* 1 Hielo. 2 *fig* Desinterés, frío.
ge.ma [ʒ'emə] *sf* 1 Yema (de huevo). 2 *Geol* Gema (piedra preciosa).
gê.meo [ʒ'emju] *adj+sm* Gemelo, mellizo. • **gêmeos** *sm pl* *Astrol, Astron* Géminis (signo, constelación).
ge.mer [ʒem'er] *vi* Gemir, suspirar, susurrar.
ge.ne.ra.li.da.de [ʒeneralid'adi] *sf* Generalidad, mayoría.
ge.ne.ra.li.za.ção [ʒeneralizas'ãw] *sf* Generalización.
ge.ne.ra.li.zar [ʒeneraliz'ar] *vt+vpr* Generalizar, difundir, propagar.
ge.né.ri.co [ʒen'ɛriku] *adj* Genérico, común, vago, indeterminado.
gê.ne.ro [ʒ'eneru] *sm* 1 Género, clase, especie, orden. 2 *Gram* Género.

generosidade — glorificar

ge.ne.ro.si.da.de [ʒeneroziďadi] *sf* 1 Generosidad, desinterés. 2 *fig* Largueza.

gê.ne.se [ʒ'enezi] *sf* Génesis, generación, origen.

ge.né.ti.ca [ʒen'etikə] *sf Biol* Genética.

gen.gi.va [ʒẽʒ'ivə] *sf Anat* Encía.

gê.nio [ʒ'enju] *sm* 1 Genio, talento. 2 Carácter, temperamento.

ge.ni.tal [ʒenit'aw] *adj* Genital. • *sm pl* **genitais** Genitales.

gen.ro [ʒ'ẽru] *sm* Yerno.

gen.te [ʒ'ẽti] *sf* Gente.

gen.ti.le.za [ʒẽtil'ezə] *sf* Gentileza, gallardía, apostura.

ge.nu.í.no [ʒenu'inu] *adj* Genuino, legítimo, puro, auténtico.

ge.o.gra.fi.a [ʒeograf'iə] *sf* Geografía.

ge.o.lo.gi.a [ʒeoloʒ'iə] *sf* Geología.

ge.o.me.tri.a [ʒeometr'iə] *sf* Geometría.

ge.ra.ção [ʒeras'ãw] *sf* 1 Generación. 2 Concepción.

ge.ral [ʒer'aw] *adj* General, común, total, universal.

ge.rar [ʒer'ar] *vt* Generar, concebir, crear, engendrar.

ge.rên.cia [ʒer'ẽsjə] *sf* Gerencia, gestión, administración.

ge.ren.ci.ar [ʒerẽsi'ar] *vt* Administrar, dirigir.

ger.ge.lim [ʒerʒel'ĩ] *sm Bot* Ajonjolí, sésamo.

ger.me [ʒ'ɛrmi] *sm* 1 Germen, embrión. 2 *fig* Origen, causa.

ger.mi.na.ção [ʒerminas'ãw] *sf Bot* Germinación.

ger.mi.nar [ʒermin'ar] *vi* 1 Germinar, vegetar, brotar, nacer, crecer. 2 *fig* Tener origen, desarrollarse.

ges.so [ʒ'esu] *sm* Yeso.

ges.ta.ção [ʒestas'ãw] *sf* 1 Gestación, embarazo. 2 *fig* Creación, desarrollo.

ges.tão [ʒest'ãw] *sf* Gestión, administración.

ges.ti.cu.lar [ʒestikul'ar] *vi* 1 Gesticular, manotear. *vt+vi* 2 Expresar.

ges.to [ʒ'estu] *sm* 1 Gesto, ademán, expresión. 2 **gestos** *pl* Modales.

gi.bi [ʒib'i] *sm* 1 Historieta, cómic. 2 *fam* Tebeo.

gi.gan.te [ʒig'ãti] *adj+s* Gigante, titán, colosal.

gi.le.te [ʒil'eti] *sf* Lámina de afeitar.

gim [ʒ'ĩ] *sm* Ginebra.

gi.ná.sio [ʒin'azju] *sm* 1 *Dep* Gimnasio. 2 Antiguo nombre del curso de enseñanza media.

gi.nas.ta [ʒin'astə] *adj+s Dep* Gimnasta.

gi.nás.ti.ca [ʒin'astikə] *sf Dep* Gimnasia.

gi.ne.co.lo.gi.a [ʒinekoloʒ'iə] *sf Med* Ginecología, tocología.

gi.ne.co.lo.gis.ta [ʒinekoloʒ'istə] *s Med* Ginecólogo, tocólogo.

gi.ra.fa [ʒir'afə] *sf Zool* Jirafa.

gi.rar [ʒir'ar] *vt+vi* 1 Girar, rodar. 2 Volver, cambiar de dirección.

gi.ras.sol [ʒiras'ɔw] *sm Bot* Girasol, copas de Júpiter, tornasol.

gí.ria [ʒ'irjə] *sf* 1 Argot, lunfardo, jerigonza. 2 Jerga.

gi.ro [ʒ'iru] *sm* Giro, rotación, torno, vuelta. • *adj fam* Pirado, chiflado.

glân.du.la [gl'ãdulə] *sf Anat* Glándula.

gli.co.se [glik'ɔzi] *sf Quím* Glucosa.

glo.ba.li.za.ção [globalizas'ãw] *sf* Globalización.

glo.ba.li.zar [globaliz'ar] *vt+vi+vpr* Globalizar.

glo.bo [gl'obu] *sm* 1 Globo, cuerpo esférico. 2 La Tierra.

gló.ria [gl'ɔrjə] *sf* 1 Gloria, honra, fama, reputación. 2 *fig* Palma, triunfo.

glo.ri.fi.car [glorifik'ar] *vt* 1 Glorificar, aclamar, exaltar, magnificar. *vpr* 2 Glorificarse, gloriarse.

glos.sá.rio [glos'arju] *sm* Glosario, léxico.
glu.tão [glut'ãw] *adj+sm* Glotón, goloso, comilón.
go.e.la [go'elə] *sf Anat* Garganta.
goi.a.ba [goj'abə] *sf Bot* Guayaba.
gol [g'ow] *sm Dep* Gol.
go.la [g'ɔlə] *sf* Cuello, cogote.
go.le [g'ɔli] *sm* Trago.
go.le.ar [gole'ar] *vt+vi Dep* Golear.
go.lei.ro [gol'ejru] *sm Dep* Portero.
gol.fe [g'owfi] *sm Dep* Golf.
gol.pe [g'ɔwpi] *sm* Golpe, embate.
gol.pe.ar [gowpe'ar] *vt* Golpear, echar golpes en alguien o algo.
go.mo [g'omu] *sm* Gajo.
go.rar [go'rar] *vt+vi* 1 Malograr, frustrar. *vi* 2 *fig* Abortar.
gor.do [g'ordu] *adj* Gordo, nutrido, obeso, graso.
gor.du.ra [gord'urə] *sf* Gordura, grasa, adiposidad, obesidad, unto.
gor.du.ro.so [gordur'ozu] *adj* Graso, adiposo, aceitoso, grasoso.
gor.je.ta [gorʒ'etə] *sf* 1 Propina, gratificación. 2 *AL* Feria, remojo.
gos.tar [gost'ar] *vt* 1 Gustar, amar, simpatizar, agradarse. 2 Sentir gusto, placer.
gos.to [g'ostu] *sm* 1 Gusto, gustazo. 2 Sabor. 3 Felicidad, grado. 4 Regalo.
go.ta [g'otə] *sf* Gota, lágrima.
go.tei.ra [got'ejrə] *sf* Gotera, canalón.
go.te.ja.men.to [goteʒam'ẽtu] *sm* Goteo.
go.te.jar [goteʒ'ar] *vt+vi* Gotear, destilar.
go.ver.na.dor [governad'or] *sm* Gobernador, administrador.
go.ver.nan.ta [govern'ãtə] *sf* Gobernanta, ama, aya.
go.ver.nan.te [govern'ãti] *adj+s* Gobernante.
go.ver.nar [govern'ar] *vt* 1 Dirigir, comandar. 2 Administrar.
go.ver.no [gov'ernu] *sm* 1 Gobierno, estado, orden, arreglo. 2 *fig* Timón.
go.za.ção [gozas'ãw] *sf* 1 Burla, juguete, broma, escarnio. 2 Escarnio, ironía, parodia, risa.
go.za.do [goz'adu] *adj* Cómico, que hace reír.
go.za.dor [gozad'or] *adj+sm* Burlón, irónico, bromista.
go.zar [goz'ar] *vt+vpr* 1 Gozar. 2 Usar, disfrutar. *vt+vi* 3 Divertirse. *vi* 4 Eyacular.
gra.ça [gr'asə] *sf* 1 Gracia, gracejo, merced. 2 Humor, comicidad. 3 *fig fam* Sal, salero, gracia.
gra.de [gr'adi] *sf* Reja, enrejado, red.
gra.du.a.ção [gradwas'ãw] *sf* 1 Graduación. 2 *fig* Puesto, posición social, jerarquía.
gra.du.ar [gradu'ar] *vt* 1 Graduar. 2 *fig* Clasificar. *vpr* 3 Graduarse, recibir un grado universitario.
grá.fi.co [gr'afiku] *adj* Gráfico. • *sm* Trazado, diagrama.
gra.fi.te [graf'iti] *sf* 1 *Miner* Grafito. 2 Mina (lápiz). *sm* 3 Dibujo en las calles.
gra.ma¹ [gr'ʌmə] *sf Bot* Césped, grama, yerba.
gra.ma² [gr'ʌmə] *sm* Gramo (unidad de peso). Símbolo *g*.
gra.ma.do [gram'adu] *sm* Césped, gramal, prado.
gra.má.ti.ca [gram'atikə] *sf* Gramática.
gram.pe.a.dor [grãpead'or] *sm* Grapadora.
gram.pe.ar [grãpe'ar] *vt* 1 Grapar, asegurar con grapas. 2 *fam* Poner escucha en teléfono.
gram.po [gr'ãpu] *sm* 1 Grapa, clip. 2 Horquilla (gancho para sujetar el pelo).
gra.na [gr'ʌnə] *sf fam* Pasta, plata.
gran.de [gr'ãdi] *adj* Grande, magno.

grão [gr'ãw] *adj* Gran. • *sm Bot* Grano, semilla.

gras.nar [grazn'ar] *vi* Graznar, gañir.

gra.ti.dão [gratid'ãw] *sf* Gratitud, reconocimiento.

gra.ti.fi.ca.ção [gratifikas'ãw] *sf* 1 Gratificación, propina. 2 **gratificações** *pl* Guantes.

grá.tis [gr'atis] *adv sing+pl* Gratis, de favor, sin remuneración, de balde.

gra.to [gr'atu] *adj* Grato, agradecido, reconocido.

grau [gr'aw] *sm* Grado.

gra.va.ção [gravas'ãw] *sf* Grabación.

gra.va.dor [gravad'or] *sm* Grabador, grabadora, magnetofón, casete.

gra.var [grav'ar] *vt* 1 Grabar, imprimir. 2 Entallar, estampar, inscribir. 3 Filmar. 4 Sobrecargar, 5 *fig* Fijarse hondamente.

gra.va.ta [grav'atə] *sf* 1 Corbata. 2 Golpe sofocante.

gra.ve [gr'avi] *adj* 1 Grave, formal, serio, severo. 2 *Gram* Palabra paroxítona. 3 *fig* Tieso.

grá.vi.da [gr'avidə] *sf* Embarazada. • *adj* Repleto, lleno.

gra.vi.da.de [gravid'adi] *sf* 1 Gravedad, dignidad, peso. 2 Seriedad, solemnidad.

gra.vi.dez [gravid'es] *sf* 1 Gravidez, embarazo, gestación, preñez. 2 *fam* Estado interesante.

gra.vu.ra [grav'urə] *sf* Grabado, grabadura.

gra.xa [gr'aʃə] *sf* Grasa, unto, engrase.

gre.lhar [greʎ'ar] *vt* Asar a la parrilla.

grê.mio [gr'emju] *sm* Gremio, club, asociación recreativa.

gre.ve [gr'ɛvi] *sf* Huelga, paro.

gri.far [grif'ar] *vt* 1 Subrayar. 2 *Tip* Componer en bastardilla.

gri.pe [gr'ipi] *sf Med* Gripe, resfriado.

gri.sa.lho [griz'aʎu] *adj* Grisáceo, canoso, entrecano, gris.

gri.tar [grit'ar] *vi* Gritar, ulular, desgañitarse, vocear.

gri.ta.ri.a [gritar'iə] *sf* 1 Griterío, gritería, algazara. 2 *fam* Boato, guirigay, jarana.

gri.to [gr'itu] *sm* Grito, berrido, sonido en voz muy alta.

gros.sei.ro [gros'ejru] *adj* 1 Grosero, chapucero. 2 Descortés, gamberro, grueso, inculto. 3 Insolente, chabacano, ordinario, torpe.

gros.se.ri.a [groser'iə] *sf* Grosería, chocarrería, descortesía, indelicadeza.

gros.so [gr'osu] *adj* 1 Grueso, espeso, voluminoso. 2 *fig* Ordinario, grosero. • *sm* Grueso, espeso. • *adv* Mucho, con fuerza.

gros.su.ra [gros'urə] *sf* 1 Grosor, grueso, espesor. 2 *fig* Grosería, vulgaridad.

gru.dar [grud'ar] *vt* 1 Encolar, pegar, unir. *vi+vpr* 2 Pegarse.

gru.nhir [gruɲ'ir] *vi* 1 Gruñir. 2 *fig, fam* Respingar.

gru.pa.men.to [grupam'ẽtu] *sm* 1 Conjunto de personas. 2 *Mil* Destacamento.

gru.po [gr'upu] *sm* 1 Grupo, conjunto, masa, conglomerado, montón. 2 *AL* Elenco.

gru.ta [gr'utə] *sf* Gruta, cueva, antro, cripta.

guar.da [g'wardə] *sf* 1 Guarda, reserva. 2 Guardia, vigilancia. *s m+f* 3 Vigía, centinela, guardia, vigilante.

guar.da-chu.va [gwardəʃ'uvə] *sm* Paraguas.

guar.da-cos.tas [gwardək'ɔstas] *sm sing+pl* Guardaespaldas, matón.

guar.da.na.po [gwardan'apu] *sm* Servilleta, bigotera.

guar.dar [gward'ar] *vt* 1 Guardar, conservar. 2 Depositar, economizar. 3 Reservar, retener. *vpr* 4 Guardarse, precaverse, defenderse.

guar.da-rou.pa [gwardəřˈowpə] *sm* Guardarropa, ropero, armario.

gua.ri.ta [gwarˈitə] *sf* Garita.

guar.ni.ção [gwarnisˈãw] *sf* **1** Guarnición, adorno, acompañamiento. **2** Conjunto de alfombras.

guer.ra [gˈɛr̃ə] *sf* Guerra, batalla, conflagración, lucha.

guer.rei.ro [geřˈejru] *adj+sm* Guerrero, belicista, belicoso.

gue.to [gˈetu] *sm* Gueto, ghetto.

gui.a [gˈiə] *s* **1** Guía, conductor, líder, mentor. **2** Pauta, guión. **3** *fig* Piloto. **4** Vereda.

gui.ar [giˈar] *vt+vpr* **1** Guiar, dirigir, regular. *vt+vi* **2** Conducir, manejar.

gui.chê [giʃˈe] *sm* Ventanilla, taquilla.

gui.dão [gidˈãw] *sm* Manillar, guía.

gui.na.da [ginˈadə] *sf* **1** Cambio, alteración de rumbo. **2** *fam* Cambio radical.

guin.char [gĩʃˈar] *vi* Chillar, chirriar, remolcar (vehículos).

guin.cho [gˈĩʃu] *sm* **1** Gañido, chillido. **2** Grúa. **3** Cabrestante.

guin.das.te [gĩdˈasti] *sm* Guindaste, grúa, cabria.

gui.sa.do [gizˈadu] *adj+sm* Guisado, guiso.

gui.tar.ra [gitˈar̃ə] *sf Mús* Guitarra.

gu.la [gˈulə] *sf* Gula, glotonería.

gu.lo.sei.ma [gulozˈejmə] *sf* Golosina.

gu.me [gˈumi] *sm* Corte, filo.

gu.ri [gurˈi] *sm* Niño, chiquillo, nene.

gu.ri.a [gurˈiə] *sf* **1** Chica. **2** Novia.

h

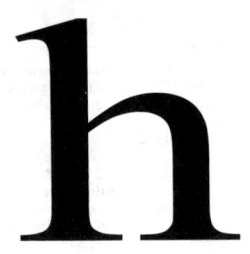

h, H [ag'a] *sm* Octava letra del alfabeto portugués.
há.bil ['abiw] *adj m+f* **1** Hábil, habilidoso, diestro, experto. **2** Apto, capaz, competente.
ha.bi.li.da.de [abilid'adi] *sf* Habilidad.
ha.bi.li.ta.ção [abilitas'ãw] *sf* Habilitación.
ha.bi.li.tar [abilit'ar] *vt* **1** Habilitar. **2** Preparar, disponer, capacitar, autorizar. *vpr* **3** Prepararse, disponerse.
ha.bi.ta.ção [abitas'ãw] *sf* **1** Vivienda, morada, residencia, habitación. **2** *Chile, Peru* Ambiente.
ha.bi.tar [abit'ar] *vt* **1** Habitar, residir, morar, vivir. **2** Poblar.
há.bi.to ['abitu] *sm* **1** Hábito, costumbre, rutina, uso, tendencia. **2** Sotana.
ha.bi.tu.ar [abitu'ar] *vt* **1** Habituar, acostumbrar, familiarizar, adaptar. *vpr* **2** Habituarse, acostumbrarse.
há.li.to ['alitu] *sm* Hálito, aliento.
ha.lo ['alu] *sm* **1** Halo, nimbo. **2** Aureola. **3** Gloria, fama, prestigio.
ham.búr.guer [ãb'urger] *sm* Hamburguesa.
har.mo.ni.a [armon'iə] *sf* **1** Armonía, proporción, concordancia, simetría, equilibrio. **2** Acuerdo, entendimiento, amistad. **3** Paz. **4** *Mús* Armonía.
har.mô.ni.ca [arm'onikə] *sf Mús* Acordeón, armónica.

har.mo.ni.o.so [armoni'ozu] *adj* **1** Armónico, harmónico, proporcionado. **2** Armonioso, melodioso.
har.mo.ni.zar [armoniz'ar] *vt* **1** Armonizar, conciliar, congeniar, entonar, equilibrar. *vi* **2** Estar en armonía. *vpr* **3** Armonizarse.
has.te ['asti] *sf* Asta.
has.te.ar [aste'ar] *vt* **1** Izar, enarbolar. *vpr* **2** Izarse, levantarse.
ha.ver [av'er] *vt* Haber. • *sm* Crédito.
ha.ve.res [av'eres] *sm pl* Bienes, riqueza, fortuna.
he.di.on.do [edi'õdu] *adj* Sórdido, horrible, repugnante, bárbaro, violento.
hé.li.ce [ɛ'lisi] *sf* **1** Hélice. **2** Espiral.
he.li.cóp.te.ro [elik'ɔpteru] *sm* Helicóptero.
he.li.por.to [elip'ortu] *sm Aeron* Helipuerto.
he.ma.to.ma [emat'omə] *sm Med* Hematoma.
he.mis.fé.rio [emisf'ɛrju] *sm* Hemisferio.
he.mor.ra.gi.a [emoraʒ'iə] *sf Med* Hemorragia.
he.pa.ti.te [epat'iti] *sf Med* Hepatitis.
he.rál.di.co, -a [era'ldiku] *adj* Heráldico. • *sf* Heráldica.
he.ran.ça [er'ãsə] *sf Dir* Herencia.
her.dar [erd'ar] *vt* Heredar.
her.dei.ro [erd'ejru] *sm Dir* Heredero, sucesor.

he.re.di.tá.rio [eredit'arju] *adj* Hereditario.
he.re.ge [er'ɛʒi] *adj* e *s m+f* Hereje.
he.re.si.a [erez'iə] *sf* Herejía.
he.rói [er'ɔj] *sm* Héroe.
he.si.ta.ção [ezitas'ãw] *sf* Hesitación, duda, vacilación, incertidumbre, titubeo, indecisión.
he.si.tar [ezit'ar] *vi+vt* Hesitar, vacilar, dudar.
he.te.ro.gê.neo [etero3'enju] *adj* Heterogéneo.
he.te.ros.se.xu.al [eteroseksu'aw] *adj* e *s m+f* Heterosexual.
hi.ber.na.ção [ibernas'ãw] *sf* Hibernación.
hi.dra.ta.ção [idratas'ãw] *sf* Hidratación.
hi.dra.tar [idrat'ar] *vi* Hidratar.
hi.dro.gê.nio [idroʒ'enju] *sm Quím* Hidrógeno.
hi.dro.mas.sa.gem [idromas'aʒẽj] *sf* Hidromasaje.
hi.e.rar.qui.a [jerark'iə] *sf* Jerarquía.
hi.e.ró.gli.fo [jer'ɔglifu] *sm* Jeroglífico.
hí.fen [i'fẽj] *sm* Guión.
hi.gi.e.ne [iʒi'eni] *sf* Higiene.
hi.men [i'mẽj] *sm Anat* Himen.
hi.no [inu] *sm* Himno.
hi.per.mer.ca.do [ipermerk'adu] *sm* Hipermercado.
hi.per.ten.são [ipertẽs'ãw] *sf Med* Hipertensión.
hi.per.tro.fi.a [ipertrof'iə] *sf Med* Hipertrofia.
hí.pi.co ['ipiku] *adj* Hípico. • *sf* Hípica.
hi.po.cri.si.a [ipokriz'iə] *sf* Hipocresía.
hi.pó.te.se [ip'ɔtezi] *sf* Hipótesis, suposición, conjetura.
his.te.ri.a [ister'iə] *sf Psiq* Histeria.
his.tó.ria [ist'ɔrjə] *sf* Historia.
ho.je [l'ɔʒi] *adv* 1 Hoy. 2 Actualmente.
ho.mem ['omẽj] *sm* Hombre.

ho.me.na.ge.ar [omenaʒe'ar] *vt* Homenajear, agasajar.
ho.me.na.gem [omen'aʒẽj] *sf* Homenaje.
ho.me.o.pa.ta [omeop'atə] *s m+f Med* Homeópata.
ho.me.o.pa.ti.a [omeopat'iə] *sm Med* Homeopatía.
ho.mi.cí.dio [omis'idju] *sm* Homicidio, asesinato.
ho.mo.gê.neo [omoʒ'enju] *adj* Homogéneo.
ho.mos.se.xu.al [omoseksu'aw] *adj* e *s m+f* Homosexual.
ho.nes.ti.da.de [onestid'adi] *sf* Honestidad.
ho.nes.to [on'ɛstu] *adj* 1 Honesto, honrado. 2 Íntegro, recto, probo. 3 Conveniente, adecuado. 4 Casto, virtuoso, decente.
hon.ra [õʀə] *sf* 1 Honra, prestigio, fama, reputación. 2 Pudor, honestidad, recato.
hon.ra.dez [õʀad'es] *sf* Honradez.
hon.rar [õʀ'ar] *vt* 1 Honrar, enaltecer, ennoblecer. 2 Respetar. *vpr* 3 Honrarse, enorgullecerse.
ho.ra ['ɔrə] *sf* 1 Hora. 2 Momento, ocasión.
ho.rá.rio [or'arju] *sm* Horario.
ho.ri.zon.te [oriz'õti] *sm* Horizonte.
hor.mô.nio [orm'onju] *sm Biol* Hormona.
ho.rós.co.po [or'ɔskopu] *sm* Horóscopo.
hor.rí.vel [oʀ'ivew] *adj* 1 Horrible, espantoso. 2 Horroroso, horripilante, pésimo, malísimo.
hor.ror [oʀ'or] *sm* 1 Horror, espanto, pavor, terror. 2 Repulsión, aversión, odio. 3 *horrores pl* Monstruosidades, barbaridades.
hor.ta ['ɔrtə] *sf* Huerta, huerto.
hor.ta.li.ça [ortal'isə] *sf Bot* Hortaliza.
hor.te.lã [ortel'ã] *sf Bot* Hierbabuena, menta.

hos.pe.da.gem [osped'aʒẽj] *sf* Hospedaje, alojamiento, albergue.
hos.pe.dar [osped'ar] *vt* **1** Hospedar, alojar, albergar, instalar. *vpr* **2** Hospedarse, alojarse.
hos.pe.da.ri.a [ospedar'iə] *sf* Hospedería, hostal, pensión, posada, hostería, albergue.
hós.pe.de ['ɔspedi] *sm* Huésped.
hos.pí.cio [osp'isju] *sm* Manicomio.
hos.pi.tal [ospit'aw] *sm* Hospital, sanatorio.
hos.pi.ta.lei.ro [ospital'ejru] *adj* Hospitalario, acogedor.
hos.pi.ta.li.da.de [ospitalid'adi] *sf* Hospitalidad.
hos.pi.ta.li.za.ção [ospitalizas'ãw] *sf* Hospitalización.
hos.pi.ta.li.zar [ospitaliz'ar] *vt* Hospitalizar, internar.

hos.ti.li.da.de [ostilid'adi] *sf* Hostilidad.
hos.ti.li.zar [ostiliz'ar] *vt* Hostilizar.
ho.tel [ot'ɛw] *sm* Hotel.
hu.ma.ni.da.de [umanid'adi] *sf* **1** Humanidad. **2 humanidades** *pl* Humanidades, estudio de la cultura clásica en general.
hu.ma.no [um'ʌnu] *adj* **1** Humano. **2** Bondadoso, considerado, compasivo.
hu.mil.da.de [umiwd'adi] *sf* Humildad, sencillez, modestia, llaneza.
hu.mil.de [um'iwdi] *adj* **1** Humilde, sencillo, llano. **2** Pobre, modesto.
hu.mi.lha.ção [umiʎas'ãw] *sf* Humillación, vejación.
hu.mi.lhar [umiʎ'ar] *vt* **1** Humillar. *vpr* **2** Humillarse.
hu.mor [um'or] *sm* Humor.
hú.mus ['umus] *sm sing+pl* Humus.

i

I, i [´i] *sm* **1** Novena letra del alfabeto portugués. **2** Uno en guarismos romanos.
i.bé.ri.co [ib´ɛriku] *adj+sm* Ibérico, íbero.
i.çar [is´ar] *vt* Izar, alzar, levantar.
í.co.ne [´ikoni] *sm* Icono.
i.da [´idə] *sf* Ida, marcha, partida, jornada.
i.da.de [id´adi] *sf* Edad.
i.de.a.li.zar [idealiz´ar] *vt* **1** Idealizar. **2** Imaginar. **3** Idear, planear, proyectar. *vpr* **4** Idealizarse.
i.déi.a [id´ɛjə] *sf* **1** Idea, imagen. **2** Concepción, ocurrencia. **3** Proyecto, plan. **4** Juicio, opinión.
i.dem [´idẽj] *pron* Idem.
i.dên.ti.co [id´ẽtiku] *adj* Idéntico.
i.den.ti.da.de [idẽtid´adi] *sf* Identidad.
i.den.ti.fi.ca.ção [idẽtifikas´ãw] *sf* Identificación.
i.den.ti.fi.car [idẽtifik´ar] *vt* **1** Identificar. *vpr* **2** Identificarse.
i.de.o.lo.gi.a [ideoloʒ´iə] *sf* Ideología, credo.
i.di.o.ma [idi´omə] *sm* Idioma.
i.di.o.ta [idi´ɔtə] *adj* e *s m+f* Idiota, imbécil, tonto, bobo.
i.di.o.ti.ce [idjot´isi] *sf* Idiotez, tontería, estupidez, imbecilidad.
i.do.la.trar [idolatr´ar] *vt+vi* **1** Idolatrar, adorar, venerar. **2** Amar excesivamente.
í.do.lo [´idolu] *sm* Ídolo.
i.dô.neo [id´onju] *adj* Idóneo, ideal, adecuado, apto.
i.do.so [id´ozu] *adj+sm* Anciano, viejo.
ig.no.rar [ignor´ar] *vt* Ignorar.
i.gre.ja [igr´eʒə] *sf* Iglesia.
i.gual [ig´waw] *adj* e *s m+f* Igual, idéntico, exacto.
i.gua.lar [igwal´ar] *vt* **1** Igualar, equiparar. **2** Alisar, allanar. *vpr* **3** Igualarse.
i.gual.da.de [igwawd´adi] *sf* Igualdad.
i.gua.ri.a [igwar´iə] *sf* Exquisitez.
i.le.ga.li.da.de [ilegalid´adi] *sf* Ilegalidad.
i.le.gí.ti.mo [ileʒ´itimu] *adj* **1** Ilegítimo, ilegal, ilícito. **2** Injusto.
i.le.gí.vel [ileʒ´ivew] *m+f* Ilegible.
i.le.so [il´ezu] *adj* Ileso, indemne, incólume.
i.lha [´iʎa] *sf Geogr* Isla.
i.lhar [iʎ´ar] *vt* **1** Aislar. *vpr* **2** Aislarse.
i.lí.ci.to [il´isitu] *adj+sm* Ilícito, ilegal, inmoral.
i.lu.dir [ilud´ir] *vt* **1** Ilusionar. *vpr* **2** Ilusionarse, hacerse ilusiones.
i.lu.mi.na.ção [iluminas´ãw] *sf* Iluminación.
i.lu.mi.nar [ilumin´ar] *vt* **1** Iluminar, alumbrar. *vpr* **2** Iluminarse, alumbrarse.
i.lu.são [iluz´ãw] *sf* **1** Ilusión, espejismo, fantasía. **2** Esperanza, ensueño, quimera.

i.lus.tra.ção [ilustras'ãw] *sf* 1 Ilustración, educación, instrucción, cultura, formación. 2 Lámina, figura, grabado.
i.mã [im'ã] *sm* Imán.
i.ma.gem [im'aʒẽj] *sf* Imagen.
i.ma.gi.na.ção [imaʒinas'ãw] *sf* Imaginación, fantasía.
i.ma.gi.nar [imaʒin'ar] *vt* 1 Imaginar, inventar, fantasear, idear, concebir. 2 Creer, suponer. *vpr* 3 Imaginarse, figurarse.
i.ma.tu.ri.da.de [imaturid'adi] *sf* Inmadurez.
im.be.cil [ĩbe'siw] *adj* e *s m+f* Imbécil, tonto, estúpido, bobo.
im.bu.ir [ĩbu'ir] *vt* 1 Embeber, impregnar. 2 Imbuir, persuadir, infundir, inculcar. 3 Imbuirse, empaparse (de una idea). *vpr* 3 Imbuirse, empaparse
i.me.di.a.ção [imedjas'ãw] *sf* 1 Inmediación. 2 **imediações** *pl* Inmediaciones, alrededores, aledaños, cercanías.
i.me.di.a.to [imedi'atu] *adj* Inmediato. • *sm Mar* Oficial inmediatamente inferior al comandante.
i.men.so [im'ẽsu] *adj* Inmenso, infinito, ilimitado.
i.mer.são [imers'ãw] *sf* Inmersión.
i.mi.gra.ção [imigras'ãw] *sf* Inmigración.
i.mi.grar [imigr'ar] *vi* Inmigrar.
i.mi.nen.te [imin'ẽti] *adj m+f* Inminente.
i.mi.ta.ção [imitas'ãw] *sf* Imitación.
i.mi.tar [imit'ar] *vt* Imitar, copiar, remedar, plagiar.
i.mo.bi.li.á.ria [imobili'arjə] *sf* Inmobiliaria.
i.mo.bi.li.da.de [imobilid'adi] *sf* Inmovilidad.
i.mo.bi.li.zar [imobiliz'ar] *vt* 1 Inmovilizar, paralizar, detener, bloquear. *vpr* 2 Inmovilizarse, paralizarse.
i.mo.lar [imol'ar] *vt* 1 Inmolar, sacrificar. *vpr* 2 Inmolarse, sacrificarse.

i.mo.ral [imor'aw] *adj* e *s m+f* Inmoral, deshonesto, indecente.
i.mor.ta.li.zar [imortaliz'ar] *vt* 1 Inmortalizar, eternizar, perpetuar. *vpr* 2 Inmortalizarse.
i.mó.vel [im'ɔvew] *adj m+f* Inmóvil, estático, quieto, parado. • *sm* Inmueble.
im.pa.ci.ên.cia [ĩpasi'ẽsjə] *sf* Impaciencia.
im.pac.to [ĩp'aktu] *sm* Impacto.
im.par ['ĩpar] *adj+sm* Impar.
im.par.ci.a.li.da.de [ĩparsjalid'adi] *sf* Imparcialidad, objetividad, neutralidad, justicia, ecuanimidad.
im.pas.sí.vel [ĩpas'ivew] *adj m+f* Impasible, imperturbable.
im.pe.cá.vel [ĩpek'avew] *adj m+f* Impecable, intachable, irreprochable.
im.pe.di.men.to [ĩpedim'ẽtu] *sm* Impedimento, obstáculo, embarazo, dificultad, traba.
im.pe.dir [ĩped'ir] *vt* Impedir, dificultar, obstaculizar.
im.pe.lir [ĩpel'ir] *vt* Impeler, impulsar, animar.
im.pe.ne.trá.vel [ĩpenetr'avew] *adj m+f* Impenetrable.
im.pe.ra.dor [ĩperad'or] *sm* Emperador.
im.pe.rar [ĩper'ar] *vi+vt* Imperar, mandar, dominar, reinar, regir.
im.pe.ra.ti.vo [ĩperat'ivu] *adj* Imperativo, despótico. • *adj+sm Gram* Imperativo (modo). • *sm* Obligación, necesidad.
im.per.cep.tí.vel [ĩpersept'ivew] *adj m+f* Imperceptible.
im.per.do.á.vel [ĩperdo'avew] *adj m+f* Imperdonable.
im.per.fei.ção [ĩperfejs'ãw] *sf* Imperfección, defecto.
im.per.fei.to [ĩperf'ejtu] *adj* Imperfecto, defectuoso. • *adj+sm Gram* Imperfecto (tiempo verbal que expresa una acción no acabada).

im.per.me.á.vel [ĩperme'avew] *adj m+f* Impermeable. • *sm* Impermeable, gabardina.

im.pes.so.al [ĩpeso'aw] *adj m+f* Impersonal.

ím.pe.to ['ĩpetu] *sm* 1 Ímpetu, fuerza, energía. 2 Violencia.

im.pe.tu.o.si.da.de [ĩpetwozid'adi] *sf* Impetuosidad, ímpetu.

im.plan.tar [ĩplãt'ar] *vt* Implantar.

im.ple.men.ta.ção [ĩplemẽtas'ãw] *sf* Implementación, algo puesto en marcha/práctica.

im.ple.men.tar [ĩplemẽt'ar] *vt* Implementar, llevar a cabo, realizar.

im.pli.cân.cia [ĩplik'ãsjə] *sf* 1 Animosidad, mala voluntad. 2 Consecuencia, implicación.

im.pli.car [ĩplik'ar] *vt* 1 Implicar, suponer, entrañar. 2 Envolver, involucrar. 3 Importunar, molestar, fastidiar. *vpr* 4 Implicarse, envolverse, entrometerse, involucrarse.

im.plo.rar [ĩplor'ar] *vt+vi* Implorar, suplicar, rogar.

im.plo.são [ĩploz'ãw] *sf* Implosión.

im.pon.tu.a.li.da.de [ĩpõtwalid'adi] *sf* Impuntualidad.

im.por [ĩp'or] *vt* 1 Imponer. *vpr* 2 Imponerse.

im.por.ta.ção [ĩportas'ãw] *sf* Importación.

im.por.tân.cia [ĩport'ãsjə] *sf* 1 Importancia, valor, interés. 2 Importe, valor, cuantía de dinero.

im.por.tan.te [ĩport'ãti] *adj m+f* e *sm* Importante, fundamental, considerable, notable.

im.por.tar [ĩport'ar] *vt+vi* 1 Importar. *vpr* 2 Importarse.

im.por.tu.nar [ĩportun'ar] *vt* 1 Importunar, molestar, fastidiar. 2 *CS, Peru* Cargosear.

im.po.si.ção [ĩpozis'ãw] *sf* Imposición.

im.pos.si.bi.li.da.de [ĩposibilid'adi] *sf* Imposibilidad.

im.pos.si.bi.li.tar [ĩposibilit'ar] *vt* Imposibilitar.

im.pos.sí.vel [ĩpos'ivew] *adj m+f* e *sm* 1 Imposible. 2 Imposible, inaguantable, intolerable, insufrible, enfadoso.

im.pos.to [ĩp'ostu] *adj* Impuesto, obligado. • *sm Dir* Impuesto, tributo, gravamen.

im.po.tên.cia [ĩpot'ẽsjə] *sf* Impotencia.

im.pra.ti.cá.vel [ĩpratik'avew] *adj m+f* Impracticable, imposible.

im.pre.ci.so [ĩpres'izu] *adj* Impreciso, indefinido, vago.

im.preg.nar [ĩpregn'ar] *vt* 1 Impregnar, empapar. *vpr* 2 Impregnarse, empaparse.

im.pren.sa [ĩpr'ẽsə] *sf* 1 Imprenta. 2 Prensa.

im.pres.cin.dí.vel [ĩpresĩd'ivew] *adj m+f* Imprescindible, indispensable.

im.pres.são [ĩpres'ãw] *sf* 1 Impresión, acción de imprimir. 2 Impacto, emoción, sensación. 3 Idea, opinión.

im.pres.si.o.nar [ĩpresjon'ar] *vt + vi* 1 Impresionar, emocionar, conmover, afectar, turbar. *vpr* 2 Impresionarse.

im.pres.so [ĩpr'esu] *adj+sm* 1 Impreso. 2 Folleto, volante.

im.pres.so.ra [ĩpres'orə] *sf* Impresora.

im.pre.vi.sí.vel [ĩpreviz'ivew] *adj m+f* Imprevisible, inesperado, repentino, insospechado.

im.pri.mir [ĩprim'ir] *vt* Imprimir.

im.pró.prio [ĩpr'ɔprju] *adj* Impropio, inadecuado, inoportuno, inconveniente.

im.pro.vá.vel [ĩprov'avew] *adj m+f* Improbable, dudoso, incierto.

im.pro.vi.sar [ĩproviz'ar] *vt+vi* Improvisar.

im.pru.dên.cia [ĩprud'ẽsjə] *sf* Imprudencia, insensatez, temeridad, descuido.

im.pul.si.o.nar [ĩpuwsjon'ar] *vt* 1 Impulsar, propulsar, impeler. 2 Impulsar, animar, incitar, estimular.

impulso   326   incompatível

im.pul.so [ĩp'uwsu] *sm* **1** Impulso, impulsión, propulsión. **2** *fig* Impulso, arrebato, arranque.

im.pu.ni.da.de [ĩpunid'adi] *sf* Impunidad.

im.pu.re.za [ĩpur'ezə] *sf* Impureza.

i.mun.dí.cie [imũd'isji] *sf* Inmundicia, suciedad, basura, porquería.

i.mun.do [im'ũdu] *adj* **1** Inmundo, sucio, asqueroso. **2** Obsceno, indecente.

i.mu.ni.da.de [imunid'adi] *sf* Inmunidad.

i.mu.tá.vel [imut'avew] *adj m+f* Inmutable, inalterable.

i.na.ba.lá.vel [inabal'avew] *adj m+f* Inmutable, inalterable, inexorable.

i.na.bi.tá.vel [inabit'avew] *adj m+f* Inhabitable.

i.na.cei.tá.vel [inasejt'avew] *adj m+f* Inaceptable, inadmisible.

i.na.cre.di.tá.vel [inakredit'avew] *adj m+f* Increíble, inverosímil.

i.na.de.qua.do [inadek'wadu] *adj* Inadecuado, impropio, inapropiado.

i.nad.mis.sí.vel [inadmis'ivew] *adj m+f* Inadmisible.

i.na.la.ção [inalas'ãw] *sf* Inhalación.

i.nal.te.rá.vel [inawter'avew] *adj m+f* **1** Inalterable, inmutable. **2** Inalterable, imperturbable, impasible.

i.na.ni.ção [inanis'ãw] *sf* Inanición.

i.nap.to [in'aptu] *adj* Inepto, incapaz, incompetente.

i.na.ti.vo [inat'ivu] *adj+sm* Inactivo.

i.na.to [in'atu] *adj* Innato, congénito.

i.nau.gu.ra.ção [inawguras'ãw] *sf* Inauguración, apertura.

i.nau.gu.rar [inawgur'ar] *vt* **1** Inaugurar, estrenar, iniciar. *vpr* **2** Inaugurarse, estrenarse, iniciarse.

in.cal.cu.lá.vel [ĩkawkul'avew] *adj m+f* **1** Incalculable. **2** Innumerable, incontable.

in.can.sá.vel [ĩkãs'avew] *adj m+f* Incansable, infatigable.

in.ca.pa.ci.da.de [ĩkapasid'adi] *sf* Incapacidad, ineptitud.

in.ca.paz [ĩkap'as] *adj e s m+f* **1** Incapaz. **2** Dir Inhábil.

in.cen.di.ar [ĩsẽdi'ar] *vt* **1** Incendiar. *vpr* **2** Incendiarse.

in.cên.dio [ĩs'ẽdju] *sm* Incendio.

in.cen.ti.var [ĩsẽtiv'ar] *vt* Incentivar, estimular, animar, incitar.

in.cer.te.za [ĩsert'ezə] *sf* Incertidumbre, duda.

in.cer.to [ĩs'ɛrtu] *adj+sm* Incierto.

in.ces.san.te [ĩses'ãti] *adj m+f* Incesante, constante, continuo, ininterrumpido.

in.cha.ço [ĩʃ'asu] *sm* Hinchazón.

in.char [ĩʃ'ar] *vt+vi* **1** Hinchar. *vpr* **2** Hincharse.

in.ci.dir [ĩsid'ir] *vt* **1** Incidir, incurrir. **2** Influir, repercutir.

in.ci.pi.en.te [ĩsipi'ẽti] *adj m+f* Incipiente.

in.ci.tar [ĩsit'ar] *vt* Incitar, inducir, instigar, provocar.

in.cli.na.ção [ĩklinas'ãw] *sf* **1** Inclinación. **2** *fig* Preferencia, predisposición, propensión.

in.cli.nar [ĩklin'ar] *vt* **1** Inclinar, torcer, doblar. **2** Influir, convencer. **3** Tender. *vpr* **4** Inclinarse.

in.clu.ir [ĩklu'ir] *vt* **1** Incluir, contener, comprender, englobar. **2** Meter, introducir, insertar. *vpr* **3** Incluirse, contenerse, estar incluido.

in.clu.si.ve [ĩkluz'ivi] *adv* **1** Inclusive, incluso. **2** Hasta.

in.co.e.rên.cia [ĩkoer'ẽsjə] *sf* Incoherencia.

in.co.lor [ĩkol'or] *adj m+f* Incoloro.

in.co.mo.dar [ĩkomod'ar] *vt + vi* **1** Incomodar, molestar, fastidiar. *vpr* **2** Incomodarse.

in.cô.mo.do [ĩk'omodu] *adj* Incómodo, fastidioso, embarazoso, molesto. • *sm* Incomodidad, molestia.

in.com.pa.tí.vel [ĩkõpat'ivew] *adj m+f* Incompatible.

in.com.pe.tên.cia [īkõpet'ẽsjə] *sf* Incompetencia.

in.com.ple.to [īkõpl'ɛtu] *adj* Incompleto.

in.co.mum [īkom'ũ] *adj m+f* Raro, insólito, fuera de lo común.

in.co.mu.ni.cá.vel [īkomunik'avew] *adj m+f* Incomunicable.

in.cons.ci.en.te [īkõsi'ẽti] *adj m+f e sm* 1 Inconsciente, desmayado. 2 Irresponsable.

in.con.se.quen.te [īkõsek'wẽti] *adj e s m+f* Inconsecuente, contradictorio, incongruente, incoherente.

in.con.so.lá.vel [īkõsol'avew] *adj m+f* Inconsolable.

in.cons.tân.cia [īkõst'äsjə] *sf* 1 Inconstancia. 2 Liviandad, ligereza, infidelidad.

in.cons.ti.tu.ci.o.nal [īkõstitusjon'aw] *adj m+f Dir* Inconstitucional.

in.con.tes.tá.vel [īkõtest'avew] *adj m+f* Incontestable, irrefutable, irrebatible, indiscutible, indudable.

in.con.tro.lá.vel [īkõtrol'avew] *adj m+f* Incontrolable.

in.con.ve.ni.en.te [īkõveni'ẽti] *adj m+f* 1 Inconveniente, inoportuno, inadecuado. 2 Grosero, indecente. • *sm* Inconveniente, dificultad, obstáculo, problema.

in.cor.po.rar [īkorpor'ar] *vt* 1 Materializar. 2 Incorporar, integrar, reunir. *vi* 3 Tomar cuerpo. *vpr* 4 Materializarse. 5 Ingresar, integrar, agregarse. 6 Reunirse, juntarse, congregarse.

in.cor.re.to [īkoř'ɛtu] *adj* 1 Incorrecto, equivocado, erróneo. 2 Grosero, deshonesto, indigno.

in.cor.ri.gí.vel [īkoři3'ivew] *adj m+f* Incorregible.

in.cre.du.li.da.de [īkredulid'adi] *sf* Incredulidad, escepticismo.

in.cré.du.lo [īkr'ɛdulu] *adj+sm* Incrédulo, escéptico.

in.cre.men.tar [īkremẽt'ar] *vt* Incrementar, aumentar, crecer, acrescentar, ampliar.

in.cri.mi.nar [īkrimin'ar] *vt* 1 Incriminar, inculpar. *vpr* 2 Incriminarse, acusarse, inculparse.

in.crí.vel [īkr'ivew] *adj m+f e sm* 1 Increíble, inverosímil. 2 Extraordinario, inexplicable. 3 Excéntrico, extraño.

in.cul.to [ĩk'uwtu] *adj* 1 Inculto, yermo, baldío. 2 Ignorante, iletrado.

in.cu.rá.vel [īkur'avew] *adj m+f* Incurable.

in.da.ga.ção [īdagas'ãw] *sf* Indagación.

in.da.gar [īdag'ar] *vt* 1 Indagar, investigar, averiguar. 2 Inquirir, preguntar, interrogar.

in.de.cên.cia [īdes'ẽsjə] *sf* Indecencia.

in.de.ci.são [īdesiz'ãw] *sf* Indecisión.

in.de.fe.so [īdef'ezu] *adj* 1 Indefenso, desprotegido. 2 Desarmado.

in.de.fi.ni.do [īdefin'idu] *adj+sm* Indefinido, indeterminado, indistinto, vago, impreciso, incierto.

in.de.li.ca.do [īdelik'adu] *adj* Indelicado, impertinente, vulgar, grosero, inconveniente.

in.de.ni.za.ção [īdenizas'ãw] *sf* Indemnización.

in.de.ni.zar [īdeniz'ar] *vt* Indemnizar.

in.de.pen.dên.cia [īdepẽd'ẽsjə] *sf* Independencia, libertad, autonomía.

in.des.cri.tí.vel [īdeskrit'ivew] *adj m+f* Indescriptible.

in.de.se.já.vel [īdeze3'avew] *adj e s m+f* Indeseable.

in.des.tru.tí.vel [īdestrut'ivew] *adj m+f* 1 Indestructible. 2 *fig* Inalterable, firme.

in.de.ter.mi.na.do [īdetermin'adu] *adj* Indeterminado, impreciso, indefinido, vago, confuso, ambiguo.

in.de.vi.do [īdev'idu] *adj* 1 Indebido, inmerecido. 2 Impropio, inconveniente.

in.di.ca.ção [ĩdikas'ãw] *sf* Indicación.
in.di.car [ĩdik'ar] *vt* **1** Indicar, denotar. **2** Apuntar, enseñar, mostrar.
ín.di.ce [ˈĩdisi] *sm* Índice.
in.dí.cio [ĩd'isju] *sm* Indicio, señal.
in.di.fe.ren.ça [ĩdifer'ẽsɐ] *sf* Indiferencia, desinterés, desprecio, apatía.
in.dí.ge.na [ĩd'iʒenɐ] *adj e s m+f* **1** Indígena, nativo, aborigen, autóctono. **2** Indio.
in.di.ges.tão [ĩdiʒest'ãw] *sf Med* **1** Indigestión. **2** Empacho.
in.dig.na.ção [ĩdignas'ãw] *sf* Indignación, rabia, ira.
in.dig.nar [ĩdign'ar] *vt* **1** Indignar, irritar, enojar, enfurecer. *vpr* **2** Indignarse, irritarse, enojarse, enfurecerse.
in.dig.no [ĩd'ignu] *adj+sm* Indigno.
ín.dio [ˈĩdju] *adj+sm* **1** Indio, hindú. **2** Indígena.
in.di.re.to [ĩdir'ɛtu] *adj* Indirecto.
in.dis.ci.pli.na [ĩdisipl'inɐ] *sf* Indisciplina, desobediencia, rebeldía, insubordinación.
in.dis.cre.to [ĩdiskr'ɛtu] *adj+sm* Indiscreto, imprudente, impertinente.
in.dis.cri.ção [ĩdiskris'ãw] *sf* Indiscreción, imprudencia.
in.dis.cu.tí.vel [ĩdiskut'ivew] *adj m+f* Indiscutible, evidente.
in.dis.pen.sá.vel [ĩdispẽs'avew] *adj m+f e sm* Indispensable, imprescindible.
in.dis.por [ĩdisp'or] *vt* Indisponer. *vpr* **2** Indisponerse.
in.dis.po.si.ção [ĩdispozis'ãw] *sf* Indisposición.
in.di.ví.duo [ĩdiv'idwu] *sm* Individuo, persona, sujeto.
ín.do.le [ˈĩdoli] *sf* **1** Índole, naturaleza, carácter. **2** Tipo, clase.
in.do.lor [ĩdol'or] *adj* Indoloro.
in.do.má.vel [ĩdom'avew] *adj* Indomable, indómito.
in.du.bi.tá.vel [ĩdubit'avew] *adj m+f* Indudable, indiscutible.

in.dús.tria [ĩd'ustrjɐ] *sf* Industria.
in.du.zir [ĩduz'ir] *vt* Inducir, impulsar, incitar.
i.ne.bri.ar [inebri'ar] *vt+vi* **1** Embriagar, cautivar, extasiar, entusiasmar. *vpr* **2** Embriagarse, extasiarse, entusiasmarse.
i.né.di.to [in'editu] *adj e sm* **1** Inédito. **2** *fig* Original.
i.ne.fi.cá.cia [inefik'asjɐ] *sf* Ineficacia.
i.ne.fi.ci.ên.cia [inefisi'ẽsjɐ] *sf* Ineficiencia, ineficacia.
i.ne.gá.vel [ineg'avew] *adj m+f* Innegable, indiscutible, indudable, evidente.
i.nér.cia [in'ɛrsjɐ] *sf* Inercia.
i.ne.ren.te [iner'ẽti] *adj m+f* Inherente.
i.ner.te [in'ɛrti] *adj m+f* Inerte.
i.nes.que.cí.vel [ineskes'ivew] *adj m+f* Inolvidable.
i.nes.ti.má.vel [inestim'avew] *adj m+f* Inestimable.
i.ne.vi.tá.vel [inevit'avew] *adj m+f* Inevitable, fatal, ineludible, irremediable.
i.ne.xis.tên.cia [inezist'ẽsjɐ] *sf* Inexistencia.
i.nex.pe.ri.ên.cia [inesperi'ẽsjɐ] *sf* Inexperiencia, impericia.
i.nex.pli.cá.vel [inesplik'avew] *adj m+f* inexplicable.
i.fa.lí.vel [ifal'ivew] *adj m+f* Infalible.
in.fa.me [ĩfˈʌmi] *adj m+f* **1** Infame, indigno. **2** Vil, despreciable, perverso. **3** Pésimo, horrible.
in.fâ.mia [ĩfˈʌmjɐ] *sf* **1** Infamia, descrédito, deshonra. **2** Maldad, vileza.
in.fân.cia [ĩf'ãsjɐ] *sf* Infancia, niñez.
in.fan.til [ĩfãt'iw] *adj m+f* **1** Infantil, pueril. **2** *Chile* Aguaguado.
in.far.to [ĩf'artu] *sm Med* Infarto.
in.fec.ção [ĩfeks'ãw] *sf* Infección.
in.fec.ci.o.nar [ĩfeksjon'ar] *vt+vi+vpr* Infectar.

in.fe.li.ci.da.de [ĩfelisid'adʒi] *sf* Infelicidad, desdicha, infortunio.

in.fe.liz [ĩfel'is] *adj m+f* Infeliz, desdichado, desventurado.

in.fe.ri.or [ĩferi'or] *adj m+f* Inferior, peor. • *sm* Inferior, subordinado, subalterno.

in.fe.ri.o.ri.da.de [ĩferjorid'adʒi] *sf* Inferioridad.

in.fer.no [ĩf'ɛrnu] *sm* Infierno.

in.fes.tar [ĩfest'ar] *vt* Infestar.

in.fi.el [ĩfi'ew] *adj e s m+f* Infiel, desleal, traidor. • *sm Rel* Infiel, pagano.

in.fil.tra.ção [ĩfiwtras'ãw] *sf* Infiltración.

in.fil.trar [ĩfiwtr'ar] *vt+vpr* Infiltrar.

in.fi.ni.da.de [ĩfinid'adʒi] *sf* Infinidad.

in.fi.ni.ti.vo [ĩfinit'ivu] *sm Ling* Infinitivo.

in.fi.ni.to [ĩfin'itu] *adj+sm* 1 Infinito. 2 Incontable, innumerable.

in.fla.ção [ĩflas'ãw] *sf* Inflación.

in.fla.ma.ção [ĩflamas'ãw] *sf* Inflamación.

in.fla.mar [ĩflam'ar] *vt+vpr* 1 Inflamarse, incendiarse, encenderse, prenderse. 2 Hincharse.

in.fle.xí.vel [ĩfleks'ivew] *adj m+f* 1 Inflexible. 2 *fig* Firme, rígido, duro, severo, inexorable, implacable.

in.flu.ên.cia [ĩflu'ẽsjɐ] *sf* Influencia, influjo.

in.flu.en.ci.ar [ĩflwẽsi'ar] *vt+vpr* Influenciar, influir, afectar.

in.flu.ir [ĩflu'ir] *vt* 1 Influir. 2 *AL* Influenciar.

in.for.ma.ção [ĩformas'ãw] *sf* Información.

in.for.mar [ĩform'ar] *vt+vi* Informar.

in.for.má.ti.ca [ĩform'atikɐ] *sf* 1 Informática. 2 *AL* Computación.

in.for.me [ĩf'ɔrmi] *adj* Informe, amorfo. • *sm* Informe, información, aviso, noticia.

in.fra.ção [ĩfras'ãw] *sf* Infracción, falta.

in.fra.tor [ĩfrat'or] *adj+sm* Infractor.

in.frin.gir [ĩfrĩʒ'ir] *vt* Infringir, violar, contravenir, incumplir.

in.gê.nuo [ĩʒ'enwu] *adj* Ingenuo, inocente, cándido.

in.ge.rir [ĩʒer'ir] *vt* Ingerir.

in.ges.tão [ĩʒest'ãw] *sf* Ingestión.

in.gra.ti.dão [ĩgratid'ãw] *sf* Ingratitud.

in.gra.to [ĩgr'atu] *adj+sm* Ingrato, desagradecido. • *adj* Ingrato, desagradable, molesto, fastidioso, enojoso.

in.gre.di.en.te [ĩgredi'ẽtʃi] *sm* Ingrediente.

ín.gre.me ['ĩgremi] *adj m+f* Escarpado, empinado, inclinado.

in.gres.sar [ĩgres'ar] *vt* Ingresar, entrar, incorporarse.

in.gres.so [ĩgr'ɛsu] *sm* 1 Ingreso, acceso. 2 Admisión, incorporación. 3 Entrada, boleto.

i.ni.bi.ção [inibis'ãw] *sf* Inhibición.

i.ni.bir [inib'ir] *vt* 1 Inhibir, cohibir, refrenar. *vpr* 2 Inhibirse.

i.ni.ci.a.ção [inisjas'ãw] *sf* Iniciación.

i.ni.ci.ar [inisi'ar] *vt* 1 Iniciar, comenzar, empezar. *vpr* 2 Iniciarse.

i.ni.ci.a.ti.va [inisjat'ivɐ] *sf* Iniciativa.

i.ní.cio [in'isju] *sm* 1 Inicio, comienzo, principio. 2 Inauguración, fundación.

i.ni.mi.go [inim'igu] *adj+sm* 1 Enemigo, contrario. 2 Adversario.

i.ni.mi.za.de [inimiz'adʒi] *sf* Enemistad.

i.nin.ter.rup.to [inĩter'uptu] *adj* Ininterrumpido, continuado, continuo, incesante.

in.je.ção [ĩʒes'ãw] *sf* Inyección.

in.je.tar [ĩʒet'ar] *vt* Inyectar.

in.jú.ria [ĩʒ'urjɐ] *sf* 1 Injuria. 2 Afrenta, agravio.

in.jus.ti.ça [ĩʒustʃ'isɐ] *sf* Injusticia.

i.no.cên.cia [inos'ẽsjɐ] *sf* Inocencia.

i.no.do.ro [inod'ɔru] *adj* Inodoro, que no tiene olor.

inovar 330 **instituição**

i.no.var [inov'ar] *vt* Innovar.
i.no.xi.dá.vel [inoksid'avew] *adj m+f* Inoxidable.
in.qué.ri.to [ĩk'εritu] *sm* Indagación, averiguación, investigación.
in.quie.ta.ção [ĩkjetas'ãw] *sf* Inquietud, nerviosismo, preocupación, intranquilidad, agitación.
in.qui.e.tar [ĩkjet'ar] *vt* 1 Inquietar, intranquilizar, alarmar, preocupar. *vpr* 2 Inquietarse.
in.qui.e.to [ĩki'etu] *adj+sm* Inquieto, nervioso, preocupado, intranquilo, alarmado.
in.qui.li.no [ĩkil'inu] *sm* Inquilino.
in.sa.ci.á.vel [ĩsasi'avew] *adj m+f* Insaciable.
in.sa.no [ĩs'ʌnu] *adj+sm* 1 Insano, loco, demente. 2 Costoso, difícil, arduo.
in.sa.tis.fa.tó.rio [ĩsatisfat'ɔrju] *adj* Insatisfactorio.
in.sa.tis.fei.to [ĩsatisf'ejtu] *adj+sm* Insatisfecho, descontento.
ins.cre.ver [ĩskrev'er] *vt+vpr* Inscribir.
ins.cri.ção [ĩskris'ãw] *sf* Inscripción, anotación, registro.
in.se.gu.ran.ça [ĩsegur'ãsə] *sf* Inseguridad.
in.sen.sí.vel [ĩsẽs'ivew] *adj m+f* e *sm* Insensible, impasible.
in.se.pa.rá.vel [ĩsepar'avew] *adj* Inseparable.
in.ser.ção [ĩsers'ãw] *sf* Inserción.
in.se.to [ĩs'εtu] *sm Zool* 1 Insecto. 2 *fig* Persona insignificante.
in.si.nu.a.ção [ĩsinwas'ãw] *sf* Insinuación.
in.si.nu.ar [ĩsinu'ar] *vt+vi* 1 Insinuar. *vpr* 2 Insinuarse.
in.sí.pi.do [ĩs'ipidu] *adj* Insípido, soso, insulso, desabrido.
in.sis.tên.cia [ĩsist'ẽsjə] *sf* Insistencia.
in.sis.tir [ĩsist'ir] *vt+vi* Insistir, persistir, perseverar.

in.so.la.ção [ĩsolas'ãw] *sf Med* Insolación.
in.só.li.to [ĩs'ɔlitu] *adj* 1 Insólito, raro, anormal, inaudito. 2 Extraordinario.
in.so.lú.vel [ĩsol'uvew] *adj m+f* Insoluble, indisoluble.
in.sol.vên.cia [ĩsowv'ẽsjə] *sf* Insolvencia.
in.sô.nia [ĩs'onjə] *sf Med* Insomnio.
in.sos.so [ĩs'osu] *adj* Insulso, insípido, soso, anodino.
ins.pe.ção [ĩspes'ãw] *sf* Inspección, examen, reconocimiento.
ins.pe.ci.o.nar [ĩspesjon'ar] *vt* Inspeccionar, examinar, reconocer.
ins.pe.tor [ĩspet'or] *sm* Inspector.
ins.pi.ra.ção [ĩspiras'ãw] *sf* Inspiración.
ins.pi.rar [ĩspir'ar] *vt* 1 Inspirar, aspirar, inhalar. 2 Sugerir. 3 Infundir, provocar. *vpr* 4 Inspirarse.
ins.ta.bi.li.da.de [ĩstabilid'adi] *sf* Inestabilidad.
ins.ta.la.ção [ĩstalas'ãw] *sf* Instalación.
ins.ta.lar [ĩstal'ar] *vt* 1 Instalar, colocar, montar. 2 Alojar, albergar. *vpr* 3 Alojarse, hospedarse. 4 Instalarse, establecerse.
ins.tan.tâ.neo [ĩstãt'ʌnju] *adj* Instantáneo, inmediato, momentáneo, fugaz. • *sm* Instantánea.
ins.tan.te [ĩst'ãti] *sm* Instante, momento, segundo, santiamén.
ins.tar [ĩst'ar] *vt+vi* Instar.
ins.tau.rar [ĩstawr'ar] *vt* 1 Instaurar, establecer, implantar, instituir. 2 Fundar, inaugurar.
ins.tá.vel [ĩst'avew] *adj m+f* 1 Inestable, variable. 2 Voluble, inconstante.
ins.ti.gar [ĩstig'ar] *vt* Instigar, incitar, provocar, inducir.
ins.tin.to [ĩst'ĩtu] *sm* Instinto.
ins.ti.tu.i.ção [ĩstitwis'ãw] *sf* 1 Institución, fundación. 2 Organismo.

ins.ti.tu.ir [istitu'ir] *vt* Instituir, fundar, establecer, instaurar.

ins.tru.ção [istrus'ãw] *sf* Instrucción, educación.

ins.tru.ir [istru'ir] *vt* **1** Instruir, educar, enseñar. *vpr* **2** Instruirse.

ins.tru.men.to [istrum'ẽtu] *sm* Instrumento.

in.subs.ti.tu.í.vel [ĩsubstitu'ivew] *adj m+f* Insustituible.

in.sul.tar [ĩsuwt'ar] *vt* Insultar.

in.su.por.tá.vel [ĩsuport'avew] *adj m+f* Insoportable, insufrible, inaguantable.

in.ta.to [ĩt'atu] *adj* Intacto.

ín.te.gra [ĩ'tεgrə] *sf* Totalidad.

in.te.gra.ção [ĩtegras'ãw] *sf* Integración.

in.te.grar [ĩtegr'ar] *vt* **1** Completar, enterar. **2** Integrar, formar parte, componer. *vpr* **3** Integrarse.

in.te.gri.da.de [ĩtegrid'adi] *sf* Integridad, honradez, rectitud.

ín.te.gro [ĩ'tεgru] *adj* **1** Íntegro, entero, completo. **2** Honrado, honesto.

in.tei.ro [ĩt'ejru] *adj* Entero, completo, íntegro, cabal. • *sm Mat* Número entero.

in.te.lec.to [ĩtel'εktu] *sm* Intelecto, inteligencia, entendimiento.

in.te.li.gên.cia [ĩteliʒ'ẽsjə] *sf* Inteligencia.

in.te.li.gí.vel [ĩteliʒ'ivew] *adj m+f* Inteligible.

in.ten.ção [ĩtẽs'ãw] *sf* Intención, propósito, empeño.

in.ten.si.da.de [ĩtẽsid'adi] *sf* Intensidad.

in.ten.si.fi.car [ĩtẽsifik'ar] *vt+vpr* Intensificar.

in.ten.so [ĩt'ẽsu] *adj* Intenso.

in.te.ra.ção [ĩteras'ãw] *sf* Interacción.

in.ter.ca.lar [ĩterkal'ar] *vt* Intercalar.

in.ter.câm.bio [ĩterk'ãbju] *sm* Intercambio, permuta, trueque, cambio.

in.ter.ce.der [ĩtersed'er] *vt* Interceder, mediar, abogar, terciar.

in.ter.cep.tar [ĩtersept'ar] *vt* **1** Interceptar, detener, parar, interrumpir. **2** Obstruir, estorbar, cortar, obstaculizar.

in.ter.di.tar [ĩterdit'ar] *vt* Vedar, prohibir.

in.te.res.sa.do [ĩteres'adu] *adj+sm* **1** Interesado. **2** Atento.

in.te.res.san.te [ĩteres'ãti] *adj m+f* e *sm* Interesante, atrayente, sugestivo.

in.te.res.sar [ĩteres'ar] *vt+vi* **1** Interesar, atraer, motivar. *vpr* **2** Interesarse.

in.te.res.se [ĩter'esi] *sm* **1** Interés, utilidad, ganancia. **2** Provecho, beneficio. **3** Ganas, afán, empeño.

in.ter.fa.ce [ĩterf'asi] *sf Inform, Fís* Interfaz.

in.ter.fe.rên.cia [ĩterfer'ẽsjə] *sf* Interferencia.

in.ter.fe.rir [ĩterfer'ir] *vt* Interferir.

in.ter.fo.ne [ĩterf'oni] *sm* Intercomunicador, interfono.

in.te.ri.o.ri.zar [ĩterjoriz'ar] *vt* **1** Interiorizar, asimilar. **2** Informar.

in.ter.jei.ção [ĩterʒejs'ãw] *sf Ling* Interjección.

in.ter.lo.cu.tor [ĩterlokut'or] *sm* Interlocutor.

in.ter.me.di.á.rio [ĩtermedi'arju] *adj+sm* Intermediario, mediador.

in.ter.mé.dio [ĩterm'εdju] *adj+sm* **1** Intermedio. **2** Entreacto. **3** Ayuda, medio.

in.ter.mi.ná.vel [ĩtermin'avew] *adj m+f* Interminable.

in.ter.na.ci.o.nal [ĩternasjon'aw] *adj m+f* Internacional.

in.ter.nar [ĩtern'ar] *vt* **1** Internar. *vpr* **2** Internarse, adentrarse, penetrar.

in.ter.na.to [ĩtern'atu] *sm* Internado.

in.ter.no [ĩt'εrnu] *adj* Interno, interior. • *adj+sm* Interno (alumno).

in.ter.pre.ta.ção [ĩterpretas'ãw] *sf* **1** Interpretación, explicación. **2** Traducción. **3** Actuación.

in.ter.pre.tar [īterpretár] *vt* **1** Interpretar, considerar, explicar. **2** Traducir. **3** Representar.

in.tér.pre.te [itɛrpreti] *s m+f* **1** Intérprete (artista). **2** Intérprete (traductor).

in.ter.ro.ga.ção [īteRogasáw] *sf* Interrogación.

in.ter.ro.gar [īteRogár] *vt* Interrogar.

in.ter.rom.per [īteRõpér] *vt* Interrumpir.

in.ter.rup.ção [īteRupsáw] *sf* Interrupción.

in.ter.rup.tor [īteRuptór] *adj+sm* Interruptor, llave.

in.te.rur.ba.no [īteruRbʌ́nu] *adj+sm* Interurbano.

in.ter.va.lo [iterválu] *sm* Intervalo.

in.ter.vir [iterv́ir] *vt+vi* Intervenir, participar.

in.tes.ti.no [itestínu] *adj* Intestino, interno. • *sm Anat* Intestino.

in.ti.mi.da.de [itimidádi] *sf* Intimidad.

in.ti.mi.dar [itimidár] *vt+vi+vpr* Intimidar, amedrentar, acobardar, atemorizar.

ín.ti.mo [ítimu] *adj+sm* Íntimo.

in.ti.tu.lar [ititulár] *vt* **1** Titular. **2** Llamar. **3** Designar.

in.to.le.rân.cia [ītoleRásjə] *sf* Intolerancia, intransigencia.

in.to.cá.vel [ītokávew] *adj e s m+f* Intocable.

in.to.xi.ca.ção [ītoksikasáw] *sf Med* Intoxicación.

in.to.xi.car [ītoksikár] *vt+vi+vpr* Intoxicar, envenenar.

in.tran.si.gen.te [ītrãziʒéti] *adj e s m+f* Intransigente.

in.tri.ga [ītrígə] *sf* **1** Intriga, confabulación, conspiración. **2** Trama, argumento.

in.tro.du.ção [ītrodusáw] *sf* Introducción.

in.tro.du.zir [ītroduzír] *vt* **1** Introducir, meter, encajar, insertar. *vpr* **2** Introducirse.

in.tro.me.ter [ītrometér] *vt* **1** Entremeter. *vpr* **2** Entrometerse, inmiscuirse.

in.tro.mis.são [ītromisáw] *sf* Intromisión.

in.tru.so [ītrúzu] *adj+sm* Intruso.

in.tu.i.ção [ītujsáw] *sf* Intuición.

in.tu.ir [ītuír] *vt+vi* Intuir.

in.tui.to [ītújtu] *sm* Intento, propósito, intención.

i.nun.da.ção [inũdasáw] *sf* Inundación.

i.nun.dar [inũdár] *vt+vi+vpr* Inundar.

i.nú.til [inútiw] *adj e s m+f* Inútil, inservible, inepto.

in.va.dir [īvadír] *vt* Invadir, asaltar, ocupar.

in.va.li.dez [īvalidés] *sf* Invalidez.

in.vá.li.do [īválidu] *adj+sm* **1** Inválido, nulo. **2** Minusválido, imposibilitado.

in.va.ri.á.vel [īvariávew] *adj m+f* Invariable, inalterable, inmutable.

in.va.são [īvazáw] *sf* Invasión.

in.va.sor [īvazór] *adj+sm* Invasor.

in.ve.ja [īv́ɛʒə] *sf* Envidia.

in.ve.jar [īveʒár] *vt+vi* Envidiar.

in.ve.jo.so [īveʒózu] *adj+sm* Envidioso.

in.ven.ção [īvẽsáw] *sf* Invento, invención, descubrimiento, hallazgo, fantasía.

in.ven.cí.vel [īvẽsívew] *adj m+f* Invencible, insuperable.

in.ven.tar [īvẽtár] *vt* **1** Inventar, descubrir, hallar. **2** Imaginar, idear, concebir, planear.

in.ven.tá.rio [īvẽtárju] *sm* Inventario, relación, catálogo, registro.

in.ven.to [īv́ẽtu] *sm* Invento, invención.

in.ven.tor [īvẽtór] *adj+sm* Inventor, creador.

in.ver.no [īvɛ́Rnu] *sm* Invierno.

in.ver.so [īv́ɛRsu] *adj+sm* Inverso, contrario, opuesto.

in.ver.te.bra.do [īvertebrádu] *adj+sm* Invertebrado.

in.ver.ter [ĩvert'er] *vt* Invertir, alterar, trastocar.
in.vés [ĩv'es] *sm* Revés.
in.ves.ti.dor [ĩvestid'or] *adj+sm* Inversionista.
in.ves.ti.ga.ção [ĩvestigas'ãw] *sf* Investigación.
in.ves.ti.gar [ĩvestig'ar] *vt* Investigar, averiguar, indagar.
in.ves.ti.men.to [ĩvestim'ẽtu] *sm* Inversión (capital).
in.ves.tir [ĩvest'ir] *vt* **1** Acometer, atacar. **2** Invertir (capital).
in.vic.to [ĩv'iktu] *adj* Invicto.
in.vi.sí.vel [ĩviz'ivew] *adj m+f* Invisible.
in.vo.car [ĩvok'ar] *vt* **1** Invocar, suplicar, rogar, implorar. **2** Recurrir, apelar, requerir.
in.vo.lun.tá.rio [ĩvolũt'arju] *adj* Involuntario.
i.o.ga [i'ɔgə] *sf* Yoga.
i.o.gur.te [jog'urti] *sm* Yogur.
i.ô [joj'o] *sm* Yoyó.
ir ['ir] *vi* **1** Ir. *vpr* **2** Irse, marcharse.
i.ra ['irə] *sf* Ira, rabia, cólera, furia, furor.
ir.mã [irm'ã] *sf* Hermana.
ir.man.da.de [irmãd'adi] *sf* **1** Hermandad, fraternidad, confraternidad. **2** Cofradía.
ir.mão [irm'ãw] *sm+adj* Hermano, religioso.
i.ro.ni.a [iron'iə] *sf* Ironía, sarcasmo.
i.rô.ni.co [ir'oniku] *adj* Irónico.
ir.ra.di.ar [iradi'ar] *vt + vi* Irradiar.

ir.re.al [iře'aw] *adj e s m+f* Irreal, ficticio, imaginario, fantástico.
ir.re.cu.sá.vel [iřekuz'avew] *adj m+f* Irrechazable, irrecusable.
ir.re.gu.lar [iřegul'ar] *adj m+f* **1** Irregular, anormal. **2** Desigual, discontinuo, variable.
ir.re.le.van.te [iřelev'ãti] *adj m+f* Irrelevante, intrascendente, insignificante.
ir.re.qui.e.to [iřeki'etu] *adj* Inquieto, agitado, bullicioso.
ir.re.sis.tí.vel [iřezist'ivew] *adj m+f* Irresistible.
ir.res.pon.sá.vel [iřespõs'avew] *adj e s m+f* Irresponsable.
ir.ri.ga.ção [iřigas'ãw] *sf* Irrigación, riego.
ir.ri.gar [iřig'ar] *vt* Irrigar.
ir.ri.ta.ção [iřitas'ãw] *sf* Irritación.
ir.ri.tar [iřit'ar] *vt+vpr* Irritar.
is.ca [´iskə] *sf* Cebo, carnada.
i.sen.ção [izẽs'ãw] *sf* Exención.
i.sen.to [iz'ẽtu] *adj* **1** Exento, libre. **2** Imparcial.
i.so.la.men.to [izolam'ẽtu] *sm* Aislamiento.
i.so.lar [izol'ar] *vt+vpr* Aislar.
is.quei.ro [isk'ejru] *sm* Encendedor, mechero.
is.so [´isu] *pron dem* Eso.
ist.mo [´istmu] *sm* Istmo.
is.to [´istu] *pron dem* Esto.
í.tem [´itẽj] *sm* Ítem.
i.ti.ne.rá.rio [itiner'arju] *adj+sm* Itinerario.

j

j, J [ʒˈɔtə] *sm* Décima letra del abecedario portugués.
já [ʒˈa] *adv* Ya.
ja.ca.ré [ʒakaɾˈɛ] *sm Zool* Caimán, cocodrilo.
ja.mais [ʒamˈajs] *adv* Jamás, nunca.
ja.nei.ro [ʒanˈejɾu] *sm* **1** Enero. **2 janeiros** *pl fig* Abriles, años de edad.
ja.ne.la [ʒanˈɛlə] *sf* **1** Ventana. **2** *fig* Agujero, rasgón.
jan.ga.da [ʒãgˈadə] *sf* Jangada, balsa, armadía.
jan.ga.dei.ro [ʒãgadˈejɾu] *sm* Balsero.
jan.tar [ʒãtˈaɾ] *sm* Cena. • *vi* Cenar.
ja.po.na [ʒapˈonə] *sf* Campera, cazadora, chaqueta.
ja.que.ta [ʒakˈetə] *sf* Campera, cazadora, chaqueta.
jar.dim [ʒaɾdˈĩ] *sm* Jardín, vergel, parterre.
jar.di.na.gem [ʒaɾdinˈaʒẽj] *sf* Jardinería, floricultura.
jar.di.nei.ra [ʒaɾdinˈejɾə] *sf* **1** Jardinera, macetero, maceta, tiesto. **2** Enterito, mono de peto.
jar.di.nei.ro [ʒaɾdinˈejɾu] *sm* Jardinero.
jar.gão [ʒaɾgˈãw] *sm* Argot, jerigonza, germanía, jerga, galimatías.
jar.ra [ʒˈaʁə] *sf* Jarra, botija, jarrón.
jar.ro [ʒˈaʁu] *sm* Jarro, bocal, cántaro.
jas.mim [ʒazmˈĩ] *sm Bot* Jazmín.
ja.to [ʒˈatu] *sm* Chorro, tirada.
jau.la [ʒˈawlə] *sf* Jaula.
ja.zer [ʒazˈeɾ] *vi* Yacer.
ja.zi.da [ʒazˈidə] *sf* Yacimiento, vena, mina.
jeans [dʒiːnz] *sm sing+pl ingl* Vaqueros, pantalón vaquero.
jei.to [ʒˈejtu] *sm* **1** Manera, modo. **2** Aptitud, habilidad, maña, destreza.
je.ju.ar [ʒeʒuˈaɾ] *vi* Ayunar.
je.jum [ʒeʒˈũ] *sm* Ayuno.
ji.pe [ʒˈipi] *sm* Jeep, todoterreno.
jo.a.lhei.ro [ʒoaʎˈejɾu] *sm* Joyero, orfebre, lapidario, platero, artífice.
jo.a.lhe.ri.a [ʒoaʎeɾˈiə] *sf* Joyería, orfebrería.
jo.ão-nin.guém [ʒoˈãwnĩgˈẽj] *sm* Don nadie, pobre diablo.
jo.ça [ʒˈɔsə] *sf* Trasto, cosa vieja.
jo.e.lhei.ra [ʒoeʎˈejɾə] *sf* Rodillera.
jo.e.lho [ʒoeˈʎu] *sm Anat* Rodilla.
jo.ga.dor [ʒogadˈoɾ] *adj+sm* Jugador.
jo.gar [ʒogˈaɾ] *vt+vi* **1** Jugar, tomar parte en los juegos. *vt* **2** Tirar, lanzar. *vi* **3** Balancear, oscilar. *vpr* **4** Tirarse, lanzarse.

jo.go [ʒ'ogu] *sm* **1** Juego. **2** *Mar* Agitación, oscilación de los buques.
joi.a [ʒ'ɔjə] *sf* Joya. • *interj* **joia!** ¡Vale!
jó.quei [ʒ'ɔkej] *sm* **1** Yóquey, yoqui, jinete, montador, caballero. **2** Hipódromo.
jor.na.da [ʒorn'adə] *sf* Jornada.
jor.nal [ʒorn'aw] *sm* **1** Diario, periódico. **2** Telediario, noticiario.
jor.na.lei.ro [ʒornal'ejru] *adj+sm* Jornalero. • *sm* Diarero, diariero.
jor.na.lis.mo [ʒornal'izmu] *sm* Periodismo.
jor.na.lis.ta [ʒornal'istə] *s m+f* Periodista.
jor.rar [ʒoʀ'ar] *vt+vi* Chorrear, lanzar, brotar, surtir.
jo.vem [ʒ'ɔvẽj] *adj* e *s m+f* Joven, mozo.
ju.bi.leu [ʒubil'ew] *sm* Jubileo.
jú.bi.lo [ʒ'ubilu] *sm* Júbilo, regodeo, alegría, contentamiento, regocijo.
ju.dô [ʒud'o] *sm Esp* Yudo, judo.
ju.go [ʒ'ugu] *sm* Yugo.
ju.iz [ʒu'is] *sm* Juez.
ju.i.za.do [ʒuiz'adu] *sm* Juzgado.
ju.í.zo [ʒu'izu] *sm* **1** Juicio, sensatez, tino. **2** Opinión, parecer, dictamen. **3** Seso, cordura, madurez.
jul.ga.men.to [ʒuwgam'ẽtu] *sm* **1** Juzgamiento, arbitraje. **2** Juicio, opinión.
jul.gar [ʒuwg'ar] *vt+vi* **1** Juzgar, arbitrar, sentenciar. **2** Apreciar, creer, pensar. **3** Opinar, entender.
ju.lho [ʒ'uʎu] *sm* Julio.
ju.men.to [ʒum'ẽtu] *sm* **1** *Zool* Jumento, borrico, asno, burro, pollino. **2** *fig, fam* Burro, bruto, grosero.
ju.nho [ʒ'uɲu] *sm* Junio.
jun.tar [ʒũt'ar] *vt+vi+vpr* **1** Juntar, unir. **2** Ayuntar, acrecentar. **3** Recoger (del suelo). **4** Reunir. **5** Acumular, acopiar.
jun.to [ʒ'ũtu] *adj* Junto, anexo, unido, cercano. • *adv* Juntamente.
ju.ra.do [ʒur'adu] *adj+sm* Jurado.
ju.ra.men.to [ʒuram'ẽtu] *sm* Juramento, jura, voto.
ju.rar [ʒur'ar] *vt+vi* **1** Jurar, prometer. **2** Echar votos, maldecir, renegar.
jú.ri [ʒ'uri] *sm* Jurado, tribunal.
ju.ris.di.ção [ʒurisdis'aw] *sf* Jurisdicción.
ju.ro [ʒ'uru] *sm Econ* Interés.
jus.ti.ça [ʒust'isə] *sf* Justicia.
jus.ti.cei.ro [ʒustis'ejru] *adj* Justiciero, justo, imparcial.
jus.ti.fi.ca.ção [ʒustifikas'aw] *sf* Justificación.
jus.ti.fi.car [ʒustifik'ar] *vt+vpr* Justificar.
jus.to [ʒ'ustu] *adj* **1** Justo, razonable, derecho, arreglado a justicia. **2** Exacto. **3** Apretado.
ju.ve.nil [ʒuven'iw] *adj* Juvenil, púber.
ju.ven.tu.de [ʒuvẽt'udi] *sf* Juventud, mocedad.

k

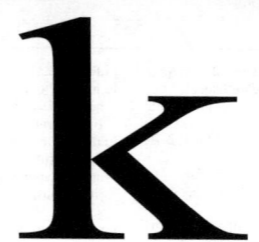

k, K [k'a] *sm* **1** Letra utilizada en casos especiales, como palabras extranjeras. **2** *Fís* Símbolo de Kelvin. **3** *Quím* Símbolo de potasio.
ka.ra.o.kê [karaok'e] *sm* Karaoke.
kar.de.cis.mo [kardes'izmu] *sm* Kardecismo.
kar.de.cis.ta [kardes'istə] *adj* Kardecista.
kar.tó.dro.mo [kart'ɔdromu] *sm* Kartódromo.
kg *sm* Símbolo de kilogramo.
kit [k'it] *sm* Kit.
ki.wi [kiw'i] *sm Bot* Kiwi.
km *sm* Símbolo de kilómetro.

l, L [´ɛli] *sm* **1** Undécima letra del abecedario portugués. **2 L** Cincuenta en guarismos romanos. **3** Símbolo de litro. **4** Símbolo de este (punto cardinal).

la [lə] *pron pes* La (caso oblicuo).

lá[1] [l´a] *adv* Allá, allí.

lá[2] [l´a] *sm Mús* La.

lã [l´ã] *sf* Lana.

la.ba.re.da [labar´edə] *sf* **1** Llama, llamarada, fogonazo. **2** Exaltación, impetuosidad, charada.

lá.bio [l´abju] *sm Anat* Labio.

la.bi.rin.to [labir´ĩtu] *sm* Laberinto.

la.bo.ra.tó.rio [laborat´ɔrju] *sm* Laboratorio.

la.çar [las´ar] *vt* Lazar, enlazar.

la.ço [l´asu] *sm* **1** Lazo, nudo, moña, moño. **2** Emboscada, trampa. **3** Vínculo, enlace, alianza. **4** Cuerda, vuelta.

la.crar [lakr´ar] *vt* Lacrar, cerrar, sellar con lacre.

la.cri.me.jar [lakrimeʒ´ar] *vi* Lagrimear.

la.cu.na [lak´unə] *sf* Blanco, omisión, vacío, laguna.

la.dei.ra [lad´ejrə] *sf* Ladero, ladera, declive, pendiente, bajada, escarpa, rampa, vertiente.

la.do [l´adu] *sm* **1** Lado, parte. **2** Costado. **3** Cara. **4** Sítio, lugar. **5** Aspecto (a considerar). **6** *Geom* Línea, arista, cara (de ángulo, polígono, poliedro).

la.drão [ladr´ãw] *sm* **1** Ladrón, manilargo, estafador, bandido, salteador, robador, gerifalte. **2** Portillo para sangrar (en río, presa etc.). **3** Purgador, grifo de purga.

la.drar [ladr´ar] *vi* **1** Ladrar (perro). **2** Gritar, vociferar, vocear.

la.dri.lhar [ladriλ´ar] *vt* Embaldosar, enlozar, enladrillar.

la.dri.lho [ladr´iλu] *sm* Baldosa, azulejo, loseta, cerámica, plaqueta.

la.go [l´agu] *sm* Lago, jagüey.

la.go.a [lag´oə] *sf* Laguna, albufera, lago, remanso, bañadero, estanque.

la.gos.ta [lag´ostə] *sf Zool* Langosta.

lá.gri.ma [l´agrimə] *sf* Lágrima.

lai.co [l´ajku] *adj* Laico, lego.

la.je [l´aʒi] *sf* Laja, lancha, meseta llana.

la.jo.ta [laʒ´ɔtə] *sf* Baldosa, plaqueta, baldosín, losa, azulejo, loseta, cerámica.

la.ma [l´∧mə] *sf* Lama, barro, cieno, fango, lodo, gacha, légamo.

la.ma.cen.to [lamas´ẽtu] *adj* Barroso, cenagoso, pantanoso, fangoso.

lam.ba.da [lãb´adə] *sf* **1** Golpe, trancazo, porrazo. **2** *Mús* Lambada (danza, música). **3** Reprimenda, regaño, rapapolvo.

lam.ber [lãb´er] *vt* **1** Lamer, rozar. **2** *fig* Adular. *vt+vpr* **3** Relamer.

lam.bis.car [lãbisk´ar] *vt+vi* Picar, pellizcar, picotear.

lam.bre.ta [lãbr'etə] *sf* Motocicleta, moto.
lam.bu.zar [lãbuz'ar] *vt+vpr* Embadurnar, emporcar, engrazar, pringar, ensuciar.
la.men.ta.ção [lamẽtas'ãw] *sf* Lamentación, quejido, alarido.
la.men.tar [lamẽt'ar] *vt+vpr* Lamentar, lastimar, quejarse.
lâ.mi.na [l'∧minə] *sf* Lámina.
lâm.pa.da [l'ãpadə] *sf* 1 Lámpara, luminaria. 2 Bombilla eléctrica.
lam.pa.ri.na [lãpar'inə] *sf* Lamparilla, mariposa, candelilla, linterna, capuchina.
la.mú.ria [lam'urjə] *sf* Lloriqueo, guimoteo, quejido, lamentación, lamento, queja.
lan.ça [l'ãsə] *sf* 1 Lanza, asta, bayoneta, garrocha. *sm* 2 *fam* Cortabolsas, manilargo.
lan.ça.men.to [lãsam'ẽtu] *sm* Lanzamiento.
lan.çar [lãs'ar] *vt* 1 Lanzar, despedir, echar, emitir. *vt+vpr* 2 Promover la difusión. 3 Arrojarse, precipitarse. 4 Estrenar.
lan.ce [l'ãsi] *sm* 1 Lance, lanzamiento. 2 Jugada. 3 Vicisitud, eventualidad. 4 Situación, asunto. 5 Trance. 6 Tramo (escalera). 7 Puja, mejora (subasta).
lan.cha [l'ãʃə] *sf* 1 Mar Lancha. 2 Piedra, meseta. 3 *fam* Pie grande.
lan.char [lãʃ'ar] *vi* Merendar.
lan.che [l'ãʃi] *sm* Merienda.
lan.chei.ra [lãʃ'ejrə] *sf* Fiambrera (para merienda).
lan.cho.ne.te [lãʃonɛ'ti] *sf* Bar, cantina, cafetería, café, confitería.
lan.ter.na [lãt'ɛrnə] *sf* Linterna, faro.
la.pe.la [lap'ɛlə] *sf* Solapa.
la.pi.da.ção [lapidas'ãw] *sf* Lapidación.
la.pi.dar [lapid'ar] *vt* Apedrear, apedrejar.
lá.pis [l'apis] *sm sing+pl* Lápiz.
la.pi.sei.ra [lapiz'ejrə] *sf* Lapicero, lapicera, portalápiz.
lap.so [l'apsu] *sm* Lapso.
la.quê [lak'e] *sm* Laca.
lar [l'ar] *sm* Hogar.
la.ran.ja [lar'ãʒə] *sf Bot* Naranja.
la.ran.ja.da [larãʒ'adə] *sf* Naranjada.
la.rei.ra [lar'ejrə] *sf* Hogar, chimenea.
lar.gar [larg'ar] *vt* 1 Largar, soltar, desasir. 2 Ceder, aflojar. 3 Dejar, abandonar. 4 Olvidar.
lar.go [l'argu] *adj* 1 Ancho. 2 Amplio, vasto, espacioso. 3 Copioso, harto. 4 Generoso, magnánimo. • *sm* Plazoleta, plazuela, glorieta.
lar.gu.ra [larg'urə] *sf* Anchura, ancho, holgura, largueza.
la.sa.nha [laz'∧ñə] *sf* Lasaña.
las.ca [l'askə] *sf* 1 Lasca, astilla, rancajo, esquirla. 2 Lonja, trozo.
las.ti.mar [lastim'ar] *vt+vpr* 1 Lamentar, apiadar, doler, condoler, compadecer, mancar. 2 Herirse.
la.ta [l'atə] *sf* 1 Lata, envase. 2 Hojalata. 3 Cara, rostro.
la.tão [lat'ãw] *sm* Latón.
la.ta.ri.a [latar'iə] *sf* 1 Alimentos en lata. 2 Chapa, carrocería.
la.te.jar [lateʒ'ar] *vi* Pulsar, palpitar, latir.
la.ten.te [lat'ẽti] *adj* Latente, encubierto, oculto.
la.te.ral [later'aw] *adj* Lateral.
la.ti.do [lat'idu] *sm* Ladrido (perro).
la.ti.fún.dio [latif'ũdju] *sm* Latifundio.
la.tim [lat'ĩ] *sm* 1 Latín. 2 *fig* Griego, algo difícil de entender.
la.ti.no [lat'inu] *adj* Latino.
la.tir [lat'ir] *vi* Ladrar.
la.ti.tu.de [latit'udi] *sf* Latitud.
la.va.bo [lav'abu] *sm* Lavabo.
la.va.gem [lav'aʒẽj] *sf* Lavado, lavaje.
la.va-lou.ças [lavəl'owsas] *sf sing+pl* Lavavajillas, lavaplatos.

lavanderia   **liberar**

la.van.de.ri.a [lavãder′iə] *sf* **1** Lavandería, tintorería. **2** Lavadero.
la.var [lav′ar] *vt+vpr* Lavar.
la.va.tó.rio [lavat′ɔrju] *sm* Lavatorio, lavabo, jofaina, lavamanos.
la.vou.ra [lav′owrə] *sf* Labrantío, sembradío, plantío, huerto, labra, labranza, agricultura.
la.vra.dor [lavrad′or] *adj+sm* Labrador, agricultor, plantador, sembrador, cultivador, campesino.
la.vrar [lavr′ar] *vt* **1** Cultivar, arar. **2** Labrar, laborar, laborear.
la.zer [laz′er] *sm* **1** Ocio, descanso, reposo. **2** Pasatiempo, recreación, diversión.
le.al [le′aw] *adj* Leal, fiel, honrado, honesto, sincero, serio.
le.al.da.de [leawd′adi] *sf* Lealtad, fidelidad, honestidad, seriedad, sinceridad.
le.ão [le′ãw] *sm* **1** León. **2** Leão *Astrol, Astron* Leo (signo, constelación).
le.ci.o.nar [lesjon′ar] *vt* Enseñar, impartir clases.
le.gal [leg′aw] *adj* **1** Legal, lícito. **2** *fam* Bueno, agradable.
le.ga.li.zar [legaliz′ar] *vt* Legalizar, legitimar, autentificar, validar.
le.gen.da [leʒ′edə] *sf* **1** Leyenda, inscripción. **2** Fábula, mito. **3** Subtítulo, pie. **4** Letrero, texto (películas).
le.gis.la.ção [leʒizlas′ãw] *sf* Legislación.
le.gí.ti.mo [leʒ′itimu] *adj* **1** Legítimo, lícito, justo. **2** Genuino, auténtico.
le.gí.vel [leʒ′ivew] *adj* Legible, leíble.
le.gu.me [leg′umi] *sm Bot* Legumbre.
lei [l′ej] *sf* Ley.
lei.go [l′ejgu] *adj+sm* **1** Lego, laico, secular, profano. **2** Desconocedor, inexperto.
lei.lão [lejl′ãw] *sm* Subasta, remate, almoneda, martillo.
lei.te [l′ejti] *sm* Leche.

lei.tei.ro [lejt′ejru] *adj+sm* Lechero. • *sf* Lechera.
lei.to [l′ejtu] *sm* Lecho.
lei.tu.ra [lejt′urə] *sf* Lectura.
le.ma [l′emə] *sm* Lema.
lem.bran.ça [lẽbr′ãsə] *sf* **1** Recuerdo, recordación, memoria, reminiscencia. **2 lembranças** *pl* Saludos. **3** Regalo.
lem.brar [lẽbr′ar] *vt+vpr* **1** Recordar, rememorar. **2** Evocar, semejar, sugerir, parecerse. **3** Acordarse, hacer memoria. **4** Advertir.
len.ço [l′ẽsu] *sm* Pañuelo.
len.çol [lẽs′ɔw] *sm* **1** Sábana. **2** *Geol* Capa freática, manta, vena.
len.da [l′ẽdə] *sf* **1** Leyenda, fábula, mito. **2** *fig* Fraude, mentira.
le.nha [l′eñə] *sf* Leña, leño.
len.te [l′ẽti] *sf* Lente.
len.ti.lha [lẽt′iλə] *sf Bot* Lenteja.
len.to [l′ẽtu] *adj* Lento, despacioso, lerdo, paulatino.
le.que [l′ɛki] *sm* **1** Abanico, abanador. **2** Conjunto, serie.
ler [l′er] *vt+vi* Leer.
le.são [lez′ãw] *sf Patol* Lesión, herida. **2** Daño, perjuicio.
le.sar [lez′ar] *vt+vpr* **1** *Med* Lesionar, herir. **2** Perjudicar, dañar.
les.te [l′ɛsti] *sm Geogr* Este, oriente.
le.tra [l′etrə] *sf* **1** Letra. **2 Letras** *sf pl* Conocimiento, saber.
le.trei.ro [letr′ejru] *sm* **1** Cartel, inscripción. **2** *Cin* Créditos.
le.va.do [lev′adu] *adj+sm* Travieso.
le.van.tar [levãt′ar] *vt+vpr* Levantar, alzar, erguir, izar.
le.var [lev′ar] *vt* Llevar, conducir, transportar.
le.ve [l′ɛvi] *adj* **1** Leve, ligero, liviano. **2** Suave, sutil. **3** Vaporoso.
lhe [λi] *pron pes* **1** Le, a él, a ella, a usted. **2** Te, a ti.
li.be.rar [liber′ar] *vt+vpr* Liberar.

li.ber.da.de [liberd′adi] *sf* **1** Libertad, autonomía, independencia. **2** Prerrogativa, licencia. **3** Familiaridad, desembarazo, franqueza. **4 liberdades** *pl* Atrevimiento, osadía.

li.ber.ta.ção [libertas′ãw] *sf* Liberación, emancipación, independencia.

li.ber.tar [libert′ar] *vt+vpr* **1** Libertar, liberar, emancipar. **2** Salvar, soltar.

li.ção [lis′ãw] *sf* **1** Lección, clase, tarea. **2** Amonestación, reprimenda. **3** Ejemplo.

li.cen.ça [lis′ẽsə] *sf* Permisión, permiso, licencia, autorización, consentimiento.

li.cen.ci.ar [lisẽsi′ar] *vt+vpr* **1** Licenciar, dar permiso, dar licencia. **2** Licenciarse, graduarse.

li.ci.tar [lisit′ar] *vt+vi* Licitar, subastar, pujar.

li.cor [lik′or] *sm* Licor.

li.dar [lid′ar] *vt+vi* **1** Trabajar. **2** Lidiar. **3** Manejar, manipular.

lí.der [l′ider] *sm* Líder, dirigente, guía, cabeza, jefe.

li.de.ran.ça [lider′ãsə] *sf* Liderazgo, liderato.

li.de.rar [lider′ar] *vt* Liderar, dirigir, encabezar.

li.ga.ção [ligas′ãw] *sf* **1** Ligazón, unión, trabazón, enlace. **2** Relación, vínculo. **3** Nexo, coherencia. **4** Conexión. **5** Llamada (telefónica).

li.gar [lig′ar] *vt* **1** Ligar, unir, atar, adosar. **2** Alear. **3** Prender, enchufar. **4** Asociar, relacionar, encadenar. **5** Llamar (teléfono). **6** Prestar atención, importarse. **7** Interesarse.

li.gei.ro [liʒ′ejru] *adj* Ligero.

li.mão [lim′ãw] *sm Bot* Limón, citrón.

li.mi.tar [limit′ar] *vt* **1** Limitar, lindar, balizar, colindar. **2** Coartar, confinar. **3** Racionar. *vpr* **4** Limitarse, estrecharse, reducirse.

li.mi.te [lim′iti] *sm* **1** Límite, linde, confín. **2** Fin, término. **3** Frontera, mojón.

li.mo.na.da [limon′adə] *sf* Limonada.

lim.pa.dor [lĩpad′or] *adj+sm* Limpiador, limpiante.

lim.par [lĩp′ar] *vt+vpr* **1** Limpiar, lavar, asear, higienizar. **2** Purificar. **3** Librar (el lugar de lo que es perjudicial). **4** Hurtar. **5** Ganar todo (en el juego).

lim.pe.za [lĩp′ezə] *sf* Limpieza, aseo, higiene.

lim.po [l′ĩpu] *adj* **1** Limpio, aseado. **2** Nítido. **3** Puro.

lin.char [lĩʃ′ar] *vt* Linchar, ajusticiar.

lin.do [l′ĩdu] *adj* Lindo, hermoso, bello, bonito.

lín.gua [l′ĩgwə] *sf* **1** *Anat* Lengua. **2** Idioma, lenguaje. **3** Lengüeta, fiel de la balanza. **4** Manera cruel de hablar.

lin.gua.gem [lĩg′waʒẽj] *sf* **1** Lenguaje, lengua, dialecto. **2** Estilo, jerga.

lin.gui.ça [lĩg′wisə] *sf* Longaniza.

li.nha [l′iñə] *sf* Línea, trazo.

li.nha.gem [liñ′aʒẽj] *sf* Linaje, estirpe, alcurnia.

li.que.fa.zer [likefaz′er] *vt+vpr* Licuar, liquidar.

li.qui.da.ção [likidas′ãw] *sf* Liquidación.

li.qui.di.fi.ca.dor [likidifikad′or] *sm* Licuadora.

lí.qui.do [l′ikidu] *adj+sm* Líquido.

lí.ri.co [l′iriku] *adj* Lírico, poético.

li.so [l′izu] *adj* **1** Liso, plano, raso, llano. **2** Sin dinero, limpio.

li.son.je.ar [lizõʒe′ar] *vt+vpr* **1** Lisonjear, envanecer. **2** Adular, enaltecer, ensalzar, exaltar.

li.son.jei.ro [lizõʒ′ejru] *adj* Lisonjero, elogioso, halagador, envanecedor, florero.

lis.ta [l′istə] *sf* **1** Lista, tira. **2** Listado, índice, rol, inventario.

lis.tra [l′istrə] *sf* Lista, raya, faja, franja.

literário   341   **lugar**

li.te.rá.rio [liter'arju] *adj* Literario.
li.te.ra.tu.ra [literat'urə] *sf* Literatura.
li.to.ral [litor'aw] *sm* Litoral, costa.
li.tro [l'itru] *sm* Litro.
li.vrar [livr'ar] *vt+vpr* 1 Libertar, liberar, salvar, rescatar. 2 Librar, sacar.
li.vra.ri.a [livrar'iə] *sf* Librería.
li.vre [l'ivri] *adj* 1 Libre, suelto. 2 Disponible. 3 Soltero. 4 Exento. 5 Espontáneo. 6 Atrevido, licensioso.
li.vrei.ro [livr'ejru] *sm* Librero.
li.vro [l'ivru] *sm* Libro.
li.xar [liʃ'ar] *vt* 1 Lijar, alisar, raspar, pulir. *vpr* 1 *fam* No incomodarse, no importarse.
li.xei.ra [liʃ'ejrə] *sf* Basurero, tacho/cubo de basura.
li.xei.ro [liʃ'ejru] *sm* Basurero.
li.xo [l'iʃu] *sf* 1 Basura. 2 Porquería, cosa mal hecha.
lo.ca.ção [lokas'ãw] *sf* 1 Locación, arrendamiento, alquiler. 2 *Cin* Filmación de escenas externas.
lo.cal [lok'aw] *adj* Local, regional. • *sm* Sitio, lugar.
lo.ca.li.da.de [lokalid'adi] *sf* Localidad, lugar.
lo.ca.li.zar [lokaliz'ar] *vt+vpr* 1 Localizar, situar, ubicar. 2 Circunscribir.
lo.ção [los'ãw] *sf* Loción.
lo.cu.tor [lokut'or] *sm* Locutor.
lo.do [l'odu] *sm* Lodo, barro, lama, limo, cieno, fango.
ló.gi.co [l'ɔʒiku] *adj* Lógico, coherente, racional.
lo.go [l'ɔgu] *adv* 1 Luego, enseguida, pronto. 2 Ya, sin tardanza. 3 Después, más tarde. 4 Por conseguinte, por lo tanto. 5 Para colmo, justo.
lo.ja [l'ɔʒə] *sf* Tienda, almacén, comercio.
lo.jis.ta [loʒ'istə] *adj* e *s m+f* Tendero, comerciante.
lom.ba.da [lõb'adə] *sf* 1 Loma. 2 Lomo (libro).

lom.bo [l'õbu] *sm* 1 Lomo, solomillo. 2 Espalda.
lo.na [l'onə] *sf* Lona.
lon.ge [l'õʒi] *adv* Lejos.
lon.gín.quo [lõʒ'ĩkwu] *adj* Longincuo, lejano, apartado, remoto, distante, retirado, alejado.
lon.gi.tu.de [lõʒit'udi] *sf* Longitud, ancho, extensión, largor, largo, largura.
lon.go [l'õgu] *adj* 1 Largo, extenso. 2 Durable, dilatado, prolongado.
lo.tar [lot'ar] *vt* Llenar, colmar, atiborrar, cargar, abarrotar, saturar.
lo.te.ri.a [loter'iə] *sf* Lotería.
lou.ça [l'owsə] *sf* Loza, porcelana.
lou.co [l'owku] *adj+sm* 1 Loco, chiflado, demente. 2 Maniaco, insano, lunático.
lou.cu.ra [lowk'urə] *sf* 1 *Patol* Locura, demencia, enajenación mental, delirio. 2 Desatino, insensatez, exaltación.
lou.ro [l'owru] *adj* Rubio, dorado. • *sm* 1 *Ornit* Loro, periquito. 2 Laurel.
lou.sa [l'owzə] *sf* Pizarra, pizarrón.
lou.var [lowv'ar] *vt+vpr* Alabar, laudar, elogiar, bendecir, engrandecer, magnificar.
lou.vá.vel [lowv'avew] *adj* Loable, laudable, meritorio.
lou.vor [lowv'or] *sm* Alabanza, loa, lisonja, elogio, encarecimiento, glorificación.
lu.a [l'uə] *sf* Luna. **lua de mel** Luna de miel.
lu.ar [lu'ar] *sm* Luz de luna, claro de luna.
lu.bri.fi.car [lubrifik'ar] *vt+vpr* Lubricar, lubrificar, engrasar, aceitar, untar.
lu.crar [lukr'ar] *vt+vi* Lucrar.
lu.cro [l'ukru] *sm* Lucro, provecho, beneficio, ganancia.
lu.gar [lug'ar] *sm* 1 Lugar, local, sitio. 2 Puesto, posición, orden. 3 Región.

lu.ga.re.jo [lugar'eʒu] *sm* Aldea, lugar, aldehuela, poblado.

lu.mi.ná.ria [lumin'arjə] *sf* Luminaria, lámpara, iluminación, luz, farol.

lus.trar [lustr'ar] *vt* **1** Lustrar, pulir. **2** *vt+vpr* Ilustrar, enseñar, iluminar.

lus.tre [l'ustri] *sm* **1** Lámpara, araña. **2** Lustre, brillo.

lu.ta [l'utə] *sf* **1** Lucha, pelea, brega, combate. **2** Oposición. **3** Esfuerzo.

lu.tar [lut'ar] *vt+vi* **1** Luchar, pelear, bregar, combatir, disputar. **2** Esforzarse, vencer, lograr.

lu.to [l'utu] *sm* Luto.

lu.va [l'uvə] *sf* Guante.

lu.xo [l'uʃu] *sm* Lujo, opulencia, ostentación, riqueza, suntuosidad, fausto.

lu.xú.ria [luʃ'urjə] *sf* Lujuria, sensualidad, salacidad, lascivia, libídine, lubricidad.

luz [l'us] *sf* Luz.

lu.zir [luz'ir] *vi* Lucir.

m

m, M [ˈemi] *sm* **1** Duodécima letra del abecedario português. **2 M** Mil en guarismos romanos. **3** Símbolo de metro.
ma.ca [ˈmakə] *sf* Camilla, angarilla, parihuela.
ma.çã [masˈã] *sf Bot* Manzana.
ma.ca.co [makˈaku] *sm* **1** *Zool* Macaco, mono. **2** *Mec* Cric, gato. *sf* **3** *fig* Mala suerte.
ma.ça.ne.ta [masanˈetə] *sf* Picaporte, manija.
ma.car.rão [makarˈãw] *sm* Macarrón, fideo, fideos, tallarín, pasta.
ma.cha.do [maʃˈadu] *sm* Hacha, machado.
ma.chão [maʃˈãw] *adj+sm* Machote, valientote.
ma.cho [mˈaʃu] *adj+sm* Machote, valentote. • *sm* Macho.
ma.chu.car [maʃukˈar] *vt+vpr* **1** Lastimar, herir. *vt* **2** Machucar, machacar, sobar.
ma.ci.ço [masˈisu] *adj* **1** Macizo, compacto, sólido. **2** Masivo, intenso.
ma.ci.ez [masiˈes] *sf* Suavidad, blandura.
ma.ci.o [masˈiu] *adj* Tierno, blando, fofo, suave, aterciopelado.
ma.ço [mˈasu] *sm* **1** Mazo, martillo (de madera). **2** Atado, paquete.
ma.co.nha [makˈoɲa] *sf Bot* Mariguana, marihuana.
ma.cro.bi.ó.ti.co [makrobiˈotiku] *adj* Macrobiótico. • *sf* Macrobiótica.
má.cu.la [mˈakulə] *sf* **1** Mácula, mancha, señal. **2** *fig* Deshonra, infamia, desdoro, deslustre, descrédito.
ma.dei.ra [madˈejra] *sf* Madera.
ma.dei.xa [madˈejʃə] *sf* **1** Mechón, madeja. **2** Mecha, mata de pelo.
ma.dras.ta [madrˈastə] *sf* **1** Madrastra. **2** *fig* Mujer mala.
ma.dre [mˈadri] *sf Rel* Monja, religiosa.
ma.dri.nha [madrˈiɲə] *sf* Madrina.
ma.dru.ga.da [madrugˈadə] *sf* Madrugada, alborada, primeras luces.
ma.dru.gar [madrugˈar] *vi* **1** Madrugar. **2** *fig* Anticiparse.
ma.du.ro [madˈuru] *adj* Maduro.
mãe [mˈãj] *sf* Madre.
ma.es.tro [maˈestru] *sm* Maestro (dirigente de orquestra).
ma.gi.a [maʒˈia] *sf* **1** Magia, brujería, hechicería, sortilegio. **2** Mágica.
má.gi.co [mˈaʒiku] *adj+sm* **1** Mágico, fantástico. **2** *fig* Fascinante, encantador. • *sm* **1** Mágico, mago, prestidigitador. *sf* **2** Mágica, magia, prestidigitación.
ma.gis.té.rio [maʒistˈerju] *sm* Magisterio, enseñanza.
mag.ne.ti.zar [magnetizˈar] *vt* **1** Magnetizar, imantar. **2** *fig* Atraer, encantar, fascinar.

mag.ní.fi.co [magnˈifiku] *adj* **1** Magnífico, espléndido, estupendo, formidable, regio. **2** *AL* Macanudo.

ma.go [mˈagu] *sm* **1** Mago, brujo, hechicero. **2** Seductor, atractivo.

má.goa [mˈagwə] *sf* Dolor, pesar, pesadumbre, pena, disgusto, ramalazo, aflicción.

ma.go.ar [magoˈar] *vt+vi+vpr* Herir, aquejar, disgustar, flechar, ofender, punzar.

ma.gro [mˈagru] *adj* Delgado, magro, esbelto.

ma.io [mˈaju] *sm* Mayo.

mai.ô [majˈo] *sm* Bañador, traje de baño, malla.

mai.o.ne.se [majonˈɛzi] *sf* **1** Mayonesa, mahonesa. **2** Ensalada rusa.

mai.or [majˈɔr] *adj* **1** Mayor, más grande. **2** Mayor de edad.

mai.o.ri.a [majorˈiə] *sf* Mayoría, mayor parte, mayor número.

mai.o.ri.da.de [majoridˈadi] *sf* Mayoría.

mais [mˈajs] *adv* Más. • *sm Mat* Signo de suma.

mai.se.na [majzˈenə] *sf* Maicena.

mai.ús.cu.la [majˈuskulə] *sf* Letra mayúscula.

ma.jes.ta.de [maʒestˈadi] *sf* **1** Majestad, realeza. **2** *fig* Altivez, imponencia, soberbia.

ma.jor [maʒˈɔr] *sm* Mil Mayor.

mal [mˈaw] *sm* **1** Mal, molestia, enfermedad. **2** Desgracia, calamidad. **3** Aflicción. • *adv* Mal. • *conj* Apenas.

ma.la [mˈalə] *sf* Maleta, valija.

ma.lan.dro [malˈãdru] *adj+sm* **1** Malandrín, sinvergüenza, pícaro, bellaco. **2** Holgazán, indolente, vagabundo, parásito.

mal.cri.a.do [mawkriˈadu] *adj+sm* Malcriado, maleducado.

mal.da.de [mawdˈadi] *sf* **1** Maldad, crueldad, maleficio, fechoría. **2** Infamia, malicia, bellaquería.

mal.di.ção [mawdisˈãw] *sf* Maldición.

mal.di.to [mawdˈitu] *adj+sm* **1** Maldito, condenado. **2** Perverso, malvado.

mal.di.zer [mawdizˈer] *vt+vi* **1** Maldecir, imprecar, blasfemar, abominar, echar pestes. **2** Detractar, calumniar, ofender, difamar, desacreditar. *vt* **3** Lamentarse, quejarse.

mal.e.du.ca.do [maleduk'adu] *adj+sm* **1** Maleducado, descortés, grosero. **2** Malcriado, desobediente, mimado.

mal.en.ten.di.do [malẽtẽdˈidu] *sm* Malentendido, equívoco, tergiversación.

mal.es.tar [malestˈar] *sm* **1** Malestar, incomodidad, fastidio, enfado. **2** Inquietud, desasosiego, ansiedad. **3** Indisposición, achaque. **4** Vergüenza.

mal.fei.tor [mawfejtˈor] *adj+sm* Malhechor, maleante, vilano, malviviente.

ma.lha [mˈaʎə] *sf* **1** Malla. **2** Jersey, suéter. **3** Mancha, distinto color, señal (animal).

mal.hu.mo.ra.do [malumorˈadu] *adj* Malhumorado, encrespado, intratable, ceñudo, desagradable, cascarrabias, enojadizo.

ma.lí.cia [malˈisjə] *sf* **1** Malicia, maldad, malevolencia. **2** Astucia, ardid, socarronería. **3** Sutilieza, penetración, sagacidad.

ma.lig.no [malˈignu] *adj* Maligno, malévolo, pernicioso.

ma.lo.grar [malogrˈar] *vt+vpr* Malograr, fracasar.

ma.lo.te [malˈɔti] *sm* Maletín, mala.

mal.pas.sa.do [mawpasˈadu] *adj* Jugoso, al punto, mal cocido.

mal.su.ce.di.do [mawsusedˈidu] *adj* Malogrado, fracasado.

mal.tra.pi.lho [mawtrapˈiʎu] *adj+sm* Harapiento, haraposo, andrajoso, andrajo, zarrapastroso.

mal.tra.tar [mawtratˈar] *vt* **1** Maltratar, molestar, hostilizar. **2** Golpear, pegar, apalear. **3** Estropear.

ma.lu.co [mal'uku] *adj+sm* Chiflado, loco, lunático.

mal.va.do [mawv'adu] *adj+sm* Malvado, malo, desalmado, cruel, infame, perverso.

ma.ma [m'ʌmə] *sf Anat* Mama, seno, teta.

ma.ma.dei.ra [mamad'ejrə] *sf* Mamadera, biberón.

ma.mãe [mam'ãj] *sf fam* Mamá, mami.

ma.mão [mam'ãw] *sm Bot* Mamón, papaya.

ma.mar [mam'ar] *vt+vi* Mamar.

ma.mí.fe.ro [mam'iferu] *sm* Mamífero.

ma.na.da [man'adə] *sf* Manada, hato, rebaño.

man.ca.da [mãk'adə] *sf fam* Falla, traspié, metida de pata.

man.car [mãk'ar] *vt+vi+vpr* Cojear.

man.cha [m'ãʃə] *sf* 1 Mancha, pinta, lunar. 2 Tacha, defecto. 3 Suciedad.

man.char [mãʃ'ar] *vt+vpr* 1 Manchar, ensuciar. 2 *fig* Deshonrar.

man.che.te [mãʃ'ɛti] *sf* Titular (revista, periódico).

man.co [m'ãku] *adj+sm* Cojo, rengo.

man.da.men.to [mãdam'ẽtu] *sm* Mandamiento, mandado, orden, instrucción, precepto.

man.dar [mãd'ar] *vt+vi* 1 Mandar, ordenar, dictar. 2 Enviar, remitir. 3 Regir, señorear. *vpr* 4 *fam* Mancharse, huir.

man.di.o.ca [mãdi'ɔkə] *sf Bot* Mandioca, guacamote. 2 *AL* Yuca.

ma.nei.ra [man'ejrə] *sf* 1 Manera, método, estilo. 2 Género. 3 Oportunidad, posibilidad. 4 **maneiras** *pl* Porte, modales.

ma.ne.jar [maneʒ'ar] *vt* 1 Manejar, manipular. 2 Practicar, ejercer. 3 Dirigir, gerir.

ma.ne.quim [manek'ĩ] *sm* 1 Maniquí, modelo, muñeco. 2 Talla.

man.ga [m'ãgə] *sf* 1 Manga. 2 *Bot* Mango (árbol y fruto).

ma.nha [m'ʌɲə] *sf* 1 Maña, destreza, habilidad. 2 Artificio, astucia. 3 Berrinche, lloriqueo, rabieta, pataleo.

ma.nhã [maɲ'ã] *sf* Mañana (hasta mediodía).

ma.ni.a [man'iə] *sf* 1 Manía, hábito, costumbre. 2 *AL* Maña.

ma.ni.cu.re [manik'uri] *sf* Manicura.

ma.ni.fes.ta.ção [manifestas'ãw] *sf* Manifestación.

ma.ni.fes.tar [manifest'ar] *vt+vpr* Manifestar.

ma.ni.pu.lar [manipul'ar] *vt* 1 Manipular, manosear, manejar. 2 Adulterar, falsear.

ma.ni.ve.la [maniv'ɛlə] *sf* Manija, manivela, manubrio.

man.jar [mãʒ'ar] *sm* Manjar. • *vt+vi* 1 Comer. *vt* 2 *fam* Entender, ser experto.

ma.no.brar [manobr'ar] *vt* 1 Maniobrar. *vi* 2 Manipular, falsear.

man.são [mãs'ãw] *sf* Mansión, palacete.

man.so [m'ãsu] *adj* Manso, dócil, calmo, suave. • *adv* Mansamente.

man.ta [m'ãtə] *sf* Manta, frazada, chal, mantilla.

man.tei.ga [mãt'ejgə] *sf* Mantequilla, manteca.

man.ter [mãt'er] *vt+vpr* 1 Mantener, conservar, permanecer, perdurar, preservar. 2 Proveer, costear. 3 Sostener, sustentar. 4 Apoyar.

man.ti.men.to [mãtim'ẽtu] *sm* Mantenimiento.

ma.nu.fa.tu.rar [manufatur'ar] *vt* Manufacturar, fabricar, producir.

ma.nu.se.ar [manuze'ar] *vt* Manosear.

ma.nu.ten.ção [manutẽs'ãw] *sf* Manutención, mantenimiento.

mão [m'ãw] *sf* Mano. **mão de obra** Mano de obra.

ma.pa [m'apə] *sm* Mapa, carta, atlas.

maquiagem [makj'aʒẽj] *sf* Maquillaje, pintura.

ma.qui.ar [maki'ar] *vt+vpr* 1 Maquillar. *vt* 2 *fig, fam* Disfrazar, fraudar, falsear.

má.qui.na [m'akinə] *sf* Máquina.

mar [m'ar] *sm* Mar.

ma.ra.to.na [marat'onə] *sf* Maratón.

ma.ra.vi.lha [marav'iλə] *sf* Maravilla, prodigio, fenómeno.

mar.ca [m'arkə] *sf* 1 Marca, señal. 2 Medida cierta. 3 Marca de fábrica. 4 Rasgo, estilo.

mar.car [mark'ar] *vt* 1 Marcar, señalar, identificar. 2 Demarcar, delinear. 3 Pulsar en un teléfono. *vt+vi* 4 Aplazar, citar.

mar.cha [m'arʃə] *sf* Marcha, progreso, curso, evolución.

mar.ce.na.ri.a [marsenar'iə] *sf* Ebanisteria.

mar.char [marʃ'ar] *vt+vi* Marchar, andar, caminar, progresar.

mar.co [m'arku] *sm* 1 Baliza, hito, mojón. 2 Referencia.

mar.ço [m'arsu] *sm* Marzo.

ma.ré [mar'ɛ] *sf* 1 Marea, corriente marítima. 2 Multitud, muchedumbre. 3 *fig* Situación, marcha de los acontecimientos.

mar.ga.ri.na [margar'inə] *sf* Margarina.

mar.gem [m'arʒẽj] *sf* 1 Margen, orilla, extremidad. 2 Borde, bordo. 3 Ocasión, oportunidad, holgura. 4 Linde, frontera.

mar.gi.nal [marʒin'aw] *s m+f* Marginal, maleante, malviviente. • *adj* Marginal, costero.

mar.gi.na.li.zar [marʒinaliz'ar] *vt+vpr* Marginalizar.

ma.ri.cas [mar'ikas] *adj+sm sing+pl fam* Marica, maricón, amariconado, sarasa.

ma.ri.do [mar'idu] *sm* Marido, esposo.

ma.ri.nha [mar'iɲə] *sf Mil* Marina, armada, marinería.

ma.ri.nhei.ro [mariɲ'ejru] *sm* Marinero, grumete, marino.

ma.ri.nho [mar'iɲu] *adj* Marino, marinero, marítimo.

ma.ri.po.sa [marip'ozə] *sf Entom* Bicho de luz, mariposa de noche.

mar.me.la.da [marmel'adə] *sf* 1 Dulce de membrillo. 2 *fam* Trampa, fraude, engaño, arreglo.

mar.mi.ta [marm'itə] *sf* Fiambrera.

már.mo.re [m'armori] *sm* Mármol.

ma.ro.to [mar'otu] *adj* Travieso, malicioso, astuto, taimado.

mar.rom [maʁ'õw] *adj+sm* Marrón.

mar.te.lar [martel'ar] *vt+vi* 1 Martillar, martillear. *vt* 2 *fig* Machacar, importunar, insistir, porfiar.

mar.te.lo [mart'ɛlu] *sm* Martillo, mallo, maceta.

már.tir [m'artir] *s* Mártir.

mar.ti.ri.zar [martiriz'ar] *vt+vpr* Martirizar, atormentar, afligir.

ma.ru.jo [mar'uʒu] *sm* Marinero, marino.

mas [m'as] *conj* Pero, sin enbargo, mas.

mas.car [mask'ar] *vt+vi* 1 Mascar, masticar. 2 *fig* Insinuar, murmurar, hablar entre dientes.

más.ca.ra [m'askarə] *sf* 1 Máscara, antifaz, careta. 2 Pretexto, disfraz.

mas.ca.rar [maskar'ar] *vt+vpr* 1 Enmascarar, disfrazarse. *vt* 2 *fig* Disimular.

mas.co.te [mask'ɔti] *sf* Mascota.

mas.cu.li.no [maskul'inu] *adj* Masculino.

mas.sa [m'asə] *sf* Masa.

mas.sa.crar [masakr'ar] *vt* 1 Masacrar. 2 *fig* Machacar, importunar.

mas.sa.ge.ar [masaʒe'ar] *vt+vi+vpr* Masajear.

mas.sa.gem [mas'aʒẽj] *sf* Masaje.

mas.ti.gar [mastig'ar] *vt* 1 Masticar,

mascar. *vt+vi* 2 *fig* Mascullar. 3 *fig* Rumiar, reflexionar.
mas.tro [m'astru] *sm* 1 Mástil, asta, madero, puntal, poste. 2 *fam*, *fig* Palo, pene.
mas.tur.bar [masturb'ar] *vt+vpr* Masturbar.
ma.ta [m'atə] *sf* Mata, bosque, floresta, matorral, maraña, selva.
ma.ta-bor.rão [mataboɾ'ãw] *sm* Papel secante.
ma.ta.dou.ro [matad'owru] *sm* Matadero, degolladero, carnicería.
ma.tan.ça [mat'ãsə] *sf* Matanza, masacre, carnicería, degollina, exterminio, hecatombe.
ma.tar [mat'ar] *vt+vi+vpr* 1 Matar. *vt* 2 Ahorcar, faltar (clases, trabajo). 3 Descifrar, adivinar.
ma.te.má.ti.ca [matem'atikə] *sf* Matemáticas.
ma.té.ria [mat'ɛrjə] *sf* 1 Materia. 2 Pus. 3 Asunto. 4 Asignatura, disciplina. 5 Causa, motivo.
ma.té.ria-pri.ma [matɛrjəpɾ'imə] *sf* Materia prima.
ma.ter.ni.da.de [maternid'adi] *sf* Maternidad.
ma.ter.no [mat'ɛrnu] *adj* Materno, maternal.
ma.ti.nal [matin'aw] *adj* Matinal, matutino.
ma.to [m'atu] *sm* Mato, monte, maleza.
ma.trí.cu.la [matɾ'ikulə] *sf* Matrícula, inscripción, registro.
ma.tri.cu.lar [matɾikul'ar] *vt+vpr* Matricular, inscribir, registrar.
ma.tri.mô.nio [matɾim'onju] *sm* Matrimonio, casamiento.
ma.triz [matɾ'is] *sf* Matriz.
ma.tu.ri.da.de [matuɾid'adi] *sf* Madurez, prudencia, sensatez.
ma.tu.ti.no [matut'inu] *adj* Matutino, matinal.
mau [m'aw] *adj* Malo, perverso.

mau-ca.rá.ter [mawkaɾ'ater] *adj* e *s m+f* Sin vergüenza, descarado, guarro.
mau-o.lha.do [mawoʎ'adu] *sm* Mal de ojo.
ma.xi.lar [maksil'ar] *sm* Maxilar, mandíbula.
má.xi.ma [m'asimə] *sf* Máxima, apotegma, sentencia, axioma.
má.xi.mo [m'asimu] *adj+sm* Máximo.
me [mi] *pron pes* Me, a mí, para mí.
me.a.da [me'adə] *sf* Madeja.
me.câ.ni.ca [mek'ʌnikə] *sf* Mecánica.
me.cha [m'ɛʃə] *sf* Mecha.
me.da.lha [med'aʎə] *sf* Medalla.
me.da.lhão [medaʎ'ãw] *sm* Medallón.
me.dia [m'ɛdjə] *sf* 1 *fam* Café con leche. 2 *Mat* Media, promedio.
me.di.an.te [medi'ãti] *prep* Mediante, por medio de.
me.di.ca.men.to [medikam'ẽtu] *sm* Medicamento, fármaco, remedio.
me.di.ção [medis'ãw] *sf* Medición.
me.di.car [medik'ar] *vt+vpr* 1 Medicar, recetar, prescribir, tratar. *vi* 2 Ejercer la medicina.
me.di.ci.na [medis'inə] *sf* Medicina.
mé.di.co [m'ɛdiku] *sm* Médico, doctor.
me.di.da [med'idə] *sf* Medida.
mé.dio [m'ɛdju] *adj* 1 Intermedio, mediano. 2 Moderado.
me.dí.o.cre [med'iokɾi] *adj* 1 Mediocre, mediano, regular. 2 Ordinario, de poco mérito.
me.dir [med'ir] *vt+vi* Medir.
me.di.tar [medit'ar] *vt+vi* Meditar, reflexionar.
me.do [m'edu] *sm* Miedo, temor.
me.dro.so [medɾ'ozu] *adj* Miedoso, cobarde, receloso.
me.ge.ra [meʒ'ɛɾə] *sf* Bruja, fiera.
mei.a [m'ejə] *sf* 1 Media, calcetín. 2 Seis.
mei.go [m'ejgu] *adj* Afable, afectuoso, cariñoso, gentil, amoroso, delicado, tierno, suave.

mei.o [m'eju] *sm* **1** Medio, mitad. **2** Ambiente. **3** Modo, maneira. **4 meios** *pl* Medios, recursos, caudal, bienes, rentas. • *adj* Medio. • *adv* **1** No totalmente. **2** Un poco.

mei.o-di.a [mejud'iə] *sm* Mediodía.

mel [m'ɛw] *sm* Miel.

me.lan.ci.a [melãs'iə] *sf Bot* Sandía, melón de agua.

me.lão [mel'ãw] *sm Bot* Melón.

me.lar [mel'ar] *vt* **1** Enmelar. *vt+vpr* **2** Ensuciarse, engrazarse. *vi* **3** Melar (abejas). *vt+vi* **4** *fig* Malograr, estrellar.

me.lhor [meʎ'ɔr] *adj+adv* Mejor.

me.lho.ra [meʎ'ɔrə] *sf* Mejoría, mejoramiento.

me.lho.rar [meʎor'ar] *vt+vpr* **1** Mejorar, beneficiar, perfeccionar. **2** Enriquecer, prosperar. *vt+vi* **3** Restablecer, sanar.

me.lin.drar [melĩdr'ar] *vt+vpr* Agraviar, ofender.

me.lo.di.a [melod'iə] *sf* **1** Melodía, modulación. **2** Música. **3** *fig* Dulzura, suavidad de la voz.

mem.bra.na [mẽbr'∧nə] *sf* Membrana.

mem.bro [m'ẽbru] *sm* **1** *Anat* Miembro, extremidad. **2** *Anat* Pene. **3** Parte, pedazo (de una cosa, de un conjunto o comunidad). **4** *Mat* Parte de una ecuación.

me.mó.ria [mem'ɔrjə] *sf* Memoria.

me.mo.ri.zar [memoriz'ar] *vt+vi* Memorizar.

men.ção [mẽs'ãw] *sf* Mención, alusión, referencia.

men.ci.o.nar [mẽsjon'ar] *vt* Mencionar, aludir, referirse, nombrar.

men.di.gar [mẽdig'ar] *vt+vi* **1** Mendigar, limosnear, pedir limosna, tender la mano. *vt* **2** *fig* Suplicar, implorar.

men.di.go [mẽd'igu] *sm* **1** Mendigo, pordiosero, mendicante. **2** *AL* Limosnero.

me.ni.na [men'inə] *sf* **1** Niña, chica. **2** Jovencita. **3** Novia.

me.ni.no [men'inu] *sm* **1** Niño, chico. **2** Jovencito, mozo.

me.nor [men'ɔr] *adj* **1** Menor, más pequeño. **2** Menor de edad.

me.nos [m'enus] *prep+pron* Menos.

me.nos.pre.zar [menosprez'ar] *vt+vpr* **1** Menospreciar, menoscabar, minusvalorar. **2** Desestimar, despreciar, vilipendiar, dar la espalda, desairar.

me.nos.pre.zo [menospr'ezu] *sm* Menosprecio, desprecio, desestima, desestimación.

men.sa.gei.ro [mẽsaʒ'ejru] *adj+sm* Mensajero.

men.sa.gem [mẽs'aʒẽj] *sf* Mensaje.

men.sal [mẽs'aw] *adj* Mensual.

mens.tru.a.ção [mẽstrwas'ãw] *sf* Menstruación, regla, periodo.

men.ta.li.da.de [mẽtalid'adi] *sf* Mentalidad.

men.te [m'ẽti] *sf* Mente, mentalidad.

men.tir [mẽt'ir] *vi* Mentir.

men.ti.ra [mẽt'irə] *sf* Mentira, invención, cuento.

mer.ca.do [merk'adu] *sm* **1** Mercado. **2** Comercio. **3** *Econ* Relaciones comerciales.

mer.ca.do.ri.a [merkador'iə] *sf* **1** Mercancía. **2** *AL* Mercadería.

mer.ce.a.ria [mersear'iə] *sf* Almacén, tienda de comestibles.

mer.da [m'ɛrdə] *sf fam* Mierda.

me.re.cer [meres'er] *vt* **1** Merecer. **2** *AL* Ameritar.

me.ren.da [mer'ẽdə] *sf* Merienda, *lunch*, refección.

mer.gu.lhar [merguʎ'ar] *vi+vpr* **1** Zambullir, bucear, chapuzar. **2** *fig* Concentrarse, meterse de lleno (en una situación).

mer.gu.lho [merg'uʎu] *sm* Submergida, inmersión, zambullida, buceo, chapuzón.

mé.ri.to [m'eritu] *sm* Mérito, merecimiento.

me.ro [m'ɛru] *adj* Mero, simple, puro, sencillo. • *sm Ictiol* Mero.

mês [m'es] *sm* Mes.

me.sa [m'ezə] *sf* Mesa.

mes.mo [m'ezmu] *adj+sm* Mismo, igual, idéntico. • *pron* Mismo, propio. • *adv* **1** Mismo, en ese exacto momento. **2** Hasta, incluso. **3** Realmente, de veras.

mes.qui.nho [mesk'iñu] *adj* Mezquino, miserable, avaro, tacaño.

mes.tra.do [mestr'adu] *sm* Máster, maestría.

mes.tre [m'ɛstri] *sm* **1** Maestre. **2** Maestro, preceptor, profesor.

me.ta [m'ɛtə] *sf* **1** Meta, límite, fin, término. **2** Objetivo, finalidad. **3** *Esp* Portería.

me.ta.de [met'adi] *sf* Mitad, medio.

me.tal [met'aw] *sm* **1** Metal. **2** *metais pl Mús* Metal, metales. **3** Batería de cocina.

me.te.o.ro.lo.gi.a [meteorolo3'ia] *sf* Meteorología.

me.ter [met'er] *vt+vpr* **1** Meter, introducir, entrar. **2** Poner, incluir. **3** Inducir.

mé.to.do [m'ɛtodu] *sm* Método, modo, procedimiento, práctica, técnica.

me.tra.lha.do.ra [metraʎadór'orə] *sf* Ametralladora.

me.tro [m'ɛtru] *sm* Metro.

me.trô [metr'o] *sm* Metro, tren metropolitano, subterráneo, subte.

meu [mew] *pron pos* Mi, mío.

me.xer [meʃ'er] *vt* **1** Mecer, revolver. *vt+vi+vpr* **2** Tocar. **3** Mover, dislocar. **4** Agitar, batir.

me.xe.ri.co [meʃer'iku] *sm* Chisme, habladuría, intriga, cotilleo, paparrucha.

mi [m'i] *sm Mús* Mi.

mi.a.do [mi'adu] *sm* Maullido.

mi.co [m'iku] *sm* **1** *Zool* Mono. **2** Vejación.

mi.cró.bio [mikr'ɔbju] *sm Biol* Microbio.

mi.cro.em.pre.sa [mikroẽpr'eza] *sf* Microempresa.

mi.cro.fo.ne [mikrof'oni] *sm* Micrófono.

mi.cro.on.da [mikro'õdə] *sf Fís* Microonda.

mi.cros.có.pio [mikrosk'ɔpju] *sm* Microscopio.

mi.ga.lha [mig'aʎə] *sf* **1** Migaja. **2** Nada, casi nada. **3** *migalhas pl* Restos, desperdicio, sobras.

mi.gra.ção [migras'ãw] *sf* Migración, emigración.

mi.grar [migr'ar] *vt+vi* Migrar, emigrar, inmigrar.

mil [m'iw] *num* Mil.

mi.la.gre [mil'agri] *sm* Milagro.

mi.lê.nio [mil'enju] *sm* Milenio.

mi.lha [m'iʎə] *sf* Milla.

mi.lhão [miʎ'ãw] *num* Millón.

mi.lhar [miʎ'ar] *sm* Millar.

mi.lho [m'iʎu] *sm Bot* Maíz, choclo.

mi.lí.me.tro [mil'imetru] *sm* Milímetro.

mi.li.tar [milit'ar] *vi* Militar, servir. • *adj+sm* Militar, soldado, guerrero.

mim [m'ĩ] *pron pes* Mí.

mi.mar [mim'ar] *vt* **1** Mimar, acariciar, halagar. **2** Favorecer, condescender.

mí.mi.ca [m'imikə] *sf* Mímica, gesticulación, gesto, expresión.

mi.mo [m'imu] *sm* Mimo, cariño, halago, cuidado, delicadeza.

mi.na [m'inə] *sf* **1** Mina, criadero (de minerales). **2** Excavación, paso subterráneo.

mi.nar [min'ar] *vt+vi* **1** Minar, socavar, excavar. **2** *fig* Consumir, corroer. **3** Brotar, manar (líquido).

min.di.nho [mĩd'iñu] *sm* Dedo mínimo, dedo meñique.

min.gau [mĩg'aw] *sm* Gacha, papa, papilla.

min.guar [mĩg'war] *vi* Menguar, apocar, empequeñecer, disminuir, faltar, escasear, mermar.

minha 350 **modificar**

mi.nha [mi'ɲɐ] *pron pos* Mi, mía.
mi.nho.ca [miɲ'ɔkə] *sf Zool* Lombriz.
mi.ni.mi.zar [minimiz'ar] *vt* **1** Minimizar, disminuir. **2** Menospreciar, rebajar.
mí.ni.mo [m'inimu] *adj* Mínimo. • *sm* Dedo meñique.
mi.nis.té.rio [minist'ɛrju] *sm* Ministerio.
mi.nis.tro [mini'stru] *sm* Ministro.
mi.no.ri.a [minor'iə] *sf* Minoría.
mi.nú.cia [min'usjə] *sf* **1** Minucia, pormenor, insignificancia, quisquilla. **2** Particularidad, detalle.
mi.nús.cu.lo [min'uskulu] *adj* Minúsculo, ínfimo.
mi.nu.to [min'utu] *sm* Minuto.
mi.o.lo [mi'olu] *sm* **1** Meollo, seso, cerebro. **2** Médula, medula. **3** Juicio, entendimiento, inteligencia. **4** Miga.
mí.o.pe [m'iopi] *adj e s m+f* Miope.
mi.o.pi.a [mjop'iə] *sf* Miopía.
mi.ra.gem [mir'aʒẽj] *sf* Efecto mirage, espejismo.
mi.ran.te [mir'ãti] *sm* Mirador, torre, observatorio, balcón.
mi.rar [mir'ar] *vt+vpr* **1** Observar, fijar los ojos. **2** Contemplar. *vt+vi* **3** Hacer blanco, apuntar.
mi.se.rá.vel [mizer'avew] *adj e s m+f* **1** Miserable, desdichado, infeliz. **2** Perverso, canalla. **3** Avariento, mezquino.
mi.sé.ria [miz'ɛrjə] *sf* **1** Miseria, desgracia, infortunio. **2** Pobreza, indigencia, estrechez. **3** Avaricia, mezquindad. **4** Indignidad.
mi.se.ri.cór.dia [mizerik'ɔrdjə] *sf* **1** Misericordia, piedad, compasión, lástima. **2** Caridad, donación. **3** Clemencia.
mis.sa [m'isə] *sf Rel* Misa.
mis.são [mis'ãw] *sf* Misión, encargo, deber.
mis.si.o.ná.rio [misjon'arju] *sm* Misionero.

mis.té.rio [mist'ɛrju] *sm* Misterio, enigma, secreto, incógnita.
mis.to [m'istu] *adj* Mixto, mezclado, misceláneo, heterogéneo.
mis.tu.rar [mistur'ar] *vt+vi+vpr* **1** Mezclar, amalgamar. *vt+vpr* **2** Desordenar. **3** Enlazarse un linaje con otro. *vt* **4** Mecer, mover.
mi.to [m'itu] *sm* Mito.
mi.u.de.za [mjud'ezə] *sf* **1** Pequeñez (de pequeño). **2** Fragilidad, delicadeza. **3** Pormenor, detalle. **4** Minucia, insignificancia, baratija.
mi.ú.do [mi'udu] *adj* Menudo. • *sm* **miúdos** *pl* Menudos, vísceras.
mo.bí.lia [mob'iljə] *sf* Moblaje, mobiliario, muebles.
mo.bi.li.ar [mobili'ar] *vt* Amueblar, amoblar.
mo.ça [m'osə] *sf* **1** Mujer joven. **2** Doncella.
mo.chi.la [moʃ'ilə] *sf* Mochila.
mo.ci.da.de [mosid'adi] *sf* Mocedad, juventud, abriles.
mo.ço [m'osu] *adj+sm* Joven, mozo, mancebo, muchacho.
mo.da [m'ɔdə] *sf* Moda.
mo.de.lo [mod'elu] *sm* Modelo.
modem [m'ɔdẽj] *sm sing+pl ingl Inform* Módem.
mo.de.ra.ção [moderas'ãw] *sf* Moderación, comedimiento.
mo.de.rar [moder'ar] *vt+vpr* Moderar, comedir, templar.
mo.der.ni.zar [moderniz'ar] *vt+vpr* Modernizar, actualizar.
mo.der.no [mod'ɛrnu] *adj* Moderno, actual.
mo.dés.tia [mod'ɛstjə] *sf* Modestia, rectitud, comedimiento, humildad, moderación.
mo.des.to [mod'ɛstu] *adj* Modesto, sencillo, comedido, recatado, humilde.
mo.di.fi.car [modifik'ar] *vt+vpr* Modificar, cambiar, mudar.

mo.do [m'ɔdu] *sm* **1** Modo, método, manera, estilo, género, usanza. **2 modos** *pl* Maneras, urbanidad, cortesanía.

mo.e.da [mo'ɛdə] *sf* Moneda.

mo.e.dor [moed'or] *adj* **1** Moledor, triturador. **2** Exhaustivo, fatigoso. • *sm* Moledor (aparato y persona).

mo.er [mo'er] *vt* Moler, machacar, triturar.

mo.far [mof'ar] *vi* Enmohecer.

mo.fo [m'ofu] *sm* Moho, hongo.

mo.i.nho [mo'iɲu] *sm* Molino, molienda.

moi.ta [m'ojtə] *sf* Mata, arbusto, monte bajo.

mo.la [m'ɔlə] *sf* Resorte, muelle.

mo.lar [mol'ar] *sm* Molar, muela.

mol.dar [mowd'ar] *vt+vpr* Amoldar, modelar, moldear, adaptar.

mol.de [m'ɔwdi] *sm* Molde, modelo, matriz, plantilla, horma.

mol.du.ra [mowd'urə] *sf* Moldura, marco, cuadro, reborde, guarnición.

mo.le [m'ɔli] *adj* **1** Blando, flojo, suave. **2** *fig, fam* Indulgente. **3** Perezoso.

mo.lé.cu.la [mol'ɛkulə] *sf* Molécula.

mo.le.que [mol'ɛki] *sm* Niño, pibe, chiquillo, muchacho.

mo.les.tar [molest'ar] *vt+vpr* **1** Molestar. **2** Asediar sexualmente.

mo.lés.tia [mol'ɛstjə] *sf* Enfermedad, malestar.

mo.le.za [mol'ezə] *sf* **1** Flacidez. **2** Blandura, suavidad. **3** Pereza, flojera.

mo.lhar [moʎ'ar] *vt+vpr* Mojar, regar, humedecer.

mo.lho [m'ɔʎu] *sm* **1** Salsa. **2** Remojo.

mo.men.to [mom'ẽtu] *sm* Momento, rato.

mon.ge [m'õʒi] *sm* Monje, fraile, hermano.

mo.ni.tor [monit'or] *sm* **1** Monitor, instructor. **2** Monitor, aparato.

mo.nó.lo.go [mon'ɔlogu] *sm* Monólogo, soliloquio.

mo.no.pó.lio [monop'ɔlju] *sm* Monopolio, exclusividad, acaparamiento.

mo.no.to.ni.a [monoton'iə] *sf* Monotonía.

mons.tro [m'õstru] *sm* Monstruo.

mon.ta.gem [mõt'aʒẽj] *sf* Montaje.

mon.ta.nha [mõt'ʌɲə] *sf* Montaña.

mon.tar [mõt'ar] *vt* **1** Montar, ponerse encima. *vt+vi+vpr* **2** Subirse (a un animal). **3** Cabalgar. **4** Armar, instalar. **5** *Teat* Escenificar, poner en escena.

mon.ta.ri.a [mõtar'iə] *sf* Montería, cabalgadura, caballería, montura.

mo.nu.men.to [monum'ẽtu] *sm* Monumento.

mo.ra.da [mor'adə] *sf* Morada.

mo.ra.di.a [morad'iə] *sf* Vivienda.

mo.ra.dor [morad'or] *adj+sm* Habitante.

mo.ral [mor'aw] *adj* Moral, ético. • *sf* **1** Moral, moralidad, ética, honestidad. **2** Ánimo, estado de espíritu.

mo.ran.go [mor'ãgu] *sm Bot* Fresa, frutilla.

mo.rar [mor'ar] *vt* Habitar, residir, vivir.

mor.ce.go [mors'egu] *sm Zool* Murciélago.

mor.der [mord'er] *vt+vi* **1** Morder, clavar los dientes. *vt* **2** Corroer. **3** Estafar, hurtar. **4** Pedir dinero prestado. *vt+vpr* **5** *fig* Rabiar, impacientarse, irritarse.

mor.di.da [mord'idə] *sf* Mordida, mordedura.

mor.do.mo [mord'omu] *sm* Mayordomo.

mo.re.no [mor'enu] *adj* Moreno, mulato, morocho.

mo.ri.bun.do [morib'ũdu] *adj+sm* Moribundo, agonizante.

mor.ma.ço [morm'asu] *sm* Bochorno.

mor.no [m'ornu] *adj* **1** Tibio, templado. **2** *fig* Falto de energía. **3** Tranquilo. **4** Monótono.

mor.rer [mor̃'er] *vt+vi+vpr* Morir, expirar, fallecer, sucumbir, fenecer.

mor.ro [m'oɾu] *sm* Cerro, colina, monte, loma, otero, monte.

mor.te [m'ɔɾti] *sf* **1** Muerte, defunción, fallecimiento, óbito, fenecimiento. **2** *AL* Deceso.

mor.to [m'ɔɾtu] *adj+sm* Muerto, finado, difunto, cadáver.

mos.ca [m'oskə] *sf Entom* Mosca.

mos.qui.tei.ro [moskit'ejɾu] *sm* Mosquitera.

mos.qui.to [mosk'itu] *sm Entom* **1** Mosquito. **2** *AL* Zancudo.

mos.tar.da [most'aɾdə] *sf Bot* Mostaza.

mos.tei.ro [most'ejɾu] *sm* Monasterio, abadía.

mos.tra [m'ɔstɾə] *sf* Muestra, demostración.

mos.trar [mostɾ'aɾ] *vt+vpr* **1** Mostrar, exibir, enseñar. **2** Revelar. *vt* **3** Evidenciar, demostrar, justificar. **4** Exponer, apuntar, señalar. **5** Revelar. **6** Aparentar.

mo.tel [mot'ɛw] *sm* **1** Hotel de alta rotatividad. **2** Motel, hotel.

mo.tim [mot'ĩ] *sm* **1** Motín, sublevación, rebelión, revuelta, levantamiento. **2** Desorden, alboroto, bullicio, jaleo.

mo.ti.vo [mot'ivu] *sm* **1** Motivo, razón, causa. **2** Fundamento. **3** Intención.

mo.to [m'ɔtu] *sf* Moto, motocicleta.

mo.to.ci.cle.ta [motosikl'etə] *sf* Motocicleta, moto.

mo.tor [mot'oɾ] *adj* Motor, motriz. • *sm* Motor.

mo.to.ris.ta [motoɾ'istə] *adj e s m+f* Conductor, chófer.

mouse [mawz] *sm ingl Inform* Ratón.

mo.ve.di.ço [moved'isu] *adj* Movedizo.

mó.vel [m'ɔvew] *adj* **1** Móvil, movible. **2** *fig* Inconstante. • *sm* Mueble, trasto.

mo.ver [mov'eɾ] *vt+vpr* Mover.

mo.vi.men.tar [movimẽt'aɾ] *vt+vpr* Mover, poner en marcha.

mo.vi.men.to [movim'ẽtu] *sm* **1** Movimiento, acción. **2** Alboroto, agitación. **3** Alteración, inquietud, conmoción. **4** Alzamiento, rebelión. **5** *Mús* Fragmentos de una sonata.

mu.dan.ça [mud'ãsə] *sf* **1** Mudanza (traslación de una casa a otra). **2** Cambio, alteración.

mu.dar [mud'aɾ] *vt+vpr* Mudar, cambiar, alterar.

mu.do [m'udu] *adj+sm* Mudo.

mu.gir [muʒ'iɾ] *vi* Mugir, bramar, berrear.

mui.to [m'ujtu] *pron indef+adv* Mucho.

mu.la [m'ulə] *sf* **1** *Zool* Mula. **2** Contrabandista de drogas. **3** *fig, fam* Bestia, persona ruda, ignorante.

mu.la.to [mul'atu] *adj+sm* Mulato, mestizo, pardo.

mu.le.ta [mul'etə] *sf* **1** Muleta. **2** *fig* Amparo, apoyo.

mu.lher [muʎ'eɾ] *sf* **1** Mujer. **2** Esposa.

mul.ta [m'uwtə] *sf* Multa, penalidad, sanción, pena.

mul.tar [muwt'aɾ] *vt* Multar, penalizar, sancionar.

mul.ti.dão [muwtid'ãw] *sf* Multitud, muchedumbre.

mul.ti.pli.car [muwtiplik'aɾ] *vt* **1** Multiplicar, reproducir. **2** Pluralizar. *vi+vpr* **3** Procrear, proliferar.

mú.mia [m'umjə] *sf* Momia.

mun.da.no [mũd'ʌnu] *adj* Mundano, mundanal, terrenal. • *sf* Mujer mundana, prostituta.

mun.do [m'ũdu] *sm* Mundo, orbe, universo.

mu.nhe.ca [mũɲ'ekə] *sf* Pulso, muñeca.

mu.ni.ção [munis'ãw] *sf* Munición.

mu.ni.cí.pio [munis'ipju] *sm* Municipio.

mu.nir [mun'iɾ] *vt* **1** Guarnecer, armar. *vt+vpr* **2** Proveer(se), equipar(se), armar(se).

mu.ra.lha [mur'aλə] *sf* Muralla, murallón, paredón, muro.
mu.rar [mur'ar] *vt* Murar.
mur.char [murʃ'ar] *vt+vi+vpr* **1** *Bot* Marchitar, secar, estropear. **2** Debilitar, enflaquecer.
mur.mu.rar [murmur'ar] *vt+vi* Murmurar, susurrar.
mur.mú.rio [murm'urju] *sm* Murmullo, murmuración.
mu.ro [m'uru] *sm* **1** Muro, tapia. **2** *fig* Defensa, protección.
mur.ro [m'uʀu] *sm* Trompazo, cachete, trompada, puñetazo, porrazo, porrada.
mu.sa [m'uzə] *sf* Musa, inspiración.
mus.cu.la.ção [muskulas'ãw] *sf* Musculación.
mus.cu.lar [muskul'ar] *adj* Muscular.
mús.cu.lo [m'uskulu] *sm* Músculo, musculatura.
mu.seu [muz'ew] *sm* Museo.
mú.si.ca [m'uzikə] *sf* Música, canción.
mú.si.co [m'uziku] *sm* Músico.
mu.ta.ção [mutas'ãw] *sf* **1** Mutación, alteración, cambio. **2** Inestabilidad, inconstancia, mutabilidad.
mu.ti.lar [mutil'ar] *vt+vpr* **1** Mutilar, amputar. **2** Desmochar, truncar.
mu.ti.rão [mutir'ãw] *sf* Grupo de trabajo.

n

n, N ['eni] *sm* Decimotercera letra del abecedario portugués. • *num* **1** *Mat* Número indeterminado. **2** *fam* Cantidad indeterminada, millones.

na [nə] *contr prep* em+*art* a. En la. • *pron pes* La.

na.ção [nas'ãw] *sf* Nación.

na.ci.o.na.li.da.de [nasjonalid'adi] *sf* Nacionalidad.

na.da [n'adə] *pron indef*+*adv*+*sm* Nada.

na.dar [nad'ar] *vt*+*vi* **1** Nadar, sobrenadar, bracear. **2** Abundar (en algo).

ná.de.ga [n'adegə] *sf Anat* Nalga.

na.mo.ra.do [namor'adu] *adj*+*sm* Novio, chico, enamorado.

na.mo.rar [namor'ar] *vt*+*vi*+*vpr* Noviar, salir con, tener novio.

na.mo.ro [nam'oru] *sm* Noviazgo, amorío.

não [n'ãw] *adv* No.

na.que.le [nak'eli] *contr prep* em+*pron dem* Aquele. En aquel.

na.qui.lo [nak'ilu] *contr prep* em+*pron dem* aquilo. En aquello, en lo.

na.ri.gu.do [narig'udu] *adj*+*s* Narizón, narigón, nariguado.

na.ri.na [nar'inə] *sf Anat* Narina, nariz, ventana.

na.riz [nar'is] *sm Anat* Nariz.

nar.ra.ção [nařas'ãw] *sf* Narración.

nar.rar [nař'ar] *vt* Narrar, contar, decir, exponer.

nas.cen.te [nas'ẽti] *sf* **1** Nacimiento, manantial, mina. *sm* **2** Levante, naciente. • *adj* Naciente, incipiente, reciente.

nas.cer [nas'er] *vi* Nacer, originarse, surgir.

nas.ci.men.to [nasim'ẽtu] *sm* Nacimiento.

na.ta.ção [natas'ãw] *sf Esp* Natación.

na.tal [nat'aw] *adj* Natal, nativo. • *sm* **Natal** Navidad, Natividad.

na.tu.ral [natur'aw] *adj* **1** Natural, de la naturaleza. **2** Nativo. **3** Genuino, puro. **4** Espontáneo. **5** Regular, lógico.

na.tu.ra.li.da.de [naturalid'adi] *sf* Naturalidad, lugar de origen.

na.tu.ra.li.zar [naturaliz'ar] *vt*+*vpr* Nacionalizar(se), naturalizar(se).

na.tu.re.za [natur'ezə] *sf* **1** Naturaleza, esencia, propiedad característica. **2** Conjunto, orden, disposición. **3** Instinto, propensión, índole, inclinación. **4** Especie, género, clase. **5** Complexión, temperamento.

nau.fra.gar [nawfrag'ar] *vt*+*vi* **1** Naufragar, ir a pique. *vi* **2** *fig* Malograr, salir mal, perderse.

nau.frá.gio [nawfr'aʒju] *sm* **1** Naufragio, pérdida. **2** *fig* Malogro.

náu.sea [n'awzjə] *sf* **1** Náusea, gana de vomitar, basca, ansia, arcada. **2** Repugnancia, aversión, asco.

na.va.lha [nav'aʎə] *sf* Navaja.

na.ve.ga.ção [navegas'ãw] *sf* Navegación.

na.ve.gar [naveg'ar] *vi* Navegar.

na.vi.o [nav'iu] *sm* Navío, buque, nave, barco.

ne.bli.na [nebl'inə] *sf* Neblina, niebla.

ne.ces.sá.rio [neses'arju] *adj* **1** Necesario, forzoso, inevitable. **2** Obligatorio. **3** Indispensable.

ne.ces.si.da.de [nesesid'adi] *sf* **1** Necesidad, exigencia, urgencia. **2** Carencia, pobreza. **3 necessidades** *pl* Evacuación corporal.

ne.ces.si.tar [nesesit'ar] *vt+vi* Necesitar, carecer, demandar, precisar.

ne.cro.té.rio [nekrot'ɛrju] *sm* Morgue.

ne.ga.ção [negas'ãw] *sf* **1** Negación, negativa, denegación. **2** Carencia, falta. **3** Incapacidad, ineptitud, inhabilidad.

ne.gar [neg'ar] *vt+vi* **1** Negar, decir no, protestar. *vt* **2** Rehusar, repelir. **3** No permitir, recusar. *vpr* **4** Negarse, negarse.

ne.gli.gen.te [negliʒ'ẽti] *adj* **1** Negligente, omiso, inaplicado. **2** Perezoso, dejado, indolente, flojo.

ne.go.ci.ar [negosi'ar] *vt+vi* **1** Negociar, mercadear, comercializar. **2** Pactar, convenir, ajustar. **3** Ventilar, discutir, regatear.

ne.gó.cio [neg'ɔsju] *sm* **1** Negocio, negociación, trato, transacción. **2** Tienda, empresa, casa comercial. **3** *fig, fam* Asunto, cosa.

ne.gro [n'egru] *adj+sm* Negro.

nem [n'ẽj] *conj* Ni. • *adv* No.

ne.nê [nen'e] *sm* Bebé.

ne.nhum [neñ'ũ] *pron indef* Ninguno, ningún.

ner.vo [n'ervu] *sm* Nervio.

ner.vo.so [nerv'ozu] *adj* Nervioso.

ne.to [n'ɛtu] *sm* **1** Nieto. **2** Neto, limpio, puro, claro.

neu.ro.se [newr'ɔzi] *sf Med* Neurosis.

neu.tro [n'ewtru] *adj* **1** Neutro, neutral. **2** Indiferente.

ne.var [nev'ar] *vi* Nevar.

ne.ve [n'ɛvi] *sf* Nieve.

né.voa [n'ɛvwə] *sf* Niebla.

ne.vo.ei.ro [nevo'ejru] *sm* Niebla, bruma, neblina.

nin.guém [nĩg'ẽj] *pron indef* Nadie.

ni.nha.ri.a [niñar'iə] *sf* Niñería, baratija, bagatela, bicoca, fruslería, insignificancia.

ni.nho [n'iñu] *sm* **1** Nido. **2** Hogar.

ní.ti.do [n'itidu] *adj* **1** Nítido, limpio, claro, puro, luminoso. **2** Comprensible, inteligible.

ní.vel [n'ivew] *sm* Nivel.

ni.ve.lar [nivel'ar] *vt* **1** Nivelar, allanar, aplanar. **2** Igualar, equiparar, emparejar.

no [nu] *contr prep* em+*art* o. En el. • *pron fpes* Lo.

nó [n'ɔ] *sm* Nudo.

no.bre [n'ɔbri] *adj* e *s m+f* **1** Noble, hidalgo, aristócrata. **2** Digno. **3** Majestuoso, magnífico. **4** Magnánimo, altruista.

no.ção [nos'ãw] *sf* **1** Noción, conocimiento, entendimiento. **2** Principio, fundamento.

no.cau.te [nok'awti] *sm Esp* Nocaut.

no.cau.te.ar [nokawte'ar] *vt* Noquear.

no.ci.vo [nos'ivu] *adj* Nocivo, perjudicial, dañoso, pernicioso.

noi.te [n'ojti] *sf* Noche.

noi.va.do [nojv'adu] *sm* Noviazgo, compromiso.

noi.vo [n'ojvu] *sm* Novio, prometido.

no.jen.to [noʒ'ẽtu] *adj* **1** Asqueroso, nauseabundo, repugnante, hediondo, sucio. **2** Sórdido, roñoso. **3** *fig, fam* Engreído, presumido, petulante, presuntuoso.

no.jo [n'oʒu] *sm* Asco, náusea, aversión, repugnancia, repulsión.

no.me [n′omi] *sm* **1** Nombre, denominación, designación. **2** Fama, renombre, reputación.
no.mea.ção [nomeas′aw] *sf* Nombramiento.
no.me.ar [nome′ar] *vt* **1** Nombrar, denominar, nominar, llamar. **2** Referir, citar, mencionar.
no.no [n′onu] *num* Noveno.
no.ra [n′ɔrə] *sf* Nuera.
nor.ma [n′ɔrmə] *sf* **1** Norma, orden, regla, pauta. **2** Principio, fórmula.
nor.mal [norm′aw] *adj* **1** Normal, regular. **2** Común, natural. **3** Perfecto, sin defectos (físicos o mentales).
nor.te [n′ɔrti] *sm* Norte.
nos [nus] *pron pes* Nos.
nós [n′ɔs] *pron pes* Nosotros.
nos.so [n′ɔsu] *pron pos* Nuestro.
no.ta [n′ɔtə] *sf* **1** Nota, marca, señal. **2** Observación (en un libro). **3** *Mús* Signo (de los sonidos). **4** Artículo periodístico. **5** Apunte, anotación. **6** Billete, papel moneda.
no.tar [not′ar] *vt* **1** Notar, señalar. **2** Advertir, percibir, darse cuenta. **3** Poner notas.
no.tá.vel [not′avew] *adj* Notable, extraordinario, grandioso, ilustre.
no.tí.cia [not′isjə] *sf* Noticia, información, conocimiento.
no.ti.ci.ar [notisi′ar] *vt* Noticiar, anunciar, informar.
no.ti.ci.á.rio [notisi′arju] *sm* Noticiario, telediario, informativo.
no.ti.fi.ca.ção [notifikas′ãw] *sf* **1** Notificación, comunicación. **2** Intimación, citación.
no.ti.fi.car [notifik′ar] *vt* Notificar, avisar, comunicar.
no.tur.no [not′urnu] *adj+sm* **1** Nocturno. **2** Noctívago.
no.ve [n′ɔvi] *num* Nueve.
no.ve.cen.tos [nɔves′ẽtus] *num* Novecientos.
no.ve.la [nov′ɛlə] *sf* **1** Novela, romance. **2** Telenovela.
no.ve.lo [nov′elu] *sm* **1** Ovillo. **2** *fig* Embrollo, confusión, enredo, maraña.
no.vem.bro [nov′ẽbru] *sm* Noviembre.
no.vi.da.de [novid′adi] *sf* **1** Novedad, cosa nueva. **2** Noticia. **3** Innovación, originalidad.
no.vo [n′ovu] *adj* **1** Nuevo, reciente. **2** Joven.
noz [n′ɔs] *sf Bot* Nuez.
nu [n′u] *adj* Desnudo.
nu.bla.do [nubl′adu] *adj* Nublado, anubarrado, cerrado, cargado.
nú.cleo [n′ukljυ] *sm* **1** Núcleo, centro. **2** Hueso (de las frutas). **3** Esencia.
nu.dez [nud′es] *sf* Desnudez.
nu.lo [n′ulu] *adj* **1** Nulo, inexistente. **2** Inútil, vano. **3** Inválido, sin efecto. **4** Inepto, inhábil.
num(a) [n′ũ, n′umə] *contr prep* em+*art* um. En un.
nu.me.ral [numer′aw] *sm Gram* Numeral.
nu.me.rar [numer′ar] *vt* **1** Numerar. **2** Enumerar, exponer.
nú.me.ro [n′umeru] *sm* Número.
nun.ca [n′ũkə] *adv* Nunca, jamás.
núp.cias [n′upsjas] *sf pl* Nupcias, matrimonio, boda, esponsales.
nu.tri.ção [nutris′ãw] *sf* Nutrición, alimentación, sustento, subsistencia, régimen.
nu.vem [n′uvẽj] *sf* Nube.

O

o, O [ɔ] *sm* Decimocuarta letra del abecedario portugués. • *art def masc sing* **1** El. **2** Lo. • *pron dem* Lo.

ó [ɔ] *interj* ¡Oye!, ¡mira!

ob.ce.car [obsek'ar] *vt* Obseder, obsesionar.

o.be.de.cer [obedes'er] *vt* **1** Obedecer, cumplir. **2** Atender, ceder. **3** Respetar. *vi* **4** Funcionar.

o.be.di.ên.cia [obedi'ẽsjə] *sf* **1** Obediencia, acatamiento, cumplimiento, observancia, respeto. **2** Sumisión, servilismo, humillación.

o.be.so [ob'ezu] *adj* Obeso.

ob.je.ção [obʒes'ãw] *sf* Objeción, reparo.

ob.je.ti.vo [obʒet'ivu] *sm* Objeto, intento, finalidad, intención, propósito, blanco. • *adj* **1** Objetivo, real, concreto. **2** Imparcial, neutral. **3** Directo, práctico, claro.

ob.je.to [obʒ'ɛtu] *sm* **1** Objeto, cosa. **2** Materia, asunto. **3** Fin, intento, intención. **4** Motivo, causa.

o.bra [ˈɔbrə] *sf* **1** Obra, producción, acción. **2** Trabajo. **3** Libro, texto. **4** Construcción (edificio).

o.bri.ga.ção [obrigas'ãw] *sf* **1** Obligación, deber, responsabilidad, compromiso, encargo, necesidad. **2** Exigencia, imposición, carga. **3** Incumbencia, cruz, menester, competencia.

o.bri.gar [obrig'ar] *vt+vpr* **1** Obligar, constreñir, coaccionar, imponer, mandar. **2** Obligarse, prometer. **3** Sujetar, someter, dominar.

obs.cu.ro [obsk'uru] *adj* **1** Obscuro, oscuro, sin luz. **2** Confuso, falto de claridad, intrincado. **3** Incierto, desconocido. **4** Tétrico, triste, sombrío, melancólico. **5** Humilde, pobre.

ob.sé.quio [obz'ɛkju] *sm* **1** Favor. **2** Obsequio, regalo, dádiva, ofrenda. **3** Atención, servicio. **4** Afabilidad, bondad, cortesía, gentileza.

ob.ser.va.ção [observas'ãw] *sf* **1** Observación, acecho. **2** Reflexión, consideración. **3** Comentario, nota.

ob.ser.var [observ'ar] *vt+vpr* **1** Observar, fijar, mirar, no quitar ojo. *vt* **2** Percibir, notar, considerar. **3** Espiar, acechar, otear. **4** Examinar. **5** Respetar, obedecer, cumplir, acatar.

ob.ser.va.tó.rio [observat'orju] *sm* Observatorio.

ob.ses.são [obses'ãw] *sf* Obsesión, obcecación, manía, paranoia, monomanía, insistencia.

ob.so.le.to [obsol'etu] *adj* Obsoleto, anticuado.

obs.tá.cu.lo [obst'akulu] *sm* Obstáculo, impedimento, dificultad, inconveniente.

obs.tan.te [obst'ãti] *adj* Obstante, oponente, impeditivo.

obs.tru.ir [obstru'ir] *vt+vpr* Obstruir, atascar, impedir, obturar, ocluir.

ob.ter [obt′er] *vt* Obtener, alcanzar, ganar, conseguir, lograr, granjear, adquirir, conquistar.

ob.tu.rar [obtur′ar] *vt* Obturar, tapar, cerrar.

ób.vio [′ɔbvju] *adj* Obvio, elemental, patente, indiscutible, axiomático, incontestable, indudable, inequívoco.

o.ca.si.ão [okazi′ãw] *sf* 1 Ocasión, instante, momento. 2 Oportunidad. 3 Motivo, causa.

o.ca.si.o.nar [okazjon′ar] *vt* Causar, producir, ocasionar.

o.ce.a.no [ose′ʌnu] *sm Geogr* Océano.

o.ci.den.te [osid′ẽti] *sm* 1 Occidente, oeste. 2 Poniente, ocaso.

o.co [′oku] *adj* 1 Vacío. 2 Hueco, hueco, vano, sin sustancia. • *sm* Hueco, cavidad.

o.cor.rên.cia [okoř′ẽsjə] *sf* Suceso, ocurrencia, incidencia.

o.cor.rer [okoř′er] *vt+vi* Ocurrir, suceder, pasar.

ó.cu.lo [′ɔkulu] *sm* 1 Anteojo, lente. 2 **óculos** *pl* Gafas, antiparras. 3 *AL* Anteojos, lentes.

o.cul.tar [okuwt′ar] *vt+vpr* 1 Ocultar, esconder, cubrir, tapar. *vt* 2 Disimular, disfrazar. 3 Callar, reservar.

o.cu.pa.ção [okupas′ãw] *sf* 1 Ocupación, quehacer, actividad. 2 Profesión, negocio, trabajo. 3 *Mil* Invasión.

o.cu.par [okup′ar] *vt* 1 Ocupar, llenar un espacio. 2 Gozar un empleo. 3 Apoderarse, dominar. 4 Emplearse, entretenerse.

o.di.ar [odi′ar] *vt+vpr* Odiar, detestar.

ó.dio [′ɔdju] *sm* Odio, rabia, antipatía, hincha.

o.dor [od′or] *sm* Olor, aroma, fragancia.

o.es.te [o′ɛsti] *sm* 1 Oeste, occidente. 2 Poniente, ocaso.

o.fe.gar [ofeg′ar] *vi* 1 Jadear. 2 Anhelar, desear, ansiar.

o.fen.der [ofẽd′er] *vt* 1 Ofender, agraviar, insultar, ultrajar, injuriar, afrentar. 2 Herir, lastimar, hacer daño físico. *vpr* 3 Ofenderse, tomar a mal.

o.fen.sa [of′ẽsə] *sf* Ofensa, injuria, afrenta, agravio, ultraje, herejía.

o.fe.re.cer [oferes′er] *vt* 1 Ofrecer, dar, ofertar. 2 Ofrendar, dedicar, consagrar. 3 Presentar, manifestar, implicar. *vpr* 4 Ocurrir, sobrevenir. *vt+vpr* 5 Disponerse.

o.fer.ta [of′ɛrtə] *sf* Oferta, ofrecimiento.

office-boy [′ɔfisebʼoj] *sm* Mensajero, mandadero, chico de recados.

o.fi.ci.na [ofis′ina] *sf* Taller.

o.fí.cio [of′isju] *sm* 1 Oficio, profesión, empleo, trabajo, ocupación. 2 Comunicación escrita, en las administraciones públicas. 3 *Rel* Oficio divino, oración.

o.fus.car [ofusk′ar] *vt+vpr* 1 Ofuscar, oscurecer, ocultar, obnubilar, obscurecer, turbar. 2 Deslucir.

oh! [′ɔ] *interj* ¡Oh!

oi! [′oj] *interj* ¡Hola!

oi.ten.ta [ojt′ẽtə] *num* Ochenta.

oi.to [′ojtu] *num* Ocho.

oi.to.cen.tos [ojtos′ẽtus] *num* Ochocientos.

o.lá! [ol′a] *interj* ¡Hola!, ¡buenas!

o.la.ri.a [olar′iə] *sf* Alfarería.

ó.leo [′ɔlju] *sm* 1 Aceite. 2 *Art Plást* Óleo (pintura).

o.le.o.so [ole′ozu] *adj* Grasoso, oleaginoso, aceitoso, grasiento, untuoso.

ol.fa.to [owf′atu] *sm* Olfato, faro, olfacción.

o.lhar [oλ′ar] *vt+vi+vpr* 1 Mirar, contemplar, fijar. *vt* 2 Examinar, considerar, observar. 3 Cuidar, atender, proteger. • *sm* Mirada.

o.lho [′oλju] *sm Anat* Ojo.

o.lim.pí.a.da [olĩp′iadə] *sf* Olimpiada, olimpíada.

ombro   359   organização

om.bro ['obru] *sm Anat* Hombro.
o.me.le.te [omel'ɛti] *s m+f* Tortilla.
o.mis.são [omis'ãw] *sf* **1** Omisión, abstención (de hacer o decir). **2** Descuido, olvido.
o.mi.tir [omit'ir] *vt+vpr* **1** Omitir, abstenerse. *vt* **2** Dejar, negligenciar.
on.ça ['õsa] *sf* **1** *Zool* Jaguar. **2** *fig* Persona enfurecida.
on.da ['õda] *sf* **1** Onda, ola (mar). **2** Oleada, ondulación, movimiento. **3** *fig* Abundancia, aflujo.
on.de ['õdi] *adv* Donde, dónde.
on.du.la.ção [õdulas'ãw] *sf* Ondulación, onda, movimiento.
ô.ni.bus ['onibus] *sm sing+pl* Ómnibus, autobús, autocar, bus, colectivo.
o.ni.po.ten.te [onipot'ẽti] *adj* Omnipontente.
on.tem ['õtẽj] *adv* Ayer.
on.ze ['õzi] *num* Once.
o.pa! ['ɔpa] *interj* **1** ¡Hola! **2** ¡Aúpa!
o.pa.co [op'aku] *adj* **1** Opaco, no transparente. **2** Oscuro. **3** *fig* Incomprensible.
op.ção [ops'ãw] *sf* Opción, elección, preferencia, alternativa.
o.pe.ra.ção [operas'ãw] *sf* **1** Operación, ejecución, acción. **2** *Med* Cirugía, intervención quirúrgica. **3** Negociación. **4** *Mil* Maniobra.
o.pe.rar [oper'ar] *vi* **1** Operar, actuar, trabajar, obrar. *vt+vi* **2** Causar, produzir. **3** Realizar operaciones. *vt+vi+vpr* **4** *Med* Hacer una cirugía.
o.pe.rá.rio [oper'arju] *sm* Operario, trabajador, obrero.
o.pi.nar [opin'ar] *vt+vi* Opinar, considerar, entender, juzgar.
o.pi.ni.ão [opini'ãw] *sf* Opinión, arbitrio, concepto, dictamen, parecer, juicio, criterio.
ó.pio ['ɔpju] *sm Farm* Opio.
o.por [op'or] *vt+vpr* Oponer, enfrentar, contraponer, objetar.

o.por.tu.ni.da.de [oportunid'adi] *sf* **1** Oportunidad, coyuntura, conveniencia. **2** Ocasión, momento. **3** *AL* Chance.
o.po.si.ção [opozis'ãw] *sf* Oposición, antagonismo, antítesis, contraste, diferencia, disensión.
o.pres.são [opres'ãw] *sf* **1** Opresión, tiranía, yugo. **2** Angustia, ansiedad.
op.tar [opt'ar] *vt+vi* Optar, elegir, preferir, escoger.
o.ra ['ɔra] *adv* Ahora. • *conj* **1** Ora. **2** Ahora bien.
o.ra.ção [oras'ãw] *sf* **1** Oración, súplica, rezo, preces, rogativa. **2** *Gram* Frase.
o.rar [or'ar] *vt+vi* **1** Orar, rezar, rogar. **2** Hablar en público.
ór.bi.ta ['ɔrbita] *sf* **1** *Anat* Órbita, cuenca del ojo. **2** *Astron* Trayectoria (de un cuerpo, partículas). **3** Área de actuación, esfera.
or.ça.men.to [orsam'ẽtu] *sm* Presupuesto, previsión, cómputo de coste.
or.dem ['ɔrdẽj] *sf* **1** Orden, arreglo, disposición de las cosas. **2** Regla, precepto. **3** Serie, sucesión de cosas. **4** Clase, categoría, grupo. **5** *Rel* Congregación. **6** Disciplina.
or.de.na.do [orden'adu] *adj* Ordenado, arreglado. • *sm* Salario, sueldo, paga.
or.de.nar [orden'ar] *vt+vi* **1** Ordenar, establecer, decretar, decidir. *vt* **2** Organizar, acomodar, arreglar. *vt+vpr* **3** *Rel* Ordenar(se).
or.de.nhar [ordeñ'ar] *vt+vi* Ordeñar.
or.di.ná.rio [ordin'arju] *adj* **1** Ordinario, normal, regular, usual. **2** Inferior.
o.re.lha [or'eʎa] *sf Anat* Oreja.
or.fa.na.to [orfan'atu] *sm* Orfanato, hospicio.
ór.fão ['ɔrfãw] *sm* Huérfano.
or.gâ.ni.co [org'∧niku] *adj* Orgánico.
or.ga.nis.mo [organ'izmu] *sm* **1** *Biol* Organismo. **2** Organización, sistema.
or.ga.ni.za.ção [organizas'ãw] *sf* **1** Organización, sistematización, estructura, composición. **2** Instalación.

or.ga.ni.zar [organiz'ar] *vt+vpr* Organizar, ordenar, disponer, estructurar.
ór.gão ['ɔrgãw] *sm* Órgano.
or.gu.lhar [orguʎ'ar] *vt+vpr* **1** Enorgullecer(se). **2** Ensalzarse, envanidecerse, ufanarse, vanagloriarse.
or.gu.lho [org'uʎu] *sm* Orgullo, soberbia, arrogancia, vanidad, alarde, altanería.
o.ri.en.ta.ção [orjẽtas'ãw] *sf* **1** Orientación, información, conducción. **2** Rumbo, destino, dirección.
o.ri.en.tar [orjẽt'ar] *vt+vpr* **1** Orientar, conducir, guiar. **2** Disciplinar, instruir.
o.ri.fí.cio [orif'isju] *sm* Orificio, abertura, hoyo, agujero.
o.ri.gem [or'iʒẽj] *sf* **1** Origen, procedencia, comienzo, principio, nacimiento. **2** Ascendencia. **3** Motivo, causa.
o.ri.gi.na.li.da.de [oriʒinalid'adi] *sf* Originalidad, singularidad, excentricidad, particularidad, peculiaridad.
o.ri.gi.nar [oriʒin'ar] *vpr* **1** Originar, nacer. *vt* **2** Iniciar, causar, crear, motivar, generar.
or.na.men.to [ornam'ẽtu] *sm* Ornamento, adorno, gala.
or.ques.tra [ork'ɛstrə] *sf* Orquesta.
or.to.gra.fi.a [ortograf'iə] *sf Gram* Ortografía.
or.va.lho [orv'aʎu] *sm* Rocío.

os.ci.lar [osil'ar] *vt+vi+vpr* **1** Oscilar, vacilar, titubear, dudar. **2** Flutuar, agitar, temblar.
os.so ['osu] *sm* **1** *Anat* Hueso. **2** *fig* Dificultad. **3 ossos** *pl* Huesos.
os.ten.ta.ção [ostẽtas'ãw] *sf* Ostentación, pompa, vanagloria, fausto, lujo.
os.ten.tar [ostẽt'ar] *vt+vi+vpr* Ostentar, exhibir, lucir, pavonear.
o.tá.rio [ot'arju] *adj+sm fam* Otario, tonto, baboso, necio.
ó.ti.mo ['ɔtimu] *adj* Óptimo, excelente.
ou ['ow] *conj* o, ó, u.
ou.ro ['owru] *sm* **1** *Quím* Oro. **2 ouros** *pl* Oros (naipe).
ou.sa.di.a [owz'adiə] *sf* Osadía, audacia.
ou.sar [owz'ar] *vt* Osar, atreverse.
ou.to.no [owt'onu] *sm* Otoño.
ou.tro ['owtru] *adj+pron indef* Otro.
ou.tro.ra [owtr'ɔrə] *adv* Otrora, antaño.
ou.tu.bro [owt'ubru] *sm* Octubre.
ou.vi.do ['owv'idu] *sm Anat* Oído.
ou.vin.te [ow'vĩti] *adj* e *s m+f* Oyente.
ou.vir [owv'ir] *vt+vi* **1** Oír, escuchar. **2** Atender, considerar.
o.ve.lha [ov'eʎə] *sf Zool* Oveja.
o.vo ['ovu] *sm Biol* Huevo.
o.xi.gê.nio [oksiʒ'enju] *sm Quím* Oxígeno.
o.xí.to.no [oks'itonu] *adj+sm Gram* Oxítono.
o.zô.nio [oz'onju] *sm Quím* Ozono.

P

p, P [p'e] *sm* Décima quinta letra del alfabeto portugués.
pá [p'a] *sf* Pala.
pa.chor.ren.to [paʃoʀ'ẽtu] *adj* Pachorrudo, pachón, flemático, parsimonioso, calmoso.
pa.ci.ên.cia [pasi'ẽsjə] *sf* Paciencia.
pa.cí.fi.co [pas'ifiku] *adj* Pacífico.
pa.co.te [pak'ɔti] *sm* Paquete.
pac.to [p'aktu] *sm* Pacto, trato, convenio.
pa.da.ri.a [padar'iə] *sf* Panadería.
pa.dei.ro [pad'ejru] *sm* Panadero.
pa.drão [padr'ãw] *adj* **1** Patrón. **2** Estándar.
pa.dras.to [padr'astu] *sm* Padrastro.
pa.dre [p'adri] *sm* Sacerdote, cura, padre, clérigo, eclesiástico.
pa.dri.nho [padr'iñu] *sm* Padrino.
pa.dro.ei.ro [padro'ejru] *adj+sm* Patrono.
pa.dro.ni.zar [padroniz'ar] *vtd* Estandarizar, tipificar, normalizar.
pa.ga.men.to [pagam'ẽtu] *sm* **1** Paga, pagamento, pago. **2** Remuneración, estipendio.
pa.gão [pag'ãw] *adj+sm* Pagano.
pa.gar [pag'ar] *vtd+vti+vi+vpr* Pagar.
pager [p'ejdʒer] *sm ingl* Buscapersonas.
pá.gi.na [p'aʒinə] *sf* Página.
pai [p'aj] *sm* **1** Padre, papá. **2 pais** *pl* Padres, papás.
pai.nel [pajn'ɛl] *sm* Panel.
pa.ís [pa'is] *sm* País.
pai.sa.gem [pajz'aʒẽj] *sf* Paisaje.
pai.xão [pajʃ'ãw] *sf* Pasión.
pa.lá.cio [pal'asju] *sm* Palacio.
pa.la.dar [palad'ar] *sm* Paladar.
pa.lan.que [pal'ãki] *sm* Palco.
pa.la.vra [pal'avrə] *sf* Palabra.
pa.la.vrão [palavr'ãw] *sm* **1** Palabrota, taco. **2** *Chile* Garabato.
pal.co [p'awku] *sm Teat* Escenario.
pa.ler.ma [pal'ɛrmə] *adj e s m+f* Estúpido, necio, tonto, imbécil, mentecato, idiota, bobalicón.
pa.les.tra [pal'ɛstrə] *sf* **1** Charla. **2** Conferencia.
pa.le.tó [palet'ɔ] *sm* **1** Chaqueta. **2** *AL* Saco.
pa.lha [p'aλə] *sf* Paja.
pa.lha.ço [paλ'asu] *sm* Payaso, *clown*.
pá.li.do [p'alidu] *adj* Pálido.
pa.li.to [pal'itu] *sm* Palillo.
pal.ma [p'awmə] *sf* **1** *Anat* Palma. **2** *Bot* Palma.
pal.mi.lha [pawm'iλə] *sf* Plantilla.
pal.mi.to [pawm'itu] *sm Bot* Palmito.
pal.mo [p'awmu] *sm* Palmo.
pál.pe.bra [p'awpebrə] *sf Anat* Párpado.
pal.pi.tar [pawpit'ar] *vi+vti* Palpitar.
pal.pi.te [pawp'iti] *sm* **1** Palpitación. **2** Pálpito, presentimiento, corazonada.

pamonha — parque

pa.mo.nha [pam'oɲa] *sf Cul AL* Humita.
pa.na.ca [pan'akə] *adj e s m+f* Papanatas.
pan.ça [p'ãsə] *sf* Panza, barriga, vientre.
pan.ca.da [pãk'adə] *sf* Golpe.
pan.dei.ro [pãd'ejru] *sm Mús* Pandero.
pa.ne [p'ʌni] *sf* Avería.
pa.ne.la [pan'ɛlə] *sf* Olla, cacerola.
pan.fle.to [pãfl'etu] *sm* Panfleto.
pâ.ni.co [p'ʌniku] *sm* Pánico.
pa.ni.fi.ca.do.ra [panifikad'orə] *sf* Panificadora.
pa.no [p'ʌnu] *sm* 1 Tela, tejido. 2 Paño, trapo.
pan.que.ca [pãk'ɛkə] *sf Cul AL* Panqueque.
pân.ta.no [p'ãtunu] *sm* Pantano, ciénaga.
pão [p'ãw] *sm* Pan. **pão de ló** *Cul* Bizcocho, bizcochuelo.
pão-du.ro [pãwd'uru] *adj+sm* Mezquino, tacaño, avaro, avaricioso, avariento, miserable, cicatero, ruin, roñoso, agarrado.
pa.pa¹ [p'apə] *sm* Papa, Sumo Pontífice.
pa.pa² [p'apə] *sf* Papilla.
pa.pa.gai.o [papag'aju] *sm* 1 *Zool* Papagayo, loro. 2 Cometa, volantín, barrilete.
pa.pai [pap'aj] *sm* Papá, padre.
pa.pa.ri.car [paparik'ar] *vtd* 1 Mimar, consentir. 2 *Chile* Regalonear.
pa.pel [pap'ew] *sm* Papel.
pa.pe.lão [papel'ãw] *sm* 1 Cartón. 2 *fig* Papelón, ridículo.
pa.pe.la.ri.a [papelar'iə] *sf* Papelería.
pa.po [p'apu] *sm* 1 Buche. 2 *coloq* Conversación, plática, charla.
pa.que.ra [pak'ɛrə] *sf coloq* Flirteo, galanteo.
pa.que.rar [paker'ar] *vtd+vi coloq* Flirtear, galantear, coquetear, cortejar.
par [p'ar] *adj m+f e sm* Par.

pa.ra [p'arə] *prep* 1 Para. 2 Hacia.
pa.ra.béns [parab'ẽjs] *sm pl* Felicitación, congratulación, enhorabuena.
pa.ra.bri.sa [parəbr'izə] *sm* Parabrisas.
pa.ra.cho.que [paraʃ'ɔki] *sm* Parachoques.
pa.ra.da [par'adə] *sf* 1 Parada. 2 Paradero.
pa.ra.do.xo [parad'ɔksu] *sm* Paradoja.
pa.ra.fu.sar [parafuz'ar] *vtd* Atornillar.
pa.ra.fu.so [paraf'uzu] *sm* 1 Tornillo. 2 Perno.
pa.rá.gra.fo [par'agrafu] *sm* Párrafo.
pa.ra.í.so [para'izu] *sm* Paraíso, edén, cielo.
pa.ra.la.ma [parəl'ʌmə] *sm* Guardabarros.
pa.ra.li.sar [paraliz'ar] *vtd+vi+vpr* Paralizar.
pa.ra.li.si.a [paraliz'iə] *sf Med* Parálisis.
pa.ra.que.das [parək'ɛdas] *sm sing+pl* Paracaídas.
pa.rar [par'ar] *vi+vti+vtd+vpr* Parar.
pa.ra.si.ta [paraz'itə] *sm* 1 *Zool* Parásito. 2 *fig* Aprovechador, gorrón.
par.cei.ro [pars'ejru] *sm* 1 Socio, asociado. 2 Compañero.
par.ce.la [pars'ɛlə] *sf* Parcela.
par.ce.ri.a [parser'iə] *sf* Asociación, sociedad, compañía.
par.dal [pard'aw] *sm Zool* Gorrión.
pa.re.cer [pares'er] *vi+vpr* Parecer, asemejarse. • *sm* Parecer, opinión, juicio, dictamen.
pa.re.de [par'edi] *sf* Pared.
pa.ren.te [par'ẽti] *adj e s m+f* Pariente.
pa.rên.te.se [par'ẽtezi] *sm* Paréntesis.
pa.rir [par'ir] *vtd+vi* Parir.
par.la.men.tar [parlamẽt'ar] *adj e s m+f* Parlamentario. • *vi+vti* Parlamentar.
pá.ro.co [p'aroku] *sm* Párroco.
par.que [p'arki] *sm* Parque.

par.te [p'arti] *sf* Parte.
par.ti.ci.pa.ção [partisipas'ãw] *sf* Participación.
par.ti.ci.par [partisip'ar] *vtd+vti* Participar.
par.ti.cu.lar [partikul'ar] *adj m+f e sm* Particular.
par.ti.da [part'idə] *sf* **1** Partida, salida. **2** Partido, juego.
par.ti.lha [part'iʎə] *sf* **1** Partición (de una herencia). **2** División, repartición.
par.tir [part'ir] *vtd+vti+vi+vpr* Partir.
par.to [p'artu] *sm* Parto.
pás.coa [p'askwə] *sf* Pascua.
pas.mo [p'azmu] *sm* Pasmo, admiración, asombro. • *adj* Pasmado, estupefacto, atónito.
pas.sa [p'asə] *sf* Pasa.
pas.sa.do [pas'adu] *adj+sm* Pasado.
pas.sa.gei.ro [pasaʒ'ejru] *adj* Pasajero, breve, fugaz, transitorio. • *sm* Pasajero, viajero.
pas.sa.gem [pas'aʒẽj] *sf* Pasaje, paso.
pas.sa.por.te [pasap'ɔrti] *sm* Pasaporte.
pas.sar [pas'ar] *vtd+vti+vi+vpr* **1** Pasar. *vtd* **2** Planchar.
pas.sa.re.la [pasar'ɛlə] *sf* Pasarela.
pás.sa.ro [p'asaru] *sm Zool* Pájaro.
pas.sa.tem.po [pasat'ẽpu] *sm* Pasatiempo, diversión, entretenimiento.
pas.se [p'asi] *sm* **1** Pase, permiso, licencia. **2** Billete, boleto.
pas.se.ar [pase'ar] *vi+vtd* Pasear.
pas.se.a.ta [pase'atə] *sf* **1** Caminata. **2** Marcha, manifestación.
pas.sei.o [pas'eju] *sm* Paseo.
pas.so [p'asu] *sm* Paso.
pas.ta [p'astə] *sf* **1** Pasta, masa. **2** Crema. **3** Carpeta, cartapacio, portafolios.
pas.tar [past'ar] *vi+vtd* Pastar, pacer.
pas.tel [past'ɛw] *sm Cul* Empanada (frita, asada).
pas.ti.lha [past'iʎə] *sf* Pastilla.
pas.to [p'astu] *sm* Pasto.
pa.ta [p'atə] *sf* Pata.

pa.tê [pat'e] *sm Cul* Paté.
pa.ter.ni.da.de [paternid'adi] *sf* Paternidad.
pa.ter.no [pat'ɛrnu] *adj* Paterno.
pa.ti.fe [pat'ifi] *adj+sm* Sinvergüenza, bribón, pillo, pícaro, tunante.
pa.tim [pat'ĩ] *sm* Patín.
pa.ti.nar [patin'ar] *vi* Patinar.
pá.tio [p'atju] *sm* Patio.
pa.trão [patr'ãw] *sm* **1** Patrón, jefe. **2** Dueño, amo.
pá.tria [p'atrjə] *sf* Patria.
pa.tri.ar.ca [patri'arkə] *sm* Patriarca.
pa.tri.mô.nio [patrim'onju] *sm* Patrimonio.
pa.tro.ci.nar [patrosin'ar] *vtd* Patrocinar, favorecer, auspiciar, proteger, beneficiar, amparar.
pa.tru.lhar [patruʎ'ar] *vtd+vi* Patrullar.
pau [p'aw] *sm* Palo.
pau.sa [p'awzə] *sf* Pausa.
pa.vi.men.tar [pavimẽt'ar] *vtd* Pavimentar, asfaltar, solar.
pa.vi.men.to [pavim'ẽtu] *sm* Pavimento, asfalto, suelo.
pa.vi.o [pav'iu] *sm* Pabilo, mecha.
pa.vor [pav'or] *sm* Pavor, pánico, terror, espanto.
paz [p'as] *sf* Paz.
pé [p'ɛ] *sm Anat* Pie. **pé de galinha** Pata de gallo.
pe.ça [p'ɛsə] *sf* Pieza.
pe.ca.do [pek'adu] *sm* Pecado.
pe.car [pek'ar] *vi+vti* Pecar.
pe.chin.cha [peʃ'ĩʃə] *sf* Ganga.
pe.chin.char [peʃĩʃ'ar] *vtd+vi* Regatear.
pe.cu.á.ria [peku'arjə] *sf* Ganadería.
pe.da.ço [ped'asu] *sm* Pedazo, porción, parte, cacho, fragmento, trozo.
pe.dá.gio [ped'aʒju] *sm* Peaje.
pe.da.go.gi.a [pedagoʒ'iə] *sf* Pedagogía.
pe.dal [ped'aw] *sm* Pedal.
pe.da.lar [pedal'ar] *vtd+vi* Pedalear.

pe.des.tre [pedˈɛstri] *s m+f* Peatón.
pe.di.a.tri.a [pedjatrˈiə] *sf Med* Pediatría.
pe.di.do [pedˈidu] *adj+sm* Pedido, petición.
pe.din.te [pedˈĩti] *adj e s m+f* Pordiosero, limosnero, mendigo.
pe.dir [pedˈir] *vtd+vti+vi* Pedir.
pe.dra [pˈɛdrə] *sf* Piedra.
pe.dre.gu.lho [pedregˈuʎu] *sm* Pedregullo.
pe.drei.ro [pedrˈejru] *sm Albañil, obrero (de la construcción).
pe.gar [pegˈar] *vtd+vti+vi+vpr* 1 Pegar. 2 Tomar, coger, asir, agarrar, aferrar.
pei.do [pˈejdu] *sm vulg* Pedo.
pei.to [pˈejtu] *sm* Pecho.
pei.xa.ri.a [pejʃarˈiə] *sf* Pescadería.
pei.xe [pˈejʃi] *sm Zool* 1 Pez. 2 Pescado (comestible y ya fuera del agua). 3 *Peixes pl* Piscis.
pe.jo.ra.ti.vo [peʒoratˈivu] *adj* Peyorativo, despectivo.
pe.la.do [pelˈadu] *adj+sm fam* Desnudo.
pe.lan.ca [pelˈãkə] *sf* Piltrafa, pellejo.
pe.lar [pelˈar] *vtd+vpr* 1 Pelar. 2 *vpr* Desnudarse.
pe.le [pˈɛli] *sf* Piel.
pe.lo [pˈelu] *contr prep por+art masc o*. Por el.
pe.lo [pˈelu] *sm* Pelo, vello, pelusa.
pe.na.¹ [pˈenə] *sf* Pluma.
pe.na.² [pˈenə] *sf* 1 Pena, castigo. 2 Lástima, piedad, compasión.
pe.na.li.da.de [penalidˈadi] *sf* Penalidad.
pê.nal.ti [pˈenawti] *sm Esp* Penalti, penal.
pen.ca [pˈẽkə] *sf* 1 Racimo. 2 Manojo.
pen.den.te [pẽdˈẽti] *adj m+f* Pendiente.
pen.der [pẽdˈer] *vi+vti+vtd+vpr* 1 Pender. *vti* 2 Propender, tender.
pên.du.lo [pˈẽdulu] *sm* Péndulo.
pen.du.rar [pẽdurˈar] *vtd+vti+vpr* Colgar.

pe.nei.ra [penˈejrə] *sf* Tamiz, cedazo.
pe.ne.trar [penetrˈar] *vtd+vti+vpr* Penetrar.
pe.nhas.co [peɲˈasku] *sm* Peñasco.
pe.ni.co [penˈiku] *sm coloq* Chata, bacín, orinal, bacinilla.
pe.nín.su.la [penˈĩsulə] *sf Geogr* Península.
pê.nis [pˈenis] *sm sing+pl Anat* Pene.
pe.ni.tên.ci.a [penitˈẽsjə] *sf* Penitencia.
pe.ni.ten.ci.á.ria [penitẽsiˈarjə] *sf* Penitenciaría.
pen.sa.men.to [pẽsamˈẽtu] *sm* Pensamiento.
pen.são [pẽsˈãw] *sf* Pensión.
pen.sar [pẽsˈar] *vi+vti+vtd* Pensar. • *sm* Pensamiento, opinión.
pen.te [pˈẽti] *sm* Peine.
pen.te.a.dei.ra [pẽteadˈejrə] *sf* Tocador.
pen.te.ar [pẽteˈar] *vtd+vpr* Peinar.
pe.que.no [pekˈenu] *adj* Pequeño.
pe.ra [pˈerə] *sf Bot* Pera.
pe.ral.ta [perˈawtə] *s m+f* Travieso.
pe.ram.bu.lar [perãbulˈar] *vi* Deambular.
pe.ran.te [perˈãti] *prep* Ante, delante de.
per.ce.ber [persebˈer] *vtd* Percibir.
per.cen.ta.gem [persẽtˈaʒẽj] *sf* Porcentaje.
per.cep.ção [persepsˈãw] *sf* Percepción.
per.cor.rer [perkoɦˈer] *vtd* Recorrer.
per.cur.so [perkˈursu] *sm* Recorrido.
per.cus.são [perkusˈãw] *sf* Percusión.
per.da [pˈerdə] *sf* Pérdida.
per.dão [perdˈãw] *sm* Perdón.
per.der [perdˈer] *vtd+vti+vi+vpr* Perder.
per.di.ção [perdisˈãw] *sf* Perdición.
per.do.ar [perdoˈar] *vtd+vti+vi+vpr* Perdonar.
pe.re.cer [peresˈer] *vi* Perecer, acabar, fenecer.
pe.re.gri.na.ção [peregrinasˈãw] *sf* Peregrinación.

pe.re.gri.no [peregr'inu] *adj+sm* Peregrino.
per.fei.ção [perfejs'ãw] *sf* Perfección.
per.fei.to [perf'ejtu] *adj* Perfecto.
per.fil [perf'iw] *sm* Perfil.
per.fu.mar [perfum'ar] *vtd+vpr* Perfumar.
per.fu.me [perf'umi] *sm* Perfume.
per.fu.rar [perfur'ar] *vtd* Perforar, horadar, taladrar.
per.gun.ta [perg'ũtə] *sf* Pregunta.
per.gun.tar [pergũt'ar] *vtd+vti+vi+vpr* Preguntar.
pe.ri.go [per'igu] *sm* Peligro.
pe.ri.go.so [perig'ozu] *adj* Peligroso.
pe.ri.ó.di.co [peri'ɔdiku] *adj* Periódico. • *sm* Diario, periódico.
pe.rí.o.do [per'iodu] *sm* Período, periodo.
pe.ri.pé.cia [perip'ɛsjə] *sf* Peripecia.
pe.ri.to [per'itu] *adj+sm* Perito.
per.ma.ne.cer [permanes'er] *vti+vi* Permanecer.
per.mis.são [permis'ãw] *sf* Permisión, permiso.
per.mi.tir [permit'ir] *vtd+vti+vpr* Permitir.
per.na [p'ɛrnə] *sf Anat* Pierna.
per.ne.ta [pern'etə] *s m+f* Cojo.
per.ni.lon.go [pernil'õgu] *sm Zool* Mosquito, zancudo.
per.noi.tar [pernojt'ar] *vint+vi* Pernoctar.
pé.ro.la [p'ɛrolə] *sf e adj m+f* Perla.
per.pen.di.cu.lar [perpẽdikul'ar] *adj m+f e sf Geom* Perpendicular.
per.pé.tuo [perp'ɛtwu] *adj* Perpetuo.
per.ple.xo [perpl'ɛksu] *adj* Perplejo, dudoso, incierto, irresoluto, confuso.
per.se.gui.ção [persegis'ãw] *sm* Persecución.
per.se.guir [perseg'ir] *vtd* Perseguir.
per.se.ve.ran.ça [persever'ãsə] *sf* Perseverancia.
per.se.ve.rar [persever'ar] *vti+vi* Perseverar.

per.sis.tên.cia [persist'ẽsjə] *sf* Persistencia.
per.so.na.gem [person'aʒẽj] *s m+f* Personaje.
per.so.na.li.da.de [personalid'adi] *sf* Personalidad.
pers.pec.ti.va [perspekt'ivə] *sf* Perspectiva.
pers.pi.cá.cia [perspik'asjə] *sf* Perspicacia.
per.su.a.dir [perswad'ir] *vtd+vti+vi+vpr* Persuadir.
per.ten.cer [pertẽs'er] *vti* Pertenecer.
per.to [p'ɛrtu] *adv e adj m+f* Cerca.
per.tur.ba.ção [perturbas'ãw] *sf* Perturbación.
per.tur.bar [perturb'ar] *vtd+vi+vpr* Perturbar.
pe.ru [per'u] *sm Zool* Pavo.
pe.ru.ca [per'ukə] *sf* Peluca.
per.ver.si.da.de [perversid'adi] *sf* Perversidad.
per.ver.so [perv'ɛrsu] *adj+sm* Perverso.
per.ver.ter [pervert'er] *vtd+vpr* Pervertir.
pe.sa.de.lo [pezad'elu] *sm* Pesadilla.
pê.sa.mes [p'ezamis] *sm pl* Pésame, indagar.
pe.sar [pez'ar] *vtd+vti+vi+vpr* Pesar. • *sm* Pesar.
pes.car [pesk'ar] *vtd+vi* Pescar.
pes.co.ço [pesk'osu] *sm Anat* Cuello.
pe.so [p'ezu] *sm* Peso.
pes.qui.sa [pesk'izə] *sf* **1** Investigación, averiguación, pesquisa, indagación. **2** Encuesta.
pes.qui.sar [peskiz'ar] *vtd+vi* Investigar, averiguar, indagar.
pês.se.go [p'esegu] *sm Bot* **1** Melocotón. **2** *AL* Durazno.
pés.si.mo [p'ɛsimu] *adj* Pésimo.
pes.so.a [pes'oə] *sf* Persona.
pes.so.al [peso'aw] *adj m+f e sm* Personal.
pes.te [p'ɛsti] *sf* Peste.
pé.ta.la [p'ɛtalə] *sf Bot* Pétalo.

pe.tis.co [peˈtisku] *sm* Aperitivo, manjar, exquisitez.
pe.tró.leo [petrˈɔlju] *sm* Petróleo.
pi.a [ˈpiə] *sf* **1** Pila. **2** Lavatorio, lavamanos. **3** Fregadero, lavaplatos.
pi.a.da [piˈadə] *sf* Chiste.
pi.a.no [piˈʌnu] *sm* Mús Piano.
pi.ão [piˈãw] *sm* Peonza, peón, trompo.
pi.car [pikˈar] *vtd+vi+vpr* Picar, pinchar.
pi.ca.re.ta [pikarˈetə] *adj e s m+f* Embustero.
pi.char [piʃˈar] *vt+vint* Escribir pintadas, pintarrajear.
pi.che [ˈpiʃe] *sm* Pez, brea.
pi.co [ˈpiku] *sm* **1** Pico. **2** Cumbre.
pi.co.lé [pikolˈɛ] *sm* **1** Polo (helado de), palito, helado. **2** Am Cen Paleta.
pi.e.da.de [pjedˈadi] *sf* Piedad.
pi.ja.ma [piʒˈʌmə] *sm* **1** Pijama. **2** AL Piyama.
pi.lan.tra [pilˈãtrə] *adj e s m+f* Pícaro, astuto, taimado, pillo.
pi.lão [pilˈãw] *sm* Pilón.
pi.lha [ˈpiʎə] *sf* Pila.
pi.lo.tar [pilotˈar] *vtd+vi* Pilotar, pilotear.
pi.lo.to [pilˈotu] *sm* Piloto.
pí.lu.la [ˈpilulə] *sf* Píldora.
pi.men.ta [pimˈẽtə] *sf* Pimienta.
pin.ça [ˈpĩsə] *sf* Pinza.
pin.cel [pĩsˈew] *sm* Pincel.
pin.ga [ˈpĩgə] *sf* Aguardiente.
pin.gar [pĩgˈar] *vtd+vi* Gotear.
pin.go [ˈpĩgu] *sm* **1** Gota. **2** *coloq* Pizca.
pin.gue-pon.gue [pĩgipˈõgi] *sm* Ping-pong, tenis de mesa.
pin.guim [pĩgˈwĩ] *sm* Zool Pingüino.
pinheiro [piñˈejru] *sm* Bot Pino.
pi.no [ˈpinu] *sm* Pasador.
pin.ta [ˈpĩtə] *sf* **1** Lunar. **2** *coloq* Pinta.
pin.tar [pĩtˈar] *vtd+vi+vpr* Pintar.
pin.ti.nho [pĩtˈiñu] *sm* Pollito.
pin.to [ˈpĩtu] *sm* Zool **1** Pollo. **2** *vulg* Pene.

pin.tor [pĩtˈor] *sm* Pintor.
pin.tu.ra [pĩtˈurə] *sf* Pintura.
pi.o.lho [piˈoʎu] *sm* Zool Piojo.
pi.o.nei.ro [pjonˈejru] *sm+adj* Pionero.
pi.or [piˈɔr] *adj m+f e sm e adv* Peor.
pi.o.rar [pjorˈar] *vtd+vi* Empeorar.
pi.po.ca [pipˈɔkə] *sf* Palomitas de maíz, rosetas.
pi.que.ni.que [pikenˈiki] *sm* Picnic.
pi.ra.do [pirˈadu] *adj* Loco.
pi.râ.mi.de [pirˈʌmidi] *sf* Pirámide.
pi.ra.ta [pirˈatə] *adj m+f e sm* Pirata.
pi.res [ˈpiris] *sm sing+pl* Platillo.
pir.ra.lho [piʁˈaʎu] *sm* **1** Chaval, chiquillo. **2** Am Cen Chavo.
pi.ru.li.to [pirulˈitu] *sm* Pirulí.
pi.sar [pizˈar] *vtd+vi+vti* Pisar.
pis.car [piskˈar] *vtd+vti+vi* Pestañear, parpadear. • *sm* Pestañeo, parpadeo.
pis.ci.na [pisˈinə] *sf* **1** Piscina. **2** Arg, Bol, Ur Pileta.
pi.so [ˈpizu] *sm* Piso, suelo.
pis.ta [ˈpistə] *sf* Pista.
pis.to.lei.ro [pistolˈejru] *sm* Pistolero.
pi.ta.da [pitˈadə] *sf* Pizca.
pi.tar [pitˈar] *vtd+vi* Pitar, zumbar, sonar.
pla.ca [ˈplakə] *sf* **1** Placa. **2** Matrícula (de automóviles), patente.
plá.gio [ˈplaʒju] *sm* Plagio.
pla.nal.to [planˈawtu] *sm* Geogr Altiplanicie, altiplano, meseta.
pla.ne.ja.men.to [planeʒamˈẽtu] *sm* Planificación.
pla.ne.jar [planeʒˈar] *vtd* Planificar, planear, proyectar.
pla.ne.ta [planˈetə] *sm* Astron Planeta.
pla.ní.cie [planˈisji] *sf* Planicie, llanura, llano.
pla.no [ˈplʌnu] *adj* Plano, llano, liso. • *sm* **1** Plano. **2** Plan, intención, proyecto.
plan.ta [ˈplãtə] *sf* Planta.
plan.ta.ção [plãtasˈãw] *sf* Plantación.
plan.tão [plãtˈãw] *sm* Guardia, turno.
plan.tar [plãtˈar] *vtd+vi+vpr* Plantar.

plan.tio [plãt'iu] *sm* Siembra.
plás.ti.co [pl'astiku] *adj+sm* Plástico.
pla.teia [plat'ɛjə] *sf* Platea.
ple.ni.tu.de [plenit'udi] *sf* Plenitud.
ple.no [pl'enu] *adj+sm* Pleno.
plu.gar [plug'ar] *vtd* Enchufar, conectar.
plu.gue [pl'ugi] *sm* Enchufe, triple.
plu.ma.gem [plum'aʒẽj] *sf* Plumaje.
plu.ral [plur'aw] *adj m+f e sm Gram* Plural.
pneu [pn'ew] *sm* Neumático.
pneu.mo.ni.a [pnewmoni'ə] *sf Med* Neumonía, pulmonía.
pó [p'ɔ] *sm* Polvo.
po.bre [p'ɔbri] *adj e s m+f* Pobre.
po.bre.za [pobr'ezə] *sf* Pobreza.
po.ça [p'ɔsə] *sf* Poza, charco.
po.ço [p'osu] *sm* Pozo.
po.dar [pod'ar] *vtd* Podar.
po.der [pod'er] *vtd+vi+vti* Poder. • *sm* Poder.
po.dre [p'odri] *adj m+f* Podrido, putrefacto, pútrido.
po.dri.dão [podrid'ãw] *sf* Podredumbre.
po.ei.ra [po'ejrə] *sf* Polvareda.
po.e.ma [po'emə] *sm* Poema.
po.e.si.a [poezi'ə] *sf* Poesía.
po.e.ta [po'etə] *sm* Poeta.
pois [p'ojs] *conj* Pues.
po.le.ga.da [poleg'adə] *sf* Pulgada.
po.le.gar [poleg'ar] *sm* Pulgar.
po.lei.ro [pol'ejru] *sm* Palo de gallinero.
po.lí.cia [pol'isjə] *sf* Policía.
po.li.ci.a.men.to [polisjamẽ'tu] *sm* Vigilancia policíaca.
po.li.do [pol'idu] *adj* 1 Pulido. 2 Cortés, atento, comedido, afable, urbano.
po.li.glo.ta [poligl'ɔtə] *adj e s m+f* Políglota.
po.lir [pol'ir] *vtd+vpr* Pulir.
po.lí.ti.co [pol'itiku] *adj+sm* Político.
po.lo [pit'ejrə] *sm Geogr* Polo.
pol.pa [p'owpə] *sf* Pulpa.
pol.tro.na [powtr'onə] *sf* 1 Sillón. 2 *Teat* Butaca.
po.lu.i.ção [polwis'ãw] *sf* Contaminación, polución.
po.lu.ir [polu'ir] *vtd+vpr* Contaminar.
pol.vi.lhar [powviʎ'ar] *vtd+vti* Espolvorear.
pól.vo.ra [p'ɔwvorə] *sf* Pólvora.
po.ma.da [pom'adə] *sf* Pomada.
po.mar [pom'ar] *sm* Pomar, huerta.
pom.ba [p'õbə] *sf Zool* Paloma.
pom.pa [p'õpə] *sf* Pompa.
pon.de.rar [põder'ar] *vtd+vti* Ponderar.
pon.ta [p'õtə] *sf* Punta.
pon.ta.pé [põtap'ɛ] *sm* Puntapié.
pon.ta.ri.a [põtari'ə] *sf* Puntería.
pon.te [p'õti] *sf* Puente.
pon.tí.fi.ce [põt'ifisi] *sm* Pontífice.
pon.to [p'õtu] *sm* Punto.
pon.tu.a.ção [põtwas'ãw] *sf* Puntuación.
po.pu.la.ção [populas'ãw] *sf* Población.
po.pu.lar [popul'ar] *adj m+f* Popular.
por [pur] *prep* Por.
pôr [p'or] *vtd+vti+vi+vpr* Poner.
po.rão [por'ãw] *sm* 1 Sótano. 2 *Mar* Bodega.
por.ca.lhão [porkaʎ'ãw] *adj+sm* Inmundo, sucio, cochino, puerco, mugriento.
por.ção [pors'ãw] *sf* Porción.
por.ca.ri.a [porkari'ə] *sf* Porquería.
por.cen.ta.gem [porsẽt'aʒẽj] *sf* Porcentaje.
por.co [p'orku] *sm Zool* Cerdo, puerco, chancho, marrano, cochino.
po.rém [por'ẽj] *conj* Sin embargo, pero. • *sm* Pero (defecto u objeción).
por.me.nor [pormen'ɔr] *sm* Pormenor, detalle.
por.no.gra.fi.a [pornograf'iə] *sf* Pornografía.
por.quan.to [pork'wãtu] *conj* Porque, ya que, puesto que.

por.que [pork'e] *conj* Porque, ya que, puesto que, a causa de.

por.quê [pork'e] *sm* Porqué, causa, razón, motivo.

por.ta [p'ɔrtə] *sf* Puerta.

por.ta-lu.vas [pɔrtəl'uvas] *sm sing+pl* Guantera.

por.ta-ma.las [pɔrtəm'alas] *sm sing+pl* **1** Maletero, portaequipaje, portaequipajes. **2** *AL* Baúl.

por.tan.to [port'ãtu] *conj* Por lo tanto, por tanto, por consiguiente, por lo que, por ende, luego.

por.tão [port'ãw] *sm* Portón.

por.ta.ri.a [portar'iə] *sf* **1** Portería. **2** *Dir* Circular.

por.te [p'ɔrti] *sm* Porte.

por.tei.ro [port'ejru] *sm* Portero.

por.to [p'ortu] *sm* Puerto.

por.ven.tu.ra [porvẽt'urə] *adv* Quizá, quizás, acaso, tal vez, por ventura.

por.vir [porv'ir] *sm* Porvenir.

po.sar [poz'ar] *vi+vti* Posar.

po.se [p'ɔzi] *sf* Pose.

po.si.ção [pozis'ãw] *sf* Posición.

po.si.ci.o.nar [pozisjon'ar] *vtd* **1** Poner en posición. *vpr* **2** Posicionarse, tomar posición.

po.si.ti.vo [pozit'ivu] *adj* Positivo. • *sm Fot* Positivo.

pos.se [p'ɔsi] *sf* Posesión.

pos.ses.si.vo [poses'ivu] *adj+sm* Posesivo.

pos.ses.so [pos'ɛsu] *adj+sm* Poseso.

pos.si.bi.li.da.de [posibilid'adi] *sf* Posibilidad.

pos.si.bi.li.tar [posibilit'ar] *vtd+vti* Posibilitar.

pos.sí.vel [pos'ivew] *adj m+f* e *sm* Posible.

pos.su.ir [posu'ir] *vtd+vpr* Poseer.

pos.tal [post'aw] *adj m+f* Postal. • *sm* (Tarjeta) Postal.

pos.te [p'ɔsti] *sm* Poste.

pôs.ter [p'oster] *sm* Póster.

pos.te.ri.or [posteri'or] *adj m+f* Posterior.

pos.ti.ço [post'isu] *adj* Postizo.

pos.to [p'ostu] *sm* Puesto.

pos.tu.ra [post'urə] *sf* Postura.

po.tá.vel [pot'avew] *adj m+f* Potable.

po.te [p'ɔti] *sm* Tarro, pote, bote.

po.tên.cia [pot'ẽsjə] *sf* Potencia.

pou.co [p'owku] *pron indef+adv+sm+adj* Poco.

pou.pan.ça [powp'ãsə] *sf* Ahorro, economías.

pou.par [powp'ar] *vt+vpr* Ahorrar, economizar.

pou.qui.nho [powk'iñu] *sm* Poquitito.

pou.sa.da [powz'adə] *sf* Posada, hostería, albergue, mesón, hostal.

pou.sar [powz'ar] *vti+vi+vpr* Posar.

pou.so [p'owzu] *sm* Aterrizaje.

po.vo [p'ovu] *sm* Pueblo.

po.vo.a.do [povo'adu] *adj+sm* Poblado.

pra.ça [pr'asə] *sf* Plaza.

pra.ga [pr'agə] *sf* Plaga.

pra.gue.jar [prageʒ'ar] *vi+vti+vtd* Maldecir.

prai.a [pr'ajə] *sf* Playa.

pran.cha [pr'ãʃə] *sf* **1** Tablón. **2** *Esp* Tabla (de surf).

pran.che.ta [prãʃ'etə] *sf* Plancheta.

pran.to [pr'ãtu] *sm* Llanto.

pra.ta [pr'atə] *sf* Plata.

pra.te.lei.ra [pratel'ejrə] *sf* Anaquel, estante, repisa.

prá.ti.ca [pr'atikə] *sf* Práctica.

pra.ti.car [pratik'ar] *vtd+vti+vi* Practicar.

pra.to [pr'atu] *sm* Plato.

pra.zer [praz'er] *vti* Placer, agradar, dar gusto. • *sm* Placer, gozo.

pra.zo [pr'azu] *sm* Plazo.

pre.cau.ção [prekaws'ãw] *sf* Precaución, cautela, cuidado.

pre.ca.ver [prekav'er] *vtd+vti+vpr* Precaver.

pre.ce [prˈɛsi] *sf* **1** Plegaria. **2** *p ext* Ruego, súplica.
pre.ce.der [preseðˈer] *vtd+vti+vi* Preceder, anteceder.
pre.ci.pí.cio [presipˈisju] *sm* Precipicio.
pre.ci.pi.ta.ção [presipitasˈãw] *sf* Precipitación.
pre.ci.pi.tar [presipitˈar] *vtd+vti+vi+vpr* Precipitar.
pre.ci.são [presizˈãw] *sf* Precisión.
pre.ci.sar [presizˈar] *vtd+vti+vi+vpr* Precisar, ser necesario.
pre.ço [prˈesu] *sm* Precio.
pre.co.ce [prekˈɔsi] *adj m+f* Precoz.
pre.con.cei.to [prekõsˈejtu] *sm* Prejuicio.
pre.di.ca.do [predikˈadu] *sm* Predicado.
pre.di.le.to [predilˈɛtu] *adj+sm* Predilecto.
pré.dio [prˈɛdju] *sm* **1** Predio. **2** Edificio.
pre.dis.por [predispˈor] *vtd+vti+vpr* Predisponer.
pre.di.zer [predizˈer] *vtd+vti* Predecir.
pre.do.mi.nar [predominˈar] *vi+vtd* Predominar.
pre.do.mí.nio [predomˈinju] *sm* Predominio.
pre.en.cher [preẽʃˈer] *vtd* **1** Llenar. **2** Rellenar (un documento).
pré-es.co.lar [prɛeskolˈar] *adj m+f* e *sm* Preescolar.
pré-es.trei.a [prɛestrˈɛjə] *sf* Preestreno.
pre.fá.cio [prefˈasju] *sm* Prefacio, prólogo.
pre.fei.to [prefˈejtu] *sm* Alcalde.
pre.fei.tu.ra [prefejtˈurə] *sf* Ayuntamiento, alcaldía, municipalidad.
pre.fe.rên.cia [preferˈẽsjə] *sf* **1** Preferencia. **2** Predilección.
pre.fe.rir [preferˈir] *vtd+vti* Preferir.
pre.fi.xo [prefˈiksu] *sm* Prefijo.

pre.ga [prˈɛgə] *sf* Pliegue.
pre.gar [pregˈar] *vtd+vti+vi+vpr* **1** Clavar, fijar, parar, poner. **2** Coser.
pre.go [prˈɛgu] *sm* Clavo.
pre.gui.ça [pregˈisə] *sf* **1** Pereza, flojera. **2** *Zool* Perezoso.
pre.gui.ço.so [pregisˈozu] *adj+sm* Perezoso, flojo, holgazán, vago.
pre.ju.di.car [preʒudikˈar] *vtd+vpr* Perjudicar.
pre.ju.di.ci.al [preʒudisiˈaw] *adj m+f* Perjudicial, nocivo, dañino.
pre.ju.í.zo [preʒuˈizu] *sm* Perjuicio, daño.
pre.mi.ar [premiˈar] *vtd* Premiar.
prê.mio [prˈemju] *sm* **1** Premio. **2** *Com* Prima (de seguro).
pren.der [prẽdˈer] *vtd+vti+vpr* **1** Prender, asir, agarrar, sujetar. **2** Detener, arrestar.
pre.o.cu.pa.ção [preokupasˈãw] *sf* Preocupación.
pre.o.cu.par [preokupˈar] *vtd+vpr* Preocupar.
pre.pa.ra.ção [preparasˈãw] *sf* Preparación.
pre.pa.rar [preparˈar] *vtd+vti+vpr* Preparar.
pre.po.si.ção [prepozisˈãw] *sf Gram* Preposición.
pre.sa [prˈezə] *sf* Presa.
pres.cre.ver [preskrevˈer] *vtd+vti+vi* Prescribir.
pre.sen.ça [prezˈẽsə] *sf* Presencia.
pre.sen.ci.ar [prezẽsiˈar] *vtd* Presenciar.
pre.sen.te [prezˈẽti] *adj m+f* e *sm* Presente. • *sm* Regalo, obsequio, presente.
pre.sen.te.ar [prezẽteˈar] *vtd* Regalar, obsequiar.
pre.sé.pio [prezˈɛpju] *sm* Pesebre, belén, portal.
pre.ser.var [prezervˈar] *vtd+vti+vpr* Preservar.

pre.ser.va.ti.vo [prezervat′ivu] *adj+sm* Preservativo. • *sm* Preservativo, condón.
pre.si.dên.cia [prezid′ẽsjə] *sf* Presidencia.
pre.si.den.te [prezid′ẽti] *s m+f* Presidente.
pre.si.di.á.rio [prezidi′arju] *adj* Penitenciario. • *sm* Presidiario.
pre.sí.dio [prez′idju] *sm* Presidio, penitenciaría, penal, cárcel.
pre.si.dir [prezid′ir] *vtd+vti+vi* Presidir.
pre.si.lha [prez′iʎə] *sf* Presilla.
pre.so [pr′ezu] *adj+sm* Preso.
pres.sa [pr′ɛsə] *sf* Prisa.
pres.sá.gio [pres′aʒju] *sm* Presagio.
pres.são [pres′ãw] *sf* Presión.
pres.sen.ti.men.to [presẽtim′ẽtu] *sm* Presentimiento.
pres.si.o.nar [presjon′ar] *vtd+vti+vi* Presionar.
pres.ta.ção [prestas′ãw] *sf* **1** Prestación. **2** *Com* Plazo, abono.
pres.tar [prest′ar] *vtd+vti+vi+vpr* Servir, prestar.
pres.tes [pr′ɛstis] *adj m+f sing+pl* e *adv* Presto.
pres.tí.gio [prest′iʒju] *sm* Prestigio.
pre.sun.ção [prezũs′ãw] *sf* Presunción.
pre.sun.ço.so [prezũs′ozu] *adj+sm* Presuntuoso.
pre.sun.to [prez′ũtu] *sm* Cul Jamón.
pre.ten.der [pretẽd′er] *vtd* **1** Pretender, procurar, aspirar. *vpr* **2** Considerarse, juzgarse, estimarse.
pre.ten.são [pretẽs′ãw] *sf* Pretensión.
pre.té.ri.to [pret′ɛritu] *adj* Pretérito, pasado. • *sm Gram* Pretérito.
pre.tex.to [pret′estu] *sm* Pretexto.
pre.to [pr′etu] *adj+sm* Negro.
pre.va.le.cer [prevales′er] *vi+vti* **1** Prevalecer. *vpr* **2** Aprovecharse.
pre.ven.ção [prevẽs′ãw] *sf* Prevención.
pre.ve.nir [preven′ir] *vtd+vti+vi+vpr* Prevenir.

pre.ver [prev′er] *vtd+vi* Prever.
pre.vi.dên.cia [previd′ẽsjə] *sf* Previdencia, previsión.
pré.vio [pr′ɛvju] *adj* Previo.
pre.vi.são [previz′ãw] *sf* Previsión.
pre.za.do [prez′adu] *adj* Estimado, apreciado.
pre.zar [prez′ar] *vtd* **1** Apreciar. *vpr* **2** Preciarse, gloriarse, jactarse.
pri.má.rio [prim′arju] *adj* Primario. • *sm* (Enseñanza) Primaria.
pri.ma.ve.ra [primav′ɛrə] *sf* Primavera.
pri.mei.ro [prim′ejru] *num+adj+sm+adv* Primero.
pri.mo [pr′imu] *sm* Primo.
prin.ci.pal [prĩsip′aw] *adj m+f* e *sm* Principal.
prín.ci.pe [pr′ĩsipi] *sm* Príncipe.
prin.ci.pi.ar [prĩsipi′ar] *vtd+vti+vi* Principiar, comenzar, dar principio.
prin.cí.pio [prĩs′ipju] *sm* Principio, comienzo, inicio.
pri.o.ri.da.de [prjorid′adi] *sf* Prioridad.
pri.o.ri.tá.rio [prjorit′arju] *adj* Prioritario.
pri.são [priz′ãw] *sf* Prisión.
pri.si.o.nei.ro [prizjon′ejru] *sm* Prisionero.
pri.va.ção [privas′ãw] *sf* Privación.
pri.va.ci.da.de [privasid′adi] *sf* Privacidad.
pri.va.da [priv′adə] *sf* Retrete, escusado, inodoro, váter.
pri.var [priv′ar] *vtd+vti+vpr* Privar.
pri.va.ti.zar [privatiz′ar] *vtd* Privatizar.
pri.vi.le.gi.ar [privileʒi′ar] *vtd+vpr* Privilegiar.
pri.vi.lé.gio [privil′ɛʒju] *sm* Privilegio.
pró [pr′ɔ] *adv+sm* Pro: *adv* a) en favor de. *sm* b) ventaja, conveniencia. • *pref* Pro.
pro.ba.bi.li.da.de [probabilid′adi] *sf* Probabilidad.
pro.ble.ma [probl′emə] *sm* Problema.

pro.ce.der [proseder] *vti+vi* **1** Proceder, provenir, venir, descender, derivarse, originarse. **2** Comportarse, actuar. • *sm* Proceder, comportamiento, actuación, conducta.

pro.ce.di.men.to [prosedimẽtu] *sm* Procedimiento.

pro.ces.sa.dor [prosesador] *sm Inform* Procesador.

pro.ces.sa.men.to [prosesamẽtu] *sm* Procesamiento.

pro.ces.sar [prosesar] *vtd* Procesar.

pro.ces.so [prosɛsu] *sm* Proceso.

pro.cis.são [prosisãw] *sf* Procesión.

pro.cla.mar [proklamar] *vtd+vpr* Proclamar.

pro.cri.ar [prokriar] *vtd+vpr* Procrear.

pro.cu.ra [prokura] *sf* Búsqueda.

pro.cu.ra.ção [prokurasãw] *sf Dir* Poder, poderes.

pro.cu.ra.do [prokurado] *adj* Buscado.

pro.cu.rar [prokurar] *vtd+vti+vi* Procurar.

pro.dí.gio [prodiʒju] *sm* Prodigio.

pro.du.ção [produsãw] *sf* Producción.

pro.du.to [produtu] *sm* Producto.

pro.du.zir [produzir] *vtd+vti+vi* **1** Producir. *vpr* **2** Arreglarse, acicalarse.

pro.e.za [proeza] *sf* Proeza, hazaña.

pro.fe.ci.a [profesia] *sf* Profecía.

pro.fe.rir [proferir] *vtd* Proferir, pronunciar, decir, articular (palabras o sonidos).

pro.fes.sor [profesor] *sm* Profesor.

pro.fe.ta [profɛta] *sm* Profeta.

pro.fis.são [profisãw] *sf* Profesión.

pro.fis.si.o.nal [profisjonaw] *adj e s m+f* Profesional.

pro.fun.di.da.de [profũdidadi] *sf* Profundidad.

pro.fun.do [profũdu] *adj* Profundo. • *adv* Profundamente.

prog.nós.ti.co [prognɔstiku] *sm* Pronóstico.

pro.gra.ma [programə] *sm* Programa.

pro.gra.ma.ção [programasãw] *sf* Programación.

pro.gra.mar [programar] *vtd+vi* Programar.

pro.gre.dir [progredir] *vi+vti* Progresar.

pro.gres.so [progrɛsu] *sm* Progreso.

pro.i.bi.ção [projbisãw] *sf* Prohibición.

pro.i.bir [projbir] *vtd+vti* Prohibir.

pro.je.ção [proʒesãw] *sf* Proyección.

pro.je.tar [proʒetar] *vtd+vti* Proyectar.

pro.jé.til [proʒetiw] *sm* Proyectil.

pro.je.to [proʒɛtu] *sm* Proyecto.

prol [prɔw] *sm* Pro, provecho, ventaja.

pro.le [prɔli] *sf* Prole.

pro.le.tá.rio [proletarju] *sm* Proletario.

pro.li.fe.rar [proliferar] *vi* Proliferar.

pro.lon.ga.men.to [prolõgamẽtu] *sm* Prolongamiento, prolongación.

pro.lon.gar [prolõgar] *vtd+vpr* Prolongar.

pro.mes.sa [promɛsə] *sf* Promesa.

pro.me.ter [prometer] *vtd+vti+vi+vpr* Prometer.

pro.mis.sor [promisor] *adj* Promisorio. • *adj+sm* Prometedor.

pro.mo.ção [promosãw] *sf* Promoción.

pro.mo.ver [promover] *vtd+vti* Promover.

pro.no.me [pronomi] *sm Gram* Pronombre.

pron.to [prõtu] *adj* **1** Pronto: a) veloz, acelerado, ligero. b) dispuesto. **2** Listo: a) diligente, expedito. b) apercibido, preparado, dispuesto. • *adv* Pronto, presto, prontamente.

pron.to-so.cor.ro [prõtusokoȓu] *sm Med* Urgencias.

pro.nún.cia [pronũsjə] *sf* Pronunciación.

pro.nun.ci.ar [pronũsiar] *vtd+vpr* Pronunciar.

pro.pa.ga.ção [propagas'ãw] *sf* Propagación.

pro.pa.gan.da [propag'ãdə] *sf* Propaganda.

pro.pa.ro.xí.to.no [proparoks'itonu] *adj+sm Ling* Esdrújulo.

pro.pí.cio [prop'isju] *adj* Propicio, favorable.

pro.por [prop'or] *vtd+vti+vi+vpr* Proponer.

pro.por.ção [propors'ãw] *sf* Proporción.

pro.por.ci.o.nar [proporsjon'ar] *vtd+vti+vpr* Proporcionar.

pro.pó.si.to [prop'ɔzitu] *sm* 1 Propósito, ánimo, intención. 2 Prudencia, sensatez, buen juicio.

pro.pos.ta [prop'ɔstə] *sf* Propuesta.

pro.pri.e.da.de [proprjed'adi] *sf* Propiedad.

pro.pri.e.tá.rio [proprjet'arju] *adj+sm* Propietario.

pró.prio [pr'ɔprju] *adj+sm* Propio.

pro.sa [pr'ɔzə] *sf* Prosa.

pro.se.ar [proze'ar] *vi* Charlar, platicar, conversar, charlotear, parlotear, chacharear, parlar.

pros.pec.to [prosp'ektu] *sm* Prospecto.

pros.pe.rar [prosper'ar] *vi+vti+vtd* Prosperar.

pros.pe.ri.da.de [prosperid'adi] *sf* Prosperidad.

prós.pe.ro [pr'ɔsperu] *adj* Próspero, favorable, propicio, venturoso, floreciente.

pros.se.guir [proseg'ir] *vtd+vti+vi* Proseguir.

pros.ti.tu.i.ção [prostitujs'ãw] *sf* Prostitución.

pros.ti.tu.ta [prostit'utə] *sf* Prostituta.

pro.ta.go.nis.ta [protagon'istə] *s m+f* Protagonista.

pro.te.ção [protes'ãw] *sf* Protección.

pro.te.ger [protez'er] *vtd+vti* Proteger.

pro.te.í.na [prote'inə] *sf Quím* Proteína.

pró.te.se [pr'ɔtezi] *sf Med* Prótesis.

pro.tes.tar [protest'ar] *vtd+vti+vi* Protestar.

pro.tes.to [prot'estu] *sm* 1 Protesta. 2 *Com* Protesto.

pro.te.tor [protet'or] *adj+sm* Protector.

pro.va [pr'ɔvə] *sf* Prueba.

pro.var [prov'ar] *vtd+vti+vi* Probar.

pro.vá.vel [prov'avew] *adj m+f* Probable.

pro.ve.dor [proved'or] *sm* Proveedor.

pro.vei.to [prov'ejtu] *sm* Provecho, beneficio, utilidad.

pro.ver [prov'er] *vtd+vti+vi+vpr* Proveer.

pro.vér.bio [prov'ɛrbju] *sm* Proverbio, sentencia, adagio, refrán.

pro.ve.ta [prov'etə] *sf* Probeta.

pro.vi.den.ci.ar [providẽsi'ar] *vtd+vti+vti* Tomar providencias, disponer.

pro.vín.cia [prov'ĩsjə] *sf* Provincia.

pro.vir [prov'ir] *vti* Provenir, proceder.

pro.vi.só.rio [proviz'ɔrju] *adj* Provisional, provisorio.

pro.vo.ca.ção [provokas'ãw] *sf* Provocación.

pro.vo.car [provok'ar] *vtd+vti+vi* Provocar.

pro.xi.mi.da.de [prosimid'adi] *sf* Proximidad.

pró.xi.mo [pr'ɔsimu] *adj* Próximo. • *sm* Prójimo. • *adv* Cerca.

pru.dên.cia [prud'ẽsjə] *sf* 1 Prudencia, cautela, templanza, moderación. 2 Sensatez, buen juicio.

pseu.dô.ni.mo [psewd'onimu] *sm+adj* Seudónimo.

psi.co.lo.gi.a [psikoloʒ'iə] *sf* Psicología.

psi.qui.a.tri.a [psikjatr'iə] *sf* Psiquiatría.

psiu! [ps'iw] *interj* ¡Chis!, ¡chist!

pu.ber.da.de [puberd'adi] *sf* Pubertad.

pu.bli.ca.ção [publikas'ãw] *sf* Publicación.

pu.bli.car [publik′ar] *vtd* Publicar.
pu.bli.ci.da.de [publisid′adi] *sf* Publicidad.
pú.bli.co [p′ubliku] *adj+sm* Público.
pu.dim [pud′ĩ] *sm Cul* Budín, flan.
pu.lar [pul′ar] *vi+vtd+vti* Saltar, brincar.
pul.mão [puwm′ãw] *sm Anat* Pulmón.
pu.lo [p′ulu] *sm* Salto, brinco.
pu.lô.ver [pul′over] *sm* Jersey, suéter, pulóver.
púl.pi.to [p′uwpitu] *sm* Púlpito.
pul.sa.ção [puwsas′ãw] *sf* 1 Pulsación. 2 Latido.
pul.sar [puws′ar] *vtd* 1 Empujar, impeler. 2 Pulsar, tocar, palpar. *vti+vi* 3 Latir, palpitar.
pul.sei.ra [puws′ejrə] *sf* Pulsera.
pul.so [p′uwsu] *sm* 1 Pulso. 2 Muñeca, pulso. 3 *fig* Seguridad, firmeza.
pu.nha.do [puñ′adu] *sm* Puñado.
pu.nhal [puñ′aw] *sm* Puñal.
pu.nho [p′uñu] *sm* Puño.

pu.ni.ção [punis′ãw] *sf* Pena, castigo, punición, sanción.
pu.nir [pun′ir] *vtd+vti+vpr* Punir, castigar.
pu.pi.la [pup′ilə] *sf Anat* Pupila.
pu.rê [pur′e] *sm Cul* Puré.
pu.re.za [pur′ezə] *sf* Pureza.
pur.gan.te [purg′ãti] *adj m+f* e *sm* Purgante.
pu.ri.fi.car [purifik′ar] *vtd+vti+vpr* Purificar.
pu.ro [p′uru] *adj* Puro.
pus [p′us] *sm Med* Pus.
pu.xa [p′uʃə] *interj* Pucha, caramba, caray, caracoles.
pu.xa.dor [puʃad′or] *sm* Tirador, manija, empunadura.
pu.xão [puʃ′ãw] *sm* Tirón.
pu.xar [puʃ′ar] *vtd+vti* Tirar, arrancar.
pu.xa-sa.co [puʃəs′aku] *adj* e *s m+f vulg* 1 Zalamero, adulón, adulador, lameculos. 2 *AL* Chupamedia, chupamedias.

q

q, Q [k'e] *sm* Decimosexta letra del abecedario portugués.

qua.dra [k'wadrə] *sf* 1 *Lit* Copla, cuarteto. 2 Cuadra. 3 *Esp* Cancha.

qua.dra.do [kwadr'adu] *adj+sm* 1 *Geom* Cuadrado. 2 *fam* Anticuado, chapado a la antigua.

qua.dri.cu.la.do [kwadrikul'adu] *adj* Cuadriculado, a cuadros.

qua.dril [kwadr'iw] *sm Anat* Cuadril, cadera, cuadra, anca.

qua.dri.lha [kwadr'iʎə] *sf* Cuadrilla, hato.

qua.dri.nho [kwadr'iɲu] *sm* 1 Viñeta (recuadro de una historieta). 2 **quadrinhos** *pl* Historieta, tira cómica, cómic, tebeo.

qua.dro [k'wadru] *sm* 1 Cuadro, lienzo, lámina de pintura. 2 Cuadrado. 3 Conjunto de nombres etc., presentados gráficamente. 4 Marco. 5 Plantilla (conjunto de empleados de una oficina).

qua.dro-ne.gro [kwadrun'egru] *sm* Pizarrón, pizarra.

qual [k'waw] *pron inter* 1 Cuál. *pron relat* 2 Cual, que, quien. • *conj* Como, cuál.

qua.li.da.de [kwalid'adʒi] *sf* 1 Calidad. 2 Superioridad, excelencia. 3 Condición, requisito. 4 Cualidad, característica.

qua.li.fi.ca.ção [kwalifikas'ãw] *sf* Calificación.

qua.li.fi.car [kwalifik'ar] *vt+vpr* Calificar.

qual.quer [kwawk'ɛr] *pron indef* Cualquier, cualquiera.

quan.do [k'wãdu] *adv+conj* Cuando, cuándo.

quan.ti.a [kwãt'iə] *sf* Cuantía, cantidad, suma, importancia.

quan.ti.da.de [kwãtid'adʒi] *sf* Cantidad, cuantidad.

quan.to [k'wãtu] *pron inter* 1 Cuánto. *pron relat* 2 Cuanto. • *adv* Cómo, cuánto, de qué manera.

quão [k'wãw] *adv* Cuan, cúan.

qua.ren.ta [kwar'ẽtə] *num* Cuarenta.

quar.ta-fei.ra [kwartəf'ejrə] *sf* Miércoles.

quar.tei.rão [kwartejr'ãw] *sm* Manzana, cuadra.

quar.tel [kwart'ɛw] *sm* 1 *Mil* Cuartel. 2 Cuarta parte.

quar.to [k'wartu] *num* Cuarto. • *sm* Pieza, habitación, cuarto.

qua.se [k'wazi] *adv* Casi, cuasi.

qua.tor.ze [kwat'orzi] *num* Catorce.

qua.tro [k'watru] *num* Cuatro.

qua.tro.cen.tos [kwatros'ẽtus] *num* Cuatrocientos.

que [k'i] *pron+conj* Que. • *pron+adv*

quê [k'e] *sm* 1 Qué, algo de, algo como. 2 Cu (nombre de la letra *q*). • *pron relat+pron inter* Qué.

que.bra [k'ɛbrə] *sf* **1** Quiebra, rotura, fractura, rompimiento. **2** Pérdida, menoscabo de algo. **3** *Com* Crac, falencia, bancarrota. **4** Quebrantamiento, violación. **5** Doblez.
que.bra-ca.be.ça [kɛbrəkab'esə] *sm* Rompecabezas.
que.bra-pau [kɛbrəp'aw] *sm fam* Agarrada, pelea, riña, bronca.
que.brar [kebr'ar] *vt+vi+vpr* **1** Quebrar, romper, fragmentar, partir. *vt+vi* **2** Quebrantar, debilitar.
que.da [k'edə] *sf* **1** Caída, desplome. **2** Declive. **3** Ruina, decadencia. **4** Derrota, hundimiento. **5** Cascada, catarata.
que.da-d'á.gua [k'edə d'agwə] *sf* Salto, cascada, catarata, caída.
quei.jo [k'ejʒu] *sm* Queso.
quei.ma.da [kejm'adə] *sf* Quema.
quei.ma.du.ra [kejmad'urə] *sf* Quemadura.
quei.mar [kejm'ar] *vt+vi+vpr* **1** Quemar, abrasar, arder, incinerar. *vt* **2** Malbaratar. **3** Derrochar, malgastar. *vt+vpr* **4** Desacreditar.
quei.xa [k'ejʃə] *sf* **1** Queja, acusación, reclamación. **2** Lamento, lamentación.
quei.xar [kejʃ'ar] *vpr* Quejarse, lamentarse, lastimarse, querellarse, gemir, llorar.
quei.xo [k'ejʃu] *sm Anat* Mentón, barbilla.
quem [k'ẽj] *pron relat* **1** Quien, aquél, aquello, el que, al que. *pron inter* **2** Quién, cuál.
quen.te [k'ẽti] *adj* **1** Caliente, caluroso, ardiente. **2** Excitado. **3** Conflictivo, problemático. **4** Empatado.
quer [k'er] *conj* Así, o, o sea que.
que.rer [ker'er] *vt* **1** Querer, amar, estimar. **2** Ambicionar, pretender. **3** Consentir, aceptar.
que.ri.do [ker'idu] *adj* Querido, estimado, preciado.
quer.mes.se [kerm'ɛsi] *sf* Quermés, kermés.
ques.tão [kest'ãw] *sf* Cuestión.
ques.ti.o.nar [kestjon'ar] *vt+vi* Cuestionar, preguntar, argumentar, argüir.
qui.be [k'ibi] *sm* Kibe.
qui.e.to [ki'ɛtu] *adj* Quieto, quedo, tranquilo.
qui.lo [k'ilu] *sm* Kilo, quilo.
qui.lo.me.tra.gem [kilometr'aʒẽj] *sf* Kilometraje.
qui.lô.me.tro [kil'ometru] *sm* Kilómetro, quilómetro.
quí.mi.ca [k'imikə] *sf* Química.
qui.mo.no [kim'onu] *sm* Kimono, quimono.
qui.nhen.tos [kiɲ'ẽtus] *num* Quinientos.
quin.qui.lha.ri.a [kĩkiʎar'iə] *sf* Quincalla, trasto.
quin.ta-fei.ra [kĩtəf'ejrə] *sf* Jueves.
quin.tal [kĩt'aw] *sm* Patio.
quin.to [k'ĩtu] *num* Quinto.
quin.ze [k'ĩzi] *num* Quince.
quin.ze.na [kĩz'enə] *sf* Quincena.
qui.os.que [ki'ɔski] *sm* Kiosco, quiosco, quincho.
quis.to [k'istu] *sm Med* Quiste.
qui.ta.ção [kitas'ãw] *sf Com* Finiquito, recibo, liquidación.
qui.tan.da [kit'ãdə] *sf* Verdulería, frutería.
qui.tar [kit'ar] *vt+vpr Com* Finiquitar, saldar, liquidar.
qui.te [k'iti] *adj* **1** Desobligado, libre de deudas. **2** Empatado.
qui.tu.te [kit'uti] *sm* Exquisitez, manjar, delicia.

r

r, R [eʀi] *sm* Decimoséptima letra del abecedario portugués.

rã [ʀ'ã] *sf Zool* Rana.

ra.ba.ne.te [ʀaban'eti] *sm Bot* Rábano.

ra.bis.car [ʀabisk'ar] *vt+vi* **1** Borrajear, borronear, emborronar. **2** Garabatear, garrapatear.

ra.bis.co [ʀab'isku] *sm* Garabato, garrapato.

ra.bo [ʀ'abu] *sm* **1** Rabo, cola. **2** *vulg* Culo. **rabo de cavalo** Coleta.

ra.bu.gen.to [ʀabuʒ'ẽtu] *adj* Regañón, gruñón, rezongón, antipático, quisquilloso.

ra.bu.gi.ce [ʀabuʒ'isi] *sf* Mal humor, gruñido, refunfuño.

ra.ça [ʀ'asɐ] *sf* **1** Raza, etnia, pueblo. **2** Clase, categoría, calidad. **3** Género, especie. **4** *fam* Espíritu de lucha, determinación, osadía, coraje.

ra.ção [ʀas'ãw] *sf* **1** Ración, porción. **2** Pienso.

ra.cha.du.ra [ʀaʃad'urɐ] *sf* Raja, grieta, hendidura, rajadura, fisura, quebradura.

ra.char [ʀaʃ'ar] *vt+vi+vpr* **1** Rajar, quebrantar, hender, partir, hendir, abrir. *vt* **2** Repartir, ratear, dividir.

ra.ci.o.ci.nar [ʀasjosin'ar] *vt+vi* Raciocinar, razonar.

ra.ci.o.cí.nio [ʀasjos'inju] *sm* Raciocinio, razón, razonamiento, ponderación.

ra.ci.o.na.li.da.de [ʀasjonalid'adi] *sf* Racionalidad.

ra.ci.o.na.li.za.ção [ʀasjonalizas'ãw] *sf* Racionalización.

ra.ci.o.na.li.zar [ʀasjonaliz'ar] *vt* Racionalizar, organizar.

ra.ci.o.na.men.to [ʀasjonam'ẽtu] *sm* Racionamiento.

ra.ci.o.nar [ʀasjon'ar] *vt* Racionar.

ra.cis.mo [ʀas'izmu] *sm* Racismo.

ra.dar [ʀad'ar] *sm* Rádar, radar.

ra.di.a.ção [ʀadjas'ãw] *sf* Radiación, irradiación.

ra.di.a.dor [ʀadjad'or] *sm Mec* Radiador, calefactor.

ra.di.an.te [ʀadi'ãti] *adj* **1** Radiante, brillante, resplandeciente, refulgente. **2** *fig* Alegre, satisfecho, jubiloso, contento.

rá.dio [ʀ'adju] *sm* **1** Radio: a) *Quím* elemento químico. b) *Anat* hueso contiguo al cúbito. **2** Radirreceptor, transistor. *sf* **3** Radiodifusora.

ra.di.o.gra.fi.a [ʀadjograf'iɐ] *sf* Radiografía.

rai.ar [ʀaj'ar] *vt* **1** Rayar. *vt+vi* **2** Alborear, amanecer. **3** Irradiar.

rai.nha [ʀa'iñɐ] *sf* Reina.

rai.o [ʀ'aju] *sm* **1** Rayo. **2** Ámbito, esfera, area.

rai.va [ʀ'ajvɐ] *sf* **1** Rabia, ira, agresividad. **2** Indignación, desesperación.

ra.iz [r̄a'is] *sf* **1** Raíz. **2** *fig* Causa, origen.

ra.ja.da [r̄aʒ'adə] *sf* Ráfaga.

ra.lar [r̄al'ar] *vt+vi* **1** Rallar, desmenuzar. **2** Arañar. **3** *fig* Sudar, matarse, batallar, trabajar.

ra.lé [r̄al'ɛ] *sf* Plebe, gentuza, populacho, pueblo, vulgo.

ra.lhar [r̄aλ'ar] *vt+vi* Regañar, reprender.

ra.lo [r̄'alu] *sm* Rejilla. • *adj* Ralo, escaso.

ra.mal [r̄am'aw] *sm* **1** Ramificación, rama. **2** *Telecom* Anexo, extensión.

ra.ma.lhe.te [r̄amaλ'eti] *sm* Ramillete, bouquet, ramo, buqué, manojo.

ra.mo [r̄'ʌmu] *sm* **1** *Bot* Ramo, rama, gajo. **2** Subdivisión, especialización, parte.

ram.pa [r̄'ãpə] *sf* Rampa, plano inclinado, palenque.

ran.cho [r̄'ãʃu] *sm* Rancho, cabaña.

ran.cor [r̄ãk'or] *sm* Rencor, resentimiento.

ran.ger [r̄ãʒ'er] *vt+vi* Crujir, rechinar, chirriar, restallar.

ran.gi.do [r̄ãʒ'idu] *sm* Crujido, rechino, chirrido.

ran.zin.za [r̄ãz'izə] *adj* e *s m+f* Huraño, rezongón, intratable, antipático, malhumorado.

ra.par [r̄ap'ar] *vt* Rapar, raspar. *vt+vpr* **2** Afeitar. **3** *fig* Limpiar, robar, sacarle todo a uno.

ra.paz [r̄ap'as] *sm* Muchacho, joven, chico.

ra.pi.dez [r̄apid'es] *sf* **1** Rapidez, ligereza, velocidad, aceleración. **2** Presteza, agilidad, vivacidad.

rá.pi.do [r̄'apidu] *adj* **1** Rápido, ligero, veloz, exprés, expreso. **2** Ágil, pronto. • *adv* Rápidamente.

rap.tar [r̄apt'ar] *vt* Raptar, secuestrar.

rap.to [r̄'aptu] *sm* Rapto, secuestro.

ra.que.te [r̄ak'ɛti] *sf Esp* Raqueta, pala.

ra.qui.ti.co [r̄ak'itiku] *adj+sm* Raquítico, gurrumino, canijo.

ra.re.ar [r̄are'ar] *vt+vi* Rarear, escasear, enrarecer.

ra.ri.da.de [r̄arid'adi] *sf* Raridad, rareza.

ra.ro [r̄'aru] *adj* **1** Raro, poco común. **2** Escaso. • *adv* Raramente, raro.

ras.cu.nho [r̄ask'uɲu] *sm* **1** Bosquejo, esbozo, anteproyecto. **2** Borrador, nota.

ras.gar [r̄azg'ar] *vt+vpr* **1** Rasgar, esfarrapar, desgarrar. *vt* **2** Herir, dilacerar.

ra.so [r̄'azu] *adj* **1** Raso. **2** Plano, playo, liso. **3** Superficial.

ras.pão [r̄asp'ãw] *sm* Raspón, rasponazo, arañazo, escoriación.

ras.par [r̄asp'ar] *vt* **1** Raspar, frotar. **2** Rozar. **3** Arañar.

ras.tei.ra [r̄ast'ejrə] *sf* Zancadilla, traspié.

ras.tei.ro [r̄ast'ejru] *adj* Rastrero.

ras.te.jar [r̄asteʒ'ar] *vt* **1** Rastrear. *vi+vpr* **2** Ratear, arrastrarse.

ras.tre.a.men.to [r̄astream'ẽtu] *sm* Rastreo, cateo, búsqueda, batida.

ras.tre.ar [r̄astre'ar] *vt* **1** Arrastrarse, ratear. *vt+vi* **2** Rastrear.

ras.tro [r̄'astru] *sm* Rastro, huella, vestigio, pista, indicio.

ra.su.ra [r̄az'urə] *sf* Tachón, borrón, enmienda.

ra.su.rar [r̄azur'ar] *vt* Tachar, enmendar.

ra.te.ar [r̄ate'ar] *vt* **1** Ratear, distribuir, repartir. *vi* **2** Fallar, funcionar mal.

ra.tei.o [r̄at'eju] *sm* Rateo, repartición, prorrata.

ra.ti.fi.car [r̄atifik'ar] *vt* Ratificar, validar, confirmar, aprobar, corroborar.

ra.to [r̄'atu] *sm* Rata.

ra.to.ei.ra [r̄ato'ejrə] *sf* Ratonera.

ra.zão [r̄az'ãw] *sf* Razón.
ra.zo.á.vel [r̄azo'avew] *adj* Razonable.
ré [r̄'ɛ] *sf* 1 Popa trasera. 2 Marcha atrás.
re.a.bas.te.cer [r̄eabastes'er] *vt+vpr* Abastecer, proveer, suministrar.
re.a.bas.te.ci.men.to [r̄eabastesim'ẽtu] *sm* Abastecimiento, suministro, provisión.
re.a.ber.tu.ra [r̄eabert'urɐ] *sf* Reinicio, recomienzo, reinauguración.
re.a.bi.li.ta.ção [r̄eabilitas'ãw] *sf* Rehabilitación.
re.a.bi.li.tar [r̄eabilit'ar] *vt* Rehabilitar.
re.a.brir [r̄eabr'ir] *vt+vi+vpr* Reabrir.
re.a.ção [r̄eas'ãw] *sf* Reacción.
re.a.cen.der [r̄easẽd'er] *vt+vpr* 1 Reactivar, reavivar. 2 *fig* Reanimar.
re.a.dap.ta.ção [r̄eadaptas'ãw] *sf* Readaptación.
re.a.dap.tar [r̄eadapt'ar] *vt+vpr* Readaptar, reeducar, reacomodar.
re.ad.mis.são [r̄eadmis'ãw] *sf* Readmisión.
re.ad.mi.tir [r̄eadmit'ir] *vt* Readmitir.
re.a.fir.mar [r̄eafirm'ar] *vt* Reafirmar.
re.a.gir [r̄eaʒ'ir] *vt+vi* 1 Reaccionar, reactivar, recobrar la actividad. 2 Defenderse, rechazar un ataque, oponerse, luchar.
re.a.gru.par [r̄eagrup'ar] *vt+vpr* Reagrupar.
re.a.jus.tar [r̄eaʒust'ar] *vt* Reajustar, adecuar.
re.al [r̄e'aw] *adj* Real, verdadero.
re.al.çar [r̄eaws'ar] *vt+vpr* Realzar, resaltar, agrandar, destacar, acentuar.
re.al.ce [r̄e'awsi] *sm* Realce.
re.a.li.da.de [r̄ealid'adi] *sf* Realidad.
re.a.li.za.ção [r̄ealizas'ãw] *sf* 1 Realización, acto, ejecución, producción. 2 Satisfacción.
re.a.li.zar [r̄ealiz'ar] *vt+vpr* 1 Realizar, hacer, producir. 2 Realizarse, lograr su objetivo.

re.a.ni.mar [r̄eanim'ar] *vt* 1 Reanimar, vivificar. *vt+vpr* 2 Cobrar aliento.
re.a.pa.re.cer [r̄eapares'er] *vi* Reaparecer, resurgir.
re.a.pa.re.ci.men.to [r̄eaparesim'ẽtu] *sf* Reaparición, resurgimiento.
re.a.pre.sen.ta.ção [r̄eaprezẽtas'ãw] *sf* Reexhibición.
re.a.pre.sen.tar [r̄eaprezẽt'ar] *vt* Reexhibir.
re.a.pro.vei.tar [r̄eaprovejt'ar] *vt* Reaprovechar.
re.as.su.mir [r̄easum'ir] *vt* Reasumir.
re.a.tar [r̄eat'ar] *vt* Reanudar.
re.a.ti.var [r̄eativ'ar] *vt* Reactivar.
re.a.ti.vi.da.de [r̄eativid'adi] *sf* Reactividad.
re.a.tor [r̄eat'or] *sm Fís* Reactor.
re.a.ver [r̄eav'er] *vt* Recuperar, reintegrar.
re.a.vi.var [r̄eaviv'ar] *vt* Reavivar, reanimar.
re.bai.xa.men.to [r̄ebajʃam'ẽtu] *sm* Rebajamiento, rebaja.
re.bai.xar [r̄ebajʃ'ar] *vt+vi+vpr* 1 Rebajar, bajar. *vt* 2 Disminuir (precio). *vt+vpr* 3 *fig* Humillar.
re.ba.nho [r̄eb'ʌñu] *sm* Rebaño.
re.ba.ter [r̄ebat'er] *vt* 1 Rebatir, rebotar. 2 Reforzar, redoblar. 3 Refutar, contradecir con argumentos.
re.be.lar [r̄ebel'ar] *vt+vpr* Rebelar, sublevar, indisciplinarse, insubordinarse.
re.bel.de [r̄eb'ɛwdi] *adj* e *s m+f* Rebelde, insurrecto, agitador, indócil.
re.bel.di.a [r̄ebewd'iɐ] *sf* Rebeldía, desobediencia, insubordinación, indisciplina, indocilidad.
re.be.li.ão [r̄ebeli'ãw] *sf* Rebelión, revuelta, levantamiento, rebeldía, insurrección, revolución, tumulto, sublevación.
re.ben.tar [r̄ebẽt'ar] *vt+vi* 1 Reventar. 2 Brotar.

re.ben.to [r̃eb'ẽtu] *sm* **1** *Bot* Retoño, brote, pimpollo, renuevo, hijuelo. **2** *fig* Hijo, descendente. **3** *fig* Fruto, resultado, producto.
re.bi.te [r̃eb'iti] *sm* Remache, roblón.
re.bo.car [r̃ebok'ar] *vt* **1** Revocar, enyesar, blanquear. **2** Remolcar, arrastrar, atoar.
re.bo.co [r̃eb'oku] *sm* Revoque, revoco.
re.bo.la.do [r̃ebol'adu] *sm* Bamboleo (de los cuadriles).
re.bo.lar [r̃ebol'ar] *vt+vpr* Bambolear(se), menear(se).
re.bo.que [r̃eb'ɔki] *sm* Remolque, revoco, reboque.
re.bu [r̃eb'u] *sm fam* Alboroto, jaleo, tumulto, bulla, pendencia, pelea, confusión.
re.bu.li.ço [r̃ebul'isu] *sm fam* Alboroto, jaleo, tumulto, bulla.
re.bus.ca.do [r̃ebusk'adu] *adj* Rebuscado.
re.ca.das.trar [r̃ekadastr'ar] *vt* Registrar de nuevo, empadronar, hacer el censo otra vez.
re.ca.do [r̃ek'adu] *sm* Recado, aviso, mensaje.
re.ca.í.da [r̃eka'idə] *sf* Recaída, reincidencia.
re.ca.ir [r̃eka'ir] *vt+vi* Recaer.
re.cal.car [r̃ekawk'ar] *vt* **1** Recalcar. **2** Reprimir, bloquear.
re.cal.que [r̃ek'awki] *sm* Recalcadura.
re.can.to [r̃ek'ãtu] *sm* Retiro, reducto, rincón, refugio.
re.ca.pe.a.men.to [r̃ekapeam'ẽtu] *sm* Nuevo revestimiento (de calles, de neumáticos).
re.ca.pe.ar [r̃ekape'ar] *vt* **1** Revestir, pavimentar calles. **2** Recauchutar.
re.ca.pi.ta.li.zar [r̃ekapitaliz'ar] *vt* Recapitalizar.
re.ca.pi.tu.la.ção [r̃ekapitulas'ãw] *sf* **1** Recapitulación, resumen, síntesis. **2** Revisión.
re.ca.pi.tu.lar [r̃ekapitul'ar] *vt* **1** Recapitular, revisar, repasar. **2** Resumir, compendiar.
re.cap.tu.rar [r̃ekaptur'ar] *vt* Recapturar.
re.car.re.gar [r̃ekar̃eg'ar] *vt+vpr* Recargar.
re.ca.to [r̃ek'atu] *sm* **1** Cautela, precaución, reserva. **2** Recato, decoro, pundonor, vergüenza, respetos.
re.ce.ar [r̃ese'ar] *vt+vpr* Recelar, temer, dudar.
re.ce.ber [r̃eseb'er] *vt* Recibir.
re.ce.bi.men.to [r̃esebim'ẽtu] *sm* **1** Recibimiento, recepción, acogida. **2** Recaudación, cobranza, cobro.
re.cei.o [r̃es'eju] *sm* Recelo, aprensión, miedo, escrúpulo.
re.cei.ta [r̃es'ejtə] *sf* **1** *Com* Entrada, ingreso. **2** Receta, fórmula, recetario.
re.cei.tar [r̃esejt'ar] *vt+vi* Recetar, prescribir, indicar.
re.cei.tu.á.rio [r̃esejtu'arju] *sm* Recetario.
re.cém [r̃es'ẽj] *adv* Recién.
re.cen.se.a.men.to [r̃esẽseam'ẽtu] *sm* Empadronamiento, censo, inventario.
re.cen.se.ar [r̃esẽse'ar] *vt* Empadronar, censar, inventariar.
re.cen.te [r̃es'ẽti] *adj* Reciente.
re.ce.o.so [r̃ese'ozu] *adj* Receloso, temeroso, miedoso.
re.cep.ção [r̃eseps'ãw] *sf* Recepción.
re.cep.ci.o.nar [r̃esepsjon'ar] *vt+vi* Recibir, recepcionar, agasajar.
re.cep.ta.dor [r̃eseptad'or] *adj+sm* Receptador, perista.
re.cep.ti.vi.da.de [r̃eseptivid'adi] *sf* Receptividad.
re.cep.tor [r̃esept'or] *adj+sm* Receptor.
re.ces.são [r̃eses'ãw] *sf* Recesión.
re.ces.so [r̃es'ɛsu] *sm* Receso.
re.cha.çar [r̃eʃas'ar] *vt* Rechazar, refutar, rehusar, repeler, repulsar.

re.che.ar [ʀeʃeʼar] *vt* **1** Rellenar, henchir, llenar. *vt+vpr* **2** *fig* Enriquecer, adinerarse.

re.chei.o [ʀeʃʼeju] *sm* Relleno.

re.chon.chu.do [ʀeʃõʃʼudu] *adj* Rechoncho, gordinflón, regordete, repolludo.

re.ci.bo [ʀesʼibu] *sm* Recibo, recibí, acuse de recibo.

re.ci.cla.gem [ʀesiklʼaʒẽj] *sf* Reciclaje.

re.ci.clar [ʀesiklʼar] *vt+vpr* Reciclar.

re.cin.to [ʀesʼĩtu] *sm* Recinto.

re.ci.pi.en.te [ʀesipiʼẽti] *sm* Recipiente.

re.ci.pro.ci.da.de [ʀesiprosidʼadi] *sf* Reciprocidad, correspondencia, correlación, relación.

re.cí.pro.co [ʀesʼiproku] *adj* Recíproco, mutuo.

re.ci.tar [ʀesitʼar] *vt* Recitar.

re.cla.ma.ção [ʀeklamasʼãw] *sf* **1** Reclamación, queja, exigencia. **2** Apelación, reclamo.

re.cla.mar [ʀeklamʼar] *vt+vi* **1** Reclamar, exigir, requerir. *vt* **2** Protestar, quejarse.

re.cli.nar [ʀeklinʼar] *vt+vpr* Reclinar, inclinar, recostar.

re.clu.são [ʀekluzʼãw] *sf* Reclusión, encarcelamiento, encierro, clausura.

re.co.brar [ʀekobrʼar] *vt* **1** Recobrar, readquirir, restaurar. *vpr* **2** Cobrarse, recuperarse, rehacerse.

re.co.brir [ʀekobrʼir] *vt+vpr* Recubrir.

re.co.lher [ʀekoʎʼer] *vpr* **1** Recogerse, retirarse, apartarse. *vt+vpr* **2** Juntar, reunir. *vt* **3** Coger. **4** Recolectar (frutos). **5** Albergar, abrigar, alojar. **6** Encerrar.

re.co.lhi.men.to [ʀekoʎimʼẽtu] *sm* **1** Recogimiento, asilo, recogida. **2** Cobranza, cobro.

re.co.lo.car [ʀekolokʼar] *vt* Reponer, volver a poner.

re.co.me.çar [ʀekomesʼar] *vt* Recomenzar.

re.co.men.da.ção [ʀekomẽdasʼãw] *sf* **1** Recomendación. **2 recomendações** *pl* Cumplimientos, saludos, encomiendas, recuerdos.

re.co.men.dar [ʀekomẽdʼar] *vt* Recomendar.

re.co.men.dá.vel [ʀekomẽdʼavew] *adj* Recomendable.

re.com.pen.sa [ʀekõpʼẽsə] *sf* Recompensa, gratificación.

re.com.pen.sa.dor [ʀekõpẽsadʼor] *adj+sm* Gratificante.

re.com.por [ʀekõpʼor] *vt+vpr* Recomponer, reconstituir, arreglar.

re.con.ci.li.a.ção [ʀekõsiljasʼãw] *sf* Reconciliación.

re.con.for.tar [ʀekõfortʼar] *vt+vpr* Reconfortar, reanimar.

re.co.nhe.cer [ʀekoñesʼer] *vt* Reconocer.

re.co.nhe.ci.men.to [ʀekoñesimʼẽtu] *sm* **1** Reconocimiento, identificación. **2** Inspección. **3** Gratitud, agradecimiento.

re.con.quis.tar [ʀekõkistʼar] *vt* Reconquistar.

re.con.si.de.rar [ʀekõsiderʼar] *vt* Reconsiderar.

re.cons.ti.tu.ir [ʀekõstituʼir] *vt* Reconstituir.

re.cons.tru.ção [ʀekõstrusʼãw] *sf* Reconstrucción, reconstitución.

re.cons.tru.ir [ʀekõstruʼir] *vt* **1** Reconstruir, reedificar, restaurar. **2** Rehabilitar.

re.con.tar [ʀekõtʼar] *vt* Recontar.

re.cor.da.ção [ʀekordasʼãw] *sf* Recordación, recuerdo.

re.cor.dar [ʀekordʼar] *vt+vpr* Recordar.

re.cor.de [ʀekʼɔrdi] *adj+sm* Récord.

re.cor.dis.ta [ʀekordʼistə] *adj e s m+f* Recordista.

re.cor.rer [ʀekoʀʼer] *vt* **1** Recurrir, recorrer. **2** Acudir.

re.cor.tar [ʀekortʼar] *vt* Recortar, cortar.

re.cor.te [ɾek'ɔrti] *sm* Recorte.
re.cos.tar [ɾekost'ar] *vt+vpr* Recostar, inclinar, reclinar.
re.cre.a.ção [ɾekreas'ãw] *sf* Recreación, recreo.
re.cre.ar [ɾekre'ar] *vt+vpr* Recrear, divertir, alegrar.
re.crei.o [ɾekr'eju] *sm* Recreo.
re.cri.mi.na.ção [ɾekriminas'ãw] *sf* Recriminación, represión, reprimenda.
re.cri.mi.nar [ɾekrimin'ar] *vt* Recriminar, censurar, reconvenir.
re.cru.des.ci.men.to [ɾekrudesim'ẽtu] *sm* Recrudecimiento, intensificación, agravamiento.
re.cru.ta [ɾekr'utɐ] *sm Mil* Recluta, soldado, conscripto.
re.cru.ta.men.to [ɾekrutam'ẽtu] *sm Mil* Reclutamiento, alistamiento.
re.cru.tar [ɾekrut'ar] *vt Mil* Reclutar, regimentar, levar, inscribir, alistar, incorporar, enganchar.
re.cu.ar [ɾeku'ar] *vt+vi* Retroceder, recular, cejar.
re.cu.o [ɾek'wu] *sm* Retroceso, reculada, retirada, alejamiento.
re.cu.pe.ra.ção [ɾekuperas'ãw] *sf* Recuperación, reconquista, rehabilitación, regeneración.
re.cu.pe.rar [ɾekuper'ar] *vt+vpr* Recuperar.
re.cur.so [ɾek'ursu] *sm* **1** Recurso, expediente. **2 recursos** *pl* Recursos, bienes.
re.cu.sa [ɾek'uzɐ] *sf* Rechazo, denegación, resistencia.
re.cu.sar [ɾekuz'ar] *vt+vpr* Recusar, rechazar, rehusar, denegar.
re.cu.sá.vel [ɾekuz'avew] *adj* Recusable.
re.da.ção [ɾedas'ãw] *sf* Redacción.
re.da.tor [ɾedat'or] *adj+sm* Redactor.
re.de [ɾ'edi] *sf* **1** Red. **2** Hamaca.
ré.dea [ɾ'ɛdjɐ] *sf* Rienda, arreos.
re.de.fi.nir [ɾedefin'ir] *vt* Redefinir.

re.de.moi.nho [ɾedemo'iɲu] *sm* Remolino, torbellino.
re.den.ção [ɾedẽs'ãw] *sf* Redención.
re.den.tor [ɾedẽt'or] *adj+sm* Redentor.
re.di.gir [ɾediʒ'ir] *vt+vi* Redactar, escribir.
re.di.mir [ɾedim'ir] *vt+vpr* Redimir, eximir, rescatar, salvar, perdonar, liberar.
re.dis.tri.bu.i.ção [ɾedistribujs'ãw] *sf* Redistribución.
re.dis.tri.bu.ir [ɾedistribu'ir] *vt* Redistribuir.
re.do.brar [ɾedobr'ar] *vt+vi+vpr* Redoblar, aumentar.
re.do.ma [ɾed'omɐ] *sf* **1** Urna. **2** *fig* Refugio.
re.don.de.za [ɾedõd'ezɐ] *sf* **1** Vecindario, vecindad, entorno, alrededor. **2 redondezas** *pl* Cercanías, aledaños, alrededores.
re.don.do [ɾed'õdu] *adj* Redondo.
re.dor [ɾed'or] *sm* Redor, rededor, contorno.
re.du.ção [ɾedus'ãw] *sf* Reducción, aminoración, disminución.
re.dun.dân.cia [ɾedũd'ãsjɐ] *sf* Redundancia, repetición.
re.du.pli.car [ɾeduplik'ar] *vt+vi* Reduplicar, redoblar.
re.du.to [ɾed'utu] *sm* Reducto.
re.du.zir [ɾeduz'ir] *vt+vpr* **1** Reducir, achicar, aminorar, disminuir. **2** Suavizar, ablandar. *vt* **3** Subyugar, vencer, someter, dominar. **4** Abreviar, acortar. **5** Limitar, restringir.
re.e.di.ção [ɾeedis'ãw] *sf* Reedición.
re.e.le.ger [ɾeeleʒ'er] *vt* Reelegir.
re.e.lei.ção [ɾeelejs'ãw] *sf* Reelección.
re.em.bol.sar [ɾeẽbows'ar] *vt+vpr* **1** Reembolsar, devolver, restituir. **2** Indemnizar, resarcir.
re.em.bol.so [ɾeẽb'owsu] *sm* Reembolso, restitución, reintegro.
re.en.car.na.ção [ɾeẽkarnas'ãw] *sf* Reencarnación.

re.en.con.trar [r̃eẽkõtr'ar] *vt+vpr* Reencontrar.

re.en.con.tro [r̃eẽk'õtru] *sm* Reencuentro.

re.fa.zer [r̃efaz'er] *vt* **1** Rehacer, reconstituir, reconstruir. **2** Restaurar, recuperar, reparar, reformar. **3** Enmendar, corregir. **4** Indemnizar. *vt+vpr* **5** Restablecerse, fortalecerse.

re.fei.ção [r̃efejs'ãw] *sf* Comida.

re.fei.tó.rio [r̃efejt'ɔrju] *sm* Comedor.

re.fém [r̃ef'ẽj] *s m+f* Rehén.

re.fe.rên.cia [r̃efer'ẽsjə] *sf* **1** Referencia, mención, alusión. **2** Observación, nota, comentario. **3** Relación, correlación, correspondencia. **4** Recomendación. **referências** *pl*

re.fe.ren.do [r̃efer'ẽdu] *sm* Referéndum.

re.fe.ren.te [r̃efer'ẽti] *adj* Referente, alusivo, pertinente, concerniente, relativo.

re.fe.rir [r̃efer'ir] *vt* **1** Referir, contar, narrar, relatar. **2** Exponer, alegar, citar. *vt+vpr* **3** Aludir, mencionar, nombrar, referirse.

re.fil [r̃ef'iw] *sm* Repuesto, recambio.

re.fi.na.do [r̃efin'adu] *adj* **1** Refinado, depurado, purificado. **2** *fig* Distinguido, elegante, educado, pulido.

re.fi.na.men.to [r̃efinam'ẽtu] *sm* **1** Refinación, purificación, depuración. **2** Refinamiento, primor, distinción, exquisitez.

re.fi.nan.ci.a.men.to [r̃efinãsjam'ẽtu] *sm* Refinanciamiento, refinanciación.

re.fi.nan.ci.ar [r̃efinãsi'ar] *vt* Refinanciar.

re.fi.na.ri.a [r̃efinar'iə] *sf* Refinería.

re.fle.tir [r̃eflet'ir] *vt+vi* **1** Reflejar, reflectar. **2** Reflexionar, meditar.

re.fle.tor [r̃eflet'or] *adj+sm Eletr* Reflector.

re.fle.xão [r̃efleks'ãw] *sf* **1** Reflexión, pensamiento, ponderación. **2** *Fís* Reflectación.

re.fle.xi.vo [r̃efleks'ivu] *adj* Reflexivo.

re.fle.xo [r̃efl'eksu] *adj* Reflejo, automático, involuntario, maquinal. • *sm* Reflejo.

re.flo.res.ta.men.to [r̃eflorestam'ẽtu] *sm* Reforestación.

re.flu.xo [r̃efl'uksu] *sm* Reflujo.

re.fo.gar [r̃efog'ar] *vt* Rehogar, guisar, estofar, sofreír.

re.for.çar [r̃efors'ar] *vt+vpr* **1** Reforzar, fortificar. *vt* **2** Engrosar, aumentar. **3** Reanimar, rehacer. **4** Afirmar, corroborar, asegurar.

re.for.ço [r̃ef'orsu] *sm* Refuerzo, ayuda, auxilio.

re.for.ma [r̃ef'ɔrmə] *sf* **1** Reforma, renovación, restauración. **2** Mejora, progreso, mejoramiento. **3** *Mil* Jubilación.

re.for.mar [r̃eform'ar] *vt* **1** Reformar, regenerar, reconstruir. **2** Corregir, enmendar. **3** Renovar, transformar. *vt+vpr* **4** *Mil* Jubilar(se), retirar(se).

re.for.ma.tó.rio [r̃eformat'ɔrju] *sm* Reformatorio, correccional, internado.

re.frão [r̃efr'ãw] *sm* **1** Refrán, estribillo. **2** Proverbio, dicho, máxima.

re.fra.tá.rio [r̃efrat'arju] *adj* **1** Refractario. **2** Insumiso, rebelde, desobediente, reacio. **3** *fig* Insensible, indiferente.

re.fre.ar [r̃efre'ar] *vt* **1** Refrenar, reprimir, retener, frenar. **2** Dominar, sujetar. *vt+ vpr* **3** Comedirse, refrenarse, comportarse.

re.fres.car [r̃efresk'ar] *vt+vi+vpr* **1** Refrescar, enfriar, refrigerar. **2** Aliviar, suavizar. *vt+vpr* **3** Reanimar(se), restablecer(se).

re.fres.co [r̃efr'esku] *sm* **1** Refresco, jugo. **2** *fig* Alivio.

re.fri.ge.ra.dor [r̃efriʒerad'or] *adj* Refrigerador. • *sm* Refrigerador, heladera, nevera, frigorífico.

re.fri.ge.ran.te [r̃efriʒer'ãti] *adj* Refrigerante, refrescante. • *sm* Gaseosa.

refrigerar — reincidência

re.fri.ge.rar [r̃efriʒer'ar] vt 1 Refrigerar, helar, enfriar. vt+vpr 2 Refrescar(se). 3 *fig* Aliviar, suavizar.

re.fu.gi.ar [r̃efuʒi'ar] vpr 1 Refugiarse, retirarse, recogerse. 2 Expatriarse. 3 Defenderse, resguardarse.

re.fú.gio [r̃ef'uʒju] sm 1 Refugio, asilo, cobijo. 2 Amparo, protección. 3 Escondrijo.

re.fu.go [r̃ef'ugu] sm Desecho, resto, sobra.

re.fu.tar [r̃efut'ar] vt 1 Refutar, contradecir, negar. 2 Rehusar, rechazar, recusar. 3 Argumentar, argüir, discutir.

re.ga.dor [r̃egad'or] adj Regador. • sm Regadera.

re.ga.li.a [r̃egal'iə] sf Regalía, prerrogativa, privilegio, preeminencia, excepción, ventaja.

re.gar [r̃eg'ar] vt Regar.

re.ga.ta [r̃eg'atə] sf *Esp* Regata.

re.ga.te.ar [r̃egate'ar] vt+vi Regatear, debatir precio.

re.ga.tei.o [r̃egat'eju] sm Regateo.

re.ge.ne.rar [r̃eʒener'ar] vt+vpr 1 Regenerar, renacer. vt 2 Restaurar, reconstituir. vpr 3 Rehabilitarse, regenerarse, enmendarse, corregirse.

re.gen.te [r̃eʒ'ẽti] adj Regente, dirigente. • s m+f 1 Regente. 2 *Mús* Maestro.

re.ger [r̃eʒ'er] vt+vi+vpr 1 Regir, gobernar, reinar. vt 2 Dirigir.

re.gi.ão [r̃eʒi'ãw] sf Región.

re.gi.me [r̃eʒ'imi] sm 1 Régimen, sistema. 2 Dieta.

re.gi.men.to [r̃eʒim'ẽtu] sm Regimiento, reglamento, régimen, estatuto.

re.gis.trar [r̃eʒistr'ar] vt+vpr 1 Registrar, inscribir, matricular. vt 2 Anotar, apuntar.

re.gis.tro [r̃eʒ'istru] sm 1 Registro, inscripción. 2 Apunte, anotación. 3 Padrón, matrícula. 4 Reloj, medidor.

re.go.zi.jar [r̃egoziʒ'ar] vt+vpr Regocijar, alegrar.

re.gra [r̃'ɛgrə] sf 1 Regla, principio, norma, ley. 2 Pauta, línea (de la escritura). 3 **regras** *pl* Regla, menstruación, mes.

re.gra.va.ção [r̃egravas'ãw] sf Regrabación.

re.gra.var [r̃egrav'ar] vt Regrabar.

re.gre.dir [r̃egred'ir] vi Retroceder, retornar, remontarse.

re.gres.são [r̃egres'ãw] sf Regresión, retroceso, retrocesión, retorno, reculada.

re.gres.sar [r̃egres'ar] vt+vi Regresar, retornar, volver.

re.gres.so [r̃egr'ɛsu] sm Regreso, vuelta, retorno.

ré.gua [r̃'ɛgwə] sf Regla.

re.gu.la.men.tar [r̃egulamẽt'ar] vt Reglamentar, regular.

re.gu.la.men.to [r̃egulam'ẽtu] sm Reglamento, estatuto, ordenanza, norma, ordenación.

re.gu.lar¹ [r̃egul'ar] adj 1 Regular. 2 Proporcionado. 3 Mediano. 4 Razonable.

re.gu.lar² [r̃egul'ar] vt 1 Regular, reglar. 2 Moderar, suavizar. 3 Ajustar, arreglar. 4 *fig* Carburar.

re.gu.la.ri.da.de [r̃egularid'adi] sf Regularidad.

re.gu.la.ri.zar [r̃egulariz'ar] vt+vpr Regularizar, normalizar, regular, reglar.

re.gur.gi.tar [r̃egurʒit'ar] vt+vi 1 Regurgitar, rebosar. 2 Vomitar.

rei [r̃'ej] sm Rey.

re.im.pres.são [r̃eĩpres'ãw] sf Reimpresión.

re.im.pri.mir [r̃eĩprim'ir] vt Reimprimir.

rei.na.do [r̃ejn'adu] sm Reinado.

rei.nar [r̃ejn'ar] vi Reinar, gobernar, regir.

re.in.ci.dên.cia [r̃eĩsid'ẽsjə] sf 1 Reincidencia, recaída. 2 Obstinación, terquedad, insistencia.

re.in.ci.dir [řeĩsid'ir] *vt+vi* Reincidir, recaer, repetir, reiterar.

re.i.ni.ci.ar [řejnisi'ar] *vt* Reiniciar, recomenzar.

re.i.ní.cio [řejn'isju] *sm* Reinicio, recomienzo.

rei.no [ř'ejnu] *sm* Reino.

re.in.te.grar [řeĩtegr'ar] *vt* Reintegrar, devolver, restituir, reincorporar.

rei.te.rar [řejter'ar] *vt* Reiterar, confirmar, remachar, repetir.

rei.tor [řejt'or] *sm* Rector.

rei.vin.di.ca.ção [řejvĩdikas'ãw] *sf* Reivindicación.

rei.vin.di.car [řejvĩdik'ar] *vt* Reivindicar, exigir, reclamar.

re.jei.ção [řeʒejs'ãw] *sf* Rechazo.

re.jei.tar [řeʒejt'ar] *vt* Rechazar, negar.

re.ju.ve.nes.cer [řeʒuvenes'er] *vt+vi+vpr* Rejuvenecer, remozar.

re.la.ção [řelas'ãw] *sf* 1 Relación, relato, narración. 2 Lista, rol. 3 Conexión, vínculo. 4 **relações** *pl* Relaciones, amistades.

re.la.ci.o.na.men.to [řelasjonam'ẽtu] *sm* Relación.

re.la.ci.o.nar [řelasjon'ar] *vt* 1 Relacionar, corresponder. 2 Relatar, referir, narrar. 3 Alistar, enrolar. *vt+vpr* 4 Relacionar(se).

re.lâm.pa.go [řel'ãpagu] *sm* Relámpago.

re.lan.ce [řel'ãsi] *sm* Ojeada, vistazo, reojo.

re.lap.so [řel'apsu] *adj+sm* 1 Relapso, negligente, descuidado. 2 Reincidente, contumaz.

re.lar [řel'ar] *vt* Rozar, tocar.

re.la.tar [řelat'ar] *vt* Relatar, contar, exponer, narrar.

re.la.ti.vi.da.de [řelativid'adi] *sf* Relatividad, relativismo.

re.la.ti.vo [řelat'ivu] *adj* 1 Relativo, referente, concerniente. 2 Condicional. 3 Contingente.

re.la.to [řel'atu] *sm* Relato, cuento, exposición, narración, informe.

re.la.tor [řelat'or] *adj+sm* Relator.

re.la.tó.rio [řelat'ɔrju] *sm* Informe, información, relación.

re.la.xa.do [řelaʃ'adu] *adj* 1 Relajado, flojo, blando. 2 Descansado, tranquilo. • *adj+sm* Descuidado, negligente, dejado.

re.la.xa.men.to [řelaʃam'ẽtu] *sm* 1 Relajación. 2 Negligencia, descuido. 3 Inmoralidad.

re.la.xar [řelaʃ'ar] *vt* 1 Relajar, aflojar, laxar. 2 Suavizar. 3 Relevar (voto, obligación). *vi* 4 Esparcir, distraer el ánimo. *vpr* 5 Descuidarse, abandonarse.

re.le.gar [řeleg'ar] *vt* 1 Relegar, desterrar, confinar, expatriar. 2 Abandonar, olvidar, desatender.

re.lem.brar [řelẽbr'ar] *vt* Recordar, acordarse, rememorar.

re.len.to [řel'ẽtu] *sm* Relente, rocío, sereno.

re.le.vân.cia [řelev'ãsjə] *sf* Relevancia, importancia, significación.

re.le.var [řelev'ar] *vt* 1 Relevar, realzar. 2 Permitir. 3 Perdonar.

re.le.vo [řel'evu] *sm* Relieve.

re.li.gi.ão [řeliʒi'ãw] *sf* Religión.

re.lin.char [řelĩʃ'ar] *vi* Relinchar.

re.lí.quia [řel'ikjə] *sf* Reliquia.

re.ló.gio [řel'ɔʒju] *sm* Reloj.

re.lo.jo.a.ri.a [řeloʒoar'iə] *sf* Relojería.

re.lo.jo.ei.ro [řeloʒo'ejru] *sm* Relojero.

re.lu.tan.te [řelut'ãti] *adj* Reluctante, reacio, renuente.

re.lu.zir [řeluz'ir] *vi* Relucir, lucir, brillar, resplandecer.

rel.va [ř'εwvə] *sf* Césped, pasto, hierba.

re.ma.ne.ja.men.to [řemaneʒam'ẽtu] *sm* Redistribución, modificación, reordenación.

re.ma.ne.jar [řemaneʒ'ar] *vt* Reorganizar, redistribuir, modificar.

re.ma.nes.cen.te [r̃emanes′ẽti] *adj e s m+f* Remanente, restante.

re.mar [r̃em′ar] *vt+vi* Remar.

re.mar.ca.ção [r̃emarkas′ãw] *sf* Remarcación.

re.mar.car [r̃emark′ar] *vt* 1 Reajustar (precios). 2 Remarcar.

re.ma.tar [r̃emat′ar] *vt* Rematar.

re.ma.te [r̃em′ati] *sm* 1 Remate. 2 Conclusión, fin.

re.me.di.ar [r̃emedi′ar] *vt* 1 Remediar, curar. 2 Atenuar, suavizar. 3 Reparar, enmendar, corregir.

re.mé.dio [r̃em′ɛdju] *sm* 1 *Med* Remedio, medicina, fármaco, medicamento. 2 *fig* Alivio. 3 *fig* Solución. 4 Enmienda, rectificación, corrección.

re.men.dar [r̃emẽd′ar] *vt* 1 Remendar, zurcir. 2 Corregir, enmendar.

re.men.do [r̃em′ẽdu] *sm* Remiendo, parche, recosido.

re.mes.sa [r̃em′ɛsə] *sf* Remesa, envío, expedición, encargo, partida.

re.me.ten.te [r̃emet′ẽti] *adj e s m+f* Remitente, expedidor.

re.me.ter [r̃emet′er] *vt* 1 Remitir, enviar, mandar, expedir, despachar. 2 Embestir, atacar. *vpr* 3 Referirse.

re.me.xer [r̃eme∫′er] *vt* 1 Hurgar, revolver, tocar. *vpr* 2 Moverse, agitarse.

re.mi.nis.cên.cia [r̃eminis′ẽsjə] *sf* Reminiscencia, evocación, memoria, recuerdo, remembranza.

re.mo [r̃′emu] *sm* Remo.

re.mo.çar [r̃emos′ar] *vt+vi* Remozar, rejuvenecer.

re.mo.de.lar [r̃emodel′ar] *vt* Remodelar, reformar.

re.mo.er [r̃emo′er] *vt+vpr* 1 Inquietar, desasosegar, remorder. *vt+vi* 2 Rumiar, masticar.

re.mo.i.nho [r̃emo′iɲu] *sm* Remolino, tolvanera, tufón, torbellino.

re.mon.tar [r̃emõt′ar] *vt+vpr* 1 Remontar, encumbrar. *vpr* 2 Referirse.

re.mor.so [r̃em′ɔrsu] *sm* Remordimiento, pesar, arrepentimiento.

re.mo.to [r̃em′ɔtu] *adj* Remoto, distante, apartado, alejado, lejos.

re.mo.ve.dor [r̃emoved′or] *sm* Quitamanchas.

re.mo.ver [r̃emov′er] *vt* Remover, mover, transferir, trasladar, sacar.

re.mu.ne.ra.ção [r̃emuneras′ãw] *sf* Remuneración, sueldo, estipendio, honorarios, paga, jornal, pago.

re.mu.ne.rar [r̃emuner′ar] *vt* Remunerar, pagar, retribuir, asalariar.

re.nas.cen.ça [r̃enas′ẽsə] *sf* Renacimiento.

re.nas.cer [r̃enas′er] *vi* 1 Renacer, revivir. *vt* 2 Renovar. *vt+vi* 3 Resurgir, reaparecer.

re.nas.ci.men.to [r̃enasim′ẽtu] *sm* Renacimiento.

ren.da¹ [r̃′ẽdə] *sf* 1 Renta, ingreso, caudal, rendimiento. 2 Rentabilidad.

ren.da² [r̃′ẽdə] *sf* Encaje, puntilla, bordado, randa, hiladillo.

ren.da.do [r̃ẽd′adu] *adj* Randado.

ren.der [r̃ẽd′er] *vt+vpr* 1 Rendir, someter, doblegar. 2 Sustituir. 3 Rentar. 4 Causar, producir.

ren.di.ção [r̃ẽdis′ãw] *sf* Rendición, sujeción, subordinación, capitulación.

ren.di.men.to [r̃ẽdim′ẽtu] *sm* Rendimiento, ventaja, rédito, renta, productividad.

ren.do.so [r̃ẽd′ozu] *adj* Rentable, provechoso, lucrativo, ganancial, productivo.

re.ne.go.ci.ar [r̃enegosi′ar] *vt* Renegociar.

re.no.ma.do [r̃enom′adu] *adj* Renombrado, célebre, acreditado, famoso, conocido, afamado.

re.no.me [r̃en′omi] *sm* Renombre, celebridad, nombradía, reputación, notoriedad.

re.no.va.ção [r̄enovas'ãw] *sf* Renovación, transformación.

re.no.var [r̄enov'ar] *vt+vpr* 1 Renovar, modernizar, innovar. 2 Reiniciar. *vt* 3 Repetir. 4 Reparar, arreglar, restaurar.

ren.ta.bi.li.da.de [r̄ẽtabilid'adi] *sf* Rentabilidad.

ren.te [r̄'ẽti] *adj* 1 Muy cerca. 2 Al ras.

re.nún.cia [r̄en'ũsjə] *sf* 1 Renuncia, abdicación, abandono. 2 Sacrificio, abnegación.

re.nun.ci.ar [r̄enũsi'ar] *vt* 1 Renunciar, rechazar. *vt+vi* 2 Abdicar.

re.or.ga.ni.zar [r̄eorganiz'ar] *vt* Reorganizar, arreglar, reajustar, reconstruir, reestructurar.

re.pa.rar [r̄epar'ar] *vt* 1 Reparar, restaurar, arreglar. 2 Restablecer, rehacer. 3 Desagraviar. 4 Remediar, enmendar, corregir. 5 Indemnizar. 6 Notar, observar, advertir.

re.pa.ro [r̄ep'aru] *sm* 1 Reparo, restauración. 2 Análisis, observación.

re.par.ti.ção [r̄epartis'ãw] *sf* 1 Repartición, sección, sector. 2 Partición, reparto, repartimiento, prorrateo.

re.par.tir [r̄epart'ir] *vt* 1 Repartir, distribuir. 2 Dividir, partir. 3 Compartir.

re.pe.lir [r̄epel'ir] *vt* 1 Repeler, rechazar, rehuir. 2 Resistir, refutar, oponerse. *vt+vpr* 3 Ahuyentar, apartar.

re.pen.sar [r̄epẽs'ar] *vt+vi* Repensar, reflexionar.

re.pen.te [r̄ep'ẽti] *sm* Impulso, ímpetu.

re.pen.ti.no [r̄epẽt'inu] *adj* Repentino, súbito, imprevisto, inesperado.

re.per.cus.são [r̄eperkus'ãw] *sf* 1 Repercusión. 2 Resonancia, retumbo, eco. 3 Consecuencia, resultado.

re.per.cu.tir [r̄eperkut'ir] *vt+vi+vpr* 1 Repercutir, reflejar. 2 Reverberar. *vi+vpr* 3 Resultar.

re.per.tó.rio [r̄epert'ɔrju] *sm* Repertorio.

re.pe.ti.ção [r̄epetis'ãw] *sf* Repetición.

re.pe.tir [r̄epet'ir] *vt+vpr* Repetir, reiterar.

re.ple.to [r̄epl'ɛtu] *adj* Repleto, lleno.

re.pli.car [r̄eplik'ar] *vt+vi* 1 Replicar, contestar, contradecir, rebatir. *vt+vpr* 2 *Biol* Duplicar, reproducir, multiplicar.

re.po.lho [r̄ep'oʎu] *sm Bot* Repollo.

re.por [r̄ep'or] *vt* 1 Reponer, restituir, devolver, reintegrar. 2 Reemplazar, suplir.

re.por.ta.gem [r̄eport'aʒẽj] *sf* Reportaje, noticia, entrevista.

re.pór.ter [r̄ep'ɔrter] *s m+f* Reportero, periodista, corresponsal, cronista.

re.pou.sar [r̄epowz'ar] *vt+vi* Reposar, descansar, dormir.

re.pou.so [r̄ep'owzu] *sm* Reposo, descanso.

re.pre.en.der [r̄epreẽd'er] *vt* Reprender, amonestar, reñir, increpar, regañar.

re.pre.en.são [r̄epreẽs'ãw] *sf* Reprensión, reprimenda, regaño, sermón, recriminación.

re.pre.sa [r̄epr'ezə] *sf* Represa, presa, embalse, dique, estanque.

re.pre.sen.ta.ção [r̄eprezẽtas'ãw] *sf* 1 Representación, delegación. 2 Idea, imagen. 3 Encarnación, personificación, figuración. 4 Escenificación.

re.pre.sen.tar [r̄eprezẽt'ar] *vt+vpr* 1 Representar, figurar. 2 Significar. *vt+vi* 3 Interpretar, encarnar.

re.pres.são [r̄epres'ãw] *sf* 1 Represión, castigo, reprimenda. 2 Prohibición, cohesión. 3 Contención, dominación, freno.

re.pri.men.da [r̄eprim'ẽdə] *sf* Reprimenda, reprensión, rapapolvo, amonestación, bronca, raspa.

re.pri.mir [r̄eprim'ir] *vt+vpr* 1 Reprimir, contener, refrenar. *vt* 2 Prohibir, impedir.

re.pri.sar [r̄epriz'ar] *vt Teat, Telev* Reponer, repetir (película, espectáculo).

re.pri.se [r̃epr'izi] *sf* Reposición, repetición.
re.pro.ces.sar [r̃eproses'ar] *vt* Reprocesar.
re.pro.du.ção [r̃eprodus'ãw] *sf* **1** Reproducción. **2** Facsímil, duplicado, copia.
re.pro.du.zir [r̃eproduz'ir] *vt* **1** Reproducir, copiar. **2** Repetir, transcribir. *vt+vpr* **3** Reproducir(se), multiplicar(se).
re.pro.gra.mar [r̃eprogram'ar] *vt* Reprogramar.
re.pro.gra.má.vel [r̃eprogram'avew] *adj* Reprogramable.
re.pro.va.ção [r̃eprovas'ãw] *sf* **1** Reprobación, censura, condenación, reproche. **2** Cate, suspenso.
re.pro.var [r̃eprov'ar] *vt* **1** Reprobar, condenar, desaprobar. **2** *fam* Revolcar (examen).
re.pro.vá.vel [r̃eprov'avew] *adj* Reprobable, condenable, censurable, repensible.
rép.til [r̃'εptiw] *adj+sm* Zool Reptil.
re.pú.bli.ca [r̃ep'ublika] *sf* **1** República. **2** *fam* Habitación de estudiantes.
re.pu.di.ar [r̃epudi'ar] *vt* **1** Despreciar, rechazar. **2** Repudiar.
re.pú.dio [r̃ep'udju] *sm* Repudio, rechazo, desprecio.
re.pug.nân.cia [r̃epugn'ãsjə] *sf* Repugnancia, asco, aversión, repulsión, antipatía.
re.pug.nan.te [r̃epugn'ãti] *adj* Repugnante, asqueroso, fastidioso, repulsivo.
re.pul.sa [r̃ep'uwsa] *sf* **1** Repulsa, repudio, repulsión, repugnancia, antipatía, aversión. **2** Negativa, censura, reprobación, oposición.
re.pu.ta.ção [r̃eputas'ãw] *sf* **1** Reputación. **2** Notoriedad, popularidad, fama, nombre.
re.que.bra.do [r̃ekebr'adu] *sm* Bamboleo.

re.que.brar [r̃ekebr'ar] *vt* Requebrar, lisongear (a una mujer).
re.quei.jão [r̃ekejʒ'ãw] *sm* Requesón.
re.quen.tar [r̃ekẽt'ar] *vt* Recalentar.
re.que.rer [r̃eker'er] *vt* Requerir, solicitar, pedir, demandar.
re.que.ri.men.to [r̃ekerim'ẽtu] *sm* Requerimiento, demanda, solicitud, petición.
re.quin.te [r̃ek'ĩti] *sm* Refinamiento, apuro, perfección, primor, esmero.
re.qui.si.tar [r̃ekizit'ar] *vt* Exigir, requerir, solicitar.
re.qui.si.to [r̃ekiz'itu] *sm* Requisito, exigencia, condición.
res.cin.dir [r̃esĩd'ir] *vt* Rescindir, romper, deshacer, invalidar, anular, quebrantar.
res.ci.são [r̃esiz'ãw] *sf* Rescisión, anulación, invalidación, revocación, ruptura.
re.se.nha [r̃ez'eɲa] *sf* **1** Reseña, descripción, resumen. **2** Noticia, nota, artículo.
re.ser.va [r̃ez'εrvə] *sf* **1** Reserva, provisión. **2** *Mil* Reforma. **3** Discreción, prudencia, recato, miramiento, retraimiento.
re.ser.var [r̃ezerv'ar] *vt+vpr* **1** Reservar, guardar, ahorrar. *vt* **2** Preservar, conservar.
re.ser.va.tó.rio [r̃ezervat'ɔrju] *sm* Depósito, estanque.
res.fri.a.do [r̃esfri'adu] *adj* **1** *Med* Resfriado. **2** Enfriado. • *sm* Resfriado, resfrío.
res.fri.ar [r̃esfri'ar] *vt* **1** Resfriar, enfriar. *vi+vpr* **2** Resfriarse.
res.ga.tar [r̃ezgat'ar] *vt+vpr* Rescatar, liberar.
res.ga.te [r̃ezg'ati] *sm* Rescate.
res.guar.dar [r̃ezgward'ar] *vt+vpr* Resguardar, abrigar, defender, proteger.
re.si.dên.cia [r̃ezid'ẽsjə] *sf* Residencia, domicilio, habitación, casa, vivienda.

re.si.dir [r̄ezid'ir] *vt* Residir, habitar, vivir.

re.sí.duo [r̄ez'idwu] *adj* Remanente, restante, sobrante. • *sm* Residuo, desecho, detrito, resto.

re.sig.na.ção [r̄ezignas'ãw] *sf* Resignación, conformismo.

re.sig.nar [r̄ezign'ar] *vt+vpr* Resignarse, conformarse.

re.sis.tên.cia [r̄ezist'ẽsjə] *sf* 1 Resistencia, aguante, firmeza. 2 Oposición, reacción. 3 *Fís* Conductor eléctrico.

re.sis.tir [r̄ezist'ir] *vt+vi* 1 Resistir, aguantar, soportar. *vt* 2 Rebelarse, plantarse, afrontar.

res.mun.gar [r̄ezmũg'ar] *vt+vi* Rezongar, refunfuñar, gruñir, mascullar, murmurar.

re.so.lu.ção [r̄ezolus'ãw] *sf* 1 Resolución. 2 Decisión. 3 Solución, desenlace.

re.sol.ver [r̄ezowv'er] *vt+vpr* 1 Resolver, decidir. *vt* 2 Solucionar. *vpr* 3 Decidirse.

res.pec.ti.vo [r̄espekt'ivu] *adj* Respectivo, concerniente.

res.pei.tar [r̄espejt'ar] *vt* 1 Respetar, cumplir, acatar. 2 Considerar, atender. 3 Temer. 4 Honrar.

res.pei.tá.vel [r̄espejt'avew] *adj* Respetable, digno.

res.pei.to [r̄esp'ejtu] *sm* 1 Respeto, acatamiento, obediencia, sumisión. 2 Consideración, miramiento. 3 Temor, aprensión. 4 Devoción, admiración, fervor.

res.pi.ra.ção [r̄espiras'ãw] *sf* Respiración.

res.pi.rar [r̄espir'ar] *vt+vi* 1 Respirar. *vi* 2 Descansar, aliviarse.

res.plan.de.cer [r̄esplãdes'er] *vi* 1 Resplandecer, refulgir, brillar, relucir, relumbrar. 2 *fig* Descollar, sobresalir, destacar.

res.plen.dor [r̄esplẽd'or] *sm* 1 Resplandor, destello, luminosidad, brillo. 2 *fig* Gloria, celebridad.

res.pon.der [r̄espõd'er] *vt* 1 Responder, contestar. *vi* 2 Objetar, argüir, replicar. *vt* 3 Responsabilizarse.

res.pon.sa.bi.li.da.de [r̄espõsabilid'adi] *sf* 1 Responsabilidad, sensatez, juicio. 2 Obligación, incumbencia.

res.pon.sa.bi.li.zar [r̄espõsabiliz'ar] *vt+vpr* Responsabilizar.

res.pon.sá.vel [r̄espõs'avew] *adj* e *s m+f* 1 Responsable, sensato, juicioso. 2 Culpado.

res.pos.ta [r̄esp'ɔstə] *sf* 1 Respuesta, contestación. 2 Solución. 3 Reacción.

res.quí.cio [r̄esk'isju] *sm* 1 Vestigio, huella. 2 Residuo, fragmento.

res.sa.ca [r̄es'akə] *sf* Resaca.

res.sal.tar [r̄esawt'ar] *vi* 1 Resaltar, distinguirse, sobresalir. *vt* 2 Destacar, enfatizar, señalar.

res.se.car [r̄esek'ar] *vt+vpr* Resecar.

res.sen.ti.men.to [r̄esẽtim'ẽtu] *sm* Resentimiento, rencor.

res.sen.tir [r̄esẽt'ir] *vt+vpr* 1 Resentirse, disgustarse, amohinarse. 2 Desgastarse, debilitarse.

res.so.ar [r̄eso'ar] *vt+vi* Resonar, repercutir, tocar.

res.so.nân.cia [r̄eson'ãsjə] *sf* Resonancia.

res.sur.rei.ção [r̄esur̄ejs'ãw] *sf* Resurrección.

res.sus.ci.tar [r̄esusit'ar] *vt+vi* Resucitar.

res.ta.be.le.cer [r̄estabeles'er] *vt* 1 Restablecer, reponer, restituir. *vt+vpr* 2 Reconstituir, restaurar. *vpr* 3 Restablecerse, cobrarse, recuperarse.

res.tan.te [r̄est'ãti] *adj* Restante.

res.tar [r̄est'ar] *vt+vi* 1 Restar, sobrar, quedar. 2 Faltar.

res.tau.ra.ção [r̄estawras'ãw] *sf* Restauración, reconstrucción, restauro, reparo.

res.tau.ran.te [r̄estawr'ãti] *sm* Restaurante, restorán.
res.tau.rar [r̄estawr'ar] *vt* **1** Restaurar, recuperar. **2** Reconstruir, restablecer.
res.ti.tu.i.ção [r̄estitwis'ãw] *sf* Restitución, devolución.
res.ti.tu.ir [r̄estitu'ir] *vt* **1** Restituir, devolver. **2** Arreglar, reparar, reconstituir.
res.to [r̄'ɛstu] *sm* **1** Resto, restante. **2** Sobra, desecho, residuo.
res.tri.ção [r̄estris'ãw] *sf* Restricción, limitación.
res.trin.gir [r̄estriʒ'ir] *vt+vpr* Restringir, reducir, limitar.
res.tri.to [r̄estr'itu] *adj* Restricto, estricto, limitado.
re.sul.ta.do [r̄ezuwt'adu] *sm* Resultado, consecuencia, efecto, derivación.
re.sul.tar [r̄ezuwt'ar] *vt* **1** Resultar, producir. **2** Derivar, provenir.
re.su.mir [r̄ezum'ir] *vt+vpr* **1** Resumir, reducir, compendiar, abreviar. *vt* **2** Simbolizar, representar, compendiar, sintetizar. *vt+vpr* **3** Concentrarse, limitarse.
re.su.mo [r̄ez'umu] *sm* Resumen, sumario, sinopsis, síntesis.
res.va.lar [r̄ezval'ar] *vi* Resbalar, patinar, deslizar.
re.ta [r̄'ɛta] *sf* Recta.
re.ta.guar.da [r̄etagw'ardə] *sf* Mil Retaguardia.
re.ta.lho [r̄et'aʎu] *sm* Retazo, retal, trapo, jira, jirón.
re.ta.li.a.ção [r̄etaljas'ãw] *sf* Retaliación, represalia.
re.tan.gu.lar [r̄etãgul'ar] *adj* Rectangular.
re.tân.gu.lo [r̄et'ãgulu] *adj+sm Geom* Rectángulo
re.tar.da.do [r̄etard'adu] *adj* Retardado, retrasado, demorado. • *adj+sm Med* Retrasado mental.
re.tar.dar [r̄etard'ar] *vt* Retardar, aplazar, atrasar, demorar.

re.tar.da.tá.rio [r̄etardat'arju] *adj+sm* Retardatario.
re.ter [r̄et'er] *vt* **1** Retener, guardar, mantener. **2** Encarcelar. *vpr* **3** Parar, detenerse. *vt* **4** Detener.
re.ti.cên.cia [r̄etis'ẽsjə] *sf* **1** Reticencia. **2 reticências** *pl Gram* Puntos suspensivos.
re.ti.fi.car [r̄etifik'ar] *vt* Rectificar, corregir.
re.ti.na [r̄et'inə] *sf Anat* Retina.
re.ti.rar [r̄etir'ar] *vt* **1** Retirar, sacar, rehuir. *vi+vpr* **2** Salir. **3** Retroceder, replegar. *vpr* **4** Retirarse, apartarse, aislarse.
re.ti.ro [r̄et'iru] *sm* Retiro.
re.to [r̄'ɛtu] *adj* Recto, derecho. • *sm Anat* Recto.
re.to.mar [r̄etom'ar] *vt* **1** Retomar, recuperar, reanudar, recobrar. **2** Reocupar, reconquistar. **3** Seguir, continuar.
re.to.que [r̄et'ɔki] *sm* Retoque.
re.tor.nar [r̄etorn'ar] *vt+vi* **1** Retornar, volver, regresar, tornar. *vt* **2** Devolver, restituir, reponer.
re.tor.no [r̄et'ornu] *sm* **1** Retorno, regreso, vuelta, venida. **2** Recompensa, paga.
re.tra.í.do [r̄etra'idu] *adj* **1** Encogido, contraído. **2** Retraído, recogido, reservado, tímido, introvertido.
re.tra.to [r̄et'atu] *sm* **1** Retrato, fotografía. **2** Modelo, imagen.
re.tri.bu.i.ção [r̄etribujs'ãw] *sf* **1** Retribución, remuneración, pago. **2** Compensación, recompensa.
re.tri.bu.ir [r̄etribu'ir] *vt* **1** Retribuir, recompensar, gratificar. **2** Corresponder.
re.tro.ce.der [r̄etrosed'er] *vi* **1** Retroceder, recular, hacerse atrás. **2** Involucionar.
re.tro.ces.so [r̄etros'esu] *sm* **1** Retroceso, regresión, reculada, contramarcha. **2** Involución.

re.tro.pro.je.tor [r̃etroproʒet'or] *adj+sm* Retroproyector.
re.tros.pec.ti.va [r̃etrospekt'ivə] *sf* Retrospectiva.
re.tro.vi.sor [r̃etroviz'or] *adj+sm* Retrovisor.
re.tru.car [r̃etruk'ar] *vt* Retrucar, replicar, objetar, responder, contestar.
réu [r̃'ɛw] *sm* Reo, acusado.
reu.ma.tis.mo [r̃ewmat'izmu] *sm Med* Reumatismo, reuma.
re.u.ni.ão [r̃euni'ãw] *sf* 1 Reunión, confluencia. 2 Grupo, agrupación. 3 Convocación. 4 Acumulación, convocatoria. 5 Sesión, asamblea, ayuntamiento, junta.
re.u.nir [r̃euni'r] *vt* 1 Reunir, agrupar. 2 Juntar. 3 Conciliar, armonizar. *vt+vi+vpr* 4 Congregar.
re.va.li.dar [r̃evalid'ar] *vt* Revalidar, convalidar.
re.van.che [r̃ev'ãʃi] *sf* Revancha.
réveillon [r̃evej'õw] *sm fr* Réveillon, nochevieja.
re.ve.la.ção [r̃evelas'ãw] *sf* 1 Revelación, confidencia. 2 Declaración, manifestación, información. 3 Descubrimiento, develamiento. 4 Revelado (fotos).
re.ve.lar [r̃evel'ar] *vt+vpr* 1 Revelar, desvelar. 2 Divulgar, difundir, contar. 3 Indicar, denotar.
re.ven.da [r̃ev'ẽdə] *sf* 1 Revendedor. 2 Reventa.
re.ven.der [r̃evẽd'er] *vt* Revender.
re.ver [r̃ev'er] *vt* 1 Rever, reencontrar. *vt+vpr* 2 Revisar, reexaminar, corregir.
re.ve.rên.cia [r̃ever'ẽsjə] *sf* Reverencia.
re.ve.ren.ci.ar [r̃everẽsi'ar] *vt* 1 Reverenciar, adorar, venerar, idolatrar. 2 Respetar, considerar. 3 Saludar, rendir honores, quitar el sombrero.
re.ver.sí.vel [r̃evers'ivew] *adj* Reversible.

re.ver.ter [r̃evert'er] *vi* 1 Revertir, retornar, retroceder. 2 Convertir. 3 Redundar.
re.vés [r̃ev'ɛs] *sm* 1 Revés, envés, malogro, desgracia, infortunio. 2 Bofetada, guantazo, bofetón.
re.ves.ti.men.to [r̃evestim'ẽtu] *sm* Revestimiento, forro, cobertura, capa.
re.ves.tir [r̃evest'ir] *vt* 1 Revestir, recubrir, cubrir. *vt+vpr* 2 Engalanar, adornar.
re.ve.za.men.to [r̃evezam'ẽtu] *sm* Turno, alternancia, relevo.
re.ve.zar [r̃evez'ar] *vt+vi+vpr* Revezar, alternar.
re.vi.go.rar [r̃evigor'ar] *vt+vi+vpr* Animar, restaurar, robustecer, tonificar, vigorizar.
re.vi.rar [r̃evir'ar] *vt* 1 Revirar, torcer. 2 Revolver, hacer lío. *vt+vi+vpr* 3 Revirarse, torcerse, agitarse.
re.vi.ra.vol.ta [r̃evirav'ɔwtə] *sf fig* Cambio, transformación brusca.
re.vi.são [r̃eviz'ãw] *sf* Revisión, repaso.
re.vi.sar [r̃eviz'ar] *vt* Revisar, rever, repasar.
re.vi.sor [r̃eviz'or] *adj+sm* Revisor, corrector.
re.vis.ta [r̃ev'istə] *sf* Revista, inspección, revisación.
re.vis.tar [r̃evist'ar] *vt* Revistar, examinar, inspeccionar.
re.vi.ta.li.zar [r̃evitaliz'ar] *vt* Revitalizar.
re.vi.ver [r̃eviv'er] *vi* Revivir.
re.vol.ta [r̃ev'ɔwtə] *sf* 1 Revuelta, rebelión, sublevación, alzamiento. 2 Indignación.
re.vol.tar [r̃evowt'ar] *vt+vpr* 1 Sublevar, amotinar, subvertir. *vt+vi+vpr* 2 Indignar.
re.vo.lu.ção [r̃evolus'ãw] *sf* Revolución.
re.vo.lu.ci.o.nar [r̃evolusjon'ar] *vt*

revolucionário   391   **rodela**

1 Revolucionar, innovar. *vt+vpr* **2** Subvertir.

re.vo.lu.ci.o.ná.rio [ʀevolusjon'arju] *adj+sm* Revolucionario.

re.vol.ver [ʀevowv'er] *vt+vpr* Revolver.

re.vól.ver [ʀev'ɔwver] *sm* Revólver, pistola.

re.za [ʀ'ɛzɐ] *sf* Rezo, oración.

re.zar [ʀez'ar] *vt+vi* Rezar, orar.

ri.a.cho [ʀi'aʃu] *sm* Arroyo, regato, arroyuelo, riachuelo.

ri.ban.cei.ra [ʀibɐ̃s'ejrɐ] *sf* Riba, ribazo, zopetero.

ri.co [ʀ'iku] *adj+sm* **1** Rico, acaudalado, adinerado, pudiente. **2** Fértil, abundante, prolífico.

ri.di.cu.la.ri.zar [ʀidikulariz'ar] *vt+vpr* Ridiculizar.

ri.dí.cu.lo [ʀid'ikulu] *adj+sm* **1** Ridículo, grotesco. **2** Insignificante, irrisorio.

ri.fa [ʀ'ifɐ] *sf* Rifa, sorteo.

ri.far [ʀif'ar] *vt* Rifar, sortear.

ri.gi.dez [ʀiʒid'es] *sf* **1** Rigidez, firmeza, resistencia, consistencia. **2** Rigor, inflexibilidad, severidad.

rí.gi.do [ʀ'iʒidu] *adj* **1** Rígido, duro, resistente. **2** Inflexible, tenaz. **3** Severo, riguroso, estricto.

ri.gor [ʀig'or] *sm* **1** Rigor, severidad, rigidez. **2** Inclemencia, rigurosidad.

ri.go.ro.so [ʀigor'ozu] *adj* **1** Riguroso, duro, inflexible. **2** Severo, rígido, disciplinado. **3** Minucioso, escrupuloso.

rim [ʀ'ĩ] *sm Anat* Riñón.

ri.ma [ʀ'imɐ] *sf Lit* **1** Rima. **2** rimas *pl fig* Versos, poesias.

ri.mar [ʀim'ar] *vt+vi Lit* Rimar.

rí.mel [ʀ'imew] *sm* Rímel.

rin.gue [ʀ'igi] *sm Esp* Ring, cuadrilátero.

ri.o [ʀ'iu] *sm* **1** *Geogr* Río. **2** rios *pl* Chorros, montones, mogollón.

ri.que.za [ʀik'ezɐ] *sf* **1** Riqueza, fortuna, caudal. **2** Lujo, fausto. **3** Opulencia.

rir [ʀ'ir] *vt+vi+vpr* **1** Reír. **2** Mofar, burlarse. *vi* **3** Sonreír.

ri.sa.da [ʀiz'adɐ] *sf* Risa.

ris.car [ʀisk'ar] *vt* **1** Rayar. **2** Tachar. **3** Arañar. **4** Garrapatear.

ris.co [ʀ'isku] *sm* **1** Trazo. **2** Raya, lista. **3** Riesgo, peligro, temeridad. **4** Aventura, contingencia.

ri.so [ʀ'izu] *sm* Risa, sonrisa.

ri.so.nho [ʀiz'oñu] *adj* Risueño, sonriente.

rit.mo [ʀ'itmu] *sm Mús* Ritmo, cadencia, compás.

ri.to [ʀ'itu] *sm* Rito, culto, ritual.

ri.val [ʀiv'aw] *adj* e *s m+f* Rival, concorrente, competidor, adversario.

ri.va.li.da.de [ʀivalid'adi] *sf* **1** Rivalidad, competencia. **2** Enemistad, pleito, envidia.

ri.xa [ʀ'iʃɐ] *sf* Riña, disputa, escaramuza, bronca.

ro.bô [ʀob'o] *sm* Robot.

ro.bus.to [ʀob'ustu] *adj* Robusto, musculoso, vigoroso, fuerte.

ro.ça [ʀ'ɔsɐ] *sf* Campo, huerta, labrantío.

ro.cam.bo.le [ʀokɐ̃b'ɔli] *sm Cul* Arrollado (bizcochuelo arrollado con relleno).

ro.çar [ʀos'ar] *vt* **1** Rozar, tocar. **2** Friccionar, refregar.

ro.cha [ʀ'ɔʃɐ] *sf* Roca.

ro.che.do [ʀoʃ'edu] *sm* Roca, peñasco.

ro.da [ʀ'ɔdɐ] *sf* Rueda.

ro.da.da [ʀod'adɐ] *sf* Ronda, tanda, mano, turno.

ro.da-gi.gan.te [ʀɔdɔʒig'ɐ̃ti] *sf* Rueda gigante.

ro.dar [ʀod'ar] *vt* **1** Rodar, rodear, girar, circular. **2** Andar, recorrer. **3** *Gráf* Imprimir. **4** *Cin, Telev* Filmar.

ro.de.ar [ʀode'ar] *vt* Rodear.

ro.dei.o [ʀod'eju] *sm* **1** Rodeo. **2** Evasiva, efugio. **3** Maniobra, recoveco.

ro.de.la [ʀod'ɛlɐ] *sf* Rodaja.

ro.dí.zio [ȓod'izju] *sm* **1** Rodillo, rodete. **2** Alternancia.
ro.do [ȓ'odu] *sm* Secador.
ro.do.pi.ar [ȓodopi'ar] *vi* Girar, rotar, rodar, voltear.
ro.do.pi.o [ȓodop'iu] *sm* Giro, vuelta, rotación, remolino.
ro.do.vi.a [ȓodovi'a] *sf* Carretera, autovía, ruta, autopista.
ro.do.vi.á.ria [ȓodovi'arjə] *sf* Terminal de autobuses.
ro.do.vi.á.rio [ȓodovi'arju] *adj* Carretero, caminero, vial.
ro.e.dor [ȓoed'or] *adj+sm* Roedor.
ro.er [ȓo'er] *vt+vi* **1** Roer, corroer, apolillar, desgastar. **vt 2** Gastar, enflaquecer.
ro.gar [ȓog'ar] *vt* Rogar, implorar, suplicar, pedir, insistir.
ro.jão [ȓo/'ãw] *sm* Cohete, buscapiés.
rol [ȓ'ɔw] *sm* Rol, lista, índice, nómina, relación, série.
ro.lar [ȓol'ar] *vt+vi* **1** Rodar, girar. **vt 2** Postergar, prorrogar (deuda).
ro.lha [ȓ'oλə] *sf* Corcho.
ro.lo [ȓ'olu] *sm* **1** Rollo, rodillo, cilindro. **2** Rulo. **3** *fig* Embrollo, lío. **4** Ovillo.
ro.mã [ȓom'ã] *sf Bot* Granada.
ro.man.ce [ȓom'ãsi] *sm* **1** Romance, amorío. **2** *Lit* Novela.
ro.man.cis.ta [ȓomãs'istə] *adj* e *s m+f* Novelista.
ro.mân.ti.co [ȓom'ãtiku] *adj+sm* Romántico.
ro.man.tis.mo [ȓomãt'izmu] *sm* Romanticismo.
ro.ma.ri.a [ȓomar'iə] *sf* Romería, peregrinación, peregrinaje.
rom.per [ȓõp'er] *vt* **1** Romper, destruir. **2** Atravesar, abrir camino. **3** Entrar, prorrumpir.
rom.pi.men.to [ȓõpim'ẽtu] *sm* **1** Rompimiento, escisión. **2** Rotura, ruptura, quiebra.
ron.car [ȓõk'ar] *vt* Roncar.

ron.co [ȓ'õku] *sm* Ronquido, ronco.
ron.da [ȓ'õdə] *sf* Ronda, patrulla.
ron.rom [ȓõȓ'õw] *sm* Ronroneo.
ro.sa [ȓ'ɔzə] *sf Bot* Rosa.
ro.sa.do [ȓoz'adu] *adj* Rosado, rosáceo, rosa.
ro.sá.rio [ȓoz'arju] *sm* Rosario.
ros.bi.fe [ȓozb'ifi] *sm* Rosbif.
ros.ca [ȓ'oskə] *sf* **1** *Mec* Rosca. **2** Rosquilla, bollo, roscón.
ro.sei.ra [ȓoz'ejrə] *sf Bot* Rosal.
ros.nar [ȓozn'ar] *vt+vi* Roznar, rebuznar, gruñir, rezongar, regañar, murmurar.
ros.to [ȓ'ostu] *sm* Rostro.
ro.ta [ȓ'ɔtə] *sf* Ruta, vía, rumbo, itinerario, dirección, recorrido, trayecto.
ro.ta.ção [ȓotas'ãw] *sf* Rotación.
ro.ta.ti.vi.da.de [ȓotativid'adi] *sf* Alternancia.
ro.tei.ro [ȓot'ejru] *sm* **1** Itinerario, ruta, guía, recorrido. **2** *Cin, Telev* Guión.
ro.ti.na [ȓot'inə] *sf* Rutina.
ro.ti.nei.ro [ȓotin'ejru] *adj* **1** Rutinario, habitual. **2** Monótono, repetido, frecuente.
ro.tu.lar [ȓotul'ar] *vt* **1** Rotular, etiquetar. *vt+vpr* **2** Clasificar.
ró.tu.lo [ȓ'otulu] *sm* Rótulo, etiqueta.
rou.bar [ȓowb'ar] *vt+vi* Robar.
rou.bo [ȓ'owbu] *sm* Robo.
rou.co [ȓ'owku] *adj* Ronco, afónico.
rou.pa [ȓ'owpə] *sf* Ropa.
rou.pão [ȓowp'ãw] *sm* Ropón, bata, albornoz.
rou.qui.dão [ȓowkid'ãw] *sf* Ronquera, afonia, carraspera, enronquecimiento.
rou.xi.nol [ȓowʃin'ɔw] *sm Ornit* Ruiseñor.
ro.xo [ȓ'oʃu] *adj+sm* Violeta. • *adj fam* **1** Desmedido, excesivo, inmenso. **2** Ansioso, loco.
ru.a [ȓ'uə] *sf* Calle. • *interj* **rua!** ¡Fuera! ¡largo!

ru.bé.o.la [r̃ub'ɛolə] *sf Med* Rubéola, rubeola.
ru.bo.ri.zar [r̃uboriz'ar] *vt+vi+vpr* Ruborizar, sonrojar.
ru.bri.ca [r̃ubr'ikə] *sf* Rúbrica, firma.
ru.de [r̃'udi] *adj* **1** Rudo, inculto, tosco. **2** Duro, áspero. **3** Desagradable, insensible. **4** Romo, obtuso.
ru.di.men.tar [r̃udimẽt'ar] *adj* Rudimental, rudimentario.
ru.e.la [r̃u'ɛlə] *sf* Calleja, callejuela, callejón, pasadizo, angostillo.
ru.ga [r̃'ugə] *sf* Arruga, pliegue.
ru.gir [r̃uʒ'ir] *vi* Rugir, gritar.
ru.í.do [r̃u'idu] *sm* Ruido, rumor, sonido.
ru.im [r̃u'ĩ] *adj* **1** Inferior. **2** Nocivo, perjudicial. **3** Ruin, malo, bajo, malvado.
ru.í.na [r̃u'inə] *sf* **1** Ruina, desolación, devastación. **2** Estrago, destrozo. **3** Decadencia.
ru.ir [r̃u'ir] *vi* Desmoronarse, destruir, derrocar, demoler.
rui.vo [r̃'ujvu] *adj+sm* Pelirrojo.
rum [r̃'ũ] *sm* Ron.
ru.mi.nar [r̃umin'ar] *vt+vi* **1** Rumiar, mascar. **2** *fig* Meditar, considerar, planear, reflexionar, maquinar.
ru.mo [r̃'umu] *sm* Rumbo, dirección, vía, orientación.
ru.mor [r̃um'or] *sm* **1** Rumor, murmullo, bisbiseo. **2** Hablilla, chisme.
rup.tu.ra [r̃upt'urə] *sf* **1** Ruptura, rotura, fractura. **2** Rompimiento, desavenencia.
ru.ral [r̃ur'aw] *adj* Rural, agrario, campestre, rústico, campesino.
rús.ti.co [r̃'ustiku] *adj+sm* **1** Rústico, rural, agrario. **2** Rudo, tosco.

S

s, S ['ɛsi] *sm* **1** Decimoctava letra del abecedario portugués. **2** Abreviatura de *sur*. **3** *Fís* Símbolo de *segundo*. **4** Abreviatura de *san, santo*.
sá.ba.do [s'abadu] *sm* Sábado.
sa.bão [sab'ãw] *sm* **1** Jabón. **2** *fam* Reprimenda, bronca.
sa.be.do.ri.a [sabedor'iə] *sf* **1** Sabiduría, conocimiento, saber. **2** Prudencia, juicio, seso.
sa.ber[1] [sab'er] *vt+vi* **1** Saber. **2** Tener sabor.
sa.ber[2] [sab'er] *sm* Saber, erudición, conocimiento.
sa.bi.chão [sabiʃ'ãw] *adj+sm fam* Sabihondo, sabelotodo.
sa.bi.do [sab'idu] *adj* Sabido, conocido. • *adj+sm fam* Listo, perspicaz, astuto.
sá.bio [s'abju] *adj+sm* **1** Sabio, docto, erudito, instruido, ilustrado, inteligente, leído, letrado. **2** Juicioso, prudente.
sa.bo.ne.te [sabon'eti] *sm* Jabón de tocador, jaboncillo, jabón de olor, jabón.
sa.bo.ne.tei.ra [sabonet'ejrə] *sf* Jabonera.
sa.bor [sab'or] *sm* Sabor, gusto.
sa.bo.re.ar [sabore'ar] *vt* Saborear, degustar.
sa.bo.ta.gem [sabot'aʒẽj] *sf* Sabotaje.
sa.ca [s'akə] *sf* Saca, bolsa, costal grande.
sa.ca.da [sak'adə] *sf* **1** *Arquit* Balcón, barandilla. **2** *Esp* Saque, jugada.
sa.ca.na [sak'∧nə] *adj* e *s m+f fam* Bellaco, truhán, miserable, pillo, guarro.
sa.ca.na.gem [sakan'aʒẽj] *sf* **1** *fam* Bellaquería, truhanería, bajeza, cabronada. **2** Joda, broma. **3** Pornografía. **4** Maldad.
sa.ca.ne.ar [sakane'ar] *vi* Perjudicar.
sa.car [sak'ar] *vt* **1** Sacar, arrancar. *vi* **2** *Esp* Lanzar (pelota). **3** *fam* Observar, mirar. **4** *fam* Entender, comprender.
sa.ca-ro.lhas [sakəɾ'oʎas] *sm sing+pl* Descorchador, tirabuzón, sacacorchos.
sa.co [s'aku] *sm* **1** Bolsa, bolso. **2** *vulg* Bolas, pelotas, huevos.
sa.co.la [sak'ɔlə] *sf* Bolsa, bolso.
sa.cra.men.to [sakram'ẽtu] *sm Rel* Sacramento.
sa.cri.fi.car [sakrifik'ar] *vt+vpr* **1** Sacrificar, consagrarse. **2** Renunciar, abstenerse. *vt* **3** Inmolar, matar.
sa.cri.fí.cio [sakrif'isju] *sm* **1** Sacrificio, ofrenda, inmolación. **2** Renuncia, abnegación, entrega.
sa.cris.ti.a [sakrist'iə] *sf Rel* Sacristía.
sa.cro [s'akru] *adj* Sacro, sagrado. • *sm Anat* Hueso sacro.
sa.cu.dir [sakud'ir] *vt+vpr* **1** Sacudir, agitar. *vpr* **2** Bambolearse.
sa.di.o [sad'iu] *adj* Sano, saludable.
sa.fa.do [saf'adu] *adj+sm* Cínico, impúdico, procaz, descarado, desvergonzado.

safári — santificar

sa.fá.ri [saf'ari] *sm* Safari.
sa.fra [s'afrə] *sf* Cosecha, producción.
sa.gra.do [sagr'adu] *adj* Sagrado, sacro.
sai.a [s'ajə] *sf* Pollera, falda.
sa.í.da [sa'idə] *sf* **1** Salida, marcha, ida, partida. **2** Boca, puerta, abertura. **3** Solución.
sai.o.te [saj'ɔti] *sm* Enagua.
sa.ir [sa'ir] *vi* **1** Salir, partir. *vt+vi* **2** Brotar, manar.
sal [s'aw] *sm Quím* Sal.
sa.la [s'alə] *sf* Sala.
sa.la.da [sal'adə] *sf* **1** Ensalada. **2** *fig* Confusión, lío, revoltijo.
sa.la.me [sal'ʌmi] *sm* Salame, salami.
sa.lão [sal'ãw] *sm* Salón.
sa.lá.rio [sal'arju] *sm* Salario, sueldo, jornal, paga.
sal.dar [sawd'ar] *vt* Saldar, liquidar, pagar, finiquitar.
sal.do [s'awdu] *sm* **1** Saldo. **2** Resto de mercancías.
sa.lei.ro [salejr'u] *sm* Salero.
sal.ga.di.nho [sawgad'iɲu] *sm* Bocadillo, tapa.
sal.ga.do [sawg'adu] *adj* Salado. • *sm* Tapa, bocadillo.
sal.guei.ro [sawg'ejru] *sm Bot* Sauce, salguero.
sa.li.en.tar [saljẽt'ar] *vt+vpr* Distinguir, destacar, resaltar, sobresalir.
sa.li.en.te [sal'ẽti] *adj* **1** Saliente, prominente, destacado. **2** Atrevido.
sa.li.va [sal'ivə] *sf* Saliva.
sal.mo [s'awmu] *sm Rel* Salmo, cántico, loor.
sal.pi.car [sawpik'ar] *vt+vpr* Salpicar, espolvorear, esparcir.
sal.sa [s'awsə] *sf Bot* Perejil.
sal.si.cha [saws'iʃə] *sf* Salchicha.
sal.si.nha [saws'iɲə] *sf Bot* Perejil.
sal.tar [sawt'ar] *vi* **1** Saltar, brincar. *vt* **2** *fig* Omitir.

sal.to [s'awtu] *sm* **1** Salto, brinco, bote. **2** Taco, tacón. **3** *fig* Omisión.
sal.va.ção [sawvas'ãw] *sf* Salvación, redención.
sal.va.men.to [sawvam'ẽtu] *sm* Salvamento, rescate.
sal.var [sawv'ar] *vt+vpr* **1** Salvar, librar, rescatar. **2** Resguardar, defender.
sal.va-vi.das [sawvəv'idəs] *adj e s m+f sing+pl* **1** Socorrista. **2** Salvavidas, flotador. **3** *AL* Bañero.
sal.ve! [s'awvi] *interj* ¡Salve!
sal.vo [s'awvu] *adj* Salvo, salvado, ileso. • *adv* Excepto, menos.
sa.nar [san'ar] *vt* **1** Sanar, curar. **2** Reparar, remediar.
san.ção [sãs'ãw] *sf* **1** Sanción, autorización, ordenanza, aprobación. **2** *Dir* Punición, penalidad.
san.dá.lia [sãd'aljə] *sf* Sandalia.
san.du.í.che [sãdu'iʃi] *sm* Sándwich, emparedado, bocadillo.
sa.ne.a.men.to [saneam'ẽtu] *sm* Saneamiento.
sa.ne.ar [sane'ar] *vt* **1** Sanear, desinfectar, limpiar. **2** *fig* Reparar, remediar.
san.fo.na [sãf'onə] *sf Mús* Acordeón, fuelle.
san.grar [sãgr'ar] *vt+vpr* Sangrar.
san.gren.to [sãgr'ẽtu] *adj* Sangriento, sanguinolento, cruento, cruel.
san.gri.a [sãgr'iə] *sf* **1** Sangría (bebida). **2** Salida (aguas). **3** *fig* Desangre, desangramiento.
san.gue [s'ãgi] *sm* Sangre.
san.gue-fri.o [sãgifr'iu] *sm* Sangre fría, tranquilidad.
san.gui.ná.rio [sãgin'arju] *adj+sm* Sanguinario, cruel.
san.guí.neo [sãg'inju] *adj* Sanguíneo.
sa.ni.tá.rio [sanit'arju] *adj* Sanitario. • *sm* Baño, servicio.
san.ti.da.de [sãtid'adi] *sf* Santidad.
san.ti.fi.car [sãtifik'ar] *vt+vi+vpr* Santificar.

san.ti.nho [sãt'iñu] *sm Rel* Estampa.
san.to [s'ãtu] *adj* **1** Santo, sagrado. **2** Inocente, imaculado. **3** Virtuoso, ejemplar.
san.tu.á.rio [sãtu'arju] *sm* Santuario.
são [s'ãw] *adj+sm* Sano, saludable.
sa.pa.ta.ri.a [sapatar'iə] *sf* Zapatería.
sa.pa.te.a.do [sapate'adu] *sm* **1** *Mús* Zapateado. **2** Zapateo.
sa.pa.te.ar [sapate'ar] *vt+vi* Zapatear, taconear.
sa.pa.tei.ra [sapat'ejrə] *sf* Zapatera (mueble).
sa.pa.tei.ro [sapat'ejru] *sm* Zapatero.
sa.pa.to [sap'atu] *sm* Zapato.
sa.po [s'apu] *sm Zool* Sapo.
sa.que [s'aki] *sm* **1** *Esp* Saque. **2** Saqueo, pillaje. **3** *Com* Giro, retirada.
sa.que.ar [sake'ar] *vt* Saquear, robar, saltear, pillar.
sa.ram.po [sar'ãpu] *sm Patol* Sarampión.
sa.rar [sar'ar] *vt+vpr* Sanar, curar, restablecerse.
sar.cas.mo [sark'azmu] *sm* Sarcasmo, escarnio, burla, zumba, cinismo.
sar.da [s'ardə] *sf* Peca.
sar.den.to [sard'ẽtu] *adj* Pecoso.
sar.di.nha [sard'iñə] *sf Ictiol* Sardina.
sar.je.ta [sarʒ'etə] *sf* **1** Cordón, bordillo, reguera. **2** *fig* Lodo, perdición, caída.
sa.tã [sat'ã] *sm* Satán.
sa.ta.nás [satan'as] *sm* Satanás.
sa.té.li.te [sat'eliti] *sm Astron* Satélite.
sá.ti.ra [s'atirə] *sf* Sátira.
sa.ti.ri.zar [satiriz'ar] *vt* Satirizar, ironizar, escarnecer, ridiculizar, zaherir, avergonzar.
sa.tis.fa.ção [satisfas'ãw] *sf* **1** Satisfacción, gusto, gozo, deleite. **2** Explicación, justificativa.
sa.tis.fa.tó.rio [satisfat'ɔrju] *adj* Satisfactorio, suficiente, regular, aceptable.
sa.tis.fa.zer [satisfaz'er] *vt* **1** Satisfacer, contentar, complacer, deleitar. **2** Cumplir, obedecer, atender. *vt+vpr* **3** Complacerse, contentarse.
sa.tis.fei.to [satisf'ejtu] *adj* Satisfecho, contento, feliz, complacido.
sa.tu.ra.do [satur'adu] *adj* **1** Saturado, harto, haíto, saciado. **2** Lleno, enfadado, cansado.
sa.tu.rar [satur'ar] *vt+vpr* **1** Saturar, hartar, saciar. **2** Incomodar, cansar, llenar.
sau.da.ção [sawdas'ãw] *sf* **1** Saludo, salva, salutación. **2** saudações *pl* Saludos, recuerdos.
sau.da.de [sawd'adi] *sf* Añoranza, nostalgia.
sau.dar [sawd'ar] *vt* Saludar.
sau.dá.vel [sawd'avew] *adj* Saludable.
sa.ú.de [sa'udi] *sf* **1** Salud, sanidad, salubridad. **2** Vigor, energía, robusteza.
sau.na [s'awnə] *sf* Sauna.
sa.xo.fo.ne [saksof'oni] *sm Mús* Saxofón, saxófono.
se¹ [si] *pron pes* Se, sí, a sí.
se² [si] *conj* Si.
se.bo [s'ebu] *sm* **1** Sebo, grasa. **2** Tienda de libros o discos usados.
se.ca [s'ɛkə] *sf* Seca, sequía, estiaje.
se.ca.dor [sekad'or] *adj+sm* Secador (pelo). • *sf* Secadora (ropa).
se.ção [ses'ãw] *sf* **1** Sección, parte, porción. **2** Sector, departamento, ramo.
se.car [sek'ar] *vt+vi+vpr* **1** Secar, desecar, enjugar. **2** Disminuir, acabar. **3** Marchitar, mustiar, resecar. *vt+vpr* **4** Debilitar, adelgazar.
se.co [s'eku] *adj* **1** Seco. **2** Áspero, rudo, huraño, descortés.
se.cre.ção [sekres'ãw] *sf* Secreción, supuración, segregación.
se.cre.ta.ri.a [sekretar'iə] *sf* Secretaría.
se.cre.tá.ri.a [sekret'arjə] *sm* **1** Secretaria. **2** Escritorio, taquilla.
se.cre.to [sekr'etu] *adj* Secreto, oculto, escondido, íntimo.

se.cu.lar [sekul'ar] *adj* Secular.
sé.cu.lo [s'εkulu] *sm* Siglo.
se.cun.dá.rio [sekũd'arju] *adj* 1 Secundario, segundo, segundario. 2 Anexo, adicional, accesorio. 3 Trivial.
se.de[1] [s'εdi] *sf* 1 Sed. 2 *fig* Avidez, deseo, afán.
se.de[2] [s'ede] *sf* Sede, domicilio.
se.den.to [sed'ẽtu] *adj* 1 Sediento. 2 *fig* Ávido, ansioso, deseoso.
se.di.ar [sedi'ar] *vt* Acoger, domiciliar.
se.du.ção [sedus'ãw] *sf* 1 Seducción, encanto, atractivo, hechizo. 2 Adulación, halago.
se.du.zir [seduz'ir] *vt* 1 Seducir, atraer, cautivar, encantar. 2 Persuadir, tentar.
se.gre.do [segr'edu] *sm* Secreto, confidencia.
se.gre.ga.ção [segregas'ãw] *sf* 1 Segregación, discriminación. 2 Separación, desunión, apartamiento.
se.gre.gar [segreg'ar] *vt+vpr* 1 Segregar. 2 Secretar.
se.gui.do [seg'idu] *adj* Seguido, continuo, continuado.
se.guin.te [seg'ĩti] *adj+sm* Siguiente, inmediato, consecutivo, consecuente, subsecuente.
se.guir [seg'ir] *vt* 1 Seguir, acompañar. 2 Perseguir. *vi* 3 Proseguir, ir, continuar, mantener. 4 Imitar, adoptar. *vt+vi+vpr* 5 Suceder.
se.gun.da-fei.ra [segũdəf'ejrə] *sf* Lunes.
se.gun.do [seg'ũdu] *prep* Según, conforme. • *num+sm* Segundo.
se.gu.ran.ça [segur'ãsə] *sf* 1 Seguridad. *s m+f* 2 Guardia, policía, escolta.
se.gu.rar [segur'ar] *vt+vpr* 1 Asegurar. 2 Agarrar, sostener, cargar, tener. *vt* 3 Garantizar.
se.gu.ro [seg'uru] *adj* 1 Seguro, protegido. 2 Firme, decidido. 3 Confiable, eficaz, eficiente. • *sm Com* Seguro, garantía.
sei.o [s'eju] *sm Anat* Seno.

seis [s'ejs] *num* Seis.
seis.cen.tos [seis'ẽtus] *num* Seiscientos.
sei.ta [s'ejtə] *sf* Secta, doctrina.
sei.va [s'ejvə] *sf* 1 *Bot* Savia, jugo, leche. 2 *fig* Vigor, fuerza.
se.la [s'εlə] *sf* Silla, montura.
se.lar [sel'ar] *vt* 1 Sellar, timbrar, estampillar. 2 Lacrar. 3 Confirmar, validar. 4 Ensillar (caballo).
se.le.ção [seles'ãw] *sf* 1 Selección, distinción, elección. 2 *Esp* Equipo.
se.le.ci.o.nar [selesjon'ar] *vt* Seleccionar, escoger, elegir.
se.le.to [sel'εtu] *adj* Selecto.
se.lo [s'elu] *sm* 1 Sello, cuño. 2 Estampilla.
sel.va [s'εwvə] *sf* Selva, bosque, floresta.
sel.va.gem [sewv'aʒẽj] *adj e s m+f* 1 Salvaje, bravío, selvático. 2 Bárbaro, brutal, cruel.
sel.va.ge.ri.a [sewvaʒer'iə] *sf* Salvajería, salvajada, salvajismo, brutalidad, atrocidad.
sem [s'ẽj] *prep* Sin.
se.má.fo.ro [sem'aforu] *sm* Semáforo, señal, disco de señales.
se.ma.na [sem'∧nə] *sf* Semana.
se.me.ar [seme'ar] *vt+vi* Sembrar.
se.me.lhan.ça [semeʎ'ãsə] *sf* Semejanza, similitud.
se.me.lhan.te [semeʎ'ãti] *adj* Semejante, parecido, similar, análogo, afín. • *adv* Semejante, tal. • *sm* Semejante, prójimo.
se.men.te [sem'ẽti] *sf* 1 *Bot* Semilla, simiente. 2 Pepita, carozo, hueso.
se.mes.tre [sem'εstri] *sm* Semestre.
se.mi.ná.rio [semin'arju] *sm* 1 *Rel* Seminario. 2 Congreso, plantel.
sem.pre [s'ẽpri] *adv* Siempre.
sem-ver.go.nha [sẽjverg'oɲə] *adj e s m+f sing+pl* Sinvergüenza, desvergonzado, cínico, desfachatado.

senão 398 **seriedade**

se.não [sen'ãw] *conj+prep* Sino. • *sm* Falla, mácula, defecto.
se.nha [s'eñɐ] *sf* Seña, señal, contraseña.
se.nhor [señ'or] *sm* 1 Señor, dueño, propietario. 2 Hombre. 3 Hombre mayor, anciano.
se.nho.ra [señ'orɐ] *sf* 1 Dueña, propietaria. 2 Esposa, mujer. 3 Mujer mayor, anciana.
se.nho.ri.ta [señor'itɐ] *sf* Señorita.
se.nil [sen'iw] *adj* Senil.
se.ni.li.da.de [señilid'adʒi] *sf* Senilidad.
sê.nior [s'enjor] *adj+sm* Sénior.
sen.sa.ção [sẽsas'ãw] *sf* Sensación.
sen.sa.tez [sẽsat'es] *sf* Sensatez, juicio, moderación, prudencia, seso, madurez.
sen.sa.to [sẽs'atu] *adj* Sensato, sabio, moderado, cuerdo, prudente, juicioso, sesudo, equilibrado.
sen.si.bi.li.da.de [sẽsibilid'adʒi] *sf* 1 Sensibilidad. 2 Susceptibilidad.
sen.si.bi.li.zar [sẽsibiliz'ar] *vt+vi+vpr* Sensibilizar, conmover, impresionar.
sen.sí.vel [sẽs'ivew] *adj* Sensible, sensitivo.
sen.so [s'ẽsu] *sm* Sentido.
sen.su.a.li.da.de [sẽswalid'adʒi] *sf* Sensualidad.
sen.tar [sẽt'ar] *vt+vi+vpr* 1 Sentar. *vt* 2 Meter, dar, aplicar (golpe, trompada, puñetazo).
sen.ten.ça [sẽt'ẽsɐ] *sf* 1 *Gram* Sentencia, frase. 2 Proverbio, mote, dicho. 3 *Dir* Dictamen, juicio, veredicto, fallo. 4 Sanción, punición, castigo.
sen.ten.ci.ar [sẽtẽsi'ar] *vt+vi* 1 Sentenciar, fallar, dictar, decretar. 2 Juzgar, condenar.
sen.ti.do [sẽt'idu] *adj* Sentido, sensible. • *sm* 1 Sentido, sensación, percepción. 2 Significación, acepción.
sen.ti.men.to [sẽtim'ẽtu] *sm* 1 Sentimiento, sensibilidad. 2 Afecto, amor. 3 Intuición, presentimiento. 4 **sentimentos** *pl* Pésame, condolencia.
sen.ti.ne.la [sẽtin'ɛlɐ] *sf* Centinela, vigilante.
sen.tir [sẽt'ir] *vt+vpr* Sentir.
se.pa.ra.ção [separas'ãw] *sf* Separación, apartamiento, segregación.
se.pa.rar [separ'ar] *vt+vpr* 1 Separar, desunir. 2 Apartar, aislar, segregar. *vt* 3 Discriminar.
se.pul.tar [sepuwt'ar] *vt+vpr* Sepultar, enterrar.
se.pul.tu.ra [sepuwt'urɐ] *sf* Sepultura, sepulcro.
se.quên.cia [sek'wẽsjɐ] *sf* 1 Secuencia, serie, sucesión, cadena. 2 Seguimiento, continuación.
se.quer [sek'ɛr] *adv* Siquiera.
se.ques.trar [sekwestr'ar] *vt* 1 Secuestrar. 2 Aprehender, embargar, retener.
se.ques.tro [sek'westru] *sm* Secuestro.
ser [s'er] *vlig* 1 Ser, existir. 2 Ocurrir, suceder. 3 Pertenecer, tocar, corresponder. 4 Valer, costar. • *sm* Ser, ente, individuo.
se.re.nar [seren'ar] *vt+vi+vpr* 1 Serenar, tranquilizar, pacificar, sosegar, calmar. *vt+vi* 2 Aplacar, amansar, suavizar. *vt* 3 Rociar.
se.re.ni.da.de [serenid'adʒi] *sf* 1 Serenidad, imperturbabilidad, aplomo, paciencia, despreocupación. 2 Tranquilidad, sosiego, calma. 3 Suavidad, bonanza, apacibilidad.
se.re.no [ser'enu] *adj* Sereno, pacífico, calmo, manso, quieto, tranquilo, apacible. • *sm* Rocío, relente.
se.ri.a.do [seri'adu] *adj* Seriado. • *sf Telev* Serial, serie.
sé.rie [s'ɛrji] *sf* 1 Serie, sucesión, cadena. 2 Serial, secuencia, seguida. 3 Curso, proceso. 4 Lista, catálogo, relación.
se.ri.e.da.de [serjed'adʒi] *sf* 1 Seriedad, gravedad, circunspección. 2 Severidad, austeridad. 3 Dignidad, decoro.

se.rin.ga [ser'igə] *sf* Jeringa.

sé.rio [s'ɛrju] *adj* **1** Serio, formal, grave. **2** Seco, adusto, hosco. **3** Importante, urgente. **4** Exacto, cumplidor.

ser.mão [serm'ãw] *sm* Sermón, plática.

ser.pen.te [serp'ẽti] *sf* **1** *Zool* Serpiente. **2** *fig* Víbora, mala persona.

ser.ra [s'ɛɾə] *sf* **1** *Mec* Sierra. **2** *Geogr* Cordillera, serranía.

ser.ra.gem [seɾ'aʒẽj] *sf* Serrín, aserrín, limaduras.

ser.ra.lhei.ro [seɾaʎ'ejɾu] *sm* Herrero.

ser.rar [seɾ'ar] *vt+vi* Serrar, aserrar, serruchar.

ser.ro.te [seɾ'ɔti] *sm* Serrucho.

ser.tão [sert'ãw] *sm* Páramo.

ser.ven.te [serv'ẽti] *adj* e *s m+f* Sirviente, criado, empleado.

ser.ven.ti.a [servẽt'iə] *sf* Utilidad, provecho, empleo, aplicación, uso.

ser.vi.ço [serv'isu] *sm* **1** Servicio, trabajo, actividad. **2** Obsequio, favor, beneficio.

ser.vir [serv'ir] *vt+vi* **1** Servir, atender. **2** Ayudar, cuidar, auxiliar. *vt+vpr* **3** Aprovechar, ser útil. **4** Servirse, utilizar.

ser.vo [s'ɛrvu] *adj+sm* **1** Esclavo. **2** Siervo, criado.

ses.são [ses'ãw] *sf* Sesión.

ses.sen.ta [ses'ẽtə] *num* Sesenta.

ses.ta [s'ɛstə] *sf* Siesta.

se.ta [s'ɛtə] *sf* **1** Saeta. **2** Flecha, dardo.

se.te [s'ɛti] *num* Siete.

se.te.cen.tos [sɛtes'ẽtus] *num* Setecientos.

se.tem.bro [set'ẽbɾu] *sm* Septiembre.

sé.ti.mo [s'ɛtimu] *num* Séptimo.

se.tor [set'or] *sm* Sector, división, ramo.

seu [s'ew] *pron pos* Su, suyo.

se.ve.ri.da.de [severid'adi] *sf* **1** Severidad, rigor, rigidez. **2** Austeridad, rigurosidad, sobriedad. **3** Gravedad, dignidad.

se.ve.ro [sev'ɛɾu] *adj* **1** Severo, rígido, riguroso. **2** Serio, grave, sesudo. **3** Importante. **4** Austero, digno.

se.xo [s'ɛksu] *sm* Sexo.

sex.ta-fei.ra [sestaf'ejɾə] *sf* Viernes.

sex.to [s'ɛstu] *num* Sexto.

se.xu.al [seksu'aw] *adj* Sexual.

se.xu.a.li.da.de [sekswalid'adi] *sf* Sexualidad.

si [s'i] *sm* Más Sí. • *pron pes* Sí.

si.gi.lo [siʒ'ilu] *sm* Sigilo, secreto.

si.gla [s'iglə] *sf* Sigla.

sig.ni.fi.ca.ção [signifikas'ãw] *sf* Significación, denotación, sentido.

sig.ni.fi.ca.do [signifik'adu] *sm* Significado, sentido.

sig.ni.fi.car [signifik'ar] *vt* Significar, simbolizar, expresar, mostrar.

sig.no [s'ignu] *sm* Signo.

sí.la.ba [s'ilabə] *sf Gram* Sílaba.

si.len.ci.ar [silẽsi'ar] *vt+vi* Silenciar, callar.

si.lên.cio [sil'ẽsju] *sm* **1** Silencio. **2** Quietud, tranquilidad. **3** Sigilo, reserva.

si.lhu.e.ta [siʎu'etə] *sf* Silueta.

si.li.co.ne [silik'oni] *sm Quím* Silicona.

sil.ves.tre [siwv'ɛstɾi] *adj* Silvestre, agreste, salvaje, bravío, rústico.

sil.ví.co.la [siwv'ikolə] *adj* e *s m+f* Silvícola.

sim [s'ĩ] *adv* Sí.

sim.bo.li.zar [sĩboliz'ar] *vt* Simbolizar.

sím.bo.lo [s'ĩbolu] *sm* Símbolo.

si.mi.lar [simil'ar] *adj+sm* Similar, símil, parejo, análogo, homólogo.

si.mi.la.ri.da.de [similaɾid'adi] *sf* Similitud, semejanza, analogía.

sim.pa.ti.a [sĩpat'iə] *sf* **1** Simpatía. **2** Ritual supersticioso.

sim.pá.ti.co [sĩp'atiku] *adj* Simpático.

sim.pa.ti.zar [sĩpatiz'ar] *vt+vpr* Simpatizar, congeniar, amistar.

sim.ples [s'ĩplis] *adj* e *s m+f sing+pl* **1** Simple, sencillo. **2** Humilde, llano. **3** Elemental, mero. **4** Fácil, claro, palmario.

sim.pli.ci.da.de [sīplisid'adi] *sf* **1** Simplicidad, sencillez, claridad. **2** Ingenuidad, inocencia. **3** Tosquedad, rusticidad.

sim.pli.fi.car [sīplifik'ar] *vt* **1** Simplificar, facilitar. **2** Reducir, abreviar.

sim.pó.sio [sīp'ɔzju] *sm* Simposio, congreso.

si.mu.la.ção [simulas'ãw] *sf* **1** Simulación, simulacro. **2** Test, ensayo.

si.mul.tâ.neo [simuwt'ʌnju] *adj* Simultáneo, concomitante, sincrónico.

si.na [s'inə] *sf* Sino, hado, suerte, destino.

si.nal [sin'aw] *sm* **1** Señal, gesto. **2** Seña, signo. **3** Timbre, campanilla (escuela). **4** Vestigio, indicio, pista. **5** Marca, estigma.

si.na.li.za.ção [sinalizas'ãw] *sf* Señalización.

si.na.li.zar [sinaliz'ar] *vt* **1** Señalizar. **2** Señalar, indicar.

sin.ce.ri.da.de [sīserid'adi] *sf* Sinceridad, franqueza.

sin.ce.ro [sīs'ɛru] *adj* Sincero, franco.

sin.cro.ni.a [sīkron'iə] *sf* Sincronía, sincronización, simultaneidad.

sin.cro.ni.za.ção [sīkronizas'ãw] *sf* Sincronización.

sin.cro.ni.zar [sīkroniz'ar] *vt* Sincronizar, concordar.

sin.di.ca.li.zar [sīdikaliz'ar] *vt+vpr* Sindicar.

sin.di.cân.cia [sīdik'ãsjə] *sf* Averiguación, investigación, busca, vigilancia, inspección.

sin.di.ca.to [sīdik'atu] *sm* Sindicato.

sín.di.co [s'īdiku] *sm* Síndico, administrador de un edificio.

sín.dro.me [s'īdromi] *sf Med* Síndrome.

sin.fo.ni.a [sīfon'iə] *sf Mús* Sinfonía.

sin.fô.ni.ca [sīf'onikə] *adj Mús* Sinfónico. • *sf* Sinfónica.

sin.ge.lo [sīʒ'ɛlu] *adj* Sencillo, simple, puro.

sin.gu.lar [sīgul'ar] *adj* Singular.

si.nis.tro [sin'istru] *adj* **1** Siniestro, funesto. **2** Asustador, terrible.

si.no [s'inu] *sm* Campana.

si.nô.ni.mo [sin'onimu] *adj+sm Gram* Sinónimo.

si.nop.se [sin'ɔpsi] *sf* Sinopsis, síntesis, resumen, compendio.

sin.ta.xe [sīt'asi] *sf Gram* Sintaxis.

sín.te.se [s'ītezi] *sf* Síntesis, compendio, sinopsis, sumario.

sin.te.ti.zar [sītetiz'ar] *vt* **1** Sintetizar, resumir, compendiar, abreviar, condensar. **2** *Quím* Componer, producir, obtener, fabricar.

sin.to.ma [sīt'omə] *sm* **1** *Med* Síntoma. **2** Indicio, señal.

sin.to.ni.a [sīton'iə] *sf* Sintonía.

sin.to.ni.zar [sītoniz'ar] *vt+vi* Sintonizar.

si.nu.si.te [sinuz'iti] *sf Med* Sinusitis.

si.re.ne [sir'eni] *sf* Sirena, pito.

si.ri [sir'i] *sm Zool* Cámbaro, cangrejo de mar.

si.so [s'izu] *sm* Juicio, quicio.

sis.te.ma [sist'emə] *sm* Sistema.

site [s'ajti] *sm Inform Site*, sitio.

si.ti.ar [siti'ar] *vt* Sitiar.

sí.tio [s'itju] *sm* **1** Sitio, local. **2** Chacra, finca.

si.tu.a.ção [sitwas'ãw] *sf* Situación.

si.tu.ar [situ'ar] *vt+vpr* Situar, colocar, ubicar, poner.

só [s'ɔ] *adj* Solo, solitario. • *adv* Sólo, solamente, únicamente, apenas.

so.a.lho [so'aʎu] *sm* Tarima, parquet, entarimado.

so.ar [so'ar] *vt+vi* Sonar, tocar, tañer. *vt* **2** Parecer, oler.

sob [s'ob] *prep* Bajo.

so.be.ra.ni.a [soberan'iə] *sf* Soberanía.

so.ber.ba [sob'erbə] *sf* Soberbia, altanería, altivez, arrogancia.

so.bra [s'ɔbrə] *sf* Sobra, resto, excedencia, excedente.
so.bra.do [sobr'adu] *sm* Casa de altos.
so.bran.ce.lha [sobrãs'eʎə] *sf Anat* Ceja.
so.brar [sobr'ar] *vt* 1 Sobrar, restar, quedar. *vt+vi* 2 Exceder.
so.bre [s'ɔbri] *prep* 1 Sobre, encima. 2 Acerca.
so.bre.car.ga [sobrek'argə] *sf* Sobrecarga, exceso.
so.bre.car.re.gar [sobrekaʀeg'ar] *vt* Sobrecargar, agravar, exceder.
so.bre.co.xa [sobrek'oʃə] *sf Zool* Contramuslos.
so.bre.lo.ja [sobrel'ɔʒə] *sf* Entresuelo, entrepiso.
so.bre.ma.nei.ra [sobreman'ejrə] *adv* Sobremanera.
so.bre.me.sa [sobrem'ezə] *sf* Postre.
so.bre.no.me [sobren'omi] *sm* Apellido.
so.bre.por [sobrep'or] *vt+vpr* Sobreponer.
so.bre.pu.jar [sobrepuʒ'ar] *vt* Sobrepujar, sobrepasar, superar, aumentar.
so.bres.sa.ir [sobresa'ir] *vi* 1 Sobresalir, salir, abultar. *vt+vi* 2 Sobrepujar, despuntar, lucir. *vt+vi+vpr* 3 Descollar, destacar.
so.bres.sal.to [sobres'awtu] *sm* Sobresalto, sorpresa, susto, alarma.
so.bre.tu.do[1] [sobret'udu] *adv* Sobre todo, principalmente, especialmente.
so.bre.tu.do[2] [sobret'udu] *sm* Sobretodo, gabán, gabardina, capote, abrigo.
so.bre.vir [sobrev'ir] *vt+vi* Sobrevenir.
so.bre.vi.ver [sobreviv'er] *vt+vi* Sobrevivir.
so.bri.e.da.de [sobrjed'adi] *sf* Sobriedad, comedimiento, moderación, discreción.
so.bri.nho [sobr'iñu] *sm* Sobrino.
só.brio [s'ɔbrju] *adj* Sobrio, ponderado, moderado, austero.

so.car [sok'ar] *vt* 1 Majar, machacar, mallar. *vt+vpr* 2 Golpear, apalear, aporrear.
so.ci.al [sosi'aw] *adj* Social.
so.ci.á.vel [sosi'avew] *adj* Sociable, abierto, extrovertido, simpático.
so.ci.e.da.de [sosjed'adi] *sf* 1 Sociedad, colectividad, comunidad. 2 Empresa, compañía, negocio.
só.cio [s'ɔsju] *adj+sm* 1 Socio, asociado, miembro, afiliado, consocio, participante. 2 Accionista, mutualista.
so.ci.o.lo.gi.a [sosjoloʒ'iə] *sf* Sociología.
so.co [s'oku] *sm* Trompazo, puñetazo, golpe.
so.cor.rer [sokoʀ'er] *vt+vpr* Socorrer, acudir, ajudar, amparar, asistir.
so.cor.ro [sok'oʀu] *sm* Socorro, auxilio, ayuda, amparo.
so.da [s'ɔdə] *sf* 1 Soda, gaseosa. 2 *Quím* Sosa.
so.fá [sof'a] *sm* Sofá, diván.
so.fis.ti.ca.ção [sofistikas'ãw] *sf* 1 Refinamiento, elegancia. 2 Sofisticación, adulteración, falsificación.
so.frer [sofr'er] *vt+vi* Sufrir, padecer, penar.
so.fri.men.to [sofrim'ẽtu] *sm* 1 Sufrimiento, padecimiento. 2 Amargura, desconsuelo. 3 Dolor, mal, malestar.
so.gra [s'ɔgrə] *sf* Suegra, madre política.
so.gro [s'ogru] *sm* Suegro, padre político.
so.ja [s'ɔʒə] *sf Bot* Soja, soya.
sol [s'ɔw] *sm Astron* Sol.
so.la [s'ɔlə] *sf* 1 Suela. 2 Planta del pie.
so.lar [sol'ar] *adj* Solar.
so.la.van.co [solav'ãku] *sm* Traqueteo, sacudida.
sol.da.do [sowd'adu] *sm Mil* Soldado.
sol.dar [sowd'ar] *vt+vpr* Soldar, unir, juntar.
so.lei.ra [sol'ejrə] *sf* Umbral.

so.le.ne [sol'eni] *adj* 1 Solemne, ceremonioso. 2 Formal, grave. 3 Suntuoso, fastuoso.
so.le.ni.da.de [solenid'adi] *sf* Solemnidad, ceremonial.
so.le.trar [soletr'ar] *vt+vi* Deletrear, silabear.
so.li.ci.ta.ção [solisitas'ãw] *sf* Solicitación, petición, pedido.
so.li.dão [solid'ãw] *sf* Soledad.
so.li.da.ri.e.da.de [solidarjed'adi] *sf* Solidaridad.
so.li.dá.rio [solid'arju] *adj* Solidario.
so.li.dez [solid'es] *sf* 1 Solidez, firmeza, resistencia. 2 Consistencia, densidad.
só.li.do [s'olidu] *adj* Sólido.
so.li.tá.rio [solit'arju] *adj* Solitario, solo.
so.lo [s'olu] *sm* Suelo, piso.
sol.tar [sowt'ar] *vt+vpr* 1 Soltar, desatar, desasir. 2 Libertar, liberar.
sol.tei.ro [sowt'ejru] *adj* Soltero.
sol.to [s'owtu] *adj* Suelto.
so.lu.ção [solus'ãw] *sf* Solución.
so.lu.çar [solus'ar] *vi* 1 Sollozar. 2 Tener hipo.
so.lu.ci.o.nar [solusjon'ar] *vt* Solucionar, resolver.
so.lu.ço [sol'usu] *sm* 1 Hipo. 2 Sollozo, lloro.
so.lú.vel [sol'uvew] *adj* Soluble, disoluble.
som [s'õw] *sm* 1 Sonido. 2 *fam* Música.
so.ma [s'omə] *sf* 1 *Mat* Suma. 2 Cantidad.
so.mar [som'ar] *vt+vi* 1 Sumar, adicionar. *vi* 2 Juntar, agregar, reunir.
som.bra [s'õbrə] *sf* 1 Sombra, oscuridad. 2 Silueta.
som.bri.o [sõbr'iu] *adj* 1 Sombrío, nebuloso. 2 Lóbrego, lúgubre. 3 *fig* Triste, melancólico, taciturno.
so.men.te [som'ẽti] *adv* Solamente, sólo, únicamente, no más.

so.nâm.bu.lo [son'ãbulu] *adj+sm* Sonámbulo.
son.da [s'õdə] *sf* Sonda, sondeo, rastreo.
son.dar [sõd'ar] *vt* Sondar, sondear, tantear, averiguar, rastrear.
so.ne.ca [son'ɛkə] *sf* Siesta, dormida corta.
so.ne.ga.ção [sonegas'ãw] *sf* 1 Ocultación, encubrimiento. 2 Fraude, evasión fiscal.
so.ne.ga.dor [sonegad'or] *adj+sm* Ocultador, encubridor.
so.ne.gar [soneg'ar] *vt* 1 Subtraer, estafar, evadir. 2 Ocultar, encubrir, negar.
so.ne.to [son'etu] *sm Lit* Soneto.
so.nhar [soñ'ar] *vt+vi* 1 Soñar. 2 *fig* Imaginar, devanear. *vt* 3 Anhelar, desear.
so.nho [s'oñu] *sm* 1 Sueño, ensueño. 2 Imaginación, devaneo. 3 Deseo, anhelo.
so.no [s'onu] *sm* Sueño.
so.no.lên.cia [sonol'ẽsjə] *sf* Somnolencia.
so.no.ro [son'oru] *adj* 1 Sonoro, resonante, sonante. 2 Melodioso, armónico, melódico.
so.pa [s'opə] *sf* Sopa.
so.pa.po [sop'apu] *sm fam* Sopapo, bofetón, bofetada, manotazo.
so.pé [sop'ɛ] *sm* Falda (de montaña, montes, sierras).
so.prar [sopr'ar] *vt+vi* 1 Soplar. *vt* 2 Insinuar. 3 Incitar. 4 Susurrar.
so.pro [s'opru] *sm* 1 Soplo. 2 Hálito, aliento. 3 *fig* Insinuación, inspiración. 4 *sopros pl Mús* Vientos.
so.ro [s'oru] *sm Med* Suero.
sor.rir [soř'ir] *vi+vpr* Sonreír.
sor.ri.so [soř'izu] *sm* Sonrisa.
sor.te [s'ɔrti] *sf* 1 Suerte, dicha. 2 Fortuna, buenaventura.
sor.te.ar [sorte'ar] *vt* Sortear, rifar.
sor.tei.o [sort'eju] *sm* Sorteo, rifa.

sor.ti.men.to [sortim'ẽtu] *sm* **1** Surtimiento, surtido. **2** Provisión.

sor.ver [sorv'er] *vt* Sorber, absorber.

sor.ve.te [sorv'eti] *sm* Helado, sorbete.

sor.ve.te.ri.a [sorveteri'ə] *sf* Heladería.

sós [s'ɔs] *loc adv* a sós A solas.

só.sia [s'ɔzjə] *sm+f* Sosia.

sos.se.gar [soseg'ar] *vt+vi+vpr* **1** Serenar, aquietar. **2** Tranquilizar, calmar.

sos.se.go [sos'egu] *sm* Sosiego, serenidad, paz, quietud, calma, tranquilidad.

so.ta.que [sot'aki] *sm* Acento, deje, dejo, pronunciación.

so.va [s'ɔvə] *sf* Paliza, solfa, zurra.

so.va.co [sov'aku] *sm fam* Sobaco.

so.zi.nho [sɔz'iñu] *adj* Solo.

su.a [s'uə] *pron pos* Suya.

su.ar [su'ar] *vt+vi* **1** Sudar, transpirar. *vt* **2** Esforzarse, batallar.

su.a.ve [su'avi] *adj* **1** Suave, amoroso, dócil. **2** Blando, blandengue. **3** Agradable, ameno. **4** Delicado.

su.a.vi.da.de [swavid'adi] *sf* Suavidad.

su.a.vi.zar [swaviz'ar] *vt+vpr* Suavizar, ablandar, aliviar.

sub.cons.ci.en.te [subkõsi'ẽti] *sm Psicol* Subconsciente.

sub.de.sen.vol.vi.do [subdezẽvowv'idu] *adj+sm* Subdesarrollado.

su.ben.ten.der [subẽtẽd'er] *vt* Sobrentender, subentender.

su.bes.ti.mar [subestim'ar] *vt* **1** Subestimar. **2** Subvalorar, minusvalorar.

su.bi.da [sub'idə] *sf* **1** Subida, ascenso, ascensión. **2** Alza, incremento. **3** Ladera, rampa.

su.bir [sub'ir] *vt+vi* **1** Subir, ascender. *vt* **2** Escalar.

sú.bi.to [s'ubitu] *adj* Súbito, repentino, inesperado.

sub.je.ti.vo [subʒet'ivu] *adj* Subjetivo.

sub.ju.gar [subʒug'ar] *vt* Subyugar, sojuzgar, someter, dominar.

sub.jun.ti.vo [subʒũt'ivu] *adj Gram* Subjuntivo.

sub.le.var [sublev'ar] *vt+vpr* Sublevar, amotinar.

su.bli.mar [sublim'ar] *vt+vpr* **1** Exaltar, engrandecer, elevar, glorificar. *vt* **2** *Fís* Sublimar.

su.bli.me [subl'imi] *adj* Sublime.

sub.li.nhar [subliñ'ar] *vt* Subrayar.

sub.mer.gir [submerʒ'ir] *vt+vi+vpr* Sumergir, anegar, ahondar, hundir, sumir, perder pie.

sub.mer.so [subm'ersu] *adj* Sumergido, inmerso, anegado.

sub.me.ter [submet'er] *vt+vpr* Someter, sojuzgar, subordinar, subyugar, sujetar, domeñar, dominar.

sub.mis.são [submis'ãw] *sf* Sumisión, sometimiento, rendimiento, sujeción, obediencia, subordinación.

sub.mis.so [subm'isu] *adj* **1** Sumiso, subordinado, sometido, sujeto. **2** Obediente, dócil, manejable.

su.bor.di.na.ção [subordinas'ãw] *sf* **1** Subordinación, sumisión, obediencia, sujeción. **2** Dependencia.

su.bor.nar [suborn'ar] *vt* Sobornar, corromper, coimear, comprar, untar la mano.

su.bor.no [sub'ornu] *sm* Soborno, corrupción, cohecho, coima.

sub.se.quen.te [subsek'wẽti] *adj* Subsecuente, subsiguiente, siguiente, consecuente, inmediato.

sub.ser.vi.en.te [subservi'ẽti] *adj* Sumiso, humilde, subordinado.

sub.sis.tên.cia [subsist'ẽsjə] *sf* **1** Subsistencia, permanencia, persistencia, vida. **2** Sustento, mantenimiento, manutención.

sub.sis.tir [subsist'ir] *vi* Subsistir, durar, perdurar, permanecer, quedar, vivir, persistir.

sub.so.lo [subs'ɔlu] *sm* Subsuelo.

subs.tân.cia [subst′ãsjə] *sf* **1** Substancia, sustancia, materia, elemento. **2** Meollo, contenido. **3** Extracto, caldo, esencia. **4** Existencia, inmanencia.

subs.tan.ti.vo [substãt′ivu] *sm Gram* Sustantivo, substantivo.

subs.ti.tu.i.ção [substitwis′ãw] *sf* Sustitución, substitución, reemplazo, mudanza.

subs.ti.tu.ir [substitu′ir] *vt+vpr* Sustituir, substituir, reponer, reemplazar.

subs.ti.tu.í.vel [substitu′ivew] *adj* Sustituible, substituible.

subs.ti.tu.to [substit′utu] *adj+sm* Sustituto, substituto, suplente, reemplazante.

sub.ter.râ.neo [subteř′∧nju] *adj+sm* Subterráneo, cueva, caverna.

sub.tra.ção [subtras′ãw] *sf* **1** Sustracción. **2** *Mat* Disminución, resta.

sub.tra.ir [subtra′ir] *vt+vpr* **1** Sacar, privar. **2** Sustraer, restar, disminuir. **3** Hurtar, robar.

su.bu.ma.no [subum′∧nu] *adj* Inhumano, deshumano.

sub.ver.são [subvers′ãw] *sf* Subversión, revuelta, insubordinación, sublevación, desorden, revolución.

su.ca.ta [suk′atə] *sf* **1** Chatarra, hierro viejo. **2** Morralla, trasto.

suc.ção [suks′ãw] *sf* Succión.

su.ce.der [sused′er] *vi* **1** Suceder, acaecer, acontecer, pasar. *vt+vpr* **2** Seguirse.

su.ces.são [suses′ãw] *sf* **1** Sucesión, continuación, curso. **2** Serie, secuencia, corriente. **3** Generación, progresión, descendencia.

su.ces.so [sus′ɛsu] *sm* Éxito.

su.ces.sor [suses′or] *adj+sm* **1** Sucesor, descendiente. **2** Heredero.

su.cin.to [sus′ĩtu] *adj* Sucinto, resumido, conciso.

su.co [s′uku] *sm* **1** Zumo. **2** *AL* Jugo.

su.cu.lên.cia [sukul′ẽsjə] *sf* Jugosidad.

su.cu.len.to [sukul′ẽtu] *adj* Jugoso, suculento.

su.cum.bir [sukũb′ir] *vt* **1** Sucumbir, ceder. *vi* **2** Rendirse. *vt+vi* **3** Entregarse, someterse.

su.é.ter [su′ɛter] *sm* Suéter, jersey.

su.fi.ci.ên.cia [sufisi′ẽsjə] *sf* Suficiencia.

su.fi.xo [suf′iksu] *sm Gram* Sufijo.

su.fo.car [sufok′ar] *vt+vi+vpr* **1** Sofocar, ahogar. **2** *fig* Reprimir.

su.gar [sug′ar] *vt* Succionar, sorber.

su.ge.rir [suʒer′ir] *vt* **1** Sugerir, aconsejar. **2** Proponer, insinuar.

su.ges.tão [suʒest′ãw] *sf* **1** Sugestión, sugerencia. **2** Persuasión.

su.i.ci.da [sujs′idə] *adj* e *s m+f* Suicida.

su.i.ci.dar [sujsid′ar] *vpr* Suicidarse.

su.í.no [su′inu] *adj* Porcino. • *sm Zool* Porcel, chichón, guarro, cerdo.

su.í.te [su′iti] *sf* Suite.

su.jar [suʒ′ar] *vt+vpr* **1** Ensuciar. *vt+vpr* **2** *fig* Manchar, macular.

su.jei.ção [suʒejs′ãw] *sf* **1** Sujeción, inmovilización, contención. **2** Obediencia, sometimiento, subordinación, sumisión.

su.jei.ra [suʒ′ejrə] *sf* **1** Suciedad, inmundicia, basura, cochambre, mugre, porquería. **2** *fig* Cochinería, jugada, engaño, cochinada, guarrería, inmundicia, marranada.

su.jei.tar [suʒejt′ar] *vt* Someter, sojuzgar, subordinar, subyugar, dominar.

su.jei.to [suʒ′ejtu] *adj* Sujeto, sometido, subyugado. • *sm* **1** Individuo, persona. **2** *Gram* Sujeto.

su.jo [s′uʒu] *adj* **1** Sucio, desaseado. **2** Marrano, mugriento, puerco. **3** Obsceno, impúdico. **4** Deshonesto, desleal, bajo. **jogar sujo** Ser deshonesto.

sul [s′uw] *sm* Sur.

sul.car [suwk′ar] *vt* Surcar.

sul.co [s′uwku] *sm* Surco.

su.má.rio [sum'arju] *adj* Sumario, sucinto, breve. • *sm* Compendio, sinopsis, resumen.

su.mi.ço [sum'isu] *sm fam* Desaparición.

su.mir [sum'ir] *vi+vpr* Sumir, desaparecer.

su.or [su'or] *sm* **1** Sudor, transpiración. **2** *fig* Trabajo, fatiga.

su.pe.rar [super'ar] *vt* **1** Superar, vencer. **2** Exceder, sobrepasar, sobrepujar. *vt+vpr* **3** Mejorar, progresar.

su.pe.rá.vel [super'avew] *adj* Superable.

su.per.cí.lio [supers'ilju] *sm Anat* Ceja.

su.pe.res.ti.mar [superestim'ar] *vt* Sobrestimar.

su.per.fi.ci.al [superfisi'aw] *adj* **1** Superficial, exterior. **2** Elemental. **3** Vano, fútil, frívolo.

su.per.fi.ci.a.li.da.de [superfisjalid'adi] *sf* Superficialidad.

su.per.fí.cie [superf'isji] *sf* Superficie, área.

su.pér.fluo [sup'ɛrflwu] *adj* **1** Superfluo, sobrante, excesivo, demasiado. **2** Innecesario.

su.per-ho.mem [super'ɔmẽj] *sm* Superhombre.

su.pe.ri.or [superi'or] *adj* Superior. • *adj+sm* Jefe.

su.pe.ri.o.ri.da.de [superjorid'adi] *sf* Superioridad.

su.per.la.ti.vo [superlat'ivu] *adj* Superlativo.

su.per.lo.tar [superlot'ar] *vt* Colmar, atiborrar, abarrotar.

su.per.mer.ca.do [supermerk'adu] *sm* Supermercado.

su.per.po.tên.cia [superpot'ẽsjə] *sf* Superpotencia.

su.pers.ti.ção [superstis'ãw] *sf* Superstición.

su.per.vi.são [superviz'ãw] *sf* Supervisión, inspección, control.

su.plan.tar [suplãt'ar] *vt* Suplantar, exceder, superar.

su.ple.men.tar [suplemẽt'ar] *adj* Suplementario, suplemental. • *vt* Complementar, suplir, sustituir.

sú.pli.ca [s'uplikə] *sf* Súplica, deprecación, ruego, petición, plegaria, pedido.

su.pli.car [suplik'ar] *vt* Suplicar, deprecar, implorar, rogar.

su.plí.cio [supl'isju] *sm* Suplicio, tortura, sufrimiento.

su.por [sup'or] *vt* Suponer, creer, pensar, presumir, inferir.

su.por.tar [suport'ar] *vt* **1** Soportar, aguantar, aturar. **2** Sufrir, padecer, pasar, sobrellevar.

su.por.tá.vel [suport'avew] *adj* Soportable.

su.por.te [sup'ɔrti] *sm* **1** Soporte, base, pedestal, sustentáculo. **2** Apoyo.

su.po.si.ção [supozis'ãw] *sf* Suposición, conjetura, supuesto, presunción.

su.pos.to [sup'ostu] *adj* Supuesto.

su.pre.ma.ci.a [supremas'iə] *sf* Supremacía, hegemonía.

su.pri.mir [suprim'ir] *vt* **1** Suprimir, abolir, anular, eliminar. **2** Omitir.

su.prir [supr'ir] *vt* Suplir, proveer, abastecer, suministrar, proporcionar.

sur.dez [surd'es] *sf* Sordez, sordera.

sur.do [s'urdu] *adj+sm* Sordo.

sur.do-mu.do [surdum'udu] *adj+sm* Sordomudo.

sur.far [surf'ar] *vi* Hacer surf.

sur.fe [s'urfi] *sf Esp* Surf.

sur.gi.men.to [sur3im'ẽtu] *sm* Surgimiento, aparición.

sur.gir [sur3'ir] *vi* Surgir, aparecer.

sur.pre.en.der [surpreẽd'er] *vt* **1** Sorprender, pillar. *vt+vi+vpr* **2** Chocar, impresionar.

sur.pre.sa [surpr'ezə] *sf* Sorpresa, asombro, admiración, perplejidad.

sur.ra [s'urə] *sf* Paliza, solfa, zurra.

sur.rar [suř'ar] *vt* Zurrar, pegar, apalear.

sur.ru.pi.ar [suřupi'ar] *vt* Estafar, sacar, hurtar, robar.

sur.to [s'urtu] *sm* Irrupción, epidemia.

sus.ce.ti.bi.li.da.de [susetibilid'adi] *sf* Susceptibilidad.

sus.ce.tí.vel [suset'ivew] *adj* Susceptible.

sus.pei.ta [susp'ejtə] *sf* Sospecha, asomo, desconfianza, duda.

sus.pei.tar [suspejt'ar] *vt* Sospechar, desconfiar, oler.

sus.pei.to [susp'ejtu] *adj+sm* Sospechoso.

sus.pen.der [suspēd'er] *vt+vpr* 1 Suspender, colgar, levantar, alzar. 2 Privar temporariamente. 3 Interrumpir, atrasar. 4 Anular, invalidar.

sus.pen.so [susp'ẽsu] *adj* 1 Suspendido, suspenso, colgado. 2 Privado temporariamente. 3 Interrumpido, atrasado.

sus.pi.rar [suspir'ar] *vi* 1 Suspirar. *vt* 2 Anhelar, desear.

sus.pi.ro [susp'iru] *sm* 1 Suspiro. 2 Merengue.

sus.sur.rar [susuř'ar] *vi* Susurrar, murmurar.

sus.sur.ro [sus'uřu] *sm* Susurro, murmullo.

sus.tar [sust'ar] *vt+vi+vpr* Interrumpir, suspender, cesar, detener.

sus.ten.tar [sustēt'ar] *vt+vpr* 1 Sustentar, soportar, sostener, apoyar. 2 Mantener, alimentar.

sus.ten.tá.vel [sustēt'avew] *adj* Sustentable.

sus.ten.to [sust'ētu] *sm* 1 Sustento, sostén. 2 Alimentación, pan, manutención.

sus.to [s'ustu] *sm* Susto, sobresalto, espanto.

su.ti.ã [suti'ã] *sm* Corpiño, sujetador, sostén.

su.til [sut'iw] *adj* 1 Delicado, tenue, leve. 2 Sutil, perspicaz.

su.ti.le.za [sutil'ezə] *sf* 1 Sutileza, delicadeza, suavidad. 2 Perspicacia.

t

t, T [t'e] *sm* **1** Decimonovena letra del abecedario portugués. **2** Símbolo de *tonelada*.
ta.ba.ca.ri.a [tabakar'iə] *sf* Tabaquería, cigarrería.
ta.ba.co [tab'aku] *sm Bot* Tabaco.
ta.be.fe [tab'ɛfi] *sm fam* Sopapo, cachetada, bofetón, bofetada.
ta.be.la [tab'ɛlə] *sf* Tabla, tablilla, cuadro.
ta.be.li.ão [tabeli'ãw] *sm* Escribano, notario.
ta.ber.na [tab'ɛrnə] *sf* Taberna, fonda, cantina, bodega, tasca, bodegón.
ta.ble.te [tabl'ɛti] *sm* Tableta, pastilla.
ta.bu [tab'u] *adj+sm* Tabú.
tá.bua [t'abwə] *sf* Tabla, madera.
ta.bu.a.da [tabu'adə] *sf Mat* Tabla.
ta.bu.le.ta [tabul'etə] *sf* Tablilla, albarán, letrero, cartel.
ta.ça [t'asə] *sf* **1** Copa. **2** Trofeo.
ta.cha [t'aʃə] *sf* **1** Mancha. **2** Tacha, mácula, imperfección, defecto. **3** Tachuela.
ta.char [taʃ'ar] *vt+vpr* Tachar, clasificar, acusar.
ta.ci.tur.no [tasit'urnu] *adj* **1** Taciturno, triste, melancólico. **2** Silencioso, callado, reservado.
ta.co [t'aku] *sm* **1** *Esp* Taco, palo. **2** Parqué, entarimado.
ta.ga.re.la [tagar'ɛlə] *adj e s m+f fam* Gárrulo, parlanchín, hablador, cotorra.

ta.ga.re.li.ce [tagarel'isi] *sf* Parloteo.
tal [t'aw] *adv+pron* Tal.
ta.lão [tal'ãw] *sm* Talonario.
tal.co [t'awku] *sm Miner* Talco.
ta.len.to [tal'ẽtu] *sm* Talento, genio, ingenio, vocación, aptitud, habilidad.
ta.lha.rim [taʎar'ĩ] *sm* Tallarín.
ta.lher [taʎ'er] *sm* Cubierto.
ta.lo [t'alu] *sm Bot* Tallo, troncho.
tal.vez [tawv'es] *adv* Tal vez, quizá, quizás, a lo mejor, acaso.
ta.man.co [tam'ãku] *sm* Zueco, chanclo, zoclo.
ta.man.du.á [tamãdu'a] *sm Zool* Oso hormiguero.
ta.ma.nho [tam'ʌɲu] *sm* Tamaño, dimensión, medida, magnitud. • *adj* Tamaño, semejante.
tam.bém [tãb'ẽj] *adv* También.
tam.pa [t'ãpə] *sf* Tapa, cubierta.
tam.par [tãp'ar] *vt* Tapar, taponar.
tam.pou.co [tãp'owku] *adv* Tampoco.
tan.ga [t'ãgə] *sf* Taparrabo.
tan.ge.ri.na [tãʒer'inə] *sf Bot* Mandarina.
tan.go [t'ãgu] *sm* Tango.
tan.que [t'ãki] *sm* **1** Estanque, reservatorio. **2** Lavadero, pileta, pilón. **3** *Mil* Tanque.
tan.to [t'ãtu] *adv+pron indef* Tanto, tamaño. • *sm* Cantidad, porción, cuantía, número.
tão [t'ãw] *adv* Tan.

ta.pa [t'apə] *sm* Sopapo, bofetón, bofetada, tortazo, guantazo.

ta.par [tap'ar] *vt* Tapar, taponar, cubrir, obstruir, obturar, cerrar.

ta.pe.a.ção [tapeas'ãw] *sf* Engaño, truco, mentira, fraude.

ta.pe.ar [tape'ar] *vt* Engañar, eludir, mentir, embaucar.

ta.pe.ça.ri.a [tapesar'iə] *sf* 1 Tapicería. 2 Tapiz.

ta.pe.cei.ro [tapes'ejru] *sm* Tapicero.

ta.pe.te [tap'eti] *sm* Tapiz, alfombra.

ta.qua.ra [tak'warə] *sf Bot* Tacuara.

tar.dar [tard'ar] *vt+vi* Tardar, ir para largo.

tar.de [t'ardi] *sf* Tarde, crepúsculo. • *adv* Tarde, tardío.

ta.re.fa [tar'ɛfə] *sf* Tarea, trabajo, ocupación, obra, quehacer, labor.

ta.ri.fa [tar'ifə] *sf* Tarifa, tasa, arancel.

ta.rô [tar'o] *sm* Tarot.

tar.ra.xa [taʀ'aʃə] *sf Mec* 1 Terraja. 2 Tuerca.

tar.ra.xar [taʀaʃ'ar] *vt* Atornillar.

tar.ta.ru.ga [tartar'ugə] *sf Zool* Tortuga.

ta.ta.ra.ne.to [tatəran'ɛtu] *sm* Tataranieto.

ta.ta.ra.vó [tatarav'ɔ] *sf* Tatarabuela.

ta.ta.ra.vô [tatarav'o] *sm* Tatarabuelo.

ta.te.ar [tate'ar] *vt* 1 Manosear, palpar, tocar. 2 *fig* Tantear, indagar.

tá.ti.ca [t'atikə] *sf* 1 Táctica, manera, método. 2 Maniobra, operación.

ta.to [t'atu] *sm* 1 Tacto. 2 Tiento, prudencia.

ta.tu [tat'u] *sm Zool* Armadillo, mulita, tatú.

ta.tu.a.gem [tatu'aʒẽj] *sf* Tatuaje.

ta.tu.ar [tatu'ar] *vt+vpr* Tatuar.

ta.ver.na [tav'ɛrnə] *sf* Taberna, bodega, cantina, tasca, bar.

ta.xa [t'aʃə] *sf* 1 Tasa, arancel, tarifa, tasación, impuesto. 2 Índice, estimación.

ta.xa.ção [taʃas'ãw] *sf* Tasación.

tá.xi [t'aʃi] *sm* Taxi, coche de punto, coche de plaza.

¡tchau! [tʃ'aw] *interj* Chau, chao, adiós, hasta luego.

te [ti] *pron pes* Te.

te.ar [te'ar] *sm* Telar.

te.a.tro [te'atru] *sm* Teatro.

te.a.tró.lo.go [teatr'ɔlogu] *sm* Dramaturgo.

te.ce.la.gem [tesel'aʒẽj] *sf* Hilandería.

te.cer [tes'er] *vt+vi* 1 Tejer, hilar. *vt+vi* 2 *fig* Urdir, elaborar, intrigar.

te.ci.do [tes'idu] *sm* Tejido, tela.

te.cla [t'ɛklə] *sf* Tecla.

téc.ni.ca [t'ɛknikə] *sf* Técnica, habilidad, pericia.

téc.ni.co [t'ɛkniku] *adj+sm* 1 Técnico, perito. 2 *Esp* Entrenador.

tec.no.lo.gi.a [teknoloʒ'iə] *sf* Tecnología.

té.dio [t'ɛdju] *sm* Aburrimiento, fastidio, hastío, monotonía.

tei.a [t'ejə] *sf* 1 Tela, membrana, hilado. 2 *fig* Intriga, trama, enredo.

tei.ma [t'ejmə] *sf* Obstinación, idea fija, terquedad, porfía, testarudez, insistencia, obcecación.

tei.mar [tejm'ar] *vt+vi* Insistir, obstinarse, empecinarse, porfiar, encapricharse.

tei.mo.si.a [tejm'ɔzə] *sf* Terquedad, obstinación, obcecación, obstinación, testadurez.

te.la [t'ɛlə] *sf* 1 Tela, tejido, paño. 2 Pintura, cuadro. 3 Pantalla, telón (televisor, cine), pantalla electrónica.

te.le.fé.ri.co [telef'ɛriku] *sm* Teleférico, ferrocarril aéreo, cablecarril, funicular.

te.le.fo.nar [telefon'ar] *vt+vi* Telefonear, llamar.

te.le.fo.ne [telef'oni] *sm* Teléfono.

te.le.fo.ne.ma [telefon'emə] *sm* Telefonazo, llamada telefónica.

te.le.fo.nis.ta [telefoníistə] *s m+f* Telefonista.

te.le.jor.nal [teleʒornáw] *sm* Telediario.

te.le.no.ve.la [telenovέlɐ] *sf* Telenovela, culebrón, teleteatro.

te.les.pec.ta.dor [telespektadór] *adj+sm* Telespectador, televidente.

te.le.vi.são [televizãw] *sf* Televisión.

te.le.vi.sor [televizór] *sm* Televisor, televisión.

te.lha [téλɐ] *sf* 1 Teja. 2 *fig* Manía, tema, idea fija.

te.lha.do [teλádu] *sm* Techo, tejado.

te.ma [témɐ] *sm* Tema, asunto, materia, objeto, proposición.

te.men.te [tem'éti] *adj* Miedoso, receloso.

te.mer [temér] *vt+vi+vpr* Temer, recelar.

te.mí.vel [temívew] *adj* Temible.

te.mor [temór] *sm* Temor, miedo.

tem.pe.ra.men.to [tẽperaméntu] *sm* Temperamento, carácter, temple, índole, naturaleza.

tem.pe.rar [tẽperár] *vt+vi* Condimentar, aliñar, aderezar, sazonar, adobar. *vt* 2 Templar, moderar.

tem.pe.ra.tu.ra [tẽperatúrɐ] *sf* Temperatura.

tem.pe.ro [tẽpéru] *sm* Condimento, aderezo, adobo, moje.

tem.pes.ta.de [tẽpestádi] *sf* Tempestad, tormenta, temporal, aguacero.

tem.plo [tẽplu] *sm* Templo, santuario.

tem.po [tẽpu] *sm* Tiempo.

tem.po.ral [tẽporáw] *adj* 1 Temporario. 2 *Anat* Temporal. • *sm* Tormenta, tempestad, temporal.

tem.po.rá.rio [tẽporárju] *adj* Temporario, temporal, transitorio, pasajero, temporero, interino.

ten.da [tẽdɐ] *sf* Tienda, tenderete, carpa.

ten.dên.cia [tẽdẽsjɐ] *sf* 1 Tendencia, movimiento, orientación. 2 *fig* Propensión, predisposición, inclinación.

ten.der [tẽdér] *vt* Tender, propender, inclinarse, disponerse, predisponerse.

tê.nis [ténis] *sm sing+pl* 1 Zapatilla. 2 *Esp* Tenis.

ten.ro [tẽʀu] *adj* 1 Tierno, blando. 2 Reciente, nuevo.

ten.são [tẽsãw] *sf* Tensión.

ten.so [tẽsu] *adj* 1 Tenso, estirado, tieso. 2 *fig* Preocupado, nervioso.

ten.ta.ção [tẽtasãw] *sf* Tentación.

ten.tar [tẽtár] *vt* 1 Intentar, experimentar. 2 Tentar, instigar, seducir.

ten.ta.ti.va [tẽtatívɐ] *sf* Intento, tentativa.

tê.nue [ténwi] *adj* Tenue, sutil, vaporoso.

te.or [teór] *sm* Contenido.

te.o.ri.a [teoría] *sf* Teoría.

te.pi.dez [tepidés] *sf* 1 Tibieza. 2 *fig* Debilidad, flaqueza, languidez.

ter [tér] *vt* Tener, poseer.

te.ra.pêu.ti.co [terapéwtiku] *adj* Terapéutico.

te.ra.pi.a [terapía] *sf Med* Terapia.

ter.ça-fei.ra [tersafejrɐ] *sf* Martes.

ter.cei.ri.za.ção [tersejrizasãw] *sf* Subcontrato.

ter.cei.ri.zar [tersejrizár] *vt+vi+vpr* Subcontratar.

ter.cei.ro [tersejru] *num* Tercero, tercer.

ter.çol [tersów] *sm Med* Orzuelo.

tér.mi.co [térmiku] *adj* Térmico, termal.

ter.mi.na.ção [terminasãw] *sf* 1 Extremidad, fin, remate. 2 *Gram* Terminación.

ter.mi.nar [terminár] *vt+vi+vpr* 1 Terminar, concluir, acabar. 2 Finalizar, ultimar. *vt* 3 Interrumpir, romper.

tér.mi.no [términu] *sm* Terminación, fin, conclusión.

ter.mo [térmu] *sm* 1 Término, límite. 2 Palabra. 3 **termos** *pl* Términos, modos, maneras.

termômetro — tíquete

ter.mô.me.tro [term′ometru] *sm Fís* Termômetro.

ter.no¹ [t′ɛrnu] *adj* Tierno, suave, amable, dulce.

ter.no² [t′ɛrnu] *sm* 1 Terno, trío. 2 Traje.

ter.nu.ra [tern′urə] *sf* Ternura, cariño, afecto, amor, mimo.

ter.ra [t′ɛrə] *sf* Tierra.

ter.ra.ço [teR′asu] *sm* Terraza, terrado, azotea, solana, balcón, mirador.

ter.re.mo.to [teRem′otu] *sm* Terremoto, temblor de tierra, sismo.

ter.re.no [teR′enu] *adj* Terreno, terrestre, terrenal. • *sm* Terreno, terrón, lote.

tér.reo [t′ɛRju] *adj* De un solo piso (casa). • *sm* Bajo, planta baja.

ter.res.tre [teR′ɛstri] *adj* Terrestre, terreno, terrenal.

ter.ri.tó.rio [teRit′ɔrju] *sm* Territorio.

ter.rí.vel [teR′ivew] *adj* 1 Terrible, aterrador, terrorífico, pavoroso. 2 Invencible. 3 Enorme, exorbitante, excesivo.

ter.ror [teR′or] *sm* 1 Terror, violencia. 2 Miedo, pavor, pánico.

te.são [tez′ãw] *sm* 1 *vulg* Excitación, deseo sexual. 2 Furia, intensidad, violencia. 3 Tensión, estiramiento.

te.se [t′ɛzi] *sf* Tesis, proposición.

te.sou.ra [tez′owrə] *sf* Tijera.

te.sou.ra.ri.a [tezowrar′iə] *sf Com* Tesorería.

te.sou.rei.ro [tezowr′ejru] *sm* Tesorero.

te.sou.ro [tez′owru] *sm* 1 Tesoro. 2 Riqueza.

tes.ta [t′ɛstə] *sf Anat* Frente.

tes.ta.men.to [testam′ẽtu] *sm* Testamento.

tes.tar [test′ar] *vt* 1 Testar, legar. 2 Atestiguar. 3 Submeter a test, verificar, probar.

tes.te [t′ɛsti] *sm* 1 Test. 2 Prueba, examen.

tes.te.mu.nha [testem′uɲə] *sf* Testigo.

tes.te.mu.nhar [testemuɲ′ar] *vt+vi* Testimoniar, testificar, atestiguar.

te.ta [t′ɛtə] *sf Anat* Teta, seno, pecho, mama.

te.to [t′ɛtu] *sm* 1 Techo. 2 *fig* Casa, abrigo. 3 Tope, límite.

teu [t′ew] *pron pos* Tuyo, tu.

te.vê [tev′e] *sf* Tele.

têx.til [t′estiw] *adj* Textil.

tex.to [t′estu] *sm* Texto.

tex.tu.ra [test′urə] *sf* 1 Textura, tejido, trama. 2 Contextura.

tez [t′es] *sf* Tez, piel, cútis.

ti [t′i] *pron pes* Ti.

ti.a [t′iə] *sf* 1 Tía. 2 *fam* Solterona.

ti.ge.la [tiʒ′ɛlə] *sf* Bol, cuenco, tazón.

ti.gre [t′igri] *sm Zool* Tigre.

ti.jo.lo [tiʒ′olu] *sm* Ladrillo.

til [t′iw] *sm Gram* Tilde.

ti.lin.tar [tilĩt′ar] *vt+vi* Tintinear, tintinar.

tim.bre [t′ĩbri] *sm* Insignia, membrete, sello.

ti.me [t′imi] *sm Esp* Equipo.

ti.mi.dez [timid′es] *sf* Timidez, encogimiento, vergüenza, embarazo, sonrojo.

tí.mi.do [t′imidu] *adj* Tímido, vergonzoso, retraído.

tím.pa.no [t′ĩpanu] *sm* 1 *Anat* Tímpano. 2 *Mús* Timbal.

tin.gir [tiʒ′ir] *vt+vpr* Teñir.

tin.ta [t′ĩtə] *sf* Tinta, pintura.

tin.tei.ro [tĩt′ejru] *sm* Tintero.

tin.tu.ra.ri.a [tĩturar′iə] *sf* Tintorería, lavandería.

ti.o [t′iu] *sm* Tío.

tí.pi.co [t′ipiku] *adj* Típico, característico.

ti.po [t′ipu] *sm* 1 Tipo, clase, categoría. 2 Figura, talle.

ti.poi.a [tip′ɔjə] *sf* Cabestrillo, sostén.

ti.que [t′iki] *sm* Tic.

tí.que.te [t′iketi] *sm* Tíquet.

ti.ra [t'irə] *sf* **1** Tira, banda, faja, lista. *s m+f* **2** Policía.
ti.ra.co.lo [tirak'ɔlu] *sm* Tahalí.
ti.ra.gem [tir'aʒĕj] *sf Impr* Tiraje, tirada.
ti.ra-gos.to [tirag'ostu] *sm* Piscolabis, tapa, aperitivo.
ti.ra-man.chas [tirəm'ãʃas] *sm sing+pl* Quitamanchas.
ti.ra.ni.a [tiran'iə] *sf* Tiranía, opresión, dominio, despotismo.
ti.rar [tir'ar] *vt* **1** Sacar, quitar. **2** Suprimir, eliminar. **3** Restar, deducir, disminuir. **4** Arrebatar, arrancar.
ti.ro [t'iru] *sm* Tiro, disparo.
ti.ro.tei.o [tirot'eju] *sm* Tiroteo, balacera.
ti.ti.o [tit'iu] *sm* Tito.
ti.tu.be.ar [titube'ar] *vi* Titubear, vacilar, dudar, sentir perplejidad.
ti.tu.lo [t'itulu] *sm* **1** Título, nombre. **2** Renombre. **3** Dignidad nobiliaria. **4** *Com* Acción, póliza.
to.a.le.te [toal'ɛti] *sm* **1** Tocador, cuarto de baño. **2** Aseo, higiene.
to.a.lha [to'aʎə] *sf* Toalla.
to.ca [t'ɔkə] *sf* Cueva, caverna.
to.cai.a [tok'ajə] *sf* Acecho, acechanza.
to.car [tok'ar] *vt+vpr* **1** Tocar, palpar. *vt+vi+vpr* **2** Referirse, mencionar (asunto). *vpr* **3** Darse cuenta. *vt* **4** Echar, ojear (animales). **5** Sonar, hacer sonar, tañer.
to.cha [t'ɔʃə] *sf* Antorcha.
to.co [t'oku] *sm* **1** Tocón, zoquete. **2** Muñón. **3** Colilla, pucho.
to.da.vi.a [todav'iə] *conj* Aún, sin embargo, no obstante.
to.do [t'odu] *adj* Todo, entero, completo, total. • *pron indef* **1** Cada, todo. **2** todos *pl* Todos. • *adv* Totalmente, enteramente, del todo.
tol.do [t'owdu] *sm* Toldo, cubierta, cobertizo.

to.le.rá.vel [toler'avew] *adj* Tolerable, soportable.
tolher [toʎ'er] *vt* **1** Obstar, impedir, estorbar. *vt+vpr* **2** Reprimir, contener.
to.li.ce [tol'isi] *sf* Tontería, sosería, bobada.
to.lo [t'olu] *adj+sm* Tonto, bobo.
tom [t'õw] *sm* Tono, ton, entonación.
to.ma.da [tom'adə] *sf* **1** Enchufe. **2** Toma, aprehensión, usurpación.
to.mar [tom'ar] *vt* **1** Tomar, agarrar, sacar. **2** Conquistar, invadir, ocupar. **3** Robar. **4** Beber.
to.ma.ra! [tom'arə] *interj* ¡Ojalá!
to.ma.te [tom'ati] *sm Bot* Tomate.
tom.bar [tõb'ar] *vt+vi* Tumbar, caer, derribar.
tom.bo [t'õbu] *sm* Caída, tropezón, tropiezo.
to.na.li.da.de [tonalid'adi] *sf* **1** Tonalidad, coloración, matiz. **2** *Mús* Tono.
to.ne.la.da [tonel'adə] *sf* Tonelada.
ton.to [t'õtu] *adj+sm* Tonto, bobo, simple, gil, gilí, gilipolla. • *adj* Mareado.
ton.tu.ra [tõt'urə] *sf* Mareo, vértigo.
to.pa.da [top'adə] *sf* Topetazo, tropezón.
to.par [top'ar] *vt+vpr* **1** Topar, deparar. **2** Tropezar, encontrar. *vt* **3** *fam* Aceptar, apuntarse.
to.pe.te [top'ɛti] *sm* **1** Tupé, copete, periquillo, hopo. **2** *fig* Atrevimiento, descaro, desfachatez.
tó.pi.co [t'ɔpiku] *adj+sm Med* Tópico. • *sm* Apartado, punto.
to.po [t'opu] *sm* Cumbre, punta, tope.
to.que [t'ɔki] *sm* **1** Toque, contacto. **2** Tañido, sonido. **3** Opinión, aviso, consejo, toque de atención.
tó.rax [t'ɔraks] *sm sing+pl Anat* Tórax.
tor.ção [tors'ãw] *sf* Torsión, torcedura, torcido.
tor.ce.dor [torsed'or] *adj+sm Esp* Forofo, hincha.

tor.cer [tors'er] *vt* **1** Torcer, retorcer. **2** Falsear, interpretar mal. **3** Hinchar, apoyar el equipo.

tor.ci.co.lo [torsik'ɔlu] *sm Med* Tortícolis.

tor.ci.da [tors'idə] *sf Esp* Hinchada (multitud de hinchas).

tor.men.to [torm'ẽtu] *sm* **1** Tormento, tortura, suplicio. **2** Pena, aflicción, sufrimiento. **3** Desgracia, desdicha.

tor.nar [torn'ar] *vt+vpr* **1** Tornar, retornar, regresar, volver. *vt* **2** Transformar, mudar, cambiar. *vt* **3** Devolver, reponer.

tor.nei.o [torn'eju] *sm* Torneo.

tor.nei.ra [torn'ejrə] *sf* **1** Grifo. **2** *CS* Canilla.

tor.no.ze.lo [tornoz'elu] *sm Anat* Tobillo.

tor.pe [t'ɔrpi] *adj* **1** Torpe, entorpecido. **2** Infame, obsceno, indecoroso.

tor.pe.do [torp'edu] *sm* Torpedo.

tor.por [torp'or] *sm* Sopor, torpeza, apatía, letargo.

tor.ra.da [toř'adə] *sf* Tostada.

tor.ra.dei.ra [tořad'ejrə] *sf* Tostadora, tostador.

tor.rar [toř'ar] *vt* **1** Tostar, torrar. **2** Malgastar (dinero).

tor.re [t'oři] *sf* Torre.

tor.ta [t'ɔrtə] *sf* Tarta, pastel.

tor.to [t'ortu] *adj* **1** Torcido, avieso, atravesado, oblicuo. **2** *fam* Borracho.

tor.tu.ra [tort'urə] *sf* **1** Tortura, martirio, suplicio, tormento, aflicción. **2** Congoja, sufrimiento, angustia, dolor, tormento.

tor.tu.rar [tortur'ar] *vt+vpr* Torturar.

to.sar [toz'ar] *vt* Tonsurar, esquilar, trasquilar.

tos.co [t'osku] *adj* Tosco, grosero, rudo.

tos.qui.ar [toski'ar] *vt* Tonsurar, esquilar, trasquilar, pelar.

tos.se [t'ɔsi] *sf* Tos.

tos.sir [tos'ir] *vi* Toser.

tos.ta.dei.ra [tostad'ejrə] *sf* Tostador, tostadora.

tos.tar [tos'tar] *vt+vi+vpr* Tostar, torrar.

to.tal [tot'aw] *adj* Total, completo, entero, integral. • *sm* Resultado, monta, montante.

to.ta.li.da.de [totalid'adi] *sf* Totalidad.

to.ta.li.zar [totaliz'ar] *vt* Totalizar, integrar.

tou.ca [t'owkə] *sf* Toca, tocado.

tou.cei.ra [tows'ejrə] *sf* Macizo (de flores).

tou.ci.nho [tows'iñu] *sm* Tocino, larda.

tou.ra.da [towr'adə] *sf* Torada.

tou.rei.ro [towr'ejru] *sm* Torero, toreador, matador.

tou.ro [t'owru] *sm* **1** *Zool* Toro. **2** *Touro Astrol, Astron* Tauro.

tó.xi.co [t'ɔksiku] *adj* Tóxico, venenoso. • *sm* Narcótico, droga.

to.xi.na [toks'inə] *sf Quím* Toxina.

tra.ba.lha.dor [trabaʎad'or] *adj+sm* **1** Trabajador. **2** Obrero, operario.

tra.ba.lhar [trabaʎ'ar] *vt+vi* **1** Trabajar, laborar, laburar. *vi* **2** Funcionar.

tra.ba.lho [trab'aʎu] *sm* **1** Trabajo, labor, labranza, faena. **2** Ocupación. **3** Monografía, exposición.

tra.ção [tras'ãw] *sf* Tracción.

tra.çar [tras'ar] *vt* **1** Trazar. **2** Delinear, proyectar.

tra.ço [tr'asu] *sm* **1** Trazo, trazado. **2** *traços pl* Rasgos, trazos.

tra.di.ção [tradis'ãw] *sf* Tradición.

tra.du.ção [tradus'ãw] *sf* Traducción, versión, traslación.

tra.du.tor [tradut'or] *adj+sm* Traductor.

tra.du.zir [traduz'ir] *vt* **1** Traducir, verter, trasladar. **2** Interpretar, descifrar. **3** Representar.

tra.fe.gar [trafeg'ar] *vt+vi* **1** Trafagar, traficar. *vt* **2** Transitar.

trá.fe.go [tɾ'afegu] *sm* Tráfico, trânsito.
tra.fi.can.te [trafik'ãti] *adj* e *s m+f* Traficante.
tra.fi.car [trafik'ar] *vt+vi* Traficar, trafagar, negociar, especular.
trá.fi.co [tɾ'afiku] *sm* Tráfico, tráfego, negócio, trata.
tra.ga.da [tɾag'adə] *sf* Trago, sorbo, tragantada.
tra.gar [tɾag'ar] *vt* **1** Tragar, sorber. *vt+vi* **2** Aspirar (humo de cigarrillo).
tra.gé.dia [tɾaʒ'ɛdjə] *sf* **1** Fatalidad, desgracia, desastre, catástrofe. **2** *Teat* Tragedia.
tra.go [tɾ'agu] *sm* Trago.
tra.i.ção [tɾajs'ãw] *sf* Traición, alevosía, deslealtad, infidelidad.
tra.i.ço.ei.ro [tɾajso'ejɾu] *adj* Traicionero.
tra.i.dor [tɾajd'or] *adj+sm* Traidor, infiel.
tra.ir [tɾa'ir] *vt* **1** Traicionar. *vpr* **2** Acusarse.
tra.jar [tɾaʒ'ar] *vt+vi+vpr* Vestir, trajear.
tra.je [tɾ'aʒi] *sm* Traje, vestuario, ropa, vestimenta, indumentaria.
tra.je.to [tɾaʒ'ɛtu] *sm* Trayecto, recorrido.
tra.je.tó.ria [tɾaʒet'ɔɾjə] *sf* Trayectoria, recorrido.
tra.ma [tɾ'ʌmə] *sf* **1** Trama, conspiración, cábala, tramoya. **2** Urdidura, malla, contextura. **3** *Lit* Argumento, asunto, tema.
tra.mar [tɾam'ar] *vt* **1** Tramar, urdir, entretejer, tejer. **2** Conchabar, enredar, conspirar, planear, maquinar.
tram.bo.lho [tɾãb'oʎu] *sm fam* Cachivache, armatoste, mamotreto.
tra.moi.a [tɾam'ɔjə] *sf* Tramoya, intriga, enredo, maquinación, trama, manejo.
tran.ça [tɾ'ãsə] *sf* Trenza.
tran.ca.fi.ar [tɾãkafi'ar] *vt+vpr fam* Encerrar, encarcelar.

tran.car [tɾãk'ar] *vt+vpr* Cerrar, aherrojar, atrancar.
tran.çar [tɾãs'ar] *vt* Trenzar, tranzar.
tran.co [tɾ'ãku] *sm* Encontronazo, sacudida, golpe.
tran.qui.li.da.de [tɾãkwilid'adi] *sf* Tranquilidad, calma, sosiego.
tran.qui.li.zar [tɾãkwiliz'ar] *vt+vpr* Tranquilizar, aquietar, sosegar, serenar, calmar.
tran.qui.lo [tɾãk'wilu] *adj* Tranquilo, calmo, sereno, sosegado.
tran.sa [tɾ'ãzə] *sf* **1** Transacción. **2** *fam* Cópula, relación sexual, fornicación.
tran.sa.ção [tɾãzas'ãw] *sm* Transacción, negocio, acuerdo, pacto.
tran.sar [tɾãz'ar] *vt+vi* **1** *fam* Fornicar, acostarse, follar. **2** *AL* Coger, echarse un polvo.
trans.bor.da.men.to [tɾãzbordam'ẽtu] *sm* Trasbordo, desbordamiento.
trans.cor.rer [tɾãskoɾ'er] *vi* Transcurrir, pasar, sucederse, correr.
trans.cre.ver [tɾãskɾev'er] *vt* Transcribir, trascribir.
trans.cri.ção [tɾãskɾis'ãw] *sf* Transcripción, trascripción.
tran.se [tɾ'ãzi] *sm* Trance.
tran.se.un.te [tɾãze'ũti] *adj* Transeúnte.
trans.fe.rir [tɾãsfeɾ'ir] *vt+vpr* **1** Traladar, mudar. *vt* **2** Transferir, trasferir, transmitir.
trans.for.ma.ção [tɾãsformas'ãw] *sf* Transformación, trasformación, metamorfosis, modificación.
trans.for.mar [tɾãsform'ar] *vt+vpr* Transformar, trasformar, convertir, transfigurar, trasfigurar.
trans.fu.são [tɾãsfuz'ãw] *sf* Transfusión, trasfusión.
trans.gê.ni.co [tɾãzʒ'eniku] *adj+sm* Transgénico.
trans.gre.dir [tɾãzgɾed'ir] *vt* Transgredir, trasgredir.

trans.gres.são [trãzgres'ãw] *sf* Transgresión, trasgresión.

tran.si.ção [trãzis'ãw] *sf* Transición, pasaje, mutación, transformación, trasformación, cambio, mudanza.

tran.si.tar [trãzit'ar] *vt* Transitar, andar, recorrer, pasar, marchar, circular.

tran.si.tá.vel [trãzit'avew] *adj* Transitable.

tran.si.ti.vo [trãzit'ivu] *adj Gram* Transitivo.

trân.si.to [tr'ãzitu] *sm* Tránsito, tráfico.

trans.mis.são [trãzmis'ãw] *sf* 1 Transmisión, trasmisión, conducción. 2 Comunicación, propagación.

trans.mi.tir [trãzmit'ir] *vt* 1 Transmitir, comunicar, propagar, pasar. 2 *fig* Legar. 3 Contagiar.

trans.pa.re.cer [trãspares'er] *vt* Translucir, traslucir.

trans.pa.rên.cia [trãspar'ẽsjə] *sf* Transparencia, trasparencia, nitidez.

trans.pi.ra.ção [trãspiras'ãw] *sf* Transpiración, traspiración.

trans.pi.rar [trãspir'ar] *vt+vi* Transpirar, traspirar, sudar.

trans.plan.te [trãspl'ãti] *sm Med* Trasplante.

trans.por [trãsp'or] *vt* Transponer, trasponer.

trans.por.tar [trãsport'ar] *vt* Transportar, trasportar.

trans.por.te [trãsp'ɔrti] *sm* 1 Transporte, trasporte, transportación, trasportación. 2 Vehículo, auto.

trans.tor.nar [trãstorn'ar] *vt* 1 Trastornar, desconcertar, perturbar. *vpr* 2 Trastornarse, inquietarse.

tra.pa.ça [trap'asə] *sf* Trapaza, trapacería, fraude, trampa, engaño.

tra.pa.ce.ar [trapase'ar] *vt+vi* Trapacear, trampear, engañar.

tra.pa.cei.ro [trapas'ejru] *adj+sm* Trapacero, marrullero, truhán, tramposo.

tra.pa.lha.da [trapaʎ'adə] *sf* Atropello, confusión.

tra.po [tr'apu] *sm* 1 Trapo, estraza. 2 Harapo, guiñapo.

tra.que.jo [trak'eʒu] *sm* Práctica, experiencia, desenvoltura.

tra.qui.nas [trak'inas] *adj e s m+f sing+pl* Travieso, juguetón, bullicioso, saltarín.

trás [tr'as] *adv* Tras, detrás.

tra.sei.ra [traz'ejrə] *sf* Trasera, culata, popa.

tra.sei.ro [traz'ejru] *adj* Trasero, posterior. • *sm* Nalga.

tras.te [tr'asti] *sm* 1 Trasto, cacharro. 2 *fam* Inútil, ordinario.

tra.ta.do [trat'adu] *sm* Tratado, pacto, convenio, ajuste.

tra.ta.men.to [tratam'ẽtu] *sm* 1 Tratamiento, procedimiento. 2 Trato, relación. 3 Terapéutica, terapia, medicación.

tra.tan.te [trat'ãti] *adj e s m+f* 1 Bellaco, trapacero, pulla. 2 Tratante, negociante.

tra.tar [trat'ar] *vt* 1 Tratar, versar. *vt+vpr* 2 Cuidar, medicar, atender. 3 Relacionarse.

tra.to [tr'atu] *sm* 1 Trato, pacto, convenio, acuerdo, ajuste. 2 Relación, comunicación.

tra.tor [trat'or] *sm* Tractor.

trau.ma.ti.zar [trawmatiz'ar] *vt+vpr* Traumatizar.

tra.var [trav'ar] *vt* 1 Trabar, cerrar. 2 Prender, agarrar, asir. 3 Frenar. 4 Entablar.

tra.ve [tr'avi] *sf* 1 Trabe, traviesa, madero, viga, tirante. 2 *Esp* Larguero, travesaño.

tra.ves.sa [trav'esə] *sf* 1 Traviesa, viga, trabe. 2 Fuente, plato.

tra.ves.são [traves'ãw] *sm* 1 Travesaño, astil. 2 *Gram* Guión, raya.

tra.ves.sei.ro [traves'ejru] *sm* Almohada.

tra.ves.so [trav'esu] *adj* Travieso, juguetón, inquieto, bullicioso, saltarín.

tra.ves.su.ra [traves'urə] *sf* Travesura, diablura, jugarreta.

tra.ves.ti [travest'i] *sm* Travesti, travestí, travestido.

tra.zer [traz'er] *vt* Traer.

tre.cho [tr'eʃu] *sm* Tramo, trecho.

tre.co [tr'eku] *sm fam* 1 Trasto, cacharro, cachivache. 2 Cosa. 3 Malestar, indisposición, ataque.

tré.gua [tr'egwa] *sf* Tregua.

trei.na.dor [trejnad'or] *adj+sm* 1 Entrenador. 2 AL Director técnico.

trei.na.men.to [trejnam'ẽtu] *sm* Entrenamiento.

trei.nar [trejn'ar] *vt+vpr* 1 Entrenar, ensayar, ejercitar. 2 Adiestrar, amaestrar.

trei.no [tr'ejnu] *sm* Entrenamiento, ejercicio, práctica.

trem [tr'ẽj] *sm* 1 Tren. 2 *fam* Trasto, cachivache, cosa.

tre.me.dei.ra [tremed'ejrə] *sf* Tembladera, tembladero, temblor.

tre.men.do [trem'ẽdu] *adj* Tremendo.

tre.mer [trem'er] *vt+vi* 1 Temblar, tiritar, trepidar. 2 Agitar.

tre.mor [trem'or] *sm* Temblor.

tre.mu.lar [tremul'ar] *vt+vi* Tremolar, ondear, vibrar, temblar, agitar.

trê.mu.lo [tr'emulu] *adj* Trémulo, temblante.

tre.nó [tren'ɔ] *sm* Trineo.

tre.par [trep'ar] *vt* 1 Trepar, subir, escalar, esquilar, gatear. 2 *vulg* Follar, fornicar, acostarse.

tre.pi.da.ção [trepidas'ãw] *sf* Trepidación, vibración, traqueteo, tembleque.

tre.pi.dar [trepid'ar] *vi* Trepidar, temblar.

três [tr'es] *num* Tres.

tre.vas [tr'ɛvas] *sf pl* Tinieblas.

tre.vo [tr'evu] *sm Bot* 1 *Bot* Trébol, trifolio. 2 Rotonda.

tre.ze [tr'ezi] *num* Trece.

tre.zen.tos [trez'ẽtus] *num* Trescientos.

tri.a.gem [tri'aʒẽj] *sf* Tría, selección.

tri.ân.gu.lo [tri'ãgulu] *sm Mús, Geom* Triángulo.

tri.bal [trib'aw] *adj* Tribual, tribal.

tri.bu.nal [tribun'aw] *sm Dir* Tribunal.

tri.bu.ta.ção [tributas'ãw] *sf* Tributación.

tri.co.tar [trikot'ar] *vt+vi* 1 Tejer, tricotar. *vi* 2 *fam* Chismear, cotillear.

tri.go [tr'igu] *sm Bot* Trigo.

tri.lha [tr'iʎə] *sf* 1 Senda, vereda. 2 Rastro, trillo.

tri.lhão [triʎ'ãw] *sm Mat* Billón.

tri.lho [tr'iʎu] *sm* Carril, vía.

tri.na.do [trin'adu] *sm* Trino, trinado, canto, gorjeo.

trin.ca [tr'ĩkə] *sf* 1 Trinca, tríada. 2 Grieta, hendidura, rajadura.

trin.chei.ra [trĩʃ'ejrə] *sf* Trinchera.

trin.co [tr'ĩku] *sm* Trinquete, pestillo, traba.

trin.ta [tr'ĩtə] *num* Treinta.

tri.o [tr'iu] *sm* Trío, terno.

tri.pa [tr'ipə] *sf* Tripa.

tri.pé [trip'ɛ] *sm* Trípode.

tri.pli.car [triplik'ar] *vt+vi+vpr* Triplicar.

tri.plo [tr'iplu] *num* Triple, triplo, tríplice.

tri.pu.la.ção [tripulas'ãw] *sf* Tripulación.

tris.te [tr'isti] *adj* Triste.

tris.te.za [trist'ezə] *sf* Tristeza, melancolía.

tri.ton.go [trit'õgu] *sm Gram* Triptongo.

tri.tu.rar [tritur'ar] *vt* Triturar, machacar, moler.

tri.un.far [trjũf'ar] *vi* Triunfar, vencer.

tri.un.fo [tri'ũfu] *sm* Triunfo, éxito.

trivial — tutela

tri.vi.al [trivi'aw] *adj* Trivial, banal.
tro.ca [tr'ɔkə] *sf* **1** Trueque, canje, intercambio, permuta, barata, cambio. **2** Sustitución, substitución.
tro.ça [tr'ɔsə] *sf* Chacota, burla, broma.
tro.ca.di.lho [trokad'iλu] *sm* Juego de palabras.
tro.car [trok'ar] *vt* **1** Trocar, cambiar, intercambiar. **2** Permutar. **3** Sustituir, substituir.
tro.co [tr'ɔku] *sm* **1** Vuelto. **2** Cambio.
tro.ço [tr'ɔsu] *sm fam* **1** Trozo, pedazo. **2** Cosa, trasto.
tro.féu [trof'ɛw] *sm* Trofeo, copa.
trom.ba.da [trõb'adə] *sf* Encontronazo, encontrón, colisión.
trom.ba.di.nha [trõbad'iɲə] *sm fam* Ladronzuelo.
trom.bar [trõb'ar] *vt+vi* Colidir.
tron.co [tr'õku] *sm* **1** *Anat* Tronco, torso. **2** Madero, leño.
tro.no [tr'onu] *sm* Trono.
tro.pa [tr'ɔpə] *sf* **1** *Mil* Tropa, ejército. **2** Turba, enjambre, multitud.
tro.pe.çar [tropes'ar] *vt+vi* Tropezar, trompicar.
tro.pei.ro [trop'ejru] *sm* Arriero.
tro.tar [trot'ar] *vt* **1** Trotar. **2** Burlarse, mofar.
tro.te [tr'ɔti] *sm* **1** Trote. **2** Novatada.
trou.xa [tr'owʃə] *sf* Fardo, atado. • *adj e s m+f fam* Papanatas, imbécil.
tro.vão [trov'ãw] *sm* Trueno.
tro.ve.jar [troveʒ'ar] *vi* Tronar.
tro.vo.a.da [trovo'adə] *sf* Tronada, trueno.
tru.ci.dar [trusid'ar] *vt+vpr* Trucidar.

trun.fo [tr'ũfu] *sm* Triunfo, carta, jugada.
tru.que [tr'uki] *sm* Truco, ardid.
tu [t'u] *pron pes* Tú.
tu.a [t'uə] *pron pes f* Tuya.
tu.ba.rão [tubar'ãw] *sm* **1** *Ictiol* Tiburón. **2** *fig* Magnate, pez gordo.
tu.ber.cu.lo.se [tuberkul'ɔzi] *sf Med* Tuberculosis, tisis, tísica.
tu.bo [t'ubu] *sm* Tubo.
tu.bu.la.ção [tubulas'ãw] *sf* Tubería, cañería.
tu.do [t'udu] *pron indef* Todo.
tum.ba [t'ũbə] *sf* Tumba, ataúd, túmulo, sepulcro, sepultura.
tu.mor [tum'or] *sm Patol* Tumor.
tú.mu.lo [t'umulu] *sm* Túmulo, sepulcro, tumba, ataúd, sepultura.
tu.mul.to [tum'uwtu] *sm* Tumulto, disturbio, alboroto, bulla, jarana.
tun.da [t'ũdə] *sf* Tunda.
tu.nel [t'unew] *sm* Túnel.
tur.bi.lhão [turbiλ'ãw] *sm* **1** Torbellino, remolino, tolvanera. **2** Turba, turbamulta.
tur.bi.na [turb'inə] *sf Mec* Turbina.
tur.bu.lên.cia [turbul'ẽsjə] *sf* Turbulencia.
tu.ris.mo [tur'izmu] *sm* Turismo.
tur.ma [t'urmə] *sf* **1** Pandilla, grupo, barra. **2** Aula.
tur.no [t'urnu] *sm* Turno, mano, vez.
tur.rão [tuʀ'ãw] *adj+sm fam* Terco, obstinado, testarudo, caprichoso.
tur.var [turv'ar] *vt+vi+vpr* **1** Turbar. **2** Enturbiar.
tur.vo [t'urvu] *adj* Enturbiado.
tu.te.la [tut'ɛlə] *sf* Tutela.

u

u, U [u] *sm* Vigésima letra del abecedario portugués.

ui! ['uj] *interj* ¡Ay!

u.ís.que [u'iski] *sm* Whisky, guisqui.

ui.var [ujv'ar] *vi* **1** Aullar, ulular. **2** Gritar, vocear, vociferar.

ui.vo ['ujvu] *sm* Aullido, aúllo.

úl.ce.ra ['uwsɛrə] *sf Med* Úlcera.

úl.ti.mo ['uwtimu] *sm* Último, final, definitivo. • *loc adv* Por último.

ul.tra.jar [uwtraʒ'ar] *vt* Ultrajar, blasfemar, injuriar, insultar, despreciar, ajar, ofender.

ul.tra.pas.sar [uwtrapas'ar] *vt* **1** Ultrapasar, exceder, transponer, sobrepujar, adelantar, trascender. **2** Adelantar, pasar (coche).

um ['ũ] *art+sm+num* Uno, un. • *loc adv* **de um em um** De uno a uno.

um.bi.go [ũb'igu] *sm* Ombligo.

u.me.de.cer [umedes'er] *vt+vi* Humectar, humedecer, mojar, causar humedad.

u.mi.da.de [umid'adi] *sf* Humedad.

ú.mi.do ['umidu] *adj* Húmedo.

u.nâ.ni.me [un'ʌnimi] *adj* Unánime, general.

u.na.ni.mi.da.de [unanimid'adi] *sf* Unanimidad. • *loc adv* Sin discrepancia.

u.nha [u'ɲə] *sf* Uña, garra.

u.nha.da [uɲ'adə] *sf* Uñada, arañazo, rasguño.

u.ni.ão [uni'ãw] *sm* **1** Unión, acoplamiento, enlace, unificación, adhesión, ligazón, agregación. **2** Matrimonio. **3** *fig* Lazo, nudo.

ú.ni.co ['uniku] *adj* Único, absoluto, uno, singular, incomparable, solo, extraordinario.

u.ni.da.de [unid'adi] *sf* **1** Unidad, singularidad. **2** Fracción. **3** Unión, conformidad.

u.ni.fi.car [unifik'ar] *vt* Unificar, reunir.

u.ni.for.mi.da.de [uniformid'adi] *sf* Uniformidad, igualdad, semejanza.

u.nir [un'ir] *vt* **1** Unir, unificar, juntar, ligar, acoplar, aglutinar, atar, adjuntar, aliar, incorporar, mezclar, agregar. **2** Casar. **3** *vp* Unirse, entrañarse, llegarse, trabarse.

u.nis.sex [unis'ɛks] *adj* Unisex.

u.ni.ver.sal [univers'aw] *adj* Universal, general.

u.ni.ver.si.da.de [universid'adi] *sf* Universidad.

u.ni.ver.si.tá.rio [universit'arju] *sm* Universitario.

u.ni.ver.so [univ'ɛrsu] *sm* Universo, cosmos, orbe, mundo.

ur.gên.cia [urʒ'ẽsiə] *sf* Urgencia.

u.ri.na [ur'inə] *sf* Orina, orín.

u.ri.nar [urin'ar] *vt* **1** Orinar. **2** *fam* Mear.

u.ri.nol [urin'ow] *sm* Chata.

ur.na ['urnə] *sf* **1** Urna, arca, caja. **2** Ataúd, cofre.

ur.ro [´uɾu] *sm* Rugido, bramido, grito.
ur.so [´ursu] *sm* Oso.
u.ru.bu [urub´u] *sm* Buitre.
u.sar [uz´ar] *vt* **1** Usar, utilizar, gastar, consumir. **2** Vestir, llevar. **3** Practicar, ocupar.
u.so [´uzu] *sm* **1** Uso, empleo, consumo. **2** Moda, hábito, tradición.
u.su.á.rio [uzu´arju] *sm* Usuario.
u.su.rá.rio [uzur´arju] *sm* Usurario, agiotista, usurero, logrero.

u.sur.par [uzurp´ar] *vt* **1** Usurpar, extorquir, detentar. **2** *vp* Apoderarse.
u.ten.sí.lio [utẽs´ilju] *sm* Utensilio, herramienta.
ú.te.ro [´uteru] *sm Anat* Útero, matriz.
ú.til [´utiw] *sm* Útil, aprovechable, conveniente, provechoso, beneficioso.
u.ti.li.zar [utiliz´ar] *vt* **1** Utilizar, usar, emplear. *vpr* **2** Utilizarse, aprovecharse.
u.va [´uvə] *sf* Uva.

V

v, V [v'e] *sm* **1** Vigésima primera letra del abecedario portugués. **2** V Cinco en guarismos romanos.
va.ca [v'akə] *sf* **1** *Zool* Vaca. **2** *pej* Ramera, puta.
va.ci.lar [vasil'ar] *vi* **1** Vacilar, balancear. **2** Dudar, titubear, sentir perplejidad.
va.ci.na.ção [vasinas'ãw] *sf* Vacunación.
va.ci.na [vas'inə] *sf* Vacuna.
va.ci.nar [vasin'ar] *vt+vpr* Vacunar, inmunizar.
vá.cuo [v'akwu] *sm* Vacuo, vacío.
va.di.a.gem [vadi'aʒẽj] *sf* Vagabundeo, holgazanería, ociosidad.
va.di.o [vad'iu] *adj+sm* Vagabundo, holgazán, ocioso, desocupado.
va.ga [v'agə] *sf* **1** Vaga, ola, onda. **2** Puesto, empleo.
va.ga.bun.do [vagab'undu] *adj+s* Vagabundo, gandul, vago.
va.ga-lu.me [vagal'umi] *sm* Luciérnaga, gusano de luz.
va.gão [vag'ãw] *sm* Vagón, coche.
va.gem [v'aʒẽj] *sf* Judía verde.
va.go [v'agu] *adj* **1** Vago, impreciso, indeterminado. **2** Evasivo. **3** Vacante, libre, vacío.
va.gue.ar [vage'ar] *vt+vi* **1** Vagar, deambular, merodear, caminar, errar. *vi* **2** Devanear, divagar.
vai.a [v'ajə] *sf* Abucheo, chifla.
vai.ar [vaj'ar] *vt+vi* Abuchear, chiflar.

vai.da.de [vajd'adi] *sf* Vanidad.
vai.do.so [vajd'ozu] *adj+sm* Vanidoso, engolado, inmodesto, presumido, hinchado.
vai.vém [vajv'ẽj] *sm* Vaivén.
va.len.te [val'ẽti] *adj* e *s m+f* Valiente, animoso, valeroso, bravo.
va.ler [val'er] *vt* **1** Valer, equivaler. **2** Costar. *vi* **3** Merecer. **4** Servir. *vpr* **5** Valerse, servirse.
va.le.ta [val'etə] *sf* **1** Zanja. **2** Hijuela, canal.
va.lor [val'or] *sm* **1** Valor, mérito, virtud. **2** Precio, coste, valía. **3** Estimación, aprecio, estima. **4** Importancia, importe, montante. **5** Valentía, coraje, corazón, intrepidez.
va.lo.ri.zar [valoriz'ar] *vt+vpr* Valorizar, valorar.
val.sa [v'awsə] *sf* Vals.
van.glo.ri.ar [vãglori'ar] *vt* **1** Glorificar, gloriar. *vpr* **2** Vanagloriarse, glorificarse, jactarse, ufanarse.
van.ta.gem [vãt'aʒẽj] *sf* **1** Ventaja, superioridad, primacía. **2** Ganancia, beneficio, provecho, utilidad, conveniencia. **3** Privilegio, prerrogativa.
vão [v'ãw] *adj* Vano, fútil. • *sm* Abertura, hueco, oquedad.
va.por [vap'or] *sm* Vapor.
va.ra [v'arə] *sf* **1** Vara, ramo, bastón. **2** *Dir* Jurisdicción.

va.ral [var'aw] *sm* Tendedero, colgador.

va.ran.da [var'ãdə] *sf* Terraza, terrado, balcón, barandilla.

va.rar [var'ar] *vt* Traspasar, atravesar.

va.re.jo [var'eʒu] *sm* Minorista.

va.re.ta [var'etə] *sf* Varilla, palillo, baqueta.

va.ri.ar [vari'ar] *vt* **1** Variar, diversificar. *vi* **2** Modificar, alterar, mudar, cambiar.

va.ri.e.da.de [varjed'adʒi] *sf* **1** Variedad, multiplicidad, diversidad. **2** **variedades** *pl Teat* Variedades.

va.rí.o.la [var'iɔlə] *sf Med* Viruela.

vá.rios [v'arjus] *pron indef pl* Varios, diversos.

va.riz [var'is] *sf* Várice, variz, varice.

var.rer [vaʀ'er] *vt+vi* **1** Barrer. *vt* **2** Rastrear, buscar, investigar.

vas.cu.lhar [vaskuʎ'ar] *vt+vi* **1** Escudriñar, escrutar, investigar, buscar. **2** Hocicar, curiosear.

va.si.lha [vaz'iʎə] *sf* Vasija, recipiente, envase.

va.so [v'azu] *sm* Florero, maceta.

vas.sou.ra [vas'owrə] *sf* Escoba, escobillón.

vas.ti.dão [vastid'ãw] *sf* Vastedad, amplitud, infinidad, inmensidad, enormidad.

vas.to [v'astu] *adj* Vasto, amplio, extenso, espacioso, grande.

va.za.men.to [vazam'ẽtu] *sm* **1** Vaciamiento, pérdida, derramamiento. **2** Infiltración.

va.zi.o [vaz'iu] *adj+sm* **1** Vacío, hueco. **2** Vacante, desocupado.

ve.a.do [ve'adu] *sm* **1** *Zool* Venado, corza. **2** *fam* Maricón, pisaverde, mariposa.

ve.dar [ved'ar] *vt* Vedar, detener.

ve.ge.ta.ção [veʒetas'ãw] *sf Bot* Vegetación.

ve.ge.tal [veʒet'aw] *adj+sm Bot* Vegetal.

vei.a [v'ejə] *sf* **1** *Anat* Vena. **2** *fig* Vocación, afición.

ve.í.cu.lo [ve'ikulu] *sm* Vehículo.

ve.la [v'elə] *sf* **1** Vela, bujía, cirio, candela. **2** Vigilia, desvelo, velada.

ve.lar [vel'ar] *vt* **1** Velar, cuidar, vigilar, acechar. *vi* **2** Trasnochar. *vt+vpr* **3** Tapar, ocultar, encubrir.

ve.le.jar [veleʒ'ar] *vi* Navegar.

ve.lha.co [veʎ'aku] *adj+sm* Bellaco, malo, truhán, pícaro, bribón, ruin.

ve.lhi.ce [veʎ'isi] *sf* Vejez.

ve.lho [v'eʎu] *adj* **1** Viejo, antiguo. **2** Usado. • *sm* Anciano.

ve.lo.ci.da.de [velosid'adʒi] *sf* Velocidad.

ve.ló.rio [vel'ɔrju] *sm* Velatorio, velorio, vela.

ve.loz [vel'ɔs] *adj* Veloz, ligero.

ve.lu.do [vel'udu] *sm* Terciopelo, velludo, pana.

ven.cer [vẽs'er] *vt+vi* **1** Vencer, triunfar. *vt* **2** Reprimir, refrenar. **3** Superar, exceder.

ven.da [v'ẽdə] *sf* **1** Venta, comercio. **2** Venda, vendaje. **3** Almacén, tienda.

ven.da.val [vẽdav'aw] *sm* Vendaval, ventarrón, ventolera, ráfaga.

ven.der [vẽd'er] *vt+vpr* Vender.

ve.ne.no [ven'enu] *sm* Veneno.

ve.ne.rar [vener'ar] *vt* Venerar, idolatrar, adorar, reverenciar.

ven.ta.ni.a [vẽtan'iə] *sf* Ventarrón, ventolera, ráfaga.

ven.tar [vẽt'ar] *vi* Ventar, ventear, soplar.

ven.ti.la.dor [vẽtilad'or] *sm* Ventilador.

ven.ti.lar [vẽtil'ar] *vt* Ventilar, airear, aventar.

ven.to [v'ẽtu] *sm* Viento.

ven.tre [v'ẽtri] *sm Anat* Vientre.

ver [v'er] *vt+vi+vpr* Ver.

ve.rão [ver'ãw] *sm* Verano.

ver.ba [v'ɛrbə] *sf* Fondos, asignación, importe.

ver.ba.li.zar [verbaliz'ar] *vt+vi* Verbalizar.
ver.be.te [verb'eti] *sm* Artículo, palabra.
ver.bo [v'ɛrbu] *sm* 1 *Gram* Verbo. 2 Palabra, discurso.
ver.da.de [verd'adi] *sf* Verdad.
ver.da.dei.ro [verdad'ejru] *adj* 1 Verdadero, verídico. 2 Auténtico, legítimo, genuino. 3 Sincero.
ver.de [v'erdi] *adj+sm* 1 Verde. 2 *fig* Inmaduro, inexperto.
ver.du.ra [verd'ura] *sf* 1 *Bot* Verdura. 2 *fig* Inmadurez, inexperiencia.
ver.du.rei.ro [verdur'ejru] *sm* Verdulero.
ve.re.a.dor [veread'or] *sm* Concejal, edil.
ve.re.da [ver'edə] *sf* Senda, camino estrecho.
ver.gar [verg'ar] *vt+vi+vpr* 1 Doblegar. 2 Someter, subyugar, dominar.
ver.go.nha [verg'oɲə] *sf* Vergüenza.
ve.ri.fi.car [verifik'ar] *vt* 1 Verificar, averiguar. 2 Comprobar, confirmar, corroborar.
ver.me [v'ɛrmi] *sm* 1 *Zool* Verme, gusano, lombriz. 2 *fig* Estropajo, despreciable.
ver.me.lho [verm'eʎu] *adj+sm* Rojo, bermejo.
ver.niz [vern'is] *sm* 1 Barniz, charol, esmalte. 2 *fig* Educación, distinción, lunar.
ver.ru.ga [veʀ'ugə] *sf Med* Verruga, lunar.
ver.são [vers'ãw] *sf* 1 Traducción, traslación. 2 Versión, interpretación.
ver.sa.ti.li.da.de [versatilid'adi] *sf* Versatilidad.
ver.so¹ [v'ɛrsu] *sm Lit* Verso.
ver.so² [v'ɛrsu] *sm* Revés, reverso.
ver.te.bra.do [vertebr'adu] *adj Biol* Vertebrado.
ver.ter [vert'er] *vt+vi* 1 Verter, derramar. *vt* 2 Traducir, trasladar.

ver.ti.gem [vert'iʒẽj] *sf* Vértigo, mareo, vahído.
ves.go [v'ezgu] *adj+sm* Bizco, bisojo, estrábico.
ves.pei.ro [vesp'ejru] *sm* Avispero.
vés.pe.ra [v'ɛsperə] *sf* Víspera.
ves.ti.á.rio [vesti'arju] *sm* Vestuario (lugar para vestirse).
ves.ti.do [vest'idu] *sm* Vestido.
ves.tí.gio [vest'iʒju] *sm* Vestigio, huella, traza, indicio, pista.
ves.tir [vest'ir] *vt+vpr* Vestir.
ves.tu.á.rio [vestu'arju] *sm* Vestuario, ropa, indumentaria, vestidura.
ve.tar [vet'ar] *vt* Vetar, prohibir, imposibilitar.
ve.te.ri.ná.rio [veterin'arju] *adj+sm Med* Veterinario.
véu [v'ɛw] *sm* 1 Velo, tul, manto. 2 *fig* Tristeza, amargura, angustia, aflicción.
ve.xar [veʃ'ar] *vt* 1 Vejar, humillar, molestar. *vt+vpr* 2 Avergonzar.
vez [v'es] *sf* 1 Vez. 2 Turno, mano.
vi.a [v'iə] *sf* 1 Vía, camino, arteria. 2 Copia de documento. 3 Vía, canal.
vi.a.bi.li.da.de [vjabilid'adi] *sf* Viabilidad.
vi.a.ção [vjas'ãw] *sf* Transporte, trasporte.
vi.a.du.to [vjad'utu] *sm* Viaducto.
vi.a.gem [vi'aʒẽj] *sf* Viaje.
vi.a.jar [vjaʒ'ar] *vi* 1 Viajar, peregrinar, recorrer. 2 *fig* Divagar, andarse por las ramas. 3 *fig* Volar (drogas).
vi.a.tu.ra [vjat'urə] *sf* Coche de policía.
vi.brar [vibr'ar] *vt+vi* 1 Vibrar, trepidar, temblar. *vi* 2 Alegrarse, conmoverse.
vi.ce.jar [viseʒ'ar] *vt+vi* Desenvolver, producir, brotar.
vi.ce-ver.sa [visiv'ɛrsə] *adv* Viceversa.
vi.ci.a.do [visi'adu] *adj+sm* 1 Vicioso, viciado. 2 Drogadicto.
ví.cio [v'isju] *sm* Vicio.

vi.ço.so [vis'ozu] *adj* Lozano, fresco, frondoso, vigoroso.
vi.da [v'idə] *sf* Vida.
vi.de.o.cas.se.te [videokas'ɛti] *sm* Vídeo.
vi.de.o.tei.pe [videot'ejpi] *sm* Videocinta.
vi.dra.ça [vidr'asə] *sf* Ventanal, cristal, vidriera, vidrio.
vi.dro [v'idru] *sm* Vidrio, cristal.
vi.gé.si.mo [viʒ'ɛzimu] *num* Vigésimo.
vi.gi.a [viʒ'iə] *s m+f* 1 Vigía, centinela, vigilante, guardia. *sf* 2 Atalaya. 3 Mirilla.
vi.gi.ar [viʒi'ar] *vt+vi* 1 Vigilar, acechar, atalayar, guardar. 2 Patrullar, fiscalizar.
vi.gí.lia [viʒ'iljə] *sf* Vigilia.
vi.gor [vig'or] *sm* 1 Vigor, aliento, energía, espíritu. 2 Ímpetu, potencia, fuerza.
vi.la [v'ilə] *sf* Villa.
vi.lão [vil'ãw] *adj+sm* Villano.
vi.na.gre [vin'agri] *sm* Vinagre.
vin.co [v'īku] *sm* Dobla, raya, surco, marca.
vín.cu.lo [v'īkulu] *sm* Vínculo, ligazón, conexión, unión.
vin.da [v'īdə] *sf* Venida, llegada, advenimiento, adviento.
vin.dou.ro [vīd'owru] *adj* Venidero.
vin.gan.ça [vīg'ãsə] *sf* Venganza, revancha, desquite.
vi.nho [v'iñu] *sm* Vino.
vin.te [v'īti] *num* Veinte.
vi.o.la.ção [vjolas'ãw] *sf* 1 Violación, transgresión, infracción. 2 Estupro, defloración.
vi.o.lão [vjol'ãw] *sm Mús* Guitarra.
vi.o.lên.cia [vjol'ẽsjə] *sf* 1 Violencia, fuerza, energía. 2 Brutalidad, bestialidad. 3 Ímpetu, ardor, efusión.
vi.o.li.no [vjol'inu] *sm Mús* Violín.
vi.o.lo.nis.ta [vjolon'istə] *adj* e *s m+f Mús* Guitarrista.

vir [v'ir] *vt+vi+vpr* Venir.
vi.rar [vir'ar] *vt+vi+vpr* 1 Volverse, girar, voltear. 2 Poner al revés. 3 Volcar.
vi.ra.vol.ta [virav'ɔwtə] *sf* Vicisitud, revés, contratiempo.
vir.gem [v'irʒẽj] *sf* 1 Virgen, doncella. 2 **Virgem** *Astrol, Astron* Virgo. • *adj* 1 Virgen, puro, intacto. 2 Casto, inocente.
vir.gin.da.de [virʒid'adi] *sf* 1 Virginidad, pureza. 2 Castidad, hímen.
vír.gu.la [v'irgulə] *sf Gram* Coma.
vi.ri.lha [vir'iʎə] *sf Anat* Ingle.
vi.ri.li.da.de [viriliḍ'adi] *sf* Virilidad.
vi.ro.se [vir'ɔsi] *sf Med* Virosis.
vir.tu.de [virt'udi] *sf* Virtud.
ví.rus [v'irus] *sm sing+pl Biol, Inform* Virus.
vi.são [viz'ãw] *sf* 1 Visión. 2 Percepción, intuición, agudeza. 3 Imagen, figura. 4 Aparición, alma en pena, fantasma, alucinación. 5 Enfoque, perspectiva, punto de vista.
vi.sar [viz'ar] *vt* 1 Visar. 2 Dirigir, encaminar pretenciones, pretender.
vi.si.ta [viz'itə] *sf* Visita.
vi.si.tar [vizit'ar] *vt* Visitar.
vi.sí.vel [viz'ivew] *adj* 1 Visible, aparente. 2 Ostensible, notorio, manifesto.
vis.lum.brar [vizlũbr'ar] *vt* Vislumbrar, entrever, percibir.
vis.ta [v'istə] *sf* 1 Vista. 2 Panorama, paisaje. 3 Vistazo, mirada.
vis.to.ri.ar [vistori'ar] *vt* Inspeccionar, revistar.
vi.su.a.li.zar [vizwaliz'ar] *vt* Visualizar.
vi.tal [vit'aw] *adj* 1 Vital. 2 Esencial, fundamental.
vi.ta.mi.na [vitam'inə] *sf* 1 *Quím* Vitamina. 2 Batido (bebida).
ví.ti.ma [v'itimə] *sf* Víctima.
vi.tó.ria [vit'ɔrjə] *sf* Victoria.
vi.tri.na [vitr'inə] *sf* Vitrina, escaparate.

vi.trô [vitr′o] *sm* Ventana (de báscula).
vi.ú.vo [vi′uvu] *adj+sm* Viudo.
vi.vên.cia [viv′ẽsjə] *sf* Vivencia.
vi.ven.te [viv′ẽti] *adj* e *s m+f* Viviente.
vi.ver [viv′er] *vi* **1** Vivir, existir. **2** Habitar.
ví.ve.res [v′iveris] *sm pl* Víveres, provisiones, matalotaje, vituallas.
vi.zi.nhan.ça [viziñ′ãsə] *sf* **1** Vecindad, vecindario. **2** Alrededores, inmediaciones. **3** Proximidad, cercanía, contigüidad.
vi.zi.nho [viz′iñu] *adj+sm* Vecino.
vo.ar [vo′ar] *vi* Volar.
vo.ca.bu.lá.rio [vokabul′arju] *sm Gram* Vocabulario, glosario, terminología, léxico.
vo.cê [vos′e] *pron* Tú (España), vos (Sudamérica).
vo.lei.bol [volejb′ɔw] *sm Esp* Balonvolea, voleibol.
vol.ta [v′ɔwtə] *sf* **1** Vuelta, volteo, rotación. **2** Retorno, regreso. **3** Paseo, giro, caminada.
vol.tar [vowt′ar] *vt+vi* **1** Volver, tornar, regresar. **2** Devolver, restituir. *vt+vpr* **3** Volverse.
vo.lu.me [vol′umi] *sm* **1** Volumen, cuerpo, masa. **2** Tomo, libro, ejemplar. **3** Altura, intensidad (sonido).

vo.lun.tá.rio [volũt′arju] *adj* Voluntario.
vo.lú.vel [vol′uvew] *adj* Voluble, inconstante, liviano.
vo.mi.tar [vomit′ar] *vt+vi* **1** Vomitar, devolver. *vt* **2** *fig* Desembuchar, decir.
von.ta.de [võt′adi] *sf* **1** Voluntad. **2** Gana, deseo. **3** Intención, mente, pretensión.
vo.o [v′ou] *sm* Vuelo.
vós [v′ɔs] *pron pes* Vos, os, vosotros.
vos.so [v′ɔsu], **vos.sa** [v′ɔsə] *pron pos* Vuestro, vuestra.
vo.ta.ção [votas′ãw] *sf* Votación.
vo.to [v′ɔtu] *sm* **1** Voto, sufragio. **2** Ofrecimiento, promesa (a Dios). **3** Deseo, ansia.
vo.vô [vov′o] *sm coloq* Abuelo, abuelito.
vo.vó [vov′ɔ] *sf coloq* Abuela, abuelita.
voz [v′ɔs] *sf* **1** Voz, habla. **2** Opinión.
vul.cão [vuwk′ãw] *sm* Volcán.
vul.ga.ri.da.de [vuwgarid′adi] *sf* **1** Vulgaridad, ramplonería, ordinariez. **2** Trivialidad, simpleza, necedad.
vul.ne.rá.vel [vuwner′avew] *adj* Vulnerable.
vul.to [v′uwtu] *sm* **1** Bulto, volumen. **2** Sombra, silueta, contorno. **3** *fig* Importancia.
vul.to.so [vuwt′ozu] *adj* **1** Abultado, voluminoso. **2** Importante.

W

w, W [d´ablju] *sm* Antigua letra del abecedario portugués.
wag.ne.ri.a.no [vagneri´∧nu] *adj+sm* Wagneriano.
waterpolo [w´otarp´olo] *sm ingl* Waterpolo.
watt [w´ote] *sm ingl* Watt, vatio.
web [w´eb] *sm ingl Inform* Web, red.
western [w´estern] *sm ingl* Western.
wind.sur.fe [wĩds´urfi] *sm Esp* Windsurf.

x, **X** [ʃ'is] *sm* Vigésima segunda letra del abecedario portugués.
xa.drez [ʃadr'es] *sf* Ajedrez.
xa.le [ʃ'ali] *sm* Chal.
xam.pu [ʃãp'u] *sm* Champú.
xa.rá [ʃar'a] *s m+f* Tocayo.
xa.ro.pe [ʃar'ɔpi] *sm* Jarabe.
xe.que-ma.te [ʃɛkim'ati] *sm* Jaque mate.
xe.re.ta [ʃer'eta] *adj* e *s m+f* Entrometido, entrometido, husmeador, fisgón.
xe.re.tar [ʃeret'ar] *vtd+vi* Escudriñar, curiosear, husmear, fisgonear, indagar.
xe.ri.fe [ʃer'ifi] *sm* Sheriff.
xe.ro.co.pi.ar [ʃerokopi'ar] *vtd* Fotocopiar, xerocopiar.
xé.rox [ʃ'ɛrɔks] *s m+f sing+pl* Fotocopia, xerocopia.
xí.ca.ra [ʃ'ikarə] *sf* Taza.
xin.gar [ʃĩg'ar] *vtd+vi* Insultar.
xi.xi [ʃiʃ'i] *sm coloq* Pis, pipí.
xu.cro [ʃ'ukru] *adj Am* Chúcaro (animal), arisco, bravío.

y

y, Y [ˈipsilõw] *sm* Antigua letra del abecedario portugués.

yang [ˈjãg] *sm chin* Yang.
yin [ˈjĩ] *sm chin* Yin.

Z

z, Z [z'e] *sf* Vigésima tercera y última letra del abecedario portugués.
za.bum.ba [zab'ũbə] *s m+f Mús* Zambomba.
za.guei.ro [zag'ejru] *sm Esp* Zaguero, defensa.
zan.ga [z'ãgə] *sf* Cólera, ira, enojo, enfado.
zan.ga.do [zãg'adu] *adj* Enfadado, enojado, enfurecido, encolerizado.
zan.zar [zãz'ar] *vi* Vagabundear, vagar.
zar.par [zarp'ar] *vi Mar* Zarpar.
ze.bra [z'ebrə] *sf Zool* Cebra.
ze.bu [zeb'u] *sm Zool* Cebú.
ze.la.dor [zelad'or] *adj+sm* Celador. • *sm* Conserje.
ze.lar [zel'ar] *vtd+vti* Celar.
ze.lo [z'elu] *sm* Celo.
ze.ro [z'εru] *num+sm* Cero.

zi.gue-za.gue.ar [zigezage'ar] *vi* Zigzaguear.
zin.co [z'īku] *sm Quím* Cinc, zinc.
zí.per [z'iper] *sm* Cremallera.
zo.dí.a.co [zod'iaku] *sm Astron* Zodiaco, zodíaco.
zom.bar [zõb'ar] *vti+vtd+vi* Burlarse.
zo.na [z'onə] *sf* Zona.
zo.ne.a.men.to [zoneam'ẽtu] *sm* Zonificación.
zon.zo [z'õzu] *adj* Mareado.
zo.o.lo.gi.a [zooloʒ'iə] *sf* Zoología.
zo.o.ló.gi.co [zool'ɔʒiku] *adj+sm* Zoológico.
zum.bi.do [zũb'idu] *sm* Zumbido.
zum-zum [zũz'ũ] *sm* Rumor, murmuración.
zur.rar [zuř'ar] *vi* Rebuznar, roznar.
zur.ro [z'uřu] *sm* Rebuzno.

APÊNDICE

Conjugação dos verbos em espanhol

Verbos irregulares

HABER

Infinitivo haber
Gerúndio habiendo
Particípio habido

Indicativo
Presente
yo he
tú has
él ha
nosotros hemos
vosotros habéis
ellos han

Pretérito imperfeito
yo había
tú habías
él había
nosotros habíamos
vosotros habíais
ellos habían

Pretérito perfeito
yo hube
tú hubiste
él hubo
nosotros hubimos
vosotros hubistes
ellos hubieron

Futuro do presente
yo habré
tú habrás

él habrá
nosotros habremos
vosotros habréis
ellos habrán

Futuro do pretérito
yo habría
tú habrías
él habría
nosotros habríamos
vosotros habríais
ellos habrían

Imperativo
Presente
he tú
habed vosotros

Subjuntivo
Presente
yo haya
tú hayas
él haya
nosotros hayamos
vosotros hayáis
ellos hayan

Pretérito imperfeito
yo hubiera / hubiese
tú hubieras / hubieses
él hubiera / hubiese
nosotros hubiéramos / hubiésemos
vosotros hubierais / hubieseis
ellos hubieran / hubiesen

Futuro
yo hubiere
tú hubieres
él hubiere
nosotros hubiéremos
vosotros hubiereis
ellos hubieren

SER

Infinitivo ser
Gerúndio siendo
Particípio sido

Indicativo
Presente
yo soy
tú eres
él es
nosotros somos
vosotros sois
ellos son

Pretérito imperfeito
yo era
tú eras
él era
nosotros éramos
vosotros erais
ellos eran

Pretérito perfeito
yo fui
tú fuiste
él fue
nosotros fuimos
vosotros fuisteis
ellos fueron

Futuro do presente
yo seré
tú serás
él será
nosotros seremos
vosotros seréis
ellos serán

Futuro do pretérito
yo sería
tú serías
él sería
nosotros seríamos
vosotros seríais
ellos serían

Imperativo
Presente
sé tú
sed vosotros

Subjuntivo
Presente
yo sea
tú seas
él sea
nosotros seamos
vosotros seáis
ellos sean

Pretérito imperfeito
yo fuera / fuese
tú fueras / fueses
él fuera / fuese
nosotros fuéramos / fuésemos
vosotros fuerais / fueseis
ellos fueran / fuesen

Futuro
yo fuere
tú fueres
él fuere
nosotros fuéremos
vosotros fuereis
ellos fueren

Verbos regulares *(as terminações estão em negrito)*

AMAR (radical am-)
Infinitivo amar
Gerúndio amando
Particípio amado

Indicativo
Presente
yo amo
tú amas
él ama
nosotros am**amos**
vosotros am**áis**
ellos am**an**

Pretérito imperfeito
yo amaba
tú amabas
él amaba
nosotros am**ábamos**
vosotros amabais
ellos am**aban**

Pretérito perfeito
yo amé
tú am**aste**
él amó
nosotros am**amos**
vosotros am**asteis**
ellos am**aron**

Futuro do presente
yo amaré
tú amarás
él amará
nosotros amaremos
vosotros amaréis
ellos am**arán**

Futuro do pretérito
yo amaría
tú amarías
él amaría
nosotros amaríamos
vosotros amaríais
ellos amarían

Imperativo
Presente
ama tú
amad vosotros

Subjuntivo
Presente
yo ame
tú ames
él ame
nosotros am**emos**
vosotros am**éis**
ellos amen

Pretérito imperfeito
yo amara / amase
tú amaras / amases
él amara / amase
nosotros am**áramos** / am**ásemos**
vosotros amarais / amaseis
ellos amaran / amasen

Futuro
yo am**are**
tú am**ares**
él am**are**
nosotros am**áremos**
vosotros am**areis**
ellos am**aren**

TEMER (radical tem-)
Infinitivo temer
Gerúndio temiendo
Particípio temido

Indicativo
Presente
yo tem**o**
tú tem**es**
él tem**e**
nosotros tem**emos**
vosotros tem**éis**
ellos tem**en**

Pretérito imperfeito
yo tem**ía**
tú tem**ías**
él tem**ía**
nosotros tem**íamos**
vosotros tem**íais**
ellos tem**ían**

Pretérito perfeito
yo tem**í**
tú tem**iste**
él tem**ió**
nosotros tem**imos**
vosotros tem**isteis**
ellos tem**ieron**

Futuro do presente
yo tem**eré**
tú tem**erás**
él tem**erá**
nosotros tem**eremos**
vosotros tem**eréis**
ellos tem**erán**

Futuro do pretérito
yo tem**ería**
tú tem**erías**
él tem**ería**
nosotros tem**eríamos**
vosotros tem**eríais**
ellos tem**erían**

Imperativo
Presente
tem**e** tú
tem**ed** vosotros

Subjuntivo
Presente
yo tem**a**
tú tem**as**
él tem**a**
nosotros tem**amos**
vosotros tem**áis**
ellos tem**an**

Pretérito imperfeito
yo tem**iera** / tem**iese**
tú tem**ieras** / tem**ieses**
él tem**iera** / tem**iese**
nosotros tem**iéramos** / tem**iésemos**
vosotros tem**ierais** / tem**ieseis**
ellos tem**ieran** / tem**iesen**

Futuro
yo tem**iere**
tú tem**ieres**
él tem**iere**
nosotros tem**iéremos**
vosotros tem**iereis**
ellos tem**ieren**

PARTIR (radical part-)
Infinitivo partir
Gerúndio partiendo
Particípio partido

Indicativo
Presente
yo part**o**
tú part**es**
él part**e**
nosotros part**imos**
vosotros part**ís**
ellos part**en**

Pretérito imperfeito
yo part**ía**
tú part**ías**
él part**ía**
nosotros part**íamos**
vosotros part**íais**
ellos part**ían**

Pretérito perfeito
yo part**í**
tú part**iste**
él part**ió**
nosotros part**imos**
vosotros part**isteis**
ellos part**ieron**

Futuro do presente
yo part**iré**
tú part**irás**
él part**irá**
nosotros part**iremos**
vosotros part**iréis**
ellos part**irán**

Futuro do pretérito
yo part**iría**
tú part**irías**
él part**iría**
nosotros part**iríamos**
vosotros part**iríais**
ellos part**irían**

Imperativo
Presente
part**e** tú
part**id** vosotros

Subjuntivo
Presente
yo parta
tú partas
él parta
nosotros part**amos**
vosotros part**áis**
ellos part**an**

Pretérito imperfeito
yo part**iera** / part**iese**
tú part**ieras** / part**ieses**
él part**iera** / part**iese**
nosotros part**iéramos** / part**iésemos**
vosotros part**ierais** / part**ieseis**
ellos part**ieran** / part**iesen**

Futuro
yo part**iere**
tú part**ieres**
él part**iere**
nosotros part**iéremos**
vosotros part**iereis**
ellos part**ieren**

Lista de verbos irregulares em espanhol

O símbolo ⇒ significa conjugar como

A

abastecer ⇒ *parecer*.
abnegarse ⇒ *comenzar*.
abolir *Indicativo:*
  presente: abolimos, abolís.
  Pretérito imperfeito: abolía, abolías etc.
  Pretérito perfeito: abolí, aboliste, abolió etc.
  Futuro do presente: aboliré, abolirás etc.
  Futuro do pretérito: aboliría, abolirías etc.
  Imperativo: presente: abolid.
  Subjuntivo: presente: não tem.
  Pretérito imperfeito: aboliera, abolieras etc. / aboliese, abolieses etc.
  Futuro: aboliere, abolieres etc.
  Gerúndio: aboliendo.
  Particípio: abolido.
aborrecer ⇒ *parecer*.
absolver ⇒ *volver*.
abstenerse ⇒ *tener*.
acaecer Defectivo. ⇒ *parecer*.
acertar ⇒ *comenzar*.
acordar, acostar ⇒ *contar*.
acrecentar ⇒ *comenzar*.
adherir ⇒ *sentir*.
adolecer ⇒ *parecer*.
adormecer ⇒ *parecer*.
adquirir *Indicativo:*
  presente: adquiero, adquieres etc.
  Imperativo: presente: adquiere, adquieras etc.
  Subjuntivo: presente: adquiera, adquiramos, adquiráis etc.
aducir *Indicativo:*
  presente: aduzco, aduces, aducís etc.
  Pretérito perfeito: adujimos, adujisteis etc.
  Imperativo: presente: aduce, aduzca, aducid etc.
  Subjuntivo: presente: aduzca, aduzcas etc.
  Pretérito imperfeito: adujera, adujeras, adujerais etc. / adujese, adujeseis etc.
  Futuro: adujere, adujeres etc.
  Gerúndio: aduciendo.
  Particípio: aducido.
advertir ⇒ *sentir*.
almorzar ⇒ *contar*.
andar *Indicativo:*
  Pretérito perfeito: anduve, anduviste, anduvo, anduvimos, anduvisteis, anduvieron.
  Subjuntivo: pretérito imperfeito: anduviera, anduvieras etc. / anduviese, anduvieses etc.
  Futuro: anduviere, anduvieres etc.
aparecer ⇒ *parecer*.
apostar ⇒ *contar*.
apretar ⇒ *comenzar*.
aprobar ⇒ *contar*.
arrepentirse ⇒ *sentir*.
ascender ⇒ *hender*.

asentar ⇒ *comenzar*.
asir *Indicativo:*
  presente: asgo, ases, asimos, asís etc.
  Imperativo: presente: ase, asga, asgamos, asid etc.
  Subjuntivo: presente: asga, asgas, asgáis etc.
atender ⇒ *hender*.
atenerse ⇒ *tener*.
atraer ⇒ *traer*.
atravesar ⇒ *comenzar*.
atribuir ⇒ *huir*.
avenir ⇒ *venir*.
avergonzar ⇒ *contar*.

B

bendecir ⇒ *decir*.
bienquerer ⇒ *querer*.
bullir ⇒ *mullir*.

C

caber *Indicativo:*
  presente: quepo, cabes, cabe, cabéis etc.
  Pretérito perfeito: cupe, cupiste, cupo, cupimos, cupistes, cupieron.
  Futuro do presente: cabré, cabrás, cabréis etc.
  Futuro do pretérito: cabría, cabrías etc.
  Imperativo: presente: cabe, quepa, quepamos etc.
  Subjuntivo: presente: quepa, quepas, quepáis etc.
  Pretérito imperfeito: cupiera, cupieras etc. /

cupiese, cupieses etc.
Futuro: cupiere,
cupieres etc.
caer *Indicativo:*
presente: caigo.
Subjuntivo: presente:
caiga, caigas, caigamos,
caigáis, caigan.
calentar ⇒ *comenzar.*
cerrar ⇒ *comenzar.*
cocer *Indicativo:*
presente: cuezo,
cueces, cuece etc.
Imperativo: presente:
cuece, cueza, cozamos
etc.
Subjuntivo: presente:
cueza, cuezas etc.
colar ⇒ *contar.*
colegir ⇒ *pedir.*
colgar ⇒ *contar.*
comedirse ⇒ *pedir.*
comenzar *Indicativo:*
presente: comienzo,
comienzas, comienza,
comenzamos etc.
Imperativo: presente:
comienza, comience,
comencemos etc.
Subjuntivo: presente:
comience, comiences,
comencemos etc.
compadecer ⇒ *parecer.*
comparecer ⇒ *parecer.*
competir ⇒ *pedir.*
componer ⇒ *poner.*
comprobar ⇒ *contar.*
concebir ⇒ *pedir.*
concernir Defectivo e
impess.
Indicativo: presente:
concierne, conciernen.
Imperativo: presente:
concierna, conciernan.
Subjuntivo: presente:

concierna, conciernan.
Gerúndio: concerniendo.
concertar ⇒ *comenzar.*
concluir ⇒ *huir.*
concordar ⇒ *contar.*
conducir ⇒ *aducir.*
conferir ⇒ *sentir.*
confesar ⇒ *comenzar.*
conmover ⇒ *mover.*
conocer *Indicativo:*
presente: conozco etc.
Imperativo: presente:
conoce, conozca,
conozcamos, conozcan.
Subjuntivo: presente:
conozca, conozcas etc.
conseguir ⇒ *sentir.*
consentir ⇒ *sentir.*
consolar ⇒ *contar.*
constituir ⇒ *huir.*
construir ⇒ *huir.*
contar *Indicativo:*
presente: cuento, cuentas,
cuenta, contamos,
contáis, cuentan.
Subjuntivo: presente:
cuente, cuentes,
cuente, contemos etc.
contener ⇒ *tener.*
contradecir ⇒ *decir.*
contraer ⇒ *traer.*
contraponer ⇒ *poner.*
contribuir ⇒ *huir.*
convenir ⇒ *venir.*
convertir ⇒ *sentir.*
corregir ⇒ *pedir.*
costar ⇒ *contar.*
crecer ⇒ *parecer.*
creer *Indicativo:*
Pretérito perfeito:
creyó, creyeron.
Subjuntivo: pretérito
imperfeito: creyera,
creyeras etc. / creyese,
creyeses etc.

Futuro: creyere,
creyeres etc.
Gerúndio: creyendo.

D

dar *Indicativo: presente:*
doy, das, dais etc.
Pretérito perfeito: di,
diste, dio, disteis etc.
Subjuntivo: pretérito
imperfeito: diera,
dieras, dierais etc.
/ diese, dieses etc.
Futuro: diere, dieres etc.
decaer ⇒ *caer.*
decir *Indicativo:*
presente: digo, dices,
dice, decimos, decís,
dicen.
Pretérito perfeito: dije,
dijiste, dijo etc.
Futuro do presente:
diré, dirás, diréis etc.
Futuro do pretérito:
diría, dirías etc.
Imperativo: presente:
di, diga, digamos,
decid, digan.
Subjuntivo: presente:
diga, digas etc.
Pretérito imperfeito:
dijera, dijeras etc. /
dijese, dijeses etc.
Futuro: dijere, dijeres etc.
Gerúndio: diciendo.
Partícipio: dicho.
deducir ⇒ *aducir.*
defender ⇒ *hender.*
deferir ⇒ *sentir.*
demostrar ⇒ *contar.*
deponer ⇒ *poner.*
derretir ⇒ *pedir.*
desacordar ⇒ *contar.*
desagradecer ⇒
parecer.

desaparecer ⇒ *parecer.*
desaprobar ⇒ *contar.*
descender ⇒ *hender.*
descolgar ⇒ *contar.*
descollar ⇒ *contar.*
descomponer ⇒ *poner.*
desconocer ⇒ *conocer.*
descontar ⇒ *contar.*
desdecir ⇒ *decir.*
desentenderse ⇒ *hender.*
desenterrar ⇒ *comenzar.*
desenvolver ⇒ *volver.*
desfallecer ⇒ *parecer.*
deshacer ⇒ *hacer.*
desleír ⇒ *reír.*
desmentir ⇒ *sentir.*
desmerecer ⇒ *parecer.*
desobedecer ⇒ *parecer.*
despedir ⇒ *pedir.*
despertar ⇒ *comenzar.*
desplegar ⇒ *comenzar.*
destituir ⇒ *huir.*
destruir ⇒ *huir.*
detener ⇒ *tener.*
devolver ⇒ *volver.*
diferir ⇒ *sentir.*
digerir ⇒ *sentir.*
diluir ⇒ *huir.*
discernir *Indicativo: presente:* discierno, disciernes, discierne, discernimos, decernís, disciernen. *Imperativo: presente:* discierne, discierna, discernid etc. *Subjuntivo: presente:* discierna, disciernas, discernamos etc.
discordar ⇒ *contar.*
disminuir ⇒ *huir.*
disolver ⇒ *volver.*

disponer ⇒ *poner.*
distraer ⇒ *traer.*
distribuir ⇒ *huir.*
divertir ⇒ *sentir.*
dormir *Indicativo: presente:* duermo, duermes, duerme, dormís etc. *Pretérito perfeito:* dormí, dormiste, durmió, durmieron. *Imperativo: presente:* duerme, duerma, durmamos, dormid etc. *Subjuntivo: presente:* duerma, duermas etc. *Pretérito imperfeito:* durmiera, durmieras etc. / durmiese, durmieses etc. *Futuro:* durmiere, durmieres etc. *Gerúndio:* durmiendo.

E
elegir ⇒ *pedir.*
embellecer ⇒ *parecer.*
empequeñecer ⇒ *parecer.*
empezar ⇒ *comenzar.*
empobrecer ⇒ *parecer.*
encarecer ⇒ *parecer.*
encender ⇒ *hender.*
encerrar ⇒ *comenzar.*
encomendar ⇒ *comenzar.*
encontrar ⇒ *contar.*
endurecer ⇒ *parecer.*
enflaquecer ⇒ *parecer.*
enfurecer ⇒ *parecer.*
engreír ⇒ *reír.*
engrosar ⇒ *contar.*
engullir ⇒ *mullir.*
enmendar ⇒ *comenzar.*
enriquecer ⇒ *parecer.*

entender ⇒ *hender.*
enternecer ⇒ *parecer.*
enterrar ⇒ *comenzar.*
entreoír ⇒ *oír.*
entretener ⇒ *tener.*
entristecer ⇒ *parecer.*
envejecer ⇒ *parecer.*
envolver ⇒ *volver.*
equivaler ⇒ *valer.*
erguir *Indicativo: presente:* irgo / yergo, irgues / yergues, irgue / yergue, erguimos, erguís, irguen / yerguen. *Pretérito perfeito:* erguí, erguiste, irguió, erguimos, erguisteis, irguieron. *Imperativo: presente:* irgue / yergue, irga / yerga, irgamos (os. *Subjuntivo: presente:* irga / yerga, irgas / yergas etc. *Pretérito imperfeito:* irguiera, irguieras etc. / irguiese, irguieses etc. *Futuro:* irguiere, irguieres etc. *Gerúndio:* irguiendo.
errar *Indicativo: presente:* yerro, yerras etc. *Imperativo: presente:* yerra, yerre, erremos etc. *Subjuntivo: presente:* yerre, yerres etc.
esclarecer ⇒ *parecer.*
estar *Indicativo: presente:* estoy, estás etc. *Pretérito perfeito:* estuve, estuviste, estuvo, estuvimos etc.

Imperativo: presente:
está, esté etc.
Subjuntivo: presente:
esté, estés etc.
Pretérito imperfeito:
estuviera, estuvieras etc.
/ estuviese, estuvieses etc.
Futuro: estuviere,
estuvieres etc.
excluir ⇒ *huir*.
expedir ⇒ *pedir*.
exponer ⇒ *poner*.
extender ⇒ *hender*.
extraer ⇒ *traer*.

F

fallecer ⇒ *parecer*.
fluir ⇒ *huir*.
fortalecer ⇒ *parecer*.
forzar ⇒ *contar*.
fregar ⇒ *comenzar*.
freír ⇒ *reír*.

G

gemir ⇒ *pedir*.
gobernar ⇒ *comenzar*.
guarnecer ⇒ *parecer*.

H

haber Veja verbo
conjugado (página 429).
hacer *Indicativo:
presente:* hago, haces,
hace etc.
Pretérito perfeito:
hice, hiciste, hizo etc.
Futuro do presente:
haré, harás, hará,
haremos etc.
Futuro do pretérito:
haría, harías etc.
Imperativo: presente:
haz, haga, hagamos etc.
Subjuntivo: presente:
haga, hagas etc.
Pretérito imperfeito:
hiciera, hicieras etc. /
hiciese, hicieses etc.
Futuro: hiciere,
hicieres etc.
Gerúndio: haciendo.
Particípio: hecho.
helar ⇒ *comenzar*.
henchir *Indicativo:
presente:* hincho,
hinches, hinche,
henchimos, henchís,
hinchen.
Pretérito perfeito:
henchí, henchiste,
hinchió etc.
Imperativo: presente:
hinche, hincha,
henchid etc.
Subjuntivo: presente:
hincha, hinchas etc.
Pretérito imperfeito:
hinchiera, hinchieras
etc. / hinchiese,
hinchieses etc.
Futuro: hinchiere,
hinchieres etc.
Gerúndio: hinchiendo.
hender *Indicativo:
presente:* hiendo,
hiendes, hiende,
hendemos, hendéis,
hienden.
Imperativo: presente:
hiende, hienda,
hendamos etc.
Subjuntivo: presente:
hienda, hiendas etc.
herir ⇒ *sentir*.
huir *Indicativo: presente:*
huyo, huyes, huye,
huímos, huís, huyen.
Pretérito perfeito:
huí, huíste, huyó etc.
Imperativo: presente:
huye, huya, huid etc.
Subjuntivo: presente:
huya, huyas etc.

I

imbuir ⇒ *huir*.
impedir ⇒ *pedir*.
incluir ⇒ *huir*.
inducir ⇒ *aducir*.
influir ⇒ *huir*.
ingerir ⇒ *sentir*.
instituir ⇒ *huir*.
instruir ⇒ *huir*.
interferir ⇒ *sentir*.
interponer ⇒ *poner*.
intervenir ⇒ *venir*.
introducir ⇒ *aducir*.
invertir ⇒ *sentir*.
investir ⇒ *pedir*.
ir *Indicativo: presente:*
voy, vas, va, vamos,
vais, van.
Pretérito imperfeito:
iba, ibas etc.
Pretérito perfeito:
fui, fuiste, fue etc.
Imperativo: presente:
va, vaya, id, vayan.
Subjuntivo: presente:
vaya, vayas etc.
Pretérito imperfeito:
fuera, fueras etc. /
fuese, fueses etc.
Futuro: fuere, fueres,
fuere, fuéremos etc.
Gerúndio: yendo.
Particípio: ido.

J

jugar ⇒ *contar*.

L

llover ⇒ *volver*, somente
nas 3.ªs pessoas.

lucir *Indicativo: presente:* luzco, luces, luce etc.
Imperativo: presente: luce, luzca, luzcamos, lucid etc.
Subjuntivo: presente: luzca, luzcas etc.

M

maldecir ⇒ *decir*.
manifestar ⇒ *comenzar*.
mantener ⇒ *tener*.
medir ⇒ *pedir*.
mentir ⇒ *sentir*.
merecer ⇒ *parecer*.
morir ⇒ *dormir*.
mostrar ⇒ *contar*.
mover *Indicativo: presente:* muevo, mueves, mueve, movemos, movéis, mueven.
Imperativo: presente: mueve, mueva, movamos etc.
Subjuntivo: presente: mueva, muevas etc.
Gerúndio: moviendo.
Particípio: movido.
mullir *Indicativo: pretérito perfeito:* mullí, mulliste, mulló etc.
Subjuntivo: pretérito imperfeito: mullera, mulleras etc. / mullese, mulleses etc.
Futuro: mullere, mulleres etc.
Gerúndio: mullendo.

N

nacer *Indicativo: presente:* nazco, naces, nace etc.
Imperativo: presente: nace, nazcamos etc.
Subjuntivo: presente: nazca, nazcas etc.
negar ⇒ *comenzar*.

O

obedecer ⇒ *parecer*.
obtener ⇒ *tener*.
ofrecer ⇒ *parecer*.
oír *Indicativo: presente:* oigo, oyes, oye, oímos, oís, oyen.
Imperativo: presente: oye, oiga etc.
Subjuntivo: presente: oiga, oigas etc.
Pretérito imperfeito: oyera, oyeras etc. / oyese, oyeses etc.
Futuro: oyere, oyeres etc.
Gerúndio: oyendo.
oler *Indicativo: presente:* huelo, hueles, huele, olemos, oléis, huelen.
Imperativo: presente: huele, huela, olamos, oled, huelan.
Subjuntivo: presente: huela, huelas etc.
oponer ⇒ *poner*.

P

padecer ⇒ *parecer*.
parecer *Indicativo: presente:* parezco, pareces etc.
Imperativo: presente: parece, parezca etc.
Subjuntivo: presente: parezca, parezcas etc.
pedir *Indicativo: presente:* pido, pides, pide, pedimos, pedís, piden.
Pretérito perfeito: pedí, pediste, pidió etc.
Imperativo: presente: pide, pida, pidamos etc.
Subjuntivo: presente: pida, pidas etc.
Pretérito imperfeito: pidiera, pidieras etc. / pidiese, pidieses etc.
Futuro: pidiere, pidieres etc.
Gerúndio: pidiendo.
pensar ⇒ *comenzar*.
perder ⇒ *hender*.
permanecer ⇒ *parecer*.
perseguir ⇒ *pedir*.
pertenecer ⇒ *parecer*.
placer *Indicativo: presente:* plazco, places, place etc.
Pretérito perfeito: plací, placiste, plació / plugo, placimos, placisteis etc.
Imperativo: presente: place, plazca, placed etc.
Subjuntivo: presente: plazca, plazcas, plazca / plegue / plega etc.
Pretérito imperfeito: placiera, placieras etc. / placiese, placieses etc.
Futuro: placiere, placieres etc.
poder *Indicativo: presente:* puedo, puedes, puede, podemos, podéis, pueden.
Pretérito perfeito: pude, pudiste, pudo etc.
Futuro do presente: podré, podrás, podrá etc.

Futuro do pretérito: podría, podrías etc.
Imperativo: presente: puede, pueda, podamos etc.
Subjuntivo: presente: pueda, puedas, podamos etc.
Pretérito imperfeito: pudiera, pudieras etc. / pudiese, pudieses etc.
Gerúndio: pudiendo.
poner *Indicativo: presente:* pongo, pones, pone etc.
Pretérito perfeito: puse, pusiste, puso etc.
Futuro do presente: pondré, pondrás etc.
Futuro do pretérito: pondría, pondrías etc.
Imperativo: presente: pon, ponga, pongamos etc.
Subjuntivo: presente: ponga, pongas etc.
Pretérito imperfeito: pusiera, pusieras etc. / pusiese, pusieses etc.
Futuro: pusiere, pusieres etc.
Gerúndio: poniendo.
Particípio: puesto.
poseer ⇒ *creer.*
predecir ⇒ *decir.*
predisponer ⇒ *poner.*
preferir ⇒ *sentir.*
presuponer ⇒ *poner.*
prevenir ⇒ *venir.*
probar ⇒ *contar.*
producir ⇒ *aducir.*
promover ⇒ *mover.*
proponer ⇒ *poner.*
proseguir ⇒ *pedir.*

provenir ⇒ *venir.*

Q
quebrar ⇒ *comenzar.*
querer *Indicativo: presente:* quiero, quieres, quiere, queremos, queréis, quieren.
Pretérito perfeito: quise, quisiste, quiso etc.
Futuro do presente: querré, querrás, querrá etc.
Futuro do pretérito: querría, querrías etc.
Imperativo: presente: quiere, quiera, quered.
Subjuntivo: presente: quiera, quieras etc.
Pretérito imperfeito: quisiera, quisieras etc. / quisiese, quisieses etc.
Futuro: quisiere, quisieres etc.

R
raer *Indicativo: presente:* raigo / rayo, raes etc.
Imperativo: presente: rae, raiga / raya, raigamos / rayamos etc.
Subjuntivo: presente: raiga / raya, raigas / rayas etc.
recaer ⇒ *caer.*
recomendar ⇒ *comenzar.*
recomponer ⇒ *poner.*
reconocer ⇒ *conocer.*
reconstituir ⇒ *huir.*
reconstruir ⇒ *huir.*
recordar ⇒ *contar.*
recostar ⇒ *contar.*
reducir ⇒ *aducir.*

referir ⇒ *sentir.*
reforzar ⇒ *contar.*
reír *Indicativo: presente:* río, ríes, ríe, reímos, reís, ríen.
Pretérito perfeito: reí, reíste, rió etc.
Imperativo: presente: ríe, ría etc.
Subjuntivo: presente: ría, rías etc.
Pretérito imperfeito: riera, rieras etc. / riese, rieses etc.
Futuro: riere, rieres etc.
Gerúndio: riendo.
relucir ⇒ *lucir.*
remover ⇒ *mover.*
rendir ⇒ *pedir.*
renovar ⇒ *contar.*
repetir ⇒ *pedir.*
reponer ⇒ *poner.*
reprobar ⇒ *contar.*
reproducir ⇒ *aducir.*
requebrar ⇒ *comenzar.*
requerir ⇒ *sentir.*
resolver ⇒ *volver.*
restablecer ⇒ *parecer.*
restituir ⇒ *huir.*
restriñir ⇒ *mullir.*
retener ⇒ *tener.*
retribuir ⇒ *huir.*
reventar ⇒ *comenzar.*
revolver ⇒ *volver.*
rodar ⇒ *contar.*
roer *Indicativo: presente:* roo / roigo / royo etc.
Imperativo: presente: roe, roa / roiga / roya etc.
Subjuntivo: presente: roa, roas etc. / roya, royas etc.
Gerúndio: royendo.

S

saber *Indicativo:*
presente: sé, sabes, sabe etc.
Pretérito perfeito: supe, supiste, supo etc.
Futuro do presente: sabré, sabrás etc.
Futuro do pretérito: sabría, sabrías etc.
Imperativo: presente: sabe, sepa, sepamos etc.
Subjuntivo: presente: sepa, sepas etc.
Pretérito imperfeito: supiera, supieras etc. / supiese, supieses etc.
Futuro: supiere, supieres etc.
Gerúndio: sabiendo.
Particípio: sabido.

salir *Indicativo: presente:* salgo, sales, sale etc.
Futuro do presente: saldré, saldrás, saldrá etc.
Futuro do pretérito: saldría, saldrías etc.
Imperativo: presente: sal, salga, salgamos etc.
Subjuntivo: presente: salga, salgas etc.
Gerúndio: saliendo.
Particípio: salido.

satisfacer *Indicativo: presente:* satisfago, satisfaces, satisface etc.
Pretérito perfeito: satisfice, satisficiste, satisfizo etc.
Futuro do presente: satisfaré, satisfarás etc.
Futuro do pretérito: satisfaría, satisfarías etc.

Imperativo: presente: satisface / satisfaz, satisfaga, satisfagamos etc.
Subjuntivo: presente: satisfaga, satisfagas etc.
Pretérito imperfeito: satisficiera, satisficieras etc. / satisficiese, satisficieses etc.
Futuro: satisficiere, satisficieres etc.
Particípio: satisfecho.

seducir ⇒ *aducir*.
seguir ⇒ *pedir*.
sentar ⇒ *comenzar*.
sentir *Indicativo: presente:* siento, sientes, siente, sentimos, sentís, sienten.
Pretérito perfeito: sentí, sentiste, sintió, sentimos, sentisteis, sintieron.
Imperativo: presente: siente, sienta, sintamos etc.
Subjuntivo: presente: sienta, sientas etc.
Pretérito imperfeito: sintiera, sintieras etc. / sintiese, sintieses etc.
Futuro: sintiere, sintieres etc.
Gerúndio: sintiendo.

ser Veja verbo conjugado (página 429).
servir ⇒ *pedir*.
sobresalir ⇒ *salir*.
sonreír ⇒ *reír*.
soñar ⇒ *contar*.
sostener ⇒ *tener*.
subvertir ⇒ *sentir*.
sugerir ⇒ *sentir*.

suponer ⇒ *poner*.
sustraer ⇒ *traer*.

T

tañer *Indicativo:*
Pretérito perfeito: tañí, tañiste, tañó etc.
Subjuntivo: pretérito imperfeito: tañera, tañeras etc. / tañese, tañeses etc.
Futuro: tañere, tañeres etc.
Gerúndio: tañendo.
Particípio: tañido.

temblar ⇒ *comenzar*.
tender ⇒ *hender*.
tener *Indicativo: presente:* tengo, tienes, tiene, tenemos, tenéis, tienen.
Pretérito perfeito: tuve, tuviste, tuvo etc.
Futuro do presente: tendré, tendrás etc.
Futuro do pretérito: tendría, tendrías etc.
Imperativo: presente: ten, tenga, tengamos etc.
Subjuntivo: presente: tenga, tengas etc.
Pretérito imperfeito: tuviera, tuvieras etc. / tuviese, tuvieses etc.
Futuro: tuviere, tuvieres etc.
Gerúndio: teniendo.
Particípio: tenido.

tentar ⇒ *comenzar*.
torcer *Indicativo: presente:* tuerzo, tuerces, tuerce etc.
Imperativo: presente: tuerce, tuerza etc.
Subjuntivo: presente: tuerza, tuerzas etc.

Gerúndio: torciendo.
Particípio: torcido / tuerto.
traducir ⇒ *aducir*.
traer *Indicativo: presente:* traigo, traes, trae etc.
Pretérito perfeito: traje, trajiste, trajo etc.
Imperativo: presente: trae, traiga, traigamos etc.
Subjuntivo: presente: traiga, traigas etc.
Pretérito imperfeito: trajera, trajeras etc. / trajese, trajeses etc.
Futuro: trajere, trajeres etc.
Gerúndio: trayendo.
Particípio: traído.
transferir ⇒ *sentir*.
trascender ⇒ *querer*.
trocar ⇒ *contar*.

V
valer *Indicativo: presente:* valgo, vales, vale etc.
Futuro do presente: valdré, valdrá, valdrá etc.
Futuro do pretérito: valdría, valdrías etc.
Imperativo: presente: val, valga, valgamos, valed.
Subjuntivo: presente: valga, valgas etc.
Gerúndio: valiendo.
Particípio: valido.
venir *Indicativo: presente:* vengo, vienes, viene, venimos, venís, vienen.
Pretérito perfeito: vine, viniste, vino etc.
Futuro do presente: vendré, vendrás etc.
Futuro do pretérito: vendría, vendrías etc.
Imperativo: presente: ven, venga, vengamos etc.
Subjuntivo: presente: venga, vengas etc.
Pretérito imperfeito: viniera, vinieras etc. / viniese, vinieses etc.
Futuro: viniere, vinieres etc.

Gerúndio: viniendo.
Particípio: venido.
ver *Indicativo: presente:* veo, ves, ve etc.
Pretérito imperfeito: veía, veías etc.
Imperativo: presente: ve, vea etc.
Subjuntivo: presente: vea, veas etc.
Gerúndio: viendo.
Particípio: visto.
vestir ⇒ *pedir*.
volar ⇒ *contar*.
volver *Indicativo: presente:* vuelvo, vuelves, vuelve etc.
Pretérito perfeito: volví, volviste etc.
Imperativo: presente: vuelve, vuelva etc.
Subjuntivo: presente: vuelva, vuelvas etc.
Gerúndio: volviendo.
Particípio: vuelto.

Y
yuxtaponer ⇒ *poner*.

Conjugação dos verbos auxiliares e regulares em português

Verbos auxiliares: ser, estar, ter e haver

SER
Infinitivo ser
Gerúndio sendo
Particípio sido

Indicativo
Presente
eu sou
tu és
ele é
nós somos
vós sois
eles são

Pretérito imperfeito
eu era
tu eras
ele era
nós éramos
vós éreis
eles eram

Pretérito perfeito
eu fui
tu foste
ele foi
nós fomos
vós fostes
eles foram

Pretérito mais-que--perfeito
eu fora
tu foras
ele fora
nós fôramos
vós fôreis
eles foram

Futuro do presente
eu serei
tu serás
ele será
nós seremos
vós sereis
eles serão

Futuro do pretérito
eu seria
tu serias
ele seria
nós seríamos
vós seríeis
eles seriam

Subjuntivo
Presente
eu seja
tu sejas
ele seja
nós sejamos
vós sejais
eles sejam

Pretérito imperfeito
eu fosse
tu fosses
ele fosse
nós fôssemos
vós fôsseis
eles fossem

Futuro
eu for
tu fores
ele for
nós formos
vós fordes
eles forem

Imperativo
Afirmativo
sê tu
seja você
sejamos nós
sede vós
sejam vocês

Negativo
não sejas tu
não seja você
não sejamos nós
não sejais vós
não sejam vocês

ESTAR
Infinitivo estar
Gerúndio estando
Particípio estado

Indicativo
Presente
eu estou
tu estás
ele está
nós estamos
vós estais
eles estão

Pretérito imperfeito
eu estava
tu estavas
ele estava

nós estávamos
vós estáveis
eles estavam

Pretérito perfeito
eu estive
tu estiveste
ele esteve
nós estivemos
vós estivestes
eles estiveram

*Pretérito mais-que-
-perfeito*
eu estivera
tu estiveras
ele estivera
nós estivéramos
vós estivéreis
eles estiveram

Futuro do presente
eu estarei
tu estarás
ele estará
nós estaremos
vós estareis
eles estarão

Futuro do pretérito
eu estaria
tu estarias
ele estaria
nós estaríamos
vós estaríeis
eles estariam

Subjuntivo
Presente
eu esteja
tu estejas
ele esteja
nós estejamos
vós estejais
eles estejam

Pretérito imperfeito
eu estivesse
tu estivesses
ele estivesse
nós estivéssemos
vós estivésseis
eles estivessem

Futuro
eu estiver
tu estiveres
ele estiver
nós estivermos
vós estiverdes
eles estiverem

Imperativo
Afirmativo
está tu
esteja você
estejamos nós
estai vós
estejam vocês

Negativo
não estejas tu
não esteja você
não estejamos nós
não estejais vós
não estejam vocês

TER
Infinitivo ter
Gerúndio tendo
Particípio tido

Indicativo
Presente
eu tenho
tu tens
ele tem
nós temos
vós tendes
eles têm

Pretérito imperfeito
eu tinha
tu tinhas
ele tinha
nós tínhamos
vós tínheis
eles tinham

Pretérito perfeito
eu tive
tu tiveste
ele teve
nós tivemos
vós tivestes
eles tiveram

*Pretérito mais-que-
-perfeito*
eu tivera
tu tiveras
ele tivera
nós tivéramos
vós tivéreis
eles tiveram

Futuro do presente
eu terei
tu terás
ele terá
nós teremos
vós tereis
eles terão

Futuro do pretérito
eu teria
tu terias
ele teria
nós teríamos
vós teríeis
eles teriam

Subjuntivo
Presente
eu tenha
tu tenhas

ele tenha
nós tenhamos
vós tenhais
eles tenham

Pretérito imperfeito
eu tivesse
tu tivesses
ele tivesse
nós tivéssemos
vós tivésseis
eles tivessem

Futuro
eu tiver
tu tiveres
ele tiver
nós tivermos
vós tiverdes
eles tiverem

Imperativo
Afirmativo
tem tu
tenha você
tenhamos nós
tende vós
tenham vocês

Negativo
não tenhas tu
não tenha você
não tenhamos nós
não tenhais vós
não tenham vocês

HAVER
Infinitivo haver
Gerúndio havendo
Particípio havido

Indicativo
Presente
eu hei
tu hás
ele há
nós havemos
vós haveis
eles hão

Pretérito imperfeito
eu havia
tu havias
ele havia
nós havíamos
vós havíeis
eles haviam

Pretérito perfeito
eu houve
tu houveste
ele houve
nós houvemos
vós houvestes
eles houveram

Pretérito mais-que--perfeito
eu houvera
tu houveras
ele houvera
nós houvéramos
vós houvéreis
eles houveram

Futuro do presente
eu haverei
tu haverás
ele haverá
nós haveremos
vós havereis
eles haverão

Futuro do pretérito
eu haveria
tu haverias
ele haveria
nós haveríamos
vós haveríeis
eles haveriam

Subjuntivo
Presente
eu haja
tu hajas
ele haja
nós hajamos
vós hajais
eles hajam

Pretérito imperfeito
eu houvesse
tu houvesses
ele houvesse
nós houvéssemos
vós houvésseis
eles houvessem

Futuro
eu houver
tu houveres
ele houver
nós houvermos
vós houverdes
eles houverem

Imperativo
Afirmativo
há tu
haja você
hajamos nós
havei vós
hajam vocês

Negativo
não hajas tu
não haja você
não hajamos nós
não hajais vós
não hajam vocês

Modelos de verbos regulares: cantar, vender e partir

CANTAR (1.ª conjugação)
Infinitivo cantar
Gerúndio cantando
Particípio cantado

Indicativo
Presente
eu canto
tu cantas
ele canta
nós cantamos
vós cantais
eles cantam

Pretérito imperfeito
eu cantava
tu cantavas
ele cantava
nós cantávamos
vós cantáveis
eles cantavam

Pretérito perfeito
eu cantei
tu cantaste
ele cantou
nós cantamos
vós cantastes
eles cantaram

*Pretérito mais-que-
-perfeito*
eu cantara
tu cantaras
ele cantara
nós cantáramos
vós cantáreis
eles cantaram

Futuro do presente
eu cantarei
tu cantarás
ele cantará
nós cantaremos
vós cantareis
eles cantarão

Futuro do pretérito
eu cantaria
tu cantarias
ele cantaria
nós cantaríamos
vós cantaríeis
eles cantariam

Subjuntivo
Presente
eu cante
tu cantes
ele cante
nós cantemos
vós canteis
eles cantem

Pretérito imperfeito
eu cantasse
tu cantasses
ele cantasse
nós cantássemos
vós cantásseis
eles cantassem

Futuro
eu cantar
tu cantares
ele cantar
nós cantarmos
vós cantardes
eles cantarem

Imperativo
Afirmativo
canta tu
cante você
cantemos nós
cantai vós
cantem vocês

Negativo
não cantes tu
não cante você
não cantemos nós
não canteis vós
não cantem vocês

VENDER (2.ª conjugação)
Infinitivo vender
Gerúndio vendendo
Particípio vendido

Indicativo
Presente
eu vendo
tu vendes
ele vende
nós vendemos
vós vendeis
eles vendem

Pretérito imperfeito
eu vendia
tu vendias
ele vendia
nós vendíamos
vós vendíeis
eles vendiam

Pretérito perfeito
eu vendi
tu vendeste
ele vendeu
nós vendemos
vós vendestes
eles venderam

*Pretérito mais-que-
-perfeito*
eu vendera
tu venderas
ele vendera
nós vendêramos
vós vendêreis
eles venderam

Futuro do presente
eu venderei
tu venderás
ele venderá
nós venderemos
vós vendereis
eles venderão

Futuro do pretérito
eu venderia
tu venderias
ele venderia
nós venderíamos
vós venderíeis
eles venderiam

Subjuntivo
Presente
eu venda
tu vendas
ele venda
nós vendamos
vós vendais
eles vendam

Pretérito imperfeito
eu vendesse
tu vendesses
ele vendesse
nós vendêssemos
vós vendêsseis
eles vendessem

Futuro
eu vender
tu venderes
ele vender
nós vendermos
vós venderdes
eles venderem

Imperativo
Afirmativo
vende tu
venda você
vendamos nós
vendei vós
vendam vocês

Negativo
não vendas tu
não venda você
não vendamos nós
não vendais vós
não vendam vocês

PARTIR (3.ª conjugação)
Infinitivo partir
Gerúndio partindo
Particípio partido

Indicativo
Presente
eu parto
tu partes
ele parte
nós partimos
vós partis
eles partem

Pretérito imperfeito
eu partia
tu partias
ele partia
nós partíamos
vós partíeis
eles partiam

Pretérito perfeito
eu parti
tu partiste
ele partiu
nós partimos
vós partistes
eles partiram

Pretérito mais-que--perfeito
eu partira
tu partiras
ele partira
nós partíramos
vós partíreis
eles partiram

Futuro do presente
eu partirei
tu partirás
ele partirá
nós partiremos
vós partireis
eles partirão

Futuro do pretérito
eu partiria
tu partirias
ele partiria
nós partiríamos
vós partiríeis
eles partiriam

Subjuntivo
Presente
eu parta
tu partas
ele parta
nós partamos
vós partais
eles partam

Pretérito imperfeito
eu partisse
tu partisses
ele partisse
nós partíssemos
vós partísseis
eles partissem

Futuro
eu partir
tu partires
ele partir
nós partirmos
vós partirdes
eles partirem

Imperativo
Afirmativo
parte tu
parta você
partamos nós
parti vós
partam vocês

Negativo
não partas tu
não parta você
não partamos nós
não partais vós
não partam vocês

Relação dos verbos irregulares, defectivos ou difíceis em português

O símbolo ⇒ significa conjugar como

A
abastecer ⇒ *tecer*.
abençoar ⇒ *soar*.
abolir Indicativo:
  presente: (não existe a 1.ª pessoa do singular) aboles, abole, abolimos, abolis, abolem.
  Imperativo: abole; aboli.
  Subjuntivo: presente: não existe.
aborrecer ⇒ *tecer*.
abranger Indicativo:
  presente: abranjo, abranges, abrange, abrangemos, abrangeis, abrangem.
  Imperativo: abrange, abranja, abranjamos, abrangei, abranjam.
  Subjuntivo: presente: abranja, abranjas etc.
acentuar ⇒ *suar*.
aconchegar ⇒ *ligar*.
acrescer ⇒ *tecer*.
acudir ⇒ *subir*.
adelgaçar ⇒ *laçar*.
adequar Indicativo:
  presente: adequamos, adequais.
  Pretérito perfeito: adequei, adequaste etc.
  Imperativo: adequai.
  Subjuntivo: presente não existe.
aderir ⇒ *ferir*.
adoçar ⇒ *laçar*.
adoecer ⇒ *tecer*.
adormecer ⇒ *tecer*.
aduzir ⇒ *reduzir*.
advir ⇒ *vir*.
advogar ⇒ *ligar*.
afagar ⇒ *ligar*.
afeiçoar ⇒ *soar*.
afligir ⇒ *dirigir*.
afogar ⇒ *ligar*.
agir ⇒ *dirigir*.
agradecer ⇒ *tecer*.
agredir ⇒ *prevenir*.
alargar ⇒ *ligar*.
alcançar ⇒ *laçar*.
alegar ⇒ *ligar*.
almoçar ⇒ *laçar*.
alongar ⇒ *ligar*.
alugar ⇒ *ligar*.
amaldiçoar ⇒ *soar*.
amargar ⇒ *ligar*.
ameaçar ⇒ *laçar*.
amolecer ⇒ *tecer*.
amontoar ⇒ *soar*.
amplificar ⇒ *ficar*.
ansiar ⇒ *odiar*.
antepor ⇒ *pôr*.
antever ⇒ *ver*.
aparecer ⇒ *tecer*.
apegar ⇒ *ligar*.
aperfeiçoar ⇒ *soar*.
aplicar ⇒ *ficar*.
apodrecer ⇒ *tecer*.
aquecer ⇒ *tecer*.
arcar ⇒ *ficar*.
arrancar ⇒ *ficar*.
assoar ⇒ *soar*.
atacar ⇒ *ficar*.
atear ⇒ *recear*.
atenuar ⇒ *suar*.
atingir ⇒ *dirigir*.
atordoar ⇒ *soar*.
atrair Indicativo:
  presente: atraio, atrais, atrai, atraímos, atraís, atraem.
  Pretérito imperfeito: atraía, atraías etc.
  Pretérito perfeito: atraí, atraíste, atraiu, atraímos, atraístes, atraíram.
  Pretérito mais-que-perfeito: atraíra, atraíras etc.
  Imperativo: atrai, atraia, atraiamos, atraí, atraiam.
  Subjuntivo: presente: atraia, atraias etc.
  Pretérito imperfeito: atraísse, atraísses etc.
  Futuro: atrair, atraíres, atrair, atrairmos, atrairdes, atraírem.
atribuir ⇒ *possuir*.
atuar ⇒ *suar*.
autenticar ⇒ *ficar*.
avançar ⇒ *laçar*.

B
balançar ⇒ *laçar*.
balear ⇒ *recear*.
barbear ⇒ *recear*.
bendizer ⇒ *dizer*.
bloquear ⇒ *recear*.

bobear ⇒ *recear.*
bombardear ⇒ *recear.*
brecar ⇒ *ficar.*
brigar ⇒ *ligar.*
brincar ⇒ *ficar.*
bronzear ⇒ *recear.*
buscar ⇒ *ficar.*

C

caber *Indicativo: presente:* caibo, cabes, cabe, cabemos, cabeis, cabem.
Pretérito perfeito: coube, coubeste, coube, coubemos, coubestes, couberam.
Pretérito mais-que-perfeito: coubera, couberas etc.
Imperativo: não existe.
Subjuntivo: presente: caiba, caibas etc.
Pretérito imperfeito: coubesse, coubesses etc.
Futuro: couber, couberes etc.
caçar ⇒ *laçar.*
cair ⇒ *atrair.*
carecer ⇒ *tecer.*
carregar ⇒ *ligar.*
castigar ⇒ *ligar.*
cear ⇒ *recear.*
certificar ⇒ *ficar.*
chatear ⇒ *recear.*
chegar ⇒ *ligar.*
classificar ⇒ *ficar.*
coagir ⇒ *dirigir.*
cobrir ⇒ *dormir.*
coçar ⇒ *laçar.*
comparecer ⇒ *tecer.*
competir ⇒ *ferir.*
compor ⇒ *pôr.*
comunicar ⇒ *ficar.*
condizer ⇒ *dizer.*
conduzir ⇒ *reduzir.*

conferir ⇒ *ferir.*
conhecer ⇒ *tecer.*
conjugar ⇒ *ligar.*
conseguir ⇒ *seguir.*
constituir ⇒ *possuir.*
construir *Indicativo: presente:* construo, constróis, constrói, construímos, construís, constroem.
Pretérito imperfeito: construía, construías etc.
Pretérito perfeito: construí, construíste etc.
Pretérito mais-que-perfeito: construíra, construíras etc.
Imperativo: constrói, construa, construamos, construí, construam.
Subjuntivo: presente: construa, construas etc.
Pretérito imperfeito: construísse, construísses etc.
Futuro: construir, construíres, construir, construirmos, construirdes, construírem.
consumir ⇒ *subir.*
continuar ⇒ *suar.*
contradizer ⇒ *dizer.*
contrapor ⇒ *pôr.*
contribuir ⇒ *possuir.*
convir ⇒ *vir.*
corrigir ⇒ *dirigir.*
crescer ⇒ *tecer.*
crer *Indicativo: presente:* creio, crês, crê, cremos, credes, creem.
Imperativo: crê, creia, creiamos, crede, creiam.
Subjuntivo: presente creia, creias etc.

D

dar *Indicativo: presente:* dou, dás, dá, damos, dais, dão.
Pretérito imperfeito: dava, davas etc.
Pretérito perfeito: dei, deste, deu, demos, destes, deram.
Pretérito mais-que-perfeito: dera, deras, dera etc.
Futuro darei, darás etc.
Imperativo: dá, dê, demos, dai, deem.
Subjuntivo: presente dê, dês, dê, demos, deis, deem.
Pretérito imperfeito: desse, desses etc.
Futuro: der, deres etc.
decair ⇒ *atrair.*
decompor ⇒ *pôr.*
deduzir ⇒ *reduzir.*
deferir ⇒ *ferir.*
delinquir ⇒ *abolir.*
demolir ⇒ *abolir.*
depor ⇒ *pôr.*
descobrir ⇒ *cobrir.*
desaparecer ⇒ *tecer.*
desconhecer ⇒ *tecer.*
descrer ⇒ *crer.*
desdizer ⇒ *dizer.*
desembaraçar ⇒ *laçar.*
desencadear ⇒ *recear.*
desfalecer ⇒ *tecer.*
desfazer ⇒ *fazer.*
desimpedir ⇒ *pedir.*
desligar ⇒ *ligar.*
desmentir ⇒ *ferir.*
despedir ⇒ *pedir.*
despentear ⇒ *recear.*
despir ⇒ *ferir.*
desprevenir ⇒ *prevenir.*
destacar ⇒ *ficar.*

diferir ⇒ *ferir*.
digerir ⇒ *ferir*.
diluir ⇒ *possuir*.
dirigir *Indicativo: presente:*
dirijo, diriges, dirige,
dirigimos, dirigis, dirigem.
Imperativo: dirige,
dirija, dirijamos,
dirigi, dirijam.
Subjuntivo: presente:
dirija, dirijas etc.
disfarçar ⇒ *laçar*.
dispor ⇒ *pôr*.
distinguir *Indicativo:*
presente: distingo,
distingues etc.
Imperativo: distingue,
distinga, distingamos,
distingui, distingam.
Subjuntivo: presente:
distinga, distingas etc.
distrair ⇒ *atrair*.
distribuir ⇒ *possuir*.
divertir ⇒ *ferir*.
dizer *Indicativo: presente:*
digo, dizes, diz, dizemos,
dizeis, dizem.
Pretérito perfeito: disse,
disseste, disse, dissemos,
dissestes, disseram.
Pretérito mais-que-
-perfeito: dissera,
disseras etc.
Futuro: direi, dirás, dirá,
diremos, direis, dirão.
Futuro do pretérito:
diria, dirias etc.
Imperativo: diz, diga,
digamos, dizei, digam.
Subjuntivo: presente:
diga, digas etc.
Pretérito imperfeito:
dissesse, dissesses etc.
Futuro: disser, disseres
etc.

dormir *Indicativo:*
presente: durmo, dormes,
dorme, dormimos,
dormis, dormem.
Imperativo: dorme,
durma, durmamos,
dormi, durmam.
Subjuntivo: presente:
durma, durmas etc.

E

efetuar ⇒ *suar*.
empregar ⇒ *ligar*.
encadear ⇒ *recear*.
encobrir ⇒ *dormir*.
enfraquecer ⇒ *tecer*.
engolir ⇒ *dormir*.
enjoar ⇒ *soar*.
enriquecer ⇒ *tecer*.
ensaboar ⇒ *soar*.
entrelaçar ⇒ *laçar*.
entreouvir ⇒ *ouvir*.
entrever ⇒ *ver*.
envelhecer ⇒ *tecer*.
equivaler ⇒ *valer*.
erguer *Indicativo:*
presente ergo, ergues,
ergue, erguemos,
ergueis, erguem.
Imperativo: ergue,
erga, ergamos, erguei,
ergam.
Subjuntivo: presente
erga, ergas etc.
escassear ⇒ *recear*.
esclarecer ⇒ *tecer*.
escorregar ⇒ *ligar*.
esquecer ⇒ *tecer*.
estar Veja verbo
conjugado (página 441).
estragar ⇒ *ligar*.
estremecer ⇒ *tecer*.
excluir ⇒ *possuir*.
exercer ⇒ *tecer*.
exigir ⇒ *dirigir*.

expedir ⇒ *pedir*.
explodir ⇒ *abolir*.
expor ⇒ *pôr*.
extrair ⇒ *atrair*.

F

falecer ⇒ *tecer*.
fatigar ⇒ *ligar*.
favorecer ⇒ *tecer*.
fazer *Indicativo: presente:*
faço, fazes, faz,
fazemos, fazeis, fazem.
Pretérito perfeito: fiz,
fizeste, fez, fizemos,
fizestes, fizeram.
Pretérito mais-que-
-perfeito: fizera,
fizeras etc.
Futuro: farei, farás etc.
Futuro do pretérito:
faria, farias etc.
Imperativo: faz, faça,
façamos, fazei, façam.
Subjuntivo: presente:
faça, faças etc.
Pretérito imperfeito:
fizesse, fizesses etc.
Futuro: fizer, fizeres etc.
ferir *Indicativo: presente:*
firo, feres, fere,
ferimos, feris, ferem.
Imperativo: fere, fira,
firamos, feri, firam.
Subjuntivo: presente:
fira, firas etc.
ficar *Indicativo: presente:*
fico, ficas, fica, ficamos,
ficais, ficam.
Pretérito perfeito:
fiquei, ficaste etc.
Imperativo: fica,
fique, fiquemos, ficai,
fiquem.
Subjuntivo: presente:
fique, fiques etc.

fingir ⇒ *dirigir*.
fluir ⇒ *possuir*.
flutuar ⇒ *suar*.
folhear ⇒ *recear*.
frear ⇒ *recear*.
fugir *Indicativo: presente:* fujo, foges, foge, fugimos, fugis, fogem.
Imperativo: foge, fuja, fujamos, fugi, fujam.
Subjuntivo: presente: fuja, fujas etc.

G
golpear ⇒ *recear*.
graduar ⇒ *suar*.
grampear ⇒ *recear*.

H
habituar ⇒ *suar*.
haver Veja verbo conjugado (página 443).
hipotecar ⇒ *ficar*.
homenagear ⇒ *recear*.

I
impedir ⇒ *pedir*.
impelir ⇒ *ferir*.
impor ⇒ *pôr*.
incendiar ⇒ *odiar*.
incluir ⇒ *possuir*.
indispor ⇒ *pôr*.
induzir ⇒ *reduzir*.
ingerir ⇒ *ferir*.
inserir ⇒ *ferir*.
insinuar ⇒ *suar*.
instituir ⇒ *possuir*.
instruir ⇒ *possuir*.
interferir ⇒ *ferir*.
interpor ⇒ *pôr*.
interrogar ⇒ *ligar*.
intervir ⇒ *vir*.
introduzir ⇒ *reduzir*.
investir ⇒ *ferir*.
ir *Indicativo: presente:* vou, vais, vai, vamos, ides, vão.
Pretérito imperfeito: ia, ias, ia, íamos, íeis, iam.
Pretérito perfeito: fui, foste, foi, fomos, fostes, foram.
Pretérito mais-que-perfeito: fora, foras etc.
Imperativo: vai, vá, vamos, ide, vão.
Subjuntivo: presente: vá, vás etc.
Pretérito imperfeito: fosse, fosses etc.
Futuro: for, fores etc.

J
jejuar ⇒ *suar*.
julgar ⇒ *ligar*.
justapor ⇒ *pôr*.

L
largar ⇒ *ligar*.
ler ⇒ *crer*.
ligar *Pretérito perfeito:* liguei, ligaste, ligou, ligamos, ligastes, ligaram.
Imperativo: liga, ligue, liguemos, ligai, liguem.
Subjuntivo: presente: ligue, ligues etc.
lotear ⇒ *recear*.

M
magoar ⇒ *soar*.
maldizer ⇒ *dizer*.
manter ⇒ *ter*.
medir ⇒ *pedir*.
mentir ⇒ *ferir*.
merecer ⇒ *tecer*.
moer *Indicativo: presente:* moo, móis, mói, moemos, moeis, moem.
Pretérito imperfeito: moía, moías etc.
Pretérito perfeito: moí, moeste, moeu etc.
Imperativo: mói, moa, moamos, moei, moam.
Subjuntivo: presente: moa, moas etc.

N
nascer ⇒ *tecer*.
nortear ⇒ *recear*.

O
obedecer ⇒ *tecer*.
obrigar ⇒ *ligar*.
obter ⇒ *ter*.
odiar *Indicativo: presente:* odeio, odeias, odeia, odiamos, odiais, odeiam.
Imperativo: odeia, odeie, odiemos, odiai, odeiem.
Subjuntivo: presente: odeie, odeies, odeie, odiemos, odieis, odeiem.
oferecer ⇒ *tecer*.
opor ⇒ *pôr*.
ouvir *Indicativo: presente:* ouço, ouves, ouve, ouvimos, ouvis, ouvem.
Imperativo: ouve, ouça, ouçamos, ouvi, ouçam.
Subjuntivo: presente: ouça, ouças etc.

P
padecer ⇒ *tecer*.
parecer ⇒ *tecer*.
passear ⇒ *recear*.

pedir Indicativo:
  presente: peço, pedes, pede, pedimos, pedis, pedem.
  Imperativo: pede, peça, peçamos, pedi, peçam.
  Subjuntivo: presente: peça, peças etc.
pegar ⇒ ligar.
pentear ⇒ recear.
perder Indicativo:
  presente: perco, perdes, perde, perdemos, perdeis, perdem.
  Imperativo: perde, perca, percamos, perdei, percam.
  Subjuntivo: presente: perca, percas etc.
permanecer ⇒ tecer.
perseguir ⇒ seguir.
pertencer ⇒ tecer.
poder Indicativo:
  presente: posso, podes, pode, podemos, podeis, podem.
  Pretérito perfeito: pude, pudeste, pôde, pudemos, pudestes, puderam.
  Pretérito mais-que-perfeito: pudera, puderas etc.
  Imperativo: não existe.
  Subjuntivo: presente: possa, possas etc.
  Pretérito imperfeito: pudesse, pudesses etc.
  Futuro: puder, puderes etc.
poluir ⇒ possuir.
pôr Indicativo: presente: ponho, pões, põe, pomos, pondes, põem.
  Pretérito imperfeito: punha, punhas etc.
  Pretérito perfeito: pus, puseste, pôs, pusemos, pusestes, puseram.
  Pretérito mais-que-perfeito: pusera, pusera etc.
  Imperativo: põe, ponha, ponhamos, ponde, ponham.
  Subjuntivo: presente: ponha, ponhas etc.
  Pretérito imperfeito: pusesse, pusesses etc.
  Futuro: puser, puseres etc.
possuir Indicativo:
  presente: possuo, possuis, possui, possuímos, possuís, possuem.
  Pretérito imperfeito: possuía, possuías etc.
  Pretérito perfeito: possuí, possuíste, possuiu, possuímos, possuístes, possuíram.
  Pretérito mais-que-perfeito: possuíra, possuíras etc.
  Imperativo: possui, possua, possuamos, possuí, possuam.
  Subjuntivo: presente: possua, possuas etc.
  Pretérito imperfeito: possuísse, possuísses etc.
  Futuro: possuir, possuíres etc.
precaver Indicativo:
  presente: precavemos, precaveis.
  Imperativo: precavei.
  Subjuntivo: presente: não existe.
predispor ⇒ pôr.
predizer ⇒ dizer.
preferir ⇒ ferir.
pressentir ⇒ ferir.
pressupor ⇒ pôr.
prevenir Indicativo:
  presente: previno, prevines, previne, prevenimos, prevenis, previnem.
  Imperativo: previne, previna, previnamos, preveni, previnam.
  Subjuntivo: presente: previna, previnas etc.
prever ⇒ ver.
produzir ⇒ reduzir.
progredir ⇒ prevenir.
propor ⇒ pôr.
prosseguir ⇒ seguir.
proteger ⇒ abranger.
provir ⇒ vir.

Q

querer Indicativo:
  presente: quero, queres, quer, queremos, quereis, querem.
  Pretérito perfeito: quis, quiseste etc.
  Pretérito mais-que-perfeito: quisera, quiseras etc.
  Imperativo: quer, queira, queiramos, querei, queiram.
  Subjuntivo: presente: queira, queiras etc.
  Pretérito imperfeito: quisesse, quisesses etc.
  Futuro: quiser, quiseres etc.

R

rasgar ⇒ ligar.
reagir ⇒ dirigir.
reaver Indicativo:

presente: (apenas a 1.ª e a 2.ª pessoas do plural) reavemos, reaveis.
Pretérito perfeito: reouve, reouveste etc.
Pretérito mais-que-perfeito: reouvera, reouveras etc.
Imperativo: reavei.
Subjuntivo: presente: não existe.
Pretérito imperfeito: reouvesse, reouvesses etc.
Futuro: reouver, reouveres etc.
recair ⇒ *atrair*.
recear *Indicativo: presente:* receio, receias, receia, receamos, receais, receiam.
Imperativo: receia, receie, receemos, receai, receiem.
Subjuntivo: presente: receie, receies etc.
rechear ⇒ *recear*.
recobrir ⇒ *dormir*.
recompor ⇒ *pôr*.
reconhecer ⇒ *tecer*.
recuar ⇒ *suar*.
redigir ⇒ *dirigir*.
reduzir *Indicativo: presente:* reduzo, reduzes, reduz, reduzimos, reduzis, reduzem.
Imperativo: reduz *ou* reduze, reduza, reduzamos, reduzi, reduzam.
refletir ⇒ *ferir*.
reforçar ⇒ *laçar*.
regredir ⇒ *prevenir*.
reler ⇒ *crer*.
repor ⇒ *pôr*.

reproduzir ⇒ *reduzir*.
requerer *Indicativo: presente:* requeiro, requeres, requer, requeremos, requereis, requerem.
Pretérito perfeito: requeri, requereste etc.
Imperativo: requer, requeira, requeiramos, requerei, requeiram.
Subjuntivo: presente: requeira, requeiras etc.
restituir ⇒ *possuir*.
reter ⇒ *ter*.
retribuir ⇒ *possuir*.
rever ⇒ *ver*.
rir *Indicativo: presente:* rio, ris, ri, rimos, rides, riem.
Imperativo: ri, ria, riamos, ride, riam.
Subjuntivo: presente: ria, rias etc.
roer ⇒ *moer*.

S

saber *Indicativo: presente:* sei, sabes, sabe, sabemos, sabeis, sabem.
Pretérito perfeito: soube, soubeste etc.
Pretérito mais-que-perfeito: soubera, souberas etc.
Imperativo: sabe, saiba, saibamos, sabei, saibam.
Subjuntivo: presente: saiba, saibas etc.
Pretérito imperfeito: soubesse, soubesses etc.
Futuro: souber, souberes etc.
sacudir ⇒ *subir*.

sair ⇒ *atrair*.
satisfazer ⇒ *fazer*.
seduzir ⇒ *reduzir*.
seguir *Indicativo: presente:* sigo, segues, segue, seguimos, seguis, seguem.
Imperativo: segue, siga, sigamos, segui, sigam.
Subjuntivo: presente: siga, sigas etc.
sentir ⇒ *ferir*.
ser Veja verbo conjugado (página 441).
servir ⇒ *ferir*.
simplificar ⇒ *ficar*.
situar ⇒ *suar*.
soar *Indicativo: presente:* soo, soas, soa, soamos, soais, soam.
Imperativo: soa, soe, soemos, soai, soem.
sobrepor ⇒ *pôr*.
sobressair ⇒ *atrair*.
sobrevir ⇒ *vir*.
sorrir ⇒ *rir*.
suar *Indicativo: presente:* suo, suas, sua, suamos, suais, suam.
Pretérito perfeito: suei, suaste etc.
Imperativo: sua, sue, suemos, suai, suem.
Subjuntivo: presente: sue, sues etc.
Pretérito imperfeito: suasse, suasses etc.
Futuro: suar, suares etc.
subir *Indicativo: presente:* subo, sobes, sobe, subimos, subis, sobem.
Imperativo: sobe, suba, subamos, subi, subam.

substituir ⇒ *possuir*.
subtrair ⇒ *atrair*.
sugerir ⇒ *ferir*.
sumir ⇒ *subir*.
supor ⇒ *pôr*.
surgir ⇒ *dirigir*.

T

tapear ⇒ *recear*.
tecer Indicativo:
presente: teço, teces, tece, tecemos, teceis, tecem.
Imperativo: tece, teça, teçamos, tecei, teçam.
Subjuntivo: presente: teça, teças etc.
ter Veja verbo conjugado (página 442).
tossir ⇒ *dormir*.
traçar ⇒ *laçar*.
trair ⇒ *atrair*.
transgredir ⇒ *prevenir*.
transpor ⇒ *pôr*.
trazer Indicativo:
presente: trago, trazes, traz, trazemos, trazeis, trazem.
Pretérito perfeito: trouxe, trouxeste, trouxe, trouxemos, trouxestes, trouxeram.
Pretérito mais-que-perfeito: trouxera, trouxeras, trouxera, trouxéramos, trouxéreis, trouxeram.
Futuro: trarei, trarás, trará, traremos, trareis, trarão.
Futuro do pretérito: traria, trarias, traria, traríamos, traríeis, trariam.
Imperativo: traz, traga, tragamos, trazei, tragam.
Subjuntivo: presente: traga, tragas etc.
Pretérito imperfeito: trouxesse, trouxesses etc.
Futuro: trouxer, trouxeres etc.

U

usufruir ⇒ *possuir*.

V

valer Indicativo:
presente: valho, vales, vale, valemos, valeis, valem.
Imperativo: vale, valha, valhamos, valei, valham.
Subjuntivo: presente: valha, valhas etc.
ver Indicativo: *presente:* vejo, vês, vê, vemos, vedes, veem.
Pretérito imperfeito: via, vias etc.
Pretérito perfeito: vi, viste, viu, vimos, vistes, viram.
Pretérito mais-que-perfeito: vira, viras etc.
Imperativo: vê, veja, vejamos, vede, vejam.
Subjuntivo: presente: veja, vejas etc.
Pretérito imperfeito: visse, visses etc.
Futuro vir, vires etc.
vestir ⇒ *ferir*.
vir Indicativo: *presente:* venho, vens, vem, vimos, vindes, vêm.
Pretérito imperfeito: vinha, vinhas etc.
Pretérito perfeito: vim, vieste, veio, viemos, viestes, vieram.
Pretérito mais-que-perfeito: viera, vieras etc.
Imperativo: vem, venha, venhamos, vinde, venham.
Subjuntivo: presente: venha, venhas etc.
Pretérito imperfeito: viesse, viesses etc.
Futuro: vier, vieres etc.
voar ⇒ *soar*.

NUMERAIS

Numerais cardinais / Numerales cardinales

1	uno (un, una)	29	veintinueve
2	dos	30	treinta
3	tres	31	treinta y uno (un, una)
4	cuatro	40	cuarenta
5	cinco	50	cincuenta
6	seis	60	sesenta
7	siete	70	setenta
8	ocho	80	ochenta
9	nueve	90	noventa
10	diez	100	cien
11	once	101	ciento uno (un, una)
12	doce	110	ciento diez
13	trece	200	doscientos/as
14	catorce	300	trescientos/as
15	quince	400	cuatrocientos/as
16	dieciséis	500	quinientos/as
17	diecisiete	600	seiscientos/as
18	dieciocho	700	setecientos/as
19	diecinueve	800	ochocientos/as
20	veinte	900	novecientos/as
21	veintiuno	1.000	mil
22	veintidós	1.001	mil uno (un, una)
23	veintitrés	1.010	mil diez
24	veinticuatro	1.100	mil cien
25	veinticinco	2.000	dos mil
26	veintiséis	1.000.000	un millón
27	veintisiete	100.000.000	cien millones
28	veintiocho	1.000.000.000	mil millones

Numerais ordinais / Numerales ordinales

1.º	primero, a	11.º	undécimo, a
2.º	segundo, a	12.º	duodécimo, a
3.º	tercero, a	13.º	decimotercero, a
4.º	cuarto, a	14.º	decimocuarto, a
5.º	quinto, a	15.º	decimoquinto, a
6.º	sexto, a	16.º	decimosexto, a
7.º	séptimo, a	17.º	decimoséptimo, a
8.º	octavo, a	18.º	decimoctavo, a
9.º	noveno, a	19.º	decimonoveno, a
10.º	décimo, a	20.º	vigésimo, a
		100.º	centésimo, a
		1000.º	milésimo, a

CONVERSAÇÃO EM ESPANHOL

PARA FALAR POR TELEFONE

1. Ligações informais

Aló... / Alô...
¡Hola!, ¿está María? / Olá! Maria está?
Lo siento, María no está. ¿Quieres dejar algún recado? / Sinto muito, Maria não está. Quer deixar algum recado?
Sí, por favor, dile que llamó Manuel. / Por favor, diga-lhe que Manuel ligou.
Yo le aviso. / Eu a aviso.
Gracias. / Muito obrigado.

¿Diga? / Alô!
Buenas tardes, ¿podría hablar con Manuel, por favor? / Boa tarde! Por favor, eu poderia falar com Manuel?
Sí, un momento. ¿De parte de quién? / Sim, um momento. Quem está falando?
De María. / Maria.
Ahora se pone. / Ela já está vindo.
Muchas gracias. / Muito obrigada.

¿Bueno? / Alô!
Buenas noches, ¿está Pedro? / Boa noite! Pedro está?
Lo siento, número equivocado. / Sinto muito, não é esse número.
¿No es el 3874 7997? / Não é 3874-7997?
No, es el 3874 7999. / Não, é 3874-7999.
Disculpe. / Desculpe.
No hay problema. / Não tem problema.

2. Ligações formais

Estudio Jurídico, buenos días... / Escritório de advocacia, bom dia...
Buenos días, ¿podría hablar con el Sr. Gutiérrez, por favor? / Bom dia! Por favor, eu poderia falar com o senhor Gutierrez?
Un momento, no cuelgue. / Um momento, não desligue.

Seguros S.A., buenas tardes. / Seguros S.A., boa tarde.
Por favor, quisiera hablar con la Sra. Villarreal. / Por favor, gostaria de falar com a senhora Villarreal.
La Sra. Villarreal está en una reunión, ¿quiere dejar algún recado? / A senhora Villarreal está em uma reunião; quer deixar algum recado?
Sí, por favor, dígale que llamó Marcos Díaz. / Sim. Diga-lhe que Marcos Díaz ligou.
Muy bien, Sr. Díaz. / Muito bem, senhor Díaz.
Muchas gracias. / Muito obrigado.

Central de importaciones, buenas tardes. / Central de importações, boa tarde.
¿Podría comunicarme con el interno 103? / Poderia me passar para o ramal 103?
Lo comunico. Un momento, por favor... / Vou passar a ligação. Um momento, por favor...
...lo lamento, el interno está ocupado, ¿quiere esperar o llama más tarde? / O ramal está ocupado. Quer esperar ou liga mais tarde?
Espero en la línea, gracias. / Espero na linha, obrigado.
Gracias a usted, no cuelgue. / De nada, não desligue.

PARA PEDIR UM NÚMERO DE TELEFONE

1. Informal

Pedro, ¿cuál es tu número de teléfono? / Pedro, qual é o número do seu telefone?
Es el 38749997. / É 3874-9997.
¡Gracias! / Obrigado!

2. Formal

¿Cuál es su número de teléfono, Sr. Díaz? / Qual é o número do seu telefone, Sr. Díaz?
El 95588776. / É 9558-8776.
Muchas gracias. / Muito obrigado.

3. Telefones públicos

¿Cuál es el (número de) teléfono del hotel Plaza? / Qual é o (número do) telefone do hotel Plaza?
Es el 7766-5541. / É o 7766-5541.
Gracias. / Obrigado.

PARA PERGUNTAR A HORA

Por favor, ¿qué hora es? / Por favor, que horas são?
Son las tres y media. / São três e meia.
Muchas gracias. / Muito obrigado.
De nada. / De nada.

Perdón, ¿tiene hora? / Com licença, você tem hora?
Sí, son las nueve y cuarto. / Sim, são nove e quinze.
Gracias. / Obrigado.
De nada. / De nada.

Disculpe, ¿a qué hora abren los bancos? / A que hora abrem os bancos?
A las diez de la mañana. / Às dez da manhã.
Muchas gracias. / Muito obrigado.
De nada. / De nada.

Por favor, ¿a qué hora llega el avión procedente de Santiago? / Por favor, a que hora chega o avião procedente de Santiago?
Aproximadamente a las nueve de la noche. / Aproximadamente às nove da noite.

PARA PERGUNTAR DATAS

¿Qué día es hoy? / Que dia é hoje?
Hoy es jueves. / Hoje é quinta-feira.
¿A cuántos estamos? / Em que dia (do mês) estamos?
Estamos a 23 de marzo. / Estamos no dia 23 de março.

¿Cuándo comienzan las clases? / Quando começam as aulas?
El día 6 de agosto. / No dia 6 de agosto.

Dias da semana	Meses do ano
Lunes / segunda-feira	Enero / Janeiro
Martes / terça-feira	Febrero / Fevereiro
Miércoles / quarta-feira	Marzo / Março
Jueves / quinta-feira	Abril / Abril
Viernes / sexta-feira	Mayo / Maio
Sábado / sábado	Junio / Junho
Domingo / domingo	Julio / Julho
	Agosto / Agosto
	Septiembre / Setembro
	Octubre / Outubro
	Noviembre / Novembro
	Diciembre / Dezembro

APRESENTAÇÕES

1. Informais

¡Hola María! / Olá, Maria!
¡Hola Manuel! / Olá, Manuel!
María, éste es Pedro, mi primo. / Maria, este é Pedro, meu primo.
Qué tal, Pedro. / Como vai, Pedro?
Mucho gusto, María. / Muito prazer, Maria.

2. Formais

Buenas tardes, Sra. Villarreal. Le presento a mi socio, Marcos Díaz. /
Boa tarde, Sra. Villarreal. Apresento-lhe meu sócio, Marcos Díaz.
Encantada, Sr. Díaz. / Muito prazer, Sr. Díaz.
El gusto es mío. / O prazer é meu.

CUMPRIMENTOS

1. Informais

¡Hola! Qué tal. / Olá, como vai!
¡Hola! ¿Cómo estás? / Olá, como está?

2. Formais

Buen día / Buenos días. / Bom dia!
Buenas tardes. / Boa tarde!
Buenas noches. / Boa noite!

3. Despedidas

Hasta mañana. / Até amanhã!
Hasta el (próximo) viernes. / Até (a próxima) sexta.
Hasta ahora (cuando se espera ver pronto a la persona). / Até já (quando se espera ver logo a pessoa).
Hasta después. / Até depois.
Hasta la vista. / Até a vista!
Hasta luego. / Até logo!
Hasta pronto. / Até breve!
Adiós. / Adeus!
Chao / chau / Tchau!

PARA PEDIR PERMISSÃO

Permiso, ¿puedo pasar? / Com licença, posso passar?
Sí. Pase, por favor. / Sim, passe, por favor.

¿Este asiento está ocupado? / Este assento está ocupado?
No, puede sentarse. / Não, pode sentar-se.
Gracias. / Obrigado.

Perdón, ¿puedo fumar? / Com licença, posso fumar?
No, no puede. Lo siento. / Não, não pode. Sinto muito.

PARA PERGUNTAR COMO SE ESCREVE UMA PALAVRA

¿Cómo se deletrea Rogelio*?* / Como se soletra *Rogelio*?
R-o-g-e-l-i-o. / R-o-g-e-l-i-o.

¿Cómo se escribe Rogelio*?* / Como se escreve *Rogelio*?
R-o-g-e-l-i-o. / R-o-g-e-l-i-o.

¿Cómo se escribe Rogelio*?* / Como se escreve *Rogelio*?
Con ge. / Com g.

¿Cómo se escribe cruz*, con ese o con zeta?* / Como se escreve *cruz*, com s ou com z?
Con zeta. / Com z.